UNA TEOLOGÍA DE LA FAMILIA

UNA TEOLOGÍA DE LA FAMILIA

Editado por Jeff Pollard & Scott T. Brown

CHAPEL LIBRARY
WWW.CHAPELLIBRARY.ORG

Publicaciones Aquila
WWW.CRISTIANISMOHIST.COM

NCFIC
WWW.NCFIC.ORG

Publicado originalmente en inglés bajo el título de *A Theology of the Family*, un proyecto colaboradoro de Chapel Library, Pensacola, FL (www.chapellibrary.org), y The National Center for Family Integrated Churches, Wake Forest, NC (www.ncfic.org). Esta edición en español fue hecha por Chapel Library y Publicaciones Aquila, North Bergen, New Jersey (https://www.cristianismohist.com/publicaciones-aquila.html), en colaboracion con The National Center for Family Integrated Churches.

Copyright © 2018 Chapel Library la compilación de *Una teología de la familia* y el texto en español del "Prefacio" y de los artículos de capítulos 2 "Hombres piadosos", 4 "Matrimonio", 5 "Formación bíblica de los hijos en el hogar", 8 "Bebés", 10 "Los deberes de hijos e hijas", 11 "Ropa modesta", y 13 "El día del Señor".

Copyright © 2018 Publicaciones Aquila el texto en español de los artículos de capítulos 1 "La adoración familiar", 3 "Feminidad virtuosa", 6 "Paternidad", 7 "Maternidad", 9 "El aborto", y 12 "Pensamientos para los jóvenes".

Copyright © 2018 The National Center for Family Integrated Churches el diseño de la carátula.

A menos que se indique de otra manera, las citas bíblicas fueron tomadas de la Santa Biblia, Reina-Valera 1960.

Consulte el apéndice para más información sobre los ministerios de Chapel Library, Publicaciones Aquila, y Centro Nacional para la Integración de Familias e Iglesias.

"Si descuidamos esto, arruinamos todo. ¿Qué podemos lograr nosotros para reformar una congregación, si todo el trabajo tenemos que hacerlo solos y las cabezas de familia no cumplen las obligaciones que les corresponden? Si la obra del ministro comienza algún bien en algún alma de una familia, el hecho de que dicha familia sea indiferente, mundana y no ore, lo apagará o dificultará en gran manera. En cambio, si podemos conseguir que los que gobiernan a su familia cumplan su parte haciéndose cargo de la obra donde nosotros la dejamos y prestan su ayuda, ¡cuánto bien puede resultar! (como lo he demostrado más explícitamente en otra parte). Por lo tanto, ¡les ruego que hagan todo lo que pueden para promover el cumplimiento de esto, si anhelan la verdadera reforma y el bienestar de sus parroquias!".

—Richard Baxter, *The Reformed Pastor* (El pastor reformado)
(Soli Deo Gloria Publications, una división de Reformation Heritage Books, www.heritagebooks.org, 2000), 384.

CONTENIDO

Autores que figuran en *Una teología de la familia* 11

Prefacio 15

La adoración familiar
Una causa de la decadencia de la fe cristiana en nuestro tiempo 22
Culto familiar – Arthur W. Pink (1886-1952) 24
Un remedio para el decaimiento de la fe cristiana – Oliver Heywood (1630-1702) 27
La naturaleza, la reivindicación y la historia de la adoración en familia – J. W. Alexander (1804-1859) ... 29
Lo que Dios es para las familias – Thomas Doolittle (1632 - c. 1707) 35
Motivos para la adoración familiar – J. Merle D'Aubigne (1794-1872) 38
La Palabra de Dios y la oración familiar – Thomas Doolittle (1632 - c. 1707) 42
Siete razones por las que las familias deberían orar – Thomas Doolittle (1632 - c. 1707) .. 45
El padre y la adoración familiar – James W. Alexander (1804-1859) 50
La adoración familiar dirigida por mujeres – John Howe (1630-1705) 54
Recuerdos de la adoración familiar – John G. Paton (1824-1907) 55
La adoración familiar puesta en práctica – Joel R. Beeke 58
Paganos y cristianos – John G. Paton (1824-1907) 65

Hombres piadosos
Descripción de la verdadera piedad – Benjamín Keach (1640-1704) 68
La naturaleza del hombre íntegro – Richard Steele (1629-1692) 72
Señales y características del hombre piadoso – Thomas Watson (c. 1620-1686) 75
Maridos, amen a sus esposas – William Gouge (1575-1653) 83
Conversión de los miembros de la familia – Samuel Lee (1627-1691) 91
La ira del padre piadoso – John Gill (1697-1771) 96
Amenazas a la piedad del joven – John Angell James (1785-1859) 97
Cómo restaurar la verdadera masculinidad del hombre – Charles Spurgeon (1834-1892) 103

Feminidad virtuosa
La influencia del cristianismo en la condición de la mujer – John Angell James (1785-1859) 108
La misión de la mujer – John Angell James (1785-1859) 112
Descripción de la mujer virtuosa – Charles Bridges (1794-1869) 117
El llamado de Cristo a las mujeres jóvenes – Thomas Vincent (1634-1678) 121
Gracia para la sumisión de una esposa – William Gouge (1575-1653) 126
Para las madres, experimentadas o primerizas – John Angell James (1785-1859) 133
La obra de Cristo y la mujer soltera – W. K. Tweedie (1803-1863) 141
Para una recién convertida – Jonathan Edwards (1703-1758) 143
Una abuela en la Gloria – Jabez Burns (1805-1876) 144

Matrimonio

La excelencia del matrimonio – Arthur W. Pink (1886-1952) 148
Los deberes de esposos y esposas – Richard Steele (1629-1692) 154
Deberes mutuos de esposos y esposas – John Angell James (1785-1859) 159
El amor del esposo por su esposa – Richard Steele (1629-1692) 165
El deber de las esposas – John Bunyan (1628-1688) 170
El respeto de la esposa por su esposo – Richard Steele (1629-1692) 173
Deberes que preservan el matrimonio – William Gouge (1575-1653) 178
Pensamientos sobre cómo encontrar pareja matrimonial – John Angell James (1785-1859) 183
Las bodas del Cordero – Charles H. Spurgeon (1834-1892) 188

Formación bíblica de los hijos en el hogar

Cómo educar a los hijos para Dios – Edward Payson (1783-1827) 194
Disciplina y amonestación – David Martyn Lloyd-Jones (1899-1981) 196
Obligaciones principales de los padres – J. C. Ryle (1816-1900) 201
Deberes de los padres hacia los hijos – John Bunyan (1628-1688) 206
Cómo enseñar a los niños acerca de Dios – Philip Doddridge (1702-1751) 208
El arte de una disciplina equilibrada – David Martyn Lloyd-Jones (1899-1981) 212
Eduque a los niños para Cristo – Edward W. Hooker (1794-1875) 216
Formación del carácter de los niños – Philip Doddridge (1702-1751) 226
Obstáculos principales en la formación de los hijos – John Angell James (1785-1859) 230
La calamidad de tener hijos impíos – Edward Lawrence (1623-1695) 236
Directivas ante el dolor de tener hijos impíos – Edward Lawrence (1623-1695) 239
Una oportunidad única de testificar al mundo – David Martyn Lloyd-Jones (1899-1981) 241

Paternidad

El padre como profeta, rey, sacerdote – William Gurnall (1617-1679) 244
Paternidad: Responsabilidad y privilegio – Arthur W. Pink (1886-1952) 245
La principal responsabilidad de un padre – Juan Calvino (1509-1564) 250
La supervisión de un padre – John Bunyan (1628-1688) 253
Dirigir a una familia para Cristo – Richard Baxter (1615-1691) 258
El padre debe ser piadoso – Nicholas Byfield (1579-1622) 262
Los padres deben enseñar la Palabra de Dios y orar – Thomas Doolittle (1632 - c. 1707) 267
Los padres y la disciplina – William Gouge (1575-1653) 270
De qué forma pueden los padres provocar a ira a sus hijos – Thomas Watson (c. 1620-1686) 275
Consejo a los padres reformados – Richard Baxter (1615-1691) 277
La oración de un padre – George Swinnock (1627-1673) 284

Maternidad

La dignidad de la maternidad – Jabez Burns (1805-1876) 288
La principal responsabilidad de una madre – Thomas Boston (1676-1732) 290
Guardianas de los manantiales – Peter Marshall (1902-1949) 292
Formar a los hijos bíblicamente I – James Cameron (1809-1873) 297
Formar a los hijos bíblicamente II – John Angell James (1785-1859) 303
El legado de una madre para su hijo que aún no ha nacido – Elizabeth Joscelin (1595 - c. 1622) 306

Castigar con sabiduría y amor – Richard Adams (1626 - c. 1698) 316
Estímulo a las madres – James Cameron (1809-1873) 318
Un llamado del Evangelio a las madres – James Cameron (1809-1873) 322
Iglesia y maternidad – Charles H. Spurgeon (1834-1892) 324

Bebés

La imagen de Dios y la bendición de Dios – Juan Calvino (1509-1564) 326
Fructificad y multiplicaos – Martín Lutero (1483-1546) 330
La herencia del Señor – Thomas Manton (1620-1677) 334
Amor y cuidado del niñito – J. R. Miller (1840-1912) 338
Se salvará engendrando hijos – Stephen Charnock (1628-1680) 343
Cuatro gracias necesarias – Richard Adams (1626-1698) 347
Sara dio a luz por la fe – Arthur W. Pink (1886-1952) 351
El mejor apoyo a la maternidad – Richard Adams (1626-1698) 354
Cuando Dios no da hijos – Thomas Jacombe (1623-1687) 357
Un niño nos es nacido – Thomas Boston (1676-1732) 359

El aborto

No matarás – Ezekiel Hopkins (1634-1690) 364
El holocausto silencioso – Peter Barnes 367
La Biblia y el carácter sagrado de la vida – R. C. Sproul (1939-2017) 374
La humanidad y el factor de la muerte – George Grant 379
Respuestas para los argumentos a favor del aborto – Joel R. Beeke 382
¿Cuándo empieza la vida? – R. C. Sproul (1939-2017) 387
Proclamaciones de la Palabra de Dios en relación con el aborto – Joel R. Beeke 392
Moloc está vivo y sano – Franklin E. (Ed) Payne 395
Gran perdón por grandes pecados – Charles H. Spurgeon (1834-1892) 399

Los deberes de hijos e hijas

Una oración para los lectores, especialmente para hijos e hijas – J. G. Pike (1784-1854) 404
Honra a tu padre y a tu madre – Thomas Watson (c. 1620-1686) 408
Los deberes de hijos e hijas hacia sus padres – John Angell James (1785-1859) 411
Deberes de los hijos hacia los padres – John Bunyan (1628-1688) 417
Hijos, autoridad y sociedad – David Martyn Lloyd-Jones (1899-1981) 420
Pecados de niños y jóvenes – J. G. Pike (1784-1854) 426
Niños: Busquen al buen pastor – Robert Murray M'Cheyne (1813-1843) 432
Por qué necesitan nuestros hijos e hijas fe en Cristo – Charles Walker (1791-1870) 436
Hijos andando en la Verdad – J. C. Ryle (1816-1900) 438
A los hijos de padres consagrados – Charles H. Spurgeon (1834-1892) 441

Ropa modesta

Pensando como un cristiano acerca de la ropa modesta – Robert G. Spinney 444
Definición de modestia cristiana – Jeff Pollard 448
Un pecado vergonzoso de nuestra época – Arthur W. Pink (1886-1952) 451
Síntomas del orgullo corporal – John Bunyan (1628-1688) 455
Evitando modas indecorosas – Vincent Alsop (1630-1703) 458

Cómplices del adulterio – Robert G. Spinney 464
Su ropa revela su corazón – Richard Baxter (1615-1691) 467
Demasiado, demasiado poco, demasiado apretado – Robert G. Spinney 471
Nuestra vestidura real – Charles H. Spurgeon (1834-1892) 476
El retorno a la ropa modesta – Jeff Pollard 479

Pensamientos para los jóvenes

Pensamientos para los jóvenes – Archibald Alexander (1772-1851) 484
Consejos generales para los jóvenes – J. C. Ryle (1816-1900) 491
Advertencia a los jóvenes sobre el pecado – John Angell James (1785-1859) 497
Exhortaciones a la prudencia – Matthew Henry (1662-1714) 502
El afecto entre los hermanos – John Angell James (1785-1859) 510
¿Estás firme o a punto de caer? – Thomas Vincent (1634-1678) 514
Sin excusas: Cree en el Evangelio – Charles H. Spurgeon (1834-1892) 517

El Día del Señor

Establecido al momento de la creación – Arthur W. Pink (1886-1952) 524
Pensamientos bíblicos del Día del Señor – J. C. Ryle (1816-1900) 528
El cuarto mandamiento – Thomas Boston (1676-1732) 532
Los fundamentos del Día del Señor – Benjamin B. Warfield (1851-1921) 535
Del Día de reposo al Día del Señor – Archibald A. Hodge (1823-1886) 541
El Día del Señor en público – Ezekiel Hopkins (1634-1690) 546
El Día del Señor en el hogar – William S. Plumer (1802-1880) 549
Devoción, necesidad y caridad – Ezekiel Hopkins (1634-1690) 553
Honrando a Dios en su Día – Thomas Case (1598-1682) 555
Un placer inestimable – Jonathan Edwards (1703-1758) 558

Temas del *Portavoz de la Gracia* 561

Historia del *Portavoz de la Gracia* 561

Acerca de Chapel Library 563

Acerca del Centro Nacional para la Integración de Familias e Iglesias 567

Acerca de Publicaciones Aquila 569

Autores que figuran en

UNA TEOLOGÍA DE LA FAMILIA

1. **Richard Adams** (1626-1698): 347, 354, 316
   Pastor presbiteriano inglés, nacido en Worrall, Inglaterra.

2. **Archibald Alexander** (1772-1851): 484
   Teólogo presbiteriano norteamericano, primer profesor del Seminario Princeton, nacido en el Condado de Augusta, Virginia, Estados Unidos.

3. **J. W. Alexander** (1804-1859): 29, 50
   Hijo mayor de Archibald Alexander, primer profesor del Seminario Teológico Princeton. Estudió en Princeton College y en el Seminario Princeton, enseñando más adelante en ambas instituciones. No obstante, su primer amor fue el pastorado y ministró en iglesias en Virginia, Nueva Jersey y Nueva York, Estados Unidos, hasta su muerte.

4. **Vincent Alsop** (1630-1703): 458
   Pastor no conformista inglés, nacido en Northamptonshire, Inglaterra.

5. **Richard Baxter** (1615-1691): 258, 277, 467
   Predicador y teólogo puritano inglés; nacido en Rowton, Shropshire, Inglaterra.

6. **Peter Barnes**: 367
   Pastor de la Iglesia Presbiteriana de Australia; sirve ahora en la parroquia de Macksville después de haber servido en Vanuatu (antes Nuevas Hébridas).

7. **Joel R. Beeke**: 58, 382, 392
   Pastor de la Congregación Reformada Heritage Netherlands en Grand Rapids, Michigan, Estados Unidos; teólogo, autor y presidente del Seminario Teológico Puritano Reformado, donde es profesor de Teología Sistemática y de Homilética.

8. **Thomas Boston** (1676-1732): 290, 359, 532
   Pastor y teólogo presbiteriano escocés; nacido en Duns, Berwickshire.

9. **Charles Bridges** (1794-1869): 117
   Líder del Partido Evangélico de la Iglesia Anglicana. Mejor conocido por sus obras *The Christian Ministry* (El ministerio cristiano), *Proverbs* (Proverbios) y *Psalm 119* (Salmo 119).

10. **John Bunyan** (1628-1688): 170, 206, 253, 417, 455
    Pastor, predicador y autor inglés; nacido en Elstow cerca de Bedford, Inglaterra.

11. **Jabez Burns** (1805-1876): 144, 288
    Teólogo y filósofo no conformista inglés; nacido en Oldham, Lancashire, Inglaterra.

12. **Nicholas Byfield** (1579-1622): 262
    Predicador y autor puritano anglicano; nacido en Warwickshire, Inglaterra.

13. **Juan Calvino** (1509-1564): 250, 326
    Teólogo, pastor y líder importante durante la Reforma Protestante; nacido en Noyon, Francia.

14. **James Cameron** (1809-1873): 297, 318, 322
    Pastor congregacional escocés; nacido en Gourock, Firth of Clyde, Escocia.

15. **Thomas Case** (1598-1682): 555
    Pastor presbiteriano inglés y miembro de la Asamblea de Westminster, nacido en Kent, Inglaterra.

Autores que figuran en *Una teología de la familia*

16. **Stephen Charnock** (1628-1680): 343
    Pastor presbiteriano puritano inglés, teólogo y autor; nacido en St. Katherine Cree, Londres, Inglaterra.

17. **J. H. Merle D'Aubigne** (1794-1872): 38
    Pastor, profesor de historia eclesiástica, presidente y profesor de teología histórica de la Ecole de théologie de Genève; autor de varias obras sobre la historia de la Reforma, incluyendo los reconocidos *History of the Reformation of the Sixteenth Century* (Historia de la Reforma del siglo XVI) y *The Reformation in England* (La Reforma en Inglaterra).

18. **Philip Doddridge** (1702-1751): 208, 226
    Pastor no conformista inglés; prolífico autor y escritor de himnos; nacido en Londres, Inglaterra.

19. **Thomas Doolittle** (1632 – c. 1707): 35, 42, 45, 267
    Pastor no conformista inglés; nacido en Kidderminster, Worcestershire, Inglaterra.

20. **Jonathan Edwards** (1703-1758): 143, 558
    Predicador congregacionalista norteamericano. Considerado, junto con George Whitefield, el teólogo evangélico más importante y reconocido por su predicación durante el Gran Despertar. Autor de *Pecadores en manos de un Dios airado*, *Un tratado sobre afectos religiosos* y muchos títulos más. Nacido en East Windsor, Colonia de Connecticut.

21. **John Gill** (1697-1771): 96
    Teólogo bautista; nacido en Kettering, Inglaterra.

22. **William Gouge** (1575-1653): 83, 126, 178, 270
    Pastor puritano durante 46 años en Blackfriars, Londres; nacido en Stratford-Bow, Middlesex County, Inglaterra.

23. **George Grant**: 379
    Pastor de Parish Presbyterian Church, plantador de iglesias, autor, presidente del Centro de Estudios King's Meadow, fundador de Franklin Classical School y rector de New College Franklin, Tennessee, Estados Unidos.

24. **William Gurnall** (1617-1679): 244
    Autor y clérigo inglés nacido en King's Lynn, Norfolk. Recibió su educación en la escuela pública primaria de su pueblo y, en 1631, fue nominado para recibir la beca Lynn, de Emmanuel College, Cambridge, de donde se recibió con el título de Bachiller en Artes en 1635 y una Maestría en 1639. Fue nombrado rector de Lavenham en Suffolk en 1644 y, antes de recibir ese nombramiento, parece haber sido un prelado en Sudbury.

25. **Matthew Henry** (1662-1714): 502
    Predicador, autor y comentarista; nacido en Broad Oak, en los límites entre Flintshire y Shropshire, Inglaterra.

26. **Oliver Heywood** (1630-1702): 27
    Teólogo puritano no conformista. Echado de su púlpito en 1662 y excomulgado. Después de la Gran Expulsión, Heywood predicaba mayormente en reuniones caseras.

27. **Archibald Alexander Hodge** (1823-1886): 541
    Pastor y teólogo norteamericano, director del Seminario Princeton; nacido en Princeton, Nueva Jersey, Estados Unidos.

28. **Edward W. Hooker** (1794-1875): 216
    Pastor, autor congregacionalista y profesor norteamericano de retórica e historia eclesiástica; nacido en Goshen, Connecticut, Estados Unidos.

29. **Ezekiel Hopkins** (1634-1690): 364, 546, 553
    Pastor y autor anglicano; nacido en Sandford, Crediton, Devonshire, Inglaterra.

Autores que figuran en *Una teología de la familia*

30. **John Howe** (1630-1705): 54
    Autor y predicador puritano no conformista; capellán de Oliver Cromwell; nacido en Loughborough, Inglaterra.

31. **Thomas Jacomb** (1622-1687): 357
    Pastor presbiteriano inglés; hombre de vida ejemplar y de gran erudición; nacido en Melton Mowbray, Leicestershire, Inglaterra.

32. **John Angell James** (1785-1859): 97, 108, 112, 133, 159, 183, 230, 303, 411, 497, 510
    Predicador y autor congregacionalista; nacido en Blandford, Dorsetshire, Inglaterra.

33. **Elizabeth Brooke Joscelin** (c. 1595-1622): 306
    Nieta de William Chaderton (c. 1540-1608), teólogo y obispo anglicano; nacida en Cheshire, Inglaterra.

34. **Benjamin Keach** (1640-1704): 68
    Predicador y autor bautista particular y ardiente defensor de los principios bautistas, aun en contra de Richard Baxter. Encarcelado con frecuencia y a menudo en peligro por predicar el evangelio. Fue el primero en introducir el canto de himnos en los cultos de congregaciones inglesas; nacido en Stokeham, Buckinghamshire, Inglaterra.

35. **Edward Lawrence** (1623-1695): 236, 239
    Pastor no conformista inglés; nacido en Moston, Shropshire, Inglaterra.

36. **Samuel Lee** (1627-1691): 91
    Pastor puritano congregacional de St. Botolph, Bishopsgate; nacido en Londres, Inglaterra.

37. **Martín Lutero** (1483-1546): 330
    Monje alemán, ex sacerdote católico romano, teólogo e influyente líder de la Reforma Protestante del siglo XVI; nacido en Eisleben, Sajonia.

38. **Thomas Manton** (1620-1677): 334
    Predicador puritano no conformista; nacido en Lawrence-Lydiat, condado de Somerset, Inglaterra.

39. **Peter Marshall** (1902-1949): 292
    Predicador presbiteriano escocés norteamericano; nombrado dos veces capellán del senado de los Estados Unidos; nacido en Coatbridge, Escocia.

40. **David Martyn Lloyd-Jones** (1899-1981): 196, 212, 241, 420
    Posiblemente el mejor predicador expositivo del siglo XX; Westminster Chapel, Londres, Inglaterra, 1938-68; nacido en Gales.

41. **Robert Murray M'Cheyne** (1813-1843): 432
    Pastor presbiteriano escocés; pastor de St. Peter's Church, Dundee; nacido en Edinburgo, Escocia.

42. **J. R. Miller** (1840-1912): 338
    Pastor presbiteriano y talentoso escritor. Superintendente de la Junta de Publicaciones Presbiterianas; nacido en Frankfort Springs, Pensilvania, Estados Unidos.

43. **John G. Paton** (1824-1907): 55, 65
    Misionero presbiteriano escocés a las Nuevas Hébridas; comenzó su obra en la isla de Tanna, cuyos habitantes eran caníbales salvajes; luego evangelizó Aniwa; nacido en Braehead, Kirkmaho, Dumfriesshire, Escocia.

44. **Franklin E. (Ed) Payne, M.D.**: 395
    Médico nacido en Estados Unidos; enseñó Medicina Familiar en la Facultad de Medicina de Georgia durante 25 años; escribió extensa y provechosamente sobre temas de ética bíblica-médica en colaboración con Hilton Terrell, PH.D, M.D. (www.bmei.org), worldview, (www.biblicalworldview21.org) y filosofía bíblica-cristiana (www.biblicalphilosophy.org).

Autores que figuran en *Una teología de la familia*

45. Edward Payson (1783-1827): 194
Predicador congregacionalista norteamericano; pastor de la Iglesia Congregacional de Portland, Maryland; nacido en Rindge, Nueva Hampshire, Estados Unidos.

46. J. G. Pike (1784-1854): 404, 426
Pastor bautista; nacido en Edmonton, Alberta, Canadá.

47. Arthur W. Pink (1886-1952): 24, 148, 245, 351, 451, 524
Pastor, profesor de Biblia itinerante, autor; nacido en Nottingham, Inglaterra.

48. William S. Plumer (1802-1880): 549
Pastor y autor presbiteriano norteamericano; nacido en Greensburg, Pensilvania, Estados Unidos.

49. Jeff Pollard: 448, 479
Anciano de Mount Zion Bible Church in Pensacola, Florida, Estados Unidos.

50. J. C. Ryle (1816-1900): 201, 438, 491, 528
Obispo anglicano; nacido en Macclesfield, Cheshire County, Inglaterra.

51. Robert G. Spinney: 444, 464, 471
Pastor bautista y profesor asociado de historia de Patrick Henry College, Purcellville, Virginia, Estados Unidos.

52. R. C. Sproul (1939-2017): 374, 387
Teólogo presbiteriano y anciano dedicado a la enseñanza, presidente de Ligonier Academy of Biblical and Theological Studies; fundador y director de Ligonier Ministries, Florida, Estados Unidos.

53. Charles Haddon Spurgeon (1834-1892): 103, 188, 324, 399, 441, 476, 517
Influyente predicador bautista inglés; nacido en Kelvedon, Essex, Inglaterra.

54. Richard Steele (1629-1692): 72, 165, 154, 173
Predicador y autor puritano; nacido en Bartholmley, Cheshire, Inglaterra.

55. George Swinnock (1627-1673): 284
Predicador y autor puritano; nacido en Maidstone, Kent, Inglaterra.

56. W. K. Tweedie (1803-1863): 141
Pastor y autor de la Iglesia Libre; pastor de Tolbooth Kirk en Edimburgo, líder del movimiento conocido como La Ruptura que, en 1843, logró la separación de la Iglesia Libre de la Iglesia Establecida en Escocia. Nacido en Ayr, Escocia.

57. Thomas Vincent (1634-1678): 121, 514
Pastor y autor puritano inglés; nacido en Hertford, Hertfordshire, Inglaterra.

58. Charles Walker (1791-1870): 436
Pastor congregacionalista que se sentía compelido a enseñar la verdad de Dios a la juventud; nacido en Woodstock, Connecticut, Estados Unidos.

59. Benjamin Breckinridge Warfield (1851-1921): 535
Profesor de teología en el Seminario de Princeton; nacido cerca de Lexington, Kentucky, Estados Unidos.

60. Thomas Watson (c. 1620-1686): 75, 275, 408
Predicador y autor puritano no conformista inglés; nacido posiblemente en Yorkshire, Inglaterra.

PREFACIO

A mediados de la década de los 90, empecé a tomar conciencia de que la iglesia moderna había perdido la doctrina bíblica de la familia. La paternidad, que es según la Biblia, estaba muerta. El feminismo determinaba lo que realmente significaba ser mujer. El hecho de ser madre era motivo de desprecio. Los bebés eran marginados como si fueran ladrones de la comodidad y del éxito. Los matrimonios se estaban desintegrando y la institución misma estaba adoptando una nueva definición. Era casi imposible encontrar hombres en la Iglesia que entendieran la hombría o la paternidad, según la enseña la Biblia. En Norteamérica, millones de niños han sido abortados desde 1973. El siglo XX fue malo para la familia; todas las tendencias iban en la dirección incorrecta y la ignorancia bíblica llevaba a la familia vertiginosamente hacia la destrucción.

Edad oscurantista para la familia

La ignorancia bíblica generalizada con respecto a la familia era perturbadora. A la vez, llegaban los ataques implacables de la revolución sexual, el feminismo radical, el movimiento de control de natalidad, concubinatos, programas de ayuda, especialmente para familias con niños dependientes, homosexualidad, neomalthusianismo [o sea la teoría de que la población crece más que los recursos], la educación pública atea y la pornografía. La más profunda edad oscura de la familia parecía imposible de revertir. Comencé a creer que la iglesia de Cristo seguiría su descenso en espiral, a menos que recobráramos tres cosas: El evangelio auténtico, la Palabra de Dios en la Iglesia y la vida familiar bíblica.

Mientras tanto, Jeff Pollard hacía algo al respecto. Estaba trabajando hasta tarde en la noche para documentar una teología correcta de la familia. Reunió estas doctrinas de una manera organizada para el ministerio de Chapel Library. Quien conozca a Jeff Pollard por algún tiempo, sabe que los últimos doce años de su vida se definen por su ministerio en Mount Zion Bible Church y un cronograma riguroso para producir periódicamente *Free Grace Broadcaster*, una colección de sermones y artículos de siglos pasados centrados en Cristo, que ahora se publica también en español bajo el título *Portavoz de la Gracia*.

Todo se trata de recuperar la sana doctrina y las prácticas bíblicas. Jeff Pollard ha producido docenas de folletos sobre temas como el evangelio, el pecado, el arrepentimiento, el Espíritu Santo, la Sangre de Cristo, la justificación, la santificación, los pecados secretos y muchos otros temas de vital importancia. A través de su trabajo en Chapel Library, contamos con una abundancia de recursos doctrinales que son distribuidos alrededor del mundo. Los organizó en orden para cubrir los vacíos, curar las heridas y pasar a la próxima generación un legado vivificante. Trabajó durante más de diez años para identificar a los grandes autores y escritos del pasado que pueden dar respuesta a los problemas de la actualidad. Se adentró en el pasado. Volvió a las eras en que se entendía mucho mejor el concepto de la familia, centrado en Cristo. Ha rescatado la doctrina encerrada en los cofres de tesoros literarios del pasado. Doy gracias porque también hizo esto para la doctrina bíblica de la familia.

Prefacio

¿Qué dice la Biblia acerca de la familia?

Hay quienes afirman que la Biblia no dice mucho acerca de la familia, especialmente en el Nuevo Testamento. Esta opinión es generalizada. Pero, al contrario, la Biblia contiene una doctrina abundante sobre la familia. El presente libro contiene algunos elementos que, por largo tiempo, fueron olvidados de esta doctrina.

Tenemos que recuperar la convicción de que el propósito de Dios para la familia y sus instrucciones para ella constituyen un aspecto vital de la vida en la actualidad. Tenemos que confirmar en nuestra generación que Dios creó a la familia como un elemento muy importante en el cumplimiento de su propósito eterno. Primero, Dios creó a la familia para dar estructura y orden a los seres humanos, los cuales hizo a su imagen y semejanza. Segundo, la familia es la institución encargada de enseñar y preparar a los hijos para las iglesias, comunidades, culturas y naciones. Tercero, Dios creó a la familia con el fin de pasar el evangelio de una generación a otra. Por último, Dios diseñó a la familia para ser una demostración viva de diversos aspectos de la gloria del evangelio y también personificar las verdades bíblicas.

Por esto es que Dios ha ordenado que la familia sea la fuente de la cultura. Es el primer lugar sobre la tierra donde aparece la cultura y es formativa para todas las demás.

Historia redentora

No es accidental que toda la historia de redención se exprese en términos de la familia. La Biblia comienza con el matrimonio de Adán y Eva (Gn. 2:20-24) y termina con la cena de las bodas del Cordero, donde la esposa —la Iglesia— se casa con su esposo (Ap. 19:7-9). La historia del amor de Cristo por su Iglesia se ilustra con la figura de un esposo salvando a una esposa, dando su vida por ella, amándola, santificándola y glorificándola. El apóstol Pablo presenta este cuadro cuando ordena a los esposos que amen a sus esposas como Cristo amó a la Iglesia y se dio a sí mismo por ella. Pablo subraya que el amor que Cristo demostró en la redención de los pecadores es el modelo de la manera cómo los maridos deben amar a sus esposas. Aunque el marido no puede salvar el alma de su esposa, su vida con ella es un cuadro de la redención que se encuentra en Cristo.

No sólo los matrimonios pintan un cuadro del evangelio de la gracia de Dios sobre la tierra, sino también las relaciones entre hijos y sus padres. Dios es el Padre (Jn. 14:10; Ef. 4:6; Fil. 2:11; Col. 1:19; 1 P. 1:2); su familia es unida (Dt. 6:1-9; Mt. 28:19; Jn. 15:26; Gá. 3:20; 1 Jn. 5:7); tiene un Hijo (Jn. 3:16-17; 1 Co.1:3; Ef. 1:3; Col. 1:3; He. 1:1-2; 1 P. 1:3) y tiene hijos nacidos del Espíritu (Gá. 3:26; 1 J. 2:28-3:3). Estos hijos son hermanos y hermanas y madres en la familia de Dios (Ro. 12:5; 1 Ti. 5:1-2; 1 Jn. 3:14); son miembros de la familia de Dios sobre la tierra (Jn. 14:2-3) y Jesús da su vida por su Iglesia, a fin de presentársela como una novia adornada para su esposo (Ap. 19:1-10; 21:1-21).

Inmediatamente después de que Dios creara los cielos y la tierra, creó un esposo y una esposa terrenales (Gn. 2:20-24). Instruyó al esposo y a su esposa, a quienes había creado, que fueran fructíferos y se multiplicaran, generando así, más familias (Gn. 1:27-28).

Las relaciones entre las personas de la Trinidad son una analogía de las relaciones familiares. La actividad de pacto entre el Padre, el Hijo y el Espíritu Santo es la raíz de la que brota el pacto de redención, trayendo a hijos desobedientes de regreso a un Padre amante y misericordioso. Los miembros de la familia celestial traen a hijos e hijas para que tengan comunión con los miembros de la deidad y unos con otros. Están trayendo "muchos hijos a la gloria" (He. 2:10). Cuando los discípulos de Jesús bautizan a otros en el "nombre del Padre, y del Hijo, y del Espíritu Santo", literalmente los hacen miembros de la familia de la fe. Cuando adoptamos el nombre de Cristo al bautizarnos, estamos siendo recibidos en una familia nueva.

Cuando Dios hace algo maravilloso

Cuando Dios hace algo maravilloso en el mundo, a menudo lo hace usando a una familia. Cuando Dios creó el universo en toda su gloria, él, su Hijo y su Espíritu se pusieron a trabajar alegremente creando todo lo que existe (Pr. 8; Jn. 1:1).

Cuando Dios quiso cuidar el jardín del Edén y sojuzgar la tierra, instruyó a una familia compuesta por Adán y Eva para que se enseñoreara sobre ella (Gn. 1:28). Cuando Dios quiso preservar de la destrucción a su simiente justa, a la vez que cumplía su castigo contra un mundo pecaminoso, eligió a Noé y a su familia para preservar el linaje humano que permanece hasta este día (Gn. 8-10). Cuando quiso bendecir al mundo con la justicia que es solo por fe, escogió a Abraham, en cuya descendencia todas las familias de las naciones serán bendecidas (Gn. 12:1-3; 15; 17; 22:17; Hab. 2:4; Gá. 3:7-9; Ro. 3:21-26, 30; 4:1-4; 5:1). Cuando Dios quiso dar salvación a la humanidad, envió a su Hijo unigénito y su Hijo creó una familia, la familia de Dios (Gá. 6:10). Estableció su Iglesia, compuesta por hermanos y hermanas, madres y padres espirituales. Esta familia es "la iglesia del Dios viviente" (1 Ti. 3:15).

La familia es un aspecto central del propósito de Dios en la historia de la redención. Los padres de familia que enseñan a sus familias las Sagradas Escrituras son una parte importante del plan de Dios para salvar a los perdidos en cumplimiento del pacto con Abraham y la Gran Comisión. Predican el evangelio a sus familias y dan a conocer todo el consejo de Dios a sus hijos al criarlos "en disciplina y amonestación del Señor" (Ef. 6:1-4; Dt. 6:1-9; 11:18-21).

Reforma de la familia

En la actualidad, necesitamos una reforma de la familia o, más bien, una reforma de la vida familiar bíblica. La Reforma Protestante incluyó una reforma o transformación de la familia y, más adelante, entre los puritanos sucesores de los reformadores porque Juan Calvino fue primero y ante todo un pastor cuya predicación era expositiva; aplicaba las Escrituras a cada aspecto de la vida, incluyendo a la familia. Pero esa reforma no murió con Calvino porque los sucesores de los reformadores la continuaron y continúa hasta hoy. La mayoría de los autores presentados en esta obra son de la época de la reforma de la familia que tuvo lugar durante la época de la Reforma y de los Puritanos[1].

Durante la Reforma Protestante se examinaron numerosos aspectos teológicos y prácticos de la vida, corrigiéndolos en concordancia con las Escrituras. Así como la doctrina de la salvación fue reformada durante el siglo XVI, también lo fue el matrimonio, el lugar del varón, de la mujer, del padre y de la madre de familia, la educación de los hijos, la fertilidad y casi todas las áreas que se relacionan con la vida familiar. Juan Calvino nunca escribió un libro específicamente sobre la familia, pero a través de sus sermones, comentarios, escritos sistemáticos y las ordenanzas de Ginebra, encendió una reforma familiar que sigue ardiendo. Como hace notar John Witte, Jr.: "Juan Calvino transformó la teología occidental y la ley sobre el sexo, el matrimonio y la vida familiar... Calvino elaboró una nueva teología y ley general que hacía de la formación y disolución matrimonial, la crianza y el bienestar de los hijos, la cohesión y el mantenimiento familiar, y el pecado y crimen sexual, temas de preocu-

---

[1] Scott T. Brown, *Family Reformation: The Legacy of Sola Scriptura in Calvin's Geneva* [Reforma familiar: El legado de Sola Scriptura en la Ginebra de Calvino] (Wake Forest, North Carolina, Estados Unidos: The National Center for Family-Integrated Churches, 2013), 29-83.

pación esencial para la Iglesia, igual que para el estado. Organizó el Consistorio y el Concilio de Ginebra, de modo que fuera una alianza nueva y creativa para guiar y gobernar la reforma de la esfera doméstica íntima"[2]. Dios lo nombró para ser el promotor de una restructuración masiva de la institución más fundamental de la sociedad: La familia. La instrucción de Calvino sobre la familia, no sólo era extensa, sino amplia en su alcance, incluyendo casi todas las áreas de la vida familiar.

Como no lo hiciera ningún otro reformador, Calvino proveyó la precisión exegética que definió los términos para una visión bíblica de la vida familiar. Con una claridad cristalina, explicó los detalles acerca de cómo la familia había cambiado la verdad de Dios por una mentira.

Es impresionante notar los medios sencillos que Dios usó para generar esta reforma familiar. Fue orientada doctrinalmente y surgió de la tierra fértil de una visión de la majestad de Dios, el reconocimiento de la infalibilidad y suficiencia de las Escrituras, un cuidado pastoral práctico y tierno, una devoción por la predicación expositiva y la transformación real de aquellos que estaban reformando sus vidas conformándolas a las enseñanzas de la Palabra.

La reforma familiar en Ginebra necesita ser comprendida en el siglo XXI porque nos presenta una visión bíblica para la vida familiar y nos recuerda la agitación social que acompaña a la reforma pública de la familia.

Este tomo es un intento por producir los frutos del avivamiento que tuvo lugar durante la era de la Reforma y del Puritanismo, al igual que el legado de aquellos que después adoptaron su doctrina y su práctica. Durante la era del Puritanismo, hubo un avivamiento distintivo de la vida familiar bíblica. Esta reforma está detalladamente documentada en muchos libros que fueron escritos sobre el tema.

Se alentaba el culto familiar. A los padres de familia se les instruía para que se consideraran a sí mismos como los profetas, sacerdotes y reyes de sus familias; las esposas eran exhortadas a ser mujeres al estilo de Tito 2 y Proverbios 31 y los hijos eran llamados a honrar a sus padres, de modo que la fragancia de una vida familiar hermosa impregnó toda Inglaterra y Europa.

Atacada desde el principio

En el jardín del Edén, comenzaron los primeros ataques del diablo contra la Palabra de Dios que afectaron directamente la institución del matrimonio y el fruto del matrimonio creado por Dios, a saber, la familia. La serpiente convenció a una esposa de que Dios no era bueno y menoscabó su Palabra. El marido no protegió a su esposa que era vulnerable y el veneno mortal del pecado entró al mundo. Su fruto amargo apareció en la primera generación de los hijos: El primer hijo mayor en la historia asesinó al primer hermano menor. Y el diablo sigue hasta hoy librando una guerra sin tregua contra la familia.

¿Por qué hay un ataque tan incesante contra la familia en la actualidad? ¿Es porque al diablo no le gusta el amor y la comunión en la familia? Principalmente no, sino por lo siguiente:

Odio contra el evangelio

El diablo odia a la familia porque odia el evangelio de Jesucristo. Un matrimonio estropeado proyecta un evangelio estropeado, un marido sin amor y egoísta declara una fe sin amor y mentiras acerca del amor de Cristo por la Iglesia, una esposa no sumisa representa la falsedad

---

[2] John Witte, Jr., "Marriage and Family Life" [Matrimonio y vida familiar] en *The Calvin Handbook* [El manual de Calvino], Herman J. Selderhuis, ed. (Grand Rapids, Michigan, Estados Unidos: Wm. B. Eerdmans, 2009), 455.

de una Iglesia antinomiana, un hijo rebelde refleja a un hijo rebelde de Dios. El diablo está en misión, empeñado en destruir la gloria de Dios y su reino eterno dondequiera que exista, por ello apunta al blanco más importante: El evangelio. El evangelio es su objetivo principal porque revela la Simiente de la mujer que hirió la cabeza de la Serpiente en el Calvario.

La Iglesia es más saludable cuando prospera la vida familiar bíblica. Además, el mundo es bendecido cuando los padres de familia asumen su posición de pastor de la familia. Así como la Iglesia de Cristo es la columna y el fundamento de la verdad, la familia bíblica puede ser una salvaguarda bíblica del evangelio y un campo bendecido y fértil para la evangelización. También, la verdad del evangelio se demuestra por la estructura misma de la familia. Debido a estos factores, no nos sorprenda que el diablo odie los designios y el propósito de Dios para las familias.

Genocidio generacional

Satanás quiere destruir a las familias cristianas porque son un conducto de la bendición de Dios para muchas generaciones. Los escogidos de Dios nacen en una familia y, Cristo mismo —el Salvador del mundo—, llegó a este mundo del vientre de su madre. Los ataques de la serpiente a la familia cristiana siempre tienen implicaciones más amplias que trascienden más allá de una sola generación. Satanás ha estado en guerra contra la "simiente de la mujer" (Gn. 3:15) desde el principio. La "simiente de la mujer" es una figura de Cristo y todos los que están en él. ¿Puede, pues, sorprendernos que Satanás siempre esté procurando destruir esa simiente? Él sabe que el pecado es lo único que puede vencer el impacto exponencial de la simiente santa que se va multiplicando a través de las generaciones. El pecado es la única razón por la cual las familias se desintegran: "El pecado está a la puerta… y tú te enseñorearás de él" (Gn. 4:7). Caín rechazó el consejo del Señor acerca del peligro del pecado cuando albergaba en su mente pensamientos homicidas hacia su hermano Abel. El pecado ha sido el origen de cada problema familiar desde que cayó Adán en pecado. Desde el principio, Satanás ha estado ocupado en la empresa de destruir familias. Caín acabó por asesinar a su hermano y este acto brutal y violento fracturó a su familia en las generaciones subsiguientes. El pecado se interpone en el camino de las bendiciones que Dios ha ordenado para las familias de las naciones sobre la tierra. Este ataque a la familia es central en la guerra de Lucifer contra la humanidad, es una guerra global transgeneracional contra "la simiente de la mujer". En su intento por borrar el conocimiento de Dios de una generación a la otra, Satanás ataca las instituciones formativas de Dios: La Iglesia y la familia. Estos ataques van en aumento cada día. Se requiere una respuesta.

A medida que las culturas progresan de un ciclo moral a otro, ocurren cambios que exigen una respuesta bíblica. A menudo, se levantan movimientos que intentan rescatar los valores que se están perdiendo. Estos movimientos reaccionarios con frecuencia son vehementes, pero, por lo general, se caracterizan por respuestas públicas por medio de publicaciones. A medida que la cultura colapsa, los escritores toman su pluma como arma para dar la alarma. Son reaccionarios. A menudo son perturbadores. Una manera de identificar la degradación cultural en un área en particular, es que se empieza a ver una ola de publicaciones sobre el tema que no se veía desde hacía muchos años. Cuando está sucediendo un cambio importante, la gente lo hace tema de sus escritos y de sus conversaciones. Al encontrarnos en un periodo de la historia cuando la familia es atacada por todos los costados, hemos visto un aumento en las publicaciones sobre la familia. Durante muchos años hubo muy poca actividad, pero en las últimas dos décadas ha aumentado dramáticamente.

Doy gracias por Jeff Pollard, quien tomó sus armas de guerra para salir a la batalla.

En este libro se declaran cosas hermosas. Son señalizaciones en "las sendas antiguas" (Jer. 6:16). Esta obra está dedicada a la preservación de esas señalizaciones en el camino del Rey.

El movimiento histórico

Presentamos esta obra en un momento cuando muchas personas en las culturas del mundo han dejado de lado los mandatos y los modelos santos para la vida familiar, tal como los revelan las Escrituras, mandatos que una vez obedecieron con fidelidad. Si uno habla públicamente sobre estos temas, citando la Biblia, verá que son ampliamente rechazados. Muchos aborrecen de corazón las cosas hermosas que Dios ha ordenado para la vida familiar. El mismo diablo aborrece las cosas hermosas, pero nunca podrá destruirlas: "Las puertas del Hades [infierno] no prevalecerán" (Mt. 16:18) contra la hermosura y la bondad de los designios de Dios para la Iglesia y la familia.

Pero yo y mi casa…

Josué retó con valentía al pueblo de Israel a ser fiel al Dios que los había librado de la esclavitud de Egipto: "Y si mal os parece servir a Jehová, escogeos hoy a quién sirváis; si a los dioses a quienes sirvieron vuestros padres, cuando estuvieron al otro lado del río, o a los dioses de los amorreos en cuya tierra habitáis; pero yo y mi casa serviremos a Jehová" (Jos. 24:15). Josué les instó a tomar una decisión que determinaría qué camino tomarían en la vida. Muchos han sido valientes y hecho suya la heroica declaración de Josué: "…pero yo y mi casa serviremos a Jehová", sólo para luego descubrir que no saben *cómo* hacerlo ni *cómo* se manifiesta. La voz de cristianos fieles que nos han precedido nos puede ayudar en ambos casos. Los artículos en este libro han sido compilados precisamente para instruirnos sobre cómo "servir a Jehová" como hombres, mujeres y niños, según la Palabra infalible de Dios.

—*Scott Brown*

Capítulo 1

LA ADORACIÓN FAMILIAR

Si esperamos recobrar la misión bíblica de la familia, lo primero que debemos hacer es restaurar su adoración. Frecuentemente, la gente trata de corregir los problemas de sus familias por medio de cambios superficiales en áreas importantes, pero mientras no traten con la adoración, estas personas serán semejantes a los hombres de Judá que curaban "la herida [del] pueblo con liviandad" (Jer. 6:14). Muchos de los males en la vida familiar se pueden atribuir al abandono de la adoración familiar.

Las palabras "adoración familiar" no se encuentran en la Biblia, pero esta práctica y los principios que la guían sí se pueden encontrar desde el Génesis hasta el Apocalipsis. Es posible que sea una de las fuerzas más potentes en la vida familiar. Yo he visto a familias que han sido transformadas de forma extraordinaria. Esto ocurre cuando un hombre hace algo muy simple: Toma su Biblia para leerla a su familia. Ocurre una transformación porque la Palabra de Dios es poderosa (He. 4:12; Sal. 19). Cuando un hombre lleva a cabo esta obra con un corazón sincero, el resultado es siempre una vida transformada. Además, por medio de esta acción también se levanta la bandera de la autoridad de Cristo en el centro del hogar. Y mediante los manantiales de la Palabra de Dios y el Espíritu Santo, la familia recibe refrigerio y reforma.

Nuestra iglesia se esfuerza por preparar a su gente para esta tarea. Personalmente, he entrenado a muchos hombres y mujeres para ella con un curso, que consiste de cuatro puntos, sobre el tema de cómo se debe llevar a cabo la adoración familiar. La duración de éste es como de treinta segundos. En primer lugar, abre la Biblia y léela a tu familia. En segundo lugar, después de leer la Biblia, pregúntale a tu familia cuáles son las verdades espirituales que observaron de manera especial en el texto. En tercer lugar, dirige a tu familia para que hagan oraciones sinceras los unos por los otros, que incluyan peticiones al Señor por su favor, por la familia, la Iglesia, la comunidad, la nación y el mundo, y para que clamen por las almas de los que se pierden. En cuarto lugar, que todos en la familia canten juntos porque al honrar a Dios y la Palabra de su Gracia, se desatan las fuentes de agua viva. El capítulo siguiente contiene instrucciones teológicas y prácticas para que puedas llevar a cabo esta maravillosa responsabilidad y para que de esta manera se desborden las fuentes de purificación que Dios trae por medio de la adoración. La adoración a Dios es la única esperanza para la restauración del individuo, la familia, la Iglesia y en última instancia, las naciones.

—*Scott Brown*

Capítulo 1—La adoración familiar

Una causa de la decadencia de la fe cristiana[1] en nuestro tiempo

¡Oh! Si pudiéramos poner a un lado las demás contiendas y que en el futuro la única preocupación y contienda de todos aquellos sobre los cuales se invoca el nombre de nuestro bendito Redentor, sea caminar humildemente con su Dios y perfeccionar la santidad en el temor del Señor, ejercitando todo amor y mansedumbre los unos hacia los otros, esforzándose cada uno por dirigir su conducta tal como se presenta en el evangelio y, de una forma adecuada a su lugar y capacidad; fomentar enérgicamente en los demás la práctica de la religión verdadera y sin mácula delante de nuestro Dios y Padre. Y que en esta época de decadencia no gastemos nuestras energías en quejas improductivas con respecto a las maldades de otros, sino que cada uno pueda empezar en su hogar a reformar, en primer lugar, su propio corazón y sus costumbres; que después de esto, agilice todo aquello en lo que pueda tener influencia, con el mismo fin; que si la voluntad de Dios así lo quisiera, nadie pudiera engañarse a sí mismo descansando y confiando en una forma de piedad sin el poder de la misma y sin la experiencia interna de la eficacia de aquellas verdades que profesa.

Ciertamente existe un origen y una causa para la decadencia de la religión en nuestro tiempo, algo que no podemos pasar por alto y que nos insta con empeño a una corrección. Se trata del descuido de la *adoración a Dios* en las familias por parte de aquellos a quienes se ha puesto a cargo de ellas encomendándoles que las dirijan. ¿No se acusará, y con razón, a los padres y cabezas de familia por la burda ignorancia y la inestabilidad de muchos, así como por la falta de respeto de otros, por no haberlos formado en cuanto a la forma de comportarse, desde que tenían edad para ello? Han descuidado los mandamientos frecuentes y solemnes que el Señor impuso sobre ellos para que catequizaran e instruyeran a los suyos y que su más tierna infancia estuviera sazonada con el conocimiento de la verdad de Dios, tal como lo revelan las Escrituras. Asimismo, su propia omisión de la oración y otros deberes de la religión en sus familias, junto con el mal ejemplo de su conversación disoluta, los ha endurecido llevándolos en primer lugar a la dejadez y, después, al desdén de toda piedad[2]. Sabemos que esto no excusará la ceguera ni la impiedad de nadie, pero con toda seguridad caerá con dureza sobre aquellos que han sido, por su propio proceder, la ocasión de tropiezo. De hecho, estos mueren en sus pecados, ¿pero no se les reclamará su sangre a aquellos bajo cuyo cuidado estaban y que han permitido que partiesen sin advertencia alguna? ¡Los han llevado a las sendas de perdición! ¿No saben que la diligencia de los cristianos en el desempeño de estos deberes, en los años pasados, se levantará en juicio y condenará a muchos de aquellos que estén careciendo de ella en la actualidad?

---

[1] **Nota del editor** – La palabra original que el autor emplea aquí es *religión*. A la luz del uso amplio y muchas veces confuso de la palabra *"religión"* hoy en día, los términos "fe cristiana", "cristianismo" y "fe en Cristo" y, a veces, "piedad", "piadoso/a" o "piedad cristiana", suelen reemplazar "religión" y "religioso" en muchos casos en esta publicación.

[2] **Piedad** – La reverencia hacia Dios, amar su Carácter y obedecer con devoción su Voluntad.

Concluiremos con nuestra ferviente oración pidiéndole al Dios de toda gracia que derrame esas medidas necesarias de su Espíritu Santo sobre nosotros para que la profesión de la verdad pueda ir acompañada por la sana creencia y la práctica diligente de la misma y que su Nombre pueda ser glorificado en todas las cosas por medio de Jesucristo, nuestro Señor. Amén.

Tomado del prefacio de *La Segunda Confesión Bautista de Londres de 1689*; reeditada por CHAPEL LIBRARY y disponible allí.

Culto familiar
Arthur W. Pink (1886-1952)

Existen algunas ordenanzas y medios de gracia[3] exteriores que son muy importantes y están claramente implícitos en la Palabra de Dios, pero para los cuales tenemos pocos, si acaso algunos, preceptos claros y positivos que nos ayuden a ponerlos en práctica. Más bien, nos limitamos a recogerlos del ejemplo de hombres santos y de diversas circunstancias secundarias. Se logra un fin importante por este medio y es así que se prueba el estado de nuestro corazón. Sirve para probar si los cristianos profesantes descuidarán un deber claramente implícito por el hecho de no poder citar un mandato explícito que requiera su obediencia. Así, se descubre el verdadero estado de nuestra mente y se hace manifiesto si tenemos o no un amor ardiente por Dios y por servirle. Esto se aplica tanto a la adoración pública como a la familiar. No obstante, no es difícil dar pruebas de la obligación de ser devotos en el hogar.

Considere primero el ejemplo de Abraham, el padre de los fieles y el amigo de Dios (Stg. 2:23). Fue por su devoción a Dios en su hogar que recibió la bendición de: "Porque yo lo he conocido, sé que mandará a sus hijos y a su casa después de sí, que guarden el camino de Jehová, haciendo justicia y juicio" (Gn. 18:19 JUB[4]). El patriarca es elogiado aquí por instruir a sus hijos y siervos en el más importante de los deberes, "el camino del Señor"; la verdad acerca de su gloriosa persona, su derecho indiscutible sobre nosotros, lo que requiere de nosotros. Note bien las palabras *"que mandará"*, es decir que usaría la autoridad que Dios le había dado como padre y cabeza de su hogar para hacer cumplir en él los deberes relacionados con la devoción a Dios. Abraham también oraba a la vez que enseñaba a su familia: Dondequiera que levantaba su tienda, edificaba "allí un altar a Jehová" (Gn. 12:7; 13:4). Ahora bien, mis lectores, preguntémonos: ¿Somos "linaje de Abraham" (Gá. 3:29) si no "[hacemos] las obras de Abraham" (Jn. 8:39) y descuidamos el serio deber del culto familiar?

El ejemplo de otros hombres santos es similar al de Abraham. Considere la devoción que refleja la determinación de Josué quien declaró a Israel: "Yo y mi casa serviremos a Jehová" (Jos. 24:15). No dejó que la posición de honor que ocupaba ni las obligaciones públicas que lo presionaban, lo distrajeran de procurar el bienestar de su familia. También, cuando David llevó el arca de Dios a Jerusalén con gozo y gratitud, después de cumplir sus obligaciones públicas "volvió para bendecir su casa" (2 S. 6:20). Además de estos importantes ejemplos, podemos citar los casos de Job (1:5) y Daniel (6:10). Limitándonos a sólo uno en el Nuevo Testamento, pensamos en la historia de Timoteo, quien se crió en un hogar piadoso. Pablo le hizo recordar "la fe no fingida" que había en él y agregó: "La cual habitó primero en tu abuela Loida, y en tu madre Eunice,…" (2 Ti. 1:5). ¡Con razón pudo decir enseguida: "Desde la niñez has sabido las Sagradas Escrituras"! (2 Ti. 3:15).

Por otra parte, podemos observar las terribles amenazas pronunciadas contra los que descuidan este deber. Nos preguntamos cuántos de nuestros lectores han reflexionado seriamente sobre estas palabras impresionantes: "¡Derrama tu enojo sobre las gentes que no te

---

[3] **Medios de gracia** – Algunas actividades dentro de la comunidad de la Iglesia que Dios usa para darnos más gracia los cristianos: La enseñanza de la Palabra, el Bautismo, la Cena del Señor, oración por los otros, compañerismo piadoso y otras. (Grudem, *Systematic Theology*. 951).

[4] **JUB**, siglas de la Biblia Jubileo 2000 – La traducción de este versículo en la Reina Valera 1960, versión que normalmente usamos, difiere de la KJV y no incluye todo el pensamiento original del autor. Aunque, por lo general, no coincidimos con la JUB, la hemos usado en este contexto porque la traducción de este versículo se aproxima más al original hebreo y al inglés de la KJV.

conocen, y sobre las naciones que no invocan tu nombre!" (Jer. 10:25). Qué tremendamente serio es saber que las familias que no oran son consideradas aquí iguales a los paganos que no conocen al Señor. ¿Esto nos sorprende? Pues, hay muchas familias paganas que se juntan para adorar a sus dioses falsos. ¿Y no es esto causa de vergüenza para los cristianos profesantes? Observe también que Jeremías 10:25 registra imprecaciones terribles sobre ambas por igual: *"Derrama tu enojo sobre..."*. ¡Con cuánta claridad nos hablan estas palabras!

No basta que oremos como individuos en nuestra cámara; se requiere que también honremos a Dios en nuestras familias. Dos veces cada día como mínimo, —de mañana y de noche— *toda la familia* debe reunirse para arrodillarse ante el Señor —padres e hijos, amo y siervo— para confesar sus pecados, para agradecer las misericordias de Dios, para buscar su ayuda y bendición. No debemos permitir que nada interfiera con este deber: Todos los demás quehaceres domésticos deben supeditarse a él. La cabeza del hogar es el que debe dirigir el tiempo devocional, pero si está ausente o gravemente enfermo, o es inconverso, entonces la esposa tomará su lugar. Bajo ninguna circunstancia ha de omitirse el culto familiar. Si queremos disfrutar de las bendiciones de Dios sobre nuestra familia, entonces reúnanse sus integrantes diariamente para alabar y orar al Señor. *"Honraré a los que me honren"* es su promesa.

Un antiguo escritor dijo: "Una familia sin oración es como una casa sin techo, abierta y expuesta a todas las tormentas del cielo"[5]. Todas nuestras comodidades domésticas y las misericordias temporales que tenemos proceden del amor y la bondad del Señor, y lo mejor que podemos hacer para corresponderle es reconocer con agradecimiento, juntos, su bondad para con nosotros como familia. Las excusas para no cumplir este sagrado deber son inútiles y carecen de valor. ¿De qué nos valdrá decir, cuando rindamos cuentas ante Dios por la mayordomía de nuestra familia, que no teníamos tiempo ya que trabajábamos sin parar desde la mañana hasta la noche? Cuanto más urgentes son nuestros deberes temporales, más grande es nuestra necesidad de buscar socorro espiritual. Tampoco sirve que el cristiano alegue que no es competente para realizar semejante tarea: Los dones y talentos se desarrollan con el uso y no con descuidarlos.

El culto familiar debe realizarse *reverente, sincera y sencillamente*. Es entonces que los pequeños recibirán sus primeras impresiones y formarán sus primeros conceptos del Señor Dios. Debe tenerse sumo cuidado a fin de no darles una idea falsa de la Persona Divina. Con este fin, debe mantenerse un equilibrio entre comunicar su trascendencia[6] y su inmanencia[7], su santidad y su misericordia, su poder y su ternura, su justicia y su gracia. La adoración debe empezar con unas pocas palabras de oración invocando la presencia y bendición de Dios. Debe seguirle un corto pasaje de su Palabra, con breves comentarios sobre el mismo. Pueden cantarse dos o tres estrofas de un salmo y luego concluir con una oración en la que se encomienda a la familia a las manos de Dios. Aunque no podamos orar con elocuencia, hemos de hacerlo de todo corazón. Las oraciones que prevalecen son generalmente breves. Cuídese de no cansar a los pequeñitos.

Los beneficios y las bendiciones del culto familiar son incalculables. Primero, el culto familiar evita muchos pecados. Maravilla el alma, comunica un sentido de la majestad y autoridad de Dios, presenta verdades solemnes a la mente, brinda beneficios de Dios sobre el hogar. La devoción personal en el hogar es un medio muy influyente, bajo Dios, para comu-

---

[5] Esta cita ha sido atribuida a Thomas Brooks.
[6] **Trascendencia** – La distinción de Dios de su creación y su soberana exaltación sobre ésta.
[7] **Inmanencia** – Dios está morando en su creación y sus procesos y, en equilibrio con su trascendencia, Dios está muy cerca de todos nosotros.

nicar devoción a los pequeños. Los niños son mayormente criaturas que imitan, a quienes les encanta copiar lo que ven en los demás.

"Él estableció testimonio en Jacob, y pusó ley en Israel, la cual mandó a nuestros padres que la notificasen a sus hijos, para que lo sepa la generación venidera, los hijos que nacerán, y los que se levantarán, lo cuenten a sus hijos. A fin de que pongan en Dios su confianza, y no se olviden de las obras de Dios, que guarden sus mandamientos" (Sal. 78:5-7). ¿Cuánto de la terrible condición moral y espiritual de las masas en la actualidad puede adjudicarse al descuido de este deber por parte de los padres de familia? ¿Cómo pueden los que descuidan la adoración a Dios en su familia pretender hallar la paz y bienestar en el seno de su hogar? La oración cotidiana en el hogar es un medio bendito de gracia para disipar esas pasiones dolorosas a las cuales está sujeta nuestra naturaleza común. Por último, la oración familiar nos premia con la presencia y la bendición del Señor. Contamos con una promesa de su presencia que se aplica muy apropiadamente a este deber: Vea Mateo 18:19-20. Muchos han encontrado en el culto familiar aquella ayuda y comunión con Dios que anhelaban y que no habían logrado en la oración privada.

Tomado de *"Family Worship"* (*Culto familiar*), reeditada por CHAPEL LIBRARY.

A.W. Pink (1886-1952): Pastor, maestro itinerante de la Biblia, autor, nació en Nottingham, Inglaterra.

Deseamos profundamente un avivamiento de la religión doméstica. La familia cristiana era el baluarte de la piedad en la época de los puritanos; sin embargo, en estos tiempos malos, centenares de familias de pretendidos cristianos no tienen adoración familiar, no tienen control sobre los hijos en edad de crecimiento ni instrucción, ni disciplina saludables. ¿Cómo podemos esperar ver avanzar el reino de nuestro Señor cuando sus propios discípulos no les enseñan su Evangelio a sus hijos?
— *Charles Spurgeon*

Un remedio para el decaimiento de la fe cristiana[8]
Oliver Heywood (1630-1702)

Por amor a ustedes, queridos amigos, me atrevo a aparecer de nuevo en público para ser su monitor[9] fiel para impulsarlos hacia su deber y fomentar la obra de Dios en sus almas y la adoración de Dios en sus familias. Y no sé cómo puede emplear un ministro su nombre, sus estudios y escribir mejor (además de la convicción y la conversión de almas particulares) que imponiendo sobre los cabezas de familia que se ocupen de las almas que estén a su cargo. Esto tiene una tendencia directa a la reforma pública. La fe cristiana empieza en los individuos y se transmite a sus parientes, y las esferas relacionales menores componen una entidad mayor: Las iglesias y las mancomunidades están formadas por familias. Existe una queja general por la decadencia del poder de la piedad y la inundación de las cosas profanas y con razón. No conozco mejor remedio que la piedad[10] doméstica: ¿Acaso enseñaron los gobernadores a sus subalternos mediante consejos y ejemplos? ¿Desanimaron severamente y restringieron las enormidades[11], fomentando con celo la santidad, clamando a Dios en unidad y con fervor, pidiéndole que obrara con eficacia y realizara aquello que ellos no podían hacer, pudiendo decir qué bendita alteración vendría a continuación?

En vano se quejan de magistrados y ministros, mientras *ustedes* que son padres de familia son infieles a su deber. Se quejan de que el mundo está en mal estado: ¿Qué hacen *ustedes* para remediarlo? No se quejen tanto de los demás, sino de ustedes mismos, y no se quejen tanto antes los hombres, sino delante de Dios. Supliquenle a Dios que haga una reforma y secunden también sus oraciones con ferviente esfuerzo, ocúpense de su propio hogar y actúen para Dios dentro de este ámbito. Conforme vayan teniendo más oportunidad de familiaridad con los que viven dentro de su casa, más autoridad tendrán sobre ellos porque ellos dependerán de ustedes para que influyan en ellos. Y si no mejoran este talento, tendrán terribles cuentas que rendir, sobre todo cuando sus manos tengan que responder de la sangre de ellos, porque el pecado que cometieron se cargará sobre la negligencia de ustedes.

¡Oh, señores! ¿No han pecado ustedes ya bastante, sino que tienen que acarrear sobre ustedes la culpa de toda su familia? Son *ustedes* los que hacen que los tiempos sean malos y provocan juicios sobre la nación. ¿Prefieren ver las angustias de sus hijos y oírlos gritar en medio de tormentos infernales que hablarles una palabra para su instrucción, escucharlos llorar bajo su corrección o suplicarle a Dios por su salvación? ¡Oh crueles tigres y monstruos bárbaros! Tal vez imaginen que ustedes son cristianos; sin embargo, a mi juicio, un hombre que no mantiene la adoración de Dios como costumbre en su familia no es digno de ser un participante adecuado de la Santa Cena. Merece amonestación y censura por este pecado de omisión, así como por los escandalosos pecados de comisión; y es que traiciona su vil hipocresía al pretender ser un santo fuera, cuando es una bestia en su casa porque un cristiano bien nacido, es decir, de buenas maneras y refinado, [respeta] todos los mandamientos de Dios. Es de los que son justos delante de Dios y *"andan irreprensibles en todos los mandamientos*

---

[8] **Nota del editor** – La palabra original que el autor emplea aquí es *religión*. A la luz del uso amplio y muchas veces confuso de la palabra *"religión"* hoy en día, los términos "fe cristiana", "cristianismo" y "fe en Cristo" y, a veces, "piedad", "piadoso/a" o "piedad cristiana", suelen reemplazar "religión" y "religioso" en muchos casos en esta publicación.

[9] **Monitor** – Aquel que advierte de las faltas o informa del deber.

[10] **Piedad** – La reverencia hacia Dios, amar su Carácter y obedecer con devoción su Voluntad.

[11] **Enormidades** – Ofensas monstruosas o males; ultrajes.

y ordenanzas del Señor" (Lc. 1:6). Que los otros vayan en medio de la manada de los profanos y que les vaya como hagan finalmente, sin conciencia de familia o piedad pertinente. Los que no oren ahora, llorarán más tarde: "Señor, Señor, ábrenos" cuando la puerta se cierre (Mt. 25:11). Sí, los que ahora no quieren clamar por un mendrugo de misericordia, lo harán en el infierno por una "gota de agua que calme sus lenguas abrasadas en los tormentos eternos" (*cf.* Lc. 16:22-24). A estos hipócritas que se autodestruyen les recomiendo que consideren seriamente Proverbios 1:24-31; Job 8:13-15; 27:8-10. ¡Oh cuán gran honor que el Rey del Cielo le admita a uno en la cámara de su presencia con la familia, dos veces al día para confesar los pecados; pedir perdón y provisiones de misericordia; para darle la gloria por su bondad y depositar la carga sobre Él y obtener alivio! Espero que no sean nunca reacios a esto ni se cansen de ello, ¡que Dios no lo permita! El que quiere tener buena salud no se queja a la hora de comer. Reconozcan y observen esos momentos designados para venir a Dios. Si uno promete encontrarse con una persona importante a una hora concreta, cuando el reloj da la hora se levanta, pide disculpas y le dice a quién lo acompaña que [alguien] le espera, que debe marcharse. No se tomen más libertad con Dios de la que se tomarían con los hombres y mantengan su corazón continuamente en disposición de hacer su deber.

Tomado de *"The Family Altar"* (El altar de la familia), *The Works of Oliver Heywood* (Las obras de Oliver Heywood), Vol. 4, reeditado por Soli Deo Gloria Publications, una división de Reformation Heritage Books.

Oliver Heywood (1630-1702): Erudito puritano no conformista. Expulsado de su púlpito en 1662 y excomulgado, Heywood predicó principalmente en casas privadas después de la Gran Expulsión.

> *¡Bienaventurada la familia que se reúne cada mañana para orar! ¡Bienaventurados los que no permiten que la tarde acabe sin unirse en súplicas! Hermanos, desearía que fuera más habitual, que fuera universal, que todos los que profesan la fe cristiana tengan la costumbre de orar en familia. En ocasiones oímos hablar de hijos de padres cristianos que no crecen en el temor de Dios y se nos pregunta por qué han acabado tan mal. En muchos, muchísimos casos, me temo que existe un descuido tan grande de la adoración familiar que es muy poco probable que a los hijos les impresione ninguna piedad que, supuestamente, posean sus padres.*
> — Charles Spurgeon

> *¿Te gustaría mantener la autoridad en tu familia? No podrías hacerlo mejor que manteniendo la adoración a Dios en el seno la misma. Si alguna vez, un cabeza de familia ha tenido un aspecto estupendo, realmente extraordinario, es cuando dirige su hogar en el servicio de Dios y preside entre los suyos en las cosas santas. Entonces se muestra digno de doble honra porque les enseña el buen conocimiento del Señor, es la boca de ellos ante Dios en la oración y los bendice en su Nombre.*
> — Matthew Henry

La naturaleza, la reivindicación y la historia de la adoración en familia
James W. Alexander (1804-1859)

La adoración en familia, como el nombre lo indica, es la adoración conjunta que se rinde a Dios por parte de todos los miembros de una familia. Existe un impulso irresistible a orar por aquellos a quienes amamos y, no sólo a orar *por* ellos, sino *con* ellos. Existe una incitación natural, a la vez que benévola, de orar con aquellos que están cerca de nosotros. La oración es un ejercicio social. La oración que nuestro Señor les enseñó a sus discípulos lleva este sello en cada petición. Es este principio el que conduce a las devociones unidas de las asambleas de iglesias y que se manifiesta de inmediato en las familias cristianas.

Aunque sólo hubiera dos seres humanos sobre la tierra, si tuvieran un corazón santificado, se verían atraídos a orar el uno con el otro. Aquí tenemos la fuente de la adoración doméstica. Hubo un tiempo en el que sólo había dos seres humanos sobre la tierra y podemos estar seguros de que ofrecieron adoración en común. Fue la adoración familiar en el Paraíso.

Que la religión deba pertenecer especialmente a la relación doméstica no es en absoluto maravilloso. La familia es las más antigua de las sociedades humanas. Es tan antigua como la creación de la raza. Los hombres no se unieron en familias por una determinación voluntaria o convenio social de acuerdo con la absurda invención de los infieles: Fueron *creados* en familias.

No es nuestro propósito hacer ningún esfuerzo ingenioso por forzar la historia del Antiguo Testamento para nuestro servicio o investigar la adoración familiar en cada era del mundo. Que ha existido siempre, no lo ponemos en duda; que el Antiguo Testamento pretendía comunicar este hecho ya no está tan claro. Pero sin ninguna indulgencia de la imaginación, no podemos dejar de discernir el *principio* de la adoración familiar que aparece y reaparece como algo familiar en los tiempos más remotos.

Aunque toda la iglesia de Dios estaba en el arca, la adoración era por completo una adoración familiar. Y, después de que las aguas retrocedieran, cuando "edificó Noé un altar a Jehová" se trataba de un sacrificio familiar (Gn. 8:20). Los patriarcas parecen haber dejado un registro de su adoración social en cada campamento. Tan pronto como encontramos a Abraham en la Tierra Prometida, le vemos levantando un altar en la llanura de More (Gn. 12:7). Lo mismo ocurre en el valle entre Hi y Betel. Isaac, no sólo renueva las fuentes que su padre había abierto, sino que mantiene sus devociones, edificando un altar en Beerseba (Gn. 26:25). El altar de Jacob en Bet-el era eminentemente un monumento familiar y así fue señalado por lo que él le dijo a su familia y a todos los que estaban con él en el camino: "Quitad los dioses ajenos que hay entre vosotros" (Gn. 35:1-2). El altar se llamó El-Bet-el. Esta herencia de ritos religiosos en el linaje de la familia correspondía con aquella declaración de Jehová con respecto a la religión de la familia que debería prevalecer en la casa de Abraham (Gn. 18:19). El servicio de Job en nombre de sus hijos era un servicio perpetuo: "Enviaba y los santificaba, y se levantaba de mañana y ofrecía holocaustos conforme al número de todos ellos... De esta manera hacía todos los días" como dice el hebreo, "todos los días" (Job 1:5). El libro de Deuteronomio está lleno de religión familiar y como ejemplo de esto podemos señalar de forma especial el capítulo seis. La Pascua, como veremos de forma más plena más adelante, era un rito familiar.

Capítulo 1—La adoración familiar

Por todas partes en el Antiguo Testamento, los hombres buenos tenían en cuenta la unión doméstica en su religión. Josué, aún ante el riesgo de quedarse solo con su familia, se aferra a Dios: "Yo y mi casa serviremos a Jehová" (Jos. 24:15). David, tras su servicio público en el tabernáculo, donde "bendijo al pueblo en el nombre de Jehová de los ejércitos" regresa "para bendecir su casa" (2 S. 6:20). Había aprendido a relacionar el servicio a Dios con los lazos domésticos en la casa de su padre Isaí *"porque todos los de su familia celebran allá el sacrificio anual"* (1 S. 20:6). Y, en las predicciones de la humillación penitencial[12] que tendrá lugar cuando Dios derrame sobre la casa de David y los habitantes de Jerusalén el espíritu de gracia y de súplicas, la idoneidad de tales ejercicios para la familia como tal no se pasan por alto: "Y la tierra lamentará, cada linaje aparte; los descendientes de la casa de David por sí, y sus mujeres por sí; los descendientes de la casa de Natán por sí, y sus mujeres por sí; los descendientes de la casa de Leví por sí, y sus mujeres por sí; los descendientes de Simei por sí, y sus mujeres por sí; todos los otros linajes, cada uno por sí, y sus mujeres por sí" (Zac. 12:12-14).

En el Nuevo Testamento, las huellas de la adoración familiar no son menos obvias. Nos alegra tomar prestado el animado lenguaje del Sr. Hamilton de Londres y preguntar: "¿Envidias a Cornelio, cuyas oraciones fueron oídas y a quien el Señor le envió un mensajero especial que le enseñara el camino de la salvación? Era un hombre "piadoso y temeroso de Dios con toda su casa, y que hacía muchas limosnas al pueblo, y oraba a Dios siempre" y que estaba tan ansioso por la salvación de su familia que reunió a sus parientes y sus amigos cercanos para que pudieran estar preparados para escuchar al Apóstol cuando éste llegara y, de esta manera, también beneficiarse (Hch. 10:2, 24 y 31). ¿Admiras a Aquila y Priscila, "colaboradores [de Pablo] en Cristo Jesús" y tan diestros en las Escrituras que pudieron enseñarle más exactamente el camino de Dios a un joven ministro? Encontrarás que una razón de su familiaridad con las Escrituras era que tenían una iglesia en su casa (Hch. 18:26; Ro. 16:5). Sin lugar a duda, se reconocía con respecto a las cosas espirituales y también a las temporales, que "si alguno no provee para los suyos, y mayormente para los de su casa, ha negado la fe y es peor que un incrédulo" (1 Ti. 5:8). Ese espíritu de oración social que llevó a los discípulos a unirse en súplica o alabanza, en aposentos altos, en cárceles, y al borde del mar se manifestó en las devociones diarias de la familia (Hch. 1:13; 16:25; Gá. 4:12; 2 Ti. 1:3).

Nuestros registros del cristianismo primitivo están tan distorsionados y contaminados por una tradición supersticiosa que no debe sorprendernos encontrar un culto sencillo y espiritual como éste bajo la sombra de los ritos sacerdotales[13]. A pesar de ello, discernimos lo bastante para enseñarnos que los creyentes de los primeros siglos no descuidaron la adoración familiar.

"*En general* —dice Neander[14] en una obra que no se ha publicado entre nosotros—, siguieron a los judíos en la observancia de los tres momentos del día, las nueve, las doce y las tres como horas especiales de oración; sin embargo, ellos no los usaron de forma legal, como en contra de la libertad cristiana; pues Tertuliano[15] afirma, hablando sobre los tiempos para la

---

[12] **Humillación penitencial** – Que expresa pesar por el pecado.

[13] **Sacerdotal** – Perteneciente a los sacerdotes o al sacerdocio; referencia al romanismo.

[14] **Johann August Wilhem Neander** (1789-1850) – Historiador alemán de la Iglesia y teólogo; nacido como David Mendel, judío convertido al protestantismo que adoptó el nombre de Neander (griego para *"hombre nuevo"*); autor de los 6 volúmenes *General History of the Christian Religion and the Church* (Historia general de la religión cristiana y la Iglesia).

[15] **Tertuliano** (c. 155-220) – Padre primitivo latino de la Iglesia; nacido pagano, converso, abandonó finalmente el catolicismo romano por el montanismo; acuñó el término *"Trinidad"*.

oración, 'no se nos exige nada excepto que oremos a toda hora y en todo lugar'. Los cristianos comenzaban y terminaban el día con la oración. Antes de cada comida, antes del baño, oraban, ya que, como dice Tertuliano, 'el refresco y la alimentación del alma debe preceder a los del cuerpo; lo celestial antes que lo terrenal'. Cuando un cristiano del extranjero, tras la recepción y la hospitalidad fraternal en casa de otro cristiano se marchaba, la familia cristiana lo despedía con oración, 'porque —decían— en tu hermano has contemplado a tu Señor'. Para cada asunto de la vida ordinaria se preparaban mediante la oración".

A esto podemos añadir las declaraciones de un hombre culto que convirtió las antigüedades cristianas en su peculiar estudio: "En lugar de consumir sus horas de ocio en hueca inactividad o derivando su principal diversión del bullicioso regocijo, el recital de cuentos de superstición o cantar las canciones profanas de los paganos, pasaban sus horas de reposo en una búsqueda racional y vigorizante; hallaban placer en ampliar su conocimiento religioso y su entretenimiento en cánticos dedicados a la alabanza de Dios. Esto constituía su pasatiempo en privado y sus recreos favoritos en las reuniones de su familia y sus amigos. Con la mente llena de la influencia inspiradora de estas, regresaban con nuevo ardor a sus escenarios de dura tarea y para gratificar su gusto por una renovación de ellas, anhelaban ser liberados de la labor, mucho más que apaciguar su apetito con las provisiones de la mesa. Jóvenes mujeres sentadas a la rueca[16] y matronas que llevaban a cabo los deberes de la casa, canturreaban constantemente algunas tonadas espirituales.

"Y Jerónimo[17] relata sobre el lugar donde vivía, que uno no podía salir al campo sin escuchar a los labradores con sus aleluyas, los segadores con sus himnos y los viñadores cantando los Salmos de David. Los cristianos primitivos no sólo leían la palabra de Dios y cantaban alabanzas a su Nombre al medio día y a la hora de sus comidas. Muy temprano en la mañana, la familia se reunía y se leía una porción de las Escrituras del Antiguo Testamento, a continuación se cantaba un himno y se elevaba una oración en la que se daba gracias al Todopoderoso por preservarlos durante las silenciosas vigilias de la noche y, por su bondad, al permitirles tener sanidad de cuerpo y una mente saludable y, al mismo tiempo, se imploraba su gracia para defenderlos de los peligros y las tentaciones del día, hacerles fieles a todo deber y capacitarlos en todos los aspectos para caminar dignos de su vocación cristiana. En la noche, antes de retirarse a descansar, la familia volvía a reunirse y se observaba la misma forma de adoración que en la mañana con esta diferencia: Que el servicio se alargaba considerablemente, más allá del periodo que se le podía asignar convenientemente al principio del día. Aparte de todas estas observancias, tenían la costumbre de levantarse a medianoche para entrar en oración y cantar salmos, una práctica de venerable antigüedad y que, como supone con razón el Dr. Cave, tomó su origen de las primeras épocas de la persecución cuando, no atreviéndose a juntarse durante el día, se veían obligados a celebrar sus asambleas religiosas de noche"[18].

Cuando llegamos al avivamiento de la piedad evangélica en la Reforma, nos encontramos en medio de tal corriente de autoridad y ejemplo que debemos contentarnos con declaraciones generales. Cualquiera que pudiera ser la práctica de sus hijos degenerados, los Reformadores primitivos son universalmente conocidos por haber dado gran valor a las devociones familiares. Los contemporáneos de Lutero y sus biógrafos, recogen sus oraciones en su casa

---

[16] **Rueca** – Palo o huso en el que se enrolla la lana o el lino para hilarlo.
[17] **Jerónimo** (c. 347-419) – Erudito bíblico y traductor de la traducción latina de las Escrituras conocida como la Vulgata.
[18] Lyman Coleman, *The Antiquities of the Christian Church*, 2a edición, p. 375.

con calidez. Las iglesias de Alemania fueron bendecidas, en mejor época, con una amplia prevalencia de la piedad familiar. Se recogen hechos similares en Suiza, Francia y Holanda.

Pero en ningún país ha brillado la luz hogareña con mayor resplandor que en Escocia. La adoración familiar en toda su plenitud fue simultánea con el primer periodo reformador. Es probable que ningún territorio tuviera jamás tantas familias orando en proporción a sus habitantes; tal vez ninguno tenga tantas hoy. En 1647, la Asamblea General[19] emitió un *Directorio para la adoración familiar* en la que hablan como sigue:

> *"Los deberes corrientes abarcados en el ejercicio de la piedad que deberían llevarse a cabo en las familias cuando se reúnen a tal efecto son estos: Primero, la oración y las alabanzas realizadas con una referencia especial, tanto a la condición del Kirk (la Iglesia)[20] de Dios y su reino, como al estado presente de la familia y cada miembro de la misma. A continuación, la lectura de las Escrituras, con la instrucción en la doctrina de una forma clara para posibilitar de la mejor manera la comprensión de los más simples y que se beneficien bajo las ordenanzas públicas y se les pueda ayudar a ser más capaces de entender las Escrituras cuando estas se lean; junto con conferencias piadosas que tiendan a la edificación de todos los miembros en la fe más santa; así también la amonestación y la represión por razones justas de quienes tengan la autoridad en la familia. El cabeza de familia debe tener cuidado de que ninguno de los miembros se retire de ninguna parte de la adoración en familia y, viendo que el ejercicio ordinario de todas las partes de esta adoración le pertenecen al cabeza de familia, el ministro debe instar a los que son perezosos y formar a los que son débiles para que sean adecuados en la realización de estos ejercicios".*

> *"Tantos como puedan concebir la oración, deberían hacer uso de ese don de Dios, aunque los que sean toscos y más débiles pueden comenzar con una forma establecida de oración; esto se hace con el fin de que no sean perezosos en despertar en sí mismos (según sus necesidades diarias) el espíritu de la oración que han recibido todos los hijos de Dios en cierta medida; a este efecto, deberían de ser más fervientes y frecuentes en la oración secreta a Dios para que capacite sus corazones para concebir y expresar peticiones legítimas a favor de sus familias". "Estos ejercicios deberían llevarse a cabo con gran sinceridad, sin demora, dejando a un lado todos los asuntos mundanos o estorbos, a pesar de las burlas de los ateos y de los hombres profanos, teniendo en cuenta las grandes mercedes de Dios sobre esta tierra y las correcciones mediante las cuales Él nos ha disciplinado últimamente. Y, a este efecto, las personas de eminencia y todos los ancianos de la Iglesia, no sólo deberían estimularse ellos mismos y sus familias a la diligencia en todo esto, sino también contribuir de forma eficaz para que en todas las demás familias que estén bajo su influencia y cuidado, se realicen estos ejercicios mencionados con plena consciencia".*

La fidelidad del cristiano individual con respecto a este deber se convirtió en cuestión de investigación por parte de los tribunales de la Iglesia. Mediante el *Acta de Asamblea* de 1596, ratificado el 17-18 de diciembre de 1638, entre otras estipulaciones para la visitación de las iglesias por parte de los presbíteros, se propusieron las siguientes preguntas para que les fueran formuladas a los cabezas de familias:

> *"¿Visitan los ancianos a las familias dentro del barrio y de los límites que se les ha asignado a cada uno de ellos? ¿Son cuidadosos de que se establezca la adoración de Dios en las familias de sus zonas? Se le sugiere al ministro que también pregunte, en sus visitas pastorales, si se adora a Dios en*

---

[19] **Asamblea General** – La más alta corte eclesiástica entre varias iglesias nacionales, en especial la Iglesia de Escocia.

[20] **Iglesia** (kirk) – Forma escocesa de "Iglesia" derivada recientemente del adjetivo del N.T. griego *kuriakos*, "del Señor".

la familia mediante oraciones, alabanzas y la lectura de las Escrituras. En cuanto a la conducta de los siervos hacia Dios y hacia los hombres, ¿se aseguran de que también participen de la adoración en familia y en público? ¿Catequizan a su familia?"[21].

Cuando la Iglesia de Escocia adoptó la *Confesión de Fe* de la Asamblea de Teólogos de Westminster, contenía esta estipulación que sigue siendo válida entre nosotros: "Dios ha de ser adorado en todo lugar, en espíritu y en verdad, *en las familias privadas* a diario y también en secreto, cada uno por sí mismo"[22].

En conformidad con estos principios, la práctica de la adoración en familia se convirtió en algo universal por todo el cuerpo presbiteriano de Escocia y entre todos los disentidores[23] de Inglaterra. Especialmente en Escocia, las personas más humildes de las chozas más lejanas honraban a Dios mediante la alabanza diaria y no hay nada más característico de las personas de aquella época que esto. "En ocasiones he visto la adoración en familia en grandes casas —dice el Sr. Hamilton—, pero he sentido que Dios estaba igual de cerca cuando me he arrodillado con una familia que oraba, sobre el suelo de tierra de su choza. He conocido la adoración en familia entre los segadores en un granero. Solía ser algo común en los barcos de pesca en los estuarios[24] y los lagos de Escocia. He oído que esto se observaba incluso, en las profundidades de un pozo de carbón".

Los padres de la Nueva Inglaterra, habiendo bebido del mismo espíritu, dejaron el mismo legado a sus hijos.

La adoración en familia es altamente honorable, especialmente cuando el servicio espiritual languidece y decae en tiempos en los que el error y la mundanalidad hacen incursiones en la Iglesia. Éste ha sido el caso notable entre algunas comunidades protestantes del continente europeo. En términos generales, debemos decir que la adoración en familia no se practica tan extensamente allí y, por supuesto, no se le valora tan altamente como en las iglesias de Gran Bretaña y de los Estados Unidos. Esto es cierto, incluso cuando se hace la comparación entre las que están en los respectivos países, cuyo apego al evangelio parece ser el mismo. Hay muchas, sobre todo en Francia y Suiza, que le dan tan alto valor y mantienen con regularidad la adoración diaria a Dios como muchos de sus hermanos en Inglaterra o en los Estados Unidos. Sin embargo, constituyen excepciones a la declaración anterior sin ser una refutación de la misma. Los viajeros cristianos observan, no obstante, que las mejores opiniones sobre este tema, como en la observancia del Día de reposo, están creciendo decididamente en Francia y Suiza, y, probablemente, en cierta medida también en Alemania y en otros países del Continente. Esto se le debe atribuir a la traducción de muchas obras excelentes del inglés al francés y a su circulación en esos países en los últimos años.

De lo que se ha dicho, queda de manifiesto que, la voz universal de la Iglesia en sus mejores épocas, se ha pronunciado a favor de la adoración en familia. El motivo de esto también se ha manifestado. Es un servicio que se le debe a Dios con respecto a su relación abundante y misericordiosa para con las familias como tales, algo que se ha hecho necesario por las carencias,

---

[21] Recitado en *"Oberturas de la Asamblea General, 1705 a.C., en cuanto al método de proceder en las sesiones de la Iglesia y los presbiterios"*.

[22] *Confesión de Fe de Westminster,* Cap. 21, párrafo 6.

[23] **Disentidores** – Personas que se niegan a aceptar la autoridad de las leyes de una iglesia establecida o a conformarse a ellas. El término *disentidores* se usaba de forma común en el siglo XVII en Inglaterra, en especial después del pasaje del *Acta de Tolerancia de 1689* para denotar a los grupos que se separaban de la Iglesia de Inglaterra.

[24] **Estuario** – Estrechos entrantes del mar.

las tentaciones, los peligros y los pecados del estado de la familia y, en los más altos niveles, es algo adecuado y correcto, dadas las oportunidades que ofrece la misma condición de la familia.

Tomado de *Thoughts on Family Worship* (Pensamientos sobre la adoracion familiar), reeditada por Soli Deo Gloria, una división de Reformation Heritage Books, www.heritagebooks.org.

James W. Alexander (1804-1859): Hijo mayor de Archibald Alexander, el primer catedrático del Seminario Teológico de Princeton. Asistió tanto a la Universidad de Princeton como al Seminario de Princeton y, más tarde, enseñó en ambas instituciones. Su primer amor, sin embargo, fue el pastorado y trabajó en iglesias de Virginia, Nueva Jersey y Nueva York, EE. UU., hasta su muerte.

Lo que Dios es para las familias
THOMAS DOOLITTLE (1632 - C. 1707)

Propuesta 1

Dios es el Fundador de todas las familias; por tanto, estas deberían orar a Él. La sociedad familiar suele estar formada por estas tres combinaciones: Marido y mujer, padres e hijos, amos y siervos, aunque puede haber una familia donde esto no sea así, aun estando dentro de estos parámetros, todas estas combinaciones son de Dios. La institución de marido y mujer viene de Dios (Gn. 2:21-24) y también la de padres e hijos, y amos y siervos. La autoridad de uno sobre otro y la sujeción del otro al uno están instituidas por Dios y fundadas en la ley de la naturaleza, que es la ley de Dios. Él no sólo creó a las personas consideradas por separado, sino también a esta sociedad. Y, así como la persona individual está sujeta a dedicarse al servicio de Dios y orar a Él, así también la sociedad familiar está sujeta conjuntamente a lo mismo, porque la sociedad es de Dios. ¿Acaso ha designado Dios a esta sociedad sólo para el consuelo mutuo de sus miembros o del conjunto de la familia, o también para que el grupo mismo le brinde su propia gloria? ¿Y puede darle gloria a Dios esta sociedad familiar si no le sirve y ora a Él? ¿Le ha dado Dios autoridad a aquel que manda y gobierna, y al otro el encargo de obedecer, sólo en referencia a las cosas mundanas y no en las espirituales? ¿Puede ser el consuelo de la criatura el fin supremo de Dios? No; el fin es su propia gloria. ¿Acaso alguien, por la autoridad de Dios y el orden de la naturaleza, es el *paterfamilias*[25], "el amo de la familia", así llamado en referencia a sus sirvientes y también a sus hijos, por el cuidado que debería tener de las almas de los siervos y de que adoren a Dios con él, como también lo hacen sus hijos? ¿No debería mejorar el poder que ha recibido de Dios sobre todos ellos, para Él y para el bienestar de las almas de ellos, llamándolos conjuntamente a adorar a Dios y a orarle? Que juzguen la razón y la fe[26].

Propuesta 2

Dios es el Dueño de nuestras familias; por tanto, deberíamos orarle a Él, que es nuestro Dueño y Propietario absoluto; no sólo por la supereminencia[27] de su naturaleza, sino también por medio del derecho de creación al habernos dado el ser y todo lo que tenemos. Nosotros mismos y todo lo que es nuestro (siendo nosotros y lo nuestro más suyo que nuestro), estamos incuestionablemente sujetos a entregarnos a Dios en lo que pudiéramos ser más útil para el interés y la gloria de nuestro Dueño. ¿De quién son, pues, sus familias, sino de Dios? ¿Desmentirán ustedes a Dios como Dueño suyo? Aunque lo hicieran, en cierto modo siguen siendo suyos, a pesar de que no sería mediante la resignación ni consagrándose por completo a Él. ¿De quién prefieren que sean sus familias, de Dios o del diablo? ¿Tiene el diablo algún derecho a sus familias? ¿Servirán estas al diablo que no tiene derecho alguno sobre ustedes ni sobre la creación, la preservación o la redención? ¿Y no servirán ustedes a Dios que, por medio de todo esto, tiene derecho sobre ustedes y una propiedad absoluta y completa en ustedes? Si dicen que sus familias son del diablo, sírvanle a él. Pero si afirman que son de Dios, entonces sírvanle a Él. ¿O acaso dirán: "Somos de Dios, pero serviremos al diablo"? Si no lo *dicen*, pero lo hacen, ¿no es igual de malo? ¿Por qué no se avergüenzan de proceder así y sí se

---

[25] **Paterfamilias** – Hombre que es el cabeza de un hogar o el padre de una familia.

[26] **Nota del editor** – La palabra original que el autor emplea aquí es *religión*.

[27] **Supereminencia** – Superioridad sobre todos los demás.

abochornan de hablar y decirle al mundo lo que hacen? Hablen, pues, en el temor de Dios. Si sus familias como tales son de Dios, ¿no sería razonable que le sirvieran y le oraran a Él?

Propuesta 3

Dios es el Amo y Gobernador de sus familias; por tanto, como tales, ellas deberían servirle y orar a Él. Si Él es su Dueño, también es su Soberano y, ¿acaso no le da leyes por las que caminar y obedecer, no sólo como personas particulares, sino también como sociedad combinada? (Ef. 5:25-33; 6:1-10; Col. 3:19-25; 4:1). ¿Es, pues, Dios el Amo de su familia, y no debería ésta servirle? ¿Acaso no le deben obediencia los súbditos a sus gobernantes? "El hijo honra al padre, y el siervo a su señor. Si, pues, soy yo padre, ¿dónde está mi honra? y si soy señor, ¿dónde está mi temor?" (Mal. 1:6). Sí, ¿dónde? Desde luego no en las familias impías que no oran.

Propuesta 4

Dios es el Benefactor de sus familias, por tanto, deberían servir a Dios en oración y alabanza a Él. Dios no los hace buenos y les da misericordias como personas individuales solamente, sino también como una sociedad conjunta. ¿No es la continuidad del padre de familia una merced hacia toda la familia y no sólo hacia él? ¿No es la continuidad de la madre, los hijos y los siervos en vida, salud y existencia, una clemencia para toda la familia? Que tengan ustedes una casa donde vivir juntos y comida para compartir en familia ¿no son para ustedes *misericordias familiares*? ¿No clama esto a gritos en sus oídos y su consciencia para que den gracias, juntos, a su espléndido Benefactor, y para orar todos por la continuidad de estos así como para que se concedan más cosas según las vayan necesitando? No tendría fin declarar de cuántas formas Dios es el Benefactor de sus familias de manera conjunta y serán ustedes unos desvergonzados si no le alaban juntamente por su generosidad. Una casa así es más una pocilga de cerdos que una morada de criaturas racionales.

¿No llamará Dios a dar cuentas a estas familias que no oran como lo hizo en Jeremías 2:31? "¡Oh generación! atended vosotros a la palabra de Jehová. ¿He sido yo un desierto para Israel, o tierra de tinieblas? ¿Por qué ha dicho mi pueblo: Somos libres; nunca más vendremos a ti?". ¿Se ha olvidado Dios de ustedes? Hablen familias impías que no oran. ¿Se ha olvidado Dios de ustedes? ¡No! Cada bocado de pan [que] comen les dice que Dios no se olvida de ustedes. Cada vez [que] ven su mesa puesta y la comida sobre ella, comprueban que Dios no se olvida de ustedes. "Entonces, ¿por qué —dice Dios— no vendrá esta familia a mí? Cuando tienen con qué alimentar a sus hijos y estos no lloran pidiendo pan, [de manera que] el padre no se ve obligado a decir: "¡Te daría pan, hijo mío, pero no lo tengo!". ¿Por qué no vienen a mí? Viven juntos y comen juntos a mis expensas, cuidado y custodia y, a pesar de ello, pasan los meses y nunca vienen a mí. Y que sus hijos estén en su sano juicio, tengan ropa, miembros, no hayan nacido ciegos ni tenido un nacimiento monstruoso, y les haya hecho bien de mil maneras, puede decir Dios, ¿por qué, pues, viven años enteros juntos y, sin embargo, no vienen a mí juntos? ¿Han encontrado a alguien más capaz o más dispuesto a hacerles el bien? Jamás lo hallarán. ¿Por qué son, pues, tan ingratos que no vienen a mí?".

Saben cuando Dios es el Benefactor de las personas (y existe la misma razón para las familias) y no le sirven, ¡qué monstruosa perversidad! Dios los ha mantenido a salvo en la noche y, sin embargo, por la mañana no dicen: "¿Dónde está el Señor que nos ha preservado? ¡Vengan, vengan, alabémosle juntos!". Dios les ha hecho bien a ustedes y a sus familias durante tantos años; pero no dicen: "¿Dónde está el Señor que ha hecho tan grandes cosas por nosotros? ¡Vengan! Reconozcamos juntos su misericordia". Dios los ha acompañado en la aflicción y en la enfermedad de la familia: La plaga ha estado en la casa y, a pesar de ello, están vivos —la viruela y las ardientes fiebres han estado en sus casas y, con todo, ustedes siguen vivos—, su compañero/a conyugal ha estado enfermo/a y se ha recuperado; los niños casi han muerto y se han curado. Pero ustedes no dicen: "¿Dónde está el Señor que nos ha salvado de la tumba y nos ha rescatado del abismo para que no nos pudramos entre los muertos?". Pero no oran a él ni alaban juntos a su maravilloso Benefactor. ¡Que se asombren de esto los muros mismos entre los cuales viven estos ingratos desgraciados! ¡Que tiemblen las vigas y las columnas de sus casas! ¡Que los travesaños mismos del suelo que pisan y sobre el que caminan se asusten horriblemente! ¡Porque aquellos que viven juntos en semejante casa se van a la cama antes de orar conjuntamente! ¡Que la tierra se sorprenda porque las familias que el Señor alimenta y mantiene son rebeldes y desagradecidas, y son peores que el buey mismo que conoce a su dueño y tienen menos entendimiento que el asno (Is. 1:2-3)!

De lo que se ha dicho razono de esta manera: Si Dios es el *Fundador, Dueño, Gobernador* y *Benefactor* de las familias, que estas le adoren conjuntamente y oren a Él.

Tomado de *"How May the Duty of Family Prayer Be Best Managed for the Spiritual Benefit of Every One in the Family?"* (¿Cómo puede el deber de la oración familiar ser mejor administrado para el beneficio espiritual de cada uno en la familia?), *Puritan Sermons 1659-1689. Being the Morning Exercises at Cripplegate* (Sermones puritanos 1659-1689. Estando en los ejercicios matutinos en Cripplegate), Vol. 2, Richard Owen Roberts, Editor.

Thomas Doolittle (1632 - c. 1707): Fue convertido siendo joven, tras leer el libro de Richard Baxter, *The Saints' Rest* (El descanso de los santos); escritor de talento y predicador, y uno de los puritanos más conocidos de su tiempo. Nació en Kidderminster, Worcestershire, Inglaterra.

Motivos para la adoración familiar
J. Merle D'Aubigne (1794-1872)

"Pero yo y mi casa serviremos a Jehová". —Josué 24:15
"Muera yo la muerte de los rectos, y mi postrimería sea la suya". —Números 23:10

Hemos dicho, hermanos míos, en una ocasión anterior, que si queremos morir su Muerte, debemos vivir su Vida. Es cierto que hay casos en los que el Señor muestra su misericordia y su gloria a los hombres que ya se encuentran en el lecho de muerte y les dice como al ladrón en la cruz: "Hoy estarás conmigo en el paraíso" (Lc. 23:43). El Señor sigue dándole a la Iglesia ejemplos similares de vez en cuando. Y lo hace con el propósito de exhibir su poder soberano por el cual, cuando le agrada hacerlo así, puede quebrantar el más duro de los corazones y convertir a las almas más apartadas de Dios para mostrar que todo depende de su gracia y que tiene misericordia de quien tiene misericordia. Con todo, estas no son sino raras excepciones de las que no pueden depender en absoluto y, mis queridos oyentes, si desean morir la muerte del cristiano, deben vivir la vida del cristiano. Sus corazones deben estar verdaderamente convertidos al Señor; verdaderamente preparados para el reino y confiar sólo en la misericordia de Cristo deseando ir a morar con Él. Ahora, amigos míos, existen varios medios por los cuales pueden prepararse en vida para obtener, un día futuro, un bendito final. Y es en uno de estos medios más eficaces en el que queremos reflexionar ahora. Este medio es la adoración familiar; es decir, la edificación diaria que los miembros de una familia cristiana pueden disfrutar mutuamente. "Pero yo y mi casa [le dijo Josué a Israel] serviremos a Jehová" (Jos. 24:15). Deseamos hermanos, darles los motivos que deberían inducirnos a resolver lo mismo que Josué y las directrices necesarias para cumplirlo.

¿Por qué la adoración familiar?

1. Para darle gloria a Dios

Sin embargo, hermanos míos, si el amor de Dios está en sus corazones y si sienten que por haber sido comprados por precio, deberían glorificar a Dios en sus cuerpos y sus espíritus, que son de Él, ¿hay otro lugar aparte de la familia y el hogar en el que prefieren glorificarle? A ustedes les gusta unirse con los hermanos para adorarle públicamente en la iglesia; les agrada derramar su alma delante de Él en el lugar privado de oración. ¿Será que en la presencia de ese ser con el que hay una unión para toda la vida, hecha por Dios, y delante de los hijos es el único lugar donde no se puede pensar en Dios? ¿Será tan solo que no tienen bendiciones que atribuirle? ¿Será tan solo que no tienen que implorar por misericordia y protección? Se sienten libres para hablar de todo cuando están con la familia; sus conversaciones tocan mil asuntos diferentes; ¡pero no cabe lugar en sus lenguas y en sus corazones para una sola palabra sobre Dios! ¿No alzarán la mirada a Él como familia, a Él que es el verdadero Padre de sus familias? ¿No conversará cada uno de ustedes con su esposa y sus hijos sobre ese Ser que un día tal vez sea el único Esposo de su mujer y el único Padre de sus hijos? El evangelio es el que ha formado la sociedad doméstica. No existía antes de él; no existe sin él. Por tanto, parecería que el deber de esa sociedad, llena de gratitud hacia el Dios del evangelio, fuera estar particularmente consagrada a él. A pesar de ello, hermanos míos, ¡cuántas parejas, cuántas familias hay que son cristianas nominales[28] y que incluso sienten algún respeto por la religión y no nombran nunca a Dios! ¡Cuántos ejemplos hay en los que las almas inmortales que han

---

[28] **Nominales** – Que existen sólo de nombre.

sido unidas nunca se han preguntado quién las unió y cuáles serán su destino futuro y sus objetivos! ¡Con cuánta frecuencia ocurre que, aunque se esfuerzan por ayudarse el uno al otro en todo lo demás, ni siquiera piensan en echarse una mano en la búsqueda de lo único que es necesario, en conversar, en leer, en orar con respecto a sus intereses eternos! ¡Esposos cristianos! ¿Acaso sólo deben estar unidos en la carne y por algún tiempo? ¿No es también en el espíritu y para la eternidad? ¿Son ustedes seres que se han encontrado por accidente y a quienes otro accidente, la muerte, pronto separará? ¿No desean ser unidos por Dios, en Dios y para Dios? ¡La fe cristiana[29] uniría sus almas mediante lazos inmortales! Pero no los rechacen; más bien al contrario, estréchenlos cada día más, adorando juntos bajo el techo doméstico. Los viajantes en el mismo vehículo conversan sobre el lugar al que se dirigen. ¿Y no conversarán ustedes, compañeros de viaje al mundo eterno, sobre ese mundo, del camino que conduce a él, de sus temores y de sus esperanzas? Porque muchos andan —dice San Pablo— como os he dicho muchas veces, y ahora os lo digo aun llorando, que son enemigos de la cruz de Cristo (Fil. 3:18) porque nuestra ciudadanía está en los cielos, de donde también ansiosamente esperamos a un Salvador, el Señor Jesucristo (Fil. 3:20).

2. Para proteger a los hijos del pecado

Si tienen el deber de estar comprometidos con respecto a Dios en sus hogares y esto para su propio bien, ¿no deberían también estar comprometidos por amor a los que forman su familia, cuyas almas han sido encomendadas a su cuidado y, en especial, por sus hijos? Les preocupa en gran extremo la prosperidad de ellos, su felicidad temporal; ¿pero no hace esta preocupación que el descuido de ustedes por su prosperidad eterna y su felicidad sea aún más palpable? Sus hijos son jóvenes árboles que les han sido confiados; el hogar es el vivero donde deberían de crecer y ustedes son los jardineros. ¡Pero oh! ¿Plantarán esos jóvenes árboles tiernos y preciosos en una tierra estéril y arenosa? Y sin embargo es lo que están haciendo, si no hay nada en el hogar que los haga crecer en el conocimiento y el amor de su Dios y Salvador. ¿No están ustedes preparando para ellos una tierra favorable de la que puedan derivar savia y vida? ¿Qué será de sus hijos en medio de todas las tentaciones que los rodearán y los arrastrarán al pecado? ¿Qué les ocurrirá en esos momentos turbulentos en los que es tan necesario fortalecer el alma del joven con el temor de Dios y, así, proporcionarle a esa frágil barca el lastre necesario para botarla sobre el inmenso océano?

¡Padres! Si sus hijos no se encuentran con un espíritu de piedad en el hogar, si por el contrario, el orgullo de ustedes consiste en rodearlos de regalos externos, introduciéndolos en la sociedad mundana, permitiendo todos sus caprichos, dejándoles seguir su propio curso, ¡los verán crecer como personas superficiales, orgullosas, ociosas, desobedientes, insolentes y extravagantes! Ellos los tratarán con desprecio y cuanto más se preocupen ustedes por ellos, menos pensarán ellos en ustedes. Este caso se ve con mucha frecuencia; pero pregúntense a ustedes mismos si no son responsables de sus malos hábitos y prácticas. Y sus conciencias responderán que sí, que están comiendo ahora el pan de amargura que ustedes mismos han preparado. ¡Ojalá que la consciencia les haga entender lo grande que ha sido su pecado contra Dios al descuidar los medios que estaban en su poder para influir en los corazones de sus hijos y pueda ser que otros queden advertidos por la desgracia de ustedes! No hay nada más eficaz que el ejemplo de la piedad doméstica. La adoración pública es, a menudo, demasiado

---

[29] **Nota del editor** – La palabra original que el autor emplea aquí es *religión*. A la luz del uso amplio y muchas veces confuso de la palabra *"religión"* hoy en día, los términos "fe cristiana", "cristianismo" y "fe en Cristo" y, a veces, "piedad", "piadoso/a" o "piedad cristiana", suelen reemplazar "religión" y "religioso" en muchos casos en esta publicación.

vaga y general para los niños, y no les interesa suficientemente. En cuanto a la adoración en secreto, todavía no la entienden. Si una lección que se aprende de memoria no va acompañada por nada más, puede llevarlos a considerar la fe cristiana como un estudio, como los de lenguas extranjeras o historia. Aquí como en cualquier otra parte e incluso más que en otro lugar, el ejemplo es más eficaz que el precepto. No se les debe enseñar que deben de amar a Dios a partir de un mero libro elemental, sino que deben demostrarle amor por Dios. Si observan que no se brinda adoración alguna a ese Dios de quien ellos oyen hablar, la mejor instrucción resultará ser inútil. Sin embargo, por medio de la adoración familiar, estas jóvenes plantas crecerán "como árbol plantado junto a corrientes de aguas, que da su fruto en su tiempo, y su hoja no cae" (Sal. 1:3). Los hijos pueden abandonar el techo parental, pero recordarán en tierras extrañas las oraciones que se elevaban en el hogar y esas plegarias los protegerán. "Si alguna… tiene hijos, o nietos, aprendan éstos primero a ser piadosos para con su propia familia" (1 Ti. 5:4).

3. Para producir verdadero gozo en el hogar

¡Y qué delicia, qué paz, qué felicidad verdadera hallará una familia cristiana al erigir un altar familiar en medio de ellos y al unirse para ofrecer sacrificio al Señor! Tal es la ocupación de los ángeles en el cielo ¡y benditos los que anticipan estos gozos puros e inmortales! "¡Mirad cuán bueno y cuán delicioso es habitar los hermanos juntos en armonía! Es como el buen óleo sobre la cabeza, el cual desciende sobre la barba, la barba de Aarón, y baja hasta el borde de sus vestiduras; como el rocío de Hermón, que desciende sobre los montes de Sion; porque allí envía Jehová bendición, y vida eterna" (Sal. 133). ¡Oh qué nueva gracia y vida le proporciona la piedad a una familia! En una casa donde se olvida a Dios, hay falta de educación, mal humor e irritación de espíritu. Sin el conocimiento y el amor de Dios, una familia no es más que una colección de individuos que pueden sentir más o menos afecto natural unos por otros; pero falta el verdadero vínculo, el amor de Dios nuestro Padre en Jesucristo nuestro Señor. Los poetas están llenos de hermosas descripciones de la vida doméstica; ¡pero, desafortunadamente, qué distintas suelen ser las imágenes de la realidad! A veces existe falta de confianza en la providencia de Dios; otras veces hay amor a la riqueza; otras, una diferencia de carácter; otras, una oposición de principios. ¡Cuántas aflicciones, cuantas preocupaciones hay en el seno de las familias!

La piedad doméstica impedirá todos estos males; proporcionará una confianza perfecta en ese Dios que da alimento a las aves del cielo; proveerá amor verdadero hacia aquellos con quienes tenemos que vivir; no será un amor exigente y susceptible, sino un amor misericordioso que excusa y perdona, como el de Dios mismo; no un amor orgulloso, sino humilde, acompañado por un sentido de las propias faltas y debilidades; no un amor ficticio, sino un amor inmutable, tan eterno como la caridad. "Voz de júbilo y de salvación hay en las tiendas de los justos" (Sal. 118:15).

4. Para consolar durante momentos de prueba

Cuando llegue la hora de la prueba, esa hora que tarde o temprano debe llegar y que, en ocasiones, visita el hogar de los hombres más de una vez, ¡qué consuelo proporcionará la piedad! ¿Dónde tienen lugar las pruebas si no en el seno de las familias? ¿Dónde debería administrarse, pues, el remedio para las pruebas si no en el seno de las familias? ¡Cuánta lástima debe dar una familia donde hay lamento, si no hay esa consolación! Los diversos miembros de los que se compone incrementan los unos la tristeza de los otros. Sin embargo, cuando ocurre lo contrario y la familia ama a Dios, si tiene la costumbre de reunirse para invocar el santo nombre de Dios de quien viene toda prueba y también toda buena dádiva, ¡cómo se levantarán las almas desanimadas! Los miembros de la familia que siguen quedando alrededor de la mesa sobre la que está el Libro de Dios, ese libro donde encuentran las palabras de resurrección, vida e inmortalidad, donde hallan promesas seguras de la felicidad del ser que ya no está en medio de ellos, así como la justificación de sus propias esperanzas.

Al Señor le complace enviarles al Consolador; el Espíritu de gloria y de Dios viene sobre ellos; se derrama un bálsamo inefable[30] sobre sus heridas y se les da mucho consuelo; se transmite la paz de un corazón a otro. Disfrutan momentos de felicidad celestial: "Aunque ande en valle de sombra de muerte, no temeré mal alguno, porque tú estarás conmigo; tu vara y tu cayado me infundirán aliento" (Sal. 23:4). "Oh Jehová, hiciste subir mi alma del Seol… Porque un momento será su ira, pero su favor dura toda la vida. Por la noche durará el lloro, y a la mañana vendrá la alegría" (Sal. 30:3, 5).

5. Para influir en la sociedad

¿Y quién puede decir, hermanos míos, la influencia que la piedad doméstica podría ejercer sobre la sociedad misma? ¡Qué estímulos tendrían todos los hombres al cumplir con su deber, desde el hombre de estado hasta el más pobre de los mecánicos! ¡Cómo se acostumbrarían todos a actuar con respeto, no sólo a las opiniones de los hombres, sino también al juicio de Dios! ¡Cómo aprendería cada uno de ellos a estar satisfecho con la posición en la que ha sido colocado! Se adoptarían buenos hábitos; la voz poderosa de la conciencia se reforzaría: La prudencia, el decoro, el talento, las virtudes sociales se desarrollarían con renovado vigor. Esto es lo que podríamos esperar, tanto para nosotros mismos como para la sociedad. La piedad tiene promesa en la vida que transcurre ahora y la que está por venir.

Tomado de *"Family Worship"* (Adoración familiar), disponible en Chapel Library.

J. H. Merle D'Aubigne (1794-1872): Pastor, catedrático de historia de la Iglesia, presidente y catedrático de teología histórica en la Escuela de teología de Ginebra; autor de varias obras sobre la historia de la Reforma, incluido su famoso *History of the Reformation of the Sixteenth Century* (Historia de la Reforma del siglo XVI) y *The Reformation in England* (La Reforma en Inglaterra).

---

[30] **Inefable** – Indescriptible; incapaz de ser expresado.

Capítulo 1—La adoración familiar

La Palabra de Dios y la oración familiar
Thomas Doolittle (1632 - c. 1707)

Los cabeza de familia deberían leer las Escrituras a sus familias e instruir a sus hijos y criados en los asuntos y las doctrinas de la salvación. Por tanto, deben orar en familia y con sus familias. Ningún hombre que no niegue las Escrituras, puede oponerse al incuestionable deber de leerlas en el hogar; [el deber que tienen] los gobernantes de la familia de enseñar e instruir a sus miembros de acuerdo con la Palabra de Dios. Entre una multitud de versículos expresos, analicemos estos: "Y sucederá que cuando vuestros hijos os pregunten: "¿Qué es este rito vuestro?, vosotros responderéis: Es la víctima de la pascua de Jehová, el cual pasó por encima de las casas de los hijos de Israel en Egipto, cuando hirió a los egipcios, y libró nuestras casas" (Éx. 12:26-27). Los padres cristianos tienen el mismo deber de explicar a sus hijos los sacramentos del Nuevo Testamento para instruirlos en la naturaleza, el uso y los fines del Bautismo y de la Santa Cena: "Y estas palabras que yo te mando hoy, estarán sobre tu corazón; y las repetirás a tus hijos, y hablarás de ellas estando en tu casa, y andando por el camino, y al acostarte, y cuando te levantes", es decir, mañana y tarde (Dt. 6:6-7; 11:18-19). "Y vosotros, padres, no provoquéis a ira a vuestros hijos, sino criadlos en disciplina y amonestación del Señor" (Ef. 6:4). Y a Dios le agradó esto en Abraham: "Porque yo sé que mandará a sus hijos y a su casa después de sí, que guarden el camino de Jehová" (Gn. 18:19). Esto es, pues, innegable si se ha de creer en la Palabra que hemos recibido como reglamento y a la que debemos brindar obediencia. Incluso los paganos enseñaban la necesidad de instruir a la juventud a tiempo.

La razón de esta consecuencia, desde la lectura familiar hasta las instrucciones de orar en familias, es evidente ya que necesitamos rogar a Dios para que nos proporcione la iluminación de Su Espíritu, que abra los ojos de todos los miembros de la misma[31] y que derrame su bendición sobre todos nuestros esfuerzos, sin la cual no hay salvación. Esto será más patente si consideramos y reunimos los siguientes argumentos:

1. ¿De quién es la palabra que se ha de leer juntos en familia? Acaso no es la Palabra del Dios eterno, bendito y glorioso. ¿No requiere esto y, hasta exige, oración previa en mayor medida que si uno fuera a leer el libro de algún hombre mortal? La Palabra de Dios es el medio a través del cual Él habla con nosotros. Por medio de ella nos instruye y nos informa acerca de las preocupaciones más elevadas e importantes de nuestras almas. En ella debemos buscar los remedios para la cura de nuestras enfermedades espirituales. De ella debemos sacar las armas de defensa contra los enemigos espirituales que asaltan nuestras almas para ser dirigidos en las sendas de la vida[32]. ¿Acaso no es necesario orar juntos, pues, para que Dios prepare todos los corazones de la familia para recibir y obedecer lo que se les lea, procedente de la mente de Dios? ¿Es tan formal y sensible toda la familia a la gloria, la santidad y la majestad de aquello que Dios les transmite en su Palabra que ya no haya necesidad de orar para que así sea? Y si

---

[31] "Pero, por encima de todo lo demás, dirige tus palabras a Dios para que las puertas de la luz divina pueda abrirse para ti. Y es que nadie puede percibir ni entender estas cosas, excepto aquél a quien Dios y su Cristo le han concedido este privilegio". — Justino Mártir (110-165).

[32] "La Santa Escritura es (1) la *silla de Dios* desde la que se dirige a nosotros. (2) Es la *escuela de Dios* en la que Él nos enseña y comunica información. (3) Es el *dispensario de Dios* y la consulta espiritual desde la que Él distribuye sus medicinas sanadoras. (4) Es el *arsenal* de Dios y su gran colección de armas adecuadas desde la que nos aprovisiona de armas defensivas y ofensivas para nuestra protección contra los enemigos de todo tipo. (5) Es *la mano de Dios* con la que nos guía hacia adelante, por las sendas de fe y justicia y nos conduce sanos y salvos hasta la vida eterna". —Johann Gerhard (1582-1637).

ven la necesidad, ¿no debería ser lo primero que hagan? Después de leer las Escrituras y de escuchar las amenazas, los mandamientos y las promesas del glorioso Dios; cuando los pecados han quedado al descubierto y también la ira divina contra ellos; cuando se han impuesto los deberes y explicado los preciosos privilegios y las promesas de un Dios fiel, "promesas grandes y preciosas" para quienes se arrepienten, creen y acuden a Dios con todo su corazón, sin fingimientos, ¿no tienen ustedes la necesidad de caer juntos de rodillas, rogar, llorar e invocar a Dios pidiendo perdón por esos pecados de los que los ha convencido esta Palabra, de los que son culpables y por los que deben lamentarse delante del Señor? ¿[No tienen la necesidad de orar] para que cuando se descubra el deber, todos tengan un corazón dispuesto para obedecer y ponerlo en práctica, y juntos arrepentirse sin fingimientos y acudir a Dios, para que puedan aplicarse esas promesas y ser copartícipes de esos privilegios? Basándonos en todo esto, pues, existe una buena razón para que cuando lean juntos, también oren juntos.

2. Considera los grandes y profundos misterios contenidos en la Palabra de Dios que deben leer juntos. Verás que también aparecerá la necesidad de orar juntos. ¿No encierra, acaso, esa Palabra la doctrina concerniente a Dios, la forma en que se le debería conocer, amar, obedecer, adorar y deleitarse uno en Él? En cuanto a Cristo, Dios y hombre, es un misterio sobre el cual se maravillan los ángeles y que ningún hombre puede entender o expresar, y que ninguno puede explicar por completo.[33] Con respecto a los oficios de Cristo, la Palabra declara que son los de Profeta, Sacerdote y Rey. El ejemplo y la vida de Cristo, sus milagros, las tentaciones que soportó, sus sufrimientos, su muerte, sus victorias, su resurrección, ascensión e intercesión y su venida para juzgar se plasman en la Palabra divina. ¿No se encuentran en las Escrituras la doctrina de la Trinidad, de la miseria del hombre por el pecado y su remedio en Cristo? ¿Y también el pacto de gracia, las condiciones de éste y los sellos del mismo? ¿Los muchos privilegios preciosos y gloriosos que tenemos por Cristo: La reconciliación con Dios, la justificación, la santificación y la adopción? ¿Las diversas gracias por obtener, los deberes que realizar y el estado eterno de los hombres en el cielo o en el infierno? ¿No están estas cosas y otras como ellas, en la Palabra de Dios que se debe leer a diario en tu hogar? ¿Y sigues sin ver la necesidad de orar antes y después de leer la Palabra de Dios? Sopésalo bien y lo comprenderás.

3. Considera cuánto le incumbe a toda la familia saber y entender estas cosas tan necesarias para la salvación. Si las ignoran, están perdidos. Si no conocen a Dios, ¿cómo podrán amarlo? Podemos amar a un Dios y a un Cristo invisibles (1 P. 1:8), pero nunca a un Dios desconocido. Si tu familia no conoce a Cristo, ¿cómo creerán en Él? Y, sin embargo, tienen que perecer y ser condenados de no hacerlo. Tendrán que perder para siempre a Dios y a Cristo, al cielo y sus almas, si no se arrepienten, creen y se convierten. Y dime, si la lectura de este Libro es la que los hará comprender la naturaleza de la verdadera gracia salvífica, ¿no será necesaria la oración? Sobre todo cuando muchos poseen la Biblia y la leen, pero no entienden las cosas que tienen que ver con su paz.

---

[33] "Que todo cristiano fiel y creyente consagre su atención a las Sagradas Escrituras. En ellas descubrirá maravillosas manifestaciones, dignas de la fe por la cual se producen. Contemplará a los hombres del mundo mintiendo en su impiedad, las recompensas de los piadosos y el castigo del impío. También mirará con asombro a las bestias salvajes vencidas por la religión y su ferocidad transformada en placidez, y las almas de los hombres volver a sus cuerpos sin vida. Pero un espectáculo que supera de lejos todas estas cosas se exhibirá ante su vista extasiada: Verá a ese diablo que desea triunfar sobre todo el mundo, mintiendo, como un enemigo ya vencido bajo los pies de Cristo. Hermanos, ¡qué visión tan adecuada, tan preciosa y tan necesaria!". —Cipriano (200-258).

4. Considera, además, la ceguera de sus mentes y su incapacidad, sin las enseñanzas del Espíritu de Dios, para conocer y comprender estas cosas. ¿No es necesaria la oración?

5. Considera también, que el atraso de sus corazones a la hora de prestar atención a estas verdades importantes y necesarias de Dios, y su falta de disposición natural al aprendizaje demuestran que es necesario que Dios los capacite y les dé la voluntad de recibirlas.

6. Una vez más, considera que la oración es el medio especial para obtener conocimiento de Dios y su bendición sobre las enseñanzas y las instrucciones del cabeza de familia. David oró pidiéndole a Dios: "Abre mis ojos, y miraré las maravillas de tu ley" (Sal. 119:18). En la Palabra de Dios hay "maravillas". Que el hombre caído pueda ser salvo es algo maravilloso. Que un Dios santo se reconciliara con el hombre pecador es maravilloso. Que el Hijo de Dios adoptara la naturaleza del hombre, que Dios se manifestara en la carne y que el creyente fuera justificado por la justicia de otro son, todas ellas, cosas maravillosas.

Sin embargo, existe oscuridad en nuestra mente y un velo sobre nuestros ojos; además, las Escrituras forman un libro con broche, cerrado, de manera que no podemos entender estas cosas grandiosas y maravillosas de una forma salvífica, y depositar nuestro amor y nuestro deleite principalmente en ellas, a menos que el Espíritu de Dios aparte el velo, quite nuestra ignorancia e ilumine nuestra mente. Y esta sabiduría es algo que debemos buscar en Dios, mediante la oración ferviente. Ustedes, los que son cabezas de familias, ¿no querrían que sus hijos y criados conocieran estas cosas y que estas tuvieran un efecto sobre ellos? ¿No querrían, ustedes, que se grabaran en sus mentes y en sus corazones las grandes preocupaciones de su alma? ¿Los instruyen ustedes a este respecto? La pregunta es: ¿*Pueden* ustedes llegar a sus corazones? ¿Pueden *ustedes* despertar sus conciencias? ¿No pueden? Y aun así, ¿no te lleva esto a orar a Dios con ellos para que Él lo lleve a cabo? Mientras estén orando juntamente con ellos, Dios puede estar disponiendo en secreto y preparando poderosamente sus corazones para que reciban su Palabra y las instrucciones de ustedes a partir de estas.

Tomado de *"How May the Duty of Family Prayer Be Best Managed for the Spiritual Benefit of Every One in the Family?"* (¿Cómo puede el deber de la oración familiar ser mejor administrado para el beneficio espiritual de cada uno en la familia?), *Puritan Sermons 1659-1689. Being the Morning Exercises at Cripplegate* (Sermones puritanos 1659-1689. Estando en los ejercicios matutinos en Cripplegate), Vol 2, Richard Owen Roberts, Editor.

Thomas Doolittle (1632 - c. 1707): Ministro no conformista inglés, nació en Kidderminster, Worcestershire, Inglaterra.

Siete razones por las que las familias deberían orar
THOMAS DOOLITTLE (1632 - C. 1707)

Razón Nº 1

Porque cada día recibimos misericordias de la mano de Dios para la familia. Cada día nos colma de beneficios (Sal. 68:19). Cuando se despiertan por la mañana y encuentran que su morada está segura, que no la ha consumido el fuego ni ha sido allanada por ladrones, ¿no es esto una misericordia de Dios para la familia? Cuando despiertan y no encuentran a nadie muerto en su cama, ni reciben malas noticias por la mañana, ni hay ningún niño muerto en una cama y otro en otra; y no hay dormitorio en la casa, en el que la noche anterior muriera alguien, sino que, al contrario, los encuentran a todos bien por la mañana, refrescados por el descanso y el sueño de la noche, ¿no son estas y muchas otras bendiciones de Dios sobre la familia suficientes para que al levantarse ustedes llamen a su familia y todos juntos bendigan a Dios por ello? De haber sido de otro modo, [si] el amo o la ama de casa [estuvieran] muertos, o los niños, o los criados, ¿no diría el resto: "Habría sido una misericordia para todos nosotros si Dios lo hubiera dejado vivo a él, a ella, a ellos?". Si sus casas hubieran sido consumidas por las llamas y Dios los hubiera dejado a todos en la calle antes del amanecer, ¿no habrían dicho: "Habría sido una misericordia si Dios nos hubiera mantenido a salvo a nosotros y nuestra morada, y hubiéramos descansado, dormido y nos hubiéramos levantado a salvo?". ¿Por qué no reconocen ustedes, señores, que las misericordias son misericordias hasta que Dios se las quita? Y si lo admiten, ¿no deberían alabar a diario a Dios? ¿Acaso no fue Él mismo quien vigilaba mientras ustedes dormían y no podían cuidar de ustedes mismos? "Si Jehová no guardare la ciudad, en vano vela la guardia… Pues que a su amado dará Dios el sueño" (Sal. 127:1-2).

De la misma manera en que las familias reciben muchas misericordias durante la noche para que bendigan a Dios por la mañana, también tienen muchas otras durante el día para que puedan darle gracias, por la noche, antes de acostarse. Me parece que no deberían dormir tranquilamente hasta haber estado juntos, arrodillados, no vaya a ser que Dios diga: "Esta familia que no ha reconocido mi misericordia hacia ellos en este día ni me ha dado la gloria por esos beneficios con los que los he confortado, no volverá a ver la luz de otro día ni tendrá misericordias un día más por las que bendecirme". ¿Qué ocurriría si Dios les dijera cuando ya están acostados en su cama: "Esta noche vendrán a pedir sus almas, ustedes que se han ido a la cama antes de alabarme por las misericordias que he tenido con ustedes durante todo el día y antes de que oraran pidiendo mi protección sobre ustedes en la noche"? Pongan atención: Aunque Dios sea paciente, no lo provoquen.

Razón Nº 2

Deberían orar a Dios a diario con sus familias porque hay pecados que se cometen a diario en la familia. ¿Pecan ustedes juntos y no orarán juntos? ¿Y si fueran condenados todos juntos? ¿Acaso no comete cada miembro de su familia muchos pecados cada día? ¿Cuán grande es el número de todos ellos cuando se consideran o se contemplan juntos? ¡Cómo! ¡Tantos pecados cada día bajo el mismo techo, entre sus paredes, cometidos contra el glorioso y bendito Dios, y ni una sola oración? Un pecado debería lamentarse con un millar de lágrimas; pero no se ha derramado ni una sola, nadie ha llorado por nada, juntos en oración, ni por un millar de pecados. ¿Es esto arrepentirse cada día cuando no confiesan sus pecados a diario? ¿Quieren que Dios perdone todos los pecados de su familia? ¡Contesten! ¿Sí o no? Si no quieren, Dios podría dejarles ir a la tumba y también al infierno con la culpa del pecado sobre sus almas. Si quieren [que Dios perdone todos los pecados de su familia], ¿no merece la pena pedir perdón? ¿Querrían y no lo suplicarían de las manos de Dios? ¿No juzgarían todos que un hombre justamente condenado, que aún pudiera tener vida solo con pedirla y no lo hiciera, merecería la muerte? ¿Cómo *pueden* acostarse tranquilamente y dormir con la culpa de tantos pecados sobre sus almas, sin haber orado para que sean borrados? ¿De qué está hecha su almohada, que sus cabezas pueden descansar sobre ella bajo el peso y la carga de tanta culpa? ¿Acaso es su cama tan mullida o su corazón tan duro que pueden descansar y dormir cuando a todos los pecados que han cometido en el día le añaden por la noche, este otro de la omisión? Tómense en serio los pecados que a diario se cometen en sus familias y sentirán que hay una razón por la que deberían orar a Dios juntos cada día.

Razón Nº 3

Deberían ustedes elevar sus plegarias a Dios en familia cada día porque son muchas las carencias que tienen a diario y nadie las puede suplir, sino Él. ¡Dios no [necesita] sus oraciones, pero ustedes y los suyos [necesitan] las misericordias que vienen de Él! Si desean estas bendiciones ¿por qué no oran por ellas? ¿Pueden ustedes suplir las necesidades de su familia? Si les falta salud, ¿acaso pueden ustedes dársela? Si no tienen pan, ¿pueden ustedes proporcionárselo, a menos que Dios lo provea? ¿Por qué, pues, nos dirigió Cristo a orar de la siguiente manera: "El pan nuestro de cada día, dánoslo hoy" (Mt. 6:11)? Si están faltos de gracia, ¿pueden ustedes obrarla en ellos? ¿O es que nos les importa que mueran sin ella? ¿No es Dios el Dador de toda cosa buena? "Toda buena dádiva y todo don perfecto desciende de lo alto, del Padre de las luces" (Stg. 1:17).

Las bendiciones son del cielo y las buenas dádivas vienen de lo alto; la oración es un medio señalado por Dios para hacerlas descender. "Y si alguno de vosotros tiene falta de sabiduría, pídala a Dios" (Stg. 1:5). ¿Piensan que no necesitan sabiduría para realizar sus deberes hacia Dios y hacia el hombre, para guiar a sus familias para su bien temporal, espiritual y eterno? Si es ésta su convicción, son ustedes unos necios. Y si creen que no tienen necesidad de sabiduría, por esos mismos pensamientos pueden discernir su [falta] de ella. Si creen que tienen suficiente, es evidente que no tienen ninguna. ¿Y no se la pedirían a Dios si quisieran tenerla? Si ustedes y los suyos carecen de salud en sus familias, ¿no deberían pedírsela a Dios? ¿Pueden ustedes vivir sin depender de Él? ¿O pueden decir que no necesitan su ayuda para suplir sus necesidades? Si es así, ustedes se contradicen y es que estar pasando necesidades y no ser seres dependientes es una contradicción. Pensar que no viven en dependencia de Dios es creer que no son hombres ni criaturas. Y si en verdad dependen de Él y necesitan su ayuda para suplir sus [necesidades], su propia indigencia[34] debería hacerlos caer de rodillas para orar a Él.

Razón Nº 4

Deberían orar en familia a diario, por los empleos y las tareas cotidianas. Cada uno que pone su mano a trabajar, su cabeza a idear, debería poner su corazón a orar. ¿No sería su actividad comercial en vano, su labor y su trabajo, sus preocupaciones y sus proyectos para el mundo, sin propósito sin la bendición de Dios? ¿Les convencería que Dios mismo se lo dijera? Entonces lean el Salmo 127:1-2: "Si Jehová no edificare la casa, en vano trabajan los que la edifican… Por demás es que os levantéis de madrugada, y vayáis tarde a reposar, y que comáis pan de dolores". ¡Pan de dolores! Sin Dios, trabajan en vano para conseguir pan para ustedes y sus familias. Podrían sufrir necesidad aun después de todo su afán. Y sin la bendi-

---

[34] **Indigencia** – Pobreza.

ción de Dios, si lo comen cuando lo han conseguido con mucho esfuerzo y preocupación, lo comerán en vano porque sin Él no podrá nutrir sus cuerpos.

Después de considerar estas cosas, ¿no es necesario orar a Dios para prosperar y tener éxito en sus llamados? La oración y el duro trabajo deberían fomentar aquello que es su objetivo. Orar y no hacer las obras de sus llamados sería esperar provisiones mientras son negligentes. Trabajar duro y comerciar sin orar sería esperar prosperar y tener provisión sin Dios. La fe cristiana[35] que les da deberes santos no les enseña a descuidar sus llamados ni tampoco a confiar en sus propios esfuerzos sin orar a Dios. Pero ambas cosas deben mantener su lugar y tener una porción de su tiempo.[36] La oración es una cosa media entre la dádiva de Dios y nuestra recepción. ¿Cómo pueden recibir si Dios no da? ¿Y por qué esperan que Dios de, si no piden? "No tenéis lo que deseáis, porque no pedís" (Stg. 4:2).

Oren por aquello por lo que trabajan. Y en aquello por lo que oran, trabajen y esfuércense. Y ésta es la verdadera conjunción de trabajo y oración. ¿O acaso serán ustedes como [aquellos] a los que les habla el apóstol? "¡Vamos ahora! los que decís: Hoy y mañana iremos a tal ciudad, y estaremos allá un año, y traficaremos, y ganaremos" (Stg. 4:13). ¿Harán, pero no pedirán permiso a Dios con respecto a si pueden o no? ¿Irán, aunque Dios los postre en una cama de enfermedad o en sus tumbas? Háganlo si pueden. ¿Pasarán allá un año? ¿Y qué si la muerte los arrastra tan pronto como lleguen allí? Si la muerte manda que sus cuerpos vuelvan al polvo, a la tumba y los demonios vienen a buscar sus almas para llevarlas al infierno, después de esto "¿seguirán en esa ciudad durante un año?". Si una parte de ustedes está en la tumba y la otra en el infierno, ¿qué parte de ustedes va a seguir en la ciudad? ¿Comprarán y venderán? ¿Y si Dios no les da ni dinero ni crédito? Me pregunto con quiénes negociarán. ¿Obtendrán ganancia? Están decididos a hacerlo; piensan que lucharán y prosperarán y que se harán ricos. ¿Y si Dios maldice sus esfuerzos y dice: "¡No lo harán!"? Quieren todo esto y tendrán lo que quieren; pero su poder no equivale a su voluntad. Aquí hay mucha voluntad, pero ni una palabra de oración. No deberían ir a su trabajo ni a sus tiendas y llamados hasta haber orado primero a Dios.

Razón N° 5

Deberían orar a Dios en familia a diario porque todos están sujetos cada día a las tentaciones. Tan pronto como se levantan, el diablo estará luchando por sus primeros pensamientos. Y cuando se hayan levantado, los instará a hacerle a él el primer servicio y los ayudará todo el día para arrastrarlos a algún pecado odioso antes de la noche. ¿No es el diablo un enemigo sutil, vigilante, poderoso e incansable? ¿No necesitan todos ustedes juntarse por la mañana para que Satanás no pueda prevalecer contra ninguno de ustedes antes de la noche, hasta que vengan de nuevo juntos delante de Dios? ¡A cuántas tentaciones se enfrentarán en sus llamados y su compañía, que, sin Dios, no podrán resistir! ¡Y cómo caerían y deshonrarían a Dios, desacreditarían su profesión, contaminarían sus almas, perturbarían su paz y herirían sus conciencias! Orígenes[37] lo denunciaba en su lamento. Y es que ese día [en el que] omitió la oración, pecó odiosamente: "Pero yo, ¡oh infeliz criatura! Me deslicé de mi cama al amanecer

---

[35] **Nota del editor** – La palabra original que el autor emplea aquí es *religión*. A la luz del uso amplio y muchas veces confuso de la palabra *"religión"* hoy en día, los términos "fe cristiana", "cristianismo" y "fe en Cristo" y, a veces, "piedad", "piadoso/a" o "piedad cristiana", suelen reemplazar "religión" y "religioso" en muchos casos en esta publicación.

[36] "No debemos confiar tanto en nuestra propia industria como para descuidar la ayuda divina ni, por el contrario, deberíamos depender tanto de la ayuda de la gracia como para disminuir nuestros esfuerzos y descuidar nuestro deber". —Desiderio Erasmus (c. 1466-1536).

[37] **Orígenes** (c. 185-254) – Teólogo y erudito bíblico de la temprana Iglesia griega.

del día y no pude acabar mi acostumbrado devocional ni llevar a cabo mi habitual oración; [sino que] cedí y me envolví en las trampas del diablo"[38].

Razón N° 6

Deberían orar en familia a diario porque todos están sujetos a los riesgos, las casualidades y las aflicciones cotidianas y la oración puede prevenirlos, dar fuerza para soportarlos y prepararlos para ellos. ¿Saben ustedes qué aflicción podría caer sobre su familia en un momento del día o de la noche, ya sea por una enfermedad, la muerte o pérdidas externas en su propiedad? ¿Tal vez podría ser una persona que no paga una deuda y se marcha con mucho de tu dinero y otra persona se lleva otro tanto? ¿Están ustedes realmente tan alejados del mundo que esto no provocaría en ustedes una mala reacción que los haría pecar contra Dios? ¿O será que pueden soportarlo sin murmurar y sin descontento, que no necesitan orar para tener un corazón sereno, si estas cosas vienen sobre ustedes? ¿Si salen al extranjero o envían a un hijo o criado están seguros que ustedes o ellos regresarán con vida? Aunque salgan con vida, pueden ser traídos de vuelta muertos. ¿No tienen, pues, necesidad de orar a Dios por la mañana para que guarde sus salidas y entradas, y no deben bendecirle juntos por la noche si lo hiciera? ¿A cuántos males está el hombre expuesto, esté en su casa o fuera? Anacreonte[39] perdió la vida cuando un pedazo de uva se le atravesó en la garganta. Fabio[40], senador de Roma, murió ahogado al tragarse un pequeño pelo en un trago de leche. Los pecados que se cometen diariamente, ¿no claman en voz alta que también merecen un castigo diario? ¿Y no deberían ustedes clamar tan alto en su oración diaria que Dios, en sus misericordias, los impida? ¿O si caen sobre ustedes, que los santifique para su bien o los quite? ¿O si permanecen, que los afirme bajo el peso de ellos? Sepan que en ningún lugar estarán a salvo sin la protección de Dios, de día o de noche. Si sus casas tuvieran cimientos de piedra y los muros estuvieran hechos de cobre o de diamante, y las puertas de hierro, con todo, no podrían seguir estando a salvo si Dios no los protege de todo peligro. Oren, entonces.

Razón N° 7

Deben orar a Dios en familia a diario o los paganos mismos se levantarán contra ustedes, los cristianos, y los condenarán. Los que nunca tuvieron los medios de gracia (como ustedes los han tenido) ni una Biblia para dirigirlos y enseñarles (como ustedes la han tenido), ni ministros enviados hasta ellos (como ustedes los han tenido en abundancia), avergüenzan a muchos de los que se llaman "cristianos" y que hasta hacen grandes profesiones. Cuando he leído lo que dicen algunos paganos que mostraban lo que acostumbraban hacer, y observado la práctica y la negligencia de muchos cristianos en sus familias, he estado a punto de concluir que los paganos eran mejores hombres. Como ustedes pueden saber a través de sus poetas, era su costumbre el sacrificar a sus dioses por la mañana y por la tarde, para poder tener el favor de ellos y tener éxito en sus propiedades.

¿No avergüenzan los paganos a muchos de ustedes? Decían: "Ahora hemos sacrificado, vayamos a la cama". Ustedes dicen: "Ahora que hemos cenado, acostémonos" o "juguemos una partida o dos de naipes y vayámonos a la cama". ¿Son ustedes hombres o cerdos con aspecto humano?

---

[38] **Eusebio de Cesarea** (c. 260-c.339 a.C.) – Teólogo, historiador de la Iglesia y erudito. Cita tomada de su *Ecclesiastical History* (Historia eclesiástica).

[39] **Anacreonte** (587-485 a.C.) – Poeta griego nacido en Teos.

[40] **Quinto Fabio Pictor** (200 a.C. fi) – Un historiador romano temprano y miembro del Senado romano.

El Sr. Perkins[41] asemejó a tales hombres a los cerdos que viven sin oración en sus familias, "que están siempre alimentándose de bellotas[42] con avaricia, pero que nunca miran la mano que las hace caer ni al árbol del que han caído".

Tomado de *"How May the Duty of Family Prayer Be Best Managed for the Spiritual Benefit of Every One in the Family?"* (¿Cómo puede el deber de la oración familiar ser mejor administrado para el beneficio espiritual de cada uno en la familia?), *Puritan Sermons 1659-1689. Being the Morning Exercises at Cripplegate* (Sermones puritanos 1659-1689. Estando en los ejercicios matutinos en Cripplegate), Vol. 2, Richard Owen Roberts, Editor.

Thomas Doolittle (1632 - c. 1707): Ministro no conformista inglés, nació en Kidderminster, Worcestershire, Inglaterra.

---

[41] **William Perkins** (1558-1602) – Predicador puritano y teólogo educado en Cambridge y, a veces, llamado "Padre del puritanismo".
[42] **Bellota** – Fruto de la encina que se acumula en el suelo y que se usa como comida para los cerdos.

El padre y la adoración familiar
James W. Alexander (1804-1859)

No hay miembro de una familia cuya piedad tenga tanta importancia para el resto como el padre o cabeza. Y no hay nadie cuya alma esté tan directamente influenciada por el ejercicio de la adoración doméstica. Donde el cabeza de familia es tibio o mundano, hará que el frío recorra toda la casa. Y si se da alguna feliz excepción y otros lo sobrepasan en fidelidad, será a pesar de su mal ejemplo. Él, que mediante sus instrucciones y su vida, debería proporcionar una motivación perpetua a sus subalternos y sus hijos, se sentirá culpable de que en el caso de semejante negligencia ellos tengan que buscar dirección en otra parte, aunque no lloren en lugares secretos por el descuido de él. Donde la cabeza de la familia es un hombre de fe, de afecto y de celo, que consagra todas sus obras y su vida a Cristo, resulta muy raro encontrar que toda su familia piense de otro modo. Ahora bien, uno de los medios principales para fomentar estas gracias individuales en la cabeza es éste: Su ejercicio diario de devoción con los miembros. Le incumbe más a él que a los demás. Es él quien preside y dirige en ello, quien selecciona y transmite la preciosa Palabra y quien conduce la súplica, la confesión y la alabanza en común. Para él equivale a un acto adicional de devoción personal en el día; pero es mucho más. Es un acto de devoción en el que su afecto y su deber para con su casa son llevados de forma especial a su mente y en el que él se pone en pie y defiende la causa, de todo lo que más ama en la tierra. No es necesario preguntarse, pues, por qué situamos la oración en familia entre los medios más importantes de revivir y mantener la piedad de aquel que la dirige.

La observación muestra que las familias que no tienen adoración familiar se encuentran de capa caída en las cosas espirituales; que las familias donde se realiza de un modo frío, perezoso, descuidado o presuroso, se ven poco afectadas por ella y por cualquier medio de gracia; y que las familias en las que se adora a Dios cada mañana y cada tarde, en un culto solemne y afectuoso de todos los que viven en la casa, reciben la bendición de un aumento de piedad y felicidad. Cada individuo es bendecido. Cada uno recibe una porción del alimento celestial.

La mitad de los defectos y de las transgresiones de nuestros días surgen de la falta de consideración. De ahí el valor indecible de un ejercicio que, dos veces al día, llama a cada miembro de la familia, como poco, a pensar en Dios. Hasta el hijo o criado más negligente e impío[43] debe, de vez en cuando, ser forzado a hablar un poco con la conciencia y meditar en el juicio cuando el padre, ya de cabello gris, se inclina delante de Dios, con voz temblorosa y derrama una fuerte súplica y oración. ¡Cuánto más poderosa debe ser la influencia sobre ese número más amplio de personas que, en diez mil familias cristianas del país tengan grabada, en mayor o menor medida, la importancia de las cosas divinas! ¡Y qué peculiar, tierna y educativa debe ser la misma influencia en aquellos del grupo doméstico que adoran a Dios en espíritu y que con frecuencia secan las lágrimas que salen a borbotones, cuando se levantan después de haber estado arrodillados, y miran a su alrededor al esposo, padre, madre, hermano, hermana, niño, todos recordados en la misma devoción, todos bajo la misma nube del incienso de la intercesión!

Tal vez entre nuestros lectores, más de uno pueda decir: "Durante tiempos inmemoriales he sentido la influencia de la adoración doméstica en mi propia alma. Cuando todavía era niño, ningún medio de gracia público o privado despertó tanto mi atención como cuando se oraba por los niños día a día. En la rebelde juventud nunca me sentí tan acuciado por mi con-

---

[43] **Impío** – Que no muestra el debido respeto hacia Dios; no piadoso.

vicción de pecado como cuando mi respetable padre suplicaba con fervor a Dios por nuestra salvación. Cuando, por fin, en infinita misericordia empecé a abrir el oído a la instrucción, ninguna oración llegó tanto a mi corazón ni expresó mis afectos más profundos como las que pronunciaba mi venerado padre".

El mantenimiento de la adoración doméstica en cada casa se le encomienda principalmente al cabeza de familia, quienquiera que pueda ser. Si es del todo inadecuado para el cargo por tener una mente incrédula o una vida impía, esta consideración debería sobresaltarlo y horrorizarlo; se le somete con afecto a cualquier lector cuya conciencia pueda declararse culpable de semejante imputación. Existen casos donde la gracia divina ha dotado en ese sentido a alguno de la familia, aunque no sea el padre, la madre ni el más mayor para delegar en él la realización de este deber. La madre viuda, la hermana mayor o el tutor de la familia puede ocupar el lugar del padre. Puesto que en una gran mayoría de casos, si se celebra este culto ha de ser dirigido por el padre, trataremos el tema bajo esta suposición, teniendo como premisa que los principios establecidos se aplican en su mayoría a todas las demás influencias.

Ningún hombre puede acercarse al deber de dirigir a su familia en un acto de devoción sin una solemne reflexión sobre el lugar que ocupa con respecto a ellos. Él es su cabeza. Lo es por constitución divina e inalterable. Son deberes y prerrogativas que no puede enajenar. Hay algo más que una mera precedencia en la edad, el conocimiento o la sustancia. Es el padre y señor. Ninguno de sus actos y nada en su carácter puede no dejar una marca en aquellos que lo rodean. Será apto para sentirlo cuando los llame a su presencia para orar a Dios. Y cuanto mayor devoción ponga en la labor, más lo sentirá. Aunque todo el sacerdocio, en el sentido estricto, haya acabado en la tierra y haya sido absorbido en las funciones del gran Sumo Sacerdote, sigue habiendo algo parecido a una intervención sacerdotal en el servicio del patriarca cristiano. Ahora está a punto de ir un paso por delante de la pequeña morada en la ofrenda del sacrificio espiritual de la oración y la adoración. Por ello, se dice en cuanto a Cristo: "Así que, ofrezcamos siempre a Dios, por medio de él, sacrificio de alabanza, es decir, fruto de labios que confiesan su nombre" (He. 13:15). Ésta es la ofrenda perpetua que el cabeza de familia está a punto de presentar. Hasta que la larga perseverancia en una aburrida formalidad rutinaria haya mitigado toda sensibilidad, debe entregarse a la solemne impresión. A veces lo sentirá como una carga para su corazón; se hinchará en ocasiones con sus afectos como "vino que no tiene respiradero" (Job 32:19). Son emociones saludables que elevan, que van a formar el serio y noble carácter que se puede observar en el viejo campesinado de Escocia.

Aunque no fuera más que un pobre hombre iletrado que inclina su canosa cabeza entre una cuadrilla de hijos e hijas, siente mayor y más sublime veneración que los reyes que no oran. Su cabeza está ceñida de esa "corona de honra" que se encuentra "en el camino de justicia" (Pr. 16:31). El padre que, año tras año preside en la sagrada asamblea doméstica, se somete a una fuerte influencia que tiene un efecto incalculable sobre su propio carácter de padre.

¿Dónde es más verosímil que un padre sienta el peso de su responsabilidad que donde reúne a su familia para adorar? Es verdad que debe siempre vigilar sus almas; pero ahora está en el lugar donde no puede sino probar la certeza de esta responsabilidad. Se reúne con su familia con un propósito piadoso y cada uno mira hacia él para obtener guía y dirección. Su ojo no puede detenerse en un solo miembro del grupo que no esté bajo su cuidado especial. *Entre todas estas personas no hay una sola por la que no tenga que rendir cuenta delante del trono de juicio de Cristo.* ¡La esposa de su juventud! ¿A quién recurrirá ella para la vigilancia espiritual, sino a él? ¡Y qué relación familiar tan poco natural cuando esta vigilancia se repudia y esta relación se invierte! ¡Los hijos! Si llegan a ser salvos es probable que, en cierto grado, se deba a los esfuerzos de su padre. Los empleados domésticos, los aprendices, los viajeros, todos están encomendados por tiempo más largo o más corto a su cuidado. El ministro doméstico clamará con seguridad: "¿Quién es suficiente para estas cosas?" y, sobre todo, cuando esté realizando estos deberes. Si su conciencia se mantiene despierta por una relación personal con Dios, nunca entrará a la adoración familiar sin sentimientos que impliquen esta misma responsabilidad y tales sentimientos no pueden sino grabarse en el carácter parental.

Le seguirá un bien indecible, si cualquier padre pudiera sentirse como el manantial terrenal principal de la influencia piadosa de su familia, así designado por Dios. ¿No es verdad? ¿Habría algún otro medio de hacerle sentir que eso es cierto que se pueda comparar con la institución de la adoración familiar? Ahora ha asumido su lugar de pleno derecho como instructor, guía y alguien ejemplar en la devoción. Ahora, aunque sea un hombre silencioso o tímido, su boca está abierta.

La hora de la oración y la alabanza domésticas también es el momento de la instrucción bíblica. El padre ha abierto la palabra de Dios en presencia de su pequeña manada. Admite, pues, ser su maestro y subpastor. Tal vez no sea más que un hombre sencillo, que vive de su trabajo, poco familiarizado con escuelas o bibliotecas y, como Moisés, "tardo en el habla y torpe de lengua" (Éx. 4:10). No obstante, está junto al pozo abierto de la sabiduría y, como el mismísimo Moisés, puede sacar el agua suficiente y dar de beber al rebaño (Éx. 2:19). Por ahora, se sienta en "la silla de Moisés" y ya no "ocupa el lugar de simple oyente" (1 Co. 14:16). Esto es alentador y ennoblecedor. Así como la madre amorosa se regocija de ser la fuente de alimentación del bebé que se aferra a su cálido seno, el padre cristiano se deleita en transmitir mediante la lectura reverente "la leche espiritual no adulterada" (1 P. 2:2). Ha resultado buena para su propia alma; se regocija en un medio señalado para transmitírsela a sus retoños. El señor más humilde de una casa puede muy bien sentirse exaltado reconociendo esta relación con aquellos que están a su cuidado.

Se reconoce que el ejemplo del padre es importantísimo. No se puede esperar que el manantial sea más alto que la fuente. El cabeza de familia cristiano se sentirá constreñido a decir: "Estoy guiando a mi familia a dirigirse solemnemente a Dios; ¿qué tipo de hombre debería ser? ¿Cuánta sabiduría, santidad y ejemplaridad?". Éste ha sido, sin duda y en casos innumerables, el efecto que la adoración familiar ha tenido sobre el padre de familia. Como sabemos, los hombres mundanos y los cristianos profesantes que no son consecuentes, están disuadidos de llevar a cabo este deber mediante la conciencia de una discrepancia entre su vida y cualquier acto de devoción. Así también, los cristianos humildes se guían por la misma comparación para ser más prudentes y para ordenar sus caminos de manera que puedan edificar a los que dependen de ellos. *No pueden haber demasiados motivos para una vida santa ni demasiadas salvaguardas para el ejemplo parental*. Establece la adoración a Dios en cualquier casa y habrás erigido una nueva barrera en torno a ella contra la irrupción del mundo, de la carne y del diablo.

En la adoración familiar, el señor de la casa aparece como el intercesor de su familia. El gran Intercesor está verdaderamente arriba, pero "rogativas, oraciones, peticiones y acciones de gracias" (1 Ti. 2:1) han de hacerse aquí abajo y ¿por quién si no el padre por su familia? Este pensamiento debe producir solemnes reflexiones. El padre, quien con toda sinceridad viene a diario a implorar las bendiciones sobre su esposa, sus hijos y sus trabajadores domésticos, tendrá la oportunidad de pensar en las necesidades de cada uno de ellos. Aquí existe un motivo urgente para preguntar sobre sus carencias, sus tentaciones, sus debilidades, sus errores y sus transgresiones. El ojo de un padre genuino es rápido; su corazón es sensible a estos puntos; y la hora de la devoción reunirá estas solicitudes. Por tal motivo, como ya hemos visto, después de las fiestas de sus hijos, el santo Job "enviaba y los santificaba, y se levantaba de mañana y ofrecía holocaustos conforme al número de todos ellos. Porque decía Job: Quizá habrán pecado mis hijos, y habrán blasfemado contra Dios en sus corazones. De esta manera hacía todos los días" (Job 1:5). Cualquiera que haya sido el efecto que esto tuvo en sus hijos, el efecto sobre Job mismo, sin duda, fue un despertar sobre su responsabilidad parental. Y éste es el efecto de la adoración familiar en el cabeza de familia.

El padre de una familia se encuentra bajo una influencia sana cuando se le lleva cada día a tomar un puesto de observación y dice a su propio corazón: "Por este sencillo medio, además de todos los demás, estoy ejerciendo alguna influencia definida, buena o mala, sobre todos los que me rodean. No puedo omitir este servicio de manera innecesaria; tal vez no puedo omitirlo por completo sin que sea en detrimento de mi casa. No puedo leer la Palabra, no puedo cantar ni orar sin dejar alguna huella en esas tiernas mentes. ¡Con cuánta solemnidad, afecto y fe debería, pues, acercarme a esta ordenanza! ¡Con cuánto temor piadoso y preparación! Mi conducta en esta adoración puede salvar o matar. He aquí mi gran canal para llegar al caso de quienes están sometidos a mi cargo". Estos son pensamientos sanos, engendrados naturalmente por una ordenanza diaria que, para demasiadas personas, no es más que una formalidad.

El marido cristiano necesita que se le recuerden sus obligaciones; nunca será demasiado. El respeto, la paciencia, el amor que las Escrituras imponen hacia la parte más débil y más dependiente de la alianza conyugal, y que es la corona y la gloria del vínculo matrimonial cristiano, no se ponen tanto en marcha como cuando aquellos que se han prometido fe el uno al otro hace años son llevados día tras día al lugar de oración y elevan un corazón unido a los pies de una misericordia infinita. Como la Cabeza de todo hombre es Cristo, así también la cabeza de la mujer es el hombre (*cf.* 1 Co. 11:3). Su puesto es responsable, sobre todo en lo espiritual. Rara vez lo siente con mayor sensibilidad que cuando cae con la compañera de sus cargas ante el trono de gracia.

Tomado de *Thoughts on Family Worship*, reeditado por Soli Deo Gloria.

James W. Alexander (1804-1859): Hijo mayor de Archibald Alexander, el primer catedrático del Seminario Teológico de Princeton. Asistió tanto a la Universidad de Princeton como al Seminario de Princeton y, más tarde, enseñó en ambas instituciones. Su primer amor, sin embargo, fue el pastorado y trabajó en iglesias de Virginia, Nueva Jersey y Nueva York, Estados Unidos, hasta su muerte en 1859.

> *Confío en que no haya nadie aquí, entre los presentes, que profese ser seguidor de Cristo y no practique también la oración en su familia. Tal vez no tengamos ningún mandamiento específico para ello, pero creemos que está tan de acuerdo con el don y el espíritu del evangelio, y que el ejemplo de los santos lo recomienda tanto que descuidarlo sería una extraña incoherencia. Ahora bien, ¡cuántas veces se dirige esa adoración con familia con descuido! Se fija una hora inconveniente; alguien llama a la puerta, suena el timbre, llama un cliente y todo esto apresura al creyente que está de rodillas a levantarse a toda prisa para atender sus preocupaciones mundanas. Por supuesto, se pueden presentar numerosas excusas, pero el hecho sigue siendo el mismo: Hacerlo de este modo reprime la oración.* —Charles Spurgeon

La adoración familiar dirigida por mujeres
John Howe (1630-1705)

Pregunta: Algunos han deseado recibir la siguiente información: "¿En el caso de la ausencia o enfermedad de un esposo, en una familia, le correspondería a la esposa mantener dicho deber familiar?". Y ocurre lo mismo con las viudas u otras personas de ese mismo sexo que son las únicas que están a la cabeza de las familias.

Respuesta: Debemos decir, en general, que una norma no puede adaptarse a todos los casos. Puede haber una gran variedad porque las circunstancias difieren. Pero,

1. Nada es tan claro como que mientras la relación conyugal permanece, la parte femenina desempeña una parte real en el gobierno de la familia. Esto se afirma de forma explícita en 1 Timoteo 5:14: "…que gobiernen su casa". El término es *oikodespotein,* tener un poder despótico[44] en la familia, un poder de gobierno que debe recaer en ella exclusivamente en ausencia o pérdida del otro cónyuge, y esto es algo que no puede abandonarse ni dejarse de hacer en modo alguno. Y dado que todo el poder y toda orden proceden de Dios, no se puede negar, repudiar ni dejar a un lado sin herirle.

2. De modo que, si en una familia hay un hijo o un criado prudente y piadoso a quien se le pueda asignar esta labor, estos podrían hacerlo de manera bastante adecuada por asignación de ella. Y, así, la autoridad que le pertenece a ella por su rango se conserva y el deber queda realizado. Que semejante tarea pueda serle adjudicada a otra persona más adecuada que lo haga como es debido, queda fuera de toda duda y debería ser así. Y nadie cuestiona lo apropiado de asignar esa tarea oficialmente a otro en las familias donde las personas se mantienen con el propósito de desempeñar los deberes familiares.

3. Es posible que haya familias que, en la actualidad, estén formadas por completo por personas del sexo femenino; en cuanto a ellas no hay pregunta alguna.

4. Donde la familia es más numerosa, está formada por personas del sexo masculino y ninguno es adecuado ni está dispuesto a emprender esa tarea, y la mujer no puede hacerlo con propiedad, en ese caso, deberá seguir el ejemplo de Ester (digno de gran elogio), con sus criadas y los niños más pequeños cumpliendo con esta adoración en su familia; en todo lo que esté en su mano, deberá advertir y encargar al resto que no omitan su parte (aunque no estén de acuerdo), juntos o por separado, que invoquen el nombre del Señor a diario.

Tomado de *Family Religion and Worship* (Religión y adoración familiar), Sermón número 5.

John Howe (1630-1705): Autor puritano no conformista y predicador, capellán de Oliver Cromwell; nacido en Loughborough, Inglaterra.

---

[44] **Despótico** – Literalmente del griego, "mandar y dar liderazgo a un hogar, administrar un hogar".

Recuerdos de la adoración familiar
John G. Paton (1824-1907)

El "cuartito de oración" era una habitación pequeña entre las otras dos, que sólo tenía cabida para una cama, una mesita y una silla, con una ventana diminuta que arrojaba luz sobre la escena. Era el santuario de aquel hogar de campo. Allí, a diario y con frecuencia varias veces al día, por lo general después de cada comida, veíamos a mi padre retirarse y encerrarse; nosotros, los niños, llegamos a comprender a través de un instinto espiritual (porque aquello era demasiado sagrado para hablar de ello) que las oraciones se derramaban allí por nosotros, como lo hacía en la antigüedad el Sumo Sacerdote detrás del velo en el Lugar Santísimo. De vez en cuando oíamos los ecos patéticos de una voz temblorosa que suplicaba, como si fuera por su propia vida, y aprendimos a deslizarnos y a pasar por delante de aquella puerta de puntillas para no interrumpir el santo coloquio. El mundo exterior podía ignorarlo, pero nosotros sabíamos de dónde venía esa alegre luz de la sonrisa que siempre aparecía en el rostro de mi padre: Era el reflejo de la Divina Presencia, en cuya conciencia vivía. Jamás, en templo o catedral, sobre una montaña o en una cañada, podría esperar sentir al Señor Dios más cerca, caminando y hablando con los hombres de forma más visible, que bajo el techo de paja, zarzo[45] y roble de aquella humilde casa de campo. Aunque todo lo demás en la religión se barriera de mi memoria por alguna catástrofe impensable, o quedara borrado de mi entendimiento, mi alma volvería a esas escenas tempranas y se encerraría una vez más en aquel cuartito santuario y, oyendo aún los ecos de aquellos clamores a Dios, rechazaría toda duda con el victorioso llamado: "Él caminó con Dios, ¿por qué no lo haría yo?".

Al margen de su elección independiente de una iglesia para sí mismo, había otra marca y fruto de su temprana decisión piadosa que, a lo largo de todos estos años, parece aún más hermosa. Hasta ese momento, la adoración familiar se había celebrado en el Día de Reposo, en la casa de su padre; pero el joven cristiano conversó con su simpatizante madre y consiguió convencer a la familia que debía haber una oración por la mañana y otra por la noche, cada día, así como una lectura de la Biblia y cánticos sagrados. Y esto, de buena gana, ya que él mismo accedió a tomar parte con regularidad en ello y aliviar así al viejo guerrero de las que podrían haber llegado a ser unas tareas espirituales demasiado arduas para él. Y así comenzó, a sus diecisiete años, esa bendita costumbre de la oración familiar, mañana y tarde, que mi padre practicó probablemente sin una sola omisión hasta que se vio en su lecho de muerte, a los setenta y siete años de edad; cuando, hasta el último día de su vida, se leía una porción de las Escrituras y se oía cómo su voz se unía bajito en el Salmo y sus labios pronunciaban en el soplo de su aliento, la oración de la mañana y la tarde, cayendo en dulce bendición sobre la cabeza de todos sus hijos, muchos de ellos en la distancia por toda la tierra, pero todos ellos reunidos allí ante el Trono de la Gracia. Ninguno de ellos puede recordar que uno solo de aquellos días pasara sin haber sido santificado de ese modo; no había prisa para ir al mercado, ni precipitación para correr a los negocios, ni llegada de amigos o invitados, ni problema o tristeza, ni gozo o entusiasmo que impidiera que, al menos, nos arrodilláramos en torno al altar familiar, mientras que el Sumo Sacerdote dirigiera nuestras oraciones a Dios y se ofreciera allí él mismo y sus hijos. ¡Bendita fue para otros como también para nosotros mismos la luz de semejante ejemplo! He oído decir que muchos años después, la peor mujer del pueblo de Torthorwald, que entonces llevaba una vida inmoral, fue cambiada por la gracia de Dios y se dice que declaró que lo único que había impedido que cayera en la desesperación y en el

---

[45] **Zarzo** – Construcción de vigas entrelazadas con ramas y cañas usadas para hacer muros, vallas y tejados.

infierno del suicidio, fue que en las oscuras noches de invierno ella se acercaba con cautela, se colocaba debajo de la ventana de mi padre y lo escuchaba suplicar en la adoración familiar que Dios convirtiera "al pecador del error de los días impíos y lo puliera como una joya para la corona del Redentor". "Yo sentía —contaba ella— que era una carga en el corazón de aquel buen hombre y sabía que Dios no *lo* decepcionaría. Ese pensamiento me mantuvo fuera del infierno y, al final, me condujo al único Salvador".

Mi padre tenía el gran deseo de ser un ministro del evangelio; pero cuando finalmente vio que la voluntad de Dios le había asignado otro lote, se reconcilió consigo mismo haciendo con su propia alma este solemne voto: Que si Dios le daba hijos, los consagraría sin reservas al ministerio de Cristo, si al Señor le parecía oportuno aceptar el ofrecimiento y despejarles el camino. Podría bastar aquí con decir que vivió para ver cómo tres de nosotros entrábamos en el Santo Oficio y no sin bendiciones: Yo, que soy el mayor, mi hermano Walter, varios años menor que yo y mi hermano James, el más joven de los once, el Benjamín de la manada...

Cada uno de nosotros, desde nuestra más temprana edad, no considerábamos un castigo ir con nuestro padre a la iglesia; por el contrario, era un gran gozo. Los seis kilómetros y medio (4 millas) eran un placer para nuestros jóvenes espíritus, la compañía por el camino era una nueva incitación y, de vez en cuando, algunas de las maravillas de la vida de la ciudad recompensaban nuestros ávidos ojos. Otros cuantos hombres y mujeres piadosos del mejor tipo evangélico iban desde la misma parroquia a uno u otro de los clérigos favoritos en Dumfries; durante todos aquellos años, el servicio de la iglesia parroquial era bastante desastroso. Y, cuando aquellos campesinos temerosos de Dios se "juntaban" en el camino a la Casa de Dios o al regresar de ella, nosotros los más jóvenes captábamos inusuales vislumbres de lo que puede y debería ser la conversación cristiana. Iban a la iglesia llenos de hermosas ansias de espíritu; sus almas estaban en la expectativa de Dios. Volvían de la iglesia preparados e incluso ansiosos por intercambiar ideas sobre lo que habían oído y recibido sobre las cosas de la vida. Tengo que dar mi testimonio en cuanto a que la fe cristiana[46] se nos presentaba con gran cantidad de frescura intelectual y que, lejos de repelernos, encendía nuestro interés espiritual. Las charlas que escuchábamos eran, sin embargo, genuinas; no era el tipo de conversación religiosa fingida, sino el sincero resultado de sus propias personalidades. Esto, quizás, marca toda la diferencia entre un discurso que atrae y uno que repele.

Teníamos, asimismo, lecturas especiales de la Biblia cada noche del Día del Señor: Madre e hijos junto con los visitantes leían por turnos, con nuevas e interesantes preguntas, respuestas y exposición, todo ello con el objeto de grabar en nosotros la infinita gracia de un Dios de amor y misericordia en el gran don de su amado Hijo Jesús, nuestro Salvador. El Catecismo menor se repasaba con regularidad, cada uno de nosotros contestábamos a la pregunta formulada, hasta que la totalidad quedaba explicada y su fundamento en las Escrituras demostrado por los textos de apoyo aducidos. Ha sido sorprendente para mí, encontrarme de vez en cuando con hombres que culpaban a esta "catequización" de haberles producido aversión por la fe cristiana; todos los que forman parte de nuestro círculo piensan y sienten exactamente lo contrario. Ha establecido los fundamentos sólidos como rocas de nuestra vida cristiana. Los años posteriores le han dado a estas preguntas y a sus respuestas un significado más profundo o las han modificado, pero ninguno de nosotros ha soñado desear siquiera que hu-

---

[46] **Nota del editor** – La palabra original que el autor emplea aquí es *religión*. A la luz del uso amplio y muchas veces confuso de la palabra *"religión"* hoy en día, los términos "fe cristiana", "cristianismo" y "fe en Cristo" y, a veces, "piedad", "piadoso/a" o "piedad cristiana", suelen reemplazar "religión" y "religioso" en muchos casos en esta publicación.

biéramos sido entrenados de otro modo. Por supuesto, si los padres no son devotos, sinceros y afectivos, —si todo el asunto por ambos lados no es más que trabajo a destajo o, peor aún, hipócrita y falso—, ¡los resultados deben ser de verdad muy distintos!

¡Oh, cómo recuerdo aquellas felices tardes del Día de reposo; no cerrábamos las persianas ni las contraventanas para que no entrara ni el sol, como afirman algunos escandalosamente! Era un día santo, feliz, totalmente humano que pasaban un padre, una madre y sus hijos. ¡Cómo paseaba mi padre de un lado a otro del suelo de losas, hablando de la sustancia de los sermones del día a nuestra querida madre quien, a causa de la gran distancia y de sus muchos impedimentos, iba rara vez a la iglesia, pero aceptaba con alegría cualquier oportunidad, cuando surgía la posibilidad o la promesa, de que algunos amigos la llevaran en su carruaje! ¡Cómo nos convencía él para que le ayudáramos a recordar una idea u otra, recompensándonos cuando se nos ocurría tomar notas y leyéndolas cuando regresábamos! ¡Cómo se las arreglaba para convertir la conversación de una forma tan natural hasta alguna historia bíblica, al recuerdo de algún mártir o cierta alusión feliz al "Progreso del peregrino"! Luego, sucedía algo parecido a una competición. Cada uno de nosotros leía en voz alta, mientras el resto escuchaba y mi padre añadía aquí y allí algún pensamiento alegre, una ilustración o una anécdota. Otros deben escribir y decir lo que quieran como quieran; pero yo también. Éramos once, criados en un hogar como éste, y nunca se oyó decir a ninguno de los once, chico o chica, hombre o mujer, ni se nos oirá, que el Día de reposo era aburrido o pesado para nosotros, o sugerir que hubiéramos oído hablar o visto una forma mejor de hacer brillar el Día del Señor y que fuera igual de bendito para los padres como para los hijos. ¡Pero que Dios ayude a los hogares donde estas cosas se hacen a la fuerza y no por amor!

Tomado de John G. Paton and James Paton, *John G. Paton: Missionary to the New Hebrides* (John G. Paton: Misionero a las Nuevas Hébridas). (Nueva York, Estados Unidos: Fleming H. Revell Company, 1898 and 1907), 11-25.

John G. Paton (1824-1907): Misionero presbiteriano escocés en las Nuevas Hébridas; empezó su obra en la isla de Tanna, que estaba habitada por caníbales salvajes; posteriormente evangelizó Aniwa; nació en Braehead, Kirkmaho, Dumfriesshire, Escocia.

Ciertamente, la alabanza no es tan común en la oración familiar como otras formas de adoración. No todos nosotros podemos alabar a Dios en la familia uniéndonos en los cánticos porque no todos somos capaces de seguir una melodía, pero estaría bien si lográramos hacerlo. Coincido con Matthew Henry cuando afirma: "Aquellos que oran en familia hacen bien; los que oran y leen las Escrituras, mejor; pero los que oran, leen y cantan son los que mejor hacen". En ese tipo de adoración familiar existe una completitud que se debería desear por encima de todo.
—*Charles Spurgeon*

La adoración familiar puesta en práctica
Joel R. Beeke

A continuación, unas sugerencias para ayudarles a establecer en sus hogares una adoración familiar que honre a Dios. Confiamos en que esto evite dos extremos: El planteamiento idealista que supera el alcance hasta del hogar más temeroso de Dios y el enfoque minimalista[47] que abandona la adoración familiar diaria porque el ideal parece estar absolutamente por encima de sus capacidades.

Preparación para la adoración familiar

Antes de que ésta dé comienzo, deberíamos orar en privado pidiendo la bendición divina sobre esa adoración. A continuación, deberíamos planear el *qué*, el *dónde* y el *cuándo* de la misma.

1. El qué

Hablando de forma general, esto incluye la instrucción en la Palabra de Dios, la oración delante de su trono y cantar para su gloria. Sin embargo, es necesario determinar más detalles de la adoración familiar.

Primero, tengan Biblias y copias de *El Salterio*[48] y hojas de canciones para todos los niños que saben leer. En el caso de niños demasiados pequeños, que no saben leer, lean unos cuantos versículos de las Escrituras y seleccionen un texto para memorizarlo como familia. Repítanlo en alto, todos juntos, varias veces como familia. A continuación, refuércenlo con una breve historia de la Biblia para ilustrar el texto. Tómense tiempo para enseñar sobre una o dos estrofas de una selección del Salterio a estos niños y aliéntenlos a cantar con ustedes.

Para los niños no tan pequeños, intenten usar *Truths of God's Word* [Verdades de la Palabra de Dios], una guía para maestros y padres que ilustra cada doctrina. Para niños de nueve años en adelante, pueden usar *Bible Doctrine* [La doctrina bíblica] de James W. Beeke, una serie que va acompañada de directrices para el maestro. En cualquier caso, expliquen lo que han leído a sus hijos y formúlenles una o dos preguntas.

A continuación, canten uno o dos salmos, un buen himno o coro como *"Dare to be a Daniel"* (Atrévete a ser como Daniel). Terminen con una oración.

Para niños más mayores, lean un pasaje de las Escrituras, memorícenlo juntos y lean un proverbio y aplíquenlo. Hagan unas preguntas sobre cómo aplicar estos versículos a la vida cotidiana o, tal vez, lean una porción de los Evangelios y su correspondiente sección en el libro *Expository Thoughts on the Gospels* [Meditaciones sobre los Evangelios] de J. C. Ryle. Este autor es sencillo, a la vez que profundo. Sus claras ideas ayudan a generar conversación. Quizás les gustaría leer partes de una biografía inspiradora. No obstante, no permitan que la lectura de la literatura edificante sustituya la lectura de la Biblia o su aplicación.

El progreso del peregrino de John Bunyan, *Guerra Santa* o meditaciones diarias de Charles Spurgeon [como *Morning and Evening* (Mañana y tarde) o *Faith's Checkbook* (Cheques del banco de la fe)] son adecuados para niños más espirituales. Los niños más mayores también se beneficiarán de *Morning and Evening Exercises* (Ejercicios matinales y vespertinos) de William Jay, *Spiritual Treasury* (Antología espiritual) de William Mason o *Poor Man's Morning and Eve-*

---

[47] **El enfoque minimalista** – Enfocarse en proveer la cantidad mínima.
[48] *El Salterio* es un libro que contiene salmos o el Libro de Salmos, que se usa para cantar en la adoración. También conocido como *Himnario*.

ning Portions (Porciones matinales y vespertinas del pobre) de Robert Hawker. Después de esas lecturas, canten unos cuantos salmos familiares y, tal vez, podrían aprender uno nuevo antes de acabar con oración.

Asimismo, deberían utilizar los credos y las confesiones de su iglesia. Se les debería enseñar a los niños pequeños a recitar el Padrenuestro. Si se adhieren a los principios de Westminster, hagan que sus hijos memoricen poco a poco el *Catecismo Menor*. (Si su iglesia usa *La Segunda Confesión Bautista de Londres*,[49] pueden usar el Catecismo de Spurgeon o el Catecismo[50] de Keach.) Si en su congregación se usa el *Catecismo de Heidelberg*, la mañana del Sabbat cristiano (domingo) lean en el Catecismo la parte correspondiente al Día del Señor, del que predicará el ministro en la iglesia. Si tienen *El Salterio*, pueden hacer un uso ocasional de las formas de devoción que se encuentran en las oraciones cristianas. Utilizando estas formas en el hogar les dará la oportunidad —a ustedes y a sus hijos— de aprender a usarlas de una forma edificante y provechosa, una técnica que resulta muy útil cuando se usan las formas litúrgicas[51] como parte de la adoración pública.

2. *El dónde*

La adoración familiar puede celebrarse alrededor de la mesa del comedor. Sin embargo, es posible que sea mejor trasladarse al salón, donde hay menos distracciones. Cualquiera que sea la habitación escogida, asegúrense de que contenga todo el material devocional. Antes de comenzar, descuelguen el teléfono u organicen que sea el contestador automático o el correo de voz, quien responda. Los hijos deben entender que la adoración familiar es la actividad más importante del día y que no debe interrumpirse por nada.

3. *El cuándo*

De manera ideal, la adoración familiar debería llevarse a cabo dos veces al día, por la mañana y por la tarde. Esto encaja mejor con las directrices bíblicas para la adoración en la administración del Antiguo Testamento, en el que se santificaba el principio y el final de cada día mediante el ofrecimiento de un sacrificio matutino y otro vespertino, así como las oraciones de la mañana y de la tarde. El *Directorio de Adoración de Westminster* declara: "La adoración familiar que debería realizar cada familia, es generalmente por la mañana y por la tarde, y consiste en oración, lectura de las Escrituras y alabanzas cantadas".

Para algunos, la adoración familiar es rara vez posible más de una vez al día, después de la cena. De una manera u otra, los cabezas de familia deberían ser sensibles al programa familiar y mantener implicados a todos sus miembros. Cuando no puedan cumplir con los horarios programados, planeen con esmero y prepárense de antemano para que cada minuto cuente. Luchen contra todos los enemigos de la adoración familiar.

---

[49] Esta *Confesión de Fe* es el principio doctrinal de muchas iglesias bautistas. Publicada por primera vez en 1677 y adoptada en 1689, se le conoce de forma más sencilla como la "1689". Ésta y el *Catecismo de Spurgeon* están disponibles en CHAPEL LIBRARY.

[50] Por extraño que pueda parecerles a los bautistas modernos, históricamente, los bautistas usaron con fidelidad confesiones y catecismos para entrenar a sus familias y adorar en sus hogares.

[51] **Litúrgico** – Aquello que pertenece o está relacionado con la liturgia, procedente del término griego *leitourgia*. Liturgia significa adoración pública según las formas y los ritos establecidos como textos leídos y oraciones, es decir, *El Libro de la Oración Común* de la Iglesia de Inglaterra, a menudo con referencia a la Santa Cena. Esto establece un contraste con la adoración que no sigue una estructura formal.

Capítulo 1—La adoración familiar

Durante la adoración familiar, que sus objetivos sean los siguientes:

1. Brevedad

Como dijo Richard Cecil: "Haz que la adoración familiar sea breve, agradable, sencilla, tierna y celestial". Cuando es demasiado larga, los niños se vuelven intranquilos y pueden ser provocados a ira.

Si adoran dos veces al día, prueben con diez minutos por la mañana y un poco más por la noche. Un periodo de veinticinco minutos de adoración familiar podría dividirse como sigue: Diez minutos para la lectura de las Escrituras y la instrucción; cinco minutos para leer una porción diaria o un libro edificante, o conversar sobre alguna preocupación bajo una luz bíblica; cinco minutos para cantar y cinco minutos para la oración.

2. Coherencia

Más vale tener veinte minutos de adoración familiar cada día que probar periodos más extensos unos cuantos días, por ejemplo cuarenta y cinco minutos el lunes y saltarse el martes. La adoración familiar nos proporciona "el maná que cae cada día a la puerta de la tienda, para que nuestras almas se mantengan vivas", escribió James W. Alexander en su excelente libro sobre la adoración familiar.

No se permitan excusas para evitar la adoración familiar. Si pierden el dominio propio con su hijo media hora antes de la reunión, no digan: "Sería una hipocresía dirigir la adoración familiar, de modo que esta noche lo vamos a dejar". No tienen que escapar de Dios en esos momentos. Más bien, deben regresar a él como el publicano arrepentido. Empiecen el tiempo de adoración pidiéndoles a cada uno de los que han presenciado su falta de dominio propio que les perdonen; a continuación, oren a Dios pidiendo perdón. Los niños los respetarán por ello. Tolerarán las debilidades y hasta los pecados en sus padres, siempre y cuando estos confiesen sus equivocaciones y procuren seguir al Señor con sinceridad. Ellos y ustedes saben que el sumo sacerdote del Antiguo Testamento no era descalificado por ser un pecador, pero sí tenía que ofrecer sacrificio primeramente por sí mismo, antes de poder presentarlo por los pecados del pueblo. Tampoco quedamos descalificados, ni ustedes ni nosotros, por el pecado confesado, porque nuestra suficiencia está en Cristo y no en nosotros mismos. Como afirmó A. W. Pink: "No son los pecados del cristiano, sino sus pecados no confesados, los que estrangulan el canal de bendición y hacen que tantos otros se pierdan lo mejor de Dios".

Dirijan la adoración familiar con una mano firme, paternal y un corazón blando y arrepentido: Aun cuando estén extenuados después de su día de trabajo, oren pidiendo la fuerza de llevar a cabo su deber paternal. Recuerden que Cristo Jesús fue a la cruz por ustedes, agotado y exhausto, pero nunca dio un paso atrás en su misión. Al negarse ustedes a sí mismos, verán cómo Él los fortalece durante la adoración familiar, de manera que en el momento en que acaben, habrán vencido su agotamiento.

3. Solemnidad esperanzada

"Servid a Jehová con temor, y alegraos con temblor", nos dice el Salmo 2. Es necesario que mostremos este equilibrio de esperanza y sobrecogimiento, de temor y fe, de arrepentimiento y confianza en la adoración familiar. Hablen con naturalidad, pero con reverencia, durante ese tiempo, usando el tono que utilizarían para hablar con un amigo al que respetan profundamente, de un tema serio. Esperen grandes cosas de un gran Dios que cumple el pacto.

Seamos ahora más específicos:

1. Para la lectura de las Escrituras:

Tengan un plan: Lean diez o veinte versículos del Antiguo Testamento por la mañana y unos diez a veinte del Nuevo Testamento por la noche. O lean una serie de parábolas, milagros o porciones biográficas. Sólo asegúrense de leer toda la Biblia a lo largo de un periodo de tiempo. Como dijo J. C. Ryle: "Llena sus mentes (de los hijos) con las Escrituras. Que la Palabra more en ellos ricamente. Dales la Biblia, toda la Biblia, aunque sean pequeños".

Para las ocasiones especiales: Los domingos por la mañana, podrían leer los Salmos 48, 63, 84 o Juan 20. En el Sabbat (el Día del Señor), cuando se debe administrar la Santa Cena, lean el Salmo 22, Isaías 53, Mateo 26 o parte de Juan 6. Antes de abandonar la casa para las vacaciones familiares, reúnan a su familia en el salón y lean el Salmo 91 o el Salmo 121.

Involucren a la familia: Cada miembro de la familia que pueda leer debería tener una Biblia para seguir la lectura. Establezcan el tono leyendo las Escrituras con expresión, como el Libro vivo, viviente que es.

Asignen varias porciones para que las lean sus esposas e hijos: Enseñen a sus hijos cómo leer de manera articulada y con expresión. No les permitan murmurar ni leer a toda prisa. Muéstrenle cómo leer con reverencia. Proporcionen una breve palabra de explicación a lo largo de la lectura, según las necesidades de los hijos más pequeños.

Estimulen la lectura y el estudio de la Biblia en privado: Asegúrense de que sus hijos acaben el día con la Palabra de Dios. Podrían seguir el *Calendario para las lecturas de la Biblia*[52] de M'Cheyne, de manera que sus hijos lean toda la Biblia por sí mismos una vez al año. Ayuden a cada niño a construir una biblioteca personal de libros basados en la Biblia.

2. Para la instrucción bíblica

Sean claros en cuanto al significado: Pregúntenle a sus hijos si entienden lo que se está leyendo. Sean claros al aplicar los textos bíblicos. A este respecto, el *Directorio de la Iglesia de Escocia* de 1647 proporciona el siguiente consejo:

> "Las Sagradas Escrituras deberían leerse de forma habitual a la familia; es recomendable que, a continuación, consulten y, como asamblea, hagan un buen uso de lo que se ha leído u oído. Por ejemplo, si algún pecado ha sido reprendido en la palabra que se ha leído, se podría utilizar para que toda la familia sea prudente y esté vigilante contra éste. O si se amenaza con algún juicio en dicha porción de las Escrituras leída, se podría usar para hacer que toda la familia tema que un juicio como éste o peor caiga sobre ellos, a menos que tengan cuidado con el pecado que lo provocó. Y, finalmente, si se requiere algún deber o se hace referencia a algún consuelo en una promesa, se puede usar para fomentar que se beneficien de Cristo para recibir la fuerza que los capacite para realizar el deber ordenado y aplicar el consuelo ofrecido en todo lo que el cabeza de familia debe ser el patrón. Cualquier miembro de la familia puede proponer una pregunta o duda para su resolución (Párrafo III)".

Estimulen el diálogo familiar en torno a la Palabra de Dios, en línea con el procedimiento hebraico de pregunta y respuesta de la familia (*cf.* Ex. 12; Dt. 6; Sal. 78). Alienten sobre todo a los adolescentes para que formulen preguntas, hagan que salgan de su caparazón. Si desconocen las respuestas, manifiéstenselo; incítenlos a buscar las respuestas. Tengan uno o más, buenos comentarios a mano como los de Juan Calvino, Matthew Poole y Matthew Henry.

---

[52] Disponible en Chapel Library.

Recuerden que si no les proporcionan respuestas a sus hijos, irán por ellas a cualquier otro lugar y, con frecuencia, serán las incorrectas.

Sean puros en la doctrina: Tito 2:7 declara: "Presentándote tú en todo como ejemplo de buenas obras; en la enseñanza mostrando integridad, seriedad". No abandonen la precisión doctrinal cuando enseñen a sus hijos; que su objetivo sea la simplicidad y la solidez.

Que la aplicación sea pertinente: No teman compartir sus experiencias cuando sea adecuado, pero háganlo con sencillez. Usen ilustraciones concretas. Lo ideal es que vinculen la instrucción bíblica con lo que hayan escuchado recientemente en los sermones.

Sean afectuosos: Proverbios usa continuamente la expresión "hijo mío", mostrando la calidez, el amor y la urgencia en las enseñanzas de un padre temeroso de Dios. Cuando deban tratar las heridas de un padre amigo a sus hijos, háganlo con amor sincero. Díganles que deben transmitirles todo el consejo de Dios porque no pueden soportar la idea de pasar toda la eternidad separados de ellos. Mi padre solía decirnos, con lágrimas en los ojos: "Niños, no quiero echar de menos a ninguno de ustedes en el cielo". Háganles saber a sus hijos: "Les permitiremos cada privilegio que la Biblia nos permita claramente darles, pero si les negamos algo, deberán saber que lo hacemos por amor". Como declaró Ryle: "El amor es un gran secreto de entrenamiento exitoso. El amor del alma es el alma de todo amor".

Exijan atención: Proverbios 4:1 advierte: "Oíd, hijos, la enseñanza de un padre, y estad atentos, para que conozcáis cordura". Padres y madres tienen importantes verdades que transmitir. Deben pedir que en sus hogares se escuchen con atención las verdades divinas. Esto puede implicar que se repitan al principio normas como estas: "Siéntate, hijo, y mírame cuando estoy hablando. Estamos hablando de la Palabra de Dios y Él merece ser escuchado". No permitan que sus hijos abandonen sus asientos durante la adoración familiar.

3. Para orar

Sean breves: Con pocas excepciones, no oren durante más de cinco minutos. Las oraciones tediosas hacen más mal que bien.

No enseñen en su oración: Dios no necesita la instrucción. Enseñen con los ojos abiertos; oren con los ojos cerrados.

Sean simples sin ser superficiales: Oren por cosas de las que sus hijos sepan ya algo, pero no permitan que sus oraciones se vuelvan triviales. No reduzcan sus oraciones a las peticiones egoístas y poco profundas.

Sean directos: Desplieguen sus necesidades delante de Dios, defiendan su causa y pidan misericordia. Nombren a sus hijos adolescentes y a los pequeños, y las necesidades de cada uno de ellos a diario. Esto tiene un peso tremendo en ellos.

Sean naturales, pero solemnes: Hablen con claridad y reverencia. No usen una voz poco natural, aguda o monótona. No oren demasiado alto ni bajo, demasiado rápido o lento.

Sean variados: No oren todos los días por las mismas cosas; eso se vuelve monótono. Desarrollen mayor variedad en la oración recordando y enfatizando los diversos ingredientes de la oración verdadera como: La invocación[53], la adoración[54] y la dependencia. Empiecen

---

[53] **Invocación** – Invocar es clamar a Dios pidiendo ayuda.

[54] **Adoración** – La adoración es, quizás, la manera más elevada de rendir culto e implica la contemplación de las perfecciones de Dios y el reconocimiento de estas en palabras de alabanza y posturas de reverencia, es decir, Ap. 4:8, 10, 11: "Y no cesaban día y noche de decir: Santo, santo, santo es el Señor Dios Todopoderoso, el que era, el que es, y el que ha de venir… Los veinticuatro ancianos se postran delante del que está sentado en el trono, y adoran al que vive por los siglos de los siglos, y echan sus coronas delante del

mencionando uno o dos títulos o atributos de Dios, como "Señor misericordioso y santo...". Añadan a esto una declaración de su deseo de adorar a Dios y su dependencia de Él por su ayuda en la oración. Por ejemplo, digan: "Nos inclinamos humildemente en tu presencia. Tú que eres digno de ser adorado, oramos para que nuestras almas puedan elevarse a ti. Ayúdanos por tu Espíritu. Ayúdanos a invocar tu Nombre, por medio de Jesucristo, el único por quien podemos acercarnos a ti".

Confesión de los pecados familiares: Confiesen la depravación de nuestra naturaleza, luego los pecados reales, sobre todo los cotidianos y los familiares. Reconozcan el castigo que merecemos a manos de un Dios santo y pídanle a Él que perdone todos sus pecados por amor a Cristo.

Petición por las mercedes familiares: Pídanle a Dios que los libre del pecado y del mal. Podrían decir: "Oh Señor, perdona nuestros pecados a través de tu Hijo. Somete nuestras iniquidades por tu Espíritu. Líbranos de la oscuridad natural de nuestra mente y la corrupción de nuestros propios corazones; de las tentaciones a las que fuimos expuestos hoy".

Pídanle a Dios el bien temporal y espiritual: Oren por su provisión para toda necesidad en la vida diaria. Rueguen por sus bendiciones espirituales. Supliquen que sus almas estén preparadas para la eternidad.

Recuerden las necesidades familiares e intercedan por los amigos de la familia: Recuerden orar para que, en todas estas peticiones, se haga la voluntad de Dios. Sin embargo, no permitan que la sujeción a la voluntad de Dios les impida suplicarle que escuche sus peticiones. Implórenle por cada miembro de su familia, en su viaje a la eternidad. Oren por ellos basándose en la misericordia de Dios, en su relación de pacto con ustedes y en el sacrificio de Cristo.

Acción de gracias como una familia: Den gracias al Señor por la comida y la bebida, por las misericordias providenciales, las oportunidades espirituales, las oraciones contestadas, la salud recobrada y la liberación del mal. Confiesen: "Por tus misericordias no hemos sido consumidos como familia". Recuerden la Pregunta 116 del Catecismo de Heidelberg, que declara: "Dios dará su gracia y su Espíritu Santo sólo a aquellos que, con deseos sinceros, le piden de forma continua y son agradecidos por ellos".

Bendigan a Dios por quien Él es y por lo que ha hecho. Pidan que su Reino, poder y gloria se manifiesten para siempre. Luego, acaben con "Amén" que significa "ciertamente así será".

Matthew Henry dijo que la adoración familiar matinal es, de forma especial, un tiempo de alabanza y petición de fuerza para el día y de bendición divina sobre las actividades de la familia. La adoración vespertina debería centrarse en el agradecimiento, las reflexiones de arrepentimiento y las humildes súplicas para la noche.

4. Para cantar

Canten canciones doctrinalmente puras: No hay excusa para cantar un error doctrinal, por atractiva que resulte su melodía. (De ahí la necesidad de himnos doctrinalmente sanos como el *Himnario Trinity*).

Canten salmos principalmente sin descuidar los himnos sólidos: Recuerden que los Salmos, denominados por Calvino "una anatomía de todas las partes del alma", son la mina de oro más rica de la piedad profunda, viva y experimental que sigue disponible hoy para nosotros.

---

trono, diciendo: Señor, digno eres de recibir la gloria y la honra y el poder; porque tú creaste todas las cosas, y por tu voluntad existen y fueron creadas".

Canten salmos sencillos si tienen hijos pequeños: Al escoger Salmos para cantar, busquen cánticos que los niños puedan dominar fácilmente y canciones que sean particularmente importantes para que puedan aprenderlas. Elijan canciones que expresen las necesidades espirituales de sus hijos en cuanto al arrepentimiento, la fe, la renovación del corazón y de la vida; cánticos que revelen el amor de Dios por Su pueblo y el amor de Cristo por los corderos de su rebaño. Palabras como justicia, bondad y misericordia deberían ser señaladas y explicadas de antemano.

Canten con ganas y con sentimiento: Como afirma Colosenses 3:23: "Y todo lo que hagáis, hacedlo de corazón, como para el Señor y no para los hombres". Mediten en las palabras que están cantando. En ocasiones, expliquen una frase del cántico.

Después de la adoración familiar

Al retirarse para pasar la noche, oren pidiendo la bendición de Dios sobre la adoración familiar: "Señor, usa la instrucción para salvar a nuestros hijos y hacer que crezcan en gracia para que puedan depositar su esperanza en ti. Usa la alabanza que brindamos a tu nombre en los cánticos para acercar tu nombre, tu Hijo y tu Espíritu a sus almas inmortales. Usa nuestras oraciones para llevar a nuestros hijos al arrepentimiento. Señor Jesucristo, que tu soplo esté sobre nuestra familia durante este tiempo de adoración con tu Palabra y tu Espíritu. Haz que sean tiempos vivificantes".

Joel R. Beeke: Presidente y Profesor de Teología Sistemática y Homilética en el Seminario Teológico Reformado Puritano. Pastor de la *Heritage Netherlands Reformed Congregation* (Congregación Reformada Heritage Netherlands), en Grand Rapids, Michigan, Estados Unidos; autor, coautor y editor de cuarenta libros, ha contribuido con unos 1.500 artículos para libros, revistas, periódicos y enciclopedias reformadas.

¡La oración familiar y el púlpito son los baluartes del protestantismo! Cuenta con ello porque cuando la piedad de la familia decaiga, la vida de la piedad también será muy baja. En Europa, a cualquier precio, teniendo en cuenta que la fe cristiana empezó con una familia creyente, deberíamos procurar la conversión de toda nuestra familia y mantener dentro de nuestros hogares la buena y santa práctica de la adoración familiar. —Charles H. Spurgeon

El escritor ha conocido a muchas personas que profesan ser cristianas, pero cuya vida diaria no se diferencia en nada de los miles de no profesantes que los rodean. Rara vez, por no decir ninguna, se les encuentra en la reunión de oración, no tienen adoración familiar, pocas veces leen las Escrituras, no hablan con nadie de las cosas de Dios, su caminar es absolutamente mundano y ¡a pesar de todo, están bastante seguros de que irán al cielo! Investiga en el campo de su confianza y te dirán que hace mucho tiempo aceptaron a Cristo como su Salvador y que ahora su consuelo es que "una vez salvo, siempre salvo". Existen miles de personas como estas en la tierra hoy que, a pesar de ello, se encuentran en la senda ancha que lleva a destrucción, caminando por ella con una paz falsa en sus corazones y una profesión vana en sus labios.
—A. W. Pink

Paganos y cristianos
John G. Paton (1824-1907)

Lo que sigue es un extracto de *John G. Paton: Missionary to the New Hebrides* (John G. Paton: Misionero a las Nuevas Hébridas) editado por James Paton. Esta extraordinaria autobiografía exhibe las maravillas de la gracia salvífica de Dios. Tras años trabajando duramente entre los caníbales, Dios usó el que Paton cavara un pozo para extraer agua, para quebrantar la garra del paganismo y llevar a los caníbales a inclinarse delante de nuestro Dios soberano. Asombrados al ver el agua saliendo de la tierra, en el pozo, el viejo jefe Namakey dio más tarde su testimonio en la iglesia misionera de Paton:

> "Mi pueblo... el pueblo de Aniwa...[55] ¡el mundo está trastocado desde que la palabra de Jehová vino a esta tierra! ¿Quién esperó jamás ver la lluvia subiendo y atravesando la tierra? ¡Siempre había descendido de las nubes! Maravillosa es la obra de este Dios Jehová. Ningún dios de Aniwa había respondido jamás las oraciones como lo ha hecho el Dios de Missi.[56] Amigos de Namakey, todos los poderes del mundo no podían habernos obligado a creer que la lluvia podía salir de las profundidades de la tierra, si no lo hubiéramos visto con nuestros ojos, tocado y probado como lo hacemos aquí. Ahora, con la ayuda de Jehová Dios, el Missi puso ante nuestros ojos esa lluvia invisible de la que nunca habíamos oído hablar ni habíamos visto y... (golpeándose el pecho con la mano, exclamó)... Aquí, dentro de mi corazón, algo me dice que Jehová Dios existe de verdad, el Invisible del que nunca supimos hasta que Missi lo puso en nuestro conocimiento. Se ha eliminado el coral y la tierra se ha limpiado y ¡he aquí que surge el agua! Invisible hasta este día, aunque de todos modos estaba allí, pero nuestros ojos eran demasiado débiles. De modo que yo, vuestro jefe, ahora creo firmemente que cuando muera, cuando se quiten los trozos de coral y los montones de polvo que ahora ciegan mis viejos ojos, veré al invisible Dios Jehová con mi alma, como me dice Missi. Y así será, tan cierto como que he visto la lluvia subir de la tierra de abajo. Desde este día, pueblo mío, debo adorar al Dios que ha abierto el pozo para nosotros y que nos llena de lluvia de abajo. Los dioses de Aniwa no pueden escuchar, no pueden ayudarnos como el Dios de Missi. De aquí en adelante soy un seguidor de Jehová Dios. Que todo aquel que piense como yo vaya ahora a buscar a los ídolos de Aniwa, los dioses a los que temían nuestros padres y los echen al suelo, a los pies de Missi. Quememos estas cosas de madera y piedra, enterrémoslas y destruyámoslas, y que Missi nos enseñe cómo servir al Dios al que no podemos escuchar, el Jehová que nos dio el pozo y que nos dará cualquier otra bendición porque Él envió a su Hijo Jesús a morir por nosotros y llevarnos al cielo. Esto es lo que Missi nos ha estado diciendo cada día desde que desembarcó en Aniwa. Nos reímos de él, pero ahora creemos lo que nos dice. El Dios Jehová nos ha enviado lluvia de la tierra. ¿Por qué no nos mandaría también a su Hijo desde el cielo? ¡Namakey, levántate para Jehová!

Este discurso y la perforación del pozo hicieron el trabajo de quebrantar el paganismo que había en Aniwa. Aquella misma tarde, el viejo jefe y varios hombres de su pueblo trajeron sus ídolos y los echaron a mis pies, junto a la puerta de nuestra casa. ¡Oh, qué entusiasmo tan intenso durante las semanas que siguieron! Unos tras otros vinieron hasta allí, cargados con sus dioses de madera y piedra, haciendo montones con ellos, entre las lágrimas y los sollozos de algunos y los gritos de otros, entre los que se podía oír la palabra "¡Jehová! ¡Jehová!" repetida una y otra vez. Echamos a las llamas todo lo que se podía quemar; otras cosas fueron enterradas

---

[55] **Aniwa** (ah-NEE-wah) – Isla diminuta entre las Nuevas Hébridas del Océano Pacífico.
[56] **Missi** – Término tribal para *misionero*.

en hoyos de entre tres metros y medio y cuatro metros y medio de profundidad y, unas pocas, las más susceptibles de poder alimentar o despertar la superstición, las hundimos muy lejos, en la profundidad del mar. ¡Que ningún ojo pagano pueda volver a fijarse en ellos nunca más!

Con esto no quiero indicar que, en todos los casos, sus motivaciones fueran elevadas o iluminadas. No faltaron los que deseaban hacer pagar a este nuevo movimiento ¡y se disgustaron en gran manera cuando nos negamos a "comprar" sus dioses! Al decirles que Jehová no estaría satisfecho, a menos que ellos los entregaran por su propia voluntad y los destruyeran sin dinero o recompensa, algunos se los volvieron a llevar y esperaron toda una estación junto a ellos y otros, los tiraron con desprecio. Se celebraron reuniones y se pronunciaron discursos, ya que estos vanuatuenses[57] son oradores irreprimibles, floridos y sorprendentemente gráficos. A esto, le seguía mucha conversación y la destrucción de los ídolos continuó aprisa. Enseguida dos Hombres Sagrados y algunas otras personas escogidas se constituyeron como una especie de comité detective que descubriera y expusiera a quienes fingieron entregarlos todos, pero seguían escondiendo ciertos ídolos en secreto, y para alentar a los indecisos a que vinieran a una profunda [conversión] a Jehová. En aquellos días intensos, llenos de entusiasmo, "estuvimos quietos" y vimos la salvación del Señor.

Ahora nos rodeaban en manadas en cada reunión que celebrábamos. Escuchaban con avidez la historia de la vida y la muerte de Jesús. Voluntariamente iban adoptando alguna que otra prenda de vestir. Y todo lo que sucedía, se nos sometía de forma completa y fiel buscando nuestro consejo o información. Uno de los primerísimos pasos en la disciplina cristiana que dieron con buena disposición y casi de forma unánime fue pedir la bendición de Dios en cada comida y alabar al gran Jehová por su pan de cada día. A cualquiera que no actuara así se le consideraba pagano. (Pregunta: ¿cuántos *blancos* paganos hay?). El siguiente paso, que se dio como si fuera por consenso común y que no fue menos sorprendente que gozoso, fue una forma de adoración familiar, cada mañana y cada noche. Sin lugar a duda, las oraciones eran con frecuencia muy extrañas y se mezclaban con muchas supersticiones que quedaban; pero eran oraciones al gran Jehová, el compasivo Padre, el Invisible... no más dioses de piedra.

Eran características llamativas, por necesidad, de nuestra vida como cristianos en medio de ellos: oración familiar mañana y tarde, y gracia a la mesa[58]; de ahí que, de la forma más natural, su instintiva adopción e imitación de aquello, como primeras muestras externas de la disciplina cristiana. Cada casa donde no hubiera oración a Dios en la familia, se consideraba por ello pagana. Era una prueba directa y práctica de la nueva fe; en un sentido amplio (y, en lo que cabe, es desde luego muy amplio, cuando subyace algo de sinceridad), la prueba era una sobre la que no podía haber error por ninguna de las partes.

Tomado de John G. Paton y James Paton, *John G. Paton: Missionary to the New Hebrides* (John G. Paton: Misionero a las Nuevas Hébridas). Nueva York: Fleming H. Revell Company, 1898 y 1907, 190-194.

John G. Paton (1824-1907): Misionero presbiteriano escocés en las Nuevas Hébridas; empezó su obra en la isla de Tanna, que estaba habitada por caníbales salvajes; posteriormente evangelizó Aniwa; nació en Braehead, Kirkmaho, Dumfriesshire, Escocia.

---

[57] **Vanuatuense** – Gentilicio para los habitantes de las Nuevas Hébridas, ahora conocidas como República de Vanuatu.

[58] **Mesa** – Comida en general; hora de la comida.

Capítulo 2

HOMBRES PIADOSOS

Hay periodos en la historia humana cuando la masculinidad es desvirtuada. En momentos como estos, hay solo una esperanza: El poder soberano de Dios obrando por medio de su Espíritu a través de su Palabra. Éste es uno de esos momentos y, por eso, es que recuperar la masculinidad bíblica es de primordial importancia. La tarea de recobrarla es ardua, difícil y controversial. Además, tasar al hombre de acuerdo con la perspectiva bíblica de la masculinidad es una tarea de toda la vida que no podemos lograr sin la gracia de Cristo Jesús. Tres fuerzas poderosas obran continuamente para destruir esta visión. Primero, los hijos del primer Adán han sido contaminados interiormente con un rasgo pecaminosamente pasivo que les impide asumir el liderazgo valiente y basado en principios que fueron diseñados para que pudieran cumplir su papel dentro de la familia. Segundo, las instituciones más poderosas en el mundo actual intentan socavar y aun usurpar el papel del varón. El estado, en particular, ha montado una serie de ataques para reducir el papel de liderazgo del hombre como maestro y encargado de mantener a su familia y la Iglesia, a menudo, le copia. Tercero, el feminismo ha invadido las sensibilidades del hombre moderno. Sus mentes han sido plagadas de feminismo por tanto tiempo que no pueden pensar correctamente acerca del manto de masculinidad con el cual Cristo los ha investido. La sinapsis de su cerebro toma giros equivocados. Por esto, los hombres modernos casi se sienten culpables de ser varones, de pensar como varones y de comportarse como varones.

¿Pueden estas sinapsis ser corregidas? ¿Puede todo esto revertirse? Sí. Los artículos en este capítulo le ayudarán a limpiar su mente de las mentiras culturales, identificar las prácticas sincretistas que pudieran haber y reconectar su circuito masculino dado por Dios para ayudarle a retomar el papel que Dios tuvo la intención que asumiera. Le ayudarán a afirmar sus pies sobre el fundamento del evangelio y lo capacitarán para cumplir un servicio piadoso y varonil.

—*Scott Brown*

Descripción de la verdadera piedad
Benjamín Keach (1640-1704)

Siendo la *verdadera piedad* muy extraña para la mayoría de los hombres y, por ende, conocida por pocos, en primer lugar y antes de entrar de lleno en el tema, trataré de describirla. Muchos erran grandemente al entenderla como *moralidad*; otros la confunden con *piedad falsa* y, otros, ya sea por ignorancia o malicia, la pregonan desvergonzadamente llamándola *singularidad, terquedad, orgullo o rebelión*. Estos últimos declaran que ésta no merece existir por ser una perturbadora sediciosa de la paz y el orden dondequiera que aparece. Sí, una compañera tan contenciosa y querellosa que es la causa de todas esas desdichadas diferencias, divisiones, problemas y desgracias que abundan en el mundo. Por lo tanto, he llegado a la conclusión que no hay nada más necesario que quitar esa máscara que sus enemigos implacables le han puesto y exonerarla de todas las calumnias y los reproches de los hijos de Belial[1]. Cuando entonces aparece en su propia inocencia original e inmaculada, nadie necesita tenerle miedo, ni negarse a aceptarla o estar avergonzado de hacerla suya y de convertirla en la compañera de su corazón.

Sepamos, entonces, en primer lugar, que la piedad consiste del conocimiento correcto de las verdades divinas o los principios fundamentales del evangelio, los cuales todos los hombres deben conocer y dominar. "Indiscutiblemente, grande es el misterio de la piedad: Dios fue manifestado en carne, justificado en el Espíritu, visto de los ángeles, predicado a los gentiles, creído en el mundo, recibido arriba en gloria" (1 Ti. 3:16). Vemos por este texto que las grandes verdades de la fe cristiana[2] son llamadas piedad.

Ahora bien, si alguno quiere saber más en detalle qué son esos principios de la verdad divina o los fundamentos de la fe cristiana, los cuales son **lo esencial de la *verdadera piedad***, respondo:

1. Que hay un Dios eterno, infinito, santísimo, omnisapiente, absolutamente justo, bueno y lleno de gracia, o la Deidad gloriosa que existe en tres Personas —el Padre, el Hijo y el Espíritu Santo— y estos son uno, a saber, uno en su esencia.

2. Que este Dios, por su gran amor y bondad, nos ha dado una regla de fe y práctica segura e infalible que son las Santas Escrituras. Por ellas, podemos conocer, no sólo que hay un Dios y Creador, sino también la manera como fue creado el mundo, con los designios o la razón por la cual hizo todas las cosas. También nos es dado saber cómo entró el pecado en el mundo y cuál es la justicia que Dios requiere para nuestra justificación[3] (o la liberación de la culpabilidad del pecado), a saber, por un Redentor: Su propio Hijo, a quien mandó al mundo. No existe ninguna otra regla o camino para saber estas cosas, a fin de que los hombres sean salvos aparte de la revelación o los registros de las Sagradas Escrituras, siendo el misterio de

---

[1] **Hijos de Belial** – *Belial* significa "malvado, despreciable, anárquico" y se usó en la literatura hebrea como un nombre de Satanás. Entonces, un hijo de Belial es una persona malvada y despreciable.

[2] **Nota del editor** – La palabra original que el autor emplea aquí es *religión*. A la luz del uso amplio y muchas veces confuso de la palabra *"religión"* hoy en día, los términos "fe cristiana", "cristianismo" y "fe en Cristo" y, a veces, "piedad", "piadoso/a" o "piedad cristiana", suelen reemplazar "religión" y "religioso" en muchos casos en esta publicación.

[3] **Justificación** – La justificación es un acto de la gracia de Dios, por la cual perdona todos nuestros pecados y nos acepta como justificados ante él únicamente por la justicia de Cristo imputada a nosotros y recibida sólo por fe (*Catecismo de Spurgeon*, 32). Vea el Portavoz de la Gracia N° 4: *Justificación*, a su disposición en Chapel Library.

la salvación muy por encima del razonamiento humano y, por lo tanto, imposible conocer por medio de la iluminación natural en los hombres.

3. Que nuestro Redentor, el Señor Jesucristo, quien es la Garantía[4] del Nuevo Pacto y el único Mediador[5] entre Dios y los hombres, es realmente Dios (de la esencia del Padre) y realmente hombre (de la sustancia de la virgen María), teniendo estas dos naturalezas en una Persona, y que la redención, paz y reconciliación son únicamente por medio del Señor Jesucristo.

4. Que la justificación y el perdón del pecado son exclusivamente por esa satisfacción plena que Cristo hizo de la justicia de Dios y se logran sólo por fe, a través del Espíritu Santo.

5. Que todos los hombres que son o pueden ser salvos tienen que ser renovados, regenerados[6] y santificados[7] por el Espíritu Santo.

6. Que en el Día Final habrá una resurrección de los cuerpos de todos los hombres.

7. Que habrá un juicio eterno, a saber, todos comparecerán ante el tribunal de Jesucristo en el gran Día y darán cuenta de todas las cosas hechas en el cuerpo, y que habrá un estado futuro de gloria y felicidad eterna para todos los creyentes verdaderos, y de tormento y sufrimiento eterno para todos los no creyentes y pecadores, quienes viven y mueren en sus pecados.

Ahora bien, en el verdadero conocimiento y creencia de estos principios (que son el fundamento de la verdadera fe cristiana) radica la *verdadera piedad* en lo que respecta a su parte esencial.

En segundo lugar, *piedad,* en lo más profundo, es una conformidad santa con estos principios sagrados y divinos, que el hombre natural no comprende. La *verdadera piedad* consiste de la luz de las verdades y la vida de gracia sobrenaturales, Dios manifestándose a la luz de esos gloriosos principios y obrando la vida de gracia sobrenatural en el alma por medio del Espíritu Santo. Consiste del conocimiento salvador y personal de Dios y Jesucristo, y de habérsele quitado las cualidades pecaminosas del alma y habérsele infundido hábitos celestiales en su lugar o en una conformidad e inclinación hacia el corazón de Dios, aferrándose a todas las verdades que nos han sido dadas a conocer y encontrando las poderosas influencias del evangelio y del Espíritu de Cristo sobre nosotros, de manera que nuestras almas son a imagen y semejanza de su muerte y resurrección. Esto es *verdadera piedad*. No es meramente atenerse a los principios naturales de moralidad ni a un conocimiento dogmático o teórico de los evangelios sagrados y sus preceptos; sino una conformidad fiel a los principios del evangelio, cumpliendo nuestros deberes con la mejor predisposición hacia Dios, al igual que hacia los hombres, para que nuestra conciencia se mantenga libre de ofensas hacia ambos (Hch. 24:16).

Consiste en abandonar el pecado y aborrecerlo como la peor maldad y aferrarse a Dios de corazón, valorándolo a él por sobre todas las cosas, estando dispuestos a sujetarnos al principio del amor divino, a todas sus leyes y mandatos. La piedad lleva al hombre a decir con el

---

[4] **Garantía** [o garante] – Alguien que se compromete a asumir las obligaciones o la deuda de otro.

[5] **Mediador** – Un intercesor, alguien que interviene entre dos partes hostiles para restaurar su relación de armonía y unión.

[6] **Regenerados** – Nacidos de nuevo; llevados de la muerte espiritual a la vida espiritual y a una unión con Jesucristo por la obra milagrosa del Espíritu Santo.

[7] **Santificados** – Los que son hechos santos por la gracia divina del Espíritu Santo; apartados para ser usados por Dios.

salmista: "¿A quién tengo yo en los cielos sino a ti?" (Sal. 73:25). San Agustín[8] dice: "Aquel que no ama a Cristo por sobre todas las cosas, no lo ama en absoluto". El que tiene *verdadera piedad* es celoso de la *obra* de la fe, al igual que de la *paga* de la fe. Hay algunos que sirven a Dios para poder servirse de Dios. En cambio, el cristiano auténtico anhela gracia, no sólo que Dios lo glorifique en el cielo, sino también poder él glorificar a Dios en la tierra. Exclama: "Señor, dame un corazón bueno en lugar de muchos bienes". Aunque ama muchas cosas además de amar a Dios, no ama esas cosas más de lo que ama a Dios. Este hombre teme al pecado más que a los sufrimientos y, por lo tanto, prefiere sufrir que pecar.

En tercer lugar, para poder tener un conocimiento completo y perfecto de ella, quizá no esté de más describir su forma (2 Ti. 1:13; 3:5) junto **con las vestimentas que usa continuamente**. Las partes externas de la *verdadera piedad* son muy hermosas. No sorprende que lo sean, ya que fueron diseñadas por la sabiduría del único y sabio Dios, nuestro Salvador, cuyas manos son totalmente gloriosas. Pero esto, la formación de la *piedad*, siendo uno de los más elevados y más admirables actos de su sabiduría eterna, por supuesto excede toda gloria y belleza. Su forma y hermosura externa son tales que no necesitan artificios humanos para adornarla o para demostrar o destacar la beldad de su semblante porque no hay nada defectuoso en lo que respecta a su forma evangélica y apostólica, debido a que surgió de las manos de su gran Creador. Como de pies a cabeza no hay nada superfluo, igualmente sus líneas y figura, venas, nervios y tendones: Todos están en un orden tan exacto y admirable, que nada se le puede agregar a su belleza. Por lo tanto, cualquiera que agrega o altera cualquier cosa relacionada con la forma de la *verdadera piedad*, la mancha y profana, en lugar de embellecerla. Además, Dios ha prohibido estrictamente que se haga esto. "No añadas a sus palabras, para que no te reprenda, y seas hallado mentiroso" (Pr. 30:6), adjudicando a Dios algo que no es suyo. ¿Acaso no llaman los papistas adoración a Dios a esas ceremonias supersticiosas y vanas usadas en su iglesia? ¿Y qué es esto más que mentirle? Además, tratar de cambiar o alterar algo a la forma de la *piedad* es cuestionar a Dios, como si Dios no supiera cuál es la mejor manera de adorarle y tuviera que recurrir al hombre para obtener su ayuda, sabiduría e ingenio, agregando muchas cosas que éste considera decentes y necesarias. ¿Acaso no es cuestionar el cuidado y la fidelidad de Dios, suponer que no tendría cuidado él de incluir en su bendita Palabra las cosas que son imprescindibles para la *piedad*, sin tener que depender del cuidado y sabiduría del hombre débil para que agregue lo que él omite?

Todos, entonces, pueden percibir que la *verdadera piedad* nunca cambia su semblante. Su aspecto no ha cambiado ni en lo más mínimo del que tenía en la antigüedad. No, ciertamente nada le resulta más insólito que esas vestimentas pomposas, esas vestiduras, supersticiones, imágenes, cruces, sales, óleo, agua bendita y otras ceremonias que para muchos son necesarias para su existencia. Por lo tanto, hay que tener cuidado de no confundir la forma falsa de la piedad con la verdadera. Sólo falta destacar una cosa más, a saber, tenemos que estar seguros de recibir el *poder* de la *piedad* junto con su forma, pues su forma sin su vida interior y su poder de nada sirve: Es como el cuerpo sin el alma, la mazorca sin el grano o el alhajero sin las joyas. Tampoco debe nadie descuidar su forma porque recordemos lo que el Apóstol dice de "forma de doctrina" (Ro. 6:17) y de "la forma de las sanas palabras" (2 Ti. 1:13) porque, así como hemos de aferrarnos a la fe auténtica, hemos también de profesarla.

Tomado de *The Travels of True Godliness* (Peregrinajes de la verdadera piedad), Solid Ground

---

[8] **San Agustín** (354-430) – Obispo de Hipona, teólogo de la Iglesia primitiva, considerado por muchos como el padre de la teología ortodoxa; nacido en Tagaste, al norte de África.

Benjamin Keach (1640-1704): Predicador y autor bautista particular inglés y defensor ardiente de los principios bautistas, aún contra Richard Baxter. A menudo en prisión y en peligro por predicar el evangelio, fue el primero en incluir el canto de himnos en el culto de las congregaciones inglesas. Nació en Stokeham, Buckinghamshire, Inglaterra.

Por lo general, los hombres son diligentes en cumplir sus responsabilidades, pero negligentes en lo que se refiere a sus sentimientos. Por ello, su autoridad se degenera en tiranía.
—George Swinnock

Entreguémonos a Dios para ser gobernados por él y enseñados por él a fin de que, satisfechos con su Palabra únicamente, no anhelemos conocer más de lo que allí encontramos. ¡No! ¡Ni siquiera si nos fuera dado el poder de hacerlo! Esta disposición a ser enseñados, en la cual todo hombre piadoso mantiene todos los poderes de su mente bajo la autoridad de la Palabra de Dios, es la verdadera y única regla de la sabiduría. —Juan Calvino

Mis hermanos, les exhorto a que sean como Cristo en todo momento, imítenlo en público. La mayoría vivimos como si fuéramos un medio de publicidad; muchos somos llamados a trabajar en presencia de otros todos los días. Somos observados, nuestras palabras son captadas, nuestras vidas son examinadas a fondo. El mundo con ojos de águila, con ojos que buscan argumentos para discutir, observa todo lo que hacemos, y los críticos cortantes nos atacan. Vivamos la vida de Cristo en público. Seamos cuidadosos de mostrar a nuestro Señor y no a nosotros mismos, a fin de poder decir: "Ya no vivo yo, mas vive Cristo en mí". Ustedes que son miembros de la Iglesia, lleven esto también a la Iglesia. Sean como Cristo en la Iglesia. Cuantos hay como Diótrefes, quien buscaba ser el más prominente (3 Jn. 9). Cuántos hay que están tratando de parecer más de lo que son y tener poder sobre sus hermanos cristianos, en lugar de recordar que la regla fundamental de todas nuestras iglesias es que todos los hermanos son iguales y que deben ser recibidos como tales. Manifiesten pues, el espíritu de Cristo en sus iglesias y donde quiera que estén. Que sus hermanos en la Iglesia digan de ustedes: "Ha estado con Jesús"... Pero por sobre todas las cosas, sean ustedes cuidadosos en practicar la piedad en sus hogares. Un hogar piadoso es la mejor prueba de verdadera fe cristiana. No mi capilla, sino mi hogar; no mi pastor, sino mi familia quien mejor me puede juzgar. Es el sirviente, el hijo, la esposa, el amigo los que pueden discernir mejor mi verdadero carácter. Un hombre bueno mejora su hogar. Rowland Hill dijo en cierta ocasión que él no creería que un hombre fuera un verdadero cristiano si su esposa, sus hijos, sus sirvientes y, aun su perro y su gato, no fueran mejores por ello... Si su hogar no es mejor por ser ustedes cristianos, si los hombres no pueden decir: "Esta casa es mejor que otras", no se engañen, no tienen ustedes nada de la gracia de Dios... Practiquen su piedad en familia. Que todos digan que ustedes tienen una fe práctica. Que sea conocida y practicada en la casa, al igual que en el mundo. Cuiden su carácter allí porque realmente somos como allí nos comportamos.
—Charles Spurgeon

La naturaleza del hombre íntegro
Richard Steele (1629-1692)

"Con el íntegro te muestras íntegro". —Salmo 18:25 (LBLA)[9]

1. *El de corazón íntegro es de un solo sentir*, no tiene divisiones. Para el hipócrita hay muchos dioses y muchos señores, y tiene que dar parte de su corazón a cada uno. Pero para el íntegro, hay un solo Dios el Padre y un Señor Jesucristo, y con un solo corazón servirá a ambos. El hipócrita da su corazón a la criatura y a cada criatura tiene que darle parte de su corazón, y dividir su corazón lo destruye (Os. 10:2). Las ganancias humanas llaman a su puerta y tiene que darles una parte de su corazón. Se presentan los placeres carnales y a ellos también tiene que darles parte de su corazón. Aparecen deseos pecaminosos y les tiene que dar parte de su corazón. Son pocos los objetos necesarios, pero incontables las vanidades innecesarias. El hombre íntegro ha escogido a Dios y eso le es suficiente.

Un solo Cristo es suficiente para un solo corazón; de allí que el rey David oraba en el Salmo 86:11: "Afirma mi corazón para que tema tu nombre". Es decir: "Déjame tener un solo corazón y mente, y que sea tuyo".

Hay miles de haces y rayos de luz, pero todos se unen y centran en el sol. Lo mismo sucede con el hombre íntegro, aunque tiene mil pensamientos, todos (por su buena voluntad) se unen en Dios. El hombre tiene muchos fines subordinados —procurar su sustento, cuidar su crédito, mantener a sus hijos—, pero no tiene más que un fin: Ser de Dios. Por lo tanto, tiene firmeza en sus determinaciones, esa concentración en sus deberes santos, esa constancia en sus acciones y esa serenidad en su corazón que los hipócritas miserables no pueden logar.

2. *El corazón íntegro es recto y sin corrupción.* "Sea mi corazón íntegro en tus estatutos, para que no sea yo avergonzado" (Sal. 119:80). Cuando hay más sinceridad, hay menos vergüenza. La integridad es la gran autora de la confianza. Cada helada sacude al cuerpo enfermo y cada prueba sacude al alma inicua. El íntegro quizá no siempre tenga un color tan atractivo como el hipócrita, pero su color es natural, es suyo; no está pintado; su estado es firme. La hermosura del hipócrita es prestada; el fuego de la prueba la derretirá.

El íntegro tiene sus enfermedades; pero su naturaleza nueva las remedia porque en su interior es recto. La lepra domina al hipócrita, pero la esconde. "Se lisonjea, por tanto, en sus propios ojos, de que su iniquidad no será hallada y aborrecida" (Sal. 36:2). Procura esconderse de Dios, esconderse más de los hombres y, más aún, de sí mismo. Con gusto podría seguir así para siempre creyendo que "su iniquidad no será hallada y aborrecida". En cambio el hombre íntegro, siempre está examinándose y probándose: "¿Soy recto? ¿Estoy en lo correcto? ¿Estoy cumpliendo bien mis deberes? ¿Son mis debilidades según mi integridad?".

El santo íntegro es como una manzana que tiene manchitas en la cáscara, pero el hipócrita es como la manzana con el centro podrido. El cristiano sincero tiene aquí y allá manchitas de pasión, otras de mundanalidad y alguna de soberbia. Pero si lo cortamos y analizamos, lo encontramos recto de corazón. El hipócrita es como una manzana que es lisa y hermosa por fuera, pero podrida por dentro. Sus palabras son correctas, cumple sus deberes con devoción

---

[9] **LBLA**, siglas de La Biblia de Las Américas – El autor escribió este artículo originalmente en inglés, usando la Versión King James (KJV). La traducción de este versículo en la Reina Valera 1960, versión que normalmente usamos, difiere de la KJV y no incluye todo el pensamiento original del autor. Aunque, por lo general, no coincidimos con la LBLA, la hemos usado en este contexto porque la traducción de este versículo se aproxima más al original hebreo y al inglés de la KJV.

y su vida es intachable; pero véanlo por dentro: Su corazón es una pocilga de pecado, la guarida de Satanás.

3. *El corazón íntegro es puro, sin contaminación.* No es absolutamente puro porque esa feliz condición es reservada para el cielo; pero lo es en comparación con la contaminación y la vil mezcla que es el hipócrita. Aunque su mano no puede hacer todo lo que Dios manda, su corazón es sincero en todo lo que hace. Su alma se empeña en lograr una pureza perfecta, de manera que de eso deriva su nombre. "Bienaventurados los de limpio corazón" (Mt. 5:8). A veces falla con sus palabras, con sus pensamientos y acciones también, pero al poner su corazón al descubierto, se ve un amor, un anhelo, un plan y un esfuerzo para llegar a tener una limpieza real y absoluta. No es legalmente limpio, o sea, libre de todo pecado; pero es limpio según el evangelio, o sea, libre del dominio de todo pecado, especialmente de la hipocresía, la cual es totalmente contraria al pacto de Gracia. En este sentido, el hombre íntegro es el puritano de las Escrituras y, por lo tanto, está más lejos de la hipocresía que cualquier otro. Está realmente contento de que Dios es el que escudriña los corazones porque entonces sabe que encontrará su nombre y naturaleza en su propio pueblo escogido.

No obstante, aun el más íntegro de los hombres en el mundo tiene en él algo de hipocresía. "¿Quién podrá decir: Yo he limpiado mi corazón, limpio estoy de mi pecado?" (Pr. 20:9). Detecta, resiste y aborrece esta hipocresía de modo que no se le puede llamar hipócrita en este mundo, ni condenarlo como tal. Sus propósitos son generalmente puros para la gloria de Dios; el estado de su corazón y de sus pensamientos son generalmente mejor que su exterior; más se lo estudia, mejor es. Es limpio de deshonestidad en sus relaciones, más limpio aún de toda apariencia de iniquidad ante su familia, más limpio aún en su intimidad y, sobre todo, limpio en su corazón. Aunque hay allí pecado, hay también aversión hacia él, de modo que no se mezcla con él.

El hipócrita escoge el pecado, en cambio, si del íntegro dependiera, no tendría ningún pecado. El viajero puede encontrarse con lodo en su camino, pero hace todo lo que puede por quitárselo. Los cerdos lo disfrutan y no pueden estar sin él. Sucede lo mismo con el hombre íntegro y el hipócrita. Aun el santo más íntegro sobre la tierra, a veces se ensucia de pecado, pero no lo programó en la mañana, ni se acuesta con él en la noche. En cambio el hipócrita lo programa y se deleita en él; nunca está tan contento como cuando está pecando. En una palabra, el hipócrita puede evitar el pecado, pero nadie aparte del hombre íntegro, aborrece el pecado.

4. *El íntegro es perfecto y recto sin reservas.* "Observa al hombre perfecto, y mira al íntegro" (Sal. 37:37, traducido de la versión King James para esta obra). Ver al uno es ver al otro. Su corazón está enteramente sujeto a la voluntad y los caminos de Dios. El hipócrita siempre busca algunas excepciones y pone las cosas en tela de juicio. "Tal pecado no puedo abandonar, tal gracia no puedo amar, tal deber no cumpliré". Y muestra su hipocresía agregando: "Hasta aquí cederé, pero no más, hasta aquí llegaré. Es consecuente con mis fines carnales, pero todo el mundo no me convencerá a ir más allá". A veces, el razonamiento del hipócrita lo llevará más allá de su voluntad, su conciencia más allá de sus afectos; no es de un solo sentir, su corazón está dividido, así que fluctúa constantemente.

El íntegro tiene sólo una felicidad y ésta es disfrutar de Dios; tiene sólo una regla y ésta es su santa voluntad; tiene una sola obra y ésta es complacer a su Hacedor. Por lo tanto, es de un solo sentir y resuelto en sus decisiones, en sus anhelos, en sus caminos y sus planes. Aunque puede haber alguna tardanza en el cumplimiento de su misión principal, no titubea ni vacila entre dos objetos porque está enteramente decidido, de modo que de él puede decirse que es "perfecto e íntegro, sin falta alguna".

Hay en todo hipócrita algún tipo de baluarte que nunca ha sido entregado a la soberanía y el imperio de la voluntad de Dios. Alguna lascivia se fortifica en la voluntad; en cambio, donde entra la integridad ésta lleva cada pensamiento cautivo a la obediencia de Dios. Dice: "Jehová Dios nuestro, otros señores fuera de ti se han enseñoreado de nosotros; pero en ti solamente nos acordaremos de tu nombre" (Is. 26:13). Aquí está el íntegro.

5. El corazón íntegro es cándido y no tiene malicia. "Bienaventurado el hombre a quien Jehová no culpa de iniquidad, y en cuyo espíritu no hay engaño" (Sal. 32:2). He aquí ciertamente un mensaje bendito. ¡Ay! Tenemos grandes y muchas iniquidades; ¿no es mejor para nosotros ser como si nunca hubiéramos pecado? Por cierto que una falta de culpa es tan buena para nosotros como si nunca hubiera sucedido una falta; que los pecados remitidos son como si nunca se hubieran cometido; que en el libro de deudas pendientes estas estuvieran tachadas como si nunca hubiera existido la deuda. Pero, ¿quién es ese hombre bendito? Aquel "en cuyo espíritu no hay engaño", es decir no hay engaño fundamental. Él es el hombre que sin engaño ha pactado con Dios. No tiene ningún engaño que lo lleve a ceder a alguna forma de iniquidad. No hace tretas con Dios ni con los hombres ni con su propia conciencia. No esconde sus ídolos cuando Dios está revisando su tienda (Jos. 7:21). En cambio, como dice el Salmo 32:5, reconoce, aborrece y deja su pecado.

Cuando el hombre íntegro confiesa su pecado, le duele el corazón y está profundamente perturbado por él; no finge para disimularlo.

Aquel que le finge a Dios, le fingirá a cualquier hombre en el mundo. Vean la gran diferencia entre Saúl y David. Saúl es acusado de una falta en 1 Samuel 15:14. Él la niega y vuelve a ser acusado en el versículo 19. Sigue restándole importancia al asunto y busca hojas de higuera para tapar todo. Pero David, de corazón honesto, es distinto: Se le acusa y cede; una pequeña punción abre una vena de sufrimiento en su corazón. Lo cuenta todo, lo vuelca en un salmo que concluye diciendo "He aquí, tú amas la verdad en lo íntimo" (Sal. 51:6). El hombre sincero dice: "En cuanto a mí, con el íntegro me mostraré íntegro".

Tomado de *The Character of the Upright Man* (El carácter del hombre íntegro), Soli Deo Gloria, una división de Reformation Heritage Books, www.heritagebooks.org.

Richard Steele (1629-1692): Predicador y autor puritano; nacido en Barthomley, Cheshire, Inglaterra.

> *Un gran siervo de Dios ha dicho que, mientras que la popularidad es una trampa en la que no pocos han caído, una trampa sutil y peligrosa es tener fama de santo. La fama de ser un hombre piadoso es una gran trampa como lo es la fama de ser estudioso o elocuente. Es posible practicar meticulosamente aún los hábitos secretos de devoción con el fin de ser reconocidos por nuestra santidad.* —Andrew Bonar

Señales y características del hombre piadoso
Thomas Watson (c. 1620-1686)

"Por esto orará a ti todo santo [piadoso]". —Salmo 32:6

¿Cómo es el hombre piadoso? Para dar una respuesta completa, describiré varias señales y características específicas del hombre piadoso.

1. Conocimiento sabio

La primera señal fundamental del hombre piadoso se muestra en que es un hombre con conocimiento sabio: "Los prudentes se coronarán de sabiduría" (Pr. 14:18). Los santos son llamados vírgenes "prudentes" en Mateo 25:4. El hombre natural puede tener algún conocimiento superficial de Dios, pero no sabe nada como debiera saberlo (1 Co. 8:2). No conoce a Dios para salvación; puede conocerlo con la razón, pero no discierne las cosas de Dios de un modo espiritual. El agua no puede ir más arriba de su manantial, el vapor no puede elevarse más allá del sol que lo genera. El hombre natural no puede actuar por encima de su esfera. No puede discernir con certidumbre lo sagrado, así como el ciego no puede discernir los colores. 1. *No ve la maldad de su corazón*: Por más que un rostro sea negro o deforme, bajo un velo no se puede ver. El corazón del pecador es tan negro, que nada, excepto el infierno, le puede dar su forma, no obstante, el velo de la ignorancia lo esconde. 2. *No ve las hermosuras de un Salvador*: Cristo es una perla, pero una perla escondida.

El conocimiento del hombre piadoso es **vivificante.** "Nunca jamás me olvidaré de tus mandamientos, porque con ellos me has vivificado" (Sal. 119:93). El conocimiento en la cabeza del hombre natural es como una antorcha en la mano de un muerto, el conocimiento verdadero aviva. El hombre piadoso es como Juan el Bautista: "Antorcha que ardía y alumbraba" (Jn. 5:35). No sólo brilla por iluminación, sino que también arde de afecto. El conocimiento de la esposa la hizo estar "enferma de amor" (Cnt. 2:5) o "estoy herida de amor. Soy como el ciervo que ha sido herido con un dardo; mi alma yace sangrando y nada me puede curar, sino una visión de Él a quien mi alma ama".

El conocimiento del hombre piadoso es **aplicable.** "Yo sé que mi Redentor vive" (Job 19:25). Un medicamento da resultado cuando se aplica; este conocimiento aplicativo es gozoso. Cristo es llamado Fiador (He. 7:22). Cuando me estoy ahogando en deudas, ¡qué gozo es saber que Cristo es mi Fiador! Cristo es llamado Abogado (1 Jn. 2:1). La palabra griega traducida *abogado* significa "consolador". Cuando tengo un caso difícil, ¡qué consuelo es saber que Cristo es mi Abogado, quien jamás ha perdido un caso en una litigación!

Pregunta: ¿Cómo puedo saber si estoy aplicando correctamente lo que sé acerca de Cristo? El hipócrita puede creer que sí lo está haciendo cuando, en realidad, no es así.

Respuesta: Todo aquel que aplica el evangelio de Cristo, acepta a Jesús y Señor como uno (Fil. 3:8). Cristo Jesús, es mi Señor: Muchos aceptan a Cristo como Jesús, pero lo rechazan como Señor. ¿El Príncipe y el Salvador son uno para usted? (Hch. 5:31). ¿Acepta ser gobernado por las leyes de Cristo, al igual que ser salvo por su sangre? Cristo "desde su trono servirá como sacerdote" (Zac. 6:13, NTV[10]). Nunca será un sacerdote que intercede, a menos que el

---

[10] **NTV**, siglas de la Biblia Nueva Traducción Viviente – El autor escribió este artículo originalmente en inglés, usando una versión inglesa. La traducción de este versículo en la Reina Valera 1960, versión que normalmente usamos, difiere de la inglesa y no incluye todo el pensamiento original del autor. Aunque,

corazón de usted sea el trono donde él alza su cetro. Aplicamos bien el evangelio de Cristo cuando lo tomamos como esposo y nos entregamos a él como Señor.

El conocimiento del hombre piadoso es **transformador.** "Por tanto, nosotros todos, mirando a cara descubierta como en un espejo la gloria del Señor, somos transformados de gloria en gloria en la misma imagen" (2 Co. 3:18). Así como el pintor mira un rostro y dibuja uno similar, al mirar a Cristo en el espejo del evangelio somos transformados a similitud de él. Podemos mirar otros objetos que son gloriosos, pero no por mirarlos nos hacen gloriosos; un rostro deforme puede mirar a uno hermoso, pero no por eso se convierte él mismo en uno hermoso. El herido puede mirar al doctor y no por eso curarse. En cambio, ésta es la excelencia del conocimiento divino: Nos brinda tal visión de Cristo que nos hace participar de su naturaleza. Como sucedió con Moisés, cuando su rostro resplandeció cuando vio la espalda de Dios porque algunos de los rayos de la luz de su gloria lo alcanzaron.

El conocimiento del hombre piadoso es **creciente.** "Creciendo en el conocimiento de Dios" (Col. 1:10). El conocimiento verdadero es como la luz del amanecer que va en aumento hasta su cenit. Tan dulce es el conocimiento espiritual, que entre más sabe el creyente, más ansía saber. La Palabra llama a esto enriquecerse en toda ciencia [conocimiento] (1 Co. 1:5). Entre más riquezas tiene uno, más quiere tener. Aunque Pablo conocía a Cristo, más lo quería conocer: "A fin de conocerle, y el poder de su resurrección" (Fil. 3:10).

Pregunta: ¿Cómo podemos obtener este conocimiento salvador?

Respuesta: No por el poder de la naturaleza. Algunos hablan del alcance que puede tener la razón desarrollada para bien. Ay, la plomada de la razón es demasiado corta para ver las cosas profundas de Dios. Lo mismo pasa con el poder de razonamiento del hombre, que no basta para alcanzar el conocimiento salvador de Dios. La luz de la naturaleza no nos puede ayudar a ver a Cristo, como tampoco puede la luz de una vela ayudarnos a entender. "Pero el hombre natural no percibe las cosas que son del Espíritu de Dios…, y no las puede entender" (1 Co. 2:14). ¿Qué haremos, entonces, a fin de conocer a Dios para salvación? Mi respuesta es: "Imploremos la ayuda del Espíritu de Dios". Pablo nunca se había considerado ciego hasta que lo cegó la luz del cielo (Hch. 9:3). Dios tiene que ungirnos los ojos para que podamos ver. ¿Por qué les iba a pedir Cristo a los de la iglesia en Laodicea que acudieran a él para que los ungiera con colirio si ya lo podían ver? (Ap. 3:18). Oh, elevemos nuestro ruego al Espíritu de revelación (Ef. 1:17). El conocimiento salvador no es por especulación, sino por inspiración (Job 32:8). La inspiración del Todopoderoso da comprensión.

Quizá tengamos nociones teológicas excelentes, pero es el Espíritu Santo quien tiene que darnos la capacidad de conocerlas espiritualmente; el hombre puede notar las figuras en un reloj, pero no puede decir qué hora es, a menos que la luz lo ilumine. Podemos leer muchas verdades en la Biblia, pero no las podemos conocer para salvación hasta que el Espíritu de Dios nos ilumina. "El Espíritu todo lo escudriña, aun lo profundo de Dios" (1 Co. 2:10). Las Escrituras nos revelan a Cristo, pero el Espíritu nos revela a Cristo *en* nosotros (Gá. 1:16). El Espíritu da a conocer lo que nada en el mundo puede, concretamente, la certidumbre del amor de Dios.

2. Actúa por fe

El hombre piadoso es un hombre que actúa por fe. Así como el oro es el más precioso entre los metales, la fe lo es entre las gracias. La fe nos corta del olivo silvestre que es la naturale-

---

por lo general, no coincidimos con la Nueva Traducción Viviente, la hemos usado en este contexto porque la traducción de este versículo se aproxima más al inglés que el autor usaba.

za y nos injerta en Cristo. La fe es la arteria vital del alma: "Mas el justo por su fe vivirá" (Hab. 2:4). El que no tiene fe, aunque respira, no tiene vida. La fe es la vivificante de las gracias; ninguna gracia se mueve hasta que la fe la agita. La fe es al alma lo que la respiración y los latidos del corazón son al cuerpo: Impulsa al resto del organismo. La fe impulsa al arrepentimiento. Cuando creo en el amor que Dios tiene por mí, el hecho de pecar contra un Dios tan bueno me hace derramar lágrimas. La fe es la madre de la esperanza: Primero, creemos la promesa, luego la esperamos. La fe es el aceite que alimenta la lámpara de la esperanza. La fe y la esperanza son siamesas; si se quita una, la otra languidece. Si se corta el nervio de la fe, la esperanza queda lisiada. La fe es el fundamento de la paciencia, el que cree que Dios es su Dios y que todo obra para su bien, se entrega con paciencia a la voluntad de Dios. Por lo tanto, la fe es un principio vivo y la vida del santo no es otra cosa que una vida de fe. Su oración es la respiración de la fe (Sgt. 5:15). Su obediencia es el resultado de la fe (Ro. 16:26). El hombre piadoso vive por fe en Cristo, como el rayo de sol vive en el sol: "Ya no vivo yo, mas vive Cristo en mí" (Gá. 2:20) El cristiano, por el poder de la fe, ve más allá de la lógica, anda más allá de la luna (2 Co. 4:18). Por fe, finalmente se tranquiliza su corazón (Sal. 12:7). Se pone a sí mismo y a todos sus asuntos en las manos de Dios como en la guerra los hombres entran a su baluarte y allí se ponen a salvo junto con sus tesoros. Igualmente, el nombre del Señor es torre fuerte (Pr. 18:10). Y el creyente confía plenamente en este baluarte: "Yo sé a quién he creído, y estoy seguro que es poderoso para guardar mi depósito para aquel día" (2 Ti. 1:12). Dios confió su evangelio a Pablo y Pablo confió a Dios su alma. La fe es un remedio universal para todos los problemas. Es el ancla que se echa al mar de la misericordia de Dios y previene que uno se hunda en la desesperación.

3. Santidad

Pregunta: ¿En qué encuentra el piadoso su santidad?

Respuesta: 1. *En aborrecer la vestidura manchada por la carne* (Jud. 23). El piadoso se afirma contra la maldad, tanto en sus propósitos como en sus prácticas. Teme a lo que puede parecer pecado (1 Ts. 5:22). La apariencia del mal puede influenciar al creyente débil; si no profana su propia conciencia, puede ofender la conciencia de su prójimo y pecar contra él es pecar contra Cristo (1 Co. 8:12). El hombre piadoso no aprovecha ir hasta donde puede, no sea que vaya más allá de lo que debe.

2. *El piadoso descubre su santidad al ser defensor de la santidad:* "Hablaré de tus testimonios delante de los reyes, y no me avergonzaré" (Sal. 119:46). Cuando en el mundo se calumnia la piedad, el piadoso se pone de pie para defenderla. Le quita el polvo de reproche al rostro de la piedad. La santidad defiende al piadoso y el piadoso defiende la santidad. Lo defiende del peligro y él la defiende, de modo que no la avergüencen.

4. La adoración a Dios

El hombre piadoso es muy exacto e inquisitivo en cuanto a la adoración a Dios. La palabra griega traducida *piadoso* significa "un adorador correcto de Dios". El hombre piadoso reverencia las instituciones divinas y prefiere la pureza en la adoración, en lugar del esplendor de los ritos… El Señor quiso que Moisés construyera el tabernáculo según el diseño dado en el monte (Éx. 25:9). Si Moisés hubiera dejado de incluir algo o hubiera agregado algo, hubiera sido una provocación. El Señor siempre ha dado testimonios de su desagrado por todos los que han corrompido el culto a él: Nadab y Abiú "…ofrecieron delante de Jehová fuego extraño, que él nunca les mandó. Y salió fuego de delante de Jehová y los quemó, y murieron delante de Jehová" (Lv. 10:1-2). Todo aquello que no es ordenado por Dios para el culto a él, lo considera como un fuego extraño. No nos sorprenda que le indigne tanto, como si Dios no tuviera suficiente sabiduría para determinar la manera como se le ha de servir, los hombres pretenden determinarlo, y como si las reglas para la adoración fueran defectuosas, intentan corregirlas y agregarles, vez tras vez, sus propias invenciones... El hombre piadoso no se atreve a variar el diseño que Dios le ha mostrado en las Escrituras. Ésta puede ser una de las razones por las cuales David es llamado un hombre según el corazón de Dios: Mantuvo la pureza de la adoración a Dios y, en cuestiones sacras, no agregó nada de su propia invención.

5. Compite para ganar a Cristo como su premio

El hombre piadoso es el que compite para ganar a Cristo como su premio. A manera de ilustración, mostraré *que Cristo es precioso en sí*: "He aquí, pongo en Sion la principal piedra del ángulo, escogida, preciosa" (1 P. 2:6). Cristo es comparado con cosas muy preciosas.

Cristo es precioso en su ***Persona***. Él es la representación de la gloria de su Padre (He. 1:3).

Cristo es precioso en sus ***oficios***, que son varios rayos del Sol de Justicia (Mal. 4:2). 1. *El oficio profético de Cristo es precioso*: Él es el gran oráculo del cielo: Es más precioso que todos los profetas que lo precedieron. Enseña, no sólo al oído a escuchar, sino también al corazón para que atesore sus palabras. El que tiene la llave de David en su mano abrió el corazón de Lidia (Hch. 16:14). 2. *El oficio sacerdotal de Cristo es precioso*: Ésta es la base sólida de nuestro consuelo: "Se presentó una vez para siempre por el sacrificio de sí mismo" (He. 9:26). En virtud de este sacrificio, el alma puede presentarse ante Dios con confianza y decir: "Señor, dame el cielo; Cristo me lo compró; colgó en la cruz para que yo pudiera sentarme en el trono". La sangre de Cristo y el incienso son las dos bisagras sobre las cuales gira nuestra salvación. 3. *El oficio legal de Cristo es precioso*: "Y en su vestidura y en su muslo tiene escrito este nombre: REY DE REYES Y SEÑOR DE SEÑORES" (Ap. 19:16). En lo que a majestad se refiere, Cristo tiene preeminencia sobre todos los demás reyes. Tiene el trono más elevado, la corona de más precio, los dominios más extensos y el reinado más duradero: "Tu trono, oh Dios, por el siglo del siglo" (He. 1:8)... Cristo establece su cetro donde ningún otro rey lo hace. Gobierna la voluntad y los afectos; su poder obliga la conciencia de los hombres.

Si somos competidores para obtener a Cristo como premio, ***entonces lo preferimos por encima de todo lo demás***. Valoramos a Cristo más que la honra y las riquezas; lo que más anhelamos en nuestro corazón es la perla de gran precio (Mt. 13:46). El que quiere a Cristo como su premio, valora las cosechas de Cristo más que las vendimias del mundo. Considera las peores cosas de Cristo, mejor que las mejores cosas del mundo: "Teniendo por mayores riquezas el vituperio de Cristo que los tesoros de los egipcios" (He. 11:26). ¿Sucede así con nosotros? Algunos dicen que valoran mucho a Cristo, pero prefieren sus tierras y propiedades antes que a él. El joven rico en el Evangelio prefirió sus bolsas de oro antes que a Cristo (Mr. 10:17-22); Judas valoró las treinta piezas de plata más que a él (Mt. 26:15). Es de temer que cuando llega el tiempo de pruebas, muchos prefieren renunciar a su bautismo y descartar la ropa de siervo de Cristo antes que arriesgar por él, la pérdida de sus posesiones terrenales.

Si preferimos a Cristo por encima de todas las cosas, ***no podemos vivir sin él***. No podemos arreglarnos sin las cosas que valoramos: Uno puede vivir sin música, pero no sin alimento. Un hijo de Dios puede carecer de salud y amigos, pero no puede carecer de Cristo. En la ausencia de Cristo, dice como Job: "Ando ennegrecido, y no por el sol" (Job 30:28). Tengo las más brillantes de las comodidades terrenales, pero quiero el Sol de Justicia. "Dame hijos, o si no, me muero" dijo Raquel (Gn. 30:1). Lo mismo dice el alma: "¡Señor, dame a Cristo o muero; una gota del agua de vida para apagar mi sed!"... ¿Acaso prefieren a Cristo los que pueden andar tranquilos sin él?

Si valoramos a Cristo por sobre todas las cosas, *no nos duele tener que pasar por lo que sea para obtenerlo*. Aquel que valora el oro se tomará el trabajo de cavar en la mina para encontrarlo: "Está mi alma apegada a ti [Dios]" (Sal. 63:8). Plutarco[11] reporta que los galos, pueblo antiguo de Francia, una vez que probaron el vino dulce de las uvas italianas, preguntaron de dónde provenía y no descansaron hasta dar con ellas. Todo el que considera precioso a Cristo no descansa hasta obtenerlo. "Hallé luego al que ama mi alma; lo así, y no lo dejé" (Cnt. 3:4).

Si valoramos a Cristo por sobre todas las cosas, *renunciaremos por él a nuestras concupiscencias más queridas.* Pablo dice de los gálatas, que tanto lo estimaban, que estaban dispuestos a arrancarse sus propios ojos y dárselos a él (Gá. 4:15). El que estima a Cristo se sacará esas concupiscencias, como lo haría con su ojo derecho (Mt. 5:29). El hombre sabio rechaza lo que es veneno prefiriendo un refresco sano; el que valora grandemente a Cristo se despojará de su orgullo, sus ganancias injustas, sus pasiones pecaminosas. Pondrá sus pies sobre el cuello de sus pecados (Jos. 10:24). Piénselo: ¿Cómo pueden valorar a Cristo por sobre todas las cosas aquellos que no dejan sus vanidades por él? ¡Cuánto se burlan y desprecian al Señor Jesús los que prefieren las concupiscencias antes que a Cristo quien los salva!

Si valoramos a Cristo por sobre todas las cosas, *estaremos dispuestos a ayudar a otros a tener parte con él*. Anhelamos compartir con nuestro amigo aquello que consideramos excelente. Si un hombre ha encontrado un manantial de agua, llamará a otros para que beban y satisfagan su sed. ¿Recomendamos a Cristo a otros? ¿Los tomamos de la mano y los conducimos a Cristo? Qué pocos hay que valoran a Cristo porque no tienen interés en que otros lo conozcan. Adquieren tierras y riquezas para su posteridad, pero no se ocupan de dejarles la Perla de Gran Precio como su legado… Oh, entonces, tengamos pensamientos afectuosos de Cristo; hagamos que sea él nuestro principal tesoro y placer. Ésta es la razón por la cual millones mueren: Porque no valoran a Cristo por sobre todas las cosas. Cristo es la Puerta por la cual los hombres entran al cielo (Jn. 10:9). Si no saben de esta Puerta o si son tan soberbios que se niegan a inclinarse para pasar por ella, ¿cómo, entonces, han de ser salvos?

6. Amante de la Palabra

"¡Oh, cuánto amo yo tu ley!" (Sal. 119:97).

a. El hombre piadoso ama la Palabra escrita.

Crisóstomo[12] compara las Escrituras con un jardín de canteros y flores. El hombre piadoso se deleita en caminar en este jardín y encontrar allí dulce descanso; ama cada rama y cada parcela de la Palabra.

1. *Ama la parte consejera de la Palabra, dado que es una guía y una regla para la vida*. Contiene *credenda et facienda*, que significa "cosas para creer y practicar". El hombre piadoso ama los aforismos[13] de la Palabra.

2. *El hombre piadoso ama la parte intimidante de la Palabra*. Las Escrituras, como el Jardín del Edén porque tiene el árbol de la vida y también una espada flameante en sus portales. Ésta es la amenaza de la Palabra: Lanza fuego en el rostro de todo el que sigue obstinadamente en sus maldades: "Ciertamente Dios herirá la cabeza de sus enemigos, la testa cabelluda del que

---

[11] **Plutarco** (46-120?) – Biógrafo y filósofo griego, quien escribió *Vidas paralelas*, una colección de biografías que Shakespeare usó en sus obras teatrales romanas.

[12] **Juan Crisóstomo** (347-407) – Teólogo y expositor de la Iglesia griega primitiva cuyo nombre, Crisóstomo, es un apelativo que significa *"Boca de oro"*.

[13] **Aforismos** – Declaraciones breves y concisas de una verdad u opinión.

camina en sus pecados" (Sal. 68:21). La Palabra no tolera la maldad. No deja que el hombre se quede entre el pecado y Dios: La verdadera madre no dejó que el niño fuera dividido en dos (1 R. 3:27) y Dios no deja que el corazón se divida.

3. *El hombre piadoso ama las amenazas de la Palabra.* Sabe que hay amor en cada amenaza; Dios no quiere que ninguno de nosotros se pierda, por lo tanto, nos amenaza misericordiosamente para que, con temor, nos apartemos del pecado. Las amenazas de Dios son como balizas en el mar que indican que hay rocas debajo del agua que son una amenaza de muerte para los que se acerquen. Las amenazas son un freno para que nos detengamos y no sigamos galopando derecho al infierno; hay misericordia en cada amenaza.

4. *El hombre piadoso ama cada parte consoladora de la Palabra: Las promesas.* Se alimenta constantemente de ellas, como Sansón iba por su camino alimentándose de la miel del panal. Las promesas son puro alimento y dulzura, son nuestro aliento cuando desfallecemos, son los cauces del agua de vida. "En la multitud de mis pensamientos dentro de mí, tus consolaciones alegraban mi alma" (Sal. 94:19). Las promesas eran el arpa de David para espantar los pensamientos tristes; eran los pechos que le daban leche de consolación divina.

b. El hombre piadoso demuestra su amor por la Palabra escrita.

1. *Por medio de leerla con diligencia*: Los nobles bereanos escudriñaban diariamente las Escrituras (Hch. 17:11). Apolo era poderoso en las Escrituras. La Palabra es nuestra Carta Magna[14], por lo tanto, debemos leerla diariamente. La Palabra muestra qué es la verdad y qué es el error. Es el campo donde está escondida la Perla de Gran Precio: ¡Cuánto debiéramos escarbar para encontrar esta Perla! El corazón del hombre piadoso es la biblioteca para guardar la Palabra de Dios; mora en abundancia en él (Col. 3:16). La Palabra tiene una tarea doble: *Enseñarnos* y *juzgarnos*. Los que se niegan a ser enseñados por la Palabra, serán juzgados por la Palabra. ¡Oh, que la Palabra nos sea familiar! ¿Qué, si éste fuera un tiempo como el de Diocleciano[15] que ordenó por proclamación que la Biblia fuera quemada o como los días de la Reina María "La Sanguinaria"[16] de Inglaterra, cuando poseer una Biblia en inglés causaba la pena de muerte? Conversando diligentemente con las Escrituras, podemos llevar una Biblia en la mente.

2. *Por medio de la meditación frecuente*: "Todo el día es ella mi meditación" (Sal. 119:97). El alma piadosa medita sobre la veracidad y santidad de la Palabra. No sólo tiene pensamientos pasajeros, sino que empapa su mente de las Escrituras. Al meditar, bebe de esta dulce flor y fija la verdad santa en su mente.

3. *Por medio de deleitarse en ella.* Es su recreación. "Fueron halladas tus palabras, y yo las comí; y tu palabra me fue por gozo y por alegría de mi corazón" (Jer. 15:16). Nunca nadie ha disfrutado tanto de una comida que le encanta, como disfruta el profeta de la Palabra. Efectivamente, ¿cómo podría un santo escoger otra cosa que deleitarse grandemente en la Palabra cuando contiene todo lo que es y será siempre de más valor para él? ¿Acaso no se deleita un hijo al leer el testamento de su padre en que le deja todos sus bienes?

4. *Por medio de guardarla.* "En mi corazón he guardado tus dichos" (Sal. 119:11), tal como uno guarda un tesoro para que nadie lo robe. La Palabra es una joya, el corazón es el joyero

---

[14] **Carta Magna** – La constitución política y de libertades civiles inglesas que el rey Juan aprobó en Runnymede, junio 1215; de hecho, un documento que garantiza derechos básicos.

[15] **Diocleciano** (245-313) – Emperador romano que persiguió a los cristianos.

[16] **Reina María "La Sanguinaria"** (1553-1558) – *"Bloody Mary"*. Católica; persiguió implacablemente a los protestantes en Inglaterra.

donde se debe guardar bajo llave. Muchos guardan la Palabra en su memoria, pero no en su corazón. ¿Y para qué guardaría David la Palabra en su corazón? "Para no pecar contra ti". Así como uno llevaría consigo un antídoto cuando va a un lugar infectado, el hombre piadoso lleva la Palabra en su corazón para prevenirse de la infección del pecado. ¿Por qué tantos se han envenenado del error, otros de vicios morales, sólo por no haber escondido la Palabra como un antídoto santo en su corazón?

5. *Por medio de preferirla por sobre todas las cosas como lo más preciado: a*. Por sobre el alimento: "Guardé las palabras de su boca más que mi comida" (Job 23:12). *b*. Por sobre las riquezas: "Mejor me es la ley de tu boca que millares de oro y plata" (Sal. 119:72). *c*. Por sobre toda honra mundana. Es famosa la anécdota del rey Eduardo VI de Inglaterra, quien, cuando en el día de su coronación le presentaron tres espadas significando que era monarca de tres reinos, dijo: "Falta una". Al preguntarle cuál, respondió: "La Santa Biblia", la cual es la espada del Espíritu y ha de ser preferida por sobre todas las enseñas de la realeza.

6. *Por medio de conformarse a ella*. La Palabra es el reloj por el cual uno pone la hora de su vida, la balanza sobre la cual pesa sus acciones. El hombre piadoso vive la Palabra en su diario andar.

El hombre piadoso **ama la Palabra predicada** que, en realidad, es un comentario de la Palabra escrita. Las Escrituras son el oleo y bálsamo, la predicación de la Palabra es verterlos. Las Escrituras son las especies preciosas, la predicación de la Palabra es el molido de estas especies que producen una fragancia y un placer maravillosos... La predicación de la Palabra es llamada "poder de Dios para salvación" (Ro. 1:16). Dice la Biblia que así es como Cristo nos habla desde el cielo (He. 12:25). El hombre piadoso ama la Palabra predicada, en parte por el bien que ha derivado de ella: Ha sentido el rocío caer con este maná y, en parte, por ser la institución de Dios: El Señor ha designado esta ordenanza para salvarlo.

7. Ora

El hombre piadoso es un hombre que ora. Esto aparece en el texto: "Por esto orará a ti todo santo" (Sal. 32:6). En cuanto la gracia es derramada en el interior, la oración es derramada en el exterior: "Mas yo oraba" (Sal. 109:4). En el hebreo es: "Pero yo oración". La oración y yo somos uno. La oración es el camino del alma hacia el cielo. Dios desciende hasta nosotros por medio de su Espíritu y nosotros subimos a él por medio de la oración. El hombre piadoso no puede vivir sin oración. El hombre no puede vivir sin respirar, tampoco puede el alma si no exhala hacia Dios sus anhelos. En cuanto nace el infante de gracia, llora; en cuanto Pablo se convirtió: "Porque he aquí, él ora" (Hch. 9:11). Habiendo sido un fariseo, sin duda habría orado antes, pero lo había hecho superficial o livianamente, pero cuando la obra de gracia se había llevado a cabo en su alma, entonces realmente oraba. El hombre piadoso permanece todos los días en el monte de oración, comienza su día con oración. Antes de abrir su negocio, le descubre su corazón a Dios. Antes solíamos quemar perfumes dulces en nuestros hogares; la casa del hombre piadoso es una casa perfumada: Extiende el perfume con el incienso de la oración. No comienza ninguna actividad sin buscar a Dios. El hombre piadoso consulta a Dios en todo.

Capítulo 2—Hombres piadosos

Tomado de *"The Godly Man's Picture Drawn with a Scripture-Pencil"* (El cuadro del hombre piadoso dibujado con el lápiz de las Escrituras) en *The Sermons of Thomas Watson* (Los sermones de Thomas Watson), Soli Deo Gloria, una división de Reformation Heritage Books, www.heritagebooks.org.

Thomas Watson (c. 1620-1686): Predicador puritano no conformista; prolífico autor de *A Body of Divinity, The Lord's Prayer, The Ten Commandments, Heaven Taken by Storm* y muchos otros.

No todos los hombres son piadosos. Los impíos constituyen la gran mayoría de los seres humanos. Cuando un hombre empieza a ser piadoso, ésta es la primera señal de que ha ocurrido un cambio en su vida: "He aquí, él ora". La oración es la señal del hombre piadoso en sus inicios. Hasta llegar al punto de rogar y pedir, no podemos estar seguros de que tenga vida eterna. Se pueden tener deseos, pero si nunca se ofrecen como oraciones, serán como la nubecilla tempranera y como el rocío de la mañana, que pronto se disipan. Pero… cuando un hombre no puede descansar hasta haber derramado su corazón ante el trono de gracia en oración, empezamos a tener la esperanza de que entonces es verdaderamente un hombre piadoso… la oración es como el primer llanto por el cual sabemos que el recién nacido verdaderamente vive. Si no ora, podemos sospechar que solamente tiene el nombre del que vive, pero que le falta el verdadero espíritu de vida.
—Charles Spurgeon

Dios otorga más bondades a un hombre piadoso que a todos los impíos en el mundo. Júntese toda la manutención, todos los males de los que han sido liberados, todas sus riquezas, todas las comodidades que la Providencia les ha dispensado: Esas cosas no son más que nimiedades que Dios otorga a hombres impíos. Pero hay bendiciones únicas que otorga a los justos. Dios tiene reservadas cosas preciosas para sus favoritos en comparación con las cuales, los tesoros del mundo no son más que polvo y escoria. En cuanto a los santos, Cristo murió por ellos, todos han sido perdonados, han sido librados de un infierno de sufrimiento eterno, se les ha dado derecho a la vida eterna, la propia imagen de Dios les ha sido conferida, han sido bien recibidos y disfrutarán del amor imperecedero de Dios. —Jonathan Edwards

Maridos, amen a sus esposas
William Gouge (1575-1653)

> *"Maridos, amad a vuestras mujeres, así como Cristo amó a la iglesia, y se entregó a sí mismo por ella".* —Efesios 5:25

Así como la esposa tiene que saber sus obligaciones, el esposo tiene que saber las suyas porque debe ser un guía y un buen ejemplo para su esposa. Debe vivir con ella sabiamente (1 P. 3:7). Mientras más elevado es su lugar, más sabiduría debe tener para andar digno de él. Descuidar sus obligaciones es sumamente deshonroso para Dios porque, en virtud de su posición, él es la imagen y gloria de Dios (1 Co. 11:7).

Ese poder y esa autoridad que tiene, pueden ser perjudiciales, no sólo para su esposa, sino para toda la familia, pues puede abusar de ellos por su maldad. En su hogar no hay un poder superior que frene su furia, mientras que la esposa, aunque nunca tan malvada, puede por el poder de su esposo, ser sojuzgada y refrenada de sus maldades.

Acerca de ese amor que los maridos les deben a sus esposas. El amor es la principal obligación, ésta se estipula y menciona en éste y en muchos otros lugares de las Escrituras, siendo evidente que todas las demás obligaciones se desprenden de él. Sin tener en cuenta los otros lugares donde se insiste en este deber, el amor se menciona expresamente aquí, cuatro veces. Además, se indica usando muchos otros términos y frases (Ef. 5:25, 28, 33).

Todas las ramas que crecen de esta raíz de amor, en lo que respecta a los deberes de los maridos, pueden categorizarse bajo dos encabezamientos: 1) Un mantenimiento sabio de su autoridad y 2) Un manejo correcto de ella.

Estas dos ramas del amor del marido se hacen evidentes por la posición de autoridad en que Dios lo ha colocado. Porque lo mejor que cualquiera puede hacer y los mejores frutos del amor que cualquiera puede demostrar, serán en su propia posición y en virtud de ella. Entonces, si un marido *renuncia* a su autoridad, se priva de hacer ese bien y de mostrar esos frutos del amor que de otra manera mostraría. Si *abusa* de su autoridad, es como si desviara el filo y la punta de su espada erróneamente y, en lugar de sostenerla sobre su esposa para protegerla, se la clava en el corazón para su destrucción, manifestando así más odio que amor. Ahora bien, pasemos a tratar estos dos temas más seria y particularmente:

1. En cuanto a que el marido mantenga sabiamente su autoridad

El precepto apostólico lo implica: "Vosotros, maridos, igualmente, vivid con ellas sabiamente" (1 P. 3:7), es decir, hacerlo lo mejor posible manteniendo el honor de la posición que Dios le ha otorgado, no como un tonto y necio que no entiende nada.

El honor y la autoridad de Dios y de su Hijo Jesucristo son mantenidos por el honor y la autoridad del marido, así como la autoridad del rey es mantenida por el concilio de sus ministros y por otros magistrados bajo su mando, sí, la autoridad del marido en la familia es mantenida por la autoridad de su esposa: "El varón... es la imagen y gloria de Dios; pero la mujer es gloria del varón" (1 Co. 11:7).

De este modo se promueve, en gran manera, el bienestar de la esposa, tal como el bienestar del cuerpo es ayudado debido a que la cabeza permanece en su lugar. Si se pusiera la cabeza debajo de cualquier parte del cuerpo, el cuerpo y todas sus partes no harían más que ser dañados por ello. De la misma manera, la esposa y toda la familia serían dañadas por la pérdida de autoridad del marido.

Pregunta: ¿Cuál es la mejor manera de que un marido mantenga su autoridad?

Respuesta: La directiva del apóstol a Timoteo de mantener su autoridad, ha de aplicarse para este propósito, en primer lugar, al marido: "Sé ejemplo de los creyentes en palabra, conducta, amor, espíritu, fe y pureza" (1 Ti. 4:12)... Así que la mejor manera como los maridos pueden mantener su autoridad es siendo un ejemplo de amor, seriedad, piedad, honestidad, etc. Los frutos de estas y otras gracias similares, demostradas por ellos delante de sus esposas y sus familias, no pueden dejar de producir un respeto reverente y consciente hacia él y, en consecuencia, podrán discernir con mayor claridad la imagen de Dios brillando en sus rostros.

Acerca de la pérdida de autoridad de los maridos: Producen el efecto contrario si por sus groserías, descontroles, borracheras, lascivias, irresponsabilidad, despilfarros y otros comportamientos similares generan desprecio, perdiendo así su autoridad. Aunque la esposa no debe aprovechar esto para despreciar a su marido, él bien merece ser despreciado.

Contrario también a las directivas bíblicas es la conducta severa, áspera y cruel del marido quien pretende mantener su autoridad con violencia y tiranía. Esta conducta bien puede causar temor, pero un temor contraproducente, ya que genera más odio que amor, más desprecio interior que respeto exterior.

2. En cuanto al manejo correcto de autoridad por parte del marido, principalmente en relación con su esposa

Así como la autoridad debe ser correctamente sostenida, tiene que ser bien manejada. Para esto, dos cosas son necesarias: 1) que el esposo respete tiernamente a su esposa y 2) que la cuide y se ocupe de su mantenimiento.

1) Que el esposo respete tiernamente a su esposa

El lugar de ella es, efectivamente, de sujeción, pero lo más cerca posible a la igualdad. Su lugar es uno de igualdad en muchos sentidos en que esposo y esposa son fraternales compañeros. De esto se desprende que el hombre debe considerar a su esposa compañera de yugo y colaboradora (1 P. 3:7). En este punto, corresponde honrar a la esposa, ya que la razón para crear una esposa (Gn. 2:18) fue, según fue traducida a nuestro idioma: Ser una "ayuda idónea" para él, literalmente "como frente a él", es decir, como él mismo, uno en quien se puede ver reflejado.

Así como la esposa reconoce que el papel de su esposo es la base de todo los deberes de ella, la de él es reconocer el compañerismo entre él y su esposa que hará que se conduzca con mucha más amabilidad, confianza, cariño y todos los demás tratos hacia ella que corresponden a un buen esposo.

Acerca de la opinión errada de los maridos hacia sus esposas: Es contrario a los preceptos bíblicos lo que muchos piensan: Que, aparte de los lazos familiares, no hay ninguna diferencia entre una esposa y una sirvienta, de modo que las esposas son tenidas como sirvientas de sus maridos porque ellos requieren sujeción, temor y obediencia. Por eso muchas veces sucede que las esposas son tratadas apenas un poco mejor que las sirvientas. Esto es soberbia, una conducta desmedidamente pagana y una arrogancia tonta. ¿Acaso al crearla del costado del hombre tomó Dios a la mujer y la puso bajo los pies de Adán? ¿O la puso a su lado, por encima de todos los hijos, siervos y demás familiares, para atesorarla? Porque nadie puede estar más cerca que una esposa y nadie debe ser más querida que ella.

Acerca del afecto absoluto de los maridos hacia sus esposas: El afecto del esposo por su esposa será según su opinión de ella. Por lo tanto, debe deleitarse totalmente en su esposa o sea, deleitarse solamente en ella. En este sentido, la esposa del profeta es llamada "el deleite [placer] de tus ojos" (Ez. 24:16), en quien él más se deleitaba. Un deleite así sintió Isaac por su esposa, quien le quitó la gran tristeza que sentía por la partida de su madre. La Biblia dice que la amó y que esto lo consoló después de la muerte de su madre (Gn. 24:67).

El sabio expresó con elegancia este tipo de afecto, diciendo: "Alégrate con la mujer de tu juventud, como cierva amada y graciosa gacela" (Pr. 5:18, 19). Nótese aquí las metáforas, al igual que las hipérboles[17] usadas para describir el deleite de un esposo en su esposa. En las metáforas, note las criaturas que dice se parecen a la esposa y los atributos que les da. Las criaturas son dos: Una cierva y una gacela, que son las hembras del venado y el corso, respectivamente. Aquí cabe mencionar que de todas las bestias, el venado y el corso son los más apasionados con sus hembras.

Estas comparaciones aplicadas a la esposa muestran cómo el marido debiera disfrutar de su esposa… Tanto que le haga olvidar las fallas de su esposa; esas fallas que otros pueden notar o aborrecer, él no ve, ni por ellas se deleita menos en ella. Por ejemplo, si un hombre tiene una esposa, no muy linda ni atractiva, con alguna deformación en el cuerpo, alguna imperfección en su hablar, en su vista, en sus gestos o en cualquier parte de su cuerpo, pero tanto la ama que se deleita en ella como si fuera la mujer más hermosa y, en todo sentido, la mujer más perfecta del mundo. Además, tanto la estima, con tanto ardor la ama, con tanta ternura la trata, al punto que los demás piensan que es un tonto. El afecto de un marido por su esposa no puede ser demasiado grande, siempre y cuando sea sincero, sobrio y decente.

Acerca de la paciencia de los esposos por exigir todo lo que corresponde: Tanto la reverencia de la esposa como su obediencia deben ser correspondidas por la cortesía del esposo. Como testimonio, el marido tiene que estar listo para aceptar todo aquello en que su esposa está dispuesta a obedecerle. Tiene que ser moderado y no exigirle demasiado. En este caso, debe decidirse a tener una buena disposición hacia ella. Es preferible que la obediencia de ella sea por su propia voluntad con una conciencia limpia ante Dios, porque Dios la ha puesto en una posición de sujeción, y por amor matrimonial que por la fuerza porque su marido se lo ordena.

Maridos… tienen que considerar lo que es legal, necesario, conveniente, oportuno y apropiado para que sus esposas hagan, sí, lo que están dispuestas a hacer y no negarse. Por ejemplo:

1. Aunque la esposa debiera ir con su esposo y quedarse donde él diga, él no debiera (a menos que por alguna razón fuera de su control se vea obligado a ello) llevarla de un lado para otro, y sacarla del lugar que a ella le gusta. Jacob consultó con sus esposas y se aseguró de que estuvieran de acuerdo antes de llevárselas de la casa de su padre (Gn. 31:4-16).

2. Aunque ella debiera atender de buen talante a las visitas que él trae a la casa, él no debiera ser desconsiderado ni insistente con ella en estos casos. La mayor parte de la responsabilidad y el trabajo para atender a las visitas recae sobre la esposa, por lo tanto, el marido debiera ser considerado con ella.

Si él ve que ella es responsable y sabia, muy capacitada para administrar y ordenar las cosas de la casa, pero que prefiere no hacer nada sin el consentimiento de él, él debe dar su consentimiento sin reparos y satisfacer el deseo de ella, como Elcana y como el esposo de esa excelente mujer que Salomón describe (Pr. 31:10-31).

Para administrar los asuntos de la casa es necesario un consentimiento mutuo, pero es un deber específico de las esposas (1 Ti. 5:14). Porque los asuntos de la casa están a su cargo es lógico que se la llame ama de casa. En vista de esto, los maridos deben dejar a su cargo la administra-

---

[17] **Hipérbole** – Frase que exagera alguna cosa con el fin de causar una impresión.

ción de la casa y no ponerle impedimentos por querer intervenir y dar su aprobación a cada cosa. En general, es responsabilidad de la esposa: 1. El arreglo y decoración de la casa (Pr. 31:21, 22), 2. Administrar las provisiones cotidianas para la familia (Pr. 31:15), 3. Supervisar al personal de servicio (Gn. 16:6), 4. Ocuparse de la formación de los hijos mientras todavía son chicos (1 Ti. 5:10, Tit. 2:4).

Entonces, en general, todo esto debe dejarse a discreción de ella (2 R. 4:19) con solo dos advertencias: 1. Que ella tenga discreción, inteligencia y sabiduría, y no sea ignorante, necia, simple, gastadora, etc. 2. Que él supervise todo, en general, y que haga uso de su autoridad en caso de tener que prevenir que su esposa, sus hijos, sirvientes u otros hagan algo ilegal o impropio.

Acerca de la severidad excesiva de los maridos para con sus esposas: Lo contrario es el rigor y la severidad de muchos maridos, que ejercen al máximo su autoridad y no ceden nada a sus esposas como si fueran inferiores. Estos son:

1. Los que nunca están conformes ni satisfechos con lo que la esposa hace, sino que son siempre más y más exigentes.

2. Los que no les importa lo gravosos y desconsiderados que resultan para su esposa: Gravosos por traer a casa huéspedes que saben que no pueden atender y desconsiderados por traer visitas con *demasiada e inoportuna frecuencia* o imponiéndoles responsabilidades fuera de lugar y por sobre los asuntos de la casa. Imponer tales cosas con *demasiada frecuencia* no puede más que hartarlas y, hacerlo irrazonablemente, no puede menos que alterarlas y ofenderlas en gran manera [como en el caso de que la esposa esté débil por causa de alguna enfermedad, que esté embarazada o recién haya dado a luz, por estar amamantando u otras cosas similares que le impiden dar las atenciones que, de otra manera, daría].

3. Sujetan a sus esposas como si fueran niñas o sirvientas, impidiéndoles hacer nada sin su conocimiento y sin su expreso consentimiento.

Acerca de los maridos que ingratamente desalientan a sus esposas: Lo contrario es la actitud desagradecida, quizá por envidia de los maridos que no se fijan en las muchas buenas cosas que hacen sus esposas todos los días sin recibir aprobación ni elogio ni recompensa, sino que están prontos para criticar la menor falta o descuido en ellas. Hacen esto en términos generales como si ellas nunca hicieran nada bien, por lo que ellas tienen derecho a decir: "Hago muchas cosas bien, pero él lo ignora; pero si hago una cosa mal, no cesa de criticarme".

Acerca de la manera como el marido instruye a su esposa: En cuanto a la instrucción, el Apóstol agrega humildad. Instruid [dice él] con humildad a "a los que se oponen" (2 Ti. 2:25). Si los pastores deben instruir a su pueblo con humildad, cuanto más los maridos a sus esposas: En caso de encontrar oposición, no debe hacer a un lado la humildad, no debe hacerse a un lado en ningún caso.

Observe el marido estas reglas que demuestran humildad:

1. Tome en cuenta la capacidad de su esposa y programe sus instrucciones en consecuencia. Si tiene poca capacidad, enseñe precepto por precepto, línea por línea, un poquito aquí un poquito allá. Un poquito a la vez [día tras día] llegará a ser mucho y, conforme ambos conocen lo enseñado, el amor de la persona que enseña aumentará.

2. Instrúyala en privado, solo usted y ella, para que no se ande pregonando su ignorancia. Las acciones privadas entre el hombre y su esposa son muestras de cariño y confianza.

3. En la familia, instruya a los hijos y sirvientes cuando ella está presente, pues así podrá ella aprender también. No hay manera más humilde y gentil de instruir, que instruir a terceros.

4. Junto con los preceptos, añada comentarios dulces y expresivos como testimonios de su gran amor. Lo opuesto es instruir duramente, cuando los maridos pretenden hacerles entrar violentamente en la cabeza a sus esposas cosas que ellas no pueden comprender. Y aun sabiendo que ellas no pueden comprender, se enojan con ellas y el enojo los lleva a decir groserías y a proclamar su ignorancia delante de los hijos, sirvientes y extraños. Esta dureza es tan contraproducente y exaspera tanto el espíritu de la mujer, que mejor es que el marido deje a un lado este deber si lo pretende cumplir de esta manera.

2) Que la cuide y se ocupe de su mantenimiento

Acerca de que el marido debe proveer maneras para que la esposa sea edificada espiritualmente: Se deben proveer los medios para la edificación espiritual del alma de ella, tanto en privado como en público. En privado se refiere a los oficios santos y religiosos en el hogar, tales como leer la Palabra, orar, instruir y cosas por el estilo, que son el alimento espiritual cotidiano del alma como lo es el alimento cotidiano para nuestros cuerpos. El hombre, como cabeza de la familia, tiene el deber de proveer estos para el bien de toda su casa y como marido, en especial para el bien de su esposa porque para su esposa, al igual que para toda la familia, él es rey, sacerdote y profeta.

Por lo tanto, él solo, para el bien de su esposa, debe realizar estas cosas o conseguir que otro las haga. Cornelio mismo realizaba estos oficios (Hch. 10:2, 30). Micaía empleó a un levita [aunque su idolatría era mala, el hecho de que quisiera a un levita en su casa era encomiable] (Jue. 17:10). El esposo de la sunamita proveyó un cuarto para el profeta y lo hizo especialmente por su esposa porque fue ella quien se lo pidió (2 R. 4:10).

Medios públicos se refieren a las ordenanzas santas de Dios realizadas por el siervo de Dios. El cuidado del marido por su esposa en este respecto es ver que alguien más haga las cosas imprescindibles de la casa de modo que ella pueda participar de ellas. La Biblia destaca que Elcana había provisto todo de tal manera que sus esposas podían ir con él todos los años a la casa de Dios (1 S. 1:7; 2:19). Lo mismo dice de José, el esposo de la virgen María (Lc. 2:41). En aquella época había un lugar público que era la casa de Dios a dónde debían concurrir todos los años [sin importar la distancia desde su casa]. Los lugares donde vivían Elcana y José eran lejos de la casa de Dios, no obstante, ellos dispusieron todo de modo que, no sólo ellos, sino que sus esposas también fueran a los cultos públicos para adorar a Dios. En la actualidad, hay muchas casas de Dios, lugares donde se adora a Dios en público, pero por la corrupción de nuestros tiempos, el ministerio de la Palabra [el medio principal para edificación espiritual] no prevalece en todas partes. Por lo tanto, tal debe ser el cuidado del marido por su esposa en este respecto, que la elección de su vivienda tiene que depender de que sea donde pueda tener el beneficio de la Palabra predicada o si no, proveerle los medios para llegar semanalmente al lugar de predicación.

Acerca de descuidar la edificación de la esposa: Lo contrario es la práctica de los que ejerciendo sus profesiones en lugares donde la Palabra abunda, prefieren por placer, satisfacción, comodidad y economía, mudar a sus familias a lugares remotos donde escasea la predicación o ni la hay. Dejan allí a sus esposas a cargo de la familia, sin tener en cuenta su necesidad de la Palabra porque ellos mismos se van a Londres u otros lugares parecidos en razón de sus profesiones y allí disfrutan de la Palabra. Muchos, abogados y otros ciudadanos son culpables de descuidar a sus esposas en este sentido. También lo son aquellos que abandonan todo ejercicio piadoso en sus casas, convirtiéndolas en guaridas del diablo en lugar de iglesias de Dios. Si por falta de medios, públicos o privados, la esposa vive y muere ignorante, irreverente, infiel e impenitente, lo cual significa condenación eterna, sin duda su sangre le será demandada a él porque el esposo es guardia de su esposa (Ez. 3:18).

Acerca del cuidado del marido en mantener a su esposa durante toda la vida: La manutención cariñosa del marido por su esposa debe ser mientras ella viva, sí, también en el caso que ella lo sobreviva. No que pueda él hacer algo después de muerto, sino que antes de su muerte ha tomado las medidas para su futuro sustento, de modo que después, ella pueda mantenerse independientemente y vivir en el mismo nivel que antes. [Él debiera por lo menos] dejarle, no sólo lo que tenía con ella, sino algo más, también como testimonio de su amor y preocupación por ella. Los maridos tienen el ejemplo de Cristo para imitar porque cuando este partió de este mundo dejando a su Iglesia aquí en la tierra, dejó su Espíritu, que le proporcionó a ella dones tan o más abundantes (Ef. 4:8) como si Cristo estuviera todavía con ella. En el caso de muchos que sustentan a sus esposas mientras viven con ellas, a su muerte demuestran que realmente no la amaban. Todo había sido para aparentar.

3. Del amor de los maridos

Acerca de lo gratuito del amor de los maridos: La causa del amor de Cristo fue su amor, como dice Moisés, demostró su amor porque los amaba (Dt. 7:7-8). El amor surgió solo y absolutamente de él mismo y era gratuito en todo sentido: No había nada en la Iglesia, antes de que Cristo la amara, para motivarlo a amarla, por lo que no había nada que él pudiera esperar después, más que lo que él mismo daría. Ciertamente se deleita en esa justicia que tiene como si vistiera un manto glorioso y con gracias celestiales como si estuviera adornada con piedras preciosas. No obstante, esa justicia y esas gracias son de él y otorgadas gratuitamente por él. Se presenta a sí mismo una Iglesia gloriosa (Ef. 5:27).

En imitación de esto, los maridos deben amar a sus esposas, aun cuando no hubiere en ellas nada que los mueva a amarlas, fuera del hecho de que son sus esposas. Sí, [deben amarlas] aunque no puedan esperar nada de ellas en el futuro. El verdadero amor respeta al objeto que ama y considera el bien que le puede hacer, en lugar de esperar el bien que pueden recibir del objeto de su amor porque el amor no busca lo suyo (1 Co. 13:5)… El amor de Cristo debiera impulsar aún más a los esposos para hacer todo lo que esté en su poder, a fin de amarlas sin reservas. Entonces, será cierto que viven con sus esposas sabiamente (1 P. 3:7) y su amor se parecerá al de Cristo: Será gratuito.

Acerca de que los maridos amen a sus esposas más que a sí mismos: No se puede expresar la magnitud del amor de Cristo porque sobrepasa toda medida. Se dio a sí mismo por su Iglesia (Ef. 5:25), fue ese Buen Pastor que dio su vida por sus ovejas (Jn. 10:11). "Nadie tiene mayor amor que este" (Jn. 15:13). ¿Qué no hará por su esposa por quien dio su vida?

Acerca de la falta de consideración de los maridos: Lo contrario es su falta de consideración que prefieren cualquier trivialidad propia antes que el bien de sus esposas: Sus ganancias, sus placeres, su progreso, sin ningún sentimiento por sus esposas. Si se requiere de ellos algún esfuerzo extraordinario en favor de sus esposas, entonces se notará el poco amor que le tienen.

Acerca de la constancia del amor de los maridos: La duración del amor de Cristo es sin fecha de vencimiento: "Como había amado a los suyos que estaban en el mundo, los amó hasta el fin" (Jn. 13:1). Su amor era constante [no por arranques, amando ahora, luego odiando] y sin fin (Os. 2:19) [nunca arrepintiéndose de él, nunca cambiando de idea]. Ninguna provocación ni ninguna transgresión pueden hacerle olvidar de amar o dejar de hacer aquel bien que tenía la intención de hacer para su Iglesia. Note que le dijo, aun cuando ella se rebeló contra él: "Tú, pues, has fornicado con muchos amigos; mas ¡vuélvete a mí dice Jehová!" (Jer. 3:1) y también "Mi misericordia no se apartará" (2 S. 7:15)… Porque su amor no depende del desierto de su Iglesia, sino de lo inmutable de su propia voluntad. Así como esto demuestra que el amor de Cristo es un amor auténtico, demuestra también que es provechoso y beneficioso para la Iglesia, la cual, a pesar de sus muchas faltas, por ese amor es glorificada.

Acerca de que los maridos amen a sus esposas como a sí mismos: Al ejemplo de Cristo, el Apóstol agrega cómo los maridos deben imitarlo: "Así también los maridos deben amar a sus mujeres como a sus mismos cuerpos" (Ef. 5:28)… El ejemplo de Cristo es completo, perfecto y suficiente en todo sentido, mucho más excelente que el del hombre. No se agrega esto para añadirle algo más, sino que sólo hacer notar nuestra falta de comprensión y destacar su punto de un modo más claro. Porque con este agregado es más práctico y fácil de entender. Todos saben cómo aman a su propio cuerpo, pero ninguno o pocos saben cómo Cristo ama a su Iglesia. Además, ese ejemplo de Cristo puede ser demasiado elevado y excelente como para que alguien pueda alcanzarlo. Por lo tanto, para hacer ver que no requiere más de lo que el hombre puede llevar a cabo, siempre que con cuidado y conciencia se decida cumplir su deber, [el Apóstol] usa como ejemplo a uno mismo; lo que uno hace con su cuerpo, puede hacer con su esposa.

Ningún hombre tratará con más cuidado la mano, el brazo, la pierna o alguna otra parte del cuerpo que la de él mismo porque es muy sensible a sus propios dolores. Las metáforas que el apóstol usa en estas palabras: "sino que la sustenta y la cuida", muestran claramente este cuidado (Ef. 5:29). Son tomadas del mundo de las aves quienes con [cuidado] y ternura rondan en medio de sus crías, cubriéndolas con sus alas y plumas, pero sin cargar sobre ellas el peso de su cuerpo… De esta manera, con suma ternura y cuidado deben tratar a sus esposas, como ya hemos mencionado varias veces. Me pareció bueno destacar a los esposos este ejemplo del hombre mismo como algo para considerar como un precedente sin excepciones, por lo cual reciben una pauta para cumplir mejor todo lo antedicho.

Así es el afecto que los maridos deben tener para con sus esposas: Deben más voluntaria y alegremente hacer cosas por sus esposas que por sus padres, hijos, amigos y otros. Aunque esta alegría es una actitud interior de su corazón, el hombre la demuestra con su presteza y buena disposición por hacerle un bien a su esposa. En cuanto su esposa desea algún favor, él debe estar listo para hacerlo. Como le dijo Boaz a Rut: "Yo haré contigo lo que tú digas" (Rut 3:11).

Lo opuesto es el talante de esos maridos que hacen cosas por sus esposas de tan mala gana, quejándose y mostrando su descontento que ellas preferirían que ni las hicieran. Su manera de actuar causa más sufrimiento a las esposas de buen corazón, que hacer las cosas difíciles que se ven obligadas a hacer.

Acerca del ejemplo de Cristo para motivar a los maridos a amar a sus esposas: No puede haber una motivación más fuerte para hacer algo que seguir el ejemplo de Cristo. Cualquier ejemplo vivo es en sí tan fuerte que nos puede motivar a hacer cualquier cosa: Con más razón si es de una gran persona, un hombre de renombre. Pero, ¿quién más grande que Cristo? ¿Qué ejemplo más digno de imitar? Si el ejemplo de la Iglesia es poderoso para motivar a las esposas a estar sujetas a sus maridos, el ejemplo de Cristo tiene que ser mucho más poderoso para motivar a los maridos a amar a sus esposas. Qué gran honor es ser como Cristo: Su ejemplo es un modelo perfecto.

Capítulo 2—Hombres piadosos

Tomado de *Domestical Duties* (Deberes domésticos), Reformation Heritage Books, www.heritagebooks.org.

William Gouge (1575-1653): Durante 46 años pastor en Blackfriars, Londres, considerado como el centro de predicación más importante de aquella época. Muchos creen que se convirtieron miles bajo la predicación expositiva y penetrante de Gouge. Poderoso en las Escrituras y la oración, predicó durante 30 años sobre la epístola a los Hebreos, cuya sustancia se volcó en un comentario famoso; nacido en Stratford-Bow, Middlesex County, Inglaterra.

Conversión de los miembros de la familia
Samuel Lee (1627-1691)

"Hermanos, ciertamente el anhelo de mi corazón, y mi oración a Dios por Israel, es para salvación". —Romanos 10:1

Pregunta: "¿Qué podemos hacer, qué medidas podemos tomar, qué método nos recomienda para cumplir este deber tan importante y para ser útiles en la conversión y salvación de nuestros familiares que se encuentran en un estado natural[18]?

Daré indicaciones bajo varios encabezamientos. Algunas, aunque son obligaciones comunes y obvias, pueden cumplirse mejor de lo que se están cumpliendo, por lo que no las pasaré por alto, ya que son muy provechosas y no menos prácticas que otras. Muchos hombres bajo el evangelio perecen por no llevar a cabo los deberes que saben que les corresponden. Por lo tanto les ruego, oh cristianos, que cada indicación sea debidamente evaluada y conscientemente mejorada, a fin de lograr el éxito con la ayuda divina.

1. *Preserven y respeten el honor y la preeminencia de la posición en que Dios los ha puesto con toda sabiduría y cuidado.* El profeta se queja de los tiempos cuando "el joven se levantará contra el anciano, y el villano contra el noble" (Is. 3:5). La diferencia de edad requiere una diferencia en la conducta… Los adultos tienen que demostrar gran respeto hacia los jóvenes si quieren que los jóvenes demuestren gran respeto hacia ellos. Dicho esto, no deben ustedes mostrarse orgullosos, altaneros ni presuntuosos. Sus rostros, aunque serios, no deben ser adustos. Así como no siempre tienen que estar sonriendo, tampoco deben estar con el ceño fruncido. Una severidad rígida en palabras, así como en acciones, produce en los hijos una disposición servil y de desaliento.

2. *Sea la instrucción familiar frecuente, de envergadura y clara.* Por naturaleza, todos somos desiertos áridos y rocosos: La instrucción es la cultura y el mejoramiento del alma. Los naturalistas han observado que las abejas "llevan gravilla en las patas" para fijar sus cuerpecitos cuando rugen los vientos tormentosos. Ese mismo fin cumple la instrucción en la mente indecisa y fluctuante de la juventud. La quilla de su poco criterio se hundiría sin el contrapeso de la disciplina… Pero en todos sus momentos de instrucción, cuídense de no ser tediosos por hablar interminablemente. Compensen la brevedad de esas ocasiones aumentando su frecuencia. La Palabra manda hablar de los preceptos de Dios "cuando te sientes en tu casa, cuando andes por el camino, cuando te acuestes, y cuando te levantes" (Dt. 6:7; 11:19), un poco ahora y un poco después. Los largos discursos son una carga para la poca memoria que tienen y, una imprudencia tal, bien puede resultar en que terminen teniendo una aversión por el maná espiritual, siendo que todavía están en su estado natural. A una planta joven se la puede matar con demasiado fertilizante y podrirla con demasiada agua. Los ojos que recién se despiertan no aguantan el resplandor, entonces: "Mandato sobre mandato, renglón tras renglón, línea sobre línea, un poquito allí, otro poquito allá" (Is. 28:10). Deben guiar a los pequeños como lo hizo Jacob, mansamente hacia Canaán (Gn. 33:13).

Capten su tierna atención con pláticas acerca de la grandeza infinita y la bondad eterna de Dios, acerca de las glorias del cielo, de los tormentos del infierno. Las cosas que afectan los sentidos tienen que ser espiritualizadas para ellos, gánense su buena disposición con astucia santa. Usen alegorías lo más que puedan. Si están juntos en un jardín, hagan una aplicación espiritual de las hermosas flores. Si están a la orilla de un río, hablen del agua de vida y los ríos

---

[18] **Estado natural** – Esto significa "en un estado no convertido; el que no es nacido del Espíritu de Dios y, por lo tanto, es impenitente e incrédulo".

de placer que hay a la diestra de Dios. Si en un maizal, hablen de la cualidad nutritiva del pan de vida. Si ven pájaros que vuelan en el aire o los oyen cantar en la floresta, enséñenles acerca de la providencia omnisapiente de Dios que les da su alimento a su tiempo. Si alzan su mirada al sol, la luna y las estrellas, díganles que son destellos de la antesala del cielo. ¡Oh, entonces qué gloria hay interiormente! Si ven un arcoíris adornando alguna nube acuosa, hablen del pacto de Dios. Estos y muchos más pueden ser como eslabones de oro que van poniendo realidades divinas en sus memorias: "Por medio de los profetas usé parábolas", dice Dios (Os. 12:10). Además, procuren que los pequeños lean y aprendan de memoria algunas porciones de los libros históricos de las Sagradas Escrituras. Pero, sobre todo, la mejor manera de instruir, especialmente a los más chicos, es por medio de catecismos[19] —un método breve y conciso de preguntas y respuestas— cuyos términos, por ser claros y explícitos, pueden ser citados directamente del texto bíblico y expresados en breves frases según su capacidad, en un estilo directo, pero fiel a la Palabra, de modo que queden en la memoria.

3. Agreguen requisitos a sus instrucciones. Ínstelos en el nombre de Dios a que escuchen y obedezcan las reglas y costumbres de su hogar. Tenemos un ejemplo en Salomón, quien nos dice que era "hijo de mi padre, delicado y único delante de mi madre. Y él me enseñaba, y me decía: Retenga tu corazón mis razones, guarda mis mandamientos, y vivirás" (Pr. 4:3-4)... En cuanto a esto, Abraham fue designado por Dios mismo como un modelo para toda posteridad. "Porque yo sé que mandará a sus hijos y a su casa después de sí, que guarden el camino de Jehová, haciendo justicia y juicio, para que haga venir Jehová sobre Abraham lo que ha hablado acerca de él" (Gn. 18:19), por lo que le complacía a Dios revelarle secretos.

4. Permanezca atento para percibir las primeras manifestaciones de pecado en su conducta. Deténganlas cuando recién empiezan y son todavía débiles. "De mañana destruiré a todos los impíos de la tierra", dice David (Sal. 101:8). Hay que empezar este trabajo desde el principio y refrenar cada palabra mala y desagradable desde la primera vez que la oyen. Manténganse en guardia para detectar las primeras señales de corrupción en ellos. Se puede cortar fácilmente un brote tierno, pero si se deja crecer hasta ser una rama, es mucho más difícil hacerlo.

¡Oh que comiencen ustedes a echarle agua a las primeras chispas de pecado en sus pequeños! Quiten las ocasiones de pecar con prudente intervención. ¡Es sorprendente ver las excusas y máscaras del pecado, las palabras engañosas que los niñitos usan! Antes de poder enseñarles a hablar su idioma, el diablo y el corazón corrupto les enseñan a decir mentiras. Mientras que todavía titubean al querer pronunciar bien algunas palabras, no titubean en faltar a la verdad. ¡Cuán necesario es ponerle freno a la lengua de sus hijos al igual que la suya! (Sal. 39:1).

Combatan sus fallas examinándolos con discernimiento y preguntas agudas. Si no hacen esto cuando son pequeños, si no los motivan pronto con lo sobrecogedor de los juicios de Dios y el peligro del pecado, es muy posible que con el correr del tiempo lleguen a ser demasiado astutos como para ser descubiertos. Enséñenles que se avergüencen de corazón, de modo que por haber interiorizado estos conocimientos eviten el mal y hagan el bien. Si ustedes permiten que un hijo siga pecando sin prestarle atención, sin enseñarle, sin reprenderle, creyendo que la falta es demasiado pequeña como para darle importancia al principio, será su

---

[19] **Catecismos** – Un método para enseñar las doctrinas esenciales de la fe cristiana, usado y ha probado ser efectivo durante muchos siglos. Hay "Catecismo de Spurgeon" a su disposición en CHAPEL LIBRARY. Este catecismo es similar al Catecismo Breve de Westminster, pero adaptado a la Confesión Bautista de Fe de Londres de 1677/1689 por Benjamin Keach y actualizado por Charles Spurgeon para su congregación.

perdición. Dios muchas veces reprende a un progenitor anciano por ese hijo que no corrigió al principio.

5. *Presérvenlos de una sociedad impía*. David no sólo aborrecía el pecado en general, sino que detestaba especialmente tenerlo en su casa. "No habitará dentro de mi casa el que hace fraude; el que habla mentiras no se afirmará delante de mis ojos" (Sal. 101:7) para que el ejemplo impío y la tiniebla espiritual de personas malas en su medio no se pegara y corrompiera a los moradores. La imitación es natural en los niños: Imitan a sus familiares y amigos. Porque, según el proverbio: "El que vive con un cojo aprenderá a cojear". (Salomón) nos dice: "No te entremetas con el iracundo, ni te acompañes con el hombre de enojos, no sea que aprendas sus maneras" (Pr. 22:24-25). Los niños, en especial, corren el peligro de infectarse por las compañías lascivas y corruptas. Muchos chicos de padres consagrados se han corrompido por andar siempre con los hijos malos de vecinos impíos.

6. *Hagan que las represiones prudentes y en el momento preciso sean administradas según la naturaleza y calidad de las ofensas*. Empiecen suavemente. Usen todo el poder de convicción posible para atraerlos a los caminos de Dios. Cuéntenles de las recompensas de gloria, la dulce comunidad en el cielo; esfuércense por poner en sus corazones la verdad de que Dios puede llenar sus almas con un gozo imposible de encontrar en el mundo. "A algunos que dudan, convencedlos" (Jud. 22). Pero si esto no da resultado, comiencen a incluir expresiones más graves de la ira divina contra el pecado. Así como hay un nexo entre las virtudes, lo hay también entre las malas pasiones. El amor y la ira no son enteramente "sentimientos incompatibles". No, el amor puede ser el principio y fundamento de la ira, que lanza sus flechas reprochadoras contra el blanco del pecado… Pueden decirle a su hijo con algo de severidad, que si sigue en su camino pecaminoso, Dios se indignará, y ustedes también. Luego háganle saber que "¡Horrenda cosa es caer en manos del Dios vivo!" (He. 10:31). Ésta es la manera de aplicar el "Airaos, pero no pequéis" como manda el Apóstol (Ef. 4:26). No permitan que sus pasiones, como torrentes incontrolables, se desborden de los límites establecidos por las Escrituras y la razón. Hay una indignación seria y sobria que produce respeto y conduce a una reforma. Pero la que incluye un estrépito horrible y gritos desaforados fluye del pecho de los necios. Sería en vano que quisieran ustedes ganar a otros cuando ustedes mismos son abusivos y descontrolados. ¿Cómo puede alguien en tal estado razonar con otro en su mismo estado? El que es esclavo de su irascibilidad no puede ofrecer represiones nobles. El niño jamás podrá convencerse de que tal indignación proviene del amor cuando lo obligan a aguantar los abusos diarios de un temperamento encolerizado, cuando por parentesco está siempre expuesto a un temperamento dominado por la ira que se tiene que desquitar con alguien… Entonces, administren con prudencia sus represiones. Recubran esas píldoras amargas con la esperanza de volver a ganarse su favor en cuanto se corrige.

Consideren igualmente la posición y el lugar de sus distintos familiares. A la esposa no hay que reprenderle delante de los hijos y los sirvientes, para no menoscabar su autoridad. El desprecio mostrado hacia la esposa terminará siendo contraproducente para el marido. También, las pequeñas ofensas de los hijos y sirvientes, si no fueron cometidas en público, deben ser reprendidas en privado. Pero, sobre todo, tengan cuidado de no reprenderlos más por las ofensas contra usted que por las ofensas contra Dios. Si tienen motivos para indignarse, no empeoren las cosas, sino que procuren calmarse antes de tomar alguna medida.

No den demasiada importancia a las debilidades. Si todavía no son pecaminosas, repréndanlos con la expresión de su rostro y no con agresiones amargas. Reserven sus represiones públicas y ásperas para las ofensas abiertas y escandalosas, para transgresiones reiteradas que demuestran mucha indiferencia o desprecio y desdén.

7. *Mantengan una práctica constante y vigorosa de los deberes santos en el seno familiar.* "Yo y mi casa serviremos a Jehová", dijo Josué (Jos. 24:15). Moisés mandó a los israelitas que repitieran una y otra vez, en familia y en privado con sus hijos, las leyes y los preceptos que Dios les había dado (Dt. 6:7). Las enseñanzas y exhortaciones de los siervos de Dios en público deben ser constantemente repetidas en casa a los pequeños. Samuel hizo una fiesta en su propia casa después del sacrificio (1 S. 9:12, 22). Job y otros realizaban sacrificios con sus propias familias. El cordero pascual debía ser comido en cada casa en particular (Éx. 12:3, 4). Dios dice que derramará su "enojo sobre los pueblos que no te conocen" (Jer. 10:25).

Mantener estos deberes familiares hace de cada hogar un santuario, un Betel, una casa de Dios. Aquí quiero recomendar que los cristianos no sean demasiado tediosos en su cumplimiento de los deberes de adoración privada. Cuídense de no hacer que los caminos de Dios sean una carga y una cosa desagradable. Si a veces Dios les toca el corazón de un modo especial, no rechacen ni repriman la inspiración divina, pero en general, esfuércense por ser concisos y breves. Muchas veces el espíritu está dispuesto cuando la carne es débil (Mt. 26:41). Y a uno le es fácil no distraerse durante un tiempo breve, pero la plática larga da ocasión para distraerse mucho. "Porque Dios está en el cielo, y tú sobre la tierra; por tanto, sean pocas tus palabras" (Ec. 5:2). Igualmente, es bueno variar los deberes religiosos: A veces canten y a veces lean, a veces repitan, a veces catequicen, a veces exhorten, pero hagan dos cosas a menudo: Ofrezcan el sacrificio de las oraciones y hagan que los hijos lean cada día alguna porción de las Sagradas Escrituras.

8. *Procuren por todos los medios que todos participen de las ordenanzas públicas porque allí Dios está presente de un modo más especial.* Hace que el lugar de sus pies sea glorioso. Aunque el mandato de Dios era que sólo los varones fueran a las fiestas solemnes en Silo, Elcana llevaba a toda su familia al sacrificio anual (1 S. 1:21). Quería que su esposa, hijos y siervos estuvieran "en la casa de Jehová" para "contemplar la hermosura de Jehová, y para inquirir en su templo" (Sal. 27:4). También Cornelio, cuando Pedro llegó a Cesarea para predicar por mandato de Dios, llamó a todos sus familiares y conocidos para escuchar el sermón (Hch. 10:24)… Recuerden examinarlos para ver si prestaron atención como lo hizo Jesús cuando predicó su famoso sermón junto al mar. Les preguntó a sus discípulos: "¿Habéis entendido todas estas cosas?" (Mt. 13:51). Cuando ya estaban solos les explicó más en detalle las cosas que había enseñado (Mr. 4:34).

9. *Si lo antedicho no da resultado, sino que los que están a su cargo siguen pecando, tendrán que recurrir a la corrección paternal.* Ahora bien, las represiones tienen que depender de la edad, el temperamento, carácter y las diversas cualidades y tipos de ofensas de cada uno. Otorgue su perdón por faltas leves en cuanto muestran arrepentimiento y pesar. Tienen que considerar si las faltas de ellos proceden de su imprudencia y debilidad, en qué circunstancias y como resultado de qué provocaciones o tentaciones. Observen si parecen estar realmente arrepentidos y verdaderamente humillados… En estos y otros casos similares, deben los padres tener mucho cuidado y prudencia. El castigo merecido es una parte de la justicia familiar y hay que tener cuidado de que por eximirlos de castigo, ellos y sus amigos se endurezcan en sus pecados y se pongan obstinados y rebeldes en contra de los mandamientos de Dios. "El que detiene el castigo, a su hijo aborrece; mas el que lo ama, desde temprano lo corrige. Lo castigarás con vara, y librarás su alma del Seol" (Pr. 13:24; 23:14). *Ésta es una orden y un mandato de Dios.* "Tuvimos a nuestros padres terrenales que nos disciplinaban, y los venerábamos" (He. 12:9).

Algunos progenitores y maestros se conducen más como bestias embravecidas que como seres humanos: Disfrutan de corregir tiránicamente. Pueden dejar que sus hijos digan groserías, mentiras y que roben, y cometan cualquier otro pecado sin corregirlos para nada, pero si no hacen lo que ellos quieren que hagan, caen sobre ellos y los despedazan como bestias salvajes. ¡Sepan que en el Día del Juicio, estos rendirán cuenta de sus acciones viles! ¡Ay, mejor déjenles ver que están indignados por lo hecho contra Dios y no contra ustedes! Tienen que sentir mucha compasión por sus almas y un amor santo mezclado con su ira contra el pecado… Tengan cuidado, sean imparciales y reúnase con ambas partes cuando hay quejas mutuas. Pero si están convencidos de que ninguna otra cosa fuera de la corrección daría resultado, sigan el mandato de Dios: "Corrige a tu hijo, y te dará descanso" (Pr. 29:17)… Pero eviten toda corrección violenta y apasionada. El que ataca cuando arde su pasión, se arriesga demasiado a sobrepasar los límites de la moderación… Tengan cuidado, no sea que por demasiados castigos físicos su hijo termine sintiéndose envilecido ante sus propios ojos (Dt. 25:3).

10. *Si los medios ya mencionados son eficaces por bendición divina, entonces elogien a sus hijos y anímelos, pero no demasiado.* Al igual que los magistrados, los padres a veces tienen que elogiar a los que hacen el bien (Ro. 13:3). Nuestro Señor a veces se acerca y dice: "Bien, buen siervo y fiel" (Mt. 25:21). Entonces, cuando los resultados son prometedores y los que están a su cargo demuestran ser responsables, tienen ustedes que alentarlos demostrando su aprobación… Pero no demasiado porque los barquitos no pueden aguantar grandes velámenes. Muchas veces, el exceso de elogios genera orgullo y arrogancia y, a veces, altanería y exceso de confianza.

11. *¿Comienzan ellos a mejorar y prosperar en su obediencia y empiezan a aceptar con buena actitud sus preceptos?* Entonces, conquístenlos todavía más con recompensas según sus diversas capacidades y su posición. Dios se complace en atraernos a los caminos de santidad con la promesa de una recompensa: "Es galardonador de los que le buscan" (He. 11:6). A medida que van creciendo, deles recompensas que son las apropiadas para su edad. En algunos casos, han probado ser muy motivadoras, al menos en lo que se refiere a la obra externa de la piedad en los pequeños… Recuerde que cuando el hijo pródigo de la parábola volvió a su hogar para vivir una vida nueva, el padre hizo matar el becerro gordo, le hizo poner el mejor vestido, poner un anillo en su mano y calzado en sus pies (Lc. 15:22).

Tomado de *Puritan Sermons 1659-1689. Being the Morning Exercises at Cripplegate* (Sermones puritanos 1659-1689. Estando en los ejercicios matutinos en Cripplegate), Tomo 1, Richard Owen Roberts Publicadores.

Samuel Lee (1627-1691): Pastor puritano congregacional en St. Botolph, Bishopsgate; nacido en Londres, Inglaterra.

> *No hay mejor definición de un verdadero cristiano que decir que es un hombre piadoso que anda en el temor del Señor. Esa es invariablemente la descripción bíblica del pueblo de Dios; es, sin lugar a dudas, el punto donde tenemos que empezar porque es el centro y el alma de toda verdad.*
> — David Martyn Lloyd-Jones

La ira del padre piadoso
John Gill (1697-1771)

Primero, expresado negativamente: "Y vosotros, padres, no provoquéis a ira a vuestros hijos" (Ef. 6:4) lo cual se hace:

1. *Con palabras:* Dándoles órdenes injustas e irrazonables, regañándoles a menudo, en público y con dureza; con expresiones inoportunas y apasionadas, y con un lenguaje humillante y abusivo; como el de Saúl a Jonatán (1 S. 20:30).

2. *Con hechos:* Mostrando más cariño por uno que por otro, como en el caso de Jacob por José, lo cual indignó tanto a sus hermanos que los llevó a odiarlo al punto de no poder hablar pacíficamente con él (Gn. 37:4); negándoles comida sana y en suficiente cantidad (Mt. 7:9-10; 1 Ti. 5:8); no permitiéndoles jugar, siendo que los juegos infantiles son algo que deben tener (Zac. 8:5) y cuando llegan a la edad de casarse, desposarlos con alguien que no quieren, impidiéndoles sin ninguna razón el cortejo con alguien que prefieren; despilfarrando en una mala vida el dinero que debiera ser para mantener en el presente a sus hijos y ahorrar para el futuro de ellos y, especialmente, cualquier conducta cruel e inhumana como la de Saúl hacia Jonatán cuando atentó contra su vida (1 S. 20:33-34). Tales provocaciones han de ser evitadas a toda costa, ya que le quitan toda eficacia a las órdenes, los consejos y las correcciones, y les hace perder el afecto de sus hijos. La razón que da el Apóstol para evitar todo esto es "para que no se desalienten" (Col. 3:21). Pueden sufrir tanto dolor que pierden totalmente el ánimo, se sienten acobardados, desanimados y abatidos. Cuando pierden la esperanza de complacer a sus padres y de compartir su amor, pierden toda motivación para cumplir sus deberes y superarse. Los padres de familia indudablemente tienen el derecho de reprender a sus hijos cuando actúan mal: Fue culpa de Elí que sus hijos fueran como eran porque era demasiado indulgente con ellos y sus reprensiones demasiado débiles cuando debió haberles impedido cometer sus vilezas. Debió haber mostrado su desagrado con firmeza, exigido que se cumplieran sus órdenes y debió amenazarlos, castigándolos si seguían con su obstinación y desobediencia (1 S. 2:23-24; 3:13). Y pueden los papás usar la vara de corrección, lo cual deben hacer temprano, mientras hay esperanza, pero siempre con moderación y amor, y deben tomarse el trabajo de darles pruebas de que los aman y que es por el amor a ellos y para su bien, que los castigan. Se menciona a los "padres" en particular porque tienen la tendencia a ser más severos, mientras que las mamás son más indulgentes.

Tomado de *A Body of Divinity* (Un cuerpo de divinidad), The Baptist Standard Bearer, www.standardbearer.org.

John Gill (1697-1771): Teólogo bautista, nacido en Kettering, Inglaterra.

> *La formación de la mujer del costado del hombre muestra lo grande que debe ser su afecto por ella, no por sí mismo. No fue hecha de su cabeza para ser su soberano, ni de sus pies para ser su esclava, sino de una costilla en su costado para demostrar lo cerca de su corazón que debe estar. Tanto urge Dios amar con fervor a la esposa que desdeña el amor del esposo por ella cuando es poco y no lo considera mejor que odio.* —George Swinnock

Amenazas a la piedad del joven
John Angell James (1785-1859)

Es bueno saber cuáles son y dónde se presentan, a fin de saber cómo evitarlas. La ignorancia en cuanto a estas constituye en sí, uno de los peligros principales. En muchos casos, saber los riesgos que enfrentamos es ya una manera de evitarlos. Reflexivamente, pues, considera lo siguiente:

1. Perder la vigilancia, los consejos y las restricciones de los padres

Corres peligro de caer en el mal cuando ya no estás bajo la vigilancia, los consejos y las restricciones de tus padres. Hay que admitir que, a veces, el hogar mismo es el entorno que representa una amenaza a la buena moral y la piedad. En algunos hogares, los jóvenes ven y oyen muy poco que no tenga la intención de dañarlos; es decir, el ejemplo de los padres se inclina hacia el pecado y, casi todo lo que se dice o hace, tiene muchas posibilidades de producir impresiones desfavorables a la piedad y, aun quizá, a la moralidad. Donde éste es el caso, irse de la casa es beneficioso… Muchos jóvenes —quienes en ese momento de dejar su casa lloraron por las cosas que los obligaron a dejar el hogar de su niñez y la protección de sus padres— han vivido para comprender que fue la mejor etapa de su vida. Su decisión los sacó del ambiente de peligro moral y los condujo a los medios de gracia y a la senda de vida eterna… Esto, no obstante, no se aplica a todas las familias. Aunque hay padres a quienes no les importa el carácter piadoso o moral de sus hijos, no les son un buen ejemplo, ni se ocupan de su educación ni de ponerles límites, sino que los dejan que satisfagan sus pasiones sin freno y que cometan pecados sin reprenderlos, hay muchos otros que actúan mejor y con más sabiduría.

En muchos casos, los padres de familia son morales y muchos son piadosos. Mientras que los primeros ansían impedir que sus hijos caigan en vicios y los instruyen para ser virtuosos, los últimos van más allá y se esfuerzan por criarlos en el temor del Señor… Tú has sido criado dentro de una moralidad rígida. Tus padres han sido cuidadosos en formar tu carácter sobre una base correcta. Desde hace años conoces bien la voz de la instrucción, admonición y advertencia. Has sido objeto constante de una preocupación que no ignoras ni interpretas mal. Si te veían en compañía de un extraño o un joven de dudosa fama, te cuestionaban y daban advertencias. Si traías a casa un libro, lo examinaban. Si llegabas a casa de noche, más tarde que de costumbre, veías la mirada ansiosa de tu madre y oías decir a tu padre: "Hijo mío, ¿por qué tan tarde? ¿Dónde andabas?". En suma, te sentías siempre bajo vigilancia y bajo la presión de una contención sin descanso. El teatro y otros lugares contaminados eran estrictamente prohibidos; de hecho, no tenías ninguna inclinación por visitar esos antros de vicio. De mañana y de noche escuchabas la lectura de las Escrituras y voces en oración ascendían a Dios y eran por ti. Con semejantes ejemplos, bajo tal instrucción y en medio de este ambiente, no tenías oportunidad ni disposición de ser malo. Quizá pensaste, a veces, que la falta de libertad era demasiada y el cuidado demasiado estricto…

Ahora todo esto ha pasado: Te has ido o estás por irte del hogar paterno. Llegó y nunca será olvidado el momento cuando esos brazos que te habían cargado de pequeño te abrazaron y la voz vacilante de tu madre exclamó: "Adiós, hijo mío". Y tu padre, siempre cariñoso, pero ahora más cariñoso que nunca, prolongó la triste despedida diciendo: "Hijo mío, ya no puedo velar más por ti. El Dios cuya providencia te lleva de la casa de tu padre sea tu Protector y te proteja de las maldades de este mundo pecaminoso. Recuerda que aunque mis ojos no te vean, él si te ve ahora y siempre. Témelo a él". Y ahora allí estás, joven, donde tus padres te pusieron, en medio de los engaños y peligros de este mundo impío, donde la vigilancia de tu padre no te puede alcanzar ni los ojos llorosos de tu madre ver… Fuera de casa, el joven con inclinaciones viciosas encontrará oportunidades para satisfacer sus tendencias malas, aun en situaciones propensas a la virtud. Su corazón malvado, contento por la ausencia de sus padres, aprovechará esa ausencia para pecar. De cuando en cuando en su interior susurrará: "Papá no está aquí para ver esto ni mamá para saberlo; ahora no estoy bajo su vigilancia, las restricciones han pasado. Puedo ir donde quiero, juntarme con quien me plazca sin temor a cuestionamientos ni reproches". Oh joven amigo, piensa en lo vergonzoso de una conducta así. ¿No te parece que debieras aborrecerte, si con tal dureza, al igual que maldad, te aprovechas de la ausencia de tu padre y haces lo que sabes muy bien le produciría un fuerte desencanto y causaría el dolor más amargo, si estuviera presente? Una multitud de jóvenes son así de viles, malvados, y han dejado la casa de sus padres para ir a su ruina eterna. Compórtate, joven, compórtate como lo harías si supieras que tu padre te está viendo.

2. Espíritu independiente

Tu peligro aumenta por el espíritu independiente y de autosuficiencia (relacionado seguramente con la ignorancia y falta de experiencia) que los jóvenes son propensos a tener cuando dejan la casa paterna y se encuentran en el mundo.

> "El control paternal ha pasado, ya no tengo a mis padres para consultar ni para obedecer y, aun si los tuviera, es hora de que piense y actúe por mí mismo. Soy ahora el dueño de mi destino. Soy grande, ya no un niño. Tengo capacidad para juzgar, discriminar y distinguir entre lo bueno y lo malo. Tengo el derecho y lo usaré, de dar forma a mis propias normas de moralidad, de seleccionar mis propios modelos de carácter y trazar mis propios planes de acción. ¿Quién tiene autoridad para interferir conmigo?".

Es posible que tus pensamientos se parezcan a estos y son alentados por muchos que te rodean, quienes sugieren que no tienes que seguir con ataduras, sino que debes hacer valer tu libertad y comportarte como un hombre. Sí y cuántos han usado y abusado de esta libertad con los peores propósitos criminales y fatales. Ha sido una libertad para destruir todas las costumbres virtuosas formadas en el hogar, para socavar todos los principios implantados por [el cuidado ansioso de] sus padres y para lanzarse a todas las prácticas malsanas contra las cuales han oído la voz de alarma desde su niñez. Muchos jóvenes en cuanto se liberan de las restricciones paternales y se sienten dueños de su destino, se lanzan a todos los lugares de esparcimiento, recurren a toda especie de diversión malsana, se inician en todos los misterios de iniquidad y, con una curiosidad enfermiza por conocer aquello que es mejor no saber, han caído en todas las obras infructuosas de las tinieblas. Qué felices, felices habrían sido, si hubieran pensado que una independencia que los libera de los consejos y el control de sus padres puede significar la destrucción de la piedad, moralidad y felicidad, y ha probado ser, donde esto ha sucedido, la ruina para ambos mundos de multitudes de jóvenes que una vez estuvieron llenos de esperanzas. Sabio es el joven y con seguridad bendecido será, que habiendo dejado la casa de su padre y habiendo llegado a su madurez, todavía considera un privilegio y su deber considerar a sus padres como sus consejeros, sus alentadores y, en algunos sentidos, sus tutores. Lleva consigo las restricciones dondequiera que va. En medio de las peligrosas complejidades de la vida, acepta agradecido los oficios de un padre sabio para guiarlo en su juventud.

3. Los numerosos incentivos para pecar

Los numerosos incentivos para pecar que abundan en todas partes, pero especialmente en las ciudades, y las oportunidades de hacerlo a escondidas son un gran peligro. A la cabeza de todos estos tenemos que colocar el teatro, que es donde se encuentran las atracciones más poderosas y las seducciones más destructivas. No podemos decir nada que sea demasiado fuerte ni demasiado malo en cuanto a las tendencias perjudiciales de las bambalinas ni ninguna advertencia que sea demasiado seria o apasionada para prevenir que los jóvenes entren por sus puertas. Es enfática y particularmente el camino ancho y la puerta amplia que lleva a la destrucción.

Los temas principales de las representaciones dramáticas comunes llevan a corromper la mente juvenil apelando a las más inflamatorias, poderosas y peligrosas de sus pasiones. Las tragedias, aunque con algunos pasajes excelentes y nobles sentimientos ocasionales, por lo general, tienen el propósito de generar orgullo, ambición y venganza; mientras que las comedias, diseñadas al gusto del público y, por ende, las preferidas, son la escuela de intrigas, amoríos ilícitos y libertinaje.

Pero no es sólo el tema de la obra teatral misma que es corrupto, sino también lo es su presentación en el escenario con todos sus acompañamientos... Es un sentimiento malo, que se vale de todas las ayudas posibles para empeorarlo. Es un mal disimulado con todos los encantos de la música, pintura, arquitectura, oratoria y elocuencia, con todo lo que es fascinante en la hermosura femenina y lo deslumbrante de sus trajes... Aunque son muchas y grandes, sería fácil enumerar las impiedades a las cuales el teatro te expone... Despierta las pasiones más allá de lo que es moral y, por ende, induce una aversión por aquellos temas importantes y serios de la vida que no tienen más que su sencillez e importancia para recomendarlos. Enciende apetitos carnales y crea una pasión constante por satisfacerlos. No sólo endurece el corazón en contra de la fe cristiana[20], sino que el que ama el teatro nunca se acerca a la fe cristiana hasta haberse convencido de abandonar sus diversiones y, gradualmente, endurece la conciencia hasta hacerse insensible a la buena moralidad.

Las malas compañías son un peligro. Quizá más jóvenes hayan ido a su ruina por las malas compañías que por cualquier otro medio que podríamos mencionar. Muchos que han salido de su casa con un carácter sin mancha y una mente comparativamente pura, pero en realidad ignorante de los caminos del mal, quienes, sencillos y sin malicia no hubieran caído en la tentación de ninguno de los otros pecados burdos, han caído por la influencia nefasta y poderosa de amigos impíos. El hombre es un ser social y querer tener amigos es, especialmente fuerte en la juventud, época en que se les debe cuidar con más atención que en ninguna otra por el inmenso poder que ejerce sobre la formación del carácter. De cuando en cuando, podemos encontrarnos con un joven tan concentrado en sus ocupaciones, tan enfocado en cultivar su mente o tan reservado que no quiere compañía. Pero a la mayoría le gusta estar en sociedad y anhela disfrutarla y, si no tienen muchísimo cuidado en elegir a sus amigos, corren peligro de elegir los que les harán daño. Es casi imposible, joven, permanecer limpio en una sociedad sucia... y no cesarán hasta hacerte tan malo como ellos. Cuanto más simpáticos, amables e inteligentes son, más peligrosa y engañosa es su influencia. El joven disoluto, de excelentes modales, alegre,

---

[20] **Nota del editor** – La palabra original que el autor emplea aquí es *religión*. A la luz del uso amplio y muchas veces confuso de la palabra *"religión"* hoy en día, los términos "fe cristiana", "cristianismo" y "fe en Cristo" y, a veces, "piedad", "piadoso/a" o "piedad cristiana", suelen reemplazar "religión" y "religioso" en muchos casos en esta publicación.

buen temperamento e inteligente es el instrumento más pulido de Satanás para arruinar a las almas inmortales.

Las malas mujeres son de temer tanto como los hombres malos y aún más… Joven lector, mantente en guardia contra este gran peligro para tu salud, tu moralidad y tu alma. Donde quiera que vayas, encontrarás esta trampa a tus pies. Vela y ora para no entrar en tentación. Vigila celosamente tus sentidos, tu imaginación y tus pasiones. Una vez que cedes a la tentación estás perdido. Pierdes tu pureza. Tu altaestima se va por el suelo y te puedes entregar a cometer toda clase de depravaciones por pasión.

Juergas alcohólicas, aunque no tan común como una vez lo fueron ni como lo son otras tentaciones, sigue siendo lo suficientemente común como para destacarlas como un peligro… Sigue siendo la ambición de algunos jóvenes insensatos poder acostumbrarse a tomar sin límites con sus compañeros. ¡Qué meta tan baja y sensual! Joven, así como no te acostarías en la sepultura de un ebrio, víctima de sus enfermedades y terminando sus días en la miseria y la peor desdicha, cuídate del sucio, degradante y destructivo hábito de tomar. Recuerda las palabras del más sabio de entre los hombres: "¿Para quién será el ay? ¿Para quién el dolor? ¿Para quién las rencillas? ¿Para quién las quejas? ¿Para quién las heridas en balde? ¿Para quién lo amoratado de los ojos? Para los que se detienen mucho en el vino, para los que van buscando la mistura" (Pr. 23:29, 30). Estudia este incomparable y realista cuadro del bebedor y las consecuencias de beber, y comienza tu vida sintiendo horror por la ebriedad…Te lo vuelvo a decir y *con el mayor énfasis posible*: Comienza tu vida aborreciendo la ebriedad.

4. Los métodos astutos de sus instigadores

Concluyo esta horrible lista de peligros mencionando el predominio de la impiedad y el afán, y los métodos astutos de sus instigadores y propagadores como otro peligro para la juventud. Nunca hubo una época cuando la impiedad estuviera más activa que ahora… Los esfuerzos de los incrédulos por difundir sus principios entre la gente común y la clase media son en este momento muy fuertes… El sistema [del *socialismo*], si es que sistema se le puede llamar… anuncia como su dogma principal que el hombre es totalmente una criatura de las circunstancias, que no es en ningún sentido el autor de sus opiniones y su voluntad, ni el originador ni apoyo de su propio carácter… Como si fuera poco horrorizar el pensamiento de la gente con un sistema tan monstruoso que la mentalidad pública y todos nuestros sentimientos sociales se espantan ante las afirmaciones descaradas de su autor[21], *que son sus planes y su deseo abolir la institución del matrimonio* y reconstruir a la sociedad sobre la base de una asociación ilegal de los sexos y la libertad sin restricciones del divorcio. A pesar de lo absurdo y desmoralizante de este sistema, muchos lo apoyan. La razón es evidente: Su propia inmoralidad es para ellos su recomendación. Sienten que si pueden creerlo, cometan los crímenes que cometan, ya no tienen que rendir cuentas y los remordimientos desaparecen. No tienen la culpa de ningún pecado, sino que la tienen las circunstancias que los llevaron a ese punto[22]: Una manera rápida y fácil de ser villanos.

Es evidente que existe un vínculo estrecho entre la inmoralidad y la incredulidad y una reacción constante en algunas mentes. Un joven cae en tentación y comete un pecado, en lugar de arrepentirse como corresponde y le conviene. En muchos casos intenta acallar su conciencia convenciéndose que la fe cristiana es pura hipocresía y que la Biblia es falsa. Su infidelidad lo prepara ahora para caer más hondo en el pecado. Es así como el mal le pide ayuda al error

---

[21] **Karl Marx** (1818-1883) – Ateo alemán revolucionario, fundador del socialismo.

[22] **los llevaron a este punto** – Esto es muy evidente en nuestros tribunales post-modernos.

y el error fortalece al mal y juntos, ambos llevan a su víctima a la ruina y al sufrimiento. Para guardarte de peligros como estos, estudia bien las evidencias de la revelación… *[Cristo] en el corazón es lo único en que se puede confiar como una defensa contra los ataques de los incrédulos y la influencia de sus principios.*

Qué día triste en los anales de millares de familia, cuando un hijo tras despedirse de sus padres, ha comenzado su periodo de pruebas y luchas en la gran empresa que es vivir la vida. En muchos casos, las lágrimas derramadas en esa ocasión han sido un triste presagio, aunque sin saberlo en ese momento, de muchas más que serían derramadas por las locuras, villanías y sufrimientos del desgraciado joven. La historia de diez mil hijos pródigos, de la muerte innecesaria de diez mil padres con el corazón destrozado y las profundas y pesadas desgracias de diez mil familias deshonradas son prueba de la realidad de los peligros que acechan al joven cuando se va de su hogar. Y en más peligro está el que ignora lo que le espera o, aun sabiéndolo, no le da importancia. Sonríe ante los temores de sus amigos y él mismo no siente ningún temor.

Joven amigo, hay esperanza si esta presentación te causa alarma, produce inseguridad y te motiva a mantenerte en guardia y ser cauteloso. Sin experiencia, confiando en ti mismo e impetuoso con todos tus apetitos a flor de piel y todas tus pasiones cada vez más fuertes, —con una viva imaginación, una curiosidad lasciva y un corazón sensible— ansioso de tomar tus propias decisiones, ávido por probar tus alas y, quizá ambicionando ser reconocido, estás en inminente peligro ante los apetitos de la carne y de la mente. Todos menos tú, se sienten ansiosos. Haz una pausa y considera lo que puedes llegar a ser: Un orgullo de la profesión que has escogido, un miembro respetable de la sociedad, un profesante santo de tu fe, un ciudadano útil de tu país, un benefactor en tu entorno y una luz del mundo. Pero así como puedes llegar a una gran altura, en igual medida te puedes hundir, porque así como se supone que la profundidad del mar depende de la altura de las montañas, las tenebrosas honduras de pecado y condenación en las que puedes caer, son comparables a las cimas de excelencia y felicidad a las cuales puedes ascender… Examina un momento el entorno que puedes ocupar y llenar de desgracias, desolación y ruina. Considera las oportunidades de destrucción que tienes a la mano y los estragos suicidas y criminales a los que te pueden llevar el pecado si cedes a su influencia y su poder.

Puedes arruinar tu *reputación*. Después de forjar con mucho cuidado durante años un buen nombre y conseguir el respeto y la estima de los que te conocían. "En apenas una hora, por ceder a alguna poderosa tentación, puedes manchar tu carácter, una mancha que las lágrimas no pueden jamás limpiar ni el arrepentimiento quitar, sino que será algo que todos sabrán y recordarán hasta que vayas a la tumba. Puedes convertirte en objeto de disgusto y aborrecimiento universal por parte de los buenos y ser el blanco de las burlas de los malos, de modo que mires donde mires, nadie te dará una sonrisa de complacencia. Cuántos en esta condición, comprendiendo amargamente que 'sin un amigo, el mundo no es más que un desierto' y en un arranque de desesperación, se han quitado la vida".

Tu *intelecto*, fuerte por naturaleza y con capacidad de ser altamente cultivado puede, como una delicada flor, embrutecerse por descuido, ser pisoteado por concupiscencias groseras o ser quebrantado por la violencia. Tus *sentimientos*, que te fueron dados para que los disfrutes por medio de su uso virtuoso en esferas correctas, pueden pervertirse tanto que llegas a ser como muchos demonios que poseen y atormentan tu alma porque se obsesionan con cosas prohibidas y las practican en exceso. Tu *conciencia,* que te fue dada para ser tu monitora, guía y amiga, puede ser lastimada, entumecida y cauterizada al grado de tornarse insensible, ser muda, sorda e inútil para advertirte contra el pecado y para impedirlo o reprenderte por él.

En suma, puedes destruir tu alma inmortal y ¿qué peor ruina hay como la del alma, tan inmensa, tan horrible y tan irreparable?

Puedes llegar a romperles el corazón a tus padres, hacer que tus hermanos y hermanas se avergüencen de ti, ser un fastidio y un estorbo para la sociedad, una ruina para tu patria, el corruptor de la moralidad juvenil, el seductor de la virtud femenina, el consumidor de las propiedades de tus amigos y, como cúspide de tus fechorías, puedes convertirte en el Apolión[23] del círculo de almas inmortales en que te desenvuelves, enviando algunos a la perdición antes de llegar a ella tú mismo y causando que otros te sigan a la fosa sin fondo donde nunca escaparás de la vista de sus tormentos ni del sonido de sus maldiciones. ¡Cuán grande es el poder, qué maligna la virulencia del pecado que puede extender tanto su influencia y usar su poder con un efecto tan mortal, no sólo destruyendo al pecador mismo, sin agregar a otros en su ruina! Nadie va solo a la perdición. Nadie muere solo en su iniquidad, algo que todo transgresor debe tener en cuenta. Tiene el carácter no sólo de un suicida, sino también de un asesino, y el peor de los asesinos porque es el asesino de las almas. ¡Qué posición crítica ocupas en este momento, con la capacidad de alcanzar tanta excelencia o hundirte en una ruina tan profunda y un sufrimiento tan intenso! Reflexiona. ¡Oh, sé sabio, comprende esto y considera tu final!

Tomado de *Addresses to Young Men: A Friend and Guide* (Consejos a los hombres jóvenes: Un amigo y guía), Soli Deo Gloria, una división de Reformation Heritage Books, www.heritagebooks.org.

John Angell James (1785-1859): Predicador y autor congregacionalista británico; nacido en Blandford Forum, Dorset, Inglaterra.

Dios sabe qué es la piedad porque él la creó, él la sostiene, está comprometido a perfeccionarla y se deleita en ella. ¿Qué importa si usted es comprendido o no por los demás siempre y cuando sea comprendido por Dios? Si él conoce esta oración secreta suya, no trate de que otros también la comprendan. Si sus motivaciones son discernidas en el cielo, no le importe si lo son o no en la tierra. Si sus designios —los grandes principios que lo mueven— son tales que se atreve a hacerlos su alegato en el Día del Juicio, no necesita detenerse y defenderlos ante una generación burlona y mordaz. Sea piadoso y no tema. Y si lo malinterpretan, recuerde que su personalidad ha muerto y se encuentra sepultada entre los hombres, y habrá "una resurrección de las reputaciones", al igual que de los cuerpos. "Entonces los justos resplandecerán como el sol en el reino de su Padre" (Mt. 13:43). Por lo tanto, no tema poseer esta personalidad peculiar porque aunque se malentiende en la tierra, se entiende bien en el cielo. — Charles Spurgeon

El verdadero cristiano tiene que ser un esposo como lo fue Cristo a su Iglesia. El amor de un esposo es especial. El Señor Jesús tiene por la Iglesia un afecto único que la coloca por encima del resto de la humanidad. "Yo ruego por ellos; no ruego por el mundo" (Jn. 17:9). La Iglesia escogida es la favorita del cielo, el tesoro de Cristo, la corona sobre su sien, la pulsera de su brazo, la coraza de su corazón, el centro mismo de su amor. El esposo debe amar a su esposa con un amor constante, pues así ama Jesús a su Iglesia… El esposo debe amar a su esposa con un amor imperecedero porque nada "nos podrá separar del amor de Dios, que es en Cristo Jesús Señor nuestro" (Ro. 8:39). El esposo fiel ama a su esposa con un amor fuerte, ferviente e intenso. No es de labios solamente. ¡Ah! Amados, ¿qué más pudo haber hecho Cristo que lo que hizo como prueba de su amor? Jesús tiene un amor gozoso por su esposa: Valora su afecto y se goza en ella con dulce complacencia. Creyente, te maravillas ante el amor de Jesús, lo admiras, ¿lo estás imitando? —Charles Spurgeon

---

[23] **Apolión** – El destructor, un nombre dado al diablo.

Cómo restaurar la verdadera masculinidad del hombre
Charles Spurgeon (1834-1892)

Para ayudar al que busca encontrar una fe verdadera en Jesús, hay que recordarle la obra del Señor Jesús en relación con la condición del pecador. "Porque Cristo, cuando aún éramos débiles, a su tiempo murió por los impíos" (Ro. 5:6). "Quien llevó él mismo nuestros pecados en su cuerpo sobre el madero" (1 P. 2:24). "Jehová cargó en él el pecado de todos nosotros" (Is. 53:6). "Porque también Cristo padeció una sola vez por los pecados, el justo por los injustos, para llevarnos a Dios" (1 P. 3:18).

Mantengamos la mirada en una declaración de las Escrituras, "por su llaga fuimos nosotros curados" (Is. 53:5). En este pasaje, Dios trata al pecado como una enfermedad y nos señala el remedio que él ha provisto.

Reflexionemos un momento en la llaga de nuestro Señor Jesucristo. El Señor quiso restaurarnos y envió a su Hijo Unigénito —"Verdadero Dios de Dios verdadero"[24]— al mundo a fin de que compartiera nuestra naturaleza para poder redimirnos. Vivió como un hombre entre los hombres. A su debido tiempo, después de 30 o más años de obediencia, llegó su momento de servir a la humanidad, colocándose en nuestro lugar y llevando "el castigo de nuestra paz" (Is. 53:5). Fue al Getsemaní y allí, al probar la copa amarga, sudó gotas de sangre. Fue presentado ante Pilato y Herodes, y allí experimentó el dolor y escarnio que nos tocaba a nosotros. Por último, lo llevaron a la cruz y allí lo clavaron para morir, morir en nuestro lugar.

La palabra *llaga* se usa para señalar el sufrimiento de su cuerpo y su alma. Se sacrificó por nosotros. Todo lo humano en él sufrió. Su cuerpo, al igual que su mente, sufrió de una manera que es imposible describir. Al comienzo de su pasión, cuando sufrió intensamente el sufrimiento que era nuestro, estaba en agonía, y de su cuerpo brotaron copiosas gotas de sangre que cayeron al suelo.

Es muy raro que un hombre sude gotas de sangre. Se sabe que ha ocurrido una o dos veces, y en todas las instancias ha precedido inmediatamente a la muerte de la persona. Pero nuestro Salvador vivió, vivió después de una agonía que ninguno de nosotros hubiera sobrevivido. Antes de poder recuperarse de este sufrimiento, lo llevaron ante el sumo sacerdote. Lo capturaron y lo llevaron de noche. Luego lo trajeron ante Pilato y Herodes. Lo azotaron y sus soldados le escupieron en la cara, lo abofetearon y lo colocaron en la cabeza una corona de espinas.

La flagelación es uno de los métodos de tortura más horribles que se puede aplicar malevamente. En el pasado, ha sido una vergüenza del ejército británico el que un instrumento de tortura llamado "la zarpa de gato" fuera usado para castigar a un soldado, ya que era una tortura brutal. Pero para los romanos, la crueldad era tan natural que hacían que su castigo habitual fuera mucho más que brutal. Se dice que el látigo romano era hecho de cuero de bueyes al que se le ataban nudos y, en estos nudos, se colocaban astillas de hueso. Cada vez que el látigo caía sobre el cuerpo desnudo causaba un dolor intenso. "Sobre mis espaldas araron los aradores; hicieron largos surcos" (Sal. 129:3). Nuestro Salvador soportó el terrible dolor del látigo romano y no fue el final de su sufrimiento, sino el preámbulo de su crucifixión. A esto, le añadieron las burlas y el ultraje. No se privaron de infligirle ningún sufrimiento.

---

[24] **Verdadero Dios de Dios verdadero** – Del Credo Niceno, originalmente la confesión teológica aprobada por el Concilio de Nicea en el año 325. Esta confesión refleja la enseñanza de que el Hijo es una misma sustancia con el Padre.

En medio de su desfallecimiento, sangrando y en ayunas, le hicieron llevar su cruz, y luego obligaron a otro a ayudarlo para que él no muriera en el camino. Lo desnudaron, lo tiraron al piso y lo clavaron al madero. Le atravesaron las manos y los pies, levantaron el madero con él clavado en él y de un golpe lo enterraron en la tierra, de modo que se dislocaron todos sus huesos, como dice el lamento del salmista: "He sido derramado como aguas, y todos mis huesos se descoyuntaron" (Sal. 22:14a).

Permaneció colgado en la cruz bajo el sol ardiente hasta que perdió las fuerzas y dijo: "Mi corazón fue como cera, derritiéndose en medio de mis entrañas. Como un tiesto se secó mi vigor, y mi lengua se pegó a mi paladar, y me has puesto en el polvo de la muerte" (Sal. 22:14b-15). Allí permaneció colgado, un espectáculo ante Dios y los hombres. El peso de su cuerpo era sostenido por sus pies hasta que los clavos desgarraron sus delicados nervios. Entonces la carga dolorosa pasó a sus manos y las desgarró, siendo estas una parte tan sensible de su cuerpo. ¡Las heridas en sus manos lo paralizaron de dolor! ¡Qué horrible habrá sido el tormento causado por los clavos que desgarraron el delicado tejido de sus manos y sus pies!

Ahora todo su cuerpo sufría un horrible tormento. Mientras tanto, sus enemigos permanecían a su alrededor, señalándolo con desprecio, burlándose de él y de sus oraciones y deleitándose de su sufrimiento. Él dijo: "Tengo sed" (Jn. 19:28) y le dieron vinagre. Al poco tiempo dijo: "Consumado es" (Jn. 19:30). Había soportado el máximo sufrimiento y dado evidencia plena de la justicia divina. Recién entonces entregó su espíritu.

En tiempos pasados, hombres santos han comentado con amor los sufrimientos de nuestro Señor y yo no vacilo en hacer lo mismo, confiando que los pecadores tiemblen y vean la salvación en la dolorosa "llaga" del Redentor. No es fácil describir el sufrimiento físico de nuestro Señor. Reconozco que he fallado en mi intento.

En cuanto al sufrimiento del alma de Cristo, ¿quién de nosotros lo puede imaginar o, mucho menos, expresar? Al principio dijimos que sudó gotas de sangre. Era su corazón derramando a la superficie su vida a través de la terrible tristeza que dominaba su espíritu. Dijo: "Mi alma está muy triste, hasta la muerte" (Mt. 26:38). La traición de Judas y la deserción de los doce discípulos entristecieron a nuestro Señor, pero el peso de nuestro pecado fue la verdadera presión sobre su corazón. Murió por nuestro pecado. Ningún lenguaje podrá jamás explicar la agonía de su pasión. ¡Qué poco podemos entonces concebir el sufrimiento de su pasión!

Cuando estaba clavado en la cruz, soportó lo que ningún mártir ha sufrido. Ante la muerte, los mártires han sido tan sustentados por Dios que han podido regocijarse, aun en medio del dolor. Pero el Padre permitió que nuestro Redentor sufriera tanto que exclamó: "Dios mío, Dios mío, ¿por qué me has desamparado?" (Mt. 27:46). Ese fue el clamor más amargo de todos, la muestra más viva de su inmenso dolor.

Pero era necesario que padeciera este dolor porque Dios no soporta el pecado y, en ese momento, a él "por nosotros lo hizo pecado" (2 Co. 5:21). El alma del gran Sustituto sufrió el horror de la agonía, en lugar de dejar que nosotros sufriéramos el horror del infierno al cual estábamos destinados los pecadores si él no hubiese tomado sobre sí nuestros pecados y la maldición que nos correspondía. Escrito está: "Maldito todo el que es colgado en un madero" (Gá. 3:13). Pero, ¿quién sabe lo que significa esa maldición?

El remedio para nuestro pecado se encuentra en el sufrimiento sustituto de nuestro Señor Jesucristo y en sus heridas. Nuestro Señor sufrió esta "llaga" por nosotros. Nos preguntamos: "¿Hay algo que debamos hacer para quitar la culpa del pecado?". La respuesta: "No hay nada que debamos hacer. Por las heridas de Jesús, somos sanos. Él llevó todas las heridas y no nos dejó ninguna".

Pero, ¿debemos creer en él? Si, debemos creerle. Si decimos que cierto bálsamo cura, no negamos que necesitamos una venda para aplicarlo a la herida. La fe es la venda que une nuestra reconciliación en Cristo con la herida de nuestro pecado. La venda no cura; el bálsamo es lo que cura. Así que la fe no sana; la expiación de Cristo es la que nos cura.

"Pero debemos arrepentirnos", dice otro. Ciertamente debemos porque el arrepentimiento es la primera señal de que hemos sido sanados. Pero son las heridas de Jesús las que nos sanan y no nuestro arrepentimiento. Cuando aplicamos sus heridas a nuestro corazón, producen arrepentimiento. Aborrecemos el pecado porque causó el sufrimiento de Jesús.

Cuando sabiamente confiamos que Jesús ha sufrido por nosotros, descubrimos que Dios nunca nos castigará por el pecado por el cual Cristo murió. Su justicia no permitirá que la deuda sea pagada primero por el Garante y luego por el deudor. La justicia no puede permitir doble pago. Si nuestro sufriente Garante ha cargado con la culpa, entonces nosotros no podemos llevarla. Al aceptar que Cristo sufrió por nosotros, aceptamos una cancelación completa de nuestra culpa. Hemos sido condenados en Cristo, por tanto, ya no hay condenación en nosotros. Ésta es la base de la seguridad que tiene el pecador que cree en Jesús. Vivimos porque Jesús murió en nuestro lugar. Somos aceptados en la presencia de Dios porque Jesús es aceptado. Quienes aceptan este acto sustitutivo de Jesús son libres de culpa. Nadie puede acusarnos. Somos libres.

Oh amigo, ¿quieres aceptar que Jesús ocupó tu lugar? Si lo aceptas eres libre. "El que en él cree, no es condenado; pero el que no cree, ya ha sido condenado, porque no ha creído en el nombre del unigénito Hijo de Dios" (Jn. 3:18). Porque "por su llaga fuimos nosotros curados" (Is. 53:5).

Tomado de *Around the Wicket Gate* (Junto a la portezuela), disponible en CHAPEL LIBRARY.

Charles H. Spurgeon (1834-1892): Pastor bautista inglés, el predicador más leído de la historia (aparte de los escritores bíblicos); nacido en Kelvedon, Essex.

> *¿Puede un hombre ser como Dios? [...] ¡Qué diferencia enorme tiene que haber siempre entre Dios y el mejor de los hombres!... No obstante, la gracia nos hace semejantes a Dios en justicia, en verdadera santidad y especialmente en amor. ¿Te ha enseñado el Espíritu Santo… a amar aún a los que te aborrecen?... ¿Amas aún a los que no corresponden a tu amor como lo hizo él cuando dio su vida por sus enemigos? ¿Escoges lo que es bueno? ¿Te deleitas en la paz? ¿Procuras lo que es puro? ¿Te alegras siempre con lo que es amable y justo? Entonces eres como tu Padre que está en los cielos, eres un hombre piadoso y éste es el texto para ti: "Sabed, pues, que Jehová ha escogido al piadoso para sí" (Sal. 4:3).* — Charles Spurgeon

Capítulo 2—Hombres piadosos

Capítulo 3

FEMINIDAD VIRTUOSA

Este capítulo explica los pormenores de la feminidad bíblica. No existe una visión más alta de las mujeres que la que se muestra en la infalible Palabra de Dios. Por eso, ninguna otra religión o sistema de filosofía (incluido el ateísmo y el feminismo) exalta a las mujeres como lo hace el cristianismo. Este capítulo explica las altas cimas y las corrientes refrescantes de la feminidad bíblica. Allí encontramos la dignidad, la seguridad y la prosperidad de las mujeres, tan altamente valoradas, que hasta se dice a los hombres que sacrifiquen sus vidas por ellas. A los hombres se les ordena amar, alimentar, proveer para ellas y protegerlas. Las mujeres han de ser tratadas como valiosas porque ellas son valiosas y porque su contribución al propósito eterno de Dios y a la vida de la familia es indispensable. Además, su valor se hace todavía más evidente cuando aceptan sus oportunidades y limitaciones bíblicas. Cuando hacen esto, las bendiciones llueven del cielo.

John Angell James escribe: "No es probable que se derrumbe una comunidad en la que la mujer cumple con su misión porque, por el poder de su noble corazón sobre el corazón de otros, ella la levantará de sus ruinas y la restaurará de nuevo a la prosperidad y el gozo"[1]. Sin embargo, las filosofías, los sistemas sociales y los movimientos dominantes en el mundo moderno han desfigurado gravemente la belleza, el poder y el servicio de la feminidad. Estas falsas doctrinas afirman que una mujer sólo puede realizarse y ser feliz trabajando en contra de la manera que Dios le ha designado y ordenado. Como resultado, muchas mujeres han cambiado la belleza de la feminidad por los roles de los hombres, tratando de vivir vidas de hombres y de llevar sus cargas. Estas mujeres ven las responsabilidades de la feminidad bíblica como limitaciones a su libertad personal, en lugar de considerar que son oportunidades para glorificar a Dios y construir su Reino. Pero en realidad, al tratar de cambiar sus roles bíblicos, ellas han abandonado la paz de la obediencia por la confusión de la servidumbre, a través de una impía forma de independencia.

Dios promete perdón y restauración para aquellas mujeres que se arrepientan y que se vuelvan al propósito divino para ellas. Sólo Dios puede restaurar la feminidad. Sólo Dios puede ganar el corazón de la mujer para que vuelva a sus caminos, dándole enseñanza vivificante por su Palabra y enseñándole cómo debe dar gloria a su Creador a través de su feminidad. Los siguientes artículos están dedicados a esta restauración.

—*Scott Brown*

---

[1] John Angell James, *Female Piety* [La piedad femenina] (Morgan, Pennsylvania, Estados Unidos: Soli Deo Gloria Publications, 1999), 59.

La influencia del cristianismo en la condición de la mujer
JOHN ANGELL JAMES (1785-1859)

> *"Ya no hay judío ni griego; no hay esclavo ni libre; no hay varón ni mujer; porque todos vosotros sois uno en Cristo Jesús"*. —Gálatas 3:28

La mujer fue la última gracia de la creación. La mujer fue la plenitud de la bendición del hombre en el paraíso. La mujer fue la causa del pecado y de la muerte para nuestro mundo. Pero el mundo fue redimido por la simiente de la mujer. La mujer es la madre de la raza humana. Ella es nuestra compañera, consejera y consuelo durante nuestro peregrinaje en la vida o es nuestra tentación, castigo y destrucción. La copa más dulce de felicidad terrestre o nuestro más amargo cáliz de dolor son mezclados y administrados por su mano. Ella, no sólo hace liso o áspero nuestro camino al sepulcro, sino que ayuda o impide nuestro progreso a la inmortalidad. En el cielo bendeciremos a Dios por su ayuda para alcanzar ese estado bienaventurado o, entre los tormentos de indecible aflicción en el otro mundo, lamentaremos lo fatal de su influencia…

Mi tema es la fe cristiana[2]; mi objeto es el alma; mi propósito es la salvación. Os veo, mis amigas mujeres, como destinadas para el otro mundo; y mi empeño es ayudar y estimularos por la paciente perseverancia en el bien hacer a buscar gloria, honra e inmortalidad y obtener la vida eterna. Miro más allá de la maquillada y vulgar escena de las vanidades pasajeras terrenales hacia las edades sin fin en las que tendréis que vivir bajo el tormento o la salvación y, con la ayuda de Dios, no será mi culpa si vosotras no vivís bajo el consuelo divino, morís en paz y heredáis la salvación.

Primeramente, nuestra atención debe dirigirse, por supuesto, a la condición del sexo más allá de los límites de la cristiandad… En algunos países, [la mujer] ni siquiera es considerada como un agente moral y responsable; está tan solícitamente activa en su propia degradación que consiente en el asesinato de su descendencia femenina; queda excluida desde la infancia; sin educación; casada sin su consentimiento; en multitud de ocasiones es vendida por sus padres; excluida de la confianza de su marido y expulsada de su mesa; en la muerte de éste, es condenada a la pira funeraria o al desprecio que hace que la vida sea una carga… Algunas veces adorada como una diosa, otras tratada como un juguete y entonces castigada como una víctima, ella nunca puede alcanzar la dignidad e, incluso con todos sus más brillantes encantos, rara vez puede aparecer de otra manera que como una muñeca o una marioneta.

Consideremos lo que hay en el cristianismo que hace elevar y mejorar la condición de la mujer… Del cristianismo, la mujer ha recibido su influencia moral y social, casi su misma existencia como ser social. El cristianismo ha desarrollado la mente de la mujer, la cual muchos filósofos, legisladores y sabios de la antigüedad condenaron a la inferioridad y a la imbecilidad. El evangelio de Cristo, en la persona de su divino fundador, ha descendido hasta esta despreciada mina, la cual aun los hombres sabios, han visto como sin valor y han educado muchas gemas sin precio, iluminándolas con la luz de la inteligencia y haciéndolas resplandecer con los amorosos tintes de las gracias cristianas. El cristianismo ha sido el restaurador

---

[2] **Nota del editor** – La palabra original que el autor emplea aquí es *religión*. A la luz del uso amplio y muchas veces confuso de la palabra *"religión"* hoy en día, los términos "fe cristiana", "cristianismo" y "fe en Cristo" y, a veces, "piedad", "piadoso/a" o "piedad cristiana", suelen reemplazar "religión" y "religioso" en muchos casos en esta publicación.

de los derechos robados de la mujer y le ha provisto de las más brillantes joyas en su actual corona de honra. A su anterior degradación se debe, al menos en parte, la inestabilidad de la civilización antigua. Es imposible que la sociedad se eleve permanentemente allí donde la condición de la mujer es rebajada y servil. Allí donde las mujeres son vistas como seres inferiores, la sociedad contiene en sí misma los elementos de la disolución y la obstrucción para toda mejora sólida. Es imposible que las instituciones y usos que se oponen a los instintos de nuestra naturaleza y los reprimen, violando la Ley revelada de Dios, puedan ser finalmente coronados con el éxito. La sociedad puede cambiar en su aspecto externo; puede exhibir la purpurina de la abundancia, los refinamientos del gusto, los embellecimientos del arte o los más valiosos logros de la ciencia y de la literatura. Pero si la mente de la mujer permanece sin desarrollarse, sus gustos sin cultivar y su persona esclavizada, los fundamentos sociales son inseguros y el cemento de la sociedad es débil. Allí donde se entiende y se siente el cristianismo, la mujer es libre. El Evangelio, como un ángel bondadoso, abre las puertas de su prisión y la llama para que salga fuera y goce de la luz de la razón y respire el vigoroso aire de la libertad intelectual. Y en la medida en la que el cristianismo puro prevalezca, así será siempre… El cristianismo eleva la condición de la mujer por su naturaleza de sistema de equidad y benevolencia universal.

Cuando descendió del cielo a la tierra, fue anunciado en nuestro mundo por la canción del ángel: "¡Gloria a Dios en las alturas, y en la tierra paz, buena voluntad para con los hombres!" (Lc. 2:14). Siendo hijo del amor infinito, participa del Espíritu de su Padre divino y refleja su carácter. Es esencial e inalterablemente, el enemigo de toda injusticia, crueldad y opresión, y el amigo de todo lo que es justo, amable y bien educado. Lo rudo, lo brutal y lo feroz son ajenos a su espíritu, mientras que lo suave y lo cortés están completamente en armonía con su naturaleza. Frunce el ceño con rostro indignado contra la tiranía, ya sea en el palacio o en las habitaciones interiores, al tiempo que es amigo de la libertad y el patrón del derecho. El hombre que entiende su naturaleza y vive bajo su inspiración, ya sea monarca, maestro, marido o padre, debe ser un hombre de equidad y amor. El cristianismo inspira su espíritu caballeresco, un espíritu caballeresco separado de la vanidad, purificado de la pasión, elevado sobre la frivolidad; un espíritu caballeresco cuyo principio vivificante es el amor a Dios y el escenario de su operación, el círculo doméstico y no la procesión pública. Aquel que es injusto o desagradable para con el otro, especialmente para con el sexo femenino, muestra una total ignorancia de la influencia práctica del evangelio de Cristo o una manifiesta repugnancia a la misma…

La conducta personal de nuestro Señor durante su estancia en la tierra tendía a exaltar al sexo femenino a una consideración que nunca antes se había conocido. Seguidlo a través de toda su carrera terrenal y fijaos en la atención que Él bondadosamente dio al sexo femenino y que recibió de él. Él las admitió en su presencia, habló familiarmente con ellas y aceptó las señales de su gratitud, afecto y devoción. Vedlo acompañando a su madre a las bodas de Caná en Galilea. Vedlo conversando con la mujer samaritana, instruyendo su ignorancia, soportando su rudeza, corrigiendo sus errores, despertando su conciencia, convirtiendo su alma y, posteriormente, empleándola como mensajera de misericordia y salvación a sus vecinos… El trato que Cristo dio a la mujer la elevó de su degradación sin exaltarla por encima del nivel que le corresponde. La rescató de su opresión sin excitar su vanidad y la invistió de dignidad sin darle ocasión al orgullo. Al mismo tiempo que le permitió, no sólo venir ante su presencia, sino también ministrar para su bienestar, ganó su afecto agradecido y reverente y le inspiró también temor reverente. De esta manera, Él le enseñó al hombre cómo comportarse con la mujer y qué respuesta ella debe dar al hombre.

Capítulo 3—Feminidad virtuosa

La conducta de Jesucristo hacia el sexo femenino fue una de las más atractivas excelencias de su bello carácter, aunque tal vez sea de las que hayan pasado más desapercibidas. Las mujeres deben verlo, no sólo como el Salvador de sus almas, sino también como el Abogado de sus derechos y el Guardián de su paz... La vigente abolición de la poligamia por el cristianismo es una enorme mejora de la condición de la mujer. Allí donde prevalece la poligamia, el sexo femenino queda en un estado de degradación y miseria. La experiencia nos ha mostrado, abundante y dolorosamente, que la poligamia rebaja y brutaliza, tanto el cuerpo como el alma. Aquí pues, está la gloriosa excelencia del cristianismo: En que revivió y restableció la institución original del matrimonio y restauró la fortuna, la persona, el rango y la felicidad a la mujer, todo lo cual le fue robado por la poligamia. De esta manera, elevó al sexo femenino a la condición a la que había sido destinado por su sabio y benéfico Creador... la fuente de la prosperidad nacional procede del corazón de la familia y la constitución familiar es el molde en el que se vierte el carácter nacional. Y este molde debe necesariamente tomar su forma en la unidad, santidad e inviolabilidad del matrimonio.

El celo con el que el cristianismo guarda la santidad del vínculo matrimonial debe ser siempre visto como teniendo la más favorable influencia en la condición de la mujer. Si éste se relaja o debilita, en ese mismo momento la mujer pierde dignidad, pureza y felicidad. Ha habido naciones en las que la facilidad para divorciarse sustituyó a la poligamia y, por supuesto, fue acompañada con algunos de sus vicios y muchas de sus miserias también... ¡Con qué devota y reverencial gratitud debería ella volverse al Maestro divino, quien interpuso su autoridad para fortalecer el vínculo matrimonial y guardarlo de ser dañado a causa de la pasión ilícita o los dictados del temperamento o del capricho! ¡Cómo debería regocijarse de oírlo decir: "Y yo os digo que cualquiera que repudia a su mujer, salvo por causa de fornicación, y se casa con otra, adultera; y el que se casa con la repudiada, adultera" (Mt. 19:9)!

Puedo, seguramente, mencionar la igual participación en la bendición religiosa a la que las mujeres son admitidas por la fe cristiana. El Apóstol declara explícita y firmemente que a las mujeres les corresponden todas las bendiciones obtenidas por Cristo para la raza humana, cuando dice: "Ya no hay judío ni griego; no hay esclavo ni libre; no hay varón ni mujer; porque todos vosotros sois uno en Cristo Jesús" (Gá. 3:28). Ésta es el acta que concede a la mujer todas las bendiciones de la salvación... No hay bendición necesaria para la vida eterna que ella no reciba en la misma medida y de la misma manera que el otro sexo... El cristianismo sitúa a la mujer al lado del marido, la hija al lado del padre, la hermana al lado del hermano y la doncella al lado de la señora en el altar familiar, en las reuniones de la Iglesia, en la Mesa del Señor y en la congregación del santuario... Hombre y mujer se encuentran juntos en la cruz y se encontrarán en las regiones de gloria. ¿Puede tender algo de manera más efectiva a levantar y mantener la condición de la mujer que esto? Dios en todas sus ordenanzas, Cristo en sus actos y el Espíritu Santo en su obra de gracia dieron a la mujer su apropiado lugar en el mundo al darle un apropiado lugar en la Iglesia. Es ella quien con particular vehemencia ha de decir: "Pero Dios, que es rico en misericordia, por su gran amor con que nos amó... juntamente con él nos resucitó, y asimismo nos hizo sentar en los lugares celestiales con Cristo Jesús" (Ef. 2:4, 6).

Pero el golpe final que el cristianismo da para elevar la condición de la mujer es invitarla a usar sus energías e influencia para promover la extensión de la fe cristiana en el mundo y para que, de esta manera, cumplir a través de ella, así como de los hombres, los grandes propósitos de Dios en la redención del mundo por la misión de su Hijo... De esta manera, el cristianismo ha dado cumplimiento a su naturaleza y preceptos en la real elevación del carácter de la mujer allí donde ha ido... Miremos como miremos el cristianismo, lo contemplemos en sus manifestaciones para el otro mundo o para éste, en sus relaciones para con Dios o para con la sociedad, en sus sublimes doctrinas o su pura moralidad, vemos una forma de inimitable belleza capaz de cautivar todo corazón, excepto aquel que está endurecido por la falsa filosofía, infidelidad manifiesta o crasa inmoralidad. Pero nunca aparecerá más amable que en su relación con la mujer. ¡Con qué equidad mantiene el equilibrio entre los sexos! ¡Con qué amabilidad levanta su escudo ante el vaso más débil! ¡Con qué sabiduría mantiene el rango y derechos de aquellas, cuya influencia es tan importante para la sociedad y, sin embargo, limita sus derechos para que no sean llevadas tan lejos que, al final, frustren su fin!... La virtud, dignidad, honor y felicidad de la mujer en ningún lugar están a salvo, sino bajo la protección de la Palabra de Dios. La Biblia es el escudo del sexo femenino, quien bajo su protección está seguro en sus derechos, su dignidad y su paz. La Biblia es su viña y su higuera, bajo la cual, en paz y reposo, ellas pueden gozar de su sombra y disfrutar de su fruto. La Biblia protege su pureza de mancha y su paz de perturbación... ¡Mujer! Mira a tu Salvador para el mundo futuro como tu emancipador en el presente. Ama la Biblia como el acta de tu libertad y el guardián de tu felicidad. Y considera la Iglesia de Cristo como tu refugio de los males de la opresión y los artificios de la seducción.

Tomado de *Female Piety* (La piedad femenina), reimpreso por Soli Deo Gloria, una división de Reformation Heritage Books, www.heritagebooks.org.

John Angell James (1785-1859): Predicador y autor congregacionalista inglés; predicó y escribió a la gente corriente de todas las edades y de todo tipo de condición en la vida; fue tenido en alta estima, aun siendo un hombre humilde y sin pretensiones que dijo: "Mi propósito es ayudar al cristiano a practicar la verdad de la Escritura". Autor de *Female Piety* (La piedad femenina), *A Help to Domestic Happiness* (Una ayuda para la felicidad familiar), *An Earnest Ministry* (Un ministerio sincero) y muchos otros.

> *La mujer virtuosa es corona de su marido; mas la mala, como carcoma en sus huesos.*
> — *Proverbios 12:4*

> *Los hombres idolatran a las mujeres de una forma lamentable y esto las hace vanas y orgullosas de su belleza, y más celosas de que su rostro se deforme que de su alma. Pero, ¿qué es la carne y la sangre, sino una mezcla de tierra y agua? ¿Qué es la belleza, sino una apariencia superficial, una flor condenada por un millar de accidentes? ¿Qué pronto desaparecen los colores y el encanto del rostro? ¡Con cuánta frecuencia delatan aquellos pecados que se castigan notablemente con la deformidad y la podredumbre más sucias! Las más hermosas no son menos mortales que las demás; pronto serán presa de la muerte y pasto de los gusanos. ¿Puede un juguete que tan pronto se deteriora inspirarles orgullo?* — *William Bates*

La misión de la mujer
John Angell James (1785-1859)

> *"Y dijo Jehová Dios: No es bueno que el hombre esté solo; le haré ayuda idónea para él".* — Génesis 2:18

La mujer, como tal, tiene su misión. ¿Cuál es ésta? ¿Cuál es precisamente el rango que ella ha de ocupar? ¿Qué propósito ha de cumplir, por encima del cual ella se exalta indebidamente y por debajo del cual sería injustamente degradada? Éste es un asunto que tendría que comprenderse a fondo para que ella pueda saber qué reclamar y el hombre qué conceder; para que ella pueda saber lo que tiene que hacer y para que él pueda saber lo que él tiene derecho a esperar.

Intentaré responder a esta pregunta señalando la naturaleza de la misión de la mujer. Al hacerlo, consultaré el infalible oráculo de la Escritura y no las especulaciones de los moralistas, economistas y filósofos. Sostengo que nuestra regla en el asunto que tenemos delante ha de ser esto: Dios es el Creador de ambos sexos, el constructor de la sociedad, el autor de las relaciones sociales y el árbitro de los deberes, derechos y libertades. Y esto lo admiten todos los que creen en la autoridad de la Biblia. Estad contentas, mis amigas mujeres, de obedecer las decisiones de este oráculo. Tenéis toda la razón para hacerlo. Aquel que os creó es el mejor calificado para declarar el propósito de sus propios actos y vosotras podéis con seguridad, así como debéis con humildad, confiar en Él para fijar vuestra posición y saber vuestros deberes. En común con el hombre, la mujer tiene la vocación celeste de glorificar a Dios como el fin de su existencia y de cumplir con todos los deberes y gozar de todas las bendiciones de una vida piadosa. Como el hombre, ella es una criatura pecadora, racional e inmortal, situada bajo una economía de gracia y llamada, por el arrepentimiento para con Dios y la fe en nuestro Señor Jesucristo, a la vida eterna. La fe cristiana[3] es, tanto su vocación como la del otro sexo. En Cristo Jesús no hay varón ni mujer, sino que todos están a un mismo nivel en cuanto a obligaciones, deberes y privilegios…

Para saber cuál es [la misión de la mujer], debemos, como he dicho, consultar las páginas de la Revelación y establecer el expreso motivo de Dios para crearla: "Y dijo Jehová Dios: No es bueno que el hombre esté solo; le haré *ayuda idónea para* él" (Gn. 2:18). Esto también se expresa o, más bien se repite, donde se dice: "Y puso Adán nombre a toda bestia y ave de los cielos y a todo ganado del campo; mas *para* Adán no se halló *ayuda idónea* para él" (Gn. 2:20). De estas palabras, nada puede ser más claro que la mujer fue hecha *para* el hombre. Adán fue creado como un ser con unas tendencias sociales sin desarrollar, que de hecho parecen esenciales a todas las criaturas. Es la sublime particularidad de la divinidad, el ser enteramente independiente de todos los demás seres para ser feliz. Él, y Él solo, es el centro de su propia gloria, la fuente de su propia felicidad y el objeto suficiente de su propia contemplación, sin necesitar nada más para su propia felicidad que la comunión consigo mismo. Un arcángel en el cielo, estando solo, podría añorar, aun allí, algún compañerismo, ya sea divino o angélico.

Adán, rodeado por todas las glorias del paraíso y por todas las distintas variedades que éste contenía, se encontró solo y necesitado de compañerismo. Sin este compañerismo, su vida

---

[3] **Nota del editor** – La palabra original que el autor emplea aquí es *religión*. A la luz del uso amplio y muchas veces confuso de la palabra *"religión"* hoy en día, los términos "fe cristiana", "cristianismo" y "fe en Cristo" y, a veces, "piedad", "piadoso/a" o "piedad cristiana", suelen reemplazar "religión" y "religioso" en muchos casos en esta publicación.

no era más que soledad, Edén mismo era un desierto. Dotado de una naturaleza demasiado comunicativa para ser satisfecha sólo por sí mismo, él anhelaba estar en sociedad, tener ayuda, contar con algún complemento a su existencia, la cual sólo se vivía a medias mientras él permanecía solo. Formado para pensar, para hablar, para amar, sus pensamientos ansiaban otros pensamientos con los que compararse y ejercer sus elevadas aspiraciones. Sus palabras se gastaban tediosamente en el aire caprichoso o, como mucho, despertaban un eco, que se burlaba en vez de responderle. Su amor, en lo que respecta al objeto terrenal, no conocía dónde reposar y, al volver a su propio seno, amenazaba en degenerar en un egoísmo desolador. En suma, todo su ser anhelaba a otro ser como él, pero no existía otro ser como él; no había ayuda idónea para él. Las criaturas visibles que lo rodeaban estaban demasiado por debajo suyo y el Ser invisible que le dio vida estaba muy por encima de él para unir su condición a la suya. Con lo cual, Dios creó a la mujer y el gran problema se resolvió inmediatamente.

La característica del hombre no caído fue la de querer tener a alguien con quien simpatizar en sus alegrías, de la misma manera que la del hombre caído es la de querer tener a alguien con quien simpatizar en sus penas. No sabemos si Adán era tan consciente de sus necesidades como para pedir compañía. En el relato inspirado parece como si la idea de este precioso beneficio se originó en Dios y como si Eva, como tantas otras gracias suyas, fue la concesión espontánea de su propia libre voluntad. De esta manera, Adán habría tenido que decir, como lo hizo uno de sus más ilustres descendientes muchos siglos después: "Porque le has salido al encuentro con bendiciones de bien" (Sal. 21:3).

Entonces, aquí está el propósito de Dios al crear a la mujer: El de ser *ayuda idónea* para el hombre. El hombre necesitaba compañía y Dios le dio a la mujer. Y como en aquel tiempo no existía otro hombre que Adán, Eva fue formada exclusivamente para la ayuda de Adán. Esto nos enseña desde el principio que cualquier misión que la mujer tenga que cumplir en relación con el hombre, en un sentido general, su misión, al menos en la vida matrimonial, es la de ser la *ayuda idónea* para aquel hombre con el que ella está unida. Desde el principio se declaró que todo otro vínculo, aunque no se rompería completamente, se volvería subordinado y que el hombre "dejará a su padre y a su madre, y se unirá a su mujer, y serán una sola carne" (Gn. 2:24).

Si la misión de la mujer en el paraíso fue la de ser la compañera y gozo del hombre, todavía hoy está en vigor. Su vocación no ha sido cambiada por la caída. Debido a esta catástrofe, el hombre necesita todavía más urgentemente una compañera, y Dios ha hecho la misión de las mujeres todavía más explícita con la declaración de que "tu deseo será para tu marido, y él se enseñoreará de ti" (Gn. 3:16). A menudo se ha visto que, ya que fue tomada del hombre, ella era igual a él en naturaleza, mientras que la misma parte del cuerpo de donde ella fue sacada indica la posición que ella debía ocupar. No fue tomada de la cabeza, para mostrar que no tenía que gobernar sobre él; ni tampoco de su pie, para enseñarnos que no tenía que ser su esclava; ni de su mano, para mostrar que no tenía que ser su instrumento; sino de su costado, para mostrar que tenía que ser su compañera. Tal vez haya en esta explicación más ingeniosidad e imaginación que el propósito original de Dios; pero si es vista como una mera opinión personal, es tanto perdonable como instructiva.

Que la mujer fue creada con el propósito de ocupar una posición de subordinación y dependencia está claro en cada parte de la Palabra de Dios. Está declarado en el texto ya citado: "Tu deseo será para tu marido, y él se enseñoreará de ti" (Gn. 3:16). Esto no sólo se refiere personalmente a Eva, sino a Eva como representante. Fue la ley divina de la relación de los sexos que se promulgó entonces para todos los tiempos. La frase anterior puso a la mujer, como castigo por su pecado, en un estado de dolor al dar a luz; la colocó en un estado de sujeción. Su marido tenía que ser el centro de sus deseos terrenales y hasta cierto punto también el regulador de los mismos y ella tenía que estar sujeta a él… El hombre fue creado para mostrar la gloria y alabanza de Dios, para estar subordinado a Él y a Él sólo. Además de lo anteriormente mencionado, la mujer fue creada para ser la gloria del hombre al estar subordinada a él, como su ayuda y adorno. Ella, no sólo fue hecha de él, sino para él. Toda su belleza, atractivo y pureza no son sólo expresiones de su excelencia, sino de la honra y dignidad del hombre, puesto que todas, no sólo derivaron de él, sino que fueron hechas para él.

Ésta es pues, la verdadera posición de la mujer y, si se necesita decir algo más para probarla a partir de las palabras del cristianismo, nos podemos referir al lenguaje apostólico en otros lugares, donde se insta a las mujeres a que "como la iglesia está sujeta a Cristo, así también las casadas lo estén a sus maridos en todo" (Ef. 5:24). Tampoco el apóstol Pablo está solo en esto, puesto que Pedro escribe de la misma manera. Inclínese la mujer a esta autoridad y no se sienta degradada por esta sumisión. Se ha dicho que, en la vida familiar, el hombre es como el sol, pero que la mujer es como la luna con un esplendor que recibe del hombre. Se puede decir con mayor verdad y propiedad, y de manera que produzca menos resentimiento, que el hombre brilla como si fuera el primer planeta reflejando la gloria de Dios, quien es el centro del universo moral y que la mujer, aunque deriva igualmente su esplendor de la lumbrera central y es gobernada por su atracción, aun así, es el satélite del hombre, gira alrededor de él, lo sigue en su curso y lo sirve.

He aquí, por tanto, lo digo de nuevo, que la posición y misión de la mujer se resume en amor y sujeción a su marido. Todo lo que tiene que ver con la relación del hombre y la mujer tiene, sin embargo, desde la caída, un carácter más serio. El amor de la mujer se ha vuelto más ansioso, su humildad más profunda. Vergonzosa de sus propios defectos y ansiosa de recuperar su lugar en el corazón de su marido, la mujer vive para reparar el mal que causó al hombre y prodiga sus consolaciones, que pueden endulzar las amarguras presentes del pecado, y sus advertencias, que pueden guardarlo de las amarguras futuras del infierno.

La mujer, pues, cualquiera que sea la condición que pueda tener en la sociedad en general, cualesquiera que sean los deberes derivados de esta condición que ella debe cumplir y cualesquiera que sean los beneficios que ella pueda tener por el recto cumplimiento de estos deberes sobre la comunidad, debe considerarse a sí misma, principalmente, como llamada a promover el bienestar del hombre en sus relaciones privadas. Ella promoverá su propia paz al promover la del hombre y podrá recibir de él todo ese respeto, protección y siempre continuo afecto, los cuales, su naturaleza igual a la del hombre, su compañerismo y su dedicación le dan justo derecho a reclamar. Ella ha de ser, en la vida matrimonial, su continua compañera, en cuya sociedad el hombre ha de encontrar a aquella con quien él está mano a mano, ojo a ojo, labio a labio y corazón a corazón; a quien él puede cargar con los secretos de un corazón lleno de preocupaciones o exprimido de angustia; cuya presencia será para él mejor que toda sociedad; cuya voz será su música más dulce, cuyas sonrisas serán sus más brillantes rayos del sol; de quien se tiene que ir con lástima y a cuya compañía él regresa con pies presurosos cuando los trabajos del día han pasado; quien andará cerca de su corazón lleno de amor y sentirá los latidos del afecto cuando sostenga su brazo con el suyo y le oprima en su costado. En sus horas de conversación privada, él le contará todos los secretos de su corazón, encontrará en ella todas las capacidades y todas las solicitudes del más tierno y querido compañerismo, y en sus amables sonrisas y palabras sin restricción gozará todo lo que puede esperarse de aquella que Dios le dio para ser su compañera y amiga.

En este compañerismo, donde la mujer fue creada para ayudar al hombre, deben, por supuesto, incluirse los compasivos oficios de consoladora. Su papel, en sus horas de privacidad, es el de consolarlo y alegrarlo; cuando está herido o insultado, el de sanar las heridas de su afligido espíritu; cuando está cargado por la preocupación, el de aligerar su carga al compartirla; cuando está gimiendo con angustia, el de calmar por sus pacíficas palabras, el tumulto de su corazón y actuar en todas sus penas como un ángel ministrador.

Ni ella debe negarse a ofrecer los consejos de sabiduría que su prudencia sugeriría, ni él debe negarse a recibirlos, aunque ella pueda no estar íntimamente familiarizada con todos los enredos que tienen que ver con los asuntos de este mundo. El consejo de la mujer, si hubiera sido buscado o seguido, habría salvado a miles de hombres de la bancarrota y la ruina. Pocos hombres han lamentado tomar consejo de una esposa prudente, mientras multitudes se han tenido que reprochar a sí mismos por su locura en no preguntar y, otras multitudes, por no seguir los consejos de tal compañera.

Si pues, ésta es la misión de la mujer conforme a la representación de su todopoderoso Creador, la de ser la *ayuda idónea* de ese hombre a quien ella se ha entregado como compañera en su peregrinaje sobre la tierra, esto obviamente supone que el matrimonio, contraído con una debida estima de la prudencia y bajo todas las debidas regulaciones, es el estado natural, tanto del hombre como de la mujer. Y así lo afirmo, en verdad lo es. La Providencia lo ha querido y la naturaleza lo incita. Pero como las excepciones son tan numerosas, ¿no hay misión para aquellos que pertenecen a la excepción? ¿Es la mujer casada la única que tiene una misión y una misión importante? Ciertamente no. En estos casos, recurro a la misión de la mujer en la sociedad en general. ¿No es ésta de la mayor importancia? ¿No ha sido admitido en todas las épocas y por todos los países que la influencia del carácter femenino sobre la virtud y la felicidad de la sociedad, y sobre la fortaleza y prosperidad de la nación, es enorme, sea para bien o para mal?... Cada mujer, sea rica o pobre, casada o soltera, tiene un círculo de influencia en el que ella, conforme a su carácter, está ejerciendo cierta cantidad de poder para bien o para mal. Cada mujer, por su virtud o por su vicio, por su sabiduría o por su locura, por su dignidad o por su ligereza, está añadiendo algo a nuestra elevación o degradación nacional. En la medida que la virtud femenina es prevaleciente en la sociedad, sostenida por un sexo y respetada por el otro, una nación no puede caer muy bajo en la escala de la ignominia al hundirse en las profundidades del vicio.

Hasta cierto punto, la mujer es el conservante de la prosperidad de la nación. Su virtud, si es firme e incorrupta, será el centinela sobre el imperio. La ley, la justicia y las artes, todas ellas contribuyen, por supuesto, al bienestar de la nación; la influencia benéfica fluye de varias fuentes e innumerables actores pueden contribuir a ella, cada uno actuando en su vocación por el bienestar del país. Pero si el tono general de la moralidad femenina es bajo, todo será en vano, mientras que, por otra parte, la prevalencia universal de la inteligencia y virtud de la mujer hará crecer la corriente de la civilización a su nivel más alto, impregnándola con sus ricas cualidades y propagando su fertilidad sobre la superficie más amplia. No es probable que una comunidad sea derrocada, allí donde la mujer cumple con su misión porque ella, por el poder de su noble corazón sobre el corazón de los demás, la levantará de sus ruinas y la restaurará de nuevo a la prosperidad y el gozo. Aquí entonces, tanto más allá del círculo de la vida matrimonial como en él, está sin duda parte de la misión de la mujer y una parte bien importante. Su campo es la vida social, su objeto es la felicidad social, su recompensa es la gratitud y el respeto social.

Si estoy en lo correcto en cuanto a la naturaleza de la misión de la mujer, no puedo errar en la correcta esfera de la misma. Si ella fue creada para el hombre y no sólo para la raza humana, sino para un hombre, entonces la fácil y necesaria consecuencia es que el hogar es el escenario adecuado para la acción e influencia de la mujer. Hay pocas palabras en el lenguaje que agrupen tantas benditas asociaciones, así como deleitan a cada corazón, como la palabra "hogar". El Elíseo del amor, la cuna de la virtud, el jardín del gozo, el templo de la concordia, el círculo de todas las tiernas relaciones, el lugar de juegos de la niñez, la morada del hombre, el retiro de la vejez; donde la salud ama gozar de sus placeres, la prosperidad se deleita en sus lujos y la pobreza soporta sus rigores; donde la enfermedad puede mejor soportar sus dolores y la mortal naturaleza expira; hogar que lanza su hechizo sobre aquellos que están en su círculo encantado y aun envía sus atracciones más allá de los océanos y continentes, atrayendo hacia sí los pensamientos y deseos de los hombres que se alejan de él para irse a las antípodas —este hogar, el dulce hogar, es la esfera de la misión de la mujer casada—.

Tomado de *Female Piety* (La piedad femenina), reimpreso por Soli Deo Gloria, una división de Reformation Heritage Books, www.heritagebooks.org.

John Angell James (1785-1859): Autor y predicador congregacionalista inglés; nació en Blandford Forum, Dorset, Inglaterra.

Descripción de la mujer virtuosa
CHARLES BRIDGES (1794-1869)

Proverbios 31:10-31

Tan raro es este tesoro que se hace esta pregunta: "Mujer virtuosa, ¿quién la hallará?" (Pr. 31:10). Abraham envió a su criado a una tierra lejana para que su amado hijo tuviera esta inestimable bendición (Gn. 24:3,4). Tal vez una razón de la rareza de este don sea que apenas se busca. Demasiado a menudo se buscan los logros, no las virtudes; las recomendaciones que provienen de lo exterior y que son secundarias, más bien que la piadosa valía interna.

La pregunta también sugiere el valor del don una vez que es hallado. Aun la porción de Adán en el estado de inocencia no estaba completa hasta que su generoso Padre le hizo una "ayuda idónea para él" (Gn. 2:18). Verdaderamente, su estima sobrepasa a la de las piedras preciosas. Ningún tesoro es comparable a ella…

Versículos 11-12

Ya se ha hablado acerca del valor de una mujer virtuosa; ahora se darán sus diferentes características. Las primeras líneas del retrato describen su carácter como esposa. Su fidelidad, integridad de corazón y cariñoso cumplimiento del deber hacen que el corazón de su esposo esté confiado en ella. Él siente que ella tiene cuidado de su bienestar, que se aligeran sus cargas y que su mente se libera de muchas irritantes preocupaciones. Durante una obligada ausencia del hogar, él está tranquilo, habiendo dejado sus asuntos a salvo en las manos de su mujer, a la vez que está seguro de que será recibido con una alegre sonrisa. De esta manera, una mujer fiel y un esposo que confía en ella se bendicen mutuamente. Con tal joya por mujer, el esposo no tiene ninguna falta de confianza. Su casa es el hogar de su corazón. Él no necesita estar investigando con sospechas en los asuntos que ha confiado a su mujer. Mientras él dirige en la esfera de afuera, él la anima a dirigir en la esfera de adentro. Todo se conduce con tal prudencia y economía que no carecerá de ganancias, no tendrá tentación de ganancias injustas, no tendrá necesidad de dejar su hogar feliz para enriquecerse con un botín de guerra. El apego a tal mujer dura todo el tiempo de su unión —es constante y continuo—. En lugar de abusar de su confianza, ella sólo busca hacerse cada día más digna de ésta, no estando irritada ni insegura, teniendo cuidado de cómo ha de agradar a su esposo (1 Co. 7:34), le da ella bien y no mal todos los días de su vida. ¡Ojalá siempre fuera así! Pero mira cómo Eva, la *ayuda idónea*, se convirtió en tentadora; cómo las mujeres de Salomón apartaron su corazón; cómo Jezabel incitó a su marido a cometer abominable maldad; cómo la mujer de Job le dijo a su marido "maldice a Dios, y muérete" (Job 2:9); considera la dolorosa cruz de la mujer rencillosa (Pr. 21:9; 25:24); todo esto es un terrible contraste: Les dieron mal, no bien. Otras veces hay una mezcla de mal con el bien… Pero en este retrato, es solo bien y no mal.

El bienestar de su esposo es su preocupación y su reposo. Vivir para él es su mayor felicidad. Aun si sus cuidadosas atenciones con este fin no siempre son vistas, no obstante, ella nunca albergará sospecha de indiferencia o de falta de cariño; ni acabará resentida porque se imagine que es objeto de falta de atención, ni causará una discusión agitada, con poco fundamento, por una afectada o mórbida sospecha.

Este cuidado desinteresado y devoto afecto, cuando está conducido por principios cristianos, adorna muy hermosamente el santo y honorable estado del matrimonio. Si bien él implica sujeción, no conlleva degradación. Ciertamente, no se puede desear mayor gloria que la que le es dada al matrimonio, puesto que ilustra "el gran misterio" de "Cristo y de la iglesia" (Ef. 5:32), la identidad de los intereses entre ellos: Las pruebas de ella son las de Él y la causa de Él, la de ella.

Versículos 13-27

Este bello carácter se presenta según los usos de los tiempos antiguos, aunque los principios generales son de aplicación universal. Describe, no sólo la mujer de un hombre de alto rango, sino a una gran mujer sabia, útil y piadosa en sus responsabilidades domésticas. Es una mujer que profesa piedad, adornada *"con buenas obras"* (1 Ti. 2:10); una María no menos que una Marta... Sin embargo, una cosa sobresale. El estándar de piedad que se exhibe aquí no es el de una reclusa religiosa, apartada de las obligaciones cotidianas con la excusa de tener así una mayor santidad y consagración a Dios. Aquí no encontramos ninguno de estos hábitos de ascetismo monástico que son ahora alabados como el punto más alto de perfección cristiana. Al menos, la mitad del retrato de la mujer virtuosa trata de su industria personal y doméstica. ¡Qué gran reprensión es esto para la autoindulgente inactividad!

Pero miremos más de cerca los rasgos del retrato puesto ante nosotros. Sus hábitos personales están llenos de energía. Las labores manuales, incluso el servicio en tareas inferiores, fueron el empleo de las mujeres de alto rango en los tiempos antiguos. La abnegación aquí es un principio fundamental. La mujer virtuosa va delante de sus siervos en diligencia, no menos que en dignidad, no imponiéndoles nada que ella no haya tomado sobre sí, dirigiendo su casa eficientemente por el gobierno de sí misma. De esta manera, ella busca los materiales para trabajar. Su aguja está al servicio de su familia. En vez de una acallada murmuración tras una demanda inconveniente, ella establece el patrón de trabajar con voluntad con sus manos. En vez de perder el tiempo al no hacer nada mientras ellos están trabajando, ella considera que no es ninguna vergüenza ocuparse con el huso y la rueca. Trabaja temprano y tarde, levantándose aun de noche. Al fruto de su trabajo le da un buen fin y lo intercambia por comida traída de lejos. Su mercancía es de buena calidad —le entrega tapices, lino fino y púrpura a los comerciantes—. Toda su alma está en su trabajo —se ciñe sus lomos y esfuerza sus brazos—, estando lista para hacer cualquier trabajo adecuado a su sexo y posición. La tierra también recibe su debida atención. Siempre cuidadosa de los intereses de su marido, ella considera el valor de un campo y, si es una buena adquisición, lo compra y planta una viña para que rinda lo mejor.

De nuevo observamos su conducta como ama de casa. Y aquí también, su adoración no consiste en que dedica su tiempo a ejercicios devocionales personales (aunque ella como "mujer que teme a Jehová" (vs. 30), los valora debidamente), sino que, conforme al canon de la Escritura, gobierna su casa (1 Ti. 5:14), mirando cuidadosamente por sus tareas, distribuyendo tanto su comida como su trabajo en la debida proporción y a su debido tiempo. Ésta es su responsabilidad. Si "sale el hombre a su labor, y a su labranza hasta la tarde" (Sal. 104:23), el trabajo de la mujer es ser "[cuidadosa] de su casa" (Tit. 2:5). Y, ciertamente, es hermoso ver cómo por su industria, abnegación y vigor, ella "edifica su casa" (Pr. 14:1). Se levanta aún de noche, no para ser admirada ni para que hablen bien de ella, sino para dar comida a su familia. Es sobresaliente también la delicadeza con la que ella preserva su propia esfera... Considera tan bien los caminos de su casa, muestra tal inagotable energía en cada área de la vida, que nadie la puede acusar de comer el pan de balde. En su casa, el orden es el principio de su dirección. Ni su cuidado previsor se limita sólo a los suyos. Su huso y su rueca trabajan, no sólo para ella o para su casa, sino para el pobre y el menesteroso. Y, habiendo primero derramado su alma (Is. 58:10, RV 1909), ella abre sus manos (Dt. 15:7, 8) para abrazar a aquellos que están lejos de ella con la fuente de su amor y, de esta manera, la bendición de los que iban a perecer viene sobre ella (Job 29:13; Hch. 9:39). Su espíritu y sus maneras son también del mismo carácter y están en plena concordancia con su profesión... La mujer piadosa, no sólo tiene la ley del amor en su corazón, sino sabiduría en su boca y en su lengua, la ley de clemencia. El mismo amor que rige su corazón gobierna su lengua... De esta manera, ciertamente, "la mujer virtuosa es corona de su marido" (Pr. 12:4). "Su marido es conocido en las puertas, cuando se sienta con los ancianos de la tierra" (Pr. 31:23), como alguien que ha sido bendecido con tesoros extraordinarios de felicidad; que tal vez debe su prosperidad a la abundancia adquirida por la dirección del hogar por parte de ella y, podría ser, como aquel que debe la preservación y establecimiento de su virtud, al ánimo proporcionado por el ejemplo y la conducta de su esposa. En cuanto a sí misma, muchas y evidentes bendiciones están sobre ella. La fuerza es la vestidura de su hombre interior. La resolución y el coraje cristianos la elevan por encima de las turbadoras dificultades. La vestidura del honor la marcan con la aprobación del Señor, como su sierva fiel, la hija de su gracia y la heredera de su gloria...

Versículos 28-31

La mujer virtuosa obviamente está promoviendo su propio interés. Pues, ¿qué mayor felicidad terrenal puede conocer que la reverencia que le dispensan sus hijos y la alabanza de su marido? Podemos imaginarnos su condición: Coronada con los años, sus hijos crecidos, tal vez ellos mismos rodeados con familias y tratando de dirigirlas como ellos habían sido dirigidos. Su madre está constantemente ante sus ojos. Su guía tierna, sus sabios consejos, su disciplina amorosa, su ejemplo santo permanecen vívidamente en sus recuerdos. Ellos no cesan de llamarla bienaventurada y de bendecir al Señor por ella como su inestimable don. Su esposo la alaba cariñosamente. Su apego a ella estaba basado, no en los engañosos y vanos encantos de la belleza, sino en el temor del Señor. Por tanto, ella está en sus ojos hasta el final, es la estancia de sus años de la vejez, el bálsamo de sus preocupaciones, la consejera en sus confusiones, la consoladora en sus penas, el rayo de luz de sus alegrías terrenales (Eclesiástico[4] 36:23-24). Tanto los hijos como el esposo se unen en reconocimiento agradecido: "Muchas mujeres hicieron el bien, mas tú sobrepasas a todas".

Pero nos podemos preguntar, ¿por qué las recomendaciones exteriores no forman parte de este retrato? Todo lo que está descrito es sólida excelencia; la gracia es engañosa. Una graciosa forma y apariencia, a menudo acaban en un desengaño más amargo de lo que es posible expresar con palabras. A menudo, estas encubren las más viles corrupciones. Y entonces la belleza, ¡qué vanidad pasajera es! Un ataque de enfermedad la barre (Sal. 39:11). La pena y las preocupaciones marchitan sus encantos. E incluso si permanece, tiene poco que ver con la felicidad. Se manifiesta como la ocasión fructífera de problemas, la fuente de muchas hirientes tentaciones y trampas y, sin un principio sustancial para una mente lúcida, se convierte en un objeto de repulsión más bien que de atracción (Pr. 11:22).

El retrato, aquí dibujado por inspiración divina, comienza con el toque de una mujer virtuosa y completa la escena con los trazos de una mujer que teme al Señor (31:10, 30). Por las bellas características descritas —su fidelidad a su marido, sus hábitos activos, su buena gestión y diligencia con su familia, su consideración para las necesidades y la comodidad de

---

[4] **Eclesiástico** – También conocido como La Sabiduría de Ben Sira o simplemente Sirácida. Bridges está aquí refiriéndose a los Apócrifos, una colección de libros que el Catolicismo Romano y la Ortodoxia Oriental consideran como canónicos. Aunque los Apócrifos fueron incluidos en un apartado distinto entre el Antiguo y el Nuevo Testamento en las ediciones originales de la Biblia del Rey Jacobo de 1611, ni los judíos ni las iglesias protestantes han creído que los escritos Apócrifos fueran parte de la Escritura inspirada e infalible.

los demás, su conducta cuidadosa, su ternura para con el pobre y menesteroso, su comportamiento atento y amable para con todos—, vemos que todo su carácter y gracia sólo pueden proceder de la virtud que se identifica con la piedad vital. Son los buenos frutos que muestran que el árbol es bueno (Mt. 7:17). Ellos son ese fruto, que procede de un principio recto, que el corrompido tronco natural de un hombre nunca podrá producir.

¡Cuán valioso es este retrato como directorio para la elección del matrimonio! Sea la virtud, y no la belleza, el objeto principal. Sea puesta en contra de la vanidad de la belleza, la verdadera felicidad, que está relacionada con la mujer que teme al Señor. Aquí está la sólida base de la felicidad. "Si —dice el obispo Beveridge— la escojo por su belleza, la amaré sólo mientras esta continúa y, entonces, adiós de repente tanto al deber como al gozo. Pero si la amo por sus virtudes, entonces, aunque todos los demás arenosos fundamentos caigan, con todo, mi felicidad permanecerá entera". "De esta manera —dice Matthew Henry— cerramos este espejo para las mujeres, el cual se desea que ellas abran para vestirse según él. Y si lo hacen, su atavío será hallado para alabanza, y honor y gloria en la manifestación de Jesucristo".

Tomado de *Proverbs* (Proverbios), reimpreso por The Banner of Truth Trust (El Estandarte de la Verdad), www.banneroftruth.org.

Charles Bridges (1794-1869): Un líder del partido evangélico en la Iglesia de Inglaterra. Conocido por obras como *The Christian Ministry* (El ministerio cristiano), *Proverbs* (Proverbios) y *Psalm 119* (Salmo 119).

El llamado de Cristo a las mujeres jóvenes
Thomas Vincent (1634-1678)

"Oye, hija, y mira, e inclina tu oído; olvida tu pueblo, y la casa de tu padre; y deseará el rey tu hermosura; e inclínate a él, porque él es tu señor". —Salmo 45:10-11

Este salmo se conoce como una canción de amores, los amores más altos, puros y espirituales, los más queridos, dulces y deleitosos, a saber, los amores entre Cristo, el amado, y su Iglesia, que es su Esposa. Aquí se expone, primero, al Señor Jesucristo en su majestad, poder y divinidad, su verdad, mansedumbre y equidad y, después, se expone a la Esposa en relación con sus adornos, compañeros, acompañantes y posteridad. Y, se expone a ambos, según su amor y belleza. Tras la descripción que se hace de Cristo, se hace una invitación a su Boda con los hijos de los hombres, llamados por el nombre de "hija". Por consiguiente, es particularmente aplicable a las hijas de los hombres, aunque no hasta el punto de excluir a los hijos de los hombres, más de lo que Dios hace con las hijas de los hombres cuando le habla a los hijos. Hablaré ahora acerca de las palabras y, a partir de ahí, consideraré esta doctrina de manera tan extensa como me sea posible…

Esta doctrina

1. Cristo se desposa con gente para sí en este mundo. La ceremonia pública del matrimonio está reservada para el último día cuando su Esposa sea traída a Él con blancas ropas y vestiduras de perfecta justicia, la cual es más rica y pulcra que cualquier otro vestido. La fiesta de matrimonio tendrá lugar en la casa de su Padre en el cielo, cuando ellos sean recibidos en los abrazos más cercanos e íntimos de su amor. La boda entre ellos y el nudo matrimonial están asegurados aquí.

2. Cristo invita a todos los hijos de los hombres y, particularmente, a las hijas de los hombres, a ser su Esposa. Esto es a lo que se les invita en el texto. Es por este motivo que Cristo envía a sus ministros para que sean sus embajadores, a los que Él da comisión, en su nombre, de llamar a los hijos de los hombres a esta más cercana y dulce relación. Sus ministros representan a su Persona y han de invitar y atraer en su Nombre, de manera que la gente pueda venir y unirse a Él. Cuánto éxito tuvo su embajada entre ellos, el apóstol Pablo lo dice a los corintios: "Os he desposado con un solo esposo, para presentaros como una virgen pura a Cristo" (2 Co. 11:2). Y cuando algún ministro es instrumento para la conversión de alguien, ha desposado a esa persona con Cristo. En la conversión, los pecadores se divorcian del pecado y se desposan con el Señor Jesús…

¿No llama el Señor Jesucristo, el Rey de gloria, a todos los hijos de los hombres y, particularmente, a las hijas de los hombres, a ser su Esposa? ¿Y desea tan grandemente la belleza de aquellos que están unidos a Él? Esto, pues, debería hacer que todos vosotros inquiráis si realmente estáis desposados con Jesucristo. Habéis sido llamados a esto; ¿habéis prestado atención?

Si estáis desposados con Cristo

Si estáis desposados con Cristo, entonces:

1. Estáis separados del pecado. ¿Está rota la unión maldita que existe naturalmente entre el pecado y vuestros corazones? Se puede decir que antes que estuvierais desposados con Cristo, vosotros estabais desposados y casados con el pecado. El pecado es vuestro esposo y vosotros estáis atados bajo su cautiverio. El pecado habita en vosotros y habita en los abra-

zos de vuestro más querido amor y deleite. Os preocupáis de las cosas del pecado, de cómo podéis agradar a vuestra carne y gratificar vuestros deseos desordenados. Y mientras este esposo y amado de vuestros corazones viva, no sois libres para desposaros y casaros con Jesucristo. El pecado vive en los afectos mientras éste posee los afectos más dominantes y atrayentes y, en la medida que estéis unidos y ligados al pecado, examinad si el pecado ha recibido o no sus heridas mortales en vuestros corazones; si la falsa máscara del pecado alguna vez ha sido quitada y su carácter aborrecible os ha sido alguna vez manifiesto para vosotros; si vuestros corazones han sido llevados a aborrecerlo y detestarlo; si el pecado ha sido muerto en vuestros afectos y se ha desatado el nudo que ataba vuestros corazones a él. ¿Realmente aborrecéis el pecado con el mayor y más implacable odio? ¿Está el pecado mortificado y dominado como poder supremo? Si el pecado está muerto, estáis libres para casaros y es una buena señal de que estáis desposados con Jesucristo.

2. Si estáis desposados con Cristo, entonces habéis sido llevados a Él por el Espíritu. "Ninguno puede venir a mí, si el Padre que me envió no le trajere" (Jn. 6:44). Habéis tenido los llamamientos externos de la Palabra para que vengáis a Cristo; ¿habéis sido llamados eficazmente y llevados poderosa, irresistible y, sin embargo, muy dulcemente por el Espíritu de Cristo? ¿Habéis conocido por el Espíritu, no sólo de vuestra necesidad y de vuestra vil condición al estar sin interés por Cristo, sino también de su belleza y transcendente atractivo, su excelencia y gran disposición a recibiros en esta relación? ¿Y habéis sido movidos y llevados por esta acción a Él?

3. Si estáis desposados con Cristo, entonces habéis echado mano de Él por medio de la fe. El Espíritu nos lleva a Cristo obrando la gracia de la fe y capacitando a las personas para que crean en Él. Se recibe a Cristo por la fe. "Mas a todos los que le recibieron, a los que creen en su nombre, les dio potestad de ser hechos hijos de Dios" (Jn. 1:12). Al creer en el nombre de Cristo, la gente recibe a Cristo en esta relación. La fe es la mano del alma que echa mano de Cristo y, por este estrechamiento de manos con Cristo, se ata el nudo del matrimonio y el alma se une a Cristo en la relación de Esposa. ¿Tenéis esta gracia de la fe obrada en vosotros con poder? ¿Habéis recibido y aplicado a Cristo a vosotros mismos? ¿Lo habéis recibido bajo sus propias condiciones? ¿Y por fe obtenéis apremiantes y fortalecedoras influencias de Él?

4. Si estáis desposados con Cristo, entonces lo abrazaréis con los brazos de vuestro más tierno amor; entonces amaréis sinceramente al Señor Jesús y lo amaréis con la supremacía de vuestro amor. Si amáis a padre o madre, casas o tierras, riquezas u honores, deleites o placeres, o cualquier cosa en el mundo más que a Cristo, no tenéis el verdadero amor a Cristo. Estad seguros de que, si éste es vuestro caso, no estáis desposados con Él. Pero si Cristo es amado por encima de todo, esto es una evidencia de que estáis unidos en esta relación con Él.

5. Si estáis desposados con Cristo, tenéis familiaridad y comunión con Cristo, y lo que más os agrada es su compañía. Vosotros valoráis altamente y atendéis diligentemente a todas aquellas ordenanzas que son los medios que hacen que vosotros y Cristo os unáis. Esto es lo que deseáis y buscáis al escuchar la Palabra y en la oración y en la Mesa del Señor: Que podáis ver a vuestro amado y tener una prueba de su amor y una más íntima comunión con Él. ¿Y deseáis la familiaridad con Cristo y una mayor intimidad con Él? ¿Son las puras y poderosas ordenanzas de gran estima para vosotros? ¿Tenéis toda diligencia en esperar y buscar a vuestro amado en ellas?

6. Si estáis desposados con Cristo, entonces tratáis de promover su causa y de proclamar su nombre en el mundo. Mientras otros buscan sus propias cosas, vosotros buscáis las cosas de Jesucristo y las miráis como las vuestras propias. Cuando otros trabajan principalmente

para elevarse en la estima de los hombres, vosotros trabajáis, por encima de todo, para elevar a Cristo en la estima de los hombres. Estáis recomendando a vuestro amado por encima de todos los demás y tratáis de llevar a los demás a amarlo a Él y a que entren en la misma relación con Él.

Los que no habéis sido desposados con Cristo

Los que no habéis sido desposados con Cristo, a vosotros os dirijo mis palabras, y esto tanto a hombres como a mujeres, pero particularmente a vosotras que sois mujeres jóvenes, a las que hoy he sido especialmente llamado a predicar… Venid, vírgenes, ¿me dejaréis ser un pretendiente para vosotras, no en mi nombre, sino en el nombre de mi Señor? ¿Puedo hacer prevalecer vuestros afectos y convenceros de que los deis a Cristo? ¿Puedo ser un instrumento para uniros a vosotras y a Cristo en este día? No seáis tímidas, como algunas de vosotras posiblemente lo seáis en vuestros otros amores. La modestia y el rubor virginal pueden muy bien conveniros al recibir propuestas de otro tipo; pero aquí la timidez es locura y el retraso para aceptar esta propuesta es una vergüenza. Y vosotras tenéis diez mil veces más razones de sonrojaros de vuestro rechazo de Cristo como vuestro amado que de aceptarlo porque, de otra manera, el diablo y el pecado os arrebatarían vuestros afectos virginales. Nunca habéis recibido una mejor propuesta. Considerad Quién es el Señor Jesús, a Quién sois invitadas a desposaros. Él es el mejor marido; nadie es comparable a Jesucristo.

1. ¿Deseáis a alguien que sea grande? Él es el de mayor dignidad; nunca nadie subió o pudo subir a un logro tan alto ni pudo alcanzar tal excelente majestad como aquella a la que Cristo es exaltado. Él está exaltado sobre todos los reyes de la tierra. "Y en su vestidura y en su muslo tiene escrito este nombre: REY DE REYES Y SEÑOR DE SEÑORES" (Ap. 19:16). Sí, Él está exaltado por encima de los ángeles del cielo y nadie tiene tal autoridad: "Quien habiendo subido al cielo está a la diestra de Dios; y a él están sujetos ángeles, autoridades y potestades" (1 P. 3:22). Él es el primogénito de toda criatura, por Quien y para Quien todas las cosas fueron creadas. "Y él es antes de todas las cosas, y todas las cosas en él subsisten; y él es la cabeza del cuerpo que es la iglesia, él que es el principio, el primogénito de entre los muertos, para que en todo tenga la preeminencia" (Col. 1:17-18). "El cual, siendo el resplandor de su gloria, y la imagen misma de su sustancia" (He. 1:3). Él es la gloria del cielo, el querido de la eternidad, admirado por los ángeles, temido por los demonios y adorado por los santos. Si el más bajo mendigo pudiera igualarse con el príncipe más grande que nunca haya vivido, para él esto no podría suponer lo que es para vosotras estar desposadas con el Señor Jesucristo, el Rey de gloria, de cuyo honor y dignidad participaréis en esta relación y por medio de ella.

2. ¿Deseáis a alguien que sea rico? Nadie se puede comparar con Cristo, Quien es el heredero de todas las cosas (He. 1:2) y en Quien habita toda plenitud (Col. 1:19). No sólo le pertenece la plenitud de la tierra (Sal. 24:1), sino que también la plenitud del cielo está a su disposición, todas las cosas han sido dadas y entregadas a Él por el Padre (Jn. 3:35; Mt. 11:27). Las riquezas de gracia y las riquezas de la gloria están a su disposición. En Él están escondidos todos los tesoros (Col. 2:3). El Apóstol habla de las "inescrutables riquezas de Cristo" (Ef. 3:8). Las riquezas de Cristo son inescrutables por su alto valor, son inestimables; es imposible descubrir su valía. También son inescrutables por su abundancia. Son imperecederas; nadie puede hacer que la fuente de Cristo se seque. Nadie puede buscar y hallar el fondo del tesoro de Cristo. Si estáis desposadas con Cristo, compartiréis sus riquezas insondables; recibiréis de su plenitud gracia sobre gracia aquí y, en el futuro, gloria sobre gloria. Y Él hará todas las provisiones necesarias para vuestro ser exterior mientras vuestra morada esté aquí en este mundo.

3. ¿Deseáis a alguien que sea sabio? Nadie es comparable a Cristo en cuanto a sabiduría. Su conocimiento es infinito y su sabiduría corresponde con su conocimiento… Cristo no es solamente sabio, sino que Él mismo es la sabiduría (Mt. 11:19). Él es la sabiduría de Dios (1 Co. 1:24). Cristo es infinitamente sabio en sí mismo y es la fuente de toda sabiduría verdadera, espiritual y celestial, que es dada a cualquiera de los hijos de los hombres. "En quien están escondidos todos los tesoros de la sabiduría y del conocimiento" (Col. 2:3). Si estáis desposadas a Cristo, Él os guiará y os aconsejará y os hará sabias para salvación.

4. ¿Deseáis a alguien que sea poderoso, que os defienda en contra de vuestros enemigos y en contra de cualquier daño y maltrato? Nadie hay igual a Cristo en poder. Otros tienen algún poder, pero Cristo tiene todo el poder (Mt. 28:18). Otros pueden ser potentes, pero Cristo es omnipotente. Otros pueden tener poder, pero Cristo mismo es poder, el poder de Dios (1 Co. 1:24). Y si vosotras estáis desposadas con Cristo, su infinito poder está comprometido en vuestra defensa en contra de vuestros enemigos. Él sepultará vuestras iniquidades (Miq. 7:19) con aquel poder por el que Él es capaz de someter todas las cosas (Fil. 3:21). Él aplastará a Satanás bajo vuestros pies (Ro. 16:20). Él os preservará de la maldad del mundo (Jn. 17:15). Él hará de vosotras más que vencedoras sobre todos vuestros enemigos espirituales, los cuales, sin su ayuda, no sólo os maltratarían y os harían daño, sino que aun os arruinarían y os destruirían (Ro. 8:37).

5. ¿Deseáis a alguien que sea bueno? Nadie hay como Cristo en este sentido. Otros pueden tener alguna bondad, pero es imperfecta. La bondad de Cristo es completa y perfecta. Él está lleno de bondad y en Él no hay maldad. Él es bueno y hace el bien y, si estáis desposadas con Cristo, sin importar cuan malas vosotras seáis por naturaleza, Él os hará, en alguna medida, buenas como Él mismo lo es.

6. ¿Deseáis a alguien que sea bello? Cristo es el más hermoso de los hijos de los hombres (Sal. 45:2). Él es "blanco y rubio, señalado entre diez mil" (Cnt. 5:10). Su boca es dulcísima, sí, todo Él es codiciable (Cnt. 5:16). Sus ojos son sumamente brillantes. Sus miradas y destellos de amor son sumamente arrebatadores. Sus sonrisas son sumamente deleitosas y refrescantes para el alma. Cristo es el más bello y la persona más amable de todas las que están en el mundo. Nadie es tan perfecto en todos los sentidos como Él es perfecto y, por consiguiente, Él es sumamente deseable en esta relación. Aunque vosotras no seáis bellas en vosotras mismas, aunque estéis deformadas y contaminadas por el pecado, con todo, si estáis desposadas con Cristo, Él pondrá su atractivo aspecto sobre vosotras. Él os lavará de vuestras contaminaciones en un baño hecho de su propia sangre y os hará bellas con su propia imagen y, de esta manera, llegaréis a ser hermosas en sobremanera. Y como vosotras habéis recibido permiso para deleitaros en la belleza de Cristo, así Él grandemente deseará y se deleitará en la vuestra…

7. ¿Deseáis a alguien que os ame? Nadie puede amaros como Cristo. Su amor es incomparable e incomprensible. Sobrepasa a todos los amores y sobrepasa también todo conocimiento (Ef. 3:19). Primero, su amor no tiene comienzo. Es libre, sin motivo alguno. Su amor es grande, sin medida alguna. Su amor es constante, sin cambio alguno; es eterno, no tiene final.

Fue el amor de Cristo lo que lo trajo del cielo, lo que encubrió su divinidad en un alma y un cuerpo humano, lo que le dio la forma de siervo, lo que lo expuso al desprecio, al reproche y a muchas indignidades. Fue el amor lo que lo hizo sujeto al hambre, la sed, el dolor y muchas debilidades humanas, lo que lo humilló hasta la muerte, aun a la dolorosa e ignominiosa muerte de cruz. Y cuando por amor Él acabó la obra de redención en la tierra, en lo que era necesario para la satisfacción de la justicia de Dios, fue su amor quien lo trajo de vuelta al cielo donde Él estuvo primero, de manera que Él pudo hacer aplicación de lo que había comprado para que allí, Él pudiera hacer intercesión por aquellos a los cuales Él había redimido y preparar un lugar para ellos, aun mansiones gloriosas con Él, en la casa no hecha con manos, que es eterna en los cielos. Es por amor que Él envía tales arras a su pueblo desde el cielo a la tierra, las cuales Él les transmite a través de sus ordenanzas por su Espíritu. Y sus arras de amor están infinitamente por encima de todas las otras arras de amor en dignidad y excelencia. Es seguro pues, que nadie es tan deseable para que vosotras os desposéis como el Señor Jesucristo. Si estáis desposadas con Cristo, Él es vuestro —todo lo que Él es y todo lo que Él tiene—. Vosotras tendréis su corazón y disfrutaréis de las expresiones más escogidas de su más tierno amor.

Y ahora, pongamos todas estas cosas juntas. Siendo el Señor Jesucristo incomparable en dignidad, en riquezas, en sabiduría, en poder, en bondad, en amabilidad y en amor, creo que no necesitáis otro motivo para convenceros y desposaros voluntariamente con Él.

Tomado de *"Christ, the Best Husband"* (Cristo, el mejor esposo) en *The Good Work Begun* (La buena obra comenzó), reimpreso por Soli Deo Gloria.

Thomas Vincent (1634-1678): Predicador puritano inglés, autor respetado y amado de *The Shorter Catechism Explained from Scripture* (Explicación del Catecismo Menor basada en las Escrituras), *True Christian's Love for the Unseen Christ* (El amor del verdadero cristiano por el Cristo invisible) y otros.

Capítulo 3—Feminidad virtuosa

Gracia para la sumisión de una esposa
WILLIAM GOUGE (1575-1653)

> *"Las casadas estén sujetas a sus propios maridos, como al Señor; porque el marido es cabeza de la mujer, así como Cristo es cabeza de la iglesia, la cual es su cuerpo, y él es su Salvador. Así que, como la iglesia está sujeta a Cristo, así también las casadas lo estén a sus maridos en todo". —Efesios 5:22-24*

CUATRO gracias son necesarias para sazonar el sometimiento de una esposa: Esta conclusión general podría aplicarse al *asunto* de la sumisión y también, a la *forma* de la sumisión. Para que la Iglesia reconozca a Cristo como su superior, le tema interiormente, lo reverencie con sus actos, le obedezca, absteniéndose de hacer aquello que Él prohíbe y también llevando a cabo aquello que Él ordena... hay cuatro virtudes especialmente necesarias a tal efecto, con las que la Iglesia sazona su sometimiento a Cristo; que las esposas también pueden y deben hacer lo mismo con su sometimiento a sus esposos...

Cuatro virtudes especialmente necesarias

I. La *humildad* es esa gracia que evita que uno tenga un concepto de sí mismo más elevado de lo necesario... si en el corazón de la esposa hay humildad, hará que tenga una mejor opinión de su esposo que de sí misma, y que esté más dispuesta a estar sujeta por completo a él. El Apóstol requiere esta gracia en todos los cristianos como si fuera la salsa general que condimenta todos los demás deberes (Fil. 2:3; Ef. 4:2). Pero de una forma peculiar, es necesaria para los de rango inferior[5]; sobre todo para las esposas porque existen muchas prerrogativas correspondientes al lugar que ocupan y que pronto las hará pensar que no deberían estar sujetas, a menos que tengan una mentalidad humilde. Que la Iglesia sazona con ella su sumisión queda claro en el libro del Cantar de los Cantares, donde ésta reconoce a menudo, su propia humildad y la excelencia de su cónyuge. Por tanto, así como la Iglesia está humildemente sujeta a Cristo, que las esposas lo estén a sus maridos.

Lo contrario es el orgullo, que hincha a las esposas y las hace pensar que no hay razón por la que deberían estar sometidas a sus maridos. Ellas pueden gobernarse a sí mismas bastante bien, sí, y también a sus maridos, ¡como ellos lo hacen con ellas! No hay vicio más pestilente que éste para un subalterno. Es la causa de toda rebelión, desobediencia y deslealtad: "Ciertamente la soberbia concebirá contienda" (Pr. 13:10).

II. La *sinceridad* es la gracia que hace que uno realmente sea por dentro lo que parece ser por fuera. Ésta es esa sinceridad de corazón que se les exige, de forma expresa, a los siervos y que puede aplicarse a las esposas porque tiene que ver con todos los tipos (Ef. 6:5). Como sólo lo discierne el Señor, quien escudriña todos los corazones (Hch. 1:24), llevará a la esposa a mantener un ojo en Él en todo lo que hace y a esforzarse para ser aprobada por Él por encima de todo... Aunque no hubiera ningún otro motivo en el mundo que la moviera a la sujeción, por motivos de conciencia hacia Cristo, debería someterse. San Pedro testifica sobre mujeres santas, que confiaban en Dios y estaban sujetas a sus esposos (1 P. 3:5). Esto implica que la conciencia de ellas hacia Dios las hace estar sujetas a sus esposos. ¿No estaba la sumisión de Sara sazonada de sinceridad cuando en su interior, en su corazón, llamaba señor a su esposo (Gn. 18:12)?

---

[5] **Inferior** – En nuestros días, el término "inferior" se usa principalmente en el sentido de "baja calidad", sin embargo, Gouge se refiere a la posición de la persona: "De rango más bajo, no porque tiene una naturaleza o una calidad inferior; un subordinado". Por ejemplo, un soldado raso ocupa un rango inferior al de un sargento, pero no es menos humano que éste.

Hay grandes razones por las que las esposas deberían someterse en sinceridad:

1. En su sumisión a sus esposos, están tratando con Cristo, en representación del cual están ellos. Aunque sus esposos, que no son sino hombres, sólo ven el rostro y la conducta externa, Cristo ve su corazón y su carácter interior. Aunque sus esposos sólo vean las cosas que hacen delante de ellos y sólo se enteran de lo que hacen delante de otros, Cristo ve y sabe las cosas que se hacen en los lugares más secretos, cuando nadie más puede estar, y sólo la persona misma está enterada de ellas. Admitamos que en su conducta externa proporcionan gran contentamiento a sus esposos y los complacen de todas las maneras, si no hay sinceridad en ellas ¿con qué cara comparecerán delante de Cristo? Él les pedirá cuenta por ello. Delante de Él, nada de su complemento externo les servirá.

2. Aquí existe una diferencia principal entre una verdadera esposa cristiana piadosa y una mujer que es meramente natural. Esta última puede estar sujeta con un motivo ulterior, como por ejemplo para que su esposo pueda amarla más o para vivir de la manera más tranquila y apacible con él; o para poder obtener con mayor facilidad aquello que desea de manos de su esposo; o por temor a desagradar y enojar a su marido, sabiendo que es un hombre airado y furioso. Como al ser de otro modo él podría comportarse peor con ella, podría carecer de muchas cosas necesarias o recibir muchos golpes por no ser sumisa.

Pero la mujer cristiana siente respeto por la ordenanza de Cristo, quien convierte a su esposo en su cabeza, y por su Palabra y Voluntad, a través de las cuales se le ordena sumisión. Así, las mujeres santas se sujetaron (1 P. 3:5). La esposa cristiana no puede ser santa si no se sujeta porque éste es el dulce aroma que Cristo disfruta cuando llega hasta Él y el que hace que las cosas le sean agradables y aceptables.

3. El beneficio de que esta virtud esté plantada en el corazón de una esposa es muy grande y esto, tanto para su esposo como para sí misma. Para su esposo será la manifestación del respeto de ella delante de los demás, a sus espaldas como delante de él mismo en su presencia. Hará que ella le sea fiel y que ponga especial cuidado en hacer su voluntad dondequiera que él esté, con ella o lejos de ella. Para ella, por cuanto le ministrará un dulce consuelo interno, aunque su esposo no tomara nota de su sujeción, la malinterpretara o la exigiera con dureza. Y es que ella podría decir como Ezequías: "Oh Jehová, te ruego que te acuerdes ahora que he andado delante de ti en verdad y con íntegro corazón, y que he hecho lo que ha sido agradable delante de tus ojos" (Is. 38:3).

El disimulo y una mera sujeción complementaria externa es lo contrario a la sinceridad, cuando la esposa incluso llega a menospreciar a su marido en su corazón como Mical hizo con David (2 S. 6:16), pero le pone buena cara cuando él está delante... Aunque una esposa así debería llevar a cabo todos los deberes mencionados con anterioridad, para Dios estos no contarían en absoluto, si se hicieran con un corazón de doble ánimo y no con sencillez de corazón...

III. La *alegría* es más aparente que la sinceridad y hace que la sujeción sea más agradable, no sólo a Dios, sino también al hombre, quien por sus efectos puede discernirla con facilidad. Y es que Dios, quien hace todas las cosas de buena gana y con alegría, espera que sus hijos le sigan en esto y, por tanto, se muestren como tales. "Dios ama al dador alegre" (2 Co. 9:7), no sólo al que da limosna con alegría, sino al que cumple así todos sus deberes para con Dios y con el hombre.

Para los hombres, hacen que acepten de mejor manera cualquier deber cuando observan que se hace con alegría. Esto incluso embelesó a David de gozo, ver cómo su pueblo ofrecía sus dones de buena gana al Señor (1 Cr. 29:9). Cuando un esposo ve que su mujer realiza su deber con buena disposición y alegría, no puede sino sentir un aumento de amor. Esta alegría se manifiesta por una realización hábil, rápida y pronta de su deber. La disposición de Sara a obedecer muestra que aquello que hizo, lo llevó a cabo de buena gana. Que la Iglesia se sujeta así a Cristo es evidente en las palabras de David: "Tu pueblo se te ofrecerá voluntariamente en el día de tu poder" (Sal. 110:3). Por tanto, así como la Iglesia está sometida a Cristo con alegría, sométanse las esposas a sus maridos.

Contraria a esta alegría es la disposición huraña de algunas esposas que se sujetan a sus esposos y los obedecen, pero con el rostro tan sombrío y agrio, con lloriqueo y murmuración, que afligen a sus esposos más por sus modos de lo que pueden agradarles con aquello que hacen. En esto se muestran como ante una vaca maldita, que habiendo proporcionado una abundancia de leche, la tira con el talón... Semejante sujeción no lo es en absoluto. No puede ser aceptable a Dios ni provechosa para sus esposos, ni alentadora para sus propias almas.

IV. La *constancia* es una virtud que hace que las demás sean perfectas y establece una corona sobre ellas, sin la cual todas juntas son nada. Se encuentra en aquellas esposas que, después de haber empezado bien, siguen actuando así hasta el final, recogiendo así el fruto de todo. Tiene que ver tanto con la continuidad sin interrupción como con la perseverancia, sin rebelarse ni darse por vencida. Así como no basta con estar sujeta a tropezones —ofreciendo toda buena obediencia en unos momentos y, en otros, obstinación y rebeldía—, tampoco es suficiente ser una buena esposa al principio, para resultar ser mala después. Debe haber un proceder diario, una perseverancia a través del tiempo, mientras marido y mujer vivan juntos. Esta gracia se hallaba en aquella de la que se dice: "Le da ella bien y no mal todos los días de su vida" (Pr. 31:12). Así eran todas las santas esposas elogiadas en las Escrituras... La Iglesia añade esta gracia a todas las demás virtudes que posee y, en todas las partes de su sujeción, permanece constante y fiel hasta la muerte, llegando así a recibir por fin la recompensa de su santa obediencia que es la plena y perfecta comunión con su esposo, Cristo Jesús, en el cielo. Respecto a su constancia inamovible, se dice: "Las puertas del Hades no prevalecerán contra ella" (Mt. 16:18). Por tanto, así como la Iglesia está constantemente sujeta a Cristo, que las esposas lo estén a sus maridos.

Sobre el grado de la obediencia de la esposa: La medida de la sujeción de la esposa queda establecida bajo estos términos generales, "en todo", que no deben tomarse de forma tan absoluta como si no admitieran restricción o limitación alguna. Y es que entonces contradecirían advertencias como estas: "En el temor de Dios; como al Señor; en el Señor" (Ef. 5:21-22; Col. 3:18). El hombre es tan corrupto por naturaleza y de un carácter tan perverso que con frecuencia quiere y ordena aquello que se opone a la voluntad y al mandamiento de Dios. Cuando actúa así, el principio cristiano establecido en tal caso por el apóstol debe tener lugar: *"Es necesario obedecer a Dios antes que a los hombres"* (Hch. 5:29)... Del grado de la obediencia de la esposa saco estas dos conclusiones: 1. La esposa debe esforzarse en someter su juicio y su voluntad a los de su esposo. 2. Aunque a su juicio no esté de acuerdo con los requisitos de su esposo, debe someterse en la práctica. En lo primero, afirmo que la esposa no está sencillamente sujeta a inclinar su juicio al de su marido. Él puede estar equivocado en su juicio y ella ver su error; en este caso, a menos que el entendimiento de ella se cegara, no puede concebir que sea verdad aquello que él juzgue como tal... Esta sumisión, hasta de su juicio, no sólo respeta las cosas necesarias, para las que su marido tiene la expresa garantía determinada por las Escrituras, sino también para las cosas dudosas e indiferentes. Y es que esta cláusula de *"en todo"* abarca incluso esto. La sujeción de la esposa, no sólo respeta su práctica, sino también su juicio y su opinión; si ella es capaz de llevarlos a la legitimidad y a la funcionalidad de lo que su esposo requiere, lo hará con mucha más alegría...

La presunción de las esposas que se creen más sabias y más capaces de juzgar mejor los asuntos que sus esposos es la actitud contraria a lo que se espera de ellas. No niego que una esposa pueda tener más comprensión que su esposo: Algunos hombres son muy ignorantes y sin sentido. Y, por otra parte, algunas mujeres están bien instruidas y, así, han alcanzado gran medida de conocimiento y discreción. Sin embargo, muchas, aunque sus maridos tengan bastante y buen entendimiento —sabios y discretos—, siguen pensando que algo que una vez concibieron como verdad debe serlo necesariamente. Tal es su obstinación que no hay manera de convencerlas de que puedan estar equivocadas. Afirman que nadie, de ningún modo, conseguirá hacerles creer que lo están, aunque todos los esposos del mundo puedan ser de otra opinión... La última conclusión acerca de que la esposa ceda en la práctica a lo que su esposo requiere, aunque en su razonamiento no piense lo mismo acerca de cómo hacerlo, es que ella tiene respeto por las cosas indiferentes, es decir, por aquellas que no están expresamente ordenadas, ni prohibidas por Dios como los asuntos externos al hogar, su ordenación, la disposición de los bienes, recibir invitados, etc.

Pregunta: ¿No puede razonar con su esposo sobre las cuestiones que, en opinión de ella, no se han tratado como es debido y esforzarse por convencerlo para que no siga presionando al respecto, intentando hacerle ver que el tema en cuestión sigue sin resolverse (según piensa ella), tal como ella lo ve?

Respuesta: Con modestia, humildad y reverencia puede hacerlo y él debería escucharla como hizo el esposo de la sunamita (2 R. 4:23-24). Si a pesar de todo lo que ella pueda decir, él persiste en su decisión y quiere hacerlo a su manera, ella debe ceder... Si su esposo le ordena hacer aquello que Dios ha prohibido de manera expresa, ella no debería rendirse en modo alguno. Si lo hace, se podría denominar más bien como una conspiración conjunta del marido y su esposa contra la voluntad de Dios —como Pedro le dijo a Safira, la mujer de Ananías: "¿Por qué convinisteis en tentar al Espíritu del Señor?" (Hch. 5:9)—, en lugar de la sujeción a la imagen de Dios en su esposo.

En segundo lugar, que ella ceda en las cosas indiferentes atiende mucho a la paz en la familia, así como el que los súbditos se rindan a sus magistrados en estas cosas, hace mucho por la paz de la comunidad. Y es que en las diferencias y en las disensiones, una parte debe ceder o lo más probable es que se produzca un gran daño...

Las razones que mueven a las esposas a realizar su deber

De las razones que mueven a las esposas a realizar su deber, de todas, la principal razón que el apóstol da a entender aquí, está tomada del lugar en el que Dios ha colocado al marido y que, por ello, se da a entender primeramente en las palabras *"como al Señor"*. A continuación, se expresa con mayor claridad y de un modo más directo en las siguientes palabras: *"El marido es la cabeza de la esposa"*... Sobre la semejanza entre el marido y Cristo, el Apóstol deduce que la esposa debería parecerse a la Iglesia y, por tanto, concluye: *"Pero así como la iglesia está sujeta a Cristo, también las mujeres deben estarlo a sus maridos en todo"*.

Razón 1: El lugar donde Dios ha establecido al marido, al servir para dirigir a la esposa en su forma de sujetarse, de la que ya he hablado con anterioridad, también sirve para impulsarla a rendirse a dicha sujeción tal como se le exige, lo cual aparecerá en las dos conclusiones que siguen y derivan de ello: 1. Al sujetarse a su marido, la esposa está sujeta a Cristo. 2. Al negarse a sujetarse a su esposo, la mujer se está negando a sujetarse a Cristo. Que estas dos conclusiones se sacan justamente y con derecho de la razón antes mencionada, es algo que demuestro mediante una inferencia similar a la que hace el Espíritu Santo de la misma manera... Es evidente que Jesucristo, incluso en la condición de hombre y hecho carne, estaba en la habitación y en el lugar de su Padre, tras lo cual le dijo a Felipe, quien deseaba ver al Padre: "El que me ha visto a mí ha visto al Padre" (Jn. 14:9). Ahora, observa lo que Cristo sugiere, por una parte: "El que me recibe a mí, recibe al que me envió" (Mt. 10:40) y, por otra: "El que no honra al Hijo, no honra al Padre que le envió" (Jn. 5:23). Asimismo, es evidente que los ministros del evangelio ocupan el lugar de Cristo porque esto es lo que afirma el Apóstol de sí mismo y de otros: "Así que, somos embajadores en nombre de Cristo, como si Dios rogase por medio de nosotros; os rogamos en nombre de Cristo" (2 Co. 5:20)... Aplicando esta razón, espero que las esposas que viven bajo el Evangelio posean tanta fe y piedad como para reconocer que les conviene estar sujetas al Señor Jesucristo. Aprendan aquí, pues, una parte especial y principal de la sujeción a Cristo, que es estar sujetas a sus maridos. Así mostrarán que son las esposas de Cristo el Señor, como afirma el Apóstol acerca de los siervos obedientes: "[Son] siervos de Dios" (1 P. 2:16).

Una vez más, espero que nadie esté tan vacío de toda fe y piedad como para negarse a someterse a Cristo: Tomemos nota aquí de que, si alguna se niega deliberadamente a sujetarse a su marido, se estará negando a sujetarse a Cristo. Por este motivo, puedo aplicar adecuadamente a las esposas lo que el Apóstol dice sobre los súbditos: Cualquiera que se resista al poder y a la autoridad del esposo, se resiste a la ordenanza de Dios y, quien se resista a ella, recibirá sobre sí condenación (Ro. 13:2).

Este primer motivo es fuerte. Si las esposas cristianas lo consideraran como es debido, estarían más dispuestas y se someterían con mucha más alegría que muchas otras; no pensarían tan a la ligera del lugar del esposo, ni hablarían con tanto reproche contra los ministros de Dios que declaran con claridad el deber que ellas tienen para con ellos, como hacen muchas.

Razón 2: La segunda razón es parecida a ésta y está tomada del cargo del marido: él es la cabeza de su esposa (1 Co. 11:3) y, en otros lugares, también se da esta misma razón. Esta metáfora muestra que, para su esposa, él es la cabeza de un cuerpo natural, ocupa un lugar más eminente y también es más excelente en dignidad. En virtud de ambos, es quien dirige y gobierna a su mujer. La naturaleza nos enseña que esto es así en el caso de un cuerpo natural y, al darle el Apóstol al marido el derecho de ser cabeza, nos enseña que también es la norma respecto al esposo...

Vayan ustedes, pues, oh esposas, a la escuela de la naturaleza, contemplen las partes y los miembros externos del cuerpo. ¿Acaso desean estar por encima de la cabeza? ¿Son renuentes a someterse a la cabeza? Dejen que su alma aprenda de su cuerpo. ¿No sería monstruoso que el costado estuviera por encima de la cabeza? Si el cuerpo no quisiera estar sujeto a la cabeza, ¿no sobrevendría destrucción sobre ella, sobre el cuerpo y sobre todas sus partes? Igual de monstruoso y, mucho más, es que la esposa esté por encima de su marido, ya que el trastorno y la ruina que caerían sobre la familia serían tan grande o más. Así, el orden que Dios ha establecido en esto se vería derrocado por completo. Y aquellos que lo derriben se mostrarían en oposición a la sabiduría de Dios porque Él ha establecido dicho orden. Como esta razón sacada de la naturaleza tiene fuerza para llevar a las paganas y a las salvajes mismas a sujetarse, ¿cuánto más deberían las esposas cristianas estar sujetas, ya que esto es conforme a la Palabra de Dios y ésta lo ratifica?

Razón 3: La tercera razón, tomada de la semejanza del marido con Cristo en esto, añade aún más a la primera razón: Al ser cabeza, es como Cristo. Existe una especie de comunión y coparticipación entre Cristo y el marido. Son hermanos de oficio, como dos reyes de varios lugares.

Objeción: No existe igualdad entre Cristo, el Señor del cielo y un marido terrenal. ¡La disparidad entre ellos es infinita!

Respuesta: Aun así, puede haber parecido y comunión... Podría haber un parecido donde no hay paridad y una semejanza donde no hay igualdad. El glorioso y resplandeciente sol en el firmamento y la tenue vela de una casa tienen cierta comunión y el mismo oficio que es dar luz. Sin embargo, no hay igualdad entre ellos. Del mismo modo, el esposo, no sólo se parece a la cabeza de un cuerpo natural, sino también a la gloriosa imagen de Cristo, y es para su esposa lo que Cristo es para su Iglesia...

Razón 4: La cuarta razón, tomada del beneficio que la esposa recibe de su marido, subraya aún más la idea que aquí estamos tratando. Aunque Cristo sea propiamente el Salvador del cuerpo, incluso en esto, tiene el esposo un parecido con Cristo y es, en cierto modo, un salvador. Y es que, en virtud de su lugar y cargo, es por una parte su protector, para defenderla del daño y protegerla del peligro y, por otra parte, es el proveedor de todas las cosas precisas y necesarias para ella; a este respecto, ella es tomada de sus padres y amigos y se compromete por completo a él... él la recibe a ella misma y todo lo que ella tiene. De nuevo, él le transmite todo lo que tenga para el bien de ella y para su uso. En relación al marido, David compara a la esposa con una viña (Sal. 128:3), dando a entender que ella es elevada por él a esa talla de honor que tiene, como la vid por el árbol o la estructura cerca de la cual está plantada. Por el honor de él, ella es dignificada; por la riqueza de él, ella es enriquecida. Debajo de Dios, él es todo en todo para ella: En la familia es un rey para gobernarla y ayudarla, un sacerdote para orar con ella y por ella, un profeta para enseñarle e instruirla. Así como la cabeza está colocada en el lugar más alto del cuerpo y contiene el entendimiento para gobernar, dirigir, proteger y, por todos los medios, procurar el bien del cuerpo; y así como Cristo está unido a la Iglesia como esposo y es su Cabeza para salvarla, preservarla y proveerle; para este fin se ha situado al marido en su lugar de superioridad. Su autoridad le fue conferida para que fuera el salvador de su esposa... Así como la Iglesia está sabiamente gobernada, protegida y segura sometiéndose a su Cabeza, Jesucristo; y así como el cuerpo participa de mucho bien y es protegido de mucho mal por estar sujeto a la cabeza, si la esposa está sujeta a su marido, le irá mucho mejor. Todo el provecho y el beneficio de esto serán de ella. Si, por tanto, ella busca su propio bien, ésta es una forma y un medio ordenado por Dios para este fin; que lo busque en esto...

Razón 5: La última razón tomada del ejemplo de la Iglesia, también tiene mucha fuerza para convencer a las esposas respecto a la sumisión. Los ejemplos prevalecen más en el caso de algunas que el precepto. Si hay un ejemplo que tenga fuerza, éste es el mayor. Y es que no es el ejemplo de una solamente, sino de muchas; y no son personas ignorantes y perversas, sino con entendimiento, sabias, santas y justas, incluso todas las santas que existieron, existen o existirán. Y es que la Iglesia contiene todo lo que está debajo de ella, incluso toda esa sociedad de santos escogidos por Dios, en su eterno consejo, redimidos por Cristo por su preciosa sangre y eficazmente llamados por el Evangelio de salvación, quienes tienen el Espíritu de Dios, el cual trabaja de forma interna y poderosa sobre ellos, sin dejar afuera las almas mismas de los hombres justos y perfectos que ahora triunfan en el cielo... Obsérvese cómo se describe esta Iglesia en los versículos 26 y 27. Que se piense, por tanto, con frecuencia en este ejemplo: Nadie se arrepentirá nunca de seguirlo porque marca el único camino correcto a la gloria eterna, donde, quien lo siga, llegará con toda seguridad.

Sin embargo, para mostrar la fuerza de esta razón con mayor claridad, nótense estas dos conclusiones que se derivan de ella: 1. La esposa debe estar tan sujeta a su esposo como la Iglesia a Cristo. De otro modo, ¿por qué debería recalcarse este ejemplo sobre ella? ¿Por qué el marido está en el lugar de Cristo y se asemeja a Él? 2. La sujeción de la esposa a su marido, que responde a la sujeción de la Iglesia a Cristo, es una prueba de que ella pertenece a la Iglesia y que la guía el mismo Espíritu que guía a la Iglesia. Y es que es algo que no se puede realizar por el poder de la naturaleza; es una obra sobrenatural y, por tanto, una prueba del Espíritu.

Por tanto, oh esposas cristianas, así como sus maridos se parecen a Cristo por el lugar que ocupan, ustedes también se asemejan a la Iglesia por su práctica. De las dos cosas, ésta es la más elogiable porque la primera es una dignidad, mientras que la segunda es una virtud. La verdadera virtud es mucho más gloriosa que cualquier dignidad.

Estas razones bien equilibradas y la fuerza de todas ellas juntas, no pueden sino funcionar en la persona más obcecada. Por tanto, si esta idea de la sumisión parece una píldora que es demasiado amarga como para digerirla bien, dejen que sea endulzada por el jarabe de estas razones y podrán tragarla mucho mejor y su efecto será más benigno.

Tomado de *Of Domestical Duties* (Sobre los deberes domésticos), Reformation Heritage Books, www.heritagebooks.org.

William Gouge (1575-1653): Ministro puritano que sirvió por cuarenta y seis años en Blackfriars, Londres; nació en Stratford-Bow, en el condado de Middlesex, Inglaterra.

Para las madres, experimentadas o primerizas
John Angell James (1785-1859)

> *"Las ancianas asimismo sean reverentes en su porte; no calumniadoras, no esclavas del vino, maestras del bien; que enseñen a las mujeres jóvenes a amar a sus maridos y a sus hijos, a ser prudentes, castas, cuidadosas de su casa, buenas, sujetas a sus maridos, para que la palabra de Dios no sea blasfemada".* —Tito 2:3-5

¡Cuántos recuerdos relacionados de un modo hermoso con esa maravillosa palabra, madre! Al oírla, se despiertan las más tiernas emociones del corazón humano, lo mismo entre los salvajes como entre los sabios. La belleza y el poder de ese término son perceptibles para el príncipe y el campesino, el rústico y el filósofo. Es uno de los primeros que aprenden los labios de un bebé y cuyo encanto siente desde el principio. Es la nota de una música y resulta difícil afirmar qué alma vibra con mayor sensibilidad, la de la madre o la del hijo. Aunque la humanidad esté semiembrutecida por la opresión, la ignorancia y hasta el vicio, rara vez ha caído tan bajo como para que la última chispa de amor maternal sea extinguida o para que la última sensibilidad que ésta inspira, quede aplastada. Es necesario hacer buen uso de la fuerza del amor de la mujer hacia su hijo y hacer que se ejercite para los mejores y más útiles propósitos...

En una conferencia pastoral celebrada no hace mucho, en la que se reunieron alrededor de ciento veinte clérigos estadounidenses, unidos por los lazos de una fe común, se invitó a cada uno de ellos a exponer la clase de mediación humana a la que atribuía el cambio de corazón bajo la bendición divina. ¿Cuántos de estos creen ustedes que le atribuyeron el honor a su madre? ¡De los ciento veinte clérigos, más de cien! Estos son, pues, hechos escogidos de entre otros innumerables que demuestran el poder de una madre y, al mismo tiempo, su responsabilidad.

1. El secreto de su poder

Pero, ¿cómo lo explicaremos? ¿Qué le da esta influencia? ¿Cuál es el secreto de su poder? Son varias cosas. En primer lugar, sin duda, la ordenanza de Dios. Él, quien nos creó, quien formó los lazos de la vida social y proporcionó todas las dulces influencias y las tiernas susceptibilidades de nuestras diversas relaciones, designó que el poder de la madre sobre el alma de su hijo fuera así de poderoso. Es ordenanza de Dios y la mujer que lo olvide o lo descuide está desobedeciendo una institución divina. Dios ha creado al hijo para que sea peculiarmente susceptible a este poder sobre su naturaleza.

A continuación, está el amor de la madre, más fuerte o, por lo menos, más tierno que el del padre. Hay más instinto, si no razón, en su afecto. Ella tiene más que ver con el ser físico de su criatura, por haberlo llevado en su vientre, haberlo alimentado de su pecho y haberlo vigilado en su cuna. Todo esto genera, de manera natural y necesaria, un sentimiento que ninguna otra cosa puede producir. El amor es el gran poder motivador en la conducta humana. "Con cuerdas humanas los atraje —dice Dios—, con cuerdas de amor" (Os. 11:4). Ésta es la verdadera filosofía, tanto de la constitución natural humana como de la fe evangélica. La naturaleza humana está hecha para ser conmovida, gobernada por el amor, no para ser atraída con las cadenas de la severidad. El corazón de la mujer está hecho de amor y el amor se ejerce con mayor suavidad, dulzura y restricción sobre su hijo por su parte que por el otro sexo. Esto la hace más paciente, más ingeniosa y, por tanto, más influyente. Sus palabras son más blandas, sus sonrisas más irresistibles y su ceño más imponente, porque es menos aterrador y repulsivo. La florecilla que ella tiene que criar abre sus pétalos con mayor facilidad a la dulce luz de su rostro...

La madre tiene más que ver con el carácter del hijo cuando todavía está en el estado flexible en el que es moldeable. Los ejercicios más tempranos de pensamiento, emoción, voluntad y conciencia se llevan a cabo bajo su vigilancia. Ella, no sólo tiene que ver con el cuerpo en sus primeros años, sino con el alma en su infancia. Tanto la mente como el corazón del hijo están en sus manos en ese período, cuando inicia su andadura para bien o para mal. Los niños aprenden a balbucear sus primeras palabras y a formar sus primeras ideas bajo la enseñanza de ella. Casi siempre están en su compañía y sin que ellos se den cuenta, y de forma imperceptible para ella, reciben de ella su predisposición correcta o incorrecta. Ella es el primer modelo de carácter que ellos ven; las primeras exhibiciones del bien y del mal en la práctica son las que ellos ven en ella. Ellos son los constantes observadores de las pasiones, las gracias, las virtudes y los defectos que se manifiestan en las palabras de su madre, en su humor y en sus actos. Por consiguiente, sin darse cuenta, ella, no sólo los está educando mediante la enseñanza definida, sino con todo lo que hace o dice en presencia de ellos... Por tanto, es inmensamente importante que cualquiera que mantenga esta relación, tenga un alto concepto de su propio poder. La madre debería estar profunda y debidamente impresionada por el gran potencial de su influencia...

2. Familiaridad con la obra

Las madres deberían estar pues, familiarizadas a fondo con la obra que se les ha asignado. No me estoy refiriendo al entrenamiento físico de los niños ni, principalmente, a su cultura intelectual, sino a la educación social, moral y en la fe cristiana[6]. El objetivo de la madre y su deber es la formación del carácter. No debe limitarse a comunicar mero conocimiento, sino hábitos. Su ministerio especial consiste en cultivar el corazón y regular la vida. Su meta, no sólo debe ser lo que sus hijos tienen que saber, sino lo que van a ser y a hacer. Debe considerarlos como miembros futuros de la sociedad y cabezas de sus propias familias, pero sobre todo como candidatos para la eternidad. Esto debe adoptarse, repito, como la idea principal, la formación del carácter para ambos mundos... La madre debería mirar a su descendencia con esta idea: "Ese niño tiene que vivir en dos mundos y actuar como parte de ambos. Es mi deber iniciar su educación para ambos y establecer en sus primeros años el fundamento de su carácter y su felicidad para ahora y para la eternidad también. ¿Cuáles deberían ser mis cualificaciones y mis objetivos para semejante tarea?"... ¿Cuáles?

Una profunda reflexión, ciertamente, en la naturaleza transcendental de tu cargo. Ser padre es algo tremendo y, más aún, ser madre y ser responsable de la formación de hombres y mujeres, tanto para ahora como para la eternidad... ¡Mujer! El bienestar de tu hijo, en todo tiempo y en toda la eternidad, también depende mucho de tu conducta hacia él durante el periodo en que está bajo tu influencia, en los primeros años de su ser. A ti se te encomienda el cuidado del cuerpo del niño; su salud, energía y bienestar dependen mucho de ti para toda su existencia futura en la tierra. ¿Cuáles serían tus sentimientos de emotivo remordimiento si, por cualquier descuido tuyo, ya sea un fallo o un accidente, resultado de tu falta de atención, el pobre bebé se hiciera daño en la columna o sus miembros quedaran deformados? Pero, ¡qué es esto en comparación con el espectáculo más triste aún de un alma deformada y paralizada, un carácter distorsionado en formas deshonestas y espantosas, y llegar a la atormentada reflexión de que esto ha sido el resultado de tu descuido...!

---

[6] **Nota del editor** – La palabra original que el autor emplea aquí es *religión*. A la luz del uso amplio y muchas veces confuso de la palabra *"religión"* hoy en día, los términos "fe cristiana", "cristianismo" y "fe en Cristo" y, a veces, "piedad", "piadoso/a" o "piedad cristiana", suelen reemplazar "religión" y "religioso" en muchos casos en esta publicación.

3. Una piedad sincera

Cualifícate para los deberes maternales por encima de todas las cosas, mediante una piedad sincera y eminente. Una madre no debería olvidar jamás que esas pequeñas criaturas encantadoras, que juegan tan contentas e inocentes por la habitación, con toda la inconsciencia de la infancia, son jóvenes inmortales... Uno casi debería pensar que la diligencia en este asunto sería tan abrumadora como para acabar con el deleite de los padres, pero una madre no puede contemplar al bebé al que está amamantando, que le sonríe dulcemente como si quisiera darle las gracias que aún no ha aprendido a expresar con palabras —o velar su sueño en su cuna, respirando tan suavemente como si viviera sin respirar— y, al mismo tiempo, sentir que su alma se estremece y se encoge en la sombra oscura que cubre su espíritu al pensar: "¡Oh, espero que no acabes siendo un libertino en este mundo y un condenado en el siguiente!".

En lugar de una reflexión tan angustiosa para todo sentimiento maternal, ella tiene la gozosa esperanza de que el amado bebé será un cristiano santo, útil y feliz en la tierra y, después, un inmortal glorificado en el cielo. Tales pensamientos deberían cruzarse, en ocasiones, por la mente de todo padre y toda madre. Todos deberían darse cuenta de la sublime idea de que sus casas son los seminarios para la eternidad y sus hijos los estudiantes, ellos mismos maestros y la fe cristiana la lección. Sí, con cada bebé que nace en la familia llega el requerimiento de Dios: "Toma este niño y críalo para mí". Es uno de los propios hijos de Dios por creación, enviado para ser formado en el camino por el que debería andar, es decir, en la crianza y el consejo del Señor... Nos estremecemos ante las crueldades de quienes sacrificaron a sus bebés a Moloc; pero qué inmolación más temible practican aquellos que ofrecen a sus hijos e hijas a Satanás, al descuidar su educación en la fe y dejarlos crecer en la ignorancia de Dios y de su destino eterno.

Pero, ¿puede alguna madre enseñar o enseñará con eficacia esa piedad que no siente y practica ella misma? Por tanto, yo digo que el corazón de una madre debe estar profundamente lleno de piedad si quiere enseñársela a sus hijos. Sin esto, ¿podrá tener la voluntad de enseñar, el corazón para orar o el derecho a esperar? Madre, ¿puedes concebir una elevación más alta y noble que alcanzar en tu relación maternal que la de darle la primera idea de Dios a la mente abierta de tu hijo que se hace mil preguntas? ¿O la de dirigirle a ese bebé divino que nació en Belén; que estuvo sujeto a sus padres; que creció para ser el Salvador; que afirmó: *"Dejad a los niños venir a mí"* (Mr. 10:14), que los tomaba en sus brazos y los bendecía, y después murió en la cruz para salvarlos? ¿O la de hablarle del cielo, la morada de Dios y de sus ángeles? ¡Ver brillar la primera mirada de santa curiosidad y la primera lágrima de piedad infantil; escuchar la primera pregunta de preocupación o el primer aliento de oración de los labios infantiles! ¡Cómo se ha henchido de deleite el pecho de muchas mujeres en medio de semejantes escenas, en un éxtasis de sentimientos, y han caído de rodillas musitando una oración maternal sobre el hijo de su corazón, mientras este alzaba sus ojos, perplejo, sintiendo un misterioso poder descender sobre él que nunca podría expresar ni entender por completo!

Si tu fe es genuina, te enseñará de una vez la grandeza de la obra y tu propia insuficiencia para realizarla correctamente con tus propias fuerzas. Tu cometido es entrenar a mortales para la tierra y a seres inmortales para Dios, el cielo y la eternidad... Cultiva, pues, una consciencia temblorosa de tu propia insuficiencia y apóyate en Dios mediante la oración de fe, constante y ferviente. En un sentido excepcional, sé una madre de oración. No confíes en ti misma y, mediante la oración de fe, consigue la ayuda del Omnipotente.

4. El afecto: La llave

No olvides lo que ya he dicho: El afecto es la llave de oro habilitada por Dios para abrir los cerrojos de cada corazón humano; al aplicarlo, los pestillos que ninguna otra cosa podían mover se desplazarán a toda prisa y se abrirán con facilidad. La severidad está fuera de lugar en cualquiera, pero sobre todo en las mujeres. Sin embargo, ten cuidado y no permitas que el afecto degenere en una permisividad ingenua y necia... Aunque se exige afecto, no se debe permitir que la autoridad se vea perjudicada. Los padres no deben ser unos tiranos, pero tampoco deben ser esclavos de sus hijos. Para los padres, es un espectáculo doloroso y desdichado ver a su familia como un estado donde la rebelión reina flagrante, el padre ha sido depuesto, el cetro quebrado y los hijos insurgentes ostentan el reinado soberano. A la madre, como al padre, se le debe obedecer y cuando ella no lo consigue es culpa suya. Un sistema de gobierno perseverante, donde la mano de amor sujeta con firmeza las riendas, acabará produciendo la sumisión sin lugar a duda. Sin embargo, debe ser una mezcla de bondad, sabiduría y autoridad. El niño debe sentir la sumisión como un deber que se rinde a la autoridad y no una mera conformidad ganada por el afecto. La autoridad no debe ser rígida y convertirse en severidad ni el amor puede degenerar en coacción. Las órdenes, no sólo deberían ser obedecidas porque es agradable hacerlo, sino porque es lo correcto.

Una madre sensata ejercerá un trato diferenciado y lo adaptará al carácter de sus hijos. Existen tantas variedades de temperamento en algunas familias como hijos... Uno es atrevido y arrogante, y debería ser controlado y reprendido; otro es tímido y reservado, y necesita ser alentado e incentivado. Uno se puede motivar con mayor facilidad apelando a su esperanza, otros por medio de razonamientos dirigidos a su temor. Uno es demasiado callado y reservado, y necesita que se aliente su franqueza y su comunicación; otro es demasiado abierto e ingenuo, y se le debería enseñar la precaución y el dominio propio. Cada niño debería ser estudiado aparte. La charlatanería debería prohibirse de la educación, así como de la medicina. El mismo tratamiento no convendrá a todas las mentes, de la misma manera que un único medicamento o tipo de alimento tampoco es adecuado para todos los cuerpos...

5. Los sacrificios y privaciones

La mujer que desea cumplir con los deberes de su relación debe rendirse a su misión y conformarse con hacer algunos sacrificios y soportar algunas privaciones. ¿Quién puede dar testimonio de la paciente sumisión de la madre pájaro a su soledad y su abnegación durante el período de incubación, sin admirar la tranquila y voluntaria rendición de su libertad habitual y sus disfrutes, que el instinto le enseña a efectuar? Por amor a sus hijos, la mujer debería estar dispuesta a hacer, bajo la influencia de la razón y la fe cristiana, lo que el pájaro hace guiado por los impulsos poco inteligentes de la naturaleza. Sus hijos son una responsabilidad por la que ella debe renunciar a algunos de los disfrutes de la vida social y hasta a algunos de los placeres sociales de su fe cristiana.

La que quiera tener poder maternal sobre sus hijos debe darles su compañía... No digo que una madre debe estar encarcelada en su propia casa, que nunca salga ni tenga compañía. La que está dedicada a las necesidades de su familia necesita una relajación ocasional en medio de los placeres de la sociedad y, en especial, los compromisos estimulantes de la adoración pública. Algunas madres son absolutas esclavas de sus hijos, hasta el punto que rara vez salen de su hogar y hasta dejan de ir a la casa de Dios. Esto es un error extremo que se podría evitar... también están las que se van al extremo opuesto y que no renuncian a una fiesta social o a una reunión pública ni por el bien de sus hijos. La mujer que no está preparada para hacer muchos sacrificios de este tipo, por amor a sus hijos, su hogar y su esposo, no debería pensar nunca en entrar en la vida matrimonial.

6. Sé ingeniosa

Sé ingeniosa, estudiosa y ten inventiva. Es el mejor método de ganar la atención y formar la mente de tus hijos mientras son pequeños. Son demasiadas las que imaginan que la educación y, en especial la educación en la fe, consiste en limitarse a escuchar un capítulo leído, un catecismo enseñado o un himno repetido y que cuando estos se terminan, todo se acabó. La memoria es la única facultad que cultivan; el intelecto, los afectos y la conciencia se descuidan por completo. Una madre cristiana debería ponerse a inventar el mejor modo de ganar la atención y conservarla; no debería agotarla ni mantenerla tanto tiempo que pierda su efecto.

Sé natural en tu instrucción en la fe. La libertad de la conversación incidental, en lugar de la formalidad de las lecciones fijadas y establecidas; la introducción de los temas de la fe cristiana en la vida diaria, en lugar del anuncio serio e intimidante del cambio de los asuntos seculares a los sagrados, y la costumbre de referirle todas las cosas a Dios y comparar las verdades y las máximas de la Biblia con los acontecimientos de cada hora, en lugar de limitarse a encender una lámpara de Sabbat y forzar todas las cosas fuera de su canal cuando vuelve el tiempo de la devoción, son los medios para abrir las vías que llevan al corazón joven y que convierten la fe cristiana, junto con su gran autor, en el objeto de reverencia mezclada con amor, en vez de aversión o terror o, tan solo un homenaje frío y distante. "Y estas palabras que yo te mando hoy, estarán sobre tu corazón; y las repetirás a tus hijos, y hablarás de ellas estando en tu casa, y andando por el camino, y al acostarte, y cuando te levantes" (Dt. 6:6-7).

Madre, investida como estás de tal influencia, reflexiona a menudo en tu responsabilidad. Con tanto poder que Dios te ha conferido, eres responsable ante tus propios hijos... Eres responsable ante tu marido. Él te confía la educación de sus hijos... Eres responsable ante la Iglesia de Dios porque la educación familiar es —o debería ser—, en las familias de los piadosos, el medio principal de conversión. Para los padres cristianos es un error fatal recurrir a los ministros de la fe para la conversión de sus hijos. Desafortunadamente, es el error del día. Se mira al púlpito para estos beneficios, que deberían fluir de la cátedra de los padres...

7. Empezar bien

En todas las cosas, es importante empezar bien. El comienzo suele determinar el progreso y el final. Los errores, tanto en la teoría como en la práctica, por mucho que se persista en ellos durante tiempo y de forma obstinada, pueden corregirse con inteligencia, determinación y la bendición de Dios. De otro modo, la reforma sería imposible. Sin embargo, ¡cuánto mejor y más fácil es evitar las faltas que tener que enmendarlas! Muchas madres han visto sus equivocaciones cuando era demasiado tarde para corregirlas. Sus hijos han crecido bajo la influencia de un sistema erróneo de gobierno familiar y de dirección maternal, y han adquirido la fijación del mal hábito que ni la sabiduría, ni la firmeza, ni la severidad, ni el afecto, posteriores pudieron subsanar. Y los padres han tenido que derramar sus amargos pesares por no haber iniciado la vida con estos criterios sobre sus deberes con los que la acaban.

Si una madre empieza bien, lo más probable es que siga bien, y esto es también así cuando comienza mal. Su conducta hacia *su primer hijo* determinará, probablemente, su conducta respecto a todos los siguientes. ¡Qué trascendental es, pues, en esta etapa de su historia familiar, sopesar bien, con solemnidad y mucha oración, su situación de responsabilidad! De hecho, queda bastante claro que ninguna esposa debería excluir este tema hasta convertirse en madre. La posibilidad misma debería conducir a la debida preparación para los nuevos deberes que se esperan... Nos corresponde a nosotros prepararnos para cualquier situación en la que tengamos la expectativa confiada de entrar en breve. Al hombre se le proporciona la previsión con el propósito de cumplir con propiedad la situación y los deberes que esperamos. No es muy probable que la mujer que nunca estudia las responsabilidades y los deberes maternales, hasta que llega el momento de llevarlos a cabo, se acredite como es debido para esa relación tan importante... Tristemente, la joven esposa que tiene en perspectiva dar a luz un hijo, se encuentra en algunos casos tan agobiada por la atención innecesaria hacia su propia seguridad y, en otras, tan absorbida por los preparativos que han de hacerse para el bienestar físico y la ropa elegante de su deseado bebé, que olvida prepararse para los deberes más importantes que recaen sobre ella en relación con la mente, el corazón y la conciencia del niño.

La madre que desea cumplir sus deberes para con sus hijos debería esforzarse de manera especial y educarse para esas funciones tan trascendentales. Debería leer y acumular conocimiento en su mente. Debería reflexionar, observar y obtener información útil de todas partes. Debería asegurar sus principios, establecer sus planes y formar sus propósitos. Debe cultivar todos los hábitos y cualidades que la prepararán para enseñar y gobernar. Debe procurar adquirir seriedad, una vigilancia cuidadosa, una observación rápida y discreción en diversas formas. Los hábitos de la actividad, la resolución, el orden y la regularidad son indispensables para ella; así es el ejercicio de todos los sentimientos buenos y benevolentes. Ella debe unir la amabilidad con la firmeza y alcanzar la paciencia y el dominio completo de su carácter. Es de suma importancia también que tenga un conocimiento correcto de la naturaleza humana y de la forma de tratar con el corazón humano. Y, por encima de todo, que recuerde que la piedad es el espíritu vivificador de toda excelencia y que el ejemplo es el medio más poderoso para imponerla. No debería permitirse olvidar jamás que los niños tienen ojos y oídos para prestar atención a la conducta de su madre. No satisfecha con prepararse de antemano para sus funciones importantes, debería seguir adelante con su educación y la de sus hijos de manera simultánea. Existen pocas situaciones que requieran una preparación más imperativa, y muy pocas a las que se dedique menos.

¡Una vez más, vemos con frecuencia tanta solicitud en la madre respecto a la salud y la comodidad de su bebé! También se percibe una atención tan absorbente a todos los asuntos, en lo tocante a su bienestar físico, junto con un deleite tan exuberante en el hijo como tal; un orgullo de madre tal y una alegría en su niño, que su mente se distrae con esas circunstancias de todos los pensamientos serios y las reflexiones solemnes que debería despertar con la consideración de que una criatura racional, inmortal y caída está encomendada a su cargo para que la forme para ambos mundos. Así, su atención está absorbida mes tras mes, mientras que todas las facultades de su bebé se están desarrollando. Su juicio, su voluntad, su afecto y su conciencia, se están abriendo, al menos en sus capacidades, pero son descuidados, y su tendencia natural hacia el mal crece inadvertida y descontrolada. El momento mismo en que se podría ejercer con mayor ventaja un cuidado juicioso sobre la formación del carácter, se deja pasar sin mejoras; se permite que la pasión aumente de modo desenfrenado y que la voluntad propia alcance un grado de determinación que se endurece hasta convertirse en obstinación. Y la madre descuidada que, alguna vez pretendió iniciar un sistema de formación moral (diciéndose siempre a sí misma que todavía había bastante tiempo para ello), cuando comienza de verdad se asombra al ver que el sujeto de su disciplina es demasiado difícil de manejar. Entonces descubre que ha descuidado tanto su propia preparación para acometer sus deberes que no sabe cómo empezar ni lo que tiene que hacer en realidad. El niño mal educado sigue creciendo, no sólo en estatura y fuerza, sino en su caprichoso carácter y su obstinada voluntad propia; la pobre madre no tiene control. En cuanto al padre, está demasiado ocupado con las preocupaciones del trabajo como para ayudar a su compañera imperfecta; así se manifiesta la escena descrita por Salomón, del muchacho consentido (Pr. 29:15)...

Madre joven, empieza bien. Dirige a ese primer hijo con juicio; echa mano de toda tu destreza, de todo tu afecto, de toda tu diligencia y tu dedicación a la hora de formarlo; una vez adquirida la costumbre, todo será comparativamente más fácil con los que vengan después. Es probable que la novedad de ese primer hijo, los nuevos afectos que provoca y el nuevo interés que crea (si no tienes cuidado) te sorprendan con la guardia baja y distraigan tu atención de la gran obra de formación moral. El primer hijo es el que hace que una mujer sea una buena madre o una imprudente.

Y así como es de gran importancia que inicies tu excelencia maternal con el primer hijo, también es de igual importancia, como he dicho anteriormente, para él y para todo aquel que se vaya añadiendo, que empieces pronto. Como hemos observado, la educación no comienza con el abecedario, sino con la mirada de la madre; con el gesto de aprobación del padre o con una señal de reprobación; con la suave presión de una hermana sobre la mano o con el noble acto de paciencia de un hermano; con un puñado de flores en un verde valle, en las colinas o en un prado de margaritas; con hormigas que se arrastran, casi imperceptibles; con abejas que zumban y colmenas de cristal; con agradables paseos por caminos sombreados y con pensamientos dirigidos con afecto, tonos y palabras cariñosas a la naturaleza, a la belleza, a la práctica de la benevolencia y al recuerdo de Aquel que es la fuente de todo lo bueno. Sí y, antes de que se pueda hacer todo esto, antes de que se puedan enseñar lecciones de instrucción al niño a partir de las flores, los insectos y los pájaros, la formación moral puede empezar: La mirada de su madre, su gesto de aprobación o su señal de reprobación.

Una de las mayores equivocaciones en la que caen las madres es la de suponer que los dos o tres primeros años de la vida del niño no tienen importancia en lo que respecta a su educación. La verdad es que la formación del carácter es lo más importante de todo. Se ha dicho y, con razón, que el carácter del niño puede cobrar forma, para ahora y para la eternidad, a partir de las impresiones, de los principios implantados y de los hábitos formados durante esos años. Es perfectamente evidente que, antes de poder hablar, el niño es capaz de recibir una formación moral. Una mujer sabia puede desarrollar pronto la conciencia o el sentido moral, después de que el niño haya pasado su primer cumpleaños o antes. De modo que él puede aprender a distinguir desde muy temprana edad entre lo que su madre considera bueno o malo, entre lo que le agradará o le desagradará. ¡Vamos, las criaturas animales lo hacen! Y si a ellos se les puede enseñar esto, ¿no lo aprenderán los niños pequeños? Se admite que hay más razón en muchos animales que en los niños muy pequeños. Los animales pueden ser enseñados para saber lo que pueden y lo que no pueden hacer aun siendo muy pequeños, y los niños también. A menudo, escucho decir a algunas madres que sus hijos son demasiado pequeños como para enseñarles a obedecer. La madre que actúa sobre la máxima de que los niños pueden tener su propia forma de ser durante un cierto número de años o, incluso meses, descubrirá a sus expensas que no olvidarán esa lección rápidamente. La formación moral puede y debe preceder a la formación intelectual. Cultivar los afectos y la conciencia debería ser el principio y el fundamento de la educación, y facilitará cualquier esfuerzo sucesivo ya sea del niño o de aquellos que lo entrenan o lo enseñan... ¡Madre temerosa, tímida y angustiada, no te asustes! La oración traerá la ayuda de Dios y su bendición.

La permisividad imprudente es la más común, como también es el peligro más perjudicial en el que una madre joven puede caer. Sé amable; deberías serlo. Una madre que no sea amorosa, que tenga el corazón duro, impone un doble desprestigio sobre su feminidad y sus relaciones. El amor es su poder, su instrumento... No puede hacer nada, y menos que nada, sin él. En ese caso, su amor debe ser como el del Padre divino que dijo: "Yo reprendo y castigo a todos los que amo" (Ap. 3:19). ¿Puedes decirle que no a un niño cuando, con encantadoras sonrisas, voz suplicante u ojos llorosos, te pide aquello que no le conviene recibir? ¿Puedes quitarle algo que, probablemente, sea perjudicial para él, pero a lo que le causará dolor renunciar? ¿Puedes corregirle por sus defectos cuando tu corazón se levanta en oposición a tu juicio? ¿Puedes soltarlo de entre tus brazos, en el momento adecuado para hacerlo, cuando él sigue aferrándose a tu cuello y llora por seguir allí? ¿Puedes exigir obediencia en lo que a él le resulta difícil, pero para ti es una orden necesaria? ¿Puedes oponerte a sus lágrimas, ser firme en tu propósito, inflexible en tu exigencia y vencer primero a tu propio corazón resistiéndote rotundamente, para poder conquistar el suyo? ¿O te permites ser subyugada para poner fin a la disputa y, suavizando sus sufrimientos, fomentar el mal genio que debería ser erradicado cueste lo que cueste? Quien no pueda responder a todas estas preguntas de manera afirmativa no está preparada para ser madre. En una familia debe haber disciplina. Hay que obedecer a los padres. Date por vencida en esto y estarás educando a tus hijos para el mal y no para el bien. Aquí advierto de nuevo: Empieza pronto. Coloca rápido el yugo suave y fácil. El caballo se entrena cuando es un potrillo. Las bestias salvajes se doman mientras todavía son jóvenes. Tanto los humanos como los animales crecen pronto y superan el poder de la disciplina... Si consideras a tus hijos como seres inmortales destinados a la eternidad y competentes para los disfrutes del cielo, te esforzarás desde su más tierna infancia para impregnar su mente de ideas piadosas. Es la inmortalidad que rescata de la pequeñez y la insignificancia todo lo que está relacionado con ella y, por tanto, levanta en un grado considerable la exaltada honra de la madre.

Ella ha dado a luz, por la ordenación soberana del Todopoderoso, a un ser que no tiene una existencia meramente pasajera, ni cuya vida perecerá como la de la bestia del campo, sino a uno que es inmortal. El bebé que amamanta, por débil e indefenso que pueda parecer, posee en su interior un alma racional, un poder intelectual, un espíritu que el tiempo que todo lo devora no puede destruir y que nunca morirá, sino que sobrevivirá a los esplendores del glorioso sol y al ardiente resplandor de toda la parte material del cielo. A lo largo de los siglos infinitos de la eternidad, cuando todos estos hayan servido su propósito y respondido al fin benéfico de su creación y hayan sido borrados de su posición en las inmensas regiones del espacio, el alma del niño más humilde brillará y mejorará ante el trono eterno, llena de santo deleite y amor divino, y siempre activa en las alabanzas de su bendito Creador. Madre, tal es tu dignidad, tu exaltado honor. Siente y valora tu rica distinción al haber sido llamada a educar a los hijos e hijas del Señor Dios Todopoderoso, y a preparar a la santa familia que morará en aquellas muchas mansiones de la casa de su Padre, que el Señor Jesús ha ido a preparar. Entrégate a ese glorioso trabajo. Pero sé juiciosa en todo lo que haces, no sea que produzcas prejuicio contra la fe verdadera, en lugar de influir en la mente en su favor. Usa tu más cálido afecto, tu mayor alegría, tus sonrisas más encantadoras cuando enseñes la fe a tus hijos. Acércate tanto como te sea posible a una forma angelical. Representa la fe cristiana en toda su belleza, hermosura, santidad e inefable dulzura. Que lo vean en tu carácter, a la vez que lo oigan de tus labios.

Tomado de *"To Young Mothers"* (A las madres jóvenes) en *Female Piety* (La piedad femenina), reeditado por Soli Deo Gloria.

John Angell James (1785-1859): Predicador y autor congregacionalista inglés; nació en Blandford Forum, Dorset, Inglaterra.

La obra de Cristo y la mujer soltera
W. K. Tweedie (1803-1863)

Uno de los capítulos más peculiares de la Biblia es el último de la carta a los romanos. El profundo entendimiento que proporciona de la vida cristiana primitiva —la luz que arroja, al menos respecto a las esperanzas, sobre las escenas familiares de los primeros cristianos; la profundidad de afecto que demuestra; la unidad de objetivo, de acción y de espíritu que manifiesta, así como la prominencia que le atribuye a la actividad de la mujer y a su celo—, todo esto se combina para hacer de esta porción de las Escrituras una de las escenas más hermosas, donde todo es inocente y agradable. Quien quiera entender el espíritu de la vida apostólica debería estudiarlo con frecuencia y con cuidado. Como digo, destaca el esfuerzo de las mujeres por Cristo y como hay muchas casas en las que viven mujeres solteras que se dedican a su causa, sería bueno dedicar un momento a echar una mirada a esas moradas.

Podrían ser centros de influencia positiva como sólo puede producir la fe en Jesús. Y no exageramos si decimos que, de esos hogares, donde habita el Espíritu de sabiduría, emana gran parte de aquello que puede calmar las aflicciones del hombre, restaurar la felicidad a los desdichados y fomentar la gloria de Cristo sobre la tierra. Las mujeres solteras suelen tener una misión de misericordia que no se les encomienda a las que tienen que sobrellevar las preocupaciones de un hogar del que ocuparse o deberes domésticos que desempeñar. Puede ser [en su propia casa] o entre los parientes —en los hogares de los pobres o enfermos— [o ayudando a madres en sus quehaceres], quizás proporcionado ropa para la prisión [...] y orando por ellos; [...] o junto al lecho de un moribundo para señalarle la vida eterna. Dondequiera que sea, en todas las diversas escenas de aflicción o duro esfuerzo, si el Espíritu de Dios es el maestro de la mujer no casada, ella tiene a su disposición unos medios y un poder de hacer el bien como Dios no le ha confiado a ninguna otra clase de persona.

Esto tampoco es de sorprender. Cuando son enseñadas por el Espíritu, las solteras pueden cultivar sin prisas las gracias de la vida divina, pueden entregarse con calma y sin ser distraídas por preocupaciones, a realizar la obra de Dios. De ahí que, probablemente, no haya ministro alguno que sea celoso en su vigilancia de las almas, que no confiese la gran deuda que tiene por esta clase de ayuda. Ellas se alzan por gracia por encima de todo lo que se estima tedioso o aislante en su posición solitaria y, con frecuencia, aprenden a gastar y gastarse en la obra de hacer el bien. Febe, sierva de la Iglesia (Ro. 16:1) que había ayudado a la Iglesia y a Pablo (Ro. 16:2); María, la cual había trabajado mucho con los Apóstoles (Ro. 16:6); Trifena y Trifosa, con otras que quedarán en la memoria eterna, tienen todavía a sus hermanas y sucesoras en las iglesias (Ro. 16:12). Si alguna vez las ha invadido un sentimiento de soledad o aislamiento, creemos que lo disipan o, tal vez incluso, lo convierten en alegría con una dedicación más intensa al servicio y a la gloria de nuestro Señor. Él está con nosotros siempre. Por tanto, no tiene por qué haber soledad, al menos, los solitarios están protegidos y vigilados como lo estaba el profeta, con sus carros y sus jinetes de fuego (2 R. 6:17). Así, estando a salvo, la comunión con Dios se convierte en el secreto de su felicidad y de sus esfuerzos, a la vez.

No hay necesidad, pues, de que unas almas tan devotas huyan a los conventos en busca de paz: La hallan por completo en el libre servicio a su Dios. Alimentando a los hambrientos, vistiendo a los que están desnudos, entregándose a los pobres, tienen lo suficiente para que el corazón y el hogar estén constantemente felices. Secar la lágrima de la tristeza, recoger al vagabundo, levantar al caído debe, sin duda, impartir un gozo en el que el mundo no puede interferir. Y mientras los frívolos revolotean en la vida persiguiendo sombras, engaños, locuras, pecados, aquellas, a las que ahora estamos describiendo, caminan en las pisadas de Aquel que "anduvo haciendo bienes" (Hch. 10:38). Con Dorcas, hacen ropa para los pobres (Hch. 9:36, 39); con Priscila, ayudan a avanzar la causa de la verdad en su lucha a muerte con todo lo que es falso (Hch. 18:2, 18, 26) y, cuando Dios da los medios, están tan dispuestas a distribuir como a compadecerse. Algunas de ellas saben, al menos, que un día ocioso es peor que uno perdido; nos lo volveremos a encontrar en el Juicio, donde se nos preguntará por qué lo perdimos. Y, bajo esa convicción, hacen el bien; quizás lo hagan con sigilo, pero lo llevan a cabo con resolución. Temerosas de la fama, poco dispuestas a que se las reconozca, se encogen ante la atención pública, aunque son incansables en su obra de fe. Algunas son incluso abnegadas en esa causa y, elevándose por encima del "yo, esa esfera estrecha y miserable", acogiendo de buen grado la obra que su Señor les ha asignado en su santa Providencia, intentan engañar al dolor de sus gemidos y el sufrimiento de sus lágrimas y, con una bendición de lo alto, suelen conseguirlo. En una palabra, buscamos en vano siervas que sean más devotas de Cristo que, con frecuencia, las que podemos encontrar en los hogares de las mujeres que no se han casado.

En la mayoría de los casos, la prudencia de tales obreras no es menos extraordinaria que su celo. Sin lugar a dudas existen mujeres necias que se entregan a la mera emoción y la consideran como un principio; que tienen tan poca sabiduría a la hora de compartir con los demás que sus dones se convierten en recompensas por el engaño, la ociosidad o el vicio. También hay algunas cuya caridad sabe a insulto, o cuya compasión es como el humo en los ojos o la sal en una herida; las hay tan generosas, pero tan poco sabias como para fomentar los males mismos que intentan curar. Sin embargo, en otros casos, la destreza en detectar la farsa, la firmeza en resistirse a ella, junto con la ternura a la hora de ayudar, son cosas que se adquieren con la experiencia y les prestan un peso moral a todas las demás acciones. A la familia que se hunde silenciosamente en la necesidad, la ayuda con una delicadeza que protege cualquier sentimiento. A la dama en decadencia, la trata como a una compañera y amiga cuando procura aliviarla. A la pálida madre moribunda, la ayuda de un modo tan femenino y amable que no añade patetismo al inminente dolor de la separación. Y estas son visiones verdaderamente cristianas: Nos ayudan a reconciliarnos, en cierto grado, con la tristeza o, si seguimos llorando, las lágrimas de la gratitud se mezclan con las del sufrimiento.

Ahora bien, en todo esto sólo estamos afirmando lo felices que son los corazones y los hogares de esas mujeres solteras que se emplean de esta forma. La posición que ocupan y el trabajo que hacen se aproximan estrechamente al carácter de los redimidos o al que es "celoso de buenas obras" (Tit. 2:14), mientras que por la gracia de Dios son incorporadas en el ámbito de la bienaventuranza. "Bienaventurados los misericordiosos, porque ellos alcanzarán misericordia" (Mt. 5:7). Corresponden al nivel del Rey y Juez, Quien declara: "Tuve hambre, y me disteis de comer; tuve sed, y me disteis de beber; fui forastero, y me recogisteis; estuve desnudo, y me cubristeis; enfermo, y me visitasteis; en la cárcel, y vinisteis a mí" (Mt. 25:35-36).

Tomado de *"Home of the Single"* (El hogar de los solteros) en *Home: A Religious Book for the Family* (El hogar: Un libro religioso para la familia).

W. K. Tweedie (1803-1863): Ministro de la Iglesia Libre y escritor; ministro de la Tolbooth Kirk de Edimburgo, líder de la división de 1843, cuando la Iglesia Libre se separó de la Iglesia Oficial de Escocia; nació en Ayr, Escocia.

Para una recién convertida
Jonathan Edwards (1703-1758)

> *En algún momento, en torno a 1741, una joven que residía en Smithfield, Connecticut, que había hecho profesión de fe en Cristo hacía poco tiempo, le pidió al Sr. Edwards que le proporcionara algún consejo respecto a la mejor manera de mantener una vida religiosa. En respuesta, él le dirigió la carta que sigue...*

No abandones la búsqueda, el esfuerzo y la oración por las mismas cosas por las que exhortamos a las personas inconversas a que se esfuercen, algo de lo que ya has recibido en cierta medida en la conversión. Ora para que tus ojos puedan ser abiertos, para recibir visión, para que puedas conocerte a ti misma y presentarte ante el estrado de Dios, para que puedas ver la gloria de Dios y de Cristo, ser resucitada de los muertos y que el amor de Cristo se derrame en tu corazón. Quienes poseen un mayor grado de estas cosas tienen necesidad de seguir orando por ellas; y es que permanece tanta ceguera y dureza, orgullo y muerte, que sigue siendo necesario que esa obra de Dios se efectúe sobre ellos, para iluminarlos y avivarlos más...

Cuando escuches un sermón, aplícatelo a ti misma... que la principal intención de tu mente sea considerar: "¿En qué sentido se aplica esto a mí? ¿Y qué aplicación debería yo hacer de esto para el beneficio de mi propia alma?".

Cuando abordes el deber de la oración, te acerques a la Santa Cena o asistas a cualquier otro deber de adoración divina, ve a Cristo, como lo hizo María Magdalena (Lc. 7:37-38). Ve y échate a sus pies y bésalos, y derrama sobre Él el dulce y perfumado ungüento de amor divino que emana de un corazón puro y quebrantado, como ella vertió aquel precioso perfume de su caja pura y rota de alabastro.

Cuando el ejercicio de la gracia es bajo y prevalece la corrupción, de modo que el temor predomina, no desees que éste sea echado fuera por ningún otro medio que no sea el del amor vivificador y prevalente en el corazón. De este modo, el temor será eficazmente obligado a desaparecer como la oscuridad de una habitación se disipa cuando se deja entrar en ella los agradables rayos del sol.

En tu camino, anda con Dios y sigue a Cristo como un niño pequeño, pobre y desvalido. Toma la mano de Cristo y mantén tus ojos en las marcas de las heridas de sus manos y su costado, de donde salió la sangre que te limpia del pecado; escondiendo tu desnudez bajo el vuelo de la túnica blanca y resplandeciente de su justicia.

Tomado de *God's Call to Young People* (El llamado de Dios para los jóvenes), reeditado por Soli Deo Gloria.

Jonathan Edwards (1703-1758): Predicador Congregacionalista norteamericano. Considerado, junto con George Whitefield, el teólogo evangélico más importante y reconocido por su predicación durante el Gran Despertar. Autor de *Pecadores en manos de un Dios airado*, *Un tratado sobre afectos religiosos* y muchos títulos más. Nacido en East Windsor, Colonia de Connecticut.

Una abuela en la Gloria
Jabez Burns (1805-1876)

Estando yo sentado a la puerta —dice un escritor estadounidense—, una de esas tardes inusualmente bellas con las que nos ha favorecido esta primavera, observando los juegos de mis dos hijos pequeños que correteaban por los caminos del jardín, deteniéndose aquí y allá para recoger una violeta de dulce aroma, morada o blanca, que perfumaba todo el aire, vi a poca distancia el carruaje de un querido e íntimo amigo que se dirigió rápidamente hasta mi puerta. Mi amigo se apeó. No percibí nada peculiar en su conducta hasta que atrajo a mi hijita hacia él y, de un modo solemne, le dijo: "Lizzie, tu abuela ha muerto. No la verás jamás". "¡Muerta!", exclamé. "¿Tienes una carta?". "Sí". Y, cuando se volvió para darme la carta, vi su mirada de total abatimiento y sentí que él había perdido a una madre.

Aquella madre y aquel hijo sentían la misma devoción el uno por el otro. Él era el menor de seis hijos. Habían estado separados durante varios años y él tenía alegres expectativas de verla en unas pocas semanas y presentarle a sus dos pequeños tesoros de los que ella había oído hablar tan a menudo, pero que no conocía. Por desgracia, esas ilusiones se han frustrado, y ese "Lizzie, tu querida abuela ha muerto. No la verás jamás", sigue resonando en mis oídos como la primera vez que lo oí.

Pero la anciana madre era cristiana. La carta dice: "Durante toda la enfermedad, su mente estuvo siempre clara; no murmuró en ningún momento, sino que estaba ansiosa por partir". Sin lugar a duda, poco después de esto, contempló "al rey en su hermosura" (Is. 33:17) y la hicieron entrar a escenas de gloria donde hasta los querubines, tan acostumbrados a las visiones celestiales, se cubren el rostro con un velo. ¿Qué le parecerá ahora su peregrinar de setenta años? Ha entrado a la eternidad. ¿Y las tristezas y aflicciones que una vez la apenaron? "No son comparables con la gloria venidera que en nosotros ha de manifestarse" (Ro. 8:18). Con santo éxtasis, se inclina ante el trono y adora a la Trinidad. Creo que la veo, no como la vi una vez, vestida con ropa de luto y lamentando que la muerte había entrado en su familia. No, la muerte ha demostrado por fin ser su amiga, ha separado lo mortal de lo inmortal y la ha guiado a la felicidad del cielo. Allí, vestida con una túnica blanca, con una corona sobre su frente, un arpa en la mano, una juventud imperecedera en el rostro y la plenitud del gozo en su corazón, considera el final del tiempo en la tierra como la perfección de su existencia en la eternidad, en el cielo. Luego, al sonido de la trompeta del arcángel, ese amigo que durante tanto tiempo había encerrado su espíritu y que había sido el siervo de su voluntad, ese cuerpo purificado, ennoblecido, inmortalizado correrá una vez más hacia ella para estar juntos y, siendo ambos uno solo, estarán "siempre con el Señor" (1 Ts. 4:17).

La resurrección del cuerpo, la inmortalidad del alma, la divinidad, la expiación, la intercesión de Cristo, la perpetuidad de la felicidad, ¡qué doctrinas tan enriquecedoras y gloriosas! ¡Maravilloso destino el nuestro! Entrar en el mundo como el más desvalido de los seres terrenales, progresar, paso a paso, hasta convertirnos en alguien "poco menor que los ángeles" (He. 2:7), alcanzar una elevación superior a la de cualquier otra inteligencia creada.

¿Siente ahora pesar, esa madre que en gloria está, de haber entregado su vida a su Hacedor? ¿Desea ahora haber vivido la vida del moralista[7] y haber disfrutado por un tiempo algunos de los placeres del pecado? Si un rubor de vergüenza puede arder en el rostro de los

---

[7] **Moralista** – El que vive por un sistema de principios morales naturales; meramente una persona moral.

habitantes del cielo es cuando piensan en el inagotable amor de Dios por ellos y su propia e injustificable ingratitud.

La lámpara de los moralistas puede servir para alumbrar sus pasos hasta el lecho de la enfermedad, pero podemos tener por seguro que tan pronto como aparezca la muerte, incluso en la distancia, su llama se debilitará y después expirará. No habrá nada que guíe su senda por el "valle de sombra de muerte" (Sal. 23:4), sino los relámpagos de la ira divina, los reflejos del lago que arde por siempre.

La senda del cristiano por el valle oscuro se alegra primeramente con el amanecer del Sol de Justicia. A medida que va avanzando, más llano se hace el sendero y más deslumbrante el fulgor, hasta que por fin entra en el cielo, donde no hay "necesidad de sol... porque la gloria de Dios [lo] ilumina" (Ap. 21:23).

Tomado de *Mothers of the Wise and Good* (Las madres de los hijos sabios y buenos), Solid Ground Christian Books, www.solid-ground-books.com.

Jabez Burns (1805-1876): Teólogo y filósofo inglés no conformista, nació en Oldham, Lancashire, Inglaterra.

Capítulo 3—Feminidad virtuosa

Capítulo 4

MATRIMONIO

Sería difícil exagerar la importancia que la Biblia le da al matrimonio. Jesús dijo que el reino de los cielos es como una boda (Mt. 22:2-14). No obstante, estas palabras apenas empiezan a comunicar el valor del matrimonio. En Efesios 5:22-23, el apóstol Pablo revela que Dios creó el matrimonio con un propósito muy específico: Declarar visiblemente la gloria del amor de Jesucristo por su Iglesia. Esto explica por qué el diablo ha librado siempre una batalla incesante contra el matrimonio, queriendo pervertirlo, robárselo y destruirlo.

¿Por qué el diablo aborrece tanto el matrimonio? ¿Es porque sencillamente quiere generar entre los cónyuges todo el odio, separación, discordia y desengaño que pueda? ¿Es porque aborrece a los hijos del matrimonio? Aunque estas pueden ser algunas de sus razones, tengamos en cuenta que el diablo aborrece el matrimonio porque aborrece el evangelio de la gracia de Dios en Jesucristo. Dios creó al matrimonio con el fin de proveer al mundo una ilustración terrenal de su amor por su Iglesia, sus sacrificios por su Iglesia, su unión con su Iglesia, su santificación de la Iglesia y los propósitos gloriosos que tiene para su Iglesia.

Además, la sujeción de la esposa a su marido es una evidencia de que ella cree en el evangelio, pues su vida refleja a la Iglesia sujetándose a Cristo. Así es como la sujeción de la esposa refleja un fruto del poder del evangelio. Esto es cierto porque creer en el auténtico evangelio conduce a una vida de obediencia, puesto que "la fe sin obras es muerta" (Stg. 2:20). Las Escrituras enseñan que la esposa debe "sujetarse" a su propio marido "en todo" y que debe "respetarlo" (Ef. 5:22, 24, 33). Por medio de su sujeción, la esposa demuestra cómo la Iglesia verdadera obedece al Señor. Cuando no lo hace, expone ante el mundo un evangelio falso.

Por otro lado, el marido que no ama a su esposa, como Cristo ama a la Iglesia, está declarando tácitamente que Jesucristo no ama, ni valora, ni alimenta a su Iglesia y que no se ha dado a sí mismo por ella. Así es como un esposo declara un evangelio falso al mundo cuando no tiene una relación sana con su esposa.

Al comenzar este capítulo, usted será llevado a las "sendas antiguas", las sendas buenas donde el matrimonio es comprendido correctamente y donde se encuentra descanso para el alma (Jer. 6:16).

—*Scott Brown*

La excelencia del matrimonio
Arthur W. Pink (1886-1952)

> *"Honroso sea en todos el matrimonio, y el lecho sin mancilla; pero a los fornicarios y a los adúlteros los juzgará Dios". —Hebreos 13:4*

Introducción

Así como Dios ha entretejido los huesos, los tendones, los nervios y el resto del cuerpo para darle fuerza, ha ordenado la unión del hombre y la mujer en matrimonio para fortalecer sus vidas porque "mejores son dos que uno" (Ec. 4:9). Por lo tanto, cuando Dios hizo a la mujer para el hombre, dijo: "Le haré ayuda idónea para él" (Gn. 2:18), demostrando que el hombre se beneficia por tener una esposa. Que esto no sea siempre así en la realidad puede atribuirse a que no se obedecen los preceptos divinos. Como este es un tema de vital importancia, creemos oportuno presentar un bosquejo general de las enseñanzas bíblicas sobre el tema, especialmente para beneficio de los jóvenes lectores, aunque esperamos poder incluir cosas que también sean provechosas para los mayores.

Quizá sea una afirmación trillada, pero no de menos importancia, por haber sido dicha tantas veces, que con la excepción de la conversión personal, *el matrimonio es el evento más trascendental de todos los eventos terrenales en la vida del hombre y la mujer*. Forma un vínculo de unión que los une hasta la muerte. El vínculo es tan íntimo que les endulza o amarga la existencia el uno al otro. Incluye circunstancias y consecuencias que tienen un alcance eterno. Qué esencial es, entonces, que tengamos la bendición del cielo sobre un compromiso de tanto valor y, para este fin, qué absolutamente necesario es que lo sometamos a Dios y a su Palabra. Mucho, mucho mejor es permanecer solteros hasta el fin de nuestros días que contraer matrimonio sin la bendición divina. Los anales de la historia y la observación dan fe de la verdad de esta afirmación.

Aun aquellos que no ven más allá de la felicidad temporal humana y el bienestar de la sociedad existente, reconocen la gran importancia de nuestras relaciones domésticas que nos brinda la naturaleza y que aun nuestros deseos y debilidades cimentan. No podemos formar un concepto de virtud o felicidad social ni de la sociedad humana misma que no tenga a la familia como su fundamento. No importa lo excelente que sean la constitución y las leyes de un país, ni lo abundante de sus recursos y su prosperidad, no existe una base segura para un orden social o de virtud pública, al igual que privada, hasta no contar con la regulación sabia de sus familias. Después de todo, una nación no es más que la suma total de sus familias y, a menos que haya buenos maridos y esposas, padres y madres, hijos e hijas, no puede haber buenos ciudadanos. Por lo tanto, la decadencia actual de la vida del hogar y la disciplina familiar amenazan la estabilidad de la nación más de lo que pudiera hacerlo cualquier hostilidad de otro país.

En efecto, el concepto bíblico de los distintos deberes de los integrantes de una familia cristiana destaca los efectos de esta decadencia de una manera muy alarmante, ya que deshonran a Dios, son desastrosos para la condición espiritual de las iglesias y están levantando obstáculos muy serios para el avance del evangelio. No hay palabras para expresar lo triste que es ver que los que profesan ser cristianos son, mayormente, los responsables de la caída de las normas maritales, del no darle importancia a las relaciones domésticas y de la rápida desaparición de disciplina familiar. Entonces, como el matrimonio es la base del hogar o sea, la familia, es imprescindible que llame a mis lectores a considerar seriamente y con espíritu de oración lo que Dios ha revelado acerca de este tema de vital importancia. Aunque no podemos esperar detener la terrible enfermedad que está carcomiendo el alma misma de nuestra nación, si Dios tiene a bien que este artículo sea de bendición aunque sea a algunos, nuestra labor no habrá sido en vano.

La excelencia del matrimonio

Empezaré destacando la excelencia del matrimonio: "Honroso sea... el matrimonio", dice nuestro texto, y lo es, ante todo, porque Dios mismo le ha otorgado honra. Todas las demás ordenanzas e instituciones (excepto el Día de reposo) fueron dadas por Dios por medio de hombres o ángeles (Hch. 7:35), en cambio, el matrimonio fue ordenado inmediatamente por el Señor mismo; ningún hombre ni ángel trajo la primera esposa a su esposo (Gn. 2:22). Por lo tanto, el matrimonio recibió más honra divina que las demás instituciones divinas porque fue solemnizado directamente por Dios mismo. Lo repito: Ésta fue la primera ordenanza que instituyó Dios, sí, lo primero que hizo después de crear al hombre y a la mujer, y lo hizo cuando todavía no habían caído. Además, el lugar donde se llevó a cabo el matrimonio demuestra lo honroso de la institución, mientras que todas las otras instituciones (excepto el Día de reposo) se formaron fuera del paraíso. ¡El matrimonio fue solemnizado en el Edén mismo, lo cual indica lo felices que son los que se casan en el Señor!

"El acto creativo máximo de Dios fue crear a la mujer. Al final de cada día de la creación, la Biblia declara formalmente que Dios vio que lo que había hecho era bueno (Gn. 1:31). Pero cuando fue creado Adán, las Escrituras dicen que Dios vio que no era bueno que el hombre estuviera solo (Gn. 2:18). En cuanto al hombre, faltaba completar la obra creativa; así como todos los animales y aun las plantas tenían pareja, a Adán le faltaba una ayuda adecuada, su complemento y compañera. Recién cuando Dios hubo satisfecho esta necesidad vio que la obra creadora del último día también era buena.

"Esta es la primera gran lección bíblica sobre la vida familiar y debemos aprenderla bien... La institución divina del matrimonio enseña que el estado ideal del hombre, tanto como el de la mujer, no es la separación, sino la unión, que cada uno ha sido diseñado y es adecuado para el otro. El ideal de Dios es una unión así, basada en un amor puro y santo que dura toda la vida, sin ninguna rivalidad ni otra pareja, e incapaz de separarse o ser infiel porque *es una unión en el Señor*, una unión santa del alma y el espíritu con mutuo amor y afecto"[1].

Así como Dios el Padre honró la institución del matrimonio, también lo hizo **Dios el Hijo**. *Primero*: Por haber "nacido de mujer" (Gá. 4:4). *Segundo*: Por sus milagros porque su primera señal sobrenatural fue en la boda en Caná de Galilea (Jn. 2:8) donde transformó el agua en vino, sugiriendo que si Cristo está presente en su boda (es decir, si usted se "casa en el Señor"), su vida será gozosa o bendecida. *Tercero*: Por sus parábolas porque comparó el reino de Dios con un matrimonio (Mt. 22:2) y la santidad con un "vestido de boda" (Mt. 22:11). Lo mismo hizo en sus enseñanzas. Cuando los fariseos trataron de tenderle una trampa con el tema del divorcio, dio su aprobación oficial al orden original, agregando "Por tanto, lo que Dios juntó, no lo separe el hombre" (Mt. 19:4-6).

La institución del matrimonio también ha sido honrada por el **Espíritu Santo:** Porque la usó[2] como un ejemplo de la unión que existe entre Cristo y la Iglesia: "Por esto dejará el hombre a su padre y a su madre, y se unirá a su mujer, y los dos serán una sola carne. Grande es este misterio; mas yo digo esto respecto de Cristo y de la iglesia" (Ef. 5:31-32). La Biblia

---

[1] **Arthur Tappan Pierson** (1837-1911) – Pastor y escritor norteamericano.
[2] El autor se refiere aquí al uso que hace el Espíritu de la relación entre esposo y esposa como un tipo o figura de Cristo y la Iglesia en las Sagradas Escrituras. De esta manera, el Señor honra el matrimonio.

compara repetidamente la relación entre el Redentor y el redimido con la que existe entre un hombre y una mujer casados: Cristo es el *Esposo* (Is. 54:5) y la Iglesia es la *"Esposa"* (Ap. 21:9). "Convertíos, hijos rebeldes, dice Jehová, porque yo soy vuestro esposo" (Jer. 3:14). Así que cada persona de la bendita Trinidad ha puesto su sello de aprobación sobre el estado matrimonial.

No hay duda de que en el matrimonio verdadero, cada parte ayuda de igual manera a la otra, y en vista de lo que he señalado anteriormente, cualquiera que se atreve a creer o enseñar otra doctrina o filosofía lo hace en contra del Altísimo. No es que esto establezca la regla absoluta de que todos los hombres y todas las mujeres están obligados a contraer matrimonio. Puede haber buenas y sabias razones para vivir solos y motivos adecuados para quedarse solteros física y moralmente, doméstica y socialmente. No obstante, la soltería debe ser considerada... la *"excepción"*, en lugar de lo ideal. Cualquier enseñanza que lleve a los hombres y a las mujeres a pensar en el matrimonio como una esclavitud y el sacrificio de toda independencia o que considera que ser esposa y ser madre es algo desagradable que interfiere con el destino más importante de la mujer, cualquier sentimiento público que sugiere el celibato como algo más deseable y honroso o que sustituye cualquier otra cosa por el matrimonio y el hogar, no sólo contradice la ordenanza de Dios, sino que abre la puerta a crímenes indescriptibles y amenaza el fundamento mismo de la sociedad.

Sus razones

Es lógico pensar que el establecimiento del matrimonio tiene que tener sus razones. Las Escrituras dan tres:

Primero, procrear hijos: Éste es el propósito obvio y normal. "Y creó Dios al hombre a su imagen, a imagen de Dios lo creó; varón y hembra los creó" (Gn. 1:27), no ambos hombres o ambas mujeres, sino una hombre y una mujer. Para que esto fuera claro y no diera pie a equivocaciones, Dios dijo: "Fructificad y multiplicaos" (1:28). Por esta razón, a esta unión se la llama "matrimonio" lo cual significa *maternidad* porque es el resultado de que vírgenes lleguen a ser madres. Por lo tanto, es preferible contraer matrimonio en la juventud, antes de haber pasado la flor de la vida: Dos veces leemos en las Escrituras acerca de *"la mujer de tu juventud"* (Pr. 5:18; Mal. 2:15). Hemos destacado que tener los hijos es una finalidad "normal" del matrimonio; no obstante, hay momentos especiales que causan una "angustia" aguda como la que indica 1 Corintios 7:29.

Segundo, el matrimonio fue concebido como una prevención contra la inmoralidad: "Pero a causa de las fornicaciones, cada uno tenga su propia mujer, y cada una tenga su propio marido" (1 Cor 7:2). Si alguno fuera exento, se supone que serían los reyes, a fin de evitar que no tuvieran un sucesor al trono por la infertilidad de su esposa; no obstante, al rey se le prohíbe tener más de una esposa (Dt. 17:17), demostrando que el hecho de poner en peligro la monarquía no es suficiente razón para justificar el pecado del adulterio. Por esta razón, a la prostituta se la llama "mujer extraña" (Pr. 2:16), mostrando que debiera ser una extraña para nosotros y, a los niños nacidos fuera del matrimonio, se los llama "bastardos", los cuales bajo la Ley eran excluidos de la congregación del Señor (Dt. 23:2).

El tercer propósito del matrimonio es evitar la soledad: Esto es lo que quiere decir "No es bueno que el hombre esté solo" (Gn. 2:18), como si el Señor estuviera diciendo: "Esta vida sería tediosa e infeliz si al hombre no se le diera una compañera". "¡Ay del solo! Que cuando cayere, no habrá segundo que lo levante" (Ec. 4:10). Alguien ha dicho: "Como una tortuga que ha perdido su pareja, como una pierna cuando amputaron la otra, como un ala cuando la otra ha sido cortada, así hubiera sido el hombre si Dios no le hubiera dado una mujer". Por lo tanto, Dios unió al hombre y a la mujer para compañía y bienestar mutuo, de modo que los cuidados y temores de esta vida fueran mitigados por el optimismo y la ayuda de su pareja.

La elección de nuestra pareja

Consideremos ahora la elección de nuestra pareja.

Primero, la persona seleccionada para ser nuestra pareja de por vida no puede ser un pariente cercano que la ley divina prohíbe (Lv. 18:6-17).

Segundo, el matrimonio debe ser entre cristianos. Desde los primeros tiempos, Dios ordenó que el "pueblo habitará [solo], y no será contado entre las naciones" (Nm. 23:9). La ley para Israel en relación con los cananeos era: "Y no emparentarás con ellas; no darás tu hija a su hijo, ni tomarás a su hija para tu hijo" (Dt. 7:3 y ver Jos. 23:12). Con cuánta más razón entonces, requiere Dios la separación entre los que son su pueblo por un vínculo espiritual y celestial y los que sólo tienen una relación carnal y terrenal con él. "No os unáis en yugo desigual con los incrédulos" (2 Co. 6:14)…

Hay sólo dos familias en este mundo: Los hijos de Dios y los hijos del diablo (1 Jn. 3:10). Entonces, ¡si una hija de Dios se casa con un hijo del maligno, ella pasa a ser la nuera de Satanás! ¡Si un hijo de Dios se casa con una hija de Satanás, se convierte en el yerno del diablo! Con este paso tan infame, se forma una afinidad entre uno que pertenece el Altísimo y uno que pertenece a su archienemigo. "¡Lenguaje extraño!". Sí, pero no demasiado fuerte. ¡Ay la deshonra que tal unión le hace a Cristo! ¡Ay la cosecha amarga de tal siembra! En cada caso, es el pobre creyente el que sufre… Como sufriría un atleta que se amarra a una roca pesada y después espera ganar una carrera, así sufriría el que quiere progresar espiritualmente después de casarse con alguien del mundo.

Para el lector cristiano que contempla la perspectiva de comprometerse para casarse, la primera pregunta para hacer ante la presencia del Señor tiene que ser: ¿Será esta unión con un inconverso? Porque si tiene usted realmente conciencia de la diferencia inmensa que Dios, en su gracia, ha establecido en su corazón y su alma y aquellos que —aunque atractivos físicamente— permanecen en sus pecados, no tendrá ninguna dificultad en rechazar cualquier sugerencia y propuesta de hacer causa común con ellos. Es usted "la justicia de Dios" en Cristo, mientras que los no creyentes son "inicuos". Usted es "luz en el Señor", mientras que ellos son tinieblas. Usted ha sido trasladado al reino del Hijo amado de Dios, mientras que todos los inconversos se encuentran bajo el poder de Belial. Usted es el hijo de paz, mientras que todos los inconversos son "hijos de ira". Por lo tanto: "Apartaos, dice el Señor, y no toquéis lo inmundo; y yo os recibiré" (2 Co. 6:17).

El peligro de formar una alianza así aparece *antes* del matrimonio o aun *antes* del compromiso matrimonial, cosa que ningún creyente verdadero consideraría seriamente, a menos que hubiera perdido la dulzura de la comunión con el Señor. Tiene que haber un apartarse de Cristo antes de poder disfrutar de la compañía de los que están enemistados con Dios y cuyos intereses se limitan a este mundo. El hijo de Dios que está guardando su corazón con diligencia (Pr. 4:23), no disfrutará, no puede disfrutar de una amistad cercana con el no regenerado. *Ay, con cuánta frecuencia es el buscar o aceptar una amistad cercana con no creyentes el primer paso que lleva a apartarse de Cristo.* El sendero que el cristiano está llamado a tomar es realmente uno angosto, pero si intenta ampliarlo o dejarlo por un camino más ancho, lo hará violando la Palabra de Dios y para su propio e irreparable perjuicio.

Tercero, "casarse… con tal que sea en el Señor" (1 Co. 7:39) va mucho más allá que prohibir casarse con un no creyente. Aun entre los hijos de Dios hay muchos que no serían compatibles. Una cara linda es atractiva, pero oh cuán vano es basar en algo tan insignificante aquello que es tan serio. Los bienes materiales y la posición social tienen su valor, pero qué vil y degradante es dejar que controlen una decisión tan seria. ¡Oh, cuánto cuidado y oración necesitamos para regular nuestros sentimientos! ¿Quién entiende cabalmente el temperamento que coincidirá con el mío, que podrá soportar pacientemente mis faltas, corregir mis tendencias y ser realmente una ayuda en mi anhelo de vivir para Cristo en este mundo? ¡Cuántos hacen una magnífica impresión al principio, pero terminan siendo un desastre! ¿Quién, sino Dios mi Padre puede protegerme de las muchas maldades que acosan al desprevenido?

"La mujer virtuosa es corona de su marido" (Pr. 12:4). Una esposa consagrada y competente es lo más valioso de todas las bendiciones temporales de Dios; ella es el favor especial de su gracia. "Mas de Jehová la mujer prudente" (Pr. 19:14) y el Señor requiere que busquemos definitiva y diligentemente una así (ver Gn. 24:12). No basta que tengamos la aprobación de amigos de confianza y de nuestros padres, por más valioso y necesario que esto sea (generalmente) para nuestra felicidad, porque por más interesados que estén por nuestro bienestar, su sabiduría no es suficiente. Aquel que estableció la ordenanza tiene que ser nuestra prioridad si esperamos contar con su bendición sobre nuestro matrimonio. Ahora bien, la oración nunca puede tomar el lugar del cumplimiento de nuestras responsabilidades; el Señor requiere que seamos cuidadosos y discretos y que nunca actuemos apurados y sin reflexionar…

"El que halla esposa halla el bien, y alcanza la benevolencia de Jehová" (Pr. 18:22). "Halla" implica una búsqueda. A fin de guiarnos en esto, el Espíritu Santo nos ha dado dos reglas o calificaciones. Primero, *consagración*, porque nuestra pareja tiene que ser como la esposa de Cristo, pura y santa. Segundo, *adecuada*, una "ayuda idónea para él" (Gn. 2:18), lo que muestra que una esposa no puede ser una "ayuda", a menos que sea "idónea", y para ello tiene que tener mucho en común con su pareja. Si el esposo es un obrero, sería una locura que escogiera una mujer perezosa; si es un hombre erudito, una mujer sin conocimientos sería muy inadecuada. La Biblia llama "yugo" al matrimonio y los dos no pueden tirar parejo si todo el peso cae sobre uno solo, como el caso de que alguien débil y enfermizo fuera la pareja escogida.

Ahora, destaquemos para beneficio de los lectores jóvenes algunas de las características por las cuales se puede identificar una pareja consagrada e idónea. Primero, *la reputación*: Un hombre bueno, por lo general, tiene un buen nombre (Pr. 22:1). Nadie puede acusarlo de pecados patentes. Segundo, *el semblante:* Nuestro aspecto revela nuestro carácter y es por eso que las Escrituras hablan de "miradas orgullosas" y "miradas lascivas". "La apariencia de sus rostros testifica contra ellos" (Is. 3:9). Tercero, *lo que dice*: "Porque de la abundancia del corazón habla la boca" (Mt. 12:34). "El corazón del sabio hace prudente su boca, y añade gracia a sus labios" (Pr. 16:23). "Abre su boca con sabiduría, y la ley de clemencia está en su lengua" (Pr. 31:26). Cuarto, *la ropa:* La mujer modesta se conoce por la modestia de su ropa. Si la ropa es vulgar o llamativa, el corazón es vanidoso. Quinto, *la gente con quien anda:* Dios los cría y ellos se juntan. Se puede conocer a una persona por las personas con quien se asocia.

Quizá no vendría mal una advertencia. No importa con cuánto cuidado y oración uno elige su pareja, su matrimonio nunca será perfecto. No que Dios no lo haya hecho perfecto, sino que, desde entonces el hombre ha caído y la caída ha estropeado todo. Puede ser que la manzana siga siendo dulce, pero tiene un gusano adentro. La rosa no ha perdido su fragancia, pero tiene espinas. Queramos o no, en todas partes leemos de la ruina que causa el pecado. Entonces no soñemos con esa persona perfecta que una imaginación enferma inventa y que los novelistas describen. Aun los hombres y mujeres más consagrados tienen sus fallas y, aunque son fáciles de sobrellevar cuando existe un amor auténtico, de igual manera, hay que sobrellevarlas.

La vida familiar de la pareja casada

Agreguemos algunos comentarios breves sobre la vida familiar de la pareja casada. Obtendrás luz y ayuda aquí si tienes en cuenta que el matrimonio es usado como un ejemplo de la relación entre Cristo y su Iglesia. Esto, pues, incluye tres cosas.

Primero, la actitud y las acciones del esposo y la esposa tienen que ser reguladas por el amor. Ese es el vínculo que consolida la relación entre el Señor Jesús y su esposa; un amor santo, un amor sacrificado, un amor perdurable que nunca puede dejar de ser. No hay nada como el amor para hacer que todo marche bien en la vida diaria del hogar. El esposo tiene con su pareja la misma relación que el Redentor con el redimido y de allí, la exhortación: "Maridos, amad a vuestras mujeres, así como Cristo amó a la iglesia" (Ef. 5:25), con un amor fuerte y constante, buscando siempre el bien para ella, atendiendo sus necesidades, protegiéndola y manteniéndola, aceptando sus debilidades, "dando honor a la mujer como a vaso más frágil, y como a coherederas de la gracia de la vida, para que vuestras oraciones no tengan estorbo" (1 P. 3:7).

Segundo, el liderazgo del esposo. "El varón es la cabeza de la mujer" (1 Co. 11:3). "Porque el marido es cabeza de la mujer, así como Cristo es cabeza de la iglesia" (Ef. 5:23). A menos que esta posición dada por Dios se observe, habrá confusión. El hogar tiene que tener un líder y Dios ha encargado su dirección al esposo, haciéndolo responsable del orden en su administración. Se perderá mucho si el hombre cede el gobierno a su esposa. Pero esto no significa que la Biblia le da permiso para ser un tirano doméstico, tratando a su esposa como una sirvienta. Su dominio debe ser llevado a cabo con amor hacia la que es su consorte. "Vosotros maridos, igualmente, vivid con ellas" (1 P. 3:7). Busquen su compañía cuando haya acabado la labor del día…

Tercero, la sujeción de la esposa. "Las casadas estén sujetas a sus propios maridos, como al Señor" (Ef. 5:22). Hay una sola excepción en la aplicación de esta regla: Cuando el esposo manda lo que Dios prohíbe o prohíbe lo que Dios manda. "Porque así también se ataviaban en otro tiempo aquellas santas mujeres que esperaban en Dios, estando sujetas a sus maridos" (1 P. 3:5). ¡Ay, qué poca evidencia de este "adorno" espiritual hay en la actualidad! "Como Sara obedecía a Abraham, llamándole señor; de la cual vosotras habéis venido a ser hijas, si hacéis el bien, sin temer ninguna amenaza" (1 P. 3:6). La sujeción voluntaria y amorosa hacia el marido por respeto a la autoridad de Dios es lo que caracteriza a las hijas de Sara. Donde la esposa se niega a someterse a su esposo, es seguro que los hijos desobedecerán a sus padres —quien siembra vientos, recoge tempestades—…

Tomado de *"Marriage - 13:4"* (Matrimonio - 13:4) en *An Exposition of Hebrews* (Una exposición de Hebreos).

Arthur W. Pink (1886-1952): Pastor, maestro de la Biblia itinerante, autor de *Studies in the Scriptures, The Sovereignty of God* (Estudios en las Escrituras, La Soberanía de Dios. Ambos reimpresos y a su disposición en CHAPEL LIBRARY) y muchos más. Nacido en Gran Bretaña, migró a los Estados Unidos y, más adelante, volvió a su patria en 1934. Nació en Nottingham, Inglaterra.

Los deberes de esposos y esposas
Richard Steele (1629-1692)

"Por lo demás, cada uno de vosotros ame también a su mujer como a sí mismo; y la mujer respete a su marido". —Efesios 5:33

Las Escrituras

El matrimonio es el fundamento de toda la sociedad. Por lo tanto, este tema es muy importante. Explicarles a ustedes los deberes conyugales es mucho más fácil que convencerlos de cumplirlos en la práctica. Ajusten su voluntad a las Escrituras, no viceversa. Hagan suyo Efesios 5:33.

1. *La conexión.* "Por lo demás" es una transición de la realidad de la relación de Cristo con la Iglesia. Significa que, a pesar de ser un ideal inalcanzable, deben tratar de alcanzarlo o que, por ser un noble ejemplo, deben imitarlo en su relación con su cónyuge.

2. *La directiva.*

A. La obligación universal de ella. *"Cada uno de vosotros"*, no importa lo bueno que sean ustedes o lo malo que sean sus cónyuges. Todos los maridos tienen derecho al respeto de sus esposas, sean ellos sabios o necios, inteligentes o lentos, habilidosos o torpes. Todas las esposas tienen derecho al amor de sus esposos, sean hermosas o feas, ricas o pobres, sumisas o rebeldes.

B. La aplicación particular de ella. *"Cada uno"*, cada esposo y esposa debe aplicar esto a su propio caso en particular.

3. *Resumen de los deberes.*

A. El deber de cada esposo. *Amar a su esposa.* Éste no es el único deber, pero incluye a todos los demás. Debe amarla como a sí mismo. Esto es cómo (la Regla de Oro) y por qué ha de amarla (porque ambos son en realidad uno, amarla dará como resultado bendiciones para él).

B. El deber de cada esposa. *Temer* (griego) o *reverenciar* (RV 1909) o *respetar* (RV 1960) a su marido, por su persona y por su posición. Esto incluye necesariamente amor porque si ella lo ama, tratará de agradarle y evitar ofenderlo.

> *Doctrina: Cada esposo debe amar a su esposa como a sí mismo*
> *y cada esposa debe respetar a su esposo.*

Recuerden que éste es el consejo de su Creador, articulado claramente, tanto en el Antiguo como en el Nuevo Testamento y, tanto por Pablo, el Apóstol a los gentiles (Ef. 5:22ss; Col. 3:18ss) como por Pedro, el Apóstol a los judíos (1 P. 3:1ss). Estos dos deberes (marido-amor, esposa-respeto) no son absolutos, pero se mencionan particularmente porque son las fallas más comunes de cada uno o porque incluyen todos los demás deberes. Otra explicación es que *respeto* es lo que los maridos más necesitan y *amor* lo que las esposas más necesitan de sus cónyuges (Doug Wilson). Dios los aconseja, no sólo a fin de que tengamos vida eterna, sino para que seamos confortados aquí y ahora. El matrimonio piadoso es un pedacito de cielo sobre la tierra. Repasar estos deberes tiene que humillarnos por nuestros fracasos pasados y retarnos a mejorar en el futuro.

Deberes que corresponden a ambos por igual

1. *Viviendo el uno con el otro.* Él tiene que dejar "a su padre y a su madre, y se unirá a su mujer, y serán una sola carne" (Gn. 2:24) y ella tiene que olvidar su "pueblo, y la casa de (tu)

padre" (Sal. 45:10). Él tiene que "vivir con" su esposa (1 P. 3:7) y "la mujer no se separe del marido", aunque éste sea inconverso (1 Co. 7:10). Los otros deberes del matrimonio requieren vivir juntos, teniendo relaciones sexuales regularmente, las cuales cada uno le debe al otro (1 Co. 7:3-5). El A.T. prohíbe que los esposos vayan a la guerra durante su primer año de matrimonio (Dt. 24:5). Esto muestra la importancia de vivir juntos.

2. *Amándose el uno al otro.* Éste es un deber, tanto del esposo (Col. 3:19) como de la esposa (Tit. 2:4). El amor es la gran razón y el consuelo del matrimonio. Este amor no es meramente romance, sino afecto y cuidado auténtico y constante y "entrañablemente de corazón puro" (1 P. 1:22) el uno por el otro. El amor matrimonial no puede basarse en belleza o riqueza, pues éstas son pasajeras y ni siquiera en la piedad, pues ésta puede menguar. Tiene que basarse en el mandato de Dios que nunca cambia. El voto matrimonial es *"para bien o para mal"* y los casados deben considerar a sus cónyuges como lo mejor en este mundo para ellos. El amor matrimonial tiene que ser duradero, perdurando aun después de que la muerte haya roto el vínculo (Pr. 31:12). Este amor de corazón puro produce, como consecuencia, el contentamiento y consuelo. Guarda contra el adulterio y los celos. Previene o reduce los problemas familiares. Sin él, el matrimonio es como un hueso dislocado. Duele hasta que vuelve a encajarse en su lugar.

3. *Siendo fieles el uno al otro.* Cada varón debe tener (sexualmente) su propia esposa y cada esposa, su propio esposo (1 Co. 7:2) y sólo los suyos propios. Imiten al primer Adán, quien tuvo sólo una esposa y al segundo Adán, quien tiene una sola Iglesia. El pacto matrimonial los enlaza a ustedes a sus propios cónyuges: Los más queridos, dulces y mejores del mundo. La infidelidad más pequeña, **aun en el corazón,** puede llevar a un adulterio en toda la extensión de la palabra. Sin arrepentimiento, el adulterio destruye la felicidad terrenal, al igual que la expectativa razonable del cielo. Casi disuelve el matrimonio y, en el A.T., era un crimen sancionado con la pena de muerte (Dt. 22:22). Cuídense para evitar las tentaciones de este pecado. El hombre que no se satisface con una mujer, nunca se satisfará con muchas porque este pecado no tiene límites. La fidelidad también incluye guardar los secretos del otro. Estos no deben revelarse, a menos que exista una obligación mayor. Contar los secretos del cónyuge es malo cuando sucede por accidente, peor cuando es el resultado de un enojo y peor todavía cuando es motivado por el odio.

4. *Ayudándose el uno al otro.* La esposa ha de ser *"ayuda idónea"* para su esposo (Gn. 2:18), lo cual implica que ambos deben ayudarse mutuamente. Deben compartir estas cosas:

A. Su trabajo. Si ella trabaja en casa y él trabaja fuera, el trabajo de ambos será más fácil. Para motivación, preste él atención a todo el libro de Proverbios y ella, especialmente, al último capítulo.

B. Sus cruces. Aunque los recién casados esperan que el matrimonio sea sólo placer, las dificultades de seguro llegarán (1 Co. 7:28). Quizás tengan que enfrentar la pérdida de bienes materiales, daño a sus hijos, aflicciones causadas por amigos, tanto como por enemigos. Cada cónyuge tiene que ser un amigo para el otro, venga lo que venga.

C. Su consagración a Cristo. Vivan como herederos juntamente "de la gracia de la vida" (1 P. 3:7). La meta más alta del matrimonio es promover la felicidad eterna mutua. En esto, la cooperación es muy importante. Los conocimientos de él deben ayudar a vencer la ignorancia de ella y el fervor de ella, el desaliento de él. Cuando el esposo está en casa, debe instruir y orar con su familia y santificar el Día de reposo pero, en su ausencia, ella debe atender estas cuestiones.

5. *Siendo pacientes el uno con el otro*. Este deber es hacia todos, pero especialmente, hacia nuestro cónyuge (Ef. 4:31-32). ¡En el matrimonio hay muchas tentaciones para impacientarse! Perder los estribos causa guerras civiles en casa y nade bueno viene de ello. Ambos necesitan un espíritu humilde y quieto. Aprendan a estar en paz consigo mismos para mantener la paz. Retírense hasta que la tormenta haya pasado. Ustedes no son dos ángeles casados, sino dos hijos pecadores de Adán. Disimulen las faltas menores y tengan cuidado al confrontar las mayores. Reconozcan mutuamente sus propios pecados y confiésenlos todos a Dios. Cedan el uno al otro en lugar de ceder al diablo (Ef. 4:27).

6. *Salvando el uno al otro*. 1 Corintios 7:16 insinúa que nuestro gran deber es promover la salvación de nuestro cónyuge. ¿De qué sirve disfrutar del matrimonio ahora y luego irse juntos al infierno? Si uno deja que su cónyuge vaya a condenación, ¿dónde está su amor? Ambos deben inquirir sobre el estado espiritual del otro y usar los medios debidos para mejorarlo. Crisóstomo dijo: "Vayan los dos a la iglesia y luego dialoguen juntos sobre el sermón". Si los dos ya son cristianos, entonces han de hacer lo que puedan para ayudarse mutuamente a llegar a ser santos más perfectos. Hablen con frecuencia de Dios y de cosas espirituales. Sean compañeros peregrinos a la Ciudad Celestial.

7. *Manteniendo relaciones sexuales matrimoniales con regularidad, pero moderadas*. "Honroso sea en todos el matrimonio, y el lecho sin mancilla; pero a los fornicarios y a los adúlteros los juzgará Dios" (He. 13:4). La relación sexual en el matrimonio ha sido diseñada para remediar los afectos impuros, no excitarlos. No pueden ustedes realizar con su cónyuge cada necedad sexual que se les ocurra, por el mero hecho de estar casados. Ser dueños de un vino, no les da permiso para emborracharse. Sean moderados y sensatos. Por ejemplo, pueden abstenerse por un tiempo para dedicarse a la oración (1 Co. 7:5). Aun en las relaciones matrimoniales tenemos que demostrar reverencia a Dios y respeto mutuo. El amor auténtico no se comporta groseramente.

8. *Cuidando el uno los intereses del otro, en todas las cosas*. Ayúdense a mantener una buena salud y estén enfermos juntos, por lo menos en espíritu. El uno no debe ser rico, mientras el otro sufre necesidad. Promueva cada uno, la buena reputación de su cónyuge. El esposo, naturalmente y con razón, se interesa por las cosas que son del mundo, cómo puede agradar a su esposa y la esposa hace lo mismo (1 Co. 7:33, 34). Esto da honor a su fe, consuelo a sus vidas y una bendición en todo lo que tienen. Deben ser amigos íntimos, riendo y llorando juntos, siendo la muerte, lo único que separa sus intereses.

9. *Orando el uno por el otro*. Pedro advierte qué hacer para que "vuestras oraciones no tengan estorbo" (1 P. 3:7). Lo que sugiere es que deben orar el uno por el otro y juntos. "Oró Isaac a Jehová por su mujer, que era estéril" (Gn. 25:21). Tenemos que orar por todos, pero, especialmente, por nuestro cónyuge. El amor más puro se expresa en la oración sincera y la oración preserva el amor. Procuren tener momentos de oración juntos. El Sr. Bolton oraba todos los días dos veces en privado, dos veces con su esposa y dos veces con su familia. La oración eleva al matrimonio cristiano por encima de los matrimonios paganos y de la cohabitación de los animales.

Cómo cumplir estos deberes

1. *Manténganse puros antes del matrimonio*. Esto les ayudará más adelante a cumplir los deberes matrimoniales. Cada uno debe "tener su propia esposa en santidad y honor" (1 Ts. 4:4). El fornicario antes de casarse, sigue con su pecado dentro del matrimonio. Cuídense de la primera aparición de la lascivia y huyan de ella como de un veneno. Mantengan su corazón lleno de las cosas de Dios y su cuerpo ocupado en el cumplimiento de sus obligaciones. Los

más grandes incendios comienzan con una chispa. El placer momentáneo que precede al tormento eterno, es pura necedad. Si han pecado ustedes de esta manera, limpien su corazón y sus manos con la sangre de Cristo por medio de la confesión a Dios, con ayuno y oración, pidiéndole perdón y fortaleza contra tentaciones futuras. Gusten de las delicias más espléndidas del favor y las promesas de Dios, el perdón del pecado y la seguridad de vida e inmortalidad. Una vez que hayan bebido de la fuente pura, nunca volverán a preferir las aguas del arroyuelo turbio.

2. *Elijan con cuidado a su cónyuge.* Ahora que saben lo difícil que es el matrimonio piadoso, deben orar que el Señor les guíe a dar ese paso. No amen primero y consideren después. Primero consideren y después amen. El alma del otro sea su principal preocupación, no su apariencia o dinero. ¿Por qué cargar con una cruz perpetua por una ganancia o un placer pasajero? Cásense sólo con un cristiano, cuanto más piadoso, mejor. Consideren también su personalidad. Hablen honestamente el uno con el otro sobre sus propias faltas y problemas antes de contraer matrimonio. Si alguien les vendiera un animal enfermo pretendiendo que era sano, se sentirían defraudados. ¡Cuánto peor es cuando alguien pretende ser mejor de lo que realmente es para asegurar su matrimonio al que dicen amar!

3. *Estudien los deberes matrimoniales bíblicos antes de tenerlos.* Ser un cónyuge piadoso es un reto tan grande que tienen que prepararse bien con anterioridad. ¡Con razón tantos matrimonios fracasan! Sucede con demasiada frecuencia que el esposo no sabe cómo gobernar, la esposa no sabe cómo obedecer. Ambos son ignorantes, engreídos e infelices. Por lo tanto, los padres deben enseñar a sus hijos acerca de los deberes del matrimonio. En caso contrario, las familias que deberían ser el semillero de la Iglesia, se convierten en caldo de cultivo del desorden y la inmoralidad. Lean, no sólo las Escrituras, sino también libros buenos sobre el tema. [El lector moderno tiene muchas opciones en este aspecto].

4. *Resuelvan obedecer a Dios sin reservas.* Hasta no haber nacido de nuevo y haber sido santificados en su corazón, no pueden agradar a Dios ni ser una bendición total para su cónyuge. El marido que realmente teme a Dios, no puede guardarle rencor a su esposa. Una Biblia colocada entre ustedes eliminará muchas diferencias, confortará en medio de dificultades y les guiará en muchas circunstancias confusas. Recuerden que la razón de los mandatos de Dios es la más elevada, de manera que la obediencia es la mayor dulzura. Guarden la Regla de Oro en su matrimonio. Ser justos y rectos fuera de casa, no excusa la maldad en casa. Cuando ambos se enfocan en sus propios deberes, serán bendecidos.

5. *Obtengan y mantengan un afecto auténtico para con su cónyuge.* No den lugar a los celos. No escuchen a los murmuradores ni a los chismosos. Con frecuencia, los celos se desarrollan donde faltaba un afecto sincero desde el principio.

6. *Oren pidiendo gracias espirituales.*

A. *Sabiduría.* La falta de sabiduría causa muchos problemas en el matrimonio. Necesitamos mucha sabiduría para gobernar como maridos y para someternos como esposas.

B. *Humildad.* Esto impide que el marido se convierta en un tirano y que la esposa no se sujete de buena voluntad a su marido. "La soberbia concebirá contienda" (Pr. 13:10). El orgulloso no puede llevarse bien, ni siquiera con un ángel; el humilde se lleva bien con cualquiera. La humildad también promueve contentamiento. El marido y la esposa humildes dirán: "Mi cónyuge es demasiado bueno para un pecador como yo. No me merezco una pareja tan maravillosa. Esa fue una dura represión, pero no fue nada en comparación con el infierno, que es lo que me merezco". La compañía de las personas realmente humildes es agradable.

C. Rectitud. Se necesita un corazón recto para guardar estos mandamientos de Dios. El corazón escogerá el camino más seguro, aunque sea el más difícil. Sufrirá el peor agravio, más bien que causar el más pequeño. Se guardará contra los inicios del pecado que, en el matrimonio, producen las peores dificultades. El esposo y la esposa rectos, se esforzarán por cumplir cada uno su propio deber y serán los más estrictos con sus propios fracasos.

Disponible en CHAPEL LIBRARY en forma de folleto. Una versión moderna condensada y parafraseada por D. Scott Meadows, el pastor de Calvary Baptist Church (Iglesia Bautista Calvario), una congregación Reformada Bautista en Exeter, New Hampshire.

Richard Steele (1629-1692): Predicador y escritor puritano; echado de su púlpito por el Acto de Uniformidad en 1662 y después por "The Five Mile Act", nunca cesó de proclamar oralmente las riquezas de Cristo. Recordado como "un hombre muy valioso y útil, un buen erudito, un estudioso y excelente predicador". Nació en Barthomley, Cheshire, Inglaterra.

Deberes mutuos de esposos y esposas
John Angell James (1785-1859)

"Amaos unos a otros entrañablemente, de corazón puro". —1 Pedro 1:22

El matrimonio es el fundamento de la vida de hogar. Esto, dice el Apóstol, es "honroso… en todos" (He. 13:4) y condena como "doctrinas de los demonios", las opiniones de los que lo prohíben (1 Ti. 4:1-3). Es una institución de Dios, la estableció en el Edén, fue objeto de honra por la asistencia personal de Cristo a una boda donde realizó el primero de una serie de milagros espléndidos con los que probó ser el Hijo de Dios y el Salvador del mundo… Distinguiendo al hombre de las bestias, proveyendo, no sólo la *continuación*, sino el *bienestar* de nuestra especie, incluyendo el origen de la felicidad humana y todas esas emociones virtuosas y generosas que perfeccionan y adornan la personalidad del hombre. Como tema general nunca puede dársele demasiada atención, ni se puede encarar con demasiada prudencia y atención… Mi primer objetivo será exponer los deberes que el esposo y la esposa tienen en común:

1. El amor

El primero que mencionaré es el *amor*, la base de todos los demás. Cuando esto falta, el matrimonio se degrada inmediatamente convirtiéndose en algo brutal o sórdido. Este deber, que, enunciado especialmente como del esposo, es igualmente de la esposa. Tiene que ser mutuo o no habrá felicidad. No la hay para el que *no* ama porque es atroz la idea de estar encadenado para toda la vida a un individuo por quien no tenemos ningún afecto, estar en la compañía casi constante de una persona que nos causa repulsión, pero aún así, a la que tenemos que mantenernos unidos por un lazo que impide toda separación y escapatoria. Ni puede haber felicidad para la parte que *sí* ama. Un amor no correspondido tiene que morir o seguir existiendo sólo para consumir el corazón desdichado en el que arde. *La pareja casada sin amor mutuo es uno de los espectáculos más lastimosos sobre la tierra.* Los cónyuges no pueden y de hecho, normalmente, no deben separase; pero se mantienen juntos sólo para torturarse el uno al otro. No obstante, cumplen un propósito importante en la historia de la humanidad: Ser un faro para todos los solteros, a fin de advertirles contra el pecado y la necedad de formar esta unión sobre cualquier otra base que no sea un amor puro y mutuo, y para exhortar a todos los casados que cuiden su cariño mutuo y que no dejen que nada apague la llama sagrada.

Como la unión debe ser formada sobre la base del amor, también hay que tener mucho cuidado, especialmente en las primeras etapas, que no aparezca nada que desestabilice o debilite la unión. Sea cual sea lo que sepan de los gustos y los hábitos, uno del otro antes de casarse, no son ni tan exactos, ni tan amplios ni tan impresionantes como los que llegarán a conocer al vivir juntos. Y es de enorme importancia que cuando, por primera vez se notan pequeños defectos y fallas y diferencias triviales, no dejen que produzcan una impresión desfavorable.

Si quieren preservar el amor, asegúrense de aprender con la mayor exactitud, los gustos y desagrados el uno del otro, y esforzarse por abstenerse de lo que sea fastidioso para el otro, por más pequeño que sea… Si quieren preservar el amor, eviten con cuidado hacer repetidamente la distinción entre lo que es **mío** y lo que es **tuyo** porque esto ha sido la causa de todas las leyes, todas las demandas judiciales y todas las guerras en el mundo…

2. El respeto mutuo

El *respeto* mutuo es un deber de la vida matrimonial porque, aunque, como luego consideraremos, a la mujer le corresponde ser respetuosa, al esposo también le corresponde serlo. Como es difícil respetar a los que no lo merecen por ninguna otra razón que por una posición superior o una relación común, es de inmensa importancia demostrar, el uno ante el otro, una conducta que merece respeto y lo demanda. La estima moral es uno de los apoyos más firmes y guardias más fuertes del amor, y comportarse excelentemente, no puede menos que producir dicha estima. Los cónyuges se conocen mejor el uno al otro en este sentido que lo que son conocidos por el mundo o aun por sus propios sirvientes e hijos. Lo íntimo de tal relación expone motivaciones y todo el interior del carácter de cada uno, de modo que se conocen mejor el uno al otro de lo que se conocen a sí mismos. Por lo tanto, si quieren respeto *tienen que ser dignos de respeto*. El amor cubre una multitud de faltas, es cierto, pero no hay que confiar demasiado en la credulidad y la ceguera del afecto. Llega un punto en el que, aun el amor, no puede ser ciego ante la seriedad de una acción culpable. Cada parte de una conducta pecaminosa, cuya incorrección es indiscutible, tiende a rebajar la estima mutua y a quitar la protección del afecto… Por lo tanto, en la conducta conyugal, debe haber un respeto muy evidente e invariable, aun en lo pequeño. No hay que andar buscando faltas ni examinar con un microscopio lo que no se puede esconder, ni decir palabras duras de reproche, ni groseras de desprecio, ni humillantes, ni de fría desidia. Tiene que haber cortesía sin ceremonias, civilidad sin formalismos, atención sin esclavitud. *En suma, debe existir la ternura del amor, el apoyo de la estima y todo con buena educación.* Además, hay que mantener un respeto mutuo delante de los demás… Es muy incorrecto que cualquiera de los dos haga algo, diga una palabra, dé una mirada que, aun remotamente, pueda rebajar al otro en público.

3. El deseo mutuo

El *deseo* mutuo de estar en la compañía el uno del otro es un deber común del esposo y de la esposa. Están unidos para ser compañeros, para vivir juntos, para caminar juntos, para hablar juntos. La Biblia manda al esposo que viva con la esposa sabiamente (1 P. 3:7). "Esto", dice el Sr. Jay[3], "significa residir, es lo opuesto a ausentarse o tener carta blanca para irse a dónde quiera. Es absurdo que se casen los que no piensan vivir juntos, los que ya están casados no deben ausentarse de casa cuando no es necesario. Hay circunstancias de diversos tipos que, sin duda, hacen que las salidas ocasionales sean inevitables, pero vuelva el hombre a su casa en cuanto terminó su diligencia. Que salga siempre con las palabras de Salomón en su mente. 'Cual ave que se va de su nido, tal es el hombre que se va de su lugar' (Pr. 27:8). ¿Puede el hombre, no estando en su casa, cumplir los deberes que le corresponden cuando está allí? ¿Puede disciplinar a sus hijos? ¿Puede mantener el culto a Dios con su familia? Sé que es la responsabilidad de la esposa dirigir el culto familiar en la ausencia de su esposo y no debe tomarlo como una cruz, sino como un privilegio temporal. No obstante, pocas son las que tienen esta actitud y, por eso, *uno de los santuarios de Dios* durante semanas y meses enteros se mantiene cerrado. Lamento tener que decir que hay maridos que parecen preferir la compañía de *cualquiera* que no sea su esposa. Se nota en cómo usan sus horas libres. ¡Qué pocas son dedicadas a la esposa! Las noches antes de ir a dormir son las horas más hogareñas del día. *A estas, la esposa tiene un derecho particular*, ya está libre de sus numerosas obligaciones para poder disfrutar de la lectura y la conversación. Es triste cuando el esposo prefiere pasar estas horas fuera de casa. Implica algo malo y predice algo peor".

---

[3] **William Jay** (1789-1853) – Teólogo y autor inglés no-conformista.

Para asegurar en lo posible la compañía de su esposo en su propia casa, sea la esposa cuidadosa de su casa (Tit. 2:5) y haga todo lo que pueda para ser todo lo atractiva que el buen humor, la pulcritud, la alegría y la conversación amena permitan. Procure ella hacer de su hogar en lugar apacible donde le encante a él reposar en las delicias hogareñas...

Unidos, entonces, para ser compañeros, estén el hombre y su esposa juntos todo el tiempo posible. Algo anda mal en la vida familiar cuando necesitan bailes, fiestas, teatro y jugar a las cartas para aliviarles del tedio de las actividades hogareñas. Doy gracias a Dios que no tengo que valerme de los centros de recreación para estar contento, ni tengo que huir de la comodidad de mi propia sala y de la compañía de mi esposa, ni del conocimiento y la recreación que brinda una biblioteca bien organizada o de una caminata nocturna por el campo cuando hemos terminado las tareas del día. A mi modo de ver, los placeres del hogar y de la compañía de seres queridos, cuando el hogar y esa compañía son todo lo que uno pudiera desear, son tal que uno no necesita cambios, sino que va pasando de un rato agradable a otro. Suspiro y anhelo, quizá en vano, por un tiempo cuando la sociedad sea tan elevada y tan pura, cuando el amor al conocimiento sea tan intenso y las costumbres tan sencillas, cuando la fe cristiana[4] y la moralidad sean tan generalizadas que el hogar de los hombres sea la base y el círculo de sus placeres; cuando en la compañía de una esposa afectuosa e inteligente y de hijos bien educados, cada uno encuentre su máximo bienestar terrenal y cuando, para ser feliz, ya no sea necesario salir de su propia casa para ir a la sala de baile, a un concierto o al teatro, ni preferir irse de una mesa con abundante comida, a un banquete público para satisfacer su apetito. *Entonces* ya no tendríamos que comprobar que las diversiones públicas son inapropiadas porque serían innecesarias...

4. La paciencia mutua

Otro deber es la *paciencia* mutua. Esto se lo debemos a todos, incluyendo al extraño o al enemigo. Con más razón a nuestro amigo más íntimo porque el amor "es sufrido, es benigno; el amor no tiene envidia, el amor no es jactancioso, no se envanece; no hace nada indebido, no busca lo suyo, no se irrita, no guarda rencor; no se goza de la injusticia, mas se goza de la verdad. Todo lo sufre, todo lo cree, todo lo espera, todo lo soporta" (1 Co. 13:4-7) y esta clase de amor es indispensable y tiene que tener su lugar en cada relación de la vida. En dondequiera que haya pecado o imperfecciones, hay lugar para la paciencia del amor. En esta tierra no existe la perfección. Es cierto que los amantes, a menudo creen que la han encontrado, pero un criterio más sobrio de esposo y esposa, generalmente corrige este error. Las primeras impresiones de este tipo, por lo general, pasan con el primer amor. Hemos de contraer matrimonio *recordando que estamos por unirnos a una criatura caída...* El afecto no prohíbe, sino que en realidad demanda que, mutuamente, nos señalemos las faltas. Pero esto debe hacerse con toda la mansedumbre de la sabiduría, junto con la ternura del amor, no sea que sólo aumentemos el mal que tratamos de corregir o lo sustituyamos por uno peor...

5. Ayudarse mutuamente

Es deber de esposos y esposas ayudarse mutuamente. Esto se aplica a los cuidados de la vida... El esposo nunca debe emprender algo importante sin comunicárselo a su esposa, quien, por su parte, en lugar de sustraerse de las responsabilidades como consejera dejándolo

---

[4] **Nota del editor** – La palabra original que el autor emplea aquí es *religión*. A la luz del uso amplio y muchas veces confuso de la palabra *"religión"* hoy en día, los términos "fe cristiana", "cristianismo" y "fe en Cristo" y, a veces, "piedad", "piadoso/a" o "piedad cristiana", suelen reemplazar "religión" y "religioso" en muchos casos en esta publicación.

a él solo con sus dificultades e incertidumbres, tiene que animarlo a comunicarle libremente todas sus ansiedades. Porque si ella no puede aconsejar, puede confortar. Si no puede quitarle las preocupaciones, puede ayudarle a aguantarlas. Si no puede dirigir el curso de sus negocios, puede cambiar el curso de sus sentimientos. Si no puede valerse de ninguna fuente de sabiduría terrenal, puede presentar el asunto al Padre y Fuente de Luz. Muchos hombres, pensando en resguardar, por delicadeza, a sus esposas, no le cuentan sus dificultades, que no hace más que prepararlas para sufrir la carga de tiempos peores cuando estos llegan.

Y así como la esposa debiera estar dispuesta a ayudar a su esposo en cuestiones relacionadas con sus negocios, él debiera estar dispuesto a compartir con ella la carga de las ansiedades y las fatigas domésticas. Algunos se pasan de la raya y degradan totalmente a la parte femenina de la familia, tratándola como si no pudiera confiar en su honestidad o habilidad para administrar el manejo del hogar. Se guardan el dinero y lo comparten como si estuvieran dándoles su sangre, resintiendo cada centavo y exigiendo un rendimiento de cuentas tan rígido como si se tratara de un sirviente de cuya honestidad sospecha. Se hacen cargo de todo, se meten e interfieren en todo. Esto es para despojarla a ella de su jurisdicción, quitándole el lugar que le corresponde, para insultarla y rebajarla delante de sus hijos y los demás. Otros, por el contrario, se van al otro extremo y no ayudan en nada. Me ha dolido ver la esclavitud de algunas esposas devotas, trabajadoras y maltratadas. Después de trabajar todo el día sin parar para su joven y numerosa familia, han tenido que pasar las últimas horas del día solitarias, mientras sus esposos, en lugar de llegar a casa para alegrarse con su compañía o para darles aunque fuera media hora de respiro, andan en alguna fiesta o escuchando algún sermón. Y después, estas desafortunadas mujeres han tenido que despertar y quedarse en vela toda la noche para cuidar a un hijo que está enfermo o inquieto, mientras que el hombre al que aceptaron como compañero en las buenas y las malas duerme a su lado, negándose a sacrificar, aunque sea una hora de descanso, para darles un poco de reposo a sus esposas agotadas. *Hasta las criaturas irracionales avergüenzan a hombres como estos* porque es bien sabido que el pájaro macho se turna para quedarse en el nido durante el periodo de incubación, a fin de darle tiempo a la hembra para renovar sus fuerzas comiendo y descansando, y la acompaña en su búsqueda de alimento y alimenta a los pichones cuando pían. *Ningún hombre debiera pensar en casarse si no está preparado para compartir, hasta donde pueda, la carga de las tareas domésticas con su esposa.*

Tienen que ayudarse mutuamente en todo lo que atañe a su vida espiritual. Esto lo implica claramente el Apóstol cuando dice: "Porque ¿qué sabes tú, oh mujer, si quizá harás salvo a tu marido? ¿O qué sabes tú, oh marido, si quizá harás salva a tu mujer?" (1 Co. 7:16). Sean ambos inconversos o lo sea uno de ellos, debieran hacer cariñosos esfuerzos por procurar la salvación. ¡Qué triste es que disfruten juntos los beneficios del matrimonio y luego vayan juntos a la perdición eterna; ser consoladores mutuos sobre la tierra y luego atormentadores mutuos en el infierno; ser compañeros felices en el tiempo y compañeros de tormentos en la eternidad! Y donde ambas partes son creyentes auténticos, debe existir una demostración de una constante solicitud, atención y preocupación recíproca de su bienestar eterno… ¿Conversan juntos, como debieran, sobre los grandes temas de la redención en Cristo y la salvación eterna? ¿Prestan atención al estado de ánimo, los obstáculos, problemas y descensos en la devoción de su pareja, a fin de poder aplicar remedios adecuados? ¿Se exhortan el uno al otro diariamente, no sea que se endurezcan por lo engañoso del pecado? ¿Ponen en práctica su fidelidad sin tratar de encontrar faltas y elogian sin adular? ¿Se alientan el uno al otro a participar de los medios públicos de gracia más edificantes y recomiendan la lectura de libros que encuentran beneficiosos para sí mismos? ¿Son mutuamente transparentes acerca de lo que piensan sobre el tema de su fe personal y sus inquietudes, sus alegrías, sus temores, sus tristezas? ¡Ay, ay! ¿Quién no tiene que avergonzarse de sus descuidos en estos aspectos? *Aún así, tal negligencia es tanto criminal como usual.* ¡Huimos de la ira que vendrá y, no obstante, no hacemos todo lo que podemos para ayudarnos el uno al otro en la huida! ¡Contender lado a lado por la corona de gloria, el honor, la inmortalidad y vida eterna y, no obstante, no hacer todo lo que podemos para asegurar el éxito mutuo! ¿Es esto amor? ¿Es ésta la ternura del cariño conyugal?

Esta ayuda mutua ha de incluir también todas las costumbres relacionadas con el orden, la disciplina y devoción domésticos. Al esposo le corresponde ser el profeta, sacerdote y rey de la familia para guiar sus pensamientos, dirigir sus meditaciones y controlar sus temperamentos. *Pero en todo lo que se relaciona a estos aspectos importantes, la esposa tiene que ser de un solo sentir con él.* En estas cuestiones tienen que trabajar juntos, ninguno de los dos dejando que el otro sea el único que se esfuerza y, mucho menos, oponerse o boicotear lo que se está tratando de lograr… No existe una escena más hermosa sobre la tierra que la de una pareja devota usando su influencia mutua y las horas juntos para alentarse el uno al otro a realizar actos de misericordia y benevolencia piadosa. Ni siquiera Adán y Eva, llenos de inocencia, presentaban ante los ojos de los ángeles un espectáculo más interesante que éste, mientras trabajaban en el Paraíso levantando las enredaderas o cuidando de las rosas de ese jardín santo.

6. Solidaridad mutua

Requiere solidaridad mutua. Una enfermedad puede requerir solidaridad y las mujeres, por naturaleza, parecen tener la inclinación a enfermarse. "¡Oh mujer!... ¡Un ángel ministrador eres tú!"…Si *pudiéramos* arreglarnos sin ella y ser felices cuando gozamos de buena salud, ¿qué somos sin la presencia y la ayuda tierna de ella cuando estamos enfermos? ¿Podemos, como puede la mujer, acomodar la almohada sobre la cual el hombre enfermo apoya su cabeza? No. No podemos administrar las medicinas y los alimentos como puede ella. Hay una suavidad en su toque, una delicadeza en sus pasos, una habilidad en las cosas que arregla, una compasión en su mirada, que quisiéramos tener…

Tampoco es esta solidaridad un deber exclusivo de la esposa, sino que lo es, *de igual grado*, del esposo. Es cierto que éste no puede brindarle a ella las mismas ayudas que ella a él, pero *sí puede* hacer mucho y, lo que puede hacer, *debe* hacerlo… Maridos: *Les insto a hacer uso de toda la habilidad y ternura del amor,* para bien de sus esposas si se encuentran débiles y enfermas. Estén junto a su lecho, hablen con ellas, oren con ellas, esperen con ellas. En todas sus aflicciones, *súfranlas ustedes también.* Nunca desestimen sus quejas. Y, por todo lo sagrado en el afecto conyugal, les imploro que nunca, por sus expresiones de descontento o irritación, en estos momentos cuando son inusualmente sensibles, aumente su temor de que la enfermedad que les ha destruido la salud destruya también su cariño. ¡Ay! Evítenles el dolor de pensar que son una carga para ustedes. La crueldad del hombre que en estas circunstancias se muestra indiferente y despectivo no tiene nombre… Un hombre así comete acciones asesinas sin recibir castigo y, en algunos casos, sin recibir ningún reproche, pero no siempre sin remordimiento.

Pero la solidaridad debiera ser puesta en práctica por el hombre y su esposa, no sólo en casos de enfermedad, sino en todas sus aflicciones, sean o no personales. Han de compartir todas sus tristezas. Como dos hilos unidos, la cuerda del dolor nunca debe sonar en el corazón de uno sin causar una vibración correspondiente en el corazón del otro. O como la superficie de un lago reflejando el cielo, tiene que ser imposible que uno esté tranquilo y feliz, mientras que el otro está agitado e infeliz. El corazón debiera responder al corazón y el rostro al rostro.

Capítulo 4—Matrimonio

Tomado de *A Help to Domestic Happiness* (Una ayuda para la felicidad doméstica), reimpreso por Soli Deo Gloria, una división de Reformation Heritage Books, www.heritagebooks.org.

John Angell James (1785-1859): Predicador y autor congregacional inglés; autor de *Female Piety, A Help to Domestic Happiness* and *An Earnest Ministry* (La piedad femenina, Una ayuda para la felicidad doméstica y Un ministerio ferviente) y muchos más. Nació en Blandford, Dorsetshire, Inglaterra.

El amor del esposo por su esposa
Richard Steele (1629-1692)

"Por lo demás, cada uno de vosotros ame también a su mujer como a sí mismo".
—*Efesios 5:33a*

El deber más importante de todo esposo es *amar* a su esposa. Esto es el fundamento de la relación matrimonial y resume todos los demás deberes del esposo para con ella. Todo fluye de esto. Sin amor, cada cumplimiento de un deber para con ella parece difícil. La ternura, el honor y la amabilidad son meros rayos del sol del amor.

I. La naturaleza y las propiedades de este *amor*

Para empezar, la naturaleza y las propiedades de este amor. El amor de un esposo por su esposa es particular a esta relación. Es conyugal, es fiel y genuino. No es el cariño que sentimos por los hijos, ni tampoco es un apetito animal, sino que es bueno y auténtico.

1. Su fundamento: Usted está casado con ella y Dios ordena a los esposos que amen a sus esposas. La ordenanza divina hace que los esposos sean una sola carne, y la ley natural obliga que cada uno ame su propio cuerpo. Por lo tanto, como solamente esto durará para siempre, aunque la hermosura de la mujer desaparezca, su energía se agote, su debilidad sea grande y su utilidad escasa, ya que ella puede perder sus encantos de muchas maneras, igual es una parte de mí mismo. El Dios sabio ha determinado que aquí deposite yo mi afecto. Al final de cuentas, éste es el único fundamento seguro y eterno.

2. Su extensión: *Este amor tiene que ser correcto en todo lo que abarca*: Abarca a la persona en su totalidad, tanto su alma como su cuerpo. Por lo tanto, debe escoger una esposa que le sea atractiva por su físico, por su personalidad y por su espiritualidad. De otra manera, no le hace justicia a ella. Todo hombre escoge una pareja cuya apariencia externa le agrada… El verdadero amor conyugal hacia la esposa abarca su alma, generando ternura y buena disposición, de modo que se va puliendo su vida con sabiduría y devoción y esforzándose en hacer aquello que embellezca su alma y su cuerpo.

3. Correcto en su alcance: *Debe trascender el amor hacia los padres*: "Por tanto, dejará el hombre a su padre y a su madre, y se unirá a su mujer, y serán una sola carne" (Gn. 2:24). El esposo debe honrar a sus padres, pero tiene que amar a su esposa como a sí mismo y (con toda prudencia) preferirla cuando surge una competencia entre sus padres y ella… Tiene que preferirla antes que al cariño por sus hijos cuando tiene que elegir entre ambos… Ella está antes que el afecto a sus hijos; él más bien amará a sus hijos porque son de ella, que a ella porque los tiene a ellos, y antes que a cualquier otra persona en el mundo. En resumen, el esposo tiene que amarla tanto que prefiere su compañía más que la del resto del mundo: "Y en su amor recréate siempre" (Pr. 5:19).

4. Su duración: *El amor del esposo tiene que ser para siempre*: El último pasaje mencionado aclara esto: "Y en su amor recréate siempre" y esto se logra, no siendo cariñoso con ella cuando están en público y después indiferente cuando están a solas, sino *siempre,* no por una semana, un mes o el primer año, sino por toda la vida. Efectivamente, al ir viendo las virtudes y la dulzura de ella, el amor de él debiera aumentar, incluyendo en la vejez… Después de haber disfrutado de su belleza y fortaleza, ¿por qué no también de sus arrugas y sus enfermedades, teniéndole más respeto aún por su fidelidad comprobada? …Y si ella es físicamente menos atractiva, generalmente hay más belleza en sus pensamientos, más sabiduría, humildad y temor del Señor; la belleza interior, generalmente aumenta, a medida que la hermosura exterior disminuye. De modo que hay suficientes argumentos en ella o en la Biblia por las cuales el amor del marido debe ser perpetuo.

II. El patrón del *amor* del esposo hacia su esposa

Consideremos el *amor* del esposo hacia su esposa, tal como va apareciendo en las Escrituras y, particularmente, en el contexto y palabras que estoy utilizando.

1. El amor de Jesucristo por su Iglesia: El esposo debe amar a su esposa, como nuestro Salvador Jesucristo ama a su Iglesia: "Maridos, amad a vuestras mujeres, así como Cristo amó a la iglesia" (Ef. 5:25). El esposo "la sustenta y la cuida, como también Cristo a la iglesia" (Ef. 5:29). Estos versículos nos hablan de la *calidad* del amor, aunque no podamos ser *iguales* a Cristo en esto... Su amor se presenta aquí como:

a. Auténticamente, sin hipocresía: El "amó a la iglesia, y se entregó a sí mismo por ella" (Ef. 5:25). Su amor es verdadero porque murió por ella. El esposo siga este ejemplo. No amar solamente de labios para afuera, sino con hechos y en verdad, como si el nombre de ella se encontrara escrito en su corazón...

b. Libre, sin [esperar ser recompensado]: Porque él se dio a sí mismo para santificar a su Iglesia (v. 26), esto implica que ella estaba en una condición deplorable cuando él inició sus primeros contactos. No era bella. Lo amamos *porque* él nos amó primero (1 Jn. 4:19). El esposo ama primero y con su amor forja el amor de su esposa porque el amor, con amor se aviva. Si ella parece ser débil, por las características mismas de su género —en sabiduría, fortaleza y valentía, o muestra no tener amor o ser negligente en sus deberes—, aún así, él esposo la amará porque el amor no busca lo suyo propio (1 Co. 13:5). *El verdadero amor procura mejorar al ser amado, pero no para provecho del que ama.* Amar a la esposa esperando sólo algún provecho propio, no es digno del esposo ni dista de seguir el ejemplo de Cristo.

c. Santo, sin impurezas: Porque Cristo "amó a la iglesia... para santificarla, habiéndola purificado en el lavamiento del agua por la palabra" (Ef. 5:25-26)... El esposo no puede contar con un mejor ejemplo: Tiene aquí la enseñanza de que debe esforzarse para la salvación de su esposa y para continuar y promover la santificación de ella.

d. Grande, sin comparación: Porque "nadie tiene mayor amor que este, que uno ponga su vida por sus amigos" (Jn. 15:13) y así lo hizo nuestro Salvador. Él se entregó por su Iglesia (Ef. 5:25). El esposo imitará a su Señor y Maestro manteniendo un gran respeto por su esposa porque ella es miembro "de su cuerpo, de su carne y de sus huesos...".

e. Es un amor activo y fructífero: Porque él a su Iglesia "la sustenta y la cuida" (Ef. 5:29). Su humilde Iglesia siempre está necesitada: Él suple sus necesidades. Está en problemas, él la protege; está a punto de desfallecer, él la levanta. Así debe ser el amor del esposo. No debe escatimar recursos ni sacrificios para hacerle bien a su esposa... El esposo debe hacer lo máximo para llenar las necesidades de ella, ya sea de sustento, de su amistad constante o de su cuidado cuando está enferma. Los esposos deben copiar el ejemplo de Cristo.

f. Constante, sin cambiar: "A fin de presentársela a sí mismo, una iglesia gloriosa, que no tuviese mancha ni arruga..." (Ef. 5:27). Muchas veces ella ha hecho a un lado a Cristo, no obstante, él sigue amándola. Ninguna mala conducta de parte de ella, justifica que la deje de amar. El esposo tiene que amar a su esposa como Cristo ama a su Iglesia.

2. El amor del esposo por él mismo: Así lo dice mi Biblia. El Apóstol dice: "Así también los maridos deben amar a sus mujeres como a sus mismos cuerpos" (v. 28) y, como si esto no fuera suficiente, continúa diciendo: "Cada uno de vosotros ame también a su mujer como a sí mismo..." (v. 33). Si bien este modo de amar es menor que el amor de Cristo por su Iglesia, es más fácil de entender. Quizá él no sabe con cuánto amor Cristo ama a su Iglesia, pero sí sabe con cuanto amor se ama a sí mismo. Y esto es:

a. Tiernamente: Ninguno puede tocar o manejar las heridas y penas de un hombre tan tiernamente como él mismo: "Porque nadie aborreció jamás a su propia carne" por desagradable que sea, sino que la sustenta y la cuida (v. 29). Así debe ser el amor del esposo hacia su esposa: Lleno de ternura. Las esposas son como vasos de cristal, que se rompen fácilmente si no se las trata con ternura. Las mujeres son más propensas a los temores, las pasiones y los sufrimientos.

b. Alegremente: Nadie está tan listo para ayudarlo a uno como lo está uno mismo. Sus mejores amigos a veces fallan y se cansan; pero todos se ayudan a sí mismos. Por más difícil o peligroso que sea hacerlo, lo hace si es para propio beneficio. Así ha de ser la disposición del esposo para asistir, confortar y ayudar alegremente a su esposa. Si una nube se interpone entre ellos, el amor de él la disolverá rápidamente porque nadie está enojado consigo mismo por mucho tiempo… sus oídos estarán abiertos, sus manos, su corazón listos para consolar, ayudar y agradar a su esposa, así como está listo para ayudarse a sí mismo. No deben necesitar un mediador.

III. Las demostraciones del *amor* del esposo

Esto nos trae a las demostraciones del amor del esposo, que es lo tercero que voy a describir. Estas son:

1. De palabra

a. Le enseña: Instruyendo a su esposa en las cosas que requiera: El Señor le dice a los esposos: "Vivid con ellas sabiamente" (1 P. 3:7). Y a las esposas les dice: "pregunten en casa a sus maridos" cuando quieran aprender y no "hable[n] en la iglesia" (1 Co. 14:35)… El esposo tiene una excelente oportunidad. ¡Ay del esposo a quien le falta la voluntad o la habilidad de enseñar a su esposa! En cualquiera de los dos casos, debe adquirirla. Lo cierto es que si él la trata bien, pone sobre ella la obligación de amarlo. Si descuida esta labor, ¡ella probablemente lo maldiga para siempre en el infierno!

b. La reprende: El esposo demuestra su amor llamándole tiernamente la atención cuando ella ha fallado en algo: Él tiene que pasar por alto sus debilidades porque el amor "cubrirá multitud de pecados" (1 P. 4:8). Así como una espada pierde su filo cuando se usa continuamente, los reproches continuos también van perdiendo su efecto con el tiempo. Aun así, el esposo que no le llama la atención a su esposa cuando es necesario, no está demostrando su amor. Pero *que sea con toda sabiduría y ternura:* No frente a desconocidos y lo menos posible frente a la familia; ni mucho menos por defectos sobre los cuales no tiene control y rara vez por haber olvidado alguna obligación. Cuando lo hace, que lo haga reconociendo las cosas buenas y después respaldarlas dándole sus razones. También se asegurará de mezclar el oleo de la amabilidad con la mirra de la represión porque si le da su poción demasiado amarga, su acto, más que ayudar creará problemas y su labor estará peor que fracasada… Tarde o temprano, si ella no es obstinada, se lo agradecerá y se corregirá. La represión debe ser corta, como una palmada rápida y leve (es claro que esto es puramente una comparación; el marido jamás debe pegar a su esposa). Si la poción está demasiado caliente, hace más daño que bien. Siga el ejemplo de Job cuando dijo simplemente: "Como suele hablar cualquiera de las mujeres fatuas, has hablado" (Job 2:10). La represión leve es la que más posiblemente le impulse a ella a arrepentirse sinceramente (Pr. 25:15).

c. La alienta: *El esposo demuestra su amor estando dispuesto a animar a su esposa cuando hace las cosas bien*: "Su marido también la alaba" (Pr. 31:28). El que es discreto y fiel en esto probablemente escoja el mejor camino para hacerle bien a su esposa… Elógiela cuando hace algo bueno. Esto es importante porque le ayudará a ver la sinceridad de su amor cuando tiene que reprenderla y hará que las represiones sean más convincentes.

d. La conforta. Especialmente cuando está sufriendo emocional o físicamente. Por los tiernos razonamientos de Elcana con Ana, ella volvió a comer (1 S. 1:8-9). Las palabras gentiles de un esposo, son como medicina para su esposa. No la subestime.

2. De hecho

La demostración del amor del esposo por su esposa tiene que ser también de hecho:

a. Le provee el sustento: *Proveyendo lo necesario y también lo que es beneficioso para ella según la habilidad de él*: "No disminuirá su alimento, ni su vestido, ni el deber conyugal" (Éx. 21:10). No significa que ella se puede dar el lujo de cruzarse de brazos y vivir del trabajo de su esposo sin brindarle ninguna ayuda. Pero la manutención principal tiene que estar a cargo del esposo… Ya que le corresponden las mayores obligaciones y goza de las mejores ventajas, tiene que mantener a su esposa por todos los medios legales. No solo mientras él viva, sino que también hasta donde puede, tiene que dejarle el porvenir asegurado para después que él haya fallecido porque eso hizo Cristo por su Iglesia. El "honor" que debe darle el esposo a su esposa como el vaso más frágil, bien puede referirse a su mantenimiento (1 P. 3:7; *c.f.* Mt. 15:6; 1 Ti. 5:3). Si puede, debe darle un monto para que maneje a su gusto, a fin de que ella pueda hacer caridad y animar a los siervos e hijos en el cumplimiento de sus obligaciones.

b. Le demuestra gran ternura: *El esposo ha de demostrar este amor conyugal hacia su esposa con ternura*: Esto le incumbe porque él es la cabeza de la esposa: "El varón es la cabeza de la mujer" (1 Co. 11:3). Por lo tanto, el esposo debe proteger a su esposa de los peligros y ser comprensivo con ella… con base en esto debe proteger su alma de la tentación, su cuerpo de todo mal, su nombre de ser mancillado y su persona del desprecio de sus hijos o de cualquier otro. En resumen, toda su actitud hacia ella debe ser de ternura que nace de su amor y devoción y su comprensión en los momentos de dificultades.

c. Le es un buen ejemplo: *El esposo tiene que demostrar su amor a su esposa dándole un buen ejemplo*: Concretamente en devoción, seriedad, caridad, sabiduría y bondad, que son las características más constantes y eficaces que le puede transmitir a ella … Si él es santo, pacífico y trabajador, ella no podrá, por vergüenza, ser deshonesta, perversa ni ociosa. La vida de él la guiará. Sus oraciones le enseñarán a orar. Su justicia, templanza y devoción serán ley, regla y motivo para que ella sea justa, sobria y devota. Si él es ateo, entregado a los placeres o hipócrita, es una mala influencia para ella. Él dirigirá y, por lo general, ella lo seguirá ya sea al infierno o al cielo. El ejemplo de él es de más influencia de lo que él cree. Salomón lo llama "al compañero [guía] de su juventud [de ella]" (Pr. 2:17). Por lo tanto, establezca pautas de piedad, seriedad, caridad, sabiduría y bondad.

d. Le concede pedidos razonables: Recuerde que David le otorgó a Betsabé el pedido que le hizo de que su hijo ocupara el trono (1 R. 1:15-31), Isaac le otorgó a Rebeca su pedido de una esposa piadosa para Jacob (Gn. 27:46; 28:1) y Jesucristo otorga pedidos razonables a su Iglesia. El esposo debe estar anticipando los pedidos de ella y otorgárselos antes de que los pida. Él debe buscar su consejo, como lo hicieron Elcana y Abraham (1 S. 1:23; Gn. 21:12) y ceder cuando ella tiene razón.

e. Confía en ella en cuestiones domésticas: "El corazón de su marido está en ella confiado" (Pr. 31:11), especialmente si tiene el criterio suficiente que necesita tener para manejar los asuntos del hogar. El esposo tiene cosas más importantes que hacer que mandar a los sirvientes de la casa. Ella quizá le consulte ocasionalmente a él, a fin de que si las cosas no salen bien, ella no tenga la culpa. Pero, por lo general, él debe moverse en una esfera fuera de la casa y ella en su jurisdicción, dentro del hogar. Él debe traer la miel y ella debe trabajarla en el panal.

f. Ejerce autoridad para con ella: Las demostraciones del amor del esposo por su esposa se verán en su comportamiento hacia ella: Esto es, en el uso sensato de su autoridad… El omnisciente Dios invistió al primer esposo con esa autoridad (Gn. 2:23) y no se la quitó en su caída (Gn. 3:16). La luz de la naturaleza y del Evangelio lo requieren (Est. 1:22; 1 Co. 11:3). Sólo las mujeres orgullosas e ignorantes lo cuestionan. En esto radica la demostración de amor del esposo:

(i). *Sabiamente*. Puede mantener su autoridad únicamente por medio de una conducta realmente espiritual, seria y varonil. Le será difícil a ella reverenciarlo, si él no reverencia a Dios. Si él es superficial o afeminado, la perderá.

(ii). *Gentilmente*. Si su amor brilla porque todo lo hace con dulzura, no gobernará sobre ella como un rey sobre sus súbditos, sino como la cabeza sobre el cuerpo. Recuerde que aunque su posición es superior, sus almas son iguales. Eva no fue sacada de la cabeza de Adán, tampoco de sus pies, sino de su costado cerca de su corazón. Entonces, su semblante debe ser cordial; su lenguaje diario con ella, prudente y dulce; su comportamiento, servicial; sus órdenes, escasas y respetuosas, y sus reprensiones, gentiles… (Col. 3:16) El esposo nunca debe pensar que decir constantemente palabras groseras o amargas es la manera de conservar y usar bien su autoridad, intimidándola… Si una autoridad demostrada con humildad no convence a la esposa, él está perdido en este mundo y ella en el mundo venidero.

Tomado de "What Are the Duties of Husbands and Wives Towards Each Other?" (¿Cuáles son los deberes mutuos de esposos y esposas?) en *Puritan Sermons 1659-1689. Being the Morning Exercises at Cripplegate* (Sermones puritanos 1659-1689. Estando en los ejercicios matutinos en Cripplegate), Tomo I, reimpreso por Richard Roberts, Publicadores. A su disposición en Chapel Library.

Richard Steele (1629-1692): Predicador puritano y autor; reconocido como "un gran erudito, estudiante serio y predicador excelente", autor de *The Character of the Upright Man* (El carácter del hombre justo) y otros. Nació en Bartholmley, Cheshire, Inglaterra.

El deber de las esposas
John Bunyan (1628-1688)

Pasando del padre de familia como cabeza, diré una palabra o dos a los que están bajo su cuidado.

Y primero, a la esposa: Por ley, la esposa está sujeta a su marido mientras viva el marido (Ro. 7:2). Por lo tanto, ella también tiene su obra y lugar en la familia, al igual que los demás.

Ahora bien, hay que considerar las siguientes cosas con respecto a la conducta de una esposa hacia su marido, las cuales ella debe cumplir conscientemente.

Primero, que lo considere a él como su cabeza y señor. "El varón es la cabeza de la mujer" (1 Co. 11:3). Y Sara llamó señor a Abraham (1 P. 3:6).

Segundo, en consecuencia, ella debe estar sujeta a él como corresponde en el Señor. El Apóstol dice: "Vosotras, mujeres, estad sujetas a vuestros maridos" (1 P. 3:1; Col. 3:18; Ef. 5:22). Ya se los he dicho, que si el esposo se conduce con su esposa como corresponde, será el cumplimiento de tal ordenanza de Dios a ella que, además de su relación de esposo, le predicará a ella la conducta de Cristo hacia su Iglesia. Y ahora digo también que la esposa, si ella anda con su esposo como corresponde, estará predicando la obediencia de la Iglesia a su marido. "Así que, como la iglesia está sujeta a Cristo, así también las casadas lo estén a sus maridos en todo" (Ef. 5:24). Ahora bien, para llevar a cabo esta obra, primero tiene usted que evitar los siguientes males.

1. El mal de un espíritu errante y chismoso, es malo en la Iglesia y es malo también en una esposa, que es la figura de la Iglesia. A Cristo le gusta muchísimo que su esposa esté en casa; es decir, que esté con él en la fe y práctica de sus cosas, no andando por allí, metiéndose con las cosas de Satanás; de la misma manera, las esposas no deben andar fuera de su casa chismoseando. Usted sabe que Proverbios 7:11 dice: "Alborotadora y rencillosa, sus pies no pueden estar en casa". Las esposas deben estar atendiendo los negocios de sus propios maridos en casa; como dice el Apóstol, deben "ser prudentes, castas, cuidadosas de su casa, buenas, sujetas a sus maridos". ¿Y por qué? Para que de otra manera, "la palabra de Dios no sea blasfemada" (Tit. 2:5).

2. Cuídese de una lengua ociosa, charlatana o contenciosa. Es también odioso que sirvientas o esposas sean como loros que no controlan su lengua. La esposa debe saber, como lo he dicho antes, que su esposo es su señor y que está sobre ella, como Cristo está sobre la Iglesia. ¿Le parece que es impropio que la Iglesia *parlotee* contra su esposo? ¿No debe guardar silencio ante él y poner por obra sus leyes en lugar de sus propias ideas? ¿Por qué, según el Apóstol, debe conducirse así con su esposo? "La mujer aprenda,…", dice Pablo, "en silencio, con toda sujeción. Porque no permito a la mujer enseñar, ni ejercer dominio sobre el hombre, sino estar en silencio" (1 Ti. 2:11-12). Es impropio ver a una mujer, aunque no sea más que una sola vez en toda su vida, tratar de sobrepasar a su esposo. Ella debe, en todo, estar sujeta a él y hacer todo lo que hace como si hubiera obtenido la aprobación, la licencia y la autoridad de él. Y ciertamente, en esto radica su gloria, permanecer bajo él, tal como la Iglesia permanece bajo Cristo: Entonces, abrirá "su boca con sabiduría: y la ley de clemencia [estará] en su lengua" (Pr. 31:26).

3. No use ropa inmodesta ni camine de un modo seductor; hacerlo es malo, tanto fuera como dentro de casa. Afuera, no sólo será un mal ejemplo, sino que también provocará la tentación de la concupiscencia y la lascivia y en casa, es ofensivo para el marido piadoso y contagioso para los hijos impíos, etc. Por lo tanto, como dice el Apóstol, la ropa de las mujeres sea modesta, como conviene a mujeres que profesan piedad con buenas obras, "no con peinado ostentoso, ni oro, ni perlas, ni vestidos costosos" (1 Ti. 2:9-10). Y tal como vuelve a decir: "Vuestro atavío no sea el externo de peinados ostentosos, de adornos de oro o de vestidos lujosos, sino el interno, el del corazón, en el incorruptible ornato de un espíritu afable y apacible, que es de grande estima delante de Dios. Porque así también se ataviaban en otro tiempo aquellas santas mujeres que esperaban en Dios, estando sujetas a sus maridos" (1 P. 3:3-5).

Pero no piense que por la sujeción que he mencionado, opino que las mujeres deben ser esclavas de sus maridos. Las mujeres son socios de sus maridos, su carne y sus huesos, y no hay hombre que odie su propia carne o que la resienta (Ef. 5:29). Por lo tanto, todos los hombres amen "también a su mujer como a sí mismo; y la mujer respete a su marido" (Ef. 5:33). La esposa es cabeza después de su marido y debe mandar en su ausencia; sí, en su presencia debe guiar la casa, criar sus hijos, siempre y cuando lo haga de manera que no dé al adversario ocasión de reproche (1 Ti. 5:10, 13). "Mujer virtuosa, ¿quién la hallará? Porque su estima sobrepasa largamente a la de las piedras preciosas" (Pr. 31:10); "La mujer agraciada tendrá honra,.." (Pr. 11:16) y "la mujer virtuosa es corona de su marido;…" (Pr. 12:4).

Objeción: Pero mi esposo es inconverso, ¿qué puedo hacer?

Respuesta: En este caso, lo que he dicho antes se aplica con más razón. Porque,

1. Debido a esta condición, su esposo estará atento para aprovechar sus deslices y debilidades con el fin de echárselo en cara a Dios y a su Salvador.

2. Es probable que interprete de la peor manera, cada una de sus palabras, acciones y gestos.

3. Y todo esto tiende a endurecer más su corazón, sus prejuicios y su oposición a su propia salvación; por lo tanto, como dice Pedro: "Asimismo vosotras, mujeres, estad sujetas a vuestros maridos; para que también los que no creen a la palabra, sean ganados sin palabra por la conducta de sus esposas, considerando vuestra conducta casta y respetuosa" (1 P. 3:1-2). La salvación o la condenación de su marido depende mucho de su buena conducta delante de él; por lo tanto, si teme a Dios o si ama a su marido, procure, por medio de su comportamiento lleno de mansedumbre, modestia, santidad y humildad delante de él, predisponerlo a querer su propia salvación y, haciendo esto, "porque ¿qué sabes tú, oh mujer, si quizá harás salvo a tu marido?" (1 Co. 7:16).

Objeción: Pero mi esposo, no sólo es inconverso, sino que es un contencioso, malhumorado y cascarrabias, sí, tan contencioso, que no sé cómo hablarle ni cómo comportarme en su presencia.

Respuesta: Es cierto que algunas esposas viven en una verdadera esclavitud en razón de sus esposos impíos y, como tales, deben inspirar compasión y oraciones a su favor, de manera que sean, tanto más cuidadosas y sobrias, en todo lo que hacen.

1. Por lo tanto, sea muy fiel a él en todas las cosas de esta vida.

2. Sea paciente con su conducta desenfrenada e inconversa. Usted está viva, él está muerto; usted está bajo la gracia, él bajo el pecado. Ahora, entonces, teniendo en cuenta que la gracia es más fuerte que el pecado y la virtud que lo vil, no se deje vencer por su vileza, en cambio, vénzala con sus virtudes (Ro. 12:12-21). Es una vergüenza que los que viven bajo la gracia, sean tan habladores, como los que no la tienen: "El que tarda en airarse es grande de entendimiento; mas el que es impaciente de espíritu enaltece la necedad" (Pr. 14:29).

3. Si en algún momento desea hablar a su esposo para convencerle acerca de algo, sea bueno o malo, sepa discernir el momento propicio: Hay "tiempo de callar, y tiempo de hablar" (Ec. 3:7). Ahora bien, con respecto a encontrar el momento propicio:

1) Considere su estado de ánimo y acérquese a él en el momento que más lejos esté de esas sucias pasiones que la afligen. Abigail no quiso decirle ni una palabra a su esposo ebrio hasta que se le pasara el efecto del vino y estuviera sobrio (1 S. 25:36-37). No hacer caso de esta observación es la razón por la que se habla mucho y se logra poco.

2) Háblele en esos momentos cuando el corazón de él se siente atraído a usted y cuando da muestras de su cariño y de lo complacido que se siente con usted. Esto es lo que hizo Ester con su marido el rey y prevaleció (Est. 5:3, 6; 7:1-2).

3) Esté atenta para notar cuándo las convicciones despiertan su conciencia y sígalas con dichos profundos y certeros de las Escrituras. En forma parecida trató la esposa de Manoa a su esposo (Jue. 13:22-23). Aun entonces:

a. Sean pocas sus palabras.

b. Y ninguna de ellas disfrutando cuando puede echarle en cara algo. En cambio, diríjase aun a él como su cabeza y señor, con ruegos y súplicas.

c. Y todo en tal espíritu de comprensión y un corazón tan lleno de afecto por su bien, que su forma de hablar y su conducta al hablarle, le sea claro a él que habla por cariño, que es sensible a la desdicha de él y que su alma está inflamada del anhelo de que sea salvo.

d. Y apoye sus palabras y su conducta con oraciones a Dios, a favor de su alma.

e. Manteniendo usted una conducta santa, casta y modesta ante él.

Objeción: Pero mi esposo es estúpido, un necio que no tiene la inteligencia suficiente para desenvolverse en este mundo.

Respuesta: 1. Aunque todo esto sea cierto, tiene que saber que él es su cabeza, su señor y su esposo.

2. Por lo tanto, no quiera ejercer su autoridad sobre él. Él no fue hecho para usted, para que usted tenga dominio sobre él, sino para ser su esposo y ejercer su autoridad sobre usted (1 Ti. 2:12; 1 Co. 11:3, 8).

3. Por lo tanto, aunque en realidad tenga usted más discernimiento que él, debe saber que usted y todo lo que es de usted, debe estar sujeto a su esposo; *"en todo"* (Ef. 5:24).

Cuídese entonces, de que lo que usted hace no aparezca bajo su nombre, sino bajo el de él; no para su propia exaltación, sino para la de él; haciendo todo de modo que por su destreza y prudencia, nadie pueda ver ni una de las debilidades de su esposo: "La mujer virtuosa es corona de su marido; mas la mala, como carcoma en sus huesos" (Pr. 12:4) y así entonces, como dice el sabio: "Le da ella bien y no mal, todos los días de su vida" (Pr. 31:12).

4. Por lo tanto actúe como si estuviera, y de hecho esté, bajo el poder y la autoridad de su esposo.

Ahora, tocante a su conducta con sus hijos y sirvientes: Usted es una madre y la señora de su casa, y debe comportarse como tal. Y además, al considerar a la mujer creyente como una figura de la Iglesia, debe, como la Iglesia, nutrir y enseñar a sus hijos, sus sirvientes y, como la Iglesia, también dar razón de sus acciones y, ciertamente, al estar la esposa siempre en casa, tiene una gran ventaja en ese sentido; por lo tanto, hágalo y el Señor prosperará su quehacer.

Tomado de "Christian Behavior" (Conducta cristiana). Este texto ha sido modernizado para facilitar su lectura.

John Bunyan (1628-1688): Pastor y predicador inglés, y uno de los escritores más influyentes del siglo XVII. Autor preciado de *El Progreso del Peregrino, La Guerra Santa, El Sacrificio Aceptable* y muchas otras obras. Nacido en Elstow, cerca de Bedford, Inglaterra.

El respeto de la esposa por su esposo
RICHARD STEELE (1629-1692)

"Y la mujer respete a su marido". —Efesios 5:33b

EL gran deber de toda esposa es *respetar* a su propio esposo. Tiene también muchas otras obligaciones que son mutuas, pero ella se caracteriza por esto. Ésta es su calificación principal como esposa. No importa cuanta sabiduría, erudición y gracia tenga ella, si no respeta a su esposo, no puede ser una buena esposa.

La creación lo sugiere: Fue hecha *después* del hombre, él tiene algo de honor por haber sido creado primero. "Porque Adán fue formado primero, después Eva" (1 Ti. 2:13). Fue hecha *del* hombre, él fue la roca en que fue formada: "Porque el varón no procede de la mujer, sino la mujer del varón" (1 Co. 11:8) y *para* el hombre (1 Co. 11:9). Vemos aquí que no fue el hombre quien estableció este orden, sino Dios mismo. Volvamos a recordar la Caída donde escuchamos que Dios dice: "Tu deseo será para tu marido, y él se enseñoreará de ti" (Gn. 3:16). En el Nuevo Testamento, el hecho de que Cristo fue "hecho de mujer" pareciera alterar esta ley inviolable: "Casadas, estad sujetas a vuestros maridos, como conviene en el Señor" (Col. 3:18). "Asimismo vosotras, mujeres, estad sujetas a vuestros maridos" (1 P. 3:1), "considerando vuestra conducta casta y respetuosa" (v. 2). "Porque así también se ataviaban en otro tiempo aquellas santas mujeres que esperaban en Dios, estando sujetas a sus maridos" (v. 5). Volvamos al versículo inicial. Aunque sea ella muy importante, muy buena y su esposo muy malo y muy perverso su deber indispensable es *respetar* a su esposo… no coincide con la naturaleza ni con la decencia poner la cabeza, ni más abajo ni más arriba de la costilla. Y cuando ella acepte esto, entonces cumplirá muy contenta y fácilmente su deber. Un Dios sabio así lo ha ordenado y, por lo tanto, es lo mejor.

I. La naturaleza de este *respeto*

Para empezar: La naturaleza de este *respeto*. Es un respeto auténtico, cordial y conyugal, que es característico de una mujer buena. Y yo creo que incluye lo siguiente:

1. La esposa debe honrar y estimar altamente a su esposo: "Todas las mujeres darán honra a sus maridos, desde el mayor hasta el menor" (Est. 1:20). Para este fin, debe contemplar todas las excelencias de su persona, sea del cuerpo o la mente, darles el valor que merecen y no considerar que todo en su esposo es negativo… Aun si su esposo es ignorante, igualmente, ella debe valorar la excelencia de su posición, siendo que el Espíritu Santo lo ha descrito como "imagen y gloria de Dios" (1 Co. 11:7). Sea como sea que él se ve a sí mismo o como sea que lo vean los demás, para su esposa es una persona sin igual. Si lo estimó cuando lo aceptó como esposo, debe seguir estimándolo… Recuerde la falta de respeto de Mical para con David y el consecuente castigo de Dios (2 S. 6:16, 23). La esposa debe tener en cuenta que su honor y respeto entre sus familiares y vecinos se levanta o cae según su relación con su esposo, de modo que al honrarlo a él se honra a sí misma.

2. Este respeto es generado por el verdadero amor: Aunque el versículo enfatiza más el amor del esposo, es también deber de la mujer: "Que enseñen a las mujeres jóvenes a amar a sus maridos y a sus hijos" (Tit. 2:4). Es así que Sara, Rebeca y Raquel dejaron a sus padres, amigos y patria por puro amor hacia sus esposos… Una joven llamada Clara Cerventa estaba casada con Valdaura, cuyo cuerpo estaba tan lleno de enfermedades que nadie más se atrevía a tocarlo, pero ella curaba sus llagas con todo cuidado y vendió sus propias ropas y joyas para mantenerlo. Por último, él murió y cuando llegaron los que venían a consolarla, les dijo que, si pudiera, lo aceptaría de vuelta, aun si significara perder a sus cinco hijos. Y, de hecho, no hay mejor modo de generar el amor de su esposo que respetándolo, lo cual hará que esto sea dulce y fácil.

3. *El temor[5] es el tercer ingrediente del respeto hacia el esposo que le corresponde a la esposa... Lo complace con diligencia.* La palabra *"respete"* en Efesios 5:33 es, literalmente, *"tema"*. Ella debe mantener "casta conversación, que es en temor" (1 P. 3:2 – VRV 1909) porque el uno sin el otro, es inadecuado. Este temor no es servil, sino un sincero deseo de complacerle y negarse a ofenderlo. "Haré todo lo posible para complacerlo, aunque no temo su mano, sino su ceño fruncido. Preferiría desagradar al mundo entero antes que a mi marido".

II. El patrón de este *respeto*

Consideremos el *respeto* de la esposa por su esposo, tal como va apareciendo en las Escrituras y, particularmente, en el contexto de estas palabras. Aquí afirmo estas dos cosas:

1. *Que la esposa debe respetar a su esposo como la Iglesia respeta a Jesucristo:* "Las casadas estén sujetas a sus propios maridos, como al Señor" (Ef. 5:22) y "Así que, como la iglesia está sujeta a Cristo, así también las casadas lo estén a sus maridos en todo" (Ef. 5:24). Abundan los ejemplos de esto, especialmente de gente sabia y buena. El apóstol Pablo parece decir que es el deber de la mujer sujetarse a su esposo, así como la Iglesia debe sujetarse a Cristo... Dos cosas proclaman el respeto que la Iglesia le debe a Cristo, a saber:

a. La cuestión de su sujeción: Esto es en *todo*... No es que se sujete a él en lo que a ella le plazca o que su apetito le permita, sino cuando él lo requiere. Dice el Apóstol: "Así también las casadas lo estén a sus maridos en todo" (v. 24), esto es en *todo lo que un poder más alto y, aun la Ley de Dios, no prohíba*. En lo grande y en lo pequeño, en lo que le es agradable y lo que le es desagradable a ella. Sólo cuando él requiere lo que Dios prohíbe o prohíbe lo que Dios requiere, ha de negarle ella, su sumisión. De hecho, si algo es inconveniente, la esposa debe razonar con tranquilidad y demostrarle sus desventajas, pero si no puede convencer y satisfacer a su esposo, a menos que haya un pecado de por medio, tiene que someter su razonamiento y su voluntad a los de él.

b. El modo de sujetarse demuestra el respeto de ella: Y esto es *libre, voluntaria y alegremente*. Es igual como la Iglesia se entrega a la voluntad de su Esposo, lo cual ha llegado a ser una de sus características "sirviendo de buena voluntad, como al Señor" (Ef. 6:7), dando a entender que la sujeción y el servicio que realizamos para el Señor es con buena voluntad. Así debe ser la sujeción de la esposa: Muy libre y con muy buena voluntad, como si hubiera una sola voluntad en el corazón de ambos. Lea y Raquel seguían a Jacob como su sombra (Gn. 31:14-17). La reverencia de Sara era sincera, pues llamaba "señor" a su marido (Gn. 18:12) y esto es un ejemplo para las esposas cristianas (1 P. 3:6). Por lo tanto, un espíritu contradictorio o que actúa de mala gana no corresponde a la esposa cristiana; deja una herida en el corazón de él y culpabilidad en el de ella. Porque, por lo general, es una señal de orgullo y engreimiento que ella no ha mortificado y causa zozobra en la familia, lo cual es una maldición... Si el gobierno del esposo es demasiado pesado y severo, es mejor que ella deje que él rinda cuentas por su severidad, deje que Dios sea quien juzgue y cumpla su deber, a que ella tenga que rendir cuentas por su desprecio.

2. *La esposa tiene que respetar a su esposo así como los miembros respetan a la Cabeza.* Dice Efesios 5:23: "Porque el marido es cabeza de la mujer". Todos los miembros del cuerpo saben que la cabeza es útil para el bien de ellos. Él es cabeza para influenciar y solidarizarse con ella:

---

[5] **Temor** – Un cuidado y diligencia cautelosa, no un simple miedo cobarde.

Ese es el privilegio de ella. Él es cabeza para ocupar con dignidad esa posición y para administrar: Eso es de él. La mano aceptará una herida para proteger la cabeza. Sea lo que fuere que la cabeza decide hacer, el cuerpo se levanta y la sigue todo el tiempo que puede. Éste es el modo como la esposa debe honrar a su marido, lugar sólo superado por Dios. ¿Y cómo puede esperar ella *beneficiarse* de la cabeza si no la *honra*? Deshonrar la cabeza de un hombre siempre se considera uno de los pecados antinaturales (1 Co. 11:4)... Ella no tiene que contrariar los propósitos de su cabeza. Es ridículo que la cabeza vaya para un lado y la costilla para otro, que un soldado mande a su general o que la luna pretenda ser superior al sol. Tiene ella que seguir las instrucciones y los consejos de su cabeza sin vacilar porque los miembros no le enseñan a la cabeza para dónde ir. La apoyan, pero no la dirigen... es sabio y el deber de la esposa sujetarse a su esposo como su cabeza, (excepto en casos en que la cabeza esté demente o evidencie un desorden mental). "El hombre tiene autoridad en su casa, a menos que sea *verbum anomalum*; es decir, un necio" (Lutero).

III. Las demostraciones de este *respeto*

Esto nos trae a las demostraciones del *respeto* de la esposa por el esposo, que es lo tercero que voy a describir. Estas son:

1. De palabra

"Porque de la abundancia del corazón habla la boca" (Mt. 12:34). Si hay ese temor y respeto interior en su corazón, como Dios lo requiere, será evidente en las palabras que dice. La misma ley que se aplica al corazón en este caso, también gobierna la lengua. "Y la ley de clemencia está en su lengua" (Pr. 31:26). Y, ciertamente, aquí "la lengua apacible es árbol de vida", mientras que "la perversidad de ella es quebrantamiento de espíritu" (Pr. 15:4).

Este *respeto* de la esposa se demuestra:

a. En sus palabras acerca de su esposo: Las cuales siempre deben estar llenas de respeto y honra. Ella habla respetuosamente de él, en su ausencia. Ninguna esposa es demasiado grande ni buena como para no imitar el ejemplo piadoso de Sara: "Como Sara obedecía a Abraham, llamándole señor; de la cual vosotras habéis venido a ser hijas, si hacéis el bien" (1 P. 3:6). Éste era el lenguaje de su corazón como lo dice antes Génesis 18:21. Todas las críticas acerca de su esposo y las palabras que lo deshonran tienen, infaliblemente, consecuencias para su propia vergüenza; su honra y respeto se mantienen o caen juntos. La mujer malvada se refiere a su marido como "el hombre" (Pr. 7:19, literalmente en hebreo). ¡Oh, que esto fuera lo peor que las esposas dijeran de sus maridos a sus espaldas!

b. Las palabras de la esposa hacia su esposo deben ser llenas de respeto. Cuídese de:

(i) Hablar en exceso e interrumpir absurdamente a su esposo mientras él está hablando, y responder con diez palabras cuando una hubiera bastado porque el silencio demuestra más la sabiduría de una mujer que las palabras y la que es sabia, usa las palabras con moderación. Aunque parezca ser piadosa, si no controla su lengua, su piedad es en vano.

(ii) Usar palabras o un tono irrespetuoso[6]. Ella tiene que cuidar que sus palabras sean de calidad, es decir, humildes y respetuosas porque el gran deseo de la esposa debe ser procurar "un espíritu afable y apacible", sí, y del hombre también, "es de grande estima delante de Dios" (1 P. 3:4). Cuando el corazón ha sido humillado por la gracia de Dios, se notará en

---

[6] **Nota del editor** – La mujer nunca debe usar palabras como eufemismos, diminutivos, apodos, burlas, chistes, palabras de doble sentido, etc. que hagan ver al esposo (ni a ningún varón) inferior, débil o menos. Sus palabras deben mejor, tender a exaltarlo.

sus palabras... ¿Acaso no ha dicho Dios "la lengua blanda quebranta los huesos" (Pr. 25:15)? Esto es más de lo que puede hacer una lengua virulenta... Le será un consuelo indescriptible en la muerte y el juicio reflexionar en las victorias que su paciencia ha logrado y con cuánta frecuencia su silencio y sus respuestas blandas han mantenido la paz... Es indudable que si la mansedumbre y el respeto no prevalecen, menos lo harán la ira y la pasión... No tema que esto empeorará a su marido, más bien confíe en la sabiduría de Dios (1 P. 3:1; Pr. 25:15). Recuerde que Dios le escucha y le juzgará por cada palabra ociosa (Mt. 12:36). Idealmente, tanto el esposo como la esposa, deben ser lentos para apasionarse, no obstante esto, donde uno debe ceder, lo más razonable es que sea la esposa. Ninguna mujer recibe honra por haber tenido la última palabra. Algunas mujeres argumentan que su lengua es su única arma, pero el sabio sabe que a su lengua la enciende el infierno (Stg. 3:6). Note cómo Raquel le habló impulsivamente a Jacob: "Dame hijos, o si no, me muero" (Gn. 30:1) y en cuanto tuvo dos, ¡murió! (Gn. 35:18). Por otro lado, Abigail se comportó con prudencia y recibió honra. Si el respeto no prevalece con él, el enojo tampoco. Por eso es que el marido y la esposa deberían acordar que nunca se levantarán la voz uno al otro ni se tratarán con palabras indebidas.

2. *De hecho*

La demostración del *respeto* de la esposa hacia su esposo tiene que ser también *de hecho*.

a. Ella obedece sus instrucciones y sus restricciones. Sara obedeció a Abraham y ella es un ejemplo digno (1 P. 3:6). Él le dijo: "Toma pronto tres medidas de flor de harina, y amasa y haz panes" (Gn. 18:6) y ella lo hizo inmediatamente. La esposa ha de obedecer a su esposo en todo lo que no sea contrario a la voluntad de Dios. Pero si le manda hacer algo pecaminoso según la Ley de Dios —si le pide que mienta, que dé falso testimonio o algo parecido— *ella tiene que negarse modesta y resueltamente*. Si le prohíbe hacer algo que, según los mandatos de Dios, es un deber indispensable —si él le prohíbe orar, leer la Biblia, santificar el Día del Señor o algo parecido— entonces tiene ella que "obedecer a Dios antes que a los hombres" (Hch. 5:29). Pero en todos los demás casos, aunque ella puede presentarle respetuosamente a él sus razonamientos, si él sigue insistiendo, su mejor sacrificio será obedecer y hacer lo que le pide lo cual alivianará su yugo...

b. El hogar es el lugar porque ella es la *hermosura* del hogar, allí es donde se desenvuelve, es su seguridad y "su delicia" (Mi. 2:9). Cuando desaparecen el sol y la luna, el cielo está oscuro, y cuando, tanto esposo y esposa están fuera de casa, se producen muchos problemas en el hogar, y ya sabemos de quien habla esto: "Alborotadora y rencillosa, sus pies no pueden estar en casa" (Pr. 7:11). Sólo una necesidad urgente debe impulsarla a salir.

Donde sea que el esposo juzgue mejor vivir, allí tiene la esposa que alegremente consentir vivir, aunque quizá por los amigos de ella o de él, sea incómodo para ella. Entonces, Aquel que designa "amar a sus maridos" (Tit. 2:4), en el versículo que sigue, les indica: "ser prudentes, castas, cuidadosas de su casa,..." [en griego, *oikouros*, que significa cuidar la casa, trabajar en el hogar, quedándose en casa y atendiendo los asuntos de la familia. Concordancia de Strong], buenas, sujetas a sus maridos, para que la palabra de Dios no sea blasfemada" (Tit. 2:4-5). Porque aunque se pueden silenciar las palabras de una mujer buena, nunca se podrán silenciar sus buenas obras...

c. Ella le pide su consejo y escucha sus reconvenciones. Rebeca no mandó a Jacob donde su hermano Laban sin consultarle a Isaac (Gn. 27:46). Sara no echó a la sierva Agar sin consultarle a Abraham (Gn. 21:10). La mujer sunamita no iba a recibir al profeta en su casa sin decirle a su marido (2 R. 4:10). Su tarea más difícil es escuchar la reconvención con cariño y gratitud, especialmente, si tiene un espíritu orgulloso y contencioso. Pero ella debe recordar que tiene sus faltas y que nadie las ve mejor que su marido. Así que contestarle con dureza por sus reconvenciones muestra una gran ingratitud. Si ella realmente lo respeta, esta será una píldora mucho más fácil de tragar.

d. Ella mantiene una actitud respetuosa y alegre en todo momento. No debe ceder a la irritabilidad o la depresión cuando él está contento, ni estar eufórica cuando él está triste. Debe hacer todo lo posible para que él se complazca en ella. Exprese ella contentamiento con lo que tiene y con su posición, y un temperamento dulce, a fin de que él disfrute de estar en casa con ella. Estudie ella cómo le gustan a él sus comidas, sus ropas, su casa y obre conforme a lo que le agrada porque, aun debido a estas pequeñeces, surgen muchas agrias discusiones. Nunca debe permitir que su exceso de confianza con él, genere desdén. El amor de él no debe hacerle olvidar sus deberes, sino aumentar sus esfuerzos. Su cariño no debe disminuir su respeto por él. Es mejor obedecer a un hombre sabio que a uno necio. La mayoría de los maridos se reformarán si sus esposas los respetan adecuadamente. De la misma manera, la sabiduría y el afecto de él se ganan el respeto de la esposa, en la mayoría de los casos. Pocos esposos hay tan malos que la discreción y el respeto de una esposa no los reformaría; y pocas esposas hay de tan mal genio, que la sabiduría y el afecto de un esposo no la mejoraría.

Algunos harán caso omiso a estos consejos con la excusa de que nadie puede ponerlos por obra, pero esto es una burla a Dios. Él castigará a los tales. Si su venganza no le llega en esta vida, como sucede con frecuencia con los rebeldes, entonces le llegará en la próxima. El cristiano auténtico se caracteriza por un sometimiento fundamental al consejo bíblico; sin estos, somos meros hipócritas.

Tomado de "What Are the Duties of Husbands and Wives Towards Each Other?" (¿Cuáles son los deberes mutuos de esposos y esposas?) en *Puritan Sermons 1659-1689. Being the Morning Exercises at Cripplegate* (Sermones puritanos 1659-1689. Estando en los ejercicios matutinos en Cripplegate), Tomo I, reimpreso por Richard Roberts, Publicadores. A su disposición en CHAPEL LIBRARY.

Richard Steele (1629-1692): Predicador y autor puritano; nacido en Bartholmley, Cheshire, Inglaterra.

Deberes que preservan el matrimonio
William Gouge (1575-1653)

El primer deber principal y, absolutamente indispensable entre el hombre y su esposa, es la unidad matrimonial por la que ambos se consideran una sola carne y, consecuentemente, preservan su unión inviolable. Ese es el deber que el Apóstol les recomienda con estas palabras: "Que la mujer no se separe del marido... y que el marido no abandone a su mujer" (1 Co. 7:10-11). Está hablando de la separación de la pareja, quebrantando e invalidando así el lazo matrimonial. Quiere que la unión se conserve firme e inviolable, y que los dos que fueron hecho uno, sigan siéndolo para que no vuelvan a ser dos. Esta unidad matrimonial es tan necesaria que no puede ser infringida ni disuelta aunque uno sea cristiano y el otro pagano. Dice el Apóstol: "Si algún hermano tiene mujer que no sea creyente, y ella consiente en vivir con él, no la abandone. Y si una mujer tiene marido que no sea creyente, y él consiente en vivir con ella, no lo abandone" (1 Co. 7:12-13)...

1. Acerca de la paz entre el hombre y su esposa

Entre otros medios para mantener un afecto cariñoso interior entre esposos, algunos de los principales son: *La paz mutua, armonía y el estar de acuerdo*. De hecho, el Apóstol les exhorta a guardar la unidad del Espíritu en el vínculo de la paz (Ef. 4:3) porque la paz es el lazo que amarra el uno al otro y hace que sean uno, aun uno en espíritu. Cuando sucede lo opuesto, la discordia exterior desune el espíritu de los hombres. La Biblia nos estimula a seguir la paz con todos. Entonces, ¿con cuánta más razón deben los maridos tener paz con sus esposas y las esposas con sus maridos? Son más cercanos que hermanos y hermanas. ¡Entonces, cuánto más bueno y cuánto más delicioso es el habitar el esposo y la esposa juntos en armonía (Sal. 133:1)! Habitar juntos es algo que tienen que hacer, pero sin paz no hay un habitar juntos. "Mejor es vivir en un rincón del terrado que con mujer rencillosa en casa espaciosa" (Pr. 21:9; 19; 25:24). Es mucho mejor que las personas que no se llevan bien permanezcan alejadas. Pero *no* debe ser así con el hombre y su esposa, sino que, más bien, *tienen que* vivir en paz. La paz entre ellos es reconfortante, habiendo sido expuestos a las discordias de otros. Se ha dicho que en este sentido, la esposa es un remanso de paz para el hombre: *¿cuánto más el hombre lo es para su esposa?*...

Para mantener la paz:

1. *Eviten ofender:* Hasta donde sea posible, eviten las ofensas. El esposo debe cuidarse de no ofender a su esposa y lo mismo la esposa. Las ofensas causan discordia.

2. *No se ofendan:* Cuando una parte ofende a la otra, la otra no debe darse por aludida. Así conservarán la paz. La reacción a las ofensas es lo que da inicio a las rencillas.

3. *Procuren la reconciliación:* Si ambos se enojan al mismo tiempo, el fuego se hará más grande. Por esta razón, sean rápidos en apagarlo. La ira no debe compartir la cama con los esposos, ni deben ellos dejar de compartir la cama por ella. Para que el fuego se apague más pronto, ambos tienen que esforzarse por reconciliarse. La gloria es del que da el primer paso porque, de hecho, es bienaventurado por ser conciliador. No aceptar la conciliación cuando se ofrece es peor que ser pagano; cuando surge la ira, el deber del cristiano es procurar calmar los ánimos: Una gracia que viene de lo Alto.

4. *No permita que se formen partidos:* No lleven sus desavenencias a sus hijos ni a sus sirvientes ni a ningún otro familiar con el fin de que tomen partido con uno y se pongan en contra del otro. El hecho de que el hombre hable con cualquiera en su casa en contra de su esposa

o que la esposa lo haga en contra de su esposo es, por lo general, causa de problemas entre ambos.

5. *No hagan comparaciones:* Deben evitar criticar constantemente a su pareja comparándola con otras personas o con sus esposos o esposas anteriores (en caso de haberlos tenido). Las comparaciones de este tipo son muy dañinas. Suscitan muchos malos sentimientos y causan grandes discordias.

6. *No sean celosos:* Sobre todo, hay que cuidarse de los celos imprudentes e injustos, que son la desgracia del matrimonio y la causa mayor de disgustos entre el hombre y su esposa. Las personas celosas son rápidas para empezar riñas y buscar ocasiones para sembrar la semilla de la discordia. Toman cada palabra, cada mirada, acción y moción de la peor manera posible y, en consecuencia, se ofenden sin razón. Una vez que se encienden los celos, son como un fuego llameante fuera de control. Es imposible sosegar al que los tiene.

7. *Deléitense el uno al otro:* En todas las cosas buenas, tienen que esforzarse por deleitarse el uno al otro sacrificando su propia voluntad y evitando causarle un disgusto al otro. San Pablo hace notar que es el deber de ambos hacerlo y describe el cariño mutuo que los esposos se tienen como un desvivirse por alegrarse mutuamente.

2. Acerca de las oraciones mutuas de los esposos

El mayor interés de los dos debe ser el bien del uno y del otro, el cual Salomón aplica en particular a la esposa; es decir, hacer bien y no mal todos los días de su vida. Recordemos que el bien del hombre incluye su alma, cuerpo, buena reputación y bienes.

La oración, un deber mutuo

Un deber general que incluye a todos los deberes es la oración. San Pedro exhorta que la relación entre esposos no sea un obstáculo para las oraciones. Da por sentado que la oración es un deber mutuo que uno le debe al otro, como el que Isaac demostró hacia su esposa (Gn. 25:21). Por medio de ella, que el hombre y su esposa se ayuden el uno al otro en todo lo que necesitan. Es el medio en que Dios, en su sabiduría, la ha santificado para obtener todas las bendiciones necesarias para otros y para uno mismo. Muchos la consideran un deber de poca importancia y de poco provecho, pero la verdad es que orar correctamente, en verdad y con fe, es difícil, pero sus efectos son poderosos. Es el mejor deber que uno puede cumplir para bien de otros y el que menos hay que descuidar. Ya mencionamos que Isaac oró por su esposa. Para demostrar el bien que le hizo a ella, nos dicen las Escrituras que el Señor lo escuchó. Así ella, siendo antes estéril, por este medio concibió un hijo. Todos los tratamientos médicos del mundo no podían haberle hecho tanto bien. *Entonces, siempre, sin cesar, hay que cumplir este deber.* Cada vez que los dos eleven una oración, tienen que tenerse en cuenta el uno al otro. Sí y, a menudo, han de proponerse elevar oraciones en especial el uno por el otro, ya sea estando juntos o separados.

Esto último concierne especialmente al esposo, quien es como un sacerdote para su esposa y debe llevar los ruegos de ella a Dios cuando están juntos…

Las cosas por las que los esposos y las esposas orarán solos

Hay varias bendiciones necesarias por las que los esposos y las esposas deben orar y que tienen que ver sólo con ellos dos y corresponden ser mencionadas en las oraciones privadas entre ellos, como:

1. *Siendo ambos una sola carne, tienen que ser también un solo espíritu* para que sus corazones sean como uno, entretejidos por un amor matrimonial, auténtico y espiritual, deleitándose

siempre el uno en el otro, siempre dispuestos a ayudarse el uno al otro, y listos para cumplir con buena voluntad y alegría todos esos deberes que el uno le debe al otro.

2. Que su lecho matrimonial sea santificado: Siendo que es ordenanza de Dios, les corresponde cumplirla, manteniendo su lecho sin mancilla. No hay nada tan importante por la que debe orar mutuamente el matrimonio... debido al calor de los apetitos de la carne que la mayoría tiene. Si no se contiene por medio de la oración (el mejor medio para este fin), puede suceder que el lecho sin mancilla sea mancillado, y el hombre y su esposa pueden llegar a convertirse en adúlteros. Como en otros casos, así también es esto santificado por la Palabra y la oración. La Palabra da una garantía y dirección para su uso. La oración lo sazona e, igualmente, lo bendice.

3. Para que puedan tener hijos y que estos puedan ser herederos de la salvación y vivan en este mundo para su propio bien y el de los demás...

4. Para que Dios les dé capacidad en lo que se refiere a los bienes de este mundo y otros buenos medios para alimentar, nutrir y darles a sus hijos un buen futuro y suficiencia para mantener a su familia y los bienes donde Dios los colocó.

5. Para que los dones y las gracias que necesitan y faltan en cualquiera de los dos les sean dados y que los males y las enfermedades a los cuales están sujetos puedan ser superados.

Estas cosas y muchas similares brindan ocasión para que el hombre y su esposa oren de manera especial el uno *por* el otro y *con* otros.

3. Acerca de la preocupación del esposo y de la esposa por su salvación mutua

(1) Acerca del deber particular de los maridos en este sentido: Del deber general de orar que es provechoso para todo, pasemos a las ramificaciones de las providencias relacionadas con el cuidado mutuo del hombre y su esposa. Comencemos con lo primero que deben procurar, a saber: El bienestar del alma del uno y del otro. El Apóstol indica que es algo que hay que procurar, donde dice: "Porque ¿qué sabes tú, oh mujer, si quizá harás salvo a tu marido? ¿O qué sabes tú, oh marido, si quizá harás salva a tu mujer?" (1 Co. 7:16). San Pedro insta a las esposas a esforzarse por ganar a sus esposos (1 P. 3:1-5). Y San Pablo establece para los maridos cómo es el amor de Cristo, que tiene un especial interés por el alma y su salvación (Ef. 5:22-32). Éste es un deber de ambos que San Pedro subraya cuando dice que son coherederos de la gracia de la vida (1 P. 3:7).

El bien más grande que uno puede hacerle a otro es ser un medio que le ayude a obtener la salvación. Y no hay nada que puede entrelazar más profunda y firmemente dos corazones que ser este medio.

Acerca de la preocupación del marido y de la esposa por ganar a su cónyuge cuando éste no es creyente: A fin de que el alma sea influenciada para bien, hay que tener muy en cuenta el estado presente del cónyuge en cuestión. Si uno es creyente y el otro no, el creyente debe usar todos los medios que pueda haber para lograr que el otro también crea. Si ambos son creyentes, su cuidado mutuo debe ser edificarse uno al otro en su fe.

En primer lugar, es el sentir principal de la exhortación de San Pedro a la esposa creyente en cuanto a su conducta a fin de atraer a su esposo a una fe auténtica... Ahora bien, si este deber es de la esposa, con más razón lo es del esposo, quien es designado como la cabeza y un salvador de su esposa. Con este fin, San Pablo aconseja a los esposos y a las esposas casados con no creyentes que vivan con ellos...

Los medios de conversión son la mejor razón para amar: Le place al Señor dar esta bendición al esfuerzo del esposo o de la esposa por ser el medio de conversión de su pareja; el que se convierte amará entrañablemente al otro y bendecirá a Dios con todo su corazón... porque han podido entrelazarse tan fuertemente...

(2) Acerca de la edificación mutua de esposos y esposas: El segundo deber relacionado con la salvación del alma es que ambos cónyuges creyentes se esfuercen mutuamente por edificarse el uno al otro. El cristiano les debe esto a los demás, cuanto más el hombre y la esposa... La edificación espiritual mutua es el mejor uso que pueden y deben hacer de las coyunturas y ligamentos que los une. En virtud de esto, el cuerpo (concretamente el cuerpo místico de Cristo) crece con el crecimiento que da Dios (Col. 2:19). Ahora bien, el vínculo matrimonial, siendo el más firme de todos los demás y por el cual estamos íntimamente entrelazados, ¿en virtud de qué otro vínculo habríamos de edificarnos el uno al otro, sino en virtud del vínculo matrimonial?...

El hombre y su esposa deben prevenir el pecado de su pareja: Hasta donde les sea posible es el deber mutuo de esposos y esposas prevenir el pecado el uno del otro, esto se hace evidente por lo que dice el Apóstol para prevenir que se engañen uno al otro "para que no [los] tiente Satanás" (1 Co. 7:5). De estas palabras, podemos arribar a esta doctrina general: Los cónyuges tienen que tener cuidado de protegerse el uno al otro de las tentaciones de Satanás, es decir del pecado, que es a lo que llevan todas sus tentaciones...

Indicaciones para prevenir el pecado: Para un mejor cumplimiento de este deber, el esposo y la esposa tienen que estar atentos y observar en qué pecado han caído, ya sea el uno o el otro, o qué ocasiones se presentan que puede conducirlos a pecar... Si ambos se irritan y enseguida se enojan, y uno nota esto primero en el otro, el que todavía está calmo debiera más bien sosegarse y, con humildad y paciencia, mantenerse tranquilo, no sea que al explotar ambos al mismo tiempo, toda la familia sufra...

Al esposo y la esposa les corresponde corregirse mutuamente los pecados: Ya sea que el esposo o la esposa haya pecado, el deber mutuo es que el que es inocente corrija al otro. Como si uno de ellos estuviera herido, el otro debe ocuparse de curar la herida. Esto es lo que hizo Abigail, esposa de Nabal, cuando se enteró de la furia de David contra Nabal por el desaire recibido de éste. Se apresuró a llevarle alimento y se humilló ante él (1 S. 25:23). Esto conmovió tanto a David que se tranquilizó. Sí, y Abigail se tomó el tiempo para hacerle ver a su marido su falta y el peligro en que esto lo había puesto. Más directamente y con más éxito, corrigió Jacob la superstición o idolatría de su esposa Raquel como puede verse comparando Génesis 31:19, 34 con 35:2, 4. Un hermano no debe dejar que su hermano permanezca en pecado, cuánto menos puede la pareja dejar que esto suceda entre ellos.

Es un corolario del odio ser indiferente al pecado ajeno: No debes aborrecer a tu hermano (dice la Ley) y ser indiferente a su pecado (Lv. 19:17). Hacerlo es muestra y fruto del odio. Si un esposo viera a su esposa o una esposa viera a su esposo en medio del fuego o en el agua, a punto de ser quemado o de ahogarse, y no hace todo lo que puede para rescatarlo, ¿no pensaríamos con razón que lo aborrece? El pecado es como fuego y agua que quema o ahoga a los hombres para su perdición. Este deber puede cumplirse con sugerencias humildes, expresiones concisas, mansas llamadas de atención y con la ayuda de un buen pastor o algún amigo discreto y fiel...

(3) Cómo impulsar el crecimiento en la gracia: Este deber puede cumplirse de estas maneras:

1. Notando y mostrando aprobación por el comienzo y aun el paso más pequeño de adelanto en la gracia.

2. Conversando frecuentemente acerca de las cosas que les conciernen: Haciéndose preguntas el uno al otro sobre el tema y contestándolas.

3. Poniendo esto en práctica y siendo ejemplos mutuos: Siendo el uno para el otro un ejemplo constante de devoción.

4. Realizando juntos ejercicios piadosos, tales como orar, cantar salmos, leer la Palabra y otros.

5. Ejecutando ejercicios santos y religiosos en la familia: Aunque este deber corresponde especialmente al marido, a la esposa le corresponde recordárselo en caso de que se le olvide y motivarlo a hacerlos, si le faltan ganas… En este tipo de convencimiento, nadie puede prevalecer con un hombre mejor que su esposa.

6. Motivándose el uno al otro a concurrir a la casa de Dios para escuchar la Palabra, participar de las ordenanzas de Cristo y, a conciencia, ser parte de todo el culto público a Dios.

Tomado de *Of Domestical Duties* (Acerca de los deberes domésticos) reimpreso Reformation Heritage Books, www.heritagebooks.org.

William Gouge (1575-1653): Durante 46 años pastor en Blackfriars, Londres; poderoso en las Escrituras y la oración, predicó 30 años sobre Hebreos, los puntos fundamentales de estos sermones se plasmaron en un comentario famoso. Nació en Stratford-Bow, Condado de Middlesex, Inglaterra.

Pensamientos sobre cómo encontrar pareja matrimonial
John Angell James (1785-1859)

El matrimonio es un paso de importancia incalculable y nunca debiera tomarse sin la más grande consideración y cautela. Si los deberes de la vida matrimonial son tan numerosos y de tanto peso, y si el cumplimiento correcto de estos, al igual que la felicidad de toda nuestra vida… dependen, como necesariamente sucede en gran medida, en la elección que hacemos de un marido o una esposa, entonces procuremos que la razón determine la consideración con la que tenemos que contemplar esta unión.

Es obvio que ninguna decisión en toda nuestra existencia terrenal requiere más calma que ésta, pero la realidad es que, rara vez, tal decisión es el resultado de un análisis desapasionado, sino que, por lo general, las ilusiones falsas y las pasiones son las que determinan el rumbo que la pareja toma. Gran parte del sufrimiento y el crimen que flagela a la sociedad es el resultado de matrimonios mal constituidos. Si se permite que la mera pasión sin prudencia o los deseos sexuales sin amor guíen la elección de la pareja, es lógico ir al matrimonio erróneamente con consecuencias desastrosas. Con cuánta frecuencia son sólo la pasión y la concupiscencia las que se consultan… Si esto sólo afectara a la pareja casada, sería de menos consecuencia, estaría en juego algo de menos valor, pero el bienestar de la familia, no sólo para este mundo, sino también para el venidero, al igual que el bienestar de sus descendientes *por incontables generaciones*, depende de esta unión. En el ardor de la pasión, son pocos los que están dispuestos a escuchar los consejos de la prudencia. Quizá no haya consejos, hablando en términos generales, que más se descarten que aquellos sobre el tema del matrimonio. La mayoría, *especialmente si ya están encariñados con alguien que seleccionaron*, aunque no se hayan comprometido de palabra, seguirán adelante cegados por el amor a la persona errada que eligieron… Tratar de razonar en estos casos, es perder el tiempo. Hay que dejarlos para que se hagan sabios de la única manera que algunos adquieren sabiduría: *Por dolorosa experiencia*. Ofrecemos las siguientes exhortaciones a los que todavía no se han comprometido y que están dispuestos a escuchar nuestros consejos.

1. Por el consejo de tus mayores

En lo que a casarse se refiere, guíate por el consejo de tus mayores. Tus progenitores no tienen el derecho de elegir tu pareja, ni tú debes elegirla sin consultarles a ellos. Hasta qué punto tienen ellos autoridad de prohibirte casarte con alguien que no aprueban es una cuestión casuística[7], muy difícil de determinar. Si eres mayor de edad y cuentas con los medios para mantenerte a ti mismo o si la persona con quien piensas unirte cuenta con ellos, tus padres sólo pueden aconsejarte y tratar de convencerte. Pero hasta que seas mayor de edad, tienen la autoridad de prohibirte. Es irrespetuoso de tu parte comenzar una relación sentimental sin su conocimiento y de continuarla si te la prohíben. Admito que sus objeciones siempre debieran basarse en razones válidas, no en caprichos, orgullo o codicia. Cuando éste es el caso y los hijos, siendo mayores de edad, actúan con prudencia, devoción y amor, de hecho tienen que dejarlos que tomen sus propias decisiones.

No obstante, donde las objeciones de los padres tienen un buen fundamento y muestran clara y palpablemente razones para prohibir una relación, es el deber incuestionable de los

---

[7] **Casuística** – La aplicación de reglas y principios a preguntas sobre lo bueno y lo malo.

hijos y, especialmente las hijas, renunciar a ella. La unión en oposición a las objeciones de un padre o madre discreto raramente es una feliz. La copa agria se hace aún más agria por la recriminación propia. ¡Cuántas desgracias de este tipo hemos visto! ¡Cuántas señales hay, si al menos los jóvenes les hicieran caso, para advertirles contra la necedad de ceder al impulso de un compromiso imprudente y seguir adelante con él a pesar de los consejos, las protestas y la prohibición de sus padres! Rara vez resulta esa relación en otra cosa que no sea infelicidad, la cual los padres ya habían previsto desde el principio. Dios parece emitir su juicio y apoyar la autoridad de los padres confirmando el desagrado de ellos con el suyo propio.

2. Basado en el compromiso mutuo

El matrimonio debe, en todos los casos, basarse en el compromiso mutuo. Si no lo hay antes del matrimonio, no se puede esperar que lo haya después. Los enamorados, que se supone deben estarlo todos los que esperan unirse, si no tienen amor[8], no pueden esperar ser felices. En este caso, la frialdad de la indiferencia muy posiblemente se convierta pronto en antipatía. Tiene que haber un sentimiento personal de querer estar unidos. Si hubiera algo, aun exteriormente, que produce disgusto, la voz de la naturaleza misma hasta prohíbe anunciar el compromiso matrimonial. No digo que la belleza física o la elegancia sean necesaria. A menudo ha existido un fuerte amor sin estas. No me corresponde determinar que es absolutamente imposible amar a alguien que tenga una deformidad, pero, ciertamente, no nos debemos unir con alguien así, a menos que *podamos* amarlo o, por lo menos, estar tan atraídos por sus cualidades mentales que su físico deja de tener importancia ante la hermosura de su mente, corazón y manera de ser. En suma, lo que argumento es que proceder a casarse a pesar de una antipatía y repulsión es irracional, vil y pecaminoso.

El amor debe incluir la mente tanto como el cuerpo porque estar atraído hacia alguien sencillamente por su belleza es enamorarse de una muñeca, una estatua o una foto. Tal enamoramiento es lujuria (Fornicación emocional) o fantasía, pero no un afecto racional. Si nos atrae el físico, pero no la mente, el corazón y la manera de ser de la persona, nuestros sentimientos se basan en la parte menos importante de ella y, por lo tanto, algo que para el año próximo puede cambiar totalmente. *Nada se desvanece con más rapidez que la belleza.* Es como el renuevo delicado de una fruta atractiva que, si no tiene buen sabor, es arrojado con disgusto por la misma mano que lo arrancó. Dice un proverbio que los atractivos internos de la mente aumentan al ir conociendo mejor a alguien, mientras que los atractivos exteriores van menguando. Mientras lo primero nos lleva a aceptar un aspecto poco agraciado, lo segundo incita, por el contraste, a una aversión por lo insípido, la ignorancia y la falta de corazón que ha resultado de esa unión, que es como una flor muy llamativa, pero sin aroma que crece en el desierto. En lugar de jugarnos nuestra felicidad juntando estas malezas florecidas y poniéndolas en nuestro regazo, preguntémonos cómo se verán dentro de algunos años o cómo adornarán y bendecirán nuestro hogar. Preguntémonos: ¿Acompañará a este semblante una comprensión que le haga apto/a para ser mi compañero/a e instructor/a de mis hijos? ¿Tendrá la paciencia para tolerar mis debilidades, amablemente consultar mis gustos y con afecto procurar mi confort? ¿Me complacerá su manera de ser en privado, al igual que en público? ¿Harán sus costumbres que mi hogar sea placentero para mí y mis amigos? Tenemos que analizar estas cuestiones y controlar nuestra pasión para poder razonar pragmáticamente y formarnos un criterio inteligente.

---

[8] **Amor** – El amor bíblico *ágape* puede definirse como un acto de la voluntad para entregarse uno incondicionalmente a otro. Este amor genera los mejores sentimientos.

Éste pues, es el amor sobre el cual ha de basarse el matrimonio: Amor por la persona integral, amor por la mente, el corazón y su manera de ser, al igual que por su aspecto exterior, amor acompañado de respeto. Sólo este cariño es el que puede sobrevivir la fascinación de lo novedoso, los estragos de las enfermedades y del tiempo. Sólo éste puede mantener la ternura y exquisitez del estado conyugal de por vida como fue la intención de Aquel que instituyó la unión matrimonial: Que fuera de ayuda y confort mutuo.

¿Qué palabras hay, que sean suficientemente fuertes y expresen la indignación con que rechazamos esos compromisos, tan indignos y, no obstante tan comunes, por los que el matrimonio se convierte en una especulación monetaria, un negocio, una cuestión meramente de dinero?... Los jóvenes mismos deben tener muchísimo cuidado de no dejar que las persuasiones de otros, ni un impulso de su propia concupiscencia, ninguna ansiedad por ser independientes, ninguna ambición de esplendor secular, los lleve a una relación que no sea por puro y virtuoso amor. ¿De qué valen una casa grande, muebles hermosos y adornos costosos si no hay amor conyugal? "¿Es por estas chucherías, estos juguetes?", exclama al despertar el corazón atribulado demasiado tarde en medio de alguna triste escena de infelicidad doméstica. "¿Es para esto que me he vendido y he vendido mi felicidad, mi honor?".

¡Ah, hay en el afecto puro y mutuo una dulzura, un encanto y un poder para complacer, aunque sea en la más humilde de las viviendas, mantenido en medio de la pobreza teniendo que lidiar con muchas dificultades! Comparado con esto, la elegancia y brillantez de un palacio oriental no son más que una de las enramadas del Huerto de Edén…

3. Con la mayor prudencia

El matrimonio debe contraerse con la mayor prudencia… Los matrimonios imprudentes, como ya hemos considerado, tienen malas y muy extensas consecuencias y *también pasan esas consecuencias a la posteridad*. Contamos con la comprensión para controlar nuestras pasiones e ilusiones falsas. Aquel que, en un asunto de tanta consecuencia como lo es elegir un compañero de por vida, deja a un lado lo primero y escucha sólo la voz de lo segundo, ha renunciado al carácter de un ser racional para dejarse gobernar totalmente por los apetitos carnales. La prudencia previene mucha de la infelicidad humana cuando permitimos que nos guíe.

En este sentido, la prudencia no deja que nadie se case hasta tener un medio de vida seguro. Me resulta obvio que la presente generación de jóvenes no se distingue por su discreción en este aspecto. Muchos tienen mucho apuro por contraer matrimonio y ser cabeza de familia antes de tener con qué mantenerla. En cuanto llegan a la mayoría de edad, si tienen trabajo o no, antes de haberse asegurado que su trabajo sea un éxito, buscan esposa y hacen una elección apurada y quizá insensata. Los hijos comienzan a llegar antes de tener los medios adecuados para mantenerlos… Los jóvenes tienen que razonar y contemplar el futuro. Si no lo hacen y, en cambio, se precipitan a tener que enfrentar los gastos del hogar antes de tener los recursos para hacerlo, a pesar del canto de la sirena que son sus ilusiones, presten atención a la voz de advertencia o prepárense para comer las hierbas amargas de inútiles lamentos…

"Se ha dicho que nadie yerra en este sentido tanto como los *pastores*. ¡Cómo puede ser! Es difícil imaginar que aquellos cuyo deber es inculcar prudencia, sean ellos mismos conocidos por su indiscreción… El pastor, quien debe recomendar cuidado en todos los aspectos de la vida, ¿cómo se va a casar con una mujer sucia y descuidada? El pastor, quien debe demostrar un espíritu humilde y tranquilo preciado ante los ojos de Dios, ¿cómo se va a casar entonces con una mujer que regaña y critica constantemente? El pastor, quien debe tener la misma relación con toda su congregación por igual, a quien le debe su amor y su servicio, ¿cómo se va a casar entonces con una mujer que se apega a unas pocas amigas, escucha sus secretos y divulga los propios, y se limita a relaciones dentro de un grupito seleccionado y exclusivo de sus preferidos, lo cual haría que su pastorado fuera insoportable o motivo de despido?

A mis hermanos en el ministerio recomiendo, y lo recomiendo con tanta seriedad que no tengo palabras suficientemente enfáticas para expresarla, que tengan gran cautela en este asunto tan delicado e importante. En su caso, los efectos de un matrimonio imprudente se sienten en la iglesia del Dios viviente…

4. Siguiendo los dictados de la fe cristiana[9]

El matrimonio siempre debe contraerse siguiendo los dictados de la fe cristiana. La persona piadosa no debiera casarse con alguien que no sea también piadosa. No es conveniente unirse a un individuo, aun de una denominación distinta, cuando cada uno, obedeciendo a su conciencia, asiste a su propia congregación. No es bueno separarse los domingos por la mañana para ir uno a un lugar y el otro a otro. La caminata más deliciosa que una pareja consagrada puede hacer es ir juntos a la casa de Dios y conversar sobre los temas importantes de la redención y las realidades invisibles de la eternidad. Nadie quiere perderse esto voluntariamente… No obstante, si el interés de la pareja fuera lo único en juego, sería una cuestión de menos consecuencia, pero es una cuestión de conciencia y un asunto en el cual no tenemos opción. "Libre es para casarse con quien quiera", dice el Apóstol refiriéndose a las viudas, "con tal que sea en el Señor" (1 Co. 7:39).

Ahora bien, aunque esto fue dicho con referencia a una mujer, toda la Ley se aplica con la misma fuerza al otro sexo. Esto es no sólo un consejo, sino una ley. Es tan inapelable como cualquier otra ley que encontramos en la Palabra de Dios. El modo incidental como ocurre este mandamiento judicial es… la confirmación más fuerte de que la regla es para todos los casos donde se contempla el matrimonio y donde no ha habido un compromiso matrimonial antes de la conversión. En cuanto al otro pasaje, donde el Apóstol nos ordena a no unirnos "en yugo desigual con los incrédulos" (2 Co. 6:14), no se aplica al matrimonio, *excepto por inferencia*, sino a la comunión en la Iglesia o, más bien, a las asociaciones y conductas en general que no deben formar los cristianos con los inconversos. Pero si esto es incorrecto en otras esferas, ¿cuánto más lo es en esa relación que ejerce una influencia sobre nuestra personalidad, al igual que en nuestra felicidad? El que un cristiano, entonces, contraiga matrimonio con alguien que, decidida y evidentemente no es creyente, es algo directamente opuesto a la Palabra de Dios… Tener gustos distintos en cuestiones *secundarias* es un obstáculo para la armonía doméstica. Entonces, las diferencias de opiniones en lo que respecta al importantísimo tema de la fe es un peligro, no sólo para la armonía, sino también es una imprudencia que el cristiano ni siquiera debiera considerar. ¿Cómo pueden lograrse los altos ideales de la familia donde uno de los padres no cuenta con las calificaciones necesarias para lograrlos? ¿Cómo puede llevarse a cabo la educación piadosa y los hijos ser formados en el conocimiento y la admonición del Señor? En lo que respecta a la ayuda individual y personal en cuestiones piadosas, ¿acaso no queremos ayudas en lugar de obstáculos? *El cristiano debe doblegar todo a la fe, y no dejar que la fe se doblegue a nada.* Esto es lo primordial, a lo cual *todo* ha de subordinarse… Me temo que el descuido de esta regla clara y razonable se está haciendo más y más común… En el excelente tratado que publicó el Sr. Jay, hace él los siguientes comentarios acertados e importantes. "Estoy convencido de que se debe

---

[9] **Nota del editor** – La palabra original que el autor emplea aquí es *religión*. A la luz del uso amplio y muchas veces confuso de la palabra *"religión"* hoy en día, los términos "fe cristiana", "cristianismo" y "fe en Cristo" y, a veces, "piedad", "piadoso/a" o "piedad cristiana", suelen reemplazar "religión" y "religioso" en muchos casos en esta publicación.

a lo prevalente de estas relaciones indiscriminadas y no consagradas, que nos hemos distanciado erradamente de aquellos hombres de Dios que nos precedieron en nuestro aislamiento del mundo, en la simplicidad de nuestra manera de ser, en la uniformidad de nuestra profesión de fe, en el cumplimiento del culto familiar y en la formación de nuestros hijos en el conocimiento y la admonición del Señor" (William Jay, 1769-1853).

5. Con la mayor y más profunda consideración

Nadie debe contemplar la posibilidad de una relación como el matrimonio sin la mayor y más profunda consideración, ni sin las oraciones más serias a Dios pidiendo su dirección. Pero las oraciones, para ser aceptables ante el Altísimo, tienen que ser sinceras y elevadas con un verdadero anhelo de conocer y hacer su voluntad. Creo que muchos actúan con la Deidad como lo hacen con sus amigos: Toman sus decisiones y luego piden orientación. Tienen algunas dudas y, a menudo, fuertes, acerca de que si el paso que están por tomar es el correcto, pero estas se van disipando gradualmente con sus oraciones por las que ellos mismos se van convenciendo de que su decisión es la apropiada, decisión *que, de hecho, ya habían tomado*. Orar por algo que ya sabemos es contrario a la Palabra de Dios y que ya hemos resuelto hacer, es agregar hipocresía a la rebelión. Si hay razón para creer que el individuo que pide casamiento a una creyente no es verdaderamente piadoso, ¿para qué va a orar ella pidiendo dirección? Esto es pedirle al Todopoderoso que le permita hacer aquello que él ya ha prohibido hacer.

No hay palabras para deplorar lo suficiente, el hecho de que, por lo general, toda preparación apropiada para el matrimonio se deja a un lado y, en cambio, toda la atención se da a vanidades que, de hecho, no son más que polvo en la balanza del destino conyugal. Todo pensamiento, sentido de anticipación y ansiedad son absorbidos con demasiada frecuencia por la elección de una casa y los muebles, y por cuestiones aún más insignificantes y frívolas. Qué común es que la mujer pase horas, día tras día y semana tras semana, en comunión con su modista, decidiendo y discutiendo colores, estilos y telas en que aparecerá en esplendor nupcial, cuando debiera emplear todo ese tiempo en reflexionar sobre el paso crucial que decidirá su destino y el de su futuro esposo; como si la gran finalidad fuera ser una novia esplendorosa y a la moda, en lugar de ser una esposa buena y feliz…

"Estudia", dice un viejo autor, "los deberes del matrimonio antes de casarte. Hay cruces que cargar, trampas que evitar y múltiples obligaciones que cumplir, al igual que gran felicidad que disfrutar. ¿Y acaso no hay que estar seguro de las previsiones para el futuro? No hacerlo resulta en los frecuentes desencantos de este estado respetable. De allí, ese arrepentimiento que viene demasiado pronto y, a la vez, demasiado tarde. El esposo no sabe cómo liderar y la esposa no sabe cómo obedecer. Ambos son ignorantes, ambos engreídos y ambos infelices". "Reconócelo en todos tus caminos, y él enderezará tus veredas" (Pr. 3:6).

Tomado de *A Help to Domestic Happiness* reimpreso por Soli Deo Gloria, una división de Reformation Heritage Books, www.heritagebooks.org.

John Angell James (1785-1859): Predicador y autor congregacional inglés. Nació en Blandford, Dorsetshire, Inglaterra.

Las bodas del Cordero
Charles H. Spurgeon (1834-1892)

> *"Gocémonos y alegrémonos y démosle gloria; porque han llegado las bodas del Cordero, y su esposa se ha preparado. Y a ella se le ha concedido que se vista de lino fino, limpio y resplandeciente; porque el lino fino es las acciones justas de los santos".* —Apocalipsis 19:7-8

1. Las bodas

Las bodas del Cordero son el resultado del don eterno del Padre. Nuestro Señor dijo: "Tuyos eran, y me los diste" (Jn. 17:6). Luego oró diciendo: "Padre, aquellos que me has dado, quiero que donde yo estoy, también ellos estén conmigo, para que vean mi gloria que me has dado; porque me has amado desde antes de la fundación del mundo" (Jn. 17:24). El Padre hizo una elección y dio los escogidos a su Hijo para que fueran su porción. Por ellos, hizo un pacto de redención[10] comprometiéndose a asumir la naturaleza de ellos a su debido tiempo, a pagar el castigo por sus ofensas y a liberarlos para que fuesen suyos. Amados míos, eso que fue determinado en los concilios de la eternidad y acordado allí por las altísimas partes contrayentes, será consumado definitivamente el día cuando el Cordero tome para sí, en una unión eterna, a todos los que le fueron dados por su Padre desde la eternidad.

Este será el cumplimiento del compromiso matrimonial que, a su tiempo, realizó con cada uno de ellos. No voy a intentar entrar en distinciones, pero hasta donde nos concierne a ustedes y a mí, el Señor Jesucristo celebró su boda con nosotros individualmente, justificándonos en el momento en que, por primera vez, creímos en él. Luego nos tomó para ser suyos y se entregó para ser nuestro, de modo que podemos cantar "Mi amado es mío y yo [suyo]" (Cnt. 2:16). Ésta era la esencia de la boda. Pablo, en la epístola a los Efesios, representa a nuestro Señor como estando desposado con su Iglesia. Podemos ilustrar esto con la costumbre oriental por la cual, cuando la novia es prometida en matrimonio, entra en efecto toda la inviolabilidad del matrimonio mismo aunque puede pasar todavía algún tiempo antes de que sea llevada a la casa de su esposo. Ella vive en su hogar paterno, no deja atrás a su propia familia, a pesar de estar desposada en verdad y justicia. En el día señalado, el día que podríamos llamar el de la boda verdadera, es llevada a su casa de casada. No obstante, el compromiso matrimonial es la propia esencia del matrimonio. Siendo así, entonces ustedes y yo estamos comprometidos en matrimonio con nuestro Señor *ahora* y él está unido a nosotros con lazos indisolubles. Él no quiere separarse de nosotros, ni podemos nosotros separarnos de él. Él es el gozo de nuestra alma y se regocija por nosotros con cánticos. ¡Alegrémonos porque él nos ha escogido y llamado y, estando ya comprometidos, espera con anticipación el día de la boda! ¡Sintamos aun ahora que aunque estamos en el mundo, somos de él, nuestro destino no está aquí en medio de estos hijos frívolos de los hombres! Desde ya, ¡nuestro hogar está en lo Alto!

El día de las bodas indica el perfeccionamiento del cuerpo de la Iglesia. Ya he dicho que en ese entonces la Iglesia estará completa, pero que aún no lo está. Estando Adán dormido, el Señor tomó de su costado una costilla y con ella formó una ayuda idónea para él. Adán no la vio mientras Dios la estaba formando, pero cuando abrió los ojos vio ante él la forma perfecta de su ayuda idónea. Amados míos, Dios está formando la verdadera Iglesia ahora… La Iglesia

---

[10] **Pacto de redención** – El término usado para describir el acuerdo entre los componentes de la Deidad, especialmente entre el Padre y el Hijo, con respecto al plan de redención: Dios el Padre propuso 1. Lograr la salvación por medio de la Persona y obra de Dios el Hijo y 2. La aplicación de la salvación por medio del poder regenerador del Espíritu.

que está comprometida con el Novio celestial no es visible todavía porque está en proceso de formación. El Señor no va a permitir que simplones como nosotros veamos su obra a medio terminar. Pero llegará el día cuando habrá terminado su nueva creación y, entonces, la presentará para que sea el deleite del segundo Adán para toda la eternidad. La Iglesia no ha sido aún perfeccionada. Leemos de la parte de ella que está en el cielo: "Para que no fuesen ellos perfeccionados aparte de nosotros" (He. 11:40). Si somos verdaderamente creyentes, ¡hasta que lleguemos nosotros allá, no puede haber una Iglesia perfecta en la gloria! A la música de las armonías celestiales todavía le faltan ciertas voces. Algunas de las notas necesarias son demasiado bajas para los que ya están allá y otras, demasiado altas para ellos, hasta que arriben todos los cantores que han sido escogidos para completar las notas que faltan y conformar así el coro perfecto... Amados míos, en el día de las bodas del Cordero allí estarán todos los escogidos —los grandes y los pequeños— hasta los creyentes que están luchando duramente hoy con sus pecados, dudas y temores. ¡Allí estará cada miembro viviente de la Iglesia viviente para ser desposado con el Cordero!

Estas bodas significan más de lo que les he dicho: Es la ida al hogar celestial. No hemos de vivir para siempre en estas tiendas de Cedar en medio de un pueblo extraño. El Novio bendito viene para llevarnos al reino de la felicidad, donde ya no diremos: "Mi vida está entre leones". Todos los fieles partiremos pronto a tu tierra, ¡oh Emanuel! Moraremos en la tierra que fluye leche y miel, en la tierra del sol radiante que no se oculta nunca, la morada de los benditos del Señor. ¡Ciertamente feliz será llegar a la patria de la Iglesia perfecta!

Las bodas son la coronación. ¡La Iglesia es la esposa del gran Rey y él colocará la corona sobre su sien y la dará a conocer como su verdadera esposa para siempre! ¡Oh, qué día será aquel cuando cada miembro de Cristo será coronado en él y con él, y cada miembro del cuerpo místico será glorificado en la gloria del Novio! ¡Oh, que esté yo allí en aquel día! Hermanos, tenemos que estar con nuestro Señor en la batalla si queremos estar con él en la victoria. Tenemos que estar con él llevando la corona de espinas, si queremos estar con él para llevar la corona de gloria. Tenemos que ser fieles por su gracia hasta la muerte, si hemos de compartir la gloria de su vida eterna.

Es imposible expresar todo lo que significan estas bodas, pero ciertamente significan que todos los que creyeron en él entrarán en ese momento en una vida de total felicidad que nunca acabará, una felicidad nunca empañada por el temor ni las sombras. Ellos estarán con el Señor para siempre, glorificado con él eternamente. No esperemos que labios humanos hablen acertadamente sobre un tema como éste. Se necesitan lenguas de fuego y palabras que penetren el alma como lenguas de fuego.

¡Vendrá el día, el Día entre los días, corona y gloria del tiempo cuando, habiendo concluido para siempre todo conflicto, peligro y juicio, los santos, arropados con la justicia de Cristo, serán eternamente uno con él en una unión viva, amante y permanente, compartiendo unidos la misma gloria, la gloria del Altísimo! ¡Cómo será estar allí! Amados míos, ¿estarán allí *ustedes*? Afirmen su vocación y elección. Si no confían en el Cordero estando en la tierra, no reinarán con el Cordero en su gloria. El que no ama al Cordero como el sacrificio expiatorio, nunca será la esposa del Cordero. ¿Cómo podemos esperar ser glorificados con él si lo abandonamos en el día de su escarnio? ¡Oh, Cordero de Dios, sacrificio mío, yo quiero ser uno contigo, pues esto es mi vida misma! Si podemos hablar de este modo, podemos esperar que participemos de las bodas del Cordero.

2. El Cordero

El novio es presentado como un cordero: "Han llegado las bodas del Cordero". Así tiene que ser porque, ante todo, nuestro Salvador fue el Cordero en el pacto eterno cuando todo este plan fue programado, organizado y establecido por voluntad y decreto de la eternidad. Él es "el Cordero que fue inmolado desde el principio del mundo" (Ap. 13:8) y el pacto fue con él, que sería las Arras, el Sustituto y el Sacrificio tomando el lugar de los hombres culpables. Así y de ningún otro modo, fue desde la eternidad.

Luego, fue como el Cordero que nos amó y demostró su amor. Amados míos, él no se limitó a hablarnos de amor cuando descendió del cielo a la tierra y habitó entre nosotros como "un hombre humilde delante de sus enemigos", sino que lo demostró con actos de verdadero amor. La prueba suprema de su amor es que fue llevado al matadero como se lleva a un cordero. Cuando derramó su sangre como un sacrificio, podríamos haber dicho apropiadamente: "¡Mirad cómo los amaba!". Si queremos demostrar el amor de Jesús, no mencionamos la transfiguración, sino la crucifixión. Hablamos del Getsemaní y el Gólgota. Allí, sin dejar lugar a ninguna duda, el Hijo amado demostró su amor por nosotros. Dice el escritor bíblico: "Él me amó, y se entregó por mí", expresando que su entrega por mí es la prueba clara de que me ama. Dice también: "Cristo amó a la iglesia, y se entregó a sí mismo por ella" (Ef. 5:25). La prueba de su amor por la Iglesia fue que se entregó a sí mismo por ella. "Estando en la condición de hombre, se humilló a sí mismo, haciéndose obediente hasta la muerte, y muerte de cruz" (Fil. 2:8). "En esto consiste el amor, no en que nosotros hayamos amado a Dios, sino en que él nos amó a nosotros" (1 Jn. 4:10). Vemos pues que, como un Cordero, demostró su amor y, como un Cordero, se desposó con nosotros.

Demos un paso más. El amor matrimonial tiene que ser de ambas partes y es como el Cordero que, primero, llegamos a amarlo. Cuando yo todavía no amaba a Cristo, ¿cómo podía haber apreciado sus heridas y su sangre sin amor? "Nosotros le amamos a él, porque él nos amó primero" (1 Jn. 4:19). Su vida perfecta era una condenación para la mía, aunque no podía menos que admirarla; en cambio, lo que me atrajo a amarle fue lo que hizo como mi sustituto cuando cargó con mis pecados en su propio cuerpo en el madero. ¿No ha sido así con ustedes, amados míos? He oído hablar mucho de conversiones como consecuencia de la admiración del carácter de Cristo, pero nunca he conocido una personalmente, en cambio, siempre me he encontrado con conversiones como resultado de sentir una gran necesidad de salvación y una conciencia culpable, cosas que no pueden ser satisfechas nunca, excepto por su agonía y por su muerte, gracias a las cuales el pecado es justificado y perdonado, y la maldad es subyugada. *Ésta es la maravillosa doctrina que nos gana el corazón.* Cristo nos ama como el Cordero y nosotros lo amamos a él como el Cordero.

Además, el matrimonio es la unión más perfecta. Es indudable que es como el Cordero que Jesús está tan íntimamente unido a su pueblo. Nuestro Señor se acercó entrañablemente a nosotros cuando tomó nuestra naturaleza, pues así se convirtió en carne y hueso como lo somos nosotros. Se acercó mucho a nosotros cuando, por esa causa, dejó a su Padre y se convirtió en una sola carne con su Iglesia. Él no podía estar en pecado como lo estamos nosotros por naturaleza, en cambio, tomó sobre sí nuestros pecados y los quitó como está escrito: "Jehová cargó en él el pecado de todos nosotros" (Is. 53:6). Cuando "fue contado entre los pecadores" y cuando la espada vengadora lo hirió por sustituirnos, se acercó más aún a nosotros y de una manera que nunca podía haber hecho en la perfección de su encarnación. No puedo concebir una unión más cercana que la de Cristo con las almas redimidas por su sangre. Al contemplar su muerte, no puedo menos que exclamar: "¡Ciertamente tú me eres un esposo de sangre, oh Jesús! Estás unido a mí por algo más íntimo que por el hecho de que eres de mi misma naturaleza, pues tu naturaleza cargó con mi pecado y sufrió el castigo de la ira en mi lugar. Ahora eres uno conmigo en todas las cosas por una unión como la que te vincula con el Padre". De este modo, se forma una maravillosa unión por el hecho de que nuestro Señor asume el carácter del Cordero…

Si yo, en mi estado actual, pudiera escoger entre ver a mi Señor en su gloria o en su cruz, optaría por lo último. Por supuesto preferiría estar allá con él y ver su gloria, pero mientras vivo aquí rodeado de pecado y de aflicción, una visión de sus sufrimientos tendría más efecto sobre mí. "Oh cabeza sagrada una vez herida", ¡cuánto anhelo contemplarte! Nunca me siento tan cerca de mi Señor como cuando reflexiono en su cruz maravillosa y lo veo derramando su sangre por mí… me parece estar en sus brazos y, como Juan, me reclino en su pecho al vislumbrar su pasión. Por lo tanto, no me sorprende que por acercarse más a nosotros como el Cordero, y por acercarnos nosotros a él y contemplarlo como tal, se agrade él en llamar a su más excelsa unión eterna con su Iglesia: "Las bodas del Cordero".

Y, queridos hermanos, cuando pensamos en esto: Estar desposados con él, ser uno con él, no tener ningún pensamiento, ningún propósito, ningún deseo, ninguna gloria, sino la que mora en Aquel quien, habiendo muerto ahora vive, es esto ciertamente el cielo, el lugar del cual el Cordero es la luz. Contemplar y adorar eternamente a Aquel que se ofreció sin mancha a Dios como nuestro sacrificio y propiciación será un festín sin fin de amor agradecido. Nunca nos cansaremos de este tema. Si vemos al Señor que viene de Edom, con vestiduras teñidas de Bozra, del lagar donde había pisoteado a sus enemigos, nos sentimos sobrecogidos y pasmados por el terror de esta terrible manifestación de su justicia, pero cuando lo vemos vestido con la ropa sumergida en su propia sangre y la de nadie más, cantaremos eternamente a gran voz: "Tú fuiste inmolado, y con tu sangre nos has redimido para Dios; a ti sea la gloria por los siglos de los siglos". Podríamos seguir cantando por toda la eternidad: "Digno es el Cordero que fue inmolado". El tema tiene un interés inagotable e incluye todo: Justicia, misericordia, poder, paciencia, amor, aprobación, gracia y justicia. Sumamente glorioso es nuestro Señor cuando lo contemplamos como un Cordero. Esto hará que el cielo sea siete veces cielo para nosotros al pensar que, además, estaremos unidos a él como el Cordero con lazos eternos. [En ese momento una voz del público exclamó: "¡Alabado sea el Señor!"] Sí, amigos míos, ¡alabemos al Señor! "Alabad a nuestro Dios" es el mandato que se oyó venir del Trono. "Alabad a nuestro Dios todos sus siervos, y los que le teméis, así pequeños como grandes, porque han llegado las bodas del Cordero, y su esposa se ha preparado".

Concluiré repitiendo esta pregunta: ¿Confías en el Cordero? Te advierto que si la religión en que crees no incluye nada de la sangre de Cristo, de nada vale. Te advierto también que, a menos que *ames* al Cordero, no podrás *desposarte* con el Cordero. Él jamás se desposará con quienes no sienten nada de amor por él. Tienes que aceptar a Jesús como un sacrificio, de lo contrario, no lo aceptas para nada. Es inútil decir: "Seguiré el ejemplo de Cristo". No harías nada que se le parezca. Es en vano decir: "Él será mi maestro". Él no te reconocerá como su discípulo, a menos que lo reconozcas como un sacrificio. Es preciso que lo recibas como el Cordero o lo dejes completamente. Si desprecias la sangre de Cristo, desprecias toda su persona. Cristo no es nada para ti si no fuera por su expiación. Todos los que esperan ser salvos por las obras de la ley o por cualquier otra cosa que no sea su sangre y su justicia, no son cristianos, no tienen parte alguna con él aquí, ni tendrán parte con él en el más allá, cuando tome para sí a su propia Iglesia redimida para ser su esposa por los siglos de los siglos. Dios te bendiga, en el nombre de Cristo. Amén.

Predicado el 21 de julio de 1889 en el Tabernáculo Metropolitano, Newington, Londres, Inglaterra.

Charles H. Spurgeon (1834-1892): Influyente pastor bautista inglés. La colección de sermones de Spurgeon durante su ministerio ocupa 63 tomos. Los 20-25 millones de palabras equivalen a la novena edición de la *Enciclopedia Británica* y constituye la serie de libros más numerosa de un mismo autor en la historia del cristianismo. Nació en Kelvedon, Essex, Inglaterra.

Capítulo 5

FORMACIÓN BÍBLICA DE LOS HIJOS EN EL HOGAR

Dios es un hacedor de cultura. Esto resulta muy claro en los mandatos que ha dado para la formación de los hijos. Ha instado a los padres de familia a que crearan una cultura de honra y obediencia en el hogar. Vemos esta "cultura original" en las relaciones funcionales de la Deidad, las tres personas de la Trinidad. La comunión santa y el amor eterno del Padre, del Hijo y del Espíritu Santo dio forma a la cultura original que sirve como paradigma para todas las demás culturas.

Dos de los elementos más sencillos de la cultura de la familia son la honra y la obediencia. Hay un paradigma relacional de honra y obediencia en las relaciones de la Trinidad que se convierte en el modelo de las relaciones en la familia terrenal. En las relaciones como iguales, eternas, sin divisiones y unificadas de las tres Personas de la Deidad (1 Jn. 5:7), el Padre ejerce autoridad sobre el Hijo (1 Co. 11:3), el Hijo se somete al Padre (Jn. 6:38), el Espíritu Santo glorifica al Padre y al Hijo (Jn. 16:13-14), el Padre se agrada en su Hijo y el Hijo se agrada en hacer la voluntad de su Padre (Jn. 14:31; 15:10). Es una comunión de amor caracterizada por honra, obediencia, anhelo de agradar y sujeción. Es una familia maravillosa de belleza incomparable, de gracia y armonía sin paralelos. Dios ordenó esta cultura celestial y, por su gracia y poder, podemos vivir algo de su amor y hermosura en nuestras familias terrenales. Dios anhela trasladar a la tierra la cultura del cielo (Mt. 6:10).

Una de las maneras como lo hace Dios es estableciendo aquí hogares y luego enseñándoles a reflejar la cultura del cielo en la tierra. Cuando los padres de familia educan a sus hijos basándose en la Palabra de Dios, están edificando una cultura bíblica de rectitud, justicia y amor siguiendo el ejemplo del Padre, del Hijo y del Espíritu Santo. Esto construye una cultura poderosa. Por lo tanto, Dios ha designado que este ejemplo se edifique desde cada corazón a toda la familia.

¿Cómo sería vivir la experiencia de una cultura tal? En este capítulo verá usted el plan hermoso y multifacético que Dios ha diseñado para la formación de los hijos.

—*Scott Brown*

Cómo educar a los hijos para Dios
Edward Payson (1783-1827)

"Lleva este niño y críamelo, y yo te lo pagaré". —Éxodo 2:9

Estas palabras fueron dichas por la hija de Faraón a la madre de Moisés. Es muy probable que no sea necesario informarle de las circunstancias que las ocasionaron. Seguramente no es necesario decirle que, al poco tiempo de nacer este futuro líder de Israel, sus padres se vieron obligados, por la crueldad del rey egipcio, a esconderlo en una arquilla de juncos a la orilla del río Nilo. Estando allí, fue encontrado por la hija de Faraón. Su llanto infantil la movió a compasión con tanto poder que decidió, no sólo rescatarlo de una tumba de agua, sino educarlo como si fuera de ella. Miriam, la hermana de Moisés, quien había observado todo sin ser vista, se acercó ahora como alguien que desconocía las circunstancias que habían ocasionado que el niño estuviera allí. Al escuchar la decisión de la princesa, Miriam ofreció conseguir una mujer hebrea para que cuidara al niño hasta tener edad suficiente como para aparecer en la corte de su padre. Este ofrecimiento fue aceptado, por lo que Miriam fue inmediatamente y llamó a la madre a quien la princesa le encomendó el niño con las palabras de nuestro texto: "Lleva este niño y críamelo, y yo te lo pagaré".

Con palabras similares, mis amigos, se dirige Dios a los padres de familia. A todos los que les da la bendición de tener hijos, dice en su Palabra y por medio de la voz de su Providencia: "Lleva este niño y edúcalo para mí, y yo te lo pagaré". Por lo tanto, usaremos este pasaje para mostrar lo que implica educar a los hijos para Dios.

1. Son hijos de él más bien que nuestros.

Lo primero que implica educar a los hijos para Dios[1], es tener conciencia y una convicción sincera, de que son propiedad de él, hijos de él más bien que nuestros. Nos encarga su cuidado por un tiempo, con el mero propósito de formarlos de la misma manera como ponemos a nuestros hijos bajo el cuidado de maestros humanos con el mismo propósito. A pesar de lo cuidadosos que seamos para educar a los hijos, no podemos decir que los educamos para Dios, a menos que creamos que son de él porque, si creemos que son exclusivamente nuestros, los educaremos para nosotros mismos y no para él. Saber que son de él es sentir profundamente y estar convencidos de que él tiene un derecho soberano de hacer con ellos lo que quiere y de quitárnoslos cuando él disponga. Que son de él y que él posee este derecho es evidente, según innumerables pasajes de las Sagradas Escrituras. Éstas nos dicen que Dios es el que forma nuestro cuerpo y es el Padre de nuestro espíritu, que todos somos sus hijos y que, en consecuencia, no somos nuestros, sino de él. También nos aseguran que tal como es de él el alma del padre y la madre, de él es el alma de los hijos. Dios reprendió y amenazó varias veces a los judíos porque sacrificaban los hijos *de él* en el fuego de Moloc (Ez. 16:20-21). A pesar de lo claro y explícito que son estos pasajes, son pocos los padres que parecen sentir su fuerza. Son pocos los que parecen sentir y actuar como si tuvieran conciencia de que ellos y los suyos son propiedad absoluta de Dios, que ellos son meramente padres temporales de sus hijos y que, en todo lo que hacen para ellos, debieran estar actuando para Dios. Pero resulta evidente que tienen que sentir esto antes de poder criar a sus hijos para él porque ¿cómo pueden educar a sus hijos para un ser cuya existencia no conocen, cuyo derecho a ellos no reconocen y cuyo carácter no aman?

---

[1] **Educar... Dios** – Con esto, el autor quiere decir que debemos criar a nuestros hijos en el conocimiento de Dios, especialmente empleando la práctica del culto familiar diario.

2. Dedícalos para ser de él eternamente.

Una segunda implicación, muy relacionada con lo anterior de educar a los hijos para Dios, se trata de dedicarlos o entregarlos sincera y seriamente para ser de él eternamente. Ya hemos demostrado que son propiedad de él y no nuestra. Al decir, dedicarlos a él, queremos decir sencillamente que reconocemos explícitamente esta verdad o que reconocemos que los consideramos enteramente de él y que los entregamos sin reservas a él para el tiempo y la eternidad... Si nos negamos a dárselos a Dios, ¿cómo podemos decir que los educamos para él?

3. Tenga las motivaciones correctas.

En tercer lugar, si educamos a nuestros hijos para Dios, tenemos que hacer todo lo que hacemos por ellos basados en motivaciones correctas. Casi la única motivación que las Escrituras consideran correcta es hacerlo para la gloria de Dios y tener un anhelo devoto de promoverla; y no consideran que nada se hace realmente para Dios que no fluye de esta fuente. Sin esto, por más ejemplar que sea, no hacemos más que dar fruto para nosotros mismos y no somos más que una vid sin vida. Por lo tanto, tenemos que ser gobernados por esta motivación al educar a nuestros hijos si queremos educarlos para Dios y no para nosotros mismos. En todos nuestros cuidados, labores y sufrimientos por ellos, una consideración por la gloria divina debe ser el incentivo principal que nos mueve. Si actuamos meramente basados en nuestro afecto paternal y maternal, no actuamos basados en un principio más elevado que el de los animales irracionales a nuestro alrededor, muchos de los cuales parecen amar a sus hijos con no menos ardor ni estar menos listos para enfrentar peligros, esfuerzos y sufrimientos para promover su felicidad que nosotros para promover el bienestar de los nuestros. Pero si el afecto paternal puede ser santificado por la gracia de Dios y las obligaciones paternales santificadas por un anhelo de promover su gloria, entonces nos elevamos por encima del mundo irracional para ocupar nuestro lugar correcto y poder educar a nuestros hijos para Dios. Aquí, mis amigos, podemos observar que la verdadera religión, cuando prevalece en el corazón, santifica *todo*. Hace que aun las acciones más comunes de la vida sean aceptables a Dios y les da una dignidad e importancia que en sí mismas no merecen... Por lo tanto, el cuidado y la educación de los hijos, por más insignificantes que le parezcan a algunos, deben realizarse teniendo en cuenta la gloria divina. Cuando así se hace, se convierte en una parte importante de la verdadera religión.

4. Edúcalos para su servicio.

En cuarto lugar, si hemos de educar a nuestros hijos para Dios, tenemos que educarlos para su servicio. Los tres puntos anteriores que hemos mencionado se refieren principalmente a nosotros mismos y nuestras motivaciones. Pero este punto tiene una relación más inmediata con nuestros hijos mismos. A fin de capacitarnos para instruir y preparar a nuestros hijos para el servicio de Dios, tenemos que estudiar diligentemente su Palabra para asegurarnos de lo que él requiere de ellos, tenemos que orar con frecuencia pidiendo la ayuda de su Espíritu para ellos, al igual que para nosotros... Hemos de cuidarnos mucho de decir o hacer algo que pueda, ya sea directa o indirectamente, llevarlos a considerar la fe cristiana[2] como algo de importancia secundaria. Por el contrario, hemos de trabajar constantemente para po-

---

[2] **Nota del editor** – La palabra original que el autor emplea aquí es *religión*. A la luz del uso amplio y muchas veces confuso de la palabra *"religión"* hoy en día, los términos "fe cristiana", "cristianismo" y "fe en Cristo" y, a veces, "piedad", "piadoso/a" o "piedad cristiana", suelen reemplazar "religión" y "religioso" en muchos casos en esta publicación.

ner en sus mentes la convicción de que consideramos la fe cristiana como la gran ocupación de la vida, el favor de Dios como el único objetivo al cual apuntamos y el disfrutar de él de aquí en adelante como la única felicidad, mientras que, en comparación, todo lo demás es de poca consecuencia, no obstante lo importante que de otro modo sea.

Tomado de "Children to Be Educated for God" (Los hijos han de ser educados para Dios) en *The Complete Works of Edward Payson*, Vol. III (Las obras completas de Edward Payson, Tomo III), reimpreso por Sprinkle Publications.

Edward Payson (1783-1827): Predicador norteamericano congregacional; pastor de la Congregational Church de Portland, Maine; nacido en Rindge, Nueva Hampshire, Estados Unidos.

Disciplina y amonestación
DAVID MARTYN LLOYD-JONES (1899-1981)

"Y vosotros, padres, no provoquéis a ira a vuestros hijos, sino criadlos en disciplina y amonestación del Señor". —Efesios 6:4

Las palabras

Si hemos de cumplir el mandato del Apóstol… tenemos que hacer una pausa y considerar lo que debemos hacer. Cuando llega un hijo, tenemos que decirnos: "Somos guardianes y custodios de esta alma". ¡Qué responsabilidad tan tremenda! En el mundo de los negocios y el profesional, los hombres son muy conscientes de la gran responsabilidad que tienen con respecto a las decisiones que deben tomar. Pero, ¿son conscientes de la responsabilidad infinitamente *mayor* que tienen con respecto a sus propios hijos? ¿Les dedican la misma o más reflexión, atención y tiempo? ¿Sienten el peso de la responsabilidad tanto como lo sienten en estas otras áreas? El Apóstol nos urge a considerar esto como la ocupación más grande de la vida, el asunto más grande que jamás tendremos que encarar y realizar.

El Apóstol no se limita a: "Criadlos", sino que dice: "…en disciplina y amonestación del Señor". Las dos palabras que usa están llenas de significado. La diferencia entre ellas es que la primera, *disciplina*, es más general que la segunda. Es la totalidad de disciplinar, criar, formar al hijo. Incluye, por lo tanto, una disciplina general. Y como todas las autoridades coinciden en señalar, su énfasis es en las acciones. La segunda palabra, *amonestación*, se refiere más bien a las palabras que se dicen. *Disciplina* es el término más general que incluye todo lo que hacemos por nuestros hijos. Incluye todo el proceso, en general, de cultivar la mente y el espíritu, la moralidad y la conducta moral, toda la personalidad del niño. Esa es nuestra tarea. Es dar atención al niño, cuidarlo y protegerlo…

La palabra *amonestación* tiene un significado muy similar, excepto que coloca más énfasis en el habla. Por lo tanto, esta cuestión incluye dos aspectos. Primero, tenemos que encarar la conducta en general, las cosas que tenemos que hacer por medio de nuestras acciones. Luego, sumado a esto, hay ciertas amonestaciones que debieran ser dirigidas al niño: Palabras de exhortación, palabras de aliento, palabras de represión, palabras de culpa. El término usado por Pablo incluye todas éstas o sea, todo lo que les decimos a los niños con palabras cuando estamos definiendo una posición e indicando lo que es bueno y lo que es malo, alentando, exhortando, etc. Tal es el significado de la palabra *amonestación*.

Los hijos deben ser criados "en la disciplina y amonestación —y luego viene la frase más importante de todas— *del Señor*". Aquí es donde los padres de familia cristianos, ocupados en sus obligaciones hacia sus hijos, se encuentran en una categoría totalmente diferente de todos los demás padres. En otras palabras, esta apelación a los padres cristianos no es simplemente para exhortarlos a criar a sus hijos para que tengan buena moralidad o buenos modales o una conducta loable en general. Eso, por supuesto está incluido. Todos deben hacer eso, los padres no cristianos deben hacerlo. Deben preocuparse porque tengan buenos modales, una buena conducta en general y que eviten el mal. Deben enseñar a sus hijos a ser honestos, responsables y toda esta variedad de virtudes. Eso no es más que una moralidad común y, hasta aquí, el cristianismo no ha comenzado su influencia. Aun los escritores paganos interesados en que haya orden en la sociedad han exhortado siempre a sus prójimos a enseñar tales principios. La sociedad no puede continuar sin un modicum[3] de disciplina y de leyes y orden en todos los niveles y en todas las edades. Pero el Apóstol no se está refiriendo a esto únicamente. Dice que los hijos de los creyentes deben ser criados "en disciplina y amonestación del Señor".

Es aquí donde entra en juego, específicamente, el pensamiento y la enseñanza cristiana. Que sus hijos tienen que ser criados en el conocimiento del Señor Jesucristo como Salvador y Señor, debe ser siempre una prioridad en la mente de los padres cristianos. Esa es la tarea singular a la cual, sólo los padres cristianos son llamados. No es únicamente su tarea suprema: Su mayor anhelo y ambición para sus hijos debe ser que conozcan al Señor Jesucristo como su Salvador y como su Señor. ¿Es esa la mayor ambición para nuestros hijos? ¿Tiene prioridad el que "lleguen a conocer a aquel cuyo conocimiento es vida eterna", que lo conozcan como su Salvador y que lo sigan como su Señor? ¡"En disciplina y amonestación del Señor"! Estas, pues, son las expresiones que usa el Apóstol.

…La Biblia misma pone mucho énfasis en la formación de los hijos. Observe, por ejemplo, las palabras en el sexto capítulo de Deuteronomio. Moisés ha llegado al final de su vida y los hijos de Israel pronto entrarán a la Tierra Prometida. Les recuerda la Ley de Dios y les dice cómo tenían que vivir cuando entraran a la tierra que habían heredado. Y tuvo el cuidado de decirles, entre otras cosas, que tenían que enseñarles la Ley a sus hijos. No bastaba con que ellos mismos la conocieran y cumplieran, tenían que pasarle su conocimiento a sus hijos. Los hijos tienen que aprenderla y nunca olvidarla…

Es muy interesante observar, en la larga historia de la Iglesia cristiana, cómo este asunto en particular, siempre reaparece y recibe gran prominencia en cada periodo de avivamiento y despertar espiritual. Los reformadores protestantes[4] se preocuparon por la cuestión y le dieron mucha importancia a la instrucción de los niños en cuestiones morales y espirituales.

---

[3] **Modicum** – Cantidad pequeña.

[4] **Reformadores protestantes** – Los cristianos del siglo XVI que buscaron reformar los abusos del catolicismo romano, como Martín Lutero (1483-1546), Juan Calvino (1509-1564) y Ulrico Zwinglio (1484-1531).

Los puritanos[5] le dieron aún más importancia y los líderes del avivamiento evangélico[6] de hace doscientos años hicieron lo mismo. Se han escrito libros sobre este asunto y se han predicado muchos sermones sobre él.

Esto sucede, por supuesto, porque cuando alguien acepta a Cristo como su Salvador, afecta la totalidad de su vida. No es meramente algo individual y personal; afecta la relación matrimonial y, por lo tanto, hay muchos menos divorcios entre cristianos que entre no cristianos. También afecta la vida de la familia, afecta a los hijos, afecta el hogar, afecta cada aspecto de la vida humana. Una de las épocas más grandes en la historia de esta nación y de otras naciones, siempre han sido los años inmediatamente después de un avivamiento cristiano, un avivamiento de la verdadera religión. El tono moral de toda la sociedad se ha elevado, aun los que no han aceptado a Cristo han recibido su influencia y han sido afectados por él.

En otras palabras, no hay esperanza de hacer frente a los problemas morales de la sociedad, excepto en términos del evangelio de Cristo. El bien nunca se establecerá aparte de la santidad; cuando las personas son consagradas, proceden a aplicar sus principios en todos los aspectos, y la rectitud y justicia se notan en la nación en general. Pero, desafortunadamente, tenemos que enfrentar el hecho de que, por alguna razón, este aspecto de la cuestión ha sido tristemente descuidado en este siglo... Por una razón u otra, la familia no tiene el mismo peso que antes. No es el centro ni la unidad que antes era. Toda la idea de la vida familiar ha declinado y esto en parte es cierto también en los círculos cristianos. La importancia central de la familia que encontramos en la Biblia y en todos los grandes periodos a los cuales nos hemos referido parece haber desaparecido. Ya no se le da la atención y prominencia que otrora recibió. Todo esto hace que sea mucho más importante que descubramos los principios que deberían gobernarnos en este sentido.

La responsabilidad de los padres

Primero y principal, criar a los hijos "en disciplina y amonestación del Señor" es algo que deben hacer los padres y hacerlo en el hogar. Éste es el énfasis a lo largo de la Biblia. No es algo a ser entregado a la escuela, por más buena que sea. Es la obligación de los *padres*, su principal y más esencial obligación. Es responsabilidad de ellos y no deben deslindarse de ella pasándosela a otros. Enfatizo esto porque todos sabemos muy bien lo que ha estado sucediendo en los últimos años. Más y más, los padres están transfiriendo sus responsabilidades y obligaciones a las escuelas.

Considero que este asunto es muy serio. *No hay influencia más importante en la vida de un niño que la influencia de su hogar.* El hogar es la unidad fundamental de la sociedad y los niños nacen en un hogar, en una familia. Allí está el círculo que es la influencia principal en sus vidas. No hay duda de eso. Es lo que toda la Biblia enseña. En todas las civilizaciones, las ideas concernientes al hogar son las que siempre comienzan a causar el deterioro de su sociedad que al final se desintegra...

---

[5] **Puritanos** – Nombre dado a protestantes ingleses del siglo XVI que quisieron "purificar" o sea, reformar más a la Iglesia Anglicana bajo Elizabeth I. Esto incluía a grupos como presbiterianos, congregacionales, bautistas y otros que adoptaron la Teología Reformada y tuvieron un impacto práctico sobre Inglaterra y los Estados Unidos en los siglos XVI y XVII.

[6] **Avivamiento evangélico** – Serie de avivamientos ingleses relacionados en términos generales que se extendieron a las colonias norteamericanas como el Gran Avivamiento (c. 1739-1743), que incluía a líderes como George Whitefield (1714-1770), Jonathan Edwards (1703-1758) y otros.

En el Antiguo Testamento es muy claro que el padre es una especie de sacerdote en su hogar y su familia; representaba a Dios. Era responsable, no sólo por la moralidad y el comportamiento, sino también por la instrucción de sus hijos. Toda la Biblia enfatiza que ésta es la obligación y tarea principal de los padres. Sigue siendo así hasta estos días. Si somos cristianos, tenemos que ser conscientes de que este gran énfasis se basa en las unidades fundamentales ordenadas por Dios: Matrimonio, familia y hogar. No podemos tratarlas livianamente...

¿Qué pueden hacer los padres de familia? Tienen que complementar la enseñanza de la Iglesia y tienen que aplicar la enseñanza de la Iglesia. Se puede hacer muy poco con un sermón. Tiene que ser aplicado, explicado, ampliado y complementado. Es aquí donde los padres cumplen su parte. Y si esto siempre ha sido lo correcto e importante, ¡cuánto más lo es hoy! ¿Alguna vez ha pensado usted seriamente acerca de este asunto? Probablemente usted enfrenta una de las tareas más grandes que jamás han tenido los padres y por la siguiente razón. Considere la enseñanza que reciben ahora los niños en las escuelas. La hipótesis o "teoría de la evolución orgánica" les son enseñadas como un hecho. No se las presentan como una mera teoría que no ha sido comprobada, se les da la impresión de que es un hecho absoluto y que todas las personas científicas y educadas la creen. Y los que no la aceptan son considerados raros. Tenemos que encarar esa situación... Les están enseñando a los niños cosas perversas en la escuela. Las oyen en la radio y las ven en la televisión. Todo el énfasis es anti Dios, anti Biblia, anti cristianismo verdadero, anti milagroso y anti sobrenatural. ¿Quién va a contrarrestar estas tendencias? Esa es, precisamente, la responsabilidad de los padres: "Criadlos en disciplina y amonestación del Señor". Esto requiere gran esfuerzo por parte de los padres porque en la actualidad las fuerzas en contra nuestra son muy grandes. Los padres cristianos de la actualidad tienen esta muy difícil tarea de proteger a sus hijos contra las poderosas fuerzas adversas que tratan de indoctrinarlos. ¡Ese es, pues, el escenario!

Cómo esto no debe ser realizado

Para ser práctico, quisiera, en segundo lugar, mostrar cómo esto no debe ser realizado. Hay una manera de tratar de encarar esta situación que es desastrosa y hace mucho más daño que bien. ¿Cómo no debe realizarse?

Nunca de un modo mecánico y abstracto

Nunca deber hacerse de un modo mecánico y abstracto, casi automático, como si fuera una especie ejercicio militar. Recuerdo una experiencia que tuve sobre esto hace unos diez años. Me hospedé con unos amigos mientras predicaba en cierto lugar y encontré a la esposa, la madre de la familia, muy afligida. Conversando con ella, descubrí la causa de su aflicción. Esa misma semana cierta dama había dado allí conferencias sobre el tema: "Cómo criar a todos los hijos de su familia como buenos cristianos". ¡Habían sido maravillosas! La conferencista tenía cinco o seis hijos y había organizado su hogar y su vida de modo que terminaba todo el trabajo de su casa para las nueve de la mañana y luego se dedicaba a diversas actividades cristianas. Todos sus hijos eran excelentes cristianos y todo parecía ser tan fácil, tan maravilloso. La madre con quien yo conversaba, que tenía dos hijos, se sentía muy afligida porque se sentía un total y absoluto fracaso. ¿Qué podía yo aconsejarle? Le dije esto: "Un momento, ¿qué edad tienen los hijos de esta señora?". Yo sabía la respuesta y también la sabía mi amiga. Ninguno de ellos en ese momento tenía más de dieciséis años. Seguí diciendo: "Espere y veamos. Esta señora dice que todos son cristianos y que lo único que se necesita es un plan para llevar a cabo disciplinadamente. Espere un poco, dentro de unos años la historia puede ser muy diferente". Y así fue. Es dudoso que más de uno de esos hijos sea cristiano. Varios de ellos son abiertamente anti cristianos y le han dado la espalda a todo. No se puede criar de esa manera a los hijos para que sean cristianos. No es un proceso mecánico y, de cualquier manera, lo que ella hacía era todo tan frío y clínico... El niño no es una máquina, así que no se puede realizar esta tarea mecánicamente.

Nunca de un modo completamente negativo o restrictivo

Ni debe realizarse jamás la tarea de un modo completamente negativo o restrictivo. Si uno le da a sus hijos la impresión de que ser cristiano es ser infeliz y que el cristianismo consiste de prohibiciones y constantes reprensiones, los estará ahuyentando hacia los brazos del diablo y del mundo. Nunca sea enteramente negativo y represivo...

Nunca debemos forzar a un niño a tomar una decisión para Cristo

Mi último punto negativo es que nunca debemos forzar a un niño a tomar una decisión. ¡Cuántos problemas y desastres han surgido a causa de esto! "¿No es maravilloso?", dicen los padres, "mi fulanito, que es apenas un niño, ha decidido seguir a Cristo". En el culto se le presionó. Pero eso nunca debe hacerse. Con ello se viola la personalidad del niño. Además, uno está demostrando una ignorancia profunda sobre el camino de salvación. Usted puede hacer que un pequeño decida cualquier cosa. Usted tiene el poder y la habilidad de hacerlo, pero es un error, es contrario al espíritu cristiano... No lo fuerce a tomar una decisión.

La manera correcta

Entonces, ¿cuál es la manera correcta?... El punto importante es que tenemos que dar siempre la impresión de que Cristo es la Cabeza de la casa o el hogar. ¿Cómo podemos dar esa impresión? *¡Principalmente por nuestra conducta y ejemplo en general!* Los padres deben estar viviendo de tal manera que los hijos siempre sientan que ellos mismos están bajo Cristo, que Cristo es su Cabeza. Este hecho debe ser evidente en su conducta y comportamiento. Sobre todo, debe haber un ambiente de amor... El fruto del Espíritu es el amor y si el hogar está lleno de un ambiente de amor producido por el Espíritu, la mayoría de sus problemas se resuelven. Eso es lo que da resultado, no las presiones y los llamados directos, sino un ambiente de amor...

Tomado de *Life in the Spirit in Marriage, Home & Work: An Exposition of Ephesians 5:18 to 6:9* (La vida en el Espíritu en el matrimonio, el hogar y el trabajo: Una exposición de Efesios 5:18 al 6:9), publicado por The Banner of Truth Trust, www.banneroftruth.org.

David Martyn Lloyd-Jones (1899-1981): Posiblemente el mejor predicador expositivo del siglo XX; Westminster Chapel, Londres, 1938-68; nacido en Gales.

> *A menos que nos mantengamos en guardia cuidando a los niños, podría suceder que no quedaría nadie para llevar el estandarte del Señor cuando nuestro cuerpo vuelva al polvo. En cuestiones de doctrina, encontramos con frecuencia que congregaciones ortodoxas cambian a una heterodoxia en el curso de treinta o cuarenta años, y esto se debe con demasiada frecuencia a que no ha existido un adoctrinamiento bíblico de los niños que incluya las doctrinas esenciales del evangelio.*
> — Charles Spurgeon

Obligaciones principales de los padres
J. C. Ryle (1816-1900)

"Instruye al niño en su camino, y aun cuando fuere viejo no se apartará de él".
—Proverbios 22:6

Me imagino que la mayoría de los cristianos que profesan su fe, conocen el texto recién citado. Su sonido seguramente es familiar a sus oídos, como lo es una vieja tonada. Es probable que lo ha oído, lo ha leído, ha hablado de él y lo ha citado muchas veces. ¿Acaso no es así? Pero, aun con todo eso, ¡cuán poco se tiene en cuenta la sustancia de este texto! Pareciera que mayormente se desconoce la doctrina que contiene; pareciera que muy pocas veces se pone en práctica el compromiso que nos presenta. Lector, ¿no es cierto que digo la verdad?

No se puede decir que el tema es nuevo. El mundo es viejo y contamos con la experiencia de casi seis mil años para ayudarnos. Vivimos en una época cuando hay una gran dedicación a la educación en todas las áreas. Oímos que por todas partes surgen nuevas escuelas. Nos cuentan de sistemas nuevos y libros nuevos de todo tipo para niños y jóvenes. Aun con todo esto, la gran mayoría de los niños no recibe instrucción sobre el camino que *debe* tomar porque cuando llegan a su madurez, no caminan con Dios.

Ahora bien, ¿por qué están así las cosas? La pura verdad es que el mandato del Señor en nuestro texto no es tenido en cuenta. Por lo tanto, la promesa[7] del Señor que el mismo texto contiene, no se cumple.

Lector, esta situación debiera generar un profundo análisis del corazón. Reciba pues, una palabra de exhortación de un pastor acerca de la educación correcta de los niños. Créame, el tema es tal que debiera conmover a cada conciencia y hacer que cada uno se pregunte: "En esta cuestión, ¿estoy haciendo todo lo que puedo?".

Es un tema que concierne a casi todos. Pocos son los hogares a los cuales no se aplica. Padres de familia, niñeras, maestros, padrinos, madrinas, tíos, tías, hermanos, hermanas, todos están involucrados. Son pocos, creo yo, los que no influyan sobre algún padre en el manejo de su familia o afecte la educación de algún hijo por sus sugerencias o consejos. Sospecho que todos podemos hacer algo en este sentido, ya sea directa o indirectamente, y quiero mover a todos a recordarlo...

1. Instrúyalos en el camino que deben andar.

Primero, entonces, si va a instruir correctamente a sus hijos, instrúyalos en el camino que *deben* andar y no en el camino que a ellos les gustaría andar. Recuerde que los niños nacen con una predisposición decidida hacia el mal. Por lo tanto, si los deja usted escoger por sí mismos, es seguro que escogerán mal.

La madre no puede saber lo que su tierno infante será cuando sea adulto —alto o bajo, débil o fuerte, sabio o necio. Puede o no ser uno de estos—, todo es incierto. Pero una cosa *puede* la madre decir con certidumbre: Tendrá un corazón corrupto. Es natural para nosotros hacer lo malo. Dice Salomón: "La necedad está ligada en el corazón del muchacho" (Pr. 22:15). "El muchacho consentido avergonzará a su madre" (Pr. 29:15). Nuestro corazón es como la tierra en que caminamos: Dejada a su suerte, es seguro que producirá malezas.

---

[7] No todos los comentaristas, pastores y teólogos cristianos interpretan que ésta es una promesa de que todos los hijos de creyentes serán salvos infaliblemente.

Entonces, para tratar con sabiduría a su hijo, no debe dejar que se guíe según su propia voluntad. Piense por él, juzgue por él, actúe por él, tal como lo haría por alguien débil y ciego. Por favor no lo entregue a sus propios gustos e inclinaciones erradas. No son sus gustos y deseos lo que tiene que consultar. El niño no sabe todavía lo que es bueno para su mente y su alma del mismo modo como no sabe lo que es bueno para su cuerpo. Usted no lo deja decidir lo que va a comer, lo que va a tomar y la ropa que va a vestir. Sea consecuente y trate su mente de la misma manera. Instrúyalo en el camino que es bíblico y bueno y no en el camino que se le ocurra.

Si no se decide usted en cuanto a este primer principio de instrucción cristiana, es inútil que siga leyendo. La obstinación es lo primero que aparece en la mente del niño. Resistirla debe ser el primer paso que usted dé.

2. Instruya a su hijo con toda su ternura, afecto y paciencia.

Instruya a su hijo con toda su ternura, afecto y paciencia. No quiero decir que debe consentirlo, lo que sí quiero decir es que debe hacer que vea que usted lo ama. El amor debe ser el hilo de plata de toda su conducta. La bondad, dulzura, mansedumbre, tolerancia, paciencia, comprensión, una disposición de identificarse con los problemas del niño, la disposición de participar en las alegrías infantiles —estas son las cuerdas por las cuales el niño puede ser guiado con mayor facilidad—, estas son las pistas que usted debe seguir para encontrar su camino hacia el corazón de él...

Ahora bien, la mente de los niños ha sido fundida en el mismo molde que la nuestra. La dureza y severidad de nuestro comportamiento los dejará fríos y los apartará de usted. Esto cierra el corazón de ellos y se cansará usted de tratar de encontrar la puerta de su corazón. Pero hágales ver que usted siente cariño por ellos —que realmente quiere hacerlos felices y hacerles bien— que si los castiga, es para el propio beneficio de ellos y que, como el pelicano, daría usted la sangre de su corazón para alimentar el alma de ellos. Deje que vean eso, digo yo, y pronto serán todos suyos. Pero tienen que ser atraídos con bondad, si es que va a lograr que le presten atención... El cariño es un gran secreto de la instrucción exitosa. La ira y la dureza pueden dar miedo, pero no convencerán al niño de que usted tiene razón. Si nota con frecuencia que usted pierde la paciencia, pronto dejará de respetarlo. Un padre que le habla a su hijo como lo hizo Saúl a Jonatán (1 S. 20:30), no puede pretender que conservará su influencia sobre la mente de ese hijo.

Esfuércese mucho por conservar el cariño de su hijo. Es peligroso hacer que le tema. Casi cualquier cosa es mejor que el silencio y la manipulación entre su hijo y usted, y esto aparecerá con el temor. El temor da fin a la posibilidad de que su hijo sienta la confianza de poder hablar con usted. El temor lleva a la ocultación y el fingimiento —el temor siembra la semilla de mucha hipocresía y produce muchas mentiras—. Hay mucha verdad en las palabras del Apóstol en Colosenses: "Padres, no *exasperéis* a vuestros hijos, para que no se desalienten" (Col. 3:21). No desatienda este consejo.

3. El alma es lo primero que debe considerar.

Instruya con el siguiente pensamiento continuamente en mente: Que el alma de su hijo es lo primero que debe considerar. Preciosos, sin duda, son los pequeños a sus ojos, pero si los ama, piense con frecuencia en el alma de ellos. No debe sentir la responsabilidad de otros intereses, tanto como la de los intereses eternos de ellos. Ninguna parte de ellos debiera ser tan querida por usted como esa parte que nunca morirá. El mundo con toda su gloria pasará, los montes se derretirán, los cielos se envolverán como un rollo, el sol dejará de brillar. Pero el espíritu que mora en esas pequeñas criaturas, a quienes tanto amas, sobrevivirá todo eso, y en los momentos felices, al igual que en los de sufrimiento (hablando como un hombre), dependerán de usted.[8]

Éste es el pensamiento que debe ser el principal en su mente en todo lo que hace por sus hijos. En cada paso que toma en relación con ellos, en cada plan, proyecto y trato que los afecta, no deje de considerar esa poderosa pregunta: *"¿Cómo afectará su alma?"*.

El amor al alma es el alma de todo amor. Mimar, consentir y malcriar a su hijo, como si este mundo fuera lo único que tiene y esta vida la única oportunidad de ser feliz; hacer esto no es verdadero amor, sino *crueldad*. Es tratarlo como una bestia del campo que no tiene más que un mundo que tener en cuenta y nada después de la muerte. Es esconder de él esa gran verdad que debe ser obligado a aprender desde su misma infancia: El fin principal de su vida es la salvación de su alma.

El cristiano verdadero no debe ser esclavo de las costumbres si quiere instruir a sus hijos para el cielo. No debe contentarse con hacer las cosas meramente porque son la costumbre del mundo; ni enseñarles e instruirles en cierta forma, meramente porque es la práctica; ni dejarles leer libros de contenido cuestionable, meramente porque todos los leen; ni dejarles formar hábitos con tendencias dudosas, meramente porque son los hábitos de la época. Debe instruir a sus hijos con su vista en el alma de ellos. No debe avergonzarse de saber que su instrucción es llamada *peculiar* y *extraña*. ¿Y qué, si lo es? El tiempo es breve; las costumbres de este mundo pasarán. El padre que ha instruido a sus hijos para el cielo en lugar de la tierra —para Dios, en lugar del hombre— es el que al final será llamado sabio.

4. Instrúyalo en el conocimiento de la Biblia.

Instruya a su hijo en el conocimiento de la Biblia. Lo admito, no puede obligar usted a sus hijos a amar la Biblia. Ninguno fuera del Espíritu Santo nos puede dar un corazón que disfrute de su Palabra. Pero puede usted familiarizar a sus hijos con la Biblia. Tenga por seguro que nunca conocerán la Biblia demasiado pronto ni demasiado bien.

Un conocimiento profundo de la Biblia es el fundamento de toda opinión clara acerca de la fe cristiana. El que está bien fundamentado en ella, por lo general, no será indeciso, llevado de aquí y para allá por cualquier doctrina nueva. Cualquier sistema de instrucción que no haga del conocimiento de las Escrituras una prioridad, es inseguro e inestable.

Usted tiene que prestar atención a este punto ahora mismo porque el diablo anda suelto y el error abunda. Hay entre nosotros algunos que le dan a la Iglesia el honor que le corresponde a Jesucristo. Hay quienes hacen de los sacramentos sus salvadores y su pasaporte a la vida eterna. Y también hay los que honran un catecismo más que la Biblia y llenan la mente de sus hijos con patéticos libritos de cuentos, en lugar de las Escrituras de la verdad. Pero si usted ama a sus hijos, permita que la Biblia sea, sencillamente, todo en la instrucción de sus almas y haga que todos los demás libros sean secundarios.

No se preocupe tanto porque sean versados en el catecismo, sino que sean versados en las Escrituras. Créame, esta es la instrucción que Dios honra. El salmista dice del Señor: "Has engrandecido tu nombre, y tu palabra sobre todas las cosas" (Sal. 138:2). Pienso que el Señor da una bendición especial a todos los que engrandecen su palabra entre los hombres.

---

[8] La Biblia revela la sabiduría de Dios en la salvación al igual que la responsabilidad del hombre. El autor no está negando aquí el papel de Dios en la salvación. Habla en términos de la responsabilidad de los padres de familia, de allí el comentario "hablando como un hombre".

Ocúpese de que sus hijos lean la Biblia con reverencia. Instrúyales a considerarla, no como la palabra de los hombres, sino lo que verdaderamente es: La Palabra de Dios, escrita por el Espíritu Santo mismo; toda verdad, toda beneficiosa y capaz de hacernos sabios para la salvación por medio de la fe que es en Cristo Jesús.

Ocúpese de que la lean regularmente. Instrúyales de modo que la consideren como el alimento diario del alma, como algo esencial a la salud cotidiana del alma. Sé bien que no puede hacer que esto sea otra cosa que una práctica, pero quién sabe la cantidad de pecados que una mera práctica puede indirectamente frenar.

Ocúpese de que la lean toda. No deje de hacerles conocer toda doctrina. No suponga que las doctrinas principales del cristianismo son cosas que los niños no pueden comprender. Los niños comprenden mucho más acerca de la Biblia de lo que, por lo general, suponemos.

Háblales del pecado… su culpa, sus consecuencias, su poder, su vileza. Descubrirá que pueden comprender algo de esto.

Háblales del Señor Jesucristo y de su obra a favor de nuestra salvación… la expiación, la cruz, la sangre, el sacrificio, la intercesión. Descubrirá que hay algo en todo esto que no escapa a su entendimiento.

Háblales de la obra del Espíritu Santo en el corazón del hombre, cómo lo cambia, renueva, santifica y purifica. Pronto comprobará que pueden, en cierta medida, seguir lo que le está enseñando. En suma, sospecho que no tenemos idea de cuánto puede un niñito entender acerca del alcance y la amplitud del glorioso evangelio. Capta mucho más de lo que suponemos acerca de estas cosas.

Llene su mente con las Escrituras. Permita que la Palabra more ricamente en sus hijos. Deles la Biblia, toda la Biblia, aun cuando sean chicos.

5. Entrénelos en el hábito de orar.

Entrénelos en el hábito de orar. La oración es el aliento mismo de vida de la verdadera religión. Es una de las primeras evidencias que el hombre ha nacido de nuevo. Dijo el Señor acerca de Saulo el día que le envió a Ananías, "he aquí, él ora" (Hch. 9:11). Había empezado a orar y eso era prueba suficiente.

La oración era la marca que distinguía al pueblo del Señor el día que comenzó una separación entre ellos y el mundo. "Entonces los hombres comenzaron a invocar el nombre de Jehová" (Gn. 4:26).

La oración es ahora la característica de todos los verdaderos cristianos. Oran porque le cuentan a Dios sus necesidades, sus sentimientos, sus anhelos, sus temores y lo que dicen es sincero. El cristiano nominal[9] puede recitar oraciones, incluso buenas oraciones, pero no va más allá.

La oración es el momento decisivo en el alma del hombre. Nuestro ministerio es estéril y nuestra labor en vano mientras no caigamos de rodillas. Hasta entonces, no tenemos esperanza.

La oración es un gran secreto de la prosperidad espiritual. Cuando hay mucha comunión privada con Dios, el alma crece como el pasto después de la lluvia. Cuando hay poco, estará detenida, apenas podrá mantener su alma con vida. Muéstreme un cristiano que crece, un cristiano que marcha adelante, un cristiano fuerte, un cristiano triunfante, y estoy seguro de que es alguien que habla frecuentemente con su Señor. Le pide mucho y tiene mucho. Le cuenta todo a Jesús, por lo que siempre sabe cómo actuar.

---

[9] **Cristiano nominal** – Alguien que es cristiano de nombre únicamente y no da evidencias de una conversión auténtica.

La oración es el motor más poderoso que Dios ha puesto en nuestras manos. Es la mejor arma para usar en cualquier dificultad y el remedio más seguro para todo problema. Es la llave que abre el tesoro de promesas y la mano que genera gracia y ayuda en el tiempo de la adversidad. Es la trompeta de plata que Dios nos ordena que hagamos sonar en todos nuestros momentos de necesidad y es el clamor que ha prometido escuchar siempre, tal como una madre cariñosa responde a la voz de su hijo.

La oración es el modo más sencillo que el hombre puede usar para acudir a Dios. Está dentro del alcance de todos —de los enfermos, los ancianos, los débiles, los paralíticos, los ciegos, los pobres, los iletrados— todos pueden orar. De nada le sirve a usted excusarse porque no tiene memoria, porque no tiene educación, porque no tiene libros o porque no tiene erudición en este sentido. Mientras tenga usted una lengua para explicar el estado de su alma, puede y debe orar. Esas palabras: "No tenéis lo que deseáis, porque no pedís" (Stg. 4:2) será la temible condenación para muchos en el Día del Juicio.

Padres, si aman a sus hijos, hagan todo lo que está en su poder para instruirlos de modo que hagan un hábito de la oración. Muéstreles cómo comenzar. Indíqueles qué decir. Anímelos a perseverar. Recuérdeles que lo hagan si la descuidan. Al menos, que no sea culpa suya el que nunca oren al Señor.

Éste, recuerde, es el primer paso espiritual que puede tomar el niño. Mucho antes de que pueda leer, puede enseñarle a arrodillarse junto a su madre y decir las palabras sencillas de oración y alabanza que ella le sugiere. Y como, en cualquier empresa, los primeros pasos son siempre los más importantes, también lo son en el modo como sus hijos oran sus oraciones —*un punto que merece su máxima atención.* Pocos son los que parecen saber cuánto depende de esto. Necesita usted tener cuidado, no sea que se acostumbren a orar de un modo apurado, descuidado e irreverente. Tenga cuidado… de confiar demasiado en que sus hijos lo harán cuando les deja que lo hagan por sí mismos. No puedo elogiar a aquella madre que nunca cuida ella misma la parte más importante de la vida diaria de su hijo. Sin duda alguna, si existe un hábito que su propia mano y sus ojos deben ayudar a formar, es el hábito de la oración. Créame, si nunca escucha orar a sus hijos, *usted* es quien tiene la culpa.

La oración es, entre todos los hábitos, el que recordamos por más tiempo. Muchos que ya peinan canas podrían contarle cómo su mamá los hacía orar cuando eran niños. Quizá han olvidado otras cosas. La congregación donde eran llevados al culto, el pastor que oían predicar, los compañeros que jugaban con ellos, todo esto probablemente se ha borrado de su memoria sin dejar una marca. Pero encontrará con frecuencia que es muy diferente cuando de sus primeras oraciones se trata. Con frecuencia le podrá decir dónde se arrodillaban, qué les enseñaba a decir y, aun, describir el aspecto de su madre en esas ocasiones. Lo recordarán como si hubiera sido ayer. Lector, si usted ama a sus hijos, le insto a que no deje pasar el tiempo de siembra sin mejorar el hábito de orar, instrúyalos en el hábito de orar.

Tomado de *Deberes de los padres,* impreso y distribuido por Chapel Library.

J. C. Ryle (1816-1900): Obispo de la Iglesia Anglicana; admirado autor de *Holiness, Knots Untied, Old Paths, Expository Thoughts on the Gospels* (Santidad, Nudos desatados, Sendas antiguas, Pensamientos expositivos de los Evangelios) y muchos otros, nacido en Macclesfield, Condado de Cheshire, Inglaterra.

Deberes de los padres hacia los hijos
John Bunyan (1628-1688)

Si usted es la autoridad familiar, padre o madre, entonces debe considerar su llamado como tal. Sus hijos tienen almas y tienen que nacer de Dios, al igual que usted o de otra manera, perecerán. Y sepa también que, a menos de que sea usted muy sobrio en su conducta hacia ellos y en la presencia de ellos, pueden perecer por culpa de usted, lo cual debe impulsarle a instruirlos y también a corregirlos.

1. Como dice la Escritura

Primero, instruirlos como dice la Escritura y "criadlos en disciplina y amonestación del Señor" y hacer esto diligentemente "estando en tu casa,... y al acostarte, y cuando te levantes" (Ef. 6:4; Dt. 6:7).

A fin de hacer esto con propósito:

1. Hágalo usando términos y palabras fáciles de entender; evite expresiones elevadas porque estas confundirían a sus hijos. De esta manera habló Dios a sus hijos (Os. 12:10) y Pablo a los suyos (1 Co. 3:2).

2. Tenga cuidado de no llenarles la cabeza de caprichos y nociones que de nada aprovechan porque esto les enseña a ser descarados y orgullosos, en lugar de sobrios y humildes. Por lo tanto, explíqueles el estado natural del hombre; converse con ellos acerca del pecado, la muerte y el infierno; de un Salvador crucificado y la promesa de vida a través de la fe: "Instruye al niño en su camino, y aun cuando fuere viejo no se apartará de él" (Pr. 22:6).

3. Tiene que ser muy suave y paciente siempre que les enseña para que "no se desalienten" (Col. 3:21). Y,

4. Procure convencerlos por medio de una conversación responsable, que lo que usted les enseña no son fábulas, sino realidades; sí, y realidades tan superiores a las que disfrutamos aquí que, aun si todas las cosas fueran mil veces mejor de lo que son, no podrían compararse con la gloria y el valor de estas cosas.

Isaac era tan santo ante sus hijos, que cuando Jacob recordaba a Dios, recordaba que era "a quien temía Isaac su padre" (Gn. 31:53).

¡Ah! Cuando los hijos pueden pensar en sus padres y bendecir a Dios por su enseñanza y el bien que de ellos recibieron, esto no sólo es provechoso para los hijos, sino también honorable y reconfortante para los padres: "Mucho se alegrará el padre del justo, y el que engendra sabio se gozará con él" (Pr. 23:24-25).

2. El deber de corregir

Segundo, el deber de corregir.

1. Con sus palabras serenas, procure apartarlos del mal. Ese es el modo como Dios trata a sus hijos (Jer. 25:4-5).

2. Cuando los reprenda, sean sus palabras sobrias, escasas y pertinentes, con el agregado de algunos versículos bíblicos pertinentes. Por ejemplo, si mienten, pasajes como Apocalipsis 21:8, 27. Si se niegan a escuchar la palabra, pasajes como 2 Crónicas 25:14-16.

3. Vigílelos, que no se junten con compañeros groseros e impíos; muéstreles con sobriedad un constante desagrado por su mal comportamiento; rogándoles tal como en la antigüedad Dios rogara a sus hijos: "No hagáis esta cosa abominable que yo aborrezco" (Jer. 44:4).

4. Mezcle todo esto con tanto amor, compasión y compunción de espíritu, de modo que, de ser posible, sepan que a usted no le desagradan ellos mismos como personas, sino que le desagradan sus pecados. Así se conduce Dios (Sal. 99:8).

5. Procure con frecuencia hacer que tomen conciencia del día de su muerte y del juicio que vendrá. Así también se conduce Dios con sus hijos (Dt. 32:29).

6. Si tiene que hacer uso de la vara, hágalo cuando esté calmado y muéstreles juiciosamente: 1) su falta; 2) cuánto le duele tener que tratarlos de este modo; 3) y que lo que hace, lo hace en obediencia a Dios y por amor a sus almas; 4) Y dígales que si existiera un mejor medio de corregirlos, no habría necesidad de haber sido severo. Esto lo sé por experiencia, es la manera de afligir sus corazones, tanto como sus cuerpos y, debido a que es la manera como Dios corrige a los suyos, es muy probable que logre su fin.

7. Finalice todo esto con una oración a Dios a favor de ellos y deje la cuestión en sus manos. "La necedad está ligada en el corazón del muchacho; más la vara de la corrección la alejará de él" (Pr. 22:15).

3. Advertencias

Por último, tenga en cuenta estas advertencias:

1. Cuídese de que las faltas por las cuales disciplina a sus hijos, no las hayan aprendido de usted. Muchos niños aprenden de sus padres la maldad por las cuales son disciplinados y castigados físicamente.

2. Cuídese de ponerles buena cara cuando cometen faltas pequeñas porque dicha conducta hacia ellos será un aliento para que cometan otras más grandes.

3. Cuídese de usar palabras desagradables e impropias cuando los castiga, como insultos, groserías y cosas similares, esto es satánico.

4. Cuídese de acostumbrarlos a regaños y amenazas mezclados con liviandad, poca seriedad y risas; esto endurece. No hable mucho, ni con frecuencia, sino sólo lo que es apropiado para ellos con toda *sobriedad*.

Tomado del folleto "Christian Behavior" (Conducta cristiana). Este texto ha sido modernizado para facilitar su lectura.

John Bunyan (1628-1688): Pastor y predicador inglés, y uno de los escritores más influyentes del siglo XVII. Autor preciado de *El progreso del peregrino*, *La guerra santa*, *El sacrificio aceptable* y muchas otras obras. Nacido en Elstow, cerca de Bedford, Inglaterra.

Vivimos en una época que se caracteriza por su irreverencia y, en consecuencia, el espíritu de anarquía, que no tolera ninguna clase de restricciones y que anhela librarse de todo lo que interfiere con la libertad de hacer lo que se le da la gana, envuelve velozmente a la tierra como una gigantesca marejada. Los de la nueva generación son los ofensores más flagrantes y, en la decadencia y desaparición de la autoridad paternal, tenemos el precursor seguro de la abolición de la autoridad cívica. Por lo tanto, en vista de la creciente falta de respeto por las leyes humanas y el no querer dar honra al que honra merece, no nos asombremos de que el reconocimiento de la majestad, la autoridad y la soberanía del Todopoderoso vaya desapareciendo cada vez más, y que las masas tengan cada vez menos paciencia con los que insisten en dar ese reconocimiento.
— A. W. Pink

Cómo enseñar a los niños acerca de Dios
Philip Doddridge (1702-1751)

Primeramente tengo que reconocer que no hay esfuerzo humano, ni de pastores ni de padres de familia, que pueda ser eficaz para llevar un alma al conocimiento salvador de Dios en Cristo sin la colaboración de las influencias transformadoras del Espíritu Santo. No obstante, usted sabe muy bien, y espero que seriamente considere, que esto no debilita su obligación de usar con mucha diligencia los medios correctos. El gran Dios ha declarado las reglas de operación en el mundo de la gracia, al igual que en la naturaleza. Aunque no se limita a ellas, sería arrogante de nuestra parte y destructivo esperar que se desvíe de ellas a favor de nosotros o de los nuestros.

Vivimos no sólo de pan, "sino de toda palabra que sale de la boca de Dios" (Mt. 4:4). Si el Señor ha determinado continuar la vida de usted o la vida de sus hijos, sin duda lo alimentará o sostendrá con sus milagros. No obstante, usted se cree obligado a cuidar con prudencia su pan cotidiano. Concluiría usted, y con razón, que si dejara de alimentar a su infante, sería culpable de homicidio delante de Dios y del hombre; ni puede creer que puede dar la excusa que se lo encargó al cuidado divino milagroso mientras usted lo dejó desamparado sin suministrar nada de ayuda humana. Tal pretexto sólo agregaría impiedad[10] a su crueldad y sólo serviría para empeorar el crimen que quiso excusar. Así de absurdo sería que nos engañáramos con la esperanza de que nuestros hijos fueran enseñados por Dios, y regenerados y santificados por las influencias de su gracia, si descuidamos el cuidado prudente y cristiano de su educación que quiero ahora describir y recomendar...

1. La devoción a Dios

Los niños deben, sin lugar a dudas, ser criados en el camino de la piedad y devoción a Dios. Esto, como usted bien lo sabe, es la suma y el fundamento de todo lo que es realmente bueno. "El principio de la sabiduría es el temor de Jehová" (Sal. 111:10). El salmista, por lo tanto, invita a los hijos a acercarse a él con la promesa de instruirlos en ella: "Venid, hijos, oídme; el temor de Jehová os enseñaré" (Sal. 34:11). Y algunas nociones correctas del Ser Supremo deben ser implantadas en la mente de los hijos antes de que pueda haber un fundamento razonable para enseñarles las doctrinas que se refieren particularmente a Cristo como el Mediador. "Porque es necesario que el que se acerca a Dios crea que le hay, y que es galardonador de los que le buscan" (He. 11:6).

La prueba de la existencia de Dios y algunos de los atributos de la naturaleza divina que más nos preocupan dependen de principios tan sencillos que aun las mentes más simples pueden comprenderlos. El niño aprenderá fácilmente que como cada casa es construida por algún hombre y que no puede haber una obra sin un autor, así también el que construyó todas las cosas es Dios. Partiendo de la idea obvia de que Dios es el Hacedor de todo, podemos presentarlo con naturalidad como sumamente grande y sumamente bueno, a fin de que aprendan desde ya a reverenciarlo y amarlo.

Es de mucha importancia que los niños sean saturados de un sentido de maravilla hacia Dios y una veneración humilde ante sus perfecciones y sus glorias. Por lo tanto, es necesario presentárselos como el gran Señor de todo. Y cuando les mencionamos otros agentes invisi-

---

[10] **Impiedad** – Falta de reverencia hacia Dios.

bles, sean ángeles o demonios, debemos siempre presentarlos como seres enteramente bajo el gobierno y control de Dios...

Tenemos que ser particularmente cautos cuando les enseñamos a estos infantes a pronunciar ese nombre grande y terrible: El Señor nuestro Dios; que no lo tomen en vano, sino que lo utilicen con la solemnidad que corresponde, recordando que nosotros y ellos no somos más que polvo y cenizas delante de él. Me causa gran placer cuando oigo a los pequeños hablar del Dios grande, del Dios santo, del Dios glorioso, como sucede a veces; esto lo considero como una prueba de la gran sabiduría y piedad de los que tienen a su cargo su educación.

Pero hemos de tener mucho cuidado de no limitar nuestras palabras a esos conceptos extraordinarios, no sea que el temor a Dios los domine tanto que sus excelencias los lleve a tener miedo de acercarse a él. Hemos de describirlo, no sólo como el más grande, sino también el *mejor* de los seres. Debemos enseñarles a conocerlo por el nombre más alentador de: "¡Jehová! ¡Jehová! fuerte, misericordioso y piadoso; tardo para la ira, y grande en misericordia y verdad; que guarda misericordia a millares, que perdona la iniquidad, la rebelión y el pecado" (Éx. 34:6-7). Debemos presentarlo como el padre universal, bondadoso, indulgente[11], que ama a sus criaturas y por medios correctos les provee lo necesario para su felicidad. Y debemos presentar, particularmente, su *bondad* hacia ellos: Con qué más que su ternura paternal protegió sus cunas, con qué más que compasión escuchó sus débiles llantos antes de que sus pensamientos infantiles pudieran dar forma a una oración. Tenemos que decirles que viven cada momento dependiendo de Dios y que todo nuestro cariño por ellos no es más que el que él pone en nuestro corazón y que nuestro poder para ayudarles no es más que el que él coloca en nuestras manos. Hemos también de recordarles solemnemente que, en poco tiempo, sus espíritus regresarán a este Dios. Así como ahora el Señor está siempre con ellos y sabe todo lo que hacen, dicen o piensan, traerá toda obra a juicio y los hará felices o infelices para siempre, según son, en general, encontrados obedientes o rebeldes. Debemos presentarles también las descripciones más vívidas y emocionantes que las Escrituras nos dan del cielo y el infierno, animándolos a que reflexionen en ellos.

Cuando echa tal cimiento creyendo en la existencia y providencia de Dios y en un estado futuro de recompensas al igual que de castigos, debe enseñarles a los niños los deberes que tienen hacia Dios. Debe enseñarles particularmente a orar a él y a alabarle. Lo mejor de todo sería que, con un profundo sentido de las perfecciones de Dios y las necesidades de ellos, pudieran volcar sus almas delante de él usando sus propias palabras, aunque sean débiles y entrecortadas. Pero tiene que reconocer que hasta que pueda esperarse esto de ellos, es muy apropiado enseñarles algunas formas de oración y acción de gracias, que consistan de pasajes sencillos y claros o de otras expresiones que les son familiares y que se ajustan mejor a sus circunstancias y su comprensión...

2. La fe en el Señor Jesucristo

Hay que criar a los hijos en el camino de la fe en el Señor Jesucristo. Ustedes saben, mis amigos, y espero que muchos de ustedes lo sepan por la experiencia cotidiana de gozo en sus almas, que Cristo es "el camino, la verdad, y la vida" (Jn. 14:6). Es por él que podemos acercarnos a Dios confiadamente, que de otro modo es "un fuego consumidor" (He. 12:29). Por lo tanto, es de suma importancia guiar a los niños lo más pronto posible hacia el conocimien-

---

[11] El autor no quiere decir una indulgencia *pecaminosa* como se menciona en otros artículos, sino "listo para mostrar favor".

to de Cristo, que es sin duda, una parte considerable de la "disciplina y amonestación" del Señor que el Apóstol recomienda y que quizá fue lo que intentó decir con esas palabras (Ef. 6:4).

Por lo tanto, tenemos que enseñarles lo antes posible que los primeros padres de la raza humana se rebelaron contra Dios y se sometieron a sí mismos y a sus descendientes a la ira y maldición divina (Gn. 1-3). Debe explicar las terribles consecuencias de esto y esforzarse por convencerlos de que ellos se hacen responsables de desagradar a Dios —¡cosa terrible!— por sus propias culpas. De este modo, por medio del conocimiento de la Ley, abrimos el camino al evangelio, a las nuevas gozosas de la liberación por medio de Cristo.

Al ir presentando esto, hemos de tener sumo cuidado de no llenarles la mente con una antipatía hacia una persona sagrada mientras tratamos de atraerlos hacia otra. El Padre no debe ser presentado como severo y casi implacable, convencido casi por fuerza, por la intercesión de su Hijo compasivo, a ser misericordioso y perdonador. Al contrario, hemos de hablar de él como la fuente llena de bondad, que tuvo compasión de nosotros en nuestro sufrimiento impotente, cuyo brazo todopoderoso se extendió para salvarnos, cuyos consejos eternos de sabiduría y amor dieron forma a ese importante plan, al cual debemos toda nuestra esperanza. Les he mostrado a ustedes que ésta es la doctrina bíblica. Debemos enseñarla a nuestros niños a una edad temprana y enseñar lo que era ese plan, en la medida que sean capaces de recibirlo y nosotros capaces de explicarlo. Debemos decirles repetidamente que Dios es tan santo, tan generoso que, en lugar de destruir con una mano o con la otra dejar sin castigo al pecado, hizo que su propio Hijo fuera un sacrificio por él, haciendo que él se humillara a fin de que nosotros pudiéramos ser exaltados, que muriera a fin de que nosotros pudiéramos vivir.

También hemos de presentarles —¡con santa admiración y gozo!— con cuánta disposición consintió el Señor Jesucristo procurar nuestra liberación de un modo tan *caro*. ¡Con cuánta alegría dijo: "He aquí que vengo, oh Dios, para hacer tu voluntad" (He. 10:7-9)! Para mostrar el valor de este asombroso amor, debemos esforzarnos, según nuestra débil capacidad, por enseñarles quién es este Redentor compasivo, presentarles algo de su gloria como Hijo eterno de Dios y el gran Señor de ángeles y hombres. Hemos de instruirles en su asombrosa condescendencia al dejar esta gloria para ser un niño pequeño, débil e indefenso, y luego un hombre afligido y de dolores. Hemos de guiarlos al conocimiento de esas circunstancias en la historia de Jesús que tengan el impacto más grande sobre su mente y para inculcarles desde pequeños, un sentido de gratitud y amor por él. Hemos de contarles cuán pobre se hizo a fin de enriquecernos a nosotros, con cuánta diligencia anduvo haciendo el bien, con cuánta disposición predicaba el evangelio a los más humildes. Debemos contarles *especialmente* lo bueno que era con los niñitos y cómo mostró su desagrado a sus discípulos cuando trataban de impedir que se acercaran a él. La Biblia dice expresamente que Jesús estaba muy disgustado y dijo: "Dejad a los niños venir a mí, y no se lo impidáis; porque de los tales es el reino de Dios" (Lc. 18:16), un momento tierno que quizá quedó registrado, por lo menos en parte, por esta razón: Que los niños de épocas venideras lo conocieran y se vieran afectados por él.

Por medio de estas escenas de la vida de Jesús, hemos de guiarlos a conocer su muerte. Hemos de mostrarles con cuánta facilidad hubiera podido librarse de esa muerte —de lo cual dio clara evidencia de que hubiera podido aniquilar con una palabra a los que llegaron para apresarlo (Jn. 18:6)—, pero con cuánta paciencia se sometió a las heridas más crueles: Ser azotado y dejar que lo escupieran, ser coronado de espinas y cargar su cruz. Hemos de mostrarles cómo esta Persona divina inocente y santa fue llevada como un cordero el matadero y, mientras los soldados clavaban con clavos, en lugar de cargarlos de maldiciones, oró por ellos diciendo: "Padre, perdónalos, porque no saben lo que hacen" (Lc. 23:34). Y cuando sus pequeños corazones se hayan maravillado y derretido ante una historia tan extraña, hemos de contarles que sufrió, sangró y murió por nosotros, recordándoles con frecuencia cómo están ellos incluidos en esos sucesos.

Hemos de guiar sus pensamientos, a fin de que vean la gloria de la resurrección y ascensión de Cristo, y contarles con cuánta bondad todavía recuerda a su pueblo en medio de su exaltación, defendiendo la causa de criaturas pecadoras y utilizando su interés en el tribunal del cielo para procurar la vida y gloria para todos los que creen en él y lo aman.

Hemos luego de seguir instruyéndoles en los detalles de la obediencia por la cual la sinceridad de nuestra fe y nuestro amor recibirá aprobación. A la vez, tenemos que recordarles su propia debilidad y contarles cómo Dios nos ayuda enviando su Espíritu Santo a morar en nuestro corazón para hacernos aptos para toda palabra y obra buena. ¡Es una lección importante sin la cual nuestra instrucción será en vano y lo que ellos oigan será igualmente en vano!

Tomado de *The Godly Family* (La familia piadosa) reimpreso por Soli Deo Gloria, una división de Reformation Heritage Books, *www.heritagebooks.org*.

Philip Doddridge (1702-1751): Pastor inglés no conformista, prolífico autor y escritor de himnos; nacido en Londres, Inglaterra.

Aprenda a decirles "No" a sus hijos. Demuéstreles que puede negarse a aceptar todo lo que usted considera que no es bueno para ellos. Demuéstreles que está listo para castigar la desobediencia y que cuando habla de castigo, no sólo está listo para amenazar, sino también para actuar.
—*J. C. Ryle*

El arte de una disciplina equilibrada
David Martyn Lloyd-Jones (1899-1981)

"Y vosotros, padres, no provoquéis a ira a vuestros hijos, sino criadlos en disciplina y amonestación del Señor". —Efesios 6:4

Un tema urgente

Note que Pablo menciona a los padres únicamente. Acaba de citar las palabras de la Ley: "Honra a tu padre y a tu madre". Pero ahora señala en particular a los papás porque su enseñanza ha sido, como hemos visto, que *el padre es el que tiene la posición de autoridad*. Eso es lo que encontramos siempre en el Antiguo Testamento, así es como Dios siempre ha enseñado a las personas a comportarse, así que naturalmente dirige este mandato en particular a los padres. Pero el mandato no se limita a los padres, incluye también a las madres y, en una época como la actual, ¡hemos llegado a un estado en que el orden es a la inversa! Vivimos en una especie de sociedad matriarcal donde el padre y el esposo han *renunciado a su posición en el hogar,* de modo que deja casi todo a la madre. Por lo tanto, tenemos que comprender que lo que aquí dice de los padres se aplica, igualmente, a las madres. Se aplica al que está en la posición de disciplinar. En otras palabras, lo que la Biblia nos presenta aquí en este cuarto versículo, y está incluido en el versículo anterior, es todo el problema de la disciplina.

Tenemos que examinar este tema con cuidado y es, por supuesto, uno muy extenso. No hay tema, repito, cuya importancia sea más urgente en este país[12] y en todos los demás países, que el problema de la disciplina. Estamos viendo un desmoronamiento de la sociedad y éste se relaciona, principalmente, con esta cuestión de *disciplina*. Lo vemos en el hogar, lo vemos en las escuelas, lo vemos en la industria, lo vemos en todas partes. El problema que enfrenta hoy la sociedad en todos sus aspectos es ultimadamente un problema de disciplina. ¡Responsabilidad, relaciones, cómo se vive la vida, cómo debe proceder en la vida! El futuro entero de la civilización, creo yo, depende de esto... Me aventuro a afirmar: Si el Occidente se desploma y es vencido, será por una sola razón: *Podredumbre interna*... Si seguimos viviendo por los placeres, trabajando cada vez menos, exigiendo más y más dinero, más y más placeres y supuesta felicidad, abusando más y más de las lascivias de la carne, negándonos a aceptar nuestras responsabilidades, habrá sólo un resultado inevitable: Un fracaso completo y lamentable. ¿Por qué pudieron los godos y los vándalos y otros pueblos bárbaros conquistar el antiguo Imperio Romano? ¿Por su superioridad militar? ¡Por supuesto que no! Los historiadores saben que hay una sola respuesta: La caída de Roma sucedió porque un espíritu de tolerancia invadió el mundo romano: Los juegos, los placeres, los baños públicos. La podredumbre moral que había entrado en el corazón del Imperio Romano fue la causa de la "declinación y caída" de Roma. No fue un poder superior desde afuera, sino la podredumbre interna lo que significó la ruina para Roma. Y lo que es realmente alarmante en la actualidad es que estamos siendo testigos de una declinación similar en este país y en otros de Occidente. Esta desidia, esta falta de disciplina, todo el modo de pensar y ese espíritu son característicos de un periodo de decadencia. La manía por los placeres, la manía por los deportes, la manía por las bebidas y las drogas han dominado a las masas. Éste el problema principal: ¡La pura *ausencia* de disciplina y de orden y de integridad en el gobierno!

Estas cuestiones, según creo, son tratadas con mucha claridad en estas palabras del Apóstol. Procederé a presentarlas en más detalle para identificarlas y mostrar cómo las Escrituras

---

[12] El autor se refiere a Inglaterra.

nos iluminan con respecto a ellas. Pero antes de hacerlo, quiero mencionar algo que ayudará y estimulará todo el proceso de su propio pensamiento. Los periódicos lo hacen en nuestro lugar, los entrevistados en la radio y televisión lo hacen en nuestro lugar, y nos sentamos muy cómodos y escuchamos. *Esa es una manifestación del desmoronamiento de la autodisciplina.* ¡Tenemos que aprender a disciplinar nuestra mente! Por eso daré dos citas de la Biblia, una de un extremo y una del otro extremo de esta posición. El problema de la disciplina cae entremedio de ambas. En un extremo, el límite es: "El que detiene el castigo, a su hijo aborrece" (Pr. 13:24). El otro extremo es: "Padres, no provoquéis a ira a vuestros hijos". Todo el problema de la disciplina se encuentra entre estos dos extremos y ambos se encuentran en las Escrituras. Resuelva el problema basándose en las Escrituras, trate de saber los principios que gobiernan esta cuestión vital y urgente, que es en este momento, el peor problema que enfrentan todas las naciones de Occidente y probablemente otras. Todos nuestros problemas son el resultado de que practicamos un extremo o el otro. La Biblia nunca recomienda ninguno de los dos extremos. Lo que caracteriza las enseñanzas de la Biblia siempre y en todas partes, es su equilibrio perfecto, una postura justa que nunca falla, el modo extraordinario en que la gracia y la ley armonizan divinamente...

La administración de la disciplina

Llegamos ahora a la cuestión de la administración de la disciplina... La disciplina es esencial y tenemos que llevarla a cabo. Pero el Apóstol nos exhorta a ser muy cuidadosos en cómo la llevamos a la práctica porque podemos hacer más daño que bien si no la dispensamos de la manera correcta...

La negativa y la positiva

El Apóstol divide sus enseñanzas en dos secciones: La *negativa* y la *positiva*. Dice que este problema no se limita a los hijos: Los padres de familia también deben tener cuidado. *Negativamente* les dice: "No provoquéis a ira a vuestros hijos". *Positivamente* dice: "Criadlos en disciplina y amonestación del Señor". Mientras recordemos ambos aspectos todo andará bien.

Comencemos con lo negativo: "No provoquéis a ira a vuestros hijos". Estas palabras podrían traducirse: "No exasperen a sus hijos, no irriten a sus hijos, no provoquen a sus hijos a tener resentimiento". Existe siempre un peligro muy real cuando disciplinamos. Y si somos culpables de generar estos sentimientos haremos más daño que bien... Como hemos visto, ambos extremos son totalmente malos. En otras palabras, tenemos que disciplinar de una manera que no irritemos a nuestros hijos o los provoquemos a tener un resentimiento pecaminoso. Se requiere de nosotros que seamos equilibrados.

¿Cómo lo logramos? ¿Cómo pueden los padres llevar a cabo una disciplina equilibrada? Una vez más tenemos que referirnos a Efesios, esta vez al capítulo 5, versículo 18. "No os embriaguéis con vino, en lo cual hay disolución; antes bien sed llenos del Espíritu". Ésta es siempre la *llave*. Vimos cuando tratábamos ese versículo que la vida vivida en el Espíritu, la vida del que está lleno del Espíritu, se caracteriza siempre por dos factores principales: *Poder* y *control*. Es un poder *disciplinado*. Recuerde cómo Pablo lo expresa cuando escribe a Timoteo. Dice: "Porque no nos ha dado Dios espíritu de cobardía, sino de poder, de amor y de dominio propio" (2 Ti. 1:7). No un poder descontrolado, sino un poder controlado por el amor y el dominio propio: ¡Disciplina! Esa es siempre la característica del hombre que está "lleno del Espíritu"...

¿Cómo, entonces, aplicamos disciplina? "No provoquéis a ira a vuestros hijos". Éste debe ser el primer principio que gobierna nuestras acciones. No podemos aplicar una disciplina verdadera, a menos que podamos poner en práctica nosotros mismos dominio propio y auto

disciplina... Las personas que están llenas del Espíritu siempre se caracterizan por su *control*. Cuando disciplina usted a un niño, primero tiene que controlarse a sí mismo. Si trata de disciplinar a su hijo cuando ya perdió la paciencia, ¿qué derecho tiene de decirle a su hijo que necesita disciplina *cuando resulta obvio que usted mismo la necesita*? Tener dominio propio, controlar el mal genio es un requisito esencial para controlar a otros... Así que el primer principio es que tenemos que empezar con nosotros mismos. Tenemos que estar seguros de que estamos controlados, no alterados... Tenemos que ejercitar esta disciplina personal o sea el dominio propio que nos capacita para ver la situación objetivamente y manejarla de un modo equilibrado y controlado. ¡Qué importante es esto!...

Nunca caprichosamente

El segundo principio se deriva, en cierto sentido, del primero. Si el padre o la madre van a aplicar esta disciplina correctamente, nunca pueden hacerlo caprichosamente. No hay nada más irritante para el que está siendo disciplinado que sentir que la persona que la aplica es caprichosamente inestable y que no es digna de confianza porque no es consecuente. No hay cosa que enoje más a un niño que tener el tipo de padre que, un día, estando de buen humor es indulgente y deja que el chico haga casi cualquier cosa que quiere, pero que al día siguiente se enfurece por cualquier cosa que hace. Esto hace imposible la vida para el niño. Un progenitor así, vuelvo a repetirlo, no aplica una disciplina correcta y provechosa, y el niño termina en una posición imposible. Se siente provocado e irritado a ira y no tiene respeto por ese progenitor.

Me estoy refiriendo, no sólo a reacciones por haber perdido la paciencia, sino también su conducta. El padre que no es *consecuente* en su conducta no puede realmente aplicar disciplina al hijo. El padre que hace una cosa hoy y lo opuesto mañana no puede aplicar una disciplina sana. Tiene que ser sistemáticamente *constante*, no sólo en las reacciones, sino también en su conducta. Tiene que haber una modalidad constante en la vida del padre porque el hijo está siempre mirando y observando. Pero si observa que la conducta de su padre es imprevisible y que él mismo hace lo que le prohíbe a su hijo que haga, tampoco puede esperar que éste se beneficie de la aplicación de tal disciplina...

Siempre dispuestos a escuchar

Otro principio importante es que los padres nunca pueden ser irrazonables o no estar dispuestos a escuchar el punto de vista de su hijo. No hay nada que indigne más al que está recibiendo una disciplina que sentir que todo el procedimiento es totalmente irrazonable. En otras palabras, es un padre realmente malo el que no toma en consideración ninguna circunstancia y que no está dispuesto a escuchar ninguna explicación. Algunos padres y madres, en un anhelo por aplicar disciplina corren el peligro de ser totalmente irrazonables y de ser culpables de esto. El informe que recibieron acerca de su hijo puede estar equivocado o puede haber circunstancias que desconocen, pero ni siquiera dejan que el niño les dé su punto de vista ni ninguna clase de explicación. Es cierto que el niño puede aprovecharse. Lo único que estoy diciendo es que *nunca debemos ser irrazonables*. Permita que el niño presente su explicación y, si no es una razón válida, puede castigarlo por eso también, al igual que por el hecho particular que constituye la ofensa. Pero negarse a escuchar, prohibir todo tipo de respuestas es inexcusable... Tal conducta es incorrecta y provoca a ira a los hijos. Es seguro que los exasperará e irritará llevándolos a una actitud de rebeldía y de antagonismo...

Nunca demasiado severa

Eso lleva inevitablemente a otro principio: La disciplina nunca debe ser demasiado severa. Éste, quizá, sea el peligro que enfrentan muchos buenos padres de familia en la actualidad al ver todo el desorden social alrededor, que con razón lamentan y condenan. El peligro es estar tan profundamente influenciado por la repugnancia que le produce que se van a este otro extremo y son demasiado severos. Lo contrario a ninguna disciplina no es para nada la crueldad, sino que es una disciplina equilibrada, es una disciplina controlada...

Permítame resumir mi argumento. La disciplina debe ser aplicada siempre con amor y si no puede usted aplicarla con amor, no la intente. En ese caso, necesita mirarse usted mismo primero. El Apóstol ya nos ha dicho que digamos la verdad con amor en un sentido más general, pero lo mismo se aplica aquí. Hable la verdad, pero con amor. Sucede precisamente lo mismo con la disciplina: Tiene que ser gobernada y controlada por el amor. "No os embriaguéis con vino, en lo cual hay disolución, antes bien sed llenos del Espíritu" (Ef. 5:18). ¿Qué es "el fruto del espíritu"? "Amor, gozo, paz, paciencia, benignidad... templanza" (Gá. 5:22-23). Si, como padres de familia, estamos "llenos del Espíritu" y producimos esos frutos, en lo que a nosotros concierne, la disciplina será un problema muy pequeño... Debe usted tener un concepto correcto de lo que significa la formación de sus hijos en el hogar y considerar al niño como una vida que Dios le ha dado. ¿Para qué? ¿Para guardárselo y para moldearlo conforme a como usted es, para imponerle la personalidad de usted? ¡De ninguna manera! Dios lo puso a su cuidado y se lo ha encargado para que su alma pueda llegar a conocerle y a conocer al Señor Jesucristo...

Tomado de *Life in the Spirit in Marriage, Home & Work: An Exposition of Ephesians 5:18 to 6:9* (La vida en el Espíritu en el matrimonio, el hogar y el trabajo: Una exposición de Efesios 5:18 al 6:9), publicado por The Banner of Truth Trust, www.banneroftruth.org.

David Martyn Lloyd-Jones (1899-1981): Posiblemente el mejor predicador expositivo del siglo XX; Westminster Chapel, Londres, 1938-68; nacido en Gales.

Eduque a los niños para Cristo
EDWARD W. HOOKER (1794-1875)

Los hijos de padres cristianos

La Iglesia del Señor Jesucristo fue instituida en este mundo pecador para procurar su conversión. Hace mil ochocientos años recibió el mandato: "Predicad el evangelio a toda criatura" (Mr. 16:15). Debe su tiempo, talentos y recursos a su Señor, para cumplir su propósito. No obstante, "el mundo entero está bajo el maligno" (1 Jn. 5:19). Pocos, comparativamente hablando, han oído "el nombre de Jesús" (Hch. 19:5); "que hay un Espíritu Santo" (Hch. 19:2) o que existe un Dios que gobierna en la tierra (Ap. 19:6).

En esta condición moral que afecta a este mundo, los amigos de Cristo han de considerar seriamente las preguntas: "¿No tenemos algo más que hacer? ¿No hay algún gran deber que hemos pasado por alto; algún pacto que hemos hecho con nuestro Señor que no hemos cumplido?". *Encontramos la respuesta si observamos a los hijos de padres cristianos, quienes han profesado dedicar todo a Dios pero que, mayormente, han descuidado educar a sus hijos con el propósito expreso de servir a Cristo en la extensión de su reino.* Dijo cierta madre cristiana, cuyo corazón está profundamente interesado en este tema: "Me temo que muchos de nosotros pensamos que nuestro deber parental se limita a labores en pro de la salvación de nuestros hijos; que hemos orado por ellos sólo que sean salvos; los hemos instruido sólo para que sean salvos". Pero si ardiera en nuestro corazón, como una flama inextinguible, el anhelo ferviente por la gloria de nuestro Redentor y por la salvación de las almas, las oraciones más sinceras desde su nacimiento serían que, no sólo ellos mismos sean salvos, sino que fueran instrumentos usados para salvar a otros.

En lo que respecta al servicio de Cristo, parece ser que consiste en llegar a ser creyente, profesar la fe, cuidar el alma de uno mismo, mantener una buena reputación en la iglesia, querer lo mejor para la causa de Cristo, ofrendar cuanto sea conveniente para su extensión y, al final, dejar piadosamente este mundo y ser feliz en el cielo. De este modo, pasa una generación y viene otra para vivir y morir de la misma manera (Ec. 1:4). Y realmente la tierra "permanece para siempre" y la masa de su población sigue en ruinas, si los cristianos siguen viviendo así.

Existe pues, la necesidad de apelar a *los padres de familia cristianos,* en vista de la actual condición del mundo. Usted da sus oraciones y una porción de su dinero. Pero, como dijera la creyente ya citada: "¿Qué padre cariñoso no ama a sus hijos más que a su dinero? ¿Y por qué no han de darse a Cristo estos tesoros vivientes?". Este procurar lo nuestro, no las cosas que son de Cristo (Fil. 2:21), debe terminar, si es que alguna vez el mundo se convertirá. Debemos poner manos a la obra y enseñar a nuestros hijos a conducirse con fidelidad, de acuerdo con ese versículo: "Y por todos murió, para que los que viven, ya no vivan para sí, sino para aquel que murió y resucitó por ellos" (2 Co. 5:15).

Entiéndanos. No decimos que dedique sus hijos a la causa de la obra misionera exclusivamente o a alguna obra de beneficencia. Debe dejar su designación al "Señor de la mies" (Mt. 9:38). Él les asignará sus posiciones, sean públicas o privadas; esferas de extensa o limitada influencia, según le parezca bien (1 Cr. 19:13). Su deber es realizar todo lo que incluye el requerimiento de criad a vuestros hijos "en disciplina y amonestación del Señor" (Ef. 6:4) con la seguridad de que llegará el momento cuando la voz del Señor diga, con respecto a cada uno: "El Señor lo necesita" (Mr. 11:3) y será guiado hacia esa posición en la que al Señor le placerá bendecirlo. Y si es alejada y humilde o pública y eminente, esté seguro de esto: Encontrará suficiente trabajo asignado a él y suficientes obligaciones designadas a él, como para mantenerlo de rodillas, buscando gracia para fortalecerlo y para pedir el empleo intenso y diligente de todos sus poderes mientras viva.

La mejor preparación para servicio

Por lo tanto, padres de familia cristianos, una pregunta interesante es: "¿Qué *cualidades* prepararán mejor a nuestros hijos para ser siervos eficaces de Cristo?". Hay muchas relacionadas con el corazón, la mente y la constitución física.

1. *Ante todo, piedad*. Deben amar fervientemente a Cristo y su reino; consagrarse de corazón a su obra y estar listos para negarse a sí mismos y sacrificarse en la obra a la cual él puede llamarlos. Debe ser una piedad sobresaliente, "pero cuantas cosas eran para mí ganancia, las he estimado como pérdida por amor de Cristo" (Fil. 3:7).

Dijo una mujer, actualmente esposa de un misionero americano: "Hacer y recibir visitas, intercambiar saludos cordiales, ocuparse de la ropa, cultivar un jardín, leer libros buenos y entretenidos y, aun, asistir a reuniones religiosas para complacerme a mí misma, nada de esto me satisface. Quiero estar donde cada detalle se relacione, constantemente y sin reservas, con la eternidad. En el campo misionero espero encontrar pruebas y obstáculos nuevos e inesperados; aun así, escojo estar allí acompañando a mi esposo y, en lugar de pensar que es difícil sacrificar mi hogar y mi patria, siento que debo volar como un pájaro hacia aquella montaña" (*Ver* Salmo 11:1).

Una piedad tal que brilla y anhela vivir, trabajar y sufrir para Cristo es la primera y gran cualidad para inculcar en su hijo. Es necesario actuar eficazmente para Cristo en cualquier parte, en casa o afuera; en una esfera elevada o en una humilde. El Señor Jesús no tiene trabajo adaptado a los cristianos que viven en "un pobre estado moribundo" con el cual tantos se conforman. Es todo trabajo para aquellos que viven "en la gracia que es en Cristo Jesús" (2 Ti. 2:1) y están dispuestos y decididos a ser "fieles hasta la muerte" (Ap. 2:10).

2. *Cualidades intelectuales*. Es error de algunos pensar que cualidades mediocres bastan para "la obra de Cristo". ¿Han de contentarse los cristianos con éstas en los negocios del reino del Redentor, cuando los hombres del mundo no las aceptan en sus negocios? Tenga cuidado de pervertir su dependencia de la ayuda divina, confiando que la calidez de su corazón compense su falta de conocimiento. El mandato: "Amarás al Señor tu Dios con toda tu mente" se aplica tanto a la obra del Señor como al amor a él. Su hijo necesita una mente bien equilibrada y cultivada, tanto como necesita un corazón piadoso. No permita que sus anhelos por hacer el bien, se vean frustrados debido a su negligencia en ofrecerle una educación intelectual. No estamos diciendo que envíe a todos sus hijos a la universidad y a todas sus hijas a academias para señoritas, sino que los prepare para hacer frente a las mentalidades bajo el dominio del pecado en cualquier parte; provistos de cualidades intelectuales nada despreciables.

3. *Cualidades relacionadas con la constitución física*. Los intereses de la obra del Señor han sufrido ya bastante por el quebrantamiento físico y la muerte prematura de jóvenes que prometían mucho. No dedique un hijo débil, enfermizo al ministerio porque no es lo suficientemente robusto como para tener un empleo o profesión secular. Nadie necesita una salud de hierro más que los pastores y misioneros. "Cuando ofrecéis el cojo o el enfermo, ¿no es malo?" (Mal. 1:8). Usted tiene una hija a quien la Providencia puede llamar a los sacrificios de acompañar a su esposo a la vida misionera. No la críe dándole todos los caprichos, ni la deje caer en hábitos y modas que dañan la salud, ni que llegue a ser una mujer "que nunca la planta de su pie intentaría sentar sobre la tierra, de pura delicadeza y ternura" (Dt. 28:56), que queda librada a una sensibilidad morbosa o a un temperamento nervioso lleno de altibajos. ¿Se contentaría con dar semejante ofrenda al Rey de Sión? ¿Sería una bondad para con ella, quien puede ser llamada a sufrir mucho y a quien le faltará la capacidad de resistencia, al igual que de acción que puede ser adquirida por medio de una buena educación física? No; dedique "a Cristo y la Iglesia" sus "jóvenes que son fuertes" (1 Jn. 2:14) y sus hijas preparadas para ser sus compañeras en las obras y los sufrimientos en nombre de Cristo.

Los deberes de los padres

Hasta aquí las *cualidades*. Hablaremos ahora más particularmente de los deberes de los padres en educar a sus hijos e hijas para la obra de Cristo.

1. *Ore mucho, con respecto a la gran obra que tiene entre manos.* "Para estas cosas, ¿quién es suficiente?" (2 Co. 2:16), se pregunta usted. Pero Dios dice: "Bástate mi gracia" (2 Co. 12:9). Manténgase cerca del trono de gracia con el peso de este importante asunto sobre su espíritu. La mitad de su trabajo ha de hacerlo en su cámara de oración. Si falla allí, fallará en todo lo que hace fuera de ella. Tiene que contar con sabiduría de lo Alto para poder formar siervos para el Altísimo. Esté en comunión con Dios respecto al caso particular de cada uno de sus hijos. Al hacerlo, obtendrá perspectivas de su deber que nunca podría haber obtenido por medio de la sabiduría humana y sentirá motivos que en ninguna otra parte se apreciarían debidamente. Sin duda, en el Día final se revelarán las las actas de memorias de padres de familia cristianos con Dios, con respecto a sus hijos, que explicarán gozosamente el secreto de su devoción y de lo útiles que fueron. Se sabrá entonces más de lo que se puede saber ahora, especialmente en cuanto a las oraciones de las madres. La madre de Mill realizaba algunos ejercicios peculiares en su cámara de oración, respecto a él, lo cual ayuda a entender su vida tan útil. Uno de nuestros periódicos religiosos consigna el dato interesante de que "de ciento veinte alumnos en unos de nuestros seminarios teológicos, cien eran el fruto de las oraciones de una madre y fueron guiados al Salvador por los consejos de una madre". Vea lo que puede lograr la oración. Sea constante en la oración (Ro. 12:12).

2. *Cultive una tierna sensibilidad hacia su responsabilidad como padre.* Dios lo hace responsable por el carácter de sus hijos con relación a su fidelidad en usar los dones que le ha dado. Usted ha de "rendir cuentas" en el Día del juicio por lo que hace o no hace, para formar correctamente el carácter de sus hijos. Puede educarlos de tal manera que, por la gracia santificadora de Dios, sean los instrumentos para salvación de cientos, sí, de miles, o que por descuidarlos, cientos, miles se pierdan y la sangre de ellos esté en sus manos. No puede usted deslindarse de esta responsabilidad. Debe actuar bajo ella y encontrarse con ella "en el juicio". Recuerde esto con un temor piadoso, a la vez que "exhórtese en el nombre del Señor". Si es fiel en su cámara de oración y en hacer lo que allí reconoce como su deber, encontrará la gracia para sostenerlo. Y el pensamiento será delicioso, al igual que solemne: "Se me permite enseñar a estos inmortales a glorificar a Dios por medio de la salvación de las almas".

3. *Tenga usted mismo un espíritu devoto.* Su alma debe estar sana y debe prosperar; debe arder con amor a Cristo y su reino, y todas sus enseñanzas tienen que ser avaladas por un ejemplo piadoso, si es que a de guiar a sus hijos a vivir devotamente. Alguien le preguntó al padre de numerosos hijos, la mayoría de ellos consagrados al Señor: ¿Qué medios ha usado con sus hijos?

He procurado vivir de tal manera, que les mostrara que mi propio gran propósito es ir al cielo y llevármelos conmigo.

4. *Empiece temprano la instrucción en la fe.* Esté atento para ver las oportunidades para esto en todas las etapas de la niñez. Las impresiones tempranas duran toda la vida, aun cuando las posteriores desaparecen. Dijo un misionero americano: "Recuerdo particularmente que cierta vez, estando yo sentado en la puerta, mi mamá se acercó y se paró junto a mí y me habló tiernamente acerca de Dios y de asuntos relacionados con mi alma, y sus lágrimas cayeron sobre mi cabeza. Eso me convirtió en un misionero". Cecil dice: "Tuve una madre piadosa, siempre me daba consejos. Nunca me podía librar de ellos. Yo era un inconverso profeso, pero en aquel entonces, prefería ser un inconverso con compañía que estar solo. Me sentía desdichado cuando estaba solo. La influencia de los padres se aferra al hombre; lo acosa; se pone continuamente en su camino". John Newton nunca pudo quitarse las impresiones que dejaron en él, las enseñanzas de su madre.

5. *Procure la conversión temprana de sus hijos*. Considere cada día que siguen sin Cristo como un aumento del peligro en que están y la culpa que llevan. Cuenta un misionero: "Alguien le preguntó a cierta madre que había criado a muchos hijos, todos de los cuales eran creyentes consagrados, qué medios había usado para lograr su conversión. Ella respondió: 'Sentía que si no se convertían antes de los siete u ocho años, probablemente se perderían y cuando llegaban a esa edad, yo me angustiaba ante la posibilidad de que pasaran impenitentes a la eternidad y me acercaba al Señor con mi angustia. Él no rechazó mis oraciones ni me negó su misericordia". Ore por esto: "Levántate, da voces en la noche, al comenzar las vigilias; derrama como agua tu corazón ante la presencia del Señor; alza tus manos a él implorando la vida de tus pequeñitos" (Lm. 2:19). Espere el don temprano de gracia divina basado en promesas como ésta:

> "Mi Espíritu derramaré sobre tu generación, y mi bendición sobre tus renuevos; y brotarán entre hierba, como sauces junto a las riberas de las aguas. Este dirá: Yo soy de Jehová; el otro se llamará del nombre de Jacob, y otro escribirá con su mano: A Jehová, y se apellidará con el nombre de Israel" (Is. 44:3-5).

La historia de algunas familias es un deleitoso cumplimiento de esta promesa. Los corazones jóvenes son los mejores en los cuales echar, profunda y ampliamente, los fundamentos de una vida útil. No se puede esperar que su hijo haga nada para Cristo hasta no verlo al pie de la cruz, arrepentido, creyendo y consagrándose al Señor.

Algunos suponen que la fe cristiana[13] no puede penetrar la mente del niño; que se requiere haber llegado a una edad madura para arrepentirse y creer el evangelio (Mr. 1:15). Por lo tanto, el niño creyente es considerado, muchas veces, como un prodigio y que la gracia en un alma joven es una dispensación de la misericordia divina demasiado inusual como para esperar que suceda normalmente. "Padres", decía cierta madre, "trabajen y oren por la conversión de sus hijos". Hemos visto a padres llorando por la muerte de sus hijos de cuatro, cinco, seis, siete años, quienes no parecían sentir ninguna inquietud acerca de si habrían muerto en un estado espiritual seguro y no sentían ningún auto reproche por haber sido negligentes en procurar su conversión. *Es un hecho interesante y serio, en relación con la negligencia de los padres, que se ha sabido de niños menores de cuatro años que han sentido convicciones profundas de haber pecado contra Dios y de su estado perdido, se han arrepentido de sus pecados, han creído en Cristo, han demostrado su amor por Dios y han dado todas las evidencias de la gracia que se observan en personas*

---

[13] **Nota del editor** – La palabra original que el autor emplea aquí es *religión*. A la luz del uso amplio y muchas veces confuso de la palabra *"religión"* hoy en día, los términos "fe cristiana", "cristianismo" y "fe en Cristo" y, a veces, "piedad", "piadoso/a" o "piedad cristiana", suelen reemplazar "religión" y "religioso" en muchos casos en esta publicación.

adultas. El biógrafo de la fallecida Sra. Huntington[14], relata que, escribiéndole ella a su hijo, "habla de tener un recuerdo vívido en su mente de una solemne consulta cuando tenía unos tres años de edad con respecto a que si fue mejor ser creyente o no en ese entonces y de haber llegado a la decisión de que no lo era". La biografía de Janeway[15] y de muchos otros rechazan la idea de que la fe en un corazón joven sea un milagro y muestran que los padres tienen razón de preocuparse ante la posibilidad que sus hijos pequeños mueran sin esperanza, a la vez que se les debe alentar a procurar su conversión temprana.

Hemos de ser cautelosos en desconfiar sin razón de la aparente conversión de los niños. Cuide a los pequeños discípulos cariñosa y fielmente. Sus tiernos años demandan una protección más cuidadosa y tierna. No les dé razón para decir: "Fueron negligentes conmigo porque pensaban que era demasiado pequeño para ser creyente". Es cierto, muchas veces padres de familia y pastores se han decepcionado con niños que parecían haberse entregado al Señor. Pero el Día del juicio posiblemente revele que ha habido, entre los adultos, más casos de decepción e hipocresía que no se han detectado, que desengaños con respecto a niños que se supone se han entregado al Señor. La niñez es más cándida que la adultez; el niño es más propenso a quitarse la máscara de la religión, si de hecho es la suya una máscara y siendo sensible nuevamente a la convicción de pecado, quizá de veras, se convierta. El adulto, más cauteloso, engañador, atrevido en su falsa profesión de fe, usa la máscara, hace a un lado la convicción, exclama: "Paz y seguridad" (1 Ts. 5:3) y sigue decente, solemne y formalmente su descenso al infierno.

Anhele la conversión temprana de sus hijos a fin de que tengan el mayor tiempo posible en este mundo para servir a Cristo. Si "el rocío de nuestra juventud" se dedica a Dios, sin duda, con el transcurso de los años se notará una madurez proporcional a su carácter cristiano y su capacidad para realizar obras más eficaces para Cristo.

6. Mantenga una relación familiar cristiana con sus hijos. Converse con ellos tan libre y cariñosamente sobre temas piadosos como conversa sobre otros. Si es usted un cristiano próspero y cariñoso, le resultará natural y fácil hacerlo. Deje que la intimidad piadosa se entreteja con todas las costumbres de su familia. De esta manera, sabrá cómo aconsejar, advertir, reprender, alentar; sabrá también cómo van madurando; cuál es la "razón de la esperanza" que hay en ellos (1 P. 3:15); particularmente para qué tipo de obra para Cristo tienen capacidad. Y si mueren jóvenes o antes de usted, tendrá usted el consuelo de haber observado y conocido el progreso de su preparación para "partir y estar con Cristo" (Fil. 1:23).

7. Mantenga siempre vivo en la mente de su hijo que el gran propósito para el cual debe vivir es la gloria de Dios y la salvación de los hombres. Hacemos mucho para dar dirección a la mente y formar el carácter del hombre, colocando delante de él un objetivo para la vida. Los hombres del mundo conocen y aplican este principio. Lo mismo debe hacer el cristiano. El objetivo ya mencionado es el único digno de un alma inmortal y renovada y prepara el camino para la nobleza más alta en ella. La elevará por encima del vivir para sí misma y la constreñirá a ser fiel en la obra de su Señor. Enséñele a su hijo a poner al pie de la cruz sus logros, su personalidad, sus influencias, riquezas; todas las cosas y a vivir anhelando: "Padre, glorifica tu nombre" (Jn. 12:28).

---

[14] **Susan Huntington** (1791-1823) – Esposa de un pastor estadounidense, conocida por su piedad y el consejo espiritual contenido en sus memorias, cartas, diarios y poesía.

[15] **James Janeway** (1636-1674) – Ministro y autor puritano inglés que, después de John Bunyan, tuvo la popularidad más amplia y duradera como autor de obras leídas por niños de habla inglesa.

8. *Elija con mucho cuidado los maestros de sus hijos.* Sepa elegir la influencia a la cual entrega su hijo o hija. Tiene usted un objetivo grande y sagrado que cumplir. Los maestros de sus hijos deben ser tales que les ayuden a cumplir ese objetivo. Un carácter moral correcto en el maestro no basta. Esto, muchas veces viene acompañado de opiniones religiosas sumamente peligrosas. Su hijo debe ser puesto bajo el cuidado de un maestro consagrado, quien en relación con su alumno debe sentir: "Tengo que ayudar a este padre a capacitar a un siervo para Cristo". En su elección de una escuela o academia, nunca se deje llevar meramente por su reputación literaria, su lugar en la sociedad, su popularidad, sin considerar también la posibilidad de que su ambiente no cuente con la vitalidad de una decidida influencia piadosa y que hasta puede estar envenenada por los conceptos religiosos erróneos de sus maestros. En cuanto a enviar a su hija a un convento católico para que se eduque, un pastor sensato dijo a un feligrés: "Si no quiere que su hija se queme, no la ponga en el fuego"[16]. A cierta viuda le ofrecieron educar a uno de sus hijos donde prevalecía la influencia del Unitarismo[17]. Ella rechazó la oferta, confiando en que Dios la ayudaría a lograrlo en un ambiente más seguro. Su firmeza y fe fueron recompensadas con el éxito. Una señorita fue puesta bajo el cuidado de una maestra que no era piadosa. Cuando su mente se interesaba profunda y ansiosamente en temas piadosos, la idea "qué pensará de mí mi maestra" y el temor a su indiferencia y aun desprecio, influenciaron sus decisiones y contristaron al Espíritu de Dios. Padre de familia cristiano, sus oraciones, sus mejores esfuerzos pueden verse frustrados por un maestro impío.

9. *Cuídese de no echar por tierra sus propios esfuerzos por el bienestar espiritual de sus hijos.* Ser negligente en algún deber esencial, aunque realice otros, lo causará. La oración sin la instrucción no sirve; tampoco la instrucción sin el ejemplo correcto; ni la oración en familia sin las serias batallas en la cámara de oración; ni todos estos juntos, si no los está vigilando para que no caigan en tentación. Tema consentirlos con entretenimientos vanos. En cierta oportunidad, una madre fue a la reunión de sus amigas y les pidió que oraran por su hija a quien aparentemente ella había permitido, en ese mismo momento, asistir a un baile y justificaba lo impulsivo e inconsistente de su permiso, en sus propios hábitos juveniles de buscar entretenimientos. *Si los padres permiten que sus hijos se arrojen directamente en "las trampas del diablo", al menos, que no se burlen de Dios pidiendo a los creyentes que oren para que los cuide allí.* Si lo hacen, no se sorprendan si sus hijos viven como "siervos del pecado" y mueren como vasos de la ira (Ro. 6:17; 9:22).

Guárdese de ser un ejemplo de altibajos en la fe: Ahora, puro fervor y actividad; luego, languidez, casi sin hálito de vida espiritual. El hijo o hija perspicaz dirá: "La fe de mi padre es de saltos y arranques, de tiempos y temporadas. Es todo ahora, pero pronto no será nada, igual que antes". Si usted anhela que sus hijos sirvan a Cristo con constancia, sírvalo así usted. Tema esa religión periódica, que de pronto brota de en medio de la mundanalidad e infidelidad y en la cual los sentimientos afloran como una corriente engañosa (Job 6:15) o, como lo expresara un autor, "como un torrente de montaña, crecido por las inundaciones primaverales, encrespado, rugiendo, que corre con bríos, pareciendo un río portentoso y permanente, pero que, después de unos días, baja, se convierte en apenas un hilo de agua o desaparece dejando un cauce seco, rocoso, silencioso como la muerte". La consagración más profunda es como un río profundo y caudaloso; silencioso, alimentado por fuentes vivas; que

---

[16] **Nota del editor** – Cuánto más se aplica esto al sistema de escuelas y colegios públicos y aun privados, con su educación sexual, evolucionismo y burlas de Dios. Por ésta y numerosas razones, muchos padres han elegido educar a sus hijos en casa (*Homeschooling*).

[17] **Unitarismo** – Herejía que niega la doctrina de la Trinidad.

nunca desencanta, siempre fluye, fertiliza, embellece. Sea así la humildad, la constancia, el sentimiento, la laboriosidad del carácter cristiano activo, en el cual nuestros hijos vean que servir a Cristo es la gran ocupación de la vida y se sientan constreñidos a hacerlo "de todo corazón" (Dt. 6:5).

10. *Cuídese de aceptar que sus hijos vivan "según la costumbre del mundo"*; buscando sus honores, involucrándose en sus luchas ambiciosas, en sus costumbres y modas secularizadoras. Los hijos de padres piadosos no deben encontrarse entre los adeptos a la moda; emulando sus alardes y logros inútiles. "¿Cómo le roban a Cristo lo suyo?", dijo un padre de familia cristiano. "He observado muchos casos de padres ejemplares, fieles y atinados con sus hijos hasta, quizá los quince años de edad. Luego desean que se asocien con personas distinguidas y el temor de que sean diferentes, les ha llevado a dar un giro y vestirlos como gente mundana. Hasta les han escogido sus amistades íntimas. Y los padres han sufrido severamente bajo la vara del castigo divino; sí, han sido mortificados, sus corazones han sido quebrantados por tales pecados, debido a las desastrosas consecuencias en lo que al carácter de sus hijos respecta.

11. *Cuídese de los conceptos y sentimientos que promueve en sus hijos con respecto a los bienes materiales.* En las familias llamadas cristianas, el amor por los bienes materiales es uno de los mayores obstáculos para el extendimiento del evangelio. Cada año, las instituciones cristianas de benevolencia sufren por esta causa. Los padres enseñan a sus hijos a "apurarse a enriquecerse", como si esto fuera lo único para lo cual Dios los hizo. Dan una miseria a la causa de Cristo. Y los hijos e hijas siguen su ejemplo, aun después de haber profesado que conocen el camino de santidad y han dicho "no somos nuestros" (*Vea* 1 Co. 6:19). Se podrían mencionar hechos que, pensando en la iglesia de Dios, harían sonrojar a cualquier cristiano sincero. Enseñe a sus hijos a recordar lo que Dios ha dicho: "Mía es la plata, y mío es el oro" (Hag. 2:8). Recuérdeles que usted y ellos son mayordomos que un día darán cuenta de lo suyo. Considere la adquisición de bienes materiales de importancia sólo para poder hacer el bien y honrar a Cristo. No deje que sus hijos esperen que los haga herederos de grandes posesiones. Deje que lo vean dar anualmente "según [Dios lo] haya prosperado" a todas las grandes causas de benevolencia cristiana (*Vea* 1 Co. 16:2). Ellos seguirán su ejemplo cuando usted haya partido. Dejar a sus hijos la herencia de su propio espíritu piadoso y sus costumbres benevolentes será infinitamente más deseable que dejarles "millares de oro y plata" (Sal. 119:72). Hemos visto ejemplos tales.

Para ayudar en esto, cada padre debe enseñar a su familia economía familiar (mayordomía bíblica) como una cuestión de principios piadosos. Influya en ellos a temprana edad para que practiquen una economía altruista y entusiasta. Enséñeles que "más bienaventurado es dar que recibir" (Hch. 20:35). Que vean el dinero como si en los billetes estuviera escrito: "Santidad al Señor" para evitar gastarlo en placeres dañinos; a procurar la sencillez y economía en el vestir, los muebles, su estilo de vida, y a considerar todo gasto inútil de dinero como un pecado contra Dios.

12. *Cuídese de no frustrar sus esfuerzos por lograr el bien espiritual de sus hijos, teniendo malos hábitos en su familia.* Las conversaciones livianas, una formalidad aburrida y apurada en el culto familiar; conversaciones mundanas el Día del Señor o comentarios de censura provocan que todos los hijos de familias enteras descuiden la fe. Guárdese de ser pesimista, moralista, morboso. Algunos padres creyentes parecen tener apenas la fe suficiente para hacerlos infelices y para tener toda la fealdad de temperamento y de hábitos religiosos que provienen, naturalmente, de una conciencia irritada por su infiel "manera de vivir". Hay en algunos cristianos una alegría y dulzura celestiales que declaran a sus familias que la fe cristiana es una realidad, tanto bendita como seria, dándoles influencia y poder para ganarlos para la obra de

Cristo. Cultive esto. Deje que "el amor de Dios [que está] derramado en nuestros corazones por el Espíritu Santo" (Ro. 5:5) pruebe constantemente a sus hijos que la fe cristiana es el origen del placer más auténtico, de las bendiciones más ricas.

13. *Si desea que sus hijos sean siervos obedientes de Cristo, debe gobernarlos bien. La subordinación es una gran ley de su reino.* La obediencia implícita a su autoridad como padre concuerda bien con la sumisión que su hijo debe rendirle a Cristo. ¡Cómo aumentan las penurias de su cristianismo conflictivo, el hábito de la insubordinación y terquedad! Muchas veces lo hacen antipático e incómodo en sus relaciones sociales y domésticas, en la iglesia termina siendo un miembro rebelde o un pastor antipático o, si está en la obra misionera, resulta ser un problema constante y amargo para todos sus colegas. Comentaba un pastor con respecto a un miembro de su iglesia que había partido y para quien había hecho todo lo que podía: "Era uno de los robles más tercos que jamás haya crecido sobre el Monte Sión".

Cuando el niño bien gobernado es convertido, está listo para "servir al Señor Jesucristo, con toda humildad" en cualquier obra a la cual lo llama y trabajará amable, armoniosa y eficientemente con los demás. Entra al campo del Señor diciendo: "Sí, sí, vengo para hacer tu voluntad, oh mi Dios" (He. 10:9). Tendrá el espíritu celestial, "la mansedumbre y ternura de Cristo" (2 Co. 10:1) y al marchar hacia adelante de un deber a otro, podrá decir con David: "Como un niño destetado está mi alma" (Sal. 131:2). "El hacer tu voluntad, Dios mío, me ha agradado" (Sal. 40:8). Y con ese espíritu, encontrará preciosa satisfacción en una vida de exitosa labor para su Señor sobre la tierra y "en la esperanza de la gloria de Dios" (Ro. 5:2).

Si desea gobernarlos correctamente, a fin de que sus hijos sean aptos para servir a Cristo, estudie la manera como gobierna el Dios santo. El suyo es el gobierno de un Padre, convincente y sin debilidad; de amor y misericordia, pero justo; paciente y tolerante, pero estricto en reprender y castigar las ofensas. Ama a sus hijos, pero los disciplina para su bien; alienta para que lo obedezcan, pero en su determinación de ser obedecido es tan firme como su trono eterno. Da a sus hijos razón para que teman ofenderlo; pero a la vez, les asegura que amarle y servirle será para ellos el comienzo del cielo sobre la tierra.

Hemos mencionado casualmente el interés de **las madres** en este asunto. A la verdad, el deber y la influencia maternal constituyen el fundamento de toda la obra de educar a los hijos para servir a Cristo. La madre cristiana puede bendecir más ricamente al mundo a través de sus hijos, que muchos que se han sentado sobre un trono. ¡Madres! La Divina Providencia pone a sus hijos bajo su cuidado en un periodo de la vida cuando se forjan las primeras y eternas impresiones.

Sea su influencia santificada "por la palabra de Dios y por la oración" (1 Ti. 4:5) y consagrada al alto objetivo de educar a sus hijos e hijas para la obra de Cristo.

Los deberes de los pastores

Hermanos en el sagrado oficio del ministerio: ¿Hemos hecho todo lo posible, según considerábamos nuestra responsabilidad, en cuanto a este asunto? Nuestras labores, ¿han sido realizadas con suficiente atención a nuestros oyentes más jóvenes y su preparación para servir al "Señor de la mies"? El pastor debe conocer a los niños bajo su cuidado y saber lo que sus padres están haciendo para su bien y para prepararlos con el fin de servir al Señor Jesucristo. Hemos de influir constante y eficazmente sobre la mente de los padres, predicarles, conversar con ellos, sacudirles la conciencia con respecto a sus deberes. Debemos sentarnos con ellos en la tranquilidad de sus hogares y hacerles preguntas como éstas: Según su opinión, ¿cuál es su deber a Dios con respecto a sus hijos? ¿Qué expectativas tiene en cuanto a su futura contribución al reino de Dios sobre la tierra? ¿Está cumpliendo su deber con sus ojos puestos en el tribunal de Cristo? ¿Qué medios emplea a fin de que sus expectativas lleguen a ser una realidad? ¿Anhela ver la gloria de Dios y la conversión del mundo perdido, con la ayuda de "los hijos que Dios en su gracia le ha dado"? Tales preguntas, hechas con la seriedad afectuosa de los guardias de almas, tocarán el corazón en el que hay gracia; despertará sus pensamientos e impulsará a la acción. Hemos de ayudar a los padres de familia a ver cómo ellos y sus familias se relacionan con Dios y este mundo rebelde. Y si promovemos su prosperidad personal en la vida divina, no hay mejor manera que ésta, de estimularlos a cumplir sus altos y solemnes deberes.

Padres cristianos: Nuestros hijos han sido educados durante demasiado tiempo sin ninguna referencia directa a la gloria de Cristo y al bien de este mundo caído que nos rodea. Su dedicación a la obra de Cristo también ha sido muy imperfecta. Por esta razón, entre otras, la obra de evangelizar el mundo ha sido tan lenta. Usando las palabras de cierto padre de familia cristiano profundamente interesado en este tema, diremos: "Se dice mucho y con razón, acerca del deber del cristiano de considerar sus bienes materiales como algo consagrado a Cristo y se comenta con frecuencia que hasta que actúe basado en principios más elevados; el mundo no podrá ser ganado para Cristo". Es cierto; pero nuestro descuido en esto no es la base de nuestra infidelidad. Me temo que muchos de los que sienten su obligación en cuanto a sus bienes materiales, olvidan que deben responder por sus hijos ante Cristo, ante la Iglesia y ante los paganos. *Se necesitan millones en oro y plata para llevar adelante la obra de evangelizar el mundo; pero mil mentes santificadas lograrán más que millones de dinero.* Y, cuando los hijos de padres consagrados se entreguen, con el espíritu de verdaderos cristianos, a la salvación del mundo, ya no habrá "los lugares tenebrosos de la tierra... llenos de habitaciones de violencia" (Sal. 74:20).

¿Han tenido los hombres un deber más grande que el que los compromete a educar sus hijos para beneficio del mundo? Si esto fuera nuestro anhelo constante, prominente, daría firmeza a nuestras enseñanzas y oraciones; hemos de guardarnos de todo hábito o influencia que obstaculice el cumplimiento de nuestros anhelos. Enseñaríamos a nuestros hijos a gobernarse a sí mismos, a negarse a sí mismos, a ser industriosos y esforzados. No seríamos culpables de una vacilación tan triste entre Cristo y el mundo. Cada padre sabría para qué está enseñando a sus hijos. Cada hijo sabría para qué vive. Su conciencia sentiría la presión del deber. No podría ser infiel al objetivo que tiene por delante sin violar su conciencia. Semejante educación, ¿no sería obra del Espíritu de Dios y bendecida por él, y acaso no se convertirían temprano nuestros hijos? Entonces entregarían todos sus poderes a Dios.

Padres cristianos, "todo lo que te viniere a la mano para hacer, hazlo según tus fuerzas" (Ec. 9:10). El entrenamiento o discipulado de sus hijos desaparece en las veloces alas del tiempo. Imitemos el espíritu de los primeros propagadores del cristianismo y llevemos a nuestros hijos con nosotros en las labores de amor. Sea nuestra meta lograr una consagración más alta. Los débiles deben llegar a ser como David y David como el Hijo de Dios (Zac. 12:8). El que sólo unos pocos hombres y mujeres en todo un siglo aparezcan con el espíritu de Taylor[18],

---

[18] **James Hudson Taylor** (1832-1905) – Misionero inglés a la China por 51 años; llevó mas de 800 misioneros que comenzaron 125 escuelas y establecieron 300 estaciones misioneras en todas las 18 provincias.

Brainerd[19], Martyn[20] y Livingston[21] debe terminar. Debería haber cristianos como ellos en cada iglesia. Sí, ¿por qué no ha de estar compuesta de los tales cada iglesia, a fin de que sus moradas sean demasiado pequeñas para ellos (2 R. 6:1) y ellos, con el Espíritu de Cristo que los constriñe (2 Co. 5:14), salgan, en el espíritu infatigable de la empresa cristiana, a los confines del mundo? Con tales columnas y "piedras labradas", el templo del Señor sería ciertamente hermoso. Bendecida con los que apoyan la causa de Cristo en su hogar, la Iglesia será fuerte para la obra de su Señor. Bendecida con tales mensajeros de salvación a los paganos, la obra de evangelizar las naciones avanzará con rapidez. Al salir y proclamar el amor del Salvador, surgirá de todos los lugares "tenebrosos" el clamor: "¡Cuán hermosos son sobre los montes los pies del que trae alegres nuevas, del que anuncia la paz, del que trae nuevas del bien, del que publica salvación, del que dice a Sion: ¡Tu Dios reina!" (Is. 52:7).

Publicada originalmente por la American Tract Society. A su disposición en CHAPEL LIBRARY.

Edward W. Hooker (1794-1875): Pastor norteamericano, autor congregacionalista y profesor de retórica e historia eclesiástica; nacido en Goshen, Connecticut, Estados Unidos.

Los padres de familia malvados son los siervos más importantes del diablo en todo el mundo y los enemigos más sangrientos del alma de sus hijos. Más almas son condenadas por Dios por la influencia de padres impíos —y en segundo lugar por… pastores y magistrados impíos— que cualquier otro factor en el mundo.   — *Richard Baxter*

---

[19] **David Brainerd** (1718-1747) – Misionero americano a los nativos en New Jersey; sufrió numerosas pruebas y dificultades, murió siendo muy joven y llegó a ser una gran inspiración para otros misioneros y cristianos.

[20] **Henry Martyn** (1781-1812) – Misionero anglicano a la India y a Persia; tradujo todo el Nuevo Testamento al Urdu, Persa y Judeo-Persa.

[21] **David Livingstone** (1813-1873) – Congregacionalista escocés y misionero médico pionero a África, enviado por la Sociedad Misionera de Londres; fue uno de los héroes nacionales más populares de finales del siglo IX en Gran Bretaña, debido a su exploración pionera al interior de África.

Formación del carácter de los niños
Philip Doddridge (1702-1751)

1. Que sean obedientes a sus padres

Hay que educar a los niños de modo que sean obedientes a sus padres. Éste es un mandato que Dios ordenó desde el Monte Sinaí anexando al mismo la singular promesa de larga vida, una bendición que los jóvenes desean mucho (Éx. 20:12). Es por eso que el Apóstol observa que es el primer mandamiento con promesa o sea, un mandato muy excepcional por la forma como incluye la promesa. Y es por cierto una disposición sabia de la Providencia la que otorga a los padres tanta autoridad, especialmente durante sus primeros años, cuando mentalmente no pueden juzgar y actuar por sí mismos en cuestiones importantes. Por lo tanto, hay que enseñar temprano y con un convencimiento bíblico de que Dios los ha puesto en manos de sus padres. En consecuencia, hay que enseñarles que la reverencia y obediencia a sus padres es parte de sus deberes hacia Dios y que la desobediencia es una rebelión contra él. Los padres no deben dejar que los niños actúen directa y resueltamente en oposición a sus padres en cuestiones grandes y chicas, recordando: "El muchacho consentido avergonzará a su madre" (Pr. 29:15). Y con respecto a la sujeción al igual que el afecto: "Bueno le es al hombre llevar el yugo desde su juventud" (Lm. 3:27).

2. Que sean considerados y buenos con todos

Hay que educar a los niños de modo que sean considerados y buenos con todos. El gran Apóstol nos dice que "el cumplimiento de la ley es el amor" (Ro. 13:10) y que todas sus ramificaciones que se relacionan con nuestro prójimo se resumen en esa sola palabra: *Amor*. Entonces, hemos de esforzarnos por enseñarles este amor. Descubriremos que en muchos casos será una ley en sí y los guiará bien en muchas acciones en particular, cuyo cumplimiento puede depender de principios de equidad que escapan a su comprensión infantil. No existe una instrucción relacionada con nuestro deber que se adapte mejor a la capacidad de los niños que la Regla de Oro (tan importante para los adultos): "Así que todas las cosas que queráis que los hombres hagan con vosotros, así también haced vosotros con ellos" (Mt. 7:12). Debemos enseñarles esta regla y, por ella, debemos examinar sus acciones. Desde su cuna hemos de inculcarles con frecuencia que gran parte de la fe cristiana[22] consiste en hacer el bien, que la sabiduría de lo Alto está llena de misericordia y buenos frutos, y que todos los cristianos deben hacer el bien a todos los que tengan oportunidad de hacerlo.

Para que nuestros hijos reciban con buena disposición tales enseñanzas, hemos de esforzarnos usando todos los métodos prudentes para suavizar sus corazones, predisponiéndolos hacia sentimientos de humanidad y ternura, y protegerlos de todo lo que pueda ser una tendencia opuesta. En lo posible, hemos de prevenir que vean cualquier tipo de espectáculo cruel y sangriento, y desalentar con cuidado que traten mal a los animales. De ninguna manera, hemos de permitirles que tomen en broma la muerte o el sufrimiento de animales, sino más bien enseñarles a tratarlos bien y a cuidarlos, sabiendo que no hacerlo es una señal despreciable de una disposición salvaje y maligna. "El justo cuida la vida de su bestia; mas el corazón de los impíos es cruel" (Pr. 12:10).

---

[22] **Nota del editor** – La palabra original que el autor emplea aquí es *religión*. A la luz del uso amplio y muchas veces confuso de la palabra *"religión"* hoy en día, los términos "fe cristiana", "cristianismo" y "fe en Cristo" y, a veces, "piedad", "piadoso/a" o "piedad cristiana", suelen reemplazar "religión" y "religioso" en muchos casos en esta publicación.

Debemos, igualmente, asegurarnos de enseñarles lo odioso y necio de un temperamento egoísta y animarles a estar dispuestos a hacerles a los demás lo que les gusta que les hagan a ellos mismos. Hemos de esforzarnos, especialmente, de fomentar en ellos sentimientos de compasión por los pobres. Hemos de mostrarles donde Dios ha dicho: "Bienaventurado el que piensa en el pobre; en el día malo lo librará Jehová". El que muestra compasión hacia el pobre es como si lo hiciera para el Señor, y lo que le da le será devuelto. Y tenemos que mostrarles, con nuestra propia práctica que realmente creemos que estas promesas son ciertas e importantes. No sería impropio que alguna vez hagamos que nuestros hijos sean los mensajeros cuando enviamos alguna pequeña ayuda al indigente o al que sufre necesidad; y si descubren una disposición de dar algo de lo poco que ellos tienen que les permitimos llamar suyo, debemos animarlos con gozo y asegurarnos que nunca salgan perdedores por su caridad, sino que de un modo prudencial hemos de compensarlos con abundancia. Es difícil imaginar que los niños educados así vayan a ser más adelante perjudiciales u opresivos; en cambio, serán los ornamentos de la piedad y las bendiciones del mundo y, probablemente, se cuenten entre los últimos que la Providencia deje sufrir necesidad.

3. Que sean diligentes

Hay que educar a los niños de modo que sean diligentes. Esto, sin duda, debe ser nuestra preocupación si en algo estimamos el bienestar de sus cuerpos o de sus almas. Sea cual fuere la posición que terminen ocupando en la vida, habrá poca posibilidad de que sean de provecho y reciban honra y ventajas si no tienen una dedicación firme y resuelta de la cual el más sabio de los príncipes y de los hombres ha dicho: "¿Has visto hombre solícito en su trabajo? Delante de los reyes estará, no estará delante de los de baja condición" (Pr. 22:29). Y es evidente que el cumplimiento diligente de nuestras obligaciones nos mantiene lejos de miles de tentaciones que la ociosidad parece atraer, llevando al hombre a innumerables vicios y necedades porque no tiene nada mejor que hacer.

Por lo tanto, el padre prudente y cristiano se ocupará de que sus hijos no vayan a caer temprano en un hábito tan pernicioso, ni encaren la vida como personas que no tienen más tarea que ocupar espacio y ser un obstáculo para quienes emplean mejor su tiempo. En lugar de dejar que vayan de un lado a otro (como muchos jóvenes hacen sin ningún propósito imaginable de ser útiles o como distracción), más bien les dará tempranamente tareas para emplear su tiempo, tareas tan moderadas y diversificadas que no los abrume ni fatigue su tierno espíritu, pero lo suficiente como para mantenerlos atentos y activos. Esto no es tan difícil como algunos se pueden imaginar, porque los niños son criaturas activas, les gusta aprender cosas nuevas y mostrar lo que pueden hacer. Por eso, estoy convencido de que si se les impone total inactividad como castigo, aunque sea por una hora, estarán tan cansados que estarán contentos de escapar de esto haciendo cualquier cosa que usted les dé para hacer...

4. Que sean íntegros

Hay que enseñar a los niños que sean íntegros. Una sinceridad sencilla y piadosa, no sólo es muy deseable, sino una parte esencial del carácter cristiano... Es muy triste observar qué pronto los artificios y engaños de una naturaleza corrupta comienzan a hacerse ver. En este sentido, somos transgresores desde antes de nacer y nos desviamos diciendo mentiras, casi desde el momento que nacemos (Sal. 58:3). Por lo tanto, debemos ocuparnos con cuidado de formar la mente de los niños de modo que amen la verdad y la sinceridad, y al igual, se sientan mal y culpables si mienten. Debemos obrar con cautela para no exponerlos a ninguna tentación de este tipo, ya sea por ser irrazonablemente severos ante faltas pequeñas o por decisiones precipitadas cuando preguntamos sobre cualquier cuestión que quieren disimular con una mentira. Cuando los encontramos culpables de una mentira consciente y deliberada, hemos de expresar nuestro horror por ella, no sólo con una represión o corrección inmediata, sino con un comportamiento hacia ellos, por algún tiempo después, que les muestre cuánto nos ha afectado, entristecido y desagradado. Actuar con esta seriedad cuando aparecen las primeras faltas de esta clase, puede ser una manera de prevenir muchas más.

Agregaré además que, no sólo debemos responder severamente a una mentira directa, sino igualmente, en un grado correcto, desalentar toda clase de evasivas y palabras de doble sentido, y esas pequeñas tretas y engaños que quieran atribuirse uno al otro o a los que son mayores que ellos. Hemos de inculcarles con frecuencia el excelente pasaje: "El que camina en integridad anda confiado; mas el que pervierte sus caminos será quebrantado" (Pr. 10:9). Demostrémosles cada día cuán fácil, cuán agradable, cuán honroso y ventajoso es mantener un carácter justo, abierto y honesto, y, por el contrario, qué necio es mostrar malicia y deshonestidad en cualquiera de sus formas, y cuán cierto es que cuando piensan y actúan maliciosa y deshonestamente, están tomando el camino más rápido para ser malignos e inútiles, infames y odiosos. Sobre todo, hemos de recordarles que el Señor justo y recto ama la justicia y la rectitud, y mira con agrado a los rectos, pero los labios mentirosos son para él tal abominación que declaró expresamente: "Todos los mentirosos tendrán su parte en el lago que arde con fuego y azufre" (Ap. 21:8).

5. Que sean humildes

Hay que enseñar a los niños a ser humildes. Ésta es una gracia que el Señor nos invita particularmente, a aprender de él y lo que con más frecuencia nos recomienda, sabiendo muy bien que sin ella un plan tan humillante como el que vino a presentar nunca hubiera sido recibido. Y en cuanto a la vida presente, es un adorno muy hermoso que se gana la estima y el afecto universal, de modo que antes de la honra viene la humildad (Pr. 15:33). En general, encontramos que el que se exalta a sí mismo será humillado y el que se humilla a sí mismo será exaltado, tanto por Dios como por el hombre.

Por lo tanto, querer el bienestar, la honra y la felicidad de nuestros hijos debiera llevarnos a un esforzarnos tempranamente a frenar ese orgullo que fue el primer pecado y la ruina de nuestra naturaleza y que se extiende tan ampliamente y se hunde tan profundamente en todo lo que tiene su origen en la degeneración de Adán. Debemos enseñarles a expresar humildad y modestia en toda su manera de ser con todos.

Hay que enseñarles que traten a sus superiores con especial respeto y, en los momentos debidos, acostumbrase a guardar silencio y ser prudentes ante ellos. De este modo, aprenderán en algún grado a gobernar su lengua, una rama de la sabiduría que, al ir avanzando la vida, será de gran importancia para la tranquilidad de otros y para su propio confort y reputación.

Tampoco debe permitirles ser insolentes con sus iguales, sino enseñarles a ceder, a favorecer y a renunciar a sus derechos para mantener la paz. Para lograrlo, pienso que es de desear que, por lo general, se acostumbren a tratarse unos a otros con respeto y en conformidad con los modales de las personas bien educadas de su clase. Sé que estas cosas son en sí mismas meras insignificancias, pero son los guardias de la humanidad y la amistad, e impiden eficazmente muchos ataques groseros que puedan surgir por cualquier pequeñez con posibles consecuencias fatales...

6. A negarse a sí mismos

En último lugar, hay que enseñar a los niños a negarse a sí mismos. Sin un grado de esta cualidad, no podemos seguir a Cristo ni esperar ser suyos como discípulos, ni podemos pasar tranquilos por el mundo. Pero, no obstante lo que pueda soñar el joven sin experiencia, muchas circunstancias desagradables y mortificantes ocurrirán en su vida que descontrolarán su mente continuamente, si no puede negar sus apetitos, pasiones y su temperamento. Por lo tanto, hemos de esforzarnos por enseñar inmediatamente esta importante lección a nuestros hijos, y, si tenemos éxito en hacerlo, los dejaremos mucho más ricos y felices por ser dueños de sus propios espíritus, que si les dejáramos los bienes materiales más abundantes o el poder ilimitado que el poder sobre otros pudiera producir.

Cuando un ser racional se convierte en el esclavo del apetito, pierde la dignidad de su naturaleza humana, al igual que la profesión de su fe cristiana. Es, por lo tanto, digno de notar que cuando el Apóstol menciona las tres ramas grandiosas de la religión práctica, pone la sobriedad primero, quizá sugiriendo que donde ésta se descuida, lo demás no puede ser practicado. La gracia de Dios, es decir, el evangelio, nos enseña a vivir sobria, recta y piadosamente. Por lo tanto, hay que exhortar a los niños, al igual que a los jóvenes, a ser sobrios, y hay que enseñarles desde temprano a negarse a sí mismos. Es un hecho que sus propios apetitos y gustos determinarán el tipo y la cantidad de sus alimentos, muchos de ellos destruirían rápidamente su salud y quizá su vida, dado que con frecuencia el antojo más grande es por las cosas que son más dañinas. Y parece muy acertada la observación de un hombre muy sabio (quien era, él mismo, un triste ejemplo de ello) que el cariño de las madres por sus hijos, por el que los dejan comer y beber lo que quieran, pone el fundamento de la mayoría de las calamidades en la vida humana que proceden de la mala condición de sus cuerpos. Más aún, agregaré que es parte de la sabiduría y del amor, no sólo negar lo que sería dañino, sino también tener cuidado de no consentirlos con respecto a los alimentos ni la ropa. Las personas con sentido común no pueden menos que ver, si reflexionaran, que saber ser sencillos y, a veces, un poco sacrificados, ayuda a enfrentar muchas circunstancias en la vida que el lujo y los manjares harían casi imposible hacerlo.

El control de las pasiones es otra rama del negarse a sí mismo a la que deben habituarse temprano los niños y, especialmente, porque en una edad cuando la razón es tan débil, las pasiones pueden aparecer con una fuerza y violencia única. Por lo tanto, hay que tener un cuidado prudente para impedir sus excesos. Con ese propósito, es de suma importancia que nunca permita que hagan sus caprichos por su obstinación, sus gritos y clamores, permitirlo sería recompensarlos por una falta que merece una severa reprimenda. Es más, me atrevo a agregar que es muy inhumano disfrutar de incomodarlos con mortificaciones innecesarias, no obstante, cuando anhelan irrazonablemente alguna insignificancia, por esa misma razón, a veces, se les debe negar, a fin de enseñarles algo de moderación para el futuro. Y si, por dichos métodos, aprenden gradualmente a dominar su genio y antojos, aprenden un aspecto considerable de verdadera fuerza y sabiduría...

Tomado de *The Godly Family*, reimpreso por Soli Deo Gloria, una división de Reformation Heritage Books, www.heritagebooks.org.

Philip Doddridge (1702-1751): Pastor inglés no conformista, prolífico autor y escritor de himnos; nacido en Londres, Inglaterra.

Obstáculos principales en la formación de los hijos para Cristo
John Angell James (1785-1859)

Fracaso en la formación de los hijos

El hecho de que en muchos casos los métodos usados por padres de familias cristianas para lograr el bienestar espiritual de sus hijos no tienen éxito, es una triste realidad comprobada por abundantes evidencias que se siguen acumulando. ¡No estoy hablando de aquellas familias donde no existe la piedad doméstica[23], ni la instrucción, ni un altar familiar[24], donde tampoco se oyen las oraciones familiares, ni las amonestaciones de parte de los padres! ¡Esta negligencia cruel, maligna, mortal, de los intereses inmortales de los hijos sucede en familias que profesan ser cristianas! ¡Inconstancia monstruosa! ¡Sorprendente abandono de sus principios! Con razón los hijos se desvían. Esto es fácil de explicar. Algunos de los peores inmorales que conozco han venido de tales hogares. Sus prejuicios en contra de la fe cristiana[25] y su antipatía por sus prácticas son mayores que los de los hijos de padres mundanos. Los que profesan ser creyentes y son inconstantes, hipócritas y negligentes, con frecuencia generan en sus hijos e hijas una aversión y desilusión contra la piedad imposible de cambiar, y parece producir en ellos una firme determinación de apartarse lo más lejos posible de su influencia.

Hablaré ahora del fracaso de una educación religiosa donde se ha llevado a cabo en alguna medida, de la cual abundan ejemplos... Vemos con frecuencia a niños que han sido objeto de muchas oraciones y muchas esperanzas y que, aun así olvidan las enseñanzas que han recibido, y siguen al mundo para hacer el mal. Lo que menos quiero hacer es agregar aflicciones a las aflicciones diciendo que esto se puede rastrear en todos los casos a la negligencia de los padres. No quiero echar, por decir así, sal y vinagre[26] a las heridas sangrantes con que la impiedad de los hijos ha lacerado la mente de algún padre. No quiero causar que algún padre adolorido exclame: "El reproche me ha quebrantado el corazón, ya herido por la mala conducta de mi hijo". Sé que en muchos de los casos no se les puede adjudicar culpa alguna a los padres. Es únicamente por la depravación del hijo que nada fuera del poder del Espíritu Santo puede subyugar, que lo llevó a un resultado tan triste. En algunos casos, los mejores métodos de educación cristiana, cumplidos sensatamente y mantenidos con la mayor perseverancia, han fracasado totalmente. Dios es soberano y tiene misericordia de los que él quiere (Ro. 9:15). No obstante, en la educación cristiana existe la tendencia de querer asegurar el resultado deseado. Por lo general, Dios sí bendice con su influencia salvadora a tales esfuerzos. "Instruye al niño en su camino, y aun cuando fuere viejo no se apartará de él" (Pr. 22:6). Por regla general, esto se cumple, aunque hay muchas excepciones.

Presentaré ahora los obstáculos que considero los principales para lograr el éxito en la educación cristiana.

---

[23] **Piedad doméstica** – Reverencia y obediencia a Dios en el hogar.

[24] **Altar familiar** – El lugar donde se realiza el culto familiar.

[25] **Nota del editor** – La palabra original que el autor emplea aquí es *religión*. A la luz del uso amplio y muchas veces confuso de la palabra *"religión"* hoy en día, los términos "fe cristiana", "cristianismo" y "fe en Cristo" y, a veces, "piedad", "piadoso/a" o "piedad cristiana", suelen reemplazar "religión" y "religioso" en muchos casos en esta publicación.

[26] **Sal y vinagre** – Echarle sal y vinagre a una herida abierta sería extremadamente doloroso.

1. Negligencia

Primero: Con frecuencia se realiza con negligencia y arbitrariamente, aun cuando no se omite totalmente. Es obvio que, si se quiere realizar, se debe hacer con seriedad, con un orden sistemático y con permanente regularidad. No debe realizarse de un modo aburrido, desagradablemente pesado, sino como algo profundo y de placentero interés. El corazón del padre debe estar *entera* y *obviamente* dedicado a ella. Una parte de cada domingo debe dedicarse a la enseñanza de sus hijos bajo su cuidado. Su dedicación tiene que notarse en toda su conducta como padres. El padre puede dirigir los momentos devocionales del culto familiar. La madre debe acompañarle, enseñando a los hijos la doctrina, los himnos y las Escrituras. Pero si esto no va acompañado de serias amonestaciones, visible ansiedad y un vigoroso esfuerzo por motivar a sus hijos a pensar seriamente en la fe cristiana como un asunto de importancia *infinita*, poco puede esperarse. Un sistema de enseñanza cristiana frío, ceremonioso e inestable, más bien generará un prejuicio contra la fe cristiana, en lugar de una predisposición por ella.

Además, la educación cristiana debe ser *consecuente*. Tiene que incluir todo lo que pueda ayudar en la formación del carácter... Debe tener en cuenta las instituciones educativas[27], las compañías, las diversiones, los libros juveniles. Porque si no hace más que enseñar palabras sanas para que las comprendan y las recuerden, y descuida el impacto sobre el corazón y la formación del carácter, poco puede esperarse de sus esfuerzos. No se puede esperar que un puñado de semillas, desparramadas de vez en cuando en la tierra sin orden o perseverancia, pueda producir una buena cosecha. De la misma manera, no se puede esperar que una educación cristiana tibia, inestable, produzca una piedad auténtica. Si no es evidente que el padre toma esto en serio, no se puede esperar que lo haga el niño. Todo padre cristiano reconoce en teoría que la fe cristiana es lo más importante en el mundo. Pero si en la práctica parece mil veces más ansioso de que su hijo sea un buen alumno en la escuela que un verdadero cristiano, y la madre tiene más interés en que su hija sepa bailar bien o tocar música que ser un hijo o una hija de Dios, pueden enseñar lo que quieran sobre la sana doctrina, *pero no esperen una piedad genuina como resultado*. Esto puede esperarse únicamente donde se enseña e inculca como lo más indispensable.

2. El descuido de la disciplina doméstica

Segundo: El descuido de la disciplina doméstica es otro obstáculo en el camino hacia una educación cristiana exitosa. Los padres son investidos por Dios con un grado de autoridad sobre sus hijos, que no pueden dejar de ejercer sin ser culpables de pisotear las instituciones del cielo. Cada familia es una comunidad, un gobierno que es estrictamente despótico[28], aunque no tirano. Cada padre es un soberano, pero no un opresor. Es el legislador, no meramente el consejero. Su voluntad debe ser ley, no sólo consejo. Debe ordenar, refrenar, castigar; los hijos tienen que obedecer. Él, en caso necesario, tiene que amenazar, reprender, disciplinar; y ellos tienen que someterse con reverencia. Él tiene que decidir qué libros leerán, qué amigos pueden tener, qué actividades pueden realizar y lo que harán con su tiempo libre. Si ve algo incorrecto, no debe responder con una protesta tímida, débil, ineficaz como la de Elí: "¿Por qué hacéis cosas semejantes?" (1 S. 2:23), sino con una firme, aunque cariñosa prohibición. Tiene que gobernar su propia casa y, por medio de toda su conducta, hacer que sus hijos sientan que tiene derecho a exigirles su obediencia.

---

[27] Por esta razón, muchos en la actualidad han escogido educar a sus hijos en casa (*Homeschooling*).

[28] **Despótico** – De *déspota*: El término original griego *despotes* significaba simplemente "señor" y era el sinónimo de *kyrios*.

Dondequiera que existe la falta de disciplina, ésta va acompañada de confusión y anarquía doméstica. Si falta la disciplina todo anda mal. El jardinero puede sembrar las mejores semillas, pero si no quita las malezas y poda el crecimiento excesivo no puede esperar que sus flores crezcan ni que su jardín florezca. De la misma manera, el padre puede presentar las mejores enseñanzas. Si no desarraiga el mal carácter, corrige los malos hábitos, reprime las corrupciones evidentes, no puede esperar nada excelente. Puede ser un buen profeta y un buen sacerdote, pero si no es también un buen *rey*, todo lo demás es en vano. Cuando un hombre rompe su cetro y deja que sus hijos lo usen como un juguete, puede renunciar a sus esperanzas de ser exitoso con la educación cristiana... La desgracia en muchas familias es que la disciplina es inconstante e inestable, a veces realizada con tiranía y otras, tan descuidada que hasta parece que se ha suspendido la ley. En estos casos, los hijos, a veces tiemblan como esclavos y, otras veces, se sublevan como rebeldes; a veces gimen bajo la mano de hierro, otras veces se amotinan en un estado de libertad sin ley. Éste es un sistema maligno y sus efectos son, generalmente, lo que se puede esperar de él.

En algunos casos, la disciplina comienza demasiado tarde. En otros, termina demasiado pronto. El oficio del padre como autoridad dura casi lo mismo que la relación paternal. El niño, en cuanto puede razonar, tiene que aprender que debe ser obediente a sus padres. Si llega a la edad escolar antes de estar sujeto al control cariñoso de la autoridad paternal, probablemente se resista al yugo, como lo resiste el toro que no ha sido domado. Por otro lado, mientras los hijos sigan bajo el techo paternal, tienen que estar sujetos a las reglas de una disciplina doméstica. Muchos padres se equivocan grandemente por abdicar el trono a favor de un hijo o hija porque está llegando a ser un hombre o una mujer. Es realmente lamentable ver a un chico o chica de quince... a quien le dejan sembrar las semillas de la rebeldía en el hogar y actuar en contra de la autoridad paternal de un padre demasiado conformista, que hasta pone las riendas del gobierno en las manos de sus hijos o cae en alguna otra conducta que muestra que se conforma porque considera que sus hijos son independientes. No tiene que haber ninguna lucha por el poder. Donde un hijo ha estado acostumbrado a obedecer, aun desde la primera infancia, el yugo de la obediencia será generalmente ligero y fácil de llevar. Si no, y un carácter rebelde comienza a notarse tempranamente, el padre sensato tiene que estar en guardia y no tolerar ninguna intrusión en sus prerrogativas como padre. A la misma vez, el creciente poder de su autoridad, tal como sucede con la presión creciente de la atmósfera, debe ser sentida sin ser vista. Esto la hará irresistible.

3. Una severidad indebida

Tercero: Por otro lado, una severidad indebida es tan perjudicial como una tolerancia ilimitada. La transigencia desatinada ha matado sus diez miles, la dureza innecesaria también ha destruido sus miles. Una autoridad que es infalible nos ha dicho que las cuerdas del amor son los lazos que unen a los seres humanos. Hay un poder formativo en el amor. La mente humana fue hecha de manera que cede con gusto a la influencia del cariño. Es más fácil guiar a alguien a cumplir su deber que forzarlo a hacerlo... El amor parece un elemento tan esencial en el carácter paternal que hay algo repugnante, no sólo en un padre cruel, en un padre hiriente o severo, sino también en un padre de corazón frío. Estudie el carácter paternal como lo presenta ese exquisitamente conmovedor retrato moral que es la Parábola del Hijo Pródigo. No se puede esperar que la formación cristiana prospere cuando un padre gobierna enteramente por medio de una autoridad fría, estricta, mísera, meramente con órdenes, prohibiciones y amenazas, con el ceño fruncido sin suavizarlo con una sonrisa; cuando el amigo nunca está combinado con el legislador, ni la autoridad modificada con amor; cuando su conducta produce sólo un temor servil en el corazón de sus hijos, en lugar de un afecto generoso; cuando le sirven por temor a los efectos de la desobediencia, en lugar de un sentido de placer en la obediencia; cuando en el círculo familiar temen al padre porque parece estar siempre de mal humor, más bien que considerarlo el ángel guardián de sus alegrías; cuando aún alguna acción accidental desata una tormenta o las faltas producen un huracán de pasiones en su pecho, cuando los ofensores se ven obligados a disimular o mentir con la esperanza de no ser objeto de las severas correcciones que al enterarse de ellas siempre generan en sus padres; cuando se hacen interrupciones innecesarias a los inocentes momentos de diversión; cuando de hecho no pueden ver nada del padre, pero si todo del tirano. La formación cristiana no puede prosperar en un ambiente así, de la misma manera como uno no puede esperar que una planta tierna de invernadero prospere en los rigores de una helada eterna.

Es inútil que un padre así pretenda enseñar bíblicamente. Enfría el alma de sus alumnos. Endurece sus corazones. Los prepara para que corran con premura a su ruina, en cuanto se hayan librado del yugo de su esclavitud y puedan dar rienda suelta a su libertad que expresan con una gratificación descontrolada.

Por lo tanto, los padres deben combinar su conducta de legisladores con la de amigos, atemperar su autoridad con gentileza... Deben actuar de tal manera que los hijos lleguen a la convicción de que su ley es santa y sus mandatos santos, y justos, y buenos, y que ser gobernados de esta manera es ser bendecidos.

4. La conducta inconstante de los padres

Cuarto: La conducta inconstante de los padres mismos es, frecuentemente, un obstáculo poderoso para obtener el éxito en la educación cristiana... ¿Cómo, pues, tiene que ser la influencia del ejemplo de los padres? Ahora bien, como me estoy dirigiendo a padres de familia cristianos, doy por hecho que demuestran, en alguna medida, la realidad de la fe cristiana... Los hijos pueden captar algo de ésta en la conducta de sus padres. Pero cuando ésta incluye tantas pequeñas contradicciones, tal bruma de imperfecciones, ¡qué poco aporta a que formen una buena opinión o que la estimen más! En algunos cristianos hay tanta mundanalidad, tanto conformarse a las necedades de moda, tanta irregularidad en la piedad doméstica, tantos arranques de ira que nada tienen de cristianos, tanto dolor inconsolable y quejas lastimeras bajo las pruebas de la vida, tantas frecuentes actitudes negativas hacia sus hermanos cristianos que sus hijos ven la fe cristiana como algo sumamente desagradable. La consecuencia es que rebaja su opinión de la piedad o inspira en ellos puro disgusto.

Padre de familia, si quiere que sus enseñanzas y amonestaciones a su familia tengan éxito, *hágalas respetar por el poder de un ejemplo santo*. No basta que sea usted piadoso en general, sino que debe serlo totalmente; no sólo debe ser un verdadero discípulo, sino uno *excelente*; no sólo un creyente sincero, sino uno *consecuente*. Sus normas religiosas tienen que ser muy altas. Me atrevo a dar este consejo a algunos padres: *Hablen menos* acerca de su fe cristiana a sus hijos, sino *demuestran más* de su influencia. Dejen a un lado la *oración familiar*[29], sino dejan a un lado los *pecados* familiares. Tengan cuidado de cómo actúan porque todas sus acciones son vistas en el hogar. Nunca hablen de la fe cristiana si no es con reverencia. No se apuren a hablar de las faltas de sus hermanos cristianos. Cuando se presente el tema, que sea en un espíritu caritativo hacia el ofensor y de un decidido aborrecimiento por la falta. Muchos padres han dañado irreparablemente la mente de sus hijos por su tendencia a averiguar, co-

---

[29] **Oración familiar** – Algunos escritores de antaño usan esta frase como otra expresión para significar culto familiar.

mentar y casi alegrarse de las inconstancias de otros que profesan ser cristianos. Nunca pongan reparos triviales ni traten de encontrar faltas en las actividades de su pastor. En cambio, elogien sus sermones, a fin de que sus hijos quieran escucharlos con más atención. Guíe sus pensamientos hacia los mejores cristianos. Destáqueles la hermosura de una piedad ejemplar. En resumen, en vista de que su ejemplo puede ayudar o frustrar sus esfuerzos por lograr la conversión de sus hijos, considere el imperativo: "Debéis vosotros andar en santa y piadosa manera de vivir" (2 P. 3:11).

5. La conducta desenfrenada de alguien mayor

Quinto: Otro obstáculo para lograr el éxito en la educación cristiana se encuentra, a veces, en la conducta desenfrenada de alguien mayor en la familia, especialmente en el caso de un hijo libertino. En general, los hijos mayores tienen una influencia considerable sobre los demás y, muchas veces, establecen el tono moral entre ellos. Sus hermanos y hermanas menores los admiran. Traen amigos, libros, diversiones a la casa y con ello forman el carácter de los menores. Por lo tanto, es muy importante que los padres presten particular atención a sus hijos mayores. Si por desgracia, los hábitos de éstos son decididamente contraproducentes para la formación cristiana de los otros, deben ser separados de la familia, si es factible hacerlo. Un hijo disoluto puede llevar a todos sus hermanos por mal camino. He visto algunos casos dolorosos de esto. El padre puede vacilar en echar de casa a un hijo libertino por temor de que empeore más, *pero ser bueno con él de esta manera, es una crueldad hacia los demás*. La maldad es contagiosa, especialmente cuando la persona con esta enfermedad es un hermano.

6. Las malas compañías

Sexto: Las malas compañías fuera de casa neutralizan toda la influencia de la enseñanza cristiana del hogar. El padre creyente tiene que mantenerse siempre atento para vigilar las amistades que sus hijos tienden a tener. He dicho mucho a los jóvenes mismos sobre este tema en otra obra. Pero es un tema que también concierne a los padres. Un amigo mal escogido por sus hijos puede dar por tierra todo lo bueno que usted está haciendo en su casa. Usted nunca podrá ser demasiado cuidadoso en esto. Desde la primera infancia de sus hijos, anímelos a verlo a usted como el seleccionador de sus compañías. Enséñeles la necesidad de que usted lo sea y forme en ellos la costumbre de consultarlo en todo momento. Nunca aliente una amistad que difícilmente tenga una influencia positiva en el carácter cristiano de ellos. Nunca como ahora ha sido necesaria esta advertencia. Los jóvenes y niños se unen mucho gracias a los grupos cristianos que ahora se forman… Sin embargo, es demasiado ingenuo creer que todos los amigos activos de las Escuelas Dominicales, las Sociedades Juveniles Misioneras, etc., son compañeros adecuados para nuestros hijos y nuestras hijas.

7. Las divisiones que surgen a veces en nuestras iglesias

Séptimo: Las divisiones que surgen a veces en nuestras iglesias y que causan enemistad entre cristianos tienen una influencia muy negativa sobre la mente de los niños y jovencitos. Ven en ambas partes tantas cosas que son contrarias al espíritu y carácter distintivo del cristianismo y ello tiene un impacto tan profundo sobre sus opiniones y sentimientos acerca de una de las partes, que su atención deja de centrarse en lo esencial de la fe cristiana, o brota un prejuicio contra ella. Considero esto como una de las consecuencias más dolorosas y malas de las controversias en las iglesias…

8. El espíritu de independencia filial

Por último: El espíritu de independencia filial, sancionada por las costumbres, si no las opiniones de esta época, es el último obstáculo que mencionaré, sobre el tema de lograr buenos resultados en la educación cristiana. La tendencia, demasiado aparente en esta época, de aumentar los privilegios de los hijos por medio de reducir la prerrogativa de sus padres, no es para bien de unos ni de otros. La rebeldía contra una autoridad constituida correctamente nunca puede ser una bendición; todos los padres sabios, junto con todos los niños y jóvenes sabios, coinciden en que la autoridad paternal es una bendición. Algunos chicos precoces pueden sentirla opresiva, pero otros cuya madurez es más natural y lenta reconocerán que es una bendición. Los hijos que sienten que el yugo de los padres es una carga, raramente considerarán a Cristo como un beneficio.

Mis queridos amigos, pienso que éstos son los obstáculos principales para lograr el éxito en los esfuerzos que muchos hacen para lograr la formación cristiana de sus hijos. Considérenlos seriamente y, habiéndolo hecho, procuren evitarlos... A la vez, no descuiden ninguno de los otros medios que promueven el bienestar, reputación y utilidad de ellos en este mundo, concéntrense en emplear sus mejores energías para poner en práctica un plan bíblico y sensato de educación *en la fe cristiana*.

Tomado de *The Christian Father's Present to His Children* (El regalo del padre cristiano a sus hijos), reimpreso por Soli Deo Gloria, una división de Reformation Heritage Books, *www.heritagebooks.org*.

John Angell James (1785-1859): Predicador y autor congregacional inglés; autor de *Female Piety, A Help to Domestic Happiness and An Earnest Ministry* (La piedad femenina, Una ayuda para la felicidad doméstica y Un ministerio ferviente) y muchos más. Nació en Blandford, Dorsetshire, Inglaterra.

El sauce crece con rapidez y lo mismo sucede con los creyentes jóvenes. Si quiere ver hombres eminentes en la iglesia de Dios, búsquelos entre los que se convirtieron en su juventud... nuestros Samuel y Timoteo surgen de los que conocen las Escrituras desde su juventud. ¡Oh Señor! Envíanos muchos así cuyo crecimiento y desarrollo nos sorprenda tanto como lo hace el crecimiento de los sauces junto a los ríos. —Charles Spurgeon

Los padres deben pulir la naturaleza ruda de sus hijos con buenos modales.
—Thomas Boston

Quiera el Señor enseñarles a todos ustedes qué precioso es Cristo y qué obra poderosa y completa ha realizado en pro de nuestra salvación. Estoy seguro de que entonces usarán todos los medios para traer a sus hijos a Jesús para que vivan por medio de él. Quiera el Señor enseñarles todo lo que necesitan para que el Espíritu Santo renueve, santifique y vivifique sus almas. Estoy seguro de que entonces instarán a sus hijos a que oren sin cesar por tener a Jesús, hasta que haya entrado en sus corazones con poder y los haya convertido en nuevas criaturas. Quiera el Señor conceder esto y, si así sucede, tengo la esperanza de que realmente instruirán bien a sus hijos —que los instruirán bien para esta vida y los instruirán bien para la vida venidera, los instruirán bien para la tierra y los instruirán bien para el cielo; los instruirán para Dios, para Cristo y para la eternidad. —J. C. Ryle

La calamidad de tener hijos impíos
Edward Lawrence (1623-1695)

"El hijo necio es pesadumbre de su padre, y amargura a la que le dio a luz".
—Proverbios 17:25

Es una gran calamidad para padres piadosos tener hijos malos e impíos. "El hijo necio [dice el texto de Proverbios] es pesadumbre de su padre, y amargura a la que le dio a luz". Lo mismo expresa Proverbios 17:21: "El que engendra al insensato, para su tristeza lo engendra; y el padre del necio no se alegrará". El hijo necio le quita toda la alegría. Y Proverbios 19:13 dice: "Dolor es para su padre el hijo necio"...

Los sentimientos que produce en los padres

Lo grande de este dolor o calamidad, se manifiesta en los sentimientos que produce en los padres y los afectan. Daré sólo tres: Temor, ira y tristeza.

Temor: Éste es un sentimiento perturbador y los padres piadosos nunca dejan de tenerlo por sus hijos impíos. Temen que cada uno de los que llaman a la puerta, que cada mensaje y cada amigo que llegan, les traerán malas noticias de sus hijos desobedientes. Ampliaré esto dando tres grandes males que causan gran temor en estos padres.

Tienen miedo de que sus hijos estén cometiendo pecados grandes. Éste era el temor de Job por sus hijos cuando éstos se juntaban para realizar fiestas (Job 1:5). Job decía: "Quizá habrán pecado mis hijos, y habrán blasfemado contra Dios en sus corazones". Aunque, quizá rara vez están sus hijos fuera de su vista, los padres buenos tienen este temor. Saben que sus hijos están siempre expuestos a las tentaciones del diablo, las trampas del mundo y la atracción de las malas compañías, de modo que sus corazones corruptos están predispuestos a caer en todo esto y que pueden provocar a Dios a entregarlos a sus propias concupiscencias. Y, por lo tanto, sienten un temor constante de que sus hijos estén mintiendo, blasfemando, andando con malas mujeres o emborrachándose, corrompiéndose, destruyéndose a sí mismos y destruyendo a otros.

Temen que sus hijos caigan víctimas del juicio severo de Dios en esta vida. David, cuando su hijo Absalón encabezaba una gran rebelión contra su padre y tenía que ir a batalla contra los rebeldes, temía que su hijo pereciera en sus pecados. Los padres como estos saben que sus pobres hijos se han apartado del camino de Dios, y que son como pájaros que se escapan del nido (Pr. 27:8) exponiéndose a toda clase de peligros. Saben las amenazas de la Palabra en su contra y qué ejemplos terribles hay de la venganza de Dios sobre los hijos desobedientes. Y por esta razón, temen que sus pecados les lleven a una muerte prematura y vergonzosa.

Temen la condenación eterna para ellos. Son sensibles al hecho de que sus hijos son hijos de ira y viven en los pecados por los cuales la ira de Dios se manifiesta a los hijos de desobediencia. Y estos padres creen en lo que es el infierno. Porque así como la fe en las promesas es la sustancia de las cosas que esperamos, la fe cree que las amenazas son la sustancia de las cosas que temen. Por eso, no pueden menos que temblar al pensar en que sus queridos corderos, a quienes alimentaron y cuidaron con ternura, a cada momento corren en peligro de ser arrojados al lago de fuego preparado para el diablo y los suyos.

Ira: La ira es otra pasión que aflora en padres piadosos por la maldad de sus hijos. Y esto es problemático porque al hombre no le faltan problemas cuando está airado. Y cuanto más se empecinan estos padres en que sus hijos sean piadosos, más los disgustan y exasperan los pecados de ellos. Sienten enojo cuando los ven que provocan a aquel Dios a quien ellos mismos tienen tanto cuidado en agradar, verlos destruir sus almas preciosas que ellos trabajan para salvar, y verlos despilfarrar con sus sucias lascivias esos bienes que han obtenido con su dedicación, trabajo y oraciones. No pueden menos que pensar en ellos con ira, hablar de ellos con ira y mirarlos con ira. Y así, sus hijos, que deberían ser motivo de gozo y placer, les son una cruz e irritación continua.

Dolor: Se ven profundamente afectados por la congoja y el dolor que sienten por la maldad de sus hijos. Las gracias de los padres causan que se lamenten por los pecados de sus hijos. Su conocimiento de la salvación hace sangrarles el corazón al ver a sus hijos burlarse y despreciar la gloria que ellos ven en Dios y en Cristo. Y aunque ellos, por fe, se alimentan en Cristo, les duele ver a sus hijos alimentarse de los placeres inmundos del pecado. Su amor a Dios los hace gemir porque sus hijos aman el pecado y las peores maldades, y aborrecen a Dios, el mejor bien.

Factores que empeoran esta aflicción

La enormidad de esta aflicción se ve en estos ocho factores que la empeoran:

Primero, empeora su dolor recordar cuánto placer y delicia les daban estos hijos cuando eran chicos. Los atormenta ahora ver sus dulces y alegres sonrisas convertidas en miradas burlonas y despreciativas hacia sus padres, y sus lindas e inocentes palabras convertidas en blasfemias y mentiras y otras podredumbres. Los atormenta pensar que éstos, que se lanzaban hacia ellos para recibir un abrazo, para besarlos y para hacer lo que ellos pidieran, ahora los rechazan.

Segundo, empeora su dolor verse tan miserablemente decepcionados en las esperanzas que tenían para estos hijos. "La esperanza que se demora es tormento del corazón", dijo Salomón en Proverbios 13:12, pero verse frustrados y desilusionados en su esperanza en algo de tanta importancia que hasta les destroza el corazón. Cuando estos padres recuerdan qué agradable les resultaba oír a estos hijos contestar preguntas de la Biblia y hablar bien de Dios y Cristo, no pueden sentirse más que afligidos al ver que estos mismos hijos quienes, como Ana, presentaron al Señor, se venden al diablo.

Tercero, empeora su dolor ver a sus hijos quienes los amaban como padres, en compañía de mentirosos, borrachos, mujeriegos y ladrones cuya compañía les resulta más agradable que la de sus padres.

Cuarto, empeora su dolor ver a los hijos de otros que andan en los caminos del Señor y decir: "¡Esos hijos hacen felices a sus padres y a su madre mientras que los hijos de nuestro cuerpo y consejos y oraciones y promesas y lágrimas viven como si su padre fuera amorreo y su madre hetea"! (Ez. 16:3)

Quinto, empeora el dolor de los padres cuando sólo tienen un hijo y éste es necio y desobediente. Hay muchos ejemplos de esto. La Biblia, para describir el tipo de dolor más triste, lo compara con el dolor de un hijo único. Jeremías 6:26: "Ponte luto, como por hijo único, llanto de amarguras". Zacarías 12:10: "Llorarán como se llora por hijo unigénito". Sé que estos versículos se refieren a padres que lloran la muerte de un hijo único, pero no es tan triste seguir a un hijo único a la tumba como es ver a un hijo único vivir para deshonrar a Dios y ser una maldición para su generación destruyendo continuamente su alma preciosa. Es muy amargo cuando uno vuelca en un hijo tanto amor, bondad, cuidado, costo, esfuerzos, oraciones y ayunos tal como hacen otros padres con muchos hijos. Y, a pesar de todo esto, el hijo único resulta ser este monstruo de maldad, como si los pecados de muchos hijos impíos se concentraran en él.

Sexto, es peor cuando los ministros santos de Dios son padres de necios, lo cual... sucede con frecuencia. Y es muy lamentable porque éstos tienen las llaves del reino de los cielos, no obstante lo cual tienen que entregar a sus propios hijos a la ira de Dios. Los tales conocen los terrores del Señor y los tormentos del infierno más que los demás, y les afecta más creer que ahora eso es lo que les espera a sus propios hijos.

Séptimo, es peor para los padres cuando los hijos, a quienes dedicaron para servir a Dios en el ministerio del evangelio, resultan ser impíos. Esto es motivo de grandes lamentaciones porque los padres tienen la intención de que ocupen los lugares más importantes en la iglesia, les dan una educación con miras a ello y después, estos chicos se hacen como la sal sin sabor que no sirve para nada, sino para tirar y ser pisoteada por los hombres.

Octavo, es peor cuando los hijos son un dolor para sus padres en su vejez y, por decirlo así, tiran tierra sobre sus canas que es su corona de gloria. El mandato de Dios en Proverbios 23:22 es: "Cuando tu madre envejeciere, no la menosprecies". Salomón dice que los días de la vejez son días malos (Ec. 12), su edad es en sí una enfermedad problemática e incurable. Los ancianos son como la langosta: Aun lo más liviano, es para ellos una carga. Por lo tanto, es más problemático para ellos ser atormentados por hijos malos cuando habiendo sido hombres fuertes (según piensan los teólogos) se encorvan y sus hijos, que deberían ser un apoyo para ellos, les destrozan el corazón y causan que bajen con dolor a su tumba.

Tomado de *Parents' Concerns for Their Unsaved Children* (Preocupaciones de los padres por sus hijos no salvos), reimpreso por Soli Deo Gloria, una división de Reformation Heritage Books, *www.heritagebooks.org*.

Edward Lawrence (1623-1695): Pastor inglés que no pertenecía a la Iglesia Anglicana; educado en Magdalene College, Cambridge; fue echado de su púlpito en 1662 por el Acto de Uniformidad; amado y respetado por otros puritanos como Matthew Henry y Nathanael Vincent; nacido en Moston, Shropshire, Inglaterra.

Directivas ante el dolor de tener hijos impíos
EDWARD LAWRENCE (1623-1695)

Directiva 1: *Considere como un gran pecado desmayar ante este sufrimiento*, es decir, sufrir tanto que no puede cumplir sus obligaciones o que deja de sentir gozo en su vida porque desmayar ante esta calamidad significa que ha basado demasiado de su felicidad en sus hijos. Sólo argumentaré con usted como Joab lo hizo con David cuando se lamentaba tan amargamente por su hijo Absalón en 2 Samuel 19:6: "Hoy has declarado que nada te importan tus príncipes y siervos". Lo mismo le digo a usted, que si su alma desmaya bajo la carga de un hijo desobediente, declara usted que Dios y Cristo no le importan.

Directiva 2: *Considere... que éste es un dolor común entre los hijos más queridos de Dios.* Usted piensa en esto como si fuera el primer padre piadoso que ha tenido un hijo impío, como si fuera raro lo que le ha sucedido. Confieso que donde una calamidad parece singular o extraordinaria, tiene más posibilidad de que el que sufre se sienta abrumado porque piensa que ha desagradado grandemente a Dios, de modo que dice con la Iglesia: "Mirad, y ved si hay dolor como mi dolor que me ha venido; porque Jehová me ha angustiado en el día de su ardiente furor" (Lm. 1:12). Pero este dolor es común y coincide con la gracia salvadora y electiva de Dios hacia ellos, y es una prueba que, por lo general, le toca a los justos.

Directiva 3: *Considere que le hubieran podido pasar desgracias peores que ésta.* Le voy a dar tres males peores que lo hubieran hecho sufrir más. Primero, podría haber sido usted mismo un infeliz malo e impío. Y que el gran Jehová lo hubiera maldecido y condenado para siempre, lo hubiera hecho sufrir mucho más que sentirse atormentado por un tiempo por un hijo impío. Segundo, hubiera podido tener un cónyuge que fuera como podredumbre en sus huesos. Salomón parece decir que un cónyuge pendenciero es peor que un hijo impío. Proverbios 19:13: "Dolor es para su padre el hijo necio, y gotera continua las contiendas de la mujer". Es como una gotera constante en la casa cuando llueve que pudre el edificio, destruye los alimentos y arruina, tanto la casa como a los que en ella viven...

Directiva 4: *Deje que las Escrituras y la razón guíen su dolor, a fin de no provocar a Dios, envilecer su alma y herir su conciencia con quejas y lágrimas pecaminosas.* Con este fin, observe dos reglas: Primero, laméntese más por los pecados de sus hijos con los que provocan y deshonran a Dios, se corrompen y se destruyen a sí mismos y destruyen a otros, que por cualquier vergüenza o pérdida de cosas materiales que le puedan suceder. De este modo, demostrará que el amor a Dios y al alma de sus hijos, y no el amor al mundo, tiene la mayor influencia sobre su dolor porque me temo que, por lo general, hay en padres buenos demasiada aflicción carnal y no suficiente aflicción espiritual cuando sufren esta gran calamidad. Segundo, no deje que su dolor enferme su cuerpo y afecte su salud. Dios no requiere que se lamente por los pecados de sus hijos más que por los propios y, tampoco jamás, nos pide que por dolor destruyamos nuestro cuerpo, que es el templo del Espíritu Santo. La verdad es que el dolor santo es la salud del alma y nunca perjudica al cuerpo porque la gracia siempre es una amiga y nunca una enemiga de la naturaleza. Por lo tanto, no se prive de ninguna oportunidad de honrar a Dios y servir a su iglesia. No cause el desconsuelo de su cónyuge ni que sus hijos queden huérfanos por culpa de un dolor que no agradará a Dios, no lo tranquilizará a usted ni les hará ningún bien a sus malvados y desgraciados hijos.

Directiva 5: *Esfuércese por fortalecer sus gracias bajo esta gran aflicción* porque necesita usted más conocimiento, sabiduría, fe, esperanza, amor, humildad y paciencia para capacitarlo y hacerlo apto para sobrellevar esta aflicción más que los que necesita para sobrellevar otras. Y tiene que ver y disfrutar más de Dios y Cristo, a fin de mantener el ánimo bajo este sufrimiento más que la mayoría de los demás sufrimientos. Por el poder de Cristo será, no sólo capaz de sobrellevar esta tribulación, sino también de gloriarse en ella. Y mientras más grande sea el problema, más grandes serán los beneficios que de él derive usted.

Directiva 6: *Consuélese en que las cosas más grandes y mejores por las que usted más ha orado, confiado, esperado y, principalmente amado y anhelado, están a salvo y seguras.* Dios es y será bendito y glorioso para siempre, pase lo que le pase a su hijo. Todas sus perfecciones infinitas están obrando para su gloria. Cristo mismo es de Dios y cumple toda la obra de Mediador como su siervo y para su gloria. Todos los ángeles y santos benditos le honrarán, admirarán, amarán y alabarán para siempre.

Dios el Padre, Hijo y Espíritu Santo son suyos para siempre y será glorificado en toda la eternidad haciendo que usted sea bendito y glorioso. Tiene usted un hijo malo, *pero un Dios bueno*. Toda su obra acabará, sus pecados serán perdonados y aniquilados, sus gracias perfeccionadas y su cuerpo y alma glorificados ¿Y cree que un hijo impío podría empequeñecer todas sus consolaciones?

Directiva 7: Por último, *considere que este dolor durará sólo por un tiempo*. Confieso que no conozco ni podría encontrar aunque investigara, nada que pueda elevar al corazón por sobre este dolor, fuera del conocimiento y el sentido del amor infinito de Dios en Cristo hacia el hombre y de la eternidad santa y gloriosa a la cual pronto lo llevará este amor. Decirle que esto es y ha sido el caso de otros padres piadosos, puede aplacar algo de su dolor. Pero ¿qué valor tiene decirle que otros están y han estado tan afligidos como usted o contarle que hijos tan malos como los suyos han sido santificados y salvados, más que darle algo de esperanza sin fundamento? No tiene más valor que el que tiene pensar que pueden ser salvos o pueden ser condenados porque hay razón justificada para creer lo primero y tener esperanza en lo último, pero para que el hombre tenga una muerte victoriosa, esté listo para vivir en ese mundo donde no hay nada de este dolor y saber que en el Día del Juicio... él mismo se sentará con Cristo para juzgarlos, y que amará y se gozará en la santidad y justicia del Juez de todo el mundo quien les dará aquella sentencia: "Apartaos de mí, malditos, al fuego eterno preparado para el diablo y sus ángeles" (Mt. 25:41) —esto basta para superar todo dolor inmoderado por sus hijos impíos—.

Tomado de *Parents' Concerns for Their Unsaved Children* (Preocupaciones de los padres por sus hijos no salvos), reimpreso por Soli Deo Gloria, una división de Reformation Heritage Books, *www.heritagebooks.org*.

Edward Lawrence (1623-1695): Pastor no conformista inglés; nacido en Moston, Shropshire, Inglaterra.

Una oportunidad única de testificar al mundo
David Martyn Lloyd-Jones (1899-1981)

El Apóstol nos recuerda que en las épocas de apostasía, en las épocas de gran impiedad e irreligiosidad, cuando los fundamentos mismos tiemblan, una de las manifestaciones más destacadas de desorden es ser "desobedientes a los padres" (2 Ti. 3:2)... ¿Cuándo aprenderán las autoridades civiles que existe una conexión indisoluble entre la impiedad y la falta de moralidad y de conducta decente?... La tragedia es que las autoridades civiles —sea cual fuere el partido político que esté en el poder— parecen estar todas gobernadas por la sicología moderna en lugar de las Escrituras. Todos están convencidos de que pueden solucionar directamente y solos la falta de justicia y de rectitud. Pero eso es imposible.

La falta de justicia y rectitud es siempre el resultado de la impiedad y la única esperanza de volver a tener alguna medida de justicia y rectitud en la vida es tener un *avivamiento de la piedad*. Eso es precisamente lo que les está diciendo el Apóstol a los efesios y nos está diciendo a nosotros (Ef. 6:1-4). Los mejores y más morales periodos en la historia de este país y, de cualquier otro país, siempre han sido esos periodos después de poderosos avivamientos de la fe cristiana[30]. Este problema de anarquismo y falta de disciplina, el problema de niños y jóvenes, no existía hace cincuenta años como existe ahora. ¿Por qué? Porque todavía operaba la gran tradición del Avivamiento Evangélico del siglo XVIII. Pero como ya ha desaparecido, estos terribles problemas morales y sociales están volviendo, como nos enseña el Apóstol y, como siempre, han vuelto a lo largo de los siglos.

Por lo tanto, las condiciones presentes *demandan* que observemos la declaración del Apóstol. Yo creo que los padres e hijos cristianos y las familias cristianas tienen una oportunidad única de testificar al mundo en la actualidad, siendo simplemente distintos. Podemos ser verdaderos evangelistas al mostrar esta disciplina, esta ley y este orden, esta relación auténtica entre padres e hijos. Podríamos ser los medios, bajo la mano de Dios, de llevar a muchos al conocimiento de la Verdad. Por lo tanto, creamos que así es.

Tomado de *Life in the Spirit in Marriage, Home & Work: An Exposition of Ephesians 5:18 to 6:9* (La vida en el Espíritu en el matrimonio, el hogar y el trabajo: Una exposición de Efesios 5:18 al 6:9), publicado por The Banner of Truth Trust, www.banneroftruth.org.

David Martyn Lloyd-Jones (1899-1981): Posiblemente el mejor predicador expositivo del siglo XX; Westminster Chapel, Londres, 1938-68; nacido en Gales.

---

[30] **Nota del editor** – La palabra original que el autor emplea aquí es *religión*. A la luz del uso amplio y muchas veces confuso de la palabra *"religión"* hoy en día, los términos "fe cristiana", "cristianismo" y "fe en Cristo" y, a veces, "piedad", "piadoso/a" o "piedad cristiana", suelen reemplazar "religión" y "religioso" en muchos casos en esta publicación.

Capítulo 6

PATERNIDAD

Una de las grandes tragedias de la cultura moderna es la obstrucción de la paternidad bíblica. Ser huérfano es una causa importante de pobreza, homosexualidad, delincuencia juvenil, nacimientos fuera del vínculo del matrimonio, abuso de las drogas, depresión y un sinfín de otros desordenes sociales y espirituales. Gracias a Dios por habernos dado, en su Palabra, todo lo que necesitamos para recuperar su hermoso designio para los padres. Nos ha proporcionado mandamientos y modelos para que nos conformemos a su visión de la paternidad. Nos ha dado a Jesucristo, su Hijo, Quien es "la imagen misma de su sustancia" (He. 1:3), para enseñarnos cómo debería ser la paternidad en la vida cotidiana. El designio de Dios para la paternidad se transmite mediante un patrón piadoso o por medio de un mandato en casi cada uno de los libros de la Biblia.

Dios es padre y ha ordenado que los padres terrenales reflejen su fiel paternidad. El capítulo que tienes por delante intenta explicar muchas facetas del diamante que es la paternidad. A pesar de ello, este testimonio se resume en una sola palabra: Amor. Por tanto, resulta útil reconocer que la primera mención del término "amor" en la Biblia es en referencia al amor de un padre por su hijo. Dios le dijo a Abraham: "Toma ahora tu hijo, tu único, Isaac, a quien amas, y vete a tierra de Moriah, y ofrécelo allí en holocausto sobre uno de los montes que yo te diré" (Gn. 22:2). Cuando pasamos al Nuevo Testamento, las primeras palabras pronunciadas por un padre también son de amor por un hijo. Tras el bautismo de Jesús, se oyó una voz desde el cielo que declaraba: "Este es mi Hijo amado, en quien tengo complacencia" (Mt. 3:17). Éste es el telón de fondo de la doctrina de la paternidad.

Dios el Padre ama a sus hijos. Camina con ellos y los instruye. Su misión consiste en llevar a muchos hijos a la gloria. Éste es el gran designio para la paternidad. Dicho con mayor claridad, Dios creó la paternidad como medio terrenal de conducir a los hijos al Redentor. En este plan, Dios es el ejemplo para cada padre y todo buen principio de la paternidad procede de Él, como verás en este capítulo. Los artículos que en él figuran explican los muchos papeles y responsabilidades de los padres que desean llevar muchos hijos a la gloria.

—*Scott Brown*

El padre como profeta, rey, sacerdote
William Gurnall (1617-1679)

Cada padre tiene que cuidar de las almas que le corresponden. Es profeta, rey y sacerdote de su propia casa y de estos cargos surgirá su deber.

En primer lugar, es *profeta* para enseñar e instruir a su familia. A las esposas se les pide que aprendan de su marido, en el hogar (1 Co. 14:35); por tanto, no cabe duda de que ellos han de enseñarles en casa. A los padres se les ordena que instruyan a sus hijos: "Y las enseñaréis a vuestros hijos, hablando de ellas cuando te sientes en tu casa" (Dt. 11:19). "Criadlos en disciplina y amonestación del Señor" (Ef. 6:4). Ahora bien, existe una enseñanza y exhortación que se lleva a cabo mediante la oración que se eleva a Dios y por medio de las alabanzas a Él, y también cuando catequizamos a nuestros hijos: "Enseñándoos y exhortándoos unos a otros en toda sabiduría, cantando con gracia en vuestros corazones al Señor con salmos e himnos y cánticos espirituales" (Col. 3:16). Que el padre ore con su familia, enseñará a cada miembro de ésta a orar cuando esté a solas. Las confesiones que él haga, las peticiones que eleve y las misericordias que reconozca en su deber familiar son un medio excelente para proporcionarles la materia para su devoción. ¿Cómo puede ser que muchos... hijos, al convertirse ellos mismos en cabeza de familia, son tan incapaces de ser el portavoz de los miembros de ésta delante de Dios en oración? Esto se debe, sin lugar a duda, a que ellos vivieron [durante su infancia] en familias que no oraban y se mantuvieron en la ignorancia de este deber...

Asimismo, es *rey* en su hogar para gobernar a su familia en el temor de Dios... Con Josué, debe declarar: "Yo y mi casa serviremos a Jehová" (Jos. 24:15). ¿Acaso no sería pecado que un príncipe no estableciera la adoración pública a Dios, aunque le sirva en su palacio? Desde luego que sí; por tanto, también es un pecado que el padre no haga lo mismo en su hogar, aunque también ore en su cuarto privado.

En último lugar, es *sacerdote* en su propia casa y, donde hay un sacerdote, debe haber sacrificio. ¿Qué sacrificio [hay] entre los cristianos, sino los sacrificios espirituales de la oración y la acción de gracias? Así, cuando David acabó con las ordenanzas públicas se marchó a su casa para llevar a cabo su deber privado con su familia. "[Entonces] David se volvió para bendecir su casa" (1 Cr. 16:43), es decir, como quien dice, regresó para adorar a Dios en privado con ellos y suplicar la bendición divina sobre ellos.

Tomado de *The Christian in Complete Armor* (El cristiano vestido de toda la armadura), The Banner of Truth Trust, www.banneroftruth.org.

William Gurnall (1616-1679): Ministro y autor puritano y anglicano, nació en la parroquia de St. Margaret, en King's Lynn, Norfolk, Inglaterra.

> *Un padre puede dar las mejores instrucciones, pero si no utiliza la disciplina para eliminar los malos temperamentos, corregir los malos hábitos y reprimir la corrupción desvergonzada, entonces no se puede esperar nada excelente [de él]. Podrá ser un buen profeta y un buen sacerdote, pero si también no es un buen rey, entonces todo lo demás es en vano.*
> —John Angell James

Paternidad: Responsabilidad y privilegio
Arthur W. Pink (1886-1952)

Uno de los rasgos más tristes y trágicos de nuestra civilización del siglo XX[1], es la terrible prevalencia de la desobediencia por parte de los hijos a sus padres durante el tiempo de la infancia y su falta de reverencia y respeto cuando crecen. Esto se manifiesta de muchas formas y es algo general, lamentablemente, incluso en las familias de quienes profesan ser cristianos. En sus extensos viajes durante los pasados treinta años, el escritor ha pernoctado y se ha alojado en muchos hogares. La piedad y la hermosura de algunos de ellos permanecen como memorias sagradas y fragantes, pero otros han dejado las impresiones más dolorosas. Los hijos tercos o malcriados, no sólo viven en perpetua infelicidad, sino que también les infligen malestar a todos los que entran en contacto con ellos. Por su conducta, ya auguran cosas malas para los días que están por llegar.

En la inmensa mayoría de los casos, no culparía tanto a los niños como a los padres. No honrar al *padre*[2] y a la madre, dondequiera que se encuentre [este mal], se debe en gran medida a que los padres se han apartado del patrón bíblico. Hoy en día, el padre cree que ha cumplido con sus obligaciones ya que provee comida y ropa para sus hijos, y actúa de vez en cuando como una especie de policía moral. Con demasiada frecuencia, la madre se contenta con ser una esclava[3] del hogar y con adoptar la posición de esclava con sus hijos, en vez de entrenarlos para que sean útiles. Lleva a cabo muchas tareas que sus hijas deberían desempeñar, con el fin de permitirles que tengan libertad para las frivolidades de un grupo de atolondradas[4]. Como consecuencia, el hogar, que debería ser —por su orden, su santidad y su reino de amor— una miniatura del cielo sobre la tierra, ha degenerado hasta convertirse en "una estación de servicio durante el día y en un aparcamiento durante la noche", como alguien lo expresó de forma concisa.

Antes de perfilar los deberes de los padres para con sus hijos, quisiera señalar que los padres no pueden disciplinarlos como es debido, a menos que estos aprendan primero a gobernarse a sí mismos. ¿Cómo pueden esperar dominar la terquedad de sus pequeños y controlar el surgimiento de un carácter airado si permiten que sus propias pasiones reinen libremente? El carácter de los padres se reproduce, en un amplio grado, en sus retoños: "Y vivió Adán ciento treinta años, y engendró un hijo a su semejanza, conforme a su imagen" (Gn. 5:3). El padre... debe estar en sujeción a Dios si espera recibir obediencia legítima de sus pequeños. En las Escrituras se insiste, una y otra vez, en este principio: "Tú, pues, que enseñas a otro, ¿no te enseñas a ti mismo?" (Ro. 2:21).

Al obispo, es decir, al anciano o pastor, se le dice que debe ser alguien "que gobierne bien su casa, que tenga a sus hijos en sujeción con toda honestidad (pues el que no sabe gobernar su propia casa, ¿cómo cuidará de la iglesia de Dios?)" (1 Ti. 3:4-5). Y si un padre no sabe cómo regir su propio espíritu (Pr. 25:28), ¿cómo se ocupará de su prole?

---

[1] Por desgracia, esto mismo se aplica a nuestro siglo XXI.

[2] **Nota del editor** –Téngase en cuenta que varios artículos de este capítulo están dirigidos tanto al padre como a la madre. Con el fin de enfatizar el papel del padre, en ocasiones se ha sustituido *padres* por *padre* en cursivas.

[3] **Esclava** – Aquí nos referimos a la persona que está acostumbrada al trabajo duro y aburrido.

[4] **Atolondradas** – Conductas absurdas de gente necia, incapaz de pensamientos serios.

Dios les ha confiado a los padres un encargo sumamente solemne, que, a pesar de ello, es un precioso privilegio. No exageramos si decimos que, en sus manos, están depositadas la esperanza y la bendición o, por el contrario, la maldición y la plaga de la siguiente generación. Sus familias son los viveros tanto de la Iglesia como del Estado, y de la forma en que se cultiven ahora, así serán sus productos futuros. ¡Oh cuánta oración y cuánto cuidado deberías emplear en el desempeño de lo que se te ha encomendado, tú que eres padre!

Con toda seguridad, Dios te pedirá cuentas por los niños que están en tus manos y es que ellos son de Él y sólo te los ha prestado para que los cuides y los protejas. La tarea que se te ha asignado no es fácil, sobre todo en estos días de mal superlativo[5]. Sin embargo, si los padres buscan con confianza y formalidad la gracia de Dios, comprobarán que es suficiente para llevar a cabo esta responsabilidad y cualquier otra. Las Escrituras nos proporcionan normas para que las sigamos, con promesas de las que podemos apropiarnos y, podemos añadir también, con temibles advertencias para que no nos tomemos este asunto a la ligera.

Instruye a tus hijos

Sólo tenemos espacio aquí para mencionar cuatro de los principales deberes delegados en los padres. En primer lugar, los padres tienen el deber de instruir a sus hijos. "Y estas palabras que yo te mando hoy, estarán sobre tu corazón; y las repetirás a tus hijos, y hablarás de ellas estando en tu casa, y andando por el camino, y al acostarte, y cuando te levantes" (Dt. 6:6-7). Esta tarea es demasiado importante como para adjudicársela a otras personas: A los padres y no a los maestros del estudio dominical, es a quienes se les exige que eduquen a sus pequeños. Esto tampoco debe ser algo ocasional o esporádico, sino algo a lo que hay que prestar una atención constante. El glorioso carácter de Dios, los requisitos de su santa Ley, la extremada pecaminosidad del pecado, el maravilloso don de su Hijo y la terrible condenación que es la porción segura para todo aquel que lo desprecie a Él y lo rechace, son cosas que tienes que hacer que tus pequeños consideren una y otra vez. "Son demasiado pequeños para entender estas cosas", es el argumento del diablo para impedir que tú desempeñes tu deber.

"Y vosotros, padres, no provoquéis a ira a vuestros hijos, sino criadlos en disciplina y amonestación del Señor" (Ef. 6:4). Debemos observar que aquí se habla específicamente al *padre* y es así por dos razones: (1) porque es el cabeza de su familia y se le ha encomendado de forma especial que la gobierne y (2) porque tiene la tendencia a transferir este deber a su esposa. Esta instrucción se tiene que proporcionar a los hijos leyéndoles las Santas Escrituras y desarrollando aquellos temas que concuerden más con su edad. A esto debería seguirle una catequización[6]. Un discurso continuo a los más pequeños no es ni de cerca tan eficaz como cuando se diversifica mediante preguntas y respuestas. Si saben que se les va a formular preguntas sobre lo que estás leyendo, escucharán con mayor atención. Además, el preparar una respuesta, los enseña a pensar por sí mismos. Este tipo de método también resulta útil para que la memoria sea más retentiva[7], ya que responder a preguntas definidas fija de manera más específica las ideas en la mente. Obsérvese con cuánta frecuencia Cristo hacía preguntas a sus discípulos.

---

[5] **Superlativo** – Del más alto grado.

[6] **Catequizar** – Instruir en la fe cristiana mediante preguntas y respuestas.

[7] **Retentiva** – Capacidad de almacenar hechos y recordar las cosas con facilidad.

Sé un buen ejemplo

En segundo lugar, la buena instrucción debe ir acompañada por el buen ejemplo. La enseñanza que sale tan solo de los labios, no tiene probabilidad alguna de penetrar a mayor profundidad que los oídos. Los niños tienen una particular rapidez para detectar las incoherencias y para despreciar la hipocresía. En este punto es en el que los padres necesitan postrarse más ante Dios, buscando *a diario* esa gracia suya que tanto necesitan y que sólo Él puede proporcionar. ¡Qué cuidado tienes que poner en no decir ni hacer algo delante de tus hijos que pudiera tender a corromper sus mentes o tener malas consecuencias para ellos si siguen tu ejemplo! ¡Con cuánta constancia has de estar en guardia contra cualquier cosa que pueda hacerte parecer malo y despreciable a los ojos de aquellos que deberían respetarte y venerarte! El *padre,* no sólo debe instruir a sus hijos en los caminos de la santidad, sino que él mismo tiene que caminar delante de ellos por esas sendas y mostrar por su práctica y su conducta lo agradable y provechoso que es seguir las normas de la Ley Divina.

En el hogar cristiano, el objetivo supremo debería ser la piedad de la familia, honrar a Dios en todo tiempo. Todo lo demás debe subordinarse a este elevado propósito. En el asunto de la vida familiar, ni el esposo ni su esposa pueden echarse, el uno al otro, toda la responsabilidad del carácter piadoso del hogar. A la madre se le exige, sin lugar a dudas, que suplemente los esfuerzos del padre porque los niños pasan más tiempo en su compañía que en la de él. Si existe una tendencia en el padre de ser demasiado estricto, la madre tiende a ser demasiado flexible y benévola; es necesario que ella tenga la guardia muy arriba contra cualquier cosa que pudiera debilitar la autoridad del esposo. Cuando él ha prohibido algo, ella no debe dar su consentimiento para que se haga. Resulta impresionante observar que la exhortación de Efesios 6:4 va precedida por la instrucción de "sed llenos del Espíritu" (5:18), mientras que la exhortación paralela en Colosenses 3:21 va precedida por la amonestación de dejar que "la palabra de Cristo more en abundancia en vosotros" (3:16), mostrando que los padres no pueden llevar a cabo sus deberes, a menos que estén llenos del Espíritu y de la Palabra.

Disciplina a tus hijos

En tercer lugar, la enseñanza y el ejemplo deben ir reforzados por la corrección y la disciplina. Esto significa, principalmente, el ejercicio de la autoridad, el reinado adecuado de la Ley. Del "padre de los fieles", Dios dijo: "Porque yo sé que mandará a sus hijos y a su casa después de sí, que guarden el camino de Jehová, haciendo justicia y juicio, para que haga venir Jehová sobre Abraham lo que ha hablado acerca de él" (Gn. 18:19). Medita en esto cuidadosamente, padre cristiano. Abraham hizo mucho más que proferir buenos consejos: Impuso la ley y el orden en su casa. Las normas que administró tenían por designio el guardar "el camino del Señor", lo que era correcto ante sus ojos. Y el patriarca cumplió este deber para que la bendición de Dios pudiera reposar sobre su casa. Ninguna familia puede dirigirse de la forma adecuada sin leyes domésticas que incluyan recompensa y castigo; y son especialmente importantes al principio de la infancia, cuando el carácter moral no está formado aún y los motivos morales no se entienden ni se aprecian.

Las normas deberían ser simples, claras, razonables e inflexibles como los Diez Mandamientos, unas cuantas reglas morales importantes, en lugar de una multitud de restricciones insignificantes. Una de las formas de provocar a ira a los hijos, sin necesidad, es obstaculizarlos con mil limitaciones triviales y reglas minuciosas y caprichosas que se deben al carácter meticuloso y difícil de complacer de los padres.

Es de vital importancia para el bien futuro del niño que se le enseñe a estar sujeto desde temprana edad. Un niño sin formación en este ámbito significa un adulto rebelde. Nuestras prisiones están llenas de personas a las que se les permitió vivir a su manera cuando eran menores de edad. La más mínima ofensa de un niño contra quienes gobiernan el hogar no debería pasar sin corrección porque si percibe indulgencia en una dirección o hacia una falta, esperará lo mismo con respecto a las demás. Y, entonces, la desobediencia se volverá más frecuente hasta que los padres ya no puedan controlarlo, sino por la fuerza bruta.

La enseñanza de las Escrituras es clara como el cristal sobre este punto: "La necedad está ligada en el corazón del muchacho; mas la vara de la corrección la alejará de él" (Pr. 22:15; *cf.* 23:13-14). Por tanto, Dios ha dicho: "El que detiene el castigo, a su hijo aborrece; mas el que lo ama, desde temprano lo corrige" (Pr. 13:24). Y también: "Castiga a tu hijo en tanto que hay esperanza; mas no se apresure tu alma para destruirlo" (Pr. 19:18). Que no te detenga un necio cariño hacia él. Ciertamente, Dios ama a sus hijos con un afecto paternal, mucho más profundo del que tú puedas sentir jamás por los tuyos y, aun así, nos dice: "Yo reprendo y castigo a todos los que amo" (Ap. 3:19; *cf.* He. 12:6). "La vara y la corrección dan sabiduría; mas el muchacho consentido avergonzará a su madre" (Pr. 29:15). Este tipo de severidad se debe usar en los primeros años del niño, antes de que la edad y la obstinación lo hayan endurecido contra el temor y el escozor de la corrección. Descuida la vara y habrás malcriado al niño; no la uses sobre él y estarás guardando una para tu propia espalda.

A estas alturas, no debería ser necesario indicar que los versículos citados más arriba no enseñan que un reino de terror deba marcar la vida del hogar. Se puede gobernar y castigar a los niños de un modo que no pierdan el respeto y el afecto por su padre. Ten cuidado de no amargarles el carácter mediante exigencias poco razonables o de provocar su ira al golpearlos para desahogar tu propia rabia. El padre no debe castigar al hijo desobediente porque esté enojado, sino porque es lo correcto, porque Dios lo requiere y el bienestar del hijo lo exige. No amenaces nunca si no tienes la intención de llevar a cabo lo que has anunciado, ni hagas una promesa que no piensas cumplir. Recuerda que es bueno que tus hijos estén bien informados, pero mejor aún es que estén bien controlados.

Presta mucha atención a las influencias inconscientes de los entornos del niño. Estudia la forma de hacer que tu hogar sea atractivo sin introducir cosas carnales y mundanas, mediante nobles ideales e inculcándoles un espíritu de generosidad por medio de una comunión cordial y feliz. Separa a los pequeños de las malas compañías. Supervisa con precaución los periódicos y libros que entran en tu casa, los invitados ocasionales que se sientan a tu mesa y las compañías que forman tus hijos. Los padres dejan, a menudo y sin cuidado, que tengan libre acceso a sus hijos, personas que socaban su autoridad, que revocan sus ideales para sus hijos y que, antes de que se den cuenta, han sembrado semillas de frivolidad e iniquidad en ellos. No permitas jamás que tus hijos pasen la noche entre extraños. Educa a tus hijos de manera que tus hijas sean miembros útiles y serviciales en su generación y tus hijos trabajadores y económicamente independientes.

Ora por tus hijos

En cuarto lugar, el último y más importante deber, que tiene que ver con el bien temporal y espiritual de tus hijos, es la súplica ferviente a Dios por ellos. Sin esto, nada de todo lo demás tendrá efecto. Los medios no sirven de nada, a menos que el Señor los bendiga. Al "trono de la gracia" (He. 4:16) han de subir tus súplicas fervientes para que tus esfuerzos a la hora de criar a tus hijos para Dios se vean coronados por el éxito. Cierto es que debe haber una sumisión humilde a su voluntad soberana, un inclinarse ante la verdad de la elección. Por otra parte, está el privilegio de la fe de apropiarse de las promesas divinas y recordar que "la oración eficaz del justo puede mucho" (Stg. 5:16). Sobre el santo Job se menciona, con respecto a sus hijos e hijas, que "se levantaba de mañana y ofrecía holocaustos conforme al número de todos ellos" (Job 1:5). Un ambiente de oración debería impregnar el hogar de modo que todos aquellos que lo comparten puedan respirarlo.

Tomado de *Studies in the Scriptures* (Estudios de las Escrituras), publicado en inglés por CHAPEL LIBRARY.

Arthur W. Pink (1886-1952): Pastor, maestro itinerante de la Biblia; nació en Nottingham, Inglaterra.

> *En el Antiguo Testamento, queda muy claro que el padre era una especie de sacerdote en su hogar y su familia: Representaba a Dios. Tenía la responsabilidad de cuidar, no sólo la moralidad y el comportamiento de sus hijos, sino también su enseñanza. En todas partes, el énfasis bíblico es que éste es el deber y la tarea principal de los padres. Y sigue siendo el mismo en el día de hoy. Si es que somos cristianos, debemos reconocer que este gran énfasis se basa en aquellas unidades fundamentales que Dios ha establecido: El matrimonio, la familia y el hogar. No podemos jugar con estas cosas.* — David Martin Lloyd-Jones

La principal responsabilidad de un padre
Juan Calvino (1509-1564)

> *"Porque yo sé que mandará a sus hijos y a su casa después de sí, que guarden el camino de Jehová, haciendo justicia y juicio, para que haga venir Jehová sobre Abraham lo que ha hablado acerca de él".* —Génesis 18:19

Observemos... que aquí se nos dice que Dios sabe que Abraham instruirá a sus hijos para que anden en su camino después de él. En primer lugar, está la instrucción y, a continuación, se indica de qué tipo tiene que ser ésta. En otras palabras, se nos da a conocer la naturaleza de dicha instrucción y también de cómo ésta se extiende más allá de la muerte. Por tanto, en la persona de Abraham, vemos cuál es la responsabilidad de todos los creyentes, principalmente la responsabilidad de los padres de familia a quienes Dios establece como cabeza de ésta y a quienes Él dio vida, hijos y siervos para que fueran diligentes a la hora de enseñarlos. Y es que cuando el padre tiene hijos, su responsabilidad no consiste tan solo en alimentarlos y vestirlos, sino que su *principal* cometido reside en guiarlos para que sus vidas estén bien reguladas; en dedicar su completa atención a ello...

Dios valora la piedad de su siervo Abraham y ésta se demuestra en el esfuerzo que realizará para servirle y honrarlo, y guiar a su familia y a todos los que están a su cargo, porque se declara de forma particular que los enseñará a caminar en la senda del Señor. Por consiguiente, vemos la naturaleza del tipo adecuado de instrucción, porque puede suceder que alguien sea bastante cuidadoso al proporcionar muchas normas y numerosas leyes sin proveer la estabilidad necesaria. No puede existir un fundamento sobre el que edificar, a menos que Dios domine y que las personas le obedezcan y se conformen a su Palabra. Esto es, pues, lo que debemos recordar.

Cuando los padres de familia y aquellos que tienen cierta preeminencia se preparan para enseñar, no deben ser presuntuosos y pensar: "Esto me parece bien a *mí*", e intentar que todos se sujeten a su opinión y sus conceptos. "¿Cómo? ¿Enseñaré lo que aprendí de Dios en su escuela?". Lo que debemos recordar de este pasaje es, en resumen, que nadie será jamás un buen maestro, a menos que sea alumno de Dios. Por tanto, que no haya una autoridad docente que promueva lo que inventamos y aquello que nuestra mente proponga, sino aprendamos de Dios para que sea Él quien domine y el único que tenga toda preeminencia; que tanto grandes como pequeños lleguen a la conformidad con Él y le obedezcan. Así, hemos tratado ya este tipo de instrucción.

En aquel tiempo no había ley escrita y mucho menos Evangelio; sin embargo, Abraham conocía la voluntad de Dios hasta el punto necesario. De modo que el patriarca no disponía de las Escrituras, pero aun así no se atrevió ni intentó establecer leyes a su gusto. Más bien, él le pide solamente a Dios que gobierne y que les muestre el camino a todos los demás y que los guíe porque él no desea que su consejo sea "vayamos por el camino que yo digo", sino "les estoy enseñando lo que he aprendido de Dios. A Él sea todo el dominio[8] y sea yo maestro sólo si hablo como por su boca". Éste es el segundo punto que debemos recordar aquí.

De manera que lo que debemos observar aquí, es que quienes son cabezas de familia deben pasar por la dificultad de ser instruidos en la Palabra de Dios, si quieren poder realizar su deber. Si son necios, si desconocen los principios básicos de la doctrina o de su fe y no conocen los mandamientos de Dios o cómo ofrecer su oración a Él, o cuál es el camino de

---

[8] **Dominio** – La condición de ser quien gobierne, autoridad.

la salvación, ¿cómo instruirán a sus familias? Tanto más, deben pensar quienes son esposos y tienen una familia, una casa que gobernar: "Debo establecer mi lección en su Palabra para que yo, no sólo intente gobernarme a mí mismo según su voluntad, sino que también aporte a ella, al mismo tiempo, a los que están bajo mi autoridad y mi dirección".

Ahora, en tercer lugar, Abraham enseñará a su familia a caminar en el temor del Señor después de su muerte, como si se dijera que el hombre fiel, no sólo debe conseguir honra para Dios y vivir el mañana, sino que debe dejar una buena semilla para después de su muerte porque la Palabra de Dios es la simiente incorruptible de la vida: Perdura para siempre. Y aunque el cielo y la tierra tiendan a la corrupción y pasarán, la Palabra de Dios retendrá *siempre* su poder (*cf.* Mt. 24:35; Is. 40:8; 55:11). Por tanto, tiene una razón para morir con nosotros, se extingue cuando Dios nos retira de este mundo y nos llevamos todo con nosotros a la tumba. No obstante, aun siendo débiles y mortales y, aunque tengamos que partir de este mundo, trabajemos para dejar la Palabra de Dios aquí con una raíz. Y cuando muramos y hayamos vuelto al polvo, que Dios sea honrado y que su recuerdo permanezca para siempre. Esto es, pues, lo que debemos recordar...

Ahora bien, dado que Dios habló de ese modo, está diciendo que los hijos de Abraham, a quienes él enseñará, harán *justicia* y *juicio*. Con estas dos palabras, las Escrituras encierran lo que concierne a la segunda tabla de la Ley. Moisés afirma que harán justicia y juicio. Esto nos muestra cuál es el camino de Dios y cómo demostraremos nuestra obediencia a Él. Y es que estas dos palabras... implican rectitud y equidad[9] para que seamos bondadosos, nos entreguemos a la caridad[10], nos ayudemos los unos a los otros, protejamos el derecho de todos y no defraudemos, que nos abstengamos de hacer el mal y de ser violentos unos con otros e, incluso, que ayudemos a quienes necesitan nuestra ayuda.

No obstante, ciertamente en la Ley de Dios sólo hay justicia y juicio. En la primera tabla, vemos cómo debemos adorar a Dios, reverenciar su nombre y poner en práctica el invocarle y confiar en Él para que nos consagremos de esta forma a su servicio y nos dediquemos a ello. Todo esto se denomina, de manera adecuada, justicia y juicio.

Como ya dije, esto incluye, con frecuencia, a nuestros vecinos y la norma de vivir correctamente con los hombres en honradez y equidad; pero ésta es una forma corriente de hablar en las Escrituras y los profetas están llenos de ella (*cf.* Is. 1:27; 5:16; 28:17). Cuando tratan con la Ley de Dios, en ocasiones, se apartan de la primera tabla y hablan de rectitud y equidad. Protestan contra el fraude, la violencia, el robo y cosas por el estilo. En resumen, todo esto indica la totalidad al mencionar una parte. De esta manera, aunque aquí sólo encontremos un tipo y una porción del camino de Dios, no obstante, Él quiso declarar, en general, que Abraham enseñaría a su familia a gobernarse a sí misma en toda equidad y rectitud para que ninguno de ellos se levantara contra su vecino, para que nadie cometiera fraude ni hiciera el mal. Esto es lo que tenemos que recordar.

---

[9] **Equidad** – Justicia.

[10] **Caridad** – Benevolencia para con el prójimo; provisión para el alivio del pobre. En algunas versiones es equivalente a *Amor*.

Capítulo 6—Paternidad

Tomado de *Sermons on Genesis, chapters 11-20* [Sermones sobre Génesis, capítulos 11-20] (Edinburgo: The Banner of Truth Trust, 2012), usado con permiso, www.banneroftruth.org.

Juan Calvino (1509-1564): Teólogo, pastor e importante líder francés durante la Reforma protestante; nació en Noyon, Picardía, Francia.

Muchos se esmeran por educar a sus hijos para obtener favor ante hombres de importancia, pero ¿quién criará a sus hijos en el temor del gran Dios? — George Swinnock

Los padres… deben guiar a sus familias en las cosas de Dios. Deben ser profetas, sacerdotes y reyes en sus propias familias y, como tales, deben mantener la doctrina, la adoración y la disciplina familiar. — Matthew Henry

Esa misma curiosidad de los niños es una oportunidad para que las personas mayores que los rodean les enseñen sobre las asombrosas obras de Dios, de modo que sus mentes sean informadas y sus corazones se maravillen ante sus perfecciones. Pero ten muy en cuenta que es el padre (el "cabeza" de familia) quien tiene la mayor responsabilidad de asegurarse de enseñar las cosas de Dios a sus hijos (Ef 6:4). No debe dejarle esta tarea a su esposa y, aún menos, a los maestros del estudio dominical. — Arthur W. Pink

Ningún padre cristiano debe caer en el engaño de pensar que la escuela dominical tiene como propósito el excusarlo de llevar a cabo sus deberes personales. La condición primera y más natural de las cosas es que los padres cristianos críen a sus propios hijos en la disciplina y amonestación del Señor. — Charles Haddon Spurgeon

La supervisión de un padre
John Bunyan (1628-1688)

El deber de un padre para con la familia, en general, es el siguiente: Él, que es la cabeza de una familia, tiene bajo esa relación un trabajo que hacer para Dios, el justo gobierno de su propia familia. Y su tarea es doble: *Primero,* en lo tocante al estado espiritual de ella; *segundo,* en lo que respecta al estado externo de la misma.

Al estado espiritual

En primer lugar, en lo concerniente al estado espiritual de su familia, debería ser muy diligente y sobrio, haciendo su mayor esfuerzo, tanto para incrementar la fe donde ésta se inició y comenzarla donde no está[11]. Por esta razón, debería con diligencia y frecuencia presentar ante su familia las cosas de Dios que obtenga de su Palabra como sea adecuado para cada particular. Y que ningún hombre cuestione su autoridad en la Palabra de Dios para tal práctica. Si se tratara de algo de buena reputación y que tienda a la honestidad civil, se halla dentro del ámbito y los límites, incluso de la naturaleza misma y debería hacerse. Y mucho más en lo que es de una naturaleza más sublime. Además, el Apóstol nos exhorta a todo lo que es honesto, lo justo, lo puro, lo amable, lo honorable: "Si hay virtud alguna, si algo digno de alabanza, en esto pensad" (Fil. 4:8). Sin embargo, estar familiarizado con este piadoso ejercicio en nuestra familia es muy digno de alabanza y muy adecuado para todos los cristianos. Ésta es una de las cosas por las que Dios elogió tan altamente a su siervo Abraham y la que tanto afectó su corazón. "Yo conozco a Abraham", declara el Señor. Sé que es un buen hombre —porque— "mandará a sus hijos y a su casa después de sí, que guarden el camino de Jehová" (Gn. 18:19). También fue algo que el buen Josué designó como la práctica que seguiría mientras tuviera un hálito de vida en este mundo. Afirmó: "Pero yo y mi casa serviremos a Jehová" (Jos. 24:15).

Además, también encontramos que en el Nuevo Testamento se considera de un rango inferior a los cristianos [que] no sienten el respeto debido por este deber; sí, tan inferiores como para no ser aptos para ser elegidos en cualquier cargo en la iglesia de Dios. Un [obispo o] pastor debe ser alguien "que gobierne bien su casa, que tenga a sus hijos en sujeción con toda honestidad" (1 Ti. 3:4); "pues el que no sabe gobernar su propia casa, ¿cómo cuidará de la iglesia de Dios?" (1 Ti. 3:5). Los diáconos también —según dice Pablo— deben ser "maridos de una sola mujer, y que gobiernen bien sus hijos y sus casas" (1 Ti. 3:12). Observe que el Apóstol parece establecer lo siguiente: Que un hombre que gobierne a su familia bien tiene una de las cualificaciones que pertenece a un pastor o diácono en la casa de Dios porque quien no sabe dirigir su propia casa, ¿cómo se ocupará de la iglesia de Dios? Considerado esto, nos proporciona luz en la obra del cabeza de una familia en lo que respecta al gobierno de su casa.

1. *Un pastor debe ser fiable e incorrupto en su doctrina* y, de hecho, también debe serlo el cabeza de una familia (Tit. 1:9; Ef. 6:4).

2. *Un pastor debería ser apto para enseñar,* reprobar y exhortar y, también, debe serlo el cabeza de una familia (1 Ti. 3:2; Dt. 6:7).

---

[11] **Comenzarla donde no está** – Bunyan no está sugiriendo aquí que un padre pueda *crear* fe en su hijo porque ésta es un don de Dios (Ef. 2:8; Fil. 1:29); más bien, en la gracia de Dios y por la fe en Cristo, el padre debe enseñar a su hijo la Palabra de Dios y ser el modelo de una fe viva delante de él, confiando en que el Espíritu de Dios obre salvación en el corazón de su hijo.

Capítulo 6—Paternidad

3. *Un pastor debe ser ejemplar en fe y santidad*; y también debe serlo el cabeza de una familia (1 Ti. 3:2-4; 4:12). David dice: "Entenderé el camino de la perfección... En la integridad de mi corazón andaré en medio de mi casa" (Sal. 101:2).

4. *El pastor es para unir a la Iglesia* y cuando están ya todos juntos, orar entre ellos y predicarles. Esto es también digno de elogio en los cabezas de familia cristianos.

Objeción: Pero mi familia es impía y rebelde respecto a todo lo bueno. ¿Qué debería hacer?

Respuesta: 1. Aunque esto sea cierto, ¡tienes que gobernarlos y no ellos a ti! Dios te ha puesto sobre ellos y tienes que usar la autoridad que Él te ha dado para reprender sus defectos y mostrarles el mal de su rebeldía contra el Señor. Elí actuó así, aunque no lo bastante; y David también (1 S. 2:24-25; 1 Cr. 28:9). Asimismo, tienes que decirles lo triste que era tu estado cuando estabas en su condición y así, esforzarte por recuperarlos de la trampa del diablo (Mr. 5:19).

2. También deberías procurar llevarlos a la adoración pública de Dios, por si Dios quisiera salvar sus almas. Jacob le dijo a su familia y a todos los que estaban a su alrededor: "Levantémonos, y subamos a Bet-el; y haré allí altar al Dios que me respondió en el día de mi angustia" (Gn. 35:3). Ana llevaba a Samuel a Silo para que pudiera morar con Dios para siempre (1 S. 1:22). En realidad, el alma que ha sido tocada de la forma adecuada, no sólo se esforzará por llevar a toda su familia, sino a la ciudad entera, en pos de Jesucristo (Jn. 4:28-30).

3. Si son obstinados y no quieren ir contigo, entonces lleva a hombres piadosos y de buen juicio a tu casa, y allí haz que prediquen la Palabra de Dios cuando hayas reunido, como Cornelio, a tu familia y a tus amigos (Hch. 10).

Sabes que, no sólo el carcelero, Lidia, Crispo, Gayo, Estéfanas y otros recibieron la gracia por la palabra predicada, sino también sus familias, y que algunos de ellos —por no decir todos— por la enseñanza predicada en sus casas (Hch. 16:14-34; 18:7-8; 1 Co. 1:14-16). Y esto, por lo que sé, podría ser una razón, entre muchas, por la que los Apóstoles, no sólo impartieron la doctrina en público, sino también de casa en casa; y yo digo que su propósito era, si fuera posible, atraer a los que pertenecían a alguna familia y que seguían sin convertirse y en sus pecados (Hch. 10:24; 20:20-21). Sabemos lo habitual que era en la época de Cristo el que algunos lo invitaran a sus casas si tenían a algún enfermo que no pudiera o no quisiera venir a Él (Lc. 7:2-3; 8:41). Si ésta es la forma de actuar con los que tienen enfermedades externas en la familia, ¡cuánto más, donde hay almas que tienen necesidad de ser salvas por Cristo de la muerte y de la condenación eterna!

4. Presta atención y no descuides tú mismo los deberes que tienes entre ellos, como leer la Palabra y orar. Si tienes a alguien en tu familia que conozca la gracia de Dios[12], toma aliento. Si estás solo, sabes que tienes la libertad de ir a Dios por medio de Cristo y que también puedes unirte, en ese momento, a la Iglesia universal para completar el número total de los que serán salvos.

5. No permitas ningún libro o discurso impío, profano o hereje en tu casa. "Las malas conversaciones corrompen las buenas costumbres" (1 Co. 15:33). Me refiero a libros tan profanos o heréticos, etc., que tienden a provocar soltura de vida o aquellos que se oponen a los fundamentos del Evangelio. Sé que a los cristianos se les debe permitir su libertad en cuanto a lo que es indiferente; sin embargo, aquellas cosas que dañan la fe o la santidad, todos los cristianos deberían abandonarlas y, en especial, los pastores de iglesias y los cabezas de familia. Esta práctica se demostró cuando Jacob le ordenó a su familia y a todos los que estaban con él que se deshicieran de los dioses extraños que había en medio de ellos y a cambiar sus vestiduras

---

[12] **Conozca la gracia de Dios** – Alguien que conoce a Cristo como Salvador.

(Gn. 35:2). Todos los que se mencionan en el libro de los Hechos que llevaron sus libros de magia y los quemaron delante de todos los hombres, aunque costaban cincuenta mil piezas de plata, son un buen ejemplo de esto (Hch. 19:18-19). La negligencia hacia esta indicación ha ocasionado la ruina en muchas familias, tanto entre los hijos como entre los criados. Los vanos charlatanes trastornan a familias enteras con sus obras engañosas con mayor facilidad de la que muchos creen (Tit. 1:10-11).

Al estado externo

Hemos tratado el estado espiritual de tu familia. Y ahora, pasemos a su estado externo:

En segundo lugar, al tocar el estado externo de tu familia, tienes que considerar estas tres cosas.

1. Sobre ti recae el ocuparte de sus miembros para que tengan el sustento conveniente. "Si alguno no provee para los suyos, y mayormente para los de su casa, ha negado la fe, y es peor que un incrédulo" (1 Ti. 5:8). Pero observa que, cuando la Palabra afirma que debes proveer para tu casa, no te da licencia para entregarte a la preocupación porque sería una distracción, ni tampoco te permite esforzarte por aferrarte al mundo en tu corazón o a la cuenta bancaria, ni preocuparte por los años o días por venir, sino para proveer para los tuyos y que puedan tener comida y ropa. Y si tú no estás satisfecho con eso, o tal vez ellos no lo están, entonces se están saliendo de las normas de Dios (1 Ti. 6:8; Mt. 6:34). Significa trabajar para poder tener los medios de "[ocuparte] en buenas obras para los casos de necesidad" (Tit. 3:14). Y nunca objetar que, a menos que llegues más lejos, nunca será suficiente, porque es incredulidad y nada más. La Palabra afirma que Dios alimenta a los cuervos, que se preocupa por los gorriones y que viste la hierba; y en estas tres cosas —alimentar, vestir y cuidar— está todo lo que el corazón pueda desear (Lc. 12:22-28).

2. Por tanto, aunque deberías proveer para tu familia, deja que toda tu labor se mezcle con la moderación: "Vuestra gentileza sea conocida de todos los hombres" (Fil. 4:5). Presta atención, no sea que te dejes llevar tanto por este mundo que te obstaculice a ti y a tu familia de esos deberes que tienes para con Dios, a los que estás obligado por gracia, como la oración privada, la lectura de las Escrituras y la comunión cristiana. Es cosa vil que los hombres y sus familias se malgasten yendo detrás de este mundo porque, de este modo, desconectan su corazón de la adoración a Dios.

Cristiano, "el tiempo es corto; resta, pues, que los que tienen esposa sean como si no la tuviesen; y los que lloran, como si no llorasen; y los que se alegran, como si no se alegrasen; y los que compran, como si no poseyesen; y los que disfrutan de este mundo, como si no lo disfrutasen; porque la apariencia de este mundo se pasa" (1 Co. 7:29-31). Muchos cristianos viven y hacen en este mundo como si la piedad no fuera más que un subnegocio y, este mundo, lo único necesario cuando, en realidad, todas las cosas de este mundo sólo son secundarias y la fe cristiana[13] lo único verdaderamente necesario (Lc. 10:40-42).

3. Si quieres ser un cabeza de familia que se comporta correctamente, tienes que asegurarte de que existe la armonía cristiana entre aquellos que están sometidos a ti, como debe ser en el hogar donde gobierna alguien que teme a Dios.

a. Tienes que ocuparte de que tus hijos y tus criados estén sujetos a la Palabra de Dios porque, aunque Dios sea el único que puede gobernar el corazón, también espera que tú

---

[13] **Nota del editor** – La palabra original que el autor emplea aquí es *religión*. A la luz del uso amplio y muchas veces confuso de la palabra *"religión"* hoy en día, los términos "fe cristiana", "cristianismo" y "fe en Cristo" y, a veces, "piedad", "piadoso/a" o "piedad cristiana", suelen reemplazar "religión" y "religioso" en muchos casos en esta publicación.

dirijas al hombre exterior. Si no cumples con esto, en breve tiempo Él podría cortar a toda tu descendencia [incluso cada varón] (1 S. 3:11-14). Asegúrate, por tanto, de mantenerlos moderados en todas las cosas —en atuendo, en lenguaje, que no sean glotones ni borrachos—, sin permitir que tus hijos dominen con arrogancia sobre tus criados ni que se comporten neciamente entre ellos.

b. Aprende a distinguir entre la ofensa que, en tu familia, se te hace a ti y la que se realiza contra Dios. Y aunque deberías ser muy celoso para con el Señor y no soportar nada que sea una transgresión franca contra Él, ésta debería ser tu sabiduría: Pasar por alto las ofensas contra ti y enterrarlas en el olvido porque el amor "cubrirá multitud de pecados" (1 P. 4:8). No seas pues como aquellos que se enfurecen y miran fijamente como locos, cuando se les hiere, pero que se ríen o, al menos, no reprenden con sobriedad ni advierten cuando se deshonra a *Dios*.

Gobierna bien tu propia casa, teniendo a tus hijos —y a los demás miembros de tu familia— en sujeción con toda dignidad (1 Ti. 3:4). Salomón fue, en ocasiones, tan excelente en esto que dejó sin aliento a quienes lo contemplaron (2 Cr. 9:3-4).

Al estado de su mujer

Sin embargo, para romper con esta generalización y entrar en detalles: ¿Tienes esposa? Debes considerar cómo comportarte en esa relación. Para hacer esto bien, debes considerar la condición de tu mujer, si es alguien que cree o no.

Si su esposa cree

En primer lugar, si cree, entonces:

1. Tienes el compromiso de bendecir a Dios por ella: "Su estima sobrepasa largamente a la de las piedras preciosas" (Pr. 31:10) y es el don de Dios para ti, tu adorno y tu gloria (Pr. 12:4; 1 Co. 11:7). "Engañosa es la gracia, y vana la hermosura; la mujer que teme a Jehová, ésa será alabada" (Pr. 31:30).

2. Deberías amarla bajo una doble consideración:

a. Ya que ella es carne de tu carne y hueso de tu hueso: "Porque nadie aborreció jamás a su propia carne" (Ef. 5:29).

b. Dado que ella, junto contigo, es heredera de la gracia de vida (1 P. 3:7). Añado que esto debería comprometerte a amarla con amor cristiano, amarla creyendo que ambos son tiernamente amados por Dios y por el Señor Jesucristo, y como quienes deben estar juntos con Él en eterna felicidad.

3. Deberías conducirte con ella y delante de ella, como Cristo lo hace con su Iglesia. Como dice el Apóstol: "Maridos, amad a vuestras mujeres, así como Cristo amó a la iglesia, y se entregó a sí mismo por ella" (Ef. 5:25). Cuando los esposos se comportan como esposos de verdad, no sólo serán esposos, sino una ordenanza de Dios para la esposa y serán una predicación para ella sobre la conducta de Cristo con su Esposa. Una suave esencia envuelve las relaciones entre el esposo y la mujer que creen (Ef. 4:32); la esposa, que representa a la Iglesia, y el esposo como su cabeza y Salvador: "Porque el marido es cabeza de la mujer, así como Cristo es cabeza de la iglesia, la cual es su cuerpo, y él es su Salvador" (Ef. 5:23).

Éste es uno de los fines principales de Dios en la institución del matrimonio, que Cristo y su Iglesia, por medio de una figura, podrían estar dondequiera que haya un matrimonio que cree por medio de la gracia. Por tanto, ese marido que se comporta sin tacto con su mujer, no sólo tiene una conducta contraria a la norma, sino que también le hace perder a su esposa el beneficio de tal ordenanza y va en contra del misterio de su relación.

Por consiguiente: "Así también los maridos deben amar a sus mujeres como a sus mismos cuerpos. El que ama a su mujer, a sí mismo se ama. Porque nadie aborreció jamás a su propia carne, sino que la sustenta y la cuida, como también Cristo a la iglesia" (Ef. 5:28-29). Cristo entregó su vida por su Iglesia, cubre sus enfermedades, le comunica su sabiduría, la protege y la ayuda en sus labores en este mundo; así deberían ser los hombres con sus esposas. Salomón y la hija de Faraón tuvieron el arte de actuar así, como podemos ver en el libro del Cantar de los Cantares de Salomón. Por ello, ten paciencia con sus debilidades, ayúdala en sus dolencias y hónrala como vaso más frágil y como alguien de constitución más delicada (1 P. 3:7).

En una palabra, sé un esposo tal para tu esposa creyente que ella pueda decir: ¡Dios no sólo me ha dado un esposo, sino uno que me predica a diario la conducta de Cristo para con su Iglesia!

Si su esposa es incrédula o carnal

En segundo lugar, si tu esposa es incrédula o carnal, también tienes un deber delante de ti que te has comprometido a realizar bajo un doble compromiso: 1. Ella está sujeta en todo momento a la condenación eterna. 2. Es tu esposa la que se encuentra en tan mala situación.

¡Qué poco sentido del valor de las almas hay en el corazón de algunos esposos, según manifiesta su conducta no cristiana hacia sus esposas y delante de ellas! Ahora, para cualificarte para un comportamiento adecuado,

1. Trabaja con seriedad para obtener un sentido del desdichado estado de tu mujer para que tu corazón pueda ansiar su alma.

2. Ten cuidado, no sea que ella aproveche alguna ocasión de cualquier conducta impropia en ti, para obrar mal. Y aquí tienes que duplicar tu diligencia porque ella está en tu seno y, por tanto, es capaz de espiar hasta el menor mal obrar tuyo.

3. Si se comporta de un modo impropio y rebelde, ya que está sujeta a ello por no tener a Cristo y su gracia, esfuérzate para vencer su maldad con tu bondad, su adversidad con tu paciencia y tu mansedumbre. Comportarte como ella, tú que tienes otro principio, sería una vergüenza para ti.

4. Aprovecha las oportunidades adecuadas para convencerla. Observa su disposición y, cuando la veas con mayor disposición a la paciencia, habla a su corazón mismo.

5. Cuando hables, hazlo con propósito. No es necesario utilizar muchas palabras; basta con que sean pertinentes. Job le responde a su esposa con unas pocas palabras y calla su necio consejo: "Y él le dijo: Como suele hablar cualquiera de las mujeres fatuas, has hablado. ¿Qué? ¿Recibiremos de Dios el bien, y el mal no lo recibiremos?" (Job 2:10).

6. Que todo se haga sin amargura o el menor indicio de enojo: "Que con mansedumbre corrija a los que se oponen, por si quizá Dios les conceda que se arrepientan para conocer la verdad, y escapen del lazo del diablo, en que están cautivos a voluntad de él" (2 Ti. 2:25-26). "¿O qué sabes tú, oh marido, si quizá harás salva a tu mujer?" (1 Co. 7:16).

Tomado de "Christian Behavior" (Conducta cristiana), publicado por CHAPEL LIBRARY.

John Bunyan (1628-1688): Ministro, predicador y autor inglés, nació en Elstow, cerca de Bedford, en Inglaterra.

Dirigir a una familia para Cristo
RICHARD BAXTER (1615-1691)

EL principal requisito para gobernar la familia de la forma correcta es la idoneidad de quienes la rigen y de aquellos que son regidos por ellos… Sin embargo, si las personas que se han unido no son idóneas para mantener una relación familiar, su primer deber consiste en arrepentirse de su anterior pecado y de su imprudencia, y acudir de inmediato a Dios, procurando esa idoneidad necesaria para el correcto desempeño de los deberes de sus distintos rangos. En los *padres,* hay tres cosas sumamente necesarias para desempeñar este cometido: 1. Autoridad; 2. Habilidad; 3. Santidad y buena disposición.

1. Mantener su autoridad en la familia

Los padres deben mantener su *autoridad* en la familia porque, si alguna vez la pierden y aquellos a los que deberían gobernar los desprecian, su palabra no tendrá ya efecto alguno en ellos. Será como montar a caballo, pero sin brida: El poder de gobernar desaparece cuando se pierde la autoridad. Y aquí debes comprender primero la naturaleza, el uso y el límite de tu autoridad porque, así como tu relación es diferente con tu esposa y con tus hijos, también lo es tu autoridad. Tu potestad sobre tu esposa es tan solo la necesaria para que haya orden en tu familia, para una administración segura y prudente de los asuntos domésticos y para una cohabitación cómoda. El poder del amor y el genuino interés tienen que lograr más que las órdenes autoritarias. Tu autoridad sobre tus hijos es mucho mayor, pero sólo se necesita aquella que se combina con el amor para darles una buena educación y proporcionarles felicidad… Observa estas directrices para mantener tu autoridad:

Primera: Haz que tu familia entienda que tu autoridad procede de Dios, el Dios del orden, y que en obediencia a Él están obligados a obedecerte a ti. "No hay autoridad sino de parte de Dios" (Ro. 13:1) y no existe ninguna autoridad que la criatura inteligente pueda reverenciar tanto como aquella que viene de Dios. Todos los lazos que no son percibidos como divinos son desechados, no sólo por el alma, sino también por el cuerpo. La conciencia iluminada les dirá a los ambiciosos usurpadores: "A Dios lo conozco y a su Hijo Jesús también, pero ¿quién eres tú?".

Segunda: Cuanto más se vea de Dios en ti, en tu conocimiento, santidad y en una vida irreprochable, mayor será tu autoridad a los ojos de toda tu casa que tiene temor de Él. El pecado te hará despreciable y vil; la santidad, como imagen de Dios que es, te hará honorable. A los ojos de los fieles, "el vil es menospreciado", pero honran "a los que temen a Jehová" (Sal. 15:4). "La justicia engrandece a la nación —y a la persona— mas el pecado es afrenta de las naciones" (Pr. 14:34). Los que honran a Dios recibirán honra de Él y aquellos que lo desprecian serán tenidos en poco (1 S. 2:30). Quien se abandona a los afectos y las conversaciones viles[14] (Ro. 1:26) parecerá abominable por haberse convertido en una persona infame como los hijos de Elí se envilecieron por su pecado (1 S. 3:13). Sé que los hombres deberían discernir y honrar a la persona que ostenta la autoridad que Dios le ha concedido, por mucho que puedan ser moral y naturalmente viles; pero esto es tan difícil que rara vez se hace bien. Y Dios es tan severo con los ofensores orgullosos que suele castigarlos haciéndolos infames a los ojos de los demás. Como poco, cuando estén muertos y los hombres se atrevan a hablar libremente de ellos, su nombre se pudrirá (Pr. 10:7). Los ejemplos de los mayores emperadores del mundo —persas, romanos y turcos— nos dicen que si (por la prostitución, la embria-

---

[14] **Afectos y conversaciones viles** –Lujurias vergonzosas y un estilo de vida escandaloso.

guez, la glotonería, el orgullo y, en especial, la persecución) se envilecen, Dios permitirá que se conviertan en la vergüenza y el escarnio de los hombres, descubriendo su desnudez. ¿Y cree el *padre* impío que mantendrá su autoridad sobre los demás cuando él se rebela contra la autoridad de Dios?

Tercera: No muestres tu debilidad natural mediante pasiones, palabras y hechos imprudentes. Y es que si piensan en ti con desdén, cualquier insignificancia hará que desprecien tus palabras. En el hombre existe, naturalmente, tan alta estima por la razón que con dificultad se le convence de que se rebele contra ella para ser gobernado (en beneficio del orden) por la necesidad. Es muy apto para pensar que la razón más correcta debería dominar. Por tanto, cualquier expresión estúpida o débil, cualquier pasión desordenada o cualquier acto imprudente es muy capaz de hacerte *despreciable* a los ojos de tu familia.

Cuarta: No pierdas tu autoridad por usarla de forma negligente. Si consientes que los hijos... tomen el liderazgo, aunque sólo sea por un momento y que tengan, digan y hagan lo que quieran, tu gobierno no será más que un nombre o una imagen. El curso moderado entre el rigor señorial y una suave sujeción... te protegerá mejor del desdén [de tu familia].

Quinta: No pierdas tu autoridad por conceder demasiada familiaridad. Si conviertes a tus hijos... en tus compañeros de juego o en tus iguales, y les hablas y les permites que te hablen como colegas, rápidamente se pondrán por encima de ti y esto se convertirá en una costumbre. Aunque otro pueda gobernarlos, rara vez soportarán que lo hagas tú y repudiarán el sujetarse a ti por haberse relacionado una vez contigo de igual a igual.

2. Habilidad y prudencia en su forma de gobernar

Trabaja para que haya *habilidad y prudencia* en tu forma de gobernar. Aquel que emprende la labor de *padre,* también asume el gobierno sobre los suyos y cuando se trata de un asunto de tanta importancia, no es pecado pequeño ocupar un lugar para el que no estás totalmente capacitado. Te resultaría más fácil discernir esto en un caso ajeno a ti, si un hombre acomete ser maestro de escuela sin saber leer ni escribir; o ser médico y desconocerlo todo sobre enfermedades y remedios; o ser un piloto sin tener la más mínima idea de cómo desempeñar dicho trabajo; ¿cómo es, pues, que no lo puedes discernir mucho mejor en tu propio caso?

Primera: Para conseguir la destreza de un gobierno santo es necesario que hayas estudiado bien la Palabra de Dios. Por tanto, Él manda a los reyes mismos que lean la Ley todos los días de su vida (Dt. 17:18-19) y que ésta no se aparte nunca de su boca, sino que mediten en ella de día y de noche (Jos. 1:8). Del mismo modo, todos los *padres* deben ser capaces de enseñarla a sus hijos y hablar de ella, tanto en casa como fuera de ella, al acostarse y al levantarse (Dt. 6:6-7; 11:8-9). Todo gobierno de los hombres no es más que algo subordinado al gobierno de Dios para fomentar la obediencia a sus leyes...

Segunda: Entiende bien las distintas personalidades que haya en tu familia y trata con cada una de ellas tal como son y del mejor modo que ellos lo puedan llevar; no te comportes con todos de la misma manera. Algunos son más inteligentes y otros son más torpes. Unos tienen una disposición más tierna y otros más endurecida. Algunos estarán más forjados en el amor y la bondad, y otros tendrán necesidad de agudeza y severidad. La prudencia debe hacer que la forma en que los tratas encaje con su temperamento.

Tercera: Debes diferenciar entre sus diversas faltas y tus represiones deberán encajar del modo más adecuado. Los más obstinados deberán ser reprendidos con mayor severidad, junto con los que sean culpables en asuntos de mayor peso. Algunas faltas se cometen por la mera incapacidad y la inevitable fragilidad de la carne, y manifiestan poco de la voluntad. Estas deben gestionarse con mayor suavidad porque merecen más compasión que reprobación. Algunos son vicios habituales y toda su naturaleza es más desesperadamente depravada que otros. En esos casos, se debe aplicar algo más que una corrección particular. Hay que conducirlos al curso de vida que sea más eficaz para destruir y cambiar esos hábitos. Algunos son rectos en el fondo; sin embargo, en las cosas principales y más trascendentales son culpables, al menos, de algunas faltas reales y, de estas, algunas son más escasas y otras más frecuentes. Si no diversificas con prudencia tus represiones según sean sus faltas, no conseguirás más que endurecerlos y no lograrás el propósito de tu disciplina. Y es que existe una justicia familiar que no debe ser derrocada, a menos que derribes a tu propia familia, como también hay necesidad de una justicia más pública por el bien público.

Cuarta: Sé un buen marido para tu esposa, un buen padre para tus hijos y que sea el amor el que domine en todo tu gobierno, para que tu familia pueda descubrir con facilidad que obedecerte es algo en su propio beneficio. El interés y el amor propio son los regidores naturales del mundo. Es, asimismo, la forma más eficaz de procurar la obediencia o cualquier otro bien, el hacer que los hombres perciban que es para su propio provecho y emplear su amor propio de forma que ellos puedan ver que el beneficio es para ellos. Si no les procuras bien alguno y eres amargado, descortés y de puño cerrado[15] con ellos, pocos se dejarán gobernar por ti.

Quinta: Si quieres ser hábil a la hora de gobernar a otros, aprende primero a gobernarte a ti mismo con exactitud. ¿Acaso podrías esperar que otros estén bajo tu voluntad y tu propio gobierno antes que tu mismo? ¿Está capacitado un impío para gobernar a su familia en el temor de Dios si él no le teme? ¿Es apto para protegerlos de la pasión, de la embriaguez, de la glotonería, de la lujuria o de cualquier tipo de sensualidad cuando él no es capaz de apartarse de todo ello? ¿Acaso tu familia no menospreciará tus reprobaciones si tú mismo las contradices en tu vida? Sabes que esto es así en el caso de los predicadores impíos: ¿no ocurre esto también con todos los que están en alguna posición de gobierno?

3. Ser una persona santa

Quien quiera ser un gobernador santo de su familia deberá ser una persona santa. Las acciones de los hombres siguen la inclinación de su disposición. Actuarán según sean. Un enemigo de Dios no gobernará a su familia para Dios, como tampoco un enemigo de la santidad (ni alguien ajeno a ella) establecerá un orden santo en su casa ni gestionará sus asuntos de un modo santo. Sé que para la carne es más fácil llamar a otros a la mortificación del pecado y a la vida de santidad que aplicarlas a nosotros mismos; pero cuando no se trata de una orden sin más o de un deseo sin fundamento, sino del curso de un gobierno santo y laborioso, las personas impías —aunque algunas puedan llegar lejos— no tienen los fines ni los principios que requiere una obra como ésta.

Primera: Con este fin, asegúrate de que tu propia alma esté por completo sujeta a Dios y de obedecer sus leyes con mayor cuidado del que esperas de cualquier miembro de tu familia cuando obedecen tus órdenes. Si te atreves a desobedecer a Dios, ¿por qué deberían ellos temer desobedecerte a ti? ¿Acaso puedes tu vengar la desobediencia con mayor severidad o recompensarla con mayor abundancia que Dios? ¿Te crees mayor y mejor que Dios mismo?

Segunda: Asegúrate de hacer tesoro en el cielo y que el fin dominante supremo sea el disfrute de Dios en la gloria, tanto en los asuntos como en el gobierno de tu familia y todo lo demás que te ha sido encomendado. Dedícate tú y todo lo que tienes a Dios y hazlo todo por

---

[15] **Puño cerrado** – Avaro.

Él. Si te *apartas* así para Dios, eres santificado; entonces separarás todo lo que tienes para su uso y servicio...

Tercera: Mantén la autoridad de Dios en tu familia con mayor cuidado que la tuya propia. Tu autoridad no existe sino por la suya. Repréndelos o corrígelos con mayor dureza cuando ofenden o deshonran a Dios que cuando lo hagan contigo. Recuerda el triste ejemplo de Elí: No le quites importancia a ninguno de los pecados de tus hijos, en especial, los de mayor relevancia... Honrar a Dios debe ser lo más grande en tu familia y servirle a Él ha de tener preeminencia sobre el servicio de ella a ti. El pecado contra Él debe ser la ofensa más intolerable.

Cuarta: Que el amor espiritual hacia tu familia predomine; preocúpate por salvar su alma y que tu compasión sea mayor en sus miserias espirituales. Pon primeramente cuidado en proporcionarles una porción en el cielo y salvarlos de cualquier cosa que pudiera privarlos de ella. No prefieras nunca el vil metal[16] de la tierra a las riquezas eternas. No te abrumes con muchas cosas hasta el punto de olvidar lo único necesario, sino escoge para ti y para ellos la mejor parte (Lc. 10:42).

Tomado de "A Christian Directory" en *The Practical Works of Richard Baxter* (Las obras prácticas de Richard Baxter), Tomo 4, Soli Deo Gloria, una sección de Reformation Heritage Books, www.heritagebooks.org.

Richard Baxter (1615-1691): Predicador y teólogo puritano anglicano, nacido en Rowton, Shropshire, Inglaterra.

> *El santo Jacob, ese patriarca de renombre, fue un profeta que instruyó a su familia en la religión verdadera y un rey que los gobernó en nombre de Dios; y también fue un sacerdote quien edificó un altar [y] ofreció sacrificios y llevó a cabo la adoración religiosa a favor de su familia y junto con ésta. Aun el hombre más pobre que tiene una familia debe ser un profeta, un sacerdote y un rey en su propia casa.* — Oliver Heywood

---

[16] **Vil metal** – Riqueza y posesiones temporales.

El padre debe ser piadoso
Nicholas Byfield (1579-1622)

Las señales del verdadero cristiano que posee la verdadera gracia en este mundo y que será salvo en el cielo cuando muera puede dividirse en dos catálogos[17]: Uno más breve y el otro más amplio. Uno de estos catálogos lo describe con unas marcas que lo distinguen externamente entre todos los hombres. La amplia categoría a la que me refiero de manera especial, como forma más infalible y eficaz de prueba, contiene señales que en su mayoría no son observadas por otros hombres o, por lo menos, no de forma completa, sino que le son conocidas a él y que no se pueden hallar en alguien reprobable[18].

Las marcas observadas

En la primera categoría del catálogo: El verdadero cristiano suele descubrirse por estas marcas.

1. No participará "en las obras infructuosas de las tinieblas" (Ef. 5:11). No caminará "en consejo de malos" ni se detendrá "en camino de pecadores" (Sal. 1:1). No se asociará con hacedores de iniquidad (2 Co. 6:14-18).

2. Afligirá y humillará su alma por sus pecados, lamentando y llorando por ellos… Considera que sus pecados son su mayor carga. No puede burlarse del pecado.

3. Se esfuerza para ser santo en todas sus conversaciones, vigilando sus propios caminos en todo momento y en todas las compañías (Sal. 50:23; 2 P. 3:11).

4. Toma conciencia del menor de los mandamientos como del mayor, evita el lenguaje sucio, las bromas vanas y la lascivia[19] (Ef. 5:4), así como la prostitución, los juramentos menores y también los mayores, los discursos que puedan ser causa de reproche, así como los actos violentos.

5. Ama, estima y se esfuerza en la poderosa predicación de la Palabra por encima de todos los tesoros terrenales.

6. Honra y considera a los piadosos, y se deleita en la compañía de aquellos que de verdad temen a Dios por encima de todos los demás (Sal. 15).

7. Es cuidadoso en la santificación del [Día de Señor]; no se atreve a violar el santo descanso por trabajar ni desatiende los santos deberes que pertenecen al servicio de Dios, en público ni en privado (Is. 56, 58).

8. No ama al mundo ni las cosas que en él hay (1 Jn. 2:15), sino que le afectan con sinceridad las cosas que conciernen a una vida mejor. Así ama, en cierta medida, la venida de Cristo (2 Ti. 4:8).

9. Es benigno (Stg. 3:17). Perdona a sus enemigos, desea la paz y hace el bien a los que lo persiguen, si está en sus manos (Mt. 5:44-45).

10. Sigue en la profesión de la sinceridad del evangelio cuyos deberes realiza, según sabe que Dios se lo requiere en el asunto de su alma, a pesar de las oposiciones de las personas profanas o la aversión de los amigos carnales.

---

[17] **Catálogo** – Lista completa de cosas que se suele disponer de forma sistemática.

[18] **Reprobable** – Alguien susceptible de ser réprobo, es decir, rechazado por Dios.

[19] **Lascivia** – Inclinación a la lujuria o a los deseos sexuales.

11. Establece una rutina diaria de servicio a Dios y lo hace también con su familia, si es que la tiene. Se ejercita en la Palabra de Dios como gozo principal de su corazón y como el refugio diario de su vida, pidiéndole ayuda a Él continuamente. Estas son las señales del catálogo más breve.

Las marcas no observadas

[Segundo catálogo:]... Ahora, con la ayuda de Dios, para ayudar a los cristianos más débiles... procuraré expresarme en esta doctrina de poner a prueba el estado del verdadero cristiano, en un examen más claro y fácil. Dejaré... este nuevo catálogo a la bendición de Dios y a la libre elección de cómo quiera usarlo el lector piadoso, según le resulte más agradable a su propio gusto, ya que ambos están justificados y fundados en la prueba infalible de la inmutable verdad de Dios...

De infalible seguridad

En las Escrituras existen tres tipos de lugares (en mi opinión) que apuntan a las razones de infalible seguridad en aquellos que puedan alcanzarlas. *Primero,* señalo esos lugares que afirman de manera expresa que tales y tales cosas son señales. Por ejemplo: "Nosotros sabemos que hemos pasado de muerte a vida, en que amamos a los hermanos" (1 Jn. 3:14). Aquí, el Espíritu Santo nos muestra de forma manifiesta que el amor de los hermanos es una señal por la cual el cristiano puede saber que ha pasado de muerte a vida. Por tanto, el apóstol Pablo nos proporciona detalles para que sepamos si la aflicción de ellos era *piadosa* o no (2 Co. 7:11). Así también el profeta David (Sal. 15) quien proveyó diversas señales por las que se puede conocer al hombre que mora en el santo monte de Dios. El apóstol Santiago también nos dice cómo podemos conocer la sabiduría de lo alto: Reconociendo los frutos y los efectos de ésta (Stg. 3:17). El apóstol Pablo también nos indica cómo podemos saber si tenemos el Espíritu de Cristo en nosotros o no (Ro. 8:9, 15; Gá. 5:22; 4:6-7).

En segundo lugar, descubro señales que marcan para qué tipo de gracias en el hombre están hechas las promesas de Dios. Y es que razono de este modo: Cualesquiera que sean los dones de Dios en el hombre, que lo lleven al alcance de las promesas de la misericordia eterna de Dios, ese don debe ser una señal infalible de salvación... Por tanto, el hombre que puede encontrar esos dones en sí mismo será, ciertamente, salvo. Por ejemplo, el reino de los cielos se ha prometido a los que son *"pobres en espíritu"* (Mt. 5:3). A partir de ahí, entiendo que esa pobreza de espíritu es una señal infalible. Puedo decir lo mismo del amor a la Palabra, la rectitud del corazón, del amor de Dios y del amor a la venida de Cristo.

En tercer lugar, encuentro otras señales mediante la observación de lo que los hombres piadosos han dicho por sí mismos en las Escrituras, cuando han aducido a su propia prueba del interés que tienen en el amor de Dios o la esperanza de una mejor vida. Considera cómo han demostrado que no eran hipócritas. Cualquier cristiano puede probar del mismo modo que tampoco lo es. Por ejemplo, Job, acusado de hipocresía y postrado bajo la dura mano de Dios, defiende su causa y demuestra que no es un hipócrita, aludiendo a su constancia en los caminos divinos y su incesante estima por la Palabra de Dios: "Guardé las palabras de su boca más que mi comida" (Job 23:10-12).

Ahora, aunque algunas señales son *generales* y podrías dudar de la exposición[20], a saber, de qué forma es infalible esa señal en tal o tal sentido... puedes observar que presento la señal tal como se expone en varios otros versículos. Por ejemplo, el amor de los hermanos es una

---

[20] **Dudar de la exposición** –Dudar de la interpretación del autor.

prueba general. Ahora bien, ¿cómo sabré que tengo el amor apropiado por los hermanos? Esto lo explico yendo a otros versículos en los que se alude a las explicaciones particulares de esta señal.

Su humillación por el pecado

1. La primera forma en que un cristiano puede probarse a sí mismo es, pues, examinarse en su humillación por el pecado, si es correcta o no. Y es que bajo este epígrafe se abarca la explicación de la doctrina de la pobreza de espíritu y de la tristeza piadosa y, por tanto, en general, del arrepentimiento de los pecados.

En este asunto de la humillación, el verdadero cristiano demuestra haber alcanzado aquello que ningún reprobado podría lograr jamás y esto es evidente en diversos detalles, tal como, en primer lugar, tener una visión y un sentido verdadero de sus pecados. Discierne la pecaminosidad de su vida, pasada y presente; está afectado y afligido bajo la carga de sus ineptitudes o faltas y sus corrupciones diarias. Ve su miseria en lo que respecta a sus pecados (Mt. 11:29; 5:4).

2. Tiembla ante la Palabra de Dios y teme su desagrado, aunque no flaquea por sus amenazas (Is. 66:1-2).

3. Renuncia a sus propios méritos y rechaza toda opinión de que la verdadera felicidad radica en sí mismo o en ningún otro bajo el sol. [Está] plenamente convencido de que no puede salvarse por ninguna obra que pueda hacer ni ser feliz disfrutando con las cosas mundanas[21]. Por tanto, está decidido por completo a buscar el bien supremo del favor de Dios, sólo en Jesucristo.

4. Llora con sinceridad y en secreto por sus pecados, así [se lamenta] 1. por todos los tipos de pecados, los secretos y los conocidos; por los pecados menores y los mayores; por los males presentes de su naturaleza y de su vida, así como de los pecados que ha amado, que le han resultado en ganancia y que le han complacido. Sí, sufre por el mal que se adhiere a sus mejores obras y también por sus malas obras (Is. 6:5, 1:16; Ro. 7:24; Mt. 5:6). 2. Por el pecado en sí y no porque le traiga, o pudiera acarrearle, vergüenza o castigos en esta vida, o en el infierno. 3. Está tan afligido por sus pecados, como acostumbraba a estarlo o como lo está ahora, por las cruces en su estado[22]. Se lamenta con la misma sinceridad por las tristezas que cayeron sobre el Hijo de Dios por su pecado, como si *él* hubiera perdido a su único hijo (Zac. 12:10-11) o, al menos, se esfuerza en esto y se juzga a sí mismo si las aflicciones mundanas lo preocupan más que sus pecados (Sal. 38:5).

5. Sufre de verdad y se enoja en el alma por las abominaciones que otros cometen para deshonra de Dios, para difamar a la religión verdadera o para la perdición de las almas de los hombres, como Lot (2 P. 2:7), David (Sal. 119:136) y los lamentadores señalados para el propio pueblo de Dios (Ez. 9:4).

6. Le afecta, le aflige y sufre de corazón por los juicios espirituales que alcanzan a las almas de los hombres, así como los hombres impíos acostumbran abatirse por las cruces temporales. De modo que él sufre y le desconcierta ver la dureza de corazón (cuando no puede lamentarse como le gustaría), por el hambre de la Palabra, por la ausencia de Dios, por las blasfemias de los impíos o cosas parecidas (Sal. 44:2-3, 137; Neh. 1:3-4; Is. 63:17).

---

[21] El autor se está refiriendo a las actividades pecaminosas y mundanas, no al disfrute legítimo de la creación de Dios.

[22] **Cruces en su estado** – Aflicciones en la condición moral, corporal o mental de la persona.

7. Siente mayor impulso a humillarse y lamentarse por sus pecados cuando siente que Dios es más clemente. La bondad divina le hace temer más a Dios y odiar sus pecados, en vez de odiar la justicia [de Dios] (Os. 3:5).

8. Sus sufrimientos son tales que sólo pueden aliviarse por medios espirituales. Ni el deporte ni la compañía alegre lo relajan. Su consuelo sólo procede de Dios en alguna de sus ordenanzas. Ya que fue el Señor quien lo hirió mostrándole sus pecados, sólo acude a Él para ser sanado de sus heridas (Os. 6:1-2; Sal. 119:24, 50).

9. Es inquisitivo[23] en su dolor: Preguntará el camino y desea saber cómo puede ser salvo. No puede ahogar ni disuadir sus dudas en tan gran asunto. Ya no se atreve a ser ignorante del camino al cielo. No es descuidado como solía ser, sino que está seriamente inclinado a conseguir directrices de la Palabra de Dios respecto a su reconciliación, santificación[24] y salvación (Jer. 50:4-5; Hch. 2:37).

10. Teme ser engañado y, por tanto, no se satisface fácilmente. No descansará sobre una esperanza común ni se deja llevar por las probabilidades. Tampoco lo satisface que otros hombres tengan una buena opinión de él. No le complace el haber enmendado algunas faltas ni el empezar a arrepentirse, sino que se arrepiente y sigue arrepintiéndose, es decir que toma un segundo impulso para asegurarse de que su arrepentimiento se ha llevado a cabo de manera eficaz (Jer. 31:19).

11. Los deseos de una sana reforma de su vida lo guían con vehemencia... la tristeza piadosa [por el pecado] siempre tiende a la reforma y a una enmienda sana.

12. En todas sus aflicciones, él tiene una confianza interna en la misericordia y la aceptación de Dios, de manera que ninguna desgracia puede arrancarle la consideración, la seguridad interna y la esperanza en la misericordia de Dios. En la misma inquietud de su corazón, el deseo de su alma es para el Señor y delante de su presencia. Aunque nunca está demasiado desanimado, espera en Dios para recibir la ayuda de su rostro y, en cierta medida, condena la incredulidad de su propio corazón. Confía en el nombre de Dios y en sus compasiones que nunca faltan (Sal. 38:9, 42:5, 11; Lm. 3:21; Sof. 3:12).

13. Su amor por Dios lo inflama de una manera maravillosa, si Él le da a conocer, en algún momento, que escucha sus oraciones[25]. En medio de sus tristezas más desesperadas, su corazón queda aliviado si sus oraciones tienen éxito, si obtienen su deseo (Sal. 116:1, 3).

14. Mantiene su alma vigilada a diario. Se juzga a sí mismo por sus pecados delante de Dios, detectando sus pecados, acusándolos y condenándolos. Le confiesa sus pecados a Dios de manera particular, sin esconder ninguno de ellos, es decir, sin abstenerse de orar contra cualquier pecado que conoce por sí mismo, guiado por algún deseo que siga teniendo de seguir en él. Mediante esta señal puede estar seguro de tener el Espíritu de Dios y de que sus pecados son perdonados (1 Jn. 1:7; 1 Co. 11:32).

15. Vierte sus peticiones a diario delante de Dios. Clama a Él con afecto y confianza, aunque sea con gran debilidad y muchos defectos, como el niño pequeño lo hace con su padre. Descubre así el Espíritu de adopción en él (Ro. 8:15; Ef. 3:12).

16. Está deseoso —sin fingimientos— de deshacerse de cada uno de sus pecados. No hay pecado que, a su saber, [esté] en él, que no desee no haber cometido jamás con la misma sin-

---

[23] **Inquisitivo** – Dado a ser nsistente al preguntar; ávido de conocimiento.

[24] Ver FGB 215, *Sanctification*, en inglés (Santificación), disponible en CHAPEL LIBRARY.

[25] En este contexto, que Dios "escuche" la oración de un creyente parece significar que le concede aquello por lo que se ha orado.

ceridad con la que espera que Dios nunca se lo impute[26]. Ésta es una señal que nunca falla, una fundamental (2 Ti. 2:19).

17. Se conforma con recibir de la mano de Dios el mal[27] como el bien, sin murmurar ni olvidar su integridad, siendo consciente de lo que merece y teniendo el deseo de ser aprobado por Dios, sin tener en cuenta la recompensa. Esto demostró que Job era un hombre santo y recto (Job 1:1; 2:3, 10).

[Finalmente], **18.** Su espíritu no tiene engaño (Sal. 32:2). Desea más ser bueno que el hecho de que piensen que lo es. Busca el poder de la piedad [en lugar] de la demostración de ella (Job 1:1; Pr. 20:6-7). Su alabanza es de Dios y no de los hombres (Ro. 2:29). Y, de esta forma, vemos gran parte de la prueba de su humillación.

Tomado de *The Signs of a Wicked Man and the Signs of a Godly Man* (Las señales de un hombre malvado y las señales de un hombre piadoso), Puritan Publications, www.puritanpublications.com.

Nicholas Byfield (1579-1622): Predicador y autor anglicano y puritano, nació en Warwickshire, Inglaterra.

---

[26] En otras palabras, cuando un creyente descubre un pecado en sí mismo, tiene el mismo fervor por no querer cometer ese pecado que por el temor que siente porque Dios lo acuse de ser culpable de él.

[27] **Recibir el mal** – Recibir dificultades, pruebas o aflicciones.

Los padres deben enseñar la Palabra de Dios y orar
Thomas Doolittle (1632 - c. 1707)

"Yo y mi casa serviremos a Jehová". —Josué 24:15

Leer las Escrituras y orar *por* y *con* sus familias

Los padres deben leer las Escrituras a su familia [y] enseñar e instruir a sus hijos... en los asuntos y las doctrinas de salvación. Por consiguiente, deben orar *por* y *con* sus familias.

Ningún hombre que no niegue las Escrituras, puede negar el deber incuestionable de leer las Escrituras en nuestras casas, de que los gobernadores de la familia enseñen e instruyan a partir de la Palabra de Dios. Entre toda una multitud de versículos expresos, considera estos: "Y cuando os dijeren vuestros hijos: ¿Qué es este rito vuestro?, vosotros responderéis: Es la víctima de la pascua de Jehová, el cual pasó por encima de las casas de los hijos de Israel en Egipto, cuando hirió a los egipcios, y libró nuestras casas" (Éx. 12:26-27). También hay muchas razones por las cuales los padres cristianos deben explicar a sus hijos las ordenanzas del Nuevo Testamento para instruirlos en la naturaleza, el uso y los fines del bautismo y la Santa Cena: "Y estas palabras que yo te mando hoy, estarán sobre tu corazón; y las repetirás[28] —aguzar o afilar— a tus hijos, y hablarás de ellas estando en tu casa, y andando por el camino, y al acostarte, y cuando te levantes", es decir, por la mañana y por la tarde (Dt. 6:6-7; 11:18-19). "Y vosotros, padres, no provoquéis a ira a vuestros hijos, sino criadlos en disciplina y amonestación del Señor" (Ef. 6:4). Dios [declara] que se agradó de Abraham: "Porque yo sé que mandará a sus hijos y a su casa después de sí, que guarden el camino de Jehová" (Gn. 18:19). Esto es, pues, innegable si la Palabra ha de creerse, recibirse como nuestra norma y si hemos de rendirle obediencia. Hasta los paganos enseñaron la necesidad de instruir a los jóvenes cuando aún hay tiempo.

Las razones

La razón de este resultado —de la lectura familiar y las instrucciones a la oración en familia— es evidente (es necesario que supliquemos a Dios para recibir la iluminación de su Espíritu para que abra los ojos de todos en la familia, por su bendición sobre nuestros esfuerzos, sin la cual no habría beneficio de salvación) y será más manifiesta si consideramos y exponemos juntas todas las cosas que siguen:

En primer lugar, ¿de quién es la palabra que se ha de leer juntos en familia? Es la Palabra del Dios eterno, bendito y glorioso. ¿Y acaso no llama esto y requiere más oración previa, que si fuéramos a leer el libro de algún hombre mortal? La Palabra de Dios es esa *por la que* Dios nos habla. Es esa *mediante la cual* Él nos instruye y nos forma en las preocupaciones supremas y de mayor peso de nuestra alma. Es esa *en la que* debemos ir a buscar los remedios para la cura de nuestras enfermedades espirituales. Es esa *de donde* debemos sacar las armas de defensa contra nuestros enemigos espirituales que atacan nuestra alma y que debe dirigirnos en las sendas de la vida.

¿No es, pues, necesario que oremos juntos para que Dios prepare el corazón de todos ellos y obedezcan todo lo que les leamos, lo cual procede de la mente de Dios? ¿Es la familia tan seria y tan consciente de la gloria, la santidad y la majestad de ese Dios que les habla en su Palabra que ya no necesitan orar para que las cosas sean así? Y si es necesario, ¿no debería ser lo primero en hacerse? Y cuando ya se ha leído y se han escuchado las amenazas, los manda-

---

[28] **Enseñar** – Hebreo וְשִׁנַּנְתָּם.

tos y las promesas del glorioso Dios y se han descubierto los pecados y la ira de Dios contra estos, los deberes impuestos, los preciosos privilegios abiertos y las promesas de un Dios fiel —"promesas grandes y preciosas" para aquellos que se arrepienten, creen y acuden a Dios con todo su corazón y sin fingimiento—, ¿no hay necesidad de que todos [en la familia] se postren juntos de rodillas; de que supliquen, lloren y clamen a Dios pidiendo perdón por esos pecados de cuya culpabilidad esta Palabra los ha convencido y de lamentarlos delante del Señor? ¿Y para que cuando se ordene el deber, todos puedan tener un corazón dispuesto para practicar y obedecer? ¿Que puedan arrepentirse sin fingimiento y acudir a Dios para poder aplicar esas promesas y ser partícipes de esos privilegios? Todo esto indica, pues, que existe una gran razón cuando leemos juntos, para que también oremos juntos.

En segundo lugar, considera las cosas grandes y profundamente misteriosas contenidas en la Palabra de Dios que se ha de leer en familia y surgirá la necesidad de orar juntos también. ¿No encierra esta Palabra la doctrina respecto a Dios, cómo se le puede conocer, amar, obedecer, adorar y deleitarse en Él? ¿Y en cuanto a Cristo, el Dios-Hombre, un misterio ante el cual se maravillan los ángeles y que ningún hombre comprende por completo ni puede expresar o desvelar por completo? ¿Respecto a los oficios de Cristo —Profeta, Sacerdote y Rey[29]—, su ejemplo y su vida, sus milagros, sus tentaciones, sus sufrimientos, su muerte, sus victorias, su resurrección, ascensión e intercesión, y su venida a juzgar? ¿No existe en las Escrituras la doctrina de la Trinidad, de la desgracia del hombre por el pecado y de su remedio por parte de Cristo? ¿Del pacto de gracia, las condiciones de este pacto y sus sellos? ¿Los numerosos, preciosos y gloriosos privilegios que tenemos en Cristo: La reconciliación con Dios, la justificación, la santificación y la adopción? ¿Las diversas gracias que se han de conseguir, los deberes que se han de hacer y el estado eterno de los hombres en el cielo o en el infierno? ¿Están contenidas cosas como estas en la Palabra de Dios que deberías leer a diario en tu hogar? ¿Y todavía no ves la necesidad de orar antes y después de leer sobre esto? Sopésalo todo bien y lo harás.

En tercer lugar, considera cuánto le interesa a toda la familia conocer y comprender estas cosas tan necesarias para la salvación. Si las ignoran están acabados. Si no conocen a Dios, ¿cómo lo amarán? Podemos amar las cosas *invisibles*, pero no aquellas que *desconocemos*. Podemos amar a un Dios y a un Cristo *invisibles* (1 P. 1:8), pero no a un Dios *desconocido*. Si los que pertenecen a tu familia no conocen a Cristo, ¿cómo creerán en Él? Y, a pesar de ello, deben perecer y ser condenados si no creen en Él. Deben perder para siempre a Dios, a Cristo, el cielo y su alma, si no se arrepienten, creen y se convierten. Sin embargo, cuando leen ese libro por el cual deberían entender la naturaleza de la verdadera gracia salvífica, ¿no es necesaria la oración? Sobre todo, cuando muchos poseen la Biblia y la leen y, sin embargo, no entienden las cosas que tienen que ver con su paz.

En cuarto lugar, considera además la ceguera de su mente y su incapacidad de saber y entender estas cosas sin las enseñanzas del Espíritu de Dios. Y aun así, ¿sigue sin ser necesaria la oración?

En quinto lugar, considera algo más: El retraso de su corazón para estar atento a estas verdades de peso y necesarias de Dios y su falta de disposición natural para aprender, cosas que muestran que la oración es necesaria para que Dios los capacite y les dé la disposición para recibirlas.

---

[29] Ver Portavoz de la Gracia N° 23: *Cristo el Mediador* y Portavoz de la Gracia N° 15: *La obra de Cristo*, disponibles en CHAPEL LIBRARY.

En sexto lugar, considera una vez más que la oración es un medio especial para obtener de Dios el conocimiento y una bendición sobre las enseñanzas y las instrucciones del *padre*. David oró pidiéndole a Dios que abriera sus ojos para que pudiera contemplar las cosas maravillosas de la Ley de Dios (Sal. 119:18). En la Palabra de Dios existen "cosas maravillosas". Que el hombre caído fuese salvo es algo prodigioso. Que un Dios santo se reconcilie con el hombre pecador es algo maravilloso. Que el Hijo de Dios adoptara la naturaleza del hombre para que Dios se manifestara en la carne y que el creyente sea justificado por la justicia de otro, ¡son cosas maravillosas! Pero existe oscuridad sobre nuestra mente, un velo que cubre nuestros ojos; las Escrituras son un libro cerrado, abrochado, de modo que no podemos entender de un modo salvífico esas cosas grandes y maravillosas, ni poner nuestro amor en ellas principalmente y deleitarnos en ellas, a menos que el Espíritu de Dios retire el velo, elimine nuestra ignorancia e ilumine nuestra mente. Esta sabiduría ha de buscarse en Dios mediante la oración ferviente. Tú que eres *padre*, ¿no te gustaría que tus hijos... conocieran estas cosas y que ellas influyeran en ellos? ¿No quieres que se graben en la mente y el corazón de ellos las grandes preocupaciones de su alma? Por esta razón, tú los instruyes. ¿Pero, puedes *tú* alcanzar el corazón? ¿Puedes *tú* despertar la conciencia? ¿No puedes? ¿No te corresponde entonces orar a Dios con ellos para que Él lo haga? Mientras oras con ellos, Dios puede estar disponiendo en secreto y preparando con poder sus corazones para que reciban su Palabra y tus instrucciones sacadas de ella.

Todo esto me hace argumentar, pues, a favor de la oración familiar. Si el deber de la familia, como tal, es leer y escuchar la Palabra de Dios juntos, también lo es orar juntos (esto se manifiesta en las seis últimas cosas mencionadas). Es el deber de la familia, como tal, leer la Palabra de Dios y escucharla juntos (esto se demostró antes a partir de las Escrituras). Por consiguiente, es el deber de las familias, como tales, orar juntas.

Tomado de *"How May the Duty of Family Prayer Be Best Managed for the Spiritual Benefit of Every One in the Family?"* (¿Cómo puede el deber de la oración familiar ser mejor administrado para el beneficio espiritual de cada uno en la familia?), *Puritan Sermons 1659-1689. Being the Morning Exercises at Cripplegate* (Sermones puritanos 1659-1689. Estando en los ejercicios matutinos en Cripplegate), Vol. 2, Richard Owen Roberts, Editor.

Thomas Doolittle (1632 - c. 1707): Ministro no conformista inglés, nació en Kidderminster, Worcestershire, Inglaterra.

Los padres y la disciplina
William Gouge (1575-1653)

"Y vosotros, padres, no provoquéis a ira a vuestros hijos, sino criadlos en disciplina y amonestación del Señor". —Efesios 6:4

1. El amor

La fuente de los deberes del padre es el *amor*... Existen grandes razones para que este afecto esté firmemente fijado en el corazón de los padres hacia sus hijos. Porque grande es ese dolor, los esfuerzos, el costo y la preocupación que los padres tienen que soportar por sus hijos. Pero si el amor está en ellos, no hay dolor, esfuerzos, costo ni preocupaciones que les parezcan demasiado grandes. Aquí aparece la sabia providencia de Dios, quien, por naturaleza, ha asegurado el amor con tanta fuerza en los corazones de los padres; si hay alguno en quien no abunde, se cuenta como algo que no es natural. Si el amor no rebosara en los padres, muchos hijos estarían descuidados y se perderían... No son capaces de ayudarse a sí mismos. Como Dios plantó, por naturaleza, el amor en todos los padres, los cristianos deberían nutrir, aumentar y avivar este fuego de amor en aras de la conciencia. Por este medio, pueden ser más impulsados a todo deber, con alegría. Cuanto más ferviente sea el amor, con mayor disposición se realizará cualquier deber... En mi texto, el Apóstol menciona a los *padres*. Salomón afirmó que su padre le enseñó, cuando aún era tierno (Pr. 4:3-4) y David sintió dolor por haber descuidado a sus otros hijos... Los padres deben, por tanto, hacer su mayor esfuerzo y cuidar que las madres también hagan el suyo porque son ellos quienes gobiernan sobre hijos, madres y todo...

2. La amonestación

Sobre cómo añadir la *amonestación* a la instrucción: Los medios de ayudar a que la buena obra de disciplina siga adelante son básicamente dos: 1. La amonestación frecuente y 2. La corrección adecuada. Ambos están implicados en este texto: Uno en la palabra traducida *amonestación* que [según la anotación del término griego] significa poner algo en la mente, instar e insistir en algo. La otra es la palabra traducida *disciplina*.

Ahora bien, ambas cosas deben unirse para ser muy útiles entre sí. Y es que, probablemente, la amonestación sin corrección no producirá más que mera vanidad y la corrección sin amonestación será demasiada austeridad[30]. El deber que la primera de ellas expone es éste:

Los padres deben dar instrucción constante a sus hijos. Ellos no pueden pensar que es suficiente decirle a sus hijos lo que deben hacer, sino que para instruirlos deben añadir la amonestación y, por así decirlo, meter en la cabeza[31] de sus hijos las lecciones que les enseñan, de manera que puedan dejar una huella más profunda en sus corazones. Así, sus instrucciones serán como las palabras del sabio que son como clavos bien clavados (Ec. 12:11) o bien martillados. Permanecen firmes allí donde se clavaron y no pueden ser arrancados con facilidad. Así como damos muchos golpes en la cabeza de un clavo [cuando hablamos], las muchas amonestaciones establecen las buenas instrucciones en el corazón de un niño y hacen que éste quede bien establecido en aquello que se le ha enseñado. Esto es algo en lo que hay que trabajar (He. 13:9)... Las directrices que se les dan a los padres, en particular, de instalar las palabras de Dios en sus hijos (Dt. 6:7)... pueden aplicarse a este propósito.

---

[30] **Austeridad** – Dureza hacia los sentimientos; severidad de disciplina.
[31] **Meter en la cabeza** – Es una forma de decir "insistir con repetición".

Con este propósito, Salomón suele duplicar sus instrucciones e insistir una y otra vez, como por ejemplo: *"Oye, hijo mío, la instrucción... no desprecies la dirección"* (Pr. 1:8); *"Si recibieres mis palabras, y mis mandamientos guardares dentro de ti... Haciendo estar atento tu oído... Si inclinares tu corazón"* (Pr. 2:1-2). Sí, con frecuencia repite los mismos preceptos.

La comprensión de los hijos es poco fiable y su memoria es débil. Si sólo se les instruye una vez, rara vez o de forma ligera, pronto se escapará lo enseñado y de poco o nada servirá.

Para desempeñar mejor este deber, los padres deben pensar en los mejores medios que puedan para aferrar sus instrucciones a sus hijos, observar su inclinación y su disposición y comprobar qué los conmueve más. Las constantes exhortaciones y las poderosas formas de convencerlos que se deben usar según lo requiera la ocasión, están integradas bajo la amonestación...

3. Disciplinar a los hijos

Sobre cómo los padres deben *disciplinar* a sus hijos: El otro medio para ayudar en la disciplina es la *corrección*, que es de dos tipos: *Verbal*, mediante palabras y *real*, mediante el uso de la vara. La primera es *la represión*[32] y debe siempre preceder a la segunda, que se denomina, de forma más habitual y adecuada, *corrección o castigo*.

A. *La represión*

La represión es una especie de término medio entre la amonestación y la corrección: Es una amonestación fuerte, pero una corrección suave. Es aconsejable usar esta represión *verbal* porque puede ser la forma de impedir [unos azotes], sobre todo en los hijos ingenuos y de buen carácter ["La represión aprovecha al entendido, más que cien azotes al necio" (Pr. 17:10)] y porque se puede usar, cuando no sea adecuado [recurrir a los azotes] para la ocasión como en el caso de los hijos que ya son mayores.

Los muchos buenos frutos que el Espíritu Santo indica como procedentes de una debida represión, muestran que es un deber del que los padres deberían tomar conciencia si desean fomentar el bien de sus hijos y, mucho más, cuando muchos buenos frutos redundan en los padres que reprenden y también en los hijos que reciben la represión. Respecto al beneficio de la represión, se dice: "...La enseñanza es luz, y camino de vida las represiones que te instruyen" (Pr. 6:23). Proporcionan comprensión (Pr. 15:32) y prudencia (Pr. 15:5). En cuanto al bien del que reprueba, se dice: "Mas los que lo reprendieren tendrán felicidad [Esto quiere decir que tendrán mucha tranquilidad y razón para regocijarse, de modo que no tendrán por qué arrepentirse de lo que han hecho], y sobre ellos vendrá gran bendición" (Pr. 24:25). Es decir, o la bendición de los buenos hombres, que los bendecirán, alabarán y elogiarán, o la bendición de buenas cosas del Señor que los recompensará por este aceptable desempeño de su deber.

Por estas razones, los santos hombres no han escatimado en reprender a sus hijos cuando ha sido necesario (Gn. 9:25; 34:30; 49:4). Aunque Elí hizo, en cierto modo, algo al respecto, por no ser más severo en su deber, provocó destrucción sobre sí mismo y sobre sus hijos (1 S. 2:23)...

B. *La corrección o castigo*

Sobre *corregir* a los hijos: La última y más adecuada clase de corrección, es la *real o física*, es decir, con la vara. También es un medio designado por Dios para ayudar a la buena educación y crianza de los hijos. Es el *último* remedio que un padre puede usar, un remedio que puede ser beneficioso cuando ninguna otra cosa lo es.

A través del Espíritu Santo, es expresamente ordenado y también repetido con insistencia con frases como: "Castiga a tu hijo" (Pr. 19:18); "Corrige a tu hijo" (Pr. 29:17); "No rehúses

---

[32] **Represión** – Un acto de reprobación o de encontrar faltas.

corregir al muchacho" (Pr. 23:13); "Lo castigarás con vara" (Pr. 23:14). Si no hubiera más motivo, con esto basta. El encargo de Dios fue tal motivo para Abraham que habría sacrificado a su hijo (Gn. 22:2-3). ¿No corregirás a tu hijo por mandato de Dios?

El propio ejemplo de Dios también lo recomienda y esto no se expone sólo en unos ejemplos particulares, sino en su trato general y constante con todos, y es una muestra especial y el fruto de su amor. "Porque el Señor al que ama, disciplina, y azota a todo el que recibe por hijo... Pero si se os deja sin disciplina, de la cual todos han sido participantes, entonces sois bastardos, y no hijos" (He. 12:6, 8). Que este ejemplo de Dios sea tomado en cuenta porque es de gran peso. ¿Quién puede decir mejor que Dios qué tipo de trato es el más adecuado para los hijos? ¿Quién puede formar mejor a los hijos que Dios? ¿Quién tiene por objeto verdadero el bien de los hijos y quién lo procura más que Dios? Sí; ¿quién tiene más ternura hacia sus hijos que Dios? Si Dios, el Padre de los espíritus en sabiduría y amor trata así con sus hijos, los padres de carne y hueso no pueden demostrar sabiduría y amor actuando de la forma contraria. Su sabiduría será necedad y su amor, odio. Sobre estas bases, se da por sentado que los padres [que se ocupan del bien de sus hijos como deben] castigan a sus hijos, según lo requiera la necesidad, porque se dice: "Porque Jehová al que ama castiga, como el padre al hijo a quien quiere" (Pr. 3:12)... Como algo sin controversia, se afirma: "Tuvimos a nuestros padres terrenales que nos disciplinaban" (He. 12:9).

Las razones de la equidad de este deber conciernen, en parte, a los hijos que reciben la corrección o castigo, y a los padres que la llevan a cabo. En cuanto a los hijos, los libera de mucho mal y hace en ellos mucho bien.

La corrección es como la medicina para purgar la gran corrupción que acecha a los hijos y como una pomada que sana muchas heridas y llagas causadas por su necedad. A este respecto, Salomón afirma: "La necedad está ligada en el corazón del muchacho; mas la vara de la corrección la alejará de él" (Pr. 22:15)... Respecto a la operación interna de esta medicina, se dice, además, que la corrección protege a un hijo de la muerte ["No rehúses corregir al muchacho; porque si lo castigas con vara, no morirá" (Pr. 23:13)] y eso, no sólo de la muerte temporal [ya que muchos hijos son protegidos así de la espada del juez], sino también de la muerte eterna ["Librarás su alma del Seol" (Pr. 23:14)]. Observa esto, padre indulgente cuya excesiva suavidad es una gran crueldad. ¿Acaso no consideraríamos como un padre cruel a aquel que viendo a su hijo sufrir enfermedades, furúnculos, llagas y heridas siguiera agravando y aumentando el padecer de su hijo sin darle medicamento ni aplicar apósitos? No, más bien, ¿quién ve a su hijo correr hacia un fuego ardiente o hacia aguas profundas y no lo retiene? Tan cruel y más, son aquellos que soportan ver a sus hijos correr hacia el mal, en vez de corregirlos.

Objeción: ¿Quién puede soportar causarle dolor a su propio hijo?

Respuesta: El fruto futuro debe considerarse más que el dolor presente. Las pociones, las píldoras y las medicinas fuertes provocan náuseas, son amargas y dolorosas; sin embargo, al ser necesario su uso y al prevenir gran mal mediante su utilización, los padres sabios no se abstendrán de ellos por la amargura y el dolor perceptibles. El Apóstol responde pues, de manera adecuada a esa objeción: "Es verdad que ninguna disciplina al presente parece ser causa de gozo, sino de tristeza; pero después da fruto apacible de justicia a los que en ella han sido ejercitados" (He. 12:11). Esto puede aplicarse a las correcciones paternas, así como a las de Dios. Salomón observa el bien que le produce a los hijos esa corrección, en frases como estas: "La vara... [da] sabiduría" (Pr. 29:15) porque les hace ver lo que es bueno, malo, elogiable y reprochable. Y, de manera consecuente, les enseña a hacer el bien y dejar el mal, que es una gran característica de la sabiduría.

Respecto a los padres, corregir o castigar debidamente a sus hijos, los libera de muchos inconvenientes y les proporciona gran calma. 1. Les evita muchos dolores porque muchas amonestaciones repetidas con frecuencia e inculcadas una y otra vez, no servirán tanto para que muchos hijos presten atención al consejo íntegro y bueno como una pequeña corrección o castigo. Son mucho más sensibles al dolor que a las palabras. 2. Les evita mucho sufrimiento, vergüenza y disgustos porque "el hijo necio es pesadumbre de su padre, y amargura a la que lo dio a luz" (Pr. 17:25). Es la vara de la corrección la que los aparta de la necedad (Pr. 22:15) y evita así, ese dolor y amargura. 3. Los libera de la culpa del pecado de sus hijos para que no sean cómplices como lo fue Elí (1 S. 3:13). Y es que la corrección o castigo es el último remedio que un padre puede usar: Si con ella no consigue nada bueno, se presupone que ha realizado su máximo esfuerzo. A este respecto, aunque el hijo muera en su pecado, el padre habrá librado su propia alma.

Salomón indica, así, la tranquilidad que reciben los padres al corregir a sus hijos: "Corrige a tu hijo y te dará descanso, y dará alegría a tu alma" (Pr. 29:17) porque los hijos bien educados y mantenidos en sobrecogimiento filial mediante la corrección, se comportarán de manera que sus padres puedan descansar con cierta seguridad sin preocuparse [como lo hacen cuando los hijos son dejados en libertad]. Sí, como árboles bien podados y terreno bien labrado, producirán un fruto agradable y abundante; y sus padres tendrán justa razón de regocijarse en ellos.

C. *Un consejo*

Un consejo para los padres en cuanto a corregir o castigar a sus hijos: Para hacer un uso adecuado de esta medicina fuerte de la corrección, los padres deben considerar el *asunto* por el que la emplean y su *forma* de corregir.

1. *El asunto*

En cuanto al *asunto*, se han de observar estas tres cosas: 1. Que estén seguros de que se ha cometido una falta y que, por tanto, hay una causa justa para aplicar la corrección o castigo. De no ser así, se provocaría más daño que beneficio. Si se aplica una medicina fuerte donde no hay llaga, se producirá una. Si se ejerce la corrección de forma injusta, podría provocar a ira y el provecho sería muy poco o ninguno. Aquí es donde se cuestiona a los padres terrenales y donde son distintos a Dios, porque muchas veces corrigen según su parecer (He. 12:10) y esto es motivo de gran injusticia. 2. Que la falta se dé a conocer al hijo corregido y que parezca convencido de ella. La corrección debe ser para instrucción y esto no podría ser así, a menos que el hijo sepa *por qué* se le está corrigiendo. Y es que, si desconoce su falta, para él es lo mismo que si lo disciplinaran sin haber cometido incorrección alguna. En el principio, Dios procedió así con la serpiente, con Eva y con Adán (Gn. 3:11). Así se comportan los jueces cuando castigan a los malhechores. Sí así tratan los hombres a un perro, ¿no deberían hacerlo con mucha más razón con un hijo? 3. En especial, que sean faltas que los padres puedan demostrar a sus hijos [si al menos tienen el buen juicio necesario] que van en contra de la Palabra de Dios, como decir palabrotas, mentir, pequeños hurtos y cosas por el estilo porque (1) estas son faltas muy peligrosas y, por tanto, deben purgarse con mucho más cuidado. (2) El hijo corregido se convencerá mejor así de su falta, se condenará más a sí mismo y soportará la corrección con mayor contentamiento.

2. *La manera*

Respecto a la *manera* de corregir, se han de observar cuatro normas *generales* y cuatro *particulares*. Las generales son estas:

1. Se debe tener en cuenta la forma en que Dios corrige a sus hijos y, en particular, la forma en que Él disciplina al padre mismo. No se podría proporcionar mejor directriz general porque el patrón divino es una norma perfecta.

2. Los padres deben orar por sí mismos y por sus hijos. Por sí mismos para ser dirigidos en la aplicación de la corrección y por sus hijos para que, por medio de ella, lleguen a ser mejores. Así actuarán los buenos médicos a la hora de ministrar el medicamento. En todos los deberes se debe usar la oración y, de manera especial, en éste porque es fácil que el padre caiga en un extremo u otro, en parte por su propia ira desmedida y por medio de la impaciencia del hijo. No se debe imponer sobre todos el que cada vez que tomen la vara vayan y hagan una solemne oración, sino que eleven el corazón en busca de dirección y bendición.

3. La corrección debe administrarse en amor. Todas las cosas han de hacerse en amor (1 Co. 16:14) y cuánto más ésta que conlleva una manifestación de enojo y odio... Dios corrige a sus hijos en amor y así deben hacerlo también los padres. El amor hará que ejerzan la corrección con ternura y compasión.

4. La corrección debe administrarse con un estado de ánimo suave, cuando los afectos están bien ordenados y no perturbados por la ira, la cólera, la rabia, la furia y otras pasiones semejantes. Las pasiones agitadas arrojan neblina sobre el entendimiento, de manera que un hombre no puede discernir lo que es suficiente o lo que es demasiado. Cuando se agita el enardecimiento, la corrección debe aplazarse. Dios corrige en su justa medida.

Las normas *particulares* son estas:

1. Se ha de respetar el debido orden. La corrección de palabra (represión) debe ir antes que la que se aplica con la vara. "Yo reprendo y castigo" (Ap. 3:19). Por tanto, un padre demostrará que no se deleita en castigar a su hijo; es la *necesidad* de hacerlo la que lo lleva a ello. De este modo, el padre actúa como Dios, quien no mortifica voluntariamente (Lm. 3:33). Cuando los médicos administran un medicamento fuerte, antes preparan al paciente; la *represión* puede ser como esa preparación. Los buenos y compasivos cirujanos probarán cualquier otro medio antes de abrir y cauterizar.

2. Hay que tener el debido respeto hacia la parte corregida. Si es joven y tierno, se ha de usar una corrección más ligera. Salomón menciona con frecuencia una vara como algo adecuado para un hijo porque es el castigo más ligero. Por consiguiente, si el hijo es de disposición flexible e ingenuo, endeble, la corrección debe ser consecuentemente moderada. Si está bien desarrollado y, además es difícil y obstinado, la corrección puede ser más severa.

3. Se debe tener el debido respeto por la falta. Los pecados que van directamente en contra de Dios, descarados, notables y escandalosos, que son conocidos y que se cometen con frecuencia, con los que han crecido y que se han convertido en una costumbre deben ser corregidos con mayor severidad.

4. El padre debe considerar sus propias faltas al corregir las de su hijo para que se forje en él mayor compasión.

Tomado de *Domestical Duties* (Los deberes domésticos), Reformation Heritage Books, www.heritagebooks.org.

William Gouge (1575-1653): Pastor puritano inglés, teólogo y autor.

De qué forma pueden los padres provocar a ira a sus hijos
Thomas Watson (c. 1620-1686)

"Y vosotros, padres, no provoquéis a ira a vuestros hijos". —Efesios 6:4

Actúa prudentemente con tus hijos. No provocar a ira a los hijos es una gran demostración de prudencia en un padre. "Padres, no exasperéis a vuestros hijos, para que no se desalienten" (Col. 3:21). ¿De qué forma puede un *padre* provocar a ira a sus hijos?

(1) Dirigiéndose a ellos con términos ofensivos. "¡Hijo de la perversa y rebelde!", le dijo Saúl a su hijo Jonatán (1 S. 20:30). Algunos padres usan imprecaciones[33] y maldiciones contra sus hijos, y esto los provoca a ira. ¿Quieres que Dios bendiga a tu descendencia y tú la maldices?

(2) Los *padres* provocan a ira a sus hijos cuando los golpean sin motivo o cuando la corrección o castigo excede la falta cometida. Actuar así es de tirano y no de padre. Saúl lanzó una lanza contra su hijo para matarlo y su hijo fue provocado a la ira: "Y se levantó Jonatán de la mesa con exaltada ira" (1 S. 20:33-34). "El padre ejerce el poder de un rey sobre su hijo, no el de un tirano"[34].

(3) Cuando los padres les niegan a sus hijos aquello que es absolutamente necesario. Algunos han provocado así a sus hijos: Los han privado y mantenido tan carentes [de cosas necesarias] que los han obligado a tomar caminos que no son rectos y los han forzado a extender sus manos a la iniquidad.

(4) Cuando los padres actúan con parcialidad hacia sus hijos, mostrando más bondad con uno que con otro. Aunque un progenitor pueda sentir mayor amor por uno de sus hijos, la discreción debería impedirle mostrar su favoritismo hacia uno en detrimento del otro. Jacob demostró más amor a José que a todos sus demás hijos y esto provocó la envidia de sus hermanos. "Y amaba Israel a José más que a todos sus hijos, porque lo había tenido en su vejez; y le hizo una túnica de diversos colores. Y viendo sus hermanos que su padre lo amaba más que a todos sus hermanos, le aborrecían, y no podían hablarle pacíficamente" (Gn. 37:3-4).

(5) Cuando un progenitor hace algo sórdido e indigno que acarrea deshonra sobre él y sobre su familia, como estafar o hacer un falso juramento, provoca a la ira al hijo. Como el hijo debería honrar a su padre, así el padre no debería deshonrarlo a él.

(6) Los padres provocan a los hijos cuando les imponen mandamientos que no pueden llevar a cabo sin ofender su conciencia. Saúl le ordenó a su hijo Jonatán que le trajera a David: "Envía pues, ahora, y tráemelo, porque ha de morir" (1 S. 20:31). Jonatán no podía obedecerle con buena conciencia, sino que fue provocado a la ira: "Y se levantó Jonatán de la mesa con exaltada ira" (1 S. 20:34). La razón por la que los padres deberían mostrar su prudencia no provocando a la ira a sus hijos es ésta: "Para que no se desalienten" (Col. 3:21). Este término, desalienten, implica tres cosas. Dolor: El hijo se toma tan a pecho la provocación del *padre* que esto le causa la muerte prematura. Abatimiento: La severidad del *padre* desanima al hijo

---

[33] **Imprecaciones** – Actos o peticiones que invocan el mal, la calamidad o la venganza divina sobre alguien.
[34] Latín = *In filium pater obtinet non tyrannicum imperium, set basilicum.* "Entre los hijos, un padre no ejerce un gobierno tiránico, sino de rey". Tomado de John Davenant (1572-1641), *An Exposition of St. Paul to the Colossians (*Una exposición de la carta de San Pablo a los colosenses*)*, 191.

y lo incapacita para el servicio, como los miembros paralizados[35] del cuerpo que no sirven para trabajar. La contumacia y la obstinación[36]: El hijo provocado por la conducta cruel y antinatural del padre se desespera y, con frecuencia, busca la forma de irritar y ofender a sus progenitores, algo que aun siendo malo en el hijo hace al padre cómplice de ello por ser quién ha dado lugar a ello.

(7) Si quieres recibir honra de tus hijos, ora mucho por ellos. No te limites a acumular una porción para ellos, sino también una reserva de oración a su favor. Mónica oró mucho por su hijo Agustín[37]; se ha dicho que era imposible que un hijo de tantas oraciones y lágrimas pudiera perecer. Ora para que tus hijos puedan ser protegidos del contagio[38] de los tiempos. Ruega para que, así como llevan tu imagen en su rostro, puedan ser portadores de la de Dios en su corazón. Suplica que puedan ser instrumentos y vasijas de gloria. Uno de los frutos de la oración puede ser que el niño honre a un progenitor que ora.

(8) Alienta lo que ves bueno y digno de elogio en tus hijos. "La bondad aumenta cuando se la alaba"[39]. Alabar lo que es bueno en tus hijos hace que amen los actos virtuosos y es como regar las plantas; las hace crecer más. Algunos padres desaniman las cosas buenas que ven en sus hijos y, de este modo, socavan la virtud de sus brotes tiernos, ayudando a condenar sus almas infantiles. Reciben las maldiciones de sus hijos.

(9) Si quieres que tus hijos te honren, sé un buen ejemplo para ellos. Cuando los progenitores viven en contradicción con sus propios preceptos, los hijos desprecian a sus padres; cuando les piden a sus hijos que sean sobrios y ellos se embriagan; o ruegan a sus hijos que teman a Dios y ellos mismos son libertinos en su vida. Si quieres que tus hijos te honren, enséñalos mediante un ejemplo santo. El padre es el espejo en el que el hijo se suele mirar. Haz que esté limpio y sin mancha. Los padres deberían observar gran decoro[40] en toda su conducta, no sea que den ocasión a que sus hijos les digan lo que el siervo a Platón: "Mi amo ha escrito un libro contra la ira impulsiva, pero él mismo es impetuoso" o como un hijo le espetó un día a su padre: "Si he hecho algo malo, lo he aprendido de ti".

Tomado de *The Ten Commandments* (Los Diez Mandamientos), The Banner of Truth Trust, www.banneroftruth.org.

Thomas Watson (c. 1620-1686): Predicador y autor inglés puritano no conformista, nacido probablemente en Yorkshire, Inglaterra.

---

[35] **Paralizado** – Privado de sentimiento; muerto.
[36] **Contumacia y obstinación** – Testarudez rebelde y desobediencia a la autoridad.
[37] **Aurelio Agustín** (354-430 d.C.) – Obispo de Hipona, en África del Norte y líder de la Iglesia cristiana primitiva, convertido de joven de una vida de inmoralidad para convertirse en sabio y piadoso.
[38] **Contagio** – Contacto doloroso, contaminante o corruptor; influencia que infecta.
[39] Latín = *Virtus laudata crescit*. Éste fue el lema original de la Escuela Berkhamsted, fundada en 1541 en Berkhamsted, Hertfordshire, Inglaterra.
[40] **Decoro** – Aquello que es correcto en cuanto al carácter, la posición, el rango o la dignidad de una persona.

Consejo a los padres reformados
Richard Baxter (1615-1691)

Pablo[41]: ¡Bienvenido vecino! ¿Qué tal la nueva vida que has iniciado? Ya has asumido las instrucciones... pero, ¿qué descubres al practicarlas?

Saúl: Siento que he descuidado neciamente y durante mucho tiempo una vida necesaria, noble y gozosa, y que esto me ha hecho perder el tiempo. Me siento un inepto poco dispuesto a practicarla. Descubro que las cosas que me has prescrito son altas, excelentes y, sin duda, deben resultar sumamente dulces para los que tengan la aptitud y la disposición adecuadas. Hallo cierto placer en mis débiles comienzos; sin embargo, la grandeza de la obra y la torpeza de mi mente reducen mucho su dulzura mediante muchas dudas, temores y dificultades. Cuando fallo, me resulta difícil el arrepentirme de la forma correcta y, por fe, correr a Cristo en busca de perdón...

Pablo: ¿Cuál es tu gran dificultad que requiere consejo?

Saúl: Descubro que hay mucho trabajo por hacer en mi familia: Gobernarlos en el temor de Dios, hacer mi deber para con todos ellos y, sobre todo, educar a mis hijos y adorar a diario a Dios, entre todas mis tareas. ¡Y me veo tan incapaz para ello que estoy dispuesto a omitirlo todo! Te ruego que me ayudes con tu consejo.

Pablo: Mi primer consejo para ti es que, con la ayuda de Dios, decidas llevar a cabo tu deber lo mejor que puedas. Consagra tu familia a Dios y reconócelo como Señor y Amo de ella. Úsala como sociedad santificada a Él.

Las razones

Mi oración es que permitas que estas razones fijen tu resolución:

1. Si Dios no es el señor de tu familia, el diablo lo será. Y si no se sirve a Dios primero en ella, la carne y el mundo ocuparán su lugar. Espero no tener la necesidad de decirte qué señores tan malos son estos, cuán malvadas sus obras y qué mala su paga.

2. Si consagras tu familia a Dios, Él será su Protector. Se ocupará de su seguridad y provisión como de quien le pertenece. ¿Acaso no necesitas un Protector así? ¿Podrías tener Uno mejor u ocuparte tú del bienestar y de la seguridad tanto tuya como de los tuyos, de un modo más excelente? Y si tu familia no es de Dios, son sus enemigos y están bajo su maldición como rebeldes...

3. Una familia santa es un lugar de consuelo, una iglesia[42] de Dios. ¡Qué gozo será para ustedes vivir juntos a diario, con la esperanza de que todos volverán a reunirse y a vivir juntos en el cielo! ¡Pensar que esposa, hijos y siervos serán, en breve, conciudadanos tuyos de la Jerusalén celestial! ¡Qué agradable unirse con un solo corazón y mente en el servicio de Dios y en sus alegres alabanzas! ¡Qué encantadores serán los miembros de la familia cuando cada uno lleve la imagen de Dios! ¡Qué abundancia de disputas y desdichas se evitarán, cosas que el pecado produciría entre ellos a diario! Y cuando cualquiera de ellos muera, ¡con cuánto consuelo estarán los demás junto a su lecho y acompañarán su cadáver a la tumba,

---

[41] **Nota del editor** – El autor escribió este artículo en forma de diálogo entre "Pablo", un maestro, y "Saúl", un aprendiz.

[42] El autor no quiere decir que la familia sea el equivalente de una iglesia local, que lleve a cabo las ordenanzas del Bautismo y la Santa Cena, sino como una iglesia reunida para adorar en cánticos, oración y en la lectura de la Palabra.

teniendo buenas esperanzas de que el alma sea recibida en la gloria por Cristo! Sin embargo, si tu familia es impía, será como un nido de avispas o como una cárcel, llena de desacuerdos e irritaciones. Te resultará doloroso mirar a tu esposa o a tus hijos a la cara y pensar que lo más probable es que acaben en el infierno. Su enfermedad y su muerte será diez veces más dura para ti sabiendo de su final lamentable e inadvertido.

4. Tu familia tiene una necesidad tan constante de Dios que Él te ordena que le sirvas constantemente. Así como todo hombre tiene sus necesidades personales, también las familias tienen las suyas, que Dios debe suplir o serán unos desdichados. Por tanto, el deber familiar debe ser tu trabajo.

5. Las familias santas[43] son seminarios de la Iglesia de Cristo en la tierra y es mucho lo que recae sobre ellas para mantener el interés de la fe cristiana[44] en el mundo. De ahí proceden los santos magistrados, cuando los hijos de grandes hombres tienen una santa educación. ¡Y qué bendición para los países que cuentan con ellos! De ellas surgen santos pastores y maestros para las iglesias, quienes como Timoteo reciben santas instrucciones de sus padres y la gracia del Espíritu de Cristo en su tierna infancia. Muchas congregaciones, felizmente alimentadas con el pan de vida, pueden darle gracias a Dios por los esfuerzos de un pobre hombre o mujer que ha educado a un hijo en el temor de Dios (2 Ti. 3:15) para que fuera su santo y fiel maestro. Aunque el aprendizaje se imparte en las escuelas, la piedad procede con mayor frecuencia de la educación de unos padres cuidadosos. Cuando los hijos y los criados asisten a la Iglesia con una mente que entiende, piadosa y preparada, las labores del pastor serán de gran beneficio para ellos; recibirán lo que oyen con fe, amor y obediencia. Tener un rebaño así, será un gran gozo para el ministro y para todos los que sean así y se reúnan en santa asamblea y adoren a Dios con un corazón alegre. Tales adoradores serán aceptables para Dios. Sin embargo, cuando las familias se juntan en crasa ignorancia, con unos corazones no santificados, están ahí sentadas como imágenes, comprendiendo muy poco de lo que se dice, vuelven a su hogar sin haber hecho mucho progreso, a pesar de las labores del ministro. Los movimientos de su lengua y cuerpo son la mayor parte de la adoración que elevan a Dios, pero no le ofrecen sus corazones, en fe y amor, como sacrificio a Él; tampoco sienten el poder y la dulzura de la Palabra ni lo adoran en espíritu y en verdad (Jn. 4:24).

6. En una época en que las iglesias están corrompidas y los buenos ministros escasean, y los malos engañan a las personas o son deficientes en su trabajo, no queda mejor provisión que las familias piadosas para llevar adelante la piedad. Si los padres y los maestros enseñan a sus hijos... con fidelidad, adoran a Dios con ellos en santidad y de manera constante, y los gobiernan con cuidado y en orden, esto cubrirá, en gran parte, la falta de enseñanza pública, de adoración y de disciplina. Es mi deseo que Dios agite así los corazones de las personas para que hagan que sus familias sean como pequeñas iglesias para que no quede a merced del poder de los malos gobernantes o pastores extinguir la fe cristiana o desterrar la piedad de ningún país. Y es que,

7. La enseñanza, la adoración y la disciplina familiar tienen muchas ventajas de las que las iglesias carecen. 1. Tú solo tienes a unos cuantos que enseñar y gobernar, y el pastor tiene a muchos. 2. Los tuyos siempre están contigo y puedes hablarles tan oportunamente y con

---

[43] 1 Ti. 3:12; Dt. 6:7, 30:2; Sal. 147:13; Hch. 2:39; Ef. 6:4-6; Pr. 22:6, 15; 29:15; 23:13.

[44] **Nota del editor** – La palabra original que el autor emplea aquí es *religión*. A la luz del uso amplio y muchas veces confuso de la palabra *"religión"* hoy en día, los términos "fe cristiana", "cristianismo" y "fe en Cristo" y, a veces, "piedad", "piadoso/a" o "piedad cristiana", suelen reemplazar "religión" y "religioso" en muchos casos en esta publicación.

la frecuencia que quieras, ya sea a todos juntos o uno por uno; él no puede hacerlo. 3. Están ligados a ti por la relación, el afecto y el pacto, así como por sus propias necesidades e intereses; con él lo están de otro modo. La esposa y los hijos confían más en tu amor hacia ellos que en el del ministro, y el amor abre el oído al consejo. Los hijos no se atreven a rechazar tus palabras porque puedes corregirlos o hacer que su estado en este mundo sea menos confortable. Sin embargo, el ministro todo lo hace mediante la escueta exhortación y, si los echa de la iglesia por su impenitencia, no pierden nada por ello en el mundo. Y, a menos que no sea por una ardiente persecución, las familias no tienen tantas restricciones en cuanto a la sana doctrina, la adoración y la disciplina, como suelen tener las iglesias y los ministros. ¿Quién te silencia o te prohíbe catequizar y enseñar a tu familia? ¿Quién te prohíbe orar o alabar a Dios con ellos, tan frecuentemente como puedas y con todas tus fuerzas? ¿Acaso muchos padres no muestran una hipocresía autocondenadora cuando se quejan de los que son crueles perseguidores —de aquellos que nos prohíben a nosotros, ministros, predicar el evangelio—, pero descuidan la enseñanza de sus propios hijos... aunque nadie se lo impide (tan difícil es ver nuestros propios pecados y nuestro deber en comparación con los de otros hombres)?

8. Tienes obligaciones mayores y más cercanas para con tu familia que las que tienen los pastores para con todas las personas. Tu esposa es como tu propia carne; tus hijos son, por así decirlo, partes de ti mismo. La naturaleza os ata con el afecto más tierno y, por tanto, con el mayor deber hacia ellos. ¿Quién debería preocuparse más por el alma de los hijos que sus propios padres? Si tú no provees para ellos y los matas de hambre, ¿quién los alimentará? Por tanto, si alguna vez has tenido corazón de padre, si te importa lo que ocurra con las almas de tus hijos para siempre, conságralos a Dios, enséñales su Palabra, edúcalos en santidad, frénalos de pecar y prepáralos para la salvación.

Pocos padres cumplen con su deber

SAÚL: Debo confesar que el afecto natural me dice que existe gran razón para lo que dices y mi propia experiencia me convence de ello porque si mis padres me hubieran instruido y gobernado mejor en mi infancia, es probable que yo no hubiera vivido como un ignorante y un impío. Por desgracia, pocos padres cumplen con su deber. Muchos se toman mayores molestias por sus caballos y su ganado que por el alma de sus hijos.

PABLO: ¡Ojalá pudiera decir lo que tengo en lo profundo de mi corazón a todos los *padres* del país! Me atrevería a decirles que las multitudes son más crueles que los osos y los leones con sus propios hijos. Dios ha confiado las almas de los hijos al cuidado de los padres en la misma medida que sus cuerpos. Son ellos... quienes tienen que enseñar a sus hijos (Dt. 6:6-8; 11:19-20). Son ellos quienes tienen que catequizarlos y recordarles el estado de su alma, su necesidad de Cristo, la misericordia de la redención, la excelencia de la santidad y de la vida eterna. Son ellos quienes tienen que velar por los hijos con sabiduría, amor y diligencia para salvarlos de la tentación, de Satanás y del pecado, y dirigirlos mediante el ejemplo de una vida santa.

Pero, por desgracia, si enseñan a sus hijos a recitar el Credo[45], el Padrenuestro y los Diez Mandamientos, nunca los instruyen para que los comprendan. Nunca les recuerdan formalmente sus corrupciones naturales, la necesidad y el uso de un Salvador y un Santificador, del peligro del pecado y del infierno, del camino de una vida santa o del gozoso estado de los santos en gloria. Les enseñan su oficio y su negocio en el mundo, pero nunca cómo servir a Dios y ser salvo. Los reprenden por esas faltas que van contra sí mismos o contra su pros-

---

[45] **Credo** – *El Credo de los Apóstoles*, una declaración de fe de finales del siglo II.

peridad en el mundo, pero las que son contrarias a Dios y a su propia alma, ¡ni las consideran! Si mediante su propio ejemplo no les enseñan a vivir sin orar, a descuidar la Palabra de Dios, a maldecir, a decir palabras feas, a hablar obscenidades y a ridiculizar la vida santa... sí soportan en ellos toda esta impiedad. Se conforman con que pasen el Día del Señor en ocios y deportes, en lugar de aprender la Palabra de Dios y practicar su santa adoración para que puedan estar más dispuestos a realizar su trabajo la semana siguiente. En resumen, enseñan traicioneramente a sus hijos a servir a la carne, al mundo y al diablo... y a descuidar, por no decir menospreciar, a Dios el Creador, Redentor y Santificador de almas... De manera que su educación no es sino una enseñanza o permitir... bajo el nombre de cristianos, que se rebelen contra Dios y Jesucristo.

¿Acaso no es esto mayor traición y crueldad que si mataran de hambre sus cuerpos y los devolvieran desnudos al mundo? Sí, o que si los asesinaran y se comieran su carne. Si un enemigo hiciera esto no sería tan malo como si lo hiciera un padre. Más aún, considera si el diablo mismo no es menos cruel en sus esfuerzos por condenarlos de lo que lo son sus padres. El diablo no es su padre; no tiene relación alguna con ellos, no tiene el cargo de educarlos y salvarlos. Él es un conocido y renegado enemigo, y no se puede esperar nada mejor de él. ¡Pero que un padre y una madre descuiden, traicionen y anulen así el alma de sus hijos para siempre! ¡Ellos que deberían amar a sus hijos como a sí mismos y tener el más tierno cuidado de ellos! ¡Es una crueldad más que diabólica y desleal!

¡Arrepentíos, arrepentíos, asesinos apóstatas e inmisericordes de las almas de vuestros hijos! Arrepentíos por vuestro propio bien. Por el bien de ellos. ¡Enséñales... y diles lo que es el cristianismo! Les has transmitido una naturaleza pecaminosa; ayúdalos para que se instruyan en el camino de la gracia. ¿Pero cómo podemos esperar que tengas misericordia del alma de tus hijos si no la tienes de la tuya propia? ¿O cómo podrías ayudarlos a entrar a ese cielo que tú mismo menosprecias? ¿O salvarlos del pecado, que es tu propio deleite y oficio?

¿La enseñanza pertenece al maestro de escuela y al ministro solamente?

SAÚL: Tu queja es triste y justa. No obstante, en mi opinión los hombres creen que la enseñanza de sus hijos pertenece al maestro de escuela y al ministro solamente, y no a ellos.

PABLO: Los padres, los maestros y los pastores, todos tienen varias partes que realizar, y ninguno logra cumplir con su trabajo de forma beneficiosa sin el resto, pero la tarea de los padres es la primera y la mayor de todas... Un ministro debería encontrar a todos sus oyentes catequizados y educados en santidad para que la Iglesia pueda ser una Iglesia de verdad; sin embargo, si un centenar o muchos centenares de padres... echan su trabajo encima de un ministro, ¿crees que esto se llevará a cabo bien? ¿O sería de sorprender que tuviéramos iglesias impías de cristianos profesantes que no son cristianos, que odian al ministro, su doctrina y una vida santa...?

Sé que todo esto no excusará a los ministros de hacer lo que puedan por personas así. Si les envías a tus hijos... ignorantes e impíos, deberán hacer lo mejor que puedan. ¡Pero qué mayor bien podría hacer y qué cómodo sería su llamado, si los padres hicieran su parte!

Mucho se habla de la maldad del mundo y no hay hombres (excepto los malos gobernantes y los malos pastores) que hagan más por empeorarlo que los malos padres. La verdad es que son instrumentos del diablo (como si éste los contratara) para traicionar las almas de sus familias entregándolas a su poder y conduciéndolas al infierno con mayor ventaja de la que tendría un extranjero o que el diablo en su propio nombre y a su manera. Muchos de los que piden la reforma de la Iglesia y la del estado, son ellos mismos las plagas de los tiempos y ni siquiera pueden reformar una pequeña familia. Si los padres reformaran a sus familias y acor-

Las instrucciones con respecto a la totalidad de mi deber

SAÚL: Te ruego que me resumas tales instrucciones por escrito como mejor te parezca, con respecto a la totalidad de mi deber para con mis hijos, y así podré hacer mi parte. Y si alguno de ellos perece, su condenación no será culpa mía.

PABLO: ... Que la enseñanza que les impartas con este fin incluya las palabras, el significado, los debidos afectos y la práctica. Es decir: (1) Enséñales las palabras de... el Credo[46], el Padrenuestro, los Diez Mandamientos y del catecismo, así como los textos de las Escrituras que tengan el mismo sentido. (2) Enséñales el *significado* de todas esas palabras. (3) Añade también algunas convicciones familiares y sinceras, así como motivos que agiten en ellos unos afectos santos. (4) Y muéstrales la forma de *practicarlo* todo.

Ninguna de estas cosas te servirá sin el resto. (1) Si no enseñas las formas de palabras íntegras o sanas, los privarás de una de las mayores ayudas para el conocimiento y la solidez en la fe. (2) Si no les enseñas el significado, las palabras no tendrán utilidad alguna. (3) Si no estimulas sus afectos, todo esto no será más que una opinión muerta y tenderá a ser una especie de religión de soñadores y habladores, apartada del amor de Dios. (4) Y si no los conduces a la práctica de todo lo que antecede, se fabricarán una religión de afectos celosos corrompidos por una vida común o que pronto muere por falta de combustible. Por tanto, asegúrate de proporcionarles todo esto... Cuando les enseñes las palabras de las Escrituras y el catecismo, que sea de una forma clara, y entremezcla con frecuencia preguntas y discursos familiares sobre la muerte, el juicio, la eternidad y las distintas preparaciones para enfrentarse a todo ello. Hay muchos que profesan [ser cristianos] y que enseñan a sus hijos a adoptar el camino de escuchar, leer, repetir sermones y juntarse en constante adoración, pero es evidente que todo esto es sólo una formalidad acostumbrada porque carece de algún discurso o conversación familiar —serio y de avivamiento— interpuesto de vez en cuando.

Para esto, (1) Trabaja con el fin de proveerles la mayor reverencia a Dios y a las Sagradas Escrituras. A continuación, muéstrales la Palabra de Dios respecto a todo lo que tú quieras que ellos sepan y hagan, porque hasta que sus conciencias no estén bajo el temor y el gobierno de Dios, no serán nada. (2) No les hables nunca de Dios y de las cosas santas, a menos que lo hagas con la mayor gravedad y reverencia, de modo que les pueda influir, tanto tu *manera* de hacerlo como el *asunto* que tratas. La razón es que, si se acostumbran a la ligereza, la broma o a jugar con las cosas santas, se endurecerán y estarán perdidos. (3) Por tanto, evita ese tipo de frecuencias y la formalidad en los deberes que carecen de importancia porque tienden a endurecerlos en la inercia y el desdén. (4) Verifica a menudo lo que saben, qué los afecta y qué han decidido; lo que hacen tanto en su práctica pública como en secreto. No los dejes con descuido a merced de sí mismos, sino vigílalos estrechamente.

Usa toda tu destreza y tu diligencia, de palabra y hecho, para que una vida santa les parezca el tipo de vida más honorable, provechoso, seguro y agradable del mundo, que pueda ser su deleite constante. Todo tu esfuerzo consiste en hacer que las cosas buenas les resulten gratas. Impide que sientan la fe cristiana como una carga o que la consideren algo vergonzoso, inútil o desagradable. A tal fin, (1) empieza y mezcla las partes más fáciles, como la historia de las Escrituras[47]. La naturaleza se complace antes con la historia que con el precepto, e insinúa,

---
[46] El lector puede optar por usar la *Confesión de Fe* de su iglesia.
[47] **Historia de las Escrituras** – Porciones de las Escrituras que son narrativas o relatos.

dulcemente, el amor por la bondad en la mente de los hijos... (2) Habla mucho de la alabanza de los hombres santos antiguos y posteriores porque la alabanza debida de una persona atrae a la misma causa y camino. Y habla también de la justa deshonra que pertenece a aquellos necios y bestias que son los despreciadores, burladores y enemigos de la piedad. (3) No los abrumes con aquello que por su calidad o cantidad no puedan soportar. (4) Explícales bien la riqueza de la gracia y el gozo de la gloria. (5) Ejercítalos mucho en los salmos y la alabanza.

Deja que tu conversación y tu conducta tiendan a desacreditar la sensualidad, la voluptuosidad[48], el orgullo y la mundanalidad. Cuando los necios elogien el lujo ante sus hijos, tú señálales a los tuyos que el orgullo es el pecado del diablo; enséñales a desear el lugar más humilde y a ceder su sitio a otros. Cuando les hablen de riquezas, casas elegantes y ascensos[49], adviérteles que estas cosas son los cebos del diablo mediante los cuales le roba a Dios el corazón de los hombres para que puedan ser condenados. Cuando otros los mimen y complazcan sus apetitos, diles a menudo lo bajo y sucio que es comer y beber más por apetito que por la razón. Y esfuérzate así en hacer que el orgullo, la sensualidad y la mundanalidad les resulten odiosos. Haz que lean con frecuencia Lucas 12:16, 18, Santiago 4 y 5, Romanos 8:1-2 y Mateo 5:1-21 y 6.

Con sabiduría ve quebrantando sus propias voluntades y hazles saber que deben obedecer y amar la voluntad de Dios y la tuya. La voluntad propia del hombre es el gran ídolo del mundo y entregarse a ésta es algo próximo al infierno. Señálales lo odiosa y peligrosa que es la terquedad. No permitas que su dieta consista en lo que ellos tengan en mente y tampoco los obligues a aquello que odian... Déjales tener, con moderación, aquello que sea íntegro... ¡Difícilmente se vence un apetito corrupto, fortalecido por la costumbre, con toda la enseñanza y el consejo posible! Sobre todo, no permitas que se acostumbren, cada vez más, a la bebida fuerte porque es una de las mayores trampas para la juventud. Conozco a algunos padres "sabios" (¡sabios en ampliar la ruina eterna del alma de sus hijos!) que siguen afirmando que cuanto más intentan refrenarlos, mayor será la avidez con la que la busquen cuando tengan libertad. ¡Infelices los hijos que tengan semejante padre! Como si la experiencia de todo el mundo no nos hubiera dicho ya, hace mucho tiempo, que la costumbre aumenta la rabia del apetito y que, mediante la costumbre, la moderación se convierte en un hábito... Aquellos que les enseñan sobriedad [a sus hijos] con la copa bajo la nariz o moderación ante un banquete constante o una mesa llena de comida deliciosa —y eso en su imprudente[50] juventud— merecen ser contados entre los maestros del diablo y no con los de Dios.

Por tanto, si sus fantasías reposan con avidez en cualquier vanidad, niégasela y explíqueles por qué. No los acostumbres a tener lo que quieran; hazles saber que eso es precisamente lo que el diablo desea de ellos para que puedan ver satisfecha su propia voluntad carnal. Pero deben orar a Dios: "Hágase tu voluntad" y negar la suya.

Al amar sus almas, mantenlos tan lejos como puedas de las tentaciones. Los niños no están preparados para luchar contra las fuertes tentaciones. Su salvación o su condenación dependen en gran manera de esto. Por consiguiente, mi corazón se derrite al pensar en la desgracia de dos tipos de personas: (1) Los hijos de los paganos, infieles, herejes y malvados, a quienes se les enseñan los principios del pecado y de la impiedad desde su más tierna infancia, y quienes escuchan cómo se hace burla y se reprocha la verdad y la piedad y (2) los hijos de la mayoría

---

[48] **Voluptuosidad** – Incitación, satisfacción o adicción de los placeres de los sentidos, especialmente el sexual. Concupiscencia, lujuria, erotismo.

[49] **Ascensos** – Progresos en el estatus o en la posición de la vida.

[50] **Imprudente** – Que demuestra poco juicio y poca sabiduría.

de los grandes hombres y caballeros cuya condición hace que les parezca necesario vivir en esa plenitud continua… que representa tan firme tentación diaria para que sus hijos cometan los pecados de Sodoma: Soberbia, saciedad de pan y completa ociosidad (Ez. 16:49). Para ellos es tan difícil ser personas piadosas y formales como para quienes se crían en teatros, cervecerías y tabernas. ¡Qué desgracia! ¡Pobres hijos que han de obtener su salvación con la misma dificultad con la que un camello pasa por el ojo de una aguja! No es de sorprender que el mundo no sea mejor cuando los ricos deben ser los gobernantes del mismo, personas cuya forma de actuar fue descrita por Cristo y Santiago (Lc. 12:19; 16:1-31; Stg. 5:1-6).

Por tanto, asegúrate (1) de educar a tus hijos con una dieta moderada y saludable; y aparta de ellos los alimentos tentadores y, en especial, las bebidas. (2) Críalos en el trabajo constante, que nunca dejará la mente o el cuerpo ociosos, sino a las horas de recreo necesarias que tú les permitas. (3) Deja que sus esparcimientos tiendan más a la salud de su cuerpo que a la diversión de una imaginación corrompida; no les permitas jugar por dinero, [leer] libros de romance y [escuchar] necios relatos y baladas[51] lascivas. Sé tú quien limita su tiempo [de ocio] y no permitas que sea más de lo que necesita su salud y su trabajo… (4) Que su atuendo sea sencillo, decente y cálido, pero no llamativo [ni que se arreglen de forma] que indique orgullo ni tiente a las personas a ello[52]. (5) Asegúrate, cuando vayan creciendo hacia la madurez, de protegerlos de las ocasiones, de la cercanía o de la familiaridad con personas del sexo opuesto que sean una tentación.

Ten la precaución de mantener a tus hijos en buena compañía y protégelos cuanto puedas de las malas. Antes de que te des cuenta, los hijos impíos los infectarán con su lengua y sus prácticas perversas: Les enseñarán con rapidez a beber, a jugar y a hablar de manera obscena, a decir palabrotas, a burlarse de la piedad y la sobriedad y ¡la naturaleza corrompida es como la yesca! Sin embargo, la compañía de muchachos y siervos formales y piadosos los acostumbrarán a un lenguaje sobrio y piadoso, y fomentará en ellos el conocimiento y el temor de Dios o, al menos, los apartará de grandes tentaciones.

Que todo lo que hagas con ellos sea con amor y sabiduría: No les permitas tanta familiaridad contigo que pueda producir desprecio y tampoco seas tan distante de ellos como para tentarlos a no amarte y no sentirse a gusto en tu compañía. Deja que perciban el tierno corazón de un padre, que se sientan amados por ti y que vean que todo tu consejo y gobierno es para bien suyo y no para tus propios fines o tus pasiones…

Mantén una vigilancia especial sobre su lengua, en especial contra las cosas obscenas y la mentira. Y es que las corrupciones peligrosas logran rápidamente el dominio de este modo.

Enséñales a darle un alto valor al tiempo. Diles lo precioso que es debido a la brevedad de la vida del hombre, de la grandeza de su obra y de cuánto depende la eternidad de estos momentos inciertos. Esfuérzate en conseguir que la pérdida de tiempo les resulte odiosa. Presenta la muerte ante sus ojos y pregúntales con frecuencia si están preparados para morir.

Permite que la corrección se use con sabiduría, conforme la necesiten; ni con tanta severidad como para causarles desafecto hacia ti ni con tan poca como para dejarlos en un ciclo de pecado y desobediencia. Que sea siempre en amor y más por pecar contra Dios que por asuntos mundanos. Y muéstrales versículos en contra del pecado y a favor de la corrección…

Ora fervientemente por ellos y encomiéndalos a la fe en Cristo… Ve delante de ellos como ejemplo santo y sobrio, y deja que tu práctica les indique cómo quieres que ellos sean, sobre

---

[51] **Necios relatos y baladas lascivas** – Historias y canciones ilícitas, violentas y/o sexualmente inmorales.

[52] Ver Portavoz de la Gracia N° 22: *Ropa Modesta* y *La modestia cristiana*, disponibles en CHAPEL LIBRARY.

todo en la representación de la piedad como algo deleitable y en vivir con la gozosa esperanza del cielo.

Estos son los consejos que te recomiendo con fervor en esta importante tarea. No obstante, debes saber que las almas de tus hijos son tan preciosas y que la diferencia entre el bien y el mal tan grande, que nada de esto te parezca demasiado. Sin embargo, así como te gustaría tener ministros que no se rindan en el cargo que desempeñan, también debes hacerlo tú, sabiendo que un padre mudo y ocioso no es menos excusable que un ministro infiel, mudo y ocioso. El Señor te de la destreza, la voluntad y la diligencia para practicar todo esto porque para mí, la debida educación de los hijos es una de las tareas más necesarias y excelentes del mundo.

Tomado de "The Poor Man's Family Book" (El Libro de la familia del hombre común) en *The Practical Works of the Rev. Richard Baxter* (Las obras prácticas del rev. Richard Baxter), Tomo 19 (Londres: James Duncan, 1830).

Richard Baxter (1615-1691): Predicador y teólogo puritano y anglicano que nació en Rowton, Shropshire, Inglaterra.

La oración de un padre
George Swinnock (1627-1673)

Le pido a Dios que la Palabra de Cristo more ricamente en mi corazón y en mi casa, que toda mi familia pueda recibir cada día su menú de este alimento espiritual. ¿Cómo puedo esperar que los hijos... que no conocen al Dios de sus padres, lo sirvan con un corazón perfecto? (1 Cr. 28:9). Desafortunadamente, ¡con cuánta frecuencia sus corazones ignorantes (como sótano oscuro donde abundan los bichos) están llenos de pecado! ¡Ojalá pueda yo hablar de la Palabra de Dios en mi casa, cuando me acueste y cuando me levante, de tal manera que se escriba en los dinteles de mi hogar y en mis puertas (Dt. 6:7-8), que yo pueda regar las jóvenes plantas que hay en ella con tanta frecuencia que su primera relación pueda ser con Dios y que desde su infancia puedan conocer las Sagradas Escrituras y ser sabios "para la salvación por la fe que es en Cristo Jesús" (2 Ti. 3:15)!... Aunque otros trabajan para dejarles una buena herencia a sus hijos, que mi esfuerzo sea por dejar un legado de piedad a los míos. Señor, capacítame para que pueda enseñarles tu camino en su juventud y, así, no se aparten de él, aun cuando sean viejos (Pr. 22:6); que los años de su juventud bajo una buena dirección sean como la suavidad de una rosa, cuyo aroma permanece en los pétalos secos.

Ruego que todas las voces de mi hogar puedan cantar [en armonía] las alabanzas a Dios, pero que no suenen como las trompetas y las flautas que sólo se llenan de viento, sino que sus corazones sean inamovibles y que estén preparados cuando canten y alaben... Los borrachos tienen cantos con los que se burlan de los buenos; los ateos tienen sus sonetos que deshonran al bendito Dios; ¿por qué no habría voz de júbilo y regocijo en el tabernáculo de los justos? (Sal. 118:15). Aunque mi casa sea un tabernáculo y todos sus moradores viajeros, nuestra obra es agradable. Avancemos con alegría y que los estatutos de Dios sean nuestros cánticos en este hogar de nuestra peregrinación.

Ya que un patrón de maldad sería más perjudicial para mi familia que el bien que puedan hacer mis preceptos —los hijos son más proclives a dejarse guiar por el ojo que por el oído—; por ello, deseo poner atención a mí mismo, sopesar y observar todas mis palabras y hechos, no sólo por mí, sino también por el bien de los que han sido encomendados a mi cuidado… Que yo pueda, por tanto, ser precavido en todos mis caminos y ser tan formal en lo *espiritual* [mis acciones], tan sobrio en los actos *naturales,* tan justo hacia los hombres, tan devoto hacia mi Dios, tan fiel en cada relación y tan santo y celestial en cada condición que pueda tener motivos para decirles a mis hijos y mis siervos, lo que Gedeón declaró a sus soldados: "Miradme a mí, y haced como hago yo" (Jue. 7:17).

Mi oración es que mi hogar, no sólo pase una parte de cada día de la semana al servicio de mi Dios, sino también todo el Día del Señor. Es un privilegio especial que el Señor me ha concedido para beneficio de mi familia, donde puedo ser especialmente útil para los míos y para la felicidad eterna de mi casa. Que no se pierda ni se profane la más mínima parte de ello dentro de mis puertas por la labor mundana, los pasatiempos o la ociosidad, sino que pueda tener tan presente mi cargo como para cuidar de que mis hijos… se abstengan de lo que mi Dios prohíbe y pasen todo ese día sagrado dedicándose a los sacros deberes. Con este propósito deseo que toda mi casa, varones y hembras, pueda comparecer [si tienen la capacidad necesaria] delante del Señor en público y alabarlo en su templo y que, en privado, pueda yo afilar la Palabra sobre ellos (como el segador hace con su guadaña), repitiéndola una y otra vez, según el precepto (Dt. 6:6-7). Señor, haz que en tu día mi casa sea como tu casa, dedicada tan solo a tu adoración. Y que tu presencia misericordiosa nos ayude en cada ordenanza para que la gloria del Señor pueda llenar la casa.

Suplico que pueda manifestar mi amor a las almas que componen mi familia al manifestar mi enojo contra sus pecados. Mi Dios me ha dicho: "No aborrecerás a tu hermano en tu corazón; razonarás con tu prójimo, para que no participes de su pecado" (Lv. 19:17)… Si soportara la falta de santidad en mis hijos, los estaría criando para el infierno. Esos pecados del más profundo color púrpura son, muchas veces, los que se tiñen en la lana de la juventud. ¡Cuántos dolores lamentables padecen muchos al llegar a la vejez por las caídas que tuvieron en su juventud! No permitas jamás que, como Elí, honre a mis hijos… por encima de mi Dios, no sea que Él juzgue mi casa para siempre… porque mis hijos se envilecieron y yo no los refrené. Señor, no me dejes ser tan ingenuo ni tan necio como para matar a alguno de mi familia con una bondad que condena el alma, sino que mi casa sea como tu arca, donde, no sólo pueda hallarse la vasija de oro del maná, las instrucciones oportunas y beneficiosas, sino también la vara de Aarón, la represión y corrección adecuada y apropiada.

Te pido que jamás exponga a mi familia a las insinuaciones de Satanás, permitiendo la pereza en alguno de sus miembros, sino que yo pueda estar ocupado en mi vocación particular y vea que los demás son diligentes en sus distintas posiciones. El zángano perezoso se deja atrapar rápidamente en el vaso untado de miel y muere, mientras que la atareada abeja evita la trampa y el peligro. Haz que yo y los míos podamos estar siempre tan ocupados en la obra de nuestro Dios que no tengamos tiempo de ocio para escuchar al malvado… Señor, tú le has confiado un talento u otro a cada persona dentro de mi hogar, para que lo use; haz que yo y los míos trabajemos y nos ocupemos en esto y busquemos el reposo en el mundo venidero.

Ruego que se fomenten la santidad y la pureza en mi casa y que yo pueda tener el cuidado necesario para mantenerla en paz. Nuestros cuerpos se desarrollarán en las fiebres como nuestras almas en las llamas de la lucha. Mediante las granadas de la discordia, Satanás esperará conseguir con el tiempo la guarnición. "Porque donde hay celos y contención, allí hay perturbación y toda obra perversa" (Stg. 3:16). ¡Ojalá que el amor (que es el nuevo mandamiento, el antiguo y, en realidad, todos los mandamientos) pueda ser el uniforme de todos los que componen mi familia!... Porque el matrimonio es una comunión de la unión más cercana y la compenetración más entrañable de este mundo y porque el fruto de la fe cristiana crecerá en mayor cuantía si es amado por el dulce aliento y el cálido vendaval del amor en esta relación. Te ruego Señor que tú permitas que mi esposa sea para mí como la cierva amorosa y la agradable corza. Que siempre me sienta embelesado con su amor (Pr. 5:19). Que no haya provocación sino al amor y a las buenas obras. Que nuestra única lucha sea por ver quién será más activo en el servicio a tu majestad, fomentando el uno la felicidad eterna del otro. Capacítanos para llevar el uno las cargas del otro y cumplir así la ley de Cristo (Gá. 6:2) y para morar juntos como coherederos de la gracia de la vida para que nuestras oraciones no sean estorbadas.

En una palabra, mi ruego es temer al Señor con toda mi casa como hizo Cornelio (Hch. 10:1-2) y gobernarla, así, según la Ley de Dios, para que todos en ella estén bajo la influencia de su amor y sean herederos de la vida eterna. Señor, pido que te sientas complacido en ayudarme y prosperarme en la administración de esta gran y sólida responsabilidad, para que mi casa pueda ser la tuya... mis hijos los tuyos... y que mi mujer sea como la esposa de tu amado Hijo, para que cuando la muerte nos dé sentencia de divorcio y rompa nuestra familia, podamos cambiar nuestro lugar, pero no nuestra compañía. Permite que todos seamos ascendidos de tu casa de oración aquí abajo a tu casa de adoración en el cielo, donde nadie se casa ni se da en casamiento, sino que todos son como los ángeles (Mt. 22:30), siempre complaciendo, adorando y disfrutando de tu bendito Ser, "de quien toma nombre toda familia en los cielos y en la tierra" (Ef. 3:15) y a quien sea la gloria, la obediencia sincera y universal por los siglos de los siglos. Amén.

Tomado de "The Christian Man's Calling" (El llamamiento del hombre cristiano) en *The Works of George Swinnock* (Las obras de George Swinnock), Tomo 1, The Banner of Truth Trust, www.banneroftruth.org.

George Swinnock (1627-1673): Predicador y autor puritano; nació en Maidstone, Kent, Inglaterra.

Capítulo 7

MATERNIDAD

En todo el mundo, el número de mujeres que están dedicadas por completo a los deberes bíblicos de la maternidad está disminuyendo de forma alarmante. Aunque la modernidad nos ha proporcionado muchas ventajas tecnológicas y oportunidades para desempeñar diferentes profesiones, también ha reducido el número de madres que dedican todas sus vidas a la tarea. J. R. Miller entendía el valor de una madre: "Una madre que lo es en realidad, es uno de los secretos más sagrados para la felicidad en el hogar. Dios nos da muchas cosas hermosas en este mundo, muchos dones admirables, pero no hay bendición que sea mejor que aquella que nos otorga al darnos una madre que ha aprendido muy bien las lecciones del amor y que reconoce algo del significado de su vocación sagrada"[1].

La Biblia deja claro que este llamamiento sagrado significa dedicarse a establecer un fundamento bíblico en las etapas más tempranas y, después, edificar sobre éste durante cada fase de la vida. Es por esto que "la mano que mece la cuna gobierna —y bendice— al mundo". Pero las cosas no se han desarrollado de esta forma en el mundo moderno. La mano que antes mecía una cuna, ahora se mueve a través de un teclado en un cubículo. ¡Qué gran pérdida! ¿Quién está cuidando a la próxima generación? Cada vez más, es un número menor de madres.

Dios le otorga a las madres, el rol más fundamental en el cuidado de las vidas de los más jóvenes. El bebé que no tiene madre languidece. Sin ella, se ve desprovisto de un cuidado y una ternura que toman lugar las veinticuatro horas del día. Por tanto, es la madre quien "se pone en la brecha" para asegurar la bendición a favor de sus hijos. Pero el efecto de sus esfuerzos sigue ejerciendo una influencia positiva o negativa en la salud de las familias, las iglesias y las naciones.

¿Cuáles son los rasgos de la maternidad bíblica? El siguiente capítulo le ofrece una visión clara al que tiene un corazón enseñable. No busques la instrucción sobre la maternidad en este mundo. No sigas los patrones de maternidad que son tan populares hoy en día. No "desciendas a Egipto" para encontrar ayuda y consejo (Is. 31-32). Más bien, aprende de estos escritores sabios que, con tanta belleza, han plasmado la esencia de la maternidad. Considera estas cosas cuidadosamente. Lee con oración para que podamos recuperar la maravillosa visión de la maternidad que descubrirás en estas páginas.

—*Scott Brown*

---

[1] J. R. Miller, *Secrets of Happy Home Life: What Have You to Do With It?* [Secretos para una vida feliz en el hogar: ¿Qué tiene que ver contigo?] (Nueva York, Estados Unidos: Thomas Y. Crowell & Co., 1894), 19.

La dignidad de la maternidad
Jabez Burns (1805-1876)

¡Madre! El nombre que toda mente virtuosa asocia con todo lo que es amable y encantador. ¡Madre! ¡El más tierno, entrañable y expresivo de todos los títulos humanos! Un título que emplean por igual, el príncipe real, el filósofo sabio y el campesino inculto —los salvajes y los civilizados de todas las naciones y a lo largo de todas las generaciones. Una relación fundada, compasivamente, en la constitución de nuestra naturaleza, sentida de forma universal e uniforme. ¿Y quién de entre todos los hijos de los hombres, excepto los que en su tierna infancia fueron privados del amor de sus angustiados padres, no ha experimentado con alegría la influencia inexpresable de su poder encantador y deleitoso? ¿Quién de entre los grandes y poderosos sobre la tierra no reconoce las incontables bendiciones de las que ha disfrutado por medio de esta tierna relación?

Su propia sabiduría infinita y su bondad ilimitada impulsaron al Creador todopoderoso a ordenar esta relación beneficiosa con todas sus dulces atracciones y sus felices ternuras. ¿No debe Él, pues, haberla hecho honorable, noble y digna? ¿Y debería su elevación e importancia olvidarse y descuidarse? Con toda seguridad exige de nosotros la consideración más inteligente y un reconocimiento sincero. ¿Pero qué mente ha poseído jamás una capacidad tan amplia y madura que pudiera abarcar plenamente la verdadera dignidad de una madre?

La mujer fue formada por el glorioso Creador como *ayuda idónea* para el hombre (Gn. 2:18; *cf.* 1 Ti. 2:12-14; 1 Co. 11:8-10). Por consiguiente, cualquier dignidad que se le atribuya como ser racional y representante en la tierra de su Hacedor es compartida por la compañera de su vida, su otro yo. La mujer es copartícipante por igual de todos los honores que pertenecen a la naturaleza humana. Sin embargo, la más alta dignidad de la mujer y sus mayores honores se encuentran en contribuir a la perfección del propósito divino de su Creador en su carácter particular de madre.

La dignidad de una madre, no obstante, aparecerá de manera imperfecta, a menos que se considere que aporta al mundo una descendencia racional, cuya existencia afectará a otros y continuará a lo largo de los siglos eternos. Adán, por sabiduría espiritual impartida por Dios, percibió esta incomparable excelencia cuando llamó "el nombre de su mujer, Eva, por cuanto ella era madre de todos los vivientes" (Gn. 3:20).

La mujer debe ser contemplada como quien da a luz a aquellos cuyos principios, caracteres y labores influirán, profunda y permanentemente, en las personas del círculo doméstico; esto lo sentirán grandes comunidades y, en algunos casos al menos, toda la población del mundo. Nuestro bendito Señor reconoce este punto de vista que una mujer expresa con respecto a él; habiendo visto sus obras poderosas y oído sus sabios discursos, ella exclamó: "Bienaventurado el vientre que te trajo, y los senos que mamaste" (Lc. 11:27). Sobre este principio lógico, no podemos separar la grandeza que distingue a las personas loables de los tiempos antiguos y modernos, de los caracteres de sus favorecidas madres. Isaac Watts,[2] Philip Doddridge[3]... y muchos otros, han inmortalizado sus nombres por sus virtudes personales y por sus obras imperecederas para beneficiar a su país. Pero al contemplar y disfrutar del fruto de sus extraordinarios trabajos, no podemos dejar de reflexionar sobre la influencia de sus excelentes

---

[2] **Isaac Watts** (1674-1748) – Escritor de himnos y teólogo inglés; reconocido como el padre de la himnodia inglesa.

[3] **Philip Doddridge** (1702-1751) – Líder no conformista inglés, autor y escritor de himnos.

madres. No podemos abstenernos de darles la honra que se les debe por su noble esfuerzo en el desempeño de sus obligaciones maternales y darles bendiciones en público.

La inspiración divina ha sancionado directamente este principio en el caso de la Virgen María. Felicitada por su venerable pariente, Elisabet, madre por milagro del profeta precursor del Mesías y lleno del Espíritu Santo, Quien dirigió a María a esperar la futura grandeza de su misterioso Hijo, su mente iluminada y piadosa estalló en piadosa admiración ante el honor que se le atribuiría, por sus indecibles bendiciones a la humanidad. Ella expresó sus pensamientos elevados y dijo: "Engrandece mi alma al Señor; y mi espíritu se regocija en Dios mi Salvador. Porque ha mirado la bajeza de su sierva; pues he aquí, desde ahora me dirán bienaventurada todas las generaciones" (Lc. 1:46-48).

Las madres de nuestro tiempo, aunque no son dignificadas a la manera de la bendita Virgen ni tienen garantizado esperar un honor similar al que va unido a su nombre, pueden aún contemplar la influencia que sus hijos tendrán en la sociedad y su propia honra será asegurada y fomentada por su tarea de formar la mente de su pequeño en la fe cristiana[4], la virtud y el amor a su país.

La inmortalidad, en especial, proporciona dignidad a sus súbditos; de esto surge, en un grado concebible, la exaltada honra de una madre. Por ordenación soberana del Todopoderoso, no sólo da a luz a un ser de existencia meramente momentánea y cuya vida perecerá como la de las bestias del campo, ¡sino a uno inmortal! Por débil e indefenso que pueda parecer su lactante, posee en su regazo un alma racional, un poder intelectual, un espíritu que el tiempo que todo lo devora, no puede destruir —que no podrá morir *nunca*—, ¡pero que sobrevivirá a los esplendores del glorioso sol y del ardiente resplandor de todas las huestes celestiales materiales! A lo largo de los siglos infinitos de la eternidad, cuando todos estos hayan respondido al fin benéfico de su creación y hayan sido borrados de sus posiciones en las inmensas regiones del espacio, el alma del niño más humilde brillará y mejorará ante el trono eterno; será lleno de santo deleite y divino amor, y estará siempre activo en las alabanzas de su bendito Creador.

La semejanza al infinitamente glorioso Creador, constituye la principal dignidad de nuestra naturaleza. Y la madre inteligente y piadosa contempla a su progenie infantil[5] con gratitud de adoración a Dios, por poseer esa semejanza. Originalmente, "Jehová Dios formó al hombre del polvo de la tierra, y sopló en su nariz aliento de vida, y fue el hombre un ser viviente" (Gn. 2:7). Por la misma voluntad omnipotente y misericordiosa, Dios le ha dado ser a las almas humanas por todas las generaciones como en la primera creación, pero a la madre se le honra como el medio de esta creación misteriosa en el caso de cada hijo. Y aunque la semejanza moral de su bendito Hacedor quede desfigurada por la caída de nuestros primeros padres, todavía en millares de casos, por medio de una instrucción temprana y las oraciones de la madre fiel, el niño es creado en Jesucristo en justicia y verdadera santidad (Ef. 2:10; 4:24).

¡Cuánta puede ser, pues, la grandeza, la dignidad y la honra de aquella que es el medio designado de tales poderes y bendiciones asombrosas! ¿No deben las madres sentir sus altas distinciones? ¿No deberían ser invitadas, con frecuencia, a contemplarlas? En esto, la seguridad, la prosperidad y la felicidad de nuestro país, y hasta el bienestar, la regeneración del mundo,

---

[4] **Nota del editor** – La palabra original que el autor emplea aquí es *religión*. A la luz del uso amplio y muchas veces confuso de la palabra *"religión"* hoy en día, los términos "fe cristiana", "cristianismo" y "fe en Cristo" y, a veces, "piedad", "piadoso/a" o "piedad cristiana", suelen reemplazar "religión" y "religioso" en muchos casos en esta publicación.

[5] Ver Portavoz de la Gracia N° 19: *Bebés*, disponible en Chapel Library.

están implicados. Por tanto, aquel que tenga más éxito en dirigir sus mentes a una opinión adecuada, racional y bíblica de ésta, que es la mayor de las relaciones terrenales, asegurará de forma más eficaz y también merecerá más dignamente, la gratitud y la estima de las madres dignificadas, felices y cristianas.

Tomado de *Mothers of the Great and Good* (Madres de los grandes y buenos), Solid Ground Christian Books, www.solid-ground-books.com.

Jabez Burns (1805-1876): Teólogo no conformista inglés y filósofo, nacido en Oldham, Lancashire, Inglaterra.

La principal responsabilidad de una madre
THOMAS BOSTON (1676-1732)

Si los progenitores no proveen para sus hijos, son peores que las bestias para sus pequeños. Si no les proporcionan una educación civil, son peores que los paganos. Sin embargo, si no añaden una educación en la fe cristiana[6], ¿qué hacen más que los paganos civilizados? Cuando Dios te da un hijo, afirma lo mismo que le dijo la hija de Faraón a la madre de Moisés: "Lleva a este niño y críamelo" (Éx. 2:9). Aunque no somos más que padres de su carne, debemos cuidar su alma, porque de otro modo los destruiremos.

Las *madres*[7] deberían instruir a sus hijos en los principios de la fe cristiana y sembrar las semillas de la piedad en sus corazones, tan pronto como sean capaces de hablar y tener uso de razón (Dt. 6:6-7). Una educación en la fe cristiana temprana es un bendito medio de gracia (1 R. 18:12; comparar con el versículo 3). Esto, no sólo es deber de los padres, quienes deberían enseñar a sus hijos (Pr. 4:3-4), sino de las madres; cuando los hijos son demasiado pequeños, ellas deberían ir dejando caer algo para beneficio de su alma. Salomón, no sólo tuvo la lección de su padre, sino la profecía que su madre le enseñó (Pr. 31:1; 1:8).

Deberían empeñarse para tal fin en la obra de familiarizarlos con las Escrituras y hacer que la lean (2 Ti. 3:15). Deberían dejar que la lectura de sus capítulos sea una parte de su tarea diaria y hacer que lean las Escrituras para que puedan estar familiarizados, tanto con los preceptos como con las historias de la Biblia. Deja que se sientan obligados a aprender su

---

[6] **Nota del editor** – La palabra original que el autor emplea aquí es *religión*. A la luz del uso amplio y muchas veces confuso de la palabra *"religión"* hoy en día, los términos "fe cristiana", "cristianismo" y "fe en Cristo" y, a veces, "piedad", "piadoso/a" o "piedad cristiana", suelen reemplazar "religión" y "religioso" en muchos casos en esta publicación.

[7] **Nota del editor** – Originalmente, este artículo se dirigía a los padres en general, a los padres y a las madres. Para enfatizar el rol de la madre, algunas veces, la palabra *padre* se ha reemplazado con la palabra *madre* en cursivas.

catecismo y también catequízalos tú misma, según tu capacidad. Y es que enseñar por medio de preguntas y respuestas es más fácil para ellos.

Si te hacen algunas preguntas respecto a estas cosas, no los desalientes; pero pon especial cuidado en responder a todas sus preguntas, por débilmente que puedan formularlas (Dt. 6:20-21). Se descubre con frecuencia que los niños tienen nociones muy deformadas de las cosas divinas; pero si fueran alentados como es debido a hablar, podrían airear sus pensamientos, y su *madre* tendría así la ocasión de rectificarlos.

Esfuérzate en disuadirlos del pecado. El descuido de esto fue precisamente la transgresión de Elí y fue por ello por lo que Dios juzgó su casa (1 S. 3:13). Procura llenar sus corazones con un aborrecimiento total y terror hacia las prácticas pecaminosas. Ponle fin, con cuidado, a que mientan, digan palabrotas, maldigan y quebranten el Día de reposo. Si aprenden esto siendo pequeños, seguramente los acompañarán hasta que tengan canas...

Fomenta en ellos los deberes de santidad y la práctica de la fe cristiana. Incúlcales con frecuencia la doctrina de su estado pecaminoso y desdichado por naturaleza, y el remedio proporcionado en Cristo. Muéstrales la necesidad de la santidad y señálales a Cristo como la fuente de santificación. Elogia el cristianismo delante de ellos e insiste en el estudio de éste como la cosa principal que tienen que hacer en el mundo (Pr. 4:4).

Ora con ellos y enséñalos a orar. Por esta causa, no permitas que se descuide la adoración de Dios en tu familia[8]; pero, por amor a tus hijos, mantenla. No es de sorprender que los hijos que no han visto nunca a su *madre* doblar una rodilla para orar, no busquen a Dios. Ustedes deberían llevarlos a solas y orar con ellos y enseñarles a orar, presentando ante ellos, a menudo, las materias de la oración. Que aprendan el Padrenuestro y lo usen como forma hasta el momento en que puedan concebir una oración siguiendo esa guía. Y es que aunque no pensemos que el Señor nos ha limitado a esa forma... no conozco a nadie que afirme que no se pueda utilizar como oración o como modelo, aunque es más que evidente que pretende ser, principalmente, una guía para la oración (Mt. 6:9).

Corrígelos (Ef. 6:4). El término griego significa aquí *corrección* e *instrucción* como también la palabra *crianza*. Deben ir juntos porque la instrucción sin corrección difícilmente tendrá éxito. Las *madres* deben mantener a sus hijos en sujeción: Si pierden su autoridad sobre ellos, serán hijos de Belial, sin yugo, y su final será triste (Pr. 29:15). No sólo debes corregir mediante la represión, sino que cuando sea necesario también debes usar la vara (Pr. 19:18). Empieza temprano, tan pronto como ellos sean capaces de mejorar con ello; y deja que tu amor por ellos sea para ti un compromiso y que no te frene (Pr. 13:24). Si de verdad quieres mantenerlos fuera del infierno, corrígelos (Pr. 23:13-14).

Tomado de "An Illustration of the Doctrines of the Christian Religion, Part 2" (Una ilustración de las doctrinas de la religión cristiana, Parte 2), en *The Whole Works of Thomas Boston* (Las obras completas de Thomas Boston), Tomo 2, Tentmaker Publications, www.tentmakerpublications.com.

Thomas Boston (1676-1732): Ministro presbiteriano escocés y teólogo, nacido en Duns, Berwickshire.

---

[8] Ver FGB 188, *Family Worship*, en inglés (La adoración familiar), disponible en CHAPEL LIBRARY.

Capítulo 7—Maternidad

Guardianas de los manantiales
PETER MARSHALL (1902-1949)

Érase una vez...

Érase una vez, cierta ciudad que creció al pie de una cordillera. Se refugiaba al abrigo de las protectoras alturas, de tal modo que el viento que hacía estremecerse las puertas y arrojaba puñados de granizo contra los cristales de las ventanas, era un viento cuya furia quedaba amortizada. En lo alto, en las colinas, el extraño y tranquilo morador de un bosque se hizo cargo de ser el *Guardián de los manantiales*. Patrullaba los montes y, dondequiera que encontraba un manantial, limpiaba sus estanques marrones de sedimentos y hojas secas, de barro y moho y retiraba toda materia extraña para que el agua que borboteaba a través de la arena corriera limpia, fría y pura. Saltaba chispeante sobre las rocas y caía alegremente en cascadas de cristal hasta que, aumentados por otros arroyos, se convertía en un río de vida para la ocupada ciudad. Las ruedas de molino giraban por su fuerza. Sus aguas refrescaban los jardines. Los chorros de las fuentes salpicaban como diamantes en el aire. Los cisnes navegaban sobre su cristalina superficie y los niños reían jugando en sus orillas, bajo el resplandor del sol.

Pero el Gobierno Municipal estaba formado por un grupo de hombres de negocios tercos y endurecidos. Examinaron el presupuesto municipal y descubrieron en él el salario del *Guardián de los manantiales*. El tesorero preguntó: "¿Por qué deberíamos pagar a este pintoresco guardabosque? Nunca lo vemos; no es necesario en la vida laboral de nuestra ciudad. Si construimos un depósito justo por encima de la ciudad, podemos prescindir de sus servicios y ahorrarnos su salario". Por consiguiente, el Gobierno Municipal votó para deshacerse del coste innecesario del *Guardián de los manantiales* y hacer un depósito de cemento.

De modo que el *Guardián de los manantiales* dejó de visitar los marrones estanques, pero observó desde las alturas mientras se construía el depósito. Una vez acabado, desde luego que no tardó en llenarse de agua; pero el agua no parecía la misma. No se veía tan limpia y una espuma verdosa pronto ensució la superficie estancada. Hubo constantes problemas con la delicada maquinaria de los molinos porque, con frecuencia se atascaba por el fango, y los cisnes encontraron otro hogar por encima de la ciudad. Al final, una epidemia se propagó con furia y los pegajosos y amarillentos dedos de la enfermedad alcanzaron cada hogar de cada calle y camino.

El Gobierno Municipal volvió a reunirse. Sus miembros, apenados, se enfrentaron a la difícil situación de la ciudad y, francamente, reconocieron su error al haber despedido al *Guardián de los manantiales*. Lo buscaron y le hicieron salir de su choza de ermitaño, en lo alto de los montes, y le rogaron que regresara a su antigua y alegre labor. Aceptó encantado y empezó de nuevo a hacer sus rondas. El agua no tardó en volver a salir pura y cantarina, bajando por los túneles de helechos y musgos, y a centellear en el depósito limpio. Los molinos giraron de nuevo como antes. El hedor desapareció. La enfermedad disminuyó y los niños convalecientes que jugaban al sol volvieron a reír porque los cisnes habían regresado.

No me tomen por alguien fantasioso, demasiado imaginativo o demasiado extravagante en mi lenguaje, cuando digo que pienso en las mujeres y, en especial en nuestras madres, como *Guardianas de los manantiales*. Aunque poética, la frase es veraz y descriptiva. Sentimos su calidez, su influencia benéfica y, sin embargo, ¡qué olvidadizos hemos sido! Por mucho que hayamos dado por sentados los preciosos dones de la vida, somos conscientes de recuerdos nostálgicos que surgen del pasado: Las punzantes fragancias dulces y tiernas del amor. Nada de lo dicho ni de lo que se podría decir o de lo que se dirá jamás, sería lo bastante elocuente, expresivo o adecuado para articular esa emoción peculiar que sentimos por nuestras madres. Por tanto, convertiré mi tributo en una súplica a las *Guardianas de los manantiales* que desean ser fieles a sus tareas.

Manantiales contaminados

En ningún tiempo ha habido mayor necesidad de *Guardianas de los manantiales* ni ha habido tantos manantiales contaminados que limpiar. Si el hogar falla, el país está condenado. El fracaso de la vida y la influencia familiar marcará el de la nación. Si las *Guardianas de los manantiales* desertan de sus puestos o son infieles respecto a sus responsabilidades, la perspectiva futura de este país es, desde luego, muy negra. Esta generación necesita *Guardianas de los manantiales* que sean lo bastante valientes para limpiar los manantiales que han sido contaminados. No es tarea fácil; tampoco es una labor popular; pero debe hacerse por el bien de los hijos y las jóvenes mujeres de hoy deben llevarla a cabo.

La emancipación[9] de la condición de mujer empezó con el cristianismo y acaba con él. Tuvo su comienzo una noche de hace mil novecientos años, cuando una mujer llamada María tuvo una visión y recibió un mensaje del cielo (Lc 1:26-38). Vio las nubes hendidas de la gloria y las almenas ocultas del cielo. Escuchó el anuncio angelical de la noticia casi increíble: De todas las mujeres de la tierra —de todas las Marías de la historia— ella sería la única que llevaría por siempre entrelazada la rosa roja de la maternidad y la rosa blanca de la virginidad. Se le dijo... que sería la madre del Salvador del mundo.

Fue hace mil novecientos años "cuando Jesús mismo, un bebé, se dignó existir y bañó en lágrimas infantiles su divinidad" y, aquella noche, cuando aquel diminuto Niño yacía en la paja de Belén, empezó la emancipación de la mujer. Cuando creció y empezó a enseñar el camino de la vida, condujo a la mujer a un nuevo lugar en las relaciones humanas. Le concedió una nueva dignidad y la coronó de nueva gloria para que, dondequiera que haya llegado el evangelio cristiano durante diecinueve siglos, las hijas de María hayan sido respetadas, reverenciadas, recordadas y amadas; y es que los hombres han reconocido que ser mujer es algo sagrado y noble, que las mujeres son de un barro más fino... Así, quedó para el siglo veinte, en nombre del progreso, de la tolerancia, de la amplitud de mente, de la libertad, derribarla de su trono e intentar hacerla igual al hombre. Ella quería igualdad... y así es que, en nombre de una tolerancia de mentalidad abierta, los vicios del hombre se han convertido ahora en los de la mujer.

La tolerancia del siglo veinte ha ganado para la mujer el derecho a estar intoxicada, a que su aliento huela a alcohol, a fumar, a trabajar [fuera de casa] y actuar como un hombre; ¿acaso no es igual a él? Hoy lo llaman "progreso"..., pero mañana, oh vosotras las *Guardianas de los manantiales*, es necesario hacerles ver que esto no es progreso. Ninguna nación ha progresado jamás en dirección descendente. Ningún pueblo ha llegado jamás a ser grande, bajando sus valores. Ningún pueblo se volvió bueno adoptando una moralidad más suelta. No es progreso cuando el tono moral es más bajo de lo que era. No es progreso cuando la pureza no es tan dulce. No es progreso cuando la feminidad ha perdido su fragancia. Sea lo que sea, ¡no es progreso!

Necesitamos *Guardianas de los manantiales* que se den cuenta de que, lo que es socialmente correcto, puede no serlo moralmente... Esta generación ha visto emerger todo un nuevo tipo de feminidad de entre la desconcertante confusión de nuestro tiempo. Hoy, en los Estados Unidos tenemos un nivel más alto de vida que en cualquier otro país o cualquier otro tiempo

---

[9] **Emancipación** – Ser hecho libre de las restricciones sociales; liberación.

de la historia mundial. Tenemos más automóviles, más películas de cine, más teléfonos, más dinero, más orquestas de swing, más radios, más televisores, más clubs nocturnos, más crímenes y más divorcios que cualquier otra nación del mundo. Las madres modernas quieren que sus hijos disfruten de las ventajas de este nuevo día. Quieren, si es posible, que tengan un diploma universitario que colgar en la pared de su dormitorio y lo que muchas de ellas consideran igualmente importante, la oferta para ingresar en una fraternidad o una hermandad de mujeres. Están desesperadamente angustiadas porque sus hijas sean populares, aunque el precio no se llegue a considerar hasta que no sea demasiado tarde. En resumen, quieren que sus hijos tengan éxito, pero la definición habitual del éxito es ampliamente materialista en consonancia con la corriente de nuestro tiempo.

El resultado de todo esto es que el hijo moderno se cría en un hogar decente, culto, cómodo, pero por completo alejado de Dios y la fe. A nuestro alrededor, viviendo a la sombra misma de nuestras grandes iglesias y hermosas catedrales, los niños crecen sin una partícula de formación o influencia cristiana. Por lo general, los padres de hijos así, han abandonado del todo la búsqueda de fundamentos en la fe. En un principio, es probable que tuvieran algún tipo de idealismo impreciso respecto a lo que deberían aprender sus hijos. Recuerdan algo de la instrucción doctrinal recibida cuando eran niños y sienten que algo así debería transmitirse a los hijos hoy; sin embargo, no pueden hacerlo porque la simple verdad es que no tienen nada que dar. Nuestra moderna amplitud mental ha sacado la educación en la fe cristiana[10] de los días escolares. Nuestra forma moderna de vivir y nuestro moderno alejamiento de Dios y la fe la han sacado de los hogares.

Al pensar en tu propia madre, recordándola con amor y gratitud, con deseoso o único anhelo, estoy bastante seguro de que los recuerdos que calientan y ablandan tu corazón no son, en absoluto, como aquellos recuerdos que tendrán los hijos de hoy... Y es que, sin duda, recuerdas el olor del almidón fresco en el delantal de tu madre o el aroma de una blusa recién planchada, del pan recién horneado, la fragancia de las violetas que ella llevaba prendidas en su pecho. ¡Sería una gran pena que lo único que uno pudiera recordar fuera el aroma del tabaco tostado, de la nicotina y el olor de la cerveza en el aliento!

El desafío

El desafío de la maternidad de los tiempos modernos es tan viejo como la maternidad misma. Aunque la madre estadounidense promedia tiene ventajas que las mujeres pioneras nunca conocieron; ventajas materiales: Educación, cultura, avances de la ciencia y la medicina; aunque la madre moderna sabe mucho más sobre esterilización, dietas, salud, calorías, gérmenes, drogas, medicamentos y vitaminas de lo que sabía su madre, existe un tema sobre el que no tiene un conocimiento tan extenso y se trata de Dios.

El reto moderno para la maternidad es el desafío eterno: El de ser una madre piadosa. La frase misma suena extraña a nuestros oídos. Ahora no la oímos nunca. Escuchamos hablar de una clase u otra de mujeres: Hermosas, listas, sofisticadas, profesionales, de talento, divorciadas, pero rara vez oímos hablar en realidad de una mujer piadosa[11] o de un hombre piadoso[12].

---

[10] **Nota del editor** – La palabra original que el autor emplea aquí es *religión*. A la luz del uso amplio y muchas veces confuso de la palabra *"religión"* hoy en día, los términos "fe cristiana", "cristianismo" y "fe en Cristo" y, a veces, "piedad", "piadoso/a" o "piedad cristiana", suelen reemplazar "religión" y "religioso" en muchos casos en esta publicación.

[11] Ver Portavoz de la Gracia N°24: *Feminidad virtuosa*, disponible en Chapel Library.

[12] Ver Portavoz de la Gracia N°13: *Hombres Piadosos*, disponible en Chapel Library.

Creo que las mujeres se acercan más a cumplir la función que Dios les asignó en el hogar que en ningún otro sitio (Tit 2:3-5: 1 Ti 5:14; Pr 7:10-11). Es mucho más noble ser una buena esposa que ser Miss América. Es mayor logro establecer un hogar cristiano que producir una novela mediocre llena de obscenidades... El mundo tiene bastantes mujeres que saben cómo celebrar sus cócteles, que han perdido todas sus ilusiones y su fe. El mundo tiene suficientes mujeres que saben cómo ser brillantes. Necesita a algunas que sean valientes. El mundo tiene bastantes mujeres populares. Necesita más que sean puras. Necesitamos mujeres y hombres también, que prefieran ser bíblicamente rectos y no socialmente correctos.

No nos engañemos; sin cristianismo, sin educación cristiana, sin los principios de Cristo inculcados en la joven vida, estaremos criando[13] a meros paganos. Tendrán un físico perfecto, serán brillantes en lo intelectual, pero serán espiritualmente paganos. No nos engañemos. La escuela no está intentando enseñar los principios de Cristo. La Iglesia sola no puede. No se le pueden enseñar a un niño, a menos que la madre[14] misma los conozca y los practique todos los días. Si no tienes vida de oración tú misma, es un gesto bastante inútil que obligues a tu hijo a decir sus oraciones cada noche. Si tú nunca entras a la iglesia, es más bien fútil que los envíes [allí]. Si has convertido las mentiras sociales en una práctica, te resultará difícil enseñarle a tu hijo a ser veraz. Si dices cosas mordaces sobre tus vecinos y sobre otros miembros de la Iglesia, te será complicado enseñarle a tu hijo el significado de la amabilidad...

Por el bien de Betty

Cuenta un ministro que fue al hospital a visitar a una madre que acababa de dar a luz a su primer hijo. Era una chica distintivamente moderna. Su hogar era como el de la mayoría de las jóvenes parejas casadas. "Cuando entré en la habitación, estaba incorporada en la cama, escribiendo. 'Adelante', dijo sonriendo. 'Estoy en mitad de la limpieza de la casa y quiero su ayuda'. Yo no había oído nunca hablar de una mujer que limpiara la casa estando en una cama de hospital. Su sonrisa era contagiosa; parecía haber descubierto una nueva y divertida idea. 'He tenido una maravillosa oportunidad de pensar aquí —empezó a decir— y me puede ayudar a poner en orden las cosas en mi mente, si puedo hablar con usted'. Soltó el lápiz y el bloc de notas, y cruzó las manos. A continuación, respiró profundamente y comenzó: 'Desde que era una niña pequeña odiaba cualquier tipo de restricción. Siempre quise ser libre. Cuando acabé la escuela secundaria, tomé un curso de negocios y encontré trabajo, no porque necesitara el dinero, sino porque quería estar por mi cuenta. Antes de que Joe y yo nos casáramos, solíamos decir que no seríamos esclavos el uno del otro. Y después de casarnos, nuestro apartamento se convirtió en el cuartel general para una multitud de personas exactamente iguales a nosotros. En realidad, no éramos malos, pero hacíamos lo que queríamos'. Se detuvo por un minuto y sonrió tristemente. 'Dios no significaba gran cosa para nosotros; le ignorábamos. Ninguno de nosotros quería tener hijos o, al menos, pensábamos que no los queríamos. Y cuando supe que iba a tener un bebé, me asusté'. Hizo una nueva pausa y pareció desconcertada. '¿No es divertido lo que se suele pensar?'. Casi había olvidado que yo estaba allí; hablaba de la antigua chica que había sido antes de su gran aventura. Entonces, recordándome de repente, prosiguió: '¿Por dónde iba? Oh sí, bueno, las cosas son distintas ahora. Ya no soy libre ni quiero serlo. Y lo primero que debo hacer es limpiar la casa'. En ese

---

[13] Ver Portavoz de la Gracia N°1: *Formación bíblica de los hijos en el hogar* y Portavoz de la Gracia N°6: *Los deberes de los hijos y las hijas*, disponibles en CHAPEL LIBRARY.

[14] Ver FGB 188, *Family Worship*, en inglés (La adoración familiar) y FGB 228, *Fatherhood* (La paternidad), disponibles en CHAPEL LIBRARY.

momento, retomó la hoja de papel que estaba sobre la colcha. 'Esta es mi lista de limpieza de la casa. Ve, cuando lleve a Betty a casa, al salir del hospital, nuestro apartamento será su hogar y no solo el mío y de Joe. Y ahora mismo no es adecuado para ella. Algunas cosas tendrán que salir de allí, por el bien de Betty. Y tengo que hacer una limpieza de mi corazón y de mi mente. No soy tan solo yo misma: Soy la madre de Betty. Y eso significa que necesito a Dios. No puedo hacer mi trabajo sin Él. ¿Oraría usted por Betty, por mí y por Joe, y por nuestro nuevo hogar?'.

"Y vi en ella a todas las madres de hoy, madres en diminutos apartamentos y en granjas solitarias. Madres en grandes casas y en viviendas campestres suburbanas, que se están encontrando con el desafío antiguo: El de criar a sus hijos en el amor y el conocimiento de Dios. Y me pareció ver a nuestro Salvador con los brazos llenos de niños, en la remota Judea, dirigiéndole a esa madre, y a todas las madres, la vieja invitación tan necesaria en estos tiempos: 'Dejad a los niños venir a mí y no se lo impidáis; porque de los tales es el reino de Dios' (Mr. 10:14)".

Tomado de *Keepers of the Springs*, disponible para todo el público en Internet.

Peter Marshall (1902-1949): Predicador presbiteriano escocés-americano; dos veces nombrado capellán del Senado de los Estados Unidos; nacido en Coatbridge, Escocia.

Formar a los hijos bíblicamente I
James Cameron (1809-1873)

"Instruye al niño en su camino". —Proverbios 22:6

Estas son las palabras de un hombre sabio que habló siendo inspirado por el Espíritu Santo (2 P. 1:21). Por tanto, no se deben considerar como la amonestación de otra criatura igual a nosotros, sino como el mandamiento autoritativo del Dios del cielo, el Gobernador del universo. ¡Madre cristiana! Este mandamiento va dirigido a ti… Permíteme hablarte ahora en lo que respecta a tu deber:

1. Cultiva una sensación constante de tu propia insuficiencia.

Si has de instruir a tus hijos en el camino por el que deberían andar, es necesario que cultives una sensación profunda y constante de tu propia insuficiencia. Estoy convencido de que no es necesario que diga nada para convencerte de esto. Si has reflexionado seriamente en la magnitud de tu responsabilidad, entonces estarás dispuesta a preguntar: "Y para estas cosas, ¿quién es suficiente?" (2 Co. 2:16). Tu tarea consiste en instruir a seres inmortales para Dios, el mismo trabajo, en esencia, para el cual ha sido instituido el ministerio cristiano. Respecto a esta tarea, hasta el Apóstol a los gentiles afirmó: "No que seamos competentes por nosotros mismos para pensar algo como de nosotros mismos,…" (2 Co. 3:5). La madre es partícipe de la misma naturaleza pecaminosa de aquellos a quienes tiene que instruir, está envuelta en toda la debilidad de la humanidad caída y sujeta a todas sus tentaciones. Tiene que lidiar contra sus propias propensiones pecaminosas, velar por su propio espíritu, luchar contra su propia rebeldía y, en medio de todo esto, debe presentar delante de sus hijos tal ejemplo de paciencia, tolerancia y vida santa, que sea un comentario veraz y fiel sobre las verdades sagradas que le enseña. Si en algún momento sientes que eres autosuficiente, puedes tener por seguro que tu esfuerzo será en vano: "Dios resiste a los soberbios y da gracia a los humildes" (Stg. 4:6).

¿Pero por qué te insto a considerar tu insuficiencia? ¿Para hundirte en la desesperación, quizás? No, en modo alguno; sería una tarea inútil a la vez que triste. Es para inducirte a apoyarte en el Dios de toda sabiduría y fuerza, sin ninguna esperanza de lograr el resultado deseado mediante tu propia sabiduría o fuerza porque escrito está: "Echa sobre Jehová tu carga, y él te sustentará" (Sal. 55:22) y "Él da esfuerzo al cansado, y multiplica las fuerzas al que no tiene ningunas. Los muchachos se fatigan y se cansan, los jóvenes flaquean y caen; pero los que esperan a Jehová tendrán nuevas fuerzas; levantarán alas como las águilas; correrán, y no se cansarán; caminarán, y no se fatigarán" (Is. 40:29-31). No puedes tener aptitud para tu tarea ni éxito en ella, sino la que procede de Dios. No puedes esperar que Él conceda dicha capacidad y este éxito, a menos que acudas sólo a Él en busca de ellos. Sin embargo, tal es la falta de disposición natural del corazón humano para recurrir a Dios y confiar sólo en Él que hasta que no somos expulsados de cualquier otro refugio y privados de cualquier otro apoyo, no nos aferraremos a Él con la sencilla dependencia de un niño, aquella que tienen las personas que han aprendido de verdad que no hay otro Dios aparte de Jehová; que todo poder, toda sabiduría y todas las bendiciones vienen de Él; que sin Él, todo esfuerzo debe ser en vano y toda empresa un fracaso. La doctrina de la absoluta incapacidad y la impotencia moral del hombre caído es una de las lecciones más importantes que se nos puede enseñar. Por desgracia, es una de las lecciones más difíciles para la naturaleza orgullosa del ser humano. El Espíritu de Dios la puede impartir y benditos los que, siendo enseñados por el Espíritu divino, ven su completa impotencia y aprenden al mismo tiempo que tienen un Dios al que acudir, que puede proveerles en abundancia todo lo que necesitan.

De nuevo, repito, cultiva el sentido de tu insuficiencia para la gran obra a la que Dios te ha llamado y deja que esté tan estrechamente entrelazado en la textura misma de tu mente —deja que impregne tan a fondo la totalidad de tus hábitos de pensamiento y sentimiento— de modo que te mantengas en las profundidades más bajas de la desconfianza en ti misma, sintiendo que tu sola seguridad está en aferrarte, como en la agonía de la muerte, a la declaración que sustenta el alma: "Bástate mi gracia; porque mi poder se perfecciona en la debilidad" (2 Co. 12:9). Sólo cuando se combinen la profunda sensación de insuficiencia y una firme confianza en Dios tendrás todas las probabilidades de lograr el éxito en tu ardua tarea. El sentido de tu insuficiencia te hará precavida, tierna, vigilante y devota en la oración; y tu confianza en Dios dará aliento a tu alma y te fortalecerá para enfrentar las dificultades con las que tienes que encontrarte.

2. Cultiva tu propia mente con diligencia.

Si quieres instruir a tus hijos en el camino que deberían seguir, es necesario que cultives con diligencia tu propia mente, impregnándola de sanos principios y haciendo acopio de un conocimiento útil. Podríamos afirmar que esto es algo que deberías haber hecho antes de ocupar la posición que hoy tienes y esto es verdad. Sin embargo, creemos que casi todos los que son capaces de formarse un juicio sobre el tema reconocerán que, por lo general, no se hace antes y que, en nueve de cada diez casos quizás, de esos en los que la mente ha sido capacitada para el desempeño eficaz de los deberes de madre, su cultivo se ha producido principalmente, por no decir por completo, en un periodo posterior al que se le asigna a la llamada *educación*.

La educación que las mujeres suelen recibir, en general, durante la juventud es poco adecuada para permitirles "moldear la masa de la mente humana" de la forma correcta. La educación propiamente dicha es la formación del intelecto, la conciencia y los afectos. ¿Pero es ésta una descripción de la educación femenina, tal como es en realidad, aun con todas las alardeadas mejoras de los tiempos modernos? ¿Es esa educación en cualquier grado prominente, la educación de la mente o del corazón... *en cualquier forma*? Lamentablemente, con demasiada frecuencia es el cultivo tan solo de las *maneras*. Lo útil se sacrifica por lo decorativo. El ataúd se embellece con toda clase de oropeles que pueden atraer la admiración de quien lo contempla, mientras que la joya inestimable que contiene se descuida en comparación. Que no se suponga que subvaloramos los logros. Creemos que son altamente valiosos, mucho más de lo que quienes los persiguen con avidez, parecen ser conscientes... Y desde luego se compran muy caras cuando absorben el tiempo y la atención de tal forma que dejan poca o ninguna oportunidad para cultivar la mente misma.

Resulta preocupante pensar que, aunque tanto depende de la formación de la mente femenina, se haga tan poca provisión para que esa instrucción sea eficaz. Napoleón[15] le preguntó en una ocasión a Madame Campan[16] qué era lo que más necesitaba la nación francesa para que sus jóvenes pudieran ser educados de forma adecuada. La respuesta de ella consistió en una sola palabra: "¡Madres!". Y fue una respuesta sabia. No sólo la nación francesa, *el mundo*

---

[15] **Napoleón Bonaparte** (1769-1820) – General francés que se convirtió en el emperador de Francia.
[16] **Madame Jeanne Louise Henriette Genet Campan** (1752-1822) – Maestra francesa y una de las damas de María Antonieta.

necesita madres —madres cristianas, inteligentes, bien formadas, a quienes se les pueda confiar de forma segura el destino de la nueva generación.

Un distinguido filósofo observó que ¡todo el mundo es alumno y discípulo de la influencia femenina! ¡Qué importante es, pues, que las mujeres estén capacitadas para su tarea! ¿Y es la educación que suelen recibir, en general, en su juventud, la más adecuada para desempeñar dicho cometido? Nadie que esté familiarizado con el tema, respondería de forma afirmativa. El fin deseado parece ser más bien que estén cualificadas para asegurarse la admiración y el aplauso, que para moldear las mentes y formar el carácter de aquellos que serán los futuros defensores de la fe: Los ministros del evangelio, los filósofos, los legisladores de la siguiente generación. Creo que no puedo hacer nada mejor que presentarles las observaciones de alguien de su propio sexo sobre este asunto —alguien que merece ser oída con atención—, me refiero a la autora de *Woman's Mission*:[17]

"¿Cuál es, pues, el verdadero objeto de la educación femenina? La mejor respuesta a esta pregunta es una declaración de futuros deberes y es que no se debe olvidar nunca que, si la educación no es la formación para estos, no es nada. El destino corriente de la mujer es casarse. ¿La ha preparado alguna de estas educaciones para hacer una elección sabia en el matrimonio? ¿Para ser madre? ¿Se le han señalado los deberes de la maternidad, la naturaleza de la influencia moral? ¿Ha sido alguna vez informada de forma adecuada sobre la indecible importancia del carácter personal *como* la fuente de influencia? En una palabra, ¿la han preparado algunos medios, de forma directa o indirecta, para sus deberes? ¡No! Pero domina varios idiomas, es pianista, elegante, admirada. ¿De qué sirve *esto* para el propósito?... El momento en el que las jóvenes entran en la vida es el punto al que tienden todos los planes de educación y en el que todo termina; y el objeto de su formación es prepararlas para ello. ¿Acaso no es cruel acumular toda una reserva de desdicha futura mediante una educación que tan solo tiene un único tramo de tiempo en vista, uno muy breve y el menos importante y más irresponsable de toda su vida? ¿Quién que tuviera el poder de elegir se decantaría por comprar la admiración del mundo durante unos cortos años con la felicidad de toda una vida?...".[18]

Tengo un doble objetivo en vista al dirigir tu atención de forma tan destacada sobre este punto: Que puedas aplicar estos sentimientos a la educación de tus *hijas* y que puedas sentir la necesidad, cualquiera que haya podido ser la naturaleza y la extensión de tu propia educación previa, de continuar con diligencia educándote a ti misma y añadiendo a tus recursos. Descubrirás que hay necesidad de todo porque se te ha encomendado una gran obra. En especial, deja que las verdades sagradas de la Palabra de Dios sean el tema de tu constante estudio. No te conformes con un conocimiento superficial de las cosas extraordinarias de la Ley de Dios, sino procura conocerlas en toda su profundidad y plenitud, averiguando su pertinencia e interés, así como sus relaciones, analizando sus armonías y proporciones para que, de este modo, al morar la Palabra de Cristo en ti en abundancia y en toda sabiduría (Col. 3:16), puedas estar "enteramente [preparada] para toda buena obra" (2 Ti. 3:17)... Sin embargo, aunque la Palabra de Dios debe ser tu principal estudio, cuídate de suponer que debe ser el *único*. Toda verdad procede *de* Dios y puede ser sometida a la gran obra de instruir a los hijos *para* Dios...

3. Manifiesta la coherencia más constante.

En toda tu conducta, manifiesta la coherencia más constante... Incluso a una edad muy temprana, los hijos tienen ojos de lince para observar las incoherencias de un progenitor. Y la

---

[17] Sarah Lewis, *Woman's Mission* (*La misión de la mujer*), (Londres: John W. Parker, West Strand; 1839).
[18] Sarah Lewis, *Woman's Mission* (*La misión de la mujer*), 66-68.

más ligera de las incoherencias, aunque se manifieste tan solo en una palabra o una mirada, reduce tu influencia sobre ellos hasta un nivel inconcebible. Cuando un hijo aprende a desconfiar de su madre, todas sus advertencias, amonestaciones y protestas —por serias e incansables que sean— quedan sin fuerza. Tememos que ésta es la principal razón por la que vemos con frecuencia cómo los hijos de padres piadosos crecen sin arrepentimiento. El ejemplo de sus padres no ha sido uniformemente coherente con sus instrucciones y, por tanto, estas han sido inútiles... ¡Madre! Vigila tu conducta. Tus hijos están observando. Cada expresión de tu rostro, cada palabra que pronuncias, cada acto que te ven realizar pasa por su escáner y su escrutinio. Si perciben que actúas de forma incoherente, en su corazón te menospreciarán. Y no se puede engañar mucho tiempo a un niño respecto al carácter; la única forma segura de parecer coherente es serlo.

Sé firme e inflexible en el ejercicio de tu autoridad, exigiendo en toda ocasión una obediencia implícita y sumisa. La sumisión implícita a la autoridad de Dios es *fundamental* en el cristianismo verdadero. Y Dios te ha dado la autoridad absoluta sobre tu hijo, de manera que al ir habituándose al ejercicio de la sumisión implícita[19] a tu voluntad, pueda entrenarse en someterse de forma implícita a la de Dios. Hasta que tu hijo sea capaz de juzgar, en cierta medida, por sí mismo, tú estás para él en el lugar de Dios y si permites que tu voluntad sea discutida —si das un paso atrás en el ejercicio de la autoridad absoluta e intransigente— estarás formando a tu hijo para que sea rebelde contra Dios. La indulgencia de una madre establece el fundamento para la desobediencia y la insubordinación hacia Dios y esto, a menos que la gracia divina lo impida en los años futuros, redundará en la perdición eterna del niño... Que no se diga que el principio que inculcamos es severo. No lo es. La autoridad más inflexible debe mezclarse con el amor más inagotable. Y ambos deberían estar siempre armonizados. Estos son los dos grandes principios del gobierno de Dios y el gobierno de tu familia debería parecerse al de Él. El incansable ejercicio del amor impedirá que tu autoridad degenere en dureza; el ejercicio inflexible de la autoridad evitará que tu amor decaiga y se convierta en necia indulgencia.

4. Debes dominar sus propensiones caprichosas.

Si quieres instruir a tus hijos en el camino por el que deberían andar, debes refrenar y dominar sus propensiones caprichosas. No olvides nunca que poseen una naturaleza depravada, propensa a todo mal, reacio a todo lo bueno. Cuidado, por tanto, con permitirles hacer las cosas a su manera. Éste es el camino que conduce a la muerte (Pr. 14:12; 16:25). Acostúmbralos en ocasiones a someterse a las restricciones. Sujétalos con una disciplina saludable y haz esto de tal manera que les demuestre, incluso a ellos, que no lo haces para gratificar tus pasiones, sino para provecho de ellos. El hijo al que se deja hacer las cosas a su manera acarreará perdición sobre sí mismo y tristeza, y deshonra a sus padres. Recuerda el caso de Adonías: "Y su padre nunca le había entristecido en todos sus días con decirle: ¿Por qué haces así?" (1 R. 1:6). En otras palabras, era un hijo mimado. ¿Y cuáles fueron las consecuencias? Cuando su padre se encontraba en su lecho de muerte, él lo importunaba con sus traicioneras maquinaciones;[20] con el fin de asegurar la paz del reino, su propio hermano se vio obligado a emitir la orden de que le dieran muerte.

---

[19] **Sumisión implícita** – Someterse sin protestar.

[20] **Traicioneras maquinaciones** – Planes de traición que eran secretos y complejos.

5. Debes aplicar toda su formación a su bienestar espiritual.

Si quieres instruir a tus hijos en el camino por el que deben andar, tienes que aplicar toda su formación, directa o indirectamente, a su bienestar espiritual y eterno. Con esto no pretendo decir que deberías estar hablándoles siempre sobre la fe cristiana[21] porque existen cosas como formar en la mente de un niño la asociación permanente entre la verdad piadosa y el sentimiento de agotamiento o indignación. Contra este mal, los padres deberían permanecer especialmente vigilantes. Lo que quiero decir es que debes tener siempre en cuenta los intereses eternos de tus hijos. No los estás instruyendo tan solo para los pocos años fugaces de trabajo en la vida presente: Es para el servicio y disfrute eternos de Dios. ¡Oh cuán noble tarea se te ha encomendado! Contémplala a la luz de la eternidad y sentirás que es la más solemne, el empleo más glorioso en el que puede implicarse un ser inmortal. Pensar que es para la eternidad te sostendrá en medio de toda dificultad y te animará en tu noble profesión. ¡Sí, es una noble profesión! Y es que cuando toda la honra, la pompa y el deslumbramiento de las búsquedas meramente temporales hayan desaparecido, los efectos de tu obra permanecerán y los siglos incesantes recogerán el triunfo de tu fe, tu fortaleza y tu paciencia... Instruyes a tus hijos para la eternidad. ¿No deberías, pues, ejercer un cuidado y una vigilancia incesantes?

6. Debes abundar en la oración ferviente.

Con toda seguridad apenas es necesario que yo añada, como última observación, que si quieres instruir a tus hijos en el camino por el que deberían andar, deberás abundar en la oración, en la oración ferviente[22], de lucha y de fe. Sin esto, no puedes hacer nada como deberías. Grandes y arduos son tus deberes y grande es la preparación que necesitas para desempeñarlos. Necesitas sabiduría; necesitas firmeza; necesitas decisión; necesitas paciencia; necesitas dominio propio; necesitas perseverancia y ¿dónde puedes ir a buscar todo esto, sino al trono de misericordia de Aquel que "da a todos abundantemente y sin reproche" (Stg. 1:5)? "Toda buena dádiva y todo don perfecto desciende de lo alto, del Padre de las luces" (Stg. 1:17). La oración continua te preparará para tus deberes y hará que te resulten agradables. Mediante la oración, te aferrarás a la fuerza de Dios y podrás decir con el Apóstol: "Todo lo puedo en Cristo que me fortalece" (Fil 4:13).

Concluyo estas observaciones recordándote una vez más la magnitud de tu responsabilidad. A las madres (bajo Dios) se les ha encomendado el destino de la generación siguiente y, por medio de ellas, el de las generaciones posteriores. El mundo las mira; la Iglesia de Dios las contempla; los espíritus de los santos que ya partieron las miran; las huestes angelicales y Dios mismo también, como aquellas cuya influencia pesa para siempre en los millares que aún no han nacido. Deja que el sentido de la importancia de tu alto llamado te anime a correr con paciencia la carrera que tienes por delante y cuando la hayas acabado y seas llamada a rendir tus cuentas, sentirás la indecible felicidad de ser bien recibida en las esferas de gloria y oirás la voz aprobadora de tu Dios Salvador: "Bien, buen siervo y fiel; sobre poco has sido fiel, sobre mucho te pondré; entra en el gozo de tu señor" (Mt. 25:21). Y con todos tus seres amados en torno a ti, estarás en el monte de Sion cuando la tierra y los mares hayan huido, y

---

[21] **Nota del editor** – La palabra original que el autor emplea aquí es *religión*. A la luz del uso amplio y muchas veces confuso de la palabra *"religión"* hoy en día, los términos "fe cristiana", "cristianismo" y "fe en Cristo" y, a veces, "piedad", "piadoso/a" o "piedad cristiana", suelen reemplazar "religión" y "religioso" en muchos casos en esta publicación.

[22] Ver FGB 221, *Vital Prayer*, en inglés (Oración vital), disponible en CHAPEL LIBRARY.

con un corazón desbordante de gratitud, echarás tu corona a los pies de Jesús, exclamando: "No a nosotros, oh Jehová, no a nosotros, sino a tu nombre da gloria" (Sal. 115:1).

Tomado de *Three Lectures to Christian Mothers* (Tres discursos para las madres cristianas), en dominio público.

James Cameron (1809-1873): Ministro congregacional escocés; nacido en Gourock, Firth de Clyde, Escocia.

La mujer es la madre de todos los seres humanos. Lleva en su seno a los seres humanos, les da a luz a este mundo, los alimentan con leche y cuida de ellos bañándolos y realizando otros servicios. ¿Qué sería de reyes, príncipes, profetas y todos los santos de no haber existido Eva? Y es que Dios no hace a los seres humanos a partir de piedras, sino de un hombre y una mujer.
— *Martin Lutero*

Formar a los hijos bíblicamente II
John Angell James (1785-1859)

1. Antes de que el niño haya cumplido su primer año

Una de las mayores equivocaciones en las que caen las madres es suponer que los dos o tres primeros años de la vida del niño no son importantes en lo que respecta a su instrucción. La verdad es que, en la formación del carácter, son los más trascendentales de todos. Se ha dicho, y con acierto, que de las impresiones que quedan grabadas, los principios implantados y los hábitos que se forman durante esos años, podría resultar el carácter del niño para toda la eternidad.

Es perfectamente evidente que, antes de poder hablar, el niño admite[23] una formación moral. La mujer juiciosa podría hacer que la conciencia o el sentido moral, se desarrollaran poco después, si no antes, de que el niño haya cumplido su primer año. A tan temprana edad logrará distinguir entre lo que su madre considera correcto o incorrecto, entre aquello que le complacerá o lo que le desagradará. Que nadie se extrañe, aun las bestias actúan así; y si se les puede enseñar a hacerlo, ¿no aprenderán los niños muy pequeños? Se reconoce que hay más razón en muchas bestias que en los niños pequeños. Sin embargo, incluso los animales muy pequeños pueden ser entrenados para saber lo que pueden y lo que no pueden hacer; y los niños pequeños también. Con frecuencia oigo decir a algunas madres que sus hijos son demasiado pequeños para enseñarles a obedecer. La madre que actúa sobre esta máxima —que se puede dejar que los niños hagan lo que quieran durante un cierto número de meses o incluso años—, descubrirá a sus expensas que, al menos esa lección, no la olvidarán pronto. La instrucción moral puede y debe preceder a la intelectual. Cultivar los afectos y la conciencia debería ser el principio y el fundamento de la educación, y facilitará el éxito de cualquier esfuerzo, ya sea del niño o de aquellos que lo forman o lo instruyen.

En algunas mujeres existe cierta timidez y desconfianza en su propia capacidad que paralizan o impiden los esfuerzos que pudieran hacer, si creyeran en su propio poder. Toda mujer de buen y sencillo entender puede hacer más de lo que imagina en la formación del carácter de sus hijos. Aquello en lo que sea deficiente, que lo supla mediante la lectura y no hay madre, por cualificada que esté, que debería ignorar esto. Todos pueden aprender algo de otros. ¡Madres temerosas, tímidas y angustiadas, no tengan miedo! La oración aportará la ayuda y la bendición de Dios.

2. La indulgencia imprudente

La indulgencia imprudente es el peligro más común (y también el más perjudicial) en el que una joven madre puede caer. Sé bondadosa; deberías serlo. Una madre poco amorosa, de corazón duro, es una doble difamación sobre su sexo y su relación. El amor es su poder, su instrumento y... no puede hacer nada —*menos que nada*— sin él. Pero su amor debe ser como el del Padre divino que dijo: "Yo reprendo y castigo a todos los que amo" (Ap. 3:19). ¿Puedes decirle "no" a un niño cuando, con sonrisas persuasivas, voz suplicante u ojos llorosos, te pide lo que no es bueno que reciba? ¿Puedes quitarle aquello que, probablemente, será perjudicial para él, pero a lo que le resultará doloroso renunciar? ¿Puedes corregir sus faltas cuando tu corazón se erige en oposición a tu juicio? ¿Puedes apartarle de tus brazos en un momento adecuado para ello, cuando se aferra a tu cuello y llora para permanecer allí? ¿Puedes exigir obediencia en aquello que para él es una orden difícil y para ti necesaria? ¿Puedes permanecer

---

[23] **Admite** – Es capaz de recibir.

firme ante sus lágrimas, resuelta en tu propósito, inflexible en tu exigencia y vencer primero a tu propio corazón que se te resiste con tenacidad, para poder someter el suyo? ¿O te permites ser dominada para poner fin a la disputa y, suavizando sus sufrimientos, fomentas el genio que debería ser erradicado cueste lo que cueste? Aquella que no puede responder a todo esto de manera afirmativa no está preparada para ser madre. En una familia debe haber disciplina. Hay que obedecer a los padres. Renuncia a esto y formarás a tus hijos para mal y no para bien. De nuevo advierto, *empieza pronto*. Coloca el yugo ligero y fácil con rapidez... Tanto la especie humana como los animales crecen y superan el poder de la disciplina...

3. Su bienestar eterno

¿Es necesario que te diga que todo lo que hagas para formar a tus hijos en el camino por el que deberían andar tendrá un efecto directo o indirecto en su bienestar eterno?... Como ya he indicado, no pasarás por alto la mente de tus hijos; pero su educación moral y piadosa será, espero, el objeto principal de tu cuidado y preocupación. Al considerar a tus hijos como seres inmortales destinados a la eternidad, que son capaces de disfrutar del cielo, trabajarás con ellos desde la infancia para impregnar sus mentes con ideas bíblicamente cristianas. La inmortalidad es la que rescata de la pequeñez y la insignificancia a todo aquello con lo que está relacionado y, por lo tanto, eleva en un grado considerable el honor exaltado de la madre.

Por la orden soberana del Todopoderoso, has dado a luz, y no a un ser de mera existencia momentánea cuya vida perecerá como la de la bestia del campo, ¡sino a uno que es inmortal!... Madre, *tal* es tu dignidad, *tal* tu exaltado honor. Siente y valora tu rica distinción al ser llamada a educar a los hijos y las hijas del Señor Dios Todopoderoso y a preparar a la santa familia que morará en aquellas muchas mansiones de la casa de su Padre que el Señor Jesús ha ido a preparar (Jn 14:2). Entrégate a esta gloriosa obra. Pero sé juiciosa en todo lo que hagas, no sea que produzcas perjuicio contra la fe cristiana verdadera, en lugar de influir en la mente a su favor. Que adoptes tu afecto más cálido, tu mayor alegría, tus sonrisas más cautivadoras cuando enseñes la fe a tus hijos. Sé tan parecida como te sea posible a un ser celestial. Representa el seguir a Cristo en toda su hermosura, encanto, santidad y su dulzura inefable. Que ellos lo vean en tu carácter, así como lo oyen de tus labios.

4. Un objeto de esperanza

Sé especialmente cuidadosa de no imponer como tarea aquello que debería proponerse como un objeto de esperanza y una fuente de deleite. Que vean en ti que si la piedad es, en algún aspecto, una senda estrecha y difícil, en otro es un camino de placidez y un sendero de paz. No les inflijas el leer las Escrituras o himnos como *castigo* por las ofensas, de modo que conviertas así la fe cristiana[24], que es un anticipo del cielo, en una penitencia que será para ellos como ser atormentados antes de hora. Sobre todo, no conviertas el Día de reposo en un día de melancolía, en lugar de alegría por una acumulación tal de servicios que puedan hacer que el día de descanso sea físicamente más agotador que las labores comunes de la semana...

5. Conclusión

Y, ahora, lo resumiremos todo. Considera el *cargo* de una madre: Una criatura inmortal; el *deber* de una madre: Formarlo para Dios, el cielo y la eternidad; la *dignidad* de una madre:

---

[24] **Nota del editor** – La palabra original que el autor emplea aquí es *religión*. A la luz del uso amplio y muchas veces confuso de la palabra *"religión"* hoy en día, los términos "fe cristiana", "cristianismo" y "fe en Cristo" y, a veces, "piedad", "piadoso/a" o "piedad cristiana", suelen reemplazar "religión" y "religioso" en muchos casos en esta publicación.

Educar a la familia del Creador Todopoderoso del universo; la *dificultad* de una madre: Levantar a una criatura caída, pecaminosa, a la santidad y la virtud; el *aliento* de una madre: La promesa de la gracia divina para ayudarla en sus deberes trascendentales; el *alivio* de una madre: Llevar la carga de sus preocupaciones a Dios en oración; y la *esperanza* de una madre: Encontrarse con su hijo en la gloria eterna y pasar siglos eternos de deleite con él delante del trono de Dios y del Cordero.

¿Pero son las madres las únicas que tienen que implicarse en esta obra de educar a sus hijos para Dios? No. Padre, te hablo a ti porque la Biblia así lo hace.[25] "Y vosotros, padres, no provoquéis a ira a vuestros hijos, sino criadlos en disciplina y amonestación del Señor" (Ef. 6:4)... ¿Estás ejerciendo tu autoridad, dando tus instrucciones, derramando tus oraciones y proporcionando tu ejemplo, todo para la salvación de tus hijos? ¿Es tu deseo, tu ambición, tu esfuerzo y tu súplica que puedan ser hombres cristianos piadosos o sólo ricos? ¿Estás derramando tu influencia en los mismos canales que tu santa esposa? ¿La estás ayudando o estorbando en tu piadosa preocupación por el bienestar espiritual y eterno de tu descendencia conjunta? Pareja feliz, feliz, aquella en la que existe una solidaridad y similitud de sentimiento en el asunto más trascendental que pueda captar la atención del hombre, de los ángeles o de Dios: La fe cristiana; ¡cuando el esposo y la esposa son de una mente y un corazón, no sólo con respecto a sí mismos, sino en lo que concierne también a sus hijos, y cuando ambos están implicados en formarlos para la gloria eterna! Sólo puedo comparar a una pareja así, en sus esfuerzos benevolentes por el bienestar de sus hijos, a los dos ángeles que fueron enviados desde el cielo para rescatar a Lot y quienes, con santa y benevolente violencia, lo tomaron de la mano y lo arrancaron de la ciudad ardiente para llevarlo al lugar de seguridad preparado por la misericordia del Dios Todopoderoso.

Tomado de *Female Piety* (*La piedad femenina*), de dominio público.

John Angell James (1785-1859): Predicador congregacionalista inglés, y escritor; nacido en Blandford, Dorsetshire, Inglaterra.

Piensa en esto particularmente, tú que eres madre de hijos, cuando sientas el fruto de tu vientre vivificado dentro de ti: Llevas en tu interior a una criatura de más valor que todo este mundo visible, una criatura que, desde ese mismo momento, tiene sobre sí una eternidad de felicidad o miseria. Por tanto, te concierne sufrir los dolores de parto como doliéndote por sus almas antes de sentir el padecimiento y las punzadas del parto por sus cuerpos. ¡Oh, deja que tus llantos y tus oraciones por ellos anticipen los besos y los abrazos que les darás! Si eres fiel y tienes éxito en esto, bienaventurado el vientre que los porta. —John Flavel

Nunca des una orden para la cual no pretendas recibir obediencia. No hay forma más eficaz de enseñarle a un niño la desobediencia que dándole órdenes que no tienes la intención de hacer cumplir. El niño se habitúa así, a no respetar a su madre y, en poco tiempo, esta costumbre se vuelve tan fuerte y el desdén del niño por la madre tan confirmado que desatenderá, por igual, las súplicas y las amenazas. —J. S. C. Abbot

---

[25] Ver FGB 228, *Fatherhood*, en inglés (Paternidad), disponible en CHAPEL LIBRARY.

El legado de una madre para su hijo que aún no ha nacido
ELIZABETH JOSCELIN (1595 - C. 1622)[26]

Ser heredero del reino de los cielos

Durante largo tiempo, con frecuencia y empeño, presenté ante Dios mi deseo de poder ser madre de uno de sus hijos y, ahora que se acerca ese momento, espero que su designio haya sido que tú seas para mí, y esto me lleva a considerar por qué te deseé con tanto afán y (habiendo descubierto que la verdadera razón fue hacerte feliz), cómo podría alcanzar esa felicidad para ti.

Sabía que no tenía nada que ver con mi reputación, mi riqueza, mi fortaleza corporal o mis amistades, aunque todas estas cosas son grandes bendiciones. Por tanto, sería una petición muy débil desearte sólo como heredero de mi fortuna. No, nunca tuve por objetivo una herencia tan pobre, como el mundo entero, para ti. Tampoco le habría suplicado a Dios tanto dolor, como sé que debo soportar, tan solo para darte riquezas terrenales que hoy podrían hacer de ti un gran hombre y mañana un pobre mendigo. Tampoco me movió a desearte la esperanza de hacerte saltar, durante tu infancia, sobre mis rodillas. Y es que sé que todo el deleite del que una madre puede disfrutar es miel mezclada con hiel[27].

Pero la verdadera razón por la que con tanta frecuencia me arrodillé delante de Dios por ti es para que pudieras ser heredero del reino de los cielos. Que a este fin, le suplico humildemente al Dios Todopoderoso, puedas inclinar tus actos y, que si fuera su bendita voluntad, te dé una medida tan abundante de su gracia que puedas servirle como ministro suyo, si Él hace de ti un hombre.

Si Él hace de ti un hombre

Cierto es que, este siglo, considera el ministerio como un oficio desdeñable, sólo adecuado para los hijos de los pobres, los hermanos menores y quienes no tienen otro medio de subsistir. Pero, por el amor de Dios, no te desalientes con tales discursos vanos: Fortalécete recordando el gran valor que tiene, a los ojos de Dios, ganar un alma, y pronto descubrirás qué gran puesto es ser ministro para el Dios vivo. Si a Él le place conmover tu corazón por medio de su Espíritu Santo, resplandecerá y arderá de celo por servirle. El Señor abra tus labios y tu boca para elevar su alabanza (Sal. 51:15).

Si se me diera bien escribir, me gustaría anotar todo lo que comprendo del feliz estado de los ministros verdaderos y esforzados. Sin embargo, puedo decir claramente que, de todos los hombres, por su llamado son de verdad los más felices. Están familiarizados con Dios,

---

[26] **Nota del editor** – Ésta es una versión editada del libro de Elizabeth Joscelin, *The Mother's Legacie to Her Unborn Child*. Representa un género literario distintamente femenino que apareció en la Inglaterra del siglo XVII conocido como "libro de consejo". Estos libros eran una forma de literatura renacentista en la que la madre escribía instrucciones, predominantemente espirituales, como legado para sus hijos. El legado de Joscelin es único porque, preocupada por la posibilidad de morir durante el alumbramiento, le escribió a su hijo que aún no había nacido. Tristemente, Elizabeth murió nueve días después de dar a luz a una hija, Theodora, el 12 de octubre de 1622. Este artículo necesitó más edición de lo habitual para los lectores modernos, por lo que se han eliminado numerosas marcas editoriales para facilitar su lectura.

[27] **Hiel** – Ésta se encuentra en la vesícula y se conoce por su amargura. Aquí el autor emplea el término metafóricamente para contrastar la amargura con la dulzura, el dolor y el gozo que son parte de ser padre.

trabajan en su viña y son tan amados por Él que les proporciona abundancia de conocimiento. ¡Por favor, sé uno de ellos! No permitas que la burla de los hombres malvados te estorbe. Mira cómo ha provisto Él, suficientes medios para ti. No necesitas obstaculizar tu estudio por buscar sustento como hicieron los israelitas estorbando su trabajo para ir a buscar paja (Éx. 5:6-23). Si no estás satisfecho con esto, no lo estarás, aunque tengas más. ¡Que Dios te libre de la codicia!

Deseo para ti que, aunque adoptes el llamado espiritual, no busques los beneficios de la Iglesia[28], ni los ascensos, aunque los valoro porque tengo grandes motivos para ello; pero preferiría que fueras verdaderamente un ministro tan humilde y con tanto celo que tu único fin sea servir a Dios sin desear nada para ti mismo, excepto el reino de los cielos. Sin embargo, así como no deseo que procures estas cosas, también me gustaría que fueras tan cuidadoso como para no descuidar las bendiciones de Dios, sino que recibas con toda gratitud lo que Él te concede y que seas un esmerado administrador que lo distribuya entre todos los que tengan necesidad.

No tenía más elección que manifestar este deseo por escrito, por temor a que la voluntad de Dios para mí fuera que pereciera sin tener tiempo de hablar contigo.

Si fueras una hija

Y si fueras una hija... sigue leyendo y verás mi amor y mi preocupación por ti y que tu salvación es tan grande como si fueras un hijo, y mi temor mayor aún.

Tal vez, cuando seas capaz de ejercer cierto discernimiento, te pueda parecer extraño recibir estas líneas de una madre que murió cuando tú naciste. Pero ves que los hombres compran tierras y almacenan tesoro para sus bebés que no han nacido todavía, así que no te extrañe que me preocupe tanto por tu salvación, siendo ésta una porción eterna. Y no sabiendo si viviré para instruirte cuando nazcas, no me culpes por escribirte con antelación. ¿Quién no me condenaría si yo descuidara tu cuerpo mientras estás dentro de mí? Con toda seguridad, la preocupación por tu alma es muchísimo mayor. En estos dos desvelos me esforzaré mientras viva.

Reitero que, tal vez haya quien se pregunte por qué escribo de esta forma, teniendo en cuenta que existen muchos libros tan excelentes que hasta la nota más mínima que se encuentra en ellos tiene el mismo valor que todas mis meditaciones. Lo confieso y, así, me disculpo. No le escribo al mundo, sino a mi hijo quien sacará más provecho de unas cuantas instrucciones débiles procedentes de una madre muerta (que no puede alabarlo cada día ni reprenderlo como merece) que de otras mucho mejores de alguien más ilustrado. Una vez consideradas estas cosas, ni mi verdadero conocimiento de mi propia debilidad ni el temor de que esto pueda llegar a ojos del mundo y acarrear burla sobre mi tumba pueden impedir que mi mano exprese cuánto anhelo tu salvación.

Instrucciones aprendidas de la Palabra de Dios

Por consiguiente, amado hijo, siente mi amor en estas líneas. Y si Dios me aparta de ti, sé obediente a estas instrucciones como deberías serlo hacia mí. Las he aprendido de la Palabra de Dios; a Él le suplico que puedan ser provechosas para ti.

(1) El primer encargo que te hago aquí lo aprendí de Salomón en Eclesiastés 12:1: *"Acuérdate de tu Creador en los días de tu juventud"*. Es un excelente comienzo y una lección adecuada

---

[28] **Beneficios de la Iglesia** – Puestos eclesiásticos permanentes que incluyen propiedad e ingreso [para el pastor] por desempeñar los deberes pastorales.

para un hijo... Para dirigir tu corazón a que recuerdes a tu Creador antes de que sea demasiado tarde, medita en los beneficios que recibes continuamente. En primer lugar, cómo Él te creó cuando no eras nada; te redimió por la muerte de su único Hijo, siendo peor que nada; y ahora, por mera gracia, Él te ha dado su Espíritu Santo, santificándote para un reino eterno.[29] Es posible que no puedas entender lo grandes que son estas misericordias, pero tu alma debe gritar directamente: "¿Qué puedo hacer por un Dios de tanta gracia? Todos los poderes de mi alma y mi cuerpo entregaré a su servicio. A Él dedicaré mis primeros pensamientos. Como el sacrificio de Abel (Gn. 4:4), presentaré ante Él las primicias de mi juventud. En la fuerza de mi edad caeré delante de Él y si alcanzo una edad avanzada y por debilidad no puedo inclinar mis rodillas ni levantar mis manos, con todo, mi corazón meditará en su bondad día y noche, y mi lengua siempre proclamará sus obras maravillosas".

Cuando hayas recordado así las infinitas misericordias de Dios, es adecuado que te pongas a trabajar en su servicio de forma constante; que ordenes tus pensamientos, tus palabras y tus actos para su gloria; y que hagas pacto contigo mismo de no quebrantar las promesas que le hagas a Dios... Recuerda, te ruego, estas normas para ordenar tu vida y Dios te bendecirá a ti y tus buenos esfuerzos.

(2) En cuanto te despiertes por la mañana, *cuida de no albergar en tu mente pensamientos vanos, no provechosos y, sobre todo, impíos que estorben tu sacrificio de la mañana* (tu oración de acción de gracias). Prepárate de inmediato, dirigiendo tus pensamientos para meditar en las misericordias de Dios, la maldad del diablo y en tu propia debilidad. La malicia del diablo se percibe con tanta facilidad como tu debilidad; desde ahora mismo ya está merodeando, listo para atrapar cualquier buen movimiento de tu corazón, sugiriéndote cosas que son más atractivas para tu imaginación y persuadiéndote de posponer tu servicio a Dios, sólo por un breve tiempo.

Pero debes estar prevenido y armado contra sus tentaciones. Ten por seguro que, si una vez cedes, descuidando el orar a Dios, aunque sea por media hora, cuando llegue ese momento hallarás que estás mucho más incapacitado para hacerlo y que tu corazón está más torpe para orar que antes. En cambio, si te preparas para orar y, aunque te sientas apesadumbrado e infeliz al hacerlo, Dios, que escudriña el corazón y ve tu deseo de orar —aunque tú no puedas hacerlo— te alumbrará y preparará tu corazón con antelación la próxima vez para que puedas hallar consuelo. Por tanto, ten cuidado de que el diablo no te engañe porque ves que su malicia no es pequeña en sus intentos de engañarte respecto a toda felicidad presente y futura. Y puedes tener por seguro de que, si no buscas lo celestial, no tendrás gozo verdadero en los placeres terrenales.

Una vez discernida la infinita malicia del diablo y tu propia y excesiva debilidad, ¿cómo crees que fuiste protegido de sus argucias mientras dormías? ¿O tal vez piensas que sólo te acosa cuando estás despierto? No, no te engañes; no es un enemigo tan equitativo. Su odio hacia ti es tal que, si pudiera, haría pedazos tu cuerpo y te arrancaría el alma para llevársela al infierno mientras tú duermes. ¡Ay, hijo mío! Él podría haber hecho todo esto porque tu fuerza es pequeña para resistir contra él. Ahora tienes que confesar necesariamente, quién es el único capaz de protegerte: Dios y su misericordia —y no lo que tú mereces— son tu protección. Reúne, con toda tu fuerza, toda tu resolución para servirle a Él todo el día y resistir todas las tentaciones del diablo.

---

[29] Joscelin, una anglicana, daba por sentado que su hijo iba a ser salvo.

Entonces, ya bien despierto (porque puedes estar seguro de que a Dios no le gusta que se ore medio dormido), empieza dando gracias a Dios y a desear la continuidad de su misericordia para contigo en estas palabras, hasta que puedas descubrir la mejor forma de expresar tu propia alma: "Oh eterno Dios, que has derramado tu gracia desde el principio y que eres misericordioso hasta el final del mundo, humildemente te doy gracias porque, según tu abundante bondad, me has defendido por tu gracia durante esta noche de los peligros que podrían haberme ocurrido. Te suplico que sigas teniendo esta bondad favorable tuya hacia mí y que me concedas así, tu gracia para que en todos mis pensamientos, palabras y actos pueda buscar tu gloria y vivir eternamente en tu temor y para que pueda morir en tu favor. Te lo pido en el nombre de tu Hijo, mi único Salvador. Amén".

(3) Una vez hayas invitado a Dios a entrar a tu alma, *ten cuidado de no ofender a tan gran y glorioso Invitado*... Piensa, alma pecaminosa, cuánto cuidado deberías tener cuando el Dios vivo te concede por su gracia, el morar dentro de ti: Ten cuidado, sé precavido. No le ofendas, amado hijo mío, deliberadamente... Pero si por tu debilidad pecaras contra Él, corre directamente a su presencia, antes de que pueda irse, porque Él es misericordioso y se quedará un rato después de que hayas pecado, esperando tu arrepentimiento.[30] ¡Corre a toda prisa! ¡No estimes pecado alguno como pequeño! Aprende a avergonzarte del pecado; no obstante, una vez cometida la transgresión, no esperes ocultarla de Dios por ningún otro medio que no sea el arrepentimiento sincero. En la pasión[31] de su Hijo, Él esconderá tus ofensas, de tal modo que las esconderá de sí mismo. El Señor no despreciará el corazón contrito y, aunque permita que estés arrodillado durante largo tiempo, Él tendrá misericordia al final. Aprende de Jacob a luchar con Dios y a clamar con espíritu ferviente: "No te dejaré, si no me bendices" (Gn. 32:26). Nuestro Salvador declaró: "El reino de los cielos sufre violencia, y los violentos lo arrebatan" (Mt. 11:12).

(4) Ya ves, pues, *que la carrera que debe llevarte al cielo ha de realizarse con entusiasmo y no de forma perezosa*. Por tanto, ten cuidado y evita todas las variantes de este pecado. Todo lo que emprendas, abórdalo con alegría. Avergüénzate de la ociosidad, como hombre; pero tiembla sólo de pensar en ella, como cristiano. Y es que puedes tener por seguro que el diablo nunca está tan feliz en sus tentaciones como cuando las utiliza sobre un hombre perezoso que no es capaz de esforzarse tanto como para resistirse a él. ¿Qué estado de desdicha puede haber mayor que éste en el mundo? En primer lugar, que Dios te odie por considerarte un parásito ocioso, un vago, no apto para su servicio y, por ende, que todo el mundo te desprecie porque te halles en la pobreza extrema. ¡Te ruego que bajo ningún concepto entregues tu juventud a la pereza! Tan pronto como hayas elevado tu oración a Dios, prepárate para levantarte y, al hacerlo, usa esta oración: "En tu nombre, me pongo en pie, oh bendito Salvador, Quien con el Padre y el Espíritu Santo me creaste y con tu propia y valiosa sangre me has redimido. Te suplico que me dirijas, me protejas y me bendigas hoy. Guíame en todo buen camino. Dirígeme y sigue obrando en mí y después de esta frágil y miserable vida, llévame a esa bendita vida que no tiene fin, por tu gran mérito y por tus misericordias. Amén".

(5) Tan pronto como hayas salido de los brazos de la pereza, el orgullo hará diligentemente su aparición, *esperando proporcionarte cualquier juguete*[32] *vano en tu atuendo*. Y aunque creo

---

[30] Ver Portavoz de la Gracia N° 10: *Arrepentimiento*, disponible en CHAPEL LIBRARY.

[31] **Pasión** – Su muerte y sufrimiento; ver Portavoz de la Gracia N° 9: *Sustitución;* Portavoz de la Gracia N° 15: *La obra de Cristo;* FGB 226, *Christ upon the Cross*, en inglés (Cristo en la cruz) y FGB 227, *Atonement*, en inglés (Expiación), disponibles en CHAPEL LIBRARY.

[32] **Juguete** – Algo que tiene poco valor intrínseco, pero que se valora como un ornamento.

que existen diversos tipos de orgullo más pestilentes para el alma que el de la ropa, éste es bastante peligroso. Y estoy segura de que manifiesta más que cualquier otro la necedad del hombre. ¿Acaso no es monstruoso ver a un hombre, al que Dios ha creado de un modo excelente, con cada parte de sí respondiendo en la debida proporción a otra, y que por el hábito de prestar una atención necia y vana a su apariencia, acaba teniendo un aspecto tan desagradable que no se pueda hallar entre todas las criaturas de Dios nada parecido a él? Aunque un hombre no se parezca a otro en su figura o su rostro, por su alma racional es como cualquier otro; pero estos seguidores de la moda han intercambiado (me temo) su alma sensata por otra orgullosa y no razonable ¿Podrían deformarse y transformarse también por estas modas novedosas y estas conductas propias de los monos: Comportándose de forma servil, encogiéndose de hombros, con movimientos repentinos y siendo unos extravagantes de todas las formas posibles, de manera a poder decir, y con razón, que cuando van a la moda no son como ningún otro hombre? Y es que ¿quién querría ser como ellos? Te ruego que te apartes de esa vanidad, seas hijo o hija. Si eres una hija, te confieso que tu tarea será más dura porque eres más débil y tus tentaciones frente a este vicio son mayores porque verás a quienes te parezcan menos capaces, exaltadas muy por encima de ti en estos menesteres y, tal vez desearás ser como ellas y hasta sobrepasarlas. Pero cree y recuerda lo que te digo: El final de todas esas vanidades es más amargo que la hiel. ¡Qué duro será recordar el tiempo malgastado, cuando tengas más edad y no hayas alcanzado otro conocimiento que el de vestirte! Cuando te des cuenta de que la mitad de tu tiempo o quizás todo, ha transcurrido y que de todo lo que has sembrado no tienes nada que recoger, sino arrepentimiento —*el arrepentimiento tardío*—, ¡cuánto sufrirás! ¡Cómo acusarás a una necedad por haber producido otra, y en tu memoria proyectarás la causa de cada infortunio que ha caído sobre ti, hasta que pasando de una a otra, finalmente comprendas que *tu voluntad corrupta* ha sido la causa principal! Entonces percibirás, con bastante dolor, que si hubieras servido a Dios, en lugar de a tus vanos deseos, ahora tendrías paz en tu corazón. Que el Dios de misericordia te dé la gracia de acordarte de Él en los días de tu juventud.

No me malentiendas ni te permitas tomarte demasiada libertad, diciendo: "Mi madre era demasiado estricta". No, no lo soy, porque te autorizo a seguir las modas *decentes*, pero no que seas una *iniciadora* de modas... En otras palabras, esto es lo único que deseo: Que no pongas tu corazón en cosas tan vanas. Verás que seguir esta conducta humilde te hará ganar reputación y amor entre los que son sabios y virtuosos.

Si deseas elogio, sigue el ejemplo de esas mujeres espirituales cuya fama de virtuosas, el tiempo no ha podido borrar, como la piadosa Ana, quien sirvió al Señor con ayuno y oración (Lc. 2:36-38); como Elisabet, quien sirvió a Dios de forma irreprensible (Lc. 1:6) y la piadosa Ester, quien enseñó a sus criadas a ayunar y orar (Est. 4:16).

Tengo tanto miedo de que pudieras caer en este pecado, que podría pasarme el poco tiempo que me queda de vida exhortándote en contra de él. Sé que es el más peligroso y sutil de los que pueden robar el corazón del hombre. Alterará todas las formas como suele ocurrir con los colores del camaleón. ¡Apártate de él por el bien de tu alma! Porque si das cabida al orgullo, es un adulador tan desvergonzado que te hará creer que eres mayor, más sabio y más instruido que todos los demás, cuando en realidad estarás demostrando ser el mayor necio entre ellos, cansándolos a todos con tu vana conversación.

Salomón afirmó: "Antes del quebrantamiento es la soberbia, y antes de la caída la altivez de espíritu" (Pr. 16:18). Y nuestro bendito Salvador, el verdadero ejemplo de humildad, nos exhorta a aprender de Él que era manso y humilde de corazón (Mt. 11:29). Y si nos comportamos así, Él promete que hallaremos descanso para nuestra alma. Aquí tampoco faltan las maldiciones, amenazando cuando el poder de convicción no basta:

"Porque cualquiera que se enaltece, será humillado" (Lc. 14:11). Lee las Sagradas Escrituras con frecuencia y diligencia, y hallarás continuas amenazas contra el orgullo, castigo y advertencias al respecto. No descubrirás pecado que se castigue con tanta dureza como éste: Convirtió a ángeles en demonios, al gran Nabucodonosor en una bestia (Dn. 5:21) y la carne de Jezabel en comida para perros (2 R. 9:10, 36; 1 R. 21:23). Concluiré con el dicho de un buen hombre: "Si todos los pecados que reinan en el mundo se quemaran hasta reducirlos a cenizas, las del orgullo seguirían siendo capaces de volver a producirlos todos".

(6) Por tanto, evita todo tipo de orgullo para estar decentemente preparado; una vez hecho esto, retírate a solas a un lugar donde te humilles de rodillas y vuelvas a *renovar tus oraciones*, confesando humildemente y deseando con fervor el perdón de todos tus pecados. Y usa la oración matutina del doctor Smith[33]; no conozco una mejor ni tampoco he hallado mayor consuelo en ninguna otra. Al aconsejarte una forma establecida de oración, no te estoy prohibiendo que concibas una oración, sino que le ruego a Dios con toda humildad que te dé la gracia de orar con frecuencia basándote en tus propias meditaciones, según su voluntad.

(7) Cuando hayas acabado tu oración privada, asegúrate de no ausentarte de *la oración pública*, si esa es la costumbre de la casa donde vivas. Cuando hayas terminado, ve y ten algún recreo, para tu beneficio o por placer. Y de todos estos ejercicios reserva tiempo para sentarte y tener un buen estudio, pero sobre todo utiliza aquello que puede hacerte más grande: *La teología*. Te hará más grande, más rico, más feliz que el mayor reino de la tierra, aunque pudieras poseerlo. "Si alguno me sirviere —dice Cristo—, mi Padre le honrará" (Jn. 12:26). Por tanto, si deseas honra, sirve al Señor y estate seguro de ello. Si tu objetivo es la riqueza, San Pablo te asegura que "gran ganancia es la piedad acompañada de contentamiento" (1 Ti. 6:6). Si codicias el placer, pon el deleite de David delante de tus ojos: "Me he gozado en el camino de tus testimonios más que de toda riqueza" (Sal. 119:14). Y en el Salmo 92, declara: "Por cuanto me has alegrado, oh Jehová, con tus obras" (92:4). En el Salmo 4: "Tú diste alegría a mi corazón" (4:7) y si lees el Salmo 91, verás con qué clase de bendiciones alegra Dios a sus hijos. Y cuando hayas ajustado tu corazón a este estudio, será tan dulce que cuanto más aprendas más desearás y cuanto más desees, más te mostrará Dios su amor. Estudiarás muy bien en lo privado y lo practicarás en todas tus acciones en público; sopesarás tus pensamientos con tanta regularidad que tus palabras no serán ligeras. Ahora, usaré unas pocas líneas para convencerte de estar alerta respecto a tus palabras.

(8) Decir "recuerda a tu Creador *cuando hables*", es tanto como si pudiera usar todas las exhortaciones e indicarte todos los peligros que pertenecen al discurso. Sin embargo, somos tan capaces de olvidar a Dios en nuestra necia conversación que, en ocasiones, con nuestro discurso haríamos de nosotros mismos dioses. Por tanto, no te tomes a mal recibir de mí unas cuantas instrucciones, aunque débiles, para ordenar tu conversación. He dedicado la mañana a la meditación, la oración, los buenos estudios y un esparcimiento honrado. El tiempo del mediodía se usa más para conversar, ya que es todo lo que un hombre puede hacer mientras come. Y es un tiempo durante el cual el hombre debería cuidar lo que habla, ya que tiene delante de sí las buenas bendiciones de Dios para renovar su cuerpo y una compañía sincera para recrear su mente. Por tanto, no debería haber nada ofensivo en tu lenguaje ni hacia Dios,

---

[33] Henry Smith, "A Morning Prayer" en *The Works of Henry Smith* (Los escritos de Henry Smith), tomo 2, Tentmaker Publications, 460; Joscelin también recomienda el libro de Smith, "An Evening Prayer" que se encuentra en el mismo volumen.

ni hacia los hombres buenos. Pero, de forma más especial, ten cuidado de que ni la ligereza ni la formalidad en tu discurso te hagan tomar el nombre de Dios en vano; habla siempre de Él con reverencia y entendimiento. Y te ruego que, así como querrías que las bendiciones se multiplicaran sobre ti, no permitas que salgan de ti palabras que puedan herir los oídos castos. ¡Qué odioso es el lenguaje obsceno en las personas groseras! ¡Pero cuánto más ofensivo hace a aquel de noble nacimiento para toda compañía honrada! Salomón afirma: "El hombre cuerdo encubre su saber; mas el corazón de los necios publica la necedad" (Pr. 12:23); "el que guarda su boca guarda su alma; mas el que mucho abre sus labios tendrá calamidad" (Pr. 13:3) y "los labios de los sabios los guardarán" (Pr. 14:3).

(9) Si mantienes tus pensamientos santos y tus palabras puras, no tendré necesidad de temer porque todos *tus actos serán sinceros*. Pero mi miedo de que puedas conocer el camino y que, aun así te desvíes, no permitirá que mi consejo te abandone hasta que llegues al final de tu viaje.

En primer lugar, ten pues cuidado cuando estés solo de no hacer nada que no hicieras cuando los hombres te ven. Recuerda que los ojos de Dios están siempre abiertos y que tu propia conciencia será testigo contra ti. A continuación, asegúrate de que ningún acto tuyo pueda ser un escándalo para tu profesión, me refiero a la profesión de la religión verdadera. Esto, en realidad, es como decirte: "[Apártate] del mal" (1 P. 3:11). Y es que no puedes cometer un pecado que sea demasiado pequeño como para que los enemigos de la verdad no se alegren al decir: "¡Mira, éste es uno de esos que profesan a Dios de labios, pero mira qué vida lleva!". Por tanto, el cristiano debería tener gran cuidado, sobre todo, aquellos a los que Dios ha puesto como luminares en su Iglesia.

Sea lo que sea que estés a punto de hacer, examínalo según los mandamientos de Dios: Si está de acuerdo con ellos, sigue adelante con alegría. Y aunque la respuesta no responda a tus esperanzas, nunca te aflijas ni estés resentido, sino alégrate de que se cumpla la voluntad de Dios. Deja que tu confianza en Él te asegure que todas las cosas ayudan a bien a aquellos que conforme a su propósito son llamados (Ro. 8:28).

El siguiente defecto que también es común en este siglo es la embriaguez, que es la autopista hacia el infierno. Un hombre puede viajar por ella, de pecado en pecado, hasta que el diablo le muestre que no puede llegar más lejos, como el viajero que va de posada en posada hasta que llega el final del viaje. ¡Oh hijo, piensa en lo sucio que es ese pecado que convierte al hombre en una bestia toda su vida y en un diablo cuando muere! Salomón pregunta: "¿Para quién será el ay? ¿Para quién el dolor? ¿Para quién las rencillas? ¿Para quién las quejas? ¿Para quién las heridas en balde? ¿Para quién lo amoratado de los ojos?" (Pr. 23:29). Y, en el versículo siguiente, responde: "Para los que se detienen mucho en el vino" (Pr. 23:30). Y, hasta el final del capítulo, presenta las desgracias ocasionadas por este vicio.

Para poder evitar este pecado, pon cuidado en la elección de tus amigos porque son ellos los que te traicionarán para que caigas en este pecado. No escojas jamás a un borracho como compañero y, mucho menos, como amigo. Ser un borracho es ser un hombre que no es apto para el servicio de Dios y para la compañía de los hombres buenos. Le suplico a Dios que te dé la gracia de detestarlo.

A continuación, debo exhortarte respecto a un pecado que no puedo mencionar: Debes escudriñar tu propio corazón para hallarlo. Es tu *pecado más querido*: para disfrutarlo, podrías resistirte a todos los demás, al menos eso crees. Pero no lo albergues: búscalo con diligencia en tu propia naturaleza y cuando lo hayas encontrado, lánzalo fuera de ti. Es el sutil traidor de tu alma y todos los demás pecados dependen de él. No hay tanto peligro en todo el resto al que te enfrentas como en éste, al que no estás dispuesto a llamar pecado.

(10) Después de pasar el día en los ejercicios piadosos y sinceros, *regresa por la noche de nuevo a alguna buena meditación o estudio*. Concluye con oración, encomendándote a Dios; así disfrutarás de tu cena. Cuando esto esté hecho y llegue el momento del descanso, acaba el día como lo empezaste, con humilde acción de gracias por todos los beneficios recibidos ese día y con sincero arrepentimiento por todos los pecados cometidos, mencionándolos y lamentándolos. Cuanto más a menudo saldes tus cuentas con Dios, más tranquilo será tu sueño y despertarás con el corazón lleno de gozo, dispuesto a servir al Señor.

Por último, encomiéndate tú y todo lo que tienes a Dios en oración ferviente, sirviéndote tanto de las oraciones vespertinas del señor Smith como de las matutinas. Aunque ambas son para la familia, también se pueden reducir fácilmente para la oración privada de un hombre. De modo que, al irte a la cama, descansa, empezando y acabando en Aquel que es el Primero y el Último (Is. 44:6; 48:12; Ap. 1:11, 17; 22:13). Pasa así los seis días en los que tienes que trabajar para que puedas estar preparado para celebrar el Día de reposo, al que pertenece otro "Acuérdate" (Éx. 20:8).

(11) *Acuérdate de santificar el Día de reposo*. Este deber que Dios mismo ordenó, tan a menudo y con tanto empeño en el Antiguo Testamento, que tanto se nos confirma en el Nuevo por la resurrección de nuestro Salvador, en cuya memoria se le llama Día del Señor y que la Iglesia celebra perpetuamente, aunque en estos días muchos no guardan el Día de reposo (o, como mucho, sólo una sombra de éste), como si no formáramos parte de la creación ni de la redención del mundo. ¿Dónde podríamos encontrar a alguien que perdiera un buen negocio en lugar de llevarlo a cabo en el Día del Señor? ¿O que ponga freno a sus propios deseos para santificar ese día?

Por tanto, viendo este peligro en el que puedes verte fácilmente atrapado por la sutileza del diablo y seguir a la multitud, no puedo más que exhortarte, con todas mis fuerzas, a que observes con cuidado el Día del Señor. Para ello, te ruego que prestes atención al cuarto mandamiento:

> "Acuérdate del día de reposo para santificarlo. Seis días trabajarás, y harás toda tu obra; mas el séptimo día es reposo para Jehová tu Dios; no hagas en él obra alguna, tú, ni tu hijo, ni tu hija, ni tu siervo, ni tu criada, ni tu bestia, ni tu extranjero que está dentro de tus puertas. Porque en seis días hizo Jehová los cielos y la tierra, el mar, y todas las cosas que en ellos hay, y reposó en el séptimo día; por tanto, Jehová bendijo el día de reposo y lo santificó" (Éx. 20:8-11).

Si quieres aprender cómo servirle como un buen erudito, Él te enseñará de una forma admirable, tanto a través de las normas como por el ejemplo. En primer lugar, mediante las *normas*: No hagas en él obra alguna. A continuación, por el *ejemplo*: Él creó el mundo entero en seis días y descansó en el séptimo; por tanto, lo bendijo.

Al ver que Dios así te ordena por su poder, te convence en su misericordia y te enseña, tanto por las normas como por su propio ejemplo lleno de gracia; ¿cómo puedes estar tan desprovisto de gracia, no, de sentido común, para no obedecer a un *Señor* tan justo? ¿A un *Padre* tan misericordioso? ¿A un *Maestro* tan lleno de gracia? Si no conviertes el observar este día en un asunto de conciencia, puede ser que poseas de algún modo una torpe seguridad y que te adules por ella, mientras que en realidad, no haces conciencia de nada porque estoy convencida de que si no puedes prescindir de profanar este día, ya sea para provecho tuyo o por placer, no vacilarás en otra ocasión parecida y quebrantarás todos los mandamientos restantes, uno detrás de otro.

Por consiguiente, por el amor de Cristo, ten cuidado para que el diablo no te engañe; no permitas tampoco que sus intermediarios te aparten del deber de este día. Él *siempre* está atareado, preparado y al alcance para apartarte de Dios, pero ese día, sin lugar a dudas, redobla todas sus fuerzas. Hará que se te cierren los ojos de sueño; enviará pesadez y torpeza a tu corazón y, quizás, puede incluso hacer que tu cuerpo sufra dolor, si de esta forma puede prevalecer. Con toda seguridad, usará cualquier destreza, cualquier truco, para apartarte de la casa de Dios y de la congregación de su pueblo. Te corresponderá a ti fortalecerte contra él en la misma proporción de la fuerza de sus prácticas contra ti ese día. ¡No permitas en modo alguno que te aleje de la iglesia! Dios ha prometido estar presente allí y *allí está*. ¿Osarás tú, necio infeliz, ausentarte de Él? Sé bien que no. Acude, pues, a la oración con un corazón preparado por la oración y, por el camino, medita en las grandes misericordias de Dios en la creación del mundo, su mayor misericordia al redimirlo y mezcla en tus reflexiones, oraciones que puedan aplicar estas grandes bendiciones a ti mismo.

¡Acércate, pues, y entra con celo reverente y ferviente en la casa de Dios! Y, deshaciéndote de todos tus pensamientos, excepto aquellos que puedan avanzar la buena obra que estás a punto de hacer, dobla tus rodillas e inclina tu corazón a Dios, deseando su Espíritu Santo para poder unirte a la congregación en oración ferviente y atención formal a su palabra predicada. Aunque oigas, quizás, predicar al ministro de un modo débil, en tu opinión, aun así, préstale atención; descubrirás que transmitirá algo de provecho para tu alma, ya sea algo que no hayas oído antes, que no hayas notado, que hayas olvidado o que no hayas puesto bien en práctica. Es bueno que se te recuerden con frecuencia, estas cosas relativas a tu salvación... Aprende, pues, a preparar tu corazón temprano para ese día; si lo observas como es debido, Dios te bendecirá a ti y tus labores durante toda la semana. Hasta aquí me he esforzado por exhortarte en lo que concierne a tus deberes hacia Dios.

(12) De los cuales, la honra que le debes a tus padres es una parte que no puede separarse porque Dios lo ordena: "Honra a tu padre y a tu madre" (Éx. 20:12). Es el primer mandamiento de la Segunda Tabla, así como "No tendrás dioses ajenos delante de mí" (Éx. 20:3) lo es de la Primera. Siendo la idolatría el mayor pecado contra Dios y el de la desobediencia a los padres el cabecilla de los pecados contra el hombre, se nos advierte contra ellos, como si en el caso de caer en ellos, ya fuera demasiado tarde para evitar los demás. Y es que, si nos convertimos una vez en idólatras de corazón, ya no nos costará trabajo alguno inclinarnos ante una imagen, usar en vano el santo nombre de Dios o profanar su Día de reposo. De modo que, si nos atrevemos a desobedecer a unos padres buenos, nada más quebrantar la Ley de Dios así, el robo, el asesinato, el adulterio, la falsedad y la codicia entran con facilidad.

(13) El siguiente deber igual a éste, es uno que debes realizar respecto a todo el mundo en general: "Así que, todas las cosas que queráis que los hombres hagan con vosotros, así también haced vosotros con ellos; porque esto es la ley y los profetas" (Mt. 7:12). Éste es el mandamiento que nuestro Salvador nos da: "Amaos los unos a los otros". Así se distinguirá que somos suyos, si nos amamos unos a otros como Él nos amó a nosotros (Jn. 13:34-35). Pero dentro de todo lo que se nos ordena, no hay *nada* más contrario a nuestra perversa naturaleza que amar al prójimo como a nosotros mismos. Podemos envidiarle fácilmente si es rico o burlarnos de él si es pobre; ¿pero amarlo? No, el diablo tiene más habilidad que eso. Para él sería muy duro que los hombres empezaran, de repente, a amarse unos a otros; por ello, usa toda su arte para instigar disensión entre tantas personas como pueda y para mezclar el amor con la hipocresía.

Para evitar esto, considera bien que Dios es el autor de la paz y el amor, y que la lucha y la discusión proceden del diablo. Entonces, si eres hijo de Dios, haz las obras de Dios: Ama a tu prójimo como Él te ha ordenado, no sea que provoques a nuestro bendito Salvador cuando vea en ti esa marca del diablo —*la malicia*— y te diga lo que les dijo una vez a los judíos: "Vosotros sois de vuestro padre el diablo, y los deseos de vuestro padre queréis hacer" (Jn. 8:44).

Hijo, te ruego que tengas cuidado y no ofendas a Dios tan gravemente como para que te niegue como alguien de los suyos porque no amas a aquellos que le pertenecen. Si esto se sopesa bien, bastará para hacer que todos los hombres sean benévolos, aunque sólo sea por temor a odiar a aquellos a los que Dios ama. Sin embargo, creer o juzgar que Dios debería odiar aquello que tú odias es una falta de amor tan impía que un buen cristiano debería temblar necesariamente, sólo con pensarlo. Dios no te ha dado autoridad alguna para juzgar a ningún hombre, pero sí te ha ordenado que ames a tu enemigo: "Amad a vuestros enemigos, bendecid a los que os maldicen, haced bien a los que os aborrecen, y orad por los que os ultrajan y os persiguen; para que seáis hijos de vuestro Padre que está en los cielos" (Mt. 5:44-45). *Sine fine finis.*[34]

Tomado de *The Mother's Legacy to Her Unborn Child* (El legado de una madre para su hijo que aún no ha nacido), de dominio público.

Elizabeth Brooke Joscelin (1595 - c. 1622): Nieta del teólogo y obispo anglicano, William Chaderton (c. 1540-1608); nacida en Cheshire, Inglaterra.

Cualquier enseñanza que lleve a los hombres y a las mujeres a pensar en el vínculo del matrimonio como señal de esclavitud y sacrificio de toda independencia, a interpretar la feminidad y la maternidad como un trabajo pesado y una interferencia en el destino más elevado de la mujer, cualquier opinión pública respecto a cultivar el celibato como más deseable y honroso o sustituir cualquier otra cosa por el matrimonio y el hogar, no sólo invalida la ordenanza de Dios, sino que abre la puerta a crímenes abominables y amenaza los fundamentos mismos de la sociedad.
— *A. W. Pink.*

El poder de la madre radica en que ora por su hijo. —*Abraham Kuyper*

La madre que sigue presente cuando sus hijos son pequeños debería ser muy diligente a la hora de enseñarles las cosas buenas y recordárselas. Cuando los padres están fuera, las madres tienen oportunidades más frecuentes para enseñarlos, hablarles de lo que es más necesario y cuidarlos. ¡Éste es el mayor servicio que la mayoría de las mujeres pueden hacer para Dios en el mundo! Muchas iglesias que han sido bendecidas con un buen ministro pueden dar gracias a la piadosa educación de las madres. Y muchos miles de almas en el cielo pueden agradecer el santo cuidado y la diligencia de las madres como primer medio efectivo. De este modo (mediante la buena educación de sus hijos), las buenas mujeres son, por lo general, grandes bendiciones, tanto para la Iglesia como para el estado. —*Richard Baxter*

---

[34] *Sine fine finis* – Latín = Final sin fin.

Castigar con sabiduría y amor
RICHARD ADAMS (1626 - C. 1698)

"Padres, no exasperéis a vuestros hijos, para que no se desalienten". —Colosenses 3:21

La corrección de la forma debida y las recompensas adecuadas por el bien hacer son necesarias para detener la grosería y alentar la conducta honorable. Así como los buenos documentos aportan sabiduría, las correcciones hacen lo propio para expulsar la necedad. No se puede dejar a un niño que haga lo que quiera, no sea que avergüence a sus padres: "La vara y la corrección dan sabiduría; mas el muchacho consentido avergonzará a su madre" (Pr. 29:15). Por tanto, Dios manda: "Corrige a tu hijo, y te dará descanso, y dará alegría a tu alma" (Pr. 29:17). En otra parte: "No rehúses corregir al muchacho; porque si lo castigas[35] con vara, no morirá. Lo castigarás con vara, y librarás su alma del Seol" (Pr. 23:13-14). Éste, no sólo es un mandamiento general, sino la promesa de buen fruto en el desempeño del deber de una forma correcta; pero debería ir acompañada de oración por su efectividad porque descuidar este deber es muy peligroso para la raíz y para la rama, para el padre y para el hijo (2 S. 7:27-28; 1 S. 3:13; 1 R. 1:6). Sí, y la oración de los padres es aquí la mayor necesidad para que no caigan en el extremo que mi texto prohíbe con énfasis. Los padres cristianos, a quienes sus hijos deben *obedecer en el Señor,* tienen que poner interés en castigar en el temor de Dios y, por tanto, procurar que ese encargo suyo pueda ser santificado, unido a la instrucción; que pueda ser efectivo, mediante la bendición de Dios en Cristo (1 Ti. 4:5; Mi. 6:9)... Y aquí, además, a los padres les interesa usar gran prudencia cristiana para que sus hijos puedan entender lo siguiente:

Primero: Que, desde el *principio del amor* por la enmienda y el bienestar de sus hijos, ellos necesitan este firme acto que Dios les ha ordenado en justas circunstancias, así como Él mismo castiga a aquellos a los que ama (Ap. 3:19; He. 12:6-8; Dt. 8:5). Por tanto, si escatiman la vara por el necio afecto, Dios, Quien conoce mejor el corazón y los afectos, puede censurarlos por odiar a sus hijos (Pr. 13:24; 3:12)... De ahí que,

Segundo: Es la necedad de sus hijos *y no su propia pasión*, lo que les exige este doloroso ejercicio. Demasiada presión sería como un medicamento demasiado caliente que escalda más que curar. Algunos padres son capaces de superar las justas medidas y castigar por su propio placer; sin embargo, deben aprender de Dios para tener por objetivo el beneficio de sus hijos y no corregirlos, *sino para lo que... es provechoso* (He. 12:10)... Los padres no deberían tomar la vara para desahogar su propia ira, sino para castigar el pecado de sus hijos, algo que un hombre no debe soportar en su prójimo sin reprenderlo, para que no sea culpable de aborrecerlo en su corazón (Lv. 19:17). Ciertamente, pues, no debería tolerar el pecado en su hijo, a quien, no sólo tiene la obligación de amonestar verbalmente, sino de castigar de verdad.

Tercero: Pero, en primer lugar, debería hacer lo que Dios hizo con nuestros primeros padres: Convencerle de su desnudez (Gn. 3:11-13), es decir, mostrarle la maldad de la mentira, de la protesta, de la ociosidad u otras faltas de las que se le pueda acusar porque son opuestas a la Palabra de Dios y perjudiciales para su propia alma (Pr. 12:22; 8:36) y que él tiene que ser

---

[35] **Castigas** – La idea que aquí se expresa no significa dar una paliza salvaje ni brutal con puños y palos, sino que tiene que ver con la corrección de la vara: "El sabio no se refiere a una paliza fuerte, más bien se refiere a algo que se asemeja más a una nalgada. Esto se puede deducir de la afirmación escueta de que 'no morirá' así como del énfasis general que se hace en el libro [de Proverbios] sobre la moderación, la bondad y la gentileza" (Tremper Longman III, *Proverbs*, Baker Academic, 426).

castigado para ser curado de ese mal. Los padres pueden hacerles saber a sus hijos que no se atreven a tolerar que esta maldad permanezca por más tiempo sin corregir, ya que la tardanza puede acabar siendo peligrosa para el paciente si se retiene la vara. La herida puede infectarse y llegar a la gangrena si no se abre con lanceta en su debido tiempo. El amor de una *madre* se manifiesta cuando castiga *a tiempo,* tanto teniendo en cuenta la edad del niño y la falta que ha cometido (Pr. 23:13; 13:24). Si no es demasiado pronto para que el niño peque, no debería creer que es demasiado pronto para que los padres lo corrijan de inmediato, antes de que el pecado se haga fuerte, saque cabeza y eche retoños. Habría que ocuparse del hijo "en tanto que hay esperanza" (Pr. 19:18). La rama sólo se puede enderezar cuando todavía es joven y el pecado se puede mortificar si se corta de raíz. Descubrimos que Dios fue muy severo al señalar las primeras violaciones de sus estatutos, como recoger espigas en Día de reposo y que los hijos de Aarón ofrecieran fuego extraño (Nm. 15:25; Lv. 10:2). Por tanto, los padres deberían poner freno a tiempo a las primeras malas conductas de sus hijos. De ahí que,

Cuarto: Deberían hacerles ver que están decididos, tras una seria deliberación, a no dejarse distraer por el gimoteo y el mal genio de sus hijos poco humildes, y a infligir el debido castigo, ya que el sabio encarga: "Mas no se apresure tu alma para destruirlo" (Pr. 19:18) para que no permanezcan sin temor. Sin embargo, debe hacerse con compasión para que puedan entender que como el Padre celestial se aflige por la aflicción de los suyos, ellos también han de hacerlo en la aflicción de sus hijos. Y así como el Señor lo hace *con medida* (Jer. 30:11 - RVR 1977), aunque no permitirá que se vayan sin castigo, los padres tampoco (Is. 63:9).

Mi texto limita la corrección para que no exceda la justa proporción desalentando así a los hijos, ya que cada uno tiene un carácter diferente y también faltas distintas, y es necesario considerar estas cosas para no hacerles soportar más de lo que puedan (1 Co. 10:13). Por tanto, debería tenerse especial cuidado de que el castigo no sea más que el necesario. Los médicos procuran administrar la dosis que se ajuste a la fuerza del paciente y a la enfermedad que pretenden curar.

Debe haber una consideración lógica a la edad, el sexo y el temperamento del niño, a la naturaleza y las circunstancias de la falta y a la satisfacción ofrecida por el ofensor tras la confesión franca o, posiblemente, la intervención de otro, de manera que el padre ofendido pueda mantener intacta su autoridad, ser victorioso en sus castigos y salir con honor y buenas esperanzas de que el niño se enmiende. Y es que un padre debería estar siempre dispuesto a perdonar y hacerse el de la vista gorda a menudo, ante las faltas más pequeñas —en las que no haya pecado manifiesto alguno contra Dios—, con la confianza de ganar el afecto del niño mediante la ternura y la paciencia, hacia cosas más deseables... Puedes estar seguro de que nuestro Apóstol, tanto en mi texto como en su carta a los efesios, está completamente en contra de cualquier castigo que desaliente y exige moderación.

Tomado de "What Are the Duties of Parents and Children; and How Are They to Be Managed According to Scripture?" (¿Cuáles son los deberes de padres e hijos; y cómo deben ser administrados de acuerdo con las Escrituras?). En *Puritan Sermons,* tomo 2, (Wheaton, Illinois, Estados Unidos: Richard Owen Roberts, Publishers, 1981), 303-304.

Richard Adams (c. 1626-1698): Ministro presbiteriano inglés que nació en Worrall, Inglaterra.

Estímulo a las madres
James Cameron (1809-1873)

En ningún ámbito del esfuerzo cristiano son las influencias deprimentes más numerosas que en el que ustedes ocupan como madres pero, bendito sea Dios porque existe una fuente inagotable de todo lo que necesitan para su estímulo y apoyo. Permítanme dirigir su atención, en primer lugar, al hecho alentador siguiente:

La obra de Dios

La obra a la que están ustedes dedicadas es, directa y preeminentemente, la obra de Dios. El gran fin para el cual el universo creado fue llamado a existir y por el que se sostiene de siglo en siglo, es la *manifestación de la gloria divina*. En todo lo que Dios hace o permite que se haga, Él está motivado por esta consideración. Todos los instrumentos —angélicos y humanos, racionales e irracionales, animados e inanimados— sirven para favorecer este gran designio en todos sus actos. La tendencia del funcionamiento que, al parecer, está involucrado en toda la maquinaria del universo, ya sea moral o física, tiene por objeto producir movimiento en esta única dirección. Mediante las provisiones correctivas del evangelio, en la salvación del hombre caído se fomenta este gran fin de manera especial porque: "La multiforme sabiduría de Dios [se da] a conocer por medio de la iglesia a los principados y potestades en los lugares celestiales" (Ef. 3:10).

¿Y por medio de quién se debe levantar una Iglesia redimida de entre los hijos pecadores de los hombres? Por medio de aquellos que, por la gracia de Dios, han sido liberados de la culpa y del poder del pecado, y convertidos en vasijas para honra, santificados, útiles al Señor" (2 Ti. 2:21). Por medio de la acción humana, una multitud que ningún hombre puede numerar, será reunida en el redil del Redentor. ¡Y ustedes son aquellas a quienes Dios ha nombrado para entrenar a aquellos que deben embarcarse en esta gloriosa empresa! ¡A ustedes se les ha encomendado la tarea de moldear y formar a esos agentes humanos por medio de los cuales se debe realizar el gran propósito de Dios de glorificarse a sí mismo para siempre, a la vista de todos los seres inteligentes! En sus manos están los líderes del sentimiento público de la siguiente generación, los Luteros, los Knoxes... los Whitefields, los Wilberforces de una época futura. Están en sus manos y, a través de ellos, ustedes manejan los destinos de millones de seres que aún no han nacido. Ya he hablado de la tremenda responsabilidad de semejante situación; pero existe otra luz bajo la cual también me gustaría que la consideraran.

¡Consideren qué situación tan honorable es que se les haya encomendado la parte más importante de la obra de Dios! Consideren cómo las lleva a estar tan cerca de Dios: El tener en sus manos el entrenamiento, no sólo de sus soldados, sino de aquellos que han de ser los dirigentes de sus ejércitos y conducirlos a la victoria gloriosa, aunque sin derramar sangre. Ustedes ocupan la posición más alta, más noble y más honorable en la que puede situarse un ser humano. No murmuren que están excluidas de los campamentos, de los consejos y de los senados; la suya es una vocación más elevada. Ustedes están directamente ocupadas en esa obra que ha empleado las lenguas, las plumas, el trabajo, el corazón de lo mejor y más sabio del mundo en cada época: La obra para la que vivió la buena comunidad de los profetas, por la que tanto se esforzó la gloriosa compañía de los apóstoles, por la que murió el noble ejército de mártires. Para ser testigos del progreso de esta obra, los ángeles se encorvan desde sus tronos exaltados y observan, con el más intenso interés, el desarrollo de cada plan, de cada principio y el cumplimiento de cada acontecimiento que incide en ello.

Para fomentar esta obra, el Hijo del Altísimo dejó el trono del cielo y se convirtió en un peregrino en la tierra[36], se sometió al reproche y a la burla de los hombres, a la angustia y al oprobio de la cruz. Para esto, el Padre y el Hijo enviaron también al Espíritu divino. En resumen, ésta es la obra para cuya promoción se han desplegado y se siguen desplegando continuamente, las más nobles energías del cielo y de la tierra. Comparados con esto, los fugaces intereses del tiempo se reducen a una mota. ¿Pero cómo obtener estímulo de tales consideraciones? Es muy obvio; por ejemplo, así: Si están ustedes involucradas en una obra que Dios tiene más en mente (por así decirlo) que cualquier otra cosa en el universo porque de esa forma se manifestará su propia gloria de un modo más abundante, ¿pueden ustedes suponer por un momento que Él las dejará esforzarse duramente en esa obra, de forma desapercibida y desamparadas? Semejante suposición es irreverente hacia Dios y absurda por igual. Admitirlo sería desacreditar la sabiduría y la bondad divinas.

La fuerza y la sabiduría de Dios

En una conexión inmediata pues y teniendo en consideración que en lo que ustedes están involucradas es en la obra de Dios, consideren en segundo lugar, lo siguiente: Que Dios siempre está deseoso de concederles la fuerza y la sabiduría que necesitan para el desempeño exitoso de sus importantes deberes. Él está siempre sentado en el trono de gracia, preparado para dispensar bendiciones, incontables y ricas, a todo aquel que las pida. Su oído no se aparta nunca del clamor del necesitado que suplica. ¡Qué fondo de aliento inagotable representa esta verdad! En el momento en que su corazón esté abrumado, acudan a la Roca que es más alta que ustedes (Sal. 61:2). Con la confianza del amor filial, echen su carga sobre el Señor, con la seguridad de que Él las sustentará. Él no puede decepcionar las expectativas que su propia Palabra les enseña a apreciar. Él será su Instructor, su Consejero, su Guía, su Consolador, su Refugio, su Fortaleza, su Sol y su Escudo. ¿Sienten que carecen de fuerza? *Vayan a Dios*. Él es el Todopoderoso en Quien mora toda la fuerza. ¿Sienten que les falta sabiduría? *Vayan a Dios*. Él es el "único y sabio Dios" (1 Ti. 1:17) y de su sabiduría, "[Él] da a todos abundantemente y sin reproche" (Stg. 1:5). ¿Sienten que carecen de paciencia? *Acudan a Dios*. Él es "el Dios de la paciencia" (Ro. 15:5). ¿Sienten que corren el peligro de desmayar por el camino? *Vayan a Dios*. "Él da esfuerzo al cansado, y multiplica las fuerzas al que no tiene ningunas" (Is. 40:29). En resumen, ¿se sienten abatidas bajo un sentido de insuficiencia e indignidad? *Acudan a Dios*. La suficiencia que ustedes necesitan está en Él (2 Co. 3:5). "Y poderoso es Dios para hacer que abunde en vosotros toda gracia, a fin de que, teniendo siempre en todas las cosas todo lo suficiente, abundéis para toda buena obra" (2 Co. 9:8). En todas las generaciones, Él ha sido la morada de su pueblo, un refugio en el día de la aflicción, sostén y apoyo en tiempo de angustia.

Escuchen los dulces compases del dulce cantor de Israel, quien probó a menudo la fidelidad de Dios a sus promesas:

> "Engrandeced a Jehová conmigo, y exaltemos a una su nombre. Busqué a Jehová, y él me oyó, y me libró de todos mis temores. Los que miraron a él fueron alumbrados, y sus rostros no fueron avergonzados. Este pobre clamó, y le oyó Jehová, y lo libró de todas sus angustias. El ángel de Jehová acampa alrededor de los que le temen, y los defiende. Gustad, y ved que es bueno Jehová; dichoso el hombre que confía en él (Sal. 34:3-8).

---

[36] Ver Portavoz de la Gracia N° 14: *La persona de Cristo*, disponible en CHAPEL LIBRARY.

Pueden obtener gran estímulo al considerar que miles de madres cristianas han probado *la fidelidad de Dios* a su promesa y han tenido la felicidad de ser testigos del éxito de sus esfuerzos en la conversión de su descendencia. La historia de la Iglesia de Dios está llena de ejemplos sobre el presente asunto. Consideremos uno o dos.

El caso de San Agustín[37]... es uno impresionante. Fue uno de los adornos más resplandecientes del cristianismo en la última parte del siglo IV y principios del V. Sin embargo, hasta sus veintiocho años vivió en pecado. De su extraordinaria obra *Confesiones*[38] que escribió tras su conversión, nos enteramos de que se liberó de todo lo que lo ataba y se entregó "a la lascivia para cometer con avidez toda clase de impureza" (Ef. 4:19). Sin embargo, tenía una madre piadosa y, en medio de sus idas y venidas, las lágrimas y las oraciones se elevaban como memorial delante de Dios. Por fin, su clamor fue escuchado y llegó la respuesta. De labios de su propio hijo, un día recibió las alegres noticias de su conversión a Dios y la voz de lamento se transformó en cántico de alabanza. No mucho después, mientras viajaban juntos, ella dijo: "Hijo mío, ya no me queda nada que hacer aquí. El único motivo por el que deseaba vivir era tu conversión y el Señor me la ha concedido ahora de un modo abundante". Cinco días después, enfermó de fiebre y, en unos pocos días, su espíritu voló a esa dichosa región donde todas las lágrimas son enjugadas para siempre. Y el hijo por el que había derramado tantas lágrimas y susurrado tantas oraciones, vivió para ser la admiración de su época y el medio de conversión para millares de sus congéneres.

El eminente siervo de Cristo, John Newton[39], ¡fue hijo de una madre que oraba mucho! Incluso en la peor época de su vida, tan profano y disoluto[40] como era, la influencia de los piadosos consejos que recibió en su infancia jamás fue destruida. Él mismo dejó constancia escrita de que, en medio de la impiedad más atrevida, el recuerdo de las oraciones de su madre, lo obsesionaba continuamente. En ocasiones, esas impresiones eran tan fuertes que "casi podía sentir la suave mano de su madre sobre su cabeza, como cuando ella solía arrodillarse junto a él, al principio de su niñez, y suplicaba la bendición de Dios sobre su alma". No hay razón para dudar de que estas impresiones, recibidas en la infancia y que mantenían aferrado el espíritu en la vida [posterior], estaban entre los medios principales por medio de los cuales se detuvo su carrera de pecado y se convirtió en un celoso y exitoso propagador del evangelio que durante tanto tiempo había despreciado.

Un fiel y celoso ministro de Cristo le escribió a un amigo el siguiente relato sobre sí mismo:

> ... ¡Ah!, Señor mío, usted sabe muy poco de mis obligaciones para con la gracia todopoderosa y el amor redentor. Recuerdo consternado y lleno de horror el tiempo en el que yo estaba a la vanguardia de la impiedad... Aun ahora, mi corazón sangra al pensar en las noches en que, furioso por la embriaguez, regresaba junto a mi tierna madre, entre las dos y las tres de la madrugada, abría la ventana de golpe, vertía un torrente de insultos y me hundía en la cama, como un monstruo de iniquidad. A la mañana siguiente, me despertaba una voz triste, ahogada por profundos sollozos y lágrimas. Escuchaba y, para mi asombro inexpresable, descubría que era mi madre, que derramaba su alma en este lenguaje:

---

[37] San Agustín de Hipona (354-430) – Teólogo y obispo de Hippo Regius en África del Norte.

[38] *Confesiones* – En el sentido moderno de la palabra, las *Confesiones* de San Agustín, escritas entre los años 397 y 401 d.C., representan la primera autobiografía que se haya escrito jamás. Su frase más famosa es la siguiente: "Nuestros corazones no tienen reposo hasta que encuentran su reposo en ti".

[39] **John Newton** (1725-1807) – Ministro anglicano, autor de *"Sublime gracia"* y muchos otros himnos.

[40] **Disoluto** – Que se entrega a los placeres de la carne.

> '¡Oh Señor! ¡Ten misericordia, misericordia, misericordia de mi pobre hijo! Señor, no quiero, no puedo abandonarlo; sigue siendo mi niño. Estoy segura de que no está aún fuera del alcance de tu misericordia. Oh, Señor, escucha, escucha, te lo suplico, las oraciones de una madre. Perdona, oh perdona, al hijo de su vejez. "¡Oh, hijo mío Absalón, Absalón, hijo mío, hijo mío!" (2 S. 19:4).'
>
> ¡Sí! Preciosa madre, tus oraciones han sido contestadas y tu hijo —tu hijo inútil y culpable— sigue viviendo como monumento de gracia sin fin e incomprensible misericordia...

Permitan que un hecho más sea suficiente. Es uno que dice mucho en prueba de nuestra posición. Se inició una investigación en seis seminarios teológicos de los Estados Unidos, que pertenecían a tres denominaciones distintas de cristianos, mediante la cual se determinó que de quinientos siete estudiantes que estaban siendo educados para el ministerio, no menos de cuatrocientos veintiocho eran hijos de madres que oraban.

¡Madres cristianas! ¡Sean valientes! Están rodeadas de una gran nube de testigos: Testigos de la fidelidad de la promesa de Dios, testigos del poder de la oración con fe, testigos de la eficacia de una instrucción en la fe sana. Sigan adelante en su obra, con santa confianza. Grandes y muchas son, ciertamente, sus dificultades, ¡pero mayor es el que está con ustedes que todo lo que pueda estar en su contra! "Confiad en Jehová perpetuamente, porque en Jehová el Señor está la fortaleza de los siglos" (Is. 26:4). A su tiempo segarán, si no desmayan (Gá. 6:9). Que el Señor les conceda gracia para ser fieles y que puedan, al final, tener la indecible felicidad de entrar, junto con todos los que han sido encomendados a su cuidado, en el lugar santo celestial, para celebrar allí por siempre la alabanza del amor redentor y servir a Dios sin cesar, día y noche.

Tomado de *Three Lectures to Christian Mothers* (Tres conferencias para madres cristianas).

James Cameron (1809-1873): Ministro congregacional inglés que nació en Gourock, Firth of Clyde, Escocia.

La madre de Jesús tuvo una fe muy firme y práctica en su Hijo, respecto a aquel de quien los ángeles y los profetas le habían dado testimonio. Le había visto durante su infancia y le había observado como niño; y no sería nada fácil creer en la divinidad de alguien a quien has sostenido en brazos siendo un bebé para alimentarlo de tus pechos. Desde su maravilloso nacimiento, ella creyó en Él.
— *Charles Haddon Spurgeon*

¿Qué es un hijo sino una parte de ti mismo envuelta en otra piel?
— *John Flavel*

Recuerdo que San Agustín escribe sobre su madre Mónica, diciendo que plantó los preceptos de la vida en su mente con sus palabras, los regó con sus lágrimas y los nutrió con su ejemplo. Un precioso patrón para todas las madres.
— *John Flavel*

Un llamado del Evangelio a las madres
James Cameron (1809-1873)

"Mirad a mí, y sed salvos, todos los términos de la tierra, porque yo soy Dios, y no hay más".
—Isaías 45:22

He dirigido estos artículos a las madres cristianas; pero como también los podrían examinar otras que no son cristianas, siento que no puedo permitir que vayan a la prensa sin añadir unas cuantas palabras para todas las que puedan leerlos y que no cuenten con el testimonio del Espíritu de Dios a su espíritu de que son hijas de Dios (Ro. 8:16). ¡Lectora! *¿Eres una hija de Dios?* No respondas a esta pregunta de forma precipitada. Millares de personas creen que lo son y, al final, descubren que han estado equivocadas. La Palabra de Dios nos enseña que los hombres no sólo pueden vivir engañados, sino también morir engañados, y se echan flores ellos mismos diciendo que todo está bien y no descubren su equivocación hasta que abren sus ojos en el lugar de los lamentos.[41] ¡Oh, que no te resulte extraño, pues, que te instemos a que lo averigües! "¿Eres hija de Dios?". Medita sobre esta solemne pregunta. Mantenla delante de ti. Y recuerda que no eres hija de Dios, a menos que tu corazón y tu vida hayan cambiado por creer en la verdad, tal como está en Jesús (Ef. 4:21).

¿Cuál es, pues, el estado de tu corazón? ¿Está establecido en las insignificancias, las vanidades, las búsquedas de la vida presente? ¿O está puesto en "las cosas de arriba, donde está Cristo sentado a la diestra de Dios" (Col. 3:1)? ¿Es éste la morada de pasiones impías? ¿O es el templo del Espíritu Santo, lleno de paz, amor y gozo santo? ¿Cuál es el estado de tu vida?

¿Estás viviendo según lo que ven tus propios ojos, "siguiendo la corriente de este mundo" (Ef. 2:2)? ¿O estás adornando las doctrinas de Dios el Salvador mediante un comportamiento que es consecuente con el evangelio, presentando el fruto de justicia y guardándote sin mancha del mundo (Stg. 1:27)? ¡Oh, *no te dejes engañar!* Si no has cambiado en tu corazón y en tu vida, *no* eres una hija de Dios. Y hasta que [tu creencia en] la verdad no produzca estos cambios, estás "en hiel de amargura y en prisión de maldad" (Hch. 8:23). Tu observancia externa de las formas de religión no puede salvarte. Tu personalidad amable no puede salvarte. Tu moralidad mundana no puede salvarte. Tus obras de beneficencia no pueden salvarte. Con todo esto, puedes encontrarte con las puertas del cielo cerradas ante ti y [estar en] "hiel de amargura y en prisión de maldad" (Hch. 8:23). ¿Vacilas a la hora de creer esto? ¿Dices: "¡Qué dicho tan duro!"? ¡Ah, lectora! Si fuera meramente un dicho mío, sería poca cosa; pero es el dicho de Aquel por Quien tienes que ser juzgada: "El que no naciere de nuevo no puede ver el reino de Dios" (Jn. 3:3).

Estas son las palabras del *testigo fiel y verdadero* (Ap. 3:14) y el cielo y la tierra pasarán antes de que una palabra suya caiga al suelo. ¡Oh no apartes de ti la solemne impresión de que estas palabras están capacitadas para producir, diciendo que Dios es misericordioso y que, quizás, después de todo puede permitir que escapes! Yo sé, y me regocijo sabiéndolo, que Dios es misericordioso, *infinitamente misericordioso*. De no ser así, tú y yo estaríamos ya encerrados, desde hace mucho tiempo, en la prisión de la desesperación, sin un solo rayo de esperanza que ilumine la negrura de la oscuridad. Pero también sé que Dios es veraz, en la misma medida que es misericordioso, y que su misericordia no puede ejercerse de tal manera que destruya su verdad. Por infinita que sea su misericordia, no puede ejercerse hacia aquellos que apartan de sí *"la palabra verdadera del evangelio"* (Col. 1:5) y es que esto sería falsificar su propia

---

[41] Ver FGB 211, *Hell*, en inglés (El infierno), disponible en Chapel Library.

declaración expresa. Su misericordia se exhibe ahora ante ti en su Palabra. ¡Su misericordia ha provisto una expiación por el pecado, por medio del cual puedes *ahora* ser salva! Su misericordia está poniendo delante de ti esta expiación como la razón de la esperanza. Sin embargo, si "[descuidas] una salvación tan grande" (He. 2:3), entonces, cuando se aplique el hacha a la raíz del árbol y seas cortada —en lo que a ti respecta—, su misericordia cesará para siempre. Quedarás a merced de experimentar el temible efecto de la misericordia despreciada y de la justicia ejecutada. Si preguntas: "¿Qué debo hacer para ser salvo?" (Hch. 16:30). Bendito sea Dios porque la respuesta está a la mano: "Cree en el Señor Jesucristo, y serás salvo" (Hch. 16:31)... El Señor mismo proveyó el Cordero para la ofrenda. "Cargó en él el pecado de todos nosotros" (Is. 53:6). "Herido fue por nuestras rebeliones, molido por nuestros pecados" (Is. 53:5). "He aquí —pues— el Cordero de Dios que quita el pecado del mundo" (Jn. 1:29). Ven al Padre, por medio del Hijo, y no serás echado fuera (Jn. 6:37).

¡La única obra por la cual puedes ser salva ya ha sido realizada! ¡Jesús ha acabado con la transgresión, ha puesto fin a los pecados y ha proporcionado la justicia eterna (Dn. 9:24)! Ha abierto el camino de acceso para ti hasta el trono de la misericordia de Dios y ahora puedes contemplar al Dios, a Quien has ofendido, sentado en ese trono de misericordia, dispensando perdón y vida. Puedes oír su amable voz llamando; sí, suplicándote y rogándote que vengas a Él para que tu alma pueda vivir (Mt. 11:28-30).

Echa tu alma, llena de culpa como está, sobre la obra acabada de Emanuel (Is. 7:14) y no serás rechazada. No pienses que tienes algo que hacer para encomendarte a su favor, antes de poder creer en "aquel que justifica[42] al impío" (Ro. 4:5). No intentes hacerte digno de aceptación. No traigas precio en tu mano. Dios no hará de las bendiciones de la salvación una mercadería. Como Dios, dará gratuitamente la vida eterna o no la dará en absoluto. Y tú debes recibirla gratuitamente como una pecadora culpable y condenada, sin reclamación que hacerle a Dios; o no la recibirás en absoluto. ¿No son estas sus propias palabras misericordiosas? "A todos los sedientos: Venid a las aguas; y los que no tienen dinero, venid, comprad y comed. Venid, comprad sin dinero y sin precio" (Is. 55:1). Ya no preguntes más, pues, "¿Con qué me presentaré ante Jehová?" (Mi. 6:6) porque

> Cerca de ti está la palabra, en tu boca y en tu corazón. Esta es la palabra de fe que predicamos: que si confesares con tu boca que Jesús es el Señor, y creyeres en tu corazón que Dios le levantó de los muertos, serás salvo. Porque con el corazón se cree para justicia, pero con la boca se confiesa para salvación (Ro. 10:8-10).

Tomado de *Three Lectures to Christian Mothers* (Tres conferencias para las madres cristianas).

James Cameron (1809-1873): Ministro congregacional inglés que nació en Gourock, Firth de Clyde, Escocia.

---

[42] **Justifica** – Lo declara justo. "La justificación es una obra de la gracia gratuita de Dios por medio de la cual Él perdona todos nuestros pecados y nos acepta como justos delante de Él, sólo por la justicia de Cristo imputada a nuestro favor y la cual recibimos solo por la fe" (*Catecismo de Spurgeon*, pregunta 32). Ver Portavoz de la Gracia N° 4: *La justificación* y Portavoz de la Gracia N° 7: *Justicia imputada*, disponibles de CHAPEL LIBRARY.

Iglesia y maternidad
Charles H. Spurgeon (1834-1892)

En las Escrituras, a la Iglesia de Dios se le llama madre. ¿Cuál es el cometido de una madre? ¿Cuál es el deber de una madre? Tiene que alimentar a su propio hijo de su propio pecho. Pierde un gran deleite e inflige un grave perjuicio a su retoño cuando, teniendo la capacidad, carece del afecto que la obligaría a alimentar a su propia criatura de las fuentes que Dios mismo ha abierto. Y, como la Iglesia de Cristo es una madre, carecerá del mayor gozo y perderá su más dulce privilegio, a menos que ella misma forme a sus propios hijos y les proporcione la leche no adulterada de la Palabra.[43] Ella no tiene derecho de ponerles a sus hijos un ama de crianza. ¿Cómo la amarán? ¿Qué afecto sentirán por ella? El trabajo de la madre consiste en formar y enseñar a su hijo mientras crece. Que sea ella quien le enseñe las primeras letras del abecedario; que él reúna su primer conocimiento de Cristo de los labios de su madre. ¿Quién está más preparada para enseñarle que ella, que lo ha traído al mundo? Nadie puede enseñar de una forma tan dulce ni tan eficaz como ella. Que no le deje a otra persona la formación de su hijo. ¿Y por qué deberíamos nosotros, la Iglesia de Cristo, ceder a nuestros hijos para que sean formados y enseñados por otros, cuando fuimos los primeros en enseñarles a hablar en el nombre de Cristo? No, por todo el sentimiento maternal que permanece en el regazo de la Iglesia de Cristo, veamos a sus hijos criados sobre sus propias rodillas y mecidos en su seno, y que no le ceda la tarea de formar a sus hijos e hijas a otros. ¿Quién tan idónea como la madre de familia para inspirar a su hijo con santo entusiasmo cuando por fin éste progresa en la batalla de la vida? ¿Quién le dará el afectuoso consejo? ¿Quién le dará la palabra esperanzadora que lo sostendrá en la hora de la dificultad, sino la madre, a la que ama? Y que la Iglesia de Dios, cuando sus jóvenes salgan a sus batallas, le ponga su mano sobre los hombros y le diga: "Sé fuerte, joven, sé fuerte; no deshonres a la madre que te trajo al mundo; ve adelante y, como el hijo de una madre espartana, no regreses si no es en gloria... Vuelve con tu escudo o encima de él, héroe o mártir". ¿Quién puede pronunciar mejor las palabras y cantar en casa con tanto poder, como la madre a su hijo o la Iglesia a su hijo? La Iglesia no tiene, pues, derecho de delegar en otro su propia obra. Que dé a luz sus propios hijos; que los críe; que los eduque; que los envíe a hacer la obra del Señor.

Tomado de un sermón que se predicó el domingo por la mañana, el día 19 de mayo de 1861 en el Tabernáculo Metropolitano, en Newington, Inglaterra.

Charles Haddon Spurgeon (1834-1892): Ministro bautista inglés, el predicador más leído de la historia (aparte de los que encontramos en las Escrituras); nacido en Kelvedon, Essex.

El poder moral más fuerte en todo el mundo es el que la madre tiene sobre su pequeño hijo.
— Adolphe Monod

---

[43] Spurgeon se refiere principalmente a la iglesia local en su función de entrenar a sus hombres para el ministerio del evangelio, pero también incluye unos principios generales que se pueden aplicar a todos los miembros de una iglesia.

Capítulo 8

BEBÉS

¿Qué enseña la Biblia acerca de traer hijos al mundo? ¿Encontramos mandatos o prácticas piadosas en la Biblia? ¿Qué dice de ello el Dios de la Biblia? Las respuestas a estas preguntas son críticas para nuestros tiempos porque la Biblia, de hecho, tiene un concepto bien definido acerca de los bebés. Podemos discutir si hombres y mujeres tienen o no la libertad ante Dios de restringir la fertilidad, pero que la Biblia presenta un mensaje único, consistente e incondicional que se resume en las palabras: "Fructificad y multiplicaos" (Gn. 1:28) es indiscutible. Es evidente que a Dios le complace transmitir su imagen a la humanidad por medio de hombres y mujeres que traen hijos al mundo. Los hijos son una bendición, como lo destaca Thomas Manton en un próximo artículo: "Son en sí una bendición y, cuanto más hay de ellos, más bendición". Estas palabras pueden sonar extrañas a los oídos modernos, pero expresan fielmente una cosmovisión bíblica.

Por otra parte, ¿qué piensa la gente que compone nuestra cultura acerca de los bebés? La mayoría piensa que, aunque son lindos, hay que reducir la cantidad y controlar su impacto. De hecho, algunos tienen un concepto tan pobre de la vida del bebé que no ven ningún problema en darle muerte en el vientre de su madre, y todo en nombre de la conveniencia y libertad sexual. Ésta es una de las razones por la cual el índice de natalidad está decayendo y las naciones en todo el mundo están luchando por sostener sus sociedades. ¿Por qué pasa esto? La razón fundamental varía: Sobrepoblación, costo, estrés, limitación, temor al dolor y, aun, cuestiones de estética. A muchos les encanta su serenidad, tiempo, dinero, vanidad y placeres más que los bebés. Como resultado, hay un cambio en la manera de pensar; nuestra cultura mundial ha incorporado varias maneras de marginar a los bebés y hasta ha llegado al extremo de destruirlos antes de que nazcan. Cada año abortamos a millones en todo el mundo. Los evitamos por medio del control de natalidad. Aceptamos como algo natural que sean separados de sus madres y enviados a guarderías infantiles. ¿Por qué lo hacemos? Principalmente porque hemos dado la espalda a lo que Dios dice acerca de traer hijos al mundo. Este capítulo nos exhorta a volver al pensamiento bíblico.

—*Scott Brown*

La imagen de Dios y la bendición de Dios
Juan Calvino (1509-1564)

> *"Entonces dijo Dios: Hagamos al hombre a nuestra imagen, conforme a nuestra semejanza; y señoree en los peces del mar, en las aves de los cielos, en las bestias, en toda la tierra, y en todo animal que se arrastra sobre la tierra. Y creó Dios al hombre a su imagen, a imagen de Dios lo creó; varón y hembra los creó. Y los bendijo Dios, y les dijo: Fructificad y multiplicaos; llenad la tierra, y sojuzgadla, y señoread en los peces del mar, en las aves de los cielos, y en todas las bestias que se mueven sobre la tierra".* —Génesis 1:26-28

"El hombre"

El hombre es una criatura noble por encima de todas las demás y tiene en sí un valor que supera a todas las criaturas visibles. Por eso es que Dios delibera cuando se prepara para crearlo. Es cierto que el hombre fue hecho poco menor que los ángeles porque estos disfrutan de la presencia de Dios y su posición es más honorable de lo que podemos imaginar porque son los mensajeros de Dios.

Inclusive, son ministros de su poder y de la soberanía que ejerce en este mundo. Pero de todas las cosas en el cielo y en la tierra, nada se compara con el hombre.

Es por eso que los filósofos lo han llamado "un pequeño mundo". Si quisiéramos reflexionar sobre lo que hay en el hombre, encontraríamos tantas cosas maravillosas que sería como hacer una excursión alrededor del mundo. Es de destacar, entonces, que es en este punto donde Dios empieza su consulta; no que se encuentre con problemas, sino que lo hace a fin de expresar mejor la bondad infinita que nos quería demostrar. Por lo tanto, si Moisés hubiera afirmado simplemente que por último Dios creó al hombre, no nos conmoveríamos y emocionaríamos tanto ante su gracia, tal como la revela en su naturaleza. Pero cuando Dios compara al hombre con una obra singular y excelente, y parece que estuviera consultando sobre un tema de gran importancia, nos conmueve aun más profundamente saber que es en el *hombre* donde Dios quería que brillara su gloria. De lo contrario, ¿por qué es tan importante que nos diferenciemos de los animales irracionales? ¿Es una parte de nuestra sustancia? Hemos sido formados del polvo de la tierra. Es la misma tierra de la que fueron tomados los bueyes, asnos y perros. ¿Cómo es, pues, que tenemos una posición tan alta que nos acercamos a nuestro Dios, que tenemos la capacidad de razonar y comprender, y luego, señorío sobre todo lo demás? ¿De dónde viene eso fuera del hecho de que a Dios le agradó hacernos diferentes? Esa diferencia es señalada cuando Dios declara que quiere realizar una obra importante que es más grande que todo lo demás que ha creado. Aunque el sol y la luna son creaciones tan nobles que parecen divinas, aunque los cielos tienen un aspecto que maravilla y alegra al hombre, aunque la gran diversidad de frutas y otras cosas que vemos aquí en la tierra son diseñadas para declararnos la majestad de Dios, la realidad es que si comparamos todo eso con el hombre, encontramos en él características mucho más grandiosas y más excelentes…

"Hagamos"

Al llegar a este punto, podríamos preguntar: "¿Con quién consulta Dios?"… El Padre fue la causa y fuente soberana de todas las cosas y aquí consulta con su sabiduría y su poder… Nuestro Señor Jesucristo es la Sabiduría sempiterna que reside en Dios y ha tenido su esencia siempre en él. ¡Él es uno de la Trinidad! El Espíritu Santo es el Poder de Dios. Las ideas fluirán muy bien si decimos que la Persona del Padre es presentada aquí porque tenemos el punto de partida para hablar acerca de Dios cuando dice: "Hagamos al hombre a nuestra imagen, conforme a nuestra semejanza"... Cuando dice que el hombre será creado a imagen de Dios, conforme a su semejanza, es para declarar que habrá en él poderes y dones que servirán como señales y marcas que muestran que la raza humana es como el linaje de Dios, tal como lo prueba Pablo con el dicho del poeta gentil en el capítulo 17 de Hechos: "Porque linaje suyo somos" (Hch. 17:28)...

"A nuestra imagen"

Tenemos que comprender ahora en qué consiste esa imagen y esa semejanza o ese parecido y conformidad con Dios. ¿Es en el cuerpo o en alma, o se trata del señorío que le ha sido dado al hombre? Muchos lo relacionan con el cuerpo. Por cierto que en la forma del cuerpo humano, hay tal habilidad creativa que podemos decir que es *una* imagen de Dios porque si su majestuosidad aparece en cada parte del mundo, mayor razón hay para que aparezca en aquello que es más excelente. Pero la realidad es que no encontramos tal perfección en el cuerpo humano como la imagen y semejanza a la que Moisés se refiere. ¡Al contrario!

En consecuencia, ni el cabello ni los ojos, ni los pies ni las manos nos conducirán hacia donde Moisés nos guía. En cuanto a la superioridad y la preeminencia de estas características humanas que han sido dadas al hombre por sobre todas las criaturas, no reflejan la imagen de Dios porque son características externas que no nos llevarán muy lejos. Debido a todo eso, tenemos que enfocar el *alma*, que es la parte más digna y valiosa del hombre. Aunque Dios ha mostrado los grandes tesoros de su poder, bondad y sabiduría al formarnos, el alma, como he dicho, es la que tiene raciocinio, comprensión y voluntad, que es mucho más de lo que puede encontrarse en el cuerpo exterior.

Ahora bien, como hemos tratado exhaustivamente y resuelto el punto de que la imagen de Dios está principalmente en el alma y se extiende al cuerpo como un accesorio, tenemos que considerar ahora en qué consiste la imagen de Dios y en qué sentido nos conformamos a él y nos parecemos a él...

Nuestro padre Adán, habiéndose enemistado con su Creador, fue entregado a la vergüenza e ignominia y, como consecuencia, Dios le quitó los dones excelentes con que lo había dotado anteriormente... Pero porque Dios, a través de nuestro Señor Jesucristo, repara su imagen en nosotros que había sido borrada en Adán, podemos comprender mejor la importancia de esa imagen y semejanza que el hombre tenía con Dios al principio. Porque cuando Pablo dice en Colosenses 3 que debemos ser renovados según la imagen de Aquel que nos creó (Col. 3:10) y, luego en Efesios 4, cuando menciona la justicia y verdadera santidad como las características a las cuales tenemos que ser conformados (Ef. 4:24), muestra que la imagen de Dios es importante; que nuestra alma al igual que nuestro cuerpo, debe ser guiada por una rectitud innegable y que nada hay en nosotros que se asemeje a la justicia y rectitud de Dios. Es cierto que Pablo no presenta aquí una lista completa, pero tampoco habla en términos generales a fin de incluir todo lo que testifica de la imagen de Dios. En cambio, cuando habla de las características principales, nos dice cuáles son las características auxiliares.

En suma, el alma debe ser limpiada de toda vanidad y toda falsedad y la claridad de Dios tiene que brillar en ella para que haya un capacidad de juicio, discreción y prudencia. Por eso es que Dios repara su imagen en nosotros cuando nos conforma a su justicia y nos renueva por su Espíritu Santo para que podamos andar en santidad. Porque eso es cierto, podemos ver en qué punto tenemos que comenzar si queremos determinar lo que es la imagen de Dios. Tal es el comienzo de la imagen de Dios en nosotros, pero eso no es todo... cuando se menciona la imagen de Dios en el hombre y no entendemos la causa de la confusión causada por el pecado, tenemos que tomar nota de esos pasajes de Pablo y, a la vez, encontrar en Jesucristo lo que ya no hay dentro de nosotros porque nos fue quitado por nuestro padre Adán. Entonces veremos que el hombre fue creado con una naturaleza tan pura e íntegra que su alma poseía una prudencia maravillosa y no estaba cubierta de falsedad, hipocresía e ignorancia, fruto por el cual ahora no hay en nosotros más que vanidad y tinieblas. En consecuencia, había un anhelo sincero de obedecer a Dios y gozar de todo lo bueno, no había ningún deseo o impulso de hacer el mal, en cambio ahora, todos nuestros afectos son actos de rebelión contra Dios. En aquel entonces, el cuerpo estaba tan bien y apropiadamente equilibrado que cada segmento pequeño estaba listo y ansioso por servir y honrarle. Así era el hombre, predispuesto a andar en santidad y toda justicia. En él había una abundancia de dones divinos para que la gloria de Dios brillara por doquier, interior y exteriormente. Eso, pues, caracteriza a aquella imagen...

Moisés agrega, "a imagen de Dios lo creó; varón y hembra los creó". Esa repetición no es superflua, ya que aunque reuniéramos todas las mejores palabras en el mundo para expresar esa obra excelente de Dios, distaríamos mucho de poder hacerlo... Moisés tenía buenas razones para querer darnos la oportunidad de considerar con más atención el hecho de que fuimos creados a la imagen de Dios. Si consideramos nuestros cuerpos, ellos fueron formados del polvo... con la intención de que fueran una morada para las benevolencias divinas y los dones de su Espíritu Santo para que llevaran su imagen. Esa, pues, es la intención de la repetición de Moisés. Es para que podemos glorificar a nuestro Dios a menudo por ser generoso con nosotros y contarnos entre sus criaturas y aun darnos superioridad sobre ellas, pero también imprimiendo en nosotros sus características y queriendo que seamos sus hijos...

"Varón y hembra los creó"

Ahora bien, dice que "varón y hembra los creó". Y Moisés, a veces, escribe aquí en plural y, a veces, en singular [para referirse a ambos sexos], como cuando dice "Hagamos al hombre a nuestra imagen" y más adelante dice "los creó". Podríamos afirmar que los hombres que descienden de Adán son los destinados a "señorear", pero no excluyó a la mujer, agregando: "varón y hembra"; así fueron creados. Aquí podríamos comparar esto con el pasaje donde Pablo dice que sólo el hombre, no la mujer, es la imagen de Dios (1 Co. 11:7) y creer que hay alguna contradicción, pero la respuesta es fácil porque aquí Moisés está hablando de los dones que fueron dados a ambos sexos. El hombre y la mujer por igual, tienen el poder de razonar y comprender. Tienen *voluntad* y la habilidad de diferenciar entre lo bueno y lo malo. En suma, todo lo que pertenece a la imagen de Dios... Es digno de notar que otros pasajes afirman que en nuestro Señor Jesucristo no hay varón ni mujer (Gá. 3:28). Eso significa que su gracia se extiende al hombre y a la mujer, de modo que todos somos partícipes de su gracia. Habiendo resuelto este punto que no deja lugar a discusión, podemos ver que el hombre fue creado no como varón únicamente, sino también como mujer, y que ambos son partícipes de la imagen de Dios...

La bendición

Luego el texto habla de la *bendición* que Dios le dio a Adán. Primero le dice a él y a su mujer: "Fructificad y multiplicaos" y agrega, en segundo lugar: "Señoread en los peces del mar, en las aves de los cielos, y en todas las bestias que se mueven sobre la tierra". La primera bendición es la misma para humanos, animales, peces y pájaros. Tienen que multiplicarse generación tras generación. Ya hemos mencionado que el hombre no debe atribuir su origen a alguna causa inferior de la naturaleza, sino que debe tener un Creador. ¿Por qué? *¡Porque todos somos producto de su bendición!* Por eso es que las Escrituras nos dicen, a menudo, que el fruto del vientre es una herencia de Dios, es decir, *un don especial* (Sal. 127:3) a fin de que no seamos tan ignorantes como para creer que el hombre engendra y la mujer concibe por su propio poder y que Dios no es el autor de su linaje.

Así que hemos de tomar nota de cuál es la bendición de Dios a la que se refiere aquí porque [vemos en Gn. 30:2] que Jacob le dijo a su esposa Raquel, cuando lo importunaba para que le diera un hijo: "¿Soy yo acaso Dios?". Con esto indica que los hombres no deben hablar de esta manera, sino que Dios debe ser glorificado porque les otorga la gracia de ser *padres* y a las mujeres de ser *madres*... Éste, pues, es el resultado de esa bendición: Saber que Dios declaró, al principio, que quería que la raza humana se multiplicara y que, en nuestra época, cuando da un linaje e hijos, *es una bendición especial que otorga a los padres y madres y un tesoro especial que tienen que reconocer que procede de él y por el cual deben rendirle homenaje.*

Además, comprendamos que el pecado produce la desigualdad que vemos en el hecho de que no todos los hombres tendrán hijos, que no todos los hijos del vientre de la mujer serán iguales, porque habrá algunos que nacen débiles y a un paso de la tumba, y que algunos serán encorvados, tuertos, ciegos, jorobados o cojos. Dios muestra en todo lo que es desfigurado y deforme que su bendición es menor, aunque no se ha extinguido del todo. Aun veremos a mujeres que, a menudo, pierden a un hijo en gestación. ¿Cuál es la razón? El pecado de Adán es dado como razón, a fin de que nos humillemos al comprender que somos rechazados y echados lejos de la gracia que nos fue conferida por Dios en la primera creación. Con respecto a la bendición de Dios, esto es lo que hemos de tener en cuenta: En virtud de aquella palabra que dijo una vez para siempre, nacen ahora todos los hijos de esta manera, el mundo es sostenido y las generaciones se suceden una tras otra.

Asimismo, esta bendición incluye un privilegio mucho más grande que el que tienen las bestias porque los bueyes, los asnos y los perros engendran en su juventud, como los zorros y todos los demás. Peor, ¿acaso gozan sus crías de la misma dignidad que la del hombre? Por lo tanto, cuando Dios da hijos a hombres y mujeres, los establece como sus comisionados, porque el hombre no puede ser padre, a menos que esté allí como representante de la Persona de Dios. Hay sólo un Padre, hablando con propiedad, como dijo nuestro Señor Jesucristo: "Y no llaméis padre vuestro a nadie en la tierra; porque uno es vuestro Padre, el que está en los cielos" (Mt. 23:9). Y eso significa [que Dios es] Padre de nuestra alma y nuestro cuerpo. Por lo tanto, ese título tan honorable le pertenece a nuestro Creador. Es decir, él es nuestro Padre, aunque nos permite decir "mi padre" y "mi madre" en este mundo, esto resulta del don de Dios por el cual se complace él en compartir su título con criaturas tan frágiles como nosotros. Asimismo, sepamos que el privilegio que Dios da a los que producen descendientes es que él quiso hacerlos sus representantes, por así decir. Por esto, con más razón, tenemos que valorar y magnificar su gracia...

Ahora bien, siendo este el caso, Moisés propone correctamente la segunda bendición, la cual había sido dada anteriormente al mundo, específicamente, entre las criaturas. Antes de que fuera creado el hombre había plantas y pastura, había luces en el cielo. Pero, aunque el sol es llamado a guiar de día y la luna a guiar de noche, no les corresponde *gobernar*. En realidad, es imposible que lo hagan. Porque ¿qué bien le hubiera hecho a la tierra las muchas cosas buenas que provee si no hubiera alguien que las poseyera? Así que Adán tenía que ser creado para vivir sobre ella y tenía que contar con la gracia de Dios para producir un linaje y, de esta manera, multiplicarse.

Tomado de *John Calvin's Sermons on Genesis* (Sermones de Juan Calvino sobre Génesis), Tomo 1, The Banner of Truth Trust, usado con permiso, www.banneroftruth.org.

Juan Calvino (1509-1564): Teólogo y pastor francés, líder importante durante la Reforma Protestante; nacido en Noyon, Picardia, Francia.

Cuando usted nació, su nacimiento no fue un acontecimiento secreto, ni fue una invención humana. Su nacimiento fue una obra de Dios. —Martín Lutero

Fructificad y multiplicaos
Martín Lutero (1483-1546)

"Y los bendijo Dios, y les dijo: Fructificad y multiplicaos; llenad la tierra, y sojuzgadla".
—Génesis 1:28

Éste es un *mandato* que Dios agregó para la criatura. Pero, buen Dios, ¡cuánto hemos perdido por el pecado! ¡Cuán bendito era el estado del hombre cuando engendrar hijos estaba enlazado con el mayor respeto y sabiduría, de hecho, con el conocimiento de Dios! En la actualidad, la carne está tan abrumada por la lepra de la lascivia que, en el acto de procreación, el cuerpo se vuelve groseramente animal y no puede concebir en el conocimiento de Dios.

La raza humana mantuvo el poder de procreación, pero muy degradado y hasta totalmente abrumado por la lepra de la lascivia, de modo que la procreación es, apenas un poco, más moderada que la de los animales. Agréguense a esto los riesgos y peligros del embarazo y de dar a luz, la dificultad de alimentar al hijo y muchos otros males, los cuales nos señalan la enormidad del pecado original[1]. Por lo tanto, la bendición, que sigue hasta ahora en la naturaleza, lleva consigo, por así decirlo, una maldición en sí y degrada la bendición, si la comparamos con la primera. No obstante, Dios la estableció y la preserva.

Por lo tanto, reconozcamos con agradecimiento esta "bendición estropeada". Y tengamos en mente que la inevitable lepra de la carne[2], que no es más que desobediencia y aborreci-

---

[1] **Pecado original** – El pecado original, en toda su extensión, es la culpa del primer pecado de Adán: La falta de la justicia y rectitud original y la corrupción de toda la naturaleza. Todos y cada uno de la raza natural de Adán, nace o es concebido en él: "Por tanto, como el pecado entró en el mundo por un hombre, y por el pecado la muerte, así la muerte pasó a todos los hombres, por cuanto todos pecaron" Ro. 5:12. "He aquí, en maldad he sido formado, y en pecado me concibió mi madre" Sal. 51:5. Lo heredamos de Adán, el primer humano. Ro. 5:12, recién citado. Y nos es transmitido por generación natural: "¿Quién hará limpio a lo inmundo? Nadie" Job 14:4. Salmo 51:5 antes citado. Aun los progenitores santos se lo transmiten a sus hijos porque los procrean en su propia imagen natural: "Y vivió Adán ciento treinta años, y engendró un hijo a su semejanza, conforme a su imagen, y llamó su nombre Set" Gn. 5:3. Ahora nuestro estado natural es un estado corrupto, debido al pecado original. Por ser un pecado original, es un manantial de pecado, que continúa indefectiblemente en cada ser humano mientras permanece en ese estado. (Thomas Boston, Works, Tomos 7, 9).

[2] **Lepra de la carne** – El poder destructor de la lascivia.

miento adheridos al cuerpo y a la mente, es el castigo por el pecado. Por lo demás, esperemos con anhelo la muerte de esta carne para ser liberados de estas condiciones aborrecibles y ser restaurados aún más allá del punto de aquella primera creación de Adán…

Aunque Adán había caído por su pecado, contaba con la promesa… que de su carne, que ahora estaba sujeta a la muerte, nacería para él un renuevo de vida. Comprendió que produciría hijos, especialmente porque la bendición "fructificad y multiplicaos" (Gn. 1:28), no había sido retirada, sino reafirmada en la promesa de la Simiente, quien aplastaría la cabeza de la serpiente (Gn. 3:15). En consecuencia, creo que Adán no conoció a su Eva simplemente por la pasión de su carne, sino que también lo impulsaba la necesidad de lograr salvación por medio de la Simiente bendita.

Por lo tanto, nadie debe sentirse contrariado ante la mención de que Adán conoció a su Eva. Aunque el pecado original ha hecho de esta obra de procreación, la cual debe su origen a Dios, algo vergonzoso que incomoda a oídos puros, el hombre de pensamiento espiritual debe hacer una distinción entre el pecado original y el producto de la creación. La obra de procreación es algo *bueno* y *santo* que Dios ha creado, porque procede de él, quien le da su bendición[3]. Además, si el hombre no hubiera caído, hubiera sido una obra muy pura y muy honrosa. Así que como nadie siente recelo acerca de conversar, comer o beber con su esposa —pues estas son todas acciones honrosas— así también, el acto de engendrar tendría que haber sido algo de gran estima.

Entonces, pues, la procreación continuó en la naturaleza, aun cuando se había depravado, pero se le agregó el veneno del diablo, a saber, la lascivia de la carne y el agravante de la concupiscencia que son también la causa de diversas adversidades y pecados, de los que la naturaleza en su estado de perfección se hubiera librado. Conocemos por experiencia los deseos excesivos de la carne y, para muchos, ni el matrimonio es un remedio adecuado. Si lo fuera, no habría casos de adulterio y fornicación que, lamentablemente, son demasiado frecuentes. Aun entre los casados mismos, ¡qué diversas son las maneras como se manifiesta la debilidad de la carne! Todo esto viene, no de lo que fue creado [originalmente] ni de la bendición que viene de Dios, sino del pecado y la maldición, que es producto del pecado. Por lo tanto, tienen que considerarse aparte de la creación de Dios, que es buena; y vemos que el Espíritu Santo no tiene ningún recelo en hablar de ella.

No sólo no hay ninguna deshonra en lo que está diciendo Moisés aquí sobre la creación de Dios y su bendición, sino que es también necesario que impartiera él esta enseñanza y la pusiera por escrito debido a herejías futuras como las de los nicolaítas[4] y tacianos[5], etc., pero específicamente por el papado. Vemos que a los papistas no les impresiona para nada lo escrito anteriormente (Gn. 1:27): Dios "varón y hembra los creó". Por la forma cómo viven

---

[3] Esta bendición puede ser considerada como la fuente de la cual fluyó la raza humana. Y tenemos que considerarla no sólo en relación con el todo, sino también con cada caso en particular. Porque somos fértiles o estériles en lo que respecta a los hijos, según Dios imparte su poder a algunos y no a otros. Pero aquí Moisés declara sencillamente que Adán y su esposa fueron creados para procrear hijos, a fin de que los humanos llenaran la tierra. (Juan Calvino, *Commentary on the First Book of Moses Called Genesis* (Comentario del primer libro de Moisés llamado Génesis), 97-98.

[4] **Nicolaítas** – Seguidores de una forma desviada del cristianismo en Asia Menor, que Juan condenó abiertamente en sus cartas a Éfeso (Ap. 2:6) y Pérgamo (2:15). Aparentemente, sus seguidores eran inmorales y comían alimentos sacrificados a los ídolos.

[5] **Tacianos** – Seguidores de Taciano, fundador de los encratitas, grupo que practicaba un estilo de vida ascético, incluyendo la abstinencia permanente de comer carne, tomar vino y del matrimonio.

y la manera como se vinculan y encadenan con votos, pareciera que no se consideran ni varones ni mujeres. No les impresiona para nada que está escrito que el Señor formó a Eva para Adán y que éste dijo: "Esto es ahora hueso de mis huesos" (*cf.* Gn. 2:22-23). La promesa y la bendición no les causa ninguna impresión: "Fructificad y multiplicaos" (Gn. 1:28). Los Diez Mandamientos tampoco les causa ninguna impresión: "Honra a tu padre y a tu madre" (Éx. 20:12). ¡Tampoco les hace mella el hecho de haber nacido como resultado de la unión de un hombre con una mujer! Haciendo caso omiso a todas estas consideraciones, obligan a sus sacerdotes, monjes y monjas a un celibato perpetuo, como si la vida de los casados, de las cuales habla Moisés aquí, fuera detestable y reprochable.

Pero el Espíritu Santo tiene una boca más pura y ojos más puros que el papa. Por esta razón, no tiene ningún recelo en referirse a la unión de esposo y esposa, que aquellos eruditos católicos condenan como execrable e inmunda. Tampoco el Espíritu Santo condena esa unión en ningún pasaje. Las Escrituras están llenas de referencias como ésta, por lo que algunos han prohibido que los monjes y monjas jóvenes lean los libros sagrados. ¿Qué necesidad hay de decir más? Tal fue la furia del diablo contra la santidad del matrimonio y creación de Dios, que por medio de los papistas obligó que los hombres renunciaran a la vida matrimonial… Por lo tanto, hay que guardarse contra esas doctrinas de demonios (1 Ti. 4:1) y aprender a honrar al matrimonio y hablar con respeto acerca de esta manera de vivir porque vemos que Dios lo instituyó y es alabado en los Diez Mandamientos, donde dice: "Honra a tu madre y a tu padre" (Éx. 20:12). Y a esto se agrega la bendición: "Fructificad y multiplicaos" (Gn. 1:28). Aquí, al que oímos hablar es al Espíritu Santo y su boca es casta. No debemos ridiculizar ni burlarnos de los vicios e ignominias que se adjuntaron a lo que Dios había creado, sino cubrirlos, tal como vemos a Dios cubrir la desnudez de Adán y Eva con túnicas de pieles después de que pecaron. El matrimonio debe ser tratado con honra; de él provenimos todos porque es un semillero, no sólo para el Estado, sino también para la Iglesia y el reino de Cristo hasta el fin del mundo.

Los paganos y otros sin Dios no comprenden la gloria del matrimonio. Se limitan a compilar las debilidades que existen tanto en la vida matrimonial como en el género femenino. Separan lo inmundo de lo limpio, de tal manera que retienen lo inmundo y no ven lo limpio. También, de esta manera, algunos eruditos de la ley emiten juicios impíos sobre este libro de Génesis diciendo que no contiene más que las actividades lascivas de los judíos. Si, además de esto, cunde un desprecio por el matrimonio y se practica un celibato impuro, ¿acaso no son estos hebreos culpables de los crímenes de los habitantes de Sodoma y merecedores del mismo castigo? Pero dejemos a un lado a estos hombres y escuchemos a Moisés.

No bastó que el Espíritu Santo afirmara: "Conoció Adán a… Eva", sino que incluye también "su mujer" [significando su esposa]. Porque el Espíritu no aprueba el libertinaje disoluto[6] ni la cohabitación promiscua[7]. Quiere que cada uno viva tranquilo con su *propia* esposa. A pesar de que la relación íntima de un matrimonio no es de ninguna manera tan pura como lo hubiera sido en el estado de inocencia, en medio de esa debilidad causada por la lascivia y de todo el resto de nuestras desgracias, la bendición de Dios persiste. Esto fue escrito aquí, no por Adán y Eva (porque ellos hacía mucho que habían sido reducidos al polvo cuando Moisés escribió estas palabras), sino por nosotros, para que aquellos que no se pueden contener, vivan satisfechos con su propia Eva y no toquen a otras mujeres.

---

[6] **Libertinaje disoluto** – Entrega descontrolada a los placeres sensuales.

[7] **Cohabitación promiscua** – Vivir soltero con varias parejas sexuales.

La expresión "conoció a... su mujer..." es exclusiva del hebreo porque el latín y el griego no se expresan de esta manera. No obstante, es una expresión muy acertada, no sólo por su castidad y modestia, sino también por su significado específico, porque en hebreo tiene un significado más amplio que el que tiene el verbo "conocer" en nuestro idioma. Denota, no sólo un conocimiento abstracto sino, por así decir, sentimiento y experiencia. Por ejemplo, cuando Job dice de los impíos que conocerán [o sabrán] lo que significa actuar en contra de Dios, está queriendo decir: "Sabrán por experiencia y lo sentirán"[8]. También el Salmo 51:3 dice: "Porque yo reconozco mis rebeliones", significando: "Lo siento y por experiencia". Igualmente, cuando Génesis 22:12 dice: "Ya conozco que temes a Dios", se trata de "Ya he comprendido el hecho por experiencia". Así también, Lucas 1:34: "Pues no conozco varón". De hecho, María conocía a muchos hombres, pero no había tenido la experiencia ni sentido a ningún hombre físicamente. En el pasaje que tratamos, Adán conoció a Eva, su mujer, no objetiva ni especulativamente, sino que realmente había sentido por experiencia a su Eva como una mujer.

El agregado "la cual concibió y dio a luz a Caín" es indicación segura de una mejor condición física que la que hay en la actualidad porque en aquella época no había tantos habitantes ineficaces como los hay en este mundo en decadencia; pero cuando Eva fue conocida, sólo una vez por Adán, quedó embarazada inmediatamente.

Aquí surge la pregunta de por qué Moisés dice "dio a luz a Caín" y no "dio a luz un hijo y lo llamó Set". Caín y Abel eran también hijos. Entonces, ¿por qué no son llamados hijos? La respuesta es que esto sucedió a causa de sus descendientes. Abel, que fue muerto por su hermano, murió físicamente; en cambio, Caín murió espiritualmente por su pecado y no propagó la simiente de la Iglesia ni del reino de Cristo. Toda su posteridad pereció en el Diluvio. Por lo tanto, ni el bendecido Abel ni el condenado Caín llevan el nombre de hijo, sino que fue de los descendientes de Set de quienes nació Cristo, la Simiente prometida.

Tomado de "Lectures on Genesis, Chapters 1-5" (Conferencias sobre Génesis, capítulos 1-5) de *Luther's Works* (Las obras de Lutero), Tomo 2, ed. Jaroslav Jan Pelican, Hilton C. Osward y Helmut T. Lehman, Concordia Publishing House, usado con permiso, www.cph.org.

Martín Lutero (1483-1546): Monje alemán, ex-sacerdote católico, teólogo y líder influyente de la Reforma Protestante del siglo XVI; nacido en Eisleben, Sajonia.

Padre muy misericordioso, quien con justicia sentenciaste a la mujer, quien fue la primera en cometer una transgresión, a grandes y múltiples dolores y, particularmente dolores al traer hijos al mundo. No obstante, la preservaste y diste alivio para la propagación de la humanidad. Sé misericordioso de ésta tu sierva, permanece cerca de ella con tu pronto auxilio en el tiempo de tribulación cuando te necesita y, aunque con dolores, dale fuerzas para dar a luz. Habiéndolo hecho, que ya no recuerde su angustia por el gozo de ver que un hijo ha nacido en el mundo. Bendícela en el fruto de su cuerpo y, habiendo pasado su trance y estando ya a salvo, que ella te dé sus vehementes gracias y se consagre a servirte ahora y el resto de su vida, en nombre de Jesucristo nuestro Salvador. Amén. —Richard Baxter

---

[8] Aparentemente esto se refiere a Job 9:5 [saben] o a Job 19:29 [sepáis].

La herencia del Señor
Thomas Manton (1620-1677)

"Los hijos son una herencia del Señor, los frutos del vientre son una recompensa". —Salmo 127:3 (NVI)[9]

Introducción

Nuestro texto presenta a los hijos como una *bendición* y en él vemos dos cosas: (1) El autor del cual proceden los hijos: El Señor. (2) En qué recibimos esta bendición: (1) En calidad de "herencia" y (2) como "su recompensa".

La palabra *herencia* es, a menudo, un hebraísmo que significa "la porción del hombre", sea buena o mala. Es usada en un sentido *malo* en Job 20:29: "Ésta es la porción que Dios prepara al hombre impío, y la heredad que Dios le señala por su palabra". En un sentido *bueno* tenemos a Isaías 54:17: "Ésta es la herencia de los siervos de Jehová". *Recompensa* se usa en el sentido de un regalo que se recibe por una promesa o en relación con la obediencia porque una promesa incluye implícitamente un contrato: Si nosotros hacemos esto y aquello, Dios hará esto y aquello por nosotros.

Doctrina: *Es una bendición que recibimos de Dios —y así debemos considerarlo— el que tengamos hijos nacidos de nuestras entrañas.* No es sólo un regalo sin más, aunque así lo considera el impío, sino que es una *bendición*, una de las misericordias temporales[10] del Pacto: "Bienaventurado todo aquel que teme a Jehová, que anda en sus caminos" (Sal. 128:1). Una de las bendiciones es el versículo 3: "Tu mujer será como vid que lleva fruto a los lados de tu casa; tus hijos como plantas de olivo alrededor de tu mesa". Ésta es parte de nuestra porción y herencia. Los santos así lo reconocieron: "¿Quiénes son éstos? Y él respondió: Son los niños que Dios ha dado a tu siervo" (Gn. 33:5). Jacob habla como un padre, como un padre piadoso. Eran dádivas recibidas por la *gracia* de Dios. Como padre, reconocía que eran regalos de Dios, lo cual implica que eran de pura gracia.

Podemos llegar a esta misma conclusión por la historia de Job. Compare 1:2-3 con 1:18-19. Observe que cuando cuenta sus bendiciones, primero menciona a sus numerosos hijos, antes que a sus grandes posesiones. La parte principal de la riqueza y prosperidad del hombre *son sus hijos*, las más preciadas bendiciones externas… Observe también, en los versículos 18 y 19, que la pérdida de sus hijos es presentada como la aflicción *más grande*…

Una bendición

1. Mucha de la providencia de Dios se manifiesta en y acerca de los hijos.

(1) En dar la capacidad de concebir. No es una misericordia extendida a todos. Sara la obtuvo por fe: "Por la fe también la misma Sara, siendo estéril, recibió fuerza para concebir; y dio a luz aun fuera del tiempo de la edad, porque creyó que era fiel quien lo había prometido" (He. 11:11). Aunque tener hijos es algo que sigue el curso de la naturaleza, Dios tiene un importante papel en ello. A muchos matrimonios piadosos les ha sido negado el beneficio de

---

[9] **NVI**, siglas de la Nueva Versión Internacional – El autor escribió este artículo originalmente en inglés, usando la Versión King James (KJV). La traducción de este versículo en la Reina Valera 1960, versión que normalmente usamos, difiere algo de la KJV y no incluye todo el pensamiento original del autor. Aunque, por lo general, no coincidimos con la NVI, la hemos usado en este contexto porque la traducción de este versículo se aproxima más al original hebreo y al inglés de la KJV.

[10] **Temporal** – Perteneciente a la vida presente, a diferencia de una existencia futura.

los hijos y necesitan otras promesas para compensar esa carencia: "Porque así dijo Jehová: A los eunucos que guarden mis días de reposo, y escojan lo que yo quiero, y abracen mi pacto, yo les daré lugar en mi casa y dentro de mis muros, y nombre mejor que el de hijos e hijas; nombre perpetuo les daré, que nunca perecerá" (Is. 56:4-5).

(2) En dar forma al hijo en el vientre. No lo dan los padres, sino Dios. Los padres no pueden decir si será varón o hembra, hermoso o deforme[11]. No conocen el número de venas y arterias, huesos y músculos. "Porque tú formaste mis entrañas; tú me hiciste en el vientre de mi madre. Te alabaré; porque formidables, maravillosas son tus obras; estoy maravillado, y mi alma lo sabe muy bien. No fue encubierto de ti mi cuerpo, bien que en oculto fui formado, y entretejido en lo más profundo de la tierra. Mi embrión vieron tus ojos, y en tu libro estaban escritas todas aquellas cosas que fueron luego formadas, sin faltar una de ellas" (Sal. 139:13-16).

(3) En dar fuerza para dar a luz. Los paganos tenían una diosa que presidía sobre esta obra. No obstante, la providencia de Dios alcanza aun a los animales. "La voz del Señor hace parir a las ciervas" (Sal. 29:9 LBLA[12]). Y hay una promesa para los que le temen: "Pero se salvará engendrando hijos, si permaneciere en fe, amor y santificación, con modestia" (1 Ti. 2:15). Debe ser entendido, como todas promesas lo son, con la excepción de su voluntad. Pero esto es lo que deducimos: Es una bendición que cae bajo el cuidado de su Providencia y, que por ser promesa, se cumplirá hasta cuando Dios lo quiera. Raquel murió en este trance, no toda mujer piadosa tiene este destino. También lo tuvo la esposa de Finees (1 S. 4:20). Dios puede haber ejercido esta prerrogativa contra usted, haciendo o permitiendo que pierda la vida. Si el parto no fuera tan común, sería considerado milagroso. Los sufrimientos y los dolores de la tribulación son un monumento al desagrado de Dios: "A la mujer dijo: Multiplicaré en gran manera los dolores en tus preñeces; con dolor darás a luz los hijos; y tu deseo será para tu marido, y él se enseñoreará de ti" (Gn. 3:16). Para preservar una vasija débil que corre gran peligro, los dolores de las mujeres son peores que los de las hembras de otras especies. Y para el hijo, su sentencia de muerte es detenida mientras está naciendo.

(4) Las circunstancias del nacimiento. En todo nacimiento hay circunstancias nuevas que iluminan nuestros pensamientos necios para que pensemos en las obras de Dios, quien da variedad a sus obras, no sea que nos empalaguemos porque todo es siempre lo mismo.

2. Los hijos son una gran bendición en sí mismos y cuántos más son, mayor es la bendición.

Por lo tanto, deben ser reconocidos y enaltecidos como *bendiciones*. Por cierto, Dios nos muestra un favor más especial en nuestras relaciones que en nuestras posesiones: "La casa y las riquezas son herencia de los padres; mas de Jehová la mujer prudente" (Pr. 19:14). Lo mismo se aplica a los hijos. Por ellos, el progenitor se perpetúa y se multiplica; son parte de él mismo y vive en ellos cuando él ha partido. Es una sombra de la eternidad; por lo tanto, las pertenencias externas de la vida no son tan valiosas como lo son los hijos. Además, estos llevan impresa en ellos la imagen de Dios. Cuando nosotros hayamos partido, por ellos, el mundo seguirá reabasteciéndose, la Iglesia seguirá multiplicándose, los seres humanos seguirán existiendo con el fin de conocer, amar y servir a Dios. Leemos que [la Sabiduría dice]:

---

[11] La ciencia moderna ha hecho posible conocer el sexo y la salud de nuestros bebés antes de su nacimiento.

[12] **LBLA**, siglas de La Biblia de las Américas – El autor escribió este artículo originalmente en inglés, usando la Versión King James (KJV). La traducción de este versículo en la Reina Valera 1960, versión que normalmente usamos, difiere algo de la KJV y no incluye todo el pensamiento original del autor. Aunque, por lo general, no coincidimos con la LBLA, la hemos usado en este contexto porque la traducción de este versículo se aproxima más al original hebreo y al inglés de la KJV.

"Me regocijo en la parte habitable de su tierra; y mis delicias son con los hijos de los hombres" (Pr. 8:31). En la parte habitable de la tierra hay grandes ballenas, pero los hombres eran la delicia de Cristo. Especialmente, para los comprometidos con Dios —*padres y madres de familia en un pacto con Dios*— los hijos son una bendición más grande. David era uno de ellos. Leemos: "Tus hijos y tus hijas que habías dado a luz para mí" (Ez. 16:20). Estos son, en el mejor sentido, una herencia del Señor. Fue dicho: "Y miró Dios la tierra, y he aquí que estaba corrompida; porque toda carne había corrompido su camino sobre la tierra" (Gn. 6:12). [Sem] engendró hijos e hijas para Dios: "También le nacieron hijos a Sem, padre de todos los hijos de Heber, y hermano mayor de Jafet" (Gn. 10:21).

Dios ha implantado en los padres amor por sus hijos: Él mismo tiene un Hijo, sabe cuánto lo ama y lo ama por su santidad. "Has amado la justicia, y aborrecido la maldad, por lo cual te ungió Dios, el Dios tuyo, con óleo de alegría más que a tus compañeros" (He. 1:9). Muchas veces es condescendiente con los padres buenos. Les brinda [el privilegio de tener] hijos piadosos. Para el pastor, aquellos que por él se convierten a Dios son su gloria, su gozo y su corona para regocijarse en el día del Señor (*cf.* 1 Ts. 2:19-20). Los que han venido al mundo por nuestro medio; si están en el pacto de gracia, son para nosotros una bendición más grande que verlos llegar a ser reyes del mundo…

Las aplicaciones

1. Es reprobable la actitud de aquellos que no están agradecidos por los hijos, los resienten y los consideran una carga cuando Dios los bendice dándoles muchos. Se quejan de lo que en sí es un favor. Cuando [no] los tenemos, los valoramos; cuando tenemos muchos hijos desconfiamos de ellos y nos quejamos. En Israel, ser padre era considerado un *honor*. ¡Por cierto que aquellos que temen a Dios no debieran contar una felicidad como una carga! "Tu mujer será como vid que lleva fruto a los lados de tu casa; tus hijos como plantas de olivo alrededor de tu mesa. He aquí que así será bendecido el hombre que teme a Jehová" (Sal. 128:3-4).

2. Son dignos de reproche los que no reconocen y enaltecen este favor. No cabe duda de que los padres debieran reconocer a Dios en *cada* hijo que les da. Gran parte de su Providencia se manifiesta en dar y no dar hijos. Encontramos con mucha frecuencia en las Escrituras, cantos de agradecimiento en estas ocasiones. Es una de las cosas en las que Dios quiere que su bondad sea reconocida con alabanzas solemnes. Por *cada* hijo ¡Dios debiera recibir una nueva honra de los padres!... ¡Oh! ¡Será una gran felicidad ser padres de los que serán herederos de la gloria! Así como los hijos deben ser considerados como una gran bendición, también deben serlo como una gran responsabilidad que, según se maneje, puede producir mucho gozo o mucho dolor. Si los padres los consienten demasiado, los convierten en ídolos, no en siervos del Señor, si descuidan su educación o si los contaminan con su ejemplo, resultarán serles cruces y maldiciones.

3. Es importante exhortar a los padres a que eduquen a sus hijos para Dios. Porque si son una herencia *del* Señor, tienen que ser una herencia *para* el Señor. Entrégueselos de vuelta a él, pues de él los recibió, porque todo lo que viene de él tiene que ser mejorado para él. Dedíquelos a Dios, edúquelos para Dios[13] y él tomará posesión de ellos a su debido tiempo. Ahora bien, si su dedicación es correcta, se verá involucrado en una educación seria. Dios trata con nosotros como lo hizo la hija de faraón con la madre de Moisés, a la cual dijo: "Lleva a este niño y críamelo, y yo te lo pagaré. Y la mujer tomó al niño y lo crió" (Éx. 2:9).

---

[13] Esto significa instruirlos en la fe, especialmente en la adoración como familia.

Los motivos

1. El encargo expreso de Dios a los padres de familia es: "Y vosotros, padres, no provoquéis a ira a vuestros hijos, sino criadlos en disciplina y amonestación del Señor" (Ef. 6:4). "Las repetirás a tus hijos, y hablarás de ellas estando en tu casa, y andando por el camino, y al acostarte, y cuando te levantes" (Dt. 6:7)... Debemos tomar conciencia de estos mandatos ahora porque hemos de rendir cuentas a Dios [en el Día del Juicio].

2. El ejemplo de los santos, que han sido cuidadosos en cumplir con esta responsabilidad. Dios lo espera de Abraham: "Porque yo sé que mandará a sus hijos y a su casa después de sí, que guarden el camino de Jehová, haciendo justicia y juicio, para que haga venir Jehová sobre Abraham lo que ha hablado acerca de él" (Gn. 18:19)... No hay duda de que son indignos de tener hijos los que no se ocupan de que Cristo se interese por ellos.

3. La importancia de esta responsabilidad. Aparte de la predicación de la Palabra, la educación de los hijos es una de los obligaciones más grandes en el mundo porque el servicio a Cristo, a la Iglesia y al estado dependen de ello. La familia es el seminario de la Iglesia y la nación. La fe cristiana surgió primero allí [en la familia] y es allí donde el diablo procura aplastarla...

4. Para contraatacar a Satanás, que siempre ha envidiado la multiplicación de iglesias y el avance del reino de Cristo. [Él] por lo tanto, procura destruir el embrión, tratando de pervertir a las personas cuando aún son jóvenes, maleables como arcilla, cuando puede darles la forma e impresión que quiera. Así como Faraón quiso destruir a los israelitas matando a sus infantes, Satanás, que detesta en gran manera al reino de Cristo, sabe que no hay una manera mejor de socavarla y vencerla que pervertir a los jóvenes y suplantar los deberes familiares. Sabe que esto es un golpe de raíz. Por lo tanto, ¡cuánta diligencia deben ejercer los padres de familia para inculcar en sus hijos los principios santos a fin de que puedan vencer al Maligno con la Palabra de Dios morando en ellos!

Tomado de "Sermon upon Psalm CXXVII.3" (Sermón sobre el Salmo 127:3) en *The Works of Thomas Manton* (Las obras de Thomas Manton), Tomo 18, Solid Ground Christian Books, usado con permiso, www.solid-ground-books.com.

Thomas Manton (1620-1677): Predicador puritano no conformista, nacido en Lawrence-Lydiat, condado de Somerset, Inglaterra.

En nuestra época, el matrimonio ha sido despojado del prestigio y honor que merece y el verdadero conocimiento de la Palabra y ordenanza de Dios ha desaparecido. Entre los padres, este conocimiento era puro y correcto. Por esta razón, valoraban altamente el procrear hijos.
—*Martín Lutero*

Es inhumano e impío despreciar a los hijos. Los santos padres reconocían que una esposa que podía tener hijos era una bendición especial de Dios y, por el contrario, consideraban a la esterilidad como una maldición. Basaban este juicio en la Palabra de Dios, en Génesis 1:28 donde el Señor dijo: "Fructificad y multiplicaos". De esto, consideraban a los hijos como un regalo de Dios.
—*Martín Lutero*

Amor y cuidado del niñito
J. R. MILLER (1840-1912)

El matrimonio se renueva

Dios nos ha creado de manera que, en el amor y cuidado de nuestros propios hijos, se manifiesten los mejores rasgos de nuestra naturaleza. Muchas de las lecciones más profundas y valiosas que jamás aprendemos, las leemos en las páginas del desarrollo del niño. Comprendemos mejor los sentimientos y afectos que tiene Dios por nosotros cuando nos inclinamos sobre nuestro propio hijo y vemos en nuestra paternidad humana una imagen tenue de la Paternidad divina. No hay nada que nos conmueva tanto como tener en nuestros brazos a nuestros propios bebés. Verlos tan indefensos apela a cada principio noble en nuestro corazón. Su inocencia ejerce sobre nosotros un poder purificador. El hecho de pensar en nuestra responsabilidad por ellos exalta cada facultad de nuestra alma. El cuidado mismo que requieren, nos trae bendiciones. Cuando llega la vejez, ¡muy solitario es el hogar que no tiene hijo o hija que regresa con gratitud para brindar cuidados amorosos dando alegría y tranquilidad a los padres en sus últimos años!

El matrimonio se renueva cuando llega al hogar el primogénito. Inspira a los casados a vivir en una intimidad que nunca habían conocido. Toca las cuerdas de sus corazones que habían permanecido silenciosas hasta ese momento. Exterioriza cualidades que nunca habían ejercido antes. Aparecen atractivos insospechados del carácter. La joven de risa fácil y despreocupada de un año atrás se transforma en una mujer seria y reflexiva. El joven inmaduro e inestable se convierte en un hombre con fuerza varonil y de carácter maduro cuando contempla el rostro de su propio hijo y lo toma en sus brazos. Aparecen nuevas metas ante los jóvenes padres; comienzan a surgir nuevos impulsos en su corazón. La vida de pronto cobra un significado nuevo y más profundo. Vislumbrar el misterio solemne que les ha sido develado los hace madurar. Tener entre sus manos una carga nueva y sagrada, una vida inmortal para ser guiada y educada por ellos, los hace conscientes de su responsabilidad lo cual los torna reflexivos. El yo, ya no es lo principal. Hay un nueva motivación por la cual vivir, un sujeto tan grande que llena sus vidas e involucra sus más grandes capacidades. Es solo cuando llegan los hijos que la vida se hace realidad, que los padres comienzan a aprender a vivir. Hablamos de instruir a nuestros hijos, pero primero nos instruyen ellos a nosotros enseñándonos muchas lecciones sagradas, despertando en nosotros muchos dones y posibilidades desconocidas, y sacando a luz muchas gracias escondidas y transformando nuestras características caprichosas hasta moldearlas en un carácter fuerte y armonioso...

Nuestros hogares serían muy fríos y lóbregos sin nuestros hijos. A veces nos cansamos de sus ruidos. Sin duda exigen mucho cuidado y nos causan mucha preocupación. Nos dan muchísimo trabajo. Cuando son pequeños, muchas son las noches cuando interrumpen nuestro sueño con sus cólicos y su dentición; y cuando son más grandes, muchas veces nos destrozan el corazón con sus rebeldías. Cuando los tenemos, mejor es que nos despidamos de vivir para nosotros mismos y de toda tranquilidad personal e independencia, si es que vamos a cumplir con fidelidad nuestra obligación de padres de familia.

Hay algunos que, por lo tanto, consideran la llegada de los hijos como una desgracia. Hablan de ellos superficialmente como "responsabilidades". Los consideran como obstáculos para sus diversiones. No ven en ellos ninguna bendición. Pero demuestra un gran egoísmo el que piensa de los hijos de esta manera. Los hijos traen bendiciones del cielo cuando llegan y las siguen siendo mientras viven.

Cuando llegan los hijos, ¿qué vamos a hacer con ellos? ¿Cuáles son nuestros deberes como padres? ¿Cómo debemos cumplir nuestra responsabilidad? ¿Cuál es la parte de los padres en el hogar y la vida familiar? Es imposible exagerar la importancia de estas preguntas… Es grandioso tomar estas vidas jóvenes y tiernas, ricas en posibilidades de hermosura, de gozo y de dones. Sin embargo, debemos ser conscientes de que todo este potencial puede ser destrozado, si somos irresponsables en su formación, su educación y en el desarrollo de su carácter. En esto es en lo que hay que pensar al formar un hogar. Tiene que ser un hogar en el cual los hijos maduran para vivir una vida noble y auténtica, para Dios y para el cielo.

Los padres

La respuesta principal radica en los padres. Son ellos los que edifican el hogar. De ellos recibe el hijo su carácter, para bien o para mal. El hijo será precisamente lo que los padres hagan de él. Si es feliz, ellos habrán sido los autores de su felicidad. Si es infeliz, la culpa es de ellos. Su humor, su ambiente, su espíritu y su influencia surgen de ellos. Tienen en sus manos lo que será el hogar y Dios les hace responsables por él.

Esta responsabilidad es de *ambos* padres. Algunos varones parecen olvidar que les corresponde una parte de la carga y de los deberes del hogar. Se lo dejan todo a la madre. Sin ningún interés activo en el bienestar de sus hijos, van y vienen como si fueran poco más que inquilinos en su propia casa. Se justifican de su negligencia poniendo como pretexto las demandas de su trabajo. Pero, ¿dónde está el trabajo tan importante que pueda justificar el abandono de los deberes sagrados que el hombre debe a su propia familia? No puede haber ninguna ocupación que tenga el hombre que lo justifique ante el tribunal de Dios por haber abandonado el cuidado de su propio hogar y la educación de sus propios hijos. Ningún éxito en ningún sector laboral de este mundo podría expiar su fracaso en esto. No hay ninguna fortuna almacenada de este mundo que pueda compensar al hombre por la pérdida de esas joyas incomparables: *Sus propios hijos*.

En la parábola del profeta, éste le dijo al rey: "Y mientras tu siervo estaba ocupado en una y en otra cosa, el hombre desapareció" (1 R. 20:40). Que no sea la única defensa que algunos padres tengan para ofrecer cuando comparecen ante Dios sin sus hijos: "Como yo estaba ocupado en esto y aquello, mis hijos se fueron". Los hombres están ocupados en sus asuntos del mundo, ocupados en cumplir sus planes y ambiciones, ocupados en acumular dinero para tener una fortuna, en buscar los honores del mundo y ser reconocidos. Mientras están ocupados en su búsqueda de conocimiento, sus hijos crecen y cuando los padres se vuelven para ver si les va bien, ya no están. Entonces intentan con toda seriedad recobrarlos, pero sus esfuerzos tardíos de nada valen. Es demasiado tarde para hacer ese trabajo de bendición para ellos que hubiera sido tan fácil en sus primeros años. El libro del Dr. Geikie, titulado *Life* (Vida)[14], comienza con estas palabras: "Dios da algunas cosas con frecuencia, otras las da sólo una vez. Las estaciones del año se suceden continuamente y las flores cambian con los meses, pero la juventud no se repite en nadie". La niñez viene sólo *una* vez con sus oportunidades. Lo que se quiera hacer para sellarla con belleza debe hacerse con rapidez.

Entonces, no importa lo capaz, lo sabia, lo dedicada que sea la madre, el hecho de que ella cumpla bien su obligación no libra al padre de *ninguna* parte de su responsabilidad. Los deberes no pueden ser transferidos. La fidelidad de otro no puede justificar o expiar mi *infidelidad*. Además, es incorrecto y de poca hombría que un hombre fuerte y capaz, que pretende ser el vaso más fuerte, responsabilice a la mujer, a quien llama vaso más frágil, de los deberes que

---

[14] Cunningham Geike, *Life: A Book for Young Men* (La vida: Un libro para hombres jóvenes).

le pertenecen sólo a él. En cierto sentido, la madre es la verdadera ama de casa. En sus manos está la tierna vida para darle sus primeras impresiones. Ella es quien más se involucra en toda su educación y cultura. Su espíritu es el que determina el ambiente del hogar. No obstante, desde el principio hasta el final de las Escrituras, la Ley de Dios designa al *padre* cabeza de la familia y, como tal, le transfiere la responsabilidad del bienestar de su hogar, la educación de sus hijos y el cuidado de todos los intereses sagrados de su familia.

Los papás deben tener conciencia de que ocupan un lugar en el desarrollo de la vida de sus propios hogares, además de proveer el alimento y la ropa, y pagar los impuestos y los gastos. Le deben a sus hogares las mejores influencias de su vida. Sean cuales fueren los otros deberes que los presionan, siempre deben encontrar el tiempo para trazar planes para el bienestar de sus propias familias. El centro de la vida de cada hombre debiera ser su hogar. En lugar de ser para él meramente una pensión donde come y duerme, y desde donde emprende su trabajo cada mañana, debiera ser un lugar donde su corazón está anclado, donde están cifradas sus esperanzas, a donde se vuelven sus pensamientos mil veces al día, la razón de sus labores y esfuerzos y al cual aporta siempre las cosas más ricas y mejores de su vida. Debiera tener conciencia de que es responsable por el carácter y la influencia de su vida de hogar, y que si no hace lo que debiera hacer, la culpa estará sobre *su* alma... Aun en esta época cristiana, los hombres —hombres que profesan ser seguidores de Cristo y creen en la superioridad de la vida misma por sobre todas las cosas— piensan infinitamente más y se preocupan más por criar el ganado, atender las cosechas y hacer prosperar sus negocios, que en instruir a sus hijos. Algo debe quedar fuera de cada vida seria y ocupada. Nadie puede hacer todo lo que le viene a la mano para hacer. Pero es un error fatal que un padre deje de lado los deberes que le corresponde cumplir en su hogar. Más bien debiera tenerlos en primer lugar. Es mejor descuidar cualquier otra cosa que los hijos; inclusive, la obra religiosa en el reino de Cristo, en general, no debe interferir con los asuntos del reino de Cristo en su hogar. A nadie se le requiere, por sus votos y su consagración, cuidar las viñas de otros con tanta fidelidad que no pueda cuidar la propia. Que un hombre sea un pastor devoto o un diligente oficial de la iglesia no justificará el hecho de que sea *un padre de familia infiel*...

La instrucción de los hijos

Es necesario decir algo acerca de la instrucción de los hijos. Hay que recordar que el objetivo del hogar es el desarrollo de las niñas y los niños hasta la madurez. La obra de instruirles corresponde al padre y a la madre y es intransferible. Es un deber sumamente delicado del cual un alma reflexiva se acobardaría con sobrecogimiento y temor si no fuera por la seguridad de la ayuda divina. Sin embargo, hay muchos padres que no se detienen a pensar en la responsabilidad que tienen cuando se agrega un hijito a su hogar.

Mírelo por un momento. ¿Qué puede haber tan débil, tan indefenso, tan dependiente como un recién nacido? Pero mire también hacia el futuro y vea el tiempo de vida que le espera a este débil infante, aun hasta la eternidad. Piense en el enorme potencial en este cuerpo indefenso y en las posibilidades que tiene su futuro. ¿Quién puede decir qué habilidades encierran esos deditos, qué elocuencia o canto latente hay en esos pequeños labios, qué facultades intelectuales hay en ese cerebro, qué capacidad de amor o compasión tiene ese corazón? El padre y la madre deben tomar a este infante y criarlo hasta la madurez para desarrollar estas capacidades latentes y enseñarle a usarlas. Es decir, Dios quiere un adulto capacitado para cumplir una gran misión en el mundo y la vida pone en las manos de progenitores jóvenes a un infante pequeño, y les manda guiarlo y enseñarle a serle útil hasta estar preparado para su misión o, al menos, estar exclusivamente a cargo de sus primeros años cuando se graban las primeras impresiones que moldearán y darán forma a toda su carrera. Cuando miramos a un pequeñito y recordamos todo esto, ¡cuánta dignidad tiene la tarea de cuidarlo! ¿Da Dios a los ángeles alguna obra más grandiosa que ésta?

Las mujeres suspiran por querer fama. Les gustaría ser escultoras para labrar la roca fría hasta darle una hermosura que el mundo admire por su habilidad. O les gustaría ser poetas, para escribir cantos que encantaran a la nación y se entonaran alrededor del mundo. Pero, ¿es alguna obra de mármol tan grande como la de aquella que tiene una vida inmortal en sus manos para darle forma a su destino? ¿Es la escritura de algún poema en una línea musical una obra tan noble como la instrucción que convierte las capacidades de un alma humana en pura armonía? No obstante, hay mujeres que consideran los cuidados y preocupaciones de la maternidad como tareas demasiado insignificantes y comunes para sus manos. Cuando llega un hijo, emplean a una niñera, quien por una compensación semanal, acuerda hacerse cargo del pequeñito para que la madre pueda estar libre de esa carga y dedicarse a cosas que considera más distinguidas y valiosas.

¿Será demasiado fuerte la siguiente acusación? "Para librarse de la carga que es su pequeñito, una madre se valdrá de los oficios de la niñera que le resulte más fácil conseguir, le pasará a esta empleada, a esta extraña ignorante, el deber de nutrir el alma que Dios ha puesto en sus manos. La madre ha nutrido su cuerpito hasta nacer, ahora cualquiera sirve para nutrir su alma. Al hacer esto, la madre ha dejado en manos de esta empleada lo que es su propia responsabilidad, lo ha puesto bajo su constante influencia, lo ha dejado sujeto a la sutil impresión de su espíritu, a grabar en su ser interior la vida, sea cual fuera, de esta alma inculta. La niñera despierta sus primeros pensamientos, aviva sus primeras emociones, da comienzo a la delicada acción de las motivaciones sobre la voluntad —generalmente estar en tales manos implica el uso de una fuerza combinada de intimidación y soborno. Estar bajo el supuesto cuidado de la niñera incluye intensos temores e intensas exigencias— ella forma sus tendencias, de ella aprende a jugar y de ella aprende a vivir. Así la joven madre queda en libertad para vestirse y salir, visitar y recibir, disfrutar de los bailes y las óperas, ¡cumpliendo su responsabilidad de una vida inmortal por medio de una representante! ¿Existe en esta época deshonrosa, algo más deshonroso que esto? Nuestras mujeres abarrotan las iglesias con el fin de recibir la inspiración de la fe cristiana para cumplir sus obligaciones cotidianas, y luego reniegan de la principal de las fidelidades, *la más solemne de todas las responsabilidades…*"[15].

¡Oh, que Dios quiera darle a cada madre una visión de la gloria y esplendor de la obra que le ha encomendado cuando pone en su regazo a un infante para alimentar y enseñar! Si pudiera siquiera vislumbrar tenuemente el futuro de esa vida hasta la eternidad; si tuviera esa visión podría ver dentro de su alma sus posibilidades, podría comprender su propia responsabilidad personal de la educación de este hijo, del desarrollo de su vida, de su destino, vería que en todo el mundo de Dios, no existe otra obra más noble y digna de sus mejores capacidades y no entregaría a otras manos la responsabilidad sagrada y santa que a ella le es dada…

Lo que queremos hacer con nuestros hijos no es sólo controlarlos y que tengan buenos modales, sino implantar principios verdaderos en lo profundo de su corazón, valores que rijan toda su vida, que formen su carácter desde adentro hasta llegar a tener una hermosura semejante a la de Cristo y hacer de ellos hombres y mujeres nobles, fuertes para la batalla y fieles en el cumplimiento de su deber. Deben ser instruidos, más bien que gobernados. La

---

[15] Richard H. Newton, *Motherhood: Lectures on Woman's Work in the World* (Maternidad: Conferencias sobre el papel de la mujer en el mundo) (Nueva York, Estados Unidos: G. P. Putnam's Sons, 1894), 140-141.

formación del carácter, no meramente la buena conducta, es el objetivo de toda dirección y enseñanza del hogar…

Cuando un pequeñito en los brazos de su madre es amado, nutrido, acariciado, y cuando lo acuna cerca de su corazón, ora por él, llora por él, habla con él durante días, semanas, meses y años no es ilusorio decir que la vida de la madre ha pasado al alma del hijo. Lo que el niño llega a ser es determinado por lo que es la madre. Los primeros años establecen lo que será su carácter y estos años son los de la madre.

Oh madre de hijos pequeños, me inclino ante usted con reverencia. Su obra es muy sagrada. Está determinando el destino de un alma inmortal. Las capacidades latentes en el pequeñito que acunó en su regazo anoche son capacidades que existirán para siempre. Lo está preparando para su destino e influencia inmortal. Sea fiel. Asuma su encargo sagrado con reverencia. Asegúrese de que su corazón sea puro y que su vida sea dulce y limpia. La fábula persa dice que el trozo de arcilla era fragante porque había estado encima de una rosa. Sea su vida como la rosa y entonces, su hijo absorberá su fragancia en sus brazos. Si no hay aroma en la rosa, la arcilla no será perfumada.

El poder de la influencia de los padres

En la historia humana abundan las ilustraciones del poder de la influencia de los padres. Dicha influencia ilumina o apaga la vida del hijo hasta el final. Es una bendición que hace que cada día sea mejor y más feliz, o es una maldición que deja ruina y sufrimiento a cada paso. Miles han sido librados de ir por mal camino gracias a los recuerdos santos de su hogar feliz y piadoso, o se han perdido por su pésima influencia. No existen lazos más fuertes que las cuerdas que un verdadero hogar tiende alrededor del corazón.

Cuando pienso en lo sagrado y la magnitud de la responsabilidad de los padres, no comprendo cómo un padre o madre pueda mirar y pensar en el pequeñito que les ha sido dado y considerar su obligación por él sin sentirse impulsados a acudir a Dios y, por el propio peso de la carga que llevan, clamar a él pidiendo ayuda y sabiduría. Cuando un hombre impenitente se inclina sobre la cuna de su primer nacido, cuando comienza a comprender que aquí hay un alma que tiene que instruir, enseñar, moldear y guiar por este mundo hasta llegar el tribunal del Dios, ¿cómo puede seguir apartado de Dios? Pregúntese, al inclinarse sobre la cuna de su hijo y besar sus dulces labios: "¿Soy consecuente con mi hijo mientras descarto a Dios de mi propia vida? ¿Soy capaz de cumplir yo solo esta solemne responsabilidad de ser padre, en mi debilidad humana, sin ayuda divina?". No entiendo cómo puede haber algún padre que pueda hacerle frente a estas preguntas con sinceridad cuando contempla a su criatura inocente e indefensa, que le ha sido dada para cobijar, guardar y guiar, y no caer de rodillas al instante y entregarse a Dios.

Tomado de *Homemaking* (Manejo del hogar), The Vision Forum, usado con permiso.

J. R. Miller (1840-1912): Pastor presbiteriano y dotado escritor, superintendente de la Junta Presbiteriana de Publicaciones, nacido en Frankfort Spring, Pennsylvania, Estados Unidos.

Se salvará engendrando hijos
Stephen Charnock (1628-1680)

"Pero será preservada, mediante la procreación, si permanecen con modestia en la fe, el amor y la santificación". —1 Timoteo 2:15 (BT3[16])

La caída del hombre fue el fruto de la primera doctrina acerca de la mujer y, por lo tanto, ya no se le permite enseñar (1 Ti. 2:12). La mujer fue engañada por la serpiente y llevó a su marido y a toda su posteridad a la ruina (1 Ti. 2:13-14)… Y porque, por la declaración del Apóstol, algunos pueden sentirse desalentados por el papel que tuvo la mujer en la primera caída y en el castigo que han recibido por ello, el Apóstol presenta un "pero" para su consuelo.

A pesar de la culpabilidad [de Eva] en su caída y su castigo al engendrar hijos, tiene el mismo derecho a la salvación que el hombre. Entonces, anticipadamente, el Apóstol contesta aquí a una objeción que pudiera haber en cuanto a que si la culpa de la mujer y el castigo recibido impediría su salvación eterna. El Apóstol responde: "No". Aunque Eva fue primera en desobedecer y el dolor de engendrar hijos fue el castigo de aquel primer pecado, la mujer puede lograr la salvación eterna a pesar de ese dolor, *si* tiene esas gracias que son necesarias para todos los cristianos. Aunque el castigo permanece, la mujer creyente se encuentra dentro del pacto de gracia[17] y bajo las alas del Mediador[18] de ese pacto si tiene fe (*la condición del pacto*), la cual obra por amor y es acompañada de santidad y renovación del corazón.

Observe: Dios tiene medios de gracia para alentar el corazón de los creyentes que sufren, en los casos cuando las aflicciones son suficientes como para desalentarlos. El Apóstol hace alusión a esa maldición de la mujer: "A la mujer dijo: Multiplicaré en gran manera los dolores en tus preñeces; con dolor darás a luz los hijos" (Gn. 3:16). El castigo se aplica a la mujer casada, además de ese castigo que le era común con el hombre.

Los dolores en tus preñeces: La palabra *preñez* se refiere al tiempo de embarazo en la matriz. Incluye, no sólo esos dolores en el momento del parto, sino todas esas indisposiciones precursoras, como náuseas, dolores de cabeza, antojos irregulares y esos otros síntomas que acompañan al embarazo. Aunque este dolor parece ser natural por la constitución del cuerpo, no obstante, dado que algunas criaturas dan a luz con poco o sin nada de dolor[19], con la mujer es diferente porque todo dolor, que es un castigo por el pecado, hubiera sido raro en un cuerpo sin pecado e inmortal.

Consideremos las palabras [individualmente]:

---

[16] **BT3**, siglas de la Biblia Textual, tercera edición – El autor escribió este artículo originalmente en inglés, usando la Versión King James (KJV). La traducción de este versículo en la Reina Valera 1960, versión que normalmente usamos, difiere algo de la KJV y no incluye todo el pensamiento original del autor. Aunque, por lo general, no coincidimos con la BT3, la hemos usado en este contexto porque la traducción de este versículo se aproxima más al original griego y al inglés de la KJV.

[17] **Pacto de gracia** – El cumplimiento a su tiempo del propósito eterno de Dios de redención en Cristo, en el que Dios promete vida eterna a sus escogidos por los méritos de Cristo por gracia, por medio de la fe.

[18] **Mediador** – Un intermediario: "Agradó a Dios, en su propósito eterno, escoger y ordenar al Señor Jesús, su Hijo unigénito, conforme al pacto hecho entre ambos, para que fuera el mediador entre Dios y el hombre; profeta, sacerdote y rey; cabeza y Salvador de la Iglesia, el heredero de todas las cosas y juez del mundo; a quien dio, desde toda la eternidad, un pueblo para que fuera su simiente y para que, a su tiempo, lo redimiera, llamara, justificara, santificara y glorificara". (Confesión Bautista de Fe de 1689, 8.1).

[19] Aristóteles (384-322 a.C.), *The History of Animals* (Historia de los animales), I.vii.c.ix.

Preservada: Puede referirse a la salvación del alma o a la preservación de la mujer en el parto. Lo primero, supongo, es la intención principal porque el Apóstol aquí, significaría algún consuelo especial a la mujer bajo esa maldición.

Pero la preservación de la mujer en la preñez era algo común, como lo testifica la experiencia diaria de las mujeres, así la peor como la mejor. El cristianismo no pone a sus profesantes en un estado peor en aquellas cosas que dependen inmediatamente de Dios… pero puede incluir una preservación temporal. Porque cuando el Señor promete una salvación eterna, promete también una salvación temporal, en acorde con la sabiduría de Dios en su Providencia. Existe en todas las promesas como ésta, una excepción tácita, o sea que si Dios la considera buena para nosotros y también la manera de preservarnos, esta preservación del creyente difiere de la de una persona no regenerada. Otros son preservados por Dios, como Creador y Soberano misericordioso, por medio de una providencia generalizada para la conservación del mundo, pero los creyentes son preservados de una manera distinta de acuerdo con las promesas y los pactos, en el ejercicio de la fe y por el amor especial del Señor como su Padre tierno y su Dios. En el caso de los creyentes, su preservación se basa en la relación de pacto del Padre con ellos a través de Cristo.

Mediante la procreación: En el original se usa la expresión: *dia teknagonias*[20], "mediante la procreación". La expresión "mediante" a menudo se entiende como queriendo decir *en*, como en Romanos 4:11: "para que fuese padre de todos los creyentes no circuncidados" o sea que "no creen en la circuncisión", donde hace notar el estado en el que estarán al ser salvos. De la misma manera, denota aquí, no la *causa* de la salvación de la mujer, sino el *estado* en que será salva. En suma, significa que el castigo infligido a la mujer por su primer pecado no será quitado en esta vida; no obstante, hay un camino de salvación seguro por fe incluso [a pesar de que pase] a través de este castigo porque al decir "mediante la procreación" no significa simplemente engendrar hijos, sino engendrarlos de la manera como Dios amenazó [en Gn. 3:16]: con dolores.

Si permanecen: No se refiere a los niños, como algunos se imaginan debido al cambio del singular al plural. En ese caso significaría: Ella será preservada, si los hijos permanecen en la fe, etc. Sería absurdo pensar que la salvación de la madre depende de la fe y la gracia de los hijos. La experiencia nos enseña que ¡a veces los hijos de una mujer piadosa pueden resultar tan malvados como el mismo infierno! En cambio, el plural significa la mujer, en su expresión genérica para referirse a todas las mujeres. Por eso pasa al número plural. El Apóstol pasa del número singular al plural, en el versículo 9: "Asimismo que las mujeres se atavíen" y vuelve al singular en el versículo 11.

Las gracias incluidas aquí como condiciones son *fe, amor, santificación y modestia,* que el Apóstol parece presentar como lo opuesto a las primeras causas o a los ingredientes del descarrío: (1) *Fe* en oposición a incredulidad en el precepto de Dios y el castigo correspondiente (Gn. 2:16-17). (2) *Amor* en oposición al desamor por Dios, como si Dios fuera su enemigo y ordenara algo que impide su felicidad, por lo que surgen desconfianza hacia Dios y un alejamiento moral de él. (3) *Santificación*. En oposición a esto está la suciedad y la contaminación traída al alma como consecuencia de aquel primer descarrío. Por lo tanto, tiene que haber en ella un propósito y esfuerzo por restaurar aquella primera integridad y pureza perdidas. (4) *Modestia* o un sentido de moralidad porque entregarle las riendas a las emociones y obedecer a sus instintos

---

[20] διὰ τεκνογονίας.

fue la causa de la caída (Gn. 3:6). La mujer vio que la fruta era agradable a los ojos. El pecado original es llamado inmoralidad, concupiscencia y lascivia, y esto es lo opuesto a la modestia[21].

1. Fe: Se menciona en primer lugar porque es una gracia fundamental. Es el vehículo del amor porque obra por medio de ella; la raíz de la santificación porque por fe es purificado el corazón. Fe significa principalmente gracia de fe: (1) fe habitual y (2) fe en el ejercicio de ella.

2. Amor: El primer pecado fue una enemistad contra Dios; ahora, por lo tanto, es necesario que haya amor por Dios. El primer pecado fue virtualmente una enemistad de toda la posteridad del hombre que saldría de sus entrañas; por lo tanto, amar a la humanidad es necesario, y la fe siempre da por hecho amor a Dios y al hombre.

3. Santificación: Se agrega aquí porque por ella, tanto la verdad de la fe como del amor, se nos aparecen a nosotros y a otros y, por ende, la justificación por fe es ratificada (Stg. 2:24). Santificación no quiere decir aquí una santidad y castidad particular debidas al lecho matrimonial, como afirman algunos papistas, sino una santidad universal del corazón y la vida.

4. Modestia: En el sentido de moralidad, es un medio natural de preservación. Por la inmoralidad, las enfermedades corporales son más peligrosas. La verdadera fe va acompañada por temperancia y moralidad en todo comportamiento relacionado con los bienes y relaciones temporales…

Observaciones: (1) El *castigo* de la mujer: "engendrando hijos". (2) El *consuelo* de la mujer: "se salvará". (3) La *condición* de la salvación: "si permaneciere", lo cual implica una exhortación a continuar siendo fiel, etc.

Doctrina: Podríamos hacer muchas observaciones.

(1) Los dolores de parto son un castigo infligido a la mujer por el pecado original.

(2) La prolongación de este castigo después de la redención de Cristo no impide la salvación de la mujer, siempre que estén presentes los requisitos del evangelio.

(3) El ejercicio de la fe, con otras gracias cristianas, es una manera única de preservar a los creyentes bajo la mano justiciera de Dios.

Resumiré las observaciones en ésta: *La prolongación del castigo impuesto a la mujer por el primer pecado no impide su salvación eterna, ni su preservación en tener hijos, donde se dan las condiciones de la fe y de las otras gracias…* Este versículo es un mensaje de consuelo escrito sólo para la mujer embarazada[22]. ¡Aprópiese de este derecho por fe! ¡Cuánto consuelo hay aquí para pasar de la amenaza a la promesa, de Dios como *juez* a Dios como *Padre*, de Dios *airado* a Dios *pacificado* en Cristo!… Mientras Dios sea fiel en acreditarse la promesa, usted nunca puede estar bajo

---

[21] **Modestia** – Sobriedad, dominio propio.

[22] Referirse a la mujer embarazada es también apropiado porque representa el cumplimiento del papel doméstico en el hogar a diferencia del hombre… Seleccionar el embarazo es otra indicación de que el argumento es transcultural porque el embarazo no se limita a una cultura en particular, sino como una diferencia permanente y constante entre hombre y mujer. El hecho de que Dios ha ordenado que las mujeres y sólo las mujeres den a luz, indica que las diferencias entre el rol del hombre y el de la mujer datan desde la creación… Una indicación de que la mujer está cumpliendo su rol correcto es el que no se niegue a engendrar hijos por considerarlo impío, sino que lo haga porque es el rol que le corresponde… Pablo no está afirmando en 1 Timoteo 2:15 que la mujer merece la salvación porque engendra hijos y hacer buenas obras. Ya ha aclarado que la salvación es por gracia, por la misericordia de Dios… Opino que es correcto entender las virtudes aquí descritas como evidencias de que la salvación ya recibida es auténtica. Las buenas obras del cristiano, por supuesto, no son la base definitiva de la salvación, porque la base definitiva de la salvación es la justicia de Cristo que nos es dada. (Thomas Schreiner, *Women in the Church* [Las mujeres en la Iglesia], 118-119)

maldición si tiene fe. En la parte material del castigo, no hay diferencia entre el creyente y el incrédulo. Jacob sufrió por la hambruna al igual que el cananeo; pero Jacob era partícipe del pacto y tenía a Dios en el cielo y a José en Egipto para preservarlo. Dios trata cada sufrimiento en todos por medio de su Providencia y, en el creyente, por un amor particular. Inclusive, ordena las contiendas que tiene con sus criaturas, de tal manera que el espíritu de ellas no desfallezca ante él (Is. 57:16).

Tomado de *"A Discourse for the Comfort of Child-Bearing Women"* (Un discurso para consuelo de las mujeres embarazadas) en *The Complete Works of Stephen Charnock* (Las obras completas de Stephen Charnock), Tomo 5. The Banner of Truth Trust, www.banneroftruth.org.

Stephen Charnock (1628-1680): Pastor, teólogo y autor puritano presbiteriano inglés. Nacido en St. Katherine Cree, Londres, Inglaterra.

Cuatro gracias necesarias
Richard Adams (1626-1698)

> *"Pero se salvará engendrando hijos, si permaneciere en fe, amor y santificación, con modestia".* —1 Timoteo 2:15

El Apóstol menciona en este versículo, cuatro gracias necesarias y relevantes para la perseverancia o continuidad de la promesa de salvación a la mujer con hijos: "fe, amor, santificación y modestia".[23] Tales gracias son apoyo *contra* y *en* sus dolores de parto, a saber:

1. Fe

"Fe", que interpreto, incluye claramente lo que es divino y moral, o cristiano y conyugal.

Una gracia del Espíritu Santo

Una fe divina, la cual es "preciosa y para preservación del alma" (2 P. 1:1; He. 10:39), es una gracia del Espíritu Santo por la que el corazón iluminado, unido a Cristo, lo recibe y se entrega a él como Mediador y siendo así "una virgen pura a Cristo" (2 Co. 11:2), dependiendo enteramente de él. Por esta fe, la buena esposa, habiendo recibido al Hijo de Dios, quien es también Hijo del hombre, nacido de mujer, debe vivir en sujeción a Cristo, su Cabeza espiritual. Entonces, aunque sus dolores sean muchos, sus agonías vertiginosas y agudas, puede confiar que todo le irá bien, sea ya por dar a luz sin novedad, al fruto de su vientre, como "herencia de Jehová", por su amor gratuito (Sal. 127:3), o siendo que su alma sea salva eternamente, como parte del pacto con el Dios todopoderoso (Gn. 17:1-7).

Fue ésta la fe que practicaban las mujeres piadosas que daban a luz, mencionadas en la historia de la genealogía de nuestro Salvador (Mt. 1:1-17). Se requiere el ejercicio continuo [de esta fe] de cada mujer cristiana consagrada, a fin de que viva por esta fe en medio de los dolores que pueden terminar en la muerte[24] porque por este principio recibirá el mejor apoyo y derivará virtud de su Salvador para endulzar la copa amarga y recibir fuerza para mantenerla cuando sienta "angustia como de primeriza" (Jer. 4:31), como lo hizo Sara, el ejemplo destacado de la mujer piadosa en estas circunstancias. Acerca de ella, dice la Palabra: "Por la fe también la misma Sara, siendo estéril, recibió fuerza para concebir; y dio a luz aun fuera del tiempo de la edad, porque creyó que era fiel quien lo había prometido" (He. 11:11). Perseverar en vivir por fe en la providencia y promesa de Dios, aviva el espíritu caído de la mujer que, sin esa fe, es débil y temerosa en medio de la buena obra de traer un hijo al mundo. Aunque el peligro inminente de la madre y el hijo puede acobardar aun a la mujer buena cuando sufre dolores de parto, "por fe" puede conseguir alivio por la fidelidad de Aquel que promete, como lo hizo Sara o por este mensaje positivo que él ha consignado en mi texto.

En consecuencia, la mujer recta, aunque frágil, puede entregarse a Dios "plenamente convencida" con [Abraham] "el padre de la fe" de que el Señor "era también poderoso para hacer todo lo que había prometido" (Ro. 4:21) en el momento preciso que él determine que es el mejor. Por lo tanto, en su humilde posición, la esposa piadosa que vive por fe, superando la naturaleza, cuando "lamenta y extiende sus manos" y lanza sus dolorosos gemidos ante el Todopoderoso (Jer. 4:31), concluye: "Jehová es; haga lo que bien le pareciere" (1 S. 3:18; 2

---

[23] **Nota del editor** – Debido a lo largo y a la verbosidad del original, este artículo ha sido editado más de lo acostumbrado. En otros artículos, los cambios editoriales son intencionalmente evidentes, pero por la gran cantidad en este escrito, han sido omitidos para facilitar su lectura.

[24] La muerte durante el alumbramiento era común en la época cuando esto fue escrito.

S. 15:26; Lc. 22:42). Si le parece mejor a él llevarse a la madre y a su bebé, puede ella decir: "He aquí, yo y los hijos que me dio Jehová", como dice el profeta por otra circunstancia (Is. 8:18). Pone su confianza en aquella gran promesa de que la Simiente de la mujer herirá a la serpiente en la cabeza (Gn. 3:15). Por eso se consuela ella sabiendo que las consecuencias de la mordedura de la serpiente fueron anuladas por Aquel que nació de una mujer. Si ha estado antes en esta condición, puede decir: "La tribulación produce paciencia y la paciencia, prueba; y la prueba, esperanza" (Ro. 5:3-4). Entonces por fe, puede concluir: "Porque has sido mi socorro, y así en la sombra de tus alas me regocijaré" (Sal. 63:7). Esta fe salvadora, que demostraré más adelante, presupone e implica arrepentimiento y se expresa por medio de la meditación y la oración.

(1) El arrepentimiento

[Esta fe] presupone e implica arrepentimiento. La cual, por una auténtica conciencia de pecado y necesidad de apropiarse de la misericordia de Dios en Cristo; hace realidad lo que predice el profeta: "Y os aborreceréis a vosotros mismos a causa de todos vuestros pecados que cometisteis; y os avergonzaréis de vosotros mismos por vuestras iniquidades y por vuestras abominaciones" (Ez. 20:43; 36:31). Ésta es una decisión muy apropiada para la mujer que engendra hijos, que está preocupada sobre todo por dar "frutos dignos de arrepentimiento" (Mt. 3:8), a fin de que Dios la reciba por gracia cuando de todo corazón se aparta del pecado, acude a él y confía en él.

(2) La meditación y oración

La fe salvadora se expresa generalmente —en aquellas mujeres que están realmente unidas a Cristo y en quienes él mora— por medio de la meditación y oración. Estas son también indispensables para sostener a las embarazadas al ir acercándose a los dolores que le fueron asignados. (i) *La fe se expresa en la meditación.* Llevar el alma a contemplar lo que Dios hace (como cera ablandada y preparada para el sello), ablanda el corazón para que se impriman sobre él cualesquiera marcas o firmas sagradas. Además, (ii) *La fe se ejercita por medio de la oración a Dios,* pues es la manifestación de fe en Dios por medio de Cristo en cuyo nombre sin igual, el cristiano eleva su corazón a él para recibir alivio de todos sus problemas. Cuando el corazón de la mujer sufre gravemente y los terrores de la muerte caen sobre ella (*cf.* Sal. 55:4), su fe preciosa debe emitir con fervor sus pedidos más necesarios y afectuosos a Aquel que ha dado libremente a su Apóstol la palabra precisa de apoyo que contiene mi texto. [Cristo] puede salvar eternamente, entregar eficazmente y guardar en perfecta paz a todo el que a él acude y en él permanece en medio de aquella buena obra que le ha asignado. La próxima gracia requerida aquí en mi texto es:

2. Amor

"Caridad" o "amor". Interpreto que el amor, al igual como lo hice con la fe, se trata aquí de amor a *Cristo* y a *su marido.*

(1) El Señor Jesucristo

[Sin duda], toda esposa cristiana debe amar al Señor Jesucristo. Tiene que amar a Cristo *en Él mismo* y su fe en él debe ser una "obra por el amor" (Gá. 5:6). Debe dar la primacía de su afecto a Cristo mismo. Está obligada, sobre todo, a amar al Señor Jesucristo, su Esposo espiritual, con todo su ser y su corazón. Sea éste el desvelo principal de la esposa cristiana, de modo que pueda decir con razón que Cristo es de ella y ella es de él (Cnt. 2:16). Ahora bien, si la buena esposa tiene a Cristo presente con ella en todos sus dolores —*como lo tienen todos los que lo aman con un amor firme en todas sus aflicciones*— tiene *todo*, teniéndolo a él, quien "manda salvación a Jacob" (Sal. 44:4) y "bendición" (Lv. 25:21).

(2) Su propio esposo

Además de Cristo, la buena esposa tiene que amar más que a nadie a su propio esposo y esto, "entrañablemente, de corazón puro" (1 Co. 7:2; Tit. 2:4; 1 P. 1:22). Sí y nunca debe tener pensamientos negativos acerca de él, a quien una vez creyó digno de ser su esposo. Donde este amor *conyugal* es consecuente con el amor *cristiano* anterior, todo será fácil. Así fue con Mrs. Wilkinson, "una esposa sumamente cariñosa, cuya paciencia era admirable en medio de los terribles dolores que sufría en la [concepción] y en dar a luz a sus hijos. Decía: 'No le temo a ningún dolor. Me temo a mí misma, no sea que por impaciencia diga alguna palabra impropia'". "Es un estado bendito", dijo el teólogo antiguo quien la citó, "cuando el dolor parece liviano y el pecado pesado".

3. Santidad

"Santidad", que interpreto, como a la fe y el amor, desde lo *cristiano* y *conyugal*, a lo más *general* y *especial*.

(1) En general

Está la santidad que se considera más generalmente, como una gracia universal, que es congruente con una cristiana como tal, forjada por el Espíritu en la nueva criatura por la paz lograda por Cristo. [Por esto] —en el alma cambiada a su semejanza— hay una permanencia, por gracia, en un estado de aceptación con Dios y también un esfuerzo por ser santo como él es santo, en cada partícula de su [comportamiento], tanto hacia Dios como hacia el hombre, en público y en privado. Al igual que como todo cristiano debe vivir su salvación en la "santificación del Espíritu" (2 Ts. 2:13; 1 P. 1:2) y "en paz con todos" por medio de Cristo (He. 12:14; 13:12), la esposa cristiana en gestación se preocupa seriamente de la buena obra que tiene como fruto "la santificación" (Ro. 6:22), hasta donde pueda al producir el fruto de su vientre.

(2) En el matrimonio

La santidad puede considerarse en un sentido más especial como conyugal y singularmente apropiada al estado matrimonial, siendo ésta un ejercicio más particular de santidad cristiana en el matrimonio. [Aunque] esto concierne a todos (tanto al esposo como la esposa) en esa relación, la mujer que espera un hijo está obligada a vivir "en santidad y honor" (1 Ts. 4:4-5), es decir, en una forma especial de limpieza y castidad conyugal que es lo opuesto a la "concupiscencia" o la apariencia de ella. [Entonces] no debe haber, hasta donde sea posible, ninguna apariencia o mancha de impureza en el lecho matrimonial; para que haya una simiente santa y que se mantenga ella pura de cualquier sombra de lascivia.

4. Modestia

"Modestia". Así llamamos nosotros a esa gracia. Otros la llaman "temperancia", otros "sobriedad", otros "castidad". Y, en general, "la palabra parece significar aquel hábito gentil que se manifiesta en la madre de familia como una propensión a ser prudente, seria y moderada"[25] ... ya que esto parece expresar lo que quiere decir el Apóstol y, por ende, interpreto esto, como en el caso de las gracias anteriores, en un sentido *general* al igual que *específico*.

---

[25] Aparentemente una cita de Teodoro Beza, fuente desconocida.

Capítulo 8—Bebés

(1) En general

En un sentido general como cristiana, "todo aquel que invoca el nombre de Cristo" tiene por tanto que "apartarse de iniquidad" (2 Ti. 2:19). Por ende, la esposa cristiana y la que espera un hijo, se preocupa por ser sobria y modesta, lo cual limpia la mente de (conflictos) y ordena los afectos de manera que sean aceptables a Dios.

(2) En este contexto

En un sentido específico, la gracia conyugal especial de temperancia y modestia debe ser practicada por la mujer embarazada con sobriedad, castidad y [gentileza], en lo que atañe a sus afectos y sentidos,

Con modestia —debe controlar sus pasiones y afectos—.

Con temperancia —debe moderar sus sentidos, especialmente controlar bien los del gusto y tacto—. (i) *Sobriedad* —que se aplica más estrictamente a moderación de su apetito y sentido de gusto, para desear lo que es conveniente y evitar el descontrol— La mujer (embarazada) tiene como gran preocupación cuidar su seguridad y la del hijo que espera... Las mujeres en gestación quienes "se visten del Señor Jesucristo y no proveen para los deseos de la carne" (Ro. 13:14) deben comer y beber para su salud, no para consentir sus gustos. (ii) *Castidad* —se refiere a la esposa cristiana que evita cualquier sugerencia ni participa en ninguna [conversación] que pueda poner en riesgo su contrato matrimonial o que la lleve a cometer un [acto] incongruente con el estado "honroso" en que se encuentra, o el uso indebido de "el lecho sin mancilla" (He. 13:4).

En la práctica de esto y con las gracias enunciadas anteriormente, la esposa buena, habiendo aprendido bien la lección de negarse a sí misma, puede llevar su carga confiando humildemente en las ayudas de lo Alto a la hora de sus dolores de parto y estar segura de que tendrá el mejor de los resultados. Porque, con estas cualidades, tiene, por las preciosas promesas en mi texto, una base segura de ser objeto de una excepción grata de la maldición de dar a luz y de la liberación de aquella culpa original que, de otra manera, agrava los dolores de la mujer en estos casos.

Tomado de "How May Child-Bearing Women Be Most Encouraged and Supported against, in, and under the Hazard of Their Travail?"(¿Cómo se puede apoyar mejor a las mujeres en gestación contra, en y bajo el peligro de su tribulación?) en *Puritan Sermons* (Sermones puritanos) Tomo 2, Richard Owen Roberts, Publishers, www.rorbooks.com.

Richard Adams (c. 1626-1698): Pastor inglés presbiteriano; nacido en Worrall, Inglaterra.

Sara dio a luz por la fe
ARTHUR W. PINK (1886-1952)

> *"Por la fe también la misma Sara, siendo estéril, recibió fuerza para concebir; y dio a luz aun fuera del tiempo de la edad, porque creyó que era fiel quien lo había prometido". —Hebreos 11:11*

"Por la fe". Fue "por la fe" que Sara "recibió fuerza" y fue también por la fe que después "dio a luz" a un hijo. Lo que aquí se sugiere es la constancia y perseverancia de su fe. No hubo aborto, ni natural ni provocado; ella confió en Dios hasta el fin. Esto nos trae a un tema del que poco se escribe en estos días: El deber y privilegio de la mujer cristiana de contar con Dios para tener un resultado seguro en el trance más difícil y crítico de su vida. La fe no es para ser practicada sólo en los actos de adoración, sino también en las ocupaciones comunes de nuestras actividades diarias. Hemos de comer y beber por fe, trabajar y dormir por fe; y la esposa cristiana debe traer al mundo a su hijo por fe. El peligro es grande y si hay un caso extremo que necesite fe, mucho más donde la vida misma está involucrada. Trataré de condensar algunos comentarios provechosos del puritano Manton[26].

Primero, tenemos que ser sensibles a qué *necesidad* tenemos de poner en práctica la fe en este caso, para que no corramos al peligro con los ojos vendados; y si escapamos, que no pensemos que fue por pura casualidad. Raquel murió en esta condición, igualmente la esposa de Finees (1 S. 4:19-20); existe un gran peligro, entonces hay que ser conscientes de ello. Cuánta más dificultad y peligro haya, más oportunidad hay para demostrar fe (*cf.* 2 Cr. 20:12; 2 Co. 1:9). *Segundo*, porque los dolores de parto son un monumento al odio de Dios por el pecado (Gn. 3:16), con más razón hay que procurar con mayor fervor un interés en Cristo, a fin de contar con el remedio contra el pecado. *Tercero*, meditar en la promesa de 1 Timoteo 2:15, que se cumple eterna o temporalmente según Dios quiera. *Cuarto*, le fe que uno debe practicar tiene que glorificar su poder y someterse a su voluntad. Lo siguiente expresa el tipo de fe que es correcto para todos los favores temporales: "Señor, si tú quieres, puedes salvarme"; esto es suficiente para librar al corazón de mucha tribulación y temor desconcertante.

"Y dio a luz". Como hemos destacado en el párrafo anterior, esta cláusula fue agregada para mostrar la fe continua de Sara y la bendición de Dios sobre ella. La fe auténtica, no sólo se apropia de su promesa, sino que sigue confiando en la misma hasta que aquello que cree, de hecho, se convierte en realidad. El principio de esto está enunciado en Hebreos 3:14 y Hebreos 10:36. "Retengamos firme", "hasta el fin nuestra confianza del principio". Es en este punto que muchos fracasan. Se esfuerzan por apropiarse de una promesa divina, pero durante el periodo de prueba, la pierden. Por eso es que Cristo dijo en Mateo 21:21: "si tuviereis fe, y no dudareis", etc. "no dudareis", no sólo en el momento de reclamar la promesa, sino durante el tiempo en que se espera su cumplimiento. Por eso también a "Fíate de Jehová de todo tu corazón", se le agrega "Y no te apoyes en tu propia prudencia" (Pr. 3:5).

"Aun fuera del tiempo de la edad". Esta cláusula es agregada para enfatizar el milagro que Dios, en su gracia, realizó en respuesta a la fe de Sara. Ensalza la gloria de su poder. Fue escrita para alentarnos. Nos muestra que ninguna dificultad ni obstáculo debe causar que dejemos de creer en la promesa. Dios no se circunscribe al orden de la naturaleza, ni está limitado por ninguna causa secundaria. Revoluciona la naturaleza antes que faltar a su palabra. Hizo brotar agua de una roca, que el hierro flotara (2 R. 6:6) y sustentó a un pueblo de dos

---

[26] **Thomas Manton** (1620-1677) – Predicador puritano no conformista.

millones en un desierto inhóspito. Estas cosas debieran motivar al cristiano a esperar en Dios con una seguridad plena, aun en las peores emergencias. Efectivamente, entre más difíciles sean los obstáculos que enfrentamos, más debiera aumentar nuestra fe. El corazón confiado dice: "Es esta una ocasión apropiada para tener fe; ahora que todas las corrientes humanas se han agotado tengo una oportunidad magnífica para contar con que Dios mostrará su fuerza por mí. ¡Qué hay que él no [pueda] hacer! Hizo que una mujer de noventa años tuviera un hijo —algo muy contrario a la naturaleza— por lo que puedo esperar con seguridad que él hará maravillas también por mí".

"Porque creyó que era fiel quien lo había prometido". ¡Aquí está el secreto de toda la cuestión! Aquí estaba la base de la confianza de Sara, el fundamento de su fe. No miraba las promesas de Dios a través de la bruma de obstáculos que se interponían, sino que veía las dificultades y los problemas a través de la clara luz de las promesas de Dios. El acto que aquí se adjudica a Sara es que "creyó" o consideró, acreditó y estimó, que Dios era fiel. Estaba segura de que él cumpliría su palabra sobre la cual cifraba su esperanza. Dios había hablado, Sara había escuchado. A pesar de que todo parecía indicar que era imposible que la promesa se cumpliera en su caso, ella creyó firmemente. Lutero[27] bien dijo: "Si va a confiar usted en Dios, tiene que aprender a crucificar la pregunta '¿Cómo?'. "Fiel es el que os llama, el cual también lo hará" (1 Ts. 5:24): Esto es suficiente para que crea el corazón; la fe le dejará confiadamente al Omnisciente que él determine *cómo* cumplirá la promesa.

"Porque creyó que era fiel quien lo había prometido". Notemos con cuidado que la fe de Sara sobrepasaba la promesa. Mientras que ella pensaba en *el objeto* prometido, le parecía totalmente increíble, pero cuando dejaba de pensar en todas las causas secundarias y pensaba en Dios mismo, las dificultades ya no la perturbaban: Su corazón estaba seguro en Dios. Sabía que podía depender de él: Él es "fiel": ¡capaz, dispuesto y seguro de cumplir su Palabra! Sara elevaba su mirada a la promesa del Prometedor y, cuando lo hacía, toda duda desaparecía. Confiaba plenamente en la inmutabilidad[28] de Aquel que no puede mentir, sabiendo que cuando se incluye la veracidad divina, la omnipotencia cumple. Es por las meditaciones creyendo en el carácter de Dios que la fe se alimenta y refuerza para esperar la bendición, a pesar de todas las dificultades aparentes y las supuestas imposibilidades. Es la contemplación en las perfecciones de Dios lo que hace que la fe triunfe. Como esto es de tanta importancia vital y práctica, dediquemos otro párrafo a profundizar el tema.

Fijar nuestra mente en las *cosas* prometidas, tener la expectativa segura de disfrutarlas, sin confiar primero en la veracidad, inmutabilidad y omnipotencia de Dios, no es más que engañarnos a nosotros mismos. Como bien dijo John Owen[29]: "El objeto formal de la fe en las promesas divinas, no es enfocar en primer lugar a las cosas prometidas, *sino a Dios mismo* en su excelencia esencial de veracidad o fidelidad y poder". No obstante, las perfecciones divinas en sí, no obran la fe en nosotros, sino que según el corazón reflexione con fe en los atributos divinos es que "juzgaremos" o llegaremos a la conclusión de que es fiel el que prometió. Es el hombre cuya mente permanece en Dios mismo el que es guardado en "perfecta paz" (Is. 26:3). Es decir, el que reflexiona con gozo en quién y qué es Dios, el que será guardado de

---

[27] **Martín Lutero** (1483-1546) – Líder alemán de la Reforma Protestante.

[28] **Inmutabilidad** – "El atributo de Dios por el cual no puede cambiar ni ser cambiado en su esencia ni en sus perfecciones", Alan Cairns, Dictionary of Theological Terms, rev. ed. (Diccionario de términos teológicos, 224) [Es traducción para esta obra].

[29] John Owen (1616-1683), *An Exposition of the Epistle to the Hebrews* (Una exposición de la epístola a los Hebreos) tomo 7, ed. W. H. Goold (Edinburgh: The Banner of Truth Trust), 79.

dudar y flaquear mientras espera el cumplimiento de la promesa. Tal como fue con Sara es con nosotros, cada promesa de Dios contiene tácitamente esta consideración: "¿Hay para Dios alguna cosa difícil?"(Gn. 18:14)…

"Porque". Dejemos que nuestro pensamiento final sea sobre la rica recompensa de Dios a Sara por su fe. La palabra: "porque" con que comienza el versículo 12, destaca la consecuente bendición de que ella haya confiado en la fidelidad de Dios en vista de las peores imposibilidades naturales. De su fe nació Isaac y, de él, en última instancia, Cristo mismo. Y esto está consignado para nuestra instrucción. ¿Quién puede estimar los frutos de la fe? ¡Quién puede calcular cuántas vidas se verán afectadas para bien, aun en generaciones todavía por venir, gracias a la fe de usted y la mía hoy! Oh, cuánto debiera este pensamiento conmovernos para clamar con más intensidad: "Señor, aumenta nuestra fe" para alabanza de la gloria de su gracia. Amén.

Tomado de *Studies in the Scriptures* (Estudios en las Escrituras), a su disposición en inglés en CHAPEL LIBRARY.

Arthur W. Pink (1886-1952): Pastor, profesor itinerante de la Biblia, autor de *Studies in the Scriptures* y numerosos libros; nacido en Nottingham, Inglaterra.

En la propagación de la raza humana, la bendición especial [de Dios] es evidente y, por lo tanto,
el nacimiento de cada hijo se considera correctamente como el efecto de la visitación divina.
—Martín Lutero

Dios determina el número y el nombre de los hijos de cada persona.
—Thomas Boston

El mejor apoyo a la maternidad
RICHARD ADAMS (1626-1698)

La aplicación de esta observación o sea, que la perseverancia en las gracias y obligaciones cristianas y conyugales es el mejor apoyo a la mujer contra, en y bajo sus dolores de parto, puede servir para enseñar brevemente cómo cuidarla y qué consuelo brindarle.

Aquel que ya tiene una esposa

Aquel que ya tiene una esposa debe tener especial cuidado, justamente por esta razón, debe cumplir sus obligaciones como buen y fiel esposo de su esposa que espera un hijo, a saber:

(1) *"Vivid con ellas sabiamente, dando honor a la mujer como a vaso más frágil, y como a coherederas de la gracia de la vida, para que vuestras oraciones no tengan estorbo"* (1 P. 3:7). Sí, y estar diariamente con ella, tanto con su consejo cristiano como conducta santa, para que su esposa se dedique más y más a la práctica constante de estas gracias y obligaciones a fin de que sus dolores sean santificados y pueda ver la salvación de Dios en su concepción y en su alumbramiento. Y si el gran Dios santo determina, en su sabiduría, que es mejor llevársela en el momento de dar a luz, que aprenda a someterse a su voluntad e ir a su descanso, satisfecha de haber dado evidencia del bienestar eterno de su alma.

(2) *Esforzarse, en lo posible, cumplir la función de buen marido, cristiano y tierno hacia a su compañera más querida en una condición tan dolorosa.* Tiene que identificarse con los dolores antes, durante y después del parto que su estado incluye, los cuales, él mismo, nunca puede sentir por experiencia. Le corresponde, por el bien de su esposa buena y piadosa, que se "vista como escogido de Dios, santo y amado, de entrañable misericordia, de benignidad, de humildad, de mansedumbre, de paciencia, etc." (Col. 3:12). Debería cumplir lo mejor posible, todos los deberes de su relación conyugal, brindándole, no sólo lo que necesita, sino también lo que la ayude a estar más cómoda. [El esposo debe satisfacer] sus antojos y la necesidad de aliento de su esposa querida que sufre y que puede deprimirse por el miedo a los dolores que le esperan. Busque también el apoyo de pastores fieles y amigos piadosos para que oren intercediendo a Dios por ella. Y si Dios escucha las oraciones,

(3) *Estar profundamente agradecido a Dios por el alivio seguro de su buena esposa de los dolores y peligros de traer un hijo al mundo.* Cuando el esposo cariñoso realmente se ha preocupado por las enfermedades, los dolores, las agonías y quejidos de su querida esposa durante su [embarazo] y por el hecho de que le dará un hijo con ayuda de lo Alto, nada puede ser más obligatorio para él que adorar y estar agradecido a Dios, quien ha causado una separación confortable entre ella y el fruto de su vientre, como [respuesta] a las oraciones y ha venido en su ayuda al escuchar sus quejidos… El esposo cristiano —habiendo visto a su esposa amada poniendo en práctica las gracias de las que he estado hablando, pasar por el peligro de dar a luz y ser preservada admirablemente por el poder de Dios y su bondad— tiene la obligación de agradecer de todo corazón a Dios quien cumplió su promesa, que les dio esperanza y tal muestra de misericordia… Así pues, brevemente, he enfocado el tema del cuidado del hombre casado en lo que respecta a su esposa en las condiciones mencionadas. Además, esta doctrina enseña,

Una lección a la mujer sobre lo que debe cuidar

Considere… *Si ya es casada, y esto "en el Señor",* quien la creó y le dio el poder de concebir, lo que le corresponde, como sierva fiel del Señor,

(1) *Seguir la práctica constante de estas gracias.* Indudablemente, usted que ha sido bendecida como instrumento de la propagación de la humanidad —cuando se entera de que ha concebido y espera un hijo— se preocupa en gran manera por prepararse para el nacimiento. Un trabajo importante en el que, por lo general, se ocupará es preparar la ropa de cama donde dará a luz y no la voy a desalentar, sino más bien alentar, que tome todos los pasos necesarios para tener todo listo para usted y su bebé... Debe darse el lujo de preparar el nido donde deberán acostarse usted y su infante (Lc. 9:58). Pero la modestia y moderación de la cual ha oído, no le permitirá gastar en preparativos superfluos que excedan sus posibilidades económicas, cuando los pobres pastores y miembros de Cristo por todas partes, dependen de su caridad. ¡Oh, le ruego, buena mujer cristiana, que su cuidado principal sea... estar ataviada del verdaderamente espiritual "lino fino limpio y resplandeciente; porque el lino fino es las acciones justas de los santos"! (Ap. 19:7-8). Esto, esto es lo principal: "Fe, amor, santidad, con modestia" con las que se manifiesta la verdadera prudencia cristiana... Y si Dios ya le ha dado una prueba fehaciente de cumplir la promesa de mi texto [1 Timoteo 2:15] asegurándole salvación temporal, le corresponde tener cuidado de:

(2) *Hacer un registro de las [experiencias] que le ha dado al cumplir su palabra con usted en particular.* ¿Le ha quitado Dios sus temores, secado sus lágrimas y escuchado sus oraciones? Grabe las memorias de su bondad y fidelidad en las tablas de su corazón. Tenemos el gran ejemplo de nuestro amado Señor y Maestro, Jesucristo, quien cuando estaba muy triste por Lázaro a quien amaba, lloró, presentando su pedido a Dios en su favor. [Éste] fue contestado por gracia. Entonces, con gran devoción de corazón, "alzando los ojos a lo alto, dijo: Padre, gracias te doy por haberme oído" (Jn. 11:3, 35, 38, 41). Que cada madre noble y agradecida, a quien Dios ha calmado los dolores y librado de los peligros de dar a luz, imprima un recuerdo agradecido de tal señal de misericordia con letras indelebles en su mente: "Porque ha mirado la bajeza de su sierva" (Lc. 1:48). Cuando me encontraba yo en una agonía y agotada por los dolores constantes, tú estuviste conmigo y con mi bebé. Sí, nos ayudaste admirablemente, haciendo que el niño pasara los obstáculos sin problemas, manteniéndonos a los dos con vida. Sí, y puede ser que cuando nuestros amigos pensaban con tristeza que mi criatura no vería la luz del día y que yo, junto con él, cerraría mis ojos para siempre, habiendo ya perdido la esperanza de lograr que naciera, tú encontraste una manera de que ambos siguiéramos con vida" (*cf.* 1 Co. 10:13) ...Al igual que Pablo cuando tuvo conciencia de la gran misericordia demostrada en su liberación, por favores sin medida, "dio gracias a Dios y cobró aliento" (Hch. 28:15), cada madre feliz tiene que agradecer a Dios y ser valiente al enfrentar el futuro... Debe compartir su inusual [experiencia] para animar a otras... Porque bien dijo el escritor trágico griego: "Bueno es que una mujer esté a mano para ayudar a otra cuando da a luz"[30].

Consuelo

Vemos pues, que esta doctrina enseña a hombres y a mujeres los cuidados necesarios en esta circunstancia. También brinda *consuelo*, tanto a la buena esposa misma, como a su marido.

(1) *A la esposa buena misma que tiene las cualidades que he descrito,* pero que en un momento de tentación podría estar agotada por su pesada carga, desesperándose por temor a los dolores intensos o por el terrible temor de morir en el trance que la espera. Permanecer constantemente fiel a las gracias y los deberes ya mencionados es una base segura para mantener su esperanza que superará los dolores de dar a luz, los cuales, está segura, no serán en abso-

---

[30] **Eurípides** (480-c. 406 a.C.) [Es traducción para esta obra.]

luto un obstáculo para su bienestar eterno… El Apóstol incluye mi texto como un antídoto contra la desesperanza y para alegrar a la mujer temerosa y desconfiada. Son palabras para cada mujer desalentada y debiera llevarla, junto con Sara, a creer "que era fiel quien lo había prometido" (He. 11:11)… Dios no le dará más sufrimiento del que pueda soportar y le dará fuerzas para sobrellevar sus dolores de parto. [Él] encontrará la manera de sacarla adelante, ya sea por un alivio grato y santificado aquí, o un traslado bendito al cielo para cosechar en gozo lo que fue sembrado con lágrimas y estas [son] sólo temporales, mientras los gozos son eternos. Además, da consuelo,

(2) *Al marido de la esposa buena*, o sea la que continúa en las gracias y deberes antes y durante su embarazo… Cuando lo único que puede hacer el marido es comprender y compadecerse de su esposa en sus dolores, anímese con la confianza humilde de que —*el aguijón del castigo ha sido quitado*— las alegrías de su esposa aumentarán por los dolores que sufre. Dios la librará y oirá sus oraciones, y ella lo glorificará (Jn. 16:21; Sal. 50:15). Y si, después de oraciones y lágrimas, su esposa amada muere en medio de los dolores del alumbramiento, aunque esto sea una cruz pesada e hiriente en sí, puede obtener consuelo del hijo que le ha nacido porque esto es, por cierto, el mejor de los consuelos, dar vida en la muerte… El marido piadoso y la esposa bondadosa que está trayendo un hijo al mundo, confíen en Dios humildemente para recibir un apoyo santificado en el momento que más necesitan la ayuda divina. Entonces, la sierva del Señor puede confiar humildemente que recibirá ayuda en su tribulación para ser madre y, a su tiempo, aun una liberación temporal (suponiendo que esto es lo mejor para ella) de esos dolores y peligros. Sea su consuelo la promesa llena de gracia del Señor dada por medio del profeta… "No temas, porque yo estoy contigo; no desmayes, porque yo soy tu Dios que te esfuerzo; siempre te ayudaré, siempre te sustentaré con la diestra de mi justicia" (Is. 41:10).

Tomado de "How May Child-Bearing Women Be Most Encouraged and Supported against, in, and under the Hazard of Their Travail?"(¿Cómo se puede apoyar mejor a las mujeres en gestación contra, en y bajo el peligro de su tribulación?) en *Puritan Sermons* (Sermones puritanos) Tomo 2, Richard Owen Roberts, Publishers, www.rorbooks.com.

Richard Adams (c. 1626-1698): Pastor presbiteriano inglés, nacido en Worrall, Inglaterra.

Cuando Dios no da hijos
Thomas Jacombe (1623-1687)

"Pues he aprendido a contentarme, cualquiera que sea mi situación". —Filipenses 4:11

¡Cuánta ansiedad de espíritu sufren algunos matrimonios porque no tienen hijos! Tienen muchas otras cosas positivas en su vida, pero no tener descendientes amarga todo lo demás. Abraham mismo sufría por esta razón: "Señor Jehová, ¿qué me darás, siendo así que ando sin hijo, y el mayordomo de mi casa es ese damasceno Eliezer? Mira que no me has dado prole, y he aquí que será mi heredero un esclavo nacido en mi casa" (Gn. 15:2-3). La pasión de Raquel era aún más intensa: "Dame hijos", le dijo a su marido, "o si no, me muero" (Gn. 30:1). Los hijos son una bendición muy grande, son prometidos como tales en el Salmo 128:3-4 y en otros pasajes. Efectivamente, son una de las flores más dulces que crecen en el jardín de las dichas terrenales. Por eso, es difícil para algunos conformarse con no tenerlos. Pero sea quien sea usted que sufre esto, le ruego que de cualquier manera procure lograr contentamiento. Para lograrlo, considere:

(1) *Es el Señor quien niega este favor*. Porque lo da o no lo da según le parece bien. La Providencia no se hace más evidente en ninguna esfera humana que en esta de los hijos, si habrá muchos o pocos, algunos o ninguno, todo depende de la voluntad de Dios. Cuando Raquel se mostró tan desesperada por no tener hijos, Jacob la reprendió duramente: "¿Soy yo acaso Dios, que te impidió el fruto de tu vientre?" (Gn. 30:2). "He aquí, herencia de Jehová son los hijos; cosa de estima el fruto del vientre" (Sal. 127:3). "Él hace habitar en familia a la estéril, que se goza en ser madre de hijos" (Sal. 113:9). Pensar seriamente en estos pasajes ¿acaso no traería paz al corazón? Cuando Dios ordena algo, ¿nos vamos a disgustar o inquietar por lo que hace? ¿Acaso no puede él derramar sus bendiciones donde le plazca? Por otro lado, si nos las da, estemos agradecidos por su bondad; si no las da, aceptemos con paciencia su soberanía.

(2) *A veces niega este favor, pero da otros mejores*. Dios no da hijos, pero se da a sí mismo, ¿no es él "mejor que diez hijos?", como le dijo Elcana a Ana refiriéndose a él mismo. (1 S. 1:8). El Señor prometió que daría un "nombre mejor que el de hijos e hijas" (Is. 56:5). No hay razón alguna para que los que tienen ese "nombre mejor" murmuren porque les falta aquello que es peor. Aquellos que cuentan a Dios como su Padre en los cielos debieran contentarse con no tener hijos en la tierra. Si Dios no me da lo menor, pero me da lo que es mayor, ¿tengo razón para indignarme?...

(3) *A veces son retenidos por mucho tiempo, pero al final Dios los da*. Tenemos muchos ejemplos de esto. El caso nunca está perdido mientras nos mantengamos sumisos y esperemos. Quizá Dios quiera darnos ese favor, después de contentarnos con no haberlo recibido al tiempo nuestro.

(4) *Si los hijos son dados después de apartarse uno del Señor y desearlos de una manera irregular, es cuestionable si los dio como un favor*. ¡Y es de temer que en este caso, los hijos no provienen necesariamente por la misericordia de Dios! Lo que obtenemos descontentos, rara vez nos contenta. ¡Cuántos padres de familia han vivido esta verdad! No estuvieron tranquilos hasta tener hijos y después de tenerlos tampoco lo estuvieron porque estos resultaron ser tan desobedientes, testarudos e inútiles que fueron más motivo de irritación que el no haberlos tenido.

(5) *Los hijos son de gran bendición, pero las bendiciones comúnmente vienen mezcladas con dificultades*. La rosa tiene su hermosura, pero también tiene sus espinas, y lo mismo sucede con

los hijos. ¡Oh, las preocupaciones, los temores e inquietudes que causan a los padres! Son preocupaciones seguras y consuelos inseguros, como dicen algunos. Vemos solo lo dulce de esta relación y eso nos inquieta; si viéramos también lo amargo, estaríamos más tranquilos.

(6) *Si hubiéramos recibido este favor cuando más lo anhelábamos y esperábamos, hay mil probabilidades contra una que hubiera dominado demasiado nuestro corazón.* ¡Y la consecuencia de eso sería fatal por muchas razones! Por lo tanto, previendo Dios esto, es por su bondad y su amor que no nos lo otorga.

Creo que considerar todas estas cosas en relación con la falta de hijos, da contentamiento al corazón.

Tomado de "How Christians May Learn in Every State to be Content" (Cómo pueden los cristianos aprender a contentarse cualquiera que sea su situación) en *Puritan Sermons*, Tomo 2, Richard Owen Roberts, Editores.

Thomas Jacombe (1623-1687): Pastor presbiteriano inglés; hombre de vida ejemplar y gran erudición; nacido en Melton Mowbray, Leicestershire, Inglaterra.

Un niño nos es nacido
Thomas Boston (1676-1732)

"Porque un niño nos es nacido, hijo nos es dado, y el principado sobre su hombro; y se llamará su nombre Admirable, Consejero, Dios Fuerte, Padre Eterno, Príncipe de Paz". —Isaías 9:6

Un niño es nacido

1. *Nuestro Señor Jesucristo*. El mundo esperó por mucho tiempo la venida de Cristo y aquí el profeta da la noticia: Aquel largamente esperado, al fin ha venido. El "niño…es nacido". La palabra que aquí aparece como *niño* es un nombre que indica género —"un niño varón"— y es sólo un muchacho, un muchacho-niño. Tal fue nuestro Señor Jesucristo. Es un nombre dado comúnmente a los infantes del género masculino, desde que nacen y lo siguen teniendo durante sus primeros años hasta llegar a ser hombres adultos. La palabra que aparece como *nacido* significa algo más, indica mostrado o presentado nacido. Es una costumbre tan natural que siempre ha existido en el mundo: cuando un niño nace, es vestido y presentado o mostrado a los de su familia para su tranquilidad. Los hijos de Maquir fueron presentados a José, su bisabuelo, y sobre sus rodillas fueron criados (Gn. 50:23) y el hijo de Rut a Noemí (Rut 4:17).

Entonces lo que dice el profeta es: "Este niño maravilloso es presentado", es decir, a los de su familia. ¿Y quiénes son estos? Tiene familia en el cielo: El Padre es su Padre, el Espíritu Santo es su Espíritu, los ángeles son sus siervos, pero no se refiere a estos. ¡Se refiere a *nosotros*, los hijos e hijas de Adán! Somos sus parientes pobres y a nosotros como sus parientes pobres sobre la tierra, hijos de la familia de Adán, de la cual es él la rama más alta, este Niño nacido nos es presentado para nuestro consuelo en nuestra condición inferior.

El nacimiento de Cristo era esperando. La Iglesia, su madre, (Cnt. 3:11) tuvo una temprana promesa de que vendría (Gn. 3:15). Fue en virtud de esa promesa que fue concebido y que nació. Toda la humanidad aparte de él, lo fue por otra palabra, a saber: "Fructificad y multiplicaos; llenad la tierra, y sojuzgadla" (Gn. 1:28).

Aunque María, su madre en la carne [estuvo embarazada con él por nueve meses], la Iglesia, su madre figuradamente [estuvo "embarazada" con él] desde aquel momento (Gn. 3:15) durante unos cuatro mil años. Muchas veces, ésta esperaba que ya naciera y corría el peligro de pensar que era un falso embarazo [porque] tardaba tanto. Los reyes y profetas esperaban y ansiaban que llegara el día: "Porque os digo que muchos profetas y reyes desearon ver lo que vosotros veis, y no lo vieron; y oír lo que oís, y no lo oyeron" (Lc. 10:24). Toda la Iglesia del Antiguo Testamento ansiaba que llegara el día de Cristo "Apresúrate, amado mío, y sé semejante al corzo, o al cervatillo, sobre las montañas de los aromas" (Cnt. 8:14).

2. *Ha nacido un Salvador*. La hora feliz del nacimiento largamente esperado ha llegado y el Niño ha venido al mundo. Los ángeles lo proclaman: "Pero el ángel les dijo: No temáis; porque he aquí os doy nuevas de gran gozo, que será para todo el pueblo: que os ha nacido hoy, en la ciudad de David, un Salvador, que es Cristo el Señor" (Lc. 2:10-11). Los antepasados, reyes y profetas ya estaban en la tumba, murieron teniendo fe de que nacería y ¡ahora era una realidad! Realmente había nacido: Un Niñito pequeño, pero un Dios todopoderoso, un Infante, de menos de un día de nacido, pero ¡el Padre eterno! ¡Nacimiento maravilloso como el mundo nunca había visto antes, ni volverá a ver nunca!

3. *Algunos han sido asignados a presentar a este Niño* a amigos y familiares y todavía siguen haciéndolo. ¡Oh qué asignación tan honrosa! Más honrosa que la de presentar un príncipe de

este mundo recién nacido al rey, su padre. José y María tuvieron el cargo de presentarlo al Señor (Lc. 2:22). Pero, ¿quién tiene el honor de presentárnoslo a nosotros?

(1) *El Espíritu Santo tiene el ministerio de presentárnoslo internamente.* "Pues me propuse", dice Pablo, "no saber entre vosotros cosa alguna sino a Jesucristo, y a éste crucificado… y ni mi palabra ni mi predicación fue con palabras persuasivas de humana sabiduría, sino con demostración del Espíritu y de poder" (1 Co. 2:2, 4). Y por [el Espíritu] su Padre nos lo presenta a nosotros: "Respondiendo Simón Pedro, dijo: Tú eres el Cristo, el Hijo del Dios viviente. Entonces le respondió Jesús: Bienaventurado eres, Simón, hijo de Jonás, porque no te lo reveló carne ni sangre, sino mi Padre que está en los cielos" (Mt. 16:16-17). De esta manera, es presentado a los pecadores en toda su gloria celestial, para que tengan una vista amplia de él, que es la que debe tenerse en la tierra por fe: "Y aquel Verbo fue hecho carne, y habitó entre nosotros (y vimos su gloria, gloria como del unigénito del Padre), lleno de gracia y de verdad" (Jn. 1:14).

(2) *Los ministros del evangelio tienen el cargo de presentárnoslo externamente, en los pañales de la Palabra y las [ordenanzas].* Han sido llamados a presentarlo a los pecadores creyentes: "Porque os celo con celo de Dios; pues os he desposado con un solo esposo, para presentaros como una virgen pura a Cristo" (2 Co. 11:2) y de presentar a Cristo a los pecadores para que crean en él. Vienen con el anciano Simeón, con Jesús, el niño santo en sus brazos por medio de las palabras del evangelio (Ro. 10:6-8) y dicen, con Juan el Bautista: "He aquí el Cordero de Dios, que quita el pecado del mundo" (Jn. 1:29). Los ministros de Dios dicen como Pablo: "…Esta es la palabra de fe que predicamos" (Ro. 10:8).

¿A quién es presentado Cristo?

1. *Negativamente, no es presentado a los ángeles caídos.* No nació para ellos, ninguno es familiar suyo, "porque ciertamente no socorrió a los ángeles, sino que socorrió a la descendencia de Abraham" (He. 2:16). Su casa fue originalmente más honrosa que la casa de Adán, pero Cristo le dio un honor más elevado a la casa de Adán que a la de los ángeles. Los ángeles son sus *siervos*; los ángeles impíos sus *verdugos*, en cambio, los hombres santos son sus *hermanos*.

2. *Positivamente, es presentado a los humanos pecadores*, a cada uno y a todos ellos. A ellos va dirigido el anuncio: "He aquí el Cordero de Dios" (Jn. 1:29), etc. "Os ha nacido hoy, en la ciudad de David, un Salvador" (Lc. 2:10-11). Primero fue presentado a los judíos [y mostrado] a Israel (Jn. 1:31); pero después a todo el mundo, a todas las naciones por igual (Mr. 16:15). De allí que desde los rincones más lejanos de la tierra, se oyen cánticos cuando se les muestra a los hombres el Cristo que nació para ellos; su gloria se manifiesta sin paralelo. En lo particular,

(1) *Es presentado a la Iglesia visible*: A todas y cada una de ellas. Es cierto que hay muchas en el mundo a las cuales no es presentado. No cuentan con su voz ni su gloria, ni lo han visto representado en su Palabra. Pero dondequiera que llega el evangelio, Cristo es presentado a cada persona como el que vino a nacer para ellos… Es cierto que corporalmente está ahora en el cielo, pero espiritualmente hablando, está en su Palabra y en las ordenanzas, presentadas a pecadores, y vistas por fe, aunque la mayoría no lo verá.

(2) *Es presentado eficazmente a todos los escogidos.* Cristo es revelado en ellos (Gá. 1:15-16). Entonces, creen en él, y lo mismo se aplica a todos, sea como fuere que otros lo juzguen. "Y creyeron todos los que estaban ordenados para vida eterna" (Hch. 13:48). Todos son como fue Pablo en un sentido: Escogidos para ver al Justo y verlo con ojos espirituales los impulsa a desprenderse de todo para comprar el campo, el tesoro y la perla…

¿Cómo es presentado Cristo?

Es presentado,

1. *En la predicación del evangelio*. "¡Oh gálatas insensatos! ¿Quién os fascinó para no obedecer a la verdad, a vosotros ante cuyos ojos Jesucristo fue ya presentado claramente entre vosotros como crucificado?" (Gá. 3:1). A quien quiera que le llegue el evangelio, Cristo le es presentado como se expresa en las palabras del evangelio, para ser discernidas por fe. "Mas ¿qué dice? Cerca de ti está la palabra, en tu boca y en tu corazón. Esta es la palabra de fe que predicamos" (Ro. 10:8).

2. *En la administración de las [ordenanzas]*. Así como en la Palabra, Cristo es presentado a los oídos, en las [ordenanzas] es presentado a los ojos. En las ordenanzas, hay una representación viva de Cristo, sangrando y muriendo en la cruz por los pecadores. "Esto es mi cuerpo" (Mt. 26:26). Aunque no está corporalmente presente en las [ordenanzas], lo está de hecho y espiritualmente en la fe de los creyentes, que obra cosas invisibles: "Es, pues, la fe la certeza de lo que se espera, la convicción de lo que no se ve" (He. 11:1)...

3. *En la obra interior de iluminación salvadora*. El Espíritu del Señor no sólo da luz, sino vista, a los escogidos. No sólo les abre las Escrituras, sino que les abre los ojos y revela a Cristo en ellas. (Gá. 1:15-16). Ésta es aquella demostración del Espíritu de la cual habla Pablo, la cual es el antecedente inmediato de la fe, sin la cual nadie cree.

¿Por qué nos es presentado Cristo desde su nacimiento?

1. *Para que veamos la fidelidad de Dios en cumplir su promesa*. La promesa de Cristo era antigua, cuyo cumplimiento había sido largamente demorado, pero ahora la vemos cumplida en el tiempo que Dios le tenía asignado, por lo que podemos estar seguros de que cumplirá a su tiempo el resto de sus promesas.

2. *Para que podamos regocijarnos en él*. El nacimiento de su precursor fue un gozo para muchos (Lc. 1:14 entonces ¿cuánto más el de él? Los ángeles cantaron de gozo por el nacimiento de Cristo (Lc. 2:13-14). Y nos es presentado para que podamos cantar con ellos, pues es motivo de gran gozo (Lc. 2:10-11). Y todo el que conoce el peligro de su pecado se regocijará cuando Cristo le sea presentado, tal como el hombre inculpado se goza cuando ve al Príncipe quien puede indultarlo.

3. *Para que pongamos nuestros ojos en él, veamos su gloria y seamos llevados con él*. Por esta razón, se invita a menudo a los pecadores a fijar sus ojos en él: "Mirad a mí, y sed salvos, todos los términos de la tierra, porque yo soy Dios, y no hay más" (Is. 45:22). "Salid, oh doncellas de Sion, y ved al rey Salomón con la corona con que le coronó su madre en el día de su desposorio, y el día del gozo de su corazón" (Cnt. 3:11). Mirar la fruta prohibida ha corrompido tanto a los ojos de la humanidad que las cosas del mundo se ven como a través de una lente de aumento y es imposible verlas como realmente son, hasta contemplar a Jesús en toda su gloria.

4. *En último lugar*, para que podamos reconocerlo en el carácter en el que se manifiesta como Salvador del mundo y *nuestro* Salvador. Porque es presentado como un joven príncipe al ser reconocido como heredero de la corona. El Padre lo escogió a él para ser el Salvador del mundo, nos lo ha dado como nuestro Salvador y así lo presenta para que lo reconozcamos.

Aplicación

Le exhorto, por tanto, a *creer* que Cristo le es presentado a usted en su nacimiento como uno de su familia. Si pregunta usted qué debe hacer cuando cree, le respondo:

1. *Abrácelo con alegría*. "Alzad, oh puertas, vuestras cabezas, y alzaos vosotras, puertas eternas, y entrará el Rey de gloria" (Sal. 24:7). Cuando [Jesús] fue presentado en el templo, el anciano Simeón lo tomó en sus brazos sintiendo en su alma total satisfacción (Lc. 2:28-29). En cuanto

a su presencia corporal, está ahora en el cielo, pero le es presentado a usted en el evangelio, abrácelo por fe de todo corazón, creyendo en él para salvación, renunciando por él a todos los demás salvadores, ¡entregándose a él para tranquilidad de su conciencia y su corazón!

2. *Béselo* —con un beso de amor (Sal. 2:12), entregándole su corazón: "Dame, hijo mío, tu corazón, y miren tus ojos por mis caminos" (Pr. 23:26), con un beso de *honra*, honrándole en su corazón, con sus labios y su vida, y con un beso de *sometimiento*, recibiéndole como su Señor, Rey, Cabeza y Esposo.

3. *Bendígalo* —"Cantad a Jehová, bendecid su nombre; anunciad de día en día su salvación" (Sal. 96:2). ¡Es Dios bendito para siempre! Pero hemos de bendecirle, como bendecimos a Dios: abiertamente, proclamándolo bendito (Sal. 72:17), orando de corazón que venga su reino (Sal. 72:15).

4. *Adórelo*. Es lo que hicieron los sabios de oriente (Mt. 2:11). Es el Dios eterno y, por lo tanto, debe ser adorado: "Inclínate a él, porque él es tu señor" (Sal. 45:11): Su Esposo, su Rey, su Dios. Adórelo con una adoración *interior*, consagrándole toda su alma; y adórelo con una adoración *exterior*.

5. *En último lugar, preséntele obsequios*. Eso hicieron los magos (Mt. 2:11). Obséquiele su corazón a él (Pr. 23:26). [Entréguele] todo su ser (2 Co. 8:5) para glorificarlo en su alma, cuerpo, su sustancia, ¡su todo!

Tomado de "Christ Presented to Mankind-Sinners" (Cristo presentado a una humanidad de pecadores) en *The Works of Thomas Boston* (Las obras de Thomas Boston) Tomo 10, Tentmaker Publications, www.tentmakerpublications.com.

Thomas Boston (1676-1732): Pastor y teólogo presbiteriano escocés; nacido en Duns, Bersichshire, Escocia.

Capítulo 9

EL ABORTO

Aunque la palabra "aborto" no se encuentra en la Biblia, no debemos concluir que esta, por lo tanto, no tiene nada que decir sobre el asunto. La Biblia no permanece muda sobre el tema ya que hay muchos argumentos bíblicos en contra de la práctica del aborto. En primer lugar, Génesis 1:26-27 afirma que el hombre fue creado a imagen de Dios y que, por consiguiente, los bebés son valiosos y merecen ser respetados. En segundo lugar, Éxodo 20:13 y Génesis 9:6 declaran que el homicidio es un crimen que se comete en contra de Dios. En tercer lugar, el Salmo 139:13-16 explica que Dios mismo es Quien da forma a los seres humanos en la matriz. En cuarto lugar, Jeremías 1:5 afirma que Dios conocía a Jeremías mientras este todavía se encontraba en el vientre de su madre. En quinto lugar, Lucas 1:35, 41 revela que Juan el Bautista estaba lleno del Espíritu dentro del vientre de su madre, mucho antes de ser separado de ella en su nacimiento. En sexto lugar, Proverbios 24:11 nos enseña que debemos ayudar a las personas vulnerables. Las Escrituras nos conducen hacia la convicción de que por ley debe existir una protección, igual a la que se le proporciona a los demás, para la vida del niño en el vientre. Es un asunto que tiene que ver con sostener la Palabra de Dios y preservar el amor de Dios hacia la humanidad.

Este capítulo deja claro que el aborto es homicidio. Sin embargo, todos los días en los Estados Unidos se cometen homicidios detrás de las puertas cerradas de las clínicas de aborto. Mientras que hay métodos particulares para abortar que han surgido como innovaciones más o menos recientes, muchas personas en muchas culturas, por ejemplo, en la antigua tierra de Canaán, Roma, Grecia y en otros lugares, han asesinado con crueldad a sus propios hijos, tanto antes como después de nacer. Así que el aborto no es algo nuevo sobre lo cual la Palabra de Dios no tiene nada que decir. En la Ley, en los Profetas, en los libros Poéticos, en las Epístolas Paulinas y a través de los Evangelios, vemos evidencias de que la vida en el vientre es sagrada y de que Dios es soberano en la concepción.

Las personas matan a sus propios bebés todos los días por razones triviales: Por conveniencia, por su estilo de vida, porque no quieren trastocar sus planes para el futuro y así sucesivamente. Acuden a las clínicas donde hay doctores que están dispuestos a ayudarlas a matar a sus niños por dinero. El saber esto y lo que la Biblia dice sobre ello debiera hacernos sentir escalofríos por todo el cuerpo. Al mismo tiempo, necesitamos formar a nueva generación para que entienda el valor de la vida en el vientre materno. El contenido del capítulo que se encuentra a continuación nos proporciona los detalles de la historia sobre las realidades del aborto.

—*Scott Brown*

No matarás
Ezekiel Hopkins (1634-1690)

"No matarás". —Éxodo 20:13

El homicidio

Este [mandamiento] prohíbe el pecado del asesinato[1], bárbaro e inhumano, el primogénito del diablo, quien "ha sido homicida desde el principio" (Jn. 8:44). [Prohíbe] el primer crimen estigmatizado[2] como tal y del cual leemos en las Escrituras, por medio del cual la corrupción natural, que es el resultado de la Caída, demostró su rencor y virulencia[3]: el pecado de Caín, ese ejemplo de perdición[4], quien asesinó a su hermano Abel "porque sus obras eran malas, y las de su hermano justas" (1 Jn. 3:12)[5].

El asesinato de otro ser humano es uno de los más aberrantes y negros de los pecados, un pecado que Dios detecta y castiga, generalmente por algún método maravilloso de su Providencia[6]. El asesinato acosa la conciencia de aquellos que son culpables de éste con temores horribles y terrores que, algunas veces, han hecho que estos confiesen su pecado, aun cuando no existen otras pruebas ni evidencia de su crimen.

Los dos pecadores más grandes sobre los cuales las Escrituras han puesto la marca más negra eran asesinos: Caín y Judas. El primero [fue] el asesino de su hermano; el otro, primero de su Señor y amo y después de sí mismo.

Dios lo odia y lo detesta de manera infinita hasta tal grado que, aunque el altar fuese un refugio para otros tipos de delincuentes, Él no permitió que allí se amparara al asesino. Éste debía ser arrastrado de ese santuario inviolable para ser ejecutado conforme a la Ley: "Pero si alguno se ensoberbeciere contra su prójimo y lo matare con alevosía, de mi altar lo quitarás para que muera" (Éx. 21:14). Por consiguiente, leemos que cuando Joab huyó y se asió de los cuernos del altar para que los mensajeros que habían sido enviados para darle muerte no se atreviesen a violar ese lugar santo al derramar su sangre, Salomón dio el mandato de que lo mataran ahí mismo como si la sangre de un homicida intencional fuese una ofrenda muy aceptable para Dios (1 R. 2:28-31).

En efecto, a la primera prohibición de homicidio que encontramos en las Escrituras, Dios le añade una razón muy importante por la cual éste le es tan detestable: "El que derramare sangre de hombre, por el hombre su sangre será derramada; porque a imagen de Dios es

---

[1] El alcance de este mandato es la preservación de aquella vida que Dios le ha dado a los hombres, lo cual es la mayor preocupación del hombre. Ningún hombre es señor de su propia vida ni de la vida de su prójimo; el quitarla le corresponde solamente a Aquel quien la dio. (Thomas Boston, *The Complete Works of Thomas Boston* [Las obras completas de Thomas Boston], Vol. 2, 260).

[2] **Estigmatizado** – Marcado con mala fama.

[3] **Rencor y virulencia** – Enojo profundo y amargo; hostilidad extrema.

[4] **Perdición** – Destrucción.

[5] El significado [*el significado debido*] de este mandamiento es que, ya que el Señor ha encerrado a toda la raza humana con una clase de unidad, la preservación de todos debe considerarse como el deber de cada uno. En general, por lo tanto, toda violencia e injusticia y todo tipo de daño que haga sufrir al cuerpo de tu prójimo, está prohibido (Juan Calvino, *Institutes* [Institución de la religión cristiana], II, viii, 39).

[6] **Providencia** – ¿Cuáles son las obras de la providencia de Dios? Las obras de la providencia de Dios son aquellas por medio de las cuales Él guarda y gobierna a todas sus criaturas, y todas las acciones de estas, de forma santa, sabia y poderosa (*Catecismo de Spurgeon*, pregunta 11, disponible en Chapel Library).

hecho el hombre" (Gn. 9:6). De manera que *Homicidium est Decidium*: "Matar a un hombre es lo mismo que darle una puñalada a una efigie[7] de Dios". Aunque la imagen de la santidad de Dios y su pureza está completamente deformada en nosotros desde la Caída, aun así, cada hombre viviente, hasta el más malvado e impío, tiene algunos rastros de la imagen de Dios en su mente, en la libertad de su voluntad y en su dominio sobre las criaturas. Dios quiere que reverenciemos cada parte de su imagen, de tal forma que considera a aquel que asalta a un hombre como aquel que trata de asesinar a Dios mismo[8].

El homicidio es un pecado que clama a voz en cuello. La sangre habla y clama fuertemente. La primera [sangre] que se derramó se escuchó desde la tierra hasta el cielo: "La voz de la sangre de tu hermano clama a mí desde la tierra" (Gn. 4:10). Dios ciertamente escuchará su clamor y la vengará.

Los cómplices

Pero, no es culpable sólo el que tiene las manos manchadas con la sangre de otros, sino que son culpables de homicidio también los cómplices. Como, por ejemplo:

Aquellos que mandan a los demás a que lo lleven a cabo o que los aconsejan con el mismo propósito. De esta manera, David llegó a ser culpable de asesinar a Urías, quién era inocente, y Dios, al detallar su acusación, lo enfrenta con su pecado: "A él lo mataste con la espada de los hijos de Amón" (2 S. 12:9).

Los que dan su consentimiento para que se lleve a cabo un homicidio son culpables de él. Por esto Pilato, por haber cedido ante las protestas clamorosas de los judíos que gritaban: "¡Crucifícale, crucifícale!" (Lc. 23:21), aunque se lavó las manos y negó el hecho, era tan culpable como los que clavaron a Cristo en la cruz.

El que encubre un homicidio es culpable de éste. Por lo tanto, leemos que en caso de que se encuentre un hombre muerto que haya sido asesinado y no se sepa quién es el culpable, los ancianos de la ciudad debían de reunirse, lavarse las manos y afirmar: "Nuestras manos no han derramado esta sangre, ni nuestros ojos lo han visto" (Dt. 21:6-7), dando a entender que si habían sido testigos y lo ocultaban, entonces se harían culpables de homicidio.

Los que están en una posición de autoridad y no castigan el homicidio, cuando éste se comete y se conoce, son también culpables. Por esta razón, cuando Nabot fue condenado a muerte por el artificio malvado de Jezabel, aunque Acab no conocía nada sobre la trama hasta después de la ejecución, a pesar de esto, porque él no reivindicó la sangre inocente cuando lo supo, el profeta lo acusa a él. "¿No mataste, y también has despojado?" (1 R. 21:19). La culpa caía sobre él y el castigo que merecía lo alcanzó, aunque no leemos que él fuera culpable de alguna otra manera, aparte de no haber castigado a los que habían cometido el crimen. Y se dice sobre esos jueces que permiten, cualquiera que sea la razón, que se lleve a cabo un homicidio sin que sea castigado, contaminan la tierra con sangre:

"Y no tomaréis precio por la vida del homicida, porque está condenado a muerte; indefectiblemente morirá…Y no contaminaréis la tierra donde estuviereis; porque esta

---

[7] **Darle una puñalada a una efigie** – Atacar violentamente la imagen o la figura que representa a una persona.

[8] Las Escrituras señalan un principio doble sobre el cual se basa este mandamiento. El hombre es la imagen de Dios y también es nuestra carne. Por lo tanto, para no violar la imagen de Dios, debemos considerar a la persona del hombre como sagrada y para no despojarnos de nuestra humanidad, tenemos que amar a quienes son nuestra propia carne (Calvino, *Institutes* [Institución de la religión cristiana], II, viii, 39).

sangre amancillará la tierra, y la tierra no será expiada de la sangre que fue derramada en ella, sino por la sangre del que la derramó" (Nm. 35:31, 33).

Tomado de "A Practical Exposition of the Ten Commandments" (Una exposición práctica de los Diez Mandamientos) que forma parte de *The Works of Ezekiel Hopkins* (Las obras de Ezekiel Hopkins), Vol. 1, publicado por Soli Deo Gloria, un departamento de *Reformation Heritage Books*, www.heritagebooks.org.

Ezekiel Hopkins (1634-1690): Ministro y autor anglicano. Nació en Sandford, Crediton, Devonshire, Inglaterra.

La violación del sexto mandamiento está incrementándose de forma manifiesta en toda la tierra por medio de suicidios, asesinatos, homicidios, parricidio, fratricidio, infanticidio y feticidio (aborto). Estos crímenes atroces se llevan a cabo con frecuencia, bajo tales circunstancias de crueldad tan horribles que su clamor de venganza sube al cielo. —Original Covenanter Magazine (Vol. 3:1-3:16, 1881)

El holocausto silencioso
PETER BARNES

Una sofocada sensibilidad moral

John Powell[9] ha descrito la práctica extensiva del aborto en nuestros días como "el holocausto silencioso". La descripción es trágicamente adecuada, ya que la forma de tratar a los niños no nacidos en las democracias occidentales puede compararse a la forma en que se trataron a los judíos en la Alemania nazi. De modo muy significativo, Dietrich Bonhoeffer[10], el pastor luterano a quien Hitler mandó a la horca en 1945, se manifestó con igual firmeza en contra del aborto como lo hizo en contra del nazismo[11]. Sus opiniones merecen mencionarse: "La destrucción de un embrión[12] en el vientre de su madre es una violación del derecho a vivir que Dios le ha concedido a la vida incipiente[13]. El preguntar si en este caso se trata o no de un ser humano es tergiversar el asunto. La realidad es que la intención de Dios era ciertamente crear a un ser humano y que de forma deliberada se le ha negado la vida a este ser humano naciente. Y esto no es nada menos que un asesinato"[14]. A partir de 1933, mientras que la persecución nazi de los judíos cobraba impulso, Bonhoeffer percibió claramente cuál era el deber del cristiano. Acudió a la Palabra de Dios y, a menudo, estaba en sus labios Proverbios 31:8: "Abre tu boca por el mudo". Este mismo deber le corresponde al cristiano en nuestros días en los cuales se practica y se acepta cada vez más el aborto.

La falta de pensamiento claro

Es inevitable que en una época de consignas y de una sofocada sensibilidad moral se muestren aspectos deprimentes, pero dos de los peores son la falta de pensamiento claro y la degradación[15] del lenguaje. En muchos lugares, hay niñas que ya a los once años han abortado y otras de catorce años que han vuelto para tener su segunda intervención. Sin embargo, no se les permite comprar alcohol y, generalmente, necesitan el permiso de sus padres para perforarse las orejas (este permiso no siempre se exige en casos de aborto). Hay campañas que son patrocinadas por el gobierno para que las mujeres que están embarazadas no fumen porque la práctica puede hacerle daño al bebé. Y los niños no nacidos que han estado involucrados en accidentes automovilísticos hasta han obtenido compensación en los tribunales. A pesar de esto, no se ha tomado ninguna acción en contra de la práctica de matar al niño que está en el seno materno. De hecho, existe una suposición sutil y generalizada de que los que están a favor del aborto son personas sensibles, liberales y compasivas, que son elocuentes, inteligentes y que están al tanto de las necesidades de la vida moderna, mientras que los que están a favor de la vida con frecuencia son descritos como un grupo de radicales dogmáticos que hasta podrían tener tendencias al fascismo[16].

---

[9] **John Joseph Powell** (1925-2009) – Autor de *Abortion: The Silent Holocaust* (El aborto: El holocausto silencioso).

[10] **Dietrich Bonhoeffer** (1906-1945) – Teólogo y pastor luterano alemán.

[11] **Nazismo** – Las doctrinas políticas que fueron implementadas por Adolfo Hitler y sus discípulos.

[12] **Embrión** – Un niño con menos de ocho semanas en el vientre.

[13] **Incipiente** – Que comienza a desarrollarse.

[14] Dietrich Bonhoeffer (1906-1945), *Ethics* (La ética), 175-76.

[15] **Degradación** – Reducción de la calidad.

[16] **Fascismo** – Opinión o práctica de la extrema derecha, autoritaria o intolerante.

La degradación del lenguaje

Además, el bebé en estado fetal se le ha puesto la etiqueta de "masa protoplasmática"[17] o "tejido fetal", mientras que el aborto mismo ha sido denominado como "un método de control de la fertilidad tras la concepción" o, simplemente, pero de forma igualmente engañosa, como la "interrupción del embarazo". Esta degradación de las palabras ha tenido efectos profundos: El lenguaje debe ser valorado y no fue sin razón que Agustín de Hipona[18] describió a las palabras como "valiosos recipientes de significado". Sin embargo, en la situación actual, las palabras se han utilizado como un disfraz para ocultar la realidad, en vez de revelarla. Por lo tanto, antes de seguir adelante, debemos tener claro lo que en realidad ocurre en cada aborto.

Los métodos principales del aborto

Existen tres métodos principales que se usan para poner fin a la vida de un bebé que va a nacer. Primero, para los embarazos que están en sus primeros meses, se usa la técnica de *dilatación y raspado* (D&C). En primer lugar, se dilata el cuello uterino y se introduce un tubo en el útero de la madre. El tubo está conectado a un aparato de succión que destroza al bebé y lo deposita en un frasco. Después se usa una legra[19] para raspar las paredes del útero con el propósito de eliminar cualquier parte del cuerpo del bebé que permanezca allí. A menudo, no se usa un tubo para succionar, sino que simplemente se usa una legra para descuartizar el cuerpo del bebé y raspar la placenta.

Como al tercer mes del embarazo, esta técnica es muy peligrosa para la madre, por lo cual se emplea una *solución salina* para el aborto. Esta técnica se pudiera denominar *envenenamiento con sal*. Una solución de sal concentrada se inyecta en el líquido amniótico[20] que se encuentra en la bolsa que está alrededor del bebé que se está desarrollando. El bebé absorbe la sal y queda envenenado hasta morir en el lapso de una hora. Las capas exteriores de su piel se queman con la sal y después de un día, la madre inicia el trabajo de parto y da a luz a un bebé descolorido y seco. Algunos de estos bebés han nacido vivos, aunque es raro que sobrevivan por mucho tiempo. En el tercer mes del embarazo también puede usarse prostaglandina[21]. Las sustancias químicas de prostaglandina se inyectan en el útero, lo que hace que la madre comience un parto prematuro y dé a luz a un bebé muerto. Sin embargo, hay bebés con los que se ha usado la prostaglandina que han nacido vivos, para vergüenza de muchos que son partidarios del aborto.

El tercer método, que se usa cuando el embarazo ya está más avanzado, es la *histerotomía*[22]. Esto es como una operación de cesárea, excepto que, en una histerotomía, el objetivo no es *salvar* al niño sino matarlo. En este caso, se le da muerte directamente al bebé o se permite que muera…

---

[17] **Protoplasmática** – El líquido incoloro de una célula viviente, compuesto de proteínas, grasas y otras sustancias orgánicas suspendidas en agua, incluido el núcleo.

[18] **Agustín de Hipona** (354-430) – Teólogo y obispo de Hippo Regius en el Norte de África.

[19] **Legra** – Un instrumento de cirugía en forma de cuchara que se usa para quitar tejido de una cavidad del cuerpo.

[20] **Amniótico** – Relativo al amnios, la membrana interna en la que está envuelto el embrión.

[21] **Prostaglandina** – Una sustancia potente que actúa como si fuese hormona; está presente en muchos de los tejidos del cuerpo y tiene diversos efectos que se asemejan a los que tienen las hormonas; se destaca el hecho de que promueve las contracciones uterinas.

[22] **Histerotomía** – Incisión quirúrgica en el útero.

Un ser humano

Algunas veces se dice que no podemos saber cuándo el feto se convierte en un ser humano. De hecho, la Corte Suprema de los Estados Unidos sostuvo este punto de vista en la decisión crucial y trágica de 1973[23], cuando prácticamente legalizó el aborto a petición. La Corte afirmó: "No necesitamos resolver la difícil cuestión del comienzo de la vida"[24]. Después continuó insinuando que los asuntos que tienen que ver con las especulaciones teológicas, filosóficas y biológicas *no tienen lugar en un tribunal*. Tal afirmación tiene aspecto de modestia, pero constituye una burla de la realidad biológica. Aunque fuera verdad, la actitud desdeñosa de la Corte hacia la vida es causa de alarma. Si existe alguna incertidumbre sobre el comienzo de la vida, entonces no hay duda de que el deber de la Corte es proteger, según lo que la Corte misma admitió, aquello que puede ser una vida humana...

El aborto... ha llegado a tener tal aceptación en lugares como Gran Bretaña, los Estados Unidos y Australia, que se le da muerte en la matriz deliberadamente a uno de cada tres o cuatro niños concebidos. En realidad, las estadísticas son horrorosas. Por ejemplo, en los Estados Unidos, quizá una cantidad de hasta quince millones de bebés perecieron en los diez años que transcurrieron después de 1973. Basándose en estos números, se calcula que el número de bebés asesinados por medio del aborto en cuatro meses es aproximadamente igual al número de estadounidenses muertos durante toda la Segunda Guerra Mundial. La matriz es ahora más peligrosa que el campo de batalla.

Sin embargo, todo esto se ha hecho en nombre del cuidado y la compasión, y hasta le añaden el eslogan conmovedor de que "todo niño debe ser un niño deseado"[25]. ...Los humanistas modernos ya no se desvían de una norma aceptada; se ha hecho cada vez más patente que ya no existe una norma de la cual desviarse... El profeta Amós tenía una plomada de albañil con la cual podía juzgar a Israel (Am. 7:7-9), pero el hombre moderno secular se ha quedado sin

---

[23] *Roe vs. Wade* 410 U.S. 113 (1973): La decisión de la Corte Suprema de los Estados Unidos en la que se sostuvo que una restricción excesiva del aborto por parte de los estados no es constitucional. Con una votación de siete a dos, la Corte Suprema sostuvo la decisión del tribunal inferior que determinó que una ley que criminalizaba el aborto en Texas violaba, en la mayoría de los casos, el derecho a la privacidad que la constitución le otorga a la mujer, el cual la corte encontró como algo implícito en la garantía de libertad de la Cláusula del Proceso Debido de la Decimocuarta Enmienda de la Constitución estadounidense ("Roe vs. Wade", *Encyclopedia Britannica Ultimate Reference Suite* [Enciclopedia Británica, serie definitiva de referencia], 2011)

[24] **Harold Andrew Blackmun** (1908-1999) – Juez asociado de la Corte Suprema de los Estados Unidos desde 1970 a 1994, autor de *Roe vs. Wade*.

[25] Esta frase aparece en el sitio web de Planned Parenthood. El apologista cristiano Greg Koukl da la siguiente respuesta a esta forma de pensar: "Puede ser que la vida no sea bella para un niño a quién nadie desea, eso lo puedo admitir, ¿pero por qué no lo es?... La respuesta inicial es que "la vida de un niño a quién nadie desea no es hermosa porque nadie lo quiere". Pero el asunto es más complicado que esto, ¿no lo es? Ningún niño tiene una vida miserable simplemente por el hecho crudo de que nadie lo quiera. El que nadie lo quiera no es lo que hace que el niño tenga una vida miserable. En este caso, esto (el que nadie lo quiera) no es lo que hace que el niño sea un infeliz, sino que más bien son las *personas* quienes hacen que el niño sea infeliz (los adultos, los padres que no quieren al niño). ¿Ves? La gente se siente miserable, no por las circunstancias de su concepción, sino más bien por la forma en la que los demás los tratan después del hecho... Sí, hay muchos niños a quién nadie quiere que tienen vidas miserables. ¿Pero quién tiene la culpa? La culpa no es del bebé. La culpa es de los padres que prefieren matar a su bebé antes de asumir la responsabilidad de amarlos y cuidarlos" (Greg Koukl, *Every Child a Wanted Child* [Todo niño debe ser un niño deseado], http://www.str.org/site/News2?page=NewsArticle&id=5238).

plomada. Por consiguiente, en el debate sobre el aborto, no es que simplemente ha errado al formular sus respuestas, sino que ni siquiera ha podido hacer las preguntas correctas.

El aborto a la luz de la Palabra de Dios

Se arguye con frecuencia que la Biblia no dice casi nada sobre el tema del aborto… Es verdad que la Biblia no dice nada explícitamente sobre el tema del aborto, pero haríamos bien al recordar el principio importante que se enseña en la Confesión de Fe de Westminster: "El consejo completo de Dios tocante a todas las cosas necesarias para su propia gloria y para la salvación, fe y vida del hombre, está expresamente expuesto en las Escrituras o se puede deducir de ellas por buena y necesaria consecuencia" (capítulo 1, párrafo 6)[26]. Basándonos en estas premisas, no cabe duda que es posible determinar la postura bíblica en cuanto al aborto.

La primera interpretación

El punto de partida para cualquier estudio debe ser Éxodo 21:22-25. Este pasaje no está libre de ambigüedades y es posible interpretarlo de dos maneras. La primera interpretación se puede encontrar en la Biblia de las Américas[27]:

> "Y si algunos hombres luchan entre sí y golpean a una mujer encinta, y ella aborta, sin haber otro daño, ciertamente el culpable será multado según lo que el esposo de la mujer demande de él; y pagará según lo que los jueces decidan. Pero si hubiera algún otro daño, entonces pondrás como castigo, vida por vida, ojo por ojo, diente por diente, mano por mano, pie por pie, quemadura por quemadura, herida por herida, golpe por golpe".

Si ésta es la traducción correcta, pareciera que justifica el punto de vista de que la vida de la madre tiene un valor mayor que la del niño que va a nacer. Entonces, el niño que no ha nacido se puede considerar como vida incipiente en lugar de verse como un ser humano completo. Sin embargo, aun esta traducción no deja la puerta abierta para el aborto, sino que lo evita. Aquí, un aborto imprevisto tiene como resultado una multa. El deducir "por buena y necesaria consecuencia", implica que un aborto deliberado merece un castigo mucho más duro. Como mucho, esta interpretación de Éxodo 21:22-25 podría justificar el aborto en los casos en que el embarazo pone en grave peligro la vida física de la madre, lo que es ahora extremadamente raro. Entonces el meollo del pasaje no es que el bebé no recibe el mismo nivel de protección, sino que a la madre embarazada se le otorga una protección muy especial ya que el homicidio involuntario no era, por lo general, un delito capital en Israel (Jos. 20), pero en este caso se castiga como tal.

La segunda interpretación

La segunda interpretación, es decir que Éxodo 21 se refiere a la muerte de la madre o del niño, obtiene apoyo de la Nueva Traducción Viviente… Ésta dice:

> "Supongamos que dos hombres pelean y, durante la lucha, golpean accidentalmente a una mujer embarazada y ella da a luz antes de término. Si ella no sufrió más heridas, el hombre que golpeó a la mujer estará obligado a pagar la compensación que el esposo

---

[26] La misma afirmación se encuentra, con un poco de variación, en la *Second London Baptist Confession* (La segunda Confesión Bautista de Londres) de 1677/89: "El consejo completo de Dios tocante a todas las cosas que son necesarias para su propia gloria, la salvación del hombre, la fe y la vida, está expresamente expuesto en las Santas Escrituras o ésta lo contiene de forma necesaria" (capítulo 1, párrafo 6).

[27] El autor emplea traducciones modernas, pero esto no significa que Chapel Library apoye estas traducciones o esté de acuerdo con ellas. Ver *English Bible Translations: By What Standard?* (Las traducciones de la Biblia en inglés: ¿Cuál es la medida?), William Einwechter, disponible en Chapel Library.

de la mujer exija y que los jueces aprueben. Pero si hay más lesiones, el castigo debe ser acorde a la gravedad del daño: vida por vida".

En esta traducción, es posible que los versículos no hablen de un aborto espontáneo, sino de un parto prematuro. Si el bebé sobrevive, los culpables son multados, pero si muere, se tomará vida por vida. De hecho, así entendieron el pasaje el erudito exégeta puritano Matthew Poole y también Keil y Delitzsch, cuyos comentarios del Antiguo Testamento han sido considerados durante mucho tiempo como obras de referencia que son de alto valor. Los comentarios de Calvino también son bastante instructivos al respecto. El gran reformador ginebrino escribió: "El feto, aunque está encerrado en la matriz de su madre, ya es un ser humano". Por lo tanto, su conclusión fue que el pasaje se refiere a la posible muerte de la madre o del niño. Por consiguiente, él protestó vigorosamente en contra de la muerte de los que no han nacido: "Si parece más horroroso el matar a un hombre en su propia casa que en un campo porque la casa de un hombre es su lugar de refugio más seguro, entonces seguramente debería ser estimado como aún más atroz el destruir a un feto en el vientre antes de nacer".

Por lo general, esta segunda interpretación de Éxodo 21:22-25 no tiene mucho apoyo hoy en día, pero hay mucho que decir a su favor. En primer lugar, la palabra hebrea para "aborto espontáneo" no se emplea en este pasaje, aunque sí se encuentra en muchos otros lugares del Antiguo Testamento (por ejemplo, en Gn. 31:38; Os. 9:14). En cambio, en Éxodo 21:22 se usa una palabra que simplemente significa "salir" o "irse". Se utiliza, por ejemplo, para describir la partida de Abram de Harán en Génesis 12:4. También se usa para describir el dar a luz a un niño vivo (por ejemplo, Gn. 25:26; 38:28-30). Cierto es que se usa para referirse a un bebé que nace muerto en Números 12:12, pero todavía es necesario que digamos que las traducciones modernas que añaden la palabra *aborto* al texto nos dan una interpretación, en lugar de una traducción.

La segunda razón para aceptar que Éxodo 21 se refiere a la muerte de la madre o del niño es más convincente. Las Escrituras, como Palabra de Dios, se refieren sistemáticamente al niño que no ha nacido como un ser humano. Cada niño en la matriz está hecho por Dios de forma maravillosa y formidable (Job 31:15; Sal. 139:13-16; Is. 44:2, 24; Jer. 1:5); es algo que nunca podremos entender por completo (Ec. 11:5). Existe una continuidad en la vida desde la concepción hasta la muerte, por esto cuando David se refiere a su origen en la matriz, naturalmente utiliza el pronombre personal de primera persona (Sal. 139:13). Incluso, el pecado se remonta no al recién nacido, sino al niño que está por nacer (Sal. 51:5; 58:3). Como resultado, en las Escrituras siempre se trata al niño que está en el vientre como un ser humano: Se puede mover y hasta saltar (Gn. 25:22, Lc. 1:41, 44), puede ser apartado para el servicio a Dios (Jer. 1:5; Gá. 1:15), ser lleno del Espíritu Santo (Lc. 1:15) y puede ser bendito (Lc. 1:42). Además, se usa la misma palabra griega para describir a Juan el Bautista antes de nacer (Lc. 1:41, 44), a Jesús cuando era un bebé recién nacido (Lc. 2:12, 16) y a los niños que fueron llevados a Jesús (Lc. 18:15). Si el niño que está en el vientre no es un ser humano, entonces es difícil entender cómo estas declaraciones podrían tener algún significado. Seguramente también es significativo que cuando el eterno Hijo de Dios se hizo hombre entró en el vientre de María. La encarnación[28], la unión de lo divino con lo humano, debe trazarse desde la concepción, no desde el nacimiento, de nuestro Señor.

Ya que el niño que está por nacer es un ser humano con vida, es entonces posible que muera en la matriz (*cf.* Job 10:18). El apóstol Pablo hasta podía denominarse a sí mismo como

---

[28] Ver Portavoz de la Gracia N°4: *La persona de Cristo*, disponible en Chapel Library.

"un abortivo", un abortivo que sobrevivió (1 Co. 15:8). Cuando el profeta Jeremías estalló con un clamor singular de desaliento (Jer. 20), maldijo el día de su nacimiento y también maldijo al hombre que pudo matarlo en el vientre de su madre, pero no lo hizo (Jer. 20:14-18). Si el profeta hubiera vivido en la Europa del siglo XX, puede ser que su deseo se hubiera cumplido. El receptor anónimo de la maldición de Jeremías era culpable ante los ojos llenos de amargura de Jeremías "porque no me mató en el vientre" (Jer. 20:17). La palabra que aquí se usa para describir la destrucción de un niño en la matriz es la misma que se usa para describir cómo David mató a Goliat en 1 S. 17:50-51. Al parecer, Jeremías no conocía ningún eufemismo[29] como por ejemplo "la interrupción del embarazo".

El juicio de Dios

A través de las Escrituras, el juicio de Dios siempre cae sobre aquellos que matan a aquellos que están por nacer. El profeta Eliseo lloró cuando reflexionó sobre los crímenes que Hazael, rey de Siria, cometería en contra de Israel. En las palabras de Eliseo: "Estrellarás a sus niños, y abrirás el vientre a sus mujeres que estén encintas" (2 R. 8:12). Después, Manahem, uno de los últimos reyes de Israel, cometió el mismo mal (2 R. 15:16). Cuando los amonitas paganos abrieron el vientre de las mujeres gestantes de Galaad, el profeta Amós declaró que el juicio de Dios estaba cerca (Am. 1:13). Todo esto indica que, al contrario de lo que algunos afirman, la Palabra de Dios sí da normas claras sobre el tema del aborto.

Los mandatos bíblicos contra el sacrificio de niños tampoco carecen de relevancia en el debate sobre el aborto. Dios no permitió que los israelitas entraran a Canaán hasta que la inmoralidad de los amorreos hubiera llegado a su colmo (Gn. 15:16). Mientras que la cultura de los cananeos se degradaba más y más, Dios preparó a los israelitas para tomar posesión de la tierra prometida. Dios advirtió a los israelitas repetidamente para que no imitaran a sus vecinos paganos (por ejemplo, Lv. 18:24-30; 20:23). Una de las cosas de las cuales Dios les advirtió particularmente fue de los sacrificios de niños arrojados a los brazos de fuego del dios amonita Moloc (Lv. 18:21; 20:2-5; Dt. 12:31; 18:10). A pesar de esto, ya en el reinado de Salomón, en Israel se estaba llevando a cabo la adoración de Moloc (1 R. 11:7). La costumbre de sacrificar niños pronto se propagó a la tierra de Moab (2 R. 3:27) y llegó hasta Judá, donde Acaz en el siglo VIII antes de Cristo (2 R. 16:3; 2 Cr. 28:3) y Manasés en el siglo VII antes de Cristo (2 R. 21:6; 2 Cr. 33:6) fueron culpables de ese crimen. En el 722 a. C., los asirios destruyeron el reino del norte de Israel, en parte porque Israel participaba de esta práctica brutal e idólatra (2 R. 17:17; *cf.* Sal. 106:34-39).

Estos sacrificios de niños hicieron que los profetas proclamaran el juicio de Dios sobre su pueblo y que los mandaran a arrepentirse. Isaías, y después Jeremías y Ezequiel, fueron inspirados de forma particular para denunciar la adoración de Moloc (*cf.* Is. 57:5; Jer. 7:31; 19:4-5; 32:35; Ez. 16:20-21; 20:31; 23:37, 39). Cuando Dios dijo que no escucharía las oraciones de los que pertenecían a Judea porque sus manos estaban llenas de sangre, es probable que lo que tenía en mente fuera, por lo menos en parte, los sacrificios de los niños (Is. 1:15). Mucho después, mientras que Jerusalén se acercaba más y más a la destrucción, el rey piadoso Josías trató de reformar a Judá según la Ley de Dios. En parte, esta reforma consistió en un esfuerzo por abolir los sacrificios de niños a Moloc (2 R. 23:10). En realidad, es instructivo pensar que el valle de Hinom, al sur de Jerusalén, que era el lugar donde se llevaban a cabo estos sacrificios de niños (2 Cr. 33:6; Jer. 7:31), es usado después por Jesús como una ilustración del infierno

---

[29] **Eufemismo** – Una palabra o frase que se usa en lugar de un término que se considera muy directo, duro, desagradable u ofensivo.

(ej. Lc. 12:5). La palabra *infierno* o *Gehenna* procede de la palabra griega *geenna*, que a su vez procede de la palabra hebrea *gê* (valle de) *hinnöm* (Hinom).

Así que la Palabra de Dios tiene mucho que decirnos sobre el tema del aborto. Hoy en día, vemos de nuevo a Raquel, la mujer de fe, que llora a sus hijos porque perecieron (Mt. 2:18). Los argumentos a favor del aborto también se usarán como argumentos a favor de la eutanasia y el infanticidio y, por lo tanto, indicarán que hemos vuelto a las prácticas de Faraón (Éx. 1) y de Herodes (Mt. 2:16-18). Es inevitable el hecho de que aquellos que odian a Dios amen la muerte (Pr. 8:36). La vida que no ha nacido es realmente una vida humana y así se incluye en el mandamiento de Dios que prohíbe el homicidio (Éx. 20:13). Por lo tanto, la causa del niño en el vientre es la causa de Dios: "Aunque mi padre y mi madre me dejaran, con todo, Jehová me recogerá" (Sal. 27:10).

Peter Barnes, *Abortion* [El aborto], (Edinburgo, The Banner of Truth Trust, 2010) © 2010, usado con permiso, www.banneroftruth.org.

Peter Barnes: Ministro de la Iglesia Presbiteriana de Australia, actualmente trabaja en la parroquia de Macksville después de haber ministrado en Vanuatu (anteriormente Nueva Hébridas).

Existen leyes en contra del homicidio y si el niño en el vientre tiene estatus legal y moral como ser humano, es justo que el aborto sea descrito como asesinato. — Al Mohler

La Biblia y el carácter sagrado de la vida
R. C. Sproul (1939-2017)

Fundamentado en la creación

En términos bíblicos, el carácter sagrado de la vida humana está basado y fundamentado en la creación. La raza humana no es un accidente cósmico sino más bien el producto de una creación que fue cuidadosamente ejecutada por un Dios eterno. La dignidad humana proviene de Dios. El Creador le confiere al hombre, que es una criatura finita, dependiente e incierta, un valor muy alto.

El relato de la creación en el libro de Génesis nos provee el fundamento para la dignidad humana: "Entonces dijo Dios: Hagamos al hombre a nuestra imagen, conforme a nuestra semejanza; y señoree en los peces del mar, en las aves de los cielos, en las bestias, en toda la tierra, y en todo animal que se arrastra sobre la tierra. Y creó Dios al hombre a su imagen, a imagen de Dios lo creó; varón y hembra los creó" (Gn. 1:26-27). Ser creado a la imagen de Dios es lo que distingue al ser humano de todas las demás criaturas. El sello de la imagen y la semejanza de Dios relacionan a Dios y a la raza humana de forma única. Aunque no hay justificación bíblica para pensar que el hombre es divino, sí existe una gran dignidad que está asociada con esta relación única con el Creador. A menudo, se ha aseverado que cualquier dignidad que la raza humana haya recibido por medio de la creación fue eliminada y revocada como resultado de la Caída. Ya que la maldad estropea el rostro del ser humano, ¿ha quedado intacta la imagen original? Como resultado de la Caída, algo profundo ha manchado la grandeza de la humanidad. Por lo tanto, ahora debemos distinguir entre la imagen de Dios en su sentido estrecho y amplio.

La imagen de Dios en el sentido estrecho tiene que ver con la capacidad y el comportamiento ético del hombre. En la creación, el hombre recibió la habilidad y la responsabilidad de imitar y reflejar el carácter santo de Dios. Desde la Caída, el espejo se ha manchado con la suciedad del pecado. Hemos perdido la capacidad de la perfección moral, pero no hemos perdido nuestra humanidad con esta pérdida ética. Aunque el hombre ya no es puro, todavía es humano. En tanto que seamos humanos, conservamos la imagen de Dios en el sentido más amplio. Todavía somos criaturas valiosas. Puede ser que ya no seamos dignos, pero aún tenemos valor. Éste es el resonante mensaje bíblico de la redención. Las criaturas que Dios creó son las mismas que Él decide redimir.

¿Tienen los cristianos una perspectiva pobre de la raza humana porque hablan sin cesar sobre el pecado humano? En realidad, tienen una mala opinión de la virtud humana, pero no tienen una mala opinión del valor del ser humano y de su importancia. Es precisamente porque la Biblia tiene la dignidad humana en tan alta estima que los cristianos toman el pecado humano con tanta seriedad. Si una rata le roba la comida a otra rata, nosotros no sentimos indignación moral. Pero si un ser humano le roba la comida a otro ser humano, nos preocupamos, y con razón. La perspectiva bíblica indica que el robo que comete un ser humano es más serio que el de la rata porque los humanos ocupan un nivel más alto en el orden de la existencia. Como afirmó el salmista, fuimos creados un "poco menor que los ángeles" (Sal. 8:5). Esta jerarquía de valor tiene raíces profundas en nuestra propia humanidad. Por ejemplo, cuando el presidente de los Estados Unidos es asesinado, no hablamos del hecho como un mero homicidio. Usamos una palabra especial para referirnos a él: Magnicidio.

Durante las noticias que acompañaron el anuncio del asesinato del presidente Kennedy[30], parecía que era difícil para los periodistas encontrar las palabras que tuvieran la fuerza necesaria para comunicar su indignación. Decían que el asesinato fue "diabólico", "malvado", "inhumano" y otras palabras como estas. En aquel entonces, me preguntaba a mí mismo por qué era tan difícil describir el asesinato de Kennedy, simplemente como el hecho de que un ser humano había matado a otro ser humano. No sólo un demonio puede llevar a cabo un asesinato. Una persona no pierde su humanidad de forma instantánea cuando asesina a otro ser humano. Lee Harvey Oswald[31] era un ser humano cuando presionó el gatillo en Dallas. ¿Entonces significa esto que, en la jerarquía de valor, el presidente Kennedy tenía más dignidad humana que el agente Tippit[32], quien fue asesinado el mismo día, en la misma ciudad y por el mismo hombre? ¡De ninguna manera! El asesinato del agente Tippit también fue un ataque en contra de su dignidad de la misma manera en que lo fue el asesinato de Kennedy. Cada uno era un ser humano. Cada uno tenía valor y dignidad personal. La persona de Kennedy no estaba más dotada de dignidad que la de Tippit. Lo que hizo que los periodistas expresaran una mayor indignación por la muerte de Kennedy que por la muerte de Tippit fue la posición que ocupaba Kennedy. Era el presidente de los Estados Unidos. Era la persona pública suprema en nuestra tierra. Es por una razón similar que una ofensa en contra de un ser humano causa más indignación que una ofensa en contra de una rata. Tanto la rata como el ser humano son criaturas formadas por Dios, pero la "posición" de la persona es considerablemente mayor que la "posición" de la rata. Es la raza humana, y no la rata, la cual está hecha a imagen de Dios. Al ser humano se le ha dado un cargo de dominio sobre la tierra. El hombre y no la rata es el vice regente de Dios sobre la creación. ¿Viola la pena de muerte el carácter sagrado de la vida? El principio de la dignidad especial de la raza humana se repite más adelante en Génesis cuando se establece la pena de muerte: "El que derramare sangre de hombre, por el hombre su sangre será derramada; porque a imagen de Dios es hecho el hombre" (Gn. 9:6). Este pasaje no es una profecía. No dice simplemente que "todos los que tomen espada, a espada perecerán" (Mt. 26:52). Más bien, este pasaje es un mandado divino para que se lleve a cabo la pena de muerte en caso de asesinato. El punto importante es que la base moral para la pena de muerte en Génesis es que la vida es sagrada.

La ética bíblica

La ética bíblica es la siguiente: Porque al hombre se le ha conferido la imagen de Dios, su vida es tan sagrada que todo lo que constituye una destrucción maliciosa de ésta, debe ser castigado con la ejecución. Notemos que este versículo implica que Dios considera que un ataque en contra de la vida humana es un ataque en contra de Sí mismo. El asesinar a una persona es atacar a quien lleva la imagen de Dios. Dios considera que el homicidio incluye, de forma implícita, un intento de asesinarlo a Él. El carácter sagrado de la vida se subraya y se reafirma en los Diez Mandamientos donde leemos: "No matarás" (Éx. 20:13). La prohibición bíblica en contra del asesinato es muy conocida en nuestra sociedad. Se usa con frecuencia como base moral en contra de la pena de muerte. Cuando el estado de Pennsylvania votó para reinstaurar la pena de muerte en caso de asesinato, la legislación fue vetada por el gobernador de aquel entonces, Milton Shapp. Shapp explicó a los periodistas que la base de su veto era que los Diez Manda-

---

[30] **John Fitzgerald Kennedy** (1917-1963) – El presidente número 35 de los Estados Unidos, fue asesinado en Dallas, Texas.

[31] **Lee Harvey Oswald** (1939-1963) – El presunto asesino del presidente John F. Kennedy.

[32] **J. D. Tippit** (1924-1963) – Un agente de la policía de Dallas, a quien Lee H. Oswald mató con un tiro.

mientos dicen "no matarás". El gobernador Shapp debió de continuar su lectura. Si le damos la vuelta a la página en Éxodo, vemos que, si alguien violaba el mandato que prohíbe matar, la Ley de Dios exigía lo siguiente: "El que hiriere a alguno, haciéndole así morir, él morirá" (Éx. 21:12). Las medidas para castigar el asesinato subrayan la gravedad del crimen precisamente por el valor de la víctima. Se considera que la vida es tan sagrada que nunca debe ser destruida sin una causa justa. Muchas declaraciones del Antiguo Testamento hablan sobre la dignidad de la vida humana y su base en la creación, incluyendo las que siguen:

"El espíritu de Dios me hizo, y el soplo del Omnipotente me dio vida". —Job 33:4

"Reconoced que Jehová es Dios; Él nos hizo, y no nosotros a nosotros mismos; pueblo suyo somos, y ovejas de su prado". —Salmo 100:3

"¡Ay del que pleitea con su Hacedor! ¡El tiesto con los tiestos de la tierra! ¿Dirá el barro al que lo labra: ¿Qué haces?; o tu obra: ¿No tiene manos? ¡Ay del que dice al padre: ¿Por qué engendraste? Y a la mujer: ¿Por qué diste a luz?! Así dice Jehová, el Santo de Israel, y su Formador: Preguntadme de las cosas por venir; mandadme acerca de mis hijos, y acerca de la obra de mis manos. Yo hice la tierra, y creé sobre ella al hombre. Yo, mis manos, extendieron los cielos, y a todo su ejército mandé". —Isaías 45:9-12

"Ahora pues, Jehová, tú eres nuestro padre; nosotros barro, y tú el que nos formaste; así que obra de tus manos somos todos nosotros". —Isaías 64:8

La perspectiva de Jesús

Es interesante que Jesucristo dio la explicación más importante de la perspectiva del Antiguo Testamento sobre lo sagrado de la vida: "Oísteis que fue dicho a los antiguos: No matarás; y cualquiera que matare será culpable de juicio. Pero yo os digo que cualquiera que se enoje contra su hermano, será culpable de juicio; y cualquiera que diga: Necio, a su hermano, será culpable ante el concilio; y cualquiera que le diga: Fatuo, quedará expuesto al infierno de fuego" (Mt. 5:21-22). Las palabras de Jesús tienen un significado vital en lo que concierne a nuestro entendimiento del carácter sagrado de la vida. Aquí Jesús amplificó las implicaciones de la ley del Antiguo Testamento. Les hablaba a los líderes religiosos que tenían un concepto estrecho y simplista de los Diez Mandamientos. Los legalistas de ese tiempo confiaban en que si ellos obedecían los aspectos de la Ley que se expresan explícitamente, entonces podían aplaudirse a sí mismos por su gran virtud. Sin embargo, no lograron comprender las demás implicaciones de la ley.

En la perspectiva de Jesús, aquello que la ley no explica detalladamente queda claramente implícito por su significado más amplio. Este aspecto de la ley se puede ver en la forma que Jesús expande la prohibición en contra del adulterio: "Oísteis que fue dicho: No cometerás adulterio. Pero yo os digo que cualquiera que mira a una mujer para codiciarla, ya adulteró con ella en su corazón" (Mt. 5:27-28). Aquí Jesús explica que no es necesariamente verdad que una persona que evita el acto físico del adulterio ha obedecido toda la ley.

La ley sobre el adulterio es compleja e incluye, no sólo las relaciones sexuales ilícitas, sino también todo lo que se encuentra entre la lujuria y el adulterio. Jesús describió la lujuria como el adulterio del corazón. La ley no solo prohíbe ciertos comportamientos y actitudes negativas, sino que también, por implicación, exige ciertos comportamientos y actitudes positivas. Esto significa que cuando se prohíbe el adulterio, también se exige la castidad y la pureza. Cuando aplicamos estos patrones que Jesús explica a la prohibición en contra del asesinato, podemos entender claramente que, por un lado, debemos evitar todas aquellas cosas que forman parte de la definición general del homicidio; pero, por otro lado, también se nos manda de forma positiva a esforzarnos por salvar, mejorar y cuidar la vida[33]. Tenemos que evitar el asesinato y todas sus ramificaciones[34] y, al mismo tiempo, hacer todo lo que podamos para promover la vida[35]. Así como Jesús consideró que la lujuria es parte del adulterio, también juzgó que la ira no justificada y la calumnia son partes del asesinato. Así como la lujuria es adulterio del corazón, la ira y la calumnia son asesinato del corazón. Al expandir el alcance de los Diez Mandamientos para incluir tales asuntos como la lujuria y la calumnia, Jesús no quiso decir que el codiciar a una persona es tan malo como tener relaciones sexuales ilícitas. De la misma manera, Jesús no dijo que la calumnia es tan mala como el asesinato. Lo que sí dijo es que la ley en contra del asesinato incluye una ley en contra de cualquier cosa que tenga que ver con hacerle daño a otro ser humano injustamente.

¿Cómo se aplica todo esto al tema del aborto? En las enseñanzas de Jesús, vemos otra forma sólida de reforzar el carácter sagrado de la vida. El homicidio que toma lugar en el corazón, como por ejemplo la calumnia, se puede describir como un homicidio "en potencia". Es un homicidio potencial porque, por ejemplo, el enojo y la calumnia tienen el potencial de conducir a una persona a llevar a cabo el acto del homicidio físico. Por supuesto, no siempre tienen este resultado. El enojo y la calumnia están prohibidos, no tanto por lo que pueden producir, sino por el daño que en realidad le hacen a la calidad de vida.

Una persona humana viviente en potencia

Cuando vinculamos el debate sobre el carácter sagrado de la vida al tema del aborto, hacemos una conexión sutil, pero que es pertinente. Aunque no podamos probar que un feto es en realidad una persona humana viviente, no cabe duda de que es una persona humana viviente en potencia. En otras palabras, el feto es una persona que se está desarrollando. No se encuentra en un estado inmóvil en cuanto a su potencialidad. El feto está en un proceso dinámico. Si no lo interrumpe alguna calamidad no prevista, seguramente llegará a ser una persona humana viviente completamente desarrollada. Jesucristo considera que la ley en contra del homicidio incluye, no sólo el acto de homicidio físico, sino también las acciones que representan un homicidio en potencia. Jesús enseñó que cometer homicidio potencial hacia una vida real es inmoral.

Entonces, ¿cuáles son las implicaciones de cometer la destrucción real de la vida potencial? La destrucción real de la vida potencial no es lo mismo que la destrucción potencial de la vida real. Estos no son casos idénticos, pero tienen un grado de similitud que es suficiente para que nos detengamos y consideremos cuidadosamente las posibles consecuencias antes de destruir una vida potencial. Si este aspecto de la ley no encierra completa y definitivamente el aborto dentro de la prohibición amplia y compleja en contra del homicidio, hay un segundo aspecto que sí lo hace con claridad. Como afirmé anteriormente, las prohibiciones negativas

---

[33] Así como todo mandado positivo implica uno negativo, también todo mandato negativo implica uno positivo. Por lo tanto, cuando Dios dice: "No matarás", a saber, ni a ti mismo ni a los demás, de esta manera obliga a los hombres a preservar sus propias vidas y la de los demás. (Thomas Boston, *The Complete Works of Thomas Boston* [La obra completa de Thomas Boston], Vol. 2, 260).

[34] **Ramificación** – Las consecuencias de las acciones, especialmente cuando son complejas o desagradables.

[35] Para estar libre de culpa en cuanto al crimen del asesinato, no es suficiente el abstenerse de derramar sangre humana. Si por medio de alguna acción lo cometes, si te empeñas por planificarlo, si tu deseo y tu intención es aquello que se opone a la seguridad de otra persona, entonces eres culpable de asesinato. Por otra parte, si de acuerdo con tus recursos y tus oportunidades no buscas defender su bienestar, con tu crueldad violas la ley. (Calvino, *Institutes* [Institución de la religión cristiana], II, viii, 39).

de la ley implican actitudes y acciones positivas. Por ejemplo, la ley bíblica en contra del adulterio también requiere castidad y pureza. Asimismo, cuando una ley se expresa de forma positiva, su forma negativa y opuesta se prohíbe implícitamente. Por ejemplo, si Dios nos manda a ser buenos mayordomos de nuestro dinero, queda claro que no debemos gastarlo desenfrenadamente. Un mandato positivo para que trabajemos con diligencia incluye una prohibición negativa en contra de la pereza en el trabajo. Una prohibición negativa en contra del homicidio real y potencial conlleva de forma implícita un mandato positivo a que trabajemos para proteger y sostener la vida.

El oponerse al homicidio equivale a promover la vida. Independientemente de todo lo demás que el aborto haga, no promueve la vida del niño que está por nacer. Aunque algunas personas sostendrán que el aborto promueve la calidad de vida de aquellos que no quieren tener hijos, la realidad es que no promueve la vida del ser en cuestión —el niño que está por nacer y que se desarrolla—. La Biblia apoya de forma sistemática y firme el gran valor de toda vida humana. El pobre, el oprimido, la viuda, el huérfano y el discapacitado, la Biblia los valora altamente a todos. Por lo tanto, cualquier discusión sobre el tema del aborto debe, en última instancia, lidiar con este tema clave de las Escrituras. Cuando la destrucción o la eliminación de la vida humana, aun cuando es potencial, se lleva a cabo de forma barata y fácil, una sombra oscurece todo el panorama de la santidad de la vida y la dignidad humana.

Tomado de *Abortion: A Rational Look at an Emotional Issue* (El aborto: Una consideración racional de un tema conmovedor), © 1990, 2010; usado con permiso de Reformation Trust Publishing, www.ligonier.org/reformation-trust.

R. C. Sproul (1939-2017): Teólogo presbiteriano y ministro, presidente de Ligonier Academy of Biblical and Theological Studies; fundador y director de Ligonier Ministries; Sanford, Florida, Estados Unidos.

> *Cuanto más en contra de la naturaleza, más horrendo es el hecho. Es en contra de la naturaleza que un hombre muestre crueldad hacia su propia carne o que una mujer llegue a matar al hijo de su vientre. ¡Oh, como resuena en nuestros oídos un acto tan vergonzoso!*
> — William Gurnall

> *Pablo nos dice que los gentiles antiguos no tenían "afecto natural" (Ro. 1:31). Lo que señala es la costumbre bárbara entre los romanos quienes, a menudo, para ahorrarse la carga de la educación de sus hijos y disfrutar de libertad para satisfacer sus lujurias, destruían a sus propios hijos en el vientre; tan lejos llegó la fuerza del pecado para destruir la ley de la naturaleza y rechazar su fuerza y poder. Los ejemplos de este tipo son comunes en todas las naciones, hasta entre nosotros mismos, hay mujeres que asesinan a sus propios hijos por medio del razonamiento engañoso del pecado. De esta manera, el pecado desvía la corriente poderosa de la naturaleza, oscurece toda la luz de Dios en el alma, controla todos los principios naturales que están bajo la influencia del poder del mandato y la voluntad de Dios. Con todo, este mal, por medio de la eficacia del pecado, se ha agravado de forma espantosa. Los hombres, no sólo han matado a sus hijos, los han sacrificado cruelmente para satisfacer sus lujurias.* — John Owen

> *El celo [por Cristo] hará que el hombre aborrezca todo lo que Dios aborrece como la borrachera, la esclavitud, el infanticidio y que anhele poder eliminarlo de la faz de la tierra.*
> —J. C. Ryle

La humanidad y el factor de la muerte
GEORGE GRANT

"Todos los que me aborrecen aman la muerte". —Proverbios 8:36

El concepto de Tánatos

Tristemente, el factor más importante para entender la antropología[36], ya que todos los hombres sin excepción alguna son pecadores, es el concepto de Tánatos. Sin tomar en cuenta las ideas freudianas[37], el síndrome Tánatos es simplemente *la inclinación natural y pecaminosa hacia la muerte y la corrupción*. Todos los hombres han recibido la muerte morbosamente con los brazos abiertos (Ro. 5:12).

En la Caída, la humanidad fue condenada repentinamente a la muerte (Jer. 15:2). En ese momento, todos nosotros hicimos un pacto con la muerte (Is. 28:15). Las Escrituras nos dicen: "Hay camino que al hombre le parece derecho; pero su fin es camino de muerte" (Pr. 14:12; 16:25).

Aunque no seamos conscientes de ello, hemos escogido la muerte (Jer. 8:3). Se ha convertido en nuestro pastor (Sal. 49:14). Nuestras mentes se enfocan en la muerte (Ro. 8:6); nuestro corazón va tras ella (Pr. 21:6) y ésta domina nuestra carne (Ro. 8:2). Bailamos al son de su música (Pr. 2:18) y caminamos hacia sus cámaras (Pr. 7:27).

La realidad es que "la paga del pecado es muerte" (Ro. 6:23) y que "todos pecaron" (Ro. 3:23). "No hay justo, ni aun uno; no hay quien entienda, no hay quien busque a Dios. Todos se desviaron, a una se hicieron inútiles; no hay quien haga lo bueno, no hay ni siquiera uno. Sepulcro abierto es su garganta; con su lengua engañan. Veneno de áspides hay debajo de sus labios; su boca está llena de maldición y de amargura. Sus pies se apresuran para derramar sangre; quebranto y desventura hay en sus caminos; y no conocieron camino de paz. No hay temor de Dios delante de sus ojos" (Ro. 3:10-18). Y, todos los que aborrecen a Dios aman la muerte (Pr. 8:36).

Entonces, no es de sorprenderse que el aborto, el infanticidio, la exposición y el abandono de niños siempre han sido parte común y natural de las relaciones humanas. Desde el principio, los hombres han ingeniado pasatiempos para satisfacer sus pasiones corruptas. Y entre estos, el matar niños siempre ha tenido preeminencia.

Las culturas en la antigüedad

Casi todas las culturas en la antigüedad estaban manchadas con la sangre de niños inocentes. Los niños no deseados en la antigua Roma se abandonaban en las afueras de los muros de la ciudad para que murieran al ser expuestos a los elementos o atacados por bestias salvajes que buscaban alimento. Con frecuencia, los griegos les daban a las mujeres embarazadas cantidades fuertes de abortivos[38] en forma de hierbas o medicina. Los persas desarrollaron procedimientos quirúrgicos sofisticados en los cuales utilizaban una legra. Las mujeres chinas se ataban cuerdas pesadas alrededor de la cintura y la apretaban tan fuertemente que o

---

[36] **Antropología** – El estudio del ser humano.
[37] **Ideas freudianas** – En las teorías de Sigmund Freud (1856-1939), Tánatos representa la inclinación de la humanidad hacia la autodestrucción. El punto del autor es que el Síndrome de Tánatos, al cual él se refiere no es el de Freud, sino el que surge como una revelación de la depravación radical del hombre, así lo explica la Palabra infalible de Dios.
[38] **Abortivos** – Drogas u otros medios de provocar un aborto.

se provocaban el aborto o quedaban inconscientes. Los hindúes y los árabes de la antigüedad preparaban [anticonceptivos] químicos... Los cananeos primitivos arrojaban a sus hijos en grandes piras ardientes como sacrificio para su dios, Moloc. Los polinesios sometían a las mujeres embarazadas a torturas crueles, les golpeaban el abdomen o amontonaban carbón ardiente sobre sus cuerpos. Las japonesas [se paraban junto] a ollas en las cuales hervían infusiones parricidas[39]. Los egipcios se deshacían de los hijos no deseados destripándolos y descuartizándolos poco después de nacer. Después, se llevaba a cabo un ritual en el que se recolectaba el colágeno[40] de estos niños para después usarlo en la elaboración de cremas cosméticas.

Ninguno de los grandes intelectuales del mundo antiguo —desde Platón y Aristóteles hasta Séneca y Quintiliano, desde Pitágoras y Aristófanes hasta Tito Livio y Cicerón, desde Heródoto y Tucídides hasta Plutarco y Eurípides— desacreditó de alguna manera la matanza de los niños. De hecho, la mayoría de ellos en realidad *la recomendaban*. Debatían sobre los varios métodos y procedimientos de abortar sin mostrar ninguna sensibilidad. Discutían informalmente sus diversas consecuencias jurídicas. Hablaban de deshacerse de una vida como si estuvieran jugando alegremente a los dados.

El aborto, el infanticidio, la exposición y el abandono de niños formaban una parte tan arraigada de la sociedad humana que estos representaban el *leitmotiv*[41] principal en las tradiciones populares, cuentos, mitos, fábulas y leyendas.

Por ejemplo, la fundación de Roma fue descrita como aquello que afortunadamente ocurrió después de que dos niños, [Rómulo y Remo], fueron abandonados... Se suponía que Edipo fue un niño que, tras ser abandonado, fue encontrado por un pastor y después llegó a ser un gran hombre. Según la tradición, Ion, el monarca epónimo[42] de la antigua Grecia, sobrevivió de forma milagrosa cuando trataron de abortarlo. Ciro, el fundador del imperio persa, supuestamente fue un afortunado sobreviviente del infanticidio. Según la leyenda de Homero, también Paris, quien con sus indiscreciones amorosas comenzó la Guerra de Troya, también fue abandonado. Télefo, el rey de Misia en Grecia, y Habis, el gobernador de los curetes en España, fueron ambos abandonados durante su niñez, según varios cuentos populares. Júpiter mismo, el dios principal del panteón olímpico, fue abandonado cuando era un bebé. Él, a su vez, abandonó a sus hijos, los gemelos Zetos y Anfión. De forma similar, existen otros mitos sobre Poseidón, Esculapio, Hefaistos, Atis y Cibeles en los cuales se cuenta que todos fueron dejados a la intemperie para que perecieran.

Los hombres y las mujeres de la antigüedad habían sido hundidos en el fango por los siervos del pecado y la muerte, por lo que el matar a sus propios hijos era tan natural para ellos como la lluvia de primavera. El sabotear a su propia descendencia era tan instintivo como la cosecha de otoño. No les parecía que el destruir el fruto de su propio vientre fuera un acto de crueldad. Formaba parte de la esencia de su cultura. Estaban convencidos de que el aborto se podía justificar por completo. Confiaban que era justo, bueno y apropiado.

Pero estaban equivocados, terriblemente equivocados.

---

[39] **Infusiones parricidas** – Mezclas que se hervían y se utilizaban para matar un pariente cercano, en este caso, la madre a su bebé.

[40] **Colágeno** – Proteína que se encuentra en forma de fibras que componen los huesos, los tendones y otros tejidos conectivos en el cuerpo humano; cuando se hierve produce gelatina.

[41] **Leitmotiv** – Un tema que se repite.

[42] **Epónimo** – Se dice de una persona que le otorga su propio nombre a algo, por ejemplo, Ion fue el fundador de los jonios, una de las tribus griegas principales.

Un don de Dios

La vida es un don de Dios que Él confiere por gracia sobre el orden de la creación. Fluye y se desborda en una fecundidad generativa. La tierra, literalmente, rebosa de vida (Gn. 1:20; Lv. 11:10; Dt. 14:9). Y la culminación de esta abundancia sagrada es el hombre (Gn. 1:26-30; Sal. 8:1-9). El violar el carácter sagrado de este magnífico don equivale a oponerse a todo lo que es santo, justo y verdadero (Jer. 8:1-17; Ro. 8:6). El violar el carácter sagrado de la vida es provocar juicio, castigo y ser anatema (Dt. 30:19-20). Significa buscar la ruina, la imprecación[43] y la destrucción (Jer. 21:8-10). El apóstol Pablo nos dice: "No os engañéis; Dios no puede ser burlado: pues todo lo que el hombre sembrare, eso también segará" (Gá. 6:7).

Pero el Señor Dios, quien es el dador de la vida (Hch. 17:25), el manantial de la vida (Sal. 36:9), el defensor de la vida (Sal. 27:1), el autor de la vida (Hch. 3:15) y el restaurador de la vida (Rt. 4:15), no abandonó al hombre para que languideciera sin esperanza en las garras del pecado y de la muerte. No solamente nos mandó el mensaje de vida (Hch. 5:20) y las palabras de vida (Jn. 6:68), sino que también nos mandó la luz de la vida (Jn. 8:12). Mandó a su Hijo unigénito, quien es la vida del mundo (Jn. 6:51) para romper las cuerdas de la muerte (1 Co. 15:54-56)… "Porque de tal manera amó Dios al mundo, que ha dado a su Hijo unigénito, para que todo aquel que en él cree, no se pierda, mas tenga vida eterna" (Jn. 3:16). En Cristo, Dios nos ha dado la oportunidad… de escoger entre la vida abundante y fructífera por un lado y la muerte mísera y estéril por el otro (Dt. 30:19).

Sin Cristo no podemos escapar de la trampa del pecado y de la muerte (Col. 2:13). Por otro lado: "Si alguno está en Cristo, nueva criatura es; las cosas viejas pasaron; he aquí todas son hechas nuevas" (2 Co. 5:17). Todos los que odian a Cristo "aman la muerte" (Pr. 8:36), mientras que todos los que reciben a Cristo son hechos en el olor dulce de vida (2 Co. 2:16).

La implicación es clara: El movimiento a favor de la vida y la fe cristiana son sinónimos[44]. Donde existe uno, también se encontrará el otro porque el uno no puede estar sin el otro. Además, el conflicto principal en la historia y en el tiempo siempre ha sido y siempre será la lucha a favor de la vida que la Iglesia libra en contra de las inclinaciones naturales de todos los hombres en todo lugar.

Conclusión: Todas las relaciones humanas se encuentran bajo la oscura sombra de la muerte. Como resultado del pecado, todos los hombres coquetean y presumen desvergonzadamente ante el espectro de la muerte. Tristemente, tal insolencia los ha llevado a la concupiscencia[45] más grotesca que se pueda imaginar: La matanza de niños inocentes. Cegados por el resplandor del ángel de luz, quien es malvado e insidioso (2 Co. 11:14), permanecemos inmóviles, paralizados y fascinados. Pero gracias a Dios, hay una forma de escapar de estas cadenas de destrucción. En Cristo, hay esperanza. En Él, hay vida, temporal y eterna. En Él, hay libertad y justicia. En Él, está el antídoto para el factor de Tánatos. En Él, y solo en Él, está la respuesta para el antiguo dilema del dominio de la muerte.

---

[43] **Imprecación** – Maldición.

[44] Sin embargo, esto no significa que todo el que está a favor de la vida es, en realidad, un cristiano.

[45] **Concupiscencia** – Lujuria, avidez.

Tomado de *The Light of Life: How the Gospel Shaped a Pro-Life Culture in the West* [La luz de vida: Cómo el Evangelio formó una cultura occidental a favor de la vida], (Franklin, Tennessee, Estados Unidos: Standfast Press, 2015).

George Grant: Pastor de Parish Presbyterian Church (Iglesia Presbiteriana de la Parroquia), plantador de iglesias, presidente de King's Meadow Study Center (Centro de estudios King's Meadow), fundador de Franklin Classical School (Escuela Clásica Franklin) y rector de New College Franklin (Nuevo Instituto Franklin), Franklin, Tennessee, Estados Unidos.

Respuestas para los argumentos a favor del aborto
Joel R. Beeke

¿Cuál es la justificación para el aborto legal? Examinemos los argumentos que usan aquellos que promueven el aborto para determinar cuan fuerte es el fundamento sobre el cual se basa esta práctica.

Argumento 1

El feto no es una vida humana, por lo tanto, es lícito matarlo. Aunque el feto eventualmente llegará a ser un niño humano, este argumento afirma que aún no lo es. Pero la ciencia indica lo contrario. En primer lugar, las palabras *embrión* y *feto* son palabras que vienen del griego y del latín que significan simplemente "alguien que es joven". Cuando los científicos hablan sobre un embrión humano o un feto, no lo están colocando en la categoría de alguna otra especie, sino que simplemente están empleando terminología técnica para referirse a una etapa de desarrollo, como lo son las palabras *infante*, *niño*, *adolescente* y *adulto*. Un feto humano es un ser humano joven en el vientre. Es natural y correcto que las madres se refieran al feto como "mi bebé" o que los libros sobre el embarazo se refieran a este como "tu hijo".

En segundo lugar, desde la concepción, el niño tiene su propio código genético que lo identifica claramente como un *homo sapiens*, parte de la raza humana. El ADN del niño tiene un código distinto al de su madre, lo cual muestra que él o ella no es parte del cuerpo de la madre, sino más bien, un individuo distinto que vive temporalmente dentro de ella.

En tercer lugar, las imágenes que se obtienen por medio de los ultrasonidos[46] muestran que, desde una fecha muy temprana en el proceso del desarrollo del embrión, éste adquiere una forma humana reconocible. El niño no es una masa amorfa de tejido, sino un bebé muy complejo, aunque muy pequeño. Tres semanas después de la concepción, el corazón del bebé comienza a latir y a bombear sangre a través del cuerpo. A las seis semanas, las ondas cerebrales del bebé se pueden trazar. Virtualmente, todos los abortos quirúrgicos eliminan

---

[46] **Ultrasonido** – Esta tecnología utiliza las ondas sonoras de alta frecuencia para construir una imagen de algún órgano del cuerpo; comúnmente se usa para observar el crecimiento de un feto.

un corazón que late y un cerebro que funciona. A las ocho semanas, los brazos, las manos, las piernas y los pies están bien desarrollados y las huellas digitales del niño comienzan a tomar forma. Once semanas después de la concepción, todos los órganos internos del bebé están presentes y funcionan. Al final del primer trimestre, el niño da patadas, da vueltas, abre y cierra sus manos y tiene expresiones faciales.

Según cualquier estándar razonable, un feto humano es un ser humano joven. El matar a un bebé inocente es asesinato. Por esta razón, lo que se obtiene tras un aborto es tan espantoso: Manos, pies, cabezas desmembradas que son envueltas en bolsas y luego se desechan. Conocemos esto de forma intuitiva. La gente puede mirar un pedazo de carne o un muslo de pollo con indiferencia, pero las imágenes de un aborto son horrorosas y nos afligen porque representan a un cuerpo humano desmembrado. Los niños en el vientre son seres humanos valiosos que necesitan nuestra protección.

Argumento 2

El feto no es totalmente humano porque depende de otro ser. ¿Deja el bebé canguro de ser canguro porque vive en la bolsa marsupial de su madre? Claro que no. El lugar y la situación de un ser humano no cambian la realidad de que él o ella es un ser humano. Los argumentos a favor del aborto que se basan en la dependencia, andan por terreno peligroso. Si el ser dependiente hace que una persona sea menos humana, entonces tendríamos razón para matar a los niños después que están fuera del vientre, a la gente que necesita diálisis, a las personas discapacitadas y a los ancianos. ¿Tenemos el derecho de matar a todas las personas que dependen de los demás?

Consideremos a dos madres que tienen varios meses de embarazo. Un niño nace prematuramente y el otro permanece en el vientre. El primero depende completamente de la intervención médica para sobrevivir y el otro del cuerpo de su madre. ¿Tenemos el derecho de matar al bebé que nació prematuramente? ¿Cómo reaccionaría el hospital si la madre entrara en la sala de neonatos[47] con un cuchillo para agredir a su bebé? Si no tenemos derecho de matar a un niño prematuro, ¿entonces por qué se puede matar al niño en el vientre? Ambos dependen de los demás. Ambos son niños. Ambos necesitan protección legal.

Argumento 3

La mujer tiene derecho a hacer lo que quiera con su cuerpo. Afirmamos la autoridad que la mujer tiene sobre su cuerpo. Pero hay límites sobre lo que es *legítimo* que hagamos con nuestros cuerpos, lo cual incluye el causar daño a otro ser humano. El aborto implica la muerte del niño. El argumento de que el feto viviente es parte del cuerpo de la madre va en contra de la razón: ¿Cuál es el órgano del cuerpo que este constituye? Cuando late el corazón del niño en el vientre, ¿a quién le pertenece ese corazón? Cuando las ondas cerebrales del feto se pueden trazar, ¿a quién le pertenece ese cerebro? En cada embarazo hay dos personas: La madre y el niño; los derechos de ambos deben considerarse.

Cada vez que nos referimos a los derechos de dos seres humanos, debemos cuidarnos de que la persona que tiene más poder, no tome ventaja sobre la persona más débil. El poderoso tiene la responsabilidad de proteger al más débil. Es la responsabilidad especial de la madre el proteger a su hijo. ¿Tiene alguna madre el derecho de hacer lo que le plazca con sus hijos? Al contrario, ella tiene la responsabilidad de cuidarlos o de asegurarse que otra persona los

---

[47] **Neonato** – Recién nacido.

cuide. Sin duda, la maternidad conlleva sacrificio. Debemos suponer que, cuando sea necesario, los adultos sacrificaran sus recursos y sus libertades para preservar la vida de los niños.

Argumento 4

El sexo y la reproducción son asuntos privados en los cuales no debemos meternos. Es nuestra convicción que la sexualidad humana es un asunto muy privado: Es una expresión de la intimidad profunda que comparten un esposo y una esposa. Pero el sexo tiene consecuencias muy públicas. La manera en que ejercemos nuestra sexualidad contribuye a que se restrinjan o se propaguen las enfermedades, a que se honre o se viole a la mujer, a que se cuide a los niños o se abuse sexualmente de ellos, a que se fortalezca o se destruya la familia que es el fundamento de la sociedad. Por lo tanto, la sociedad tiene razones muy convincentes para guardar la dignidad del matrimonio, de las mujeres y de los niños en lo que concierne al sexo y la reproducción.

La gente a veces sostiene que la Constitución de los Estados Unidos garantiza el derecho a la privacidad en asuntos sexuales y reproductivos. Lee la Constitución y verás que allí no hay tal derecho. En realidad, la Cuarta Enmienda reconoce el derecho a la protección en contra de "inspecciones e incautaciones que no tengan justificación" sin "mandato judicial", pero no dice nada sobre la sexualidad, los niños ni el aborto.

Alguien pudiera decir, sarcásticamente: "Yo pensaba que lo que hacía en mi habitación era asunto mío", pero si existe una causa justificada para pensar que si tú estás asesinando a un niño en tu habitación, entonces se vuelve un asunto en el cual las autoridades deben interceder públicamente. La privacidad no es un derecho moral absoluto. Sin embargo, el matar a un niño es un mal moral absoluto.

Argumento 5

El hacer que el aborto sea ilegal obligaría a las mujeres a realizar abortos peligrosos y clandestinos. Los defensores del aborto han usado ampliamente la idea de un aborto que se lleva a cabo rudamente y con el resultado de una madre sangrando y agonizante (y con un niño muerto). Pero la realidad es que el noventa por ciento de los abortos que se llevaron a cabo antes de que éste se legalizara, fueron hechos por doctores en sus clínicas. La idea de que miles de mujeres morían cada año hasta que se legalizó el aborto es un mito. En 1972, treinta y nueve madres murieron por abortos en los Estados Unidos. El *American Journal of Obstetrics and Gynecology* (Publicación americana de obstetricia[48] y ginecología[49]) del 26 de marzo del 2010 admite que la legalización del aborto no ha "obrado un impacto significativo en el número de mujeres que se mueren como resultado del aborto en los Estados Unidos… el aborto legal es ahora la causa principal de la mortalidad materna en relación con el aborto en los Estados Unidos".

Cada mujer que muere por un aborto mal hecho es una pérdida trágica, pero también lo es cada niño que muere como resultado de un aborto realizado con éxito. No debiéramos legalizar la matanza de bebés para que los adultos que están implicados los puedan matar de forma más segura. Además, el aborto conlleva riesgos médicos y psicológicos; el hacer que éste sea ilegal, en realidad protegería la vida y la salud de millones de mujeres.

---

[48] **Obstetricia** – La rama de la medicina que trata con el parto y el cuidado de la madre.
[49] **Ginecología** – La rama de la medicina que trata con las enfermedades y la higiene de la mujer.

Argumento 6

Es mejor morir antes de nacer que vivir como un niño no deseado. En primer lugar, el darle a un ser humano el poder de determinar la vida futura de otro individuo basado en el hecho de que éste es "deseado" o "no deseado" es muy peligroso. ¿Tenemos el derecho de matar a los demás basándonos en el hecho de si queremos a esa persona o no? Tal punto de vista lleva a sociedades muy avanzadas a cometer genocidio[50] en contra de aquellos que tienen discapacidades mentales o razas que consideran "inferiores".

En segundo lugar, ¿es que el niño nunca es deseado por nadie? Hay muchas madres que no querían el embarazo, pero que aman al niño, especialmente después que dan a luz. También hay muchos padres que quieren adoptar a un niño. El afirmar que en la actualidad la madre no desea tener un niño no significa que éste nunca será amado.

En tercer lugar, este argumento tiene implicaciones horribles para los niños ya nacidos que son "indeseados". Si es mejor matar a un bebé que permitir que nazca sin que nadie lo quiera, ¿qué implica esto sobre los niños que no tienen hogar? ¿Qué implica sobre los niños que sufren abusos por sus padres? ¿Sería una muestra de cariño el matar a estos niños? Claro que no; el amor nos llama a enseñar a sus padres cómo deben cuidarlos o a buscarles una familia adoptiva. De la misma manera, si en realidad la madre no quiere al niño que está en su vientre, deberíamos tratar de ayudarla para que vea a su niño de otra forma o ayudar al niño buscándole padres adoptivos. ¿Sabías que a Steve Jobs[51] no lo quiso su madre biológica ni los padres adoptivos que el gobierno escogió originalmente?

En cuarto lugar, ¿qué nos hace pensar que tenemos el derecho de decidir si es mejor que una persona viva o muera? ¿Somos los dueños de la vida de esa persona? ¿Conocemos con certeza el futuro de tal niño? ¿No existen muchísimos niños "no deseados" que en su juventud superan discapacidades físicas y emocionales severas y que actúan como ciudadanos adultos que son útiles? ¿No hay muchas personas que, a pesar de encontrarse en situaciones difíciles, tienen la sabiduría para escoger la vida en lugar del suicidio?

Al fin y al cabo, el argumento sobre el niño "deseado", aunque parece ser compasivo, en realidad no tiene sentido en absoluto. En el mejor de los casos, es emotivo e ilógico; en el peor de los casos, es una máscara detrás de la cual se esconde un egoísmo mortífero.

Argumento 7

Los defensores de la vida quieren que los demás acepten sus creencias a la fuerza. En realidad, todos los que participan en el aborto imponen sus convicciones sobre otra persona, a saber, sobre el niño que todavía no ha nacido. Lo hacen con tanta violencia que, de hecho, el resultado es la muerte del niño o de la niña. Si el niño que está dentro del vientre es un ser humano, ¿entonces cómo pueden acusarnos de estar tratando de forzar nuestro punto de vista cuando nuestro objetivo es proteger la vida del niño frente a quien lo quiere asesinar? Si el niño que aún está en el vientre es un ser humano, entonces el aborto es *asesinato*. Si el aborto es asesinato, debemos hacer todo lo que está a nuestro alcance para ponerle fin.

La Declaración de Independencia afirma: "Sostenemos como evidentes estas verdades: Que todos los hombres son creados iguales; que son dotados por su Creador de ciertos derechos inalienables; que entre éstos están la vida, la libertad y la búsqueda de la felicidad; que para garantizar estos derechos se instituyen entre los hombres los gobiernos, que derivan sus

---

[50] **Genocidio** – La matanza sistemática de personas basada en su etnicidad, religión, etc.
[51] **Steve Paul Jobs** (1955-2011) – Inventor estadounidense, empresario de computadoras y fundador de Apple, Inc.

poderes legítimos del consentimiento de los gobernados". En la actualidad, los derechos de algunas personas son más "iguales" que los de otras porque, aparentemente, su "libertad y búsqueda de la felicidad" justifica el que le quiten "la vida" a otros. Este problema perjudica gravemente el fundamento político de nuestra nación, pero si el pueblo ejerce el poder popular de votar para dirigir el gobierno de forma que proteja el derecho que toda persona tiene a la vida, sencillamente están llevando a cabo aquello que la Declaración de Independencia les exige.

Después de haber examinado críticamente estos siete argumentos básicos a favor del aborto, nos preguntamos: ¿podemos con toda honestidad llegar a la conclusión, con base en un fundamento racional y ético, de que el aborto debe ser legal? Estos argumentos son razones débiles para permitir el asesinato de más de un millón de niños al año. Esto es especialmente evidente cuando consideramos que menos de 5% de todos los abortos se llevan a cabo por violación, incesto o porque la vida de la madre está en peligro. Más del 95% de los abortos tienen lugar por el bien de las finanzas, la carrera, por conveniencia personal o por otras razones egoístas. ¿Son estas razones convincentes para acabar con la vida de un ser humano?

Tomado de *Is Abortion Really So Bad?* (¿Es realmente tan malo el aborto?), disponible en CHAPEL LIBRARY.

Joel R. Beeke: Pastor de Heritage Netherlands Reformed Congregation (Congregación Reformada Heritage Netherlands) en Grand Rapids, Michigan; teólogo, autor y presidente del Puritan Reformed Theological Seminary (Seminario Teológico Puritano Reformado), donde es profesor de teología sistemática y homilética.

¿Cuándo empieza la vida?
R. C. Sproul (1939-2017)

La pregunta sobre cuándo empieza la vida tiene un vínculo estrecho con el secreto mismo de ésta… Conceptos como *ser humano*, *ser viviente* y *persona* han sido el tema de mucho debate y análisis. Platón buscó desesperadamente una descripción que le permitiera diferenciar al ser humano de todas las demás especies de animales. Finalmente, escogió la siguiente definición provisional: "Bípedo[52] sin plumas", la cual sólo funcionó hasta que uno de sus estudiantes dibujó un pollo desplumado en la pared de la academia con una nota que decía: "El hombre según Platón".

Cuando acudimos a la Biblia, descubrimos que ésta no ofrece ninguna declaración explícita sobre si la vida empieza en cierto punto o si existe o no vida humana antes de nacer. Sin embargo, las Escrituras dan por sentado que existe una continuidad en la vida desde el tiempo antes de nacer hasta el tiempo después de nacer. Utiliza el mismo lenguaje y los mismos pronombres personales de forma indiscriminada para referirse a ambas etapas. Además, el involucramiento de Dios en la vida de una persona se extiende hasta la concepción (y hasta antes de la concepción). Este pasaje respalda mi argumento:

> "Porque tú formaste mis entrañas; tú me hiciste en el vientre de mi madre. Te alabaré; porque formidables, maravillosas son tus obras; estoy maravillado, y mi alma lo sabe muy bien. No fue encubierto de ti mi cuerpo, bien que en oculto fui formado, y entretejido en lo más profundo de la tierra. Mi embrión vieron tus ojos, y en tu libro estaban escritas todas aquellas cosas que fueron luego formadas, sin faltar una de ellas" (Sal. 139:13-16).

El salmista le atribuye honra a Dios por haberlo formado en el vientre. También utiliza el término "mí" para referirse a sí mismo antes de nacer. La palabra hebrea que se traduce como "embrión" es significativa y ésta es la única vez que se usa en la Biblia.

Otro pasaje que se aplica al tema del involucramiento de Dios en la vida dentro del vientre se encuentra en Isaías:

> "Oídme, costas, y escuchad, pueblos lejanos. Jehová me llamó desde el vientre, desde las entrañas de mi madre tuvo mi nombre en memoria. Y puso mi boca como espada aguda, me cubrió con la sombra de su mano; y me puso por saeta bruñida, me guardó en su aljaba; y me dijo: Mi siervo eres, oh Israel, porque en ti me gloriaré. Pero yo dije: Por demás he trabajado, en vano y sin provecho he consumido mis fuerzas; pero mi causa está delante de Jehová, y mi recompensa con mi Dios. Ahora pues, dice Jehová, el que me formó desde el vientre para ser su siervo, para hacer volver a él a Jacob y para congregarle a Israel (porque estimado seré en los ojos de Jehová, y el Dios mío será mi fuerza)" (Is. 49:1-5).

Este pasaje demuestra, no sólo que el niño que no había nacido se consideraba como un ser distinto a la madre y que se trataba como quien tiene una identidad personal única, sino que también muestra que su formación en el vientre es considerada como la actividad de Dios.

Un pasaje similar se refiere al profeta Jeremías: "Vino, pues, palabra de Jehová a mí, diciendo: antes que te formase en el vientre te conocí, y antes que nacieses te santifiqué, te di por profeta a las naciones" (Jer. 1:4-5). Se le dice a Jeremías que Dios lo conocía antes de su

---

[52] **Bípedo** – Un animal que camina con dos patas.

nacimiento. Dios tenía un conocimiento personal de Jeremías antes de que hubiera nacido. Esto indica que Dios trató a Jeremías de forma personal y como un ser personal antes de su nacimiento. También es significativo que Dios "apartó" o santificó a Jeremías antes de su nacimiento. Es evidente que Dios extiende el principio de la inviolabilidad de la vida a los que aún están en el vientre. Aun aquellos que no están convencidos de que la vida comienza antes de nacer admiten que existe una continuidad entre el niño que se concibe y el niño que nace.

Un pasado personal antes de nacer

Cada niño tiene un pasado antes de nacer. El problema es el siguiente: ¿Es un pasado personal o impersonal? ¿Empezó a ser persona sólo después de su nacimiento? Queda claro que las Escrituras consideran que los niños empiezan a ser personas antes de nacer. Como declara David: "He aquí, en maldad he sido formado, y en pecado me concibió mi madre" (Sal. 51:5). El profesor John Frame, en su libro *Medical Ethics* (Ética médica), hace la siguiente observación sobre el Salmo 51, versículo 5: "La continuidad de la persona se extiende hasta el momento de la concepción. El Salmo 51:5 traza esta continuidad hasta el momento de la concepción y lo hace de forma clara y contundente. En este pasaje, David está meditando sobre el pecado en su corazón que recientemente se había manifestado por medio del adulterio y el homicidio. Reconoce que el pecado en su corazón no es un fenómeno reciente, sino que se puede trazar hasta el momento de su concepción en el vientre de su madre… La continuidad personal que existía entre la vida de David como un feto y su vida de adulto se puede trazar al momento de su concepción y se extiende aun a esta relación ética con Dios"[53].

En el Salmo 51, David narra su historial personal y moral desde el momento de su concepción. Un ser impersonal, una "masa amorfa de protoplasma", no puede ser un agente moral. Si es posible trazar el historial moral de David hasta su concepción, entonces su historial personal también se puede trazar hasta ese mismo momento. No es solamente la sustancia biológica de David lo que se extiende hasta su concepción, sino también su ser moral.

El Nuevo Testamento nos proporciona un pasaje fascinante que tiene que ver con la pregunta sobre la vida antes del nacimiento:

> "[María] entró en casa de Zacarías, y saludó a Elisabet. Y aconteció que cuando oyó Elisabet la salutación de María, la criatura saltó en su vientre; y Elisabet fue llena del Espíritu Santo, y exclamó a gran voz, y dijo: Bendita tú entre las mujeres, y bendito el fruto de tu vientre. ¿Por qué se me concede esto a mí, que la madre de mi Señor venga a mí? Porque tan pronto como llegó la voz de tu salutación a mis oídos, la criatura saltó de alegría en mi vientre" (Lc. 1:40-44).

Este pasaje describe el encuentro entre María, la madre de Jesucristo, y su prima Elisabet, quien estaba encinta de Juan el Bautista. Cuando se encontraron, Juan, que todavía estaba en el vientre de su madre, saltó de gozo. Este comportamiento era consecuente con el rol profético para el cual Juan había sido designado; Dios lo había nombrado para anunciar al Mesías. En esta ocasión, Juan cumplió con su deber profético cuando todavía no habían nacido ni él ni Jesús. Estos versículos muestran que antes de haber nacido, Juan mostró cognición[54] y emoción. Saltó porque se encontraba en un estado de gozo. Ese gozo fue causado porque reconoció la presencia del Mesías.

---

[53] John M. Frame, *Medical Ethics* [Ética médica] (Philipsburg, Nueva Jersey, Estados Unidos: P&R, 1988), 94.

[54] **Cognición** – Percepción, una acción mental que indica la adquisición de conocimiento por medio del pensamiento, las experiencias y los sentidos.

Puede ser que algunos descarten la pertinencia de este pasaje porque (1) el escritor escribe de forma poética o como hipérbole[55]; (2) el pasaje no habla sobre la vida desde la concepción y tan solo se refiere a la vida antes de nacer; (3) la ocasión representa un milagro especial y no es prueba de que todos los niños puedan tener tal habilidad prenatal[56]. Como respuesta a la primera objeción, es erróneo desechar el pasaje porque sea poético o hiperbólico. La estructura literaria de esta porción del evangelio de Lucas corresponde a la narrativa histórica, no a la poesía, en esto no hay ambigüedad. Además, la hipérbole es una afirmación exagerada sobre la realidad. Si este acontecimiento se ha descrito con hipérbole, esto simplemente significa que Juan no saltó tanto ni reconoció tanto como implica el texto. La segunda objeción, que el pasaje no habla sobre la concepción como el principio de la vida, es correcta. Sin embargo, el pasaje sí indica claramente que Juan poseía capacidades humanas de cognición y sentimiento (señales de la personalidad) antes de nacer. La tercera objeción, que este suceso representa un milagro especial, tiene más peso. Al menos que afirmemos que un feto normal tiene la habilidad de reconocer la presencia de otro feto que se encuentra en el vientre de otra mujer, debemos admitir que este acontecimiento tiene algo de extraordinario o milagroso. Es posible que Dios permitiera que milagrosamente Juan, en el vientre, tuviera poderes extraordinarios de cognición que no suele tener un niño común antes de nacer.

No obstante, si decimos que fue un milagro, aún nos queda una pregunta difícil por responder: ¿Fue el milagro una obra por la cual se amplificaron los poderes normales más allá de los límites ordinarios o fue la acción de crear estos poderes? Antes de nacer, ¿tenía Juan el Bautista las habilidades naturales de cognición y sentimiento, habilidades que fueron milagrosamente amplificadas, o fueron sus poderes de cognición y sentimiento creados por Dios en ese momento? No hay forma de dar una respuesta absoluta a esta pregunta. Sin embargo, no debemos desechar el pasaje de Lucas sin antes hacer dos observaciones. Hay muchos otros milagros bíblicos en los que vemos cómo Dios amplifica unos poderes y habilidades que ya existen. Por ejemplo, en 2 Reyes 6:15-17, vemos que Dios abrió los ojos del siervo del profeta Eliseo para que pudiera ver las huestes angélicas. Dios no tuvo que obrar primeramente un milagro para que el siervo pudiera ver. Más bien, se extendieron los límites de su habilidad natural. De la misma forma, para que Juan pudiera reconocer a Jesucristo cuando cada uno todavía estaba en el vientre de su madre, no era imprescindible que Dios creara las habilidades de cognición y emoción. La segunda observación es que, sin importar cómo valoremos este acontecimiento, una cosa sí es cierta: Antes de nacer, Juan el Bautista manifestó cognición y gozo… La Biblia indica claramente que antes de nacer los niños se consideran como seres humanos vivientes. El peso de la evidencia bíblica indica que la vida empieza en la concepción.

El desarrollo de un ser humano

El desarrollo de un ser humano es un proceso que empieza en la concepción y que continúa hasta la muerte. Nadie afirmaría que el desarrollo del ser humano comienza en su nacimiento. En el momento de concepción, se combinan cuarenta y seis genes, veintitrés de la madre y veintitrés del padre, de modo que un individuo único comienza el proceso del desarrollo humano personal. Después de dos semanas, se puede distinguir el latido del corazón. El corazón hace circular la sangre dentro del embrión y ésta no es la misma sangre de la madre, sino aquella que el bebé produce antes de nacer. Cuando han pasado alrededor de seis se-

---

[55] **Hipérbole** – Afirmaciones exageradas que no se deben interpretar literalmente.
[56] **Prenatal** – Antes de nacer.

manas, el embrión todavía mide menos de una pulgada (2.5 centímetros), pero su desarrollo es evidente. Se han formado dedos en las manos. Después de cuarenta y tres días, se pueden detectar las ondas cerebrales del niño que aún está en el vientre. Tras seis semanas y media, el embrión se mueve; sin embargo, su diminuto tamaño y el grosor de la pared abdominal de la madre no permiten que ella sienta este "despertar" o movimiento, hasta varias semanas después. Al final de nueve semanas, el feto ha desarrollado sus propias huellas digitales. Para este momento, si es un varón, los órganos [reproductivos] del niño ya se pueden distinguir de modo que el sexo del niño se puede identificar. Los riñones también se han formado y funcionan. Al final de la décima semana, funciona la vesícula. Hacia el final de la duodécima semana, todos los órganos del cuerpo funcionan y el bebé puede llorar. Todo esto se lleva a cabo en los tres primeros meses del embarazo.

En los adultos, comúnmente se habla del pulso cardiaco y de las ondas cerebrales como signos "vitales". Cuando, tanto las ondas cerebrales como los latidos del corazón cesan por cierto periodo de tiempo, se puede decir que un paciente está legalmente muerto. Los signos vitales son una evidencia de vida. Cuando tales signos están claramente presentes en un embrión en desarrollo, ¿por qué algunos son tan reacios al tema de la vida prenatal? El embrión o el feto aún no es un ser humano viviente que se puede valer por sí mismo, pero esto no significa que él o ella no sea un ser humano viviente. Si la independencia es el criterio primordial para distinguir entre las personas vivientes y las personas no vivientes, entonces debemos admitir (como algunos hacen sin problemas) que ni aun el nacimiento produce una persona viviente. Al nacer, el bebé se desconecta físicamente de la madre y, en ese sentido, es independiente, pero el recién nacido todavía depende de la ayuda de los demás para su supervivencia. En la mayoría de los casos puede respirar por sí mismo, pero no tiene la capacidad de alimentarse.

Conocimiento sobre la muerte

Tener algún conocimiento sobre la muerte será útil a medida que tratamos de entender lo que significa estar vivo. Ya que la muerte es el fin de la vida, nos proporciona pistas sobre los elementos que son esenciales para la vida misma. Podemos ver uno de los problemas de nuestras definiciones de la vida y de la muerte en el caso de los bebés que nacen muertos. ¿Son los niños mortinatos "bebés muertos" o "bebés que nunca han estado vivos"? Es común que los doctores se refieran a estos niños como bebés que han fallecido…

El feto *parece* un ser humano viviente. Se *comporta* como un ser humano. El embrión tiene la estructura genética de un ser humano. Tiene los signos vitales de un ser humano que está vivo. También tiene sexualidad y movimiento. A menudo se chupa el pulgar, reacciona en respuesta a la música y mueve las piernas. A la luz de esta evidencia acumulativa, parece que necesitaríamos otra evidencia poderosa que indique lo contrario para llegar a la conclusión de que un bebé no es un ser humano viviente.

¿Por qué hay personas que rechazan esta conclusión? La respuesta es el prejuicio. De hecho, el prejuicio es una fuerza poderosa en el debate sobre el aborto. Si consideramos que el embrión o el feto es un ser humano que está vivo, ¡entonces las implicaciones morales que conlleva la destrucción de una persona antes de nacer son enormes! Siempre que podamos convencernos a nosotros mismos de que el feto no es un ser humano antes de nacer, quedamos libres con respecto a esas dificultades. Sin embargo, aunque lleguemos a la conclusión de que un embrión es un ser humano viviente antes de nacer, todavía no hemos establecido si la vida comienza con la concepción. Todo lo que hemos determinado es que la vida empieza antes del nacimiento. Las líneas más claras de demarcación[57] en la continuidad[58] entre la concepción y el nacimiento consisten en la concepción y el nacimiento en sí mismos. Si decimos que el feto es un ser humano viviente por tan solo cinco minutos antes de nacer —¡aunque sea por solo cinco segundos!—, entonces el nacimiento no puede ser el punto en el que empieza la vida. A mi parecer, la evidencia que la ciencia nos proporciona de que un feto es un ser humano viviente es tan clara como aquella que inferimos de la Biblia. Si esto es así, entonces debemos localizar el comienzo de aquella vida en el momento mismo de la concepción o en algún momento entre la concepción y el nacimiento.

Tomado de *Abortion: A Rational Look at an Emotional Issue* (El aborto: Una consideración racional de un tema conmovedor).

R. C. Sproul (1939-2017): Teólogo presbiteriano y ministro, presidente de Ligonier Academy of Biblical and Theological Studies (Academia Ligonier de estudios bíblicos y teológicos); fundador y director de Ligonier Ministries; Sanford, Florida, Estados Unidos.

---

[57] **Demarcación** – Marcar la frontera o los límites de algo.
[58] **Continuidad** – Una serie continua de cosas que se mezclan tan gradualmente y de forma tan impecable, que es imposible determinar en qué punto una se vuelve la otra.

Proclamaciones de la Palabra de Dios en relación con el aborto
JOEL R. BEEKE

Proclamación 1

Dios creó a la raza humana a su propia imagen. La mayoría de las personas saben intuitivamente que los seres humanos ocupan un nivel diferente al de los animales. Hasta la teoría de la evolución no puede borrar por completo el sentido que la mayoría de las personas tienen sobre la inviolabilidad de la vida humana. Los animales son hermosos y valiosos, pero no tendríamos problemas de conciencia al matar un oso pardo con tal de salvar un niño. Sabemos que el ser humano es único.

La Biblia explica este sentido de la inviolabilidad de la vida humana cuando declara en Génesis 1:27: "Y creó Dios al hombre a su imagen, a imagen de Dios lo creó; varón y hembra los creó". Los hombres y las mujeres, sin importar su edad, tienen un valor singular que está muy por encima del de los pájaros y las bestias (Mt. 10:31) porque son la creación más especial de Dios sobre la tierra. Debemos apreciar y proteger a los seres humanos, no sólo por su utilidad, sino porque representan la gloria de Dios de forma única.

Proclamación 2

Dios, como Rey soberano, regula la vida y la muerte, la capacidad y la discapacidad. También percibimos que no es justo "jugar a ser Dios" con la vida de otras personas. Comprendemos que no tenemos el derecho de tratar a las personas como si nos pertenecieran y como si tuviéramos el derecho de eliminarlas a nuestro antojo. La Biblia nos explica esta realidad cuando afirma que Dios es el Rey que posee y gobierna toda su creación (Sal. 95: 3-5). Sólo Él tiene el derecho soberano de hacer lo que le plazca con su pueblo (Dn. 4:35).

Cuando Dios creó el mundo, no existía ni el dolor ni la muerte; todo era *"bueno en gran manera"* (Gn. 1:31). La muerte entró al mundo cuando Adán desobedeció la ley de Dios (Gn. 2:17; Ro. 5:12). Sin embargo, Dios retuvo su soberanía sobre la vida humana y la muerte: "Jehová mata, y él da vida" (1 S. 2:6). Él gobierna la capacidad y la discapacidad humanas. "Y Jehová le respondió: ¿Quién dio la boca al hombre? ¿o quién hizo al mudo y al sordo, al que ve y al ciego? ¿No soy yo Jehová?" (Éx. 4:11). De manera que la Biblia nos enseña a recibir a cada vida humana de la mano de Dios, aunque sea un niño que nazca con una discapacidad o en una familia que se encuentre en una situación difícil. Dios tiene una forma maravillosa de tornar el mal para bien (Gn. 50:20). Debemos de inclinarnos ante su autoridad como Rey del universo y no tratar de jugar a ser Dios con la vida de otras personas.

El aborto invade el territorio divino porque significa que el hombre toma en sus propias manos lo que solamente le pertenece al Señor. Insulta su soberanía y, neciamente, toma para sí una autoridad de tomar decisiones para las que ni siquiera posee la sabiduría necesaria. Considera el siguiente caso histórico: El padre tiene sífilis, la madre tuberculosis. Ya tienen cuatro hijos: El primero es ciego, el segundo ha muerto, el tercero es sordo y mudo y el cuarto tiene tuberculosis. La madre está embarazada con su quinto hijo. ¿Le harías abortar? Si lo haces, ¡entonces has matado a Ludwig van Beethoven (1770-1827), el famoso compositor y pianista alemán! Los resultados de jugar a ser Dios con la vida humana son trágicos.

Proclamación 3

Dios prohíbe el asesinato de un ser humano inocente. Aun después de la Caída, cuando el corazón del hombre había sido completamente corrompido por el pecado (Gn. 6:5), Dios nos dijo que en el hombre quedaron remanentes de su imagen (Stg. 3:9) y, por lo tanto, debemos tratar la vida humana con gran respeto. Dios dice en Génesis 9, versículo 6: "El que derramare sangre de hombre, por el hombre su sangre será derramada; porque a imagen de Dios es hecho el hombre". El sexto mandamiento dice: "No matarás" (Éx. 20:13), lo cual, tomado en su contexto significa que no debemos poner fin a la vida de un ser humano inocente. El matar a una persona inocente es lo mismo que atacar a Dios porque ésta es portadora de su santa imagen.

Proclamación 4

Dios revela que antes de nacer, el niño es un ser humano. Dios forma personalmente a cada niño en el vientre. Job dijo: "El espíritu de Dios me hizo, y el soplo del Omnipotente me dio vida" (Job 33:4). David se regocijó: "Tú me hiciste en el vientre de mi madre Te alabaré; porque formidables, maravillosas son tus obras; estoy maravillado, y mi alma lo sabe muy bien" (Sal. 139:13-14). Lo que Dios crea en el vientre es un "yo", una persona que tiene alma.

David también confesó: "He aquí, en maldad he sido formado, y en pecado me concibió mi madre" (Sal. 51:5). Desde su concepción en el vientre, David estaba "en pecado". Los objetos y los animales no pueden ser pecadores; no tienen responsabilidad moral. Sólo las personas pueden ser pecadores. De forma que la triste realidad de que nos encontramos en una condición de pecado desde nuestra concepción, también es prueba de que en la concepción se forma un ser humano. El aborto es un ataque sobre un ser humano con la intención de matarlo. Es un homicidio premeditado.

Proclamación 5

Dios declara su juicio sobre los asesinos de los niños en el vientre materno. El Señor tiene una compasión especial para con los débiles cuando son oprimidos por aquellos que son más poderosos que ellos, ya sea el extranjero, la viuda o el huérfano. Amenaza a los opresores con su furor (Éx. 22:21-27). Nadie es más vulnerable que el niño en el vientre.

Por esta razón, Dios incluyó esta ley en su legislación para Israel:

> "Si algunos riñeren, e hirieren a mujer embarazada, y ésta abortare, pero sin haber muerte, serán penados conforme a lo que les impusiere el marido de la mujer y juzgaren los jueces. Mas si hubiere muerte, entonces pagarás vida por vida" (Éx. 21:22-23).

Las palabras "y ésta abortare" significan literalmente "si su descendencia sale de ella". La ley contempla un caso en el que una mujer embarazada sufre un daño por accidente por una pelea entre dos hombres, con el resultado de que ésta sufre un aborto espontáneo[59]. Si Dios decretó que se castigará un aborto provocado accidentalmente, ¿cuánto más castigará un aborto intencional? Dios aborrece todos los crímenes en contra de la mujer, pero la violencia en contra de la mujer embarazada provoca a Dios de forma especial para castigar a la nación que es culpable de tal crimen (Am. 1:13).

Esto no justifica los actos de venganza personal y de violencia en contra de los que facilitan el aborto, pero sí es una advertencia para nuestra nación de que, si no protegemos a los

---

[59] Para un análisis sobre otra perspectiva de esta interpretación, véase el artículo 2 de este capítulo: "El holocausto silencioso".

inocentes, entonces Dios nos tratará con severidad. El senador Jesse Helms[60] escribió: "El nivel más alto de la cultura moral es aquel en el que las personas que constituyen una nación reconocen y protegen la inviolabilidad de la vida humana inocente... Las grandes naciones desaparecen cuando cesan de vivir según los grandes principios que les brindaron la visión y la fortaleza para superar la tiranía y la degradación humana... No hay nación que pueda permanecer libre y ejercer liderazgo moral después de haber adoptado la doctrina de la muerte".

Proclamación 6

Dios llama a los pecadores al arrepentimiento para el perdón de pecados. Cuando declaramos las proclamaciones de Dios en contra del aborto, somos muy conscientes de que todos hemos pecado de muchas formas (Ro. 3:23). Hablamos como pecadores que han encontrado misericordia en Dios, que invitan a otros pecadores para que encuentren la misma misericordia en Él. Para este propósito, Dios mandó a Cristo para morir por pecadores y a resucitar de entre los muertos: "A éste, Dios ha exaltado con su diestra por Príncipe y Salvador, para dar a Israel arrepentimiento y perdón de pecados" (Hch. 5:31).

En Jesucristo, existe la promesa de perdón para todos los que acuden a Él; pero esa promesa viene acompañada del mandato al arrepentimiento (Lc. 24:47). El arrepentimiento es el don de Dios para la salvación de un pecador por el cual el pecador, con un sentido de la maldad de su pecado y de la bondad de la misericordia de Dios en Cristo, se vuelve del pecado a Dios con dolor y odio por su pecado, con la intención plena de obedecer a Dios, por medio de su ayuda misericordiosa.

Quizás has sido cómplice en un aborto: Puedes ser un padre que promovió la muerte de su hijo, una madre que se rindió ante las herramientas de la muerte, un doctor o una enfermera que ha realizado la operación, un defensor del aborto que se expresa fuertemente a su favor por medio de la política o, sencillamente, un ciudadano silente que ha permitido que millones de niños mueran sin protesta. Si este es el caso, entonces eres culpable del derramamiento de sangre en contra de la imagen de Dios.

Pero el Señor Jesucristo te [llama]: "Venid luego, dice Jehová, y estemos a cuenta: si vuestros pecados fueren como la grana, como la nieve serán emblanquecidos; si fueren rojos como el carmesí, vendrán a ser como blanca lana" (Is. 1:18). Él te extiende su mano, que fue traspasada por clavos, y te llama a "venir" a Él, su promesa es la siguiente: "Deje el impío su camino, y el hombre inicuo sus pensamientos, y vuélvase a Jehová, el cual tendrá de él misericordia, y al Dios nuestro, el cual será amplio en perdonar" (Is. 55:1, 7).

Tomado de *Is Abortion Really So Bad?* (¿Es realmente tan malo el aborto?), disponible en CHAPEL LIBRARY.

Joel R. Beeke: Pastor de Heritage Netherlands Reformed Congregation (Congregación Reformada Heritage Netherlands) en Grand Rapids, Michigan, Estados Unidos; teólogo, autor y presidente del Puritan Reformed Theological Seminary (Seminario Teológico Puritano Reformado), donde es profesor de teología sistemática y homilética.

---

[60] **Jesse Helms** (1921-2008) – Senador de los Estados Unidos del partido republicano que representó al estado de North Carolina a través del plazo de cinco mandatos; un conservador influyente. Ejerció la función de director del Comité de los senadores sobre las relaciones exteriores desde 1995 a 2001. La cita es parte de un discurso que presentó ante el senado estadounidense en el día 11 de enero de 1977.

Moloc está vivo y sano
Franklin E. (Ed) Payne

> *"Habló Jehová a Moisés, diciendo: Dirás asimismo a los hijos de Israel: Cualquier varón de los hijos de Israel, o de los extranjeros que moran en Israel, que ofreciere alguno de sus hijos a Moloc, de seguro morirá; el pueblo de la tierra lo apedreará. Y yo pondré mi rostro contra el tal varón, y lo cortaré de entre su pueblo, por cuanto dio de sus hijos a Moloc, contaminando mi santuario y profanando mi santo nombre. Si el pueblo de la tierra cerrare sus ojos respecto de aquel varón que hubiere dado de sus hijos a Moloc, para no matarle, entonces yo pondré mi rostro contra aquel varón y contra su familia, y le cortaré de entre su pueblo, con todos los que fornicaron en pos de él prostituyéndose con Moloc".* —Levítico 20:1-5

El sacrificio de los niños

Moloc era un dios de los amonitas a quien "ofrecían sus hijos por medio del fuego". Es decir, los sacrificaban. Los sacrificios se ofrecen a los dioses para obtener el favor de ellos y alcanzar prosperidad, placer y poder.

¿Acaso es el aborto distinto? Más precisamente aún, ¿no es el aborto el equivalente al sacrificio de los niños? Las razones para el aborto son claras. Las personas quieren placer sexual (con frecuencia por medio de la fornicación o el adulterio) sin las consecuencias biológicas; también quieren prosperidad, pero los niños implican un gran costo e interfieren con las actividades que traen poder y prestigio. Los hijos son la causa de muchas inconveniencias para los padres. Tener hijos exige que la mujer se convierta en una "esclava" que no puede salir de casa (según los liberales). De manera que hoy en día, Moloc está vivo y sano. Aunque las personas no creen que una deidad los recompensará por el sacrificio de sus hijos, están convencidos de que alcanzarán ciertos beneficios por medio de la destrucción de estos.

Debemos estar seguros sobre cuál es la postura de Dios que se expresa en este pasaje. No sólo el que ofrecía a un niño como sacrificio debía recibir la pena de muerte y ser apedreado, sino que también debía serlo cualquiera que supiera algo sobre el acto y permitiera que éste quedara impune ("si… cerrare sus ojos"). El juicio de Dios, no sólo recaía sobre esa persona, sino también sobre su familia. Hoy en día, la mayoría de las personas "cierran sus ojos" mientras que el gobierno y la profesión médica sacrifican a los niños de forma oficial. Y lo que es mucho peor, la mayoría de las personas que dicen ser cristianas apoyan esta práctica… Y los médicos son los sacerdotes que llevan a cabo este sacrificio.

¡El pueblo estadounidense debería temblar! Dios no ha cambiado. Él es "el mismo ayer, y hoy, y por los siglos" (He. 13:8) y traerá su juicio sobre nosotros…

Un síntoma

El aborto es un síntoma: Uno de los principios más importantes en la práctica de la medicina es la distinción entre los síntomas y las enfermedades. Por ejemplo, una tos puede ser un síntoma de neumonía, sinusitis, cáncer de los pulmones, tuberculosis o un sin número de enfermedades diferentes. En este caso, podemos aplicar el mismo principio. El aborto no es la enfermedad: Es un síntoma. La enfermedad es el secularismo humanista[61], como se denomina comúnmente. De forma más específica, consiste en una mentalidad anti Dios que no incluye una norma del bien y del mal. La cura no está meramente en aprobar leyes

---

[61] **Secularismo humanista** – La creencia de que la humanidad es capaz de tener la moralidad y el éxito sin creer en Dios.

que prohíben el aborto, más bien es la regeneración o el "nuevo nacimiento"[62]. Cuando esto ocurre, [Dios transforma] a la persona de modo que deja de ser un secularista humanista y se convierte en alguien que cree en la Biblia.

Para los verdaderos cristianos, el oponerse al aborto es una ética imprescindible. La práctica es completamente opuesta al carácter de Dios y a su diseño para la raza humana. En todo lugar, Dios es descrito como el Dios de vida, no de muerte... La definición verdadera de la vida es la comunión con Dios. En ningún lugar vemos que la muerte de personas inocentes se presenta como una solución bíblica para algún problema.

Además, Él se describe a sí mismo como el Dios de los huérfanos y nos manda a ejercer un cuidado especial para con ellos (Dt. 14:29; Is. 1:17; Stg. 1:27). Sin duda, hoy en día los niños en el vientre son huérfanos. En la decisión de Roe vs. Wade, la Corte Suprema de 1973 negó que el padre tuviera cualquier derecho a determinar lo que se hará o no se hará con un niño antes de nacer[63]. Esta ley, no sólo se aplica a los bebés que son concebidos fuera del matrimonio; también se aplica a aquellos que se conciben dentro del vínculo matrimonial. De este modo, se hace posible la destrucción de la esencia del matrimonio junto con la del niño en el vientre. Dios trajo juicio a familias, así como a individuos, por destruir el matrimonio de esta forma (Lv. 20:5).

Los niños en el vientre materno se encuentran entre las personas más indefensas. No pueden alzar su voz para protestar. No pueden huir del peligro[64]... Al contrario, Dios ubicó a los niños en el vientre para que fueran los receptores de la máxima protección. Su nutrición se lleva a cabo de forma constante y fiable. Su medio ambiente es cómodo e invariable. No tienen que relacionarse con las personas ni ser ofendidos por estas. Reciben muy buena protección física y, a veces es tan efectiva que la madre puede recibir un daño serio sin que ellos sean afectados...

El aborto y la familia

Debemos entender que, así como el aborto representa la destrucción de la vida humana, también representa la destrucción de la familia, y puede ser que hasta en mayor grado. La relación humana más íntima es la de "una sola carne" que existe entre el esposo y la esposa (Gn. 2:24b; Mt. 19:1-10). El llamamiento más grande al cuidado para con otra persona es que el esposo debe amar a su mujer "así como Cristo amó a la iglesia, y se entregó a sí mismo por ella" (Ef. 5:25) y a cuidarla y valorarla como a su propio cuerpo (Ef. 5:28-29). La declaración que muestra esta unión negativamente es, claro está, el séptimo mandamiento: "No cometerás adulterio" (Éx. 20:14).

La mayoría de los abortos se cometen para "curar" los embarazos que son el resultado de la promiscuidad sexual. El alcance de la promiscuidad está directamente relacionado con el valor que se le atribuye al propósito de Dios para la sexualidad en el matrimonio. Sin duda, hasta la sociedad más "cristiana" tendrá cierta medida de inmoralidad sexual, pero no abiertamente ni de forma tan prevalente como en aquella que ha devaluado a la familia. Tanto el hombre promiscuo como la mujer afirman que limitar la sexualidad al matrimonio no tiene importancia. El aborto, la destrucción de la vida que fue creada por esa unión, es un rechazo

---

[62] Ver FGB 202, *The New Birth*, en inglés (El nuevo nacimiento).

[63] Curt Young, previamente el director ejecutivo del National Christian Call to Action Council (Asesoramiento nacional para la acción cristiana), fue el que primero que informó al autor sobre el hecho de que como resultado de *Roe vs. Wade*, ante la ley, los niños que están en el vientre no tienen padre.

[64] Esto se presenta de forma clara y violenta en el video *The Silent Scream* (El grito silencioso).

más del valor de la familia dentro de la cual el niño hubiera nacido. El embarazo que es el resultado de la promiscuidad no tiene que terminar en un aborto. El bebé se puede dar en adopción. Entonces, el aborto no es una consecuencia de la promiscuidad, sino más bien una declaración más de que el criar a un niño en una familia no tiene importancia. En realidad, la madre se comporta como si considerara que sería mejor que el niño en su vientre muriera antes de ser criado en una familia.

El aborto causa aún más deterioro en la familia. En ocasiones, la madre extenuada puede pensar que hubiera sido mejor abortar a sus hijos para evitar las dificultades que la asedian. Que Dios no lo permita, ¡pero algunas madres hasta llegan a expresar el pensamiento! Los esposos y las esposas sienten menos temor de cometer adulterio porque saben que, si la mujer resulta embarazada, el aborto es un "plan de contingencia" efectivo y secreto. Además, a medida que el número de niños se incrementa en una familia, también crece la tentación de abortar el próximo niño para evitar añadir presión al presupuesto familiar.

Se dice que el aborto ayuda al Estado en su control de la familia, pero el patrón bíblico es que los hijos adultos cuiden de sus padres cuando estos ya no pueden valerse por sí mismos (Mr. 7:6-13). Sin hijos, los ancianos tienen que depender del Estado para recibir cuidado si no han provisto adecuadamente para la vejez (y la mayoría no lo han hecho). Aunque tengan un hijo o dos, la carga sobre un número tan limitado puede ser demasiado fuerte para ellos, de forma que no puedan lidiar con ella y con sus propias responsabilidades financieras a la vez.

Las consecuencias sociales del aborto

Los bebés, los niños y los adultos que estos llegan a ser, son una fuente de conocimiento y riqueza para una sociedad. Desafortunadamente, algunos piensan que cuando la población aumenta, quedan menos recursos disponibles per cápita[65]. Ignoran los recursos que son propios de una población que está creciendo, especialmente en una sociedad industrial. En primer lugar, los bienes y los servicios que se necesitan para cuidar de estos niños hasta que lleguen a ser adultos son sustanciales. La mujer necesita ropa especial y cuidado médico cuando está encinta. Los bebés y los niños necesitan ropa, comida y casas más amplias. Cuando empiezan a asistir a la escuela, necesitan útiles y maestros. Todos estos artículos generan industrias y empleos para un gran número de personas.

Para el tiempo en que los niños entran en la escuela, ya ellos mismos se han convertido en compradores. Puede ser que su impacto inicial no sea grande, pero el ingreso que los adolescentes de hoy en día tienen disponible para gastar es impresionante. Después, cuando se casan y tienen a sus propios hijos, incrementan los bienes y los servicios que se necesitan. Cuando llegan a formar parte de la fuerza laboral, se convierten en productores. Su talento y conocimiento incrementan la eficacia y la producción. ¡Además, empiezan a pagar impuestos!... Resulta irónico que los bebés sean abortados por la inconveniencia financiera que representan para las familias y para la nación. Estos son ahorros a corto plazo, si es que lo son. A la larga, los abortos significan una gran pérdida de recursos humanos y de productividad para una nación. Como cristianos, debemos adoptar el axioma[66] de que cualquier violación de las leyes de Dios tiene consecuencias económicas severas a largo plazo. El aborto es atroz en sí mismo, pero el alcance de sus consecuencias va mucho más allá del acto. "La paga del pecado es la muerte" (Ro. 6:23), tanto directamente para el niño en el vientre como indirectamente para la salud económica y social de una nación.

---

[65] **Per cápita** – *Por cabeza*. Para cada persona.

[66] **Axioma** – Un principio establecido o que, por lo general, se ha aceptado.

Capítulo 9—El aborto

Tomado de "Abortion: The Killing Fields" (El aborto: Los campos de la muerte), publicado en *Biblical Healing for Modern Medicine* (Sanación bíblica para la medicina moderna).

Franklin E. (Ed) Payne: (Doctor en Medicina). Médico estadounidense que enseñó Medicina de la familia en el Medical College of Georgia (Colegio de medicina de Georgia), Estados Unidos, durante 25 años; junto con Hilton Terrell, PH.D., M.D., ha escrito de forma útil y extensiva sobre los temas de la ética bíblica médica (www.bmei.org), la visión del mundo (www.biblicalworldview21.org) y la filosofía bíblica cristiana (www.biblicalphilosophy.org).

Gran perdón por grandes pecados
Charles H. Spurgeon (1834-1892)

"En quien tenemos redención por su sangre, el perdón de pecados según las riquezas de su gracia". —Efesios 1:7

La grandeza del perdón de Dios

Pecador, si confías en Cristo, Él perdonará el pecado más vil en el que hayas caído jamás. Si el crimen del asesinato está sobre tu conciencia (¡que Dios no permita que así sea!), si el adulterio y la fornicación te han ensuciado el alma, si todos los pecados que el hombre ha cometido alguna vez, enormes y terribles en su agravio, se pueden con justicia poner en tu contra, a pesar de todo esto, recuerda que "la sangre de Jesucristo su Hijo nos limpia de todo pecado" (1 Jn. 1:7) y que "en él es justificado todo aquel que cree" (Hch. 13:39), sin importar cuan negros sean tus pecados.

Me agrada la forma en que Lutero[67] trata este tema, aunque a veces es demasiado atrevido. Afirma: "Jesucristo no es un salvador farsante para pecadores farsantes, más bien es un Salvador real que ofrece una expiación real para pecados reales, para crímenes crasos, para ofensas desvergonzadas, para transgresiones de todo tipo y todo tamaño". Y uno que es mucho mayor que Lutero dijo: "Si vuestros pecados fueren como la grana, como la nieve serán emblanquecidos; si fueren rojos como el carmesí, vendrán a ser como blanca lana" (Is. 1:18). ¿No he abierto la puerta de misericordia de par en par? No hay nadie aquí que se atreva a decir: "El Señor Spurgeon ha dicho que soy demasiado culpable como para ser perdonado". No he dicho nada semejante. Sin importar cuán grande sea tu culpa, aunque tus pecados, como grandes montañas, se eleven sobre las nubes, los diluvios de la misericordia divina pueden cubrir las cimas de las montañas más altas de iniquidad y ahogarlas a todas. ¡Que Dios te conceda la gracia para creer este mensaje y para probar su veracidad esta misma hora!

La grandeza del perdón de Dios se puede medir por su *liberalidad*. Cuando un pobre pecador acude a Cristo en busca de perdón, Cristo no le exige algún pago por este perdón, ni le pide que haga algo, ni que se comporte de cierta manera, ni que sienta algo, sino que se lo concede libremente. Sé lo que piensas: "Es necesario que yo sufra cierta penitencia de corazón, por lo menos, si no de cuerpo. Tendré que llorar mucho, orar mucho, hacer mucho, sentir mucho". Esto no es lo que dice el evangelio; estas cosas tan solo se encuentran en tu imaginación. El evangelio [afirma]: "Cree en el Señor Jesucristo, y serás salvo" (Hch. 16:31). Confía en Jesucristo, y de inmediato te otorgará el perdón libre de tus pecados, sin dinero y sin costo alguno (Is. 55:1).

Otro factor que indica la grandeza de este perdón es su *rapidez*. Dios te perdonará inmediatamente, tan pronto como confíes en Cristo. Había una hija a quien su padre amaba mucho, quien, en una mala hora, abandonó su hogar y vino a Londres. Aquí se encontraba sin amigos y pronto cayó en las garras de hombres malvados y se convirtió en una ruina total. Un misionero de la ciudad se reunió con ella, le habló fielmente sobre su pecado y el Espíritu Santo la condujo a los pies del Salvador. El misionero le pidió el nombre y la dirección de su padre y, por fin, ella se lo dio. Pero le dijo: "De nada sirve que le escribas. He sido la causa de tanta deshonra para mi familia que estoy muy segura de que él no responderá a ninguna carta". Le escribieron al padre y le explicaron el caso; y la carta que les devolvió decía en el sobre, con grandes letras escritas a mano, la palabra *inmediato*. Dentro escribió: "He orado

---
[67] **Martín Lutero** (1438-1546) – Líder alemán de la Reforma Protestante.

todos los días para que se me permitiera encontrar a mi hija y me regocijo al haber oído de ella. Que regrese a casa de inmediato. La he perdonado libremente y anhelo estrecharla contra mi pecho". Ahora, alma, si buscas misericordia, esto es exactamente lo que el Señor hará contigo. Él te mandará misericordia con el sello de "inmediata" y la tendrás en seguida. Recuerdo como yo encontré misericordia en un momento, mientras escuchaba que me decían que mirara a Jesús para recibir perdón. Sí, miré, y tan rápido como un relámpago, recibí el perdón del pecado, perdón en el que me he regocijado hasta esta misma hora. ¿Por qué no puede ocurrir lo mismo contigo, aunque seas el peor y más ennegrecido pecador que se encuentra aquí, el más duro y el que tenga menos posibilidad de arrepentimiento? Que el Señor te lo conceda y ¡para Él sea la alabanza!

Nuevamente, la grandeza del perdón de Dios puede medirse por lo *completo* que es. Cuando un hombre confía en Cristo y recibe perdón, su pecado se borra de tal manera que es como si nunca hubiera existido. Tus hijos traen sus cuadernos a casa sin mancha alguna, pero si los examinas cuidadosamente, podrás ver dónde quedan las marcas donde se ha borrado algún error. Pero cuando el Señor Jesucristo borra los pecados de su pueblo, no deja marcas de borradura; los pecadores perdonados son aceptos ante Dios como si nunca hubieran pecado.

Tal vez alguno diga: "Hablas con mucho énfasis sobre este asunto". Sé que lo hago, pero no voy más allá de lo que dice la Palabra de Dios. El profeta Miqueas, hablando del Señor bajo la inspiración del Espíritu Santo, afirma: "Echará en lo profundo del mar todos nuestros pecados" (Mi. 7:19). No los echará en una parte poco profunda del mar, sino en las grandes profundidades, como si fuese en el centro del Atlántico… "¿Que todos mis pecados serán borrados?". Sí, todos ya han sido borrados, si crees en Jesús, porque Él los lanzó en su tumba y allí quedarán enterrados para siempre. Si me encuentro en Jesucristo, el veredicto de "no hay condenación" (Ro. 8:1) será mío para siempre porque ¿quién puede condenar a alguien por quien murió Cristo? Nadie, ya que "a los que justificó, a éstos también glorificó" (Ro. 8:30). Si has confiado tu alma a la expiación obrada por la sangre de Cristo, has sido [perdonado] y puedes proceder a andar en tu camino en paz, con el conocimiento de que ni la vida ni el infierno pueden separarte jamás de Cristo. Le perteneces a Él y serás suyo para siempre jamás.

En realidad, Cristo perdona el pecado

Ahora concluyo enseñándote cómo Cristo, en realidad, perdona el pecado. Estoy seguro que lo hace; lo he comprobado en mi propio caso y he escuchado de muchas otras personas que han probado lo mismo que yo. He visto como Cristo ha tomado a un hombre lleno de pecado, lo ha renovado y, en un momento, ha hecho que sienta —y que sea un sentimiento genuino— que Dios lo ama, de forma que ha exclamado: "¡Abba, Padre!". Tal hombre ha empezado a orar y ha visto respuesta a sus oraciones. Dios le ha manifestado su gracia infinita de mil formas. Con el tiempo, Dios le ha confiado a este hombre algún servicio para Él como Pablo y otros que fueron confiados con el evangelio y como algunos de nosotros también lo somos. El Señor se ha comportado con mucha confianza y mucha bondad con algunos de nosotros y nos ha bendecido con toda bendición espiritual en Jesucristo.

Ya he concluido al decir lo anterior y, como estas cosas son verdaderas, entonces nadie debe desalentarse. Hermana, permite que se relajen las líneas de tu rostro. Dices que nunca serás salva, pero no debes hablar de esa manera porque Cristo perdona *"según las riquezas de su gracia"*. Hermano, ¿estás turbado porque has pecado contra Dios? Ya que Él está tan dispuesto a perdonar, debes sentirte afligido por haber ofendido a un Dios tan misericordioso. Sin embargo, ya que Él está dispuesto a perdonar, también nosotros debemos estar dispuestos a ser perdonados. No abandonemos este tema, aunque ya pronto será la hora de la medianoche, hasta que hayamos recibido esta gran redención, este gran perdón para grandes pecados.

¡De modo que te he predicado el evangelio! Si lo rechazas, será a riesgo propio… No puedo decir nada más. Hay perdón para los que creen. Jesucristo es completamente digno de tu confianza. Confía en Él ahora y recibirás perdón libre y completo. ¡Que el Señor te ayude a hacerlo, por amor a Jesucristo! Amén.

Tomado de un sermón que se predicó el domingo por la tarde, el día 31 de diciembre de 1876 en el Tabernáculo Metropolitano, en Newington, Inglaterra.

Charles H. Spurgeon (1834-1892): Predicador bautista inglés influyente. Nació en Kelvedon, Essex, Inglaterra.

> *Un acontecimiento aún más aterrador llegó en la forma de un artículo que se publicó recientemente en el* Journal of Medical Ethics *(Revista de la ética médica). Los profesores Alberto Giubilini de la Universidad de Milán y Francesca Minerva de la Universidad de Melbourne y la Universidad de Oxford ahora argumentan a favor de la moralidad y la legalización del "aborto después del nacimiento". Estos autores no esconden su agenda; lo que exigen es legalizar la matanza de los recién nacidos.*
>
> *Giubilini y Minerva sostienen, actualmente, que el niño recién nacido carece de la habilidad de anticipar el futuro por lo cual deben permitirse los abortos después del nacimiento. Los autores explican que prefieren el término "aborto después del nacimiento" al de "infanticidio" porque el primero deja claro que el meollo de su argumento es que el nacimiento del niño no tiene importancia moral.*
>
> *Proponen dos argumentos para justificar su punto de vista. En primer lugar: "El estatus moral de un niño es equivalente al de un feto, es decir, ninguno de los dos se puede catalogar como una 'persona' en un sentido moral que tenga relevancia". En segundo lugar: "No es posible perjudicar a un recién nacido al impedir que desarrolle la potencialidad de ser una persona en el sentido moral relevante". De manera que "el estatus moral de un bebé es equivalente al de un feto porque ninguno de los dos tiene las características que justifican el atribuirle el derecho de la vida a un individuo".*
>
> *Estas aseveraciones son tan aterradoras como cualquier otra cosa que se pueda publicar en la literatura académica sobre la ética en la medicina. Éste es un argumento que apoya de forma directa la legitimidad de asesinar al humano recién nacido. Los autores formulan este argumento con toda la intención de que se convierta en un asunto de política pública. Además, más adelante siguen con la demostración de la maldad pura de su iniciativa cuando hasta rehúsan fijar un límite para la edad en la que es lícito el matar a un niño por medio del "aborto después del nacimiento".* —Al Mohler

> *Aunque está comprometido, sin vacilación, a la causa de la matanza de los niños, [Lawrence] Tribe, un profesor muy conocido de la ley constitucional en Harvard, se ve forzado a admitir que el aborto sólo lo pueden promover aquellos que han abandonado los últimos remanentes de la ortodoxia bíblica. Define la lucha titánica entre el campo pro vida y el de la pro elección como, esencial y acertadamente, la lucha entre los principios absolutos cristianos y los absolutos paganos.* — George Grant

Capítulo 9—El aborto

Capítulo 10

LOS DEBERES DE HIJOS E HIJAS

El fracaso de autoridad que vemos en nuestra época es pasmoso. Algo que no debemos pasar por alto es que este fracaso tiene un impacto destructor sobre la juventud. Aunque sus efectos son numerosos, el daño que sufren los jóvenes que rechazan la autoridad de sus padres es quizá, el más desalentador y destructivo. Dicho simplemente, rechazar la autoridad paternal devasta a la joven generación y la sitúa en una senda de fracaso, sufrimiento y, por último, el juicio de Dios.

Hollywood retrata a los hijos como sabios y a los padres como estúpidos, por lo que los hijos deciden obedecer sólo lo que les da la gana. Mucha de la publicidad moderna nos dice que parecer joven es mejor que ser maduros. Y prácticamente todos los medios y en todos los entornos, nuestra cultura nos incita a cuestionar todo lo que representa autoridad. Por dondequiera que vaya, el niño se encontrará con alguien presto a decirle que, sencillamente, haga lo que a él le parezca bien.

A Dios gracias, él no nos ha dejado en la oscuridad en lo que respecta a los deberes de los hijos y las hijas. Con claridad cristalina, ha usado un lenguaje sencillo para explicar cómo deben sortear los campos minados de la autoridad en la vida familiar. Cuando su impulso interior es rechazar la autoridad de los padres, el Señor se hace presente con sus palabras estabilizadoras y su Espíritu para rescatarlos de la senda que los conduce a la destrucción. Dios promete bendecirles cuando honran a su padre y a su madre. Recompensa con abundancia a los hijos y las hijas que andan en sus caminos, endereza sus pasos y bendice sus ocupaciones piadosas. Causa que les vaya bien espiritualmente. Este capítulo explica todas estas cosas.

Padres de familia, ¿están creando una cultura de honra y obediencia en su hogar? Dios quiera que todo hijo y todo progenitor que lee estas palabras comprenda qué bendición es el que los hijos les honren y obedezcan. Joven, ¿todo te va bien? ¿Honras a tus padres y a otras autoridades bíblicas? ¿Obedeces? Si no te va bien, no busques la respuesta en algún lugar equivocado. A menudo la respuesta es más clara y sencilla de lo que te imaginas.

—*Scott Brown*

Una oración para los lectores, especialmente para hijos e hijas
J. G. PIKE (1784-1854)

Oración para que creas en Dios

Mi querido joven: Si alguien se levantara de entre los muertos para hablarte, si pudiera venir del otro mundo para contarte lo que allí vio, ¡con cuánta atención escucharías sus palabras y cuánto te afectarían! No obstante, un mensajero de entre los muertos no te podría decir cosas más importantes que las que ahora te ruego que escuches.

He venido para rogarte que creas en Dios, que ahora sigas al Redentor divino y que andes tempranamente en la agradable senda de la piedad[1]. ¡Ah, que pudiera yo con todo el fervor de un moribundo rogarte que te ocupes de los únicos asuntos realmente importantes! Porque, ¡de qué poca consecuencia es para ti este pobre mundo transitorio cuando tienes un mundo eterno que atender! ¡No es una insignificancia que te pida que des tu atención a tu vida, tu todo, tu todo eterno, tu Dios, tu Salvador, tu cielo y a todas las cosas que merecen que reflexiones en ellas y las anheles! No dejes que un extraño esté más ansioso que tú de tu bienestar eterno. Si hasta ahora no has tomado esto en serio, hazlo ahora. Ya es hora de que lo hagas. Ya has malgastado bastantes años.

Piensa en las palabras de Sir Francis Walsingham[2]: "Aunque reímos, todas las cosas a nuestro alrededor son serias. *Dios*, él que nos preserva y nos tiene paciencia, es serio. *Cristo*, él que derramó su sangre por nosotros, es serio. El *Espíritu Santo* es serio, cuando lucha por nosotros. *Toda la creación* es seria en servir a Dios y en servirnos a nosotros. *Todos* en el más allá son serios. ¡Qué apropiado es que el ser humano sea serio! Entonces, ¿cómo podemos nosotros ser superficialmente alegres?".

¿Sonríes ante estas palabras graves y dices: "Éste es el lenguaje del fanatismo religioso"?... La advertencia amistosa puede descuidarse y las verdades de la Biblia rechazarse, pero la muerte y la eternidad pronto obligan a los corazones aun más indiferentes a estar profundamente convencidos de que la religión[3] es lo que necesitan. Sí, mi joven amigo, es lo que necesitas. Así lo dijo el Señor de la vida (Lc. 10:42), es lo que necesitamos tú, yo y todos. Los vivos la descuidan, pero los muertos conocen su valor. Cada santo en el cielo siente el valor del evangelio de Jesucristo al ser partícipes de las bendiciones a las que lleva. Y cada alma en el infierno sabe su valor al carecer de ellas. Es sólo sobre la tierra que encontramos a los indiferentes: ¿Serás tú uno de ellos? ¡No lo permita Dios!

Lee, te ruego, este breve mensaje orando seriamente. Recuerda que lo que busco es tu bienestar. Anhelo que seas feliz aquí y, cuando tu tiempo se haya cumplido, que seas feliz para siempre. Anhelo convencerte de que busques un refugio en los cielos y amigos que nunca fallan. Defiendo ante ti un caso que es más importante que cualquiera que jamás se haya presentado ante un juez. No es uno que concierne al tiempo solamente, sino que concierne a una larga eternidad. No es uno del que depende alguna riqueza o reputación, sino uno del cual dependen tus riquezas eternas o pobreza eterna, gloria eterna o vergüenza eterna, la sonrisa o el ceño

---

[1] **Piedad** – Reverencia y amor hacia Dios.
[2] **Sir Francis Walsingham** (c. 1532-1590) – Estadista inglés.
[3] **Religión** – *Religión*, en el sentido que le da el autor, significa el evangelio de Jesucristo.

fruncido de Dios, un cielo eterno o un infierno eterno. Es *tu* caso el que defiendo y no el mío: ¿Lo defenderé en vano ante ti? ¡Ay, mi Dios, no lo permitas!

Sé, mi joven amigo, que tenemos la tendencia de leer los llamados más serios como si fueran meras formalidades, de un poco más de consecuencia para nosotros que las trivialidades que publica el periódico, pero no leas de esta manera estas líneas. Créeme: Te hablo muy en serio. Lee, te ruego, lo que sigue, tomándolo como un serio mensaje... de Dios para ti.

Reflexiona en lo que significarán dentro de cien años los consejos que aquí te daré. Mucho antes de entonces, habrás dejado este mundo para siempre. Para entonces, tu cuerpo, ahora vigoroso y juvenil, se habrá convertido en polvo y tu nombre probablemente habrá sido olvidado sobre la tierra. No obstante, tu alma inmortal estará viviendo en otro mundo en un gozo o sufrimiento más consciente de lo que ahora es posible. En aquel entonces, mi querido joven, ¿qué pensarás de esta advertencia de amigo? ¡Qué feliz estarás si seguiste los consejos que contiene! No te creas que los habrás olvidado. Los llamados y las bendiciones olvidados aquí serán recordados allá, cuando cada pecado será traído a la memoria del pecador... pero tu día de gracia es *ahora*; después, otra generación será la que viva su día de gracia.

Piénsalo: Mientras tú lees esto, miles se están regocijando en el cielo porque hicieron caso en años pasados a llamados tan importantes. Antes fueron tan indiferentes como quizá lo has sido tú, pero la gracia divina les dio disposición para escuchar la Palabra de vida. Hicieron caso a las advertencias dirigidas a ellos. Encontraron salvación. Han ido a su descanso. *Ahora*, con cuánto placer pueden recordar el sermón ferviente o el librito que bajo la mano de Dios, primero despertó su atención y primero impresionó sus corazones... Sí, creo que mientras tú lees... miles de almas desgraciadas en total oscuridad y desesperación están maldiciendo esa locura descabellada que los llevó a no escuchar las advertencias amistosas que alguna vez les dirigieron. ¡Ay, mi joven amigo, te ruego por los gozos de los santos en el cielo y por los horrores de los pecadores en el infierno que no trates con ligereza este afectuoso llamado!

Considera también: Si estuvieras por hacer un viaje, te prepararías para hacerlo. ¿No es verdad que lo harías si fueras a viajar unas cien o doscientas millas? Si estuvieras a esta distancia de tu hogar, ¿no pensarías en éste con frecuencia? Si aparecieran obstáculos en el camino que amenazaran impedir que jamás regresaras, ¿no usarías todos tus medios y tus fuerzas para eliminarlos? ¿Eres realmente sólo un extraño y viajero sobre la tierra? ¿Vas hacia delante en un corto lapso de tiempo a un mundo eterno, donde encontrarás una morada sin fin del más profundo sufrimiento o el más perfecto gozo? ¿Se juntan muchas cosas para impedirte alcanzar el reino de los cielos? ¿Es éste tu caso? Sí, lo es. ¿Irás hacia delante, sin importante a dónde vas? ¿Sin importarte lo que te espera al entrar en aquel mundo oculto, ese mundo oculto, desconocido y sin fin de gozo inefable o de sufrimiento imposible de imaginar?... Es *imposible* ser demasiado serio contigo. Si alguna vez alcanzas a conocer el valor de la verdadera piedad, estarás convencido de que así es. Si viéramos a miles durmiendo al borde de un precipicio y a otros cayendo y muriendo continuamente, ¿no sentiríamos una pasión por despertar a los que todavía no han caído?

¡Ay, mi joven amigo, si has sido indiferente al evangelio de Cristo, el peligro es infinitamente peor, un peligro *eterno* te amenaza! ¡Despierta! ¡Despierta! ¡Te ruego que despiertes! ¡Despierta antes de que sea demasiado tarde! ¡Antes de que la eternidad selle tu condenación!... ¡Despierta! Te ruego que comiences a pensar en esa sola cosa que tanto necesitas, ¡el alimento no es ni la mitad de necesario para el pobre desgraciado que se muere de hambre, ni lo es la ayuda para aquel que se hunde en el mar o para el que se está quemando en las llamas!

Quizá todo lo que te digo para conseguir tu atención lo digo en vano. ¿Será así? ¿Despreciarás a tu Dios asegurándote tu propia destrucción? ¿Serás un enemigo más cruel de ti mismo que los diablos mismos pudieran ser? ¡Ay! Si así es, ¿en qué condición estarás pronto? Pero tengo mejores esperanzas para ti y te hago un pedido: Mira a Dios... conmigo, elevando la siguiente oración. Luego pide que tenga de ti misericordia:

Una oración pidiendo la bendición divina

Una oración pidiendo la bendición divina sobre este artículo: Dios eternamente bendito y santo, tu sonrisa es vida, tu ceño fruncido es muerte. Tú tienes acceso a cada corazón y conoces todos los pensamientos de toda criatura en tu amplio dominio. Desde tu trono eterno dígnate mirar y enseñar a una de tus criaturas más indignas a implorar humildemente tu misericordia. Sin tu amor, somos pobres en medio de la abundancia y desdichados en medio del gozo del mundo. Tu amor es placer aunque estemos en medio de sufrimientos y es riqueza en medio de la pobreza mundana. El que te conoce y te ama, aunque muerto de pobreza y hambre, es infinitamente más rico y feliz que el rey que gobierna el más amplio de los imperios, pero no te conoce. Tú eres nuestra única felicidad; no obstante, no hemos buscado en ti el bien. Tú eres nuestra única dicha; no obstante, te hemos pedido que te alejes. Tú tienes el primer y más razonable derecho a nuestro corazón; no obstante, por naturaleza, los corazones están cerrados contra ti. Pero si tú has bendecido al que da voz a esta oración porque te conoce, bendice también a los que la lean o la dicen con el mismo conocimiento del cielo.

Dios grande, sólo tú sabes lo que es el hombre: Un desdichado y miserable, una criatura rebelde y esclava del pecado, un heredero merecedor de ira y condenación. Tu compasión ha abierto para él el camino de vida, ¡pero cuán pocos son los que lo encuentran! Y, ¡ah!, ninguna mano sino la tuya puede guiar al pecador en esa senda llena de paz. Duro es el corazón que tu bondad no derrite: Ninguna piedra es tan dura. Frío es el corazón que tu bondad no calienta: Ningún hielo es tan frío. No obstante, ¡ay!, Dios grande, así es todo corazón humano por naturaleza... ¡Pero tú tienes poder para ablandar la roca, derretir el hielo y cambiar el corazón! ¿Y acaso no es eso lo que deseas? Creador misericordioso... tú has dicho: "Mirad a mí, y sed salvos, todos los términos de la tierra" (Is. 45:22). Miles ahora en gloria han experimentado tu poder salvador. Los instrumentos más débiles pueden en tu mano realizar las obras más poderosas. Una piedrita y una honda pueden arrasar con el enemigo más orgulloso. Ahora, entonces, Dios compasivo, demuestra tu poder para salvar. Concede que los que lean este artículo cedan a tu convicción y consideren seriamente lo que más los beneficia. Por medio de instrumentos débiles, tú has despertado muchos corazones indiferentes. Aun si éste es el más débil de los débiles instrumentos, magnifica tu poder y misericordia haciendo que llegue a un alma (¡Oh, que sean muchas!) con un *llamado solemne y avivador*. Permite que algunos de sus lectores aprendan el fin para el cual la vida les fue dada. ¡Oh, no dejes que duerman el sueño del pecado y la muerte para ser despertados por el juicio y la destrucción!

Dios benigno, enséñales que la vida no es dada para perderla por negligencia y pecado. Por el poder del Evangelio, *somete* tú al corazón de piedra y *rompe* la piedra de hielo. Con una voz eficaz como la que despertará a los muertos, llama a los muertos en pecado a levantarse y vivir. Llama al joven pecador que lea estas palabras, a huir de la Ira que vendrá. Dios misericordioso, por tu Espíritu Conquistador haz que este escrito, que en sí es una débil caña, sea poderoso para llevar al arrepentimiento, la oración y la conversión, a algún joven que se haya descarriado de las sendas de la paz. ¡Oh tú que te compadeces del hombre desdichado, enseña a los jóvenes lectores... a tener compasión de sí mismos! No dejes que por su pecado y su necedad hagan, aun de la inmortalidad, una maldición. No dejes que desprecien tus llamados misericordiosos, ni que pisoteen tu amor hasta la muerte. No dejes que el infierno se regocije y el cielo llore por ellos, sino que deja que los ángeles que moran en tu presencia y los santos que rodean tu trono se gocen por algún penitente despertado por este débil instrumento: Por algún joven que acepta el evangelio de tu Hijo, encontrando en él todo bien.

¡Dios grande, concede este pedido! ¡Haz que los sufrimientos del Salvador lo impulsen! ¡Haz que la intercesión del Salvador lo obtenga! ¡Haz que las influencias del Espíritu lleven a cabo lo que aquí anhelamos!... ¡Confiérele tu Espíritu a este ruego, oh Dios de amor! ¡Confiere esas influencias de bendición, oh tú, Salvador de la humanidad, que has recibido dones para los hombres! ¡Confiérelos, oh Padre y Señor de todo, y trae a algún joven pecador a los pies de tu Hijo crucificado! Aunque sea sólo uno, haz que éste acuda a él para vida... Ahora, oh Dios de gracia, oye esta súplica y enseña al joven sincero de corazón que preste toda su atención a lo que sigue. Concede esto, Dios grande, en nombre del que murió en el Calvario aquí en la tierra, que vive, reina y ruega por el hombre en los cielos, y cuyo reino, poder y gloria son para siempre jamás. *Amén.*

Tomado de *Persuasives to Early Piety* (Argumentos en pro de una piedad temprana), reimpreso por Soli Deo Gloria, un ministerio de Reformation Heritage Books, Grand Rapids, Michigan, Estados Unidos, www.heritagebooks.org.

J. G. Pike (1784-1854): Pastor bautista, nacido en Edmonton, Alberta, Canadá.

Honra a tu padre y a tu madre
Thomas Watson (c. 1620-1686)

"Honra a tu padre y a tu madre, para que tus días se alarguen en la tierra que Jehová tu Dios te da". —Éxodo 20:12

1. Un aprecio respetuoso

Los hijos deben honrar a sus padres teniéndoles un aprecio respetuoso. Tienen que demostrarles un respeto cortés y profundo. Por eso, cuando el Apóstol habla de los padres terrenales, habla también de reverenciarlos (He. 12:9). Esta reverencia ha de ser expresada:

(1) *Interiormente, con un temor[4] combinado con amor*. "Cada uno temerá a su madre y a su padre" (Lv. 19:3). En el mandamiento, el padre es mencionado primero. Aquí, la madre es mencionada primero, en parte para honrar a la madre porque, en razón de las debilidades inherentes a su sexo, es propensa a ser desdeñada por sus hijos. Y en parte porque la madre soporta más por sus hijos.

(2) *Externamente, tanto con palabras como con acciones*. Reverenciar a los padres con palabras se refiere a cuando se habla directamente con ellos o cuando se habla *de* ellos a otros. "Pide, madre mía", dijo el rey Salomón a Betsabé, su madre (1 R. 2:20). Cuando hablan de sus padres, los hijos deben hablar honorablemente. Tienen que hablar bien de ellos, si eso merecen. "Se levantan sus hijos y la llaman bienaventurada" (Pr. 31:28). Y en caso de que, por debilidad, un padre o una madre cometa una indiscreción, el hijo debe hacer todo lo posible por disculparlo con sabiduría para cubrir la desnudez[5] de sus padres.

(3) *Teniendo una conducta sumisa...* José, aunque era un gran príncipe y su padre había empobrecido, se inclinó ante él y se comportó con una humildad como si su *padre* fuera el príncipe y *él mismo* fuera un pobre hombre (Gn. 46:29). El rey Salomón, cuando su madre se acercó a él, "se levantó a recibirla, y se inclinó ante ella" (1 R. 2:19)... ¡Ay, cuántos hijos distan de rendir esta reverencia a sus padres! En cambio, los desprecian. Se comportan con tanto orgullo e indiferencia hacia ellos que son una vergüenza para el evangelio y causan que sus padres ya ancianos vayan al sepulcro con dolor. "Maldito el que deshonrare a su padre o a su madre" (Dt. 27:16). Si todos los que deshonran a sus padres son malditos, ¡cuántos hijos en nuestra época se encuentran bajo esa maldición! Si los que son irrespetuosos con sus padres viven hasta tener hijos, sus propios hijos serán una espina en su carne y Dios les recordará sus pecados en el día de su castigo.

2. Cuidadosamente obedientes

Los hijos deben honrar a los padres siendo cuidadosamente obedientes. "Hijos, obedeced a vuestros padres en todo" (Col. 3:20). El Señor Jesús fue un ejemplo en esto para los hijos. Se sujetó a sus padres (Lc. 2:51). Él, a quien se le sujetaban los ángeles, se sujetaba a sus padres. Esta obediencia a los padres se demuestra de tres maneras:

(1) *Siguiendo sus consejos*. "Oye, hijo mío, la instrucción de tu padre, y no desprecies la dirección de tu madre" (Pr. 1:8). Los padres ocupan, por así decir, el lugar de Dios. Para que te puedan enseñar el temor del Señor, tienes que atender sus palabras como si fueran oráculos y no ser como una víbora sorda, tapándote los oídos. Los hijos de Elí no siguieron los consejos de su padre y fueron llamados "impíos" (1 S. 2:12, 25). Y así como los hijos deben seguir los

---

[4] **Temor** – Respeto y reverencia.

[5] **Cubrir la deznudez** – No literalmente la desnudez como en Gn. 9:23, sino cubrir las faltas de sus padres.

consejos de sus padres en cuestiones espirituales, deben también hacerlo en asuntos que se relacionan con esta vida, como la elección de una vocación y de contraer matrimonio. Jacob no se iba a casar, aunque ya tenía cuarenta años, sin la aprobación de sus padres (Gn. 28:1-2)... Si los padres de familia [evangélicos] aconsejaran a un hijo a formar pareja con un inconverso o católico romano, creo que este caso es obvio y muchos de los letrados opinan que, en este caso, el hijo puede negarse y no está obligado a hacer lo que el padre pide. Los hijos deben "casarse en el Señor", por lo tanto, no con personas inconversas, porque eso no es casarse en el Señor (1 Co. 7:39).

(2) *Cumpliendo sus órdenes*. El hijo debe ser el eco de los padres: Cuando el padre habla, el hijo debe ser su eco obedeciendo. El padre de los recabitas les prohibió beber vino. Le obedecieron y fueron felicitados por ello (Jer. 35:14). Los hijos deben obedecer a sus padres en todo (Col. 3:20). En las cosas en que no coinciden, por más que les cueste, tienen que obedecer a sus padres. Esaú obedeció a su padre cuando le ordenó que le trajera carne de venado porque probablemente, le gustaba cazar, pero se negó a obedecerle en una cuestión más importante: La elección de una esposa. Pero aunque los hijos tienen que obedecer a sus padres "en todo", no obstante, "es dentro de la limitación de cosas justas y honestas". "Obedeced en el Señor", es decir, siempre que las órdenes de los padres coincidan con las órdenes de Dios (Ef. 6:1). Si ordenan algo que es contrario a Dios, pierden su derecho a ser obedecidos. En dichos casos, tienen que desobedecer.

(3) *Satisfaciendo sus necesidades*. José se ocupó de suplir las necesidades de su padre en su vejez (Gn. 47:12). Se trata meramente de pagar una deuda justa. Los padres crían a sus hijos cuando son chicos y los hijos deben ocuparse de sus padres en su ancianidad... Los hijos, o monstruos debiera llamarlos, son ellos mismos una vergüenza cuando se avergüenzan de sus padres cuando envejecen y decaen, y les dan una piedra cuando piden pan. Cuando las casas se ven cerradas, decimos que allí está la plaga, cuando el corazón de los hijos se cierra contra sus padres, tienen la plaga. Nuestro bendito Salvador cuidó mucho a su madre. En la cruz, encargó a su discípulo Juan que la llevara a su casa con él como si fuera su madre y se ocupara de que no le faltara nada (Jn. 19:26-27).

3. Las razones por las cuales los hijos deben honrar a sus padres

Las razones por las cuales los hijos deben honrar a sus padres son:

(1) *Es un mandato serio de Dios*. "Honra a tu padre": Así como la Palabra de Dios es la regla, su voluntad debe ser la razón de nuestra obediencia.

(2) *Merecen la honra por el gran amor y afecto que sienten por sus hijos*. La evidencia de ese amor es tanto en su cuidado como en su costo. Su cuidado en criar y educar a sus hijos es una señal de que sus corazones están llenos de amor por ellos. Muchas veces, los padres cuidan mejor a sus hijos que lo que se cuidan ellos mismos. Los cuidan cuando son tiernos, no suceda que sean como frutales en un muro[6] que son podados cuando apenas florecen. Al ir creciendo los hijos, aumenta el cuidado de los padres. Temen que sus hijos se caigan cuando son chicos y que sufran cosas peores que caídas cuando son más grandes. Su amor se evidencia en su costo (2 Co. 12:14). Ahorran y gastan para sus hijos. No son como los avestruces que son crueles con sus hijos (Job 39:16). Los padres, a veces se empobrecen ellos mismos para enriquecer a sus hijos. Los hijos nunca pueden igualar el amor de un padre porque los padres son instrumentos de vida para los hijos y los hijos no pueden ser eso para sus padres.

---

[6] **Frutales en un muro** – Fruta que crece en árboles guiados para que crezcan contra un muro para dar resguardo y calor.

(3) *Agrada al Señor* (Col. 3:20). Tal como produce gozo en los padres, es un gozo para el Señor. ¡Hijos! ¿No es vuestro deber agradar a Dios? Al honrar y obedecer a sus padres, agradan a Dios tal como lo hacen cuando se arrepienten y creen en él. Para demostrar cuánto le agrada a Dios, quien los recompensa cumpliendo la promesa: "para que tus días se alarguen en la tierra que Jehová tu Dios te da". Jacob no dejaba ir al ángel hasta que lo bendijera y Dios no dejó este mandamiento hasta que lo bendijo. Pablo lo llama "el primer mandamiento con promesa" (Ef. 6:2)... Una larga vida es mencionada como una bendición. "Y veas a los hijos de tus hijos" (Sal. 128:6). Fue un gran favor de Dios a Moisés el que, aunque tenía ciento veinte años, no necesitaba anteojos: "Sus ojos nunca se oscurecieron, ni perdió su vigor" (Dt. 34:7). Dios advirtió a Elí con la maldición de que nadie en su familia llegaría a la ancianidad (1 S. 2:31). Desde el diluvio, la vida es mucho más breve: Para algunos, la matriz es su tumba. Otros cambian su cuna por su sepultura. Otros mueren en la flor de la vida. La muerte se lleva todos los días a unos u otros. Ahora, aunque la muerte nos acecha continuamente, Dios nos sacia de larga vida, diciendo (como en el Sal. 91:16): "Lo saciaré de larga vida", algo que hemos de apreciar como una bendición. Es una bendición cuando Dios nos da mucho tiempo para arrepentirnos, mucho tiempo para servirle y largo tiempo para disfrutar a nuestros seres queridos.

4. La bendición

¿Para quiénes es esta bendición de larga vida, sino para los hijos obedientes? "Honra a tu padre para que tus días se alarguen". Nada acorta la vida más pronto que la desobediencia a los padres. Absalón fue un hijo desobediente que quiso quitarle la vida y la corona a su padre. No vivió ni la mitad de lo que hubiera sido normal. El asno que montaba, cansado de tanta carga, lo dejó colgando de una rama de árbol entre el cielo y la tierra, como si no mereciera caminar sobre una ni entrar al otro. La obediencia a los padres va dando giros positivos a la vida. La obediencia a los padres no sólo alarga la vida, sino que la hace más dulce. Vivir una larga vida y no poseer nada de bienes es una miseria, pero la obediencia a los padres asegura la herencia de tierras para el hijo. "¿No tienes más que una sola bendición, padre mío? Bendíceme también a mí, padre mío, dijo Esaú" (Gn. 27:38). Dios tiene más de una bendición para el hijo obediente. No sólo gozará de larga vida, sino de una tierra que da fruto: Y no sólo tendrá tierras, sino que ellas le serán dadas con amor: "la tierra que Jehová tu Dios te da". Disfrutarás de tierras, no sólo por el favor de Dios, sino por su amor. Todos estos son argumentos poderosos para hacer que los hijos honren y obedezcan a sus padres.

Tomado de *The Ten Commandments* (Los Diez Mandamientos), reimpreso por The Banner of Truth Trust, www.banneroftruth.org.

Thomas Watson (c. 1620-1686): Predicador puritano protestante no conformista y autor; se desconocen el lugar exacto y la fecha de su nacimiento.

Los deberes de hijos e hijas hacia sus padres
John Angell James (1785-1859)

"Mucho se alegrará el padre del justo, y el que engendra sabio se gozará con él. Alégrense tu padre y tu madre, y gócese la que te dio a luz". —Proverbios 23:24-25

Considera con cuidado la relación que tienes con tus padres. Existe una conexión natural entre ustedes, por el hecho de que son ellos los propios instrumentos de tu existencia: Una circunstancia que de por sí parece investirlos... de una autoridad casi absoluta sobre ti. Lo usual, la universalidad del vínculo, distrae de pensar en su intimidad, su ternura y su santidad[7]. Eres, literalmente, parte de ellos y no puedes reflexionar en ningún momento en tu nacimiento sin que te impresione el peso maravilloso y solemne que llevas de tu obligación hacia tu padre y tu madre. Pero considera que no hay solamente una cuestión natural de tu deber hacia ellos, sino una conexión *establecida* entre ustedes. Jehová mismo ha intervenido y, uniendo el lenguaje de revelación con los dictados de la razón y la fuerza de autoridad a los impulsos de la naturaleza, te ha llamado a la piedad filial[8], no sólo como una cuestión de sentimientos, sino de principios. Estudia entonces la relación: *Piensa cuidadosa y seriamente en la conexión que existe entre ustedes*. Pesa bien la importancia de las palabras *padre* y *madre*. Piensa cuánto contiene que tiene que ver contigo, cuántos oficios contiene en sí: Protector, defensor, maestro, guía, benefactor, sostén de la familia. ¿Cuáles, entonces, tienen que ser las obligaciones del hijo? Lo siguiente es un breve *resumen* de los deberes filiales:

1. El amor

Debes amar a tus padres. *El amor es la única actitud de la cual pueden surgir todos los demás deberes que te corresponden hacia ellos.* Al decir amor, nos referimos al anhelo de cumplir los deseos de ellos. Por cierto que es lo que un padre y una madre merecen. La propia relación que tienes con respecto a ellos lo demanda. Si te falta esto, si no tienes en tu corazón una predisposición hacia ellos, tu actitud es extraña y culpable. Hasta que contraigas matrimonio o estés por hacerlo, deben ellos, en la mayoría de los casos, ser los objetos supremos de tu cariño terrenal. No basta con que seas respetuoso y obediente y aun amable, sino que, donde no existan razones [bíblicas] para alejarte de ellos, tienes que quererlos. Es de importancia infinita que cuides tus sentimientos y no caigas en una antipatía, un distanciamiento o una indiferencia hacia ellos y que se apague tu cariño. No adoptes ningún prejuicio contra ellos ni permitas que algo en ellos te impresione desfavorablemente. El respeto y la obediencia, si no brotan del amor... son muy precarios.

Si los amas, te encantará estar en su compañía y te agradará estar en casa con ellos. A ellos les resulta doloroso ver que estás más contento en cualquier parte que en casa y que te gusta más cualquier otra compañía que la de ellos. Ninguna compañía debe ser tan valorada por ti como la de una madre o un padre bueno.

Si los amas, te esforzarás por complacerles en todo. Siempre ansiamos agradar a aquellos que queremos y evitamos todo lo que pudiera causarles un dolor. Si somos indiferentes en cuanto a agradar o desagradar a alguien es obviamente imposible que sintamos algún afecto por él. La esencia de la piedad hacia Dios es un anhelo profundo de agradarle y la esencia de la piedad filial es un anhelo por agradar a tus padres. Joven, reflexiona en este pensamiento

---

[7] **Santidad** – Sagrado y, por lo tanto, merecedor de respeto y reverencia.
[8] **Piedad filial** – La lealtad de un hijo hacia sus padres y familia.

sencillo: *El placer del hijo debiera ser complacer a sus padres*. Esto es amor y la suma de todos tus deberes. Si adoptas esta regla, si la escribes en tu corazón y si la conviertes en la norma de tu conducta, dejaría a un lado mi pluma porque ya estaría todo dicho. Ojalá pudiera hacerte entrar en razón y determinar esto: "Estoy comprometido por todos los lazos con Dios y el hombre, de la razón y revelación, del honor y la gratitud, hacer todo lo posible para hacer felices a mis padres, por hacer lo que sea que les produce placer y por evitar todo lo que les cause dolor; con la ayuda de Dios, desde este instante, averiguar y hacer todo lo que promueva su bienestar. Haré que mi voluntad consista en hacer la de ellos y que mi felicidad terrenal provenga de hacerlos felices a ellos. Sacrificaré mis propias predilecciones y me conformaré con lo que ellos decidan". ¡Noble resolución, justa y apropiada! Adóptala, llévala a la práctica y nunca te arrepentirás. No disfrutes de ninguna felicidad terrenal que sea a expensas de ellos.

Si los amas, desearás que tengan una buena opinión de ti. Es natural que valoremos la estima de aquellos a quienes amamos: queremos que piensen bien de nosotros. Si no nos importa su opinión de nosotros, es una señal segura de que ellos no nos importan. Los hijos deben anhelar y ansiar que sus padres tengan una opinión excelente de ellos. No hay prueba más decisiva de una mala disposición en un hijo o una hija que ser indiferente a lo que sus padres piensan de él o ella. En un caso así, no hay nada de amor, y el joven va camino a la rebelión y destrucción...

2. La reverencia

El próximo deber es reverenciar a tus padres. "Honra a tu madre y a tu madre", dice el mandamiento. Esta reverencia tiene que ver con tus sentimientos, tus palabras y tus acciones. Consiste, en parte, tener conciencia de su posición de superioridad o sea de autoridad, y un esfuerzo por conservar una actitud reverente hacia ellos como personas que Dios puso para estar por encima ti. Tiene que haber... un sometimiento del corazón a la autoridad de ellos que se expresa en un respeto sincero y profundo... Si no hay reverencia en el corazón, no puede esperarse en la conducta. En toda virtud, ya sea la más elevada que respeta a Dios o la clase secundaria que se relaciona con otros humanos como nosotros, tiene que ser de corazón. Sin esto, dicha virtud no existe.

Tus palabras tienen que coincidir con los sentimientos reverentes de tu corazón. Cuando hablas con ellos, tu manera de hacerlo, tanto tus palabras como tu tono, deben ser modestos, sumisos y respetuosos, sin levantar la voz, sin enojo ni impertinencia ni tampoco descaro porque ellos no son tus iguales, son tus superiores. Si alguna vez no concuerdas con su opinión, debes expresar tus puntos de vista, no con displicencia ni intransigencia como con alguien con quien disputas, sino con la curiosidad humilde de un alumno. Si ellos te reprenden y quizá más fuerte de lo que crees que mereces, tienes que taparte la boca con la mano y no ser respondón ni mostrar resentimiento. Tu reverencia por ellos tiene que ser tan grande que refrena tus palabras cuando estás en su compañía, por todo lo que ellos se merecen. Es extremadamente ofensivo escuchar a un joven irrespetuoso, grosero, hablador, que no se controla en la presencia de su madre o su padre y que no hace más que hablar de sí mismo. Los jóvenes deben ser siempre modestos y sosegados cuando está con otros, pero con mayor razón cuando sus padres están presentes. También debes tener cuidado de cómo hablas de ellos a otros. Nunca debes hablar de sus faltas... ni decir nada que puede llevar a otros a pensar mal de ellos o a ver que *tú* piensas mal de ellos. Si alguien ataca la reputación de ellos, con presteza y firmeza, aunque con humildad, has de defenderlos hasta donde la verdad te permita, y aun si la acusación es verdad, justifícalos hasta donde la veracidad te lo permita y protesta en contra de la crueldad de denigrar a tus padres en tu presencia.

La reverencia debe incluir toda tu conducta hacia tus padres. En toda tu conducta con ellos, dales el mayor honor. Condúcete de manera que otros noten que haces todo lo posible por respetarlos y que ellos mismos lo vean cuando no hay nadie alrededor. Tu conducta debe ser siempre con compostura cuando están cerca, no la compostura del temor, sino de la *estima*...

3. La obediencia

Otro deber es la obediencia. "Hijos, obedeced a vuestros padres", dice el Apóstol en su epístola a los Colosenses. Éste es uno de los dictados más obvios de la naturaleza. Aun las criaturas irracionales son obedientes por instinto y siguen las señales de sus progenitores, sea bestia, ave o reptil. Quizá no haya deber más reconocido generalmente que éste. Tu obediencia debe comenzar temprano; entre más joven eres, más necesitas un guía y autoridad. Debiera ser *universal*: "Hijos, obedeced a vuestros padres", dijo el Apóstol, "en todo".

La única excepción a esto es cuando sus órdenes son, de hecho y en espíritu, contrarios a los mandatos de Dios. En dicho caso, al igual que en todos los demás, hemos de obedecer a Dios antes que a los hombres. Pero aun en este caso, tu negativa a cumplir la directiva pecaminosa de un padre, debe ser expresada con humildad y respeto, para que sea manifiesto que tu motivación es pura y responsable, no por una mera resistencia rebelde a la autoridad de tus padres. La única excepción a tu obediencia debe ser regida por tu conciencia: Si tu situación, inclinación y gusto entran en juego, deben ser puestos a un lado cuando éstos son contrarios a la autoridad paternal.

La obediencia debe ser puntual. En cuanto la orden es expresada, debe ser cumplida. Es una vergüenza para cualquier hijo el que un padre o madre necesite repetir una orden. Debes anticipar, si es posible, sus directivas y no esperar hasta que las tengan que decir. Una obediencia que se demora pierde toda su gloria.

Debe ser alegre. Una virtud practicada a regañadientes no es una virtud. Una obediencia bajo coacción y cumplida con mala disposición es una rebelión en principio; es un mal, vestido con una vestidura de santidad. Dios ama al dador alegre y también el hombre. Un hijo que se retira de la presencia de uno de sus padres refunfuñando, malhumorado y masculando su enojo es uno de los espectáculos más feos de la creación: ¿De qué valor es algo que un hijo hace con semejante actitud?

Debe ser negándote a ti mismo. Debes dejar a un lado tu propia voluntad, sacrificar tus propias predilecciones y realizar las acciones que son difíciles, al igual que las fáciles. Cuando un soldado recibe una orden, aunque esté disfrutando de la comodidad de su casa, sin vacilar, parte inmediatamente a exponerse al peligro. Considera que no tiene otra opción. El hijo no tiene más margen para la gratificación del yo que la que tiene el soldado: tiene que obedecer. Tiene que ser uniforme. La obediencia filial, por lo general, tiene lugar sin muchos problemas cuando están presentes los padres, pero no siempre con la misma diligencia cuando están ausentes.

Joven, debes detestar la vileza y aborrecer la maldad de consultar los deseos y obedecer las directivas de tus padres únicamente cuando están presentes y ven tu conducta. Tal hipocresía es *detestable*. Actúa basándote en principios más nobles. Que sea suficiente para ti saber cuál es la voluntad de tus padres para asegurar tu obediencia, aunque continentes y océanos te separen de ellos. Lleva esta directiva a todas partes. Deja que la voz de la conciencia sea para ti la voz de tu padre o de tu madre y que saber que Dios te ve, sea suficiente para asegurar tu obediencia inmediata. Qué sublimemente sencillo e impresionante fue la respuesta del hijo quien, siendo presionado por sus compañeros a tomar algo que sus padres ausentes le habían prohibido tocar y que, cuando le dijeron que aquellos no estaban presentes para verlo, respondió: "Es muy cierto, pero Dios y mi conciencia sí están presentes". Decídete a imitar este hermoso ejemplo... y obedece en todo a tus padres, aun cuando estén ausentes.

4. Ser dócil a la disciplina de la familia

Ser dócil a la disciplina y reglas de la familia no son menos tu deber que la obediencia a sus directivas. En cada familia, donde hay orden, hay un control de la autoridad que son los padres: Hay subordinación, sistema, disciplina, recompensa y castigo. A todo esto, deben sujetarse *todos* los hijos. Estar sujeto requiere que si en alguna ocasión te has comportado de manera que se hace necesario el castigo paternal, debes aceptarlo con paciencia y no enfurecerte ni resistirte con pasión. Recuerda que Dios ha ordenado a tus padres que corrijan tus faltas, que han de estar motivados por amor al cumplir este deber con abnegación... Confiesa sinceramente tus faltas y sométete a cualquiera sea el castigo que la autoridad y sabiduría de ellos dicte. Uno de los espectáculos domésticos más hermosos, después del de un hijo uniformemente obediente, es el de uno desobediente quien entra en razón y reconoce sus faltas cuando se las señalan, y se somete con tranquilidad al castigo que corresponde. Es una prueba de una mente fuerte y de un corazón bien dispuesto decir: "Actué mal y merezco ser castigado".

En el caso de hijos mayores... es sumamente doloroso cuando un padre, además del dolor extremo que le causa reprochar a tales hijos, tiene que soportar la angustia producida por su total indiferencia, su sonrisa desdeñosa, sus murmuraciones malhumoradas o respuestas insolentes. Esta conducta es aún más culposa porque el que es culpable de ella ha llegado a una edad cuando se supone que ha madurado su comprensión lo suficiente como para percibir cuán profundos son los fundamentos de la autoridad paternal —en la naturaleza, la razón y revelación— y cuán necesario es que las riendas de la disciplina paternal no se aflojen. Por lo tanto, si has cometido un error que merece represión, no cometas otro por resentirla. Permanece quieto en tu interior, no dejes que tus pasiones se rebelen contra tu sano juicio, sino que reprime al instante el tumulto que comienza en tu alma.

La conducta de algunos hijos después de una represión es una herida más profunda en el corazón de un padre o una madre que la anterior que mereció la represión. Por otra parte, no sé de otra señal más grande de nobleza ni nada que tienda a elevar la opinión del joven por parte de uno de sus padres ni generar en ellos más ternura que el sometimiento humilde a la represión y una confesión sincera de su falta. Un amigo mío tenía un hijo (que hace tiempo ha fallecido), quien habiendo desagradado a sus padres delante de sus hermanos y hermanas, no sólo se sometió humildemente a la amonestación de su padre, sino que cuando la familia se reunió a la mesa para comer, se puso de pie delante de todos ellos. Después de haber confesado su falta y pedido el perdón de su padre, aconsejó a sus hermanos menores que tomaran su ejemplo como una advertencia y tuvieran cuidado de no hacer sufrir nunca a sus padres, a quienes les correspondía amar y respetar. No puede haber nada más hermoso ni más impresionante que esta acción tan noble. Con sus disculpas, aumentó el aprecio de sus padres y de su familia a un nivel más alto aún del que gozaba antes de haber cometido la falta. El mal humor, la impertinencia y la resistencia obstinada son vilezas, cobardías y mezquindad en comparación con una acción como ésta, que combina una nobleza heroica y valiente con la más profunda humildad.

Estar sujeto también requiere el cumplimiento que corresponde a las reglas establecidas para mantener el orden familiar. En las familias en que todo funciona bien, las cosas no se dejan al azar, sino que se regulan con reglas fijas. Hay un tiempo para cada cosa y cada cosa en su tiempo... Las comidas, oraciones, acostarse a la noche y levantarse a la mañana se realizan en el tiempo determinado para cada una. Es el deber obvio de cada miembro de la familia someterse a estas reglas. Los hijos y las hijas pueden estar ya mayores y pueden haber llegado a la adultez, esto no importa, tienen que someterse a las reglas de la casa y su edad es una razón más para ser sumisos, ya que se supone que la madurez de su juicio los capacita para percibir con mayor claridad la razón de cada obligación moral. Quizá opinen que las reglas son demasiado estrictas, pero si el padre o la madre las establecieron, tienen que sujetarse a ellas, en tanto sigan siendo integrantes de ese núcleo familiar, aunque sea hasta casi su vejez. Corresponde también al padre o a la madre decidir qué visitas entran en la casa y es totalmente incorrecto que un hijo traiga o quiera traer a la casa una amistad a la cual él sabe que se opone uno de sus padres. Lo mismo se aplica a las diversiones: Los padres determinan cuales serán y, ningún hijo que tiene los sentimientos correctos de un hijo, querrá establecer diversiones que el gusto y especialmente que la *conciencia*, de la madre o el padre prohíbe. Han ocurrido casos en que los jóvenes han invitado a tales amigos para tales diversiones en la ausencia de sus padres, aunque saben que esto es decididamente contrario a las reglas de la casa. No hay palabras para expresar lo abominable que es una acción de rebelión vil y malvada contra la autoridad paternal y un desprecio tan carente de escrúpulos de lo que saben es la voluntad de los padres. Aun los libros que entran a la casa deben coincidir con las reglas domésticas. Si el padre o la madre prohíbe traer novelas, romances o cualquier otro libro, el hijo, en la mayoría de los casos, tiene que renunciar a sus propias predilecciones y acatar una autoridad a la cual no se puede oponer sin oponerse a los dictados de la naturaleza y la fe cristiana.

5. El deber de consultar con sus padres

Es el deber de los hijos consultar con sus padres: Ellos son los guías de tu juventud, tus consejeros naturales, cuyos consejos y respuestas debes recibir con piadosa reverencia. Aun si con justa razón sospechas de la solidez o percepción que ha generado la determinación de ellos, es por tu relación con ellos que no debes emprender nada sin explicarles el asunto y obtener su opinión. Cuanto más dispuesto debes estar de hacer esto cuando tienes toda la razón de confiar en su criterio. Eres joven y *sin experiencia*. Todavía no has andado por la senda de la vida y siempre surgen contingencias que no tienes la experiencia para comprender... Ellos ya han andado por esa senda y conocen sus curvas, sus peligros y sus dificultades. Recurre, pues a tus padres en cada circunstancia; consulta con ellos en cuanto a tus amigos, libros y diversiones. Haz que el oído de tu padre o tu madre sea el receptor de todos tus cuidados. No tengas secretos que guardar de ellos. Consúltalos, especialmente en los temas relacionados con tu vocación y matrimonio. En cuanto a lo primero, quizá necesites de su ayuda [económica] ¿y cómo puedes esperar esto si no sigues sus consejos en cuanto a la mejor manera de invertir su inversión en ti? En cuanto al matrimonio... las Escrituras nos brindan muchos ejemplos excelentes de la deferencia de los hijos a los padres en las épocas patriarcales. Isaac y Jacob parecen haber dejado la selección de sus esposas a sus padres. Rut, aunque nuera, estaba dispuesta a ser guiada enteramente por Noemí. Ismael le pidió a su madre su consejo. Sansón buscó el consentimiento de sus padres. La simplicidad de aquellas épocas ha desaparecido y el avance de la sociedad ha traído aparejado más poder de elección por parte de los hijos. Pero éste no debe ser practicado independientemente del consejo paternal. Un anciano consagrado le dijo esto a sus hijos: "Mientras son ustedes jóvenes, escojan su vocación, cuando sean hombres, escojan a sus esposas, pero llévenme con ustedes. Es posible que los ancianos veamos más lejos que ustedes"... En todo esto, tienes que esforzarte de manera especial en que tu fe en Cristo sea consecuente y práctica, visible en toda tu conducta y, más particularmente evidente, en la manera amable, tierna y diligente en que cumples tus obligaciones para con ellos.

Hasta aquí el compendio de los deberes filiales. Hijos e hijas: Léanlos, estúdienlos, anhelen sinceramente cumplirlos y oren pidiendo al Dios Todopoderoso que la gracia de Cristo Jesús les ayude a llevar a cabo sus obligaciones.

Tomado de *A Help to Domestic Happiness* (Una ayuda para la felicidad doméstica), reimpreso por Soli Deo Gloria, un ministerio de Reformation Heritage Books, Grand Rapids, Michigan, Estados Unidos; www.heritagebooks.org.

John Angell James (1785-1859): Pastor y autor congregacionalista inglés, nacido en Blandford, Dorsetshire, Inglaterra.

Deberes de los hijos hacia los padres
JOHN BUNYAN (1628-1688)

1. Los deberes generales

Los hijos tienen un deber hacia sus padres que, bajo la ley de Dios y la naturaleza, deben cumplir a conciencia. "Hijos, obedeced en el Señor a vuestros padres; porque esto es justo". Y también: "Hijos, obedeced a vuestros padres en todo; porque esto agrada al Señor" (Ef. 6:1; Col. 3:20).

Estas son las cosas en las que los hijos deben dar a sus padres la honra que merecen.

Primero, deben siempre considerarlos a ellos mejores que a sí mismos. Observo un espíritu vil en algunos hijos, que miran con desprecio a sus padres y sus pensamientos con respecto a ellos son despectivos y desdeñosos. Esto es peor que comportarse como un pagano; los que actúan de esta manera, tienen el corazón de un perro o una bestia que muerde a los que lo gestaron y a la que les dio vida.

Objeción: Pero mi padre es ahora pobre y yo soy rico, y sería disminuirme o, por lo menos, un obstáculo para mí, mostrarle el respeto que le mostraría si las cosas fueran distintas.

Respuesta: Le digo que argumenta usted como un ateo o una bestia y su posición en esto es totalmente opuesta a la del Hijo de Dios (Mr. 7:9-13). Un talento y un poco de la gloria de una mariposa, ¿tienen que convertirlo en un ser que no ayuda y no honra a su padre y a su madre? "El hijo sabio alegra al padre, mas el hombre necio menosprecia a su madre" (Pr. 15:20). Aunque sus padres se encuentren en la posición más baja y usted en la más alta, él sigue siendo su padre y ella su madre y usted debe tenerlos en alta estima: "El ojo que escarnece a su padre y menosprecia la enseñanza de la madre, los cuervos de la cañada lo saquen, y lo devoren los hijos del águila" (Pr. 30:17).

Segundo, debe demostrar que honra a sus padres con su disposición de ayudarles en lo que necesiten. "Pero si alguna... tiene hijos, o nietos, aprendan éstos primero a ser piadosos para con su propia familia, y a *recompensar* a sus padres;…", dice Pablo, "porque esto es lo bueno y agradable delante de Dios" (1 Ti. 5:4). José observó esta regla con respecto a su pobre padre, aunque él mismo estaba casi a la altura del rey de Egipto (Gn. 47:12; 41:39-44).

Además, note que deben "recompensar a sus padres". Hay tres cosas por las cuales, mientras viva, estará en deuda con sus padres.

1. Por estar en este mundo. De ellos, directamente bajo Dios, recibió usted vida.

2. Por su cuidado para preservarlo cuando usted no podía hacer nada por sí mismo, no podía cuidarse ni encargarse de sí mismo.

3. Por los esfuerzos que hicieron para criarlo. Hasta que no tenga usted hijos propios, no podrá comprender los esfuerzos, desvelos, temores, tristezas y aflicciones que han sufrido para criarlo y, cuando lo comprenda, será difícil sentir que ya los ha recompensado por todo lo que hicieron por usted. ¿Cuántas veces han saciado su hambre y arropado su desnudez? ¿Qué esfuerzos han hecho a fin de que tuviera usted los medios para vivir y triunfar aun cuando ya hayan muerto? Es posible que se hayan privado de alimento y vestido y que se hayan empobrecido para que usted pudiera vivir como un hombre. Es su deber, como hombre, considerar estas cosas y hacer su parte para recompensarlos. Las Escrituras así lo afirman, la razón así lo afirma y sólo los perros y las bestias pueden negarlo. Es deber de los padres cuidar a sus hijos y el deber de los hijos, recompensar a sus padres.

Tercero, por lo tanto, con una conducta humilde y filial demuestre que usted, hasta este día, recuerda con todo su corazón el amor de sus padres. Todo esto, sobre la obediencia a los padres, en general.

2. A los hijos impíos

También, si sus padres son piadosos y usted es impío, como lo es si no ha pasado por [...] el nuevo nacimiento de Dios, debe considerar que con más razón debe respetar y honrarlos, no sólo como padres en la carne, sino como padres piadosos; su padre y madre han sido designados por Dios como sus maestros e instructores en el camino de justicia. Por lo tanto, como dijera Salomón: "Guarda, hijo mío, el mandamiento de tu padre, y no dejes la enseñanza de tu madre: Átalos siempre en tu corazón, enlázalos a tu cuello" (Pr. 6:20, 21).

Ahora, le insto que considere esto:

1. Que ésta ha sido siempre la práctica de los que son y han sido hijos obedientes. Sí, de Cristo mismo para con José y María, aun cuando él mismo era Dios bendito para siempre (Lc. 2:51).

2. Con el fin de dejarlo estupefacto, pues tiene usted también los juicios severos de Dios sobre los que han sido desobedientes como, 1) Ismael, por haberse burlado de un hecho bueno de su padre y su madre, se vio privado tanto de la herencia de su padre como del reino de los cielos y, eso, con la aprobación de Dios (Gn. 21:9-14; Gá. 4:30). 2) Ofni y Finees, por rechazar el buen consejo de su padre, provocaron la ira del gran Dios y lo convirtieron en su enemigo: "Pero ellos no oyeron la voz de su padre, porque Jehová había resuelto hacerlos morir" (1 S. 2:23-25). 3) Absalón fue linchado, por decirlo así, por Dios mismo, porque se había rebelado contra su padre (2 S. 18:9-15).

Además, ¡qué poco sabe usted del dolor que significa para sus padres pensar que puede estar condenado! ¿Cuantos suspiros, oraciones y lágrimas habrán brotado en su corazón por esta razón? ¿Cuánto gimió Abraham por Ismael? Le dijo a Dios: "Ojalá Ismael viva delante de ti" (Gn. 17:18). ¿Cuánto sufrieron Isaac y Rebeca por el mal comportamiento de Esaú? (Gn. 26:34-35). ¿Y con cuánta amargura lloró David a su hijo que había muerto en su maldad? (2 S. 18:32-33).

Por último, ¿es posible imaginar otra cosa que el hecho de que estos suspiros, oraciones, etc. de sus piadosos padres, sólo aumentarán sus tormentos en el infierno si muere en sus pecados?

3. A los hijos piadosos

Por otro lado, si sus padres y usted son piadosos, ¿no es esto una felicidad? ¿Cuánto debe regocijarse porque la misma fe mora tanto en sus padres como en usted? Su conversión, posiblemente, sea el fruto de los gemidos y oraciones de sus padres a favor de su alma y no pueden menos que regocijarse; regocíjese con ellos. Así sucedió en el caso de un hijo mencionado en la parábola: "porque este mi hijo muerto era, y ha revivido; se había perdido, y es hallado. Y comenzaron a regocijarse" (Lc. 15:24). Sea el hecho de que sus padres viven bajo la gracia, al igual que usted, motivo para proponerse más decididamente a honrarlos, reverenciarlos y obedecerles.

Ahora está en mejores condiciones para considerar los desvelos y el cuidado que sus padres le han brindado, tanto a su cuerpo como a su alma. Por lo tanto, esfuércese por recompensarlos. Usted tiene la fortaleza para responder en cierta medida al mandamiento, por lo tanto, no lo descuide. Es doble pecado el que un hijo creyente no recuerde el mandamiento, sí, el primer mandamiento con promesa (Ef. 6:1-2). Cuídese de no decirle a sus padres ni una palabra brusca, ni de comportarse indebidamente con ellos.

4. A los hijos piadosos de padres impíos

Nuevamente, si usted es piadoso y sus padres son impíos, como tristemente sucede con frecuencia, entonces:

1. Ansíe su salvación, ¡los que se van al infierno son sus padres!

2. Lo mismo que dije antes a la esposa, tocante a su esposo inconverso, le digo ahora a usted: Cuídese de un lengua que habla ociosidades, hábleles con sabiduría, mansedumbre y humildad; atiéndalos fielmente sin quejarse y reciba, con la modestia de un niño, sus reproches, sus quejas y hablar impío. Esté atento a fin de percibir las oportunidades para hacerles ver su condición. ¡Oh! ¡Qué felicidad sería si Dios usara a un hijo para traer a su padre a la fe! Entonces el padre ciertamente podría decir: Con el fruto de mi cuerpo, Dios ha convertido mi alma. El Señor, si es su voluntad, convierta a nuestros pobres padres, a fin de que, junto con nosotros, sean hijos de Dios.

Tomado del folleto "Christian Behavior" (Conducta cristiana). Este texto ha sido modernizado para facilitar su lectura.

John Bunyan (1628-1688): Pastor y predicador inglés. Uno de los escritores más influyentes del siglo XVII. Autor preciado de *El Progreso del Peregrino, La Guerra Santa, El Sacrificio Aceptable* y muchas otras obras. Nacido en Elstow, cerca de Bedford, Inglaterra.

Hijos, autoridad y sociedad
David Martyn Lloyd-Jones (1899-1981)

> *"Hijos, obedeced en el Señor a vuestros padres, porque esto es justo. Honra a tu padre y a tu madre, que es el primer mandamiento con promesa; para que te vaya bien, y seas de larga vida sobre la tierra". —Efesios 6:1-3*

Un espíritu de anarquía

Vivimos en un mundo en el que vemos un alarmante colapso en la disciplina. El desorden en este sentido, reina por doquier. Hay un colapso en la disciplina en todas las siguientes unidades fundamentales de la vida: En el matrimonio y en las relaciones familiares. Cunde un espíritu de anarquía y las cosas que antes prácticamente se daban por hecho, no sólo se cuestionan, sino que son ridiculizadas y desechadas. No hay duda de que estamos viviendo en una época en que hay un fermento de maldad obrando activamente en la sociedad en general. Podemos decir más —y estoy diciendo sencillamente algo en lo que todos los observadores de la vida coinciden, sean cristianos o no— y afirmar que, de muchas maneras, estamos frente a un colapso y desintegración total de lo que llamamos "civilización" y sociedad. Y no hay ningún aspecto en que esto sea más evidente que en la relación entre padres e hijos.

Sé que mucho de lo que estamos viendo es probablemente una reacción de algo que, desafortunadamente, era demasiado común hacia el final de la era victoriana y en los primeros años del siglo XX. Hablaré más de esto más adelante, pero lo menciono ahora de pasada a fin de presentar este problema con claridad. No hay duda de que existe una reacción contra el tipo de padre victoriano severo, legalista y casi cruel. No estoy excusando la posición actual, pero es importante que la comprendamos y que tratemos de investigar su origen. Pero sea cual fuere la causa, no hay duda que tiene su parte en este colapso total en materia de disciplina y en las normas de conducta.

La Biblia, en su enseñanza y en su historia, nos dice que esto es algo que siempre pasa en épocas de impiedad. Por ejemplo, tenemos un excelente ejemplo en lo que el apóstol Pablo dice acerca del mundo en la epístola a los Romanos en la segunda mitad del primer capítulo, desde el versículo 18 hasta el final. Allí nos da una descripción horrorosa del estado del mundo en el momento cuando vino nuestro Señor. Era un estado de total descontrol. Y entre las diversas manifestaciones de ese descontrol que lista, incluye precisamente el asunto que estamos ahora considerando.

Primero, dice: "Dios los entregó a una mente reprobada, para hacer cosas que no convienen" (1:28). Enseguida sigue la descripción: Están "atestados de toda injusticia, fornicación, perversidad, avaricia, maldad; llenos de envidia, homicidios, contiendas, engaños y malignidades, murmuradores, detractores, aborrecedores de Dios, injuriosos, soberbios, altivos, inventores de males, *desobedientes a los padres*, necios, desleales, sin afecto natural, implacables, sin misericordia". En esa lista horrible, Pablo incluye esta idea de ser desobedientes a los padres.

También en la Segunda Epístola a Timoteo, probablemente la última carta que escribiera, lo encontramos diciendo en el capítulo 3, versículo 1: "En los postreros días vendrán tiempos peligrosos". Luego detalla las características de esos tiempos: "Porque habrá hombres amadores de sí mismos, avaros, vanagloriosos, soberbios, blasfemos, *desobedientes a los padres*, ingratos, impíos, sin afecto natural, implacables, calumniadores, intemperantes, crueles, aborrecedores de lo bueno, traidores, impetuosos, infatuados, amadores de los deleites más que de Dios" (2 Ti. 3:2-4).

En ambos casos, el Apóstol nos recuerda que en los tiempos de apostasías, en los tiempos de total impiedad y ausencia de religión, cuando los mismos fundamentos tiemblan, una de las manifestaciones más impresionantes de descontrol es la "desobediencia a los padres". Así que no sorprende que llamara la atención a aquello aquí, al darnos ilustraciones de cómo la vida que está "llena del Espíritu" de Dios se manifiesta (Ef. 5:18). ¿Cuándo se darán por enterados todas las autoridades civiles de que hay una relación indisoluble entre la impiedad e inmoralidad y la decencia? Existe un orden en estas cuestiones. "Porque la ira de Dios se revela desde el cielo contra toda impiedad e injusticia de los hombres que detienen con injusticia la verdad", dice el Apóstol en Romanos 1:18. Si tienes impiedad, serás siempre insubordinado. Pero la tragedia es que las autoridades civiles —sea cual fuere el partido político en el poder— parecen todas regirse por la psicología moderna en lugar de las Escrituras. Todas están convencidas de que pueden manejar la insubordinación directamente, aisladamente. Pero eso es *imposible*. La insubordinación es siempre el resultado de la impiedad. La única esperanza de recuperar alguna medida de la rectitud y justicia en la vida es tener un avivamiento de la piedad. Eso es precisamente lo que el Apóstol les está diciendo a los Efesios y a nosotros...

Por lo tanto, las condiciones actuales demandan que consideremos la afirmación del Apóstol. Creo que los padres e hijos cristianos, las familias cristianas, tienen una oportunidad única de testificar al mundo en esta época sencillamente por ser diferentes. Podemos ser verdaderos evangelistas demostrando esta disciplina, este respeto al orden público, esta verdadera relación entre padres e hijos. Podemos, actuando bajo la mano de Dios, llevar a muchos al conocimiento de la verdad. Por lo tanto, sea ésta nuestra actitud.

Los cristianos necesitan esta exhortación

Pero existe una segunda razón por la que todos necesitamos esta enseñanza. Según las Escrituras, no sólo la necesitan los cristianos en la forma como he estado indicando, sino que los cristianos necesitan esta exhortación también porque el diablo aparece en este momento de una forma muy sutil y trata de desviarnos. En el capítulo quince del Evangelio de Mateo, nuestro Señor toca este tema con los religiosos de su época porque, de un modo sutil, estaban evadiendo uno de los claros mandatos de los Diez Mandamientos. Los Diez Mandamientos les decían que honraran a sus padres, que los respetaran y cuidaran, pero lo que estaba sucediendo era que algunos, que pretendían ser ultra religiosos, en lugar de hacer lo que el mandamiento ordenaba, decían en efecto: "Ah, he dedicado este dinero que tengo al Señor. Por lo tanto, no puedo cuidarlos a ustedes, mis padres". El Señor lo dijo así: "Pero vosotros decís: Cualquiera que diga a su padre o a su madre: Es mi ofrenda a Dios todo aquello con que pudiera ayudarte, ya no ha de honrar a su padre o a su madre" (Mt. 15:5-6). Estaban diciendo: "Esto es corbán[9], esto es dedicado al Señor. Por supuesto que quisiera cuidarlos y ayudarlos, pero esto lo he dedicado al Señor". De esta manera, estaban descuidando a sus padres y sus obligaciones hacia ellos...

La orden

Por lo tanto, a la luz de estas cosas, notemos cómo el Apóstol expresa el asunto. Comienza con los hijos, valiéndose del mismo principio que usó en el caso de la relación matrimonial. Es decir, comienza con los que deben obediencia, los que han de sujetarse a ella. Comenzó

---

[9] **Corbán** – Entre los hebreos en la antigüedad, una ofrenda dada a Dios en cumplimiento de un voto.

con las esposas y luego siguió con los maridos. Aquí comienza con los hijos y sigue con los padres. Lo hace porque está ilustrando este punto fundamental: "Someteos unos a otros en el temor de Dios" (Ef. 5:21). La orden es: "Hijos, obedeced a vuestros padres". Luego les recuerda el Mandamiento: "Honra a tu padre y a tu madre".

De pasada, notamos el punto interesante de que aquí, nuevamente, tenemos algo que distingue al cristianismo del paganismo. Los paganos en estos asuntos no relacionaban a la madre con el padre, sino que hablaban únicamente del padre. La posición cristiana, que es la posición judía según fue dada por Dios a Moisés, coloca a la madre *con* el padre. El mandato es que los hijos tienen que obedecer a sus padres y la palabra *obedecer* significa, no sólo escucharles, sino escucharles sabiendo que están bajo su autoridad... No sólo escuchar, sino reconocer su posición de subordinación y proceder a ponerla en práctica.

Pero es imprescindible que esto sea gobernado y controlado por la idea que lo acompaña: La de "honrar". "Honra a tu padre y a tu madre". Esto significa "respeto", "reverencia". Ésta es una parte *esencial* del Mandamiento. Los hijos no deben obedecer mecánicamente o a regañadientes. Eso es malo. Eso es observar la letra y no el espíritu. Eso es lo que nuestro Señor condenaba tan fuertemente en los fariseos. No, tienen que observar el espíritu, al igual que la letra de la Ley. Los hijos deben reverenciar y respetar a sus padres, tienen que comprender su posición para con ellos y deben regocijarse en ella. Tienen que considerarla un gran privilegio y, por lo tanto, tienen que hacer lo máximo *siempre* para demostrar esta reverencia y este respeto en cada una de sus acciones.

La súplica del Apóstol da a entender que los hijos cristianos deben ser totalmente lo opuesto a los hijos descarriados[10] que, por lo general, muestran irreverencia hacia sus padres y preguntan: "Y ellos, ¿quiénes son?". "¿Por qué tengo que escucharles?". Consideran a sus padres "pasados de moda" y hablan de ellos irrespetuosamente. Imponen su opinión y sus propios derechos y su "modernismo" en toda esta cuestión de conducta. Eso estaba sucediendo en la sociedad pagana de la cual provenían estos efesios, tal como está sucediendo en la sociedad pagana a nuestro alrededor en la actualidad. Leemos constantemente en los periódicos de cómo se está infiltrando este desorden y cómo los hijos, según lo expresan: "Están madurando tempranamente". Por supuesto, tal cosa no existe. La fisiología no cambia. Lo que está cambiando es la mentalidad y actitud que llevan a la agresividad y un apartarse de ser gobernados por principios bíblicos y enseñanzas bíblicas. Uno escucha esto por todas partes: Los hijos hablan irrespetuosamente a sus padres, los miran sin respeto insubordinándose abiertamente a todo lo que les dicen e imponen su propia opinión y sus propios derechos. *Es una de las manifestaciones más feas de la pecaminosidad y el desorden de esta época.* Ahora bien, una y otra vez, el Apóstol se declara contra tal conducta, diciendo: "Hijos, obedeced a vuestros padres, honrad a vuestros padres y vuestras madres, tratadlos con respeto y reverencia, demostradles que sabéis vuestra posición y lo que significa".

Las razones por esta orden

"Porque esto es justo"

Consideremos las razones por las cuales el Apóstol da esta orden. (Las estoy poniendo en este orden particular por una razón que verás más adelante.) La primera es "porque esto es justo". En otras palabras, está volviendo a todo el orden de la creación establecido desde el principio, empezando por el libro de Génesis... Nos dice que, en lo que se refiere a los hijos, el principio existe desde el principio. Siempre ha sido así, es una parte del orden de la naturaleza,

---

[10] Ésta es una referencia a la cultura occidental, no a las diversas culturas orientales en las que todavía se espera que respeten a sus padres.

es parte de las reglas básicas de la vida. Esto es algo que encontramos, no sólo entre los seres humanos, sino también en los animales. En el mundo animal, la madre cuida a su hijo pequeño que acaba de nacer, vela por él, lo alimenta y lo protege... Éste es el orden de la naturaleza. La cría, en su debilidad e ignorancia, necesita la protección, dirección, ayuda e instrucción que le da su progenitor. Por eso, el apóstol Pablo dice: "Obedeced a vuestros padres... porque esto es justo". Los cristianos no están divorciados del orden natural encontrado en toda la creación.

Es lamentable que sea necesario decirles esto a los cristianos. ¿Cómo puede ser posible que la gente se desvíe de algo que es tan totalmente obvio y se aplica al orden y curso de la naturaleza? Aun la sabiduría del mundo lo reconoce. Hay personas a nuestro alrededor que no son cristianas, pero creen firmemente en la disciplina y el orden. ¿Por qué? *Porque toda la vida y toda la naturaleza lo indica*. Que un hijo se rebele contra sus padres y se niegue a escucharles y obedecerles es ridículo y necio... Es *antinatural* que los hijos no obedezcan a sus padres. Están violando algo que claramente es parte de la estructura misma sobre la que se edifica la naturaleza humana, se ve en todas partes, de principio a fin. La vida ha sido planeada sobre esta base. Si no lo fuera, por supuesto, la vida muy pronto sería caótica y terminaría con el fin de su propia existencia.

¡"Esto es justo"! Hay algo en este aspecto de las enseñanzas del Nuevo Testamento que me parece muy maravilloso. Demuestra que no debemos separar el Antiguo Testamento del Nuevo. No hay nada que demuestre más ignorancia que el que un cristiano diga: "Es claro que siendo ahora cristiano, el Antiguo Testamento no me interesa". Esto es totalmente equivocado porque, como el Apóstol nos recuerda aquí, es Dios el que creó todo al principio y es Dios el que salva. Es un mismo Dios desde principio a fin. Dios creó a varón y hembra, a padres e hijos, en todos los seres vivientes que encontramos en la naturaleza. Lo hizo de esa manera y la vida tiene que conducirse según estos principios. Por lo tanto, el Apóstol comienza su exhortación diciendo prácticamente: "¡Esto es justo, esto es básico, esto es fundamental, esto es parte del orden de la naturaleza! ¡No se aparten de eso! Si lo hacen, están negando su cristianismo y negando al Dios quien estableció la vida de esta manera y la hizo funcionar según estos principios. La obediencia es *justa*".

"El primer mandamiento con promesa"

Habiendo dicho esto, el Apóstol procede a su segundo punto. No sólo es lo justo, dice, sino que es también "el primer mandamiento con promesa". "Honra a tu padre y a tu madre, que es el primer mandamiento con promesa". Quiere significar que honrar a los padres, no sólo es esencialmente justo, sino que es una de las cosas que Dios señaló en los Diez Mandamientos. Éste es el Quinto Mandamiento: "Honra a tu padre y a tu madre" (Éx. 20:12)...

¿Qué quiere decir el Apóstol con la expresión "el primer mandamiento con promesa"? Éste es un punto difícil y no podemos dar una respuesta absoluta. Es obvio que no significa que éste es el primer mandamiento que tiene una promesa adjunta porque hemos de notar que *ninguno* de los otros mandamientos tiene una promesa adjunta. Si fuera cierto decir que los mandamientos 6, 7, 8, 9 y 10 tienen promesas adjuntas, entonces podríamos decir: "Pablo dice que ciertamente éste es el 'primero' de los mandamientos al que le incluye una promesa", pero ninguno de los otros tiene una promesa, así que ese no puede ser el significado.

Entonces, ¿qué significa? Puede significar que aquí, en el quinto mandamiento, comenzamos a tener enseñanzas con respecto a nuestras relaciones unos con los otros. Hasta ese momento han sido con respecto a nuestra relación con Dios, su nombre, su día, etc., pero aquí empieza a hablar de nuestras relaciones unos con otros, por lo que puede ser el primero en ese sentido. Pero sobre todo, puede significar que es el primer mandamiento, no tanto en cuanto al *orden*, sino al *rango*, y que Dios ansiaba grabar esto en la mente de los hijos de Israel por lo que agregó esta promesa a fin de hacerlo cumplir. Primero, por así decir, en *rango* y ¡primero en *importancia*! No que en última instancia, alguno de éstos sea más importante que los demás, porque son todos importantes. No obstante, existe una importancia relativa.

Por lo tanto, lo interpreto así: Ésta es una de esas leyes que, cuando se descuidan, *llevan al colapso de la sociedad*. Nos guste o no, el colapso de la vida familiar, tarde o temprano, lleva al colapso en todas partes. Éste es, sin lugar a dudas, el aspecto más peligroso de la sociedad en la actualidad. Una vez que la idea de la familia, la unidad familiar, la vida familiar se quebranta; pronto se desprovee de toda otra lealtad. Es lo más serio de todo. Y esa es quizá la razón por la cual Dios le agregó esta promesa.

Pero creo que hay otra implicación aquí. Hay algo acerca de esta relación entre los hijos y los padres que es única en este sentido: Señala aun otra relación más elevada. Después de todo, Dios es nuestro Padre. Ese es el vocablo que él mismo utiliza, ese es el vocablo que nuestro Señor usa en su oración modelo: "Padre nuestro que estás en los cielos". Por lo tanto, el padre terrenal es, por así decir, un recordatorio del otro Padre, el Padre celestial. En la relación de los hijos con los padres, tenemos un ejemplo de la relación de toda la humanidad originalmente con Dios. Somos todos "hijos" frente a Dios. Él es nuestro Padre: "Porque linaje suyo somos" (Hch. 17:28). Así que de un modo muy maravilloso, la relación entre padre e hijo es una réplica y un retrato, una predicación de esta relación total que subsiste entre los que son cristianos y Dios mismo... Toda la relación de padre e hijo debe recordarnos siempre nuestra relación con Dios. En este sentido, esta relación particular es única... Esta relación nos recuerda que Dios mismo es el Padre y que nosotros somos los hijos. Hay algo muy sagrado en cuanto a la familia, en cuanto a esta relación entre padres e hijos. Dios, de hecho, nos lo ha dicho en los Diez Mandamientos. Cuando se dispuso a dar este mandamiento: "Honra a tu padre y a tu madre", le agregó esta promesa.

¿Qué promesa? "Que tus días se alarguen en la tierra que Jehová tu Dios te da". No cabe duda que cuando la promesa fue dada originalmente a los hijos de Israel, significaba lo siguiente: "Si quieren seguir viviendo en esta tierra de promesa a la cual los estoy conduciendo, cumplan estos mandamientos y éste en particular. Si quieren tener bendiciones y felicidad en la Tierra Prometida, si quieren seguir viviendo bajo mi bendición, cumplan estos mandamientos, *especialmente* éste". No cabe duda de que ésta era la promesa original.

Pero ahora, el Apóstol generaliza la promesa porque está tratando aquí con gentiles, al igual que con judíos seguidores de Cristo. Entonces, dice en efecto: "Ahora bien, si quieren que todo ande bien con ustedes y si quieren vivir una vida larga y plena sobre la tierra, honren a su padre y a su madre". ¿Significa esto que si soy un hijo o una hija que honra a sus padres voy a vivir hasta la vejez? No, esto no es así, pero la promesa sin duda significa esto: Si quieres vivir una vida bendecida, una vida plena bajo la bendición de Dios, obedece este mandamiento. Él puede elegir mantenerte largo tiempo sobre esta tierra como un ejemplo y una ilustración, pero sea cual fuere la edad que tengas cuando partas de este mundo, sabrás que estás bajo la bendición y la mano buena de Dios...

Naturaleza, Ley, *Gracia*

Esto nos trae al tercer y último punto. Fíjate cómo lo expresa el Apóstol: "Hijos, obedeced a vuestros padres. Honra a tu padre y a tu madre". La naturaleza lo dicta, pero no sólo la naturaleza: La Ley lo dicta. Pero tenemos que ir aún más allá: ¡La *Gracia*! Éste es el orden: Naturaleza, Ley, Gracia. "Hijos, obedeced a vuestros padres *en el* Señor". Es importante que agreguemos esa frase "en el Señor" a la palabra correcta. No significa: "Hijos, obedeced *a vuestros padres en el Señor*". Es, más bien: "*Hijos, obedeced en el Señor* a vuestros padres". Es decir, el Apóstol está repitiendo justamente lo que dijo en el caso de esposos y esposas. "Las casadas estén sujetas a sus propios maridos, como al Señor". "Maridos, amad a vuestras mujeres, así como Cristo amó a la iglesia". Cuando llegamos a sus palabras a los siervos dice: "Siervos, obedeced a vuestros amos terrenales con temor y temblor, con sencillez de vuestro corazón, como a Cristo". Eso es lo que significa "en el Señor". O sea que *ésta es la razón suprema*. Hemos de obedecer a nuestros padres y honrarles y respetarles porque es parte de nuestra obediencia a nuestro Señor y Salvador Jesucristo. En suma, esa es la razón por la cual debemos hacerlo... Hacerlo "como al Señor". Obedece a tu padre y a tu madre "en el Señor". Ese es el mejor y más excelente aliciente. Agrada al Señor, es prueba de lo que dijo, estamos avalando sus enseñanzas. Dijo que había venido al mundo para redimirnos, limpiarnos de nuestros pecados, darnos una nueva naturaleza y hacernos hombres y mujeres nuevos. "Bien, compruébalo, demuéstralo con tus acciones". Hijo, *demuéstralo* por medio de obedecer a tus padres: ¡Serás entonces distinto a todos los demás hijos! ¡No seas como esos hijos arrogantes, agresivos, orgullosos, fanfarrones y mal hablados que te rodean! ¡*Demuestra* que eres distinto, *demuestra* que el Espíritu de Dios mora en ti, *demuestra* que perteneces a Cristo! Tienes una oportunidad maravillosa y le serás motivo de gran gozo y gran placer.

Pero hagámoslo también por otra razón. "Hijos, obedeced a vuestros padres" también por esta razón: Cuando Jesús estaba en este mundo, así lo hizo. Eso es lo que encontramos en Lucas 2:51: "¿Por qué me buscabais? ¿No sabíais que en los negocios de mi Padre me es necesario estar?". La frase se refiere al Señor Jesús a los doce años. Había subido a Jerusalén con María y José. Éstos habían emprendido el viaje de regreso y habían viajado un día antes de descubrir que el muchacho no estaba entre los que viajaban con ellos. Regresaron y lo encontraron en el templo, en medio de los doctores de la Ley, escuchando, haciendo y contestando preguntas, y todos los que lo oían se maravillaban de su inteligencia y de sus respuestas. Y él dijo: "¿Por qué me buscabais? ¿No sabíais que en los negocios de mi Padre me es necesario estar?" (Lc. 2:49). Tuvo esta experiencia a los doce años que le hizo entender cuál era su misión. Pero luego dice la Biblia que volvió con ellos a Nazaret: "Y descendió con ellos, y volvió a Nazaret, y estaba sujeto a ellos". ¡El Hijo de Dios encarnado *sometiéndose* a José y María! Aunque tenía conciencia de que estaba en este mundo para atender los negocios de su Padre, se humilló a sí mismo y fue obediente a sus padres. Sigamos su ejemplo: Comprendamos que lo estaba haciendo, principalmente, para agradar a su Padre en los cielos, a fin de poder cumplir su Ley en todo sentido y dejarnos un ejemplo para poder seguir en sus pasos.

Tomado de "Submissive Children" (Hijos sumisos) en *Life in the Spirit in Marriage, Home, & Work: An Exposition of Ephesians 5:18 to 6:9* (La vida en el Espíritu en el matrimonio, el hogar y el trabajo: Una exposición de Efesios 5:18 al 6:9), publicado por The Banner of Truth Trust. Usado con permiso; www.banneroftruth.org.

David Martyn Lloyd-Jones (1899-1981): Posiblemente el predicador expositivo más grande del siglo XX; Westminster Chapel, Londres, 1938-68, nacido en Gales.

Pecados de niños y jóvenes
J. G. Pike (1784-1854)

> *"De los pecados de mi juventud, y de mis rebeliones, no te acuerdes; conforme a tu misericordia acuérdate de mí, por tu bondad, oh Jehová". —Salmo 25:7*

Los años de tu niñez

Mi joven amigo, te ruego que me des tu atención mientras te destaco algunos de los pecados que arruinan a multitudes. Entre estos males, un espíritu irreflexivo y desconsiderado es uno de los más comunes y más fatales entre los jóvenes. Aunque la impiedad manifiesta mata a sus miles, ésta lleva a decenas de miles a la perdición[11]. Llegará el momento cuando tendrás que considerar tus caminos. Desde tu lecho de muerte o desde el mundo eterno, tendrás que repasar tu vida, pero como amas tu alma, no demores hasta entonces la pregunta cuya respuesta determinará tu estado eterno: "¿Qué he hecho con mi vida?". Piensa en tus años pasados. Se han ido para siempre. ¿Pero que informe ha habido de ellos en el cielo? ¿Qué se escribió acerca de ellos en el libro de Dios? ¿Serán presentados en el juicio en tu contra? Es posible que no verás muchos crímenes flagrantes. ¿Pero no ves nada que la conciencia tiene que condenar? ¿Nada que te alarme, si fueras a presentarte en este instante ante el tribunal de tu Creador? Quizá respondas: "Es cierto, no puedo justificar todas las acciones de mis años juveniles. No obstante, lo peor que veo son los desatinos juveniles".

Mi amigo, ¿acaso así es como los llaman en el cielo? ¿No los considera tu Juez peor que eso? Siempre ha sido la costumbre de este mundo excusar el pecado y cerrar los ojos a lo aborrecible que son estas aberraciones. Pero, ten conciencia de lo que tomas tan a la ligera, tu Dios los aborrece porque son pecados: Pecados, los más pequeños de los cuales, si no son perdonados, sumirán tu alma en una aflicción eterna. "Porque la ira de Dios se revela desde el cielo contra toda impiedad e injusticia" (Ro. 1:18). Aborrece las iniquidades de la juventud, al igual que la de los años maduros. Los pecados de la juventud fueron las cosas amargas que lamentó el santo Job: "¿Por qué escribes contra mí amarguras, y me haces cargo de los pecados de mi juventud?" (Job. 13:26). Y fue lo que motivó la súplica devota de ser liberado: "De los pecados de mi juventud, y de mis rebeliones, no te acuerdes; conforme a tu misericordia acuérdate de mí, por tu bondad, oh Jehová" (Sal. 25:7).

Vuelve a repasar tu vida. Comienza con tu niñez. En los primeros años, con frecuencia considerados como un estado de inocencia, comienzan a aparecer las corrupciones de la naturaleza caída. Los primeros años de vida están manchados de mentiras, desobediencia, crueldad, vanidad y orgullo. ¿Puedes recordar alguna oportunidad en tus primeros años cuando fueron contaminados con un pecado real? ¿Puedes recordar alguna ocasión cuando dijiste una mentira? ¿O cuando abrigaste en tu corazón vanidad, orgullo u obstinación? ¿O cuando la crueldad hacia seres más débiles era tu deporte? No te retraigas del repaso: Aunque doloroso, es útil. Es mucho mejor ver y aborrecer tus pecados juveniles en este mundo cuando puedes encontrar misericordia que cuando te los recuerden en el momento en que se acabó la misericordia.

La juventud

Pero los años de tu niñez han pasado. Has avanzado una etapa más en tu camino hacia un mundo sin final. ¿Han disminuido tus pecados a medida que tus años han aumentado? ¿No es

---

[11] **Perdición** – Condenación eterna, infierno.

cierto que algunas tendencias pecaminosas maduraron y tienen mayor fuerza? ¿No es cierto que otras que no conocías en tus primeros años han comenzado a aparecer? ¿Y no es cierto que más conocimiento agrega una nueva culpabilidad a todos tus pecados?

El orgullo

Entre las iniquidades prevalecientes de la juventud podemos mencionar el *orgullo*. Éste es un pecado que tienen en común todas las edades, pero con frecuencia infecta particularmente a los jóvenes. Dios lo aborrece. "Al altivo mira de lejos" (Sal. 138:6). "Dios resiste a los soberbios, y da gracia a los humildes" (Stg. 4:6). "Abominación es a Jehová todo altivo de corazón" (Pr. 16:5). Aborrece a "los ojos altivos" (Pr. 6:16-17). "Altivez de ojos, y orgullo de corazón... son pecado" (Pr. 21:4). Dios reprende a los orgullosos (Sal. 119:21). El orgullo es el padre de muchos otros males. Se presenta en miles de maneras; no obstante, a menos que sea sometido por el evangelio, lo encontramos en el palacio y en la choza. Lo vemos demostrado en el carácter del hijo pródigo (Lc. 15:19).

¿Acaso este pecado, que Dios tanto aborrece, no ha entrado sigilosamente en tu corazón? Quizá te ha hecho altanero, cuando debieras ser humilde; obstinado, cuando debieras ser complaciente; vengativo, cuando debieras ser perdonador. Te pareció que demostrabas fuerza de carácter cuando reaccionabas ante una injuria o un insulto, en lugar de aguantar pacientemente como lo hizo aquel a quien llamas tu Señor. Quizá te ha llenado de insatisfacción, cuando debieras haber sido totalmente sumiso. Te pareció injusto en el día de la aflicción de que tenías que sufrir tantas pruebas y aun si no murmuraste contra Dios, ¿no sentiste el deseo de hacerlo?

El orgullo posiblemente te ha llevado a descuidar los consejos sabios: No escuchar a los que desean tu bien eterno. Vanidad de los adornos que vistes: ¿No es cierto que has pensado más en la ropa que vistes que en la salvación de tu alma inmortal? ¿No es cierto que te has preocupado más por el aspecto de una prenda de vestir o si lo que vistes está de moda, que de la vida o muerte eterna? Quizá has sido uno de esos que se pasa más tiempo mirándose al espejo que en buscar el favor de su Dios. ¡Ay! ¿Nunca te llevó el orgullo a esta autoidolatría? ¿Nunca, nunca te llenaste de vanidad porque creíste tener un rostro atractivo o un cuerpo hermoso o vigor varonil? ¡Ay! ¡Necia vanidad! ¿Nunca sucedió que le decías a la corrupción: "A la corrupción he dicho: Mi padre eres tú; a los gusanos: Mi madre y mi hermana" (Job 17:14), por más necio que fuera hacerlo? "¿Dónde hay un rostro más desagradable que no fuera objeto de auto adoración al mirarse al espejo? ¿Dónde un cuerpo, aunque fuera deforme, que el espíritu caído que lo habita no lo convirtiera en una ídolo favorito?"[12].

El orgullo del fariseísmo

Uno de los tipos de orgullo más común y más dañino es el que llamo el orgullo del fariseísmo. Nuestro Señor, en la parábola del fariseo y el publicano, da una descripción impresionante de este pecado. El fariseo alardeaba de que no era como los demás, que él cumplía los deberes que los otros no cumplían. En este fundamento arenoso parece haberse levantado su esperanza de la eternidad. Nada que pudiera parecerse a la humildad entró en su corazón, sino que se acercó a Dios con el orgullo de su imaginada virtud. Éste es exactamente el espíritu de miles en la actualidad. Y donde los jóvenes han sido frenados de francas inmoralidades, ¡qué común es verlo entre ellos! Se dice, respecto a ellos: "¡No son como tantos jóvenes inmorales a su alrededor! No se han dado a profanaciones y mentiras, a las borracheras o la

---

[12] John Fletcher, "An Appeal to Matter of Fact and Common Sense" (Una apelación a la realidad y el sentido común) en *The Whole Works of the Rev. John Fletcher*, Vol 1 (Las obras completas del Rev. John Fletcher, Tomo 1) (Devon: S. Thorne, 1835), 264.

deshonestidad; en cambio, han sido amables y conscientes de sus deberes, tiernos y atentos, tienen un corazón bueno y son jóvenes buenos". Quizá hayan vivido toda su vida sin importarles Dios ni sus almas, pero esto no lo tienen en cuenta. Otros los elogian y están dispuestos a creer estos elogios. Se halagan a sí mismos con sus virtudes imaginarias y se creen muy buenas personas. Se sienten orgullosos de lo buenos que son y marchan adelante para luego descubrir que Dios ve en ellos diez mil crímenes y aborrece más que cualquier otra cosa el *orgullo del fariseísmo* en una criatura contaminada por iniquidades diarias.

La desobediencia a los padres

Otro pecado común de la juventud es la desobediencia a los padres. "Honra a tu padre y a tu madre... para que te vaya bien, y seas de larga vida sobre la tierra" (Ef. 6:2-3). Éste es el mandamiento divino. Hay, es cierto, un caso en que los padres no deben ser obedecidos: Cuando sus instrucciones y deseos se oponen a los de Dios. "Es necesario obedecer a Dios antes que a los hombres" (Hch. 5:29) y amar al Redentor más que a los padres mismos. Por lo general, los padres son los amigos más tiernos y los padres piadosos están entre los guías más seguros que los jóvenes y faltos de experiencia pueden tener para llevarlos a los pies de Dios. Tus intereses son los de ellos. Tu bienestar la felicidad *de ellos*. Pero, ¡ay!, ¿ha sido su ternura correspondida como se merece? ¿Quiénes, mi joven amigo, merecen más tu obediencia y afecto que los que te dieron la vida y te han cuidado en tu infancia indefensa? El padre, cuyos años han sido invertidos en satisfacer tus necesidades, la madre que te dio pecho y te cuidó todos tus primeros días: *¿Han recibido ellos de ti esta obediencia y este afecto?*

Quizá me esté dirigiendo a alguien cuya desobediencia y crueldad han hecho sufrir a sus cariñosos y piadosos padres, llenándolos de tristeza en lugar de alegría. El anhelo de ellos ha sido verte andar en el camino de Dios. Para esto te han llevado a la casa del Señor. Para esto sus oraciones han subido a lo Alto en público y en privado. Para esto han sido sus primeras enseñanzas y sus admoniciones posteriores, te han advertido con respecto al fin principal de la vida, como el único asunto que debiera interesarte, más que ningún otro, y ocupar tu corazón por completo. Y ahora te ven negligente de Dios y el evangelio. Lloran en secreto porque el hijo que aman es aún un hijo de Satanás. ¡Ay! Joven o señorita, si éste es tu caso, Dios te juzgará por abusar de los preciosos privilegios y descuidar la enseñanza de tus padres. Las oraciones, las lágrimas y las exhortaciones de tus padres serán terribles testigos contra ti. No creas que por ser afectuoso y amable con ellos atenuarás en algún grado los sufrimientos de padres realmente piadosos. No. Seguirán llorando ante el pensamiento de que el hijo afectuoso que tanto aman no es un hijo de Dios. Les dolerá profundamente considerar lo cercano que estás a una destrucción sin fin y cuán pronto te tienen que decir adiós para siempre, cuando van a su descanso donde no tienen esperanza de verte.

¡Ay! Mi joven amigo, si desprecias al evangelio, tus padres piadosos partirán, diciendo con tristeza a la hora de su muerte: "Hijo amado nuestro, no te veremos más porque en nuestro Dios no has confiado como tu Dios, a nuestro Salvador no has buscado como tu Salvador. ¡El cielo al cual vamos es un descanso al cual no tienes derecho y en el cual, muriendo como estás, *no puedes entrar*! Sí, con amargura llorarán al pensar que, a pesar de todo lo que es hermoso a la vista de *ellos*, no hay nada en ti que sea hermoso ante los ojos de Dios. Todo lo que valoran tanto en ti, pronto será enterrado en las profundidades del infierno.

Perder el tiempo que es tan precioso

Otro pecado, no único a la juventud, pero muy común en ella, es perder el tiempo que es tan precioso. La Palabra de Dios nos recuerda que "el tiempo es corto" (1 Co. 7:29) y nos ordena redimirlo (Ef. 5:16; Col. 4:5). El valor del tiempo sobrepasa nuestro entendimiento y nuestra capacidad de expresarlo... El tiempo nos es dado a fin de prepararnos para la eternidad. Pero, ¡ay, qué pecado es el modo en que se desperdician las horas! Muchos jóvenes actúan como si creyeran que tienen tanto tiempo por delante que se pueden dar el lujo de desperdiciarlo, cuando quizá su juventud desperdiciada es su *todo*: Todo el tiempo que tendrán para prepararse para la eternidad, todo el que tendrán para "escapar del infierno y volar al cielo"[13].

Una de las peores y más comunes maneras de desperdiciar el tiempo es invirtiéndolo en romances, obras de teatro y novelas. Las novelas son el veneno de esta era. Aun las mejores de ellas, tienden a debilitar y arruinar la mente. Muchas de ellas promueven instintos bajos e innobles en la juventud y los inocentes. Pero, aun si estuvieran libres de todos los demás cargos de maldad, es muy serio y lamentable el hecho de que desperdicien ese tiempo del que hay que rendir cuentas ante el Dios del cielo. Deja que lo admiradores ilusorios defiendan la lectura de novelas, si es que se atreven a defenderla ante el Juez digno y eterno. Si lees novelas, piensa la próxima vez que tomas una novela en tus manos: "¿Cómo responderé ante un Juez tremendo por el tiempo ocupado en esto? Cuando me diga: 'Te di tantos años en el mundo aquel para prepararte para la eternidad. ¿Conversaste devotamente con tu Dios? ¿Estudiaste su Palabra? ¿Te ocupaste de las obligaciones de la vida esforzándote por superarte aun en tus horas libres?' Entonces, entonces tendré que responder: 'Señor, ¡usé mi tiempo de otra manera! Las novelas y los romances ocuparon el tiempo libre de mis días y, ¡ay, descuidé mi Biblia, mi Dios y mi alma!'". De este modo y muchos otros, se desaprovecha esa bendición tan preciosa que es el tiempo. ¿No te hace acordar la conciencia las muchas horas libres? ¿Horas que malgastas, aunque sin pensar, pronto valdrían para ti más que montañas de oro o perlas?

El descuido intencionado del alma y la eternidad

El descuido intencionado del alma y la eternidad es otro pecado común de la juventud. Los jóvenes dan por sentado que vivirán una vida larga y entristecen al Espíritu Santo al demorar su atención a una cosa que es seguro que necesitan (Lc. 10:42). Confían en su juventud. Dios desaprueba esta necedad y dice: "No te jactes del día de mañana; porque no sabes qué dará de sí el día" (Pr. 27:1). Pocos son los que prestan atención a esta advertencia. En cambio, se engañan pensando que vivirán muchos años y ven la enfermedad, la muerte y el juicio como algo muy lejano. Por lo tanto, descuidan el alma y creen que no necesitan el evangelio o, por lo menos, que no les es útil. El santo Dios los llama en su Palabra. El Salvador crucificado les ruega que acudan a él: "Yo amo a los que me aman, y me hallan los que temprano me buscan" (Pr. 8:17). Los ministros del evangelio los aconsejan. Otros oran por ellos y derraman lágrimas por ellos, no obstante, muchos persisten en seguir sus propios caminos. Sea lo que fuere que hagan, no recuerdan a su Creador en los días de su juventud (Ec. 12:1). Mi joven amigo, ¿ha sido éste tu pecado y tu locura? Ay, si lo ha sido, ¡recuerda cuántas maneras existen de partir de este mundo! ¡Cuántas enfermedades para acortar tus días! Dios te da tiempo suficiente para asegurarte tu salvación, pero no creas que te da tiempo de sobra.

Un amor desmedido por el placer sensual y las alegrías mundanas

Un amor desmedido por el placer sensual y las alegrías mundanas es otro pecado muy común de los jóvenes. La Palabra de Dios describe a los que viven entregados a los placeres como viviendo estando muertos (1 Ti. 5:6) y los cataloga con los malvados más abominables, los que son "amadores de los deleites más que de Dios" (2 Ti. 3:4). Aunque tales son las declaraciones del Señor, el placer es el objetivo de miles de jóvenes. Algunos lo buscan en las sen-

---

[13] Isaac Watts, *The Psalms of David* (Los salmos de David), Libro 1, Himno 88.

das grotescas y embrutecedoras de las borracheras, dando rienda suelta a sus bajas pasiones. Los juegos de azar, el baile, las carreras de caballos, las salas de fiestas, los parques de diversiones y las veladas[14] son los escenarios de su mayor felicidad. Joven varón, ¿abrigas en tu corazón este amor por los placeres mundanos? Quizá no te hayas dado a excesos escandalosos y vergonzosos, pero, ¿has amado más los placeres mundanos que a Dios y el evangelio? De ser así, lamentablemente llevas la terrible marca de ser un hijo de destrucción: Eres amante de los placeres más que de Dios. ¿Has estado presente en ambientes de diversiones pecaminosas y festividades culposas? ¿Has ansiado, como lo han ansiado otros, esos deleites sensuales que más se adaptan a tus gustos? Y, mientras has amado así a este mundo, ¿te has olvidado de lo que vendrá? ¿Acaso has estado más contento con alguna diversión barata o con un juguete titilante que con las bendiciones que hay en el evangelio? ¿Y has sido más entusiasta por un día de placer prometido que por asegurar una eternidad de sano gozo celestial?

No interpretes que quiero insinuar que el cristiano debe ser un esclavo de la melancolía. ¡Al contrario! Ninguno tiene mayor razón para estar alegre que el que asegura su entrada al cielo, pero tremenda es la diferencia entre la alegría inocente y el gozo humilde del cristiano y los placeres vanos de un mundo necio. El que es verdaderamente cristiano tiene sus deleites, aunque sabe que no hay aquí lugar para una jovialidad superficial.

Deja que responda ahora tu conciencia, como estando en la presencia de Dios: ¿Has atesorado en tu corazón un amor por los placeres mundanos y sensuales? Aun si tu situación te ha impedido seguir libremente los deleites de la carne, ¿has abrigado dentro de ti un amor por ellos? Si así ha sido, aunque no hayas tenido la oportunidad de darte tus gustos mundanos en más de un mes o un año, sigues siendo a los ojos de Dios un amante de los placeres, igual que si hubieras dedicado a ellos todo tu tiempo...

Se complacen con los que las practican

El apóstol Pablo, cuando enumeró algunos de los pecados de la humanidad, concluye la terrible lista con el hecho de que también se complacen con los que las practican (Ro. 1:32). Esto, aunque uno de los peores, es uno de los más comunes y abunda mucho más entre la juventud que entre otros. Los jóvenes son con frecuencia los tentadores y destructores unos de otros. Los lascivos y profanos tientan a otros a serlo también. Los irreflexivos y [los adictos a la vida social] persuaden a otros a imitar su superficialidad y sus locuras. ¡Como si no fuera suficiente tener que rendir cuentas por sus propios pecados, muchos son partícipes de los pecados de otros! Y, como si esto no fuera bastante para arruinar sus propias almas, muchos caen en la culpa de ayudar a destruir con esto a sus compañeros y amigos.

¿Nunca has llevado a otros a pecar? Quizá algunos, que ahora están perdidos para siempre, se estén lamentando en total oscuridad y desesperación la hora fatal cuando te conocieron. ¿Ha aprendido de ti alguno a jugar con el evangelio? ¿A desperdiciar sus años dorados de gracia? ¿A rechazar a su Dios y elegir la perdición? Si no por palabras, quizá por algún ejemplo despreocupado e impío, le has enseñado estas atroces lecciones.

---

[14] **Velada** – La noche antes de un festival. En este uso, *velada* se refiere principalmente a la regla de la Iglesia primitiva de que ciertos días festivos debían ser precedidos por cultos que duraban toda la noche. Cuando esta regla dejó de existir, la vigilia continuó como excusa para realizar festividades nocturnas. El significado de la palabra *velada* se amplió para referirse, no sólo a la noche anterior, sino al día festivo en sí y a la duración de las festividades.

Cada pecado

He mencionado algunas iniquidades juveniles, pero no creas que estas son todas. ¡No! Cada pecado al que es propenso nuestra naturaleza caída ha aparecido no meramente en aquellos quienes, por sus años, maduraron cargando su culpabilidad, sino también en aquellos que apenas empezaban la jornada de la vida. Y sin enumerar los crímenes más oscuros de la multitud que vive en iniquidad, ¿dónde, mi joven amigo, está el corazón juvenil que nunca ha sentido aflorar las emociones de esas pasiones infernales: Orgullo, envidia, malicia o venganza? ¿Dónde está la lengua juvenil que nunca ha dicho una palabra profana, libertina o, al menos, cruel o calumniadora? ¿Dónde está el joven, que posee los formulismos de la piedad que nunca se ha burlado de Dios "con los sonidos lamentables de una lengua irreflexiva"? ¿Dónde está el oído juvenil que nunca se ha abierto para beber en el placer de las conversaciones del superficial y el necio? ¿Y dónde el ojo juvenil que nunca ha tenido una mirada orgullosa, airada, desvergonzada o insultante? ¿Eres tú tal persona? ¿Puedes apelar al que escudriña los corazones y basar tu esperanza eterna en el éxito de la apelación de que el amor —amor puro para con Dios y el hombre— siempre ha morado en tu corazón? ¿Que ninguna emoción de resentimiento, envidia o crueldad jamás ha morado allí? ¿Que una ley de benignidad constante siempre ha gobernado tu boca? ¿Que tus ojos han destilado sólo humildad, ternura y bondad? ¿Que tu oído nunca escuchó con placer acerca de la vergüenza de tu hermano? ¿Puedes hacer esta apelación?

De *Persuasives to Early Piety* (Argumentos en pro de una piedad temprana), reimpreso por Soli Deo Gloria, un ministerio de Reformation Heritage Books. www.heritagebooks.org.

J. G. Pike (1784-1854): Pastor bautista, nacido en Edmonton, Alberta, Canadá.

Niños: Busquen al buen pastor
Robert Murray M'Cheyne (1813-1843)

"Como pastor apacentará su rebaño; en su brazo llevará los corderos, y en su seno los llevará; pastoreará suavemente a las recién paridas". —Isaías 40:11

Niños queridos: Jesús es el Buen Pastor. Extendió sus brazos en la cruz y su pecho fue atravesado por una lanza. Esos brazos les pueden recoger y ese pecho está listo para recibirlos. Oro por ustedes todos los días pidiendo que Cristo los salve. Él me dijo a mí: "Apacienta mis corderos" y todos los días le devuelvo a él sus palabras: "Señor, apacienta mis corderos". Anhelo verles en el regazo de Jesucristo. Creo que Cristo ha recogido a algunos de ustedes. ¿Pero no habrá más para recoger? ¿No habrá más retoños verdes para quitar del fuego? ¿No habrá otros que deseen cobijarse bajo la vestidura blanca de Jesús? ¡Ay, vengan! porque "aún hay lugar" (Lc. 14:22). Eleven sus corazones a Dios, mientras les cuento algo más del Buen Pastor.

1. Jesús tiene un rebaño

Todo pastor debe tener un rebaño y Cristo también. Cierta vez vi un rebaño en un valle cerca de Jerusalén. El pastor iba al frente y llamaba a las ovejas, y ellas conocían su voz y le seguían. Dije: "¡Éste es el modo como Jesús guía a sus ovejas!". ¡Ah, que sea yo una de ellas!

(1) *El rebaño de Cristo es un rebaño pequeño*. Escucha lo que dice Jesús: "No temáis, manada pequeña, porque a vuestro Padre le ha placido daros el reino" (Lc. 12:32). Ora pidiendo estar en el rebaño pequeño. Fíjate en el mundo: [Billones] de hombres, mujeres y niños de distintos países, color, idioma, marchan hacia el tribunal. ¿Es éste el rebaño de Cristo? ¡Ay, no! Millones incontables jamás han escuchado el dulce nombre de Jesús y, del resto, la mayoría no ve la hermosura de la Rosa de Sarón. El rebaño de Cristo es pequeño. Fíjate en esta ciudad. ¡Cuántos andan por las calles en un día de descanso! ¡Qué rebaño tan grande! ¿Es éste el rebaño de Cristo? No. Me temo que la mayoría no son hermanos y hermanas de Cristo. No se parecen a él. No siguen al Cordero ahora y no lo seguirán en la eternidad. ¡Observa los estudios dominicales! ¡Cuántos rostros infantiles y juveniles vemos allí! ¡Cuántos ojos radiantes de alegría! ¡Cuántas almas preciosas! ¿Es éste el rebaño de Cristo? No, no. La mayoría tiene un corazón duro y de piedra. La mayoría ama el placer más que a Dios. La mayoría ama el pecado y no le dan importancia a Cristo... quiero llorar cuando pienso cuántos vivirán una vida de pecado, morirán una muerte horrible y pasarán la eternidad en el infierno. Queridos niños: Oren pidiendo ser como un lirio entre muchas espinas; ser los pocos corderos, en medio de un mundo de lobos.

(2) *Las ovejas de Cristo son ovejas marcadas*. En la mayoría de los rebaños, las ovejas están marcadas, a fin de que el pastor pueda identificarlas. La marca se hace con frecuencia con alquitrán en el lomo lanudo de la oveja. A veces es la primera letra del nombre del dueño. Se ponen las marcas para no perderlas cuando andan entre otras ovejas. Lo mismo sucede con el rebaño de Jesús. Cada una de sus ovejas tiene dos marcas:

Una marca está hecha con la sangre de *Jesús*. Cada oveja y cordero en el rebaño de Cristo una vez fue culpable y manchado de pecado, totalmente inmundo. Pero cada uno ha sido atraído por la sangre de Jesús y limpiado en ella. Son como ovejas "que suben del lavadero" (Cnt. 4:2). Todos pueden decir: "Al que nos amó, y nos lavó de nuestros pecados con su sangre" (Ap. 1:5). ¿Tienes tú esta marca? Fíjate y mira si la tienes. Nunca podrás estar en el cielo, a menos que la tengas. Cada uno allí ha lavado sus vestiduras y "las han emblanquecido en la sangre del Cordero" (Ap. 7:14).

Otra marca está hecha por el *Espíritu Santo*. Ésta no es una marca que puedes ver desde afuera, como la marca en la lana blanca de las ovejas. Está muy, muy adentro en el interior, donde al hombre le es imposible ver. Es un nuevo corazón. "Os daré corazón nuevo" (Ez. 36:26). Éste es el sello del Espíritu Santo que da a todos los que creen. Con poder infinito, extiende su mano invisible y, silenciosamente, cambia el corazón de todos los que en realidad son de Cristo. ¿Tienes tú un corazón nuevo? Nunca irás al cielo sin él. "Si alguno no tiene el Espíritu de Cristo, no es de él" (Ro. 8:9). Queridos niños, oren pidiendo estas dos marcas de las ovejas de Jesús: Perdón a través de su sangre y un nuevo corazón. Toma esto muy en serio y procura muy en serio obtener las dos ahora mismo. Pronto vendrá el Pastor Principal y pondrá sus ovejas a su mano derecha, y las cabras a su izquierda. ¿Dónde estarás tú aquel día?

(3) *Todas las ovejas de Cristo se mueven en rebaño*. A las ovejas les encanta andar juntas. Una oveja nunca anda con un lobo o un perro, sino siempre con el rebaño. Especialmente cuando amenaza una tormenta, se mantienen cerca unas de las otras. Cuando los nubarrones oscurecen el cielo y comienzan a caer las primeras gotas de lluvia, los pastores dicen que entonces ven a las ovejas bajando desde los cerros y juntándose en algún valle resguardado. Les encanta mantenerse juntas. Lo mismo sucede con el rebaño de Jesús. No les gusta andar con el mundo, sino siempre unos con los otros. El cristiano ama al cristiano. Tienen la misma paz, el mismo Espíritu, el mismo Pastor, el mismo rebaño en los cerros de la inmortalidad. Especialmente en el día oscuro y nublado —como tarde o temprano uno lo será—, las ovejas de Cristo se sienten impulsadas a estar juntas y llorar juntas. Les encanta orar juntas, cantar alabanzas y esconderse juntas en Cristo... Pequeños: "Amémonos unos a otros" (1 Jn. 4:7). Hazte compañero de los que temen a Dios. Huye de todos los demás. ¿Quién puede abrazar el fuego y no quemarse?...

2. Lo que Jesús hace por su rebaño

(1) *Murió por ellos*. "Yo soy el buen pastor; el buen pastor su vida da por las ovejas" (Jn. 10:11). Ésta es la belleza principal en Cristo. Las heridas que estropearon la hermosura de su cuerpo lo hacen maravilloso a los ojos del pecador necesitado. Todos los que ahora y eternamente serán las ovejas de Cristo, estuvieron una vez condenados a morir. Eran objeto de la ira de Dios. Estaban a punto de caer en el lago de fuego. Jesús les tuvo compasión, dejó el seno de su Padre, se vació a sí mismo, se convirtió en "gusano, y no hombre" (Sal. 22:6) y murió por los pecados de muchos. "Siendo aún pecadores, Cristo murió por nosotros" (Ro. 5:8). Ésta es la gracia del Señor Jesús: Todos en su rebaño pueden decir: "Me amó y se entregó a sí mismo por mí" (Gá. 2:20).

(2) *Los busca y los encuentra*. Nunca buscaríamos a Cristo, si primero no nos buscara él a nosotros. Nunca encontraríamos a Cristo, si no nos encontrara él "porque el Hijo del Hombre vino a buscar y a salvar lo que se había perdido" (Lc. 19:10). Cierta vez le pregunté a un pastor de ovejas: "¿Cómo encuentra a las ovejas perdidas en la nieve?". "Ah", respondió, "vamos a los barrancos profundos donde van las ovejas en las tormentas. Las encontramos acurrucadas juntas debajo de la nieve". "¿Y pueden salir cuando les quita la nieve?". "Oh, no. Si tuvieran que dar un paso para salvarse, no podrían hacerlo. Así que sencillamente vamos donde están y las cargamos para sacarlas". Ah, ésta es precisamente la manera cómo Jesús salva a las ovejas perdidas. Nos encuentra en los fosos profundos del pecado, helados y muertos. Si tuviéramos que dar un paso para salvar nuestra alma, no podríamos hacerlo, pero él extiende su brazo y nos carga para sacarnos. Esto hace para cada oveja que salva. ¡Gloria, gloria, gloria sea a Jesús, el Pastor de nuestra alma!...

(3) *Las alimenta*. "El que por mí entrare, será salvo; y entrará, y saldrá, y hallará pastos" (Jn. 10:9). Si Jesús te ha salvado, te alimentará. Alimentará tu cuerpo. "Joven fui, y he envejecido, y no he visto justo desamparado, ni su descendencia que mendigue pan" (Sal. 37:25)... Alimentará tu alma. El que alimenta a la florecita en la grieta del escarpado precipicio, donde ninguna mano del hombre la puede alcanzar, alimentará tu alma con gotas silenciosas de rocío celestial.

Nunca olvidaré la historia de una niña en Belfast, Irlanda. Se ganó una Biblia en el estudio dominical como premio por su buena conducta. Ésta llegó a ser realmente un tesoro para ella. Se alimentaba de su contenido. Sus padres eran malos. Con frecuencia ella les leía, pero se ponían cada vez peor. Esto le rompió el corazón a Eliza (que así se llamaba la niña). Quedó postrada y nunca volvió a levantarse. Quiso ver a su maestro. Cuando éste llegó, levantando la Biblia de ella, dijo: "No estás sin una compañera, mi querida niña". "No", respondió ella.

"Gozo la Santa Palabra al leer, cosas preciosas allí puedo ver.
Y sobre todo que el gran Redentor, es de los niños el tierno Pastor.
Con alegría yo cantaré al Redentor, tierno Pastor,
Que en el Calvario por mí murió, sí, sí, por mí murió"[15].

Apenas había terminado de recitar las líneas cuando echó para atrás la cabeza y falleció. Queridos niños, ésta es la manera como Jesús alimenta a su rebaño. Es un Pastor tierno, constante y todopoderoso. Si pasas a ser parte de su rebaño, él te alimentará todo el trayecto hasta la gloria.

3. Jesús cuida a sus corderos

Todo pastor cuidadoso trata suavemente a los corderos del rebaño. Cuando los rebaños están viajando, los corderos no pueden ir muy lejos: Con frecuencia se cansan y acuestan. Entonces, el pastor tierno se agacha, les pone sus brazos por debajo y los acuesta en su regazo. El Señor Jesús es un pastor así y los niños salvos son sus corderos. Los recoge en sus brazos y los lleva en su regazo. Ha recogido a muchos corderos culpables y los ha llevado a la casa de su Padre. A algunos los ha recogido desde este mismo lugar que ustedes y yo conocemos tan bien.

Antes de venir al mundo, Jesús cuidaba a los corderos. Samuel era un niño muy pequeño, no más grande que el más pequeño de ustedes cuando se convirtió. Vestía un efod de lino. Su madre le cosía una túnica pequeña y se la llevaba cada año. Una noche, mientras dormía en el lugar santo, cerca de donde guardan el Arca de Dios, oyó una voz que llamaba: "¡Samuel!". Se levantó y corrió a Elí que ya no veía bien y le dijo: "Aquí estoy, ¿para qué me llamaste?". Y Elí dijo: "Yo no te he llamado. Vuelve y acuéstate". Así lo hizo, pero por segunda vez oyó la voz que lo llamaba: "¡Samuel!". Se levantó y fue a donde Elí, y dijo: "Aquí estoy, ¿para qué me llamaste?". Pero Elí volvió a responder: "Yo no te llamé, mi hijo; vuelve a acostarte". Por tercera vez la voz santa llamó: "¡Samuel!". Se levantó y fue a donde Elí diciendo lo mismo. Entonces Elí comprendió que el Señor había llamado al muchacho. Por lo tanto, Elí dijo: "Ve y acuéstate; y si te llamare, dirás: Habla, Jehová, porque tu siervo oye". Samuel se volvió a acostar. Una cuarta vez —¡con cuánta frecuencia llama Cristo a los niñitos!— la voz llamó: "¡Samuel, Samuel!". Entonces Samuel contestó: "¡Habla, porque tu siervo oye!". De esta manera Jesús tomó en sus brazos a este cordero y lo llevó en su regazo porque: "Samuel creció, y Jehová estaba con él... porque Jehová se manifestó a Samuel en Silo..." (1 S. 3:5-10; 19, 21).

---

[15] Philip Bliss, *"Gozo la Santa Palabra Leer"*, versión castellana de *"Jesús Loves Even Me"* en Himnario de Alabanza Evangélica (1986).

Niñitos, a quienes ansío ver nacer y crecer en Cristo: Oren pidiendo que el Señor mismo se les revele. Algunos dicen que son ustedes demasiado chicos para convertirse y ser salvos, pero Samuel no era demasiado chico. Cristo puede abrir los ojos de un niño con la misma facilidad que los de un anciano. Sí, la infancia es la mejor etapa en la que ser salvo. No eres demasiado joven para morir, no demasiado joven para ser juzgado y, por lo tanto, no demasiado joven para acudir a Cristo. No te contentes con oír a tus maestros hablar acerca de Cristo. Ora para que se revele a ti. Dios quiera que haya muchos pequeños "Samuel" entre ustedes.

Jesús sigue cuidando a los corderos. El Duque de Hamilton tenía dos hijos. El mayor [se enfermó de tuberculosis] siendo apenas un muchacho, lo cual lo llevó a la tumba. Dos pastores fueron a verlo donde yacía en la mansión de la familia cerca de Glasgow. Después de una oración, el muchacho tomó su Biblia de debajo de la almohada y leyó 2 Timoteo 4:7-8: "He peleado la buena batalla, he acabado la carrera, he guardado la fe. Por lo demás, me está guardada la corona de justicia". Agregó: "¡Esto, señores, es mi gran consuelo!". Cuando se acercaba su muerte, llamó a su hermano menor y le habló con gran cariño. Terminó con estas palabras significativas: "Ahora bien, Douglas, en poco tiempo serás un duque, pero yo seré un rey"...

¿Te gustaría poder partir así? Vé ahora a un lugar solitario; arrodíllate y clama al Señor Jesús. No te pongas de pie hasta haberlo encontrado. Ora pidiendo ser recogido en sus brazos y llevado en su regazo. Toma la punta de su vestidura y di: "No debo dejarte —no me atrevo a dejarte— no te dejaré ir hasta que me bendigas".

Tomado de "To the Lambs of the Flock" (A los corderos del rebaño) en *Memoir and Remains of Robert Murray M'Cheyne* (Memorias y pensamientos de Robert Murray M'Cheyne), reimpreso por The Banner of Truth Trust, www.banneroftruth.org.

Robert Murray M'Cheyne (1813-1843): Pastor presbiteriano escocés de St. Peter's Church, Dundee, cuyo ministerio se caracterizó por una profunda santidad personal, oración y poderosa predicación evangélica; nacido en Edimburgo, Escocia.

Por qué necesitan nuestros hijos e hijas fe en Cristo
Charles Walker (1791-1870)

Mi joven lector... el escritor te habla como un amigo. ¿Escucharás lo que dice? ¿Dedicarás tu mente al estudio de este importante tema? Si lo haces con seriedad, puedes llegar a ser sabio para salvación. De las personas de tu edad, Dios dice en las Escrituras: "Me hallan los que temprano me buscan" (Pr. 8:17).

La fe

Sabes que la Biblia dice mucho acerca de la fe. Sabes que toda persona tiene que tener fe [en Cristo], de otro modo no puede ser bueno y feliz. La Biblia dice: "Pero sin fe es imposible agradar a Dios" (He. 11:6). Entonces, si esperas complacer a Dios, contar con su bendición y morar en su presencia cuando dejes este mundo, tienes que tener fe. Como ves, es de primordial importancia que sepas qué es la fe...

Sabes que la Santa Biblia es la Palabra de Dios. Sabes que en la Biblia, Dios nos habla y nos cuenta muchas cosas que nunca sabríamos si no nos lo hubiera dicho en ese Santo Libro. Sabes que Dios nos habla en la Biblia acerca de sí mismo. Nos dice quién es, dónde mora, lo que ha hecho y lo que hará. Dios nos habla también de lo que nosotros mismos somos, lo que hemos hecho y lo que debemos hacer para complacerle. Nos cuenta acerca de otro mundo, de una existencia más allá de la tumba: Un lugar de felicidad para los justos y de sufrimiento para los malos. Además, Dios nos habla de Jesucristo, quien vino al mundo y murió para salvar a los pecadores, a fin de que los que creen en Cristo sean salvos y que los que no creen no sean condenados. Todo esto y mucho más nos revela Dios en la Biblia.

Ahora estoy listo para decirte qué es la fe: Es creer lo que Dios ha dicho y hacer lo que ha ordenado. ¿Comprendes esto? Quiero que lo comprendas. Por lo tanto, lo expresaré con palabras un poco diferentes. *Fe es creer lo que Dios ha dicho*. Es creer, de tal manera, que te lleve a hacer lo que él ha mandado. Ésta es una definición en términos generales y la fe, en este sentido, es aplicable a todas las cosas que Dios ha dicho en la Biblia. Incluye todo lo que dijo de sí mismo, su soberanía y su Hijo Jesucristo. Es respetar, sea lo que sea que Dios ha ordenado y sea lo que sea que ha prohibido. Pero, más particularmente, la fe cristiana o la fe por la cual el pecador es salvo, puede explicarse de esta manera: *Es esa creencia o confianza en Jesucristo que nos llevará a depender sólo de él para ser salvos*. [Esta fe nos llevará] a consagrar nuestra alma, a nosotros mismos y nuestro todo a él como el único Salvador, y a obedecer sus mandamientos.

No basta *decir* que crees en la Biblia o *pensar* que crees en ella si no la obedeces. Fe no es tener una especie de creencia general de que la Biblia es la Palabra de Dios y que es toda cierta. Muchos que no tienen fe verdadera tienen esta clase de creencia. Si alguien tiene fe verdadera, no sólo creerá lo que Dios ha dicho en la Biblia, sino que actuará demostrando que cree en ella. Ni basta decir que crees que Cristo es el único Salvador si no le sigues. Fe en Cristo no es limitarse a reconocerlo como el único Redentor. Miles que carecen totalmente de la fe verdadera tienen este tipo de creencia. *Obedecerás* al Salvador si tienes fe verdadera en él. Como dijo Jesús mismo, te negarás a ti mismo, tomarás tu cruz y le seguirás... El gran objeto de la fe cristiana es el Señor Jesucristo. Él es el *único* Salvador. Y la única manera en que podemos ser salvos es por medio de la fe en él. La Biblia dice: "Cree en el Señor Jesucristo, y serás salvo, tú y tu casa" (Hch. 16:31). Dice también: "El que no creyere, será condenado" (Mr. 16:16). Resulta claro pues, que nuestra salvación depende de que tengamos fe verdadera en el Salvador.

El Salvador

Ahora bien, sabes lo que Dios nos ha dicho en las Sagradas Escrituras acerca de su Hijo. Recuerdas lo que la Biblia dice acerca del nacimiento, la vida y la muerte de Jesús. Aunque moraba en el cielo y estaba con Dios y era Dios (Jn. 1:1)... se hizo hombre, creció como otros niños. "Y Jesús crecía en sabiduría y en estatura, y en gracia para con Dios y los hombres" (Lc. 2:52). Cuando tenía treinta años, comenzó su ministerio. Predicó que todos tenían que arrepentirse y creer en él (Mr. 1:15), de otra manera nunca entrarían en el Reino de los Cielos. Realizó muchos milagros maravillosos que probaban que Dios estaba con él y que realizaba las obras de Dios. Su vida fue enteramente santa, libre de todo pecado. Su ejemplo fue perfectamente bueno... Su enseñanza fue sabia y buena. Aun sus enemigos decían: "Jamás hombre alguno ha hablado como este hombre" (Jn. 7:46). Habló de todos los deberes que los seres humanos se deben unos a otros y a Dios... Por último, dejó que hombres malos lo apresaran y crucificaran, a fin de que, por su muerte, pudiera hacer expiación por los pecados del mundo[16] (1 Jn. 2:2) y preparar el camino, a fin de que todos los pecadores que se arrepienten y creen en él puedan ser salvos y felices en el cielo para siempre. Después de su muerte, resucitó, apareció vivo a sus discípulos, les dijo: "Id por todo el mundo y predicad el evangelio a toda criatura" (Mr. 16:15). Luego ascendió al cielo en presencia de muchos de sus amigos, "viviendo siempre para interceder por ellos" (He. 7:25).

Éste es un breve resumen de lo que la Biblia nos informa con respecto al Salvador. Ahora Dios requiere que creamos esto y creer de tal manera que creerlo regirá nuestra conducta y nos convertirá en seguidores y discípulos de Jesucristo. No basta con que digas que no disputas o niegas lo que Dios dice acerca de su Hijo. No basta con *decir* que crees en el relato bíblico acerca del Salvador. Si tu creencia no es del tipo que gobierna tus acciones, si no te lleva a hacer lo que el Salvador te indica, si no te hace su amigo y discípulo, no es verdadera fe en él.

Ahora bien, mi joven lector, si has leído atentamente y comprendido lo que has leído, ves que cuando tienes una fe verdadera en Cristo te pondrás totalmente en sus manos. Confiarás únicamente en él para ser salvo. Obedecerás sus órdenes y te esforzaras por ser como él... Ésta es la fe de la cual Dios habla en la Biblia... Considera, mi joven amigo, por qué tú mismo necesitas fe. Es porque eres pecador. ¿Alguna vez has considerado esto en serio? *Eres* un pecador. Tienes, por naturaleza, un corazón malvado, has desobedecido a Dios y has venido a condenación. La Biblia dice: "El que no cree, ya ha sido condenado" (Jn. 3:18). La única manera de escapar de esta condenación es por la fe en Cristo. Él vino para salvar a *pecadores*. Dice: "Porque el Hijo del Hombre vino a buscar y a salvar lo que se había perdido" (Lc. 19:10). *Tú* estás perdido. Te has apartado del deber y de Dios, y perecerás para siempre si no eres salvo por Jesucristo. Y ésta es la razón por lo que necesitas fe en él.

Tomado de *Repentance and Faith Explained to the Understanding of the Young* (Arrepentimiento y fe explicados para el entendimiento de los jóvenes), reimpreso por Solid Ground Christian Books. www.solid-ground-books.com.

Charles Walker (1791-1870): Pastor congregacional, consagrado a enseñar la verdad de Dios a los jóvenes; nacido en Woodstock, Connecticut, Estados Unidos.

---

[16] El mundo, es decir su pueblo (Jn. 1:21): Por medio de su sangre, Cristo redimió para Dios a su pueblo compuesto de todo linaje, lengua, pueblo y nación (Ap. 5:9).

Hijos andando en la Verdad
J. C. Ryle (1816-1900)

> *"Mucho me regocijé porque he hallado a algunos de tus hijos andando en la verdad, conforme al mandamiento que recibimos del Padre, conforme al mandamiento que recibimos del Padre"*. —2 Juan 4

"Andando en la verdad"

¿Qué quiere decir aquí "andando"? No creas que significa andar con tus pies... En cambio, significa nuestro modo de comportarnos: Nuestra manera de vivir y de seguir adelante. ¿Y puedo decirte por qué la Biblia llama a esto "andando"? Lo llama así porque la vida del hombre es justamente como un viaje. Desde el momento cuando nacimos al momento de nuestra muerte, estamos siempre andando y siguiendo adelante. La vida es un viaje desde la cuna hasta la tumba y la manera de vivir de una persona es llamada con frecuencia su "andar".

Pero, ¿qué significa "andar en la verdad"? Significa andar en los caminos del evangelio bíblico y no en los caminos malos de este mundo impío. El mundo, lamento decirte, está lleno de nociones falsas y mentiras, y, especialmente, lleno de mentiras acerca del evangelio. Todas proceden del diablo, nuestro gran enemigo. El diablo engañó a Adán y Eva y causó que pecaran por decirles una mentira. Les dijo que no morirían si comían del fruto prohibido y eso era mentira. El diablo está *siempre* ocupado en ese mismo trabajo ahora. *Siempre* está tratando de lograr que hombres, mujeres y niños tengan nociones falsas de Dios y del cristianismo. Los persuade a creer que lo malo es realmente bueno y que lo que es realmente bueno es malo: Que servir a Dios no es agradable y que el pecado no les hará ningún daño. Y, lamento decir, muchísimas personas son engañadas por él y creen estas mentiras.

¡Pero los que andan en la verdad son muy distintos! No prestan atención a las nociones falsas que hay en el mundo acerca del cristianismo. Siguen el camino correcto que Dios nos muestra en la Biblia. Sea lo que sea que hacen los demás, su anhelo principal es complacer a Dios y ser sus verdaderos siervos. Ahora bien, éste era el carácter de los hijos del que habla el texto. Juan escribe a casa a su madre y dice: "He hallado a... tus hijos andando en la verdad".

Queridos hijos, ¿quieren saber si están ustedes andando en la verdad? ¿Les gustaría saber las señales por las que podemos saberlo? Escuchen cada uno de ustedes, mientras trato de presentarles estas señales en orden. Venga cada hijo e hija a escuchar lo que voy a decir.

Las señales de andar en la Verdad

Les digo pues que, por un lado, los hijos que andan en la verdad saben la verdad acerca del pecado. ¿Qué es pecado? Desobedecer cualquier mandato de Dios es pecado. Hacer cualquier cosa que Dios dice que no debemos hacer es pecado. Dios es muy santo y muy puro, y cada pecado que es cometido le desagrada muchísimo. Pero, a pesar de esto, la mayoría de las personas en el mundo, ancianas al igual que jóvenes, casi ni piensan en el pecado. Algunos procuran pretender que no son grandes pecadores y que no desobedecen con frecuencia los mandamientos de Dios. Otros dicen que el pecado, al final de cuentas, no es tan terrible y que Dios no es tan detallista y estricto como dicen los pastores que lo es. Estos son dos grandes y peligrosos errores.

Los hijos que andan en la verdad piensan muy distinto. No tienen semejante orgullo ni sentido de superioridad. Se sienten llenos de pecado y esto los entristece y humilla. Creen que el pecado es la cosa abominable que Dios aborrece. Consideran el pecado como su gran enemigo y como una plaga. ¡Lo aborrecen más que a cualquier otra cosa sobre la tierra! No hay *nada* de lo que se quieran librar tanto como librarse del pecado.

Niño, jovencito: Esa es la primera señal de estar andando en la verdad. Concéntrate en ella. Piensa en ella. *¿Aborreces tú el pecado?*

Les digo también que los hijos que andan en la verdad aman al verdadero Salvador de los pecadores y lo siguen. Hay pocos hombres y mujeres que de alguna manera no sientan la necesidad de ser salvos. Sienten que después de la muerte viene el juicio y les gustaría salvarse de aquel juicio terrible.

Pero, ¡ay! pocos de ellos verán que la Biblia dice que hay un solo Salvador y que éste es Jesucristo. Y pocos acuden a Jesucristo y le piden que los salve. En cambio, confían en sus propias oraciones, su propio arrepentimiento, su propia asistencia a la iglesia o algo por el estilo. Pero estas cosas, aunque tienen su lugar, no pueden salvar del infierno ni siquiera a un alma. Estos son caminos falsos de salvación. No pueden borrar el pecado. No son Cristo. Nada te puede salvar a ti o a mí, sino Jesucristo, quien murió en la cruz por los pecadores. Sólo los que confían exclusivamente en él reciben el perdón de sus pecados e irán al cielo. Sólo ellos encontrarán que tienen un Amigo Todopoderoso en el Día del Juicio. Ésta es la manera verdadera de ser salvos.

Los hijos que andan en la verdad han aprendido todo esto. Si les preguntas en qué confían, responderán: "Solamente en Cristo". Recuerdan sus palabras llenas de su gracia: "Dejad a los niños venir a mí, y no se lo impidáis" (Mr. 10:14). Tratan de seguir a Jesús como los corderos siguen al buen pastor. Y lo aman porque leen en la Biblia que él los amó y se dio a sí mismo por ellos. Niño, jovencito: Aquí tienes la segunda señal de que uno anda en la verdad. Concéntrate en ella. Piensa en ella. *¿Amas a Cristo?*

Te digo que los hijos que andan en la verdad sirven a Dios con un corazón sincero. Estoy seguro de que sabes que es muy posible servir a Dios sirviéndole sólo exteriormente. Muchos así lo hacen. Ponen cara de santos y pretenden ser sinceros cuando, en realidad, no lo son. Dicen hermosas oraciones con sus labios, pero no son sinceros en lo que dicen. Se sientan en sus lugares en la iglesia cada domingo y, a la vez, están pensando todo el tiempo en otras cosas y, tal servicio, es un servicio externo y muy errado.

Lamento tener que decir que hay hijos malos que frecuentemente son culpables de este pecado. Dicen sus oraciones regularmente cuando sus padres les obligan, pero no, si no los obligan. Parecen prestar atención en la iglesia cuando los observan, pero no en otros momentos.

Los hijos que andan en la verdad no son así. Tienen otro espíritu en ellos. Su deseo es ser honestos en todo lo que hacen con Dios y le adoran en espíritu y en verdad. Cuando oran, tratan de ser sinceros y todo lo que dicen lo dicen en serio. Cuando van a la iglesia, tratan de ser serios y concentrarse en lo que oyen. Y uno de sus principales lamentos es que no pueden servir a Dios más de lo que lo hacen.

Niño, jovencito: Ésta es la tercera señal de que uno anda en la verdad. Concéntrate en ella. Piensa en ella. *¿Es tu corazón falso o sincero?*

Te diré, en último lugar, que los hijos que andan en la verdad, realmente se esfuerzan por hacer las cosas que son correctas ante los ojos de Dios. Dios nos ha dicho con mucha claridad lo que él piensa que es lo correcto. Nadie que lea la Biblia con un corazón honesto puede equivocarse, pero es triste ver cómo pocos hombres y mujeres se interesan en complacer a Dios. Muchos desobedecen sus mandamientos continuamente y no parece que esto les importara. Algunos mienten, insultan, se pelean, engañan y roban. Otros dicen malas palabras, no observan el

Día de reposo, nunca oran a Dios y nunca leen su Biblia. Otros son malos con sus familiares o haraganes o glotones o malhumorados o egoístas. *Todas* estas cosas, opine lo que opine la gente, son malvadas y desagradan a un Dios Santo.

Los hijos que andan en la verdad siempre tratan de evitar las cosas malas. No les gustan las cosas pecaminosas de ninguna clase y no les gusta la compañía de los que las hacen. Su gran anhelo es ser como Jesús: Santo, inocente y apartado de las prácticas pecaminosas. Se esfuerzan por ser bondadosos, gentiles, dispuestos a hacer favores, obedientes, honestos, veraces y buenos en todos sus caminos. Les entristece no ser más santos de lo que son.

Niño, Jovencito: Ésta es la última señal de los que andan en la verdad que te daré. Concéntrate en ella. Piensa en ella. *¿Son tus acciones buenas o malas?*

¿Estoy andando en la Verdad?

Has oído ahora las señales de andar en la verdad. He tratado de presentártelas claramente. Espero que las hayas entendido. Saber la verdad acerca del pecado; amar al verdadero Salvador, Jesucristo; servir a Dios con un corazón sincero; hacer las cosas que son buenas y aceptables ante los ojos de Dios: Estas son las cuatro. Te ruego que pienses en ellas y pregúntate: "¿Qué estoy haciendo en este mismo momento? *¿Estoy andando en la verdad?*"…

Confía en Cristo y él se ocupará de todo lo que concierne a tu alma. Confía en él en todo momento. Confía en él sea cual fuere tu condición: En enfermedad y en salud, en tu juventud y cuando seas adulto, en la pobreza o en la riqueza, en la tristeza y en el gozo. Confía en él y él será un Pastor que te cuidará, un Guía que te guiará, un Rey que te protegerá, un Amigo que te ayudará cuando lo necesites. Confía en él y recuerda que él mismo dice: "No te desampararé, ni te dejaré" (He. 13:5). Pondrá su Espíritu dentro de ti y te dará un corazón nuevo. Te dará poder para llegar a ser un verdadero hijo de Dios. Te dará gracia para controlar tu temperamento, para dejar de ser egoísta, para amar a los demás como a ti mismo. Hará más livianos tus problemas y más fácil tu trabajo. Te confortará en el momento de aflicción. Cristo puede hacer felices a los que confían en él… Querido niño o jovencito, Juan sabía muy bien estas cosas. Las había aprendido por experiencia. Vio que los hijos de esta señora serían felices en este mundo, ¡con razón se regocijó!

Tomado de *Boys and Girls Playing,* disponible en CHAPEL LIBRARY.

J. C. Ryle (1816-1900): Obispo de la Iglesia Anglicana, respetado autor de *Holiness, Knots Untied, Old Paths, Expository Thoughts on the Gospels* (Santidad, Nudos desatados, Sendas antiguas, Pensamientos expositivos de los Evangelios) y muchos otros; nacido en Mcclesfield, Cheshire County, Inglaterra.

A los hijos de padres consagrados
Charles H. Spurgeon (1834-1892)

"Guarda, hijo mío, el mandamiento de tu padre, y no dejes la enseñanza de tu madre; átalos siempre en tu corazón, enlázalos a tu cuello". —Proverbios 6:20-21

Creo que para cualquier chico o chica que ha tenido un padre y una madre consagrados, el mejor camino de vida que pueden planear es seguir el camino al cual los principios de sus padres los conduce. Por supuesto, hemos avanzado mucho más que los adultos, ¿no es cierto? Los jóvenes son maravillosamente despiertos e inteligentes y los mayores no llegan a su altura. Sí, sí, esto es lo que decimos antes de que crezca la barba. Es posible que cuando seamos más maduros, no nos sintamos tan engreídos. De cualquier modo, yo, que no soy muy mayor, pero que ya no me atrevo a llamarme *joven*, me arriesgo a decir que, en lo que a mí respecta, anhelo únicamente continuar las tradiciones de mi familia. No quiero encontrar otra senda que no corra paralela a la de los que me precedieron. Y creo, queridos amigos, que ustedes que han visto la vida santa y feliz de sus antepasados cristianos, harán bien en hacer una pausa y pensarlo bien antes de desviarse, ya sea a la derecha o a la izquierda, del curso tomado por esos seres queridos consagrados. Creo que no es probable que Dios bendiga o considere sabia una vida que comienza con la idea de cambiar todo y descartar todo lo que su familia piadosa ha practicado.

No quiero tener reliquias de oro o plata; pero aunque muriera mil veces, nunca podría descartar al Dios de mi padre, al Dios de mi abuelo, al Dios de mi bisabuelo ni al Dios de mi tatarabuelo. Tengo que considerar esto como el haber principal que poseo. Mi oración es que los jóvenes y las señoritas piensen de la misma manera. No manchen las tradiciones gloriosas de las vidas nobles que les fueron legadas. No avergüencen el escudo de sus padres, no manchen el honor de sus predecesores con ningún pecado y transgresión suya. ¡Dios les ayude a creer que la mejor manera de vivir una vida noble es actuar como actuaron los que les educaron en el temor de Dios!

Salomón nos dice que hagamos dos cosas con las enseñanzas que hemos recibido de nuestros padres. Primero, las llama "mandamientos" y dice: "Átalos siempre en tu corazón" porque merecen ser adoptados. Muestren que aman estas cosas atándolas en su corazón. ¡El corazón es el punto vital! Hagan que haya allí consagración. Amen las cosas de Dios. Si pudiéramos tomar a los chicos y las chicas y hacer que profesen ser cristianos sin realmente amar la santidad, eso sería simplemente convertirlos en hipócritas, lo cual no es lo que deseamos. No queremos que *digan* ustedes que creen lo que no creen ni que parezcan gozarse de lo que realmente no gozan. Pero nuestra oración —¡oh que fuera la oración de ustedes también!— es que reciban ayuda para atar estas cosas en su corazón. Merecen que *vivan* por ellas, merecen que estén dispuestos a *morir* por ellas y valen más que todo el resto del mundo: Los principios inmortales de la vida divina que proviene de la muerte de Cristo. "Átalos siempre en tu corazón".

Luego Salomón, porque no quería mantener en secreto estas cosas como si se avergonzara de ellas, agrega: "Enlázalos a tu cuello" porque merecen ser mostradas con atrevimiento. ¿Viste alguna vez a un dignatario usando el emblema de su puesto? No se avergüenza de usarla. Y los policías usan sus insignias. Recuerdo muy bien la enorme importancia que llegan a tener y se aseguran de usarlas. Ahora bien, ustedes que aman a Dios, *enlacen sus creencias a su cuello*. ¡No se avergüencen de ellas! Úsenlas como un adorno. Úsenlas como el dignatario usa su emblema. Cuando están en un grupo, *nunca* se avergüencen de decir que son cristianos. Y si hay compañías con quienes no pueden estar como cristianos, pues entonces, evítenlas totalmente. Díganse a sí mismos: "No iré donde no puedo presentar a mi Señor. No iré a donde no pueda él ir conmigo". Descubrirán que esa decisión les será de gran ayuda para determinar a dónde irán y a dónde no irán. Por lo tanto, átenlas a su corazón, enlácenlas a su cuello. ¡Dios les ayude a hacer esto y, de esta manera, seguir en los pasos de aquellos santos que los precedieron!...

Pero *primero*, ¡crean en el Señor Jesucristo! Entréguense totalmente a él y él les dará la gracia para permanecer firmes hasta el fin.

Predicado en el Tabernáculo Metropolitano, Newington, Londres, Inglaterra, en el culto del domingo a la noche del 27 de marzo de 1887, reimpreso por Pilgrim Publishers.

Charles H. Spurgeon (1834-1892): Bautista británico y el predicador más leído en el mundo, aparte de los que se encuentran en las Escrituras; nacido en Kelvedon, Essex, Inglaterra.

Capítulo 11

ROPA MODESTA

¿Debiera su familia o su iglesia tener un código sobre la manera de vestir? En realidad esta pregunta es retórica porque todos ya tienen su propio código. Las siguientes preguntas serían más apropiadas. Primero, ¿cuál es su código en cuanto a su manera de vestir? Y segundo, ¿cuál es el origen de ese código?

Tenemos que reconocer una realidad innegable: Un código sobre la manera de vestir surge de su cultura, es creado por su propia conciencia, impulsado por preferencias personales o gobernado por la Palabra de Dios. Por esto es que dichos códigos son zonas de batalla para el reino de las tinieblas y el reino de luz, ya que nos vestimos para agradar a Dios, a nosotros mismos o a los demás. Tenemos que reconocer que la manera cómo nos vestimos nos pondrá en el fuego cruzado de balas provenientes de la cultura, la conciencia, nuestras preferencias y la Palabra de Dios.

El tema de la modestia nos lleva también a la cuestión de la libertad cristiana, un tema muy incomprendido. En el mundo cristiano de hoy, "libertad" incluye quitarse la mayor parte de la ropa en la playa. ¿Es así como la Biblia define libertad? Hoy, algunos creen que libertad cristiana es que las niñas se vistan como varones y los varones se vistan como niñas. ¿Es ésta una comprensión correcta de la libertad cristiana?

Cuando hablamos de ropa y modestia, estamos hablando de algo terrenal que es indicativo de algo espiritual. La ropa y la modestia son "tipos". Según lo encontramos en las Escrituras; un tipo es un símbolo representativo de algo figurado. Así como la adopción de un niño acá en la tierra es una figura de nuestra adopción espiritual en el cielo como hijos e hijas de Dios, la ropa es una figura de la salvación. Así como Dios vistió a Adán y Eva en el jardín, viste a sus hijos e hijas con su justificación.

Por lo tanto, la ropa tiene gran significado, demostrando la gloria del evangelio para cubrir nuestra desnudez espiritual y significar que somos un pueblo santo apartado, cambiados por Dios desde el corazón. Por esto, podemos decir con el profeta Isaías: "Mi alma se alegrará en mi Dios; porque me vistió con vestiduras de salvación, me rodeó de manto de justicia" (Is. 61:10).

¿Son las Escrituras suficientes para hablar de nuestras determinaciones sobre la ropa que vestimos? La respuesta de los autores en este capítulo es *Sí*.

—*Scott Brown*

Pensando como un cristiano acerca de la ropa modesta
ROBERT G. SPINNEY

Un tema significante

La manera de vestir del cristiano no es un tema insignificante. Las declaraciones cotidianas que hacemos con nuestra ropa —deliberadamente o no, interpretadas correcta o incorrectamente— se cuentan entre nuestras declaraciones más fuertes. Nuestros hijos, hermanos, compañeros de trabajo y de estudios, y los hermanos de la iglesia no pueden dejar de ver lo que vestimos. Todos notan si somos descuidados o prolijos, sencillos o glamorosos, provocativos o modestos. El vestir puede afectar la imagen que tenemos de nosotros mismos y dar forma a lo que los demás perciben de nosotros. Por eso es que gastamos tanto dinero para comprar ropa buena. Pensar cristianamente acerca de lo que vestimos involucra muchos aspectos…

Inherentemente legalista

Primero, tenemos que quitar dos obstáculos que, a veces impiden que los cristianos toquen este tema: La creencia de que cualquier discusión sobre la manera de vestir es inherentemente legalista y de que tales discusiones son simplemente innecesarias. En la actualidad, en muchos lugares, el simple hecho de *mencionar* el tema del vestir indecoroso es hacer sonar todas las alarmas del legalismo. Esto es lamentable.

No comprendemos correctamente lo que es *santidad* si pensamos que aplicar Colosenses 3:17 ("Y todo lo que hacéis, sea de palabra o de hecho, hacedlo todo en el nombre del Señor Jesús") al tema de la manera de vestir es de algún modo equivocado. El que dice: "Jesús no será Señor de mi ropa", poco se diferencia del que dice: "Jesús no será el Señor de mi dinero".

Tampoco es legalismo que el pueblo de Dios se empeñe por obedecer las instrucciones de Dios. David Martyn Lloyd Jones[1] lo expresó muy bien cuando dijo que si la "gracia" que hemos recibido no nos ayuda a guardar las leyes de Dios es que, en realidad, no hemos recibido gracia alguna. Sin duda, los cristianos pueden abordar el tema del vestir indecoroso de una forma torpe y no bíblica que niega la gracia. Ese *es* el problema. Pero ignorar el tema no es la solución: Hacerlo es dar a entender que no existe ropa inapropiada.

El pueblo de Dios no puede darse el lujo de ignorar este tema. ¿Por qué no? Porque el cristiano que piensa de una manera no basada en la Biblia sobre esto, no se preocupa por vestirse con decoro. Al igual que en otros aspectos de la vida cristiana, nunca "avanzamos por casualidad". La santidad y la madurez espiritual hay que procurarlas (He. 12:14). Procurar la piedad tiene que caracterizarse por su diligencia (2 P. 1:10; 3:14). Nuestra mente no es automáticamente piadosa: Renovar nuestra mente produce transformación espiritual (Ro. 12:2).

Trivial

A veces, los cristianos no le dan importancia al tema de vestir modestamente, considerándolo trivial. No lo es. Al final de cuentas, Dios fue quien notó la primera ropa inventada, la juzgó inadecuada e intervino para remplazarla por una que él mismo hizo (Gn. 3:7, 21). Y nadie puede negar que hoy mucha de la ropa en las tiendas es escandalosamente inmodesta. "Si es usted ciego o de otro planeta", escribe Barbara Hughes, "pudiera ser que no se ha per-

---

[1] **David Martyn Lloyd-Jones** (1899-1981) – Predicador expositivo galés y pastor de Westminster Chapel, Londres, Inglaterra, 1938-68; nacido en Cardiff, Gales.

catado de que la modestia ha desaparecido. ¡Está muerta y enterrada! Si no lo cree, vaya de compras con una adolescente"[2].

La moda del mundo

Hay una tercera cuestión que merece nuestra atención al iniciar esta discusión. Algunos cristianos fieles se visten de manera indecorosa, aun si no pretenden ofender a nadie, hacen gala de su sexualidad o atraen las miradas con la escasa ropa que usan. A menudo, estos creyentes creen sinceramente que están modestamente vestidos. ¿El problema? *Se rigen por la moda del mundo*. Permiten que la industria de la ropa y los artistas definan lo que es hermoso y lo que es una ropa apropiada. ¿El resultado? La proliferación de atuendos de última moda que contradicen los principios bíblicos. La ropa que refleja los valores del mundo suele ser indecorosa, a pesar de las buenas intenciones del que la usa. *Las intenciones inocentes no cambian nada*. La inmodestia sin intenciones y la "inmodestia por ignorancia" siguen siendo no bíblicas. El cristiano puede decir sinceramente: "Mi intención no es vestir sensual o seductoramente" y, aún así, vestirse de una manera inapropiada. Lo seguro es que son los principios bíblicos —no los diseñadores de ropa mundanos, ni los artistas de cine ni las celebridades— los que debieran establecer las normas de una forma de vestir correcta.

Los esposos y pastores

¿A quién va dirigido este folleto? Supongo que a cada lector que usa ropa. No obstante, parece que tendemos a dirigir nuestros mensajes a las mujeres jóvenes. Esto me parece incorrecto. El mensaje en este folleto es principalmente para esposos y pastores, quienes son los líderes de las familias. Cuando veo a una adolescente vestida sin modestia, lo primero que pienso es: "¿A dónde está su padre? ¿No se da cuenta cómo está vestida su hija?" Cuando una mujer cristiana casada no se viste con modestia, lo primero que pienso es: "¿Por qué es su esposo tan indiferente a la enseñanza bíblica con respecto a la ropa modesta?". El varón tiene la responsabilidad dada por Dios de proteger a su esposa y a sus hijos. El vestir inmodesto incita que personas lascivas malinterpreten la manera de vestir de los miembros de la familia. Además, vestir indecorosamente es a veces una manera de expresar (en público) una sensualidad impropia. Señores, no podemos ignorar estos asuntos.

De manera similar, el varón tiene la responsabilidad de proteger a otros de las piedras de tropiezo que su esposa e hijas pueden generar con su manera de vestir indecorosa. Esto se aplica a todas partes y a todos los tiempos, pero *de manera especial a las reuniones de la iglesia*. Más de un creyente me ha preguntado: "¿Por qué no podemos contar con por lo menos un refugio seguro contra el uso de ropa apretada, escotes, hombros descubiertos y shorts? ¿Por qué no se asegura la gente de vestirse con modestia cuando asisten a las reuniones de la iglesia? No es extraño que el vestir escandaloso me tiente cuando voy a algún plantel universitario, pero el pueblo de Dios no debería tener que enfrentar esa clase de tentación en los cultos de adoración. ¿No pueden los cristianos ser más considerados con los demás?". Es este un pedido legítimo. Los varones tienen una responsabilidad extra: Debieran explicar a sus esposas e hijos mayores qué fácil es que los hombres se sientan tentados a la lujuria al ver personas vestidas indecorosamente. Nuestras familias pueden pensar que nunca batallamos con tentaciones sexuales. ¡Dígales la verdad! He hablado con mujeres que sencillamente no sabían que los hombres cristianos se sienten tentados a pecar por lo que provoca su manera de vestir. En cuanto lo entendieron, con gusto empezaron a vestirse más modestamente.

---

[2] Barbara Hughes, *Disciplines of a Godly Woman* (Disciplinas de una mujer piadosa) (Wheaton, Illinois, Estados Unidos: Crossway Books, 2001), 92.

Instrucciones de Dios

¿Nos ha dado Dios instrucciones relacionadas con el vestir? La respuesta a esta pregunta es *sí*... El inspirado Apóstol escribe en 1 Timoteo 2:9,

> Asimismo que las mujeres se atavíen de ropa decorosa, con pudor y modestia; no con peinado ostentoso, ni oro, ni perlas, ni vestidos costosos.

Quizá la verdad más evidente en este versículo es una que, a menudo, se niega en la actualidad: A Dios *sí* le importa cómo nos vestimos... En 1 Timoteo 2:9, la modestia está ligada específicamente a *cómo* nos adornamos con la ropa.

En toda discusión sobre vestir modesta o inmodestamente, en algún momento surge la pregunta que podríamos llamar "La pregunta que marca la línea divisoria". ¿Dónde está, exactamente, la línea divisoria entre ropa aceptable y no aceptable? ¿Cómo puedo saber dónde está? No la cruzaré, pero, ¿puede por favor decirme precisamente dónde está? La palabra [pudor] responde a "La pregunta que marca la línea divisoria" porque el cristiano modesto dice: "¡No quiero acercarme a esa línea! Quizá no sepa dónde está la línea divisoria entre la ropa aceptable y la no aceptable, pero sé más o menos dónde está... y me mantendré lejos de ella".

La palabra *modestia*

La palabra *modestia* [en 1 Timoteo 2:9]... se refiere a mantener control sobre nuestros pensamientos, preferencias y deseos. El cristiano discreto no da rienda suelta a sus pasiones; sabe cómo controlar sus deseos. La Biblia está exponiendo aquí algo que muchos sencillamente no quieren reconocer: Algunos usan su estilo de ropa como expresión de su propia sensualidad. Se convierten intencionalmente en objeto de lujuria: entran a una sala con la intención de llamar la atención. En lugar de practicar dominio propio, exhiben sin tapujos su sensualidad en su ropa. Vestir [con sobriedad] significa que no expresamos nuestros deseos sexuales privados con lo que vestimos en público.

¿Por qué deben los creyentes practicar dominio propio cuando de estilo de ropa se trata? No cabe duda de que el vestir provocativo afecta a otros (tentándolos a pecar). Pero tanto cristianos como no cristianos también han notado cómo la ropa etiqueta de alguna manera al que la viste. "La manera de vestir cambia los modales", escribió el filósofo francés Voltaire[3], que no era precisamente amigo del cristianismo, pero sí un observador perspicaz de la condición humana. La escritora inglesa Virginia Woolf[4] coincide: "Hay mucho que apoya la noción de que es la ropa lo que nos usa a nosotros y no nosotros a ella; podemos hacer que se amolde al brazo o al pecho, pero moldea nuestros corazones, nuestros cerebros y nuestra boca, según su parecer".

Este es unos de los aspectos intangibles de la manera de vestir que todos hemos experimentado. Lucir un conjunto nuevo o vestirse con elegancia da un sentido de seguridad y de autoestima positiva. De igual modo, vestir ropa provocativa o reveladora nos estimula a hacer gala de nuestra sexualidad. El discípulo de Cristo debe controlar sus pasiones sexuales y, del mismo modo, escoger controladamente lo que viste que pudiera "moldear su corazón, cerebro y boca" en formas inapropiadas. A este mandato en 1 Timoteo 2:9 le acompaña una aplicación imbuida en la cultura. Notemos las palabras finales del versículo: "No con peinado ostentoso, ni oro, ni perlas, ni vestidos costosos". Esto instruía a las mujeres cristianas a no imitar el estilo de vestir y los peinados escandalosos que eran comunes entre la nobleza romana. En la época de Pablo, algunas mujeres

---

[3] **Voltaire** (1694-1778) – Escritor y poeta francés, figura destacada de la Era de la Razón.
[4] **Virginia Woolf** (1882-1941) – Autora inglesa, asociada con el Grupo Bloomsbury que influyó sobre el crecimiento del modernismo.

se entretejían gemas preciosas en el cabello para crear peinados costosos, cuyo equivalente actual sería cientos y aun miles de dólares. También vestían ropa deslumbrante que fácilmente costaría unos 10 mil dólares en moneda actual. Este era el uniforme no oficial de las cortesanas romanas, un uniforme que era característico para llamar la atención. Es de observar que era notoria la inmoralidad sexual de estas cortesanas romanas. Era notorio que estas mujeres no se vestían ni correcta, ni modesta ni discretamente, y todos sabían que sus vidas se caracterizaban por su impureza sexual. De hecho, la Palabra de Dios le está diciendo a los cristianos: "No imiten la apariencia de esta gente famosa e inmoral. Nada de ostentación, vulgaridad, extravagancia ni alardes de riquezas. Ninguna asociación con estas cortesanas de mala reputación. No tomen a esas 'mujeres de la corte' como modelos de la moda".

Consideremos las palabras agudas de Stephen M. Baugh, profesor de Griego y Nuevo Testamento del Seminario Teológico de Westminster West. Baugh aplica estas palabras finales de 1 Timoteo 2:9 a lectores modernos: "Hoy equivale a advertir a los cristianos a no imitar los estilos de los cantantes pop o actrices promiscuas". Esto significa que si queremos aplicar este versículo en la práctica, la mujer cristiana no debe imitar el aspecto de las libidinosas "cortesanas de Hollywood". El próximo versículo —1 Timoteo 2:10 — amplía la instrucción del Apóstol. La mujer cristiana no se adorne con ropa indebida, "sino con buenas obras, como corresponde a mujeres que profesan piedad". La [palabra *profesan*] se deriva de un vocablo griego que significa hacer un anuncio público o transmitir un mensaje a viva voz. Nuestras vidas son anuncios públicos. El anuncio público de la mujer piadosa consiste de buenas obras, no de ropa cuestionable. ¿Cuál es la función de las buenas obras del cristiano? Mateo 5:16 dice que los creyentes hemos de vivir de tal manera que los hombres vean nuestras buenas obras y glorifiquen a nuestro Padre que está en los cielos. Numerosos versículos afirman que las buenas obras del cristiano son valiosas, no sólo por el beneficio a los objetos de ellas, sino también por lo que demuestran acerca de la gloria de Dios (1 P. 2:12; 3:1-6; Mt. 9:6-8). Lo que implica esto es que tanto las buenas obras como la manera indebida de vestir contienen un elemento que influye sobre lo que otros piensan de Dios: Uno provoca que los hombres alaben a Dios, mientras el otro incita a los hombres a denigrarlo. La conclusión de 1 Timoteo 2:10 es que la reputación de Dios está en juego, según lo que profesamos en público. La gloria de Dios se ve con más claridad cuando abundamos en buenas obras, pero se entenebrece y mal entiende cuando hacemos anuncios públicos al vestir incorrectamente… No se trata de que solo esté en juego *nuestra* reputación cuando usamos ropa indebida; también está en juego la reputación de *Dios*.

Tomado de *Dressed to Kill* (Vestido para matar), publicado por Tulip Books, www.tulipbooks.org.

Robert G. Spinney: Pastor bautista y profesor asociado de Historia en Patrick Henry College, Purcellville, Virginia, Estados Unidos.

> *Lo que más demuestra la inclinación del hombre o la mujer hacia la lascivia e inmundicia es adornase con ropa liviana y lasciva. En nuestros días vemos con demasiada frecuencia que la ropa de los que profesan ser creyentes es igual a la de la prostituta, cosa vil que manifiesta afectos muy lascivos y malos.* —John Bunyan

Definición de modestia cristiana
Jeff Pollard

"Asimismo que las mujeres se atavíen de ropa decorosa, con pudor y modestia". —1 Timoteo 2:9

¿Qué significa modestia? Igual como usamos las palabras *amor* y *fe*, usamos a menudo la palabra *modestia* sin comprender su significado bíblico. Los diccionarios modernos ofrecen definiciones como (1) Virtud que modera y regula las acciones externas, conteniendo al hombre en los límites de su condición y estado. (2) Recato en el porte y en la estimación que muestra uno de sí mismo. (3) Honestidad, decencia en las acciones o palabras. (4) Cualidad de humilde, falta de engreimiento o de vanidad[5].

Noah Webster define la *modestia* como "ese temperamento humilde que acompaña la estimación moderada del valor y la importancia de uno mismo"[6]. Agrega: "En la *mujer* la modestia tiene el mismo carácter que en el varón, pero la palabra se usa también como sinónimo de castidad o pureza en las acciones. En este sentido, la modestia es el resultado de la pureza de la mente, o del sentido de vergüenza y oprobio fortalecido por la educación y los principios. La *modestia* sin afectación es el encanto más dulce de la excelencia femenina, la gema más valiosa en la corona de su honor".

Entonces, según estas definiciones, modestia es un concepto amplio que no está limitado a una connotación sexual. Este estado de ánimo o disposición expresa una estimación humilde de uno mismo delante Dios. La modestia, como la humildad, es lo opuesto a atrevimiento o arrogancia. No procura llamar la atención a uno mismo ni jactarse de una manera inapropiada. Aparentemente Webster liga la castidad con la modestia porque castidad significa "pureza moral en pensamiento y conducta". La pureza moral, como la humildad, no exhibe sensualidad como tampoco exhibe ostentación.

Detrás de estas definiciones hay un punto crucial: La modestia no es lo principal en el tema de la ropa. Es, ante todo, una cuestión del *corazón*. Si el corazón está bien con Dios, se conservará puro y humilde, y esto se expresará en modestia. Calvino comenta: "No obstante, siempre debemos comenzar con las disposiciones del corazón, porque es allí donde reina el libertinaje, y por ende no habrá castidad. Y donde la ambición reina internamente, no habrá modestia en la forma de vestir"[7]. Concluye diciendo: "No cabe la menor duda de que la forma de vestir de una mujer virtuosa y piadosa debe ser diferente a la de una prostituta… Si la piedad se demuestra por medio de las obras, entonces debe ser evidente en la manera de vestir"[8]. Esto se aplica, no sólo a la adoración en conjunto, sino también a la vida diaria. Aunque es cierto que uno puede vestirse modestamente por algún motivo pecaminoso y orgulloso, no se puede vestir lujosa o sensualmente motivado conscientemente por algo bueno. Por lo tanto, la pureza y humildad del corazón internamente regenerado, tiene que, en definitiva, expresarse externamente por el uso de ropa modesta.

---

[5] *Diccionario de la Real Academia Española* y otros.

[6] Noah Webster, *Noah Webster's First Edition of an American Dictionary of the English Language* (Diccionario americano del idioma inglés por Noah Webster, primera edición (Anaheim, CA: Foundation for American Christian Education, 2006).

[7] Juan Calvino, *Calvin's Commentaries* (Comentarios de Calvino), Tomo. XXI, "The First Epistle to Timothy" ("La Primera Epístola a Timoteo") (Grand Rapids, Michigan, EE. UU.: Baker Publishing, 1993), 66.

[8] Ibíd.

Varias palabras aclaran un punto de vista bíblico sobre la modestia. En 1 Timoteo 2:9, el apóstol Pablo manda que las mujeres "se atavíen de ropa decorosa, con pudor y modestia; no con peinado ostentoso, ni oro, ni perlas, ni vestidos costosos". George Knight III dice que la palabra traducida *modestia*[9] tiene "el significado general de 'respetable', 'honorable', y cuando es usada en referencia a la mujer significa en otras partes, como aquí, 'decoroso'"[10]. Observa que "arreglarse y vestirse son un aspecto por el que las mujeres suelen preocuparse y en él existe el peligro de caer en el exhibicionismo o la indiscreción". Por eso, "Pablo centra su exhortación en este asunto y ordena a las mujeres que 'se vistan' en concordancia con su profesión de fe y su vida cristiana"[11]. Por tanto, la modestia es un componente del carácter cristiano y nuestro vestir debe "profesar" lo mismo que profesamos ser. Las directrices de Pablo implican que ésta es una cuestión *especialmente* peligrosa para la mujer.

Según Knight, *pudor*[12] denota "un estado de ánimo o actitud necesaria para que uno se preocupe de la modestia y por lo tanto se vista con sencillez". Significa "un sentimiento moral, *reverencia, sobrecogimiento y respeto* por el sentir o la opinión de otros o por la propia conciencia o sea *vergüenza, dignidad... sentido de honor*"[13]. William Hendriksen dice que "indica sentir vergüenza, evitar salirse de los límites de lo decoroso"[14]. Esto significa que la modestia conoce los límites y quiere permanecer dentro de ellos; no busca el exhibicionismo.

Por último, *modestia*[15] tiene entre sus significados "el sentido general de 'discernimiento, sobriedad, templanza', y cuando se contempla como 'virtud femenina' se entiende como 'decencia, castidad'"[16]. "El término sobriedad implica "un control sobre las pasiones del cuerpo, un estado de dominio en el área de los propios apetitos. El significado básico de la palabra tiene diferentes matices y connotaciones y representa 'ese gobierno interior y habitual del yo, con su constante control sobre todas las pasiones y deseos que impiden que aflore la tentación a ser inmodesto'… en efecto, Pablo está diciendo que cuando tales actitudes controlan conscientemente la mente de la mujer, el resultado se hace evidente en su manera modesta de vestir"[17]. Kelly dice acerca del pudor y la modestia: "El primero, usado únicamente aquí en el N.T., connota reserva femenina en materias sexuales. El segundo... expresa básicamente un control perfecto de los apetitos físicos... Aplicado a las mujeres, también tiene un matiz claramente sexual"[18].

¿Qué es, entonces, modestia cristiana? Dado que modestia puede significar muchas cosas, tomemos nuestra definición del material bíblico: Modestia cristiana es el control interior del yo, arraigado en una compresión correcta de uno mismo ante Dios, que se manifiesta exteriormente en humildad y pureza por un amor auténtico a Jesucristo, en lugar de una auto glorificación o vanagloria.

---

[9] κόσμιος {kósmios}.

[10] George W. Knight III, *Commentary on the Pastoral Epistles*, (Comentario sobre las epístolas pastorales) NIGTC (Grand Rapids, Michigan, Estados Unidos: Eerdmans, 1992), 134.

[11] Ibíd.

[12] αἰδώς {aidós}.

[13] Knight, *Pastoral Epistles*, 134.

[14] William Hendriksen, *Thessalonians, Timothy, Titus* (Tesalonicenses, Timoteo, Tito) NTC (Grand Rapids: Baker Publishing Group, 1979), 106.

[15] σωφροσύνη {sophrosúne}.

[16] Knight, *Pastoral Epistles*, 134.

[17] Ibíd.

[18] J. N. D. Kelly, *The Pastoral Epistles* (Las epístolas pastorales) (Peabody: Hendrickson Publishers, 1960), 66.

Me he tomado el tiempo de explicar un poco el significado de estas palabras porque hoy en día hay pastores que opinan que las palabras de Pablo sólo se refieren al uso de ropa lujosa, costosa o escandalosa dentro de la iglesia. Su argumento es que este tipo de ropa "distraería" la atención en los cultos de adoración. Lamentablemente, prefieren detenerse ahí y no ir más allá. Estoy totalmente de acuerdo con que esa idea va incluida en las palabras del Apóstol, pero estas personas pasan por alto el aspecto sexual que está claramente implícito en el pensamiento de Pablo. "Mientras que sus observaciones, en líneas generales, están de acuerdo con la diatriba[19] convencional contra la extravagancia de las mujeres, probablemente lo más importante que Pablo tiene en mente es lo impropio de que las mujeres exploten su atractivo físico en tales ocasiones, y también el trastorno emocional que pueden ocasionar en sus hermanos varones"[20]. Knight explica que "la razón por la que Pablo prohíbe los peinados ostentosos, la joyería recargada y los vestidos demasiado costosos se hace evidente cuando uno lee en la literatura de la época acerca de la desmesurada cantidad de tiempo, gasto y esfuerzo que requerían esas joyas y esos cabellos tan cuidadosamente trenzados; no solamente significaban un despliegue de ostentación, sino que también era la forma habitual de vestir de las cortesanas[21] y de las prostitutas…es el exceso y la sensualidad lo que Pablo prohíbe"[22].

Exceso y sensualidad; ambos tienen relación con la modestia. La mujer cristiana controla conscientemente su corazón y sus pasiones en lugar de vestirse y adornarse exagerada, costosa y sensualmente. Si es modesta, no llamará la atención indebidamente. Lo que viste no dirá "¡SEXO!", ni "¡ORGULLO!", ni "¡DINERO!", sino "*pureza*", "*humildad*" y "*moderación*".

Un punto más: Como el contexto inmediato de la Epístola de Pablo a Timoteo trata sobre el comportamiento de los cristianos en la iglesia, hay quienes afirman que para el Apóstol este debate se limita a las distracciones en el culto de la iglesia y *no* afecta los principios del modo de vestir en otros momentos. Lo repito, creo que estas personas no entienden a Pablo. La iglesia es "columna y baluarte de la verdad" (1 Timoteo 3:15). Por tanto, los principios enseñados para ordenar nuestras vidas en los momentos de adoración a Dios deben ser la guía definitiva para nuestro caminar diario en su presencia. ¿Acaso es posible creer que la mujer debe vestirse con modestia en la presencia de Dios y de los hombres para asistir al culto y luego ataviarse con orgullo y sensualidad fuera de las reuniones de la iglesia? La siguiente observación de Knight es perceptiva: "Por tanto, las instrucciones de Pablo a las mujeres, al igual que las que acaba de dar a los hombres, están dentro del contexto de las reuniones de la comunidad cristiana, pero no se limitan a ellas…las mujeres han de vivir siempre en consonancia con su profesión de piedad, vistiendo modesta y discretamente"[23]. Tenemos, pues, directrices bíblicas referentes al vestir con decoro que empiezan en el contexto del culto de la iglesia y se extiende a nuestra vida cotidiana.

Adaptado de *Modestia cristiana*, a su disposición en CHAPEL LIBRARY.

Jeff Pollard: Anciano de Mount Zion Bible Church, Pensacola, Florida, Estados Unidos.

---

[19] **Diatriba** – Un fuerte ataque verbal; un discurso dirigido en contra de alguna persona u obra.
[20] Kelly, *Pastoral Epistles*, 66.
[21] **Cortesanas** – Prostitutas, especialmente aquellas cuyos clientes eran de dinero o de la clase alta.
[22] Knight, *Pastoral Epistles*, 135.
[23] Ibíd., 131.

Un pecado vergonzoso de nuestra época
Arthur W. Pink (1886-1952)

"Y por el vestido, ¿por qué os afanáis?". —Mateo 6:28

Un silencio criminal

Jesús no prohíbe aquí toda preocupación por la ropa. De hecho, existe un aspecto lícito y espiritual por el que debemos esforzarnos sinceramente. Se trata de vestir de una manera decorosa que sea [apropiada] para el lugar en esta vida que la divina providencia nos ha designado y lo que sea adecuado para nuestra salud y el bienestar de nuestro cuerpo. Lo que aquí se prohíbe es una preocupación carnal y exagerada por la ropa, que surge ya sea de la desconfianza y el temor de [carecer de lo necesario] o por orgullo e inconformidad con la ropa [apropiada] y necesaria. Es esto último lo que constituye el pecado vergonzoso de nuestra época, en que se malgastan anualmente grandes sumas de dinero en lo que uno luce. La moda se ha convertido en un "dios", las trabajadoras domésticas codician la ropa fina de sus patronas, las cuales pierden mucho tiempo en ataviarse cuando debieran invertirlo en obligaciones más provechosas. Haremos bien en encarar con toda seriedad la pregunta "Y por el vestido, ¿por qué os afanáis?".

Haríamos bien en preguntar: ¿Por qué ha mantenido el púlpito por tanto tiempo un silencio criminal, en lugar de condenar este pecado flagrante? No se trata de un mal del cual son culpables sólo unos pocos, sino que es común a todos los rangos y edades. Los predicadores no ignoraban que muchos miembros de su propia congregación gastaban dinero que ni siquiera tenían a fin de "vestir a la última moda", moda a menudo importada de países donde la moral es notoriamente corrupta. ¿Por qué, entonces, no ha denunciado el púlpito tal vanidad y extravagancia? ¿Sería el temor de perder popularidad lo que los detenía? ¿Acaso el obstáculo era ver a su propia esposa e hijas con medias de seda, abrigos de piel y sombreros costosos? Ay, es con demasiada frecuencia que *la familia del pastor*, en lugar de ser un ejemplo de decoro, frugalidad y modestia, ha sido un ejemplo de mundanalidad y derroche para la comunidad. Las iglesias han fracasado lastimosamente en cuanto a la manera correcta de vestir, al igual que en muchos otros aspectos.

Es posible que algunos predicadores que leen este artículo estén listos para argumentar: "Tenemos cosas más substanciales sobre las cuales predicar que dar nuestra atención a semejantes cosas, un mensaje mucho más importante que uno relacionado con lo que la gente decide usar para cubrirse el cuerpo". Pero tal respuesta no satisfará a Dios, quien requiere que sus siervos declaren todo su Consejo y no retengan nada que sea provechoso. Si leemos las Escrituras con detenimiento, encontraremos que estas tienen mucho que decir sobre el tema del vestido, desde delantales hechos de hojas de higueras por nuestros primeros padres hasta de la madre de las rameras "vestida de púrpura y escarlata, y adornada de oro de piedras preciosas y de perlas" de Apocalipsis 17. ¿Acaso no ha dicho el Altísimo: "No vestirá la mujer traje de hombre, ni el hombre vestirá ropa de mujer; porque abominación es a Jehová tu Dios cualquiera que esto hace?" (Dt. 22:5). Con razón somos objeto de su ira cuando nuestras calles están cada vez más llenas de mujeres [irreflexivas] vistiendo pantalones[24]. ¡Con razón tantas casas de Dios están siendo destruidas porque sus púlpitos han sido infieles durante tanto tiempo!

---

[24] Chapel Library entiende que no todos coinciden con la idea del autor en este punto.

Mateo 6:28-29

"Y por el vestido, ¿por qué os afanáis? Considerad los lirios del campo, cómo crecen: no trabajan ni hilan" (Mt. 6:28).

El alcance de estas palabras es más amplio de lo que parece a simple vista. Dado que "vestido" incluye todo lo que es usado para cubrir y adornar el cuerpo, tenemos que aprender de los "lirios". Si aprendiéramos la lección de estas hermosas flores silvestres, corregiríamos toda forma de pecado que se relaciona con la manera de vestir. No sólo tendríamos confianza en que Dios supliría todo lo que necesitamos, sino también entenderíamos que le desagradamos cuando centramos nuestros afectos en trivialidades como estas por seguir las modas pecaminosas del mundo o por ignorar sus prohibiciones. Al mandarnos a aprender de las flores del campo, Cristo busca humillar nuestro orgulloso corazón, porque, a pesar de nuestra inteligencia, tenemos muchas lecciones importantes y valiosas que aprender. Aun estas creaciones humildes e irracionales nos enseñan algo valioso, siempre y cuando tengamos oídos para oír lo que tienen que decirnos.

"Considerad los lirios del campo"

Esto se incluye aquí para corregir esa preocupación exagerada y esa lujuria que tanto hombres como mujeres sienten en cuanto a su manera de vestir. Nos parece que parte de la fuerza del designio de nuestro Señor no ha sido captada en general aquí y esto por no percibir la importancia de su siguiente comentario: "Y si la hierba del campo que hoy es, y mañana se echa en el horno, Dios la viste así, ¿no hará mucho más a vosotros, hombres de poca fe?" (Mt. 6:30). Notemos que aunque el lirio es una flor tan linda, no es más que "hierba del campo". A pesar de su belleza y delicadeza, pertenece al mismo orden y está al mismo nivel que la hierba común que se seca, muere y es usada (en países orientales donde no hay carbón) como combustible. Entonces, ¿qué base o razón tendría el lirio para sentirse orgulloso y vanidoso? Ninguna. Es muy frágil, pertenece a un orden de la creación muy inferior, su hermosura desaparece con rapidez, su destino no es más que el horno.

En lo que acabamos de destacar, descubrimos una razón poderosa por la que no tenemos que preocuparnos excesivamente por nuestra apariencia ni por nuestro vestido. A algunos le han sido dados cuerpos agraciados y rostros bellos, que, como los lirios, son admirados por los que los ven. No obstante, estos necesitan recordar que son parte de una misma especie, de la misma constitución y están sujetos a las mismas experiencias de sus iguales menos favorecidos. La hermosura física es superficial, y el rostro más hermoso, en el mejor de los casos, pierde su belleza en unos pocos años. Los estragos de las enfermedades y los efectos del dolor apagan los ojos más luminosos y borran las sonrisas más lindas, y las arrugas pronto dejan su huella en lo que antes era tan atractivo. "Toda carne es como hierba, y toda la gloria del hombre como flor de la hierba. La hierba se seca, y la flor se cae" (1 P. 1:24), y la tumba es el "horno" hacia el cual se dirigen los más hermosos, al igual que los menos agraciados.

En vista de la brevedad de la vida y la fugacidad de la belleza física, ¡qué insensato y fatuo es el orgullo por tener un cuerpo exquisito! La hermosura en que necesitamos concentrar nuestro corazón y al que debemos dedicar nuestras energías es "la hermosura de la santidad" (1 Cr. 16:29), porque es una hermosura que no se desvanece, no es temporal ni desilusiona, no es destruida por el sepulcro, sino que permanece para siempre. ¿Y en qué consiste la hermosura de la santidad? Es lo opuesto a lo aborrecible del pecado, que es a la imagen del diablo. La hermosura de la santidad consiste en una conformidad con Aquel de quien dicen las Escrituras: "¡Cuánta es su bondad, y cuánta su hermosura!" (Zac. 9:17). ¡Ésta no es hermosura humana, sino divina! No obstante, es dada gloriosamente a los escogidos de Dios, por eso, "Toda gloriosa es la hija del rey" (Sal. 45:13). ¡Oh, cuánto necesitamos orar: "Sea la hermosura del SEÑOR nuestro Dios sobre nosotros" (Sal. 90:17 JUB[25])! Es entonces que seremos admirados por los santos ángeles.

No sólo la hermosura de los lirios que se desvanece reprende a los que están orgullosos de su atractivo físico, sino que también condena a todos los que convierten a la ropa costosa y ostentosa en un ídolo. Ay, un ser tan lastimosamente desgraciado es el hombre caído que aun cuando tiene asegurado su alimento (por lo menos para el presente) tiene que desesperarse por la ropa, no sólo para calentarse y estar cómodo, sino para lucirse y alimentar su vanidad. Esto le preocupa al rico tanto como el alimento preocupa al pobre. Entonces al considerar "los lirios del campo" reconocemos que ¡ciertamente están vestidos de hermosura! ¡Sin embargo su vida es fugaz, y una vez que se secan, el horno les espera! ¿Es su ambición nada más ser como ellos y compartir su destino? Oh, preste atención a estas palabras: "Vuestro atavío no sea el externo de peinados ostentosos, de adornos de oro o de vestidos lujosos, sino el interno, el del corazón, en el incorruptible ornato de un espíritu afable y apacible, que es de grande estima delante de Dios" (1 P. 3:3-4)…

"No trabajan ni hilan"

Los lirios "no trabajan ni hilan". El Salvador aquí nos pide que tomemos nota de que los lirios no tienen preocupaciones. No trabajan para poder obtener su ropa, como tenemos que hacerlo nosotros. Esto es prueba de que Dios mismo les provee lo que necesitan y los viste con gran atractivo. Este hecho se nos presenta con fuerza para enfatizar nuestro deber de vivir con contentamiento, confiando en la providencia generosa de Dios sin distraernos con preocupaciones… Aunque nadie, pretendiendo confiar en la providencia de Dios, puede vivir sin hacer nada, ni descuidar los medios lícitos comunes para obtener cosas honestas y necesarias, Cristo da aquí la seguridad a todos los que confían en él y le sirven que, aunque todo lo demás les falle, él suplirá sus necesidades. Si por enfermedad, accidente o vejez ya no podemos trabajar, Dios no dejará que nos falte la ropa que necesitemos.

"Ni aun Salomón con toda su gloria se vistió así como uno de ellos"

"Pero os digo, que ni aun Salomón con toda su gloria se vistió así como uno de ellos" (Mt. 6:29). Con estas palabras, Cristo reprende esa necedad de los vanidosos que motiva a tantos a hacer un ídolo de su vestuario…Es de notar que al mencionar el esplendor real con que se vestía Salomón, no lo condenaba…Aunque la Palabra de Dios reprende el orgullo y el exceso en el vestir, permite que príncipes y personas de alcurnia usen atuendos extraordinarios y costosos.

¡Qué fatuo es presumir por poder vestir ropa fina y dar tanta atención a nuestro aspecto personal! Porque aunque hayamos hecho todo lo posible de presentarnos [con vivos colores] y atractivos, nos falta mucho para ser como las flores del campo con sus admirables vestidos. ¿Qué tela o seda es tan blanca como los lirios, qué púrpura puede competir con las violetas, qué escarlata o rojo es comparable a las rosas u otras flores de ese color? El trabajo del artesano puede lograr mucho, pero nada es comparable a las bellezas de la naturaleza. Por lo tanto, si no podemos [competir] con las hierbas del campo que pisoteamos y echamos al horno, ¿por qué hemos de engreírnos con alguna ostentación en nuestra manera de vestir?…

---

[25] **JUB**, siglas de la Biblia Jubileo 2000 – La traducción de este versículo en la Reina Valera 1960, versión que normalmente usamos, difiere de la KJV y no incluye todo el pensamiento original del autor. La hemos usado en este contexto porque la traducción de este versículo se aproxima más al original hebreo y al inglés de la KJV.

Desgraciadamente, la depravación y perversidad humana es tan grande que convierte en una ocasión para alimentar su vanidad y su exhibicionismo lo que debiera ser motivo de humillación y degradación. Si consideramos debidamente el propósito correcto y principal de la ropa, no podemos menos que humillarnos y avergonzarnos cuando nos la ponemos, en lugar de sentirnos satisfechos con nuestro llamativo vestuario. El vestido para el cuerpo es para cubrir la vergüenza de la desnudez que nos causó el pecado. No siempre fue así, porque está escrito acerca de nuestros primeros padres antes de la Caída: "Y estaban ambos desnudos, Adán y su mujer, y no se avergonzaban" (Gn. 2:25). Vestido, entonces, es una cobertura de nuestra vergüenza, la marca de nuestro pecado y no tenemos más razón de sentir orgullo por lo que vestimos que la que tiene el criminal de sus grilletes o el demente de su camisa de fuerza; así como estas son señales de haber actuado mal o de padecer demencia, es el vestido la señal de nuestro pecado.

"Ni aun Salomón con toda su gloria se vistió así como uno de ellos". Sin duda lo que Salomón vestía debe haber sido espléndido. Dueño de [ilimitada] riqueza, dueño de una flota de barcos que le traían productos de muchos países, nada faltaba para hacer que su corte fuera de excepcional esplendor y gran pompa. Sin duda, aparecía en las reuniones del estado con las vestiduras más ostentosas e imponentes, pero por más lujosamente que se vistiera, distaba mucho de tener la hermosura de los lirios. Matthew Henry muy bien ha dicho: "Seamos pues más ambiciosos por tener la sabiduría de Salomón que era sin igual —sabiduría para cumplir nuestro deber en nuestro lugar— que la gloria de Salomón que era sobrepasada por los lirios. El conocimiento y la gracia son la perfección del hombre, no la hermosura y mucho menos la ropa fina". A lo que agregamos, busquemos revestirnos "de humildad; porque: Dios resiste a los soberbios, y da gracia a los humildes" (1 P. 5:5) en lugar de una lujuria semejante a las plumas del pavo real.

Tomado de *Studies in the Scriptures* (Estudios en las Escrituras), a su disposición en inglés en Chapel Library.

Arthur W. Pink (1886-1952): Pastor, maestro de Biblia itinerante, autor del voluminoso *Studies in the Scriptures* y muchos otros libros; nacido en Nottingham, Inglaterra.

Consigue mortificar tu corazón y eso mortificará lo que vistes.
— *Vincent Alsop*

La modestia y el pudor les quedan bien a las mujeres en todo momento, especialmente en los de adoración pública. Cuanto más de esto mezclen con su gracia y su personalidad, más hermosas son, tanto para Dios como para los hombres. — *John Bunyan*

Si quieren ustedes adornos, aquí están: Aquí hay joyas, anillos, vestidos y toda clase de adornos. Hombres y mujeres, vístanse hasta brillar como ángeles. ¿Cómo pueden hacerlo? Vistiéndose de benevolencia, de amor por los santos, honestidad e integridad, rectitud, piedad, bondad fraternal, caridad. Estos son los adornos que los ángeles mismos admiran y que, aun el mundo, habrá de admirar porque los hombres tienen que admirar al hombre o la mujer ataviada con las joyas de una vida santa y la conversación piadosa. Les ruego hermanos, que "en todo adornen la doctrina de Dios nuestro Salvador". — *Charles Spurgeon*

Síntomas del orgullo corporal
John Bunyan (1628-1688)

Hombre sabio: Hay dos tipos de orgullo: Orgullo del *espíritu* y orgullo del *cuerpo*. Las Escrituras describen así al primero: "Abominación es a Jehová todo altivo de corazón" (Pr. 16:5). "Altivez de ojos, y orgullo de corazón, y pensamiento de impíos, son pecado" (Pr. 21:4), "mejor es el sufrido de espíritu que el altivo de espíritu" (Ec. 7:8). Y esto dicen del orgullo del cuerpo: "Aquel día quitará el Señor el atavío del calzado, las redecillas, las lunetas, los collares, los pendientes y los brazaletes, las cofias, los atavíos de las piernas, los partidores del pelo, los pomitos de olor y los zarcillos, los anillos, y los joyeles de las narices, las ropas de gala, los mantoncillos, los velos, las bolsas, los espejos, el lino fino, las gasas y los tocados" (Is. 2:18-23). Estas expresiones evidencian que hay orgullo del *cuerpo* al igual que del *espíritu*, y que ambos son pecado, y por tanto son abominables al Señor. Pero *Hombremalo* nunca podía aguantar la lectura de estos textos. Eran para él como Micaías era para Acab: Nunca hablaban bien de él, sino mal (1 R. 22:6-18).

Atento: Me supongo que *Hombremalo* no era el único a quien le disgustaran tanto estos textos que hablan contra sus vicios, porque creo que la mayoría de los pecadores, en lo que a las Escrituras se refiere, sienten una antipatía secreta por las palabras de Dios que más clara y plenamente los reprende por sus pecados.

Sabio: Eso es incuestionable. Y con esa antipatía, muestran que prefieren más al pecado y a Satanás que a las instrucciones sanas de vida y piedad.

Atento: Bueno, pero para no cambiar el tema sobre *Hombremalo*, dice usted que era orgulloso. Pero, ¿me mostrará usted algunos síntomas de una persona orgullosa?

Sabio: Sí, lo haré. Primero le mostraré algunos síntomas del orgullo del corazón. El orgullo del corazón se nota por cosas externas, ya que el orgullo del cuerpo en general es una señal de orgullo del corazón, porque todos los gestos orgullosos del cuerpo surgen del orgullo del corazón. Por eso dice Salomón: "Hay generación cuyos ojos son altivos y cuyos párpados están levantados en alto" (Pr. 30:13). Y también que está "el que abre demasiado la puerta" (Pr. 17:19). Ahora bien, estos ojos altivos y el hecho de abrir demasiado la puerta (jactarse) son señales de un corazón orgulloso, porque ambas acciones proceden del corazón. Porque del corazón procede el orgullo en todas su manifestaciones (Mr. 7:21-23).

Pero más específicamente:

1. El orgullo del corazón se descubre por su modo arrogante de andar. Porque el malo, el orgulloso, tiene un cuello orgulloso, pies orgullosos, lengua orgullosa que exaltan su orgullo a cada paso. Lo que los hace parecer altivos es su modo de hablar altanero y cómo se conducen con arrogancia entre sus prójimos.

2. El corazón orgulloso es perseguidor. "Con arrogancia el malo persigue al pobre; será atrapado en los artificios que ha ideado" (Sal. 10:2).

3. El hombre que no ora es un hombre orgulloso (Sal. 10:4).

4. El hombre contencioso es un hombre orgulloso (Pr. 13:10).

5. El hombre soberbio es un hombre orgulloso (Sal. 119:51).

6. El hombre que oprime a su prójimo es un hombre orgulloso (Sal. 119:122).

7. El que no escucha la Palabra de Dios con reverencia y temor es un hombre orgulloso (Jer. 13:15, 17).

8. Tenga por seguro que el que llama *bienaventurado* al orgulloso, es él mismo, un hombre orgulloso. Todo estos son orgullosos de corazón, y así es como se revela su orgullo (Jer. 43:2; Mal. 3:15).

En cuanto al orgullo del cuerpo —es decir, *algo* de él— es evidente en todos los casos recién mencionados. Porque aunque son calificados como síntomas del orgullo del corazón, son síntomas que se manifiestan también en el cuerpo. Conocemos enfermedades que son interiores pero a menudo tienen signos exteriores y visibles, y precisamente por esos signos, el exterior también está contaminado. Lo mismo sucede con esos signos visibles del corazón que son también signos de orgullo corporal.

Pasemos a enfocar señales más exteriores. Usar oro, perlas y ropa costosa, peinados ostentosos, seguir la moda, procurar imitar al soberbio con su porte, sea ya por el hablar, el aspecto físico, vestidos, acciones u otros adornos o baratijas infantiles de los que el mundo está lleno en la actualidad. Todos estos y muchos más son señales de un corazón orgulloso, por lo tanto también de orgullo corporal (1 Ti. 2:9; 1 P. 3:3-5).

Pero *Hombremalo* no permite de ninguna manera que esto sea llamado *orgullo*, sino más bien *prolijidad, atractivo, pulcritud*, etc. Tampoco reconoce que seguir la moda sea más que esto, porque no quiere ser considerado como altanero, diferente y extraño por sus vecinos.

Atento. Pero me han dicho que cuando algunos han sido reprendidos por su orgullo, se han vuelto contra la comunidad de aquellos que les han reprendido, diciendo: "Médico, ¡sana a tus amigos! Fíjense en los de su casa, sus hermanos, aun a los más sabios de ustedes, y vean si son inocentes, aun ustedes que profesan ser de Cristo. Porque, ¿quiénes son más orgullosos que ustedes? ¡Ni el diablo mismo!".

Sabio. Esta respuesta me causa dolor porque tiene mucha razón. Esta es exactamente la respuesta que *Hombremalo* le da a su esposa cuando ella, como hace a veces, lo reprende por su orgullo. "Tendremos", dice, "muchos cambios en la vida ahora, ¡porque el diablo se ha convertido en el que corrige los vicios!". "Porque no hay pecado más prevaleciente en el mundo", cita él, "que el orgullo entre los que profesan a Cristo". ¿Y quién puede contradecirle? Demos al diablo el mérito que se merece: La cosa es demasiado evidente como para que alguien pueda negarla. Y no dudo que los amigos de *Hombremalo* tienen la misma respuesta a flor de labios, porque pueden percibir y de hecho ven el orgullo exhibido en el vestido y los carruajes de los profesantes, y hasta tanto como cualquiera en el país, para vergüenza. Ay, y me temo que aun sus extravagancias en este sentido han endurecido el corazón de muchos, como percibo que sucedió en el caso del corazón de *Hombremalo* mismo. Por mi parte, he visto a muchos —*incluyendo miembros de la iglesia*— tan engalanados, vestidos y adornados a la última moda por puro exhibicionismo, que cuando han estado en la casa de Dios para adorarle, me he preguntado con qué cara podían estas personas pintarrajeadas permanecer en el lugar sin desmayarse. Pero no hay duda de que la santidad de Dios y la contaminación de ellos por el pecado es algo que ni se les ocurre, sea lo que sea que profesan ser.

He leído acerca de la frente de una ramera y he leído acerca del pudor cristiano (Jer. 3:3; 1 Ti. 2:9). He leído de atavíos costosos y del vestir que le queda bien a la mujer que profesa piedad, las buenas obras (1 P. 3:1-3). Pero déjeme decir que sé lo que sé y lo pudiera decir, sin hacer mal a nadie, aquello que haría heder a los profesantes allí donde están, pero en este momento me abstengo de hacerlo (Jer. 23:15).

Atento. Señor, parece usted muy preocupado por esto, pero ¿puedo decir algo más? Se rumorea que algunos buenos pastores han enfrentado a su gente en cuanto a sus ropas extravagantes, sí, también por su oro y perlas y atavíos costosos, etc.

Sabio. No sé qué habrán argumentado, pero es fácil ver que toleran, o por lo menos cierran los ojos a estas cosas tanto en sus esposas como en sus hijos. Y por tanto "de los profetas de Jerusalén salió la hipocresía sobre toda la tierra" (Jer. 23:15). Cuando la mano de los gobernantes es la primera en violar la ley, ¿quién puede impedir que el pueblo la viole también? (Esd. 9:2).

Atento. Esto es lastimoso y digno de lamentación.

Sabio. Así es. ¡Y agregaré que es una vergüenza, un reproche y piedra de tropiezo para el ciego! porque, aunque los hombres sean tan ciegos como *Hombremalo* mismo, pueden ver la necia ligereza que es el fondo de todas estas extravagancias necias y lascivas. Pero muchos tienen listas sus excusas [a saber], sus padres, sus esposos, su educación y cosas parecidas lo exigen…Pero todo esto no será más que como una telaraña cuando el trueno de la Palabra del Dios grande retumbe desde el cielo contra ellos, anunciando su muerte o el juicio. Pero espero que lo haga antes. ¡Ay! Estas excusas no son más que puros pretextos: Estos soberbios las consideran valederas y les encanta lo que hacen. Cierta vez hablé con una jovencita para reprocharle su vestido demasiado llamativo; pero ella me respondió: "Fue la modista que me lo hizo así". Pobre muchacha soberbia, ella fue quien le dio las indicaciones a la modista para que se lo hiciera así. Muchos culpan a sus padres, sus esposos y sus modistas, etc., pero sus corazones malos y el hecho de ceder a ellos es la causa original de todos estos males.

Tomado de "The Life and Death of Mr. Badman" (La vida y muerte de Hombremalo) en *The Works of John Bunyan* (Las obras de John Bunyan), Tomo 3, reimpreso por The Banner of Truth Trust, www.banneroftruth.org.

John Bunyan (1628-1688): Pastor inglés y uno de los escritores más influyentes del siglo XVII, nacido en Elstow cerca de Bedford, Inglaterra.

La ropa costosa es como un caballo encabritado; el que se acerca demasiado a él puede terminar con su cerebro atontado por su necedad o, más bien, su cavidad craneana vacía destrozada porque desde hace tiempo le faltaba el cerebro de adentro.
— Vincent Alsop

Estudie el vestuario del evangelio. Cristo ha provisto un ajuar completo de ropa para vestirlo, al igual que una armadura para su defensa, y ordena que se vista con ambas.
— Vincent Alsop

Evitando modas indecorosas
Vincent Alsop (1630-1703)

"En el día del sacrificio castigaré a los jefes —dice el Señor—, a los hijos del rey y a todos los que visten ropa extraña" (Sofonías 1:8 DHH[26]).

Las modas de ropas extrañas

¿Qué distancia debemos guardar respecto de las modas de ropas extrañas que aparecen en nuestros tiempos? La generación actual está lastimosamente intoxicada de todo lo que sea novedoso y no podemos negar que tristemente se ha relajado de la seriedad del pasado, lo cual es tan evidente que no se puede negar, esconder, defender, ni, me temo, reformar. Lo más deplorable es que algunos que usan el uniforme de una profesión más estricta[27] se dejan llevar por la vanidad. Aun "las hijas de Sión" se han contagiado de la infección epidémica (Is. 3:16)…Antes de poder dar una respuesta directa y clara les pido paciencia mientras presento estos puntos preliminares:

Es cierto que la soberbia causa perplejidad y complica la controversia porque un corazón arrogante nunca puede hacer caber su libertinaje dentro de las reglas estrictas de Dios; al contrario, amplía las reglas y las extiende para conformarlas a sus propias extravagancias. La lujuria que se niega a sujetar sus prácticas torcidas a las reglas derechas las torcerá, para que se acomoden a sus *propias* prácticas torcidas…

La universalidad de la corrupción, como un diluvio, ha cubierto la faz de la tierra… El orgullo y las ganancias, la gloria y el lucro tienen sus propias influencias en esta controversia. Cuando el Apóstol denunció los altares de plata de la diosa Diana de la que tantos artesanos se ganaban la vida se levantó una enérgica protesta (Hch. 19:23-27)…El que se atreve a ir contra la corriente de los placeres populares de esta época tiene que tener un espíritu fuerte. De modo que intervenir en este debate lo lleva a compartir la suerte de Ismael: "Su mano será contra todos, y la mano de todos contra él" (Gn. 16:12)…No obstante, la caridad nos dará una sola regla segura: Que nos impongamos a nosotros mismos una ley más severa y seamos más indulgentes con los demás. La regla de nuestra propia conducta debe ser la más estricta, pero aquella que usamos para censurar a otros, un poco más tolerante… Preguntemos entonces:

¿Con qué fin designa Dios la ropa?

¿Con qué fin designa Dios la ropa que la naturaleza requiere? En el estado de inocencia e integridad primitiva, la desnudez era la ropa más preciada. Ningún adorno, ningún atuendo fue nunca tan decente como cuando no existían adornos ni ropa, porque no había entonces ninguna irregularidad en el alma, por lo que tampoco la había en el cuerpo, como para sonrojar las mejillas o cubrir el rostro de vergüenza. "Y estaban ambos desnudos, Adán y su mujer, y no se avergonzaban" (Gn. 2:25).

Pero una vez que violaron el pacto y quebrantaron la ley de su Creador, la *vergüenza* —fruto e hija del pecado— se apoderó de sus almas, y esto con respecto a Dios y el uno al otro.

---

[26] **DHH**, siglas de la versión Dios Habla Hoy – El autor escribió este artículo originalmente en inglés, usando la Versión King James (KJV). La traducción de este versículo en la Reina Valera 1960, versión que normalmente usamos, difiere de la KJV y no incluye todo el pensamiento original del autor. Aunque, por lo general, no coincidimos con la DHH, la hemos usado en este contexto porque la traducción de este versículo se aproxima más al original hebreo y al inglés de la KJV.

[27] **Estricta** – Seria, que tiene dignidad.

Lo más práctico que se les ocurrió en el momento fue coserse unas hojas de higuera para hacerse delantales hasta que Dios, teniendo lástima de su desgracia, les proveyó algo mejor para cubrirse, más adecuado a lo que por naturaleza necesitaban, más decente, a saber, "túnicas de pieles" (Gn. 3:7, 21).

La tan admirable sabiduría divina hizo que su ropa sirviera como un memorial permanente de su desmérito, de modo que el tener que cubrirse serviría como un recordatorio y convicción continua de su pecado y merecido castigo, porque, ¿qué menos podían inferir que el hecho de que ellos como pecadores merecían morir, no así los animales inocentes que tenían que morir para preservar y hacer más cómodas sus vidas? Además, su vestido era para dirigir su débil fe hacia la Simiente prometida, en quien podían esperar una mejor cobertura de su vergüenza más grande: La de su inmundicia a los ojos de Dios; en Aquel que, probablemente, estos animales sacrificados tipificaban… Ahora Dios manda y la naturaleza requiere ropa.

1. *Esconder la vergüenza y cubrir la desnudez*

La ropa fue dada para que nuestros primeros padres y su posteridad, en su exilio del Paraíso, no tuvieran que taparse los ojos y avergonzarse el uno del otro. En conclusión, el uso de cualquier indumentaria o moda que contradice o no coincide con este gran designio de Dios es necesariamente pecaminoso. También se hace evidente que cualquiera de esta indumentaria o moda que contradice en mayor o menor grado este propósito, es proporcionalmente pecaminosa en mayor o menor grado.

¡Pero las mujeres que visten blusas sin mangas y con escotes atrevidos —conscientes de los comentarios y reacciones vulgares que generan— responderán inmediatamente que no sería de ninguna utilidad resolver esta controversia porque no es claro qué partes del cuerpo Dios ha designado cubrir! Tampoco resulta claro qué parte puede quedar descubierta sin sufrir vergüenza, en vista [de] que algunas partes, como las manos, el rostro y los pies pueden quedar al descubierto sin ser pecado para nosotros ni [representar] una ofensa para otros.

A esto respondo que, en este caso, debe considerarse el uso y los propósitos que les fueron designados a cada parte del cuerpo. El uso del rostro es principalmente para distinguir al hombre de la mujer y a una persona de otra. Las manos son instrumentos de trabajo, ocupación y todas las operaciones manuales. Cubrir comúnmente esas partes cuyo propósito y uso exigen que estén descubiertas, es contradecir los propósitos y el designio de Dios y como consecuencia, pecaminoso.

Descubrir promiscuamente y exponer a la vista las partes que no tienen asignadas estos buenos propósitos y usos es pecaminoso… Por lo tanto, toda indumentaria o moda que expone a la vista estas partes y exponerlas cuando ni Dios ni la naturaleza les ha asignado un uso, es pecaminoso.

Confieso que es cierto que nuestros primeros padres, en la provisión que hicieron en su apuro por cubrir su vergüenza, sólo se cosieron delantales. Pero Dios —quien tenía claro qué necesidades tenían sus cuerpos y lo necesario para suplirlas con decencia, sabía cómo satisfacerlas totalmente— les proveyó *túnicas* de modo que todo el cuerpo (excepto las áreas ya estipuladas) estuviera cubierto y ocultara su vergüenza.

2. *Defender al cuerpo de los daños que pudiera recibir*

Otro propósito del vestido es defender al cuerpo de los daños que pudiera recibir en temporadas intempestivas, desde las inconveniencias comunes del trabajo y viajes, y de los posibles accidentes que podrían sufrir en su peregrinaje. La Caída del hombre trajo aparejado calor excesivo y olas de frío. Adán y Eva fueron echados del paraíso para andar y trabajar en un desierto que ahora estaba cubierto de zarzas, espinas y cardos, primeros frutos de la reciente maldición. La ropa les fue asignada por la urgencia de alguna clase de armadura defensiva… Así que cualquier manera de vestir que no concuerda con los fines de la gracia de Dios para defender nuestros cuerpos de esas inclemencias, es pecaminosa. Es una crueldad horrible exponer nuestros débiles cuerpos a aquellos perjuicios para los que Dios proveyó un remedio, simplemente por gratificar nuestro orgullo y alimentar nuestra vanidad…

3. *El trabajo*

A estos puedo agregar que cuando Dios le hizo al hombre su primer traje, lo diseñó teniendo en cuenta el trabajo para el que fue creado. La primera tarea asignada al hombre fue trabajar, no comer el pan de balde, sino que se lo ganara con el sudor de su frente. Aunque al principio fue una maldición, esto por gracia se convirtió en bendición. En consecuencia, Dios adaptó y acomodó sus ropas a su cuerpo a fin de que no impidieran su preparación, su marcha, afán, diligencia o perseverancia en las obras de su llamado particular…

4. *Adornar el cuerpo*

Hay todavía otro propósito en relación con la ropa, y éste es adornar el cuerpo. Es el que ponen en práctica todos los seguidores lujuriosos de la moda. Quiero presentar algunas premisas para abrirles los ojos a lo inaceptable y lo aceptable como ornato del cuerpo y, luego, llegar a algunas conclusiones. Las premisas son las siguientes:

Los adornos que se usan *aparte de las prendas de vestir*, deben tomarse estrictamente como algo distinto de lo que Dios designó como ropa necesaria. En primer lugar, es comúnmente pecaminoso no usar ropa [en público], pero no es inmoral usar adornos. En segundo lugar, la necesidad de la naturaleza requiere que se cubran partes del cuerpo, pero ninguna necesidad ni propósito de la naturaleza requiere que ciertas partes del cuerpo sean adornadas. Los propósitos de Dios y lo que atañe a la naturaleza puede ser asegurado y resuelto plenamente sin cosas adicionales. Los adornos, entonces, son… cuestión de *permiso*, en lugar de mandato.

Una ropa sencilla y simple —verdadero adorno— es suficiente para el cuerpo, porque si la desnudez es nuestra vergüenza, la ropa que la cubre, por más sencilla que sea, ya de por sí embellece y adorna nuestro cuerpo.

Los adornos son naturales o artificiales. Los adornos naturales son los que provee la naturaleza, como el cabello dado por Dios…a la mujer para ser su gloria y su velo (1 Co. 11:15). Los adornos artificiales son el producto de invenciones ingeniosas y ocurrentes. En esto, como Dios no ha sido generoso, según el hombre, éste se ha tomado la libertad de ser excesivamente temerario. No satisfecho con una simplicidad primitiva, ha procurado muchas invenciones[28] (Ec. 7:29).

Es evidente que Dios permitió que los judíos usaran adornos artificiales que no son parte de la ropa indispensable. "Y Aarón les dijo: Apartad los zarcillos de oro que están en las orejas de vuestras mujeres, de vuestros hijos y de vuestras hijas, y traédmelos" (Éx. 32:2)… No obstante había cierta diferencia entre la indulgencia dada al varón y a la mujer. El Dr. [Thomas] Fuller observa esto en el orden y lugar de las palabras "esposas, hijos e hijas"[29], intimando que esos hijos varones estaban bajo autoridad paternal como lo explica en su obra, *A Pisgah*

---

[28] **Invenciones** – Cosas originadas por el ingenio de alguien; en este caso, adornos, etc.

[29] Por lo general, las mujeres judías eran las que usaban aretes, al igual que los hijitos varones cuando todavía estaban bajo la tutela de sus madres; "Apartad los zarcillos de oro que están en las orejas de vuestras mujeres, de vuestros hijos y de vuestras hijas, y traédmelos" (Éx. 32:2). Donde, por hijos, entendemos niñitos (por lo tanto, en el texto: rodeados de mujeres a sus dos lados), mientras aún no se diferenciaba

Sight of Palestine[30]. Esto es lo que parece implicar Isaías 61:10, que menciona de hecho "adornos" del novio, pero sólo "joyas" de la novia como si el sexo masculino se limitaba a un estilo de adornos más masculinos y serios, mientras que a las mujeres les era permitido un mayor grado de adornos y atuendos atractivos. Y cuando Dios permitió a las mujeres judías copiar de sus vecinas joyas de plata y oro, su uso no se limitaba a hijos e hijas, y no incluía a los hombres adultos (Éx. 3:22), lo cual también evidentemente denota Jueces 8:24, donde dice que el ejército conquistado por Gedeón usaba zarcillos de oro porque eran ismaelitas.

Aunque puede haber algo típico o simbólico en las joyas usadas por las mujeres judías (como yo creo que lo había), su uso era un derecho común de las mujeres, según la tribu a la que pertenecían. De hecho, eran de uso habitual mucho antes de la formación de la nación judía. "Y cuando los camellos acabaron de beber, le dio el hombre un pendiente de oro que pesaba medio siclo, y dos brazaletes que pesaban diez" (Gn. 24:22).

Habiendo presentado estas premisas, paso ahora a las siguientes conclusiones.

Primera conclusión

Cualquier objeto que pretende adornar, sin ser modesto, serio y sobrio, y que no coincide con la piedad, no es un adorno, sino una *deshonra*. La *modestia* nos enseña a no exponer a la vista esas partes que no lo requieren, ni por necesidad ni uso. La *humildad* nos enseña a evitar llamar la atención a cosas sin importancia engalanando un cuerpo vil que no tardará en ser un festín de los gusanos. La *buena administración* nos enseña a no cubrir nuestra espalda con aquello que podría ser alimento para una familia pobre. La *santidad* nos enseña que no nos empeñemos tanto en vestir bien al hombre exterior cuando el hombre interior está desnudo. La *caridad* nos enseña a no derrochar dinero en nuestro propio cuerpo cuando tantos de los hijos de nuestro Padre carecen de alimento y vestido. Y la *sabiduría santa* nos enseña a no desperdiciar esos minutos preciosos con el peine y el espejo, con rizarnos el cabello y pintarnos el rostro que debiéramos dedicar a aquello que incide sobre nuestra eternidad.

Recomiendo la lectura de 1 Pedro 3:2-4: "[Considerad] vuestra conducta casta y respetuosa. Vuestro atavío no sea el externo de peinados ostentosos, de adornos de oro o de vestidos lujosos, sino el interno, el del corazón, en el incorruptible ornato de un espíritu afable y apacible, que es de grande estima delante de Dios". Ofrezco para su consideración los siguientes comentarios sobre este pasaje:

1. Los peinados ostentosos, de adornos de oro, no son condenados de por sí, sino cuando son nuestro ornamento *principal*, les dedicamos demasiado cuidado para que sean perfectos y son demasiado costosos o lujosos. Es el lujo del vestido lo que se condena, no el hecho de ponerse "vestidos".

2. La regla para regular estos ornamentos es que sean totalmente congruentes con una conducta pura y reverente. Tiene que ser la conducta más pura y reverente que puede haber. El fuego puro y virginal de la castidad que arde sobre el altar de un corazón santo tiene que irradiar y resplandecer en castidad de palabras, acciones, vestido y adornos porque cuando Dios ordena castidad, también prescribe lo que la alimentará, manifestará y declarará. Prohíbe todo lo que pueda ponerla en peligro, herirla, debilitarla, mancharla o perjudicarla.

---

su sexo por su conducta. Pero es dudoso que los varones adultos usaran aretes [zarcillos], si es que los usaban… (Fuller, *A Pisgah Sight of Palestine* [Una vista general de Palestina], 533).

[30] Thomas Fuller, *A Pisgah Sight of Palestine and the Confines Thereof with the Historie of the Old and New Testament Acted Thereon* (Una vista general de Palestina con la influencia de la historia del Antiguo y Nuevo Testamento sobre ella) (Londres: William Tegg, 1869).

3. El temor santo debe ser puesto como severo centinela para montar una guardia estricta sobre nuestro corazón con el fin de que no admita nada que pueda mancharlo, ni proyectar nada que pudiera contaminar el de otro. Tenemos que vigilar nuestro propio corazón y los ojos de los demás. [No debemos] ponerle una trampa a la castidad de otro ni carnada a la nuestra. Esta "conducta pura y reverente" debe ir acompañada de un temor santo.

4. El temor y celo santo tienen [mucho trabajo que hacer con relación al] tema de los adornos corporales. No erremos en pensar que estos adornos externos de oro o peinados ostentosos son de gran consecuencia; evitemos darles importancia, caer en una práctica inmoderada y en gastos superfluos de los mismos.

5. La regla tiene que ser la que Pedro estableció como un modelo: "Porque así también se ataviaban en otro tiempo aquellas santas mujeres que esperaban en Dios, estando sujetas a sus maridos" (1 P.3:5). Notemos primero que tiene que haber mujeres *santas* que sean la norma para imitar: No una Jezabel pintarrajeada, ni una Dina bailarina, ni una Berenice exhibicionista, sino una Sara santa, una Rebeca piadosa y una Abigail prudente. Segundo, su atuendo tiene que ser como en "los viejos tiempos", cuando apenas si había orgullo; no como ahora, que la soberbia ha aumentado y se ha extendido. En aquellas épocas, la pulcritud era sinónimo de garbo y elegancia. Hoy, cuando el mundo ya es un espacio decadente, todo es muy diferente. Tercero, tiene que haber los que pueden confiar en que Dios los librará del mal porque ellos mismos no juegan con la tentación, porque no se puede concebir cómo alguien puede confiar que Dios le dé victoria [cuando] desafía y provoca el combate. ¿Cómo podría alguien esperar que la gracia divina le impidiera ser vencido, cuando por su indumentaria tentadora provoca a otros a atacar su castidad? Si, pues, las "hijas de Sión" han de ser herederas de la *fe* de Abraham, tienen que comprobar que son seguidoras de la *modestia* de Sara.

Segunda conclusión

Nada puede pretender ser un adorno lícito si altera la distinción que Dios ha puesto entre los sexos. La ley dada en Deuteronomio 22:5 es una realidad moral y obligación perpetua: "No vestirá la mujer traje de hombre, ni el hombre vestirá ropa de mujer; porque abominación es a Jehová tu Dios cualquiera que esto hace". La expresión "traje de hombre" comprende cualquier "vasija, instrumento, utensilio, prenda de vestir o adorno", militar o civil, usado para diferenciar el sexo, según Henry Ainsworth[31] en sus *Annotations on the Pentateuch* (Notas sobre el Pentateuco)... Dios por lo tanto quiere que se observe una distinción inalterable en la ropa exterior de cada sexo. Éste es un muro de protección alrededor de la Ley Moral para prevenir aquellos homicidios, adulterios y lujurias promiscuas que bajo estos disfraces serían más secreta y fácilmente perpetrados... ¿Qué forma particular de indumentaria ha de distinguir a un sexo del otro? Esto tiene que ser determinado por las costumbres de cada país en particular, siempre y cuando esas costumbres no violen alguna ley general de Dios respecto de las normas de la decencia, el propósito de la ropa o las instrucciones de las Escrituras.

No obstante, parece haber algo de adorno distintivo provisto por Dios de manera que la diferencia entre los sexos no se deje a las costumbres arbitrarias o a las inclinaciones desordenadas del hombre. Un ejemplo es el cabello y la manera de usarlo o, por lo menos, la barba, que le fue dada a un sexo y no al otro. Por lo tanto, parece probable que el hecho de que la mujer se corte el cabello o que el hombre se lo deje crecer largo es una violación del distintivo y del conocimiento que el Dios de la naturaleza les ha otorgado...

---

[31] **Henry Ainsworth** (1571-1622) – Pastor y erudito no conformista inglés.

Tercera conclusión

Nada debe ser permitido como adorno que contradiga el propósito de toda ropa, a saber: Cubrir la desnudez. Pero entre nosotros, nuestras damas… no están dispuestas a reconocer que sea desnudez, ni vergüenza tener sus pechos descubiertos. Pretenden que las partes que la decencia requiere cubrir y cuya desnudez son motivo de vergüenza, son sólo aquellas que el Apóstol llamó "menos dignas" o "menos decorosas" (1 Co. 12:23).

A esto contesto, primero, que no hay partes del cuerpo que sean en sí mismas "menos dignas" o "menos decorosas". Segundo, que descubrir cualquier parte lo será cuando no hay ningún motivo honroso para hacerlo. De hecho, el profeta llama descubrirse la melena, andar descalzo, descubrirse las piernas como la "desnudez" y "vergüenza" de los babilonios (Is. 47:2-3). Aunque quiere significar una desnudez necesaria —que puede ser un reproche, pero no un pecado— cuando es *voluntario,* lo que en el caso citado era hecho por *necesidad,* se convierte en *pecado* y *reproche*.

Argumentan que lo que hacen *no* es por orgullo (para gloriarse de la belleza del cutis) ni por lujuria (para seducir a otros a fin de que se enamoren de su belleza), sino sólo evitar el reproche de querer ser diferente y destacarse un poquito, quizá lo que ha estado de moda entre personas de más alcurnia y bien educadas.

Para anular este argumento, diremos en primer lugar que es una característica de singularidad santa ser sobrio solo, que loco acompañado. ¿Qué cristiano no preferiría quedarse atrás en lugar de forzarse a marchar al ritmo de una época dislocada y de todas sus conductas irracionales? Y, en segundo lugar, coincidir con una generación vanidosa y caprichosa dista mucho de ser una excusa valedera que, de hecho, agrava la vanidad de hacerlo.

Pero estos son solo inventos para disimular la extravagancia. Los estímulos persuasivos son mucho más profundos, los cuales, no pudiendo juzgar a todos, tenemos que dejarlos para que los censuren sus propias conciencias. Me atrevo a decir que es para atraer e invitar a clientes porque ¿qué otra cosa significa la tienda abierta con el letrero en la puerta más que hay algo en venta? Ni me explayaré sobre la práctica ambiciosa de las damas que se empeñan en exhibir un cutis suave, claro y hermoso. Les preguntaría a los que se toman el tiempo para admirar tal belleza de la piel, de qué color es el cutis de su cónyuge o de su amante. Mientras tanto, es muy claro que la arrogancia e impudencia han usurpado el lugar y producido el efecto de una simplicidad primitiva. Las mujeres andan ahora casi desnudas, *pero no sienten ninguna vergüenza.*

Tomado de "What Distance Ought We to Keep, in Following the Strange Fashions of Apparel Which Come Up in the Days Wherein We Live?" (¿Qué distancia debemos mantener con las modas extrañas de ropa que surgen en la época en que vivimos?) en *Puritan Sermons 1659-1689* (Sermones puritanos), reimpreso por Richard Owen Roberts, Publicadores.

Vincent Alsop (1630-1703): Pastor inglés no conformista, nacido en Northamptonshire, Inglaterra.

Cómplices del adulterio
Robert G. Spinney

"No cometerás adulterio". —Éxodo 20:14

Hace mucho que los cristianos relacionan la ropa inmodesta con la inmoralidad sexual. Para nuestro asombro, hoy éste es tema de debate. A veces, se considera que la persona que señala la conexión entre inmoralidad y la forma de vestir indecorosa sólo está expresando su propia debilidad personal en lo que a las tentaciones sexuales se refiere. El que se cubre poco con la ropa (y la ropa misma que poco cubre) no se considera el problema; sino el que se queja de esta manera de vestir. (Es el mismo argumento que las feministas militantes han usado desde hace tiempo, un argumento que ahora oímos de los cristianos: La mujer debe tener la libertad de usar lo que quiera y cualquier problema que resulta es debido a lo vulgares que son los varones.) Esto calla los argumentos en pro de la ropa modesta; el que presenta tal argumento es juzgado como que está expresando su propia lujuria. Gracias a la inmodestia socialmente aceptable, el que la desafía es acusado de tener una mente sucia.

Pero las antiguas confesiones y los catecismos muestran lo insubstancial de esta aseveración. Mucho antes de los biquinis, trajes de baño demasiado ajustados, shorts muy cortos y vestidos *strapless* (sin tirantes), los cristianos conocían la conexión esencial entre la inmoralidad sexual y la manera de vestir indecorosa. Su aplicación general de la Palabra de Dios con referencia a la pureza sexual —*y su búsqueda seria de santidad*— los llevó a denunciar la ropa inmodesta. La afirmación moderna de que ninguna ropa es inapropiada para el cristiano hubiera consternado a nuestros antecesores espirituales...

[Este artículo] es un llamado a obedecer el séptimo mandamiento: "No cometerás adulterio" (Éx. 20:14). Requiere la preservación de tanto nuestra propia pureza sexual como la de nuestro prójimo, una pureza que debe demostrar nuestro corazón al igual que nuestra conducta. Dicho negativamente, el mandamiento prohíbe pensamientos, palabras y acciones impúdicas. Lo violamos si lo que vestimos expresa nuestros propios deseos sexuales, promueve la inmoralidad sexual en nosotros o en otros, sanciona tácitamente (aunque quizá sin intención) lo impúdico y lujurioso, o tienta a otros a cometer pecados sexuales.

¿Es usted cómplice del adulterio? Nuestro sistema legal reconoce acertadamente que tanto los homicidas como sus cómplices son transgresores. De manera similar, tanto los adúlteros como sus cómplices son culpables de transgredir la Ley de Dios.

Si usamos ropa que incita la lujuria en alguien, entonces somos sus cómplices. Esto nos hace copartícipes del pecado, no importa cuáles sean nuestras intenciones. El cristiano no puede decir: "No estoy tratando de ser sexualmente provocativo con mi manera de vestir. No tengo motivos inmorales. Por lo tanto, lo que visto es decoroso". Iré más allá. Como esposo y padre de familia, soy cabeza de mi hogar. Cuando permito que miembros de mi familia usen ropa que contribuye a que otros adulteren en su corazón, *soy culpable de promover el pecado*.

Ésta es una de las razones por la cual tanto hombres como mujeres deben vestirse modestamente. Los hombres pueden promover lujuria en la mujer tal como la mujer puede promover pensamientos sexualmente inmorales en el hombre. La Biblia usa la frase *piedra de tropiezo* [u *ofensas*] cuando nosotros, por lo general, usamos la palabra *cómplice*.

¿Qué es una piedra de tropiezo? Es algo que tienta a alguien a pecar. En Mateo 18:7-9, Jesús dijo: "¡Ay del mundo por los tropiezos! porque es necesario que vengan tropiezos, pero ¡ay de aquel hombre por quien viene el tropiezo! Por tanto, si tu mano o tu pie te es ocasión de caer, córtalo y échalo de ti; mejor te es entrar en la vida cojo o manco, que teniendo dos manos o dos pies ser echado en el fuego eterno. Y si tu ojo te es ocasión de caer, sácalo y échalo de ti; mejor te es entrar con un solo ojo en la vida, que teniendo dos ojos ser echado en el infierno de fuego"... En este pasaje, la primera preocupación de Jesús es que nos examinemos a nosotros mismos y eliminemos los obstáculos que nos tientan a pecar. Pero también podemos ser piedras de tropiezo para otros y ¡ay del hombre por el que aparece la piedra de tropiezo! Este concepto se aplica a mucho más que a la manera de vestir, pero es indudable que la incluye.

Notemos las metáforas extremas en este pasaje: Ampútate la mano. Córtate el pie. Sácate el ojo. En realidad, Jesús no está recomendando la automutilación. Está usando un lenguaje figurado para enseñar una lección: Es indispensable actuar drásticamente para evitar lastimarse o lastimar a otros espiritualmente. Haga cosas radicales para asegurarse de no crear obstáculos que impidan su búsqueda del Reino de Dios... Vestir con modestia es un precio relativamente bajo que pagar.

Me asusta oír que un cristiano diga: "Si mi modo de vestir enciende la lujuria de Fulano, eso es *su* problema". Esta actitud sencillamente no es bíblica. Es lo mismo que decir: "No soy responsable por las piedras de tropiezo morales que causo con mi modo de vestir". Es cierto que la lujuria de Fulano *sí es* su problema y es de él principalmente. Pero si lo que uno viste lo hace su cómplice —*una piedra de tropiezo*— entonces la Palabra de Dios dice que se convierte también en su problema. El Señor Jesucristo mismo condena a aquellos que incitan a otros a pecar: ¡Ay de aquel hombre por quien viene el tropiezo!

John MacArthur presenta este punto en su discusión sobre 1 Timoteo 2:9 y Mateo 18:7-9. Dice: "La mujer caracterizada por esta actitud [de modestia] se viste de modo que evita ser el origen de alguna tentación...La mujer piadosa aborrece tanto al pecado que evita todo lo que provocaría a alguien a pecar. ¡Mejor estar muerta que llevar a otro creyente a pecar!"[32]. ¿Por qué se visten algunos cristianos para convertirse en "eventos lujuriosos"? A menudo es por inocente ignorancia. Muchos creyentes sencillamente no saben que una ropa provocativa tienta fácilmente a otros cristianos o no cristianos a pecar. La siguiente norma se aplica especialmente a las mujeres cristianas: A menudo, no comprenden que muchos varones cristianos experimentan una gran angustia en su alma al luchar contra la tentación sexual. Sin mala intención, visten ropa que es piedra de tropiezo. Recordemos que los varones cristianos son santos, ¡no ángeles! Hermanas, por favor amen a sus hermanos de tal manera que eviten tentarlos a pecar. Margaret Buchanan tiene razón cuando escribe: "Al vestirse de un modo provocativo, de hecho, las chicas y mujeres hostigan sexualmente a los hombres". Esto es cierto, aun cuando no haya una intención deliberada de promover sensualidad con el modo de vestir.

No obstante, en otros casos, el problema no es la *inocencia ignorante* sino, más bien, la falta de disposición a honrar a Dios y amar a nuestros prójimos con nuestro modo de vestir. La Biblia declara que el cuerpo del cristiano le pertenece a Dios, tanto por derecho de creación y de sustento como por derecho de redención (1 Co. 6:19-20). Cada segundo de la vida del cristiano ha de ser vivido bajo el señorío de Cristo y para la gloria de Dios; y esto incluye su indumentaria. Un cristiano sencillamente no puede decir: "Me puedo vestir como se me da la gana".

Por favor escuchen a nuestro Señor cuando dice que hay que tomar acciones drásticas para reducir las tentaciones y las piedras de tropiezo. Esto es un mandato, no una sugerencia.

---

[32] John MacArthur, *1 Timothy* (1 Timoteo) (Chicago: Moody Press, 1995), 80.

Capítulo 11—Ropa modesta

(*Ver* 1 Co. 8:9; 10:31-33). Vestir con modestia es sencillamente un resultado de una preocupación piadosa y altruista por el bienestar de los demás.

Tomado de *Dressed to Kill* (Vestido para matar), publicado por Tulip Books, www.tulipbooks.org.

Robert G. Spinney: Pastor bautista y profesor asociado de Historia en Patrick Henry College, Purcellville, Virginia, Estados Unidos.

> *Cuídese de ser el instrumento de Satanás para alimentar el fuego de corrupción en otro. Algunos lo hacen a propósito. Por eso la prostituta perfuma su cama y se pinta la cara. Los idólatras, tan prostitutos como la mencionada, llenan sus templos y altares de fotos supersticiosas, adornadas con todo el oro y la plata que pueden para hechizar al espectador. Por esto, dice de ellos la Palabra: "Os enfervorizáis con los ídolos" (Is. 57:5), tanto como cualquier amante con su querida en su vestido indecente. Y el alcohólico despierta la tentación de su prójimo: "¡Ay del que da de beber a su prójimo! ¡Ay de ti, que le acercas tu hiel, y le embriagas para mirar su desnudez!" (Hab. 2:15). ¡Oh, cuán baja es la obra de estos hombres! Por ley, el que alguien incendie la casa de su vecino significa pena de muerte, ¿qué pues merecen los que prenden fuego al alma de los hombres, peor que el fuego del infierno? Pero es posible que usted lo haga sin saberlo por medio de algo más insignificante de lo que se puede imaginar. Un niño jugando con un cerillo [fósforo] encendido puede prender un fuego a una casa, que después no se puede apagar. Y ciertamente, Satanás puede usar nuestra insensatez e indiferencia para encender la lujuria en el corazón de otro. Quizá salga de nuestra boca alguna palabra vana sin querer dañar a nadie, pero una chispa de tentación puede extenderse al corazón de un amigo y encender allí un lamentable fuego. El atavío lascivo, quizás [escotes] o los hombros descubiertos, que quizá se usa con un corazón limpio y sólo porque está de moda, puede resultar una trampa para otro. Pablo dice: "Por lo cual, si la comida le es a mi hermano ocasión de caer, no comeré carne jamás, para no poner tropiezo a mi hermano" (1 Co. 8:13). ¿Y podemos admirar un vestido frívolo de una moda inmodesta que ofendería a otros, y, aun así, usarlo? Reflexionemos que el alma de nuestro hermano es de más valor que la moda de nuestro vestido.* — William Gurnall

Su ropa revela su corazón
Richard Baxter[33] (1615-1691)

La vanidad de sus mentes

La preocupación que la gente tiene por su [ropa][34], lo que gastan en banalidades, su anhelo por alcanzar el nivel más alto en su rango, y ni hablemos de las modas cambiantes e indecorosas, demuestran en qué gastan su dinero. Quiero que estas personas piensen en lo que les voy a decir.

La manera de vestir vanidosa es el efecto indudable de la vanidad de sus mentes. Quien viste de manera vanidosa, proclama abiertamente ser persona insulsa, infantil y de escaso entendimiento. Aun los más pecadores, los que usan sólo el sentido común, consideran esta vanidad en el modo de vestir más pecaminoso de lo que ellos mismos podrían ser. Por lo tanto, es considerado comúnmente como el pecado especial de mujeres, niños y varones casquivanos y superficiales. ¡Aquellos que no tienen nada de valor interior como para recomendarlos a la sociedad son verdaderamente tontos si creen que alguna persona sabia aceptaría una capa de seda a cambio de su valor interior! La sabiduría, la santidad y la rectitud son los adornos del hombre, *esa* es la hermosura que embellece su alma. ¿Les parece que la gente sabia cambiaría la sabiduría, virtud o santidad por prendas de vestir exquisitas? Se puede vestir con ropas exquisitas tanto el necio como el sabio, ¿pero creen ustedes que con esto el necio puede pasar por sabio? Cuando entró un hombre elegantemente vestido y ostentoso al estudio del famoso pintor Apelles[35] para que le pintara un autorretrato, mientras no abrió la boca, los aprendices lo trataban con sumo respeto porque venía engalanado de encajes de oro y plata, pero en cuanto empezó a hablar, se dieron cuenta de que era un *tonto*. Todos le perdieron el respeto y se reían de él.

Cuando los ven a ustedes vestidos de lo mejor y más extraordinario que ofrece la moda, llaman la atención, y la gente se pregunta: *"¿Quién es aquella persona tan bien vestida?"* o *¿Quién es aquél?* Pero cuando perciben que son más superfluos e inútiles que otros, se ríen de ustedes y los desprecian. Su exceso en el vestido es, justamente, la señal del necio que demuestra al mundo quiénes son ustedes, tal como un letrero en un salón indica que habrá entretenimiento para el público… Si veo a alguien exageradamente esmerado en su vestir, tengo que sospechar que debe ser por algo; algo anda mal cuando es necesario poner tanto esmero y tener que generar curiosidad. ¿Cuál es el defecto que quiere esconder con esto? *¿Es una falla en su mente?*… Uno está anunciando que es un alma vacía y tonta con tanta claridad como el danzante moro[36] o como un actor muestra quién es por medio de sus vestimentas…

---

[33] **Nota del editor** – Chapel Library no coincide con los conceptos de Baxter sobre la expiación y justificación de Cristo. El uso de este artículo no constituye una aprobación de sus otros escritos.

[34] **Nota del editor** – El estilo del autor es, a veces, muy difícil para el lector moderno, aún más que los de otros escritores puritanos. El artículo ha tenido más trabajo editorial que de costumbre en un esfuerzo por conservar el poder de su pensamiento, pero aumentando su facilidad de lectura.

[35] **Appelles** (siglo IV a.C.) – Pintor griego, conocido ahora solo por fuentes escritas, pero muy aclamado a lo largo y ancho del mundo antiguo.

[36] **Danzante moro** – Danzante que bailaba una danza grotesca en un disfraz recargado con campanillas; estos usualmente representaban personajes de la leyenda de Robin Hood.

Orgullo y lujuria

También exhiben ustedes orgullo, lujuria o ambos cuando los observan. En otros casos, son cuidadosos en esconder su pecado y consideran un insulto si los delatan y los reprenden. Entonces, ¡cómo es que están aquí tan ansiosos por dar a conocer que llevan las señales de la lujuria y la vanidad a la vista de todos! ¿Acaso no es una deshonra para los pillos y ladrones tener que llevar la señal de su transgresión estampada con fuego en la mano o en la frente o tener que andar con un anuncio prendido a la ropa en la espalda que declara sus crímenes para que todos los que lo ven digan: "Allí está un ladrón, y allá anda un perjuro[37]"? ¿No es muy similar que lleven ustedes la etiqueta del orgullo o lujuria por las calles y a las reuniones?

¿Por qué anhelan ustedes ser tan exquisitos, prolijos o bien parecidos? ¿Acaso no es para atraer las miradas y para que los demás observen su prestancia? ¿Y con qué fin? ¿Acaso no es para dar la impresión de ser ricos, hermosos o elegantes? ¿Para qué fin quieren que los demás tengan esta impresión de ustedes? ¿No saben que este deseo es un reflejo del orgullo mismo? ¡Necesitan ser "alguien" y quieren ser notados y valorados! Quieren que los consideren como del mejor o más alto rango que puede haber. *¿Qué es esto sino orgullo?*

¡Espero que sepan que el orgullo es el pecado del diablo, el primogénito de toda iniquidad y que el Padre celestial lo aborrece! ¡Sería más meritorio para ustedes a los ojos de los sabios proclamarse mendigos, borrachos o idiotas que proclamar su orgullo! Con demasiada frecuencia demuestran un dejo de *lujuria* al igual que de orgullo, especialmente si son jóvenes. Pocos son más propensos que estos a caer en este pecado. Estos modos de vestir provocativos y exquisitos no son más que el fruto de una mente insolente y desvergonzada; es claramente una manera de flirtear y atraer. ¡No es por nada que quieren que los vean y los crean lindos! Ustedes quieren algo; ¡pueden imaginarse *qué*! Aun los casados —si valoran su reputación— deberían cuidarse de que sospechen de ellos.

Señores, si son ustedes culpables de desvaríos, orgullo y lujuria, lo mejor que pueden hacer es buscar en Dios un *remedio* efectivo y usar los medios útiles para su curación, no los que tiendan a empeorarlo y aumentarlo, como de hecho lo hacen las indumentarias tan extravagantes e inapropiadas. Pero si no quieren curarse, escóndanlo por vergüenza. ¡No le digan a todos lo que hay en su corazón! ¿Qué dirían ustedes de alguien que camina por la calle diciéndoles a todos los que encuentra: "Soy ladrón" o "soy fornicario"? ¿No les parecería que es más que insolente? ¿Y cuánto se parece éste al que escribe en su propia espalda: "¡Desquicio, orgullo y lujuria!" o les anuncia con su manera de vestir: "¡Mírenme! Soy tonto, soberbio y lujurioso"?

Si son ustedes tan fatuos como para pensar que usar ropa llamativa los hace dignos de honra, tienen que considerar también que esto no es más que mendigar vergonzosamente la honra de los que los ven, cuando en realidad no les muestran nada de lo que ustedes se creen. La honra tiene que ser el resultado de una conducta ejemplar, no por mendigarla, porque no es honra lo que se da a los que no la merecen… Vestirse llamativamente demuestra tan abiertamente el deseo de ser estimado y honrado que les anuncia a todos los que sí tienen sabiduría que no son ustedes merecedores de ella. Porque entre más estima quiere el hombre, menos la merece.

Por su modo de vestir, ustedes le anuncian al mundo que quieren honra, tan clara y tontamente como si le dijeran a alguno por la calle: "Le pido que piense bien de mí, que me considere una persona elegante, agraciada que está muy por encima de la gente común". ¿No se

---

[37] **Perjuro** – Culpable de una declaración falsa bajo juramento de decir la verdad.

reirían ustedes del que le hiciera un pedido así? Pues, ¿no es lo mismo que hacen ustedes cuando, con su modo de vestir están rogando que los estimen? ¿Por qué, díganme, debemos estimarlos? *¿Es por su ropa?* Ay, puedo ponerle un encaje de plata a una escoba o un saco de seda a un poste o a un asno. *¿Es por el cuerpo lindo que tienen?* ¡Ay, el malvado Absalón era hermoso y las rameras más viles han tenido un cuerpo tan lindo como cualquiera de ustedes! Un cuerpo lindo o un rostro hermoso, muchas veces, muestra el alma, pero *nunca* la salva del infierno. El cuerpo nunca es más lindo por su vestido, por más que lo parezca. *¿Quieren ser estimados por sus virtudes?* El orgullo es el peor enemigo de la virtud y una deformidad tan grande del alma como lo es del cuerpo la viruela. Y los que los creen a ustedes [más dignos] porque visten un traje nuevo o un encaje de plata saben de la dignidad tan poco como ustedes. Por lo tanto, dejen de mendigar estimación por los medios que incitan al sabio a rechazarlos. Dejen que la honra llegue sin mendigarla o confórmense sin ella.

Consideren también que la ropa llamativa es contraproducente para los fines que tienen los soberbios. Confieso que, a veces, atrapa al necio y satisface así los anhelos del lujurioso, pero rara vez consigue éste su propósito. Su deseo es ser considerado mejor que otros, pero la mayoría piensa todo lo contrario. El hombre sabio tiene más discernimiento como para creer que un sastre puede fabricar *sabiduría en* un hombre o en una mujer, u *honestidad* en un hombre o en una mujer o *distinción* en un hombre o en una mujer. El hombre bueno le tiene lástima, lamenta sus disparates y defectos, y le desea sabiduría y humildad. A los ojos del hombre sabio y lleno de gracia, el pobre cristiano abnegado, humilde, paciente y celestial vale mil de esos postes artificiosamente pintados y esos pavos reales soberbios. Y es así que llegamos a la conclusión de que los impíos mismos ven frustradas sus propias expectativas, porque, así como al codicioso no le gusta la codicia en otro porque codicia más para él mismo, al orgulloso no le gusta el orgullo en otros porque no quiere nada de competencia o lo quiere sobrepasar en cuanto a posición y procura que lo prefieran antes que a los otros…

Un terrón de lodo tibio

Por último, les ruego que no olviden lo que están haciendo con tanto cuidado y lo qué es ese cuerpo que tanto adornan, que los enorgullece tanto ante el mundo y que exhiben tan atractivamente vestido. ¿No se conocen ustedes a sí mismos? ¿Acaso no es más que un terrón de lodo tibio y grueso lo que quieren que los hombres vean y honren? Cuando el alma que descuidan los ha dejado, tendrán entonces otra vestidura. Ese pequeño espacio de tierra que habrá de recibirlos se contaminará de su inmundicia y corrupción, y los más queridos de sus amigos ya no querrán saber nada de ustedes. No hay peor podredumbre en la tumba que ese cuerpo muerto que desciende al sepulcro adornado y pintado, y muy poco tiempo después de su muerte es la más repugnante carroña.

Mientras tanto, ¿qué son ustedes? Bolsas de inmundicia y sepulcros vivos mezclados entre la carne de otros seres creados que se corrompen diariamente. Son pocos los días en que la mayoría de ustedes no ingieren carne animal que queda en sus cuerpos como en una sucia sepultura; allí quedan y corrompen; en parte lo digieren transformándolo en nutrición y el resto es echado fuera [como excremento]. Es así que andan como sepulcros blanqueados; su ropa exquisita son las coberturas adornadas de suciedad, flema y excremento. Si pudieran ver lo que hay en el interior del engalanado más orgulloso, dirían que su *interior* es infinitamente distinto a su *exterior*. ¡Puede haber cien gusanos [adentro, consumiendo] a la bella doncella o al necio adornado que vive para ser admirado por su manera llamativa de vestir! Si un poco de la [inmundicia] interior se transformara en sarna o viruela, verían ustedes la realidad dentro del que tanto se adorna.

¡Fuera, pues, de esas vanidades; *no sean niños todos los días de su vida!*... Avergüéncense de que alguna vez fueron culpables de tanta necedad como para creer que la gente los honraría por lo que visten, ¡por esa ropa que se sacan de noche y se ponen por la mañana! ¡Oh, pobres ilusos, polvo y carne para los gusanos! Dejen a un lado su necedad y conózcanse a sí mismos. ¡Busquen aquello que les puede prodigar una estima merecida y perpetua, y asegúrense de recibir la honra que viene de Dios!

¡Fuera con los adornos engañosos [y exhibicionistas], y procuren su *verdadero valor interior!* La gracia no se demuestra ni es honrada por las ropas finas, sino que es velada, oprimida y deshonrada por los excesos. ¡La verdadera gloria es la gloria interior! La imagen de Dios tiene que ser la belleza principal del hombre: Hagan que *eso sea lo que brille* en la santidad de sus vidas y serán verdaderamente honorables.

Tomado de "A Treatise of Self-Denial" (Un tratado sobre abnegación) en *Baxter's Practical Works* (Obras prácticas de Baxter), Tomo 3, reimpreso por Soli Deo Gloria, un ministerio de Reformation Heritage Books, www.heritagebooks.org.

Richard Baxter (1615-1691): Predicador y teólogo puritano inglés; nacido en Rowtron, Shropshire, Inglaterra.

Demasiado, demasiado poco, demasiado apretado
Robert G. Spinney

Los principios bíblicos

Elaborar una lista de ropa aprobada y una de ropa que no lo es, es un remedio que puede ser peor que la enfermedad. Déjeme explicarle. A veces, Dios da mandatos específicos en la Biblia que dicen claramente cómo aplicarlos. Pero, a veces, Dios da principios y espera que su pueblo mismo haga sus propias aplicaciones piadosas, guiadas por el Espíritu Santo y de acuerdo con su Palabra. Con respecto a la manera de vestir, Dios no da reglamentos exactos para nuestro vestuario; en cambio, nos da principios. Además, hay un sentido en que los valores culturales juegan un papel en determinar la clase específica de indumentarias que son apropiadas, modestas y discretas. El pastor puritano Richard Baxter concluyó su argumento en defensa de la ropa modesta con una advertencia necesaria: "Las costumbres y la opinión común son importantes en lo que a las modas se refiere"[38]. En otras palabras, las normas relacionadas con la modestia son muchas veces (pero no siempre) determinadas por contextos culturales. No creo que el apóstol Pedro haya estado vestido indecentemente cuando "se había despojado" de la ropa para trabajar como pescador (Jn. 21:7). Juan Calvino escribió que, estrictamente hablando, la ropa es un "tema indiferente" que "dificulta el establecer un límite fijo sobre el particular"[39].

Los principios bíblicos son eternamente ciertos; las aplicaciones culturales pueden cambiar. Basado totalmente en la autoridad de la Biblia, me atrevo a decir que Dios manda que nos vistamos correcta y decentemente, lo cual significa hacerlo de una manera consecuente con el mandato de Dios de ser santos como Dios mismo es santo (1 P. 1:16). Dios requiere que nos vistamos modestamente, lo cual significa que no debemos exceder los límites de aceptación moral cuando de nuestra manera de vestir se trata. Hemos de vestirnos discretamente, lo cual significa no tentar a otros a pecar por nuestra manera de vestir. En suma, tenemos que someter nuestro vestuario al señorío de Cristo. "Esto, por lo menos, es seguro y más allá de toda controversia", dijo Calvino, inmediatamente después de su reconocimiento de que debemos tener cautela en cuanto a aplicaciones específicas de que "todo en el vestir que no coincide con lo modesto y decoroso debe ser rechazado"[40].

Como creyentes en quienes mora el Espíritu Santo y habiendo sido nuestra mente transformada por la Biblia, Dios nos llama a aplicar estos "principios de modestia" a nuestra vida cotidiana.

Algunos protestan que los principios sin aplicaciones son insuficientes. No obstante, debemos saber que existen varios problemas con tratar de crear códigos específicos y obligatorios para la ropa. Para empezar, sospecho que la mayoría de los lectores de este [artículo] creen (como yo) en la doctrina de la suficiencia de las Escrituras, a saber: Que la Biblia es suficiente para *todas* las cosas que atañen a la vida y a la santidad. No obstante, esa misma Biblia encara constantemente el tema de vestir modestamente como una cuestión de principios. La Biblia

---

[38] Richard Baxter, "The Christian Directory" (El directorio cristiano) en Baxter's *Practical Works*, Tomo 1 (Ligonier: Soli Deo Gloria, 1990), 394.

[39] Juan Calvino, *Calvin's Commentaries* (Comentarios de Calvino), Tomo XXI, "The First Epistle to Timothy" ("La Primera Epístola a Timoteo") (Grand Rapids, Michigan, Estados Unidos: Baker Publishing Group, 1993), 66.

[40] Ibíd, 66.

no nos provee un código específico de cómo vestir. Aparentemente, el Espíritu Santo consideró, no sólo adecuado, sino también más conveniente, que la Palabra de Dios hablara sobre el tema del vestuario como una cuestión de principios. No me atrevo a ir más allá de lo que lo ha hecho el Espíritu Santo; no me atrevo a decir que los principios de Dios referentes a la modestia son insuficientes. Por supuesto que los pastores deben sugerir posibles aplicaciones a estos principios. Los siervos de Dios tienen que ayudar a su pueblo a aplicar la Palabra de Dios a situaciones de la vida real. Comparto a continuación mis sugerencias sobre la aplicación de los principios.

Recalco que sólo los principios de *Dios* son perfectos y moralmente obligatorios, mientras que mis aplicaciones personales de esos principios pueden ser incorrectas. La Palabra de Dios es infalible, pero mis aplicaciones a su Palabra no lo son. La ropa indecorosa es un problema, pero también lo es si me paso de lo que la Palabra inspirada de Dios dice y exijo que la gente obedezca mis aplicaciones no inspiradas. Lo que va a continuación es un intento por ofrecer una guía práctica en esta área. Estas son *sugerencias*; no son mandatos al nivel de "así dice el Señor". Nadie las considere reglas no bíblicas, sino como posibles aplicaciones de principios bíblicos. Su autor es un hombre falible, un hombre que es también padre de familia, esposo y cristiano redimido, pero todavía pecador.

Demasiado

La manera inmodesta de vestir, por lo general cae bajo las categorías de "demasiado", "demasiado poco" o "demasiado apretado". "Demasiada" ropa se refiere a indumentaria extravagante, llamativa o exagerada. Es ropa que dice: "¡Véanme! ¡Quiero ser el centro de atención!". Ésta no necesita ser reveladora, pero actúa como una sirena o un reflector; causa que el que la viste se destaque como promotor de sí mismo o de alguna causa. Es ropa que demanda atención o comentarios. Escribiendo hace casi 500 años, Juan Calvino diagnosticó la raíz de este problema: "El lujo y el gasto excesivo [en comprar prendas de vestir] surgen de un anhelo de ostentación y hacerse ver, ya sea por soberbia o por haberse apartado de la castidad"[41]. Este anhelo por atraer espectadores, a veces, resulta en que la mujer parezca la mala mujer de Proverbios 7. Quizá los ejemplos más obvios de *demasiado* [exagerado] son las ropas que usan las celebridades del mundo de la farándula. Esa ropa es cara y visualmente seductora, y, por lo general, va acompañada de abundantes joyas ostentosas. Nada tiene de pecaminoso una joya, pero llega un punto cuando la apariencia general es demasiado llamativa y exagerada.

Lo que uno viste es ciertamente "demasiado" cuando presenta un mensaje que puede percibirse razonablemente como contrario al cristianismo. Consideremos la moda gótica, que se está popularizando tanto que su ropa está en venta en tiendas especializadas de los centros comerciales. Por fortuna, la ropa gótica es a menudo suelta y cubre adecuadamente el cuerpo, pero proclama un mensaje de que la subcultura gótica es oscura, rebelde, mórbida y está obsesionada con la depresión y la muerte. Es comprensible que muchos asocien lo gótico con lo oculto. En cuanto a las intenciones del que la viste, esta ropa envía un mensaje que no coincide con el cristianismo. Es *"demasiado"* o sea que sobrepasa los límites.

¿Qué es lo opuesto a "demasiado" o exagerado? Es ropa que es de buen gusto, pero no llama la atención. No es un medio para demostrar riqueza o status social. Tampoco es descuidada ni sucia; la ropa apropiada no hace que el que la usa llame la atención por estar vestido con demasiada elegancia cuando se encuentra en un grupo de personas vestidas con modestia. No proyecta mensajes que potencialmente dañen a la causa de Cristo o que mal interprete al

---

[41] Calvino, *1 Timothy*, 66.

cristianismo. "No le den demasiada importancia a su ropa", escribió Richard Baxter. "No se concentren en eso porque es una señal peor que el exceso mismo"[42].

Demasiado poco

"Demasiado poca" ropa que no cubre el cuerpo. Dicho sencillamente, muestra demasiada piel. En el caso de las mujeres, esto incluye blusas desabrochadas o escotes atrevidos. También incluye ropa con los hombros descubiertos, como *strapless* (vestidos sin tirantes) o vestidos con tirillas y camisetas sin mangas. Muchas camisetas que dejan al descubierto el estómago y las caderas de la mujer, y que son usadas a veces con shorts muy cortos y faldas bikinis son "demasiado poco" cuando muestran los muslos de la mujer. Lo mismo sucede con blusas transparentes que dejan ver la ropa interior y destacan el contorno del cuerpo. En las palabras de un caballero (al considerar las tendencias actuales de la ropa): "Nunca en la historia de la moda tan poca tela ha sido cortada tanto para dejar al descubierto lo que tanto necesita estar cubierto".

Algunas mujeres cristianas se sorprenden cuando se enteran de que sus hombros o muslos descubiertos, a menudo, desencadenan la lujuria en los varones. Tienen una opinión demasiado buena de los varones cristianos; creen que son inmunes a la lujuria que se provoca por ver lo que ellas muestran. No es así. Aun los varones buenos pueden tener pensamientos malos, y esto es pecado. Si la mujer cristiana pudiera leerles el pensamiento a los hombres cuando entra al templo con sus hombros descubiertos o con el escote bajo, nunca volvería a hacerlo. La mayoría de los varones cristianos tiene miedo de admitir en público que el hecho de ver aunque sea un poco descubierto el cuerpo de la mujer los tienta a pecar. Como no dicen nada, las mujeres cristianas no piensan que son tentados.

También los varones pueden usar "demasiado poca" ropa. Cierta vez, varias mujeres me comentaron acerca de un grupo pequeño de estudio bíblico escandalizado por un hombre indiscreto que usaba shorts demasiado cortos. Los participantes se sentaban en un círculo, y este despistado hermano, muchas veces, aparecía con sus shorts demasiado cortos y sueltos. Sin saberlo, a menudo se le veían las partes íntimas. Las mujeres se resignaban a concentrarse, no en el estudio bíblico, sino en tratar de no mirar el espectáculo de este hombre cristiano que estaba usando demasiado poco.

¿El ejemplo más obvio de demasiado poco? Los trajes de baño[43]. Un hombre nunca caminaría por un centro comercial ni una mujer iría a un restaurant en ropa interior. No obstante, descubrimos así nuestro cuerpo con nuestros bikinis o tangas. No hay razón para creer que esa desnudez parcial es aceptable en la piscina o la playa... Además, en una cantidad sorprendente de bodas cristianas aparecen mujeres vestidas dejando demasiado al descubierto. En el nombre de la elegancia, las participantes usan vestidos con los hombros y la espalda al aire, y escotes demasiado bajos. Antes, veíamos en una boda solo a una "novia sonrojada"; en cambio ahora, vemos en las bodas que son otros los que se sonrojan al ver a las mujeres participando de la ceremonia vestidas atrevidamente.

Demasiado apretada

"Demasiado apretada" se refiere a ropa demasiado ceñida al cuerpo que destaca sus contornos. Sospecho que en las iglesias conservadoras de hoy, ésta es la falta de pudor más co-

---

[42] Baxter, *Directory*, 394.
[43] Para un estudio más amplio sobre modestia y trajes de baño, vea *Modestia cristiana* de Jeff Pollard, a su disposición en CHAPEL LIBRARY.

mún. En la actualidad, hasta la ropa que no es "demasiado poca" ni ostentosa es, a menudo, apretada, *especialmente* en el torso. Modestia no se trata simplemente de cubrir la piel; es encubrir la forma. Algunas mujeres cristianas usan faldas para ser modestas, pero al mismo tiempo usan camisetas o suéteres tan apretados que revelan claramente el contorno de sus cuerpos. Son demasiado apretados. Estas prendas, a menudo, se pegan tanto al pecho y las caderas de la mujer que prácticamente hacen las veces de lo que una generación anterior hubiera llamado "body" o leotardo. Las mujeres cristianas tienen que entender que cuando sus "tops" apretados revelan la forma de su cintura, caderas o busto, tientan mucho a los hombres. Un caballero lo dijo así: "A veces, la ropa de una mujer es tan apretada que *yo* apenas puedo respirar".

Los vestidos también pueden ser demasiado apretados. No es cierto que los vestidos y faldas nunca tienten a los hombres a pecar: *Pregúnteles a ellos*. Los vestidos apretados pueden ser tan escandalosos como otros tipos de ropa… ¿Puede alguien mirarla y —gracias a su ropa apretada— notar claramente el contorno de su cuerpo? ¿Es evidente el contorno de sus glúteos? ¿Se nota claramente el diámetro de sus muslos? Sin necesitar mucha imaginación, ¿le pueden decir cómo es su cuerpo sin ropa? Si su respuesta es afirmativa, entonces su ropa es demasiado apretada. Este tipo de ropa es más que meramente atractiva; es una piedra de tropiezo.

¿No está seguro si su ropa está en la categoría de "demasiado", "demasiado poca" o "demasiado apretada"? Pídale a alguien fiel a Dios que la evalúe. Puede sorprenderse de cómo los demás ven su manera de vestir.

Un error

Cuidado con el error de "muéstrame exactamente los límites". Algunos creyentes hacen de la ropa modesta un tema más difícil de lo que necesita ser. Creen que tienen que contar con un criterio preciso por el cual determinar si una prenda de vestir es modesta o inmodesta. "Tengo que saber exactamente dónde están los límites", piensan. "Si no sé exactamente lo que diferencia entre una manera de vestir modesta y una inmodesta, no puedo tomar ninguna determinación sobre el asunto".

Pensar así es usar una lógica equivocada. No es cierto que tengamos que saber *exactamente* dónde están los límites, a fin de saber que algo los ha sobrepasado. No sé exactamente dónde está la frontera entre los Estados Unidos y Canadá, pero sé, sin lugar a dudas, que estoy en el lado estadounidense. No sé exactamente dónde está el límite entre una canción que se canta bien y otra que se canta mal, pero sí sé que mi hija está dentro del límite del que canta bien y que yo, por el contrario, estoy fuera de él. En muchos aspectos de la vida, no sabemos exactamente dónde están los límites, pero comprendemos aproximadamente dónde lo están… No puedo brindar una definición precisa de ropa inmodesta que nos indique exactamente dónde están los límites entre modestia e inmodestia, pero reconozco la inmodestia cuando la veo. En otras palabras, no necesitamos saber exactamente qué criterios diferencian la manera correcta y la incorrecta de vestir. "Ropa modesta" y "ropa inmodesta" no son dos categorías claramente definidas, y, a veces, no es claro si una prenda de vestir específica cae en una categoría o en la otra. Existe una tercera categoría: Ropa que no es incuestionablemente modesta ni obviamente inmodesta, pero el hecho de que haya esta tercera categoría no nos impide reconocer que alguna ropa es indiscutiblemente inmodesta, mientras que otra es decididamente consecuente con nuestro testimonio cristiano. En cuanto a la ropa cuestionable que no es claramente inmodesta ni modesta, recordemos que la palabra [*pudor*] en 1 Timoteo 2:9 significa una renuencia humilde de pasar los límites de lo que es moralmente apropiado, una que hace que el creyente no sea atrevido cuando se trata de "tantear los límites" de una conducta correcta.

Tomado de *Dressed to Kill* (Vestido para matar), publicado por Tulip Books, www.tulipbooks.org.

Robert G. Spinney: Pastor bautista y profesor asociado de Historia en Patrick Henry College, Purcellville, Virginia, Estados Unidos.

Nuestra vestidura real
Charles H. Spurgeon (1834-1892)

"Y a los que justificó, a éstos también glorificó". —Romanos 8:30

La justificación

Comencemos... considerando lo que significa ser justificados. Si desea una respuesta en pocas palabras, pregúnteles a sus hijos qué han aprendido de nuestro catecismo, y allí la tiene: "La justificación es un acto de la gracia de Dios, en que él perdona todos nuestros pecados y nos acepta como justos delante de él sólo por la justicia de Cristo imputada a nosotros y recibida sólo por fe"[44]. No obstante, creo que será mejor que desglose esta verdad en detalle.

Al leer esta declaración y reflexionar un momento en ella, vemos que aquí la justificación se define como un acto de Dios otorgado a una persona que la necesita y que, evidentemente, no puede justificarse a sí misma. Ésta es una persona culpable de pecado por naturaleza, que se encuentra en un estado de condenación y necesita ser rescatada por un acto divino de justificación...La justificación es un acto de gracia otorgado al pecador que ha transgredido la Ley y no puede ser justificado por ella. Por lo tanto, necesita [justificación] por algún otro medio, uno fuera de su alcance, fuera de lo que él mismo puede hacer, y que procede, como dice el texto, de Dios mismo porque dice que él es que justifica...

¡Oh, pecador! Por más negros que hayan sido sus pecados, puede ser justificado. Aunque sus pecados sean como la grana, pueden ser blancos como la nieve; si fueren rojos como el carmesí, pueden ser como blanca lana (Is. 1:18). Escrito está: "[él] justifica al impío" (Ro. 4:5). Sí, al impío, como lo ha sido usted. Cristo vino al mundo como un médico no para los sanos, sino para sanar a los que están enfermos. La justificación es un acto de gracia que busca al pecador para manifestarse en él. Quiera la gracia encontrarlo a usted [hoy], pobre transgresor, y [declararlo justificado].

En segundo lugar, la justificación es el resultado de la gracia soberana y únicamente de ella. Nos dice la Biblia: "por las obras de la ley nadie será justificado" (Gá. 2:16). Y también "justificados gratuitamente por su gracia, mediante la redención que es en Cristo Jesús" (Ro. 3:24).No puedo *ganarme* la justificación. Nada que pueda yo hacer, puede hacerme digno de justificación ante Dios. He ofendido tanto que lo único que merezco es la ira de Dios para *siempre*. La única manera de que sea considerado justo, tiene que ser porque Dios quiere hacerme justo. Tiene que ser por su compasión divina y por ninguna otra; fija sus ojos en mí, me levanta del estercolero de mi ruina y determina vestirme con la *vestidura real de una justificación* que él ha preparado. En conclusión, no hay justificación que sea por mérito propio... La justificación viene como un regalo precioso de la mano generosa de la gracia de Dios.

El tema y medio de la justificación es la justicia de Jesucristo, manifestada en su obediencia vicaria[45], tanto en su vida como en su muerte. Ciertos herejes modernos lo niegan y, por ignorancia, algunos en el pasado decían que la justicia imputada[46] de Jesucristo era algo que no existía. El que la niega, quizá inconscientemente, arranca de raíz al sistema del evangelio. Estoy convencido de que esta doctrina está involucrada en todo el sistema de sustitución[47]

---

[44] *Catecismo de Spurgeon*, 32, a su disposición en Chapel Library.
[45] **Vicario** – Hecho por una persona como sustituto de otro.
[46] Ver Portavoz de la Gracia N° 7: *Justicia imputada*, a su disposición en Chapel Library.
[47] Ver Portavoz de la Gracia N° 9: *Sustitución*, a su disposición en Chapel Library.

y satisfacción; y todos sabemos que la sustitución y el sacrificio vicario son la médula misma del evangelio de Cristo.

Una justicia perfecta

La Ley, al igual que el Dios de la cual procedió, es absolutamente inmutable y no puede ser satisfecha con nada que no sea una justicia completa y perfecta. Alguien tuvo que sufrir el castigo por la culpa del pasado y, a la vez, hacer posible la obediencia al precepto que todavía sigue vigente: "Justificados pues por la fe tenemos paz para con Dios por medio de nuestro Señor Jesucristo" (Ro. 5:1). Esto fue llevado a cabo por el Señor Jesús como el representante escogido por él y es la base legal exclusiva de la justificación de los escogidos. En cuanto a mí, nunca podré dudar que la justicia de Cristo sea mía mientras siga comprobando que Cristo mismo y todo lo que él tiene, me pertenece. Si encuentro que me da todo, es indudable que me da su justicia junto con todo lo demás. Ahora Dios me ve a través de la justicia de Cristo; eso es justificación.

¿Qué más puedo hacer con eso que usarlo? ¿Acaso lo voy a guardar en un guardarropa y no ponérmelo? Bueno, hermanos, usen los demás la ropa que quieran: *Mi alma se regocija en la vestidura real*. Para mí, la expresión "el Señor nuestra justicia" es importante y tiene un significado de peso. Jesucristo seguirá siendo mi justicia durante todo el tiempo que pueda leer el mensaje del Apóstol: "el cual nos ha sido hecho por Dios sabiduría, justificación, santificación, y redención" (1 Co. 1:30). Mis queridos hermanos, no duden de la justicia imputada de Jesucristo, a pesar de lo que digan los contrarios. Recuerden que tienen que tener una justificación. La Ley lo requiere. No leo que la Ley establecida con nuestros primeros padres exigiera sufrimiento; sí la estableció después como castigo de su transgresión. Pero la justicia de la Ley no requería sufrimiento, sino obediencia. El sufrimiento no nos libra de la obligación de obedecer. Las almas perdidas en el infierno siguen bajo la Ley y, ni sus sufrimientos ni su angustia, aunque los soporten a la perfección, pueden justificarlas. La obediencia, y solo la obediencia, puede justificar. ¿Y dónde la podemos obtener sino en Jesús nuestro Sustituto?

Cristo viene para *magnificar* la Ley: ¿cómo lo hace sino por la obediencia? Si pudiera entrar en la vida eterna por guardar los mandamientos, como el Señor indica en Mateo 19:17, ¿cómo hacerlo excepto por medio de Cristo que sí los guardó? ¿Y cómo puede él haber guardado la Ley, excepto por su obediencia a sus mandamientos? Eso es justificación, Dios nos ve a través de la justicia perfecta de Cristo. Las promesas de la Palabra de Dios no fueron hechas con base en los sufrimientos; fueron hechas con base en la obediencia. En consecuencia, los sufrimientos de Cristo, aunque quiten el castigo, ellos solos no me hacen heredero de la promesa. "Mas si quieres entrar en la vida", dijo Cristo, "guarda los mandamientos" (Mt. 19:17). Es únicamente el que Cristo guardara los mandamientos lo que me da derecho a entrar en la vida. "Jehová se complació por amor de su justicia en magnificar la ley y engrandecerla" (Is. 42:21). No entro a la vida en virtud de sus sufrimientos; estos me libran de la muerte, me limpian de la inmundicia; pero entrar al gozo de la vida eterna es el resultado de la obediencia. Como no puede ser el resultado de la mía, tiene que ser el resultado de la de él, que me es atribuida a mí. El apóstol Pablo contrasta la obediencia de Cristo con la desobediencia de Adán: "Porque así como por la desobediencia de un hombre los muchos fueron constituidos pecadores, así también por la obediencia de uno, los muchos serán constituidos justos" (Ro. 5:19). Ahora bien, esto no se trata de la muerte de Cristo solamente, sino que de lo que está hablando aquí es de su obediencia activa. Es por *ésta* que somos [declarados] justos... Porque, a pesar de todo el clamor en contra de esta doctrina, está escrito en el cielo y es una verdad segura y preciosa que debe ser recibida por todos los fieles: Somos justificados por la fe por la justicia de Cristo Jesús que nos es imputada. Notemos lo que Cristo ha hecho en su vida y en su muerte: Sus obras se convierten en nuestras obras y su justicia nos es imputada, de manera que somos recompensados como si fuéramos justos, mientras que él fue castigado como si hubiera sido culpable.

Un alma justificada

Por lo tanto, esta justificación es dada a los pecadores como una obra de pura gracia, siendo su fundamento la justicia de Cristo. La manera práctica de aplicarla es por fe. El pecador cree en Dios y cree que Cristo es enviado por Dios. Acepta a Cristo Jesús como su único Salvador y, por ese acto, se convierte en un alma justificada. No es por arrepentirnos que somos justificados, sino por *creer*; no es por sentir profundamente la culpabilidad del pecado; no es por los amargos sufrimientos y aflicciones debido a las tentaciones de Satanás; no es por la mortificación del cuerpo, ni por renunciar al yo; todo esto es bueno, pero el acto que justifica es poner los ojos en Cristo. Nosotros, no teniendo nada, siendo nada, no pudiendo jactarnos de nada, sino estando totalmente vacíos, ponemos nuestra confianza en él, de cuyas heridas mana la sangre que da vida. Cuando confiamos en él, vivimos y somos justificados por su vida. Hay vida en una mirada de fe al crucificado, vida en el sentido de la justificación. Aquel que un minuto antes de su encuentro con Cristo era un criminal condenado, digno solo de ser llevado al lugar de donde vino y sufrir la ira divina, por un acto de fe es inmediatamente heredero de Dios, conjuntamente con Jesucristo, habiendo sido cambiado de la posición de condenación a la de aceptación, ¡de modo que ya no teme la ira de Dios! La maldición de Dios *no* puede tocarlo, porque Cristo fue hecho maldición por él, como está escrito: "Maldito todo el que es colgado en un madero" (Gá. 3:13).

Ahora bien, en cuanto a esta gran misericordia de justificación, podemos decir que es instantánea… El ladrón en la cruz fue limpio en el instante en que confió en Cristo tan ciertamente como que ya está en el Paraíso con Cristo. La justificación no es más completa en el cielo de lo que lo es en la tierra. Sí, denme toda su atención… La justificación nunca se altera en el hijo de Dios. Dios lo pronuncia inocente, e inocente es. Jehová lo justifica y su santidad no puede mejorar su justicia ni sus pecados disminuirla. Está en Cristo Jesús, el mismo ayer, hoy y por los siglos, tan aceptado en un momento como en otro, tan seguro de la vida eterna en un instante como en otro. ¡Oh, cuán bendita es esta verdad: Justificado en un momento y justificado completamente!

Tomado de un sermón predicado el domingo a la mañana, el 30 de abril de 1865, en el Tabernáculo Metropolitano, Newington, Londres, Inglaterra.

Charles H Spurgeon (1834-1892): Influyente predicador bautista inglés; nacido en Kelvedon, Essex, Inglaterra.

El retorno a la ropa modesta
Jeff Pollard

> *"Porque habéis sido comprados por precio; glorificad, pues, a Dios en vuestro cuerpo y en vuestro espíritu, los cuales son de Dios".* —1 Corintios 6:20

¿Por qué vestimos cómo lo hacemos?

Vincent Alsop señalaba: "No se puede negar, ni ocultar, ni justificar, ni tampoco corregir la lamentable intoxicación de la generación actual con cosas que son novedades, ni su triste degeneración respecto a la templanza de épocas anteriores… Hasta 'las hijas de Sion' se han infectado con esta epidemia". Del mismo modo, hay una epidemia de inmodestia que infecta nuestras iglesias hoy. Los principios por los cuales la mayor parte de la moda del traje de baño no pasa el examen de la modestia deben aplicarse a toda la ropa que usamos. Necesitamos tomar conciencia de que algunas prendas de vestir, cuya función debería ser "cubrir" el cuerpo, en realidad no cubren mucho; la ropa ajustada realza las formas del cuerpo del mismo modo que los trajes de baño. Aunque no debemos avergonzarnos del cuerpo como si fuera malo en sí, debemos cubrirlo correctamente para conservar la castidad de la mente y el espíritu, especialmente en las reuniones de adoración a nuestro santo Dios. Por encima de todo, los hombres debemos aprender a gobernar nuestro corazón y nuestros ojos, así como enseñar a nuestras esposas y a nuestros hijos los principios correctos de la modestia. Aunque las mujeres son vulnerables frente a la tentación de vestirse con ropa lujosa o sensual, sus padres y sus esposos son, en última instancia, los responsables de lo que visten las mujeres en su hogar. Es preciso que los hombres y las mujeres cristianos estudien y oren con fervor sobre este tema, porque realmente necesitamos volver a la modestia que enseña la Biblia.

¿Por qué vestimos cómo lo hacemos? John Bunyan formula la pregunta de esta manera: "¿Por qué son partidarios de andar… con los hombros desnudos y con los pechos colgando como las ubres de una vaca? ¿Por qué son partidarios de pintarse el rostro, estirarse el cuello y someterse a todas las acciones a que les obliga su orgullo? ¿Es porque quieren honrar a Dios? ¿Porque quieren que el evangelio dé una buena impresión? ¿Porque quieren embellecer la religión para que los pecadores se enamoren de su propia salvación? No, más bien es para complacer sus concupiscencias… También creo que Satanás ha atraído más gente hacia el pecado de impureza con el deslumbrante espectáculo de la moda de la que hubiera atraído sin él. Me pregunto qué era lo que antaño se consideraba atuendo de una ramera; ciertamente no podría haber sido más cautivador ni más tentador que la indumentaria de muchas creyentes de nuestra época". Lo mismo podría decirse hoy. Examinen su corazón. ¿Por qué se visten como lo hacen?

El alegato del satanista es: "Haz lo que quieras y eso será la totalidad de la ley". El alegato de los años 60 era: "¡Haz lo que se te dé la gana!". El de las feministas declara: "Es mi cuerpo y haré con él lo que quiera". El argumento de los evangélicos de hoy declara: "Tengo libertad, así que voy a hacer lo que quiera". Sin embargo, las Escrituras afirman: "¿O ignoráis que vuestro cuerpo es templo del Espíritu Santo, el cual está en vosotros, el cual tenéis de Dios, y que no sois vuestros? Porque habéis sido comprados por precio; glorificad, pues, a Dios en vuestro cuerpo y en vuestro espíritu, los cuales son de Dios" (1 Co. 6:19-20). Si es usted cristiano, no es su propio dueño. Todo su ser —alma, espíritu, cuerpo— es propiedad adquirida por Jesucristo y el precio que pagó por su cuerpo fue que el de él fuera partido: "Esto es mi cuerpo que por vosotros es partido" (1 Co. 11:24; *cf.* Mt. 26:26). ¡Nuestro cuerpo le pertenece!

Él lo redimió con su sangre preciosa en la cruz del Calvario. Debemos tener cuidado cómo adornamos esa propiedad comprada con la sangre de Cristo.

Sin duda, al leer esto, algunos exclamarán: "¡Aaah, pero eso es legalismo!". No puede llamarse legalismo a la acción de instar a los hijos de Dios a cubrirse porque la modestia es el mandato de las Escrituras. El deseo del corazón regenerado es honrar al Señor Jesús y hacer todo aquello que le dé gloria, cumpliendo sus mandamientos. "El que tiene mis mandamientos y los guarda, ese es el que me ama… El que no me ama, no guarda mis palabras" (Jn. 14:21, 24). La gloria de Dios y el amor a Cristo deben ser los motivos principales de todo lo que decimos, hacemos y pensamos, y eso incluye la ropa que usamos.

Ore

Le he mostrado lo que dicen las Escrituras y…confío en que estos [artículos] le hayan hecho reflexionar y también estimulado al amor y a las buenas obras. Sin embargo, como dije anteriormente, si le parece que la definición de modestia no es muy precisa o que las conclusiones de [estos artículos] no son bíblicas, entonces luche y ore hasta que el Señor le muestre algo mejor. ¡Pero no deje de orar! Por el amor de Cristo, ¡ore! ¡Nunca es legalismo llamar a los hijos de Dios a obedecerle conforme a su Palabra!

Ore y medite acerca del propósito eterno del Dios todopoderoso: "Porque a los que antes conoció, también los predestinó para que fuesen hechos conformes a la imagen de su Hijo" (Ro. 8:29). Este planeta y todo el universo existen por una sola razón: El Dios de gracia tenía la intención de salvar a su pueblo de sus pecados y hacerlos como su santo Hijo Jesucristo. Él derramó su sangre sobre la cruz del Calvario para pagar la deuda por los pecados de su pueblo. Sólo por la fe en él, sus pecados son perdonados por toda la eternidad. Cristo los salva, los limpia y los hace como él. ¿Y cómo es él? "Santo, inocente, sin mancha, apartado de los pecadores" (He. 7:26).

Los principios

Así pues, ¿cómo hemos de conducirnos respecto a este complicado asunto? Tengamos en cuenta estos principios: 1) Dar gloria a Dios debe ser nuestro primer objetivo: "Glorificad… a Dios en vuestro cuerpo" (1 Co. 6:20); "Hacedlo todo en el nombre del Señor Jesús" (Col. 3:17). 2) El amor a Cristo debe ser el motivo de nuestros actos: "Nosotros le amamos a él, porque él nos amó primero" (1 Jn. 4:19). 3) Recordar que somos templo del Espíritu Santo y que no somos nuestros, debe impulsarnos a corregirnos: "Vuestro cuerpo es templo del Espíritu Santo, el cual está en vosotros… y… no sois vuestros" (1 Co. 6:19). 4) Como resultado, nuestro objetivo debe ser amar a los demás, querer mantener la pureza en ellos y en nosotros, y no despertar sus pasiones lujuriosas. "El amor no hace mal al prójimo; así que el cumplimiento de la ley es el amor" (Ro. 13:10).

Quiera el Dios de misericordia concedernos que nos arrepintamos si hemos pecado en este sentido. Seamos sinceros con nosotros mismos y con nuestro Dios, queridos lectores. ¿Realmente le han dado a este tema toda la importancia que merece? ¿Alguno de ustedes alguna vez ha preguntado al Señor cómo debe vestirse un hijo santo de Dios? Si su respuesta es negativa, le animo con todo mi corazón a que lo haga. Arrepiéntase de cualquier mundanalidad que encuentre en su corazón. Arrepiéntase si se viste para atraer la mirada de los hombres y no para la gloria de Dios.

Hoy muchos vuelven a predicar con valentía el evangelio de la gracia soberana de Dios; en muchos lugares se declara con sencillez la verdad gloriosa de la salvación solo por fe, solo por medio de Cristo. Estas maravillosas verdades que transforman vidas deben producir personas santas, humildes y modestas, que se distingan de este mundo perdido y moribundo. De ahí que mi oración más ferviente es que amemos con ardor a Jesucristo y que nos amemos los unos a los otros, que luchemos juntos por la unidad de la fe y que vivamos vidas que magnifiquen la gracia salvadora de nuestro bendito Redentor. "Vivamos en este mundo sobria, justa y piadosamente" (Tit. 2:11-14) y que jamás neguemos estas preciosas verdades que amamos por seguir las costumbres y las modas de este mundo presente, lleno de maldad y de desnudez pecaminosa. Glorifiquemos a Dios en nuestro cuerpo y en nuestro espíritu, que de Dios son (1 Co. 6:20). Y para gloria de Dios y por amor al Señor Jesucristo, volvamos a la modestia cristiana.

Adaptado de *Modestia cristiana* de Jeff Pollard, publicado y a su disposición en CHAPEL LIBRARY.

Jeff Pollard: Anciano de Mount Zion Bible Church, Pensacola, Florida, Estados Unidos.

Capítulo 11—Ropa modesta

Capítulo 12

PENSAMIENTOS PARA LOS JÓVENES

¿Prefieres que se te advierta de un desastre que va a ocurrir con antelación o cuando ya es demasiado tarde? Todos nosotros preferiríamos una advertencia previa. ¿Por qué? Porque si se detecta el problema con tiempo, entonces se evita gran parte de los daños. El consejo que se toma en cuenta en la juventud aporta beneficios en el futuro lejano.

Las personas jóvenes necesitan consejo en la juventud, mientras se preparan para la edad adulta en un mundo caído. Dios debe amar a las personas jóvenes mucho porque definió y ordenó una metodología completa para su cuidado. Entregó instrucciones detalladas a los padres para que enseñasen a sus jóvenes. Mandó a las personas mayores en la Iglesia para que enseñasen a los más jóvenes (Tit. 2:2-5); les dio padres y madres y hermanos y hermanas espirituales en la Iglesia (1 Ti. 5:1-2); les dio pastores que saben cómo gobernar bien sus propias casas para que les enseñen la Palabra de Dios (1 Ti. 3:1-5) y mandó a los padres a criarlos "en disciplina y amonestación del Señor" (Ef. 6:4).

La Biblia afirma que los hijos son como las flechas que un guerrero le lanza a sus enemigos (Sal. 127:4). Hay dos personajes en este versículo: El guerrero (el padre) y la flecha (los hijos). Los hijos son flechas que se lanzan al mundo con el propósito de darle gloria a Dios en la tierra. Prosperan. Les va bien. Disfrutan de la vida. Las flechas dan en el blanco y el resultado es un efecto dominó: La verdad y el amor crecen alrededor de ellos y el mundo puede vislumbrar algo de la naturaleza de Dios.

En este capítulo, encontrarás consejos prácticos y sabiduría bíblica para los jóvenes. Estos autores tratan con casi todas las áreas importantes de la vida, bosquejando los pecados particulares y las tentaciones con las cuales los muchachos y las muchachas se enfrentarán a medida que cumplen con la visión bíblica de la masculinidad y la feminidad. Son santos con experiencia y conocimiento. El consejo que las personas jóvenes necesitan hoy, no es diferente al que necesitaban los jóvenes del pasado. A pesar de los cambios tecnológicos, no hay nada acerca del corazón de los jóvenes que haya cambiado desde que estos hombres escribieron estas líneas.

—*Scott Brown*

Pensamientos para los jóvenes
Archibald Alexander (1772-1851)

Es un asunto profundamente lamentable el que con frecuencia, los jóvenes[1] no estén muy dispuestos a escuchar los consejos de la gente mayor... Sin embargo, debemos desear con vehemencia que las lecciones de sabiduría que la experiencia le ha impartido a un grupo de hombres se pongan al alcance de aquellos que vienen después de ellos. Por esta razón, hemos decidido impartir a la próxima generación unos pocos y breves consejos sobre temas que son de profunda y reconocida importancia para todos. Pero antes de comenzar, deseamos asegurarles que nuestro objetivo no es interrumpir sus diversiones inocentes ni privarlos de cualquier diversión que no pueda ser considerada como injuriosa a sus intereses. Deseamos acercarnos a ti, querido joven, como amigos afectuosos, y no como maestros dogmáticos[2] o críticos severos. Por esta razón solicitamos tu atención paciente, cándida e imparcial a los siguientes consejos:

Un carácter cristiano coherente

Esfuérzate por tener un carácter cristiano coherente. Existe una belleza en la coherencia moral que se asemeja a la simetría de un edificio bien proporcionado, en el cual no hay carencias ni redundancia[3]. La coherencia sólo se puede adquirir y mantener al cultivar cada parte del carácter cristiano... No es frecuente que se nos permita ser testigos de un carácter bien proporcionado y equilibrado en todas sus partes; mientras que en una rama hay fuerza y hasta exuberancia[4], la otra puede tener un aspecto de debilidad y esterilidad. El hombre que se distingue por una clase de virtudes, en particular, es propenso a carecer de las virtudes que pertenecen a otra clase... Con frecuencia se encuentran hombres cuyo fervor brilla de forma ardiente y sobresaliente, de manera que deja a la mayoría en las sombras, pero a la vez, están completamente destituidos de la humildad, la mansedumbre y la bondad fraternal que forman una parte esencial del carácter cristiano. Algunas personas son concienzudas y meticulosas al llevar a cabo todos los ritos y deberes externos vinculados a la adoración de Dios. [Sin embargo,] son insensibles a las exigencias de la justicia y la veracidad estrictas en sus [relaciones] con los demás. Por otro lado, muchos se jactan de su moralidad, pero son notoriamente negligentes en cuanto a los deberes de la fe cristiana[5].

Con frecuencia, los verdaderos cristianos también pueden ser culpables de incoherencia. [Esto] surge por la falta de un discernimiento claro sobre cómo se aplica la norma de la conducta moral en casos particulares. Aunque los principios generales del deber son claros y fáciles de entender por todos, la habilidad de discriminar entre el bien y el mal en muchos

---

[1] **Nota del editor** –Varios artículos en este capítulo, originalmente se dirigían a hombres jóvenes, mujeres jóvenes y/o niños. Para hacerlos más útiles a todo lector, el término "jóvenes" aparece con frecuencia en lugar de las otras tres designaciones. De forma similar, la palabra "persona", algunas veces, reemplaza "hombre, mujer, niño" y "niña". Esto no es una capitulación al feminismo: El consejo bíblico que forma parte de todos los artículos en esta publicación es de provecho para ambos sexos.

[2] **Dogmático** – Tajante, imperioso.

[3] **Redundancia** – Que excede lo que es necesario.

[4] **Exuberancia** – Producción abundante.

[5] **Nota del editor** – La palabra original que el autor emplea aquí es *religión*. A la luz del uso amplio y muchas veces confuso de la palabra "religión" hoy en día, los términos "fe cristiana", "cristianismo" y "fe en Cristo" y, a veces, "piedad", "piadoso/a" o "piedad cristiana", suelen reemplazar "religión" y "religioso" en esta publicación.

casos complejos es rara en extremo. Esta percepción delicada y correcta de las relaciones morales sólo se puede adquirir por la bendición divina... Es bastante común que se dé por sentado el que la moralidad cristiana es un tema tan fácil que todo estudio aplicado de ésta es innecesario. ¡Tal idea representa un error perjudicial! Muchas de las deficiencias e incoherencias de los cristianos se deben a la falta de un conocimiento claro y correcto de la norma exacta para la conducta moral. En ningún otro tema se encuentra una diversidad más grande de opinión que en el que tiene que ver con la legalidad o ilegalidad de prácticas específicas. Hasta los hombres buenos suelen enfrentarse a dificultades y dudas con respecto a cuál es el camino correcto a seguir.

Sin embargo, aunque muchos casos de incoherencia surgen porque hay ignorancia en cuanto al estándar exacto de rectitud, la mayoría deben atribuirse a una falta de cuidado y atención. Los hombres no se comportan como debieran con base en sus principios, sino que se apoyan demasiado en las costumbres, la moda y el hábito. De esta manera, se llevan a cabo muchas acciones sin cuestionar su carácter moral...

Otra causa de la incoherencia que con tanta frecuencia observamos es la prevalencia[6] que ciertas pasiones y apetitos pueden obtener en el momento de la tentación. El poder de los principios internos de maldad no se percibe mientras que los objetos y las circunstancias que son favorables a su ejercicio están ausentes. Así como la víbora venenosa parece endeble al estar helada de frío, pero pronto muestra su maldad cuando se la acerca al fuego, el pecado a menudo permanece escondido en el corazón, como si estuviera muerto, hasta que alguna causa excitante lo provoca y éste entra en acción. Entonces, la persona se sorprende al descubrir que la fuerza de sus propias pasiones supera cualquier cosa que había imaginado previamente. Por lo tanto, en ciertas circunstancias, las personas se comportan de una forma que es completamente contraria al tenor general de su conducta. De ninguna manera es justo inferir, de un solo hecho irregular, que la persona que es culpable de tal hecho se ha comportado de una manera hipócrita en cuanto a todas las acciones aparentemente buenas de su vida anterior. La verdadera explicación es que los principios de acción que comúnmente ha podido gobernar y restringir, en algún momento de descuido o bajo el poder de una gran tentación, adquieren un poder que, en ese momento, sus buenos principios no tienen la fuerza necesaria para resistir. La persona que es habitualmente correcta y organizada puede entonces ser sorprendida en alguna falta. Como todos somos susceptibles a las mismas debilidades, debe haber una disposición para recibir y restaurar al cristiano ofensor cuando otorga suficiente evidencia de su penitencia[7].

El hombre, hasta en sus mejores condiciones en este mundo, es un ser inconsecuente. Las únicas personas en las que no podemos observar este defecto son las que por gracia viven cerca de Dios y ejercen un celo y una vigilancia constantes sobre sí mismos. Pero cuando la fe es débil y voluble, las incoherencias graves marcarán la belleza del carácter cristiano. Por esta razón, las personas jóvenes deben comenzar desde temprano a ejercer la vigilancia y a mantener sus corazones con toda diligencia, para que no sean cautivadas por sus propias pasiones ni dominadas por el poder de la tentación.

Por esta razón te aconsejo, mi joven amigo, que te esfuerces por ser consecuente. Cultiva de manera asidua cada parte del carácter cristiano para que una hermosa proporción se manifieste en tu virtud... para preservar la coherencia, es necesario estar bien familiarizados con los puntos débiles de nuestro propio carácter, conocer algo del poder de nuestras propias

---

[6] **Prevalencia** – Poder efectivo, influencia.

[7] **Penitencia** – Arrepentimiento.

pasiones y estar alertas de antemano en cuanto a las ocasiones y tentaciones que podrían incitarnos a un comportamiento que sea inconsecuente con nuestra profesión de fe cristiana... Como dijo ese hombre sabio: "Mejor es el que tarda en airarse que el fuerte; y el que se enseñorea de su espíritu, que el que toma una ciudad" (Pr. 16:32)... Aprende entonces, mi joven amigo, a controlar tus pasiones y a gobernar el temperamento desde la más temprana edad...

Un amor estricto a la verdad

Que tus [relaciones con los demás] sean caracterizadas por un amor estricto y concienzudo a la verdad, el honor, la justicia, la bondad y la cortesía... Sé honesto, recto, sincero, una persona que cumple su palabra, fiel en todos sus deberes, bondadoso con todos, respetuoso hacia aquellos que merecen respeto, generoso conforme a tus medios, agradecido por los beneficios que has recibido y delicado en la manera de ofrecer favores... Que tu conducta y conversación estén marcadas por la franqueza y el candor, la paciencia y un espíritu de indulgencia y perdón. En resumen: "Así que, todas las cosas que queráis que los hombres hagan con vosotros, así también haced vosotros con ellos" (Mt. 7:12)...

Gobierna tu lengua. Es probable que se cometan más pecados y se haga más daño con este pequeño miembro que de cualquier otra manera. La facultad del habla es uno de nuestros dones más útiles, sin embargo, es sumamente propenso para cometer abusos. Es por esta razón que, en las Escrituras, el que sabe controlar su lengua se le denomina como "un varón perfecto" (Stg. 3:2). De igual manera, se afirma sobre el que "se cree religioso entre vosotros, y no refrena su lengua", que "la religión del tal es vana" (Stg. 1:26). Las palabras que proferimos son un buen índice del estado moral de nuestras mentes. "Porque por tus palabras —dice nuestro Señor— serás justificado, y por tus palabras serás condenado" (Mt. 12:37). Los pecados de la lengua no son solamente más numerosos que otros, sino que algunos de ellos son los más atroces que el hombre puede cometer, hasta ese pecado que no tiene perdón es un pecado de la lengua (Mt. 12:32).

No solamente debes rechazar toda profanación, obscenidad y mentira; sino que también debes empeñarte, de manera continua, para ser útil en tu conversación. Debes estar siempre preparado para impartir conocimiento, sugerir ideas provechosas, recomendar la virtud y la fe cristiana, reprender el pecado y dar gloria a Dios. Guárdate de la maledicencia. El hábito de la difamación[8] está entre los peores que se puedan contraer y siempre indica un corazón envidioso y maligno. En vez de prostituir este miembro activo y útil al servicio de la calumnia, empléalo para defender al inocente e injuriado.

Permíteme sugerir las siguientes reglas breves para el gobierno de la lengua. Evita [el hablar demasiado]: "En las muchas palabras no falta pecado" (Pr. 10:19). Si no tienes algo útil que comunicar, mejor guarda silencio. Piensa antes de hablar... En especial, ten cuidado de decir cualquier cosa en forma de promesa sin antes reflexionar. Respeta escrupulosamente la verdad... nunca digas algo que pueda fomentar malos sentimientos de cualquier índole en la mente de otras personas. Debes estar listo para expresar buenos pensamientos cada vez que la ocasión lo permita, especialmente aquellos que puedan ser útiles para los jóvenes. Escucha las opiniones de otros respetuosamente, pero sin dejar nunca de dar testimonio —con modestia, pero también con firmeza— en contra del error. "Sea vuestra palabra siempre con gracia, sazonada con sal... ninguna palabra corrompida salga de vuestra boca, sino la que sea buena para la necesaria edificación, a fin de dar gracia a los oyentes" (Col. 4:6; Ef. 4:29).

---

[8] **Difamar** – Hacer comentarios que dañan la reputación de alguna persona.

Una buena conciencia

Cultiva una buena conciencia. Si el único castigo de la maldad fuera el aguijón de la conciencia que es el resultado de las malas acciones, sería razón suficiente para inducir a toda persona entendida a evitar aquello que produce tanto dolor. Entre las miserias a las cuales la mente humana está expuesta, no hay una más intolerable e irremediable que el remordimiento de conciencia. El remordimiento tiene la característica de ser renovado cada vez que con nitidez [recordamos] la mala acción. Es verdad que la conciencia, por medio del error y una resistencia constante a sus dictados, puede embotarse: "Teniendo cauterizada la conciencia" (1 Ti. 4:2). Sin embargo, lo que aparenta ser la muerte de la sensibilidad moral no es más que un *dormir*. En un momento inesperado y en las circunstancias más inconvenientes, la conciencia puede despertar y ejercer un poder aún más fuerte que el que se había experimentado jamás... Los hermanos de José casi parecían haber olvidado su conducta cruel y poco natural al venderlo para ser esclavo en un país extranjero. Sin embargo, después de muchos años, cuando se encontraron envueltos en dificultades y peligros en esa misma tierra, el recuerdo de su crimen regresó rápida y dolorosamente a sus mentes, provocando confesiones mutuas de culpabilidad. "Dios —dijeron— ha hallado la maldad de tus siervos... Y decían el uno al otro: Verdaderamente hemos pecado contra nuestro hermano, pues vimos la angustia de su alma cuando nos rogaba, y no le escuchamos; por eso ha venido sobre nosotros esta angustia" (Gn. 44:16; 42:21).

Frecuentemente, los hombres tratan de evadir los látigos de una conciencia culpable por medio de un cambio de lugar, pero este remedio es inefectivo. El transgresor podrá cruzar el más amplio océano, escalar la montaña más elevada, enterrarse en los lugares más remotos del desierto, sin embargo, no podrá volar lo suficientemente lejos o esconderse de forma tan eficaz como para escapar de aquello que lo atormenta. En algunos casos, la agonía del remordimiento ha sido tan intolerable que el culpable de gran maldad ha preferido la *"estrangulación y muerte"* (*cf.* Job 7:15) a una vida miserable y ha huido, precipitadamente, a la presencia de su Juez... ¿Pero existe algún hombre que no haya cometido pecado y cuyo recuerdo no le cause un dolor real? Frecuentemente, estas acciones se destacan con mucho relieve al contemplar el pasado. No hay esfuerzo que pueda borrar tales cosas de la memoria. Podemos apartar la mirada del objeto desagradable, ¡pero el pensamiento doloroso volverá!...

Cuando te aconsejo, mi joven amigo, a guardar una buena conciencia, quiero decir que debes procurar obtener esta bendición inestimable por medio de una solicitud a *"la sangre rociada"* (He. 12:24). La conciencia no puede obtener la paz verdadera hasta que el alma no es justificada[9] y el pecado perdonado. Mientras la Ley no se cumpla a nuestro favor y mientras exige venganza en contra nuestra por causa de nuestros pecados, ¿hay algo en el universo que pueda darnos paz? Pero, cuando por medio de la fe, el alma comprende la expiación[10] y ve que es conmensurada[11] a todas las demandas de la Ley y que en la cruz, no solamente queda satisfecha la justicia, sino que se despliega de forma gloriosa, queda libre inmediatamente de la agonía de la culpa. [Entonces], "la paz de Dios, que sobrepasa todo entendimiento" llena el alma (Fil. 4:7). El gran secreto de la paz genuina es entonces, ejercer una fe viva en la sangre de Cristo...

---

[9] **Justificada** – Cuando Dios la declara justa por medio de la fe en Jesucristo.
[10] **Expiación** – Reconciliación con Dios por medio de la muerte y la resurrección de Jesucristo.
[11] **Conmensurada** – En proporción, que corresponde en su magnitud.

Capítulo 12—Pensamientos para los jóvenes

La fortaleza en la aflicción

Aprende a soportar la aflicción con fortaleza y valor... Cristo mismo sufrió mientras estaba en el mundo y les dejó a sus seguidores un ejemplo perfecto de fortaleza santa y sumisión filial a la voluntad de Dios. Cuando fue duramente oprimido con la carga inconcebible de nuestros pecados, de manera que su alma humana no hubiera podido soportarla sin el apoyo de la naturaleza divina, sus palabras fueron: "No se haga mi voluntad, sino la tuya" (Lc. 22:42). Las aflicciones que son dadas al pueblo de Dios son una parte necesaria de la disciplina saludable y están diseñadas para purificarlo de la contaminación del pecado y prepararlo para el servicio de Dios aquí y para gozar de Él en el mundo venidero. Por esta razón, para él son una disciplina paterna, en vez de un juicio penal. Aunque hoy día no sean "causa de gozo, sino de tristeza...después [dan] fruto apacible de justicia a los que en ella han sido ejercitados" (He. 12:11)...

Mi propósito es guiar a mi joven lector hacia un estado mental que lo capacite a enfrentar la adversidad, en todas sus formas, para que no sea tomado por sorpresa cuando le visite alguna calamidad. Cuando llegue el día oscuro de la adversidad, no desmayes, más bien pon tu confianza en el Señor y busca en Él la fortaleza para soportar cualquier carga que sea puesta sobre ti. Nunca permitas que tu mente aloje pensamientos malos sobre Dios por causa de cualquiera de sus dispensaciones[12]. Estas pueden ser oscuras y misteriosas, pero todas son buenas y sabias. Después tendremos el privilegio de conocer todo lo que no podemos entender ahora. Ejerce una sumisión sin quejas a la voluntad de Dios revelada en los acontecimientos de la Providencia. Cree con firmeza que todas las cosas están bajo el gobierno de la sabiduría y la bondad. Recuerda que, cualesquiera que sean los sufrimientos que tengas que soportar, siempre serán menos que lo que tus pecados merecen. Piensa que estas dispensaciones aflictivas están llenas de ricas bendiciones espirituales. Y que no solamente son útiles, sino *necesarias*. Nos perderíamos junto con el mundo malvado si nuestro Padre bondadoso no hiciera uso de la vara para rescatarnos del desvío. Además, no hay situación en la que podamos glorificar a Dios más que cuando estamos en el horno de la aflicción... Y al ser instruido por la adversidad, estarás mejor equipado para simpatizar con los hijos del duelo y mejor adiestrado para consolarlos...

La piedad genuina

Debes apreciar la piedad genuina y cultivarla con toda diligencia. "El temor de Jehová es el principio de la sabiduría" (Sal. 111:10; Pr. 9:10). La piedad en la juventud es el espectáculo más hermoso del mundo. Sin la piedad, toda la moralidad, sin importar cuán útil sea a los hombres, es sólo una sombra. Es una rama sin raíz. La fe cristiana, más que cualquier otra adquisición, enriquece y adorna la mente del hombre. Congenia de manera especial con las susceptibilidades naturales de la mente juvenil. La vivacidad y versatilidad de la juventud, la ternura y el fervor de los sentimientos en esta edad, exhiben lo mejor de la piedad. ¡Cuán deleitoso es ver los corazones de los jóvenes hinchados con las vivas emociones de una devoción pura! ¡Cuán hermosa la lágrima de arrepentimiento y gozo santo que brilla en el ojo de un joven tierno!

No pienses, querido joven, que la religión verdadera *disminuirá* tu gozo. Permitir tales pensamientos es un insulto al Creador. No puede ser. Un Dios de bondad nunca ha exigido nada a sus criaturas que no aporte a su verdadera felicidad. La piedad en verdad puede llevar-

---

[12] **Dispensaciones** – Hechos que son el resultado de la voluntad divina y su manera de ordenar lo que ocurre.

te a cambiar los placeres del teatro y de la sala de bailes por los gozos más puros de la Iglesia y las reuniones de oración. Puede hacer que la atención ya no se enfoque en libros de mera imaginación vaga y de ficción y que se vuelva a la Palabra de Dios, que es, para el alma regenerada, más dulce que la miel y más excelente que el oro más puro; pero esto aumentará el gozo en vez de disminuirla.

Entonces con afecto y denuedo te exhorto y te ruego: "Acuérdate de tu Creador en los días de tu juventud" (Ec. 12:1). Ésta será la mejor protección en contra de todos los peligros y las tentaciones a las que estás expuesto... Querido joven, sé sabio y asegura una herencia entre los santos que habitan en la luz. Dios te llama para que seas reconciliado. Cristo te llama (Mt. 11:28)... Las puertas de la Iglesia se abrirán para recibirte. Los ministros del evangelio y toda la compañía de creyentes se gozarán con tu entrada y te darán la bienvenida a las preciosas ordenanzas de la casa de Dios. Finalmente, recuerda: "He aquí ahora el tiempo aceptable; he aquí ahora el día de salvación" (2 Co. 6:2).

La oración ferviente

Busca la ayuda y la guía divina por medio de la oración ferviente y sin cesar. Necesitas que la gracia de Dios te ayude diariamente. La sabiduría que procede de ti es necedad, tu propia fuerza es debilidad y tu propia justicia totalmente insuficiente. "El hombre no es señor de su camino, ni del hombre que camina es el ordenar sus pasos" (Jer. 10:23). Pero si estás falto de sabiduría, está permitido pedirla y tienes una promesa misericordiosa de que te será concedida. Todo lo que necesitemos se nos dará si lo pedimos con humildad y fe. "Pedid, y se os dará; buscad, y hallaréis; llamad, y se os abrirá" (Mt. 7:7)...

La fe y la oración son nuestros recursos principales frente a las diversas y grandes aflicciones de esta vida. Cuando todos los demás refugios fracasen, Dios esconderá a su pueblo que lo busca en su lugar secreto y lo protegerá bajo la sombra de sus alas. La oración es esencial para la existencia y el crecimiento de la vida espiritual. Es el aliento del nuevo hombre. Por este medio, obtiene un rápido socorro de innumerables males y hace que bajen del cielo las más dulces y ricas bendiciones. Que tu mente esté completamente convencida de la eficacia de la oración, cuando ésta se ofrece con fe y persistencia para obtener las bendiciones que necesitamos. Dios se ha dado a conocer como el que escucha las oraciones. Sí, ha prometido que tendremos, en tanto que sea para su gloria y para nuestro bien, todo lo que pidamos... El hombre que tiene acceso al trono de la gracia, nunca le faltará lo que verdaderamente necesita. "Gracia y gloria dará Jehová. No quitará el bien a los que andan en integridad" (Sal. 84:11)... Por esta razón no tendré temor de aconsejar a los jóvenes a cultivar un espíritu de oración y a ser constantes en su práctica. "Orad sin cesar... [Permaneced] constantes en la oración" (1 Ts. 5:17; Ro. 12:12). Muchas veces, también, cuando estamos llevando a cabo este deber, un poco del cielo baja a la tierra; y el adorador piadoso anticipa, en cierto grado, aquel gozo que es inefable[13] y eterno. Además, la oración será el escudo más eficaz contra el pecado y el poder de la tentación: "Satanás tiembla cuando ve al santo más débil de rodillas"[14].

Las preparaciones para la muerte

Concluiré mis consejos a los jóvenes con una recomendación seria y afectuosa para todo el que lea estas páginas: No tardes en hacer preparaciones para la muerte. Sé que los jóvenes alegres no están dispuestos a escuchar cuando se toca este tema. No hay nada que traiga una

---

[13] **Inefable** – Que no puede ser expresado, muy grande como para ser descrito en palabras.
[14] Del himno "Exhortation to Prayer" (Una exhortación a la oración) por William Cowper (1731-1800).

sombra más oscura a sus espíritus que el hecho solemne de que hay que enfrentar la muerte y que no hay posesión terrenal o circunstancia que pueda protegernos de ser sus víctimas a cualquier hora. Sin embargo, si reconocemos que este mal formidable es inevitable y que la tenencia por la cual nos agarramos de la vida es muy frágil, ¿por qué hemos de comportarnos tan irracionalmente y —*podría decir*— tan locamente, cerrando los ojos para no ver el peligro? ¿Preguntas sobre qué preparaciones son necesarias? Respondo que la reconciliación con Dios y la [aptitud] para las actividades y los gozos del estado celestial. La preparación para la muerte incluye el arrepentirnos ante Dios por todos nuestros pecados, confiar en el Señor Jesucristo y apoyarnos en su sacrificio expiatorio, un corazón regenerado, una vida reformada y, finalmente, un ejercicio vivo de la piedad, acompañado con una seguridad tranquila de que tenemos el favor divino. En resumen, la piedad genuina y vital forma la esencia de la preparación necesaria. De esta manera, estarás a salvo en la muerte y después de ésta, tu felicidad quedará segura. Pero, para que el lecho de muerte no sea sólo seguro, sino también confortable, debes poseer una fe fuerte y evidencias claras de que tus pecados han sido perdonados y de que has pasado de la muerte a la vida. Entonces, antes de otorgar sueño a tus ojos, debes estar convencido de la necesidad de comenzar el regreso hacia Dios, de quién como ovejas te has descarriado. "Prepárate para venir al encuentro de tu Dios" (Am. 4:12). "Por tanto, también vosotros estad preparados; porque el Hijo del Hombre vendrá a la hora que no pensáis" (Mt. 24:44).

Procura la libertad del temor a la muerte por medio de la solicitud creyente a Aquel que vino con el propósito de librarnos de esta esclavitud. Con su presencia y guía, no hay necesidad de temer ningún mal, aunque estemos pasando por el oscuro valle de sombra y de muerte. Él puede consolarnos con su vara y su cayado, y hacer que seamos vencedores sobre ese último enemigo.

Tomado de *Thoughts on Religious Experience* (Pensamientos sobre la experiencia religiosa), reeditado por The Banner of Truth Trust, www.banneroftruth.org.

Archibald Alexander (1772-1851): Teólogo americano presbiteriano, profesor principal de Princeton Seminary (Seminario de Princeton); nacido en Augusta County, Virginia.

> *Como regla general, los hombres y las mujeres jóvenes que tienen el gran privilegio de tener padres cristianos y crecer en un hogar cristiano, no perciben el amor de Dios en esto. Con frecuencia, se rebelan y desean que no tuvieran que soportar aquello que ellos ven como una gran dificultad. Así nosotros también veíamos las cosas en los días de nuestra ignorancia. Pero, ahora que Dios ha abierto nuestros ojos, podemos ver su amor en todo esto. Vemos cómo Él ha dispuesto todas las cosas para nuestro bien.* —Charles Spurgeon

> *La salvación a cualquier edad no tiene precio; pero, ¡oh, la salvación en la juventud tiene un doble valor!* — Charles Spugeon

Consejos generales para los jóvenes
J. C. Ryle (1816-1900)

Un entendimiento claro de la maldad del pecado

Primeramente, trata de obtener un entendimiento claro de la maldad del pecado. Joven, si supieras lo que es el pecado y lo que ha hecho, no pensarías que es extraño que te exhorte de esta manera. No percibes su verdadera esencia. Tus ojos están, por naturaleza, cegados en cuanto a su culpa y peligro, y por esta razón no puedes entender por qué estoy tan preocupado por ti. ¡Oh, no permitas que el diablo triunfe al persuadirte de que el pecado es un asunto menor!

Piensa por un momento en lo que la Biblia dice acerca del pecado; que mora naturalmente en el corazón de todo hombre y mujer viviente (Ec. 7:20; Ro. 3:23); continuamente corrompe nuestros pensamientos, palabras y acciones (Gn. 6:5; Mt. 15:19); hace que todos seamos culpables y abominables en la presencia de un Dios santo (Is. 64:6; Hab. 1:13); nos deja completamente desprovistos de la esperanza de la salvación cuando intentamos confiar en nosotros mismos (Sal. 143:2; Ro. 3:20); que su fruto en este mundo es vergüenza y su paga en el mundo venidero es la muerte (Ro. 6:21-23). Medita con calma sobre todas estas cosas.

Piensa en el cambio terrible que el pecado ha obrado en la naturaleza de todos nosotros. El hombre ya no es lo que era cuando Dios lo formó del polvo de la tierra. Salió de la mano de Dios íntegro y sin pecado (Ec. 7:29). En el día de su creación era, como todo lo demás, "bueno en gran manera" (Gn. 1:31). Pero, ¿qué es el hombre ahora? Una criatura caída, una ruina, un ser que muestra las marcas de la corrupción por todos lados: Su corazón es como el de Nabucodonosor, degenerado y terrenal, mira hacia abajo y no hacia arriba; sus afectos son como un hogar desorganizado, que no tiene a ningún hombre por amo y que está lleno de toda extravagancia y confusión; su entendimiento es como una lámpara que centellea en su recipiente, impotente para guiarlo, sin habilidad para distinguir entre el bien y el mal; su voluntad es como un barco sin timón, que es sacudido de aquí para allá por todo deseo y que solamente muestra coherencia en escoger siempre cualquier camino menos el de Dios. ¡Ay, qué gran ruina es el hombre en comparación con lo que pudo haber sido! Bien podemos entender el que se utilicen la ceguera, la sordera, la enfermedad, el dormir y la muerte como ilustraciones cuando el Espíritu va a darnos una idea del estado del hombre. Y recuerda que el hombre es como es por el pecado.

Piensa también lo que ha costado el hacer expiación por el pecado y el proveer el perdón a los pecadores. El mismo hijo de Dios tuvo que venir al mundo y tomar sobre sí nuestra naturaleza para pagar el precio de nuestra redención y librarnos de la maldición de una Ley que se había quebrantado. Él, que era en el principio con el Padre y por quien todas las cosas fueron hechas, tuvo que sufrir por el pecado —el justo por los injustos— tuvo que morir la muerte de un malhechor antes de que el camino al cielo pudiera ser abierto para cualquier alma. Mira como el Señor Jesucristo es despreciado y desechado entre los hombres, azotado, escarnecido e insultado; observa como sangra en la cruz del Calvario; escucha su grito de agonía: "Dios mío, Dios mío, ¿por qué me has desamparado?" (Mt. 27:46); fíjate en como el sol se escurece y las rocas se parten ante lo ocurrido. Entonces medita, joven, en qué consiste la maldad y la culpa del pecado.

Piensa también, sobre lo que el pecado ya ha hecho en la tierra. Piensa en como echó a Adán y a Eva del Edén, trajo el diluvio al mundo antiguo, hizo que bajara fuego del cielo sobre Sodoma y Gomorra, hundió a Faraón y a sus huestes en el Mar Rojo, destruyó a las siete naciones malvadas de Canaán, dispersó a las doce tribus de Israel sobre la superficie de la tierra. El pecado fue lo único que hizo todo esto.

Piensa también, sobre toda la miseria y la tristeza que el pecado ha causado y que está provocando en este mismo día. El dolor, la enfermedad y la muerte; la contienda, las peleas y las divisiones; la envidia, el celo y la malicia; el engaño, el fraude y la trampa; la violencia, la opresión y el robo; el egoísmo, la malignidad y la ingratitud; todas estas cosas son los frutos del pecado. El pecado es el padre de todas. De esta manera, el pecado ha marcado y dañado el rostro de la creación de Dios.

Joven, medita en estas cosas y no te preguntarás por qué predicamos como lo hacemos. Seguramente, si tan solo pensaras en estas cosas, romperías con el pecado para siempre. ¿Jugarás con el veneno? ¿Te tomarás el infierno en broma? ¿Tomarás fuego en las manos? ¿Ampararás al peor enemigo en tu pecho? ¿Seguirás viviendo como si para nada importara el que tus pecados sean perdonados o no, como si no importara si el pecado ejerciera su dominio sobre ti o tú lo ejercieras sobre el pecado? Oh, ¡despierta para que puedas obtener un sentido de la pecaminosidad del pecado y de su peligro! Recuerda las palabras de Salomón: "Los necios —son necios todos lo que así hacen— se mofan del pecado" (Pr. 14:9).

Escucha entonces, la petición que te hago en este día: Ora y pídele a Dios que te instruya sobre la verdadera maldad del pecado. Si anhelas la salvación de tu alma, levántate y ora.

Busca conocer a nuestro Señor Jesucristo

Por otro lado, busca conocer a nuestro Señor Jesucristo. En realidad, esto es lo principal en nuestra fe. Es la piedra angular del cristianismo. Hasta que no entiendas esto, mis advertencias y consejos serán inútiles; y todos tus esfuerzos, sin importar cuales sean, serán en vano. Un reloj sin un muelle es así de inservible como la religión sin Cristo.

Pero no quiero que me malentiendas. No me refiero a un mero *conocimiento* del nombre de Cristo, sino al conocimiento de su misericordia, gracia y poder; conocerle, no de oídas, sino por la experiencia del corazón. Mi deseo es que llegues a conocerle a Él por medio de la *fe*. Quiero, como dice Pablo, que conozcas "el poder de su resurrección... llegando a ser semejante a él en su muerte" (Fil. 3:10). Quiero que puedas decir: "Él es mi paz y mi fortaleza, mi vida y mi consolación, mi Médico y mi Pastor, mi Salvador y mi Dios".

¿Por qué enfatizo tanto este punto? Lo hago porque solamente en Cristo "[habita] toda plenitud" (Col. 1:19), porque solamente en Él hay toda plenitud de todo lo que necesitamos para las carencias del alma. En cuanto a nosotros mismos, somos todos pobres criaturas vacías, sin nada de justicia y paz, fortaleza y consuelo, valor y paciencia, sin poder para perseverar ni para seguir adelante ni para progresar en este mundo malvado. Es solamente en Cristo que podemos encontrar todas estas cosas: Gracia, paz, sabiduría, justicia, santificación y redención. Somos cristianos firmes solamente según dependamos de Él. Es sólo cuando el yo es nada y Cristo es toda nuestra confianza, es solamente entonces cuando nos esforzaremos y actuaremos. Solamente entonces estaremos listos para la batalla de la vida y venceremos. Solamente entonces estaremos preparados para el trayecto de la vida y progresaremos. El vivir en dependencia de Cristo, el obtener todo de Cristo, hacerlo todo por medio de su fortaleza, esperar siempre en Él, éste es el verdadero secreto de la prosperidad espiritual. "Todo lo puedo —dice Pablo— en Cristo que me fortalece" (Fil. 4:13).

Joven, en este día pongo a Jesucristo delante de ti como el tesoro de tu alma. Te invito a que comiences por ir a Él, si has de correr de tal manera que lo obtengas. Que sea éste tu primer paso: Ir a Cristo. ¿Quieres consultar a tus amigos? Él es el mejor amigo: "Amigo… más unido que un hermano" (Pr. 18:24). ¿Te sientes indigno por tus pecados? No temas, su sangre limpia todo pecado. Él dice: "Si vuestros pecados fueren como la grana, como la nieve serán emblanquecidos; si fueren rojos como el carmesí, vendrán a ser como blanca lana" (Is. 1:18). ¿Te sientes débil e incapaz de seguirle? No temas, Él te dará potestad para que seas hecho hijo de Dios. Él te dará el Espíritu Santo para que more en ti y te sellará como posesión suya; te dará un nuevo corazón y pondrá un nuevo espíritu en ti. ¿Estás turbado o acosado por debilidades peculiares? No temas, no hay espíritu maligno que Jesús no pueda echar fuera; no existe enfermedad del alma que Él no pueda curar. ¿Estás lleno de dudas y temores? Deséchalos: "Venid a mí", dice Él (Mt. 11:28). "Al que a mí viene, no le echo fuera" (Jn. 6:37). Él conoce bien el corazón del joven. Conoce tus pruebas y tentaciones, tus dificultades y tus enemigos… Puede compadecerse de tus debilidades (He. 4:15); pues Él mismo padeció siendo tentado. Ciertamente, no tendrías excusa al rechazar a un Salvador y a un Amigo como éste.

Escucha la petición que te hago hoy: Si amas la vida, busca conocer a Jesucristo.

Nada es tan importante como tu alma

Por otra parte, nunca olvides que nada es tan importante como tu alma. Tu alma es eterna. Vivirá para siempre. El mundo y todo lo que éste contiene pasará —sin importar su firmeza, solidez, hermosura y orden; el mundo llegará a su fin—. "Y la tierra y las obras que en ella hay serán quemadas" (2 P. 3:10). Las obras de los hombres de Estado, de escritores, pintores y arquitectos, son todas transitorias, tu alma vivirá más que todas ellas. Un día la voz del ángel proclamará que: "El tiempo no [será] más" (Ap. 10:6). Pero esto nunca se dirá de tu alma.

Te suplico que trates de comprender el hecho de que tu alma es lo único por lo que vale la pena vivir. Es la parte de ti que siempre debe tener el primer lugar. Ningún lugar ni empleo que sea dañino para tu alma es bueno para ti. Ningún amigo ni compañero que se burle de lo que concierne a tu alma se merece tu confianza. El hombre que le hace daño a tu persona, tu propiedad o tu carácter, solamente te hace un daño pasajero. El verdadero enemigo es aquel que busca perjudicar tu alma.

Piensa por un momento en la razón por la cual has sido enviado al mundo. No meramente para comer, beber y satisfacer los deseos de la carne; no sólo para vestir el cuerpo y seguir la carne dondequiera que esta te lleve; no sólo para trabajar, dormir, reír, hablar, disfrutar y pensar en nada más allá de lo temporal. ¡No! Tienes un propósito más alto y mejor que éste. Fuiste colocado en este mundo para que te entrenaras para la eternidad. El único propósito de tu cuerpo es el ser una morada para tu espíritu inmortal. Es oponerse abiertamente a los propósitos de Dios, el hacer como hacen muchos: Convertir el alma en la sierva del cuerpo y no el cuerpo en el siervo del alma.

Joven, Dios no hace acepción de personas (Hch. 10:34). Él no se fija en el abrigo, la cartera, el rango o la posición de ningún hombre. Él no mira lo que mira el hombre. El santo más pobre que jamás haya muerto en un asilo para pobres es más noble en su presencia que el pecador más rico que jamás haya muerto en un palacio. Dios no mira las riquezas, los títulos, el conocimiento, la belleza, ni nada por el estilo. Hay una sola cosa que Dios mira y ésta es el alma inmortal. Él mide a todos los hombres de acuerdo a un solo estándar, una medida, una prueba, un criterio, y éste es el estado de sus almas.

No olvides esto. Mantén los intereses de tu alma siempre en mente: Mañana, tarde y noche. Levántate cada día con el deseo de verla prosperar. Al acostarte cada noche, pregúntate a ti mismo si en verdad has avanzado… que tu alma inmortal esté siempre en tu mente y que cuando los hombres te pregunten por qué vives así como lo haces, que tu respuesta siga esta línea: "Yo vivo para mi alma". Créeme, pronto vendrá el día cuando el alma será lo único en lo cual los hombres pensarán y en el cual la única pregunta importante será la siguiente: "¿Está mi alma perdida o salvada?".

El hacer de la Biblia tu guía

Por otra parte, que tu determinación sea el hacer de la Biblia tu guía y consejera mientras vivas. La Biblia es la provisión misericordiosa de Dios para el alma pecaminosa del hombre, el mapa que debe usar para determinar el curso de su vida si su objetivo es la vida eterna. Todo lo que necesitamos saber para tener paz y ser santos o felices, ella lo contiene en abundancia. Si el joven quiere saber cómo empezar bien en su vida, que escuche lo que dice David: "¿Con qué limpiará el joven su camino? Con guardar tu palabra" (Sal. 119:9).

Joven, te exhorto a que cultives el hábito de la lectura de la Biblia y que no lo abandones. No permitas que la risa de tus compañeros, ni las malas costumbres de la familia en la que vives, ni que ninguna de estas cosas sean un impedimento para que cumplas con él. Haz la decisión de que, no sólo tendrás una Biblia, sino que también sacarás el tiempo para leerla... Éste es el libro del cual el Rey David obtuvo sabiduría y entendimiento. Es el libro que el joven Timoteo conoció desde su niñez. Nunca te avergüences de leerlo. No desprecies la Palabra (Pr. 13:13).

Léela con *oración*, pidiendo la gracia del Espíritu para que puedas entenderla... Léela con reverencia, como Palabra de Dios, no de hombre, con una convicción implícita de que aquello que ésta aprueba es bueno y lo que condena es malo. Puedes estar muy seguro que toda doctrina que no pasa la prueba de las Escrituras es falsa. Esto te guardará de ser llevado por doquiera por las opiniones peligrosas de estos últimos días. Puedes estar muy seguro de que toda práctica en tu vida que sea contraria a las Escrituras es pecaminosa y debe ser abandonada. Esto resolverá muchos asuntos de conciencia y cortará el nudo de muchas dudas. Recuerda la forma tan diferente en que dos reyes de Judá leyeron la Palabra de Dios: Joacim la leyó e inmediatamente cortó el rollo en pedazos y lo quemó en el fuego (Jer. 36:23). ¿Por qué? Porque su corazón se rebeló en contra de la Palabra y él estaba determinado a no obedecerla. Josías la leyó e inmediatamente rasgó sus vestidos y clamó con voz potente al Señor (2 Cr. 34:19). ¿Por qué? Porque su corazón era tierno y obediente. Él estaba dispuesto a cumplir con todo lo que la Escritura le enseñaba que era su deber. ¡Oh, espero que imites al último de estos dos y no al primero!

Además, léela con *regularidad*. Es la única forma de llegar a ser "poderoso en las Escrituras" (Hch. 18:24). Darle un vistazo rápido a la Biblia de vez en cuando no hace mucho bien. A ese ritmo nunca te familiarizarás con sus tesoros, ni sentirás que la espada del Espíritu se ajusta a tu mano en la hora del conflicto. Sin embargo, llena tu mente de las Escrituras por medio de la lectura diligente y pronto descubrirás su valor y su poder; los textos hablarán a tu corazón en el momento de la tentación; los mandatos vendrán a tus pensamientos en la hora de la duda; las promesas acudirán a tu mente en tiempos de desaliento. De esta manera, probarás la verdad de las palabras de David: "En mi corazón he guardado tus dichos, para no pecar contra ti" (Sal. 119:11); y de las palabras de Salomón: "Te guiarán cuando andes; cuando duermas te guardarán; hablarán contigo cuando despiertes" (Pr. 6:22).

Insisto en estas cosas más porque vivimos en una época de lectura. Parece que nunca se terminará la producción de libros en grandes cantidades, aunque pocos son verdaderamente provechosos. Parece que el imprimir y editar de forma barata es muy popular. Abundan los periódicos de toda clase; el tono de algunos de los que tienen mayor tirada habla mal del gusto de la época. En medio del diluvio de lectura peligrosa, abogo por el libro de mi Maestro;

te exhorto a no olvidar el libro del alma. No permitas que la lectura de periódicos, novelas y romances te haga dejar a un lado a los apóstoles y profetas. No permitas que tu atención sea cautivada por aquello que es emocionante y licencioso, mientras que, al mismo tiempo, nada de lo que edifica y santifica encuentra lugar en tus pensamientos.

Joven, dale a la Biblia el honor que merece todos los días de tu vida. En todas tus lecturas, lee la Biblia primero. Además, cuídate de los libros malos. Hay muchos en estos días. Ten cuidado con lo que lees. Sospecho que de esta forma se le hace un daño a las almas que es más grave de lo que piensa la mayoría de las personas. Valora los libros según estos sean conforme a las Escrituras. Los mejores son aquellos que más se asemejan a ella y los peores, los que más lejos se encuentran de ella y más se oponen a ésta.

Los amigos íntimos

Por otra parte, nunca hagas un amigo íntimo de alguien que no es un amigo de Dios. Entiéndeme, no me refiero a conocidos. No quiero decir que no debes tener nada que ver con nadie excepto los verdaderos cristianos. El adoptar tal posición no es posible ni tampoco deseable en este mundo. El cristianismo no le exige a ningún hombre que sea descortés. Sin embargo, sí te aconsejo que seas muy cuidadoso al escoger tus amigos... Nunca estés satisfecho con la amistad de alguien que no sea útil para tu alma.

Créeme, la importancia de este consejo no se puede sobrevalorar. Es imposible estimar el daño que produce el asociarse con compañeros y amigos impíos. Existen pocas cosas que ayuden al diablo más en su tarea de arruinar el alma de una persona. Si le concedes esta ayuda, le importará poco toda la armadura con la cual te puedas proteger en contra de él. La buena educación, los hábitos precoces de moralidad, los sermones, los libros, el hogar organizado, las cartas de los padres —él conoce que todas estas cosas no te ayudarán mucho si te aferras a amigos impíos—. Podrás resistir muchas tentaciones directas y rechazar muchas trampas evidentes, pero desde que te juntes con un mal compañero, el diablo estará contento. El capítulo terrible que describe la conducta malvada de Amnón en referencia a Tamar casi comienza con estas palabras: "Y Amnón tenía un amigo... era hombre muy astuto" (2 S. 13:3).

Debes recordar que todos somos criaturas con una tendencia a la imitación: El precepto nos puede instruir, pero el ejemplo es lo que nos atrae. Hay algo en nosotros que hace que siempre estemos dispuestos a adoptar las costumbres de aquellos con los que vivimos. Mientras más nos agradan, más fuerte se vuelve esta inclinación. Sin darnos cuenta, ejercen una influencia sobre nuestros gustos y opiniones; poco a poco desechamos aquello que les desagrada y adoptamos lo que es conforme a sus gustos para hacernos amigos más íntimos de ellos. Y lo peor de todo es que adoptamos sus costumbres en las cosas que son malas mucho más rápidamente que en lo bueno. La salud, desafortunadamente, no es contagiosa, pero la enfermedad sí lo es. Es mucho más fácil coger un resfriado que impartir un color saludable —hacer que la fe del otro disminuya, en vez de hacerla crecer y prosperar—.

Joven, te pido que tomes estas cosas en serio. Antes de permitir que alguien se convierta en tu compañero constante, antes de asumir el hábito de contárselo todo, de acudir a él en medio de todos tus problemas y todos tus placeres, antes de llegar a ese punto, simplemente piensa en lo que he dicho. Pregúntate a ti mismo: "¿Esta amistad será útil para mí o no?".

"Las malas conversaciones [en verdad] corrompen las buenas costumbres" (1 Co. 15:33). Quisiera que ese versículo se escribiera en los corazones con la misma frecuencia que se escribe en los cuadernos de copiar[15]. Los buenos amigos son parte de nuestras más grandes bendiciones: Pueden guardarnos de mucha maldad, animarnos en el camino, hablar palabras al cansado, orientarnos hacia arriba y hacia delante, pero un amigo malo es una desgracia definitiva, un peso que nos arrastra continuamente hacia abajo y nos mantiene encadenados a la tierra. Cultiva la compañía de un hombre irreligioso y es más que probable que, al final, terminarás siendo igual que él. Ésta es la consecuencia general de este tipo de amistad. El bueno desciende al nivel del malo, pero el malo no sube al nivel del bueno…

Insisto en este punto porque tiene más que ver con tus posibilidades en la vida que lo que pueda aparentar a primera vista. Si algún día te casas, es muy probable que escojas una esposa entre las conexiones de tus amigos. Si Joram, el hijo de Josafat, no hubiera formado una amistad con la familia de Acab, entonces es muy probable que no se hubiera casado con la hija de Acab. ¿Quién puede valorar la importancia de hacer una buena elección en el matrimonio? Es un paso que, como dice el viejo refrán, edifica o destruye al hombre. Tu felicidad en ambas vidas puede depender de él. Tu esposa será una ayuda para tu alma o la perjudicará; no hay punto intermedio. Ella aumentará la llama de la piedad cristiana[16] en tu corazón o le echará agua fría y hará que su luz sea muy débil… El que encuentra una buena esposa, en verdad "halla el bien" (Pr. 18:22), pero si tienes algún deseo de encontrarla, ten mucho cuidado de cómo escoges a tus amigos.

¿Quieres saber qué tipo de amigos debes escoger? Escoge aquellos que beneficiarán tu alma, amigos que realmente puedas respetar; amigos que quisieras tener cerca en tu lecho de muerte; amigos que amen la Biblia y no tengan temor de hablarte sobre ella; aquellos que no tendrás vergüenza de admitir que son tus amigos cuando regrese Cristo y en el Día del Juicio. Sigue el ejemplo de David; él dice: "Compañero soy yo de todos los que te temen y guardan tus mandamientos" (Sal. 119:63). Recuerda las palabras de Salomón: "El que anda con sabios, sabio será; mas el que se junta con necios será quebrantado" (Pr. 13:20). Pero puedes estar seguro de lo siguiente: Las malas compañías en la vida presente son una manera segura de procurar una compañía aún peor en la vida venidera.

Tomado de *Thoughts for Young Men* (Pensamientos para jóvenes), disponible en Chapel Library.

J. C. Ryle (1816-1900): Obispo anglicano, que nació en Macclesfield, Cheshire County, Inglaterra.

---

[15] **Cuaderno** – Un libro que tenía modelos de buena caligrafía y que se usa para enseñar caligrafía.
[16] **Nota del editor** – La palabra original que el autor emplea aquí es *religión*. A la luz del uso amplio y muchas veces confuso de la palabra *"religión"* hoy en día, los términos "fe cristiana", "cristianismo" y "fe en Cristo" y, a veces, "piedad", "piadoso/a" o "piedad cristiana", suelen reemplazar "religión" y "religioso" en muchos casos en esta publicación.

Advertencia a los jóvenes sobre el pecado
John Angell James (1785-1859)

> *"Alégrate, joven, en tu juventud, y tome placer tu corazón en los días de tu adolescencia; y anda en los caminos de tu corazón y en la vista de tus ojos; pero sabe, que sobre todas estas cosas te juzgará Dios".* —Eclesiastés 11:9

Esta generación

No es mi propósito el declarar que los jóvenes de esta generación son más corruptos que los de otros tiempos, pero sí afirmaré que sus intereses morales han quedado expuestos, por diversas causas, a un peligro inminente. La mejora y difusión de la educación moderna han tenido como resultado un modo de pensar independiente y audaz que, aunque en sí mismo sea beneficioso, exige un grado de dominio propio cristiano para equilibrarlo y para impedir que se deteriore hasta convertirse en un libertinaje desenfrenado. También es probable que, en los últimos años, los padres hayan rebajado el rigor de la disciplina doméstica porque piensen que sus hijos han aumentado en saber y que, por lo tanto, se merecen el halago. El negocio y el comercio han cobrado hoy una extensión tan amplia que los jóvenes gozan de menos supervisión por parte de sus padres que en el pasado y, por consiguiente, quedan más expuestos a la influencia contaminadora de las malas compañías. Los hábitos de la sociedad, en general, son cada vez más costosos y lujosos. Además de todo esto, los esfuerzos secretos, pero fervientes, de los infieles a favor de la circulación de obras[17], que intentando socavar la fe revelada, buscan subvertir todo el tejido moral, hacen que la irreligión y la inmoralidad aumenten de forma alarmante. Pero sin importar cuales sean las causas, para mí es un hecho indiscutible que multitud de jóvenes en la actualidad son sumamente corruptos y profanos. Tal situación afecta e involucra todos mis sentimientos como padre, ministro y patriota. Estoy preocupado por mis propios hijos, como también por los jóvenes de mi congregación, mi pueblo y mi país.

Los jóvenes serán los padres de la próxima generación y estoy muy deseoso de que transmitan la fe cristiana a la posteridad y no el vicio. Escucha entonces con seriedad lo que espero proponer en esta noche, lo cual hago motivado por un afecto puro y fiel.

Eclesiastés 11:9

Me gustaría dirigir tu atención a esa porción solemne de las Sagradas Escrituras que encontrarás en Eclesiastés 11:9… Nadie más capaz que Salomón para formar una opinión correcta sobre este tema, ya que no hubo otro hombre que tuviera a su disposición mayores recursos de placer terrenal, ni otro que con más entusiasmo se aprovechara de las oportunidades que estaban a su alcance… Su testimonio, por lo tanto, se debe considerar, no como las declamaciones cínicas de un ascético[18], que jamás ha probado la gratificación de los sentidos, sino como el de un hombre que había bebido de la copa hasta el fondo y que, al final, solamente había encontrado los residuos de ajenjo, hiel y veneno… (Sal. 75:8; Lm. 3:19).

Cuando el texto se explica correctamente, vemos que consiste en un discurso de advertencia. Detrás de lo que parece ser un permiso, el lenguaje encierra una prohibición muy fuerte y directa. Es como si el escritor dijera: "Joven desconsiderado y sensual, que no tienes ni idea

---

[17] **Obras** – Quizás obras literarias, de teatro u obras de arte.

[18] **Declamaciones… ascético** – Las palabras emotivas, llenas de amargura… Alguien que practica una abnegación extrema, de una vida muy sobria y austera.

de lo que es la felicidad aparte de aquello que proviene de la gratificación animal y que bebes continuamente de la copa embriagante de los placeres mundanos, sigue en tu propio rumbo si estás determinado a vivir de ese modo; gratifica tus apetitos; satisface todas tus pasiones. No te niegues nada: Come, bebe y regocíjate. Ignora las advertencias de la conciencia. Pisotea la autoridad de la Palabra revelada, pero no pienses que prosperarás para siempre en los caminos del pecado o que siempre tendrás el mismo aire de jovialidad y de triunfo. El Día del Juicio está cercano, cuando tendrás que dar cuentas por todas estas cosas. Dios es ahora testigo de todos tus caminos, los toma todos en cuenta y un día te llamará a su estrado y te pagará conforme a tus hechos".

Los placeres sensuales

En esta declaración queda implícito el hecho de que los jóvenes son fáciles adictos a los placeres sensuales. Tal ha sido el caso en cada generación y en todo país. Es demasiado común el que, no solamente ellos mismos, sino también las personas mayores y sus padres, justifiquen y mitiguen los excesos inmorales de los jóvenes. Con frecuencia escuchamos un adagio[19] abominable: "La juventud es para el placer, la madurez para los negocios y la vejez para la religión"; no hay lengua que pueda expresar, ni mente que pueda concebir, un insulto más craso y ofensivo a Dios que éste. En efecto, equivale a decir lo siguiente: "Cuando ya no pueda disfrutar de mis lujurias, ni tenga la habilidad de ir tras mis ganancias, entonces le entregaré a Dios un cuerpo y un alma que se han desgastado en el servicio del pecado, de Satanás y del mundo". La perversidad monstruosa y la terrible impiedad de esta idea son tales que podríamos suponer que una explicación clara de ella conmocionaría y aterrorizaría hasta al pecador más empedernido e imprudente del mundo.

Existen muchas razones por las cuales el corazón juvenil se apega al amor del placer sensual y que, en la opinión de los jóvenes, lo justifican. A su edad, las preocupaciones no ejercen mucho peso sobre el corazón, las pasiones son fuertes, la imaginación es vivaz, gozan de buena salud y sienten un impulso social que está en todo su vigor. Las atracciones de los compañeros son poderosas. Se imaginan que éste es el tiempo idílico[20] en el que podrán disfrutar plenamente del placer. Piensan que luego, cuando pase la temporada de la juventud, serán tan serios como sea necesario y que la sobriedad, la moralidad y la religión llegarán cuando sea el tiempo natural y apropiado. El placer mundano se adorna con el atuendo voluptuoso[21] y las prendas ostentosas[22] de una ramera y surge en sus imaginaciones agitadas con todas las atracciones encantadoras de una belleza fascinante. Se entregan inmediatamente a su influencia y piensan que tiene la capacidad de suplirles en abundancia con toda la felicidad que anhelan. Su gran preocupación es el gratificar sus sentidos. El alma y todos sus grandes intereses se descuidan a favor de los placeres que corresponden a los apetitos carnales y ésta es condenada a la degradación de comportarse nada más que como una sierva cuyo deber es contribuir a los placeres del cuerpo.

Joven, ¿puedes justificar, al estrado de la razón o de la Revelación, tal uso de la mañana de tu existencia, de la porción mejor y más hermosa de tu vida? Si en realidad existe un Dios que te creó y que te guarda, ¿es razonable que la temporada de la juventud transcurra de una forma detestable ante sus ojos? ¿Es ésta la manera de asegurar su bendición en los días

---

[19] **Adagio** – Un dicho antiguo.
[20] **Idílico** – Utópico o excesivamente idealizado. Tiempos felices y sin preocupaciones.
[21] **Voluptuosa** – Sensual; que sugiere el placer sensual sin restricciones.
[22] **Ostentoso** – Llamativo; que son propios de una prostituta.

futuros? … ¿Quién ha dicho que los jóvenes pueden andar inofensivamente en todo tipo de gratificación sensual? ¿En qué página del libro de la verdad divina encuentras las concesiones a los excesos de la juventud que haces a favor propio y que los amigos insensatos también hacen por ti? "¡Ay de los que se levantan de mañana para seguir la embriaguez, que se están hasta la noche, hasta que el vino los enciende! Y en sus banquetes hay arpas, vihuelas, tamboriles, flautas y vino, y no miran la obra de Jehová, ni consideran la obra de sus manos" (Is. 5:11-12). Éste es el testimonio del Señor que se imparte, tanto en contra de los pecados de la juventud como en contra de los que pertenecen a los años de mayor madurez. ¿Y no menciona San Pablo entre otros vicios el que los hombres eran "amadores de los deleites más que de Dios" (2 Ti. 3:4)? …No existe un solo deber de la verdadera piedad que sea obligatorio en años futuros que no tenga la misma autoridad sobre ti en la [actualidad]. ¿Es entonces la juventud la temporada para el placer pecaminoso? ¿Será que entregarás deliberadamente al vicio la mejor porción de tu existencia y la que ejerce la mayor influencia? Es una idea terrible, repugnante, tanto ante la razón como ante la Revelación.

Si decides ir tras el placer sensual y lo tomas como el objetivo de los años de tu juventud, considera la influencia que ejercerá sobre todas tus ocupaciones. Cuando los jóvenes viven de esta forma, su lectura sigue la misma línea y, por consiguiente, no da como resultado la piedad ni la edificación, sino que es más bien leve, trivial y dañina. Las novelas y los romances provocativos, la poesía lasciva, las canciones inmorales, la sátira de los personajes religiosos y los argumentos en contra de la Palabra revelada son, en general, las obras que los jóvenes corruptos y viciosos suelen consultar. Por medio de estas, su depravación va en aumento. La prensa nunca antes ha producido fuentes más contaminadas que aquellas que fluyen en estos tiempos. Hay autores, y no de poco talento, que buscan complacer cada corrupción del corazón juvenil. Casi todo vicio tiene un sumo sacerdote que se ocupa de quemar incienso en su altar y de conducir a sus víctimas, adornados con las guirnaldas de la poesía y la ficción, a su ruina.

Las recreaciones y las diversiones de los jóvenes que viven para las actividades pecaminosas tienen la misma naturaleza que su lectura, conversación y compañeros —están contaminadas y contaminan—. Por lo general, les gusta frecuentar el teatro[23]. El teatro, ese corruptor de los rasgos morales públicos, esa escuela donde nada bueno y todo lo malo se aprende, ese centro de perversos y seminario del vicio, esa avenida ancha y florida hacia el pozo del abismo. Allí los jóvenes no encuentran nada que impida el pecado, ni advertencias en contra

---

[23] No es de ningún modo la intención del autor el afirmar que todos los que frecuentan el teatro son personas viciosas [*depravadas, malvadas*]. El proferir una acusación tan extensa e injustificada como ésta es algo que está lejos de él. Sin duda, hay muchas personas amables y morales que están entre los admiradores de la representación teatral. Que ellos no sean contaminados por las escenas que presencian ni tampoco por el lenguaje que allí escuchan no es una prueba más válida de que el teatro no es inmoral en sus tendencias y sus efectos que el decir que la plaga no es contagiosa porque existen algunas complexiones que pueden resistir la infección. No tiene mucho mérito el decir que las personas que están protegidas por toda defensa y restricción moral que se pueda concebir, escapan sin lesión. Pero hasta en estos casos, sostengo que la mente no queda completamente ilesa. ¿Es posible que una criatura moral imperfecta (y hasta el mejor de nosotros no es nada más que esto) pueda escuchar las súplicas irreverentes que se hacen al cielo, las referencias indecentes, los sentimientos anti-cristianos que se emiten en la representación de hasta las obras más puras para su entretenimiento sin que tome lugar algún deterioro de su pureza mental? …Si pudiéramos afirmar que en alguna ocasión hubo alguien quien llegó a ser una mejor persona por medio de la sátira teatral del vicio (aunque, por cierto, el reírse del vicio no es la mejor forma de cultivar la virtud), ¿no sería justo reconocer que, así como hubo este caso de reforma, existen mil casos de ruina? J.A. James, *Youth Warned* [*Advertencia a los jóvenes*].

de la irreligión, ni recordatorios del juicio venidero. Al contrario, [ahí encuentran] todo aquello que inflama sus pasiones, excita sus deseos criminales y gratifica su apetito por el vicio. El lenguaje, la música, y la compañía, todo se adapta a los gustos sensuales con el propósito de desmoralizar a la mente. Hay multitudes que una vez eran jóvenes relativamente inocentes y felices que tienen que señalar la fecha de su ruina en el mundo presente y en el porvenir como la hora en la que sus pies primero pisaron el recinto contaminado de un teatro. Hasta entonces ignoraban muchas de las costumbres del vicio... Por lo tanto, cuando una persona joven desarrolla y gratifica el gusto por las representaciones teatrales, considero que su carácter moral está en peligro inminente...

¿Quién puede representar, de forma justa, el crimen de seducir a una mujer inocente para después abandonarla? ¡Sin embargo, con cuanta frecuencia ocurre tal cosa! Ella, una pobre y miserable víctima, [es] la que crédulamente acepta promesas que se hacen sin la más mínima intención de cumplirlas y, al final, es abandonada como una cosa inútil y arruinada... [si] el traidor siente alguna punzada de remordimiento, su lástima llega demasiado tarde. No puede restaurar la paz que con mano criminal le arrebató a un corazón que estaba sereno hasta que él invadió su tranquilidad. No puede restaurar la virtud que él corrompió. No puede reconstruir el carácter que él mismo destruyó... Reconozco que el seductor es menos culpable que el asesino, pero ¿hasta qué punto? El último destruye la vida inmediatamente, mientras que el primero hace que ésta se desgaste poco a poco... El último arriesga su propia vida al cometer el crimen, mientras que el primero no se expone a ningún riesgo personal. El asesino recibe la sentencia más dura que la justicia de un país pueda imponer, mientras que el seductor sigue en libertad para deleitarse con impunidad y para seguir realizando conquistas en su carrera desoladora. [Puede] desafiar toda la justicia menos la del cielo. Sí, el miserable, culpable y contaminado, será acogido en la sociedad elegante y moral con la misma bienvenida de antes, aunque regrese a ésta con el peso de la culpa, todavía reciente, de haber ocasionado la ruina de una mujer... Si cualquier individuo que sea culpable de esta gran transgresión le echa un vistazo a estas palabras, que medite sobre su culpa y que nunca en su vida deje de lamentarse por su pecado, buscando el perdón por medio de la sangre de Cristo... ¡Reflexiona, hombre joven! ¡Oh! Reflexiona antes de entregarte a la destrucción de dos almas a la vez y de provocar un enredo de pecado y de miseria que ni siquiera la eternidad misma pueda deshacer[24].

Joven, ¿Estás feliz en tu pecado?

En medio de toda tu jovialidad pecaminosa, ¿estás feliz, joven, en tu pecado? ...Debes sumar, joven, todos los dolores del vicio: La ansiedad que lo precede y el remordimiento que viene después, los latigazos de la conciencia y la reprobación de los amigos, el temor de ser encontrado y la vergüenza al ser descubierto, y dime si estas cosas no sobrepasan los placeres del pecado... Lo que necesitas, joven, es una renovación de tu corazón por el Espíritu Santo. Debes nacer de nuevo del Espíritu y ser renovado en tu mente por el Espíritu. Necesitas un nuevo corazón, que tenga una inclinación santa, un carácter espiritual... Necesitas llegar a temer a Dios de forma que éste sea el principio habitual de tus acciones y a amarle a Él sobre todas las cosas como la pasión suprema de tu alma. Bajo una profunda convicción de pecado, debes obtener el "arrepentimiento para con Dios, y de la fe en nuestro Señor Jesucristo"

---

[24] No le echo la culpa de la seducción solamente a los que pertenecen a mi propio sexo. En estos tiempos, no son pocas a las que se les puede aplicar la descripción que hace Salomón de la mujer seductora. J.A. James, *Youth Warned* [*Advertencia a los jóvenes*].

(Hch. 20:21). Es necesario que seas justificado por la fe y que tengas paz para con Dios por medio de nuestro Señor Jesucristo.

Tienes que ser santificado por la verdad y por el Espíritu de Dios. Sin la santidad nadie verá al Señor (He. 12:14). La gracia de Dios que trae salvación debe enseñarte, no solamente a renunciar a la impiedad y a los deseos mundanos, sino a vivir sobria, justa y piadosamente en este presente siglo malo (Tit. 2:12). La moralidad por sí misma no es suficiente… Servirá para mejorar tus intereses temporales como persona, disminuirá tu condenación como un pecador, pero no te concederá el carácter de un cristiano aquí, ni tampoco será acompañada por la gloria, el honor, la inmortalidad y la vida eterna en la vida venidera. Es extremadamente probable que, si te sientes satisfecho con ser una persona moral y descuidas la piedad, ni siquiera podrás conservar tu virtud por mucho tiempo. Puede ser que vengan sobre ti tentaciones que sean demasiadas poderosas como para ser superadas por nada que no sea la fe en Cristo que emplea a la Omnipotencia en nuestra defensa. En un solo momento de descuido, puedes llegar a ser la víctima de aquellos enemigos espirituales que están al acecho para engañarte. Dios es el único que te puede guardar…

Joven, el pecado es engañoso… Al principio el vicio nos atrae, después se nos hace fácil, luego nos deleitamos en él, hasta que participamos en él con frecuencia y se convierte en un hábito que, al final, queda consolidado; entonces el hombre se vuelve impenitente, luego obstinado, hasta que decide que nunca se arrepentirá y, finalmente, es condenado.

"Deje el impío su camino, y el hombre inicuo sus pensamientos —y para animarlo, se añade lo siguiente—, y vuélvase a Jehová, el cual tendrá de él misericordia, y al Dios nuestro, el cual será amplio en perdonar" (Is. 55:7). En el Señor hay perdón para que sea reverenciado y abundante redención para que le busquemos. Aun hoy, espera para tener piedad de nosotros. Jesucristo "puede también salvar perpetuamente a los que por él se acercan a Dios" (He. 7:25). Reflexiona, considera, arrepiéntete, cree y sé santo.

Tomado de un sermón que se predicó en Carss Lane Meeting House (Casa de reunión de Carss Lane), el domingo por la tarde, el día 4 de enero del 1824.

John Angell James (1785-1859): Predicador inglés congregacionalista; nació en Blandford, Dorsetshire, Inglaterra.

Exhortaciones a la prudencia
MATTHEW HENRY (1662-1714)

"Exhorta asimismo a los jóvenes a que sean prudentes". —Tito 2:6

La prudencia, el gran deber

Doctrina: El ser prudente es el gran deber de todas las personas jóvenes. Me esforzaré por demostrarte… aquello a lo que te instamos cuando te exhortamos a ser prudente. Me enfocaré en la palabra original que se usa en el texto y en sus diversos significados. Es la misma palabra que se emplea para describir la tercera parte de nuestro deber cristiano y es la primera de las tres lecciones que la gracia de Dios nos enseña: Que vivamos sobriamente (Tit. 2:12). En otro lugar, se nombra por último en una lista de tres gracias cristianas excelentes: Dios nos ha dado un espíritu "de poder, de amor y de dominio propio" (2 Ti. 1:7). Considera esta exhortación en toda su amplitud y te demostrará a ti, que eres joven, lo [siguiente]:

Considerado y reflexivo

Debes ser considerado y reflexivo, no precipitado y descuidado. El ser prudente significa usar la inteligencia para razonar con nosotros mismos y para tener comunión con nuestros propios corazones. [Significa] el emplear aquellos poderes y capacidades nobles que nos distinguen de las bestias y que nos hacen más dignos que estas para aquellos grandes fines para los cuales nos fueron otorgadas. [Esto es para] que no recibamos en vano la gracia de Dios en estas capacidades (2 Co. 6:1), sino que como criaturas racionales nos comportemos de forma racional… como nos corresponde. Aprendiste a hablar cuando eras un niño: ¿Cuándo aprenderás a pensar, *a reflexionar seriamente*? …Una vez que percibas la grandeza del Dios a quien tenemos que dar cuenta y el peso de esa eternidad en la cual estás a punto de caer, ¡verás que ha llegado la hora de pensar!

¡Ya es hora de mirar a tu alrededor! Aprende a pensar más allá de lo que se encuentra justo frente a ti, aquello que afecta los sentidos y la imaginación, para ver también las causas, las consecuencias y el porqué de las cosas. [Aprende] a descubrir verdades; a comparar la una con la otra, a basar un argumento sobre estas y a aplicarlas a tu vida y ver sus implicaciones. [No te] aferres a lo primero que surja en tu mente, sino a lo que debe tener el primer lugar y a lo que merece ser considerado primero. Hay multitudes de personas que son destruidas por ser *irreflexivas*. La desconsideración arruina a miles y muchas almas valiosas perecen simplemente por falta de atención: "Pues así ha dicho Jehová de los ejércitos: Meditad bien sobre vuestros caminos" (Hag. 1:5). Entra en tu propia alma: Comienza a familiarizarte con ella. Será el conocimiento más provechoso que puedas encontrar y tendrá los mejores resultados a tu favor… Saca tiempo para pensar, que tu deseo sea estar a solas de vez en cuando, que la soledad y el retirarte no sea una causa de incomodidad para ti, ya que tienes un corazón propio con el cual puedes hablar y un Dios que está cerca de ti con el cual puedes tener una comunión agradable.

Aprende a pensar libremente; Dios te invita a que así lo hagas. "Venid luego, dice Jehová, y estemos a cuenta" (Is. 1:18). Nuestro deseo no es que confíes ciegamente en nosotros, sino que investigues el asunto imparcialmente como hicieron los nobles bereanos, que escudriñaron cada día las Escrituras para ver si las cosas que los apóstoles le habían dicho eran así (Hch. 17:11). El cristianismo puro y la piedad seria no temen el escrutinio del pensamiento que es libre, pero sí desprecian la malicia impotente del que es prejuicioso…

Aprende a pensar por ti mismo; a pensar sobre ti mismo, a pensar con ahínco. Reflexiona sobre lo que eres y de lo que eres capaz. Piensa en Quien te creó, para qué fuiste creado y con qué propósito fuiste dotado con la capacidad del razonamiento… Piensa, por lo tanto, si ya no es hora de que hasta el más joven comience a tener fe en Cristo y a entrar por la puerta estrecha (Mt. 7:13-14).

Y en lo que tiene que ver con tus acciones particulares… reflexiona sobre lo que vas a hacer *antes* de hacerlo para que no tengas motivo de arrepentirte de ello después. No hagas nada precipitadamente… Reflexiona sobre el camino de tus pies para que sea un camino recto. Algunas personas se enorgullecen de ser descuidados. Les puedes decir sobre algún asunto del cual fueron advertidos [y] ellos lo ignoran con esta excusa: Por su parte, nunca siguen el consejo. No se preocupan por nada de lo que se les dice, ni tampoco [han] pensado en ello desde entonces; de esta forma se glorían en su vergüenza. Pero [no seas] negligente como ellos… Comienza a haber esperanza para los jóvenes cuando empiezan a buscar con todo el corazón aquellas cosas sobre las que se les testifica y a pensar sobre ellas con el razonamiento que le corresponde al hombre y la atención que estas merecen.

Cauteloso y prudente

Debes ser cauteloso y prudente, no voluntarioso e impetuoso. La palabra que se usa en el texto es la misma que se traduce como "ser prudente" (Tit. 2:5). Es importante que no sólo pienses racionalmente; sino también que, después de haberlo hecho, te comportes sabiamente… Camina con circunspección[25]: Mira lo que te queda en frente, mira a tu alrededor, mira lo que está debajo de tus pies y escoge tu camino cuidadosamente: No como necio sino como sabio (Ef. 5:15). Cuando David salió a enfrentarse con el mundo, su propósito fue: "Entenderé el camino de la perfección cuando vengas a mí" y dice también: "En la integridad de mi corazón andaré en medio de mi casa" (Sal. 101:2). Por lo tanto, vemos que su propósito se cumple y que Dios contesta su oración: "David se conducía prudentemente en todos sus asuntos, y Jehová estaba con él" (1 S. 18:14).

Apártate de la insensatez infantil y así también de las otras cosas que pertenecen a la inmadurez y no pienses ni hables como un niño durante toda la vida… La ciencia del prudente está en entender su camino, sus propios asuntos, [y] no en censurar a los demás. Esta sabiduría será beneficiosa en todo caso para ayudarte a escoger las medidas, los pasos que debes tomar… "Sé sabio, hijo mío… Sabiduría ante todo; adquiere sabiduría; y sobre todas tus posesiones adquiere inteligencia" (Pr. 27:11; 4:7)… No digas: "Haré esto o aquello; he resuelto hacerlo… ¡sin importar que me digan lo contrario! Andaré en los caminos de mi corazón y en la vista de mis ojos, sin importar lo que me cueste". Nunca hagas determinación alguna que no esté regida por la sabiduría… Consulta con aquellos que son buenos y sabios. Pregúntales que harían si estuvieran en tu posición y encontrarás que "en la multitud de consejeros hay seguridad" (Pr. 11:14)…

Pero, ¿quieres ser sabio? ¿No solamente que los demás piensen que eres sabio, sino *realmente* serlo? Entonces estudia las Escrituras. A su luz obtendrás más entendimiento que los antiguos, más que todos tus maestros (Sal. 119:99-100). Observa la actitud y el mal comportamiento de los demás para que puedas imitar a los que hacen el bien y para que el ejemplo de los que hacen el mal te sirva de advertencia. Observa a ambos para recibir la enseñanza.

Pero debes ser especialmente ferviente en la oración a Dios para obtener sabiduría, así como lo fue Salomón. Su oración fue tanto agradable como exitosa en el cielo. Si alguna

---

[25] **Circunspección** – Cuidadosamente, con cautela.

persona, si cualquier joven, *"tiene falta de sabiduría"* y es consciente de que le hace falta, tiene instrucciones sobre lo que debe hacer, el camino a seguir es claro: "Pídala a Dios" (Stg. 1:5). Se le anima a hacerlo: "Porque Jehová da la sabiduría". Le pertenece y por eso la puede dar (Pr. 2:6). Él se deleita en darla y la otorga con liberalidad. Les presta una atención particular a los jóvenes a la hora de proporcionar este don, puesto que su Palabra fue escrita para dar al joven "inteligencia y cordura" (Pr. 1:4). …Existe una promesa expresa para todo el que busca como debe y es que su búsqueda no será en vano. No es una promesa con un "por ventura"[26], sino que incluye la más amplia garantía: "Y le será dada" (Stg. 1:5). Para todos los verdaderos creyentes, Cristo mismo es y será hecho por Dios sabiduría (1 Co. 1:30).

Humilde y modesto

Sé humilde y modesto[27], en vez de orgulloso y presumido… La siguiente es una observación que he hecho basado en lo poco que he podido conocer del mundo: He visto que los jóvenes son más bien arruinados por el *orgullo* que por cualquier otra lujuria. Por consiguiente, permíteme que con toda seriedad te presione en cuanto a este asunto; me refiero a una advertencia que se introduce con una solemnidad que va más allá de lo ordinario: "Digo, pues, por la gracia que me es dada, a cada cual que está entre vosotros". ¿Cuáles son las palabras que de este modo son descritas como un mensaje de origen divino y que les concierne a todos? Son las siguientes: Que ningún hombre "tenga más alto concepto de sí que el que debe tener, sino que piense de sí con cordura" (Ro. 12:3).

Mantén una mesurada opinión de ti mismo, de tus dones externos e internos, de tus logros y progreso, y de todo tu rendimiento, todas las cosas que llamas mérito y excelencia… Que los apuestos no se gloríen en su belleza ni los ingeniosos en su inteligencia porque no puede existir algo que más disminuya la gloria de ellos que el que se diga que tal o cual es atractivo e inteligente, *pero lo sabe*… Deléitate más en hacer y decir lo que merece elogio que en el que te alaben por ello porque "¿qué tienes que no hayas recibido?" (1 Co. 4:7). ¿Y qué has recibido de lo cual no hayas abusado? Entonces, ¿por qué te glorías?

Mantén un sentido constante y sensible de tus múltiples defectos y debilidades. [Reflexiona] sobre todo lo que hay en ti y cuánto de lo que dices y haces cada día te da razón para sentirte avergonzado y humillado… Medita con frecuencia sobre las cosas que te humillan y que tienden a derrocar la alta opinión que tienes de ti mismo. Mantén un sentido humilde de tu dependencia necesaria y constante en Cristo y en su gracia, sin la cual no eres nada y pronto serías menos que nada.

No pienses que eres demasiado sabio, bueno o maduro como para no recibir represión por lo que está mal y para que te enseñen a comportarte mejor. Cuando tengas el doble y el triple de la edad que ahora tienes, todavía no serás demasiado viejo como para aprender y aumentar en saber. "Y si alguno se imagina que sabe algo, aún no sabe nada como debe saberlo" (1 Co. 8:2). Por lo tanto, el que parece ser sabio, que parece serlo ante sus propios ojos y también ante los demás: "Hágase ignorante, para que llegue a ser sabio" (1 Co. 3:18)… No confíes en tu propio juicio, ni seas obstinado, ni mires a los que no piensan como tú con desprecio… No te avergüences por nada que no sea pecado… No puede haber una deshonra más grande para ti que el comportarte descuidadamente. No pienses que estás por encima

---

[26] **Por ventura** – Quizá, tal vez.

[27] **Modesto** – Tener una estimación moderada de sí mismo.

de los deberes de la fe cristiana[28], como si la oración no estuviera a tu altura, ni tampoco el escuchar la Palabra y participar en las obras de devoción porque en realidad, el honrar a Dios de esta manera es el más grande honor que puedes tener….

Templado y abnegado

Debes ser templado y abnegado, y no ser indulgente en cuanto a tus apetitos. Es la misma palabra que en el texto se traduce como "prudentes" en el versículo dos y es una de las lecciones que los hombres ancianos deben aprender. Algunos piensan que el significado apropiado es "un uso moderado de la comida y la bebida"… Quiero advertir a los hombres jóvenes que deben temer el pecado de la borrachera. Mantén tu distancia de él. Evita toda lo que se asemeje a este pecado y todo lo que te acerque a él. Ha matado a sus miles, a sus diez miles de jóvenes. Ha arruinado su salud, les ha traído enfermedades y los ha destruido en la flor de su juventud. ¡Cuantos han caído como sacrificios de quienes nadie se apiada por causa de esta pasión vulgar! …Deberías temblar al pensar en cuan fatales son sus consecuencias, como te incapacita para el culto a Dios por la noche, sí, y para tus propios negocios en la mañana… pero esto no es lo peor: Destruye las convicciones y las chispas de devoción y hace que el Espíritu de gracia se aparte. Será la ruina eterna del pecador si éste no se arrepiente y la abandona a tiempo. La Palabra de Dios lo ha dicho y no se puede desdecir; no se puede negar que los borrachos "no heredarán el reino de Dios" (1 Co. 6:9)… Si vieras como el diablo coloca la copa de la borrachera en tus manos, me atrevo a decir que no la aceptarías. Puedes estar seguro que la tentación a hacer tal cosa viene de él. Por lo tanto, deberías temerlo como si así lo estuvieras viendo. Si vieras que alguien vierte veneno en el vaso, no beberías de él. Y aquello que provoca a Dios y arruina tu alma es peor que el veneno. Contiene algo peor que la muerte; el infierno está en esa copa. ¿Entonces por qué no la rehúsas?…

Quizá te identificas públicamente con el Señor Jesús al participar en su Mesa: ¿Te atreves a participar de la Cena del Señor y también de la copa de los demonios? Que los cristianos, siendo hechos reyes y sacerdotes para nuestro Dios, se apliquen a sí mismos la lección que la madre de Salomón le enseñó: "No es de los reyes, oh Lemuel, no es de los reyes beber vino" (Pr. 31:4). Entonces tampoco es para los cristianos el beber vino, sino con gran moderación: "No sea que bebiendo olviden la ley", olviden el Evangelio (Pr. 31:4, 5). …Aprende a tiempo a disfrutar de los deleites que son racionales y espirituales y, entonces, ya no tendrán atractivo para ti aquellos placeres que son brutales y que corresponden solamente a los animales. Ten cuidado de que, al ser complaciente con el cuerpo y con sus lujurias, llegues poco a poco a tener el carácter oscuro de aquellos que son "amadores de los deleites más que de Dios" (2 Ti. 3:4). El cuerpo está hecho para que sea siervo del alma y debe tratarse conforme a este principio. Debemos darle, como se debe hacer con los siervos, aquello que es justo y equitativo. Debemos permitir que tenga lo que es justo, pero sin dejarlo dominar… Niégate a ti mismo. De esta manera, harás que sea más fácil para ti y podrás lidiar de mejor manera con las calamidades comunes de la vida humana, así como con los padecimientos por la justicia. Aquellos que quieren ser aprobados como buenos soldados de Jesucristo deben soportar la dificultad, deben acostumbrarse a ella (2 Ti. 2:3).

---

[28] **Nota del editor** – La palabra original que el autor emplea aquí es *religión*. A la luz del uso amplio y muchas veces confuso de la palabra *"religión"* hoy en día, los términos "fe cristiana", "cristianismo" y "fe en Cristo" y, a veces, "piedad", "piadoso/a" o "piedad cristiana", suelen reemplazar "religión" y "religioso" en muchos casos en esta publicación.

Benévolo y gentil

Debes ser benévolo y gentil, y no dejarte llevar por tus pasiones. La palabra que aquí se usa significa moderación, una sensatez mental que es lo opuesto al frenesí y a la violencia... Los jóvenes son especialmente tendientes a airarse y enfurecerse, a resentirse ante los agravios y a buscar la venganza... Por lo tanto, sus emociones están descontroladas porque no se le ha dado muerte al orgullo. Aman la libertad y, por lo tanto, no pueden soportar que los controlen. Están asidos de su propia opinión y, por lo tanto, no pueden soportar que los contradigan. [Pero] se aíran muy rápidamente si alguien se atreve a *contradecirlos*... Aprende ya a controlar tu ira, a cuidarte de las chispas de la provocación para que no caigan en la yesca. Si el fuego se prende, apágalo inmediatamente dándole la orden a tu alma de que esté en paz y guardando la puerta de tus labios. Cada vez que seas ofendido o pienses que has sido ofendido, no te esmeres por demostrar la astucia de una respuesta aguda que hará subir el furor, sino la sabiduría y la gracia de una blanda respuesta que quita la ira (Pr. 15:1)... A todos los argumentos que la razón nos presenta a favor de la mansedumbre, el cristianismo añade (1) la autoridad del Dios que nos creó, quien prohíbe la ira insensata como homicidio de corazón; (2) el ejemplo del Señor Jesucristo quien nos compró y nos manda a aprender de Él a ser mansos y humildes de corazón; (3) las consolaciones del Espíritu que tienen una tendencia directa a hacer que seamos agradables para con nosotros mismos y para con los demás y (4) nuestras experiencias de la misericordia de Dios y de su gracia al ser paciente con nosotros y perdonarnos. ¿Será que esta institución divina y celestial no cumplirá con sus propósitos de quitar la raíz de amargura que produce hiel y ajenjo? ¿No nos convertirá en personas apacibles, amables, benignas, que son las características resplandecientes y benditas de la sabiduría de lo alto (Stg. 3:17)?

Si permites que el poder de tus pasiones [aumente] ahora [mientras] eres joven, estarás en peligro de que lleguen a ser más y más fuertes y que te conviertan en alguien que está perpetuamente inquieto. Sin embargo, si aprendes a dominarlas ahora, podrás mantener este dominio fácilmente y entonces mantener la paz en tu corazón y en tu hogar. Por medio de la gracia de Dios, ni siquiera la enfermedad ni la vejez podrán convertirte en un malhumorado, ni dañarán tu temperamento, ni amargarán tu espíritu. Por lo tanto, que sea parte del adorno de la juventud el vestirse: "Como escogidos de Dios, santos y amados, de entrañable misericordia, de benignidad, de humildad, de mansedumbre, de paciencia" (Col. 3:12). Tu edad está hecha para el amor: Permite que el amor *santo* sea entonces, una ley en tu vida.

Casto y reservado

Debes ser casto y reservado[29], no licencioso e impuro[30]. Tanto los padres griegos como los filósofos utilizan la palabra que significa ser *casto*. Cuando aquí se habla de ella como el deber particular de los hombres jóvenes, sin duda el significado de la palabra debe interpretarse como "las obras de la carne, que son: adulterio, fornicación, inmundicia, lascivia" (Gá. 5:19). Se denominan de forma particular como "pasiones juveniles" (2 Ti. 2:22). Y en contra de estas, en el nombre de Cristo, estoy aquí para advertirte a ti que eres joven. Por Dios y por tu propia alma que es de gran valor, ¡huye de estas pasiones juveniles! Que te inspiren temor, así como lo haría un fuego devastador o una plaga destructora, y mantente alejado de ellas. Apártate de toda apariencia de este tipo de pecado: Aborreciendo aún la ropa contaminada por la carne, hasta el atavío de la ramera (Pr. 7:10). No desees conocer estas profundidades

---

[29] **Casto y reservado** – Sexualmente puro y caracterizado por el dominio propio.

[30] **Licencioso e impuro** – Sexualmente inmoral y contaminado con el pecado.

de Satanás, sino más bien, alégrate porque ignoras el camino de la mujer adúltera. Debes ver que todas las tentaciones a la inmundicia proceden del espíritu de inmundicia, ese león rugiente que siempre anda alrededor, buscando devorar a los jóvenes (1 P. 5:8). ¡Oh, que pronto aprendas a aborrecer este pecado y a sentir odio hacia él! …Que tu propósito firme y constante sea que, en la fortaleza de la gracia de Jesucristo, nunca te contaminarás con él. Recuerda lo que el Apóstol señala como aquello que debe ser la preocupación constante del soltero: El ser santo, tanto en cuerpo como en espíritu, para agradar al Señor (1 Co. 7:34).

Guárdate de los inicios de este pecado para que Satanás no tome ventaja sobre ti en cualquier cosa… ¡Cuan encarecidamente Salomón advierte al hombre joven a guardarse de los anzuelos para que no caiga en las trampas de la mujer malvada! Le dice: "Aleja de ella tu camino". ¡El que quiere guardarse del mal debe alejarse del peligro! "No te acerques a la puerta de su casa" (Pr. 5:8). Cruza la calle como lo harías si la casa estuviera contaminada para que "no gimas al final, cuando se consuma tu carne y tu cuerpo, y digas: ¡Cómo aborrecí el consejo, y mi corazón menospreció la represión!" (Pr. 5:11-12). Ora encarecidamente a Dios para que te otorgue su gracia para guardarte de este pecado y para que su gracia te baste… ¡Busca el que tu corazón sea purificado por la Palabra de Dios y santificado por el amor divino! ¿Porqué de qué otra forma limpiará el joven su camino, sino es por medio de "guardar [la] palabra" (Sal. 119:9)?

Haz un pacto con tus ojos para que no le den acceso a ningún pensamiento impuro ni dejen salir ningún deseo impuro (Job 31:1). Haz la oración de David: "Aparta mis ojos, que no vean la vanidad" (Sal. 119:37), de modo que nunca mires para codiciar.

La modestia es la cerca de la castidad y el adorno de tu edad. Por lo tanto, asegúrate de guardarla. Que tu vestimenta y tu porte sean muy modestos, tal que den testimonio de "[tu] conducta casta y respetuosa" (1 P. 3:2). Haz que sea evidente que tú sabes cómo ser agradable y alegre sin violar las más estrictas reglas de la modestia…

Contenta y tranquila

Debes ser una persona contenta y tranquila, no ambiciosa ni pretenciosa… Una mente sobria es aquella que se acomoda a cada situación de la vida y a todo evento de la Providencia, de tal modo que, sin importar los cambios que ocurran, tiene dominio propio y puede disfrutar de sí misma. Tú que eres joven debes aprender pronto a aceptar tu porción. Saca el mayor provecho de lo que es porque es la voluntad de Dios que sea así como es. Lo que a Él le place, debe también placernos a nosotros. Él sabe, mejor que nosotros, cuál es la decisión adecuada y lo que más nos conviene. Que esto controle todos tus pensamientos inquietantes e inconformes. ¿Piensas que las cosas deben ser como tú quieres que sean? ¿Será que tú, que eres de ayer, lo controlarás a Él, reñirás con Él o le prescribirás a Aquel cuyo consejo es desde el principio, desde los días de la eternidad? Es necedad el dar instrucciones a la disposición divina, más el someterse a ella es sabiduría.

Él que "ha prefijado el orden de los tiempos, y los límites de su habitación" (Hch. 17:26) es quien dispuso cual sería tu rango y posición en el mundo, quienes serían los padres de los cuales ibas a nacer, en qué situación ibas a nacer y cual sería tu forma y capacidad mental y física… Algunos nacen con riqueza y honor, otros con pobreza y en el anonimato. Algunos parecen haber sido marcados y hechos… por el Dios de la naturaleza para ser grandes e importantes, mientras que otros parecen estar sentenciados a ser pequeños e inferiores todos sus días… No te preocupes por el lugar en que la Providencia de Dios te ha puesto. Debes estar tranquilo en él y sacarle todo el provecho que puedas, como aquellos que están convencidos que todo lo que Dios hace está bien, no sólo en lo general, sino también en lo particular: Todo lo que Él hace contigo está bien. Ahora eres joven; entonces llena tu mente con reverencia por la divina Providencia: Su soberanía, sabiduría y bondad... Piensa que tienes la mejor porción cuando el Señor es la porción de tu herencia y de tu copa (Sal. 16:5). Entonces di: "Las cuerdas me cayeron en lugares deleitosos" (Sal. 16:6). Lo que más te conviene es aquello que le trae mayor bien a tu alma. Y en esto debes descansar sobriamente y estar satisfecho... Que las personas jóvenes sean modestas, moderadas y sobrias en cuanto a sus deseos y a sus expectativas con respecto a las cosas buenas temporales, como le corresponde a aquellos que ven a través de éstas, más allá y por encima de ellas a las cosas que no se pueden ver y que son eternas (2 Co. 4:18).

Sosegado y serio

Debes ser sosegado y serio, en lugar de vano y frívolo... Menciono esto como el último de los ingredientes de la prudencia porque ejercerá una gran influencia sobre todo lo demás. Seríamos completamente convincentes con los jóvenes si pudiéramos convencerlos de que sean serios. Queremos conducirlos a una piedad seria... No es que queremos obligar a los jóvenes a que nunca estén alegres o que tenemos algún plan malévolo para hacer que sean melancólicos. No, ¡la fe cristiana les permite estar alegres! Es tu hora: Sácale el mejor provecho. Vendrán días malos, de los cuales dirás: "No tengo en ellos contentamiento" (Ec. 12:1). Es entonces cuando las preocupaciones y las penas de este mundo pesarán más sobre ti y no queremos que te le adelantes a esos días malos... Dios espera que le sirvamos con alegría y con gozo de corazón por la abundancia de todas las cosas (Dt. 28:47). ¡Es cierto que nadie tiene razones más válidas para estar alegre que las personas piadosas! Nadie puede estar sobre un fundamento mejor o tener mejor gracia, con tanta justicia y seguridad. Como he dicho con frecuencia, y debo tomar ventaja de toda ocasión para repetirlo, una vida santa, celestial, empleada en el servicio de Dios y en comunión con Él, es sin duda la vida más placentera y cómoda que pueda vivir cualquiera en este mundo.

Pero eso de lo cual te advierto en esta sección es una frivolidad vana y carnal, esa frivolidad que es la risa del necio, de la cual Salomón dice: "Enloqueces... ¿De qué sirve esto?" (Ec. 2:2). La alegría inocente es muy útil en su lugar y en su hora. Servirá para animar el espíritu y para hacerte apto para los negocios. "El corazón alegre constituye buen remedio" (Pr. 17:22), pero entonces debe utilizarse como la medicina. Debe tomarse solamente cuando existe la necesidad para ello y no constantemente como si fuera nuestro pan diario... Da lugar a la risa y al juego solamente hasta donde estos sean consecuentes con la prudencia y nada más. Sé alegre y también, sé sabio. Nunca permitas que tu alegría viole las leyes de la piedad, el amor, la modestia, ni tampoco que interfiera con el tiempo de devoción y de servicio a Dios...

Cuando Cristo estaba aquí en la tierra, curando todo tipo de dolencia y toda clase de enfermedad, no había otro tipo de paciente del cual Él tuviera mayor número que de los que eran dementes. Su locura era el resultado de estar poseídos por el diablo. Éste era el triste caso de muchas personas jóvenes. Vemos como los padres expresan quejas de esta naturaleza con respecto a sus hijos: Uno tiene una hija, otro tiene un hijo, gravemente atormentado por un demonio, pero Cristo los sanó a todos, despojó a Satanás y así los restauró para que otra vez tuvieran control sobre sus propias almas. Se dice sobre algunos de los que Él sanó de esta forma que después se sentaron a los pies de Jesús: "Vestido[s], y en su cabal juicio" (Lc. 8:35). [En su cabal juicio es la palabra que se usa en Tit. 2:6 como *"prudentes"*]. En la medida en que el pecado reina en ti, Satanás también reina y tu alma está bajo su dominio. Al echar fuera demonios, Cristo nos dio un ejemplo y una indicación del gran propósito de su Evangelio y de su gracia, que era el de curar a los hombres de su locura espiritual al romper el poder de Satanás en ellos. ¡Oh! que tú, por lo tanto, acudas a Él, que te sometas a la Palabra de su gracia y que ores para que puedas recibir el Espíritu de su gracia. De este modo será evidente que ambas han tenido la influencia debida sobre ti, si te sientas a los pies de Jesús en tu cabal juicio, con una mente sobria. Y, de hecho, nunca llegamos a estar en nuestro cabal juicio hasta que no nos sentamos a los pies de Jesús para aprender de Él y ser gobernado por Él. Nunca somos criaturas realmente *racionales* hasta que en Cristo llegamos a ser *nuevas* criaturas.

Tomado de "Sobermindedness Recommended to the Young" (La prudencia recomendada a los jóvenes) en *The Miscellaneous Works of Rev. Matthew Henry* (Las obras diversas del Reverendo Matthew Henry), Tomo 1, publicada por Robert Carter and Brothers, 1855.

Matthew Henry (1662-1714): Predicador presbiteriano, autor y comentarista; nació en Broad Oak, en las fronteras de Flintshire y Shropshire, en Inglaterra.

El afecto entre los hermanos
John Angell James (1785-1859)

No hay familia que pueda ser feliz si carece del afecto que debe existir entre los hermanos y las hermanas. Nada puede tomar el lugar de este afecto cuando falta y es importante que expliquemos el asunto de forma adecuada a todas las personas jóvenes. Muchos hogares se encuentran en un estado de confusión constante, son un campo de batalla perpetuo y un triste espectáculo de miseria por las peleas y la mala voluntad entre quienes solamente debería existir un sentimiento de amor, por ser de la misma sangre. Entre tales personas sólo deberían usarse palabras de bondad...

Los principios generales que deben regir el desempeño de estos deberes y que, de hecho, forman el fundamento sobre el cual se apoyan, son los mismos en cada etapa de la vida. El amor, por ejemplo, es igualmente necesario cuando los hermanos y las hermanas juegan juntos en su etapa infantil, cuando viven juntos bajo el techo de sus padres como hombres y mujeres jóvenes y cuando en el ocaso de la vida, se encuentran a la cabeza de sus propios hogares y familias... A los que son hijos de los mismos padres y aun así carecen de amor, les falta la primera virtud que es propia de un hermano y una hermana como tal...

Promover la felicidad mutua

Los hermanos y las hermanas deben examinar el tema de cómo promover la felicidad mutua. Deben encontrar placer al tratar de agradarse los unos a los otros, en vez de ocuparse cada uno de forma egoísta en promover su propia alegría por separado... Es muy probable que la envidia de un niño llegue a ser una actitud maligna y funesta. Un hermano no debe quitarle lo que le pertenece al otro. Cada cual debe estar siempre dispuesto a prestar lo que no se pueda dividir y a compartir lo que se pueda repartir. Cada uno debe hacer todo los que está a su alcance para promover la felicidad de todos. Un hermano nunca debe ser indiferente a la aflicción del otro y mucho menos reírse de sus lágrimas y sus penas ni ridiculizarlas. Es algo hermoso ver a un hermano llorar por la aflicción del otro...

Los hermanos nunca deben culparse los unos a los otros delante de los padres ni disfrutar cuando uno de ellos es castigado. El chismoso es un personaje odioso y detestable, pero un informador en contra de su hermano es el espía más infame de todos. A pesar de esto, si un hermano ve que otro hace algo malo y que es contrario a la voluntad de los padres, primero debe señalarle de forma amable y gentil lo que está mal e indicarle a su hermano que, si continúa actuando de esa manera, estará obligado a hacer mención del asunto. Si el hermano no presta atención a la advertencia, entonces queda claro que debe informar a los padres sobre el hecho.

Los hermanos no deben fastidiarse ni atormentarse entre sí. ¡Cuánta inquietud doméstica tiene a veces su origen aquí! Tal vez uno de los hermanos tiene alguna flaqueza, un punto débil en su temperamento, alguna torpeza en su modo de ser o una malformación personal y los demás, en lugar de mostrar compasión hacia el infeliz, lo molestan y lo atormentan... ¿Promueve esto el bienestar mutuo? En cuanto a las peleas, las contiendas o el llamarse por apodos, son tan deplorables que traen una profunda vergüenza sobre aquellos hermanos que viven donde se practican tales cosas...

Una familia de hermanos adultos debe ser un cuadro de armonía continua. El amor, guiado por la inteligencia, debe hacer todo lo que esté a su alcance para complacer a los demás por medio de esos favores bondadosos y pequeñas obras de bondad que se pueden llevar a cabo en las oportunidades que se presentan a diario. Aunque estas obras cuesten poco en cuanto a dinero o labor, aun así, contribuyen mucho a la felicidad hogareña. Uno de los cuadros más bellos en nuestro mundo... es un círculo familiar en el cual los padres están rodeados por sus hijos: Las hijas ocupadas con algún trabajo útil o elegante mientras que el hermano mayor lee un tomo instructivo y beneficioso para el bien y el solaz de todos.

Hermanos, busquen su felicidad en la compañía mutua. ¿Qué puede encontrar el hermano en el ámbito de la disipación[31] o entre los devotos a la intemperancia[32] que se compare con esto? ¿Qué puede encontrar la hermana en medio de algún concierto de melodiosos sonidos que tenga una música para el alma que sea superior a la armonía familiar? ¿O qué puede encontrar en medio del brillo, la confusión refinada y el desorden de la danza en un salón de baile que se compare con los gozos [privados] de pureza y tranquilidad que se encuentran en el ámbito hogareño de una familia feliz? ¿Puede el teatro ofrecerle algo semejante?...

Cultivar el temperamento

Si los hermanos han de sostener una relación agradable, es muy importante que cada cual le preste una atención especial al asunto de cultivar el temperamento. He conocido a familias cuya tranquilidad ha sido destrozada por completo por la influencia de uno que tenía un temperamento hosco[33] y fogoso[34]. Cuando por desgracia existe esta actitud, el que la posee debe esforzarse por mejorarla. Las otras partes de la familia, en lugar de burlarse de él o de irritarlo y provocarlo, deben ejercitar toda la paciencia que les sea posible. Con una amabilidad noble, deben ayudar a su pariente desafortunado con el asunto dificultoso del dominio propio.

Los hermanos deben mostrarse un respeto mutuo. Deben evitar toda palabra y forma de hablar que sea áspera, vulgar y degradante. No deben hacer ni decir nada que no sea cortés... La amabilidad de los buenos modales, mezclada con toda la ternura del amor, debe distinguir la relación entre los miembros de la familia. Además, es muy importante que, así como se lleva a cabo en el hogar, tampoco se descuide irrespetuosamente en la compañía de otras personas. Es doloroso para una hermana el ser ignorada como si no fuera más que una desconocida y de esta forma quedar expuesta a la opinión de los demás como alguien que no tiene importancia alguna ante los ojos de su hermano.

Los hermanos no deben ser tiranos con sus hermanas, aun en los asuntos de menor importancia. No deben esperar que ellas se comporten con la sumisión temblorosa de un esclavo. Tristemente, a veces las pobres muchachas son maltratadas y llegan a ser infelices por los caprichos, los antojos y el yugo de hierro de algún muchacho insolente y arrogante: el que se comporta como un tirano con su hermana con seguridad también lo hará con su esposa...

Los hermanos mayores

Los hermanos mayores, especialmente el primogénito, en realidad tienen una gran responsabilidad. Los miembros más jóvenes de la familia los respetan como un ejemplo a seguir y su ejemplo ejerce una gran influencia —que, en algunos casos, puede ser mayor que la de los padres—. Es el ejemplo de quienes están más a la par con ellos, que es más cercano y que se presenta ante ellos con mayor frecuencia que el de los padres. Por lo tanto, es más influ-

---

[31] **Disipación** – Acción de disipar (Malgastar, perder).
[32] **Intemperancia** – Falta de templanza, de dominio propio, de temperancia, de sobriedad o de moderación.
[33] **Hosco** – Carácter cerrado, desagradable y que no gusta de relacionarse con los demás.
[34] **Fogoso** – Que se enciende o aíra fácilmente.

yente y, como resultado, su comportamiento es de suma importancia para los más jóvenes. Si son malos, es probable que lleven a todos los demás por el mal camino. Si son buenos, pueden ejercer una gran influencia para encaminarlos bien. Le presentan a los demás amigos, libros y entretenimientos que son buenos o malos, según la naturaleza de su propio gusto.

El ver a un hermano o a una hermana mayor que arrastra a los más jóvenes por su propia conducta y precepto en los senderos de la maldad es un espectáculo muy alarmante. Tal joven es un personaje terrible; como Satanás, busca a quién devorar con sus tentaciones (1 P. 5:8), pero lo que es peor, en algunos aspectos es más malvado y cruel que su prototipo[35] porque elige a su propio hermano como la víctima de su crueldad y como el incauto que busca atrapar con sus artimañas. Hay familias enteras que, en algunos casos, han sido instruidas en la iniquidad por un varón primogénito sin principios. ¡Tal hermano tendrá mucho por lo que dar cuenta en el Día del Juicio! ¡Cuál será su tormento en el infierno cuando las almas de aquellos que él ha arruinado estén a su lado y por medio de reproches sin fin lleguen a ser sus atormentadores por toda la eternidad!

En otros casos, ¡que bendición ha sido para una familia el tener a un hermano o a una hermana mayor que es fiel, virtuoso y piadoso! Muchas madres débiles y enfermizas han dado gracias a Dios diariamente por hijas cuyas atenciones fueron como las de una segunda madre para con los miembros más pequeños de la familia, hacia quienes hicieron todo lo posible, a fin de formarlos según sus propios hábitos de utilidad y santidad. Muchos padres han sentido la misma gratitud por la bendición de tener un hijo primogénito que, no solamente es una ayuda en los asuntos de los negocios, sino que también lo es en el trabajo de la educación —un hijo que aporta todo el poder de un ejemplo afable y piadoso para formar el carácter de sus hermanos menores—.

Que las personas jóvenes consideren su responsabilidad. Al mismo tiempo, que los menores en la familia también consideren su deber. Si tienen hermanos y hermanas mayores que son un buen ejemplo, deben esforzarse para que este modelo no sea solamente el objeto de su atención y admiración, sino de su imitación. Por otra parte, si tristemente, la conducta de sus mayores es mala, entonces que no sigan su mal camino. Que ninguna amenaza, soborno ni argumento los insten a ceder a la tentación de hacer el mal.

Participar de la religión verdadera

Ahora supondré que existe un caso en el que una o más partes de la familia han sido conducidas por la gracia divina a participar de la religión verdadera. Voy a indicar cuál es su deber hacia los demás y cuál es el deber de los demás hacia ellos. En cuanto a lo primero, es evidente que su obligación solemne e irrevocable es el buscar, con todo esfuerzo amoroso, bíblico y sensato, la conversión verdadera de aquellos en la familia que aún viven sin la religión de corazón. Con cuanta frecuencia la levadura de la piedad, al llegar, por la misericordia y el poder divino, al corazón de alguno en la familia, se ha propagado a través de casi todos en el hogar. Con cuanta frecuencia el amor fraternal, al elevarse a las alturas más sublimes —junto con una ambición celestial que tiene como su blanco el objeto más elevado que la benevolencia puede procurar jamás al buscar la salvación del alma de un hermano— ha alcanzado el premio y recibido su gran recompensa.

Joven, cuyo corazón está bajo la influencia de la piedad, pero que también te afliges por causa de aquellos que son hijos de los mismos padres terrenales, pero que no son hijos de tu Padre en el cielo, te insto, por todo el amor que sientes por tus hermanos y hermanas, por

---

[35] **Prototipo** – La persona original del cual el otro es una copia, en este caso, Satanás.

todo el afecto que tienes por tus padres —por el amor más sublime que tienes para con Dios y Cristo— que busques, por medio del uso de todos los medios apropiados, la conversión de aquellos con los cuales estás unido por los lazos de la naturaleza, pero con los cuales aún no estás unido por el vínculo de la gracia. Que tu objetivo sea el ganar sus almas. Que ésta sea tu oración continua. Exhibe por medio de tu ejemplo toda la belleza de la santidad. Esfuérzate por demostrarles la coherencia más constante posible porque una sola carencia con respecto a este asunto sirve para fortalecer el prejuicio que con ansias deseas atenuar. Que ellos vean tu fe en Cristo por medio de tu esmero, gozo, humildad, mansedumbre y amor.

En todos los deberes generales de la vida, sé más escrupuloso de lo ordinario. Gánate su afecto con una conducta que sea en extremo amable y llena de conciliación. Evita cualquier sentimiento de superioridad. Trata de no regañarlos como si así pudieras sacarlos del pecado. Evita el lenguaje del reproche y atráelos con las cuerdas de amor porque son las únicas que pueden unir a los hombres. De vez en cuando, les puedes recomendar la lectura de algún buen libro. Cuando no estén presentes, escríbeles sobre el tema de la fe en Cristo, pero al mismo tiempo, no seas causa de rechazo, aburriéndolos. Busca oportunidades favorables y aprovéchalas con sabiduría. Muéstrales el ejemplo de cristianos que son eminentemente felices, coherentes y útiles. Cumple todos sus deseos si son legítimos, pero no cedas ni un átomo de tu coherencia. La maleabilidad[36] que muestres a la hora de cumplir con sus gustos y actividades, aun cuando estos se oponen a la Palabra de Dios, solamente los indignará, pero por medio de la firmeza templada obtendrás su respeto. Y a todo esto añade la corona de la oración vehemente sin la cual ningún medio puede tener éxito. ¿Cómo sabes que no te ganarás a tu hermano? ¡Y qué gran conquista!

Tomado de *A Help to Domestic Happiness* (Una ayuda para la felicidad en el hogar), reeditado por Soli Deo Gloria, un ministerio de Reformation Heritage Books, www.heritagebooks.org.

John Angell James (1785-1859): Predicador inglés congregacionalista; nació en Blandford Forum, Dorset, Inglaterra.

---

[36] **Maleable** – Fácil de persuadir o cambiar.

¿Estás firme o a punto de caer?
Thomas Vincent (1634-1678)

> *"Estando persuadido de esto, que el que comenzó en vosotros la buena obra, la perfeccionará hasta el día de Jesucristo". —Filipenses 1:6*

Habrás oído que la buena obra que Dios comenzó en el día de su gracia la perfeccionará hasta el día de Cristo. Sin embargo, para que nadie abuse de esta doctrina ni convierta la gracia de Dios en una excusa para el desenfreno —para que nadie dé por sentado que la buena obra ha comenzado en él y luego concluya que nunca puede caer en la apostasía y, finalmente, tenga la osadía de dar rienda suelta al pecado, tomando esto como pretexto para dar paso al libertinaje— haré una seria advertencia a todos, especialmente a los jóvenes que profesan la fe.

Motivos para evitar la apostasía[37] y la reincidencia[38]

Algunos han caído y apostatado, y también [otros] pueden hacerlo, aun después de haber profesado grandemente su fe en Cristo y [de haber] alcanzado gran iluminación, dones y una porción de los bienes espirituales. Quizá la opinión general, la de los demás y también la de ellos mismos, era que estas personas estaban tan firmes como cualquiera. Por lo tanto, todos los que piensan que están firmes, especialmente los jóvenes que profesan la fe, tengan cuidado para que no caigan. El Apóstol le dice a Timoteo que Demas lo había desamparado, habiendo amado este mundo (2 Ti. 4:10). Anteriormente, se refiere a Himeneo y Alejandro, quienes habían rechazado una buena conciencia, naufragado en lo que toca a la fe y aprendido a blasfemar (1 Ti. 1:19-20). En 2 Pedro 2:20-22, el apóstol Pedro habla acerca de algunos que habían escapado de las contaminaciones del mundo por el conocimiento de Cristo, pero que de nuevo estaban enredados y vencidos por estas. Afirma que esto era según el antiguo proverbio: "El perro vuelve a su propio vómito; y la puerca lavada vuelve a revolcarse en el cieno". Nuestro Salvador nos dice, en su explicación de la parábola del sembrador (Mt. 13:20-21) que el que recibe la palabra en pedregales es el que oye la palabra y al momento la recibe con gozo, pero no echa raíces en sí, sino que es de corta duración, pues al venir la aflicción o la persecución por causa de la palabra, luego tropieza. En realidad, los que tienen la gracia verdadera nunca pueden caer por completo… pero hay muchos que pueden tener lo que *aparenta* ser la gracia verdadera y de ésta sí pueden caer totalmente. Pueden perder lo que aparentan poseer…

Además de ser culpables de algo tan atroz como lo es el pecado de la apostasía en sí, por lo general, los que son culpables de ella llegan a ser peores de lo que eran anteriormente en todo tipo de conducta licenciosa: "Cuando el espíritu inmundo sale del hombre… "Entonces va, y toma consigo otros siete espíritus peores que él, y entrados, moran allí; y el postrer estado de aquel hombre viene a ser peor que el primero" (Mt. 12:43-45). Los apóstatas son los hijos primogénitos de Satanás y cumplen los deseos de su padre. Él mora en ellos y reina en sus vidas, y ellos están listos para obedecer todas sus sugerencias de maldad. Además de la inmundicia, el libertinaje, la malicia, la villanía[39], el perjurio y la blasfemia, tales personas suelen ser grandes enemigos de Dios y de la piedad. Más que los otros hombres, demuestran que son los más grandes perseguidores de los santos… No recuerdo haber escuchado o leído nunca sobre algún apóstata que se haya convertido.

---

[37] Ver FGB 205, *Apostasy*, en inglés (Apostasía), disponible en Chapel Library.

[38] Ver FGB 197, *Backsliding*, en inglés (Reincidencia), disponible en Chapel Library.

[39] **Villanía** – La maldad o el mal comportamiento de carácter repugnante, abominable o vergonzoso.

Aunque Dios no permitirá que caigas totalmente de la gracia si en verdad se ha comenzado la buena obra en ti, sin embargo, si no tienes mucho cuidado, puedes caer en un estado de profundo decaimiento en lo que concierne a la gracia… Puede ocurrir que, en lugar de la sensible disposición de tu corazón por el pecado que ahora tienes, llegues a un estado de insensibilidad y que llegues a tener una gran torpeza y dureza de corazón. En lugar de tu docilidad y tu disposición para llevar a cabo los deberes espirituales, puedes contraer apatía e indisposición… En lugar de tener un temperamento manso y apacible, puedes llegar a ser malhumorado y lleno de malas pasiones. En lugar de un corazón recto y unos ojos puestos solamente en la gloria de Dios, puedes arruinar la mayoría de tus deberes con la hipocresía. En lugar de la abnegación y la templanza, puedes llegar a satisfacerte a ti mismo y a ser un licencioso a gran escala. Puede ser que pierdas casi todo el contentamiento, la paciencia y el temor de Dios que ahora posees. El hambre y el deseo por Cristo que sientes pueden menguar. La fe fuerte que ahora posees puede debilitarse. Las llamas de amor pueden ser extinguidas hasta que no quede ninguna y solamente permanezcan unas cuantas brasas y chispas casi imperceptibles debajo de las cenizas. La esperanza que tienes del cielo puede desvanecerse, en lo que concierne a la vivacidad y al deleite con el que ahora opera en ti. Por consiguiente, ten cuidado, no sea que caigas… Puedes prevenir una caída si te fijas bien en dónde estás parado. Cualquiera que sea el peligro que te rodea, Dios puede guardarte y sostenerte en medio de tu andar por sus caminos para que tus pies no resbalen. "Y a aquel que es poderoso para guardaros sin caída, y presentaros sin mancha delante de su gloria con gran alegría" (Jud. 1:24). A esto le añadiré que es más fácil (aparte del honor que de esta manera brindamos a Dios y el beneficio inefable y la tranquilidad que nos trae a nosotros mismos) permanecer de pie que caer y tener que levantarse de nuevo después de una caída. El recuperarse de una recaída no es nada fácil. Por lo general, los que reinciden grandemente no se recuperan con facilidad ni pueden hacerlo inmediatamente.

Directrices para evitar la apostasía y la reincidencia

Asegúrate de que la buena obra, en realidad, ha tenido principio en tu corazón, que posees la gracia verdadera. Si eres endeble en cuanto a los puntos fundamentales, si estás podrido en tu esencia, con el corazón falso de un hipócrita —sin importar todas tus profesiones de fe— estás en gran peligro de caer en una apostasía total… Solamente la gracia verdadera puede afirmar el corazón: "Buena cosa es afirmar el corazón con la gracia" (He. 13:9). Solamente los que poseen la gracia verdadera han sido edificados sobre la roca de la eternidad, donde están a salvo. Pueden ser fuertemente sacudidos por los problemas y las tentaciones, pero nunca quedarán postrados ni totalmente derrocados…

No te apoyes en tus propias fuerzas

Nadie ha caído de forma tan vil como aquellos que confiaban de forma presuntuosa en sí mismos… Que tu confianza y fortaleza estén en el Señor. "Esfuérzate en la gracia que es en Cristo Jesús" (2 Ti. 2:1). Acude a Él para hallar gracia para el oportuno socorro (cf. He. 4:16) y cuando te encuentres bajo cualquier amenaza y tentación de caer en el pecado. Cristo puede ayudarnos. El dar socorro es su oficio y Él está dispuesto a hacerlo. Se apiada de ti cuando eres tentado y se compadece "de [tus] debilidades" (He. 4:15). Él te ha [llamado] para que acudas a Él y ha prometido que "aplastará en breve a Satanás" bajo tus pies (Ro. 16:20). Mientras tanto, te bastará su gracia (2 Co. 12:9).

Ten cuidado con la mentalidad mundana para que no seas devorado por los negocios de este mundo ni entorpecido por los asuntos de esta vida. Estoy seguro que la mundanalidad será la causa de una gran decadencia en el poder de la piedad. Si por causa de tu empleo el mundo ocupa la mayoría de tu tiempo, cuídate de no dárselo todo. Reserva un poco de tiempo todos los días para los ejercicios de la fe y permite que estos tengan la mayor parte de tu corazón… Esfuérzate para que el mundo sea crucificado en cuanto a ti y para que tu corazón sea crucificado en cuanto a él. Acude a la cruz de Cristo para que esto sea posible y con frecuencia pon la mirada en la gloria trascendente y la felicidad del otro mundo, lo cual desprestigiará a este mundo ante tus ojos.

Mantente siempre alerta

Ten cuidado con el pecado en el inicio del mismo. No te atrevas a jugar con el pecado en tu mente, pensando sobre él con placer y deleite. Abstente de los pecados secretos[40] porque si no lo haces, tus pies resbalarán antes de que puedas prevenirlo. Cuidado con el más mínimo indicio de apostasía, examina tu corazón cuando este empiece a desviarse de Dios y lucha para recuperarte y levantarte de nuevo con toda rapidez cuando sientas que empiezas a caer.

Pon a Dios siempre delante de tus ojos como lo hizo David. [Él] nos dice que porque había puesto [a Dios] siempre delante de sí, no sería conmovido (Sal. 16:8). Las tentaciones para pecar no tendrán mucho efecto sobre ti cuando en verdad observes y consideres que el ojo de Dios está sobre ti. "¿Cómo, pues, haría yo este grande mal, y pecaría contra Dios?" (Gn. 39:9).

Esfuérzate por cultivar un amor fuerte y fervoroso hacia Dios

Las muchas aguas no podrán extinguir el fuego de este amor. Mientras que tu corazón se alce en esta llama hacia Dios, no estarás en peligro de caer y prestar oído a las tentaciones que te llevarían al pecado. Esfuérzate por permanecer en el amor de Dios y en el amor por los demás. De esta manera, permanecerás en Dios y Dios en ti (1 Jn. 4:16). Y mientras permanezcas en Dios, no podrás apartarte de Él.

Mantén con frecuencia una conversación secreta con Dios por medio de la meditación, la contemplación y con breves oraciones hechas en secreto. Ponte de rodillas a menudo cuando estés solo y ahí laméntate por tus pecados y ora para que puedas mortificar tus corrupciones particulares. Los deberes secretos que se llevan a cabo con seriedad, diligencia y constancia son tanto una evidencia de sinceridad como un gran medio para cuidarnos de la apostasía.

Por último y sobre todo, esfuérzate por obtener una gran medida de la gracia de la fe y ejércela a diario. "Por la fe estáis firmes" (2 Co. 1:24). Para resistir al diablo, es necesario que estés firme en la fe (1 P. 5:8-9). Para apagar los dardos de fuego del maligno, debes seguir adelante y tomar el escudo de la fe (Ef. 6:16). Si has de ser guardado por el poder de Dios, debe ser mediante la fe que conduce a la salvación (1 P. 1:5). Los que retroceden hacia la perdición, lo hacen por medio de la incredulidad. Los que perseveran, lo hacen por medio de la fe que es para la salvación de sus almas (He. 10:39).

Tomado de *"Cautionary Motives and Directions unto Youths Professing Religion to Keep Them from Apostasy and Backsliding"* (Motivos de cautela y directrices para los jóvenes que profesan la fe con el propósito de guardarlos de la apostasía y de la reincidencia) que es parte de la obra *The Good Work Begun* (La buena obra comenzó), reimpresa por Soli Deo Gloria, un ministerio de Reformation Heritage Books, www.heritagebooks.org.

Thomas Vincent (1634-1678): Pastor y autor puritano inglés, nació en Hertfordshire, Inglaterra.

---

[40] Ver FGB 209, *Secret Sins*, en inglés (Pecados secretos), disponible en Chapel Library.

Sin excusas: Cree en el Evangelio
Charles H. Spurgeon (1834-1892)

"Hijo de hombre, he aquí que los de la casa de Israel dicen: La visión que éste ve es para de aquí a muchos días, para lejanos tiempos profetiza éste". —Ezequiel 12:27

Crear excusas

Los hombres muestran gran ingenio al crear excusas para rechazar el mensaje del amor de Dios. Muestran una habilidad maravillosa, no en la búsqueda de la salvación, sino en inventar razones para rechazarla. Son diestros para evitar la gracia y asegurar su propia ruina. Sostienen primero este escudo y después el otro para protegerse de las flechas misericordiosas del Evangelio de Jesucristo que solamente tienen el propósito de vencer los pecados mortales que se ocultan en sus corazones.

El argumento maligno que se menciona en el texto se ha empleado desde los días de Ezequiel hasta el día de hoy. Se ha puesto al servicio de los propósitos de Satanás en diez mil casos. Por su uso, los hombres han postergado [el arrepentimiento] hasta llegar al infierno. Cuando los hijos de los hombres oyen acerca de la gran expiación hecha en la cruz por el Señor Jesús y son llamados a obtener la vida eterna por medio de Él, aún insisten en decir acerca del evangelio que: *"La visión que él ve es para dentro de muchos días, y para tiempos lejanos él profetiza"*. En otras palabras, piensan que los asuntos que tratamos no son de una importancia inmediata y que pueden ser postergados sin peligro. Imaginan que la fe cristiana[41] es para el débil moribundo y el anciano frágil, pero no para los hombres y las mujeres saludables. A nuestro insistente llamado de "todas las cosas ya están listas, venid a la cena", responden: "El propósito de la fe cristiana es prepararnos para la eternidad, pero aún estamos lejos de eso. Todavía estamos en el apogeo de nuestras vidas. Hay tiempo suficiente para los lúgubres preparativos de la muerte. La religión que nos anuncian tiene el hedor de la tumba y el gusano. ¡Déjennos ser felices mientras está a nuestro alcance! Ya habrá lugar para cuestiones más serias cuando hayamos disfrutado de la vida un poco o hayamos establecido nuestros negocios o podamos retirarnos con los ahorros que hemos acumulado durante toda una vida... Profetizan sobre asuntos que son para de aquí a muchos días, para tiempos lejanos". Puede ser que muy pocos jóvenes hayan dicho esto... pero es lo que muchos piensan en secreto. De esta manera, resisten la advertencia del Espíritu Santo que dijo: "Si oyereis hoy su voz, no endurezcáis vuestros corazones" (He. 3:15; 4:7). Postergan el día de su conversión como si fuera un día de tempestad y terror y no lo ven como es en verdad —un día sumamente sereno, sumamente luminoso— la boda del alma con el cielo.

Cada persona inconversa debe recordar que Dios conoce cuál es su verdadera excusa para cerrar sus oídos a la voz de amor de un Salvador agonizante. Posiblemente no la has admitido para ti mismo ni la has formulado en palabras, puede ser que ni siquiera te atrevas a hacerlo para no alarmar en demasía la conciencia; sin embargo, Dios conoce todas las cosas. Él ve cuán insustancial, necias y malvadas son tus excusas. No lo engañan las palabras vanas, sino que con prontitud le pone fin a las disculpas que ofreces por tu tardanza... Dios conoce la frivolidad de las excusas que presentas por tu dilación. Él conoce que tú mismo tienes dudas acerca de tus excusas y que no te atreves a enfrentarlas para darles lo que se podría considerar como una aten-

---

[41] **Nota del editor** – La palabra original que el autor emplea aquí es *religión*. A la luz del uso amplio y muchas veces confuso de la palabra *"religión"* hoy en día, los términos "fe cristiana", "cristianismo" y "fe en Cristo" y, a veces, "piedad", "piadoso/a" o "piedad cristiana", suelen reemplazar "religión" y "religioso" en muchos casos en esta publicación.

ción solemne. Con mucho esfuerzo tratas de engañarte y llegar a un estado donde tu conciencia esté tranquila en lo que concierne a estas cosas. Sin embargo, en lo más profundo de tu ser te avergüenzas de tus propias falsedades. Con la ayuda del Espíritu Santo, es mi propósito en este momento, el tratar con tu conciencia y convencerla aún más plenamente de que la tardanza no se puede justificar. Puesto que el evangelio exige algo de ti en el presente y no debes decir: *"La visión que éste ve es para de aquí a muchos días, para lejanos tiempos profetiza éste"*.

Un tiempo futuro

Digamos, por un momento, que el mensaje que traemos incumbe más a un tiempo futuro, aun así, ese día no está lejos. Ni tampoco la distancia entre el presente y el futuro es tan grande como para poder darse el lujo de esperar. Supón que vivas hasta los setenta años. Hombre joven, supón que Dios tenga misericordia de ti mientras vives en tus pecados hasta que la nieve de varios inviernos pinte tus cabellos de blanco. Mujer joven, supón que tu rostro, ahora juvenil, escape de la tumba hasta que las arrugas sean delineadas en tu frente; aun así, ¡qué corta será tu vida!

Quizá pienses que setenta años es un largo período de tiempo, pero aquellos que ya tienen setenta, al mirar atrás, te contarán que sus días han sido muy breves. Yo, que solamente tengo cuarenta, ahora siento que cada año vuela más rápido que el anterior; los meses y las semanas desaparecen en un abrir y cerrar de ojos. Mientras más viejo uno se hace, más corta aparenta ser la vida. No me asombro de que Jacob haya dicho: "Pocos y malos han sido los días de los años de mi vida" (Gn. 47:9) porque cuando dijo esto ya era un hombre extremadamente viejo. La vida del hombre es breve en comparación con todo lo que le rodea; entra en el mundo y sale de él como un meteoro que cruza con un destello por los cielos que durante siglos han permanecido iguales… Párate al lado de alguna piedra inmensa que ha enfrentado las tempestades de los siglos y te sentirás como un insecto que vive por una hora… Por lo tanto, no digas: *"Estas cosas son para un tiempo muy lejano"* porque, aunque podamos garantizarte que vivirás todos los años en que un ser humano puede tener existencia, será solamente un pequeño lapso de tiempo.

No te jactes del día de mañana

Hombre joven, mujer joven, no puedes estar seguro de que llegarás a la mediana edad. ¡Pero cuidado con lo que digo! ¿De qué estoy hablando? ¡No puedes estar seguro que verás el final de este año o que escucharás las campanas que le dan la bienvenida al nuevo! Sí, aunque parezca que está muy cerca, no te jactes del día de mañana. ¡Puede ser que nunca llegue! Y si llega, no sabes lo que traerá: Puede traer un ataúd o una mortaja. Sí, esta misma noche, cuando cierres los ojos y pongas la cabeza sobre la almohada, no estés tan seguro de que despertarás otra vez en ese aposento tan familiar o que saldrás de allí a reanudar las actividades de la vida. Queda claro entonces, que esas cosas que conducen a la paz no son asuntos que deben dejarse para un tiempo muy lejano. La fragilidad de la vida las convierte en la necesidad del momento. ¡No estás lejos de la tumba! Estás más cerca de ella ahora que cuando comenzó este discurso; algunos se encuentran mucho más cerca de ella de lo que piensan.

Para algunos, este rechazo del evangelio tiene un impacto considerable porque su ocupación es tan peligrosa que todos los días la muerte puede escoger entre cien vías diferentes para conducirlos hacia su prisión en el sepulcro. ¿Puedes acaso hojear un periódico sin encontrar las palabras *muerte súbita* o *total*? El viajar conlleva muchos peligros e, incluso, cruzar la calle es arriesgado. Los hombres mueren en sus casas y también cuando están ocupados en sus profesiones lícitas, muchos son sorprendidos por la muerte. ¡Cuán cierto es esto para aquellos que salen al mar en barcos o que descienden a las entrañas de la tierra en las minas! En realidad, *no hay* profesión que esté fuera del peligro de la muerte. Una aguja puede matar, al igual que una espada. Una escaldadura, una quemadura, una caída puede dar fin a nuestras vidas, tan fácilmente como lo haría la peste o una batalla. ¿Tienes que subir escaleras de mano en tu profesión? No es algo muy peligroso, ¿pero no has oído de aquellos que han perdido el equilibrio y han caído para nunca jamás levantarse? En el trabajo estás rodeado de los materiales de construcción de un edificio; ¿nunca has oído que han caído piedras que han aplastado a los trabajadores?...

A pesar de todo lo que se puede lograr por medio de las regulaciones sanitarias, las fiebres no son algo desconocido, ni tampoco es inusual que una apoplejía mortal tumbe a un hombre en el suelo en un instante de la misma manera en que un carnicero mata un buey. La muerte ya ha eliminado a muchos de tus compañeros del pasado... La flecha de la destrucción ha zumbado por tu oído hasta dar con otro blanco; ¿nunca te has preguntado por qué no ha dado contigo?... ¿Cómo puedes decir, cuando te hablamos acerca de la preparación para la muerte, que estamos hablando de cosas muy lejanas? Querido amigo, no seas tan necio. Te imploro que dejes que estas advertencias te conduzcan a la fe en Cristo. Lo último que quiero es alarmarte innecesariamente —¿pero es innecesario? Estoy seguro de que te amo demasiado como para angustiarte sin causa— ¿Pero es que no hay causa suficiente? Escucha, te insto de la manera más afectuosa: Respóndeme y dime, ¿no te dice tu propia razón que mi ansiedad por ti no está fuera de lugar? ¿No debieras en este instante tomar en serio el mandamiento del Redentor y obedecer al Salvador que te llama? ¡El tiempo es corto! Aprovecha los momentos que se te escapan y apresúrate por conseguir la bendición.

Ciertamente Jesús vendrá

Una vez más, recuerda también que, aunque supieras que escaparás del accidente, la fiebre o la muerte súbita, aún queda un gran evento que muy pronto olvidamos y que puede poner fin al día de misericordia [de manera repentina]. ¿Nunca has escuchado que Jesucristo de Nazaret fue crucificado en el calvario, que murió en la cruz y fue tendido en una tumba? ¿No sabes que se levantó al tercer día y que después de pasar un poco de tiempo con sus discípulos, los llevó a la cima del Monte de los Olivos y que ahí, ante sus ojos, ascendió a los cielos y una nube lo ocultó de su vista? ¿Has olvidado las palabras de los ángeles, que dijeron: "Este mismo Jesús, que ha sido tomado de vosotros al cielo, así vendrá como le habéis visto ir al cielo" (Hch. 1:11)? Ciertamente Jesús vendrá una segunda vez para juzgar el mundo, pero del día y la hora nadie sabe, ni aun los ángeles de los cielos. Él vendrá como *"ladrón en la noche"* a un mundo impío (1 Ts. 5:2; 2 P. 3:10); estarán "comiendo y bebiendo, casándose y dando en casamiento" (Mt. 24:38), así como lo hacían cuando Noé entró en el arca. ¡No lo sabían hasta que vino el diluvio y se los llevó a todos!

En un momento, no podemos decir cuándo, puede ser antes de que salgan las próximas palabras de mi boca, un ruido mucho más fuerte que cualquier voz de mortal se escuchará sobre el clamor del comercio mundano, ¡sí y será más fuerte que el rugir de los mares! Ese sonido de trompeta proclamará el día del Hijo del Hombre. "¡Aquí viene el esposo; salid a recibirle!" (Mt. 25:6), serán palabras que se oirán por toda la Iglesia. Y para el mundo habrá un sonido como de trompeta: "He aquí que viene con las nubes, y todo ojo le verá, y los que le traspasaron" (Ap. 1:7). Jesús puede venir esta noche. Si lo hiciera, ¿todavía me dirías que hablo de cosas muy lejanas? Jesús dijo: "He aquí, yo vengo pronto" (Ap. 3:11). ¿Y no le ha dicho su Iglesia: "Sí, ven, Señor Jesús" (Ap. 22:20)? Para nosotros, puede parecer que se tarda mucho; sin embargo, para Dios esta tardanza será breve. Debemos velar a toda hora y esperar a diario que el Señor venga del cielo. ¡Oh, te ruego que no digas que el Señor tarda en su venida porque ese era el lenguaje del siervo malo que fue castigado duramente! Es la marca de los que se burlan de los postreros días [que] dicen: "¿Dónde está la promesa de su advenimiento?" (2 P. 3:4). Ahora pues, no te burles para que no se aprieten más tus ataduras. Más bien escucha la indudable voz de la profecía y de la Palabra de Dios: "¡He aquí, vengo pronto!" (Ap. 22:7, 12). "Vosotros, pues, también, estad preparados, porque a la hora que no penséis, el Hijo del Hombre vendrá" (Lc. 12:40)…

En este momento

Hemos sido enviados para razonar con el hombre joven y con la mujer joven y para recordarles con ternura que en este momento están comportándose de forma injusta y desconsiderada con su Dios. Él te hizo y no le rindes servicio. Él te ha mantenido vivo, pero no le obedeces. Él te ha enviado la Palabra de su Evangelio, pero la has rechazado. Él ha enviado a su Hijo unigénito y tú lo has despreciado… Hijo de la misericordia, hijo desobediente del gran Padre de los espíritus, ¿puedes soportar el vivir para siempre en enemistad con el amoroso Padre? Preguntas: "¿Él me perdonará?". ¿Qué te insta a hacer esa pregunta? ¿Es que ignoras lo bueno que Él es?… ¡No digas más que estamos hablando de cosas muy lejanas!

Debo recordarte, sin embargo, de mucho más que esto, y es que tú… estás en peligro. Por causa de la manera en que has tratado a Dios y porque has permanecido como su enemigo, Él ciertamente te visitará en justicia y te castigará por tus transgresiones. Es un Dios justo y cada pecado que se comete queda anotado en su libro. Ahí queda grabado hasta el Día del Juicio. El peligro en el que estás es que en este mismo momento puedes descender al abismo y… que puedes inclinar la cabeza en la muerte y comparecer ante tu Hacedor en un instante para recibir la justa recompensa por tus pecados. ¡Venimos a decirte que existe un perdón inmediato de todos los pecados para aquellos que crean en el Señor Jesucristo! Si crees en Jesús, tus pecados, que son muchos, te son todos perdonados.

¿No conoces la historia que has escuchado muchas veces, de cómo el Señor Jesús cargó con los pecados de todos los que confían en Él? [Él] sufrió en su lugar la retribución que merecían sus pecados. Él fue nuestro Sustituto[42] y como tal murió, el justo por los injustos, para llevarnos a Dios. Él dio su vida… para que "todo aquel que en él cree, no se pierda, mas tenga vida eterna" (Jn. 3:16). ¿Rechazarás una salvación comprada con precio tan alto y que se te ofrece libremente? ¿No confiarás en Él aquí y ahora? ¿Puedes soportar la carga de tus pecados? ¿Te conformas con permanecer hasta una sola hora en peligro de un castigo eterno? ¿Puedes soportar el deslizarte hacia la boca abierta del infierno como sabes que lo estás haciendo ahora? Recuerda que la paciencia de Dios no durará para siempre; ya lo has provocado durante mucho tiempo… Es una maravilla que no caigas inmediatamente en la destrucción. Por esta razón, queremos que tú seas perdonado ahora y que ya estés a salvo de la ira divina. El peligro es inminente; que el Señor permita que también lo sea el rescate.

Te escucho hacer las siguientes preguntas: "¿Pero el perdón se puede obtener todo de una vez? ¿Es Jesucristo un Salvador en el presente? Pensé que quizá lo encontraría en el lecho de la muerte o que únicamente podría obtener una esperanza de misericordia después de una larga vida de búsqueda". No es así. La gracia gratuita proclama la salvación inmediata del pecado y de la miseria. Cualquiera que mire a Jesús en este mismo momento, le serán perdonados todos sus pecados. En el instante que ponga su confianza en el Señor Jesús, el pecador cesará de estar ante el peligro del fuego del infierno. En el momento en que un hombre mira con ojos de fe a Jesucristo, es rescatado de la ira venidera. Te predicamos una salvación inmediata, así como el consuelo presente de esa salvación.

---

[42] Ver Portavoz de la Gracia N° 9: *Sustitución*, disponible en CHAPEL LIBRARY.

El Evangelio que predicamos también te traerá bendiciones hoy. Además de perdón y justificación en el presente, te dará regeneración, adopción, santificación, entrada en la presencia de Dios, paz por medio del creer y pronto auxilio en las tribulaciones; aun en esta vida te dará una doble porción de felicidad. Será sabiduría para tu camino, fortaleza para tus convicciones y consuelo para tus angustias… Joven, al predicarte el Evangelio, estamos proclamando lo que es bueno para *esta* vida presente y para la venidera. Si crees en Jesús, serás salvo ahora, al instante, y de inmediato disfrutarás del favor inmutable de Dios para que, de ahora en adelante, no vivas como los demás, sino como uno que ha sido escogido por Dios, quien es el objeto especial de su amor, a quien enriquece con bendiciones especiales para que se regocije a diario hasta que sea llevado ante la presencia de Jesús. Una salvación para el presente es la esencia del mensaje del Señor para ti. Por lo tanto, no es verdad, sino detestablemente falso, que la visión es para de aquí a muchos días y la profecía para tiempos lejanos. ¿No hay sensatez en mis súplicas? Si la hay, sométete a ellas. ¿Puedes refutar estos argumentos? Si no puedes, te ruego que dejes de esperar. De nuevo le imploro al Espíritu Santo que te guíe, inmediatamente, al [arrepentimiento y a la fe en Cristo].

Tomado de un sermón que se impartió el jueves por la tarde, el 19 de marzo del 1874, en el Tabernáculo Metropolitano, Newington, Londres, Inglaterra.

Charles H. Spurgeon (1834-1892): El predicador bautista inglés más conocido en la historia; nació en Kelvedon, Essex, Inglaterra.

Capítulo 12—Pensamientos para los jóvenes

Capítulo 13

EL DÍA DEL SEÑOR

Aumentando el gozo en su familia con la celebración de un día de regocijo

¿Qué tiene que ver el Día de Reposo con su familia? Éxodo 20 y Deuteronomio 5 dicen claramente que la responsabilidad de guardar el Día de Reposo es una cuestión que corresponde a la familia. Estos pasajes responsabilizan de esto a padres y madres, asegurándose que todos en su hogar y sus negocios lo observen. Sí, Dios quiere gobernar el tiempo de las actividades semanales de las familias.

Nuestra oración es que este capítulo convierta el Día de Reposo en el día de regocijo para lo cual fue diseñado. También lo presentamos como un testimonio de la importancia de guardar el Día de Reposo en los días del Nuevo Pacto.

Para los que tienen un corazón nuevo, el Día del Señor es realmente "un día de fiesta del alma". Ha sido diseñado para ser una muestra de lo que es la gloria divina y el descanso eterno que espera a todos los escogidos de Dios. Es una manera ordenada por Dios para aumentar el regocijo de su pueblo, para moldear el pensamiento de la Iglesia, avivarla y ponerla en una senda de rectitud y justicia.

Este capítulo empieza con Arthur W. Pink, quien nos da una idea del origen del modelo de los seis días de trabajo y un día de reposo que Dios estableció en su omnipotente obra de la creación. J. C. Ryle ofrece múltiples versículos del Antiguo y Nuevo Testamento que establecen la base del séptimo Día de Reposo y el primer día de la semana como Día del Señor. Thomas Boston da una breve exposición del Cuarto Mandamiento, mientras que Benjamín B. Warfield establece el fundamento bíblico para guardar el Día del Señor. ¿Por qué observan los cristianos el domingo en lugar del sábado? Archibald A. Hodge nos ayuda a entender el cambio bíblico e histórico del Día de Reposo al Día del Señor. Ezekiel Hopkins nos da un vistazo sobre cómo rendimos culto a Dios en público el Día del Señor, mientras que William S. Plumer nos enseña que nuestras obligaciones del Día del Señor incluyen también las del hogar. Aparte de adoración pública y en el seno de la familia, ¿qué clases de obras debemos hacer el Día del Señor? Ezekiel Hopkins explica lo que son las obras de piedad, necesidad y caridad. Thomas Case nos aconseja sabiamente a honrar al Padre, al Hijo y al Espíritu Santo en el día de adoración. Y, por último, Jonathan Edwards pone en claro que el Día del Señor no nos fue dado para ser una carga, sino para ser un tiempo de precioso regocijo, realmente un día de fiesta para el alma.

—*Scott Brown*

Establecido al momento de la creación
Arthur W. Pink (1886-1952)

> *"Y acabó Dios en el día séptimo la obra que hizo; y reposó el día séptimo de toda la obra que hizo. Y bendijo Dios al día séptimo, y lo santificó, porque en él reposó de toda la obra que había hecho en la creación".* —Génesis 2:2-3

Este pasaje registra la institución del día de reposo[1]. Además, vemos en Éxodo 20:11 que Jehová mismo instituye expresamente el *primer* "séptimo día" como el "día de reposo": "Porque en seis días hizo Jehová los cielos y la tierra, el mar, y todas las cosas que en ellos hay, y reposó en el séptimo día; por tanto, Jehová bendijo el día de reposo y lo santificó[2]".

El segundo capítulo de Génesis comienza con las palabras: "Fueron, pues, acabados los cielos y la tierra, y todo el ejército de ellos". Y lo que leemos inmediatamente después es la institución del día de reposo. ¡Es así que la institución del día de reposo fue el *primer* acto de Dios después de la creación del mundo para ser habitado por la humanidad! Señalemos ahora cuatro cosas relacionadas con este primer versículo que hace referencia al día de reposo.

1. El reposo

El *reposo* es el énfasis del séptimo día. Vemos este énfasis en la repetición del pensamiento en las dos partes de Génesis 2:2. Primero: En el séptimo día "acabó Dios... la obra que hizo"; segundo: "y reposó el día séptimo de toda la obra que hizo". Por lo tanto, el elemento principal y la verdad básica es justamente el *reposo*. Antes de enfocar *por qué* Dios "reposó", diremos algunas palabras sobre la *naturaleza* de su reposo.

Ciertos expositores han dicho repetidamente que este descanso de Dios consistía en su *satisfacción* por la obras de sus manos, que refleja a Dios contemplando complacido su linda creación. Pero no dicen que este "reposo" de Dios duró muy poco: Fue rudamente interrumpido por la aparición del pecado y, desde el momento que el hombre cayó [en pecado], Dios ha estado "trabajando", como lo prueba Juan 5:17. Que tal definición del "reposo" de Dios en Génesis 2:2 es aceptada por gran número del pueblo del Señor, sólo demuestra que son muy pocos los que piensan o estudian por sí mismos este tema. También es prueba de cómo las interpretaciones más pueriles de las Escrituras son fácilmente aceptadas, siempre y cuando sean de maestros reconocidos, que son considerados dignos de confianza en lo que respecta a otros temas. Por último, demuestra que hay una verdadera necesidad de que cada uno de nosotros sometamos humilde, devota y diligentemente todo lo que leemos y escuchamos a un examen riguroso a la luz de las Sagradas Escrituras.

Que el "reposo" de Dios en Génesis 2:2 *no fue* por la complacencia del Creador antes de la aparición del pecado lo prueba fehacientemente el hecho de que Satanás había caído antes del tiempo al que se refiere ese versículo. ¿Cómo podría Dios extender su vista sobre su creación

---

[1] El día de reposo [no] se originó con Moisés ni con ningún pecado. Fue una ordenanza dada en el Edén. Fue así que el primer día entero del hombre sobre la tierra fue de observancia de este día santo. "El día de reposo es apenas un día menor que el hombre; ordenado para él en su estado recto e inocente para que, con sus facultades siendo santas y excelentes, las empleara en ese día para la adoración singular y muy espiritual de Dios su Creador" (Ezekiel Hopkins). Cuando por sus pecados, el hombre fue echado del paraíso, Dios le dejó llevar dos instituciones, instituidas para su bien antes de su caída. Cuál de estas instituciones es la más beneficiosa para nuestro mundo, no es algo que intentaré decir. Una de ellas es el *matrimonio*, la otra el *día de reposo* (William Plumer, *The Law of God*, 294-295).

[2] **Santificado** – Apartado como sagrado; hecho o declarado santo.

con un contentamiento divino cuando la criatura más elevada de todas se había convertido en el peor y el más tenebroso de los pecadores? ¿Cómo podría Dios encontrar satisfacción en todas las obras de sus manos cuando el querubín ungido había abandonado la fe y en su rebelión había arrastrado con él a la ruina a "una tercera parte" de los ángeles (Ap. 12:4)? No, esto es totalmente imposible. Por lo tanto, hay que encontrar otra definición de lo que es el "reposo" de Dios.

Ahora bien, tenemos que prestar mucha atención a las palabras exactas usadas aquí (como en todas partes). Génesis 2:2 no dice (tampoco Éxodo 20:20) que Dios reposó de *toda* obra porque no fue así. Génesis 2:2 es cuidadoso al decir: "Acabó Dios en el día séptimo *la obra que hizo*" y el día séptimo "*él reposó de toda la obra que había hecho*". Esto destaca y señala la característica básica y el elemento principal del día de reposo: *Es el reposo de las actividades diarias realizadas durante los seis días de trabajo*. Pero el día de reposo no es un día designado para cesar toda *actividad*; quedarse en cama y dormir todo el día no es guardar el día de reposo como Dios requiere que se haga Lo que queremos ahora destacarle al lector es el hecho que, según Génesis 2:2, el reposo del séptimo día consiste en descansar de las labores de la semana de trabajo.

Génesis 2:2 no dice que en el séptimo día Dios no trabajó porque, como hemos dicho, eso no hubiera sido cierto. Dios *sí* trabajó el séptimo día, aunque sus actividades ese día fueron de una naturaleza diferente de las que había hecho durante los días anteriores. Y en esto vemos, no sólo la exactitud maravillosa de las Escrituras, sino también el ejemplo perfecto que Dios estableció para sus criaturas porque, como veremos, hay obras que sí se pueden hacer el día de reposo. Porque si Dios hubiera detenido *todo* trabajo en aquel primer séptimo día en la historia humana, hubiera significado la destrucción total de toda la creación. La obra providencial de Dios no podía detenerse, de haber sido así, habría dejado sin atender las necesidades de sus criaturas. "Todas las cosas" tenían que ser sustentadas (He. 1:3) o se hubieran revertido a la nada.

Grabemos firmemente en nuestra mente que el descanso no es *inercia*. El Señor Jesús ha entrado a su "reposo" (He. 4:10), pero no está inactivo porque vive eternamente "para interceder". Y cuando los santos entren a su reposo eterno, no estarán inactivos porque está escrito: "y sus siervos le servirán" (Ap. 22:3). Así pues, su descanso en ese primer día no fue una total inactividad. Descansó de la obra de la creación y la restauración, pero dio inicio a las obras de la Providencia[3] para satisfacer las necesidades de su gran multitud de criaturas.

Pero ahora surge la pregunta: ¿Por qué reposó Dios el séptimo día? ¿Por qué ordenó todo de manera que todas las obras registradas en Génesis 1 se completaran en seis días y, entonces, reposó? Por cierto, no fue porque el Creador *necesitara* reposo porque "el Dios eterno es Jehová, el cual creó los confines de la tierra... No desfallece, ni se fatiga con cansancio" (Is. 40:28). ¿Por qué, entonces, "reposó" y por qué se consigna esto al principio del segundo capítulo de las Sagradas Escrituras? Puede haber una sola respuesta: ¡Cómo ejemplo para el hombre! Tampoco es esta respuesta simplemente una conclusión lógica o plausible inferida por nosotros. Se basa en la autoridad divina, directamente en las palabras de, nada menos que, el Hijo de Dios, pues éste declaró expresamente: "El día de reposo fue hecho por causa del hombre, y no el hombre por causa del día de reposo" (Mr. 2:27): No fue hecho para Dios, sino para el hombre. Nada puede ser más claro, más sencillo y más inequívoco.

---

[3] **Providencia** – P. ¿Cuáles son las obras de providencia de Dios? R. Las obras de providencia de Dios son sus más santas, sabias y poderosas, preservando su soberanía sobre todas sus criaturas y todas las acciones de ellas (*Catecismo de Spurgeon*, 11, disponible en CHAPEL LIBRARY).

2. Bendito por Dios

Lo que a renglón seguido queremos recalcar en esta referencia inicial del día de reposo es que Génesis 2:3 nos dice que Dios lo *bendijo*: "Y bendijo Dios al día séptimo". La razón por la cual Dios bendijo el séptimo día, no fue porque era el séptimo, sino porque ese día "reposó". Por lo tanto, cuando la ley del día de reposo fue escrita en las tablas de piedra, Dios no dijo: "Acuérdate del día séptimo para santificarlo", sino: "Acuérdate del día de reposo para santificarlo". El versículo no dice: "Bendijo el séptimo día y lo santificó", sino "bendijo el día de reposo y lo santificó".

Pero, ¿por qué lo haría? ¿Por qué apartar el séptimo día de esta manera? La Concordancia de Young define la palabra *bendijo* usada aquí como "declarar bendito". Pero, por qué habría Dios "declarado" bendito al *séptimo* día, porque no hay ningún indicio de que declarara bendito ningún otro día. No sería simplemente porque fuera el séptimo día. Queda sólo una alternativa: Dios declaró bendito el séptimo día porque era el *día de reposo santo* y porque quería que cada lector de su Palabra supiera, desde el principio, que una bendición divina especial marca su observancia. Esto descarta inmediatamente una herejía moderna y quita una acusación dañina y abusiva que muchos le hacen a Dios. El día de reposo no fue establecido para esclavizar al hombre. ¡No fue designado para ser una carga, sino una bendición! Y si algo demuestra la historia es que, más allá de toda duda, la familia o nación que ha mantenido santo al día de reposo ha sido muy *bendecida* por Dios y, por el contrario, la familia o nación que ha profanado el día de reposo ha sido *maldecida* por Dios. Digámoslo como lo digamos, ésta es la realidad.

3. Apartado para uso sagrado

Génesis 2:3 nos enseña que el día de reposo fue un día *apartado para uso sagrado*. Esto se destaca claramente en las palabras: "Y bendijo Dios al día séptimo, y lo santificó"… El significado original (según su uso bíblico) de la palabra hebrea traducida "santificado" es *"apartar para uso sagrado"*. Esto demuestra que, aquí en Génesis 2:3, tenemos más que solo una referencia histórica de que Dios descansó el séptimo día y también más que solamente decir que su acción fuera un ejemplo para sus criaturas. El hecho que afirma que Dios "santificó", prueba fehacientemente que aquí tenemos la *institución* original del día de reposo y la designación divina de que fuera para uso y observancia del hombre. Como lo demuestra el ejemplo del mismo Creador, el día de reposo es aparte de los seis días precedentes de trabajo manual.

4. La omisión importante

Reflexionemos en la *omisión* importante en Génesis 2:3. Si el lector se vuelve a Génesis 1, descubrirá que al final de cada uno de los seis días hábiles, el Espíritu Santo dice: "Y fue la tarde y la mañana" (ver Gn. 1:5, 8, 13, 19, 23, 31). Pero en Génesis 2:2-3 no leemos: "Y fue la tarde y la mañana del séptimo día", ni lo que sucedió en el octavo día. O sea que el Espíritu no mencionó el final del "séptimo día". ¿Por qué? Cada omisión en las Escrituras tiene una razón divina y, debido a eso, el Espíritu Santo omitió la frase de rigor al final del séptimo día. Sugerimos que esta omisión es una indicación de que la *observancia* del día de reposo no acabaría nunca, sería perpetua mientras durase el tiempo.

Antes de seguir adelante, notemos que Génesis 2 no contiene nada que nos ayude a determinar *cuál* día de nuestra semana fue este primer "séptimo día". No tenemos absolutamente ninguna manera de saber si aquel séptimo día original cayó en un sábado, domingo o algún otro día de la semana, por la sencilla razón de que no podemos asegurar qué día empezó la primera semana. Lo único que sabemos —y es todo lo que *necesitamos* saber— es que el séptimo día fue el siguiente a los seis días de trabajo manual…

Antes de dejar Génesis 2, demos la importancia debida al hecho de que este anuncio de la institución divina del día de reposo santificado *aparece casi al principio de las Sagradas Escrituras*. Nada tiene precedencia, excepto el breve anuncio en los dos primeros versículos de Génesis 1 y la descripción de los seis días de la obra de creación… Esto nos recalca inmediatamente, la gran importancia que Dios mismo le da al séptimo día que santificó, así como a su observancia. ¡*Antes* de que se escribiera la primera página de la historia humana, antes de que se describiera alguna acción de Adán, el Espíritu Santo nos presenta la institución del día de reposo! ¡Significa claramente que guardar el día de reposo —la santificación del séptimo día— es un deber *primordial*! Además, ¡nos advierte claramente que no observar santamente el día de reposo es un pecado de primera magnitud!

Tomado de *The Holy Sabbath* (El día de reposo santo), a su disposición en inglés en CHAPEL LIBRARY.

Arthur W. Pink (1886-1952): Pastor y maestro itinerante de la Biblia, autor; nacido en Nottingham, Inglaterra.

Pensamientos bíblicos del Día del Señor
J. C. RYLE (1816-1900)

La autoridad sobre la cual se basa el día de reposo

Pido la atención de todos los cristianos profesantes, mientras intento decir unas pocas palabras sobre el tema del día de reposo santo. No tengo ningún argumento nuevo para anunciar. No puedo decir nada que no haya sido dicho ya, y dicho mejor, centenares de veces. Pero en una época como ésta, le corresponde a todo escritor cristiano aportar su granito de arena al tesoro de la verdad. Como siervo de Cristo, padre de familia y amante de mi patria, me siento obligado a defender la causa del domingo de antaño. Expreso enfáticamente mi sentencia usando las palabras de las Escrituras: "Acuérdate del día de reposo para santificarlo". Mi consejo a todos los cristianos es que luchen con denuedo para proteger todo el día contra todos sus enemigos, tanto los de afuera como los de adentro. Vale la pena hacerlo...

En primer lugar, consideremos *la autoridad sobre la cual se basa el día de reposo*. Creo que es de primordial importancia aclarar esto más allá de toda duda. Éste es el obstáculo contra el cual se estrellan muchos de los enemigos del día de reposo. Alegan que el día es "simplemente una ordenanza judía" y que no tienen la obligación de santificarlo como tampoco la tienen de ofrecer sacrificios. Proclaman al mundo que la observancia del Día del Señor no se basa más que en la autoridad de la *Iglesia* y no de la Palabra de Dios.

Ahora bien, yo creo que los que dicen cosas así están totalmente equivocados. A pesar de lo amable y respetable que son muchos de ellos, en este aspecto los considero completamente equivocados. En este caso, sus nombres no tienen ningún peso para mí. No es la declaración de cien teólogos —vivos o muertos— que me puedan hacer creer que lo negro es blanco o rechazar las evidencias de textos indubitables de las Escrituras... La pregunta crucial es: "¿Tienen mérito sus pensamientos? ¿Son correctos o incorrectos?".

Mi propia y firme convicción es que la observancia del Día del Señor es *parte de la Ley eterna de Dios*. No es simplemente una ordenanza judía temporal. No es una institución humana por influencia o por obra de alguna curia. No es una imposición desautorizada de la iglesia. Es una de las reglas eternas que Dios ha revelado para la conducción de toda la humanidad. Es una regla que muchas naciones sin la Biblia han ignorado o descartado, al igual que otras reglas, bajo las necedades de la superstición y el paganismo. A pesar de esto, es una regla obligatoria establecida para todos los hijos de Adán.

¿Qué dicen las Escrituras?

¿Qué dicen las Escrituras? Al final de cuentas, esto es lo que importa. La opinión pública y lo que los periodistas piensan poco importa. No vamos a comparecer ante un tribunal humano cuando muramos. El que nos juzga es el Señor Dios de la Biblia. ¿Qué dice el Señor?

1. Consideremos *la historia de la creación*. Leemos allí: "Y bendijo Dios al día séptimo, y lo santificó" (Gn. 2:3). Encontramos que el día de reposo es mencionado en el principio de todas las cosas. Al padre de la raza humana le fueron dadas cinco cosas el día que fue creado. Dios le dio una morada, una obra para realizar, un mandato para obedecer, una ayuda idónea para ser su compañera y un día de reposo para guardar. Me es totalmente imposible creer que Dios pensara alguna vez en un tiempo en que los hijos de Adán no debieran guardar el día de reposo.

2. Consideremos *la Ley que fue dada* en el Monte Sinaí. Leemos allí que un mandamiento entero de entre los diez, fue dedicado al Día del Señor y que éste es el más largo, más completo y más detallado de todos (Éx. 20:8-11). Notemos una distinción clara y amplia entre estos

Diez Mandamientos y todos los demás que componen la Ley de Moisés. Fue la única parte hablada en presencia de todo el pueblo y, después que Dios la dijo, el libro de Deuteronomio afirma expresamente: "y no añadió más" (Dt. 5:22). El anuncio fue bajo circunstancias de singular solemnidad y acompañado de truenos, rayos y un terremoto. Fue la única parte en las tablas de piedra escrita por Dios mismo. Fue la única parte colocada *dentro* del arca. Encontramos la ley acerca del día de reposo lado a lado con la ley sobre idolatría, homicidio, adulterio, hurto y las demás. Me es totalmente imposible creer que esto tuvo la intención de ser sólo una obligación temporal.

3. Consideremos *las escrituras de los profetas del Antiguo Testamento*. Encontramos que hablan repetidamente de quebrantar el día de reposo junto con las transgresiones más horrorosas de la Ley Moral (Ez. 20:13, 16, 24; 22:8, 26). Las encontramos hablando de él como uno de los grandes pecados que trajo castigo sobre Israel y llevó a los judíos al cautiverio (Neh. 13:18; Jer. 17:19-27). Resulta claro que el día de reposo, según ellos, era mucho más importante que las purificaciones de la Ley Ceremonial. Me es totalmente imposible creer, cuando leo sus palabras, que el Cuarto Mandamiento fuera una de esas cosas que un día desaparecería.

4. Consideremos *las enseñanzas de nuestro Señor Jesucristo cuando estuvo en esta tierra*. Por más que busquemos, nos sería imposible encontrar que nuestro Salvador alguna vez pronunciara una palabra que desacreditara uno de los Diez Mandamientos. Al contrario, declaró en los inicios de su ministerio que no había venido para "abrogar la ley o los profetas... sino para cumplir" y el contexto del pasaje donde usa estas palabras no deja ninguna duda de que no está hablando de la ley ceremonial, sino la moral (Mt. 5:17). Habla de los Diez Mandamientos como una norma moral de lo bueno y lo malo: "Los mandamientos sabes" (Mr. 10:19). Habla once veces sobre el tema del día de reposo, pero es siempre para corregir los agregados supersticiosos que los fariseos le habían hecho a la Ley de Moisés acerca de su observancia y nunca para negar la santidad del día. No abroga la ley, así como el hombre que saca el musgo y la hierba del techo de su casa no la está destruyendo. Sobre todo, vemos a nuestro Salvador dando por hecho la continuación del día de reposo cuando predice la destrucción de Jerusalén. Le dice a sus discípulos: "Orad, pues, que vuestra huida no sea en invierno ni en día de reposo" (Mt. 24:20). Me es totalmente imposible creer, cuando veo todo esto, que el Señor no hubiera querido que el Cuarto Mandamiento fuera tan aplicable a los cristianos como los otros nueve.

5. Consideremos *los escritos de los apóstoles*. Vemos que estos contienen palabras claras acerca de la naturaleza temporal de la ley ceremonial y sus sacrificios y ordenanzas. Estos son llamados "carnales" y "débiles" y "sombra de los bienes venideros" (He. 10:1), "nuestro ayo, para llevarnos a Cristo" (Gá. 3:24) y prácticas "impuestas hasta el tiempo de reformar las cosas" (He. 9:10). En cambio, no encontramos ni una sílaba en sus escritos que enseñe que alguno de los Diez Mandamientos haya dejado de tener vigencia. Al contrario, vemos a Pablo hablando de la Ley Moral con sumo respeto, aunque enseña irrefutablemente que ésta no puede justificarnos delante de Dios. Cuando les enseña a los efesios el deber de los hijos para con sus padres, sencillamente cita el quinto mandamiento: "Honra a tu padre y a tu madre, que es el primer mandamiento con promesa" (Ro. 7:12; Ef. 6:2; 1 Ti. 1:8). Vemos a Santiago y a Juan reconociendo a la Ley Moral como una regla aceptada y acreditada entre los destinatarios de sus cartas (Stg. 2:10; 1 Jn. 3:4). Una vez más digo que me es totalmente imposible creer que cuando los apóstoles hablaban de la Ley, se referían sólo a los nueve mandamientos y no a los diez.

6. Consideremos *la práctica de los apóstoles* cuando estaban ocupados en plantar la Iglesia de Cristo. Encontramos una mención explícita de que los creyentes guarden un día de la semana como un día santo (Hch. 20:7; 1 Co. 16:2). Vemos que uno de ellos se refirió a ese día como "día del Señor" (Ap. 1:10). Sin duda, habían cambiado el día: Ahora era el primer día de

la semana en memoria de la resurrección de nuestro Señor, en lugar del séptimo; pero estoy convencido de que los apóstoles fueron divinamente inspirados para realizar ese cambio y, a la vez, guiados sabiamente a *no emitir un decreto público* al respecto[4]. El decreto no hubiera hecho más que causar agitación en la mentalidad judía y los hubiera ofendido sin necesidad; era mejor hacer la transición gradualmente sin forzar la conciencia de los hermanos débiles. El cambio no interfirió en lo más mínimo con el espíritu del Cuarto Mandamiento: El Día del Señor observado el primer día de la semana, era tan *día de reposo después de seis días de trabajo*, como lo había sido el séptimo día. Pero que el Apóstol dijera con tanta firmeza que era "el primer día de la semana" y el "Día del Señor", si los apóstoles no consideraban un día más santo que otro, me resultaría totalmente inexplicable.

7. Consideremos, en último lugar, *las páginas de profecías todavía no cumplidas*. Encontramos que hay una predicción clara de que en los últimos días, cuando el conocimiento del Señor cubra la tierra, seguirá habiendo un Día del Señor. "Y de día de reposo en día de reposo, vendrán todos a adorar delante de mí, dijo Jehová" (Is. 66:23). Sin duda que el tema de esta profecía es profundo. No pretendo decir que puedo comprender todos sus componentes, pero una cosa es segura: en los días gloriosos que vendrán sobre la tierra, habrá un Día del Señor y, no para los judíos solamente, sino para "toda carne". Y cuando veo esto, me es totalmente imposible creer que Dios quiso decir que el día de reposo santo dejaría de ser entre la primera y la segunda venida de Cristo. Estoy convencido de que quiso decir que es una ordenanza eterna en su Iglesia.

Prestemos seria atención a estos argumentos de las Escrituras. Me resulta muy claro que, dondequiera que Dios tenía una iglesia en los tiempos bíblicos, tenía también un Día del Señor. Estoy firmemente convencido de que una iglesia sin un Día del Señor no es una iglesia según el modelo de las Escrituras.

Son indispensables por las tendencias de estos tiempos

Concluiré esta parte del tema dando dos advertencias que considero son indispensables por las tendencias de estos tiempos.

En primer lugar, *tengamos cuidado de no restarle importancia al Antiguo Testamento*. Ha surgido en los últimos años la lamentable tendencia de despreciar y detestar cualquier tema religioso, cuya fuente es el Antiguo Testamento y, tildar de tenebroso, ignorante y anticuado al que lo usa. No olvidemos que el Antiguo Testamento es tan inspirado como el Nuevo y que la fe cristiana, de ambos es, en lo principal y en su raíz, una misma cosa. El Antiguo Testamento es el evangelio como un capullo, el Nuevo es la flor en su plenitud. El Antiguo Testamento es el evangelio como un retoño; el Nuevo es como fruto en plena madurez. Los santos del Antiguo Testamento veían mucho a través de un vidrio oscuro, pero veían al mismo Cristo por fe y eran guiados por el mismo Espíritu que nosotros. Por lo tanto, no escuchemos nunca a los que se burlan de los argumentos del Antiguo Testamento. Mucha de la infidelidad comienza con un desprecio ignorante del Antiguo Testamento.

Además, *cuidémonos de no despreciar la ley de los Diez Mandamientos*. Me duele observar qué superficiales y sin fundamento son las opiniones de muchos en cuanto a este tema. Me he sentido consternado ante la indiferencia con que, aun los pastores, hablan de ellos como una

---

[4] Los judíos daban más importancia a su día de reposo que a casi todas las demás leyes de Moisés… Por lo tanto, Cristo fue muy cuidadoso al tratar con ellos sobre este punto. Cristo tenía mucho que decir, sin embargo, aclaró que ellos todavía no podría entenderlo y dio esta razón: Sería como poner vino nuevo en odres viejos (Jn. 16:12). —*Jonathan Edwards*

parte del judaísmo y los clasifican junto con los sacrificios y la circuncisión. ¡Me pregunto cómo pueden estos señores leérselos todas las semanas a sus congregaciones! Por mi parte, estoy convencido de que la venida del evangelio de Cristo no alteró ni un ápice la posición de los Diez Mandamientos. En todo caso, más bien exaltó y elevó su autoridad. Estoy convencido de que, en su debido lugar y proporción, es tan importante hablar de ellos y hacerlos cumplir, como predicar a Cristo crucificado. Por ellos tenemos conocimiento del pecado. Por ellos, el Espíritu enseña a los hombres la necesidad de un Salvador. Por ellos, el Señor Jesús enseña a su pueblo a andar con Dios y agradarlo. Creo que sería bueno que la Iglesia predicara los Diez Mandamientos desde el púlpito con más frecuencia de lo que lo hace. En conclusión, me temo que se puede atribuir mucha de la ignorancia actual sobre el Día del Señor a los conceptos erróneos sobre el Cuarto Mandamiento.

Tomado de "The Sabbath" (El día de reposo cristiano) en *Knots Untied* (Nudos desatados), de dominio público.

J. C. Ryle (1816-1900): Obispo y autor anglicano inglés; nacido en Macclesfield, Condado de Cheshire, Inglaterra.

El cuarto mandamiento
Thomas Boston (1676-1732)

> *"Acuérdate del día de reposo para santificarlo. Seis días trabajarás, y harás toda tu obra; mas el séptimo día es reposo para Jehová tu Dios; no hagas en él obra alguna, tú, ni tu hijo, ni tu hija, ni tu siervo, ni tu criada, ni tu bestia, ni tu extranjero que está dentro de tus puertas. Porque en seis días hizo Jehová los cielos y la tierra, el mar, y todas las cosas que en ellos hay, y reposó en el séptimo día; por tanto, Jehová bendijo el día de reposo y lo santificó".* —Éxodo 20:8-11

Este mandamiento se refiere al tiempo de adoración y es el último de la primera tabla porque su propósito es unir a las dos, puesto que es el Día de reposo lo que une a toda la fe cristiana. En su contenido tenemos:

1. El mandamiento

Éste es presentado de dos maneras.

En primer lugar, positivamente: "Acuérdate del día de reposo para santificarlo". Día de reposo significa *descanso* o cesación de toda labor. Las Escrituras hablan del reposo en tres sentidos: (1) *temporal*; (2) *espiritual*, que es un descanso interior del alma por dejar de pecar (He. 4:3) y (3) *eternal*, celebrado en el cielo (He. 4:9, 11), donde los santos descansan de sus labores. El mandamiento se refiere al primero de estos: El Día de reposo semanal. Notemos aquí: (1) Nuestra obligación respecto al Día de reposo es *santificarlo*. Dios lo santificó, lo apartó para ejercicios santos y nosotros tenemos que hacer lo mismo. (2) La cantidad de tiempo para observar como Día de reposo es *un día*, un día entero de veinticuatro horas y uno de los siete. Nos corresponde observar un séptimo día después de seis días de labores, en los que tenemos que realizar todo nuestro trabajo, completándolo de modo que no quede nada pendiente para el Día de reposo. (3) Contiene un llamado a recordarlo: Esto indica la importancia de observar con diligencia este precepto, dándole atención especial y la honra que merece.

En segundo lugar, negativamente: Notemos (1) lo que el mandamiento prohíbe: Realizar cualquier obra que puede impedir la santificación de este día. (2) A quiénes va dirigido el mandamiento y quiénes tienen que observarlo: Los magistrados, responsables de las puertas de la ciudad; los padres de familia, responsables de las puertas de la casa. Tienen que cumplir el mandamiento ellos mismos y promover que otros los cumplan.

2. Las razones anexas a este mandamiento

Ninguno de los demás mandamientos es presentado, tanto positiva como negativamente, como lo es éste. Y eso significa que: (1) Dios se preocupa de una manera especial porque se observe el Día de reposo santo, ya que de él depende toda la fe cristiana. En consecuencia, según sea guardado o ignorado este día, sucederá lo mismo con las demás doctrinas de la fe cristiana. (2) La gente es muy rápida en cortar por la mitad el servicio que corresponde a este día, ya sea porque consideran que descansar de su trabajo es suficiente o que la obra del Día del Señor termina cuando termina la adoración pública. (3) La naturaleza ofrece menos luz sobre este mandamiento que sobre el resto porque es naturalmente moral que debiera *haber* un día de reposo santo, es también positivamente moral que este debe ser uno de siete, lo cual depende enteramente de la voluntad de Dios…

Primero, demostraré que este mandamiento requiere la santificación para Dios de los tiempos que él ha establecido en su Palabra. Los judíos bajo el Antiguo Testamento, además del Día de reposo semanal, tenían varios días que, por mandato divino, debían considerar días santos. En virtud de este mandamiento, debían observarlo, tal como en virtud del segundo mandamiento debían observar los sacrificios y demás partes del culto a Dios que él había instituido. Pero estos días dejaron de tener vigencia bajo el evangelio por la venida de Cristo.

Lo primero que requiere este mandamiento es santificar un día para Dios. Dios determina cuál debe ser el día, ya sea el séptimo, según el orden de la creación bajo el Antiguo Testamento, o el primero, bajo el Nuevo. De allí que el mandamiento diga "Acuérdate del día de reposo para santificarlo", no meramente "Acuérdate del día de reposo". Por lo tanto, obedecer este mandamiento es un deber moral obligatorio para todas las personas en todos los lugares del mundo.

Porque es una obligación moral y requerida por la ley natural que así como Dios debe ser adorado —no sólo interiormente, sino exteriormente, no sólo en privado, sino también en público— tiene que haber también un tiempo especial establecido y apartado para esto, sin lo cual no puede llevarse a cabo. Tanto es así que aun los paganos tenían sus días de reposo y de festejos santos. Esto es lo primero que debemos tomar en cuenta: Hay que observar un día de reposo santo.

Otra cosa que indica el pasaje es que es a Dios a quien le corresponde determinar el Día de reposo santo o qué día o días quiere que se santifiquen. No dice: "Acuérdate de *un* día de reposo", dejando al criterio del hombre qué días deben ser santificados y cuáles no; sino "Acuérdate *del* día de reposo", dando por sentado que él mismo lo determinaría. Por lo tanto, nos corresponde observar el tiempo designado en su Palabra.

Y esto condena el que los hombres, como iglesias o como estados, se tomen la libertad de establecer días festivos para ser observados sin que Dios los haya designado en su Palabra. Considere: (1) Este mandato otorga un honor único, por sobre todos los demás, al Día de reposo: "Acuérdate del día de reposo". Pero cuando los hombres inventan días festivos propios para santificarlos, el día escogido por Dios se contamina y pierde su honor singular (Ez. 43:8). Efectivamente, en la práctica, se le da más prioridad a los días festivos de los *hombres* que al Día del *Señor*. (2) El mandamiento dice: "Seis días trabajarás y harás toda tu obra". El formalista dice: "Hay muchos de estos seis días en que no debes trabajar porque son días santos. Si estas palabras contienen un mandato, ¿quién puede ordenar algo opuesto? Si es sólo un permiso, ¿quién puede quitarnos la libertad que Dios nos ha dejado?". En cuanto a los días de ayuno o de gracias que no son santos, pero a veces se observan, estos no anulan los días de reposo y festivos que Dios en su Providencia requiere. En consecuencia, tiene que haber un tiempo para cumplir estas prácticas. (3) Es a Dios únicamente a quien le corresponde santificar un día. Porque, ¿quién puede santificar a alguien, sino el Creador o santificar a un tiempo, sino el Señor? Él es el único que puede dar la bendición, entonces, ¿por qué los que no pueden hacerlo pretenden santificar un día? El Señor aborrece los días santos ideados por el corazón del hombre (1 R. 12:33). (4) ¿Qué razón habría para pensar que habiendo Dios anulado de la Iglesia muchos días santos que él mismo había determinado, dejaría que la Iglesia evangélica llevara la carga de otras muchas invenciones humanas que él mismo no había establecido?

Segundo, este mandamiento requiere que se guarde un día de siete como Día de reposo santo para el Señor. "Seis días trabajarás, y harás toda tu obra; mas el séptimo día es reposo para Jehová tu Dios". De este modo, el Señor determina la cantidad de tiempo que le pertenece, de manera única, esto es, la séptima parte de nuestro tiempo. Después de seis días de trabajo, el séptimo debe ser de reposo dedicado a Dios. Esto es de carácter moral, obligatorio para las personas en todas las épocas y no una ceremonia que haya sido abrogada por Cristo. (1) Este mandamiento de designar un día de siete para ser Día reposo es uno de los mandamientos de aquella Ley que consiste de diez mandamientos que… [fueron] escritos en tablas de piedra para demostrar su perpetuidad y de la cual Cristo dice: "No penséis que he venido para abrogar la ley o los profetas; no he venido para abrogar, sino para cumplir. Porque de cierto os digo que hasta que pasen el cielo y la tierra, ni una jota ni una tilde pasará de la ley, hasta que todo se haya cumplido. De manera que cualquiera que quebrante uno de estos mandamientos muy pequeños, y así enseñe a los hombres, muy pequeño será llamado en el reino de los cielos; mas cualquiera que los haga y los enseñe, éste será llamado grande en el reino de los cielos" (Mt. 5:17-19). (2) Fue establecido y dado a Adán en su estado de inocencia antes de que hubiera una de las ceremonias que fueron luego abolidas por la venida de Cristo (Gn. 2:3). (3) Todas las razones anexadas a este mandamiento son morales para todos los hombres, al igual que los judíos a quienes les fue dada también la ley ceremonial. Encontramos que los no judíos, al igual que los judíos, debían observarlos, no así a las leyes ceremoniales. (4) Jesucristo habla de ella como algo de duración eterna, incluso después de que el día de reposo judío dejó de existir (Mt. 24:20). Aunque el séptimo día de la creación como Día de reposo fue cambiado al primero, se siguió observando un séptimo día.

Tercero, el día que hay que santificar es un día entero —no ciertas horas mientras dura la adoración pública, sino todo el día—. Hay un día artificial entre la salida y la puesta del sol (Jn. 11:9) y un día natural de veinticuatro horas (Gn. 1) y, este último, es a lo que aquí se refiere. Comenzamos este día, al igual que el de reposo, a la mañana, inmediatamente después de la medianoche; y no al anochecer, lo cual resulta claro si consideramos: (1) Juan 20:19: "Cuando llegó la noche de aquel mismo día, el primero de la semana", donde la noche siguiente, no anterior a este primer día de la semana, es llamado la noche del primer día. (2) Nuestro Día de reposo cristiano comienza donde terminaba el día de reposo judío, pero éste no terminaba al anochecer, sino al amanecer: "Pasado el día de reposo, al amanecer del primer día de la semana" (Mt. 28:1). (3) Nuestro día de descanso se celebra en memoria de la resurrección de Cristo y no cabe duda que se levantó de entre los muertos temprano en la mañana del primer día de la semana.

Por lo tanto, pongamos el mayor cuidado en consagrar a Dios el día entero —de la manera como él lo ha establecido— y no considerar todo el tiempo, excepto el dedicado a la adoración pública, como nuestro, lo cual es demasiado común en estos tiempos tan degenerados en los que vivimos.

Tomado de *The Works of Thomas Boston* (Las obras de Thomas Boston), Tomo 2, de dominio público.

Thomas Boston (1676-1732): Pastor y teólogo presbiteriano escocés, nacido en Duns, Berwickshire, Escocia.

Los fundamentos del Día del Señor
Benjamin B. Warfield (1851-1921)

La Palabra de Dios

Cuando queremos hacer memoria de los fundamentos del Día de reposo santo en la Palabra de Dios, es natural que la primera fuente a la que recurramos sea el Decálogo[5]. Allí leemos el mandamiento original que es el fundamento del Día de reposo del cual nuestro Dios se declaró ser el Señor. Cuando lo presentó, reafirmó su autoridad divina declarándose ser Señor del Día de reposo, lo cual ya había sido establecido por el propio mandamiento.

Los Diez Mandamientos fueron dados a Israel y, por supuesto, en un lenguaje que sólo podía ser considerado para Israel. Los vemos presentados por un prefacio, sin duda, adaptado y redactado precisamente para tocar el corazón del pueblo israelita como las ordenanzas provenientes de su propio Dios, el Dios a quien le debían su liberación de la esclavitud y su establecimiento como un pueblo libre: "Yo soy Jehová tu Dios, que te saqué de la tierra de Egipto, de casa de servidumbre" (Éx. 20:2). Esta afirmación, específicamente a Israel, se mantiene a lo largo de todo el documento. Cuando algo se refiere específicamente a Israel y a cada parte de la nación, siempre se adapta de manera estrecha a las circunstancias especiales de la vida de Israel... También podemos ver que era un pueblo que ya conocía todo lo relacionado con el Día de reposo santo y que lo que necesitaba no era más información, sino sólo acordarse del mandamiento: "Acuérdate del día de reposo para santificarlo" (Éx. 20:8).

Nada puede ser más claro entonces, que los Diez Mandamientos fueron definitivamente dirigidos al pueblo israelita y que enuncian los deberes que le corresponden, aunque no se limitan a éste. Samuel R. Driver[6] describe los Diez Mandamientos como "un resumen conciso, pero integral, de los deberes de los israelitas hacia Dios y el hombre...". Ésta es una descripción muy adecuada. Son dirigidos al israelita. Le dan un resumen conciso pero integral de sus deberes para con Dios y el hombre. Pero el israelita también es un hombre como todos. Y, entonces, no debiera sorprendernos descubrir que los deberes del israelita para con Dios y el hombre, cuando expresados sumariamente, son simplemente los deberes de todo ser humano en sus relaciones con Dios y con el hombre, sea griego o judío, circunciso o incircunciso, bárbaro o escita, esclavo o libre. Así es... No hay ningún deber impuesto a los israelitas en los Diez Mandamientos que no se aplique igualmente a todas las personas en todas partes. Estos mandamientos no son más que una publicación positiva a Israel de los deberes humanos universales, la moralidad que debiera practicar toda la humanidad.

No fue sólo natural, sino inevitable, que esta proclamación positiva de los deberes humanos universales a un pueblo en particular, fuera hecha de una manera especial, adaptándolos específicamente a ese pueblo específico y en sus circunstancias particulares; y era indiscutiblemente apropiado que se redactara de manera que su contenido fuera comprendido en su totalidad por este pueblo en particular e impactara sus corazones con una fuerza especial. No obstante, este elemento particular insertado en el estilo de su declaración, no le quita a estos mandamientos ninguna obligación intrínseca y universal. Sólo los viste de una atracción adicional para aquellos a quienes iba dirigida esta proclamación particular en ese momento. No es que no se aplique a todos el deber de no cometer homicidio, ni adulterio, de no hurtar, de no dar falso testimonio y de no codiciar ningún bien de su prójimo. No obstante, a los is-

---

[5] **Decálogo** – Los Diez Mandamientos.
[6] **Samuel Rolles Driver** (1846-1914) – Teólogo inglés versado en el hebreo.

raelitas se les ordena cumplir estos mandamientos en razón de que le deben una obediencia singular a Dios, quien los ha tratado con una manifestación única de su gracia. Y no deja de ser el deber de todos los hombres adorar solamente al Dios verdadero con una adoración espiritual, no profanar su nombre ni negarle el tiempo necesario para servirle, ni dejar de reverenciarlo. Pero estos deberes impactan de manera especial el corazón contrito de los israelitas al reconocer la gran realidad de que este Dios se ha mostrado a sí mismo de una manera única como su Dios. La inclusión del mandamiento sobre el Día de reposo en medio de esta serie de deberes humanos fundamentales, identificados como los valores básicos de la moralidad que Dios requiere de su pueblo escogido, es también aplicable *a todos los humanos de todos los tiempos* como un elemento esencial de la buena conducta humana básica.

Jesús, Santiago, Pablo

Resulta evidente que éste era el concepto que tenía nuestro Señor sobre el tema… Nos dice explícitamente que su misión con respecto a la ley no era abrogarla, sino "cumplirla" o sea, desarrollarla a su máximo potencial en cuanto a su alcance y poder. La ley, declara con mucha solemnidad, no es susceptible a ser descartada, sino que nunca dejará de ser autoritativa y obligatoria. "Porque de cierto os digo" (Mt. 5:18), dice, empleando por primera vez en el registro de sus preceptos esta fórmula para hacer una declaración imperativa: "hasta que pasen el cielo y la tierra, ni una jota ni una tilde pasará de la ley, hasta que todo se haya cumplido". Mientras exista el tiempo, existirá la ley con toda su validez, aun en su más pequeño detalle… Ahora bien, la ley de la cual nuestro Señor hace una afirmación imperativa en cuanto a su validez eterna incluye, como una de sus partes prominentes, sólo los Diez Mandamientos. Porque, cuando procedió a ilustrar sus declaraciones con ejemplos para demostrar cómo es que él cumple totalmente la ley, comienza presentando ejemplos a considerar de los Diez Mandamientos: "No matarás" (Mt. 5:21); "No cometerás adulterio" (Mt. 5:27). Es con los Diez Mandamientos manifiestamente en su mente que declara que ni una jota ni una tilde de la ley pasarán hasta que todo se haya cumplido.

Tal Maestro, tal discípulo. Hay un pasaje esclarecedor en la epístola de Santiago que se refiere a la ley con el fin de enfatizar con fuerza la unidad y el carácter obligatorio de cada uno de sus preceptos: "Porque cualquiera que guardare toda la ley, pero ofendiere en un punto, se hace culpable de todos" (Stg. 2:10)… Por lo tanto, si guardamos la ley en general, pero fallamos en uno de sus preceptos, no sólo hemos quebrantado ese, sino también toda la ley de la cual ese precepto forma parte. Ahora bien, el tema que más nos interesa es que Santiago ilustra esta doctrina con los Diez Mandamientos. Declara que es el mismo Dios el que ha dicho "No cometerás adulterio y no matarás". Si no cometemos adulterio, pero sí homicidio, somos transgresores de la santa voluntad de este Dios, expresada en todos los preceptos, no simplemente en uno. Santiago hubiera podido tomar cualquier otro de los mandamientos del Decálogo para ilustrar su enseñanza, el Cuarto, al igual que el Sexto o Séptimo. Es evidente que piensa en el Decálogo como un resumen práctico de los deberes fundamentales del ser humano y dice, en efecto, que es obligatorio para todos nosotros, y que todos sus preceptos son iguales porque todos proceden de Dios y anuncian su santa voluntad.

Encontramos una alusión al Decálogo igualmente instructiva en la carta de Pablo a los Romanos (Ro. 13:8-10). Pablo está hablando de uno de sus temas favoritos: El amor como cumplimiento de la Ley. "El amor no hace mal al prójimo;…", dice, "así que el cumplimiento de la ley es el amor" (Ro. 13:10). Porque todos los preceptos de la ley —está pensando aquí sólo en nuestros deberes hacia nuestros prójimos— se resumen en un mandamiento: "Amarás a tu prójimo como a ti mismo" (Ro. 13:9). Para ilustrar esta proposición, enumera algunos de los preceptos más relevantes, tomados de la segunda tabla del Decálogo: "Porque: No adulterarás, no matarás, no hurtarás, no dirás falso testimonio, no codiciarás…" (Ro. 13:9). Resulta claro que Pablo piensa en los Diez Mandamientos como un resumen de los principios fundamentales de la moralidad esencial y que tienen, como tales, validez eterna. Cuando declara que el amor es el cumplimiento de estos preceptos, por supuesto que no significa que el amor los *remplace*, como si pudiéramos contentarnos con amar a nuestro prójimo y no preocuparnos para nada de los detalles de nuestra conducta hacia él. Lo que quiere decir es, precisamente lo contrario, porque el que ama a su prójimo tiene en su interior un manantial de conducta correcta hacia su prójimo, lo cual lo impulsa a cumplir sus obligaciones con él. El amor no abroga la ley, sino que la cumple.

Pablo no fue el originador de este concepto de la relación del amor con la ley. Leemos que antes que él, su Señor dijo: "Amarás al Señor tu Dios con todo tu corazón, y con toda tu alma, y con toda tu mente. Éste es el primero y grande mandamiento" (Mt. 22:37-38). "Y el segundo es semejante: Amarás a tu prójimo como a ti mismo. De estos dos mandamientos depende toda la ley y los profetas" (Mt. 22:39-40)… El amor, volvemos a decir, no significa abrogar la ley, sino *cumplirla*.

No necesitamos más ejemplos. Nada puede ser más claro que el hecho de que nuestro Señor y los escritores del Nuevo Testamento trataban a los Diez Mandamientos como la personificación —en una forma adecuada para encomendárselos a Israel— de los elementos de la moralidad esencial, obligatorios para todos los tiempos y válidos en todas las circunstancias de la vida. Toda referencia a ellos tiene el propósito, no de desacreditarlos, sino limpiarlos de los agregados oscuros de años de falta de comprensión y de tradición profana, y enfocar su esencia misma e irradiar por doquier su más puro contenido ético. Observamos cómo nuestro Señor encara los dos mandamientos que dicen: "No matarás, no cometerás adulterio", casi al principio del Sermón del Monte que ya hemos mencionado. Todo lo externo y mecánico en la aplicación acostumbrada de estos mandamientos es descartado de una vez por todas, el principio moral central es mantenido con firmeza y… desarrollado sin vacilación hasta su máxima expresión. Por ejemplo, el homicidio se revela en su origen, el cual es la ira, y no sólo con referencia a la ira, sino en un lenguaje áspero, también al origen del adulterio identificado en los impulsos carnales de la mente y los sentidos y en la poca importancia dada al lazo matrimonial. No se trataba aquí de abrogar estos mandamientos o de limitar su aplicación. Más bien, fue que su aplicación se ha extendido inmensamente, aunque "extendido" no sea justamente la palabra correcta, digamos, en cambio, que se han *profundizado*. Pareciera que en las manos de nuestro Señor fueron enriquecidos y ennoblecidos, se hicieron más valiosos y [fértiles], incrementaron su hermosura y su esplendor. En realidad, no han cambiado nada. Más bien, nuestros ojos han sido abiertos para ver los preceptos tal como son: Puramente éticos, que declaran deberes, tanto fundamentales como absolutos.

El comentario de la vida del Señor

No tenemos un comentario formal parecido que haya hecho nuestro Señor acerca del cuarto mandamiento. Pero tenemos el comentario de su *vida* y eso es tan revelador y tiene el mismo efecto de profundizar y ennoblecer que los efectos ya mencionados. No existía ningún mandamiento con más capas de tradición legalista que éste. Nuestro Señor se vio obligado, en el simple proceso de vivir, a deshacerse de estas capas de superposiciones que cubrían al mandamiento, para ir poniendo al descubierto la verdadera ley del Día de reposo para que el hombre la viera cada vez con mayor claridad como el reposo ordenado por Dios y del que el Hijo del Hombre es Señor. Por eso expone una serie de declaraciones críticas, según la ocasión lo requiere, cuyo propósito es darnos una glosa sobre este mandamiento similar en carácter a las exposiciones más formales del Sexto y Séptimo mandamiento.

Entre estos, uno que se destaca con gran énfasis, dice: "Es lícito hacer el bien en el día de reposo". Y esto nos lleva a la declaración: "Mi Padre hasta ahora trabaja, y yo trabajo" (Jn. 5:17). Es obvio que para nuestro Señor, el Día de reposo no era un día de ociosidad absoluta: La inactividad no era su marca. La inactividad no fue el sello del Día de reposo de Dios cuando descansó de las obras de la creación que había hecho. Hasta este mismo momento, sigue trabajando continuamente, y, en imitación de él, nuestro Día de reposo también está lleno de trabajo. Dios no descansó porque estaba cansado, ni porque necesitaba un intervalo en sus labores, sino porque había completado la obra que se había propuesto hacer (humanamente hablando) y lo había hecho bien. "Y vio Dios todo lo que había hecho, y he aquí que era bueno en gran manera... Y acabó Dios en el día séptimo la obra que hizo" (Gn. 1:31, 2:2). Estaba ahora listo para emprender otro trabajo. Y nosotros, como él, tenemos que hacer la obra que nos encomendó: "Seis días trabajarás, y harás toda tu obra" (Éx. 20:9), después dejándolo a un lado, tenemos que realizar otro tipo de tarea. No es del trabajo como tal, sino nuestro *propio* trabajo, el que tenemos dejar a un lado el Día de reposo. "Seis días trabajarás, y harás toda tu obra", dice el mandamiento, o como lo expresa Isaías: "Si retrajeres del día de reposo tu pie" (es decir, si dejas de pisotearlo), "de hacer tu voluntad en mi día santo" (ese es el modo de pisotearlo) "y lo llamares (día de) delicia, santo, glorioso de Jehová; y lo veneraras, no andando en tus propios caminos, ni buscando tu voluntad, ni hablando tus propias palabras, entonces te deleitarás en Jehová; y yo te haré subir sobre las alturas de la tierra, y te daré a comer la heredad de Jacob tu padre; porque la boca de Jehová lo ha hablado" (Is. 58:13-14).

En suma, el Día de reposo es el Día del Señor, no el nuestro, y en ese día tenemos que hacer la obra del Señor, no la nuestra; ese es nuestro "reposo"... El descanso no es la verdadera esencia del día de reposo o la finalidad para la cual fue instituido, es un medio para cumplir un fin, y el cumplimiento de ese fin es el verdadero "descanso" del Día de reposo. Tenemos que descansar de nuestros propios quehaceres para poder entregarnos a las cosas de Dios.

El Día de reposo procedió de las manos de Cristo, por lo que no le quitó nada de su autoridad ni despojó nada de su gloria, sino que mejoró su autoridad tanto como su gloria. Al igual como lo hizo con los otros mandamientos, lo limpió de lo que era local o temporario de las prácticas nacionalistas del pueblo de Dios para asegurar su pureza, y marchó adelante con su contenido ético universal. Entre los cambios que tuvo en su forma externa se incluye el cambio en el día de su observancia. Por lo tanto, no hubo ningún perjuicio en contra del Día de reposo como fue ordenado a los judíos, sino que Cristo le agregó una nueva dimensión. Además, el Señor, siguiendo el ejemplo de su Padre cuando terminó la obra que éste le había dado, descansó el Día de reposo en la paz de su sepulcro. Pero aún tenía trabajo por hacer. Y cuando amaneció el primer día de la nueva semana, que era el primer día de una nueva era —la era de salvación— se levantó del descanso en el sepulcro e hizo nuevas todas las cosas. Como lo dice de una forma tan hermosa C. F. Keil: "Cristo es el Señor del Día de reposo (Mt. 12:8) y, después de completar su obra, también descansó en el Día de reposo. Pero volvió a levantarse el domingo y, por su resurrección, que es su promesa al mundo de los frutos de su obra redentora, él ha hecho a este día, el Día del Señor para su Iglesia. Su pueblo nuevo, la Iglesia, debe festejar este día hasta que el Capitán de su salvación vuelva y, cuando haya finalizado el juicio de todos sus enemigos, la llevará al descanso de aquel Día de Reposo santo que Dios preparó para toda la creación por medio de su propio reposo después de haber terminado con el cielo y la tierra"⁷. Cristo se llevó a la tumba el Día de reposo y sacó de la tumba el Día del Señor la mañana de su resurrección.

Cambio de día

Es cierto que no tenemos ningún registro de que nuestro Señor haya requerido un cambio de día para la observancia del Día de reposo santo. Tampoco nos han dado tal mandato ninguno de los apóstoles a quienes él les dio la tarea de fundar su Iglesia. No obstante, por las acciones, tanto de nuestro Señor como las de sus apóstoles, parece encargarnos que observemos el primer día de la semana como el Día de reposo cristiano. No es sólo que nuestro Señor resucitara aquel día; parece que se hace un cierto énfasis precisamente en el hecho de que fue el primer día de la semana que él resucitó. Todos los relatos de su resurrección lo mencionan. Lucas, por ejemplo, después de decir que Jesús resucitó "el primer día de la semana" (Lc. 24:1), al llegar al relato de su aparición a los dos discípulos camino a Emaús, incluye lo que casi parece un énfasis innecesario de que esto también sucedió "en ese mismo día". No obstante, es en el relato de Juan donde este énfasis más se destaca. Nos dice: "El primer día de la semana", María Magdalena, estando aún oscuro de mañana, vino al sepulcro encontrándose con la tumba vacía. Y un poco después: "Y como fue tarde aquel día, el primero de la semana", Jesús se apareció a sus seguidores reunidos... Después de señalar explícitamente que fue precisamente en la noche del primer día de la semana que se apareció a sus discípulos reunidos, Juan vuelve a destacar intencionadamente que su próxima aparición fue "ocho días después, [cuando] estaban otra vez sus discípulos dentro" (Jn. 20:26). Es decir, fue el primer día de la semana siguiente que Jesús volvió a manifestarse a ellos. Parece seguro que nuestro Señor, habiendo coronado el día de su resurrección con sus manifestaciones, desapareció una semana entera para volver a aparecer *únicamente el Día de reposo siguiente*... Pareciera que bajo esta sanción directa del Señor resucitado, el primer día de la semana se estaba convirtiendo en el día designado para las reuniones cristianas.

El que los cristianos [se vieran tempranamente obligados] a separase de los judíos (ver Hechos 19:9) y a establecer tiempos regulares para reunirse, lo sabemos por una exhortación en la epístola a los Hebreos (He. 10:25). Una frase de Pablo sugiere que su día común de reunión era "cada primer día de la semana" (1 Co. 16:2). Resulta evidente por lo que dice Hechos 20:7 que la costumbre era que "el primer día de la semana... se reunían los discípulos para partir el pan". Dicha práctica ya estaba tan arraigada a mediados de los años del trabajo misionero de Pablo, que se sintió obligado a quedarse una semana entera en Troas para poder reunirse ese día con los hermanos... Aprendemos, por una referencia en Apocalipsis (1:10), que la designación "el día del Señor" ya se había establecido entre los cristianos... Con todos estos antecedentes, no nos sorprende que la Iglesia emergiera de la Era Apostólica con el primer día de la semana firmemente establecido como su día de observancia religiosa.

Universalizar los Diez Mandamientos

Pero si queremos tener una idea integral de cómo Pablo solía cristianizar y también universalizar los Diez Mandamientos, a la vez que preservaba toda la sustancia y autoridad formal, veamos este consejo: "Hijos, obedeced en el Señor a vuestros padres, porque esto es justo. Honra a tu padre y a tu madre, que es el primer mandamiento con promesa; para que te vaya bien, y seas de larga vida sobre la tierra" (Ef. 6:1-3). Observemos, *primero*, de qué manera presenta el Quinto Mandamiento aquí como prueba apropiada de que la obediencia

---

⁷ **Carl Friedriech Keil** (1807-1888) y Franz Delitzsch (1813-1890), *Commentary on the Old Testament* (Comentario del Antiguo Testamento), tomo 1, 400; Keil y Delitzsch eran comentaristas luteranos.

a los padres es lo justo. Habiendo afirmado que lo era, Pablo afirma que el mandamiento lo requiere. De esta manera, demuestra que la Iglesia cristiana simplemente daba por sentado la autoridad del quinto mandamiento. Observamos, en *segundo* lugar, cómo la autoridad de este mandamiento —ya reconocido como incuestionable— se extiende a todo el Decálogo. Pero este mandamiento no se menciona aquí como un precepto aislado, sino como parte de una serie de decretos con el mismo peso que los demás, difiriendo de ellos únicamente por el hecho de ser: "el primer mandamiento con promesa". Observemos, en *tercer lugar*, cómo toda la manera de enunciar el Quinto Mandamiento que le da una forma y un estilo adaptado específicamente a la antigua dispensación, es dejada a un lado y, en su lugar, adopta un estilo que lo universaliza al decir: "Para que te vaya bien, y seas de larga vida sobre la *tierra*" (Ef. 6:3). Toda alusión a Canaán —la tierra que Jehová, Dios de Israel, había prometido a Israel— se elimina y, con ello, todo lo que pueda parecer que se aplica exclusivamente a él, es eliminado y con ello todo lo que da a la promesa o al mandamiento cualquier apariencia de que se aplicara exclusivamente a Israel. En su lugar, hace una declaración amplia, válida no sólo para el judío que adora al Padre en Jerusalén, sino para todos los adoradores auténticos en todas partes que lo adoran en espíritu y en verdad (Jn. 4:24). Esto parece aún más extraordinario porque Pablo, al referirse al mandamiento, le da atención especial a su promesa, enfatizando su origen divino. Es muy evidente que está totalmente seguro de lo que declara a sus lectores [gentiles]. Y eso significa que universalizar la lectura de los Diez Mandamientos era una costumbre ya establecida en la Iglesia Apostólica.

¿Podemos dudar que como Pablo, y con él toda la Iglesia Apostólica, consideraba al Quinto Mandamiento, consideraba también al Cuarto? ¿Qué preservaba en ellos toda su sustancia y su autoridad total, pero le eliminaba todo lo que tendía a limitarlo a una aplicación local y temporaria? ¿Y por qué no habría esto de haber incluido, como parece evidente que lo hacía, la sustitución del día del *Dios de Israel* (que había librado a su pueblo de la esclavitud en Egipto) al *Día del Señor Jesús* (quien lo había librado de una esclavitud peor que la de Egipto con una liberación más grande, una liberación de la cual la de Egipto era sólo un tipo)? Pablo estaría tratando con el Cuarto Mandamiento, precisamente como encara el Quinto, con indiferencia hacia la sombra del Día de reposo y haciendo que toda la obligación del mandamiento fuera santificar el nuevo Día del Señor, el monumento a la segunda y mejor creación.

No hay ninguna duda de que esto fue precisamente lo que hizo y, con él, toda la Iglesia Apostólica. Y el significado de eso es que observamos el Día del Señor como lo hacemos, por autoridad de los apóstoles de Cristo, bajo la sanción perfecta de la Ley eterna de Dios.

Tomado de *Sunday: The World's Rest Day* (El domingo, día de reposo mundial), de dominio público.

Benjamin Breckinridge Warfield (1851-1921): Profesor presbiteriano de teología del Seminario Princeton; nacido cerca de Lexington, Kentucky, Estados Unidos.

Del Día de reposo al Día del Señor
Archibald A. Hodge (1823-1886)

"Acuérdate del día de reposo para santificarlo". —*Éxodo 20:8*

El propósito de este artículo es consignar el fundamento sobre el que la fe de la Iglesia universal descansa cuando, mientras reconoce el Cuarto Mandamiento como una parte integral de la Ley Moral suprema, universal e inalterable, aparta el primer día de la semana para este propósito, sustituyendo, por razones obvias, el séptimo día por la autoridad de los apóstoles inspirados y, por lo tanto, de Cristo mismo.

1. El día específico no puede ser lo esencial en la institución

Notemos que el día específico de la semana en que debe guardarse el Día de reposo, aunque determinado por razones reveladas por la voluntad de Dios después de la creación, nunca fue ni puede ser lo *esencial* en la institución misma. El mandamiento de observar el Día de reposo es, en su esencia, tan moral e inmutable como los mandamientos de no hurtar, no cometer homicidio o adulterio. Tiene, como estos, su fundamento en la constitución universal y permanente, y en las relaciones de la naturaleza humana. Fue designado para satisfacer las necesidades físicas, morales, espirituales y sociales del hombre; proveer un tiempo adecuado para la instrucción bíblica de las personas y la adoración pública y privada a Dios, y brindar un periodo adecuado de descanso del cansancio del trabajo secular. El establecimiento de una cierta proporción de tiempo apropiada, que es observada por la comunidad de cristianos y naciones cristianas con regularidad, y es obligatoria por autoridad divina, y constituye, por lo tanto, la esencia misma de la institución. Estos elementos esenciales son los mismos en las dos dispensaciones[8].

El Día de reposo, como fue divinamente establecido en el Antiguo Testamento, es justo lo que todos los hombres necesitan hoy. Dios ordenó que todos dejaran de hacer trabajo secular y santificaran ese tiempo dedicándolo a la adoración a Dios y al bien de la humanidad. Los cultos del templo se fueron incrementando y, más adelante, se agregó la instrucción y la adoración en las sinagogas. Les fue otorgado a los hombres y a los animales como un privilegio, no como una carga (Dt. 5:12-15). Los judíos siempre lo obedecieron y después de ellos también lo festejaban los cristianos primitivos como un festival, no un ayuno[9].

Con el correr del tiempo, —como sucedió con las demás partes de la voluntad revelada de Dios— este mandato se fue cubriendo con capas superpuestas de interpretaciones y agregados farisaicos y rabínicos. Cristo lo limpió de éstas, tal como lo hizo con el resto de la Ley. Él vino a "cumplir toda justicia", por lo tanto, guardaba el Día de reposo, íntegra y estrictamente, y enseñó a sus discípulos a hacer lo mismo, descartando las interpretaciones engañosas y conservando el sentido espiritual esencial como ordenó Dios. Declaró que "el día de reposo fue hecho por causa del hombre" (Mr. 2:27), el *genus homo*[10] y, en consecuencia, es obligatorio

---

[8] **En las dos dispensaciones** – *Dispensaciones* aquí significa "periodos de tiempo" y, en este contexto, la frase significa "bajo el Antiguo y el Nuevo Pacto".

[9] Joseph Bingham (1668-1723), *Antiquities of the Christian Church* (Antigüedades de la Iglesia Cristiana), tomo 2, libro 20, cap. 3; Smith's *Dictionary of the Bible*, Art. "Sabbath" (Diccionario de la Biblia de Smith, Art. "Sabbath").

[10] ***genus homo*** – *genus* = Clasificación científica de una o más especies; en este contexto, *homo* = ser humano.

para todos los hombres para siempre, adaptándose a la naturaleza y las necesidades de todos los hombres en todas las condiciones históricas.

Por otra parte, es evidente que el día específico apartado como de reposo no es, en absoluto, la esencia de su institución y tiene que depender de la voluntad positiva de Dios, la que, por supuesto, puede sustituir un día por otro en ocasiones apropiadas y por razones adecuadas.

2. La introducción de una nueva dispensación

La introducción de una nueva dispensación, significó que un sistema enfocado en una nación en particular y de carácter preparatorio [Israel], fuera remplazado por uno permanente y universal [la Iglesia], que abarca a todas las naciones hasta el fin del mundo. Ésta fue, ciertamente, una ocasión apropiada. La Ley Moral, expresada en los Diez Mandamientos escritos por el dedo de Dios en una roca y establecidos como fundamento de su trono entre los querubines y las condiciones de su pacto, debe permanecer. Los tipos, las leyes municipales especiales de los judíos y todo lo que no fuera esencial al Día de reposo santo u a otras instituciones permanentes deben ser cambiados.

3. La resurrección del Señor Jesús

El hecho maravilloso de la resurrección del Señor Jesús el primer día de la semana es una razón adecuada para designarlo como Día de reposo cristiano en lugar del séptimo día. El Antiguo Testamento comienza con un relato del génesis del cielo y la tierra, y la antigua dispensación se fundamenta primeramente en la relación de Dios como Creador del universo y del hombre.

El Nuevo Testamento comienza con un relato del génesis de Jesucristo y revela al Creador encarnado como nuestro campeón victorioso sobre el pecado y la muerte. El reconocimiento de Dios como Creador es común a todo sistema teísta; el reconocimiento de la resurrección del Dios encarnado es exclusivamente del cristianismo. El reconocimiento de Dios como Creador es común a todo sistema teísta y se conserva en el reconocimiento de la resurrección de Cristo, mientras que el artículo de fe actual lleva en sí mismo todo el contenido de la fe cristiana, además de esperanza y vida. La realidad de la resurrección consuma el proceso de redención que es parte de la iglesia. Es la razón de nuestra fe, el fundamento de nuestra fe y la promesa de nuestra salvación personal y del triunfo final de nuestro Señor como Salvador del mundo. Es la piedra fundamental del cristianismo histórico y, en consecuencia, de todo teísmo vivo en el mundo civilizado. Un requisito esencial de un apóstol era haber sido testigo ocular el de la resurrección. Su doctrina se resumía como una predicación de "Jesús y la resurrección" (Hechos 1:2; 17:18; 23:6; 24:21).

4. "Señor del Día de reposo"

Durante su vida, Jesús había afirmado que era "Señor del día de reposo" (Mr. 2:28). Después de su resurrección, señaló el primer día de la semana, no el séptimo, por cómo se reveló. El día que resucitó se apareció a sus discípulos en cinco ocasiones. Retirándose durante un intervalo, reapareció el siguiente "primer día de la semana"[11]. Estando reunidos sus discípulos, y Tomás con ellos: "Cuando llegó la noche de aquel mismo día, el primero de la semana, estando las puertas cerradas en el lugar donde los discípulos estaban reunidos por miedo de

---

[11] **Primer día de la semana** – (*Griego* = μιᾷ τῶν σαββάτων) La afirmación de los sabatistas en cuanto a que esta frase debiera traducirse "uno de los sábados" es absurdo. σαββάτων (*sabbatōn*) es neutral y no puede coincidir [gramáticamente] con el femenino μιᾷ (*mia*).

los judíos, vino Jesús, y puesto en medio, les dijo: Paz a vosotros" (Jn. 20:19). El día de Pentecostés cayó ese año "el primer día de la semana" y encontrándose los discípulos reunidos de común acuerdo: "Cuando llegó el día de Pentecostés, estaban todos unánimes juntos… Y fueron todos llenos del Espíritu Santo, y comenzaron a hablar en otras lenguas, según el Espíritu les daba que hablasen" (Hch. 2:1, 4) y descendió sobre ellos el don del Espíritu Santo prometido. Muchos años después, el Señor se apareció a Juan en Patmos y le otorgó su última gran Revelación en el "día del Señor": "Yo estaba en el Espíritu en el día del Señor, y oí detrás de mí una gran voz como de trompeta" (Ap. 1:10). Todos los cristianos primitivos observaban el día del Señor como el festejo semanal de la resurrección del Señor.

Las Escrituras también están llenas de evidencias de que los miembros de las iglesias apostólicas acostumbraban reunirse en sus respectivos lugares con el propósito de adorar juntos al Señor (1 Co. 11:17, 20; 14:23-26; He. 10:25). Que estas reuniones se realizaban el "primer día de la semana" es indudable y lo prueba la acción de Pablo en Troas: "Y nosotros, pasados los días de los panes sin levadura, navegamos de Filipos, y en cinco días nos reunimos con ellos en Troas, donde nos quedamos siete días. El primer día de la semana, reunidos los discípulos para partir el pan, Pablo les enseñaba, habiendo de salir al día siguiente; y alargó el discurso hasta la medianoche" (Hch. 20:6-7). También por sus órdenes a las iglesias en Corinto y Galacia: "En cuanto a la ofrenda para los santos, haced vosotros también de la manera que ordené en las iglesias de Galacia. Cada primer día de la semana cada uno de vosotros ponga aparte algo, según haya prosperado, guardándolo, para que cuando yo llegue no se recojan entonces ofrendas" (1 Co. 16:1-2). Es evidente que para entonces ya habían hecho el cambio porque podemos rastrear una cadena intacta y consistente de testimonios desde el tiempo de los apóstoles hasta el presente. Los motivos del cambio dados por los antiguos padres cristianos venían de los apóstoles y son totalmente congruentes con todo lo consignado acerca del carácter, la vida y las doctrinas de estos. Por lo tanto, el cambio contaba con la sanción de los apóstoles y, en consecuencia, la autoridad del mismo "Señor del Día de reposo".

5. Una cadena ininterrumpida de testimonios

Desde la época de Juan, quien fue el primero en darle a la institución su mejor y más sagrado nombre —"Día del Señor"— hay una cadena ininterrumpida e irrepetible de testimonios de que el "primer día de la semana" era observado como el día de adoración y descanso cristiano. Durante mucho tiempo, la expresión "día de reposo" continuó siendo aplicada al séptimo día. Por costumbre y, en conformidad con los sentimientos naturales de los convertidos judíos, los cristianos primitivos siguieron observando ambos días durante mucho tiempo. Guardaban cada séptimo día, excepto el anterior a la Pascua cuando el Señor había estado en el sepulcro, al igual que cada primer día, como un festival. Después de un tiempo, [el romanismo], en oposición al judaísmo, lo observaba como día de ayuno. Realizaban ese día reuniones religiosas públicas. Pero el día ya no se consideraba sagrado, nunca suspendían su trabajo ni lo prohibían. Por otro lado, cualquier tendencia a volver a su observancia antigua estrictamente como un día santo o sagrado de alguna manera, como se consideraba el primer día de la semana, se desaprobaba juzgándolo como un abandono de la libertad del evangelio y el retorno a las [prácticas] ceremoniales de los judíos.

Los cristianos primitivos llamaban a su propio día, al cual le daban preeminencia y una obligación exclusiva: "el Día del Señor", "el primer día de la semana", "el octavo día" y, en su comunicación con los paganos, llegaron a llamarlo, como lo hemos hecho nosotros, según su antiguo uso popular: *"dies solis"*: "domingo". Una comparación de los pasajes en que estas designaciones fueron usadas por los cristianos primitivos muestra con una seguridad absoluta que significan el mismo día, puesto que todos se definen como aplicándose al día después del Día de reposo judío o al día en que Cristo resucitó.

Ignacio de Antioquia[12], amigo cercano de los apóstoles, martirizado en Roma no más de quince años después de la muerte de Juan, en su epístola a los Magnesianos, capítulo 9, dice: "Así pues, los que habían andado en prácticas antiguas alcanzaron una nueva esperanza, sin observar ya los sábados, sino moldeando sus vidas según el Día del Señor, en el cual nuestra vida ha brotado por medio de Él y por medio de su muerte…". Llama al Día del Señor "la reina y el principal de todos los días" (de la semana).

El autor de la epístola de San Bernabé, escribiendo antes o, a más tardar, poco después de la muerte del apóstol Juan dice, en el capítulo 15: "Festejamos con alegría el octavo día, en que además, Jesús se levantó de entre los muertos".

Justino Mártir[13] dice: "En el día llamado domingo hay una asamblea de todos los que viven en las ciudades o en los distritos rurales, y las memorias de los apóstoles y los escritos de los profetas son leídos… porque es el primer día cuando Dios disipó las tinieblas y el estado natural original de las cosas y formó el mundo y porque es el día en que Jesucristo nuestro Salvador se levantó de entre los muertos". "Por lo tanto, permanece como el principal y el primero de los días". El testimonio sigue uniforme e intacto…

Tertuliano[14], escribiendo al final del siglo II, dice: "En el Día del Señor, los cristianos, en honor a la resurrección del Señor… deben evitar todo lo que puede causar ansiedad y aplazar todo trabajo del mundo, no sea que den lugar al diablo".

Atanasio[15] dice explícitamente: "El Señor transfirió la observancia (del Día de reposo) al Día del Señor".

El autor de los sermones *de Tempore*[16] dice: "Los apóstoles transfirieron la observancia de la noche del Día de reposo a la noche del Día del Señor y, por lo tanto, los hombres deben abstenerse de todo trabajo del campo y negocios seculares, y ocuparse únicamente del servicio divino"…

El testimonio de todos los grandes reformadores y todas las ramas históricas modernas de la Iglesia Cristiana coinciden… (1)Lutero[17], Calvino[18] y otros reformadores enseñaron que el Día de reposo fue ordenado para toda la raza humana en el momento de la creación [y] (2) que una de sus características esenciales fue diseñada para ser una obligación universal y perpetua…

El cambio de día por parte de la Iglesia apostólica es comprobado por el testimonio histórico de la Iglesia primitiva y de los reformadores, a lo que podríamos agregar, si el espacio lo permitiera, pero contra lo cual no existe ninguna evidencia contraria. Esto, al igual que los pasajes ya citados, demuestra que el cambio se efectuó por autoridad de los apóstoles y, por ende, por la autoridad de Cristo. Por medio de los apóstoles predicando a "Jesús y la resurrección" y observando y estableciendo el primer día de la semana para servicios religio-

---

[12] **Ignacio de Antioquía** (c. 35/50 - c. 110) – Teólogo y mártir cristiano primitivo; alumno de Juan el Apóstol.

[13] **Justino Mártir** (c. 100 - c. 165) – Apologista y mártir cristiano primitivo.

[14] **Tertuliano** (c. 155-220) – Teólogo y apologista latino de Cartago, África.

[15] **Atanasio** (c. 295-373) – Obispo griego de Alejandría, Egipto; defensor de la deidad de Cristo.

[16] **Sermones de *Tempore*** – Sermones festivos.

[17] **Martín Lutero** (1483-1546) – Teólogo alemán y líder de la Reforma.

[18] **Juan Calvino** (1509-1564) – Reformador protestante suizo nacido en Francia.

sos se confirma la importancia y pertinencia del cambio, "testificando Dios juntamente con ellos, con señales y prodigios y diversos milagros y repartimientos del Espíritu Santo" (He. 2:4). Desde el gran Día Pentecostal del Señor, este día ha sido observado por el auténtico pueblo de Dios y bendecido por el Espíritu Santo. Ha sido reconocido y usado como un medio esencial y preeminente para edificar el reino de Cristo y efectuar la salvación de su simiente. Y este reconocimiento divino ha existido en cada época y nación en proporción directa con la fiel consagración del día para sus propósitos espirituales. No es posible que una adoración supersticiosa de la voluntad humana o una idea equivocada hubiera sido coronada con sellos uniformes y discriminantes de [aprobación divina por mil ochocientos años].

Tomado de *The Sabbath: The Day Changed; the Sabbath Preserved,* (El día cambiado; el día de reposo santo preservado), de dominio público.

Archibald Alexander Hodge (1823-1886): Pastor, teólogo presbiteriano estadounidense y director del Seminario Princeton; nacido en Princeton, Nueva Jersey, Estados Unidos.

El Día del Señor en público
Ezekiel Hopkins (1634-1690)

Considere en qué deberes tiene que ocuparse en y para la adoración pública y solemne a Dios en este día porque de ellos consiste la mayor y principal parte de la santificación.

Menciono en primer lugar esto como lo más destacado. Porque de hecho, mientras —por la misericordia de Dios— tengamos la dispensación[19] pública y libre de evangelio, no debemos despreciar ni darle la espalda a esta comunión visible de la Iglesia. Más bien, honremos y hagamos nuestra la libertad del evangelio por medio de nuestra asistencia constante y conscientes del privilegio de hacerlo, no sea que, por despreciar la misericordia de Dios al dárnosla tan públicamente, lo provoquemos... Ahora bien, los deberes públicos que son necesarios para santificar el Día del Señor como corresponde, son estos:

1. Oración afectuosa

Oración afectuosa, haciendo nuestra la oración del pastor, nuestro vocero ante Dios, al igual que el vocero de Dios hacia nosotros. Porque, así como tiene el deber de anunciarnos la voluntad soberana y sus mandamientos [de Dios], tiene también el de presentar nuestras peticiones ante su Trono de Gracia. Nos corresponde tomar cada petición y lanzarla a lo Alto con nuestros anhelos más sinceros y de concluirla y sellarla con un afectuoso *Amén*: "Que así sea". Porque, aunque es sólo el pastor el que las eleva en voz alta, no es él sólo quien ora, sino toda la congregación con él. Cualquier petición que no vaya acompañada de nuestro más sincero y cordial afecto, es una burla a Dios como si nuestra propia boca la hubiera pronunciado sin que haya salido de lo profundo del corazón. Esto es pura hipocresía. Consideremos qué promesa es para el cristiano cuando ora a solas: "Todo lo que pidiereis al Padre en mi nombre, él os lo dé" (Jn. 15:16; 16:23). ¡De cuánta eficacia son, entonces, las oraciones unidas de los santos cuando unen sus intereses y ponen todo su fervor en presentarlos a una voz ante el Trono de Gracia! Cuando nos disponemos a participar de la oración pública no lo hagamos como simples oyentes, sino como participantes: Tenemos nuestra parte en ella. Y cada petición que es presentada a Dios debe emanar de nuestro corazón y nuestra alma. Si [esto] cumplimos con afecto, podemos estar seguros de que lo que es ratificado por tantas oraciones e intercesiones aquí en la tierra, será también confirmado en el cielo porque nuestro Salvador nos ha dicho: "Si dos de vosotros se pusieren de acuerdo en la tierra acerca de cualquiera cosa que pidieren, les será hecho por mi Padre que está en los cielos" (Mt. 18:19).

2. Nuestra atención reverente a la Palabra de Dios

Nuestra atención reverente a la Palabra de Dios, ya sea leída o predicada, es otro deber público necesario para la santificación del Día del Señor. Esto se cumplía también en la época de la Ley, antes de la venida de Cristo al mundo: "Porque Moisés desde tiempos antiguos tiene en cada ciudad quien lo predique en las sinagogas, donde es leído cada día de reposo" (Hch. 15:21). Las sinagogas se edificaban con ese propósito: Así como su templo era el lugar principal de su adoración legal y ceremonial, éstas eran para su adoración moral y natural. En el templo, principalmente ofrecían sacrificios; en sus sinagogas, oraban, leían y escuchaban. Así como sucede en la actualidad con nuestras iglesias locales, cada ciudad y casi cada aldea, contaba con una, donde el pueblo se reunía el día de reposo para escuchar la lectura y la exposición de alguna porción de la Ley. Con mucha más razón, nos toca ahora a nosotros ocu-

---

[19] **Dispensación** - Acto de distribución o dispensación. Aquí, a través de la predicación y la literatura.

parnos de observar este mandamiento, en estos, los tiempos del evangelio, en que Dios nos requiere una mayor medida de conocimiento espiritual y se nos declaran con más claridad los misterios de la salvación. ¡Y que se seque la lengua y se silencie para siempre la boca del que se atreve a decir algo despectivo y denigrante de este mandamiento santo! ¡La Palabra dice tantas cosas excelentes acerca de la predicación del evangelio! Éste es "poder de Dios" (1 Co. 1:18). Es la salvación para "los creyentes" (1 Co. 1:21). Es el dulce "olor de su conocimiento" (2 Co. 2:14). ¡Ciertamente todo aquel que la denigra, rechaza el consejo de Dios y el único medio establecido para alcanzar la fe y obtener la salvación eterna! porque "la fe es por el oír, y el oír, por la palabra de Dios" (Ro. 10:17).

3. El canto de los Salmos

Otro deber público relacionado con la santificación del Día del Señor es el canto de los Salmos porque siendo este día una fiesta para Dios, un día de gozo y alegría espiritual, ¿de qué mejor manera podemos testificar de nuestro gozo que con nuestras melodías? "¿Está alguno alegre?", pregunta Santiago, "Cante alabanzas", responde (Stg. 5:13). Por lo tanto, dejemos que los espíritus profanos se burlen de esto como les plazca, no por eso deja de ser un deber muy celestial y espiritual. ¡La Biblia dice que los santos ángeles y el espíritu de los justos en el cielo cantan aleluyas eternas al Gran Rey! Y si nuestro Día del Señor es como el del cielo y la obra del Día del Señor representa para nosotros la obra sempiterna de estos espíritus bienaventurados, ¿qué mejor manera puede haber que cantar alabanzas a Aquel que está sentado en su trono y al Cordero, nuestro Redentor? Esto es unirnos al coro celestial en su obra celestial y observar el Día del Señor *aquí*, como el Día de reposo eterno *allá*, hasta donde la imperfección de la tierra puede parecerse a la gloria y la perfección del cielo.

4. La administración de las ordenanzas

Otro deber público que santifica al Día del Señor es la administración de las [ordenanzas], especialmente la de la Cena del Señor. Y por eso, la Palabra menciona: "El primer día de la semana, reunidos los discípulos para partir el pan, Pablo les enseñaba" (Hch. 20:7). En dichas reuniones se celebraba la Santa Cena y se enseñaba la Palabra, lo cual implica que la intención principal de sus reuniones era participar de la Cena del Señor. En esas ocasiones, el Apóstol les instruía por medio de la predicación. Según los registros de la Iglesia, es indudable que era la costumbre apostólica primitiva participar de esta ordenanza muy sagrada cada Día del Señor y que sus reuniones eran principalmente para esto, a lo cual se anexaron la oración y la predicación. Me temo, señores, que uno de los grandes pecados de nuestra época, no sólo es la desatención y el desprecio de esta ordenanza por parte de algunos, sino también que pocas veces se celebra en conjunto. El Apóstol, donde habla de esta institución sagrada, indica que debiera celebrarse a menudo: "todas las veces que comiereis este pan, y bebiereis esta copa" (1 Co. 11:26). Aunque esta ordenanza se administre solo ocasionalmente, consideremos que deshonra [algunos demuestran] a Cristo [cuando] ya no participan de ella o muy raramente lo hacen. Ya no seguiré insistiendo en esto, sino que lo dejo entre Dios y la propia conciencia de los lectores porque si la persuasión o la demostración misma pudieran prevalecer contra la resolución, ya lo hubiera hecho, porque bastante se ha dicho muchas veces por lo que de nada vale que yo siguiera quejándome de esto.

Y aquí termino con lo que tengo que decir sobre la santificación del Día del Señor, en lo que concerniente a los deberes públicos de adoración y servicio a él.

Capítulo 13—El Día del Señor

Tomado de *The Works of Ezekiel Hopkins* (Las obras de Ezekiel Hopkins), Tomo 1, de dominio público.

Ezekiel Hopkins (1634-1690): Ministro y autor anglicano. Nació en Sandford, Crediton, Devonshire, Inglaterra.

Reconozco que antes de conocer al Señor, a nuestras mentes jóvenes les parecía aburrido leer la Biblia, escuchar sermones y guardar el Día de reposo santo, pero, ahora que hemos venido a Cristo y él nos ha salvado, ahora que somos suyos, el primer día de la semana… ¡se ha convertido en una fiesta! Esperamos con ansiosa alegría que llegue un domingo tras otro.
—Charles H. Spurgeon

Cada día del Señor debiera ser un domingo de acción de gracias porque Jesús se levantó de entre los muertos el primer día de la semana. ¡Demos gracias cada vez que festejamos su resurrección!
—Charles H. Spurgeon

Quiero contarles lo que escuché decir a un hombre sobre la doctrina de la observancia del Día del Señor. ¡Dijo que había llegado a la conclusión de que el Día del Señor, igual como el mismo Señor, corría el peligro de morir entre dos malhechores, siendo estos el sábado por la noche y el lunes por la mañana! Dijo que la noche del sábado se alargaba, cada vez más, hasta entremezclarse con el domingo, y después la gente empezaba su lunes muy temprano el domingo por la noche. El domingo pasa a ser apenas unas pocas horas durante la mañana, después de las cuales pensamos: "Bueno, eso ya fue suficiente, ya hemos asistido una vez a la iglesia". Es así como el Día del Señor se ha perdido entre dos malhechores.
—David Martyn Lloyd-Jones

El Día del Señor en el hogar
William S. Plumer (1802-1880)

El profeta Jeremías coloca en la misma categoría a las familias que no oran y a los paganos. Si la ira del Señor cae sobre estos últimos, sin duda caerá sobre los primeros. El lenguaje que usa el profeta es realmente sorprendente: "Derrama furor sobre las naciones que no te conocen, y sobre los linajes que no invocan tu nombre" (Jer. 10:25 LBLA[20]). Tales linajes[21] son realmente paganos en sus disposiciones y prácticas.

Quizá nunca ha habido un pastor consagrado que no sintiera que cultivar la fe cristiana en la familia[22] es muy importante para el éxito de su ministerio y el adelanto de la verdadera devoción, y no sintiera que descuidarla va en detrimento de la causa de Dios.

Cultivar la fe cristiana en la familia

Pero ¿qué es cultivar la fe cristiana en la familia?

1. Es *leer*, oír y estudiar las Escrituras con devoción. La Palabra de Dios puede hacernos sabios para salvación y Timoteo lo sabía desde niño. Debemos habituarnos nosotros y toda nuestra familia a leer el libro sagrado porque es la Palabra de Dios, porque es apropiada para leer y comentar en el seno de la familia tal como lo es en cualquier otro sitio y porque nos manda, de manera especial, que enseñemos todas sus verdades a nuestros hijos como parte natural del diario vivir (2 Ti. 3:15; Dt. 4:9, 6:7; Sal. 78:4).

2. Es dedicar un momento para *alabar a Dios por sus misericordias*. Donde pueda hacerse para edificación, las familias deben cantar alabanzas a Dios. Si es imposible cantarlas, entonces pueden leer algún himno.

3. Es agregar a lo antedicho, *oración* que incluya adoración, acción de gracias, confesión y súplica.

4. Es tener *conversaciones piadosas* guiadas por la cabeza del hogar, explicando a la familia porciones de las Escrituras. Este mandato también requiere instrucción bíblica y catequética[23]. Hasta donde sea posible, la familia entera debe participar de estos esfuerzos por mantener un espíritu devoto en el hogar. Algunos integrantes quizá sean demasiado pequeños. Otros puede ser que estén enfermos, pero nadie debe estar ausente, excepto por una razón valedera. Invítese cariñosamente a las personas que ayudan en las tareas domésticas a acompañar al resto de la familia, proveyendo asientos cómodos para todos. ¡Qué escena tan inspiradora es ver que la cabeza de la familia diga con devoción: "Adoremos al Señor" y luego lea devotamente la Biblia y dirija a los demás en alabanzas al Altísimo…!

---

[20] **LBLA**, siglas de La Biblia de Las Américas – El autor escribió este artículo originalmente en inglés, usando la Versión King James (KJV). La traducción de este versículo en la Reina Valera 1960, versión que normalmente usamos, difiere de la KJV y no incluye todo el pensamiento original del autor. Aunque, por lo general, no coincidimos con la LBLA, la hemos usado en este contexto porque la traducción de este versículo se aproxima más al original hebreo y al inglés de la KJV.

[21] **Linajes** – Clanes. "Este sustantivo es usado en un sentido más amplio que el que el término *familia*, generalmente, indica. La palabra para los moradores de una misma casa es, generalmente, *hogar*… [Familia], generalmente se refiere al círculo de parientes con fuertes lazos sanguíneos". (Harris, Archer, Waltke, eds. *Theological Wordbook of the Old Testament* [Glosario teológico del Antiguo Testamento] 947.)

[22] Ver FGB 188, *Family Worship*, en inglés (Adoración familiar), a su disposición en Chapel Library.

[23] **Catequética** – Relacionado con instrucción cristiana con base en preguntas y respuestas.

Direcciones

Es necesario tener mucho cuidado de que este culto familiar se realice en el momento más conveniente y no tan temprano a la mañana porque puede interferir con las devociones matinales, ni tan tarde en la noche cuando cunde el sueño entre los niños y otros miembros de la familia y, consecuentemente, no reciben ninguna edificación. Para que toda esta actividad sea verdaderamente provechosa, el culto familiar, al igual que cualquier práctica piadosa de la familia debe ser:

1. *Formal y regular*: No se permita que ninguna razón superficial o trivial lo posponga ni lo obstaculice.

2. *Decoroso*, ordenado, tranquilo y serio. Si no lo es, difícilmente será de edificación para los participantes. Evítese con cuidado toda conducta frívola.

3. *Alegre*, no austero ni deprimente. Dios, quien ama al dador alegre (2 Co. 9:7), también ama al adorador alegre. Todo lo que se diga y haga debe conducir a asegurar la atención y despertar interés en el culto.

4. *Evítese el aburrimiento*. El hombre sabio considera tanto la duración como lo que es conveniente. Cuando comienza el cansancio, termina la edificación. Muchas veces puede prevenirse el aburrimiento si la instrucción y la adoración del día de reposo tienen más variedad. Las oraciones, las exposiciones y los comentarios deben ser breves y comprensivos.

5. Pero evítese hacer *las cosas con tanto apuro que aparente* o demuestre que se quiere terminar lo más pronto posible.

6. El culto y la instrucción familiar deben incluir *las bendiciones y las aflicciones familiares*. Éstas ocurren de continuo, pero se debe tener mucho cuidado de no lastimar los sentimientos, aun del más pequeño o más ignorante. No es bueno llamarle la atención a un miembro de la familia por sus faltas personales en la presencia de otros.

7. Con relación a la devoción familiar, *la viuda*, quien, es cabeza de la familia, es responsable por el orden y la instrucción bíblica de su hogar…

8. A veces surge la pregunta: ¿Qué debe hacer la esposa y la madre cuando su esposo o *el padre está ausente*? La respuesta correcta es: "Tome su lugar y ocúpese de que Dios sea honrado en el hogar".

9. ¿Qué debe hacer la esposa y madre cuando su marido y padre de familia —aun estando en casa y bien— *no se hace cargo de la instrucción bíblica correcta* y del culto familiar? No es el deber de la esposa tomar el lugar del esposo y, por lo tanto no puede, en su presencia, reunir a la familia y enseñar con un aire de autoridad sobre él. Pero, aunque ella no es cabeza de su esposo, aun así, con él y bajo él, ella es la cabeza del resto de la familia. Le corresponde reunir a sus hijos y sirvientes en un lugar apropiado y enseñarles, sumándose a ellos en actos adecuados de devoción. Esta práctica ha producido, a menudo, las más felices consecuencias.

10. Como el objetivo principal de toda adoración e instrucción bíblica es agradar a Dios y contar con su bendición, todo lo que se haga debe ser *sincero, humilde y ferviente*. Un formulismo sin corazón es inútil, sí, también es *peor*. Sean celosos, no fríos.

La conveniencia y la obligación

Las siguientes consideraciones demuestran la conveniencia y la obligación de la instrucción bíblica en la familia:

1. *Los paganos*, que profesan y practican alguna forma de religión mantienen, sin excepción, alguna forma de práctica religiosa doméstica. Aunque no se dirigen a Jehová, sí se dirigen a sus dioses y enseñan a sus hijos que hagan lo mismo. Esto demuestra, sin lugar a dudas,

que el culto familiar es un dictado de la naturaleza. Sólo en los países que son nominalmente cristianos, los hombres no practican alguna forma de devoción en el hogar...

2. *La condición de cada familia* requiere dicha instrucción y devoción. Somos muy ignorantes y, por lo tanto, es necesario recurrir a todos los medios posibles para traer luz a nuestras mentes entenebrecidas. Toda familia tiene necesidades, lo cual debe llevarla a unirse en oración. Toda familia tiene bendiciones, fruto de la misericordia de Dios, lo cual demanda un canto unido de gratitud. Toda familia pasa por pruebas y, por lo mismo, cada miembro debe derramar lágrimas de compasión con todos los demás. Las almas afligidas no encontrarán ninguna manera mejor de detener la sangre de sus heridas que unirse a otros en actos solemnes de adoración. A veces, un hogar se ve amenazado con alguna terrible calamidad. Entonces, ¿qué puede haber mejor que unidos en oración eleven sus peticiones al Señor de todas las cosas, para librarse del espantoso mal?

3. Mantener viva la expresión doméstica de la devoción cristiana tiene *un efecto feliz* sobre la paz y el orden de la familia. Si uno está ausente, enfermo o sufre alguna aflicción, ¡cómo se aviva y fortalece la compasión en el corazón de los demás para recordarlo en sus conversaciones, para decirle palabras cariñosas y para orar por su regreso o recuperación! Cuántas inquietudes del corazón y celos son extinguidos. ¡Qué dulce es contemplar a un anciano que se encuentra con un niño y sin decir palabra alguna, ambos dejan a un lado todo para poder hablar, escuchar, pensar, orar y elevar alabanzas ante el Padre de sus espíritus! Difícilmente puede haber una familia antipática y egoísta que tenga la costumbre de confesar juntos, reconocer juntos los favores de Dios y suplicar juntos pidiendo las bendiciones que necesitan, de acuerdo con su entendimiento correcto del pensamiento de Dios y de su voluntad. Puede faltarle mucho de lo que el mundo llama modales refinados, pero nunca le faltará la cortesía que consiste de "bondad verdadera, cariñosamente expresada". Allí hay amor auténtico; cada acto de devoción en conjunto la fortalece. Sin embargo, la tentación puede amenazarla. Aun puede interrumpirse temporalmente, pero nunca o raramente será destruida. Los lazos como estos son los que unen a todo el sistema social... Una nación compuesta de tales familias nunca puede ser [merecedora de aborrecimiento]. Es un hecho alarmante que durante el siglo XIX, el ateísmo ha dirigido su artillería más destructiva contra la institución de la familia y contra la devoción familiar.

4. *La iglesia primitiva* y, ciertamente toda iglesia evangélica próspera, nos ha dejado un ejemplo en este sentido, el cual sería peligroso rechazar. La historia eclesiástica nos informa que en los primeros tiempos, después de sus devociones personales, la familia se juntaba para orar, leer las Escrituras, recitar los preceptos doctrinales y compartir sentimientos prácticos para edificación mutua en general. Hasta cierto punto, hacían esto cotidianamente. Cada día también finalizaba con devociones similares, pero el Día del Señor abundaba aún más en estas prácticas.

5. La preservación de la devoción familiar es *sumamente provechosa*. Tiene casi todos los beneficios de cada método posible de enseñanza. Da un poco a la vez y lo repite a menudo. Es variado en sus modalidades. Corta la ignorancia de raíz...

6. La devoción y la instrucción familiar son de gran importancia para *promover la "religión" pura* y sin mácula en el mundo. Cuando Richard Baxter[24] se asentó en Kidderminster Inglaterra, había allí muy pocas familias devotas. En consecuencia, abundaba la iniquidad. Pero a medida que se iba avivando el espíritu cristiano, aumentaba la adoración familiar, hasta que al

---

[24] **Richard Baxter** (1615-1691) – Predicador y teólogo puritano no conformista.

fin, en algunas calles enteras no podía encontrarse ni una familia donde no se honrara a Dios hasta con cultos familiares diarios…

7. Además del pasaje solemne ya citado de Jeremías, *otros pasajes* muestran que los hombres consagrados no descuidaban la devoción en familia. Acerca de Abraham, dijo Dios: "…yo sé que mandará a sus hijos y a su casa después de sí, que guarden el camino de Jehová, haciendo justicia y juicio,…" (Gn. 18:19). Josué dijo: "yo y mi casa serviremos a Jehová" (Jos. 24:15). Y David: "Entenderé el camino de la perfección cuando vengas a mí. En la integridad de mi corazón andaré en medio de mi casa" (Sal. 101:2). Salomón dijo: "La maldición de Jehová está en la casa del impío, pero bendecirá la morada de los justos" (Pr. 3:33)[25].

Mantengamos la devoción familiar en toda su pureza y poder, cueste lo que cueste. Tengamos en cuenta que esto nunca se ha logrado donde las familias le han restado importancia al Día del Señor. Stowell [escribió:] "Es muy dudoso que haya algún deber tan lamentablemente descuidado entre toda clase de cristianos profesantes, como la observancia doméstica del Día de reposo"[26].

Tomado de *The Law of God* (La Ley de Dios), Sprinkle Publications, www.sprinklepublications.net.

William S. Plumer (1802-1880): Pastor y autor presbiteriano estadounidense, nacido en Greensburg, PA, Estados Unidos.

Muy pocos son los pasos que separan a "ningún día de reposo" y "ningún Dios".
—*J. C. Ryle*

---

[25] Ver también Hechos 10:2 y todos los pasajes bíblicos que hablan de orar siempre (Col. 1:3), orar siempre con toda oración y ruego (Ef. 6:18), orar en todas partes (1 Ti. 2:8), orar sin cesar (1 Ts. 5:17).

[26] William Hendry Stowell (1800-1858), *The Ten Commandments Illustrated* (Los Diez Mandamientos Ilustrados) (London: B. J. Holdsworth, 1825), 89.

Devoción, necesidad y caridad
Ezekiel Hopkins (1634-1690)

Cuando nos dedicamos al servicio y a la adoración [a Dios], a meditar en su excelencia, a magnificar y alabar su misericordia y a invocar su nombre santo, es entonces que consagramos este día y damos a Dios lo que es de Dios. De eso se trata santificar el Día del Señor, tal como lo hizo Dios —*lo dedicó*— y tal como le corresponde hacer al hombre —*observarlo*. Pero la gran dificultad es determinar de qué manera debe ser santificado y consagrado el Día del Señor. El Día de reposo cristiano, ¿está sujeto o no a la misma observancia estricta y vigorosa de los judíos bajo la economía de Moisés?

A esto respondo en general. Dado que nuestro Día de reposo no es exactamente como el de ellos, sino similar sólo en una proporción apropiada, nuestra santificación del Día del Señor —prefiero llamarlo así, en lugar de Día de reposo— no es, en todos sus detalles, lo mismo que se requería de los judíos. Guarda una proporción que tiene que ver con las cosas que no son ceremoniales ni son una carga para nuestra libertad cristiana.

Pero, más específicamente, la santificación de este día consiste, en parte, en abstenerse de las cosas que lo profanarían y, en parte, en el cumplimiento de aquellas prácticas que la Palabra requiere y que tienden a promover su santificación y santidad... A pesar de este reposo y de la cesación del trabajo que se requiere de nosotros en el Día del Señor, sigue habiendo tres tipos de trabajo que podemos y debemos realizar a pesar de la labor física que puede exigir. Y estas son: Obras de *devoción,* obras *necesarias* y obras de *caridad*.

1. Las obras de devoción

Las obras de devoción deben ser realizadas en el Día del Señor, sí, especialmente en este día, como las obras propias del día. Y éstas, no sólo son las que consisten de operaciones *internas* del alma, como meditaciones celestiales y afectos espirituales, sino también las acciones *externas* del cuerpo, como orar en voz alta, leer las Escrituras y predicar la Palabra. En este día es que los pastores trabajan con todo su ser, tanto física como espiritualmente, pero dista de ser trabajo que profana el Día del Señor, no porque las obras santas sean las más apropiadas para días santos, sino porque también lo eran en el Día de reposo judío. Y por ende, dice nuestro Salvador: "¿O no habéis leído en la ley, cómo en el día de reposo los sacerdotes en el templo profanan el día de reposo, y son sin culpa?" (Mt. 12:5). Por lo tanto, esto de deshonrar el Día de reposo no se debe interpretar como una profanación formal, como si hubieran estado haciendo lo que era ilícito hacer ese día. [Ésta era] sólo una profanación material o sea que trabajaban mucho matando y despellejando, dividiendo e hirviendo y quemando los sacrificios en el templo. Si no hubieran sido instituidos como parte de la adoración a Dios [hubieran sido] profanaciones del Día de reposo, pero habiendo sido ordenados por Dios, distaban mucho de ser profanaciones de ese día... Por lo que parece que las obras de *devoción* u obras relacionadas con la piedad pueden ser realizadas lícitamente con la observancia más estricta del Día del Señor.

2. Las obras necesarias y beneficiosas

No sólo se pueden realizar obras de devoción el Día del Señor, sino también obras necesarias y beneficiosas. Éstas son aquellas sin las cuales no podemos subsistir o no subsistir bien. Por lo tanto, podemos apagar un incendio; impidiendo así perjuicios grandes e importantes que pudiera sufrir nuestra persona o nuestras pertenencias... sin ser culpables de haber violado este día. Y no sólo aquellas obras que son absolutamente necesarias, sino también las que son muy beneficiosas pueden ser realizadas en el Día del Señor. Por ejemplo, prender un fuego en la chimenea, preparar alimentos y muchas otras similares, demasiado numerosas para mencionar. Vemos a nuestro Salvador defendiendo a sus discípulos contra la prohibición de los fariseos de arrancar espigas y comerlas el Día de reposo (Mt. 12:1-8). Pero cuidémonos de no dejar para el Día del Señor las cosas que muy bien podemos hacer antes, alegando ese día que tenemos que hacerlas por necesidad o conveniencia porque si la necesidad o la conveniencia la sabíamos con anterioridad, nuestra prudencia y devoción cristiana tendría que haber encontrado la manera de hacerlas antes de este día santo, para poder dedicar todo el día al servicio del Señor con las menores distracciones e impedimentos posibles.

3. Las obras de caridad y misericordia

Otro tipo de obras que pueden y deben hacerse el Día del Señor son las obras de *caridad* y *misericordia*. Porque, de hecho, este día fue instituido como un memorial de la gran misericordia de Dios hacia nosotros. Por lo tanto, en ese día nos corresponde ser caritativos y misericordiosos: caritativos hacia nuestros prójimos y misericordiosos hacia los animales. Aunque la observancia del día de reposo fue impuesta tan estrictamente a los judíos, les era lícito mostrar misericordia cuando algún pobre *animal* la necesitaba. Así lo dice Mateo 12:11: "¿Qué hombre habrá de vosotros, que tenga una oveja, y si ésta cayere en un hoyo en día de reposo, no le eche mano, y la levante?". Y también Lucas 13:15: "Cada uno de vosotros ¿no desata en el día de reposo su buey o su asno del pesebre y lo lleva a beber?". Por ende, se deben realizar obras de misericordia, aun a los animales mismos, no importa lo que estos requieran. Entonces, ¡cuánto más debemos hacer obras de caridad a nuestros semejantes! Debemos demostrar esta caridad, ya sea a sus almas o sus cuerpos, porque con frecuencia, ambos sufren aflicciones terribles. A sus almas instruyendo, aconsejando, exhortando, reprendiendo y consolando, orando por ellos y, si en algo nos han ofendido, perdonándolos libremente. Ésta es, ciertamente, una obra de caridad apropiada para el Día del Señor, una obra aceptable a Dios y la mejor manera de santificarlo. Tampoco hemos de dejar de hacer ninguna obra de caridad para beneficio de sus cuerpos y de su ser exterior. Sabemos con cuánta severidad nuestro Salvador reprendió la hipocresía supersticiosa de los fariseos quienes murmuraban contra él como violador del día de reposo por haber curado enfermedades ese día: "Hipócrita, cada uno de vosotros ¿no desata en el día de reposo su buey o su asno del pesebre y lo lleva a beber?". Así les replica nuestro Señor: "Y a esta hija de Abraham, que Satanás había atado dieciocho años, ¿no se le debía desatar de esta ligadura en el día de reposo?" (Lc. 13:14-16)… No cabe duda de que es correcto hacer el bien el Día del Señor y ocuparnos de cualquier tarea y labor que pueda ayudar a salvar una vida, aliviar el dolor o curar las enfermedades de nuestro prójimo… La observancia estricta y puntual del Día del Señor es dar lugar, siempre que lo requiera la necesidad urgente o el bien de nuestro prójimo, porque Dios prefiere la misericordia antes que el sacrificio.

En conclusión, vemos qué reposo requiere de nosotros Dios y qué obras podemos hacer el Día del Señor sin violar la Ley ni profanar el día.

Tomado de "An Exposition of the Ten Commandments" (Una exposición de los Diez Mandamientos") en *The Works of Ezekiel Hopkins*, Tomo 1, de dominio público.

Ezekiel Hopkins (1634-1690): Pastor y autor anglicano; nacido en Sandford, Devonshire, Inglaterra.

Honrando a Dios en su Día
THOMAS CASE (1598-1682)

"Si retrajeres del día de reposo tu pie, de hacer tu voluntad en mi día santo, y lo llamares delicia, santo, glorioso de Jehová; y lo venerares, no andando en tus propios caminos, ni buscando tu voluntad, ni hablando tus propias palabras, entonces te deleitarás en Jehová; y yo te haré subir sobre las alturas de la tierra, y te daré a comer la heredad de Jacob tu padre; porque la boca de Jehová lo ha hablado". —Isaías 58:13-14

EN hebreo, la palabra "lo" en la expresión verbal "lo *venerares (honrares o glorificares)*" puede referirse tanto al Día de reposo como al Señor, pero parece favorecer a este último. Habiendo recibido ya antes su título de honorable, su descripción de que debía ser venerado, en este caso es más seguro que se refiere a Dios y aun, a toda la Trinidad[27] bendita y gloriosa, requiriendo que cada uno de los que disfruta este privilegio bendito de un día de reposo, le dé la honra y gloria a Dios por él. Y esto se lleva a cabo:

(1) Cuando hacemos de la autoridad divina la única razón para apartar y santificar todo el día exclusivamente para servirle y adorarle a él, sin transferir ninguna parte de ese tiempo santo para nuestros propios usos y propósitos carnales. "Guardarás el día de reposo para santificarlo", —éste es el deber—. "Como Jehová tu Dios te ha mandado", —ésta es la autoridad (Dt. 5:12)—.

(2) Cuando hacemos del mandamiento de Dios nuestro fundamento, establecemos la gloria de Dios como nuestra meta. O sea, cuando hacemos de Dios —Padre, Hijo y Espíritu Santo en todas sus gloriosas e infinitas perfecciones— el centro de nuestra adoración y admiración en su día santo. Y esto lo realizamos de una manera especial cuando hacemos que la gran tarea del Día de reposo sea dar a cada persona gloriosa de la Trinidad la gloria de su propia obra y operación, por medio de lo cual asume cada una su derecho al Día de reposo y su lugar en él. Por ejemplo:

1. Cuando damos a Dios el Padre la gloria por la obra estupenda de la creación.

Y esto lo hacemos con la contemplación de todos sus atributos gloriosos que se manifiestan en la estructura hermosa del cielo y la tierra, celebrada por el salmista real en el Salmo 19:1: "Los cielos cuentan la gloria de Dios, y el firmamento anuncia la obra de sus manos". Las excelencias trascendentales del Jehová glorioso son visibles y gloriosas en este teatro admirable que es el universo, a saber:

Primero, *su poder* para crear todas las cosas de la nada, y eso tan solo con una palabra de su boca.

Segundo, *su sabiduría* al hacer todas las cosas de una manera tan hermosa y con un orden tan exacto. Como dijo el gran médico [Galeno][28] acerca del cuerpo humano: "Nadie puede acercarse a Dios y decir: 'Esto podría haber sido mejor'; tampoco de la estructura del cielo y la tierra, ningún hombre ni ángel puede decir: "Aquí hay un defecto y allí una redundancia. Hubiera sido mejor si hubiera más soles y menos estrellas, más tierra y menos mares, etc.". No, cuando el profeta divino se puso de pie y contempló solemnemente toda la creación, no pudo encontrar nada que hubiera podido ser de otra manera, sino que exclamó con admira-

---

[27] Ver FGB 231, *The Triune God*, en inglés (El trino Dios), a su disposición en CHAPEL LIBRARY.
[28] **Elio Galeno o Galeno** (129 a 217 d.C.) – Médico, cirujano y filósofo griego en el Imperio Romano; la cita es tomada de su obra *Utilidad de las partes del cuerpo*.

ción: "¡Cuán innumerables son tus obras, oh Jehová! Hiciste todas ellas con sabiduría" (Sal. 104:24). No podía ver nada de un extremo del universo al otro que no fuera una prueba de perfección infinita: "Hiciste todas ellas con sabiduría". Y así como la omnipotencia y sabiduría de Dios se magnifica en su creación, también se manifiesta en su generosidad.

En tercer lugar, *su generosidad* se manifiesta en que le dio al hombre toda esta creación visible para su uso y beneficio. Como dijera alguien: "Dios creó en último lugar al hombre para poder llevarlo, como lleva un padre a su hijo, a un hogar ya amueblado". Una porción de nuestro honor a Dios es atribuirle a él la gloria de la obra de la creación.

2. Cuando damos a Dios el Hijo, la gloria de su gloriosísima obra de redención.

Esto incluye las siguientes cosas específicas que son maravillosas:

Su encarnación inefable: "E indiscutiblemente, grande es el misterio de la piedad: Dios fue manifestado en carne" (1 Ti. 3:16), es decir, el Dios invisible, fue hecho visible en un cuerpo de carne y hueso. Esto fue realmente un misterio: ¡un Hijo en el cielo sin madre y un Hijo en la tierra sin padre!

Lo estupendo que fue que Cristo naciera "bajo la ley" (Gá. 4:4). He aquí, Aquel que hizo la Ley, fue hecho bajo la Ley —bajo la ley ceremonial— que él podría abolir. Bajo el poder preceptivo de la Ley Moral que él podría cumplir para que todo creyente pudiera tener una "justicia" que podría llamar suya (Ro. 10: 4) [y] el poder *maléfico* de ésta que él podría quitar (Gá. 3:13).

La obra de redención de Cristo fue principalmente comprada por su pasión y muerte. Allí fue que pagó "el precio de la redención" la cual fue "su propia sangre preciosa" (Hch. 20:28; 1 P. 1:18-19).

La gran obra y el misterio de nuestra redención fue consumado a la perfección en la resurrección gloriosa de Cristo: Allí despojó "a los principados y a las potestades, los exhibió públicamente, triunfando sobre ellos en la cruz" (Col. 2:15)... Cristo, levantándose de los muertos como un conquistador, llevó a la muerte, el sepulcro, el infierno y el diablo en cadenas como los conquistadores de antaño que marchaban triunfantes, llevaban a sus enemigos encadenados detrás de él, exponiéndolos a la burla de todos los espectadores.

En suma, tenemos que dar la gloria de la obra de redención a Jesucristo, el Hijo de Dios y así, honrar a Dios en su Día de reposo santo.

3. También glorificamos al Espíritu Santo cuando lo honramos por la obra de santificación[29].

Ya sea que la consideremos desde el punto de vista del primer derramamiento milagroso del Espíritu que nuestro Señor Jesús, como Rey y Cabeza de su Iglesia, la cual compró con su sangre en la cruz[30], ascendiendo luego al cielo, obteniéndola de su Padre cuando tomó posesión de su Reino y la derramó abundantemente sobre sus apóstoles, otros oficiales y miembros de su Iglesia evangélica el día de Pentecostés (Hch. 2:1-4). Esto fue (por así decir) la santificación instantánea de toda la Iglesia evangélica como sus primeros frutos o si la consideramos como aquella obra de santificación que sucesivamente imparte el Espíritu Santo a

---

[29] **Santificación** – La santificación es la obra del Espíritu de Dios por la que somos renovados en todo, a imagen de Dios y nos vamos capacitando más y más para morir al pecado y vivir para Dios (*Catecismo de Spurgeon*, 34). Ver FGB 215, *Santification*, en inglés (Santificación) y el catecismo aludido a su disposición en Chapel Library.

[30] Ver Portavoz de la Gracia N° 15: *La obra de Cristo* y, en inglés: FGB 226, *Christ upon the Cross* y FGB 227, *Atonement*, a su disposición en Chapel Library.

cada hijo escogido de Dios, que comienza gozosamente en su conversión y es mantenida con poder en el alma hasta el día de su muerte. En ambos casos, es una obra gloriosa. [Consiste] en sus dos ramificaciones gloriosas: La mortificación[31] de la corrupción, la cual, antes de que el Espíritu Santo haya acabado su obra [en nosotros], habrá terminado con la aniquilación del cuerpo de pecado (ese privilegio bendito por el cual rogaba el santo apóstol en Ro. 7:24); y la construcción de una estructura hermosa de gracia y santidad en el alma, que es la "imagen" misma de Dios. Dicha santificación es la construcción de una maravilla y gloria más trascendente que sus seis días de trabajo [de la] creación que el Espíritu Santo "sustenta" y lo seguirá haciendo perfectamente hasta el día de Cristo (He. 1:3). Éste es el gran propósito y designio del Día de reposo santo y de las ordenanzas del evangelio, de acuerdo con la Palabra que el gran Hacedor de ese día declara: "Y les di también mis días de reposo, para que fuesen por señal entre mí y ellos, para que supiesen que yo soy Jehová que los santifico" (Ez. 20:12).

Esa es, pues la tercera manera como santificamos el Día de reposo, a saber, le damos a Dios el Espíritu Santo la gloria por la obra de santificación.

Nuestra ocupación correcta como cristianos en los intervalos y los espacios vacíos entre las ordenanzas públicas es sentarnos y examinar seria e imparcialmente la obra de gracia en nuestras almas para comprobar (1) si es auténtica y (2) si está creciendo. Luego, si podemos darle a Dios y a nuestra propia conciencia alguna seguridad bíblica relacionada con este tema, [debemos] someternos humildemente y colocar la corona de alabanza sobre la cabeza de la gracia libre que nos fue impartida cuando antes no la teníamos. Y aquí termino por ahora de hablar sobre este tema.

Tomado de "Of Sabbath Sanctification" (Sobre la santificación del Día de reposo) en *Puritan Sermons 1659-1689* (Sermones puritanos 1659-1689), de dominio público.

Thomas Case (1598-1682): Pastor presbiteriano inglés y miembro de la Asamblea Westminster; nacido en Ken, Inglaterra.

---

[31] **Mortificación** – Dando muerte. Ver FGB *Mortification,* en inglés (Mortificación), a su disposición en CHAPEL LIBRARY.

Un placer inestimable
Jonathan Edwards (1703-1758)

Un día de placer inestimable de la Iglesia visible

Seamos *agradecidos* por la institución del Día de reposo cristiano. Es algo en lo que Dios ha mostrado su misericordia hacia nosotros y su amor por nuestras almas. Demuestra que, en su sabiduría infinita, tiene planes para nuestro bien. "El día de reposo fue hecho por causa del hombre, y no el hombre por causa del día de reposo" (Mr. 2:27). Lo estableció para nuestro provecho y para confortar nuestras almas.

El Día del Señor es un día de *reposo*. Dios estableció que cada séptimo día debemos descansar de todas nuestras labores mundanales. En lugar de eso, podría haber establecido que soportáramos las labores más difíciles o los sufrimientos más profundos. Aunque es un día de reposo exterior, lo es especialmente de carácter *espiritual*. Es un día establecido por Dios para que su pueblo pueda encontrar descanso para su alma, para que las almas de los creyentes descansen y se renueven en su Salvador. Es un día de *regocijo*. Dios lo hizo con el fin de que sea un día gozoso para la Iglesia... Aquellos que reciben y veneran debidamente el día de reposo, lo llaman *delicia* y *glorioso* (Is. 58:13-14). Es para ellos un día placentero y alegre; es una imagen del futuro reposo celestial de la Iglesia: "Por tanto, queda un reposo para el pueblo de Dios. Porque el que ha entrado en su reposo, también ha reposado de sus obras, como Dios de las suyas. Procuremos, pues, entrar en aquel reposo" (He. 4:9-11).

El Día de reposo cristiano es uno de placer inestimable de la Iglesia visible. Cristo mostró su amor por su Iglesia al instituirlo y es [apropiado] que la Iglesia Cristiana se lo agradezca. El nombre mismo de este día: —*El Día del Señor* o *Día de Jesús*— debiera generar apego en el cristiano, dado que indica la relación especial que tiene con Cristo y el propósito del mismo, que es la conmemoración de nuestro querido Salvador y su amor por su Iglesia al redimirla.

Exhorto a todos a santificar este día. Dios ha dado tantas evidencias de que esto es lo que tenía pensando, que pedirá cuentas de los que no lo observen estricta y escrupulosamente. Y si usted así lo observa, reciba este aliento al reflexionar en su conducta: (1) que su observancia no ha sido un asunto de superstición, sino que lo ha hecho siguiendo lo que en su Palabra, Dios ha revelado como su pensamiento y su voluntad en cuanto a lo que usted debe hacer y (2) al hacerlo está en camino a la aceptación y recompensa de Dios.

Los motivos para cumplir

Los siguientes son los motivos para impulsarlo a cumplir con este deber:

1. Por la observación estricta del Día del Señor, el nombre de Dios es honrado, y esto de una manera muy aceptable para él. "Si... llamas al día de reposo delicia, al *día* santo del Señor, honorable, y lo honras, " (Is. 58:13[32]). Dios recibe honra por él porque es una manifestación visible de respeto a la Ley santa de Dios y una veneración de aquello que tiene una relación singular con Dios mismo... El que observa el Día de reposo con rigor y cuidado, manifiesta

---

[32] **LBLA**, siglas de La Biblia de Las Américas – El autor escribió este artículo originalmente en inglés, usando la Versión King James (KJV). La traducción de este versículo en la Reina Valera 1960, versión que normalmente usamos, difiere de la KJV y no incluye todo el pensamiento original del autor. Aunque, por lo general, no coincidimos con la LBLA, la hemos usado en este contexto porque la traducción de este versículo se aproxima más al original hebreo y al inglés de la KJV.

un respeto consciente por la declaración de lo que Dios tenía en mente y [esto es] una honra visible ofrecida a su autoridad.

Por la observación estricta del Día de reposo, se hace notoria en el mundo la adoración del pueblo de Dios. Si no fuera por él, habría poca expresión pública y visible de servicio, adoración y veneración al Ser supremo e invisible. El Día de reposo santo parece haber sido establecido para este fin, o sea para mantener la visibilidad pública [del cristianismo]... Cuanto más estrictamente observamos el Día de reposo y cuanta más solemnidad observamos en el cumplimiento de nuestros deberes entre la gente, más grande es la manifestación entre ella de nuestro respeto por el Ser Divino.

Éste debiera ser un motivo poderoso para que observemos el Día de reposo. Por sobre todos los demás, debiera ser nuestro propósito honrar y glorificar a Dios. Honrar a su gran Dios y Rey, debiera ser el anhelo supremo de todos los que llevan el nombre de cristianos...

2. El negocio del Día del Señor es el negocio más grande de nuestra vida, es decir, de nuestra fe cristiana. Fuimos creados para servir y adorar a Dios y esa es la razón por la que nos dio vida. Los demás negocios de naturaleza secular que tenemos que atender los días de semana, tienen que subordinarse y supeditarse a los propósitos y fines más elevados de nuestra fe cristiana. Por lo tanto, no pensemos que es mucho, dedicar una séptima parte de nuestro tiempo *totalmente* a este negocio y apartarlo para ocuparnos de los deberes piadosos.

3. Consideremos que todo nuestro tiempo es de Dios. Por lo tanto, cuando nos desafía a dedicarle un día de los siete, nos reta a algo que ya es *suyo*. No se excede en su derecho, ni se hubiera excedido si nos hubiera exigido que dedicáramos a su servicio exclusivo una proporción mayor de nuestro tiempo. Pero ha tomado en cuenta con misericordia nuestro estado y nuestras necesidades, y así como ha considerado lo que es bueno para nuestra alma al establecer el séptimo día para atender los deberes piadosos, ha tenido en cuenta nuestras necesidades externas y nos ha dado seis días para atender nuestros asuntos externos. ¡Qué desprecio es para Dios negarnos a consagrarle aunque sea el séptimo día!

4. Así como el Día del Señor es un día apartado especialmente para actividades piadosas, es también un día en que Dios confiere su gracia y bendición de una manera especial. Así como Dios nos ordenó que lo apartáramos para conversar con él, lo apartó él mismo con el fin de conversar con nosotros. Así como Dios nos ordenó que observáramos el Día de reposo, lo observa también él... Sus ojos están sobre él. Se mantiene listo ese día para, de una manera especial, escuchar oraciones, aceptar los cultos de adoración, encontrarse con su pueblo, manifestarse a ellos, darles su Espíritu Santo y bendecir a aquellos que con diligencia y consciencia lo santifican.

Con su bendición

El que santifiquemos el Día del Señor, como hemos dicho, es obrar de acuerdo con el día especial que Dios instituyó. Dios, en un sentido, observa lo que él mismo ha instituido, o sea que quiere bendecirlo. Las cosas que Dios instituyó son los medios de gracia y a lo que instituyó prometió su bendición: "en todo lugar donde yo hiciere que esté la memoria de mi nombre, vendré a ti y te bendeciré" (Éx. 20:24). Por la misma razón, llegamos a la conclusión de que Dios se reunirá con su pueblo y lo bendecirá, no sólo en los lugares designados, sino también en tiempos determinados y en todos los días establecidos... Dios, por lo que instituyó, nos ha encargado el deber de apartar este día para buscar su gracia y bendición de manera especial. Por lo tanto, podemos asegurar que estará listo para conferir su gracia especial a los que lo buscan de este modo. Si es el día en que Dios requiere que lo busquemos de una manera especial, podemos estar seguros de que es el día cuando lo encontraremos de una manera especial. El que Dios esté listo en este día para derramar su bendición de una manera especial a los que lo observan como corresponde es lo que implica aquella expresión de que "bendijo Dios al día séptimo, y lo santificó, porque en él reposó de toda la obra que había hecho en la creación" (Gn. 2:3)… Por eso, encontramos aquí gran aliento para santificar el Día de reposo santo y buscar la gracia de Dios y nuestro bienestar espiritual. El Día de reposo es un tiempo aceptado, un día de salvación, un tiempo cuando a Dios le complace que lo busquen y se goza cuando lo encuentran. El Señor Jesucristo se deleita en el día de él; se deleita en honrarlo. Se deleita en encontrarse con sus discípulos y manifestarse a ellos ese día como lo demostró antes de su ascensión cuando se les apareció varias veces justamente este día. Se deleita en dar su Espíritu Santo en este día, como lo demostró al escogerlo como el día para derramar su Espíritu sobre la Iglesia primitiva de una manera maravillosa (Hch. 2:1-4) y en el que dio su Espíritu al apóstol Juan (Ap. 1:10).

En la antigüedad, Dios bendijo el séptimo día o lo estableció para ser un día sobre el cual derramaría bendiciones sobre su pueblo, como una expresión de su propia memoria de ese día y del reposo que había disfrutado en él: "Guardarán, pues, el día de reposo los hijos de Israel… porque en seis días hizo Jehová los cielos y la tierra, y en el séptimo día cesó y reposó" (Éx. 31:16-17).

Cuánta más razón tiene Cristo para bendecir el día de su resurrección y en ese día alegrase en honrarlo y en conferir su gracia y dones santos sobre su pueblo. Fue un día cuando Cristo, literalmente, descansó y se renovó. Fue un día de liberación de las cadenas de la muerte, el día en que consumó esa gran y difícil obra de redención, que había tenido en su corazón desde toda la eternidad, el día en que su Padre lo vindicó, el día del comienzo de su exaltación y del cumplimiento de las promesas del Padre, el día cuando recibió en sus manos la vida eterna que había comprado. En este día, Cristo ciertamente se deleita en repartir dones, bendiciones, gozo y felicidad, y se deleitará de seguir haciéndolo hasta el fin del mundo.

¡Oh, entonces, vale la pena que honremos este día, que clamemos a Dios y busquemos a Jesucristo! Sean conmovidos los pecadores que han sido avivados por estas cosas para dar lo mejor el Día del Señor, consagrándose a andar en el camino del Espíritu de Dios. Reunámonos este día para clamar a Dios porque entonces está cerca. Honrémoslo leyendo las Sagradas Escrituras y escuchando con diligencia la predicación de su Palabra porque es ese el momento más propicio para que el Espíritu lo acompañe. Observen los santos el Día del Señor si es que anhelan crecer en gracia y gozar de la comunión con Cristo.

Tomado de "The Perpetuity and Change of the Sabbath" (La perpetuidad y el cambio del Día de reposo) en *The Works of Jonathan Edwards* (Las obras de Jonathan Edwards), Tomo 2, de dominio público.

Jonathan Edwards (1703-1758): Predicador y teólogo congregacional estadounidense; nacido en East Windsor, Connecticut Colony, Estados Unidos.

Apéndice A

TEMAS DEL PORTAVOZ DE LA GRACIA

El *Portavoz de la Gracia* es una publicación trimestral con una selección de sermones y artículos clásicos cristianos. Cada edición enfoca un tema diferente. El *Portavoz* es provechoso para estudio personal, discipulado, culto familiar y la preparación de sermones. Estos fascículos de 48 páginas están a su disposición en forma impresa o por Internet ingresando a: www.ChapelLibrary.org.

#1 Formación bíblica de los hijos en el hogar
#2 Fidelidad de Dios
#3 Hogar consagrado a Dios
#4 Justificación
#5 Majestad de Dios
#6 Deberes de los hijos y las hijas
#7 Justicia imputada
#8 Evangelio
#9 Sustitución
#10 Arrepentimiento
#11 Conversión
#12 Matrimonio
#13 Hombres piadosos
#14 Persona de Cristo
#15 Obra de Cristo
#16 Disciplina eclesiástica
#17 Idolatria
#18 Consuelo en la aflicción
#19 Bebés
#20 Buenas obras
#21 Día del Señor
#22 Ropa Modesta
#23 Cristo el Mediador
#24 Feminina virtuosa

Apéndice B

HISTORIA DEL PORTAVOZ DE LA GRACIA

Free Grace Broadcaster [FGB nombre de la edición en inglés del *Portavoz de la Gracia*] tuvo su origen por iniciativa del pastor W. F. Bell de Canton, Georgia, Estados Unidos, en el mes de septiembre de 1970. Los primeros 49 números se publicaron seis veces al año bajo el nombre de *The Word of Truth* (La Palabra de la Verdad). En el mes de noviembre de 1975, el número 50 apareció bajo el nombre *Free Grace Broadcaster* con el significativo subtítulo (que es una cita del predicador bautista Samuel Medley, 1738-1799):

"Nuestro propósito: Humillar el orgullo del hombre, exaltar la gracia de Dios en la salvación y promover santidad verdadera en el corazón y la vida".

Desde entonces, cada edición se dedica a cumplir este propósito. Estos primeros números incluían artículos de los pastores Bell, Glen Berry, Ferrell Griswold, Henry Mahan, Conrad Murrell y también, J. C. Philpot, Arthur W. Pink, J. C Ryle y C. H. Spurgeon.

En el mes de mayo de 1988, con el número 125, el pastor Bell le pidió a Lee Roy Shelton Jr., pastor de Mount Zion Bible Church, que se hiciera cargo de editar, imprimir y distribuir el FGB (por sus siglas en inglés) porque su lista de suscriptores había sobrepasado los 3.000. Estos suscriptores se combinaron con los de Chapel Library [pie de imprenta de su iglesia] y, por fe, el pastor Shelton imprimió ¡10.000 ejemplares del número 125! Para 1992, se imprimían 15.000 ejemplares. Por la gracia de Dios, el número 200 tuvo un tiraje de 27.000, incluyendo 16.500 suscriptores en Norteamérica. 2.000 fueron enviados en forma masiva a las iglesias, 3.000 como Oferta Trimestral Gratuita y pedidos subsecuentes durante el trimestre, 1.000 para nuestro depósito, 1.000 para otros ministerios que comparten ejemplares de manera gratuita con sus integrantes y 3.500 para 13 distribuidores internacionales que tienen una red de suscriptores en sus propios países.

El *FGB* comenzó a publicarse trimestralmente en enero de 1989 con el número 127. Al pastor Shelton le marvillaban los escritores de antaño iniciándose con Lloyd-Jones, Pink y Spurgeon. Cuando el pueblo de Dios donó fondos para una prensa nueva, para enero de 1990, el FGB tenía disponibles 18 folletos con sermones de Spurgeon (ahora son 95). En la actualidad, el catálogo de Chapel Library lista múltiples tratados y folletos que aparecieron primero como artículos en el FGB durante este periodo.

Es de especial significación que con el número 150 en el mes de noviembre de 1994, el *FGB* incluyó artículos relacionados todos con un mismo tema. ¡Esto aumentó inmensamente su valor porque el pueblo de Dios ha podido desde entonces deleitarse en cada edición de lo que los mejores escritores del pasado escribieron sobre un tema en particular!

El pastor Jeff Pollard pasó a ser el tercer editor principal del *FGB* cuando se trasladó de Providence Baptist Church en Ball, Luisiana, a Pensacola en el mes de agosto de 2002. Él y el pastor Shelton coeditaron dos números antes de que el pastor Shelton falleciera en enero de 2003. Desde entonces, el pastor Pollard ha procurado que cada número incluya una presentación más integral de las distintas facetas del tema central: Qué es, qué significa y cómo afecta la vida de los santos. Creemos que aumenta su valor aún más porque ahora se ha convertido en una herramienta más profunda para discipular, capacitar y preparar sermones, aparte de su papel de animar a los santos en su discipulado y devociones personales. Como tal, está dando prueba de ser un recurso muy importante en la capacitación de pastores en todo el mundo.

La edición en español, el *Portavoz de la Gracia,* apareció por primera vez en el 2009 con dos números por año. En el 2016 pudimos aumentar de 2 a 4 números por año. Para el 2017, el *Portavoz de la Gracia* alcanza a casi 1.000 suscriptores individuales en Norteamérica y miles más en Bolivia, Colombia, Costa Rica, Cuba, Ecuador, Perú y Republica Dominicana, donde tenemos distribuidores. Colombia es el centro de distribución más activo en América Latina.

Las ediciones en inglés y en español pueden ser descargadas sin costo de nuestro sitio de Internet en formatos digitales múltiples. También tenemos números anteriores de la revista en su formato impreso disponibles sin costo alguno.

Apéndice C

ACERCA DE CHAPEL LIBRARY

Enviando por todo el mundo materiales de siglos pasados centrados en Cristo

CHAPEL LIBRARY envía por todo el mundo materiales de siglos pasados centrados en Cristo. Opera bajo la autoridad de *Mount Zion Bible Church,* una iglesia pequeña, evangélica e independiente en Pensacola, Florida, Estados Unidos, cuya enseñanza se fundamenta en la Palabra. Los autores han pasado la prueba del tiempo y, por lo tanto, no están sujetos a tendencias contemporáneas. Estos incluyen *Spurgeon* (bautista), *Bonar* (presbiteriano), *Ryle* (anglicano), *Bunyan* (independiente), *Pink*, los *puritanos* y muchos más. El enfoque es la gracia de Dios a través de Jesucristo, nuestro Señor y Salvador.

El ministerio de literatura impresa comenzó en 1978. El Ministerio Carcelario comenzó a enviar Biblias gratis a internos en 1984. Por la gracia de Dios se agregó Chapel Library en 1987, el *Free Grace Broadcaster* en 1988, el Instituto Bíblico en 1995, el sitio de Internet en 1996 y los distribuidores internacionales en 2004.

En Norteamérica, enviamos materiales a individuos en cantidades moderadas sin costo alguno. También enviamos sin costo, cantidades grandes a cárceles, misiones y pastores de otros países. Enviamos cantidades más grandes a iglesias y a otros a precio de costo. Somos un ministerio de fe, dependiendo del Señor para satisfacer todas nuestras necesidades. Nunca pedimos donaciones, ni compartimos nuestra lista de correo ni enviamos material promocional.

Los ministerios incluyen lo siguiente:

Materiales impresos: Distribución de tratados, folletos y libros de tapa blanda impresos en nuestras propias instalaciones.

> Contamos con 150 títulos en español y más de 800 títulos en inglés. También disponemos de materiales en otros idiomas, incluyendo el portugués y ruso.

Ministerio de cintas audio: Audio cintas de nuestra biblioteca de más de 6.000 mensajes y libros en audio (en inglés únicamente).

Ministerio carcelario: Servicio a internos y capellanes en Norteamérica.

Instituto bíblico: 17 cursos (en español) basados en obras de autores del pasado que han pasado la prueba del tiempo.

Dos publicaciones periódicas: El *Free Grace Broadcaster* en inglés y el *Portavoz de la Gracia* en español, enviados trimestralmente sin costo en Norteamérica y por pedidos en Latinoamérica. *Studies in the Scriptures* de A. W. Pink (en inglés) enviado por suscripción por correo electrónico y disponible para ser ordenado en formato impreso.

Misiones: Envío por todo el mundo de materiales centrados en Cristo de siglos pasados.

Ministerio por Internet & Archivo de John Bunyan: Sermones que se pueden descargar de nuestro sitio Web, que incluye literatura, audio en formato MP3 y obras completas de Bunyan.

Literatura de Chapel Library

Cuando haga su pedido, por favor incluya el código
de cinco letras correspondiente al ítem que desea pedir.
t – tratado,   fp – folleto pequeño,   fg – folleto grande
* A su disposición también como curso de estudio

Código	Título	Autor	Tipo
wwhis	¿Adónde? ¿Adónde?	Horatius Bonar (1808-1889)	t
ropes	Arrepiéntete o perecerás	A. W. Pink (1886-1952)	t
ytirs	Aún hay lugar	C. H. Spurgeon (1834-1892)	fp
baigs	Belén y las buenas nuevas	Horatius Bonar (1808-1889)	t
lbcos	Confesión Bautista de Fe de 1689 – Londres*		fg
ctcos	Cristo: El vencedor de Satanás	C. H. Spurgeon	fp
cials	Cristo es el todo	J. C. Ryle (1816-1900)	fp
cdfts	Cristo murió por los impíos	Horatius Bonar	t
fttts	De la tradición a la verdad	Richard Bennett	fp
fduts	Deberes familiars	John Bunyan (1628-1688)	fp
tiats	Diez cargos contra la iglesia moderna	Paul Washer	fg
bdses	Doctrinas bíblicas simplemente explicadas*	B. A. Ramsbottom	fg
ctbes	Eduque a los niños para Cristo	Edward W. Hooker (1794-1875)	fp
babus	El bautismo: Una sepultura	C. H. Spurgeon	fp
wosas	El camino de la salvación	A. W. Pink	t
fwors	El culto familiar	J. H. Merle D'Aubigne (1794-1872)	fp
fwass	El libre albedrío: Un esclavo	C. H. Spurgeon	fp
mogrs	El método de la gracia	G. Whitefield (1714-1770)	fp
wpaws	El mundo se acaba	Horatius Bonar	t
bochs	El nacimiento de Cristo	C. H. Spurgeon	fp
ppips	El progreso del peregrino ilustrado*	John Bunyan	fg
ppfes	El progreso del peregrino para todos*	John Bunyan	fg
rotws	El Señor de las olas	J. C. Ryle	fp
latls	El Señor y el leproso	C. H. Spurgeon	fp
icyls	¿Es Cristo tu Señor?	A. W. Pink	t
aybas	¿Es usted nacido de nuevo?	J. C. Ryle	t
faits	Fe	C. H. Spurgeon	fg
swins	Ganar almas	C. H. Spurgeon	fp
gtras	Grasoso, el ladrón	Charles Lukesh	fp
botws	La esclavitud de la voluntad	Martin Luther (1483-1546)	fg
ddaus	La hija del lechero	Leigh Richmond (1772-1825)	fp
gwras	La ira de Dios	Lee Roy Shelton, Jr.	fg
rlwis	La mujer de Lot	J. C. Ryle	t
iwogs	La palabra infallible de Dios	C. H. Spurgeon	fg
tchus	La verdadera iglesia	J. C. Ryle	t
hlops	La vida secreta de oración*	David MacIntyre (1913)	fg
dogis	Las doctrinas de la gracia en el evangelio de Juan*	R. Bruce Steward	fg
belds	Liderazgo bíblico de ancianos	Alexander Strauch	fg
dohas	Los deberes de esposos y esposas	Richard Steele (1629-1692)	fp
docas	Los deberes de hijos y padres	Richard Adams	fp

dopas	Los deberes de los padres	J. C. Ryle	fg
atcos	Los siglos venideros	Horatius Bonar	t
hoots	Miel que sale de la roca	Thomas Willcox (1621-1687)	fp
cmods	Modestia cristiana	Jeff Pollard	fp
iclgs	No puedo soltarme	Horatius Bonar	t
ossus	Nuestro sustituto sufriente	C. H. Spurgeon	t
tptps	Oración auténtica-poder auténtico	C. H. Spurgeon	fp
ymbbs	"Os es necesario nacer de nuevo"	Thomas Boston (1676-1732)	t
wtwos	Palabras para el ganador de almas	Horatius Bonar	fg
siths	Pecadores en las manos de un Dios airado	Jonathan Edwards (1703-1758)	fp
tfyms	Pensamientos para hombres jóvenes*	J. C. Ryle	fg
wwass	Por qué somos salvos por medio de la fe	C. H. Spurgeon	t
ltjes	Puestos sus ojos en Jesús*	William Reid (1814-1896)	fg
wiits	¿Qué es lo que salva un alma?	J. C. Philpot (1802-1869)	t
wiabs	¿Qué es un cristiano bíblico?*	Albert N. Martin	fp
wiias	¿Qué, si todo es verdad?	Horatius Bonar	t
dregs	Regeneración decisional	James E. Adams	fp
sancs	Santificación	J. C. Ryle	fp
holis	Santidad	J. C. Ryle	pb
lasas	Señor y Salvador	A. W. Pink	fp
jgods	Un Dios justo	C. H. Spurgeon	t
ggfgs	Un gran evangelio para grandes pecadores	C.H. Spurgeon	fp
stogs	Un soldado cuenta su experiencia de gracia	---	t
doc2s	Una defensa al calvinismo	C. H. Spurgeon	fp
braas	Un pasado malo y un corazón malo	Albert N. Martin	fp
ncres	Una nueva creación	A. W. Pink	t
pfhes	Una oración desde el infierno	Holmes Moore	t
wttis	Una palabra al impenitente	John Colquhoun (1748-1827)	t
ctchs	Viniendo a Cristo	Thomas Willcox	t
aodes	¿Vivo o muerto?	J. C. Ryle	fg
aogrs	Totalmente por gracia *	C. H. Spurgeon	libro

Acerca de Chapel Library

Apéndice D

ACERCA DEL
CENTRO NACIONAL PARA LA INTEGRACIÓN DE FAMILIAS E IGLESIAS

El *Centro Nacional para la Integración de Familias e Iglesias* (NCFIC por sus siglas en inglés) se dedica a proclamar la suficiencia de las Escrituras para la vida eclesial y familiar, basándose en la premisa de que nuestro omnisciente Dios se ha mostrado a sí mismo y a su voluntad en una revelación completa (los sesenta y seis libros del Antiguo y Nuevo Testamento) la cual es totalmente adecuada, tanto en contenido como en claridad para todo lo que pertenece a la vida (salvación) y a la piedad (santificación), incluyendo el ordenamiento de la Iglesia y de la familia (Dt. 30:11-14, 1 Co. 11:1-12; 34, Gá. 1:8-9, Ef. 5:22-6:4, 1 Ti. 3:15, 2 Ti. 3:16-17, He. 1:1-2, 2 P. 1:3-4).

La Iglesia y la familia son los dos organismos que Dios ha creado para la difusión de su Evangelio de la gracia y el discipulado de su pueblo. Esto implica que estas dos instituciones son las más importantes en la tierra.

El NCFIC intenta sacar conclusiones bíblicas sobre la integración e interacción de estas dos instituciones ordenadas por Dios con la esperanza de ver una reforma bíblica en nuestros días. Define y discute los diversos roles y responsabilidades de las iglesias, familias e individuos para la gloria de Dios.

En el nombre del Señor Jesucristo, creemos que la Iglesia y la familia son instituciones, ordenadas y establecidas por el soberano Dios trino que creó los cielos y la tierra. La revelación infalible de Dios, la Biblia, revela que tanto la Iglesia como la familia son partes integrales del despliegue de su propósito eterno de glorificarse a Sí mismo, comunicar el evangelio de Jesucristo al mundo y enseñar a "todas las naciones" a guardar todo lo que Él ha mandado (Mt. 28:16-20, 2 Ti. 3:16). Este evangelio de la gracia de Dios, revelado a través de Jesucristo, es entregado a cada generación por la fiel proclamación de la Iglesia de la Palabra de Dios (Sal. 145:4, Lc. 4:18, 1 Co. 15:1-3, 1 Ti. 3:15, 2 Ti. 4:2-4). Además, Dios ordena a los padres cristianos que críen a sus hijos "en la disciplina y amonestacion del Señor" (Ef. 6:4) que incluye evangelizar a sus hijos en el Evangelio de la gracia y enseñarles los tesoros de sabiduría y conocimiento que Cristo ha revelado y ordenado en su Palabra (Dt. 6:1-8, Col. 2:3, 2 Ti. 3:14-15). Las esferas complementarias y los papeles bíblicos de la Iglesia y de la familia como se establecen en la Escritura son cruciales para el cumplimiento de la Gran Comisión. Debido a esto, el mundo, la carne y el diablo libran una guerra feroz e implacable contra la Iglesia de Jesucristo y el orden bíblico de la familia. En consecuencia, los cristianos deben levantarse para defender el orden bíblico de la Iglesia y la familia.

Creemos que la solución bíblica a este problema es confesar nuestras prácticas equivocadas, arrepentirnos de nuestros errores y reformarnos a la norma revelada de Dios. Debemos confesar nuestros fracasos y rechazar las tradiciones no bíblicas de los hombres que hacen que la Palabra de Dios no tenga efecto alguno (Mr. 7:13). Entonces debemos creer, seguir y enseñar todo lo que Dios ha ordenado en su Palabra. De esta manera, tanto la Iglesia como la familia, tendrán la fuerza para honrar los mandamientos, los patrones y los preceptos del Señor Jesucristo, la cabeza de la Iglesia, y ser fortalecidos para servirle más fielmente en este mundo al obedecerle amorosamente.

Nuestra ferviente oración es que Dios levante iglesias en las cuales las Escrituras sean honradas, proclamadas y obedecidas como la única regla, tanto para la doctrina como para la práctica; dando como resultado el fortalecimiento de las iglesias y familias a través del rechazo de todas las doctrinas y prácticas no bíblicas. Así, la Iglesia y la familia estarán equipadas para hacer discípulos de Jesucristo de una manera bíblicamente fiel y para construir la casa de Dios de acuerdo a su placer.

El NCFIC mantiene un sitio web para presentar diversos recursos, proporciona una lista de iglesias para ayudar a las personas a encontrar aquellas que abrazan estos principios, publica libros y literatura, proporciona tutoría para líderes de iglesias y ofrece conferencias alrededor del mundo para reunir a la gente alrededor de la doctrina de la Suficiencia de la Escritura.

Apendice E

ACERCA DE PUBLICACIONES AQUILA

La casa editorial Publicaciones Aquila se formó para hacer más accesibles a los hispanohablantes los escritos de hombres que, como Aquila el hacedor de tiendas, han expuesto la verdad de Dios con una agudeza espiritual.

En Hechos 18:26 leemos que Aquila tomó aparte a Apolos y le dio a conocer con mayor exactitud el camino de Dios. El verbo griego (ἐκτίθημι) que identifica lo que Aquila hizo con Apolos es un verbo compuesto, así como el verbo *exponer* en español. La raíz de este verbo griego (τίθημι) significa *poner* y el prefijo (ἐκ-), así como el *prefijo ex-* en español, significa *fuera*.

Aquila literalmente *expuso* o *puso fuera*, *desplegó* ante Apolos o *colocó a su vista*, el camino de Dios, con mayor exactitud. Se lo presentó a Apolos de tal forma que Apolos pudo verlo claramente y entenderlo bien. Como resultado, Apolos, a su vez, pudo ser de ayuda a los creyentes en Acaya (v. 27). Allí, él pudo corregir enseñanzas falsas, demostrando desde las Escrituras, la verdad acerca de Jesucristo (v. 28).

Sin embargo, no pensamos que Aquila le haya presentado a Apolos una mera lista de conceptos intelectuales. Recordamos que, antes de hablar con Apolos, Aquila había pasado más de un año y medio con Pablo en Corinto, dónde Pablo enseñaba la palabra de Dios (Hch. 18:4-5,11). Para Pablo, la verdad no se podía separar de una piadosa manera de vivir (Tit. 1:1, 2:1, 11-12, etc.).

Hechos 18:26 identifica aquello que Aquila le presentó a Apolos como un *camino* —*el camino de Dios*—. El camino de Dios incluye lo que se cree; pero también incluye la condición del corazón, que se manifiesta en una conducta de acuerdo con la sana doctrina.

A través de su historia, la iglesia de Cristo se ha beneficiado de hombres como Aquila —hombres con un buen entendimiento de las Escrituras, quienes han podido exponer con mayor exactitud el camino de Dios—. Nosotros valoramos tales hombres y, especialmente, aquellos que han tenido la sabiduría para exponer la verdad, no sólo para iluminar el entendimiento, sino también para afectar el corazón y el diario vivir.

Las tiendas de tela o piel que Aquila fabricaba beneficiaban el diario vivir de las personas que le rodeaban y daban protección de la lluvia y de otras inclemencias.

La exposición del camino de Dios con mayor exactitud capacita a los hombres a ser más piadosos en su diario vivir y les protege de los peligros de doctrinas falsas y de prácticas erróneas y pecaminosas.

Publicaciones Aquila fue establecida para facilitar la diseminación de tal exposición bíblica, colocándola ante los ojos de muchos lectores para su beneficio y para el avance del reino de Dios.

"Dame entendimiento, y guardaré tu ley, y la cumpliré de todo corazón".
(Salmo 119:34)

Acerca de Publicaciones Aquila

Ésta es una lista parcial de los libros disponibles a noviembre del 2017.

Beeke, Joel
¿Cómo podemos desarrollar la amistad bíblica?

Chamberlin, Daniel
La existencia y los atributos de Dios

Martin, Albert N.
La predicación en el Espíritu Santo
Preparados para predicar
El temor olvidado
Tú me restauras

Spurgeon, C. H.
Discursos a mis estudiantes

Waldron, Samuel
Exposición de la Confesión de fe de 1689

Para más información, puede consultar la página web:
https://www.cristianismohist.com/publicaciones-aquila.html
o la dirección digital *pub.aquila@ibrnb.com*.